A Biblical Hebrew & Aramaic Lexicon

BHAL

A Biblical Hebrew & Aramaic Lexicon

BHAL

Frank Matheus

Published by GlossaHouse, LLC

Publisher's Cataloging-in-Publication Data

388 pages, x ; 25.4cm — (HA'ARETS)

ISBN: 978-1-63663-000-7 (paperback)
978-1-63663-001-4 (hardback)

Library of Congress Control Number: 2020946457

Book Description: *A Biblical Hebrew and Aramaic Lexicon* is based upon Frank Matheus's *PONS Kompaktwörterbuch Althebräisch-Deutsch. BHAL* utilizes modern lexical approaches, is extremely clear, and offers efficient access to the information that users need. With nearly 10,000 entries, *BHAL* covers the entire biblical vocabulary, including the Aramaic portions. Moreover, it offers numerous forms that help the user to find the word she or he is looking for quickly in its specific grammatical form.

Printing in the United States of America
First printing, 2020

The fonts used in the frontal material, section headings, and final material are available from www.linguistsoftware.com/lgku.htm.

Typesetting by Frank Matheus and Fredrick J. Long

Cover design by Fredrick J. Long

www.glossahouse.com

Table of Contents

HA'ARETS

The Hebrew word הָאָרֶץ means "the earth, the land." It refers to the entirety of the physical world we see and touch and live upon. It is the creation of God, a gift for sustaining life and gladdening the heart, and it is the primary space of God's self-revelation. The HA'ARETS series—Hebrew & Aramaic Accessible Resources for Exegetical and Theological Studies—is an innovative curriculum suite offering resources that participate in the life-giving richness of הָאָרֶץ. The suite offers affordable and innovative print and electronic resources including grammars, readers, specialized studies, and other exegetical materials that encourage and foster the exegetical use of biblical Hebrew and Aramaic for the world and the global church.

HA'ARETS

Hebrew & Aramaic Accessible Resources for Exegetical and Theological Studies

Series Editors

Travis West

Jesse R. Scheumann

GH

GlossaHouse
Wilmore, KY
www.glossahouse.com

Literature and Software Used and Consulted*

Bauer, Hans & Leander, Pontus, 1962: *Historische Grammatik der hebraeischen Sprache des Alten Testamentes*, Hildesheim (unchanged reprint of the edition Halle 1922) (BL).

Bible Works, version 10, www.bibleworks.com.

Bibloi 8, www.silvermountainsoftware.com.

Fohrer, Georg (ed.), 1971: *Hebräisches und aramäisches Wörterbuch zum Alten Testament*, 3rd edition, Berlin 1997.

Gesenius, Wilhelm, 1962: *Hebräisches und aramäisches Handwörterbuch über das Alte Testament*, edited by F. Buhl, Berlin, 17th edition 1915 (unchanged reprint 1962) (GB).

Gesenius, Wilhelm, 2006: *Gesenius' Hebrew Grammar*, edited and enlarged by E. Kautzsch, Dover Language Guides, Mineola, New York (unabridged republication of the English translation of the 28th edition, Oxford 1910) (GK).

Gesenius, Wilhelm, 2013: *Hebräisches und aramäisches Handwörterbuch über das Alte Testament*, edited by R. Meyer and H. Donner, 18th edition, Berlin.

Holladay, William, 1972: *A Concise Hebrew and Aramaic Lexicon of the Old Testament*, Leiden (10. Aufl.).

Köhler, Ludwig and Baumgartner, Walter, 1958: *Lexicon in Veteris Testamenti Libros*, 3rd edition, Leiden (KBL).

Köhler, Ludwig and Baumgartner, Walter, 1996: *Hebrew and Aramaic Lexicon*, Leiden 1967-1996; electronic version 2000, www.brill.nl or www.logos.com. (HAL)

Stuttgarter Elektronische Studienbibel, version 1, www.dbg.de (SESB).

*Abbreviations if used are shown within the final parentheses.

PREFACE

I would like to recommend *A Biblical Hebrew and Aramaic Lexicon* (*BHAL*) to its readers as a tool that helps them to discover the world of the Hebrew Bible in an uncomplicated but comprehensive way. It takes up modern lexical approaches, is extremely clear, and offers quick access to the content for which the user is looking. With nearly 10,000 entries, *BHAL* covers the entire biblical vocabulary, including the Aramaic parts. Moreover, it offers numerous forms that help the user to find the word she or he is looking for quickly in its specific grammatical form.

The verbs are cited as roots without vowels and their forms are listed in the usual order from SC and PC (the perfect and imperfect) to the participle; the nouns from status *absolutus* in the singular (citation form) to status *constructus* in the plural with the grammatical assignments being represented by a number, the resolution of which can be found in the footer on each page. This saves space and helps to keep the lexicon compact and well-structured.

The listed verb forms follow the usual sequence from the third to the first person, from the masculine to the feminine, from the singular to the plural. The third person singular masculine is followed by the third feminine, then the second masculine and feminine and then the first person—then the same order in the plural. Forms with enclitic pronouns respective of suffixes are classified and marked by a small superscript ^{e}. The above-mentioned sequence from the third to the first person, etc. also applies to them, accordingly.

Under number 4, the nouns with suffixes are listed in the following order: *his book, her book, your book (m. & f.), my book; their book (m. & f.), your book (m. & f.), our book; his books, her books, your books (m. & f.), my books; their books (m. & f.), your books (m. & f.), our books.*

Pausal forms are only marked with a *p* for better distinguishability when they are listed directly next to the same contextual form.

—Dr. Frank Matheus
University of Münster, Germany
Autumn 2020

Abbreviations

The abbreviations used in this volume are generally based on the list of abbreviations of the internet service www.abbreviations.com. In addition to these, the following characters and abbreviations are used:

°	all incidents listed	*kt.*	ketib
↩	derives from, is related to	*m.*	male, masculinum
↪	refer to, see also	*p*	in pausa
act.	active	part.	participle
adj.	adjective	pass.	passive
adv.	adverb	PC	Prefix Conjugation, Imperfect
B	basic vocabulary	*pln*	place name
coll.	collective term	*PN*	personal name
conj.	conjunction	*pn*	proper noun, name
e	word with *epp*	*qr.*	qere
epp	enclitic personal (resp. possessive) pronoun, suffix	SC	Suffix Conjugation, Perfect
		st.a.	status absolutus
f.	female, femininum	st.c.	status constructus
fig.	figurative	st.det.	status determinatus
imp.	imperative	sth.	something
inf.a.	infinitive absolutus	unc.	uncertain
inf.c.	infinitive constructutus	var.	variant
interj.	interjection		

The most important Hebrew and Aramaic *binyanim* (stems, aspects, *Aktionsarten*):

q	qal, kal	*pe*	peal
nif	nifal	*pa*	pael
pi	piel	*haf*	hafel
pu	pual	*af*	afel
hitp	hitpael	*hišt*	hištafel
hif	hifil	*hitpe*	hitpeal
hof	hofal	*hitpa*	hitpaal
		itpe	itpeal
pil	pilel	*itpa*	itpaal
pilp	pilpel		
po	poal, poel		
pol	polal, polel		
hitpo	hitpoel		
hitpol	hitpolel		

BIBLICAL HEBREW LEXICON

אָב[B] *m.* father, ancestor; also as an honorary title 1 אַב אֲבִי 2 אָבוֹת 3 אֲבוֹת 4 אָבִיו אָבִיהוּ אֲבִיכֶם אֲבִיהֶם אָבִי אָבִיךָ אָבִיךְ אָבִיהָ אֲבֹתָם אֲבֹתֶיךָ אֲבֹתֵיכֶם אֲבֹתֵינוּ

אֵב *m.* blossom, young green; freshness, strength 3 בְּאִבֵּי 4 בְּאִבּוֹ Song 6:11; Job 8:12◦

אֹב ↪ אוֹב ghost; wine-skin

אֲבַגְתָא *m. PN* Abagtha Est 1:10◦

√**אבד**¯[B] *q* lose the way, become lost, vanish, go under, perish 5 אָבַד p אָבָד אָבְדָה p אָבָדָה אָבַדְתָּ אָבַדְתְּ אָבַדְתִּי p אָבָדְתִּי אָבְדוּ p אָבָדוּ אֲבַדְתֶּם אָבַדְנוּ 6 יֹאבַד יֹאבֵד תֹּאבַד תֹּאבֵד יֹאבְדוּ יֹאבֵדוּן נֹאבֵד נֹאבְדָה 7 וַיֹּאבְדוּ וַתֹּאבַדְנָה 8 אֲבֹד אֲבָדְךָ[e] אָבְדָם[e] אֲבָדְכֶם[e] 9 אָבֹד 11 אוֹבֵד אֹבֵד אֹבֶדֶת אֹבְדִים אֹבְדוֹת

pi lose, give up as lost; destroy, ruin, dissipate 5 אִבַּד אִבְּדָם[e] אִבַּדְתָּ אִבַּדְתִּי אִבַּדְתֶּם 6 יְאַבֵּד יְאַבֶּד תְּאַבְּדֵם[e] יְאַבְּדוּם[e] תְּאַבֵּדוּ תְּאַבְּדוּן 7 וַיְאַבְּדֵם[e] וַתְּאַבֵּד וָאַבֶּדְךָ[e] וַיְאַבְּדוּם[e] 8 אַבֵּד אַבְּדֵנִי[e] לְאַבְּדָם[e] 11 מְאַבְּדִים

hif nullify, let perish, exterminate 5 הֶאֱבִיד הֶאֱבַדְתָּ הַאֲבַדְתָּ וְהַאֲבַדְתָּם[e] וְהַאֲבַדְתִּי וְהַאֲבַדְתִּיךָ[e] 6 אֹבִידָה 8 הַאֲבִיד לְהַאֲבִידוֹ[e] 11 מַאֲבִיד

אֹבֵד ↩ אבד *m.* destruction; others: duration Num 24:20.24◦

אֲבֵדָה ↩ אבד *f.* something lost Ex 22:8; Lev 5:22f; Dtn 22:3◦

אֲבַדֹּה ↩ אבד *f.* abyss, destruction Prov 27:20 *kt.*; *qr.*:אֲבַדּוֹ; here understood as ↪ next entry◦

אֲבַדּוֹן ↩ אבד *m.* abyss, destruction, also as *pn* Abaddon

אֲבָדָן ↩ אבד *m.* abyss, destruction 1 אַבְדַן Est 8:6; 9:5◦

√**אבה**¯[B] *q* want, consent, be willing, accept 5 אָבָה אָבִיתִי אָבוּ אָבוּא אֲבִיתֶם 6 יֹאבֶה תֹּאבֶה תֹּבֵא יֹאבוּ תֹּאבוּ 11 אֹבִים

ⓘ This word mostly occurs with negation and infinitive, e.g. Gen 24:5 לֹא־תֹאבֶה הָאִשָּׁה לָלֶכֶת *the woman will not be willing to follow me.*

אֵבֶה *m.* reed Job 9:26◦

אֲבוֹי *interj.*: woe; others: sorrow Prov 23:29◦

אֵבוּס ↩ אבס *m.* trough, manger, crib 4 אֲבוּסֶךָ Isa 1:3; Prov 14:4; Job 39:9◦

אָבוֹת & **אֲבוֹת** & **אֲבֹת** ↪ אָב

אִבְחָה *f.* slaughter 1 אִבְחַת־חָרֶב Ez 21:20◦

אֲבַטִּחִים *m.* watermelons Num 11:5◦

אֲבִי *interj.*: O that Job 34:36◦

אֲבִי & **אֲבִיָּה** *f. PN* Abi 2 Kgs 18:2; 2 Chr 29:1◦

אֲבִי הָעֶזְרִי *pn* Abiezrite Jdg 6:11◦

אֲבִי־עַלְבוֹן *m. PN* Abialbon 2 Sam 23:31◦

1 st.c. sg. 2 st.a. pl. 3 st.c. pl. 4 with *epp* 5 SC 6 PC 7 narrative 8 inf.c. 9 inf.a. 10 imp. 11 part.

אֲבִיאֵל *m. PN* Abiel 1 Sam 9:1; 14:51; 1 Chr 11:32◦

אֲבִיאָסָף *m. PN* Abiasaph Ex 6:24◦

אָבִיב *m.* ripe ears (coll.); name of first month: March/April (later: Nis(s)an ↪ נִיסָן

אֲבִיגַיִל *f. PN* Abigail

אֲבִידָן *m. PN* Abidan

אֲבִידָע *f. PN* Abida Gen 25:4; 1 Chr 1:33◦

אֲבִיָּה & **אֲבִיָּהוּ** *m. PN* Abijah, Abiah

אֲבִיהוּא *m. PN* Abihu

אֲבִיהוּד *m. PN* Abihud 1 Chr 8:3◦

אֲבִיהַיִל *f. PN* Abihail 1 Chr 2:29; 2 Chr 11:18◦

אֶבְיוֹן[B] ↩ אבה *m.* poor, needy 2 אֶבְיוֹנִים 3 אֶבְיוֹנֶיהָ אֶבְיֹנְךָ 4 אֶבְיֹנֵי אֶבְיוֹנֵי

אֲבִיּוֹנָה *f.* caper Ecc 12:5◦

אֲבִיחַיִל *m. PN* Abihail

אֲבִיטוּב *m. PN* Abitub 1 Chr 8:11◦

אֲבִיטַל *f. PN* Abital 2 Sam 3:4; 1 Chr 3:3◦

אֲבִיָּם *m. PN* Abijam

אֲבִימָאֵל *m. PN* Abimael Gen 10:28; 1 Chr 1:22◦

אֲבִימֶלֶךְ *m. PN* Abimelech

אֲבִינָדָב *m. PN* Abinadab

אֲבִינֹעַם *m. PN* Abinoam

אֲבִינֵר *m. PN* Abner 1 Sam 14:50◦

אֶבְיָסָף *m. PN* Abiasaph

אֲבִיעֶזֶר *m. PN* Abieser

אֲבִי־עַלְבוֹן *m. PN* Abialbon 2 Sam 23:31◦

אַבִּיר[B] *m.* the strong, powerful, brave, hero; potentate; of animals: oxen Isa 34:7; horses Jer 50:11 - 2 אַבִּירִים 3 אַבִּירֵי 4 אַבִּירָיו אַבִּירֶיךָ אַבִּרָי

אָבִיר name of God: the Mighty One Gen 49:24; Isa 1:24; 49:26; 60:16; Ps 132:2.5 - 1 אֲבִיר◦

אֲבִירָם *m. PN* Abiram

אֲבִישַׁג *f. PN* Abishag

אֲבִישׁוּעַ *m. PN* Abishua

אֲבִישׁוּר *m. PN* Abishur 1 Chr 2:28◦

אֲבִישַׁי *m. PN* Abishai

אֲבִישָׁלוֹם *m. PN* Abishalom, Absholom

אֶבְיָתָר *m. PN* Abiathar

√ **אבך** *hitp* whirl upward 7 וַיִּתְאַבְּכוּ Isa 9:17◦

√ **אבל**[B] I. *q* mourn, lament 5 אָבְלָה אָבַל תֶּאֱבַל *p* תֶּאֱבָל 6 אָבְלוּ

hif let, cause to mourn 5 הֶאֱבַלְתִּי 7 וַיַּאֲבֶל Ez 31:25; Lam 2:8◦

hitp mourn, wear mourning garments 5 הִתְאַבֵּל 6 יִתְאַבָּל תִּתְאַבְּלוּ 7 וַיִּתְאַבֵּל וַיִּתְאַבְּלוּ *p* וַיִּתְאַבָּלוּ וָאֶתְאַבְּלָה וַיִּתְאַבֵּל 10 הִתְאַבְּלִי 11 מִתְאַבֵּל מִתְאַבֶּלֶת מִתְאַבְּלִים

√ **אבל** II. *q* dry, wither; others: ↪ I. Isa 24:4.7; 33:9; Jer 4:28; 33:10; Hos 4:3; Am 1:2; Joel 1:10◦

אָבֵל[B] ↩ אבל I. *m.* mourning, mournful 1 אֲבֵל 2 אֲבֵלִים אֲבֵלוֹת 3 אֲבֵלֵי 4 אֲבֵלָיו

אָבֵל II. part of following place names :

1 st.c. sg. 2 st.a. pl. 3 st.c. pl. 4 with *epp* 5 SC 6 PC 7 narrative 8 inf.c. 9 inf.a. 10 imp. 11 part.

אָבֵל בֵּית־מַעֲכָה Abel-Bet-Maacha

אָבֵל הַשִּׁטִּים Abel-Hashitim

אָבֵל כְּרָמִים Abel-Keramim

אָבֵל מְחוֹלָה Abel-Meholah

אָבֵל מַיִם Abel-Maim

אָבֵל מִצְרַיִם Abel-Mizraim

אֵבֶל ↩ אבל *m.* mourning, mourning rites, period of mourning 1 אֵבֶל 4 אֶבְלָם אֶבְלֵךְ

אֲבָל[B] positive: yes, indeed, truly; alas; negative: on the contrary, but, rather

אֻבָל & אוּבָל *m.* canal, river Dan 8:2ff◦

אֶבֶן[B] *f.* stone; precious stone; weight; rock; sacral stone, altar *p* אָבֶן 2 אֲבָנִים 3 אַבְנֵי 4 אַבְנוֹ אֲבָנָיו אֲבָנֶיךָ

אֶבֶן הָעֵזֶר *pln* Ebenezer 1 Sam 4:1; 5:1; 7:12◦

אֲבָנָה *pn* a river, Abana 2 Kgs 5:12 *kt.*; *qr.* Amana◦

אַבְנֵט *m.* sash, girdle 2 אַבְנֵטִים 4 וְאַבְנֵטְךָ

אָבְנַיִם ↩ אֶבֶן *m.* du. wheels (of a potter) Jer 18:3; birthstool; others: genitalia Ex 1:16 *p* הָאָבְנָיִם◦

אַבְנֵר *m. PN* Abner

אבס √ *q* fatten 11 pass. אָבוּס אֲבוּסִים 1 Kgs 5:3; Prov 15:17◦

אֲבַעְבֻּעֹת *f.* pocks, boils Ex 9:9f◦

אֶבֶץ *pln* Ebez Jos 19:20 *p* אָבֶץ◦

אִבְצָן *m. PN* Ibzan Jdg 12:8.10◦

אבק √ *nif* wrestle 7 וַיֵּאָבֵק 8 בְּהֵאָבְקוֹ[e] Gen 32:25f◦

אָבָק *m.* dust, cloud of dust 1 אֲבַק 4 אֲבָקָם

אֲבָקָה *f.* dust, spice powder, scent, fragrance 1 אַבְקַת Song 3:6◦

אבר √ ↩ אֵבֶר *hif* soar 6 יַאֲבֶר Job 39:26◦

אֵבֶר *m.* wings Isa 40:31; Ez 17:3; Ps 55:7◦

אֶבְרָה *f.* wings, plumage 4 אֶבְרָתוֹ אֶבְרוֹתֶיהָ

אַבְרָהָם *m. PN* Abraham

אַבְרֵךְ *interj.*: Attention! others: derivated from ↩ ברך *On your knees!* Gen 41:43◦

אַבְרָם *m. PN* Abram

אַבְשַׁי & אֲבִישַׁי *m. PN* Abishai

אַבְשָׁלוֹם *m. PN* Abshalom

אֹבֹת *pln* Oboth Num 21:10f; 33:43f◦

אֹבֹת ↩ אוֹב

אָבֹת ↩ אָב

אָגֵא *m. PN* Agee 2 Sam 23:11◦

אָגָג & אֲגַג *m. PN* Agag

אֲגָגִי *pn* Agagite

אֲגֻדָּה *f.* bands, straps Isa 58:6; bunch Ex 12:22; group, troop 2 Sam 2:25; vault, dome Am 9:6 - 1 אֲגֻדַּת 3 אֲגֻדּוֹת 4 וַאֲגֻדָּתוֹ◦

אֱגוֹז *m.* nut, walnut tree Song 6:11◦

אָגוּר *m. PN* Agur Prov 30:1◦

אֲגוֹרָה *f.* coin, also name of a coin: Agorah 1 אֲגוֹרַת 1 Sam 2:36◦

אֶגֶל *m.* drop 3 אֶגְלֵי Job 38:28◦

אֶגְלַיִם *pln* Eglaim Isa 15:8◦

אֲגַם I. *m.* pool, pond 2 הָאֲגַמִּים 3 אַגְמֵי 4 אַגְמֵיהֶם

אֲגַם II. *m.* bulwark (others: boats, or ↪ I.) 2 אֲגַמִּים Jer 51:32◦

אָגֵם *m.* sad, grieved 3 אַגְמֵי Isa 19:10◦

אַגְמוֹן & אַגְמֹן *m.* reed

① unc. Job 41:12; possibly „burning reed“; more likely is a root אגם *glow*.

אַגָּן *m.* bowl 1 אַגַּן 2 אַגָּנֹת אַגָּנוֹת

אֲגַף *m.* troop, horde 4 אֲגַפֶּיךָ אֲגַפָּיו

√אגר *q* gather, store 5 אָגְרָה 6 תֶּאֱגֹר 11 אֹגֵר Dtn 28:39; Prov 6:8; 10:5◦

אֲגַרְטָל *m.* bowl, basin 3 אֲגַרְטְלֵי Ezr 1:9◦

אֶגְרֹף *m.* fist; others: tool, mattock Ex 21:18; Isa 58:4◦

אִגֶּרֶת *f.* letter 2 & 3 אִגְּרוֹת אִגְּרֹת 4 אִגְּרוֹתֵיהֶם

אֵד *m.* water, stream; mist, vapour 4 אֵדוֹ Gen 2:6; Job 36:27◦

√אדב *hif* grieve 8 לַאֲדִיב 1 Sam 2:33◦

אַדְבְּאֵל *m. PN* Adbeel Gen 25:13; 1 Chr 1:29◦

אֲדַד *m. PN* Hadad 1 Kgs 11:17◦

אִדּוֹ *m. PN* Iddo Ezr 8:17◦

אָדוֹם & אָדֹם *m.* red, reddish, red-brown (colour of earth) 2 אֲדֻמִּים

אֱדוֹם & אֱדֹם *m. PN* & *pln* Edom

אֲדוֹמִי & אֲדֹמִי *pn* Edomite

אָדוֹן[B] *m.* master, lord 1 אֲדוֹן 2 אֲדֹנִים 3 אֲדֹנֵי 4 אֲדֹנַי אֲדֹנֵיכֶם אֲדֹנָיו אֲדֹנֵנוּ אֲדֹנִי אֲדוֹנוֹ

אֲדֹנָי[B] My Lord, only of God

אַדּוֹן *pln* Addon Neh 7:61◦

אֲדוֹרַיִם *pln* Adoraim 2 Chr 11:9◦

אֲדוֹרָם ↪ אֲדֹרָם *m. PN* Adoram

אֹדוֹת & אוֹדוֹת with עַל because, on account of; about, concerning, for the sake of; עַל אוֹדוֹתַי for my sake; עַל־כָּל־אֹדוֹת אֲשֶׁר כִּי Jer 3:8 because of

אַדִּיר[B] ↪ אדר *m.* mighty, powerful; splendid, majestic, noble; pl. the nobles, rulers 2 אַדִּרִים אַדִּירִים אַדִּירִם 3 אַדִּירֵי 4 אַדִּירֶיךָ אַדִּירֵיהֶם

אֲדַלְיָא *m. PN* Adalia Est 9:8◦

√אדם *q* be red 5 אָדְמוּ Lam 4:7◦
pu be red (hued) 11 מְאָדָּם מְאָדָּמִים
hif become red 6 יַאְדִּימוּ Isa 1:18◦
hitp shimmer, sparkle red 6 יִתְאַדָּם Prov 23:31◦

אָדָם[B] I. *m.* coll. man; person; people; בְּנֵי־אָדָם children of men, people

אָדָם II. *m. PN* & *pln* Adam Jos 3:16; Hos 6:7 (?)

אָדֹם & אָדוֹם *m.* red, reddish, red-brown (colour of earth) 2 אֲדֻמִּים

אֹדֶם *m.* ruby

אֲדַמְדָּם *m.* & אֲדַמְדֶּמֶת *f.* reddish *p* אֲדַמְדֶּמֶת 2 אֲדַמְדַּמֹּת Lev 13:42.49

אֲדֻמָּה *f.* red, reddish Num 19:2◦

אֲדָמָה[B] *f.* I. land, farmland, ground, soil 1 אַדְמַת 2 אֲדָמוֹת 4 אֲדָמָתוֹ אַדְמָתוֹ אַדְמָתָהּ אַדְמָתְךָ *p* אַדְמָתֶךָ וְאַדְמָתֵנוּ אַדְמַתְכֶם אַדְמָתָם אַדְמָתִי אַדְמָתֶךָ

אֲדָמָה II. *pln* Adamah Jos 19:36◦

אַדְמָה *pln* Admah

אַדְמוֹנִי & אַדְמֹנִי *m.* reddish, reddish-brown Gen 25:25; 1 Sam 16:12; 17:42◦

אֲדָמִי הַנֶּקֶב *pln* Adami-Nekeb Jos 19:33◦

אֲדֻמִּים *pln* Adummim Jos 15:7; 18:17◦

אַדְמָתָא *m. PN* Admata Est 1:14◦

אֶדֶן *m.* socket, pedestal, basis 2 אֲדָנִים 3 אַדְנֵי 4 אֲדָנָיו אַדְנֵיהֶם

אַדָּן *pln* Addon; others: part of *pln* Cherub-Addon Ezr 2:59◦

אֲדֹנָי[B] My Lord, only of God

אֲדֹנִי־בֶזֶק *m. PN* Adoni-Besek Jdg 1:5ff

אֲדֹנִי־צֶדֶק *m. PN* Adoni-Zedek Jos 10:1.3◦

אֲדֹנִיָּה & אֲדֹנִיָּהוּ *m. PN* Adoniah

אֲדֹנִיקָם *m. PN* Adonikam

אֲדֹנִירָם & אֲדֹרָם *m. PN* Adoniram

✓ אדר *nif* be majestic, glorious 11 נֶאְדָּר נֶאְדָּרִי Ex 15:6.11◦

hif make glorious 6 וְיַאְדִּיר Isa 42:21◦

אַדִּר ↔ אַדִּיר

אֶדֶר ↔ אדר *m.* garment, robe Mic 2:8; magnificent Zec 11:13 אֶדֶר הַיְקָר *magnificent price*◦

אֲדָר *pn* Adar; 12th month, Febr/March

אַדָּר *m. PN* & *pln* Addar

אַדִּר ↔ אַדִּיר

אֲדַרְכֹנִים *m.* gold coins; also *pn* darics, drachmas 1 Chr 29:7; Ezr 8:27◦

אֲדֹרָם *m. PN* Adoram 2 Sam 20:24; 1 Kgs 12:18◦

אַדְרַמֶּלֶךְ *pn* Adrammelech 2 Kgs 17:31; 2 Kgs 19:37; Isa 37:38◦

אֶדְרֶעִי *pln* Edreï

אִדָּרֵשׁ inf.a. *nif* ↔ דרשׁ

אַדֶּרֶת ↔ אדר *f.* cloak, garment; noble Ez 17:8 *p* אַדָּרֶת 4 אַדַּרְתּוֹ אַדַּרְתָּם

✓ אדשׁ *var.* ↔ דושׁ *q* thresh 9 אָדוֹשׁ Isa 28:28◦

✓ אהב[B] *q* love 5 אָהַב אָהֵב אֲהֵבוֹ[e] אֲהֵבְךָ[e] אָהַבְתָּ אֲהַבְתֶּךָ[e] (3.Sg.f. w. *epp* 2 Sg.f.) אָהֲבָה אָהֲבוּ אָהַבְתִּי *p* אֲהַבְתִּי אֲהֵבְתִּהוּ[e] אֲהַבְתָּנִי[e] יֶאֱהַב *p* יֶאְהַב יֶאֱהָב 6 וַאֲהַבְתֶּם אֲהֵבוּךָ[e] וַיֶּאֱהַב 7 תֶּאֱהָבוּ אֹהַב אֹהָב וְיֶאֱהָבֶךָ יֶאֱהָבֵנִי[e] לְאַהֲבָה 8 וַתֶּאֱהַב וַיֶּאֱהָבֶהָ[e] וַיֶּאֱהָבֵהוּ[e] 11 אֱהָבוּ *p* אֱהֶבוּ אֱהַב 10 אֱהָבָם[e] אֲהַבְתֶּם[e] אֹהֲבָיו[e] לְאֹהֲבַי[e] אֹהֲבִים אֹהֲבֵי אֹהֶבֶת אֹהֵב pass. אֲהֻבַת אֲהוּבָה

nif beloved 11 הַנֶּאֱהָבִים 2 Sam 1:23◦

pi pt. lover 11 מְאַהֲבַי[e] מְאַהֲבָיִךְ[e] מְאַהֲבֶיהָ[e]

אַהַב ↔ אהב *m.* love, joy of love Prov 7:18; lover, others: inf.c. ↔ אהב Hos 9:10 (Hos 8:9) - 2 אֲהָבִים 4 אֳהָבָם◦

אַהֲבָה[B] *f.* love, loving (as inf. for ↔ אהב) 1 אַהֲבַת 4 אַהֲבָתוֹ אַהֲבָתְךָ אַהֲבָתִי

1 st.c. sg. 2 st.a. pl. 3 st.c. pl. 4 with *epp* 5 SC 6 PC 7 narrative 8 inf.c. 9 inf.a. 10 imp. 11 part.

אֲהָבִים ← אהב *m.* lovely Prov 5:19; love gifts Hos 8:9◦

אֹהַד *m. PN* Ohad Gen 46:10; Ex 6:15◦

אֲהָהּ *interj.*: oh!

אַהֲוָא *pn* Ahava Ezr 8:15ff◦

אֵהוּד *m. PN* Ehud

אֱהִי where? ↪ אֵי & אַיֵּה Hos 13:10.14◦

√אהל ← אֹהֶל I. *q* pitch a tent 7 וַיֶּאֱהַל Gen 13:12.18◦

pi pitch a tent 6 יַהֵל Isa 13:20◦

√אהל II. *var.* ↪ הלל II. *hif* shine brightly 6 יַאֲהִיל Job 25:5◦

אֹהֶל[B] I. *m.* tent, with *he-locale* הָאֹהֱלָה 2 אֹהָלִים בְּאֳהָלִים 3 אָהֳלֵי 4 אָהֳלוֹ אָהֳלֹה אָהֳלֵיהֶם אֹהָלָיו אָהֳלֵי אָהֳלֶךָ *p* אֹהָלֶךָ אָהֳלֵיכֶם

אֹהֶל II. *m. PN* Ohel 1 Chr 3:20◦

אָהֳלָה *f. PN* Oholah Ez 23:4f.36.44◦

אֲהָלוֹת *f. pn* Aloe Ps 45:9; Song 4:14◦

אָהֳלִיאָב *m. PN* Oholiab

אָהֳלִיבָה *f. PN* Oholibah Ez 23:4ff◦

אָהֳלִיבָמָה *f. PN* Oholibamah

אֲהָלִים *m. pn* Aloe, Aloe trees Num 24:6; Prov 7:17◦

אַהֲרֹן *m. PN* Aaron

אוֹ *conj.*: or; אוֹ ... אוֹ either ... or; whether ... or

אוּאֵל *m. PN* Uël Ezr 10:34◦

אוֹב I. *m.* wine skin 2 אֹבוֹת Job 32:19◦

אוֹב II. *m.* spirit of the dead; necromancer 1 Sam 28:3 - 2 אֹבֹת אֹבוֹת

אוֹבִיל *m. PN* Obil 1 Chr 27:30◦

אֻבָל & **אוּבָל** *m.* canal, river Dan 8,2ff◦

אוּד *m.* firewood, log 2 הָאוּדִים Isa 7:4; Am 4:11; Zec 3:2◦

אוֹדוֹת & **אֹדוֹת** with עַל because, on account of; about, concerning, for the sake of; עַל אוֹדוֹתַי for my sake; עַל־כָּל־אֹדוֹת אֲשֶׁר כִּי Jer 3:8 because of

√אוה *nif* be beautiful, lovely; fitting 5 נַאֲוָה נָאווּ Isa 52:7 Song 1:10; Ps 93:5◦

ⓘ These forms could also be derivated from ↪ נאה

pi want, desire 5 אִוָּה אִוְּתָה אִוִּיתִיהָ[e] אִוִּיתִיךָ[e] 6 תְּאַוֶּה

hitp long, desire, yearn 5 הִתְאַוָּה הִתְאַוֵּתִי הִתְאַוּוּ וְהִתְאַוִּיתֶם 6 תִּתְאַוֶּה תִּתְאָו 11 הַמִּתְאַוִּים

אַוָּה ← אוה *f.* longing, desire; with נֶפֶשׁ to the heart's content, as one wishes 1 אַוַּת 4 אַוָּתִי

אוּזַי *m. PN* Usai Neh 3:25◦

אוּזָל *m. PN* & *pln* Usal

אוֹי *interj.* Oy vey, woe

אֱוִי *m. PN* Evi Num 31:8; Jos 13:21◦

אוֹיֵב ↪ איב

אוֹיָה *interj.*: woe Ps 120:5◦

אֱוִיל ← יאל *var.* אול *m.* fool, foolish 2 אֱוִלִים אֱוִילִים

1 st.c. sg. 2 st.a. pl. 3 st.c. pl. 4 with *epp* 5 SC 6 PC 7 narrative 8 inf.c. 9 inf.a. 10 imp. 11 part.

אֱוִיל מְרֹדַךְ *m. PN* Evil-Merodach 2 Kgs 25:27; Jer 52:31◦

אוּל *m.* body, belly 4 **אוּלָם** Ps 73:4◦

אוּלֵי *kt.* 2 Kgs 24:15; *qr.* → **אַיִל** I. men of power, upper class; others: **אֱוִיל** II. citizens◦

אֱוִלִי ↩ **יאל** *var.* **אול** *m.* foolish, worthless Zec 11:15◦

אוּלַי I. perhaps, suppose; *cond.* if not Num 22:33

אוּלַי II. *pn* Ulai Dan 8:2.16◦

אוּלָם I. but, however, nevertheless, on the other hand

אוּלָם II. & **אֵילָם** *m.* vestibule, atrium 2 **אֻלַמָּיו אֵלַמָּיו** 4 **אֵלַמֵּי** 3 **אֵלַמּוֹת**

אוּלָם III. *m. PN* Ulam

אִוֶּלֶת ↩ **יאל** *var.* **אול** *f.* foolishness, folly 4 **אִוַּלְתִּי אִוַּלְתּוֹ**

אוֹמָר *m. PN* Omar Gen 36:11.15; 1 Chr 1:36◦

אוֹמֶר → **אֹמֶר**

אָוֶן[B] *m.* misfortune, harm, trouble, travails; injustice, deception, lie; idolatry 1 Sam 15:23 - 4 **אוֹנָם אוֹנִי אוֹנֵךְ אֹנוֹ**

אוֹן I. *m.* vigor, strength Gen 49:3; wealth, fortune Hos 12:9 - 2 **אוֹנִים** 4 **אוֹנִי אוֹנֵךְ אֹנוֹ אוֹנוֹ**

ⓘ The suffigated forms of the last two lemmata are identical.

אוֹן II. *m. PN* Num 16:1 & *pln* On, Heliopolis

אוֹנֶה & **אָנֶה**[B] ↩ **אנה** *m.* lament, mourning 2 **אוֹנִים** 4 **אֹנִי**

אוֹנוֹ & **אֹנוֹ** *pln* Ono

אוֹנִיּוֹת 2 Chr 8:18 *kt.* → **אֳנִיָּה** ships

אוֹנָם *m. PN* Onam

אוֹנָן *m. PN* Onan

אוּפָז *pln* Uphaz Jer 10:9; Dan 10:5◦

אוֹפִיר *m. PN* & *pln* Ophir

אוֹפָן *m.* wheel *p* **אוֹפָן** 2 **אוֹפַנִּים** 3 **אוֹפַנֵּי** 4 **אוֹפַנֵּיהֶם**

√ **אוץ** *q* hurry, push, urge, hasten; pt. hasty; be too narrow Jos 17:15 - 5 **אָץ** 11 **אַצְתִּי אָץ** **אָצִים**

hif urge, tell s.o. to hurry Gen 19:15; try (with inf.c.) Isa 22:4 - 6 **תָּאִיצוּ** 7 **וַיָּאִיצוּ**

אוֹצָר ↩ **אצר** *m.* supply, storeroom; treasure, treasury 1 **אוֹצַר** 2 **אוֹצָרוֹת אֹצָרוֹת** 3 **אֹצְרוֹת** 4 **אוֹצָרוֹ אֹצְרֹתָיו אוֹצְרוֹתֶיךָ אוֹצְרוֹתַיִךְ** **אוֹצְרֹתַי**

√ **אור**[B] *q* be bright, shine; break (of the morning) 5 **אוֹר** 3.sg; **אֹרוּ** pl. 7 **וַיֵּאֹר** (*nif?*) **וַתָּאֹרְנָה** 10 **אוֹרִי** 11 **אוֹר**

nif get light, be lighted; pt. resplendent 7 **וַיֵּאֹר** (*q?*) 8 **לֵאוֹר** 11 **נָאוֹר** 2 Sam 2:32; Job 33:30; Ps 76:5◦

hif shine, illuminate, give light; kindle 5 **הֵאִיר** 8 **וַיָּאֶר** 7 **יָאִירוּ יָאֵר יָאִיר** 6 **הֵאִירוּ הֵאִירָה** **מְאִרַת מֵאִיר** 11 **הָאִירָה הָאֵר** 10 **לְהָאִיר** **מְאִירוֹת מְאִירֵי**

אוֹר[B] ↩ **אור** *m.* & *f.* light, brightness 2 **אוֹרִים** 4 **אוֹרָם אוֹרִי אוֹרֵךְ אוֹרְךָ אוֹרֵהוּ אוֹרוֹ**

אוּר ↩ **אור** *m.* I. light; light of fire, glow; pl. east (region of light Isa 24:15) 2 **אֻרִים**

אוּר II. *m.* oracle 2 **אוּרִים**

ⓘ This word only exists as plural and usually

accompanies *Tummim*; it can be considered as a proper name, *Urim*.

אוּר III. *m. PN* & *pln* Ur

אוֹרָה ← אור I. *f.* light Est 8:16 אוֹרָה וְשִׂמְחָה light and joy 2 אוֹרֹת אוֹרוֹת

אוֹרָה ← ארה II. *f.* herbs, vegetables 2 אֹרֹת 2 Kgs 4:39◦

אֻרָוֹת *f.* pens, stalls 2 Chr 32:28 ↪ אֻרָוָה◦

אוּרִי & אֻרִי *m. PN* Uri

אוּרִיאֵל *m. PN* Uriël

אוּרִיָּה & אוּרִיָּהוּ *m. PN* Uriah

אוֹרְנָא *m. PN* 2 Sam 24:16; *kt.*; *qr.* ↪ אֲרַוְנָה

אות✓ *nif.* agree 6 יֵאֹתוּ נֵאוֹת נֵאוֹתָה 7 וַיֵּאֹתוּ Gen 34:15.22f; 2 Kgs 12:9◦

אוֹת[B] *m.* & *f.* sign, banner 2 אֹתֹת אוֹתֹת אוֹתוֹת 4 אוֹתֹתָם אֹתֹתַי אוֹתֹתֶיךָ אוֹתֹתָיו

אוֹתוֹ etc. ↪ אֵת with *epp*

אָז[B] then, at that time; with מִן: מֵאָז since, earlier

ⓘ With the PC, the word expresses duration in the past, with the SC it marks punctual events.

אֶזְבַּי *m. PN* Ezbai

אֵזוֹב & אֵזֹב *pn* a plant, hyssop

אֵזוֹר *m.* belt, waistband

אֲזַי = ↪ אָז Ps 124,2ff לוּלֵא ... אֲזַי if not ... then◦

אַזְכָּרָה ← זכר *f.* memorial, memorial portion 4 אַזְכָּרָתָהּ

ⓘ This word indicates the part of the מִנְחָה offering that is burnt.

אזל✓ *q* go away, run out, abate, disappear 5 אָזַל אָזְלַת אָזְלוּ 6 תֵּזְלִי (Jer 2:36; if not ↪ זלל) 11 אֹזֵל

pu 11 מְאוּזָּל Ez 27:19 *unc.*; perhaps *pn* Musal or *from Usal*◦

אֶזֶל *pln* Azel *p* אָזֶל 1 Sam 20:19◦

אזן[B]✓ ← אֹזֶן *hif* listen, harken 5 הַאֲזִין הֶאֱזִין וְהַאֲזִינִי[e] 10 אָזִין יַאֲזִין 6 הֶאֱזִינוּ וְהַאֲזַנְתָּ מֵזִין 11 הַאְזֵנָּה הַאֲזִינוּ הַאֲזִינָה

pi listen, consider, weigh 5 וְאִזֵּן Ecc 12:9◦

אֹזֶן[B] ← אזן *f.* ear du. אָזְנַיִם 3 אָזְנֵי 4 אָזְנוֹ אָזְנְךָ אָזְנֵיכֶם אָזְנֵיהֶם אָזְנָי אָזְנֶיךָ אָזְנַיִךְ

אָזֵן *m.* equipment, tools 4 אֲזֵנֶךָ Dtn 23:14◦

אֻזֵּן שֶׁאֱרָה *pln* Uzen-Sheera 1 Chr 7:24◦

אַזְנוֹת תָּבוֹר *pln* Aznot-Tabor Jos 19:34◦

אָזְנִי *m. PN* Ozni Num 26:16◦

אֲזַנְיָה *m. PN* Azaniah Neh 10:10◦

אֶזְנִיחוּ ↪ זנח II.

אֲזִקִּים *m.* chains, handcuffs Jer 40:1.4◦

אזר✓ *q* gird, bind; *fig.* prepare, dress for action 5 אָזְרוּ 6 תֶּאְזֹר יַאַזְרֵנִי[e] 10 אֱזָר־ 11 pass. אָזוּר

nif being girded, *fig.* equipped 11 נֶאְזָר Ps 65,7◦

pi gird s.o., *fig.* equip s.o. 6 אֲאַזֶּרְךָ[e] 7 וַתְּאַזְּרֵנִי[e] הַמְאַזְּרֵנִי[e] מְאַזְּרֵי 11 וַתַּזְּרֵנִי[e]

hitp gird o.s., *fig.* prepare o.s. 5 הִתְאַזָּר 10 הִתְאַזָּרוּ Isa 8:9; Ps 93:1◦

אֶזְרוֹעַ = זְרוֹעַ arm Jer 32:21; Job 31:22◦

אֶזְרָח ← זרח *m.* native, citizen 1 אֶזְרַח

אֱזְרָחִי *pn* Ezrahite

אָח[B] I. *m.* brother; relative; fellow human being 1 אָחִי אָחִיךָ אֲחִיהוּ אָחִיו 4 אֲחֵי 3 אַחִים 2 אֲחִי אֶחָי *p* אַחַי אַחֵיךָ אֶחָיו אֲחִיכֶם

אָח II. *interj.:* ah!

אַח *m.* brazier, fire pot *p* אָח Jer 36:22f◦

אֹחַ *pn* of an animal, owl 2 אֹחִים Isa 13:21◦

אַחְאָב & אֶחָב *m. PN* Ahab

אַחְבָּן *m. PN* Ahban 1 Chr 2:29 ◦

אחד *hitp* hit, cut 10 הִתְאַחֲדִי Ez 21:21 ◦

אֶחָד *m.* & אַחַת[B] *f.* one; someone; a certain person or thing; pl.: same, some, few אֶחָד ... אֶחָד one ... another *p* אֶחָת 1 אַחַד אַחַת 2 אֲחָדִים *f.* ↔ אַחַת

אַחַד עָשָׂר eleven, with masc.

אָחוּ *m.* reed, reed gras Gen 41:2.18; Job 8:11◦

אֵחוּד *m. PN* Ehud 1 Chr 8:6◦

אַחֲוָה I. *f.* brotherhood, kinship Zec 11:14◦

אַחֲוָה II. *f.* statement, declaration 4 אַחֲוָתִי Job 13:17◦

אֲחוּזִים *m.* support, bracing Ez 41:6◦

אֲחוֹחַ *m. PN* Ahoah 1 Chr 8:4◦

אֲחוֹחִי & אֲחֹחִי *pn* Ahoahite

אֲחוּמַי *m. PN* Ahumai 1 Chr 4:2◦

אָחוֹר[B] ↔ אחר *m.* back, back side, backward; behind; with לְ: לְאָחוֹר in future; with בְּ at last Prov 29:11; with מִן: מֵאָחוֹר from behind, west Isa 9:11; Job 23:8

אֲחוֹחִי *pn* Ahohite

אָחוֹת[B] *f.* sister; relative; fellow human being; as a title of a bride Song 4:9; אִשָּׁה אֶל־אֲחֹתָהּ one to another Ex 26:3 - 1 אֲחוֹת 4 אֲחֹתוֹ אֲחִיתָיו; אֲחוֹתֵנוּ אֲחוֹתִי אֲחֹתִי אֲחוֹתְךָ אֲחֹתָהּ אַחְיוֹתֵיהֶם אַחְיֹתֵיהֶם אֲחוֹתַיִךְ אַחְיוֹתָיו אֲחְיוֹתַי אַחְיוֹתַי

אחז[B] I. *q* seize, grasp, hold, clutch; fasten, insert, attach, join (tech.) 1 Kgs 6:6.10; bolt Neh 7:3; pt.pass. captive Num 31:30; connected to 1 Chr 24:6 - 5 אָחַז אֲחָזָנִי[e] אֲחָזָה אֲחָזַתְהוּ[e] יֶאֱחֹז יֹאחֵז 6 אֲחָזוּנִי[e] אֲחַזְתִּיו[e] אָחַזְתָּ אֲחָזָתַם[e] וַתֹּחֶז וַיֶּאֱחֹז 7 וַתֹּאחֲזֵנִי[e] תֶּאֱחֹז תֹּאחֵז יֹאחֲזֵמוֹ[e] אֱחֹז 11 אֱחֹז 10 לֶאֱחֹז 8 וַיֹּאחֲזוּהוּ[e] וַיֹּאחֲזוּ וָאֹחֵז אֲחֻזֵי אָחוּז pass. אֹחֶזֶת

nif be seized; caught Gen 22:13; be settled Gen 47:27 - 5 נֶאֱחַז נֹאחֲזוּ 7 וַיֵּאָחֲזוּ 10 הֵאָחֲזוּ 11 נֶאֱחָזִים נֶאֱחָז

pi cover, hold back 11 מְאַחֵז Job 26:9◦

hof be fastened 11 מָאֳחָזִים 2 Chr 9:18◦

אָחָז *m. PN* Ahaz

אָחֻז pt. pass. ↔ אחז

אֲחֻזָּה ↔ אחז *f.* property, plot of land 1 אֲחֻזַּת 4 אֲחֻזַּתְכֶם אֲחֻזָּתְךָ אֲחֻזָּתוֹ

אַחְזַי *m. PN* Ahzai

אֲחַזְיָה & אֲחַזְיָהוּ *m. PN* Ahaziah

אֲחֻזָּם *m. PN* Ahuzam 1 Chr 4:6◦

אֲחֻזַּת *m. PN* Ahuzat Gen 26:26◦

אֲחֹחִי & אֲחוֹחִי *pn* Ahoahite

אֵחִי *m. PN* Ehi Gen 46:21◦

אֲחִי *m. PN* Ahi 1 Chr 5:15; 7:34◦

1 st.c. sg. 2 st.a. pl. 3 st.c. pl. 4 with *epp* 5 SC 6 PC 7 narrative 8 inf.c. 9 inf.a. 10 imp. 11 part.

אֲחִי st.c. → אָח

אֲחִיאָם *m. PN* Ahiam 2 Sam 23:33; 1 Chr 11:35◦

אֲחִיָּה & אֲחִיָּהוּ *m. PN* Ahiyahu

אֲחִיחֻד & אֲחִיהוּד *m. PN* Ahihud Num 34:27; 1 Chr 8:7◦

אַחְיוֹ *m. PN* Ahio

אֲחִיטוּב *m. PN* Ahitub

אֲחִילוּד *m. PN* Ahilud

אֲחִימוֹת *m. PN* Ahimoth 1 Chr 6:10◦

אֲחִימֶלֶךְ *m. PN* Ahimelek

אֲחִימָן & אֲחִימַן *m. PN* Ahiman

אֲחִימָעַץ & אֲחִימַעַץ *m. PN* Ahimaaz

אַחְיָן *m. PN* Ahian 1 Chr 7:19◦

אֲחִינָדָב *m. PN* Ahinadab 1 Kgs 4:14◦

אֲחִינֹעַם *m. PN* Ahinoam

אֲחִיסָמָךְ *m. PN* Ahisamak

אֲחִיעֶזֶר *m. PN* Ahiezer

אֲחִיקָם *m. PN* Ahikam

אֲחִירָם *m. PN* Ahiram Num 26:38◦

אֲחִירָמִי *pn* Ahiramite Num 26:38◦

אֲחִירַע *m. PN* Ahira

אֲחִישָׁחַר *m. PN* Ahishahar 1 Chr 7:10◦

אֲחִישָׁר *m. PN* Ahishar 1 Kgs 4:6◦

אַחְיֹת → אחות

אֲחִיתֹפֶל *m. PN* Ahitophel

אַחְלָב *pln* Jdg 1:31; reading with Jos 19:29 Mahaleb◦

אַחֲלֵי & אַחֲלַי *interj.*: oh that, if only 2 Kgs 5:3; Ps 119:5◦

אַחְלַי *m. PN* Ahlai

אַחְלָמָה *pn* of a gemstone, amethyst Ex 28:19; 39:12◦

אֲחַסְבַּי *m. PN* Ahasbai 2 Sam 23:34 ◦

אחר✓ *q* delay 7 וַיִּחֶר וָאֵחַר Gen 32:5; 2 Sam 20:5 *kt.; qr. hif*◦

pi delay s.th., retard, refrain 5 אֵחַר אֶחֱרוּ 6 יְאַחֵר תְּאַחֵר תְּאַחַר תְּאַחֲרוּ 11 מְאַחֲרִים מְאַחֲרֵי

hif delay, tarry 7 וַיּוֹחֶר 2 Sam 20:5 *qr.*◦

אַחֵר *m.* & אַחֶרֶת[B] *f.* I. other, another, different; following, further 2 אֲחֵרִים אֲחֵרִין אֲחֵרוֹת

אַחֵר II. *m. PN* Aher 1 Chr 7:12◦

אַחַר[B] (adv. & prep.) sg. & pl.: behind, after, afterwoods; pl. also as subst.: rear part, end, back; with אֶל and עַל: down(ward); with מִן: from following 3 אַחֲרֵי 4 אַחֲרֶיךָ אַחֲרָיו אַחֲרוֹ אַחֲרַי

אַחֲרוֹן *m.* & אַחֲרוֹנָה & אַחֲרֹנָה *f.* the back, behind, second, latest; as adv. resp. prep. behind, later, at last, eventually, finally; henceforth, in the future הַיָּם הָאַחֲרוֹן *Mediterranean Sea* 2 אַחֲרֹנִים אַחֲרוֹנִים

אַחְרַח *m. PN* Ahrah 1 Chr 8:1◦

אֲחַרְחֵל *m. PN* Aharhel 1 Chr 4:8◦

אַחֲרֵי → אחר

1 st.c. sg. 2 st.a. pl. 3 st.c. pl. 4 with *epp* 5 SC 6 PC 7 narrative 8 inf.c. 9 inf.a. 10 imp. 11 part.

אַחֲרֵיכֶן thereafter, afterward Ezr 3:5; 1 Chr 20:4◦

אַחֲרִית *f.* the uttermost, end, outcome; future, things to come; the last, rest Am 4:2; 9:1; descendants Jer 31:17 - 1 אַחֲרִית 4 אַחֲרִיתוֹ אַחֲרִיתֵנוּ אַחֲרִיתִי אַחֲרִיתֵךְ

אֲחֹרַנִּית backward Gen 9:23; 1 Sam 4:18; 1 Kgs 18:37; 2 Kgs 10:20f; Isa 38:8◦

אַחֶרֶת *f.* other, another, different; following, further ↪ אַחֵר I.

אֲחַשְׁדַּרְפְּנִים *m.* pl. satrap, governor 3 אֲחַשְׁדַּרְפְּנֵי

אֲחַשְׁוֵרוֹשׁ *m. PN* Xerxes

אֲחַשְׁתָּרִי *m. PN* Ahashtari; others: *pn* Ahashtarite 1 Chr 4,6◦

אֲחַשְׁרֹשׁ Est 10:1 *kt.*; *qr.* ↪ אֲחַשְׁוֵרוֹשׁ

אֲחַשְׁתְּרָנִים *m.* royal, belonging to the king's service Est 8:10.14◦

אַחַת *p* אֶחָת *f.* one ↪ אֶחָד

אָחֹת ↪ אָחוֹת *f.* sister

אַחַת עֶשְׂרֵה eleven, with fem. forms

אַט slow; gentle; depressed 4 אִטִּי

אָטָד *m.* thorn bush Jdg 9:14f; Ps 58:10; in Gen 50:10f part of a *pln*◦

אֵטוּן *m.* linen Prov 7:16◦

אִטִּים *m.* necromancer, charmer Isa 19:3◦

✓ אטם *q* close; of windows: latticed, barred 6 יַאְטֵם 11 אֹטֵם pass. אֲטֻמִים אֲטֻמוֹת

ⓘ The verb יַאְטֵם in Ps 58:5 could also be taken as *hif* – without change in meaning.

✓ אטר *q* close 6 תֶּאְטַר Ps 69:16◦

אָטֵר *m. PN* Ater

אִטֵּר *m.* left-handed (with יַד־יְמִינוֹ) Jdg 3:15; 20:16◦

אֵי where? אֵי־מִזֶּה where from? אֵי־זֶה which? אֵי לָזֹאת why? 4 אַיּוֹ אַיֶּכָּה אַיָּם

אִי I. *m.* coast, island 2 אִיִּים אִיִּין 3 אִיֵּי

אִי II. *m.* jackal 2 אִיִּים

אִי III. woe! 4 אִילוֹ (לְ + אִי + *epp*) Ecc 4:10; 10:16◦

ⓘ *unc.* Job 22:30; the word could be understood as affirmative (*He will deliver whoever is innocent*), or as negation (*He delivers even the one who is not innocent*).

✓ איב[B] *q* be an enemy 5 וְאָיַבְתִּי 11 אֹיֵב אוֹיֵב אֹיְבֵיהֶם[e] אֹיְבַי[e] אֹיִבְךָ[e] אֹיְבָיו[e] אוֹיְבֵי אוֹיְבִים וְאֹיְבֵינוּ[e] אֹיְבֵיכֶם[e]

ⓘ The participle often is translated as „enemy"; however it does not describe essential or ontological characteristics of a person, but his or her action.

אֵיבָה ↪ איב *f.* enmity 1 אֵיבַת

אֵיד *m.* calamity, disaster 4 אֵידָם אֵידִי אֵידְךָ

אַיָּה I. *f.* hawk

אַיָּה II. *m. PN* Aia

אַיֵּה where? ↪ אֵי

אִיּוֹב *m. PN* Job

אִיזֶבֶל *f. PN* Jezebel

אֵיךְ (interrogativum, also interj.) how? how! אֵיךְ אָמַרְתָּ Gen 26:9: *How could you have said!*

אִיכָבוֹד *m. PN* Ikabod 1 Sam 4:21; 14:3◦

אֵיכָה how? Song 1:7: where?

אֵיכֹה where? 2 Kgs 6:13◦

אֵיכָכָה how? Est 8:6; Song 5:3◦

אַיִל & אֵיל & אָיִל I. *m.* ram; fig. man of power 2 Kgs 24:15 *qr.* 2 אֵילִים אֵלִים אֵילִם 3 אֵילֵי

אַיִל II. oak 2 אֵילִים אֵלִים

אַיִל III. door-post, jamb 2 אֵילִים 4 אֵילָיו אֵלָיו

אֱיָל *m.* strength Ps 88:5◦

אַיָּל *m.* deer 2 אַיָּלִים

אֵיל פָּארָן *pln* El-Paran Gen 14:6◦

אַיָּלָה & אַיֶּלֶת *f.* doe, hind 2 אַיָּלוֹת 3 אַיְלוֹת

אִילוֹ = אִי לוֹ woe to him! Ecc 4:10◦

אַיָּלוֹן *pln* Aialon

אֵילוֹן *m. PN* & *pln* Elon

אֵילוֹן בֵּית חָנָן *pln* Elon-Bet-Hanan

אֵילוֹת ↔ אֵילַת *pln* Elat

אֱיָלוּת *f.* strength, help 4 אֱיָלוּתִי Ps 22:20◦

אֵילָם & אוּלָם *m.* vestibule, atrium 1 אוּלָם אֵלָם 2 אֵלַמּוֹת 3 אֵלַמֵּי 4 אֵלָמָיו אַלַמָּיו

אֵילִם *pln* Elim

אֵילַת *pln* Elat

אַיֶּלֶת & אַיָּלָה *f.* doe, hind 2 אַיָּלוֹת 3 אַיְלוֹת

אֵים *m.* & אֲיֻמָּה *f.* fearsome Hab 1:7; Song 6:4.10◦

אֵימָה *f.* fear, terror 1 אֵימַת 2 אֵימִים אֵמִים אֵימוֹת 4 אֵימָתִי אֵמָתִי אֵימָתְכֶם אֵמֶיךָ

אֵימִים *pn* Emim Gen 14:5; Dtn 2:10f◦

אַיִן[B] I. *m.* inexistence, absence; as st.c. it shows the lack of s.th. and by that negates the following term or nominal sentence; 1 אֵין – Gen 2:5: וְאָדָם אַיִן לַעֲבֹד אֶת־הָאֲדָמָה *and an earthling: there was none to work* (> there was no man to till the ground). Ps 104:35: וּרְשָׁעִים עוֹד אֵינָם *and evildoers: duration – not for them* (> may sinners vanish from the earth). מֵאֵין because of nonexistence of, without; עַד אַיִן until there is nothing; בְּאֵין when there is nothing; לְאֵין so that there is nothing אִם אַיִן or not. *p* אָיִן 4 אֵינֶנִּי אֵינְךָ אֵינֵךְ אֵינֶנּוּ אֵינֶנָּה אֵינֶנּוּ אֵינְכֶם אֵינָם

אַיִן II. (adv.) with מִן: מֵאַיִן from where? where? מֵאַיִן תָּבוֹא *where do you come from?* Jon 1:8

אִין (interrog.) *Is there? Do you have?* 1 Sam 21:9: וְאִין יֶשׁ־פֹּה◦

אִיעֶזֶר *m. PN* Iëzer Num 26:30◦

אִיעֶזְרִי *pn* Iëzerite Num 26:30◦

אֵיפָה & אֵפָה *pn* of a grain measure, Ephah (22-40 litres) 1 אֵיפַת

אֵיפֹה (interrog.) where? how?

אִישׁ[B] I. *m.* man, husband; person, human being; someone, everyone, each; male; אִישׁ ... אִישׁ one ... the other one; anyone 2 אֲנָשִׁים

אַנְשֵׁיהֶם אֲנָשָׁיו אִישִׁי אִישָׁה 4 אַנְשֵׁי 3 אִישִׁים אֲנָשֵׁינוּ

אִישׁ II. = ↪ אִשׁ = ↪ יֵשׁ there is Prov 18:24 (others ↪ אִישׁ I.)◦

אִישׁ־בֹּשֶׁת *m. PN* Ish-Boshet

אִישְׁהוֹד *m. PN* Ishhod 1 Chr 7:18◦

אִישׁוֹן *m.* pupil; fig. in the middle Prov 7:9

אִישׁ־טוֹב *m. PN* Ish-Tob; others: *the people of Tob* 2 Sam 10:6.8◦

אִישַׁי *m. PN* Isai 1 Chr 2:13◦

אִישׁ שֶׂכֶל Ezr 8:18 ↪ שֶׂכֶל *an insightful man*; others: *m. PN* Ish-Sekel◦

אִיתוֹן *m.* entrance Ez 40:15 *qr.*◦

אִתַּי *m. PN* Ittai

אִיתִיאֵל *m. PN* Itiël Neh 11:7; Prov 30:1 ◦

ⓘ In Prov 30:1 some scholars read the *m. PN* Laitiël.

אִיתָמָר *m. PN* Itamar

אֵיתָן & **אֵתָן** I. everlasting, inexhaustible, continuous, permanent; of a river: ever-flowing; of a wadi: always dry; of a sea:: normal water level; of a dwelling: solid, firm; of a month: lasting (the rivers are not yet dry: Oct./Nov.), also *pn* אֵתָנִים Ethanim 2 אֵתָנִים 4 אֵיתָנוֹ

אֵיתָן II. *m. PN* Etan

אַךְ affirmative and assuring: surely, indeed אַךְ טָרֹף טֹרַף *surely he is torn in pieces*; restrictive: but, however, only, just, though אַךְ הַצִּילֵנוּ נָא הַיּוֹם הַזֶּה (we have sinned) – *but save us today, please!*

אַכַּד *pln* Accad Gen 10:10◦

אַכְזָב *m.* deceptive Jer 15:18; Mi 1:14◦

אַכְזִיב *pln* Achzib Mi 1:14◦

אַכְזָר *m.* cruel Dtn 32:33; Job 30:21; Lam 4:3; fierce Job 41:2◦

אַכְזָרִי *m.* cruel

אַכְזְרִיּוּת *f.* cruelty Prov 27:4◦

אֲכִילָה ↩ אכל *f.* meal, food 1 Kgs 19:8◦

אָכִישׁ *m. PN* Achish

√**אכל**[B] *q* eat, enjoy; consume 5 אָכָל *p* אָכַל
אָכְלוּ *p* אָכָלוּ אָכַלְתִּי אֲכַלְתִּהוּ[e] אָכָלְתָּ אָכָלָה
אֹכַל תֹּאכַל יֹאכַל 6 אָכַלְנוּ אֲכַלְתֶּם אֲכָלֻהוּ[e]
נֹאכַל תֹּאכְלוּ יֹאכֵלוּ *p* יֹאכְלוּן יֹאכְלוּ אֹכֵלָה
וָאֹכֵל *p* וָאֹכַל וַתֹּאכַל וַיֹּאכַל 7 נֹאכֵלָה
אֲכָל־ אֲכֹל לֶאֱכֹל אֱכֹל 8 וַיֹּאכֵלוּ *p* וַיֹּאכְלוּ
אָכוֹל אָכֹל 9 אֲכָלְכֶם[e] אֲכָלְךָ[e] אָכְלָהּ[e] אָכְלוֹ[e]
אוֹכֵל אֹכֵל 11 אִכְלֻהוּ[e] אֱכֹלוּ אִכְלוּ אֱכֹל 10
אֹכְלָיו[e] אֹכְלִים אֹכֵלָה *p* אֹכְלָה אֹכֶלֶת

nif be eaten; be consumed 5 נֶאֱכַל 6 יֵאָכֵל
11 הֵאָכֹל 9 וַיֵּאָכֵל 7 תֵּאָכַלְנָה יֵאָכֵלוּ *p* יֵאָכְלוּ
נֶאֱכֶלֶת

hif feed, let enjoy 5 הֶאֱכַלְתִּי וְהַאֲכַלְתִּי
תַּאֲכִל יַאֲכִלֵנוּ[e] 6 הֶאֱכַלְתֶּם וְהַאֲכַלְתִּיךָ[e]
8 וַיַּאֲכִלֵנִי[e] וַיַּאֲכִלְךָ[e] וַיַּאֲכִילֵהוּ[e] 7 אוֹכִיל
מַאֲכִילָם[e] מַאֲכִיל 11 כוּל ↪ Ez 21,33 הָכִיל
הַמַּאֲכִלְךָ[e]

pu resp. *q pass.* be consumed, devoured 5 אֻכְּלוּ
וְהַסְּנֶה אֵינֶנּוּ אֻכָּל: Ex 3:2 אֻכָּל 11 תְּאֻכְּלוּ 6
the bush was not consumed.

אֹכֶל[B] ← אכל *m.* food, meal 4 אָכְלֶךָ אָכְלוֹ אָכְלָם

אֻכָל *m. PN* Ukal; others read a PC-form of ↪ יכל, כול or כלה Prov 30:1◦

אָכְלָה ← אכל *f.* food, meal

אָכֵן affirmative: really, truely, surely; adversative: yet, nevertheless, but

√ **אכף** *q* urge, press 5 אָכַף Prov 16:26◦

אֶכֶף ← אכף *m.* pressure 4 אַכְפִּי Job 33:7◦

אִכָּר *m.* tiller, peasant 2 אִכָּרִים 4 אִכָּרֵיכֶם

אַכְשָׁף *pln* Achshaph

אַל[B] negation of modal forms: s.th. should not happen: אַל תִּירָא *do not fear!*; sometimes as emphatic neg.: 2 Sam 13:25 אַל־בְּנִי *no, my son!* as adj.: Job 24:25 לְאַל *worthless*; conditional: 2 Kgs 6:27 אַל־יוֹשִׁעֵךְ יהוה *if the Lord does not help you*

ⓘ PC-verbs with אַל are always jussive, even if it not identifiable by the form.

אֵל[B] I. *m.* designation of God: God; *PN* of the god El; pl.: gods, idols 1 אֵל 2 אֵלִים אֵלִם 4 אֵלִי

ⓘ Sometimes this word might express superlative: Ps 80:11 אַרְזֵי־אֵל mighty cedars

אֵל II. = ↪ אַיִל mighty tree

אֵל III. = ↪ אַיִל door-post

אֵל IV. = ↪ אַיִל ram; strength; mighty

אֵל V. *m.* power, strength Gen 31:29: יֶשׁ־לְאֵל יָדִי *it is in the power of my hand*

אֵל VI. (demonstr.) pl. these; with art. הָאֵל

אֶל[B] & poet. אֱלֵי prep. of direction: to, towards; rarely in a hostile meaning: against (↪ עַל); almost always with maqqef: אֶל־ 4 אֵלָיו אֲלֵיכֶם אֲלֵיהֶם אֵלַי אֵלַי אֵלֶיךָ אֵלַיִךְ אֵלַיִךְ אֵלֵינוּ

אֵלָא *m. PN* Ela 1 Kgs 4:18◦

אֶלְגָּבִישׁ *m.* hail Ez 13:11.13; 38:22◦

אַלְגּוּמִּים a kind of wood, almug wood, others: sandalwood; always with עֲצֵי (= ↪ אַלְמֻגִּים) 2 Chr 2:7; 9:10f◦

אֶלְדָּד *m. PN* Eldad Num 11:26f◦

אֶלְדָּעָה *m. PN* Eldaah Gen 25:4; 1 Chr 1:33◦

√ **אלה**[B] I. *q* curse, utter a curse; Jdg 17:2; Hos 4:2; swear 1 Kgs 8:31; Hos 10:4; 2 Chr 6:22 – 5 אָלָה 9 אָלֹה אָלוֹת אָלֹית◦

hif adjure, place under a curse 7 וַיֹּאֶל 8 לְהַאֲלֹתוֹ[e] 1 Sam 14:24; 1 Kgs 8:31; 2 Chr 6:22 (1 Sam 17:39 ↪ יאל)◦

√ **אלה** II. *q* lament 10 אֱלִי Jo 1:8◦

אָלָה[B] ← אלה *f.* curse; oath 2/3 אָלוֹת 4 אָלָתוֹ אָלָתִי

אֵלָה I. *pn* mighty tree

אֵלָה II. *m. PN* Ela

אַלָּה *pn* mighty tree Jos 24:26◦

אֵלֶּה[B] *m.* & *f.* demonstrative pronoun: these; pl. of ↪ זֶה & זאת

אֱלוֹהַּ[B] & אֱלֹהַּ *m.* designation of God: God; but also generic term: god. 2 אֱלֹהִים 3 אֱלֹהֵי אֱלֹהֵי אֱלֹהֶיךָ אֱלֹהָיו לֵאלֹהוֹ 4 וֵאלֹהֵי אֱלֹהֵינוּ אֱלֹהֵיכֶם אֱלֹהֵיהֶן אֱלֹהֵיהֶם

ⓘ Singular as well as plural may denote the only God – but also gods and idols. Standing in the plural, the word can be used to address HIM, as far as YHWH is meant, but not when it is determined; then it describes the *deus absconditus*, the incomprehensible God, e.g. Gen 22:1: וְהָאֱלֹהִים נִסָּה אֶת־אַבְרָהָם *and God tested Abraham*. Even if the word is in the plural, the predicate is singular.

אִלּוּ even if, even though Ecc 6:6; Est 7:4◦

אֱלוּל *pn* of a month, Elul, (Aug/Sept) Neh 6:15; Jer 14:14 *kt.*◦

אֵלוֹן I. mighty tree, oak 3 אֵלֹנֵי אֵלוֹנֵי

אֵלוֹן II. *m. PN* Elon Gen 46:14; Num 26:26◦

אַלּוֹן I. = ↪ אֵלוֹן I. oak 2 אַלּוֹנִים 3 אַלּוֹנֵי

אַלּוֹן II. *m. PN* Allon 1 Chr 4:37◦

אַלּוּף I. *m.* friend; of animals: tame 2 אַלּוּפִים 4 אַלּוּפֵינוּ אַלּוּפִי; Ps 144,14 ↪ אֶלֶף cattle, cow

אַלּוּף & אַלֻּף II. *m.* chief 2 אַלֻּפִים 3 אַלּוּפֵי 4 אַלּוּפֵיהֶם אַלֻּפֵי

אָלוּשׁ *pln* Alush Num 33:13f◦

אֵלוֹת *pln*; with Dtn 2:8 et pass. Elat

אֶלְזָבָד *m. PN* Elzabad 1 Chr 12:13; 26:7◦

√ אלח *nif* be filthy, corrupt 5 נֶאֱלָחוּ 11 נֶאֱלָח Ps 14:3; 53:4; Job 15:16◦

אֶלְחָנָן *m. PN* Elhanan

אוּלַי ↪ אֻלַי

אֱלִיאָב *m. PN* Eliab

אֱלִיאֵל *m. PN* Eliël

אֱלִיאָתָה *m. PN* Eliatah 1 Chr 25:4◦

אֱלִידָד *m. PN* Elidad Num 34:21◦

אֶלְיָדָע *m. PN* Eliada

אַלְיָה *f.* fat tail

אֵלִיָּה & אֵלִיָּהוּ *m. PN* Elijah

אֱלִיהוּ & אֱלִיהוּא *m. PN* Elihu

אֶלְיְהוֹעֵינַי Ezr 8:4; 1 Chr 26:3 & אֶלְיוֹעֵינַי *m. PN* Elioënai

אֶלְיַחְבָּא *m. PN* Eliahba 2 Sam 23:32; 1 Chr 11:33◦

אֱלִיחֹרֶף *m. PN* Elihoreph 1 Kgs 4:3◦

אֱלִיל & אֱלִל *m.* wasteful, worthless, void, empty; contemptuous for idols: *nonentities* 2 אֱלִילִים 3 אֱלִילֵי

אֱלִימֶלֶךְ *m. PN* Elimelek

אֶלְיָסָף *m. PN* Eliasaph

אֱלִיעֶזֶר *m. PN* Eliëser

אֱלִיעֵינַי *m. PN* Eliënai 1 Chr 8:20◦

אֱלִיעָם *m. PN* Eliam

אֱלִיפַז & אֱלִיפָז *m. PN* Eliphas

אֱלִיפָל *m. PN* Eliphal 1 Chr 11:35◦

אֱלִיפְלֵהוּ *m. PN* Eliphelehu 1 Chr 15:18.21◦

אֱלִיפֶלֶט *m. PN* Eliphelet

אֱלִיצוּר *m. PN* Elizur

אֱלִיצָפָן *m. PN* Elizaphan

אֱלִיקָא *m. PN* Elika 2 Sam 23:25◦

אֶלְיָקִים *m. PN* Eliakim

אֱלִישֶׁבַע *f. PN* Elisheba Ex 6:23◦

אֱלִישָׁה *pln* Elishah

אֱלִישׁוּעַ *m. PN* Elishua 2 Sam 5:15; 1 Chr 14:5◦

אֶלְיָשִׁיב *m. PN* Eliashib

אֱלִישָׁמָע *m. PN* Elishama

אֱלִישָׁע *m. PN* Elisha

אֱלִישָׁפָט *m. PN* Elishaphat 2 Chr 23:1◦

אֱלִיָּתָה *m. PN* Eliathah 1 Chr 25:27◦

אֱלִיל & אֱלִל *m.* wasteful, worthless, void, empty; contemptuously for idols: *nonentities* 2 אֱלִילִים 3 אֱלִילֵי

אַלְלַי *interj.* alas, woe Mi 7:1; Job 10:15◦

אלם ← אֲלֻמָּה *pi* bind (sheaves) 11 מְאַלְּמִים Gen 37:7◦

nif scared stiff, as if paralysed, be bound, speechless, silent 5 נֶאֱלַמְתִּי וְנֶאֱלַמְתָּ נֶאֶלְמָה 6 תֵּאָלַמְנָה תֵּאָלֵם

אֵלֶם ← אלם trad.: silent Ps 56:1; 58:2; but unc.◦

אִלֵּם ← אלם *m.* silent, mute 2 אִלְּמִים

אֵלָם & אֻלָם ← אֵילָם vestibule, atrium

אַלְמֻגִּים *pn* almug wood, sandalwood 1 Kgs 10:11f

אֲלֻמָּה *f.* sheaf 2 אֲלֻמִּים 4 אֲלֻמָּתִי אֲלֻמֹּתָיו אֲלֻמֹּתֵיכֶם Gen 37:7; Ps 126:6◦

אַלְמוֹדָד *m. PN* Almodad Gen 10:26; 1 Chr 1:20◦

אַלַּמֶּלֶךְ *pln* Alammelek Jos 19:26◦

אַלְמָן I. *m.* left widowed Jer 51:5◦

אַלְמָן II. *m.* palace, citadel 4 אַלְמְנוֹתָיו Isa 13:22◦

אַלְמֹן *m.* widowhood Isa 47:9◦

אַלְמָנָה *f.* widow 2 אַלְמָנוֹת 4 אַלְמְנוֹתָיו

אַלְמָנוּת *f.* widowhood 1 אַלְמְנוּת 4 אַלְמְנוּתָהּ אַלְמְנוּתַיִךְ

אַלְמֹנִי *m.* always with פְּלֹנִי: a certain place אֶל־מְקוֹם פְּלֹנִי אַלְמוֹנִי 1 Sam 21:3 *I have appointed my servants to such and such a place*; cf. 2 Kgs 6:8; Ruth 4:1: a certain person without calling his name, „such-and-such"◦

אֵלֹנִי *pn* Elonite Num 26:26◦

אֶלְנַעַם *m. PN* Elnaam 1 Chr 11:46◦

אֶלְנָתָן *m. PN* Elnathan

אֶלָּסָר *pln* Ellasar Gen 14:1.9◦

אֶלְעָד *m. PN* Elad 1 Chr 7:21◦

אֶלְעָדָה *m. PN* Eladah 1 Chr 7:20◦

אֶלְעוּזַי *m. PN* Eluzai 1 Chr 12:5 ◦

אֶלְעָזָר *m. PN* Eleazar

אֶלְעָלֵה & אֶלְעָלֵא *pln* Elale

אֶלְעָשָׂה *m. PN* Elasa

אלף I. *q* learn, adapt 6 תֶּאֱלַף Prov 22:25◦
pi teach 6 אֲאַלֶּפְךָ[e] יְאַלֵּף 11 מַלְּפֵנוּ[e] Job 15:5; 33:33; 35:11◦

אלף II. *hif* increase by thousands 11 מַאֲלִיפוֹת Ps 144:13◦

אֶלֶף I. *m.* cattle (only pl.) 2 אֲלָפִים

1 st.c. sg. 2 st.a. pl. 3 st.c. pl. 4 with *epp* 5 SC 6 PC 7 narrative 8 inf.c. 9 inf.a. 10 imp. 11 part.

אֶלֶף[B] II. *m.* thousand; du. two thousand אַלְפַּיִם; pl. thousands 2 אֲלָפִים 3 אַלְפֵי 4 אַלְפֵיכֶם אֲלָפָיו

אֶלֶף III. *m.* circle of friends, clan; troop, thousands 3 אַלְפֵי

אֶלֶף IV. *pln* Eleph Jos 18:28◦

אַלֻּף & אַלּוּף. *m.* chief 3 אַלֻּפֵי אַלּוּפֵי 4 אַלּוּפֵיהֶם

אֶלְפֶּלֶט *m. PN* Elpelet 1 Chr. 14:5◦

אֶלְפַּעַל *m. PN* Elpaal 1 Chr 8:11f.18◦

אלץ *pi* pester, harry 7 וַתְּאַלְצֵהוּ[e] Jdg 16:16◦

אֶלְצָפָן *m. PN* Elzaphan

אַלְקוּם irresistible ↔ קוּם & אַל no rising up Prov 30:31◦

אֶלְקָנָה *m. PN* Elkanah

אֶלְקֹשִׁי *pn* Elkoshite Nah 1:1◦

אֶלְתּוֹלַד *pln* Eltholad

אֶלְתְּקֵא & אֶלְתְּקֵה *pln* Eltheke Jos 19:44; 21:23◦

אֶלְתְּקֹן *pln* Elthekon Jos 15:59◦

אִם[B] if, if only; in an oath and similar contexts: no, not, not at all; אִם ... הֲ whether ... or (not); אִם ... אִם whether ... or; אִם לֹא surely Isa 5:9; instead Gen 24:38

אֵם[B] *f.* mother, grandmother 4 אִמֵּךְ אִמָּהּ אִמּוֹ אִמֹּתֵינוּ אִמִּי

אָמָה[B] *f.* female slave, handmaid 2 אֲמָהוֹת 3 אַמְהוֹת 4 אֲמָתִי אֲמָתְךָ *p* אֲמָתֶךָ אֲמָתָהּ אֲמָתוֹ אֲמָתָהּ אַמְהֹתֵי אַמְהֹתֵיכֶם וְאַמְהֹתֶיהָ אַמְהֹתָיו

אַמָּה I. *f.* forearm, also as a measuring unit; du. אַמָּתַיִם 1 אַמַּת 2/3 אַמּוֹת

אַמָּה II. *f.* frame of the door, doorposts; others: foundations of the thresholds 3 אַמּוֹת Isa 6:4◦

אַמָּה III. *f.* rule, control; others: part of a *pln* Meteg-Ammah 2 Sam 8:1◦

אַמָּה IV. *pln*, name of the hill Ammah; others: part of the *pln* Gibeat-Ammah 2 Sam 2:24◦

אֻמָּה *m.* & *f.* tribe, people Gen 25:16; dynasty Num 25:15; nation Ps 117:1 - 2 אֻמִּים 4 אֻמֹּתָם

ⓘ This word is connected to אֵם, mother, and describes the affiliation to a group resp. its descents.

אֵמָה ↔ אֵימָה fear, terror

אָמוֹן I. *m.* artisan Jer 52:15; Prov 8:30◦

אָמוֹן II. *m. PN* Amon

אָמוֹן III. *pn* of an Egyptian idol, Amon Jer 46:25; (Nah 3:8)◦

אֵמֻן & אֵמוּן ↔ אמן *m.* loyality, faithfulness 2 אֱמוּנִים Dtn 32:20; Isa 26:2; Prov 20:6◦

אָמוּן ↔ אמן *m.* faithful, reliable 2 אֱמוּנִים 3 אֱמוּנֵי 2 Sam 20:19; Ps 12:2; 31:24◦

ⓘ The last two lemmata do not appear as sg.; traditionally they are distinguished, but actually they both are pt. *q* passive of אמן.

אֱמוּנָה[B] ↔ אמן *f.* honesty, loyality, faithfulness, reliability, truthfulness, security; duty, position of trust 1 אֱמוּנַת 2 אֱמוּנוֹת 4 אֱמוּנָתוֹ אֱמוּנָתָם אֱמוּנָתִי אֱמוּנָתְךָ *p* אֱמוּנָתֶךָ

אָמוֹץ *m. PN* Amoz

אָמִי *m. PN* Ami Ezr 2:57◦

אֵימִים & **אֵמִים** *pn* Emites

אֲמִינוֹן *m. PN* Amnon 2 Sam 13:20◦

אַמִּיץ & **אַמִּץ** ↩ **אמץ** *m.* strong

אָמִיר *m.* top of a tree or a mountain Isa 17:6.9◦

אמל ✓ *q* be feverish 11 pass. **אֲמֻלָה** Ez 16:30◦

pulal wither, languish 5 **אֻמְלַל** *p* **אֻמְלָל**
אֻמְלְלוּ *p* **אֻמְלָלוּ** **אֻמְלְלָה** *p* **אֻמְלָלָה**

אֲמֻלָּה *f.* feverish, hot; others: weak Ez 16:30 ↪ **אמל**◦

אֻמְלָל ↩ **אמל** *m.* weak, miserable Ps 6:3◦

אֲמֵלָל ↩ **אמל** *m.* feeble, miserable Neh 3:34◦

אֲמָם *pln* Amam Jos 15:26◦

אמן[B] ✓ *q* pt. nurse, guard, educator; pt.pass. being brought up 11 **אֹמֵן** **אֹמֶנֶת** **אֹמַנְתּוֹ**[e] pass. **אֱמֻנִים**

nif prove to be dependable, reliable, steady, secure, truthfully, sincere, loyal, accredited; being carried Isa 60:4 - 5 **נֶאֱמַן** *p* **נֶאֱמָן** **נֶאֶמְנָה**
11 **תֵּאָמֵנוּ** **תֵּאָמַנָּה** **וְיֵאָמְנוּ** **יֵאָמֵן** **יֵאָמֵן** 6 **נֶאֶמְנוּ**
נֶאֱמָן־ **נֶאֱמַן** **נֶאֱמָנָה** **נֶאֱמָנִים** **נֶאֶמְנֵי** **נֶאֱמָנוֹת**

hif trust, believe, rely 5 **הֶאֱמִן** **הֶאֱמִין** **הֶאֱמַנְתִּי**
תַּאֲמֵן **תַּאֲמִין** **יַאֲמִין** 6 **וְהֶאֱמִינוּ** **הֶאֱמַנְתֶּם**
11 **הַאֲמִינוּ** 10 **וַיַּאֲמִינוּ** **וַיַּאֲמֵן** 7 **תַּאֲמִינוּ** **אַאֲמִין**
מַאֲמִינִם **הַמַּאֲמִין**

אָמֵן *interj.* truly! surely! Amen!

אָמָּן *m.* skilled craftsman, master Song 7:2◦

אֹמֶן *m.* true, sure Isa 25:1◦

אֵמֻן & **אֵמוּן** *m.* loyality, faithfulness 2 **אֱמֻנִים** **אֱמוּנִים** Dtn 32:20; Isa 26:2; Prov 20:6◦

אָמְנָה ↩ **אמן** I. really, indeed Gen 20:12; Jos 7:20◦

אָמְנָה ↩ **אמן** II. *f.* care, custody Est 2:20◦

אֲמָנָה ↩ **אמן** I. *f.* agreement, contract Neh 10:1; agreement, regulation; others: provision, wage Neh 11:23◦

אֲמָנָה II. *pln* Amana, Antilebanon; *pn* of a river

אֹמְנָה *f.* doorpost 2 **אֹמְנוֹת** 2 Kgs 18:16◦

אֱמֻנָה ↪ **אֱמוּנָה**

אַמְנוֹן *m. PN* Amnon

אָמְנָם ↩ **אמן** surely, truly; as question: really? with **כִּי** emphasizing: really Job 36:4: **כִּי־אָמְנָם לֹא־שֶׁקֶר מִלָּי** *for indeed, my words are not a lie!*

אֻמְנָם ↩ **אמן** only with **ה**-interr. really? Is it true that ... ? 1 Kgs 8:27: **כִּי הַאֻמְנָם יֵשֵׁב אֱלֹהִים עַל־הָאָרֶץ** *But will God indeed dwell on the earth?*

אַמְנוֹן & **אַמְנֹן** *m. PN* Amnon

אמץ[B] ✓ *q* be strong, bold, courageous 5 **אָמְצוּ** 6
תֶּאֱמַץ **יֶאֱמְצוּ** 7 **וַיֶּאֶמְצוּ** 10 **אֱמָץ** **אֱמַץ** **אִמְצוּ**

pi strengthen, make firm, encourage; repair (a house); fig. harden someone's heart; let become strong, raise (a child) 5 **וְאִמֵּץ** **אִמַּצְתָּ**
7 **תְּאַמְּצֶנּוּ**[e] **תְּאַמֵּץ** 6 **אִמַּצְתִּיךָ**[e] **אִמַּצְתָּה**
אַמְּצֵהוּ[e] **אַמֵּץ** 10 **בְּאַמְּצוֹ**[e] 8 **וַיְאַמְּצוּ** **וַיְאַמֵּץ**
אַמְּצוּ

hif be strong, dauntless 6 **וְיַאֲמֵץ** Ps 27:14; 31:25◦

hitp resist, defy 2 Chr 13:7; be determined Ruth 1:18; find the strenght for s.th., manage 1 Kgs

1 st.c. sg. 2 st.a. pl. 3 st.c. pl. 4 with *epp* 5 SC 6 PC 7 narrative 8 inf.c. 9 inf.a. 10 imp. 11 part.

12:18; 2 Chr 10:18 - 5 הִתְאַמֵּץ 7 וַיִּתְאַמְּצוּ 11 מִתְאַמֶּצֶת◦

אָמֹץ ← אמץ *m.* strong 3 אֲמֻצִּים Zec 6:3.7◦

אַמִּץ & **אַמִּיץ** ← אמץ *m.* strong

אֹמֶץ ← אמץ *m.* strength Job 17:9◦

אַמְצָה ← אמץ *f.* strength Zec 12:5◦

אַמְצִי *m. PN* Amzi 1 Chr 6:31; Neh 11:12◦

אֲמַצְיָה & **אֲמַצְיָהוּ** *m. PN* Amaziah

✓ **אמר**[B] *q* say; speak to oneself, think; announce, order; intend; inf.c. לֵאמֹר marks the start of direct speech 5 אָמַר אָמְרָה אָמַרְתָּ
אָמַרְתִּי וְאָמְרוּ וַאֲמַרְתֶּם אָמַרְנוּ 6 יֹאמַר *p*
יֹאמָר תֹּאמַר אֹמַר יֹאמְרוּ יֹמְרֻךָ[e] תֹּמְרוּ 7
וַיֹּאמֶר *p* וַיֹּאמַר וָאֹמַר וָאֹמְרָה וַיֹּאמְרוּ וַנֹּאמֶר
אָמְרִי[e] אֱמֹר לֵאמֹר אֱמֹר 8 וַתֹּאמַרְנָה
אֱמֹר 10 אָמוֹר אָמֹר 9 אֲמָרְכֶם[e] בְּאָמְרָם[e]
אֹמְרָה אֹמֶרֶת אֹמֵר 11 אִמְרוּ אִמְרִי־נָא אֱמָר־
אָמוּר pass. אֹמְרוֹת אֹמְרִים

nif be said; be called; impers.: one says 5 נֶאֱמַר 6 יֵאָמַר יֵאָמֵר 7 וַיֵּאָמַר

hif declare 5 הֶאֱמַרְתָּ הֶאֱמִירְךָ[e] Dtn 26:17f◦

hitp boast 6 יִתְאַמְּרוּ *p* תִּתְיַמָּרוּ Isa 61:6; Ps 94:4◦

אֹמֶר & **אוֹמֶר** ← אמר *m.* speech,word; thing, matter Job 22:28

אֵמֶר ← אמר *m.* speech, word, saying, phrase 2 אֲמָרִים 3 אִמְרֵי 4 אִמְרוֹ אֲמָרֶיהָ אִמְרֵיכֶם
אֲמָרַי *p* אֲמָרָי

ⓘ Gen 49:21 unc.; some scholars understand אִמְרֵי here as *antler* or *twigs*, others derive it from אִמֵּר *lamb*: *pretty young animals.*

אִמֵּר *m. PN* & *pln* Immer

אִמְרָה ← אמר *f.* speech, word, saying, phrase 1 אִמְרַת 2 אֲמָרוֹת 3 אִמְרוֹת 4 אִמְרָתוֹ אֶמְרָתְךָ אִמְרָתֶךָ
אִמְרָתִי

אֱמֹרִי *pn* Amorite

אִמְרִי *m. PN* Imri 1 Chr 9:4; Neh 3:2◦

אֲמַרְיָה & **אֲמַרְיָהוּ** *m. PN* Amariah

אַמְרָפֶל *m. PN* Amraphel Gen 14:1.9◦

אֶמֶשׁ yesterday, yesterday evening, recently

אֱמֶת[B] ← אמן *f.* truth, truthfulness, reliability, constancy, trustworthyness, fidelity, loyality 4 אֲמִתּוֹ אֲמִתְּךָ *p* אֲמִתֶּךָ

אַמְתַּחַת ← מתח *f.* sack, pack 3 אַמְתְּחֹת 4 אַמְתְּחֹתֵיכֶם אַמְתְּחֹתֵינוּ

אֲמִתַּי *m. PN* Amittai 2 Kgs 14:25; Jon 1:1◦

אָן (interrog.) often with ה-locale: אָנָה where? where to? with מִן from where? with עַד till when? how long? אָנֶה וָאָנָה hither or thither, any place whatever

אָן → אוֹן & אָוֶן

אָנָּא & **אָנָּה** *interj.* ah! please! 2 Kgs 20:3: אָנָּה יְהוָה זְכָר־נָא *please, Lord, remember now!*

✓ **אנה** I. *q* lament 5 וְאָנוּ Isa 3:26; 19:8◦

✓ **אנה** II. *pi* let happen 5 אִנָּה Ex 21:13◦

pu happen, befall 6 יְאֻנֶּה תְאֻנֶּה Ps 91:10; Prov 12:21◦

hitp pick a fight 11 מִתְאַנֶּה 2 Kgs 5:7◦

אָנָה → אָן

אָנֶה & **אוֹנֶה** ← אנה *m.* lament, mourning 2 אוֹנִים 4 אֹנִי

1 st.c. sg. 2 st.a. pl. 3 st.c. pl. 4 with *epp* 5 SC 6 PC 7 narrative 8 inf.c. 9 inf.a. 10 imp. 11 part.

אָנָּה & אָנָּא *interj.* ah! please! 2 Kgs 20:3: אָנָּה יְהוָה זְכָר־נָא *please, Lord, remember now!*

אֲנוּ *kt.* Jer 42:6 we◦

אֹנוֹ ↪ אוֹן, אָוֶן

אָנוּשׁ *m.* & אֲנוּשָׁה *f.* ↩ אנשׁ incurable; with יוֹם illstarred, fatal day

אֱנוֹשׁ I. *m.* man, mankind, men, people

אֱנוֹשׁ II. *m. PN* Enosh

√ אנח *nif* sigh, groan 5 נֶאֶנְחָה נֶחֱנַתְּ (2.sg.f.); נֶאֶנְחוּ 6 יֵאָנַח תֵּאָנַח 7 וַיֵּאָנְחוּ 10 הֵאָנַח 11 נֶאֱנָח נֶאֱנָחִים נֶאֱנָחָה

אֲנָחָה ↩ אנח *f.* sigh, sighs 4 אַנְחָתָה בְּאַנְחָתִי Isa 21:2: the groaning she has caused (3 sg.f.); אַנְחֹתַי

אֲנַחְנוּ[B] pers. pronoun we

אֲנָחֲרָת *pln* Anaharath Jos 19:19◦

אָנִי & אֲנִי[B] pers. pron. I

אֳנִי *m.&f.* coll. ship, ships, fleet

אֲנִיָּה *f.* lamentation, whining Isa 29:2; Lam 2:5◦

אֳנִיָּה[B] *f.* ship 2 אֳנִיּוֹת אוֹנִיּוֹת 3 אֳנִיּוֹת 4 אֳנִיּוֹתֵיהֶם

אֲנִיעָם *m. PN* Aniam 1 Chr 7:19◦

אֲנָךְ *m.* lead, sinker, plummet Am 7:7f◦

אָנֹכִי[B] *m. & f.* pers. pron. I

√ אנן *hitp* complain 6 יִתְאוֹנֵן 11 מִתְאֹנְנִים Num 11:1; Lam 3:39◦

√ אנס *q* force 11 אֵין אֹנֵס *without compulsion* Est 1,8◦

√ אנף *q* be angry, furious 5 וְאָנַפְתָּ 6 יֶאֱנַף תֶּאֱנַף

hitp be angry, furious 5 הִתְאַנֵּף הִתְאַנַּף 7 וַיִּתְאַנַּף

ⓘ This word originally means *loud breathing, snorting with one's flaring nostrils* ↪ אַף

אֲנָפָה an unclean bird, heron Lev 11:19; Dtn 14:18◦

√ אנק *q* groan, breathe stertorously 6 יֶאֱנֹק 8 בֶּאֱנֹק Jer 51:52; Ez 26:15◦

nif sigh, cry 8 הֵאָנֵק 11 נֶאֱנָקִים Ez 9:4; 24:17◦

אֲנָקָה ↩ אנק I. *f.* cry, groan, sigh 1 אֶנְקַת אַנְקַת

אֲנָקָה II. gecko Lev 11:30 ◦

√ אנשׁ *nif* be seriously ill 7 וַיֵּאָנַשׁ 2 Sam 12:15◦

אֲנָשִׁים pl. ↪ אִישׁ man

אָסָא *m. PN* Asa

אָסוּךְ *m.* jug, flask 2 Kgs 4:2◦

אָסוֹן *m* (mortal) accident, harm, injury

אֵסוּר ↩ אסר *m.* fetters, jail 2 אֲסוּרִים 4 אֱסוּרָיו Jdg 15:14; Jer 37:15; Ecc 7:26◦

אָסִיף & אָסִף ↩ אסף *m.* ingathering Ex 23:16; 34:22◦

אָסִיר ↩ אסר *m.* prisoner 2 הָאֲסִירִם 3 אֲסִירֵי 4 אֲסִירָיו

אַסִּיר & אַסִּר ↩ אסר I. *m.* prisoner

אַסִּיר II. *m. PN* Assir Ex 6,24; 1 Chr 6:7f.22◦

אָסָם *m.* barn, granary 4 אֲסָמֶיךָ Dtn 28:8; Prov 3:10◦

אַסְנָה *m. PN* Asna Ezr 2:50◦

אָסְנַת *f. PN* Asenat

✓ **אסף**[B] *q* gather, harvest; fetch, take; take away: withdraw (peace Jer 16:5), cure (leprosy 2 Kgs 5:3), destroy (life 1 Sam 15:6); with נֶפֶשׁ loose one's life Jdg 18:25; follow Isa 58:8 - 5
אָסַפְתִּי וַאֲסַפְתּוֹ[e] וְאָסַפְתָּה וְאָסַפְתָּ אָסַף
7 נֶאֱסֹף אֹסִפְךָ[e] תַּאַסְפִי תֶּאֱסֹף יֶאֱסֹף 6 וְאָסְפוּ
לֶאֱסֹף 8 וַיַּאַסְפוּ (2 Sam 6:1); וַיֹּסֶף וַיֶּאֱסֹף
אִסְפוּ אִסְפִי אֶסְפָה אֱסֹף 10 אָסֹף 9 בְּאָסְפְּכֶם[e]
11 הָאֹסֵף[e] אֹסִפְךָ[e] אֹסְפָם אֹסְפֵי pass. אֲסֻפֵי

nif be gathererd, assemble, be harvested; withdraw, be taken; fade away; be gathered to one's ancestors: to die; unite against, conspire 5
6 וְנֶאֱסַפְתֶּם נֶאֶסְפוּ וְנֶאֱסַפְתָּ נֶאֶסְפָה נֶאֱסַף
וַיֵּאָסְפוּ וַיֵּאָסֵף 7 יֵאָסֵפוּ *p* יֵאָסְפוּ תֵּאָסֵף יֵאָסֵף
נֶאֱסָף 11 הֵאָסְפוּ הֵאָסֵף 10 הֵאָסֹף 9 הֵאָסֵף 8
נֶאֱסָפִים

pi gather, glean, harvest; take; follow, be rearguard 11 וּמְאַסִּפְכֶם[e] מְאַסְּפָיו[e] מְאַסֵּף

pu be gathered, taken 5 וְאֻסְּפוּ וְאֻסַּף 11 מְאֻסָּף

hitp gather 8 בְּהִתְאַסֵּף Dtn 33:5◦

אָסָף *m. PN* Asaph

אָסִף & **אָסִיף** ↩ אסף *m.* ingathering Ex 23:16; 34:22◦

אָסֹף ↩ אסף *m.* storehouse 2 אֲסֻפִּים 3 אֲסֻפֵּי 1 Chr 26:15.17; Neh 12:25◦

אֹסֶף ↩ אסף *m.* harvest, fruit gathering 3 אָסְפֵּי Isa 32:10; 33:4; Mi 7:1◦

אֲסֵפָה *f.* imprisonment Isa 24:22◦

אֲסֻפָּה ↩ אסף *f.* collection (of sayings); others: gathering 2 אֲסֻפּוֹת Ecc 12:11◦

אֲסַפְסֻף ↩ אסף *m.* rabble, riffraff Num 11:4◦

אַסְפָּתָא *m. PN* Aspata Est 9:7◦

אֶסַּק → סלק

✓ **אסר**[B] *q* tie, tether, bind; hitch, fasten; fetter, imprison, put in bands; לֶאְסֹר אִסָּר עַל־ נַפְשׁוֹ *bind oneself to a pledge* Num 30:3 - 5
6 אֲסַרְנֻהוּ[e] אֲסָרֻהוּ[e] אֲסַרְתֶּם וְאָסְרָה אֲסָרָם[e]
וַיֶּאְסֹר 7 נֶאֱסָרְךָ[e] יַאַסְרוּנִי[e] יֶאֱסֹר יֶאְסֹר
8 וַיַּאַסְרֻהוּ[e] וַיַּאַסְרוּהוּ[e] וַתַּאַסְרֵהוּ[e] וַיֶּאֱסֹר
10 אָסֹר 9 בְּאָסְרָם[e] לֶאֱסָרְךָ[e] לֶאְסֹר לֶאֱסוֹר
הָסוּרִים אָסוּר pass. אִסְרִי 11 אִסְרוּ אֱסֹר Ecc
4:14; אֲסֻרוֹת אֲסוּרֵי

nif be arrested, be bound 6 תֵּאָסֵר יֵאָסֵר 10 הֵאָסְרוּ Gen 42:16ff; Jdg 16:6ff◦

pu be imprisoned 5 אֻסְּרוּ *p* אֻסָּר Isa 22:3◦

אִסָּר ↩ אסר *m* vow of austereness Num 30:3ff◦

אַסִּר & **אַסִּיר** *m.* prisoner

אֵסַר־חַדֹּן *m. PN* Asarhaddon 2 Kgs 19:37; Isa 37:38; Ezr 4:3◦

אֶסְתֵּר *f. PN* Esther

אַף[B] I. *m.* nose; anger, rage, fury; *p* אָף du. nose, nostrils אַפַּיִם *p* אַפָּיִם 3 אַפֵּי 4 אַפּוֹ אַפָּהּ אַפְּךָ *p* אַפֶּיךָ אַפִּי אַפָּם

אַף[B] II. (conj.) also, even; but, yet; הַאַף really? אַף כִּי let alone, much less; never mind

✓ **אפד** *q* fasten, gird, bind 4 וְאָפַדְתָּ 7 וַיֶּאְפֹּד Ex 29:5; Lev 8:7◦

אֵפֹד & **אֵפוֹד** I. priestly garment, ephod

אֵפֹד II. *m. PN* Ephod Num 34:23◦

1 st.c. sg. 2 st.a. pl. 3 st.c. pl. 4 with *epp* 5 SC 6 PC 7 narrative 8 inf.c. 9 inf.a. 10 imp. 11 part.

אֲפֻדָּה ↩ אפד *f.* the fastening of the ephod Ex 28:8; 39:5; covering, coating (of an idol) Isa 30:22 - 2 אֲפֻדַּת 4 אֲפֻדָּתוֹ◦

אַפֶּדֶן *m.* mit אֹהֶל palatial pavilion 4 אַפַּדְנוֹ Dan 11:45◦

✓ אפה *q* bake; pt. baker 5 אָפָה אָפִיתָ וְאָפִיתִי 11 אֹפֶה 10 אֱפוּ וַתְּפֵהוּ[e] 7 וַיֹּאפוּ תֹּאפוּ 6 יֹאפוּ אֹפֶה אֹפוֹת הָאֹפִים
nif be baked 6 תֵּאָפֶה תֵּאָפֶינָה Lev 6:10; 7:9; 23:17◦

אֵיפָה & אֵפָה *f. pn* a grain measure, Ephah (22-40 litres)

אֵפוֹא & אֵפוֹ well, then, so

אֵפוֹד priestly garment, ephod

אֲפִיחַ *m. PN* Aphiah 1 Sam 9:1◦

אָפִיל *m.* late 2 *f.* אֲפִילֹת Ex 9:32◦

אַפַּיִם I. du. ↩ אַף

אַפַּיִם II. *m. PN* Appaim 1 Chr 2:30f◦

אָפִיק I. *m.* watercourse, river bed, torrent of a wadi; tube, groove, channel 1 אֲפִיק 2 אֲפִקִים 3 אֲפִקֵי

אָפִיק ↩ אפק II. *m.* strong 2 אֲפִקִים Job 12:21◦

אֲפִיק *pln* Aphek

אוֹפִיר & אֹפִיר *m. PN* & *pln* Ophir

אֹפֶל *m.* darkness, shadows; fig. ambush Ps 11:2

אָפֵל *m.* dark Am 5:20◦

אֲפֵלָה *f.* darkness, gloom 2 אֲפֵלוֹת 4 וַאֲפֵלָתְךָ

אֶפְלָל *m. PN* Ephlal 1 Chr 2:37◦

אֹפֶן *m.* time 4 עַל־אָפְנָיו *a word spoken at the proper time* Prov 25:11◦

✓ אפס *q* end, cease, be gone 5 אָפֵס Gen 47:15f; Isa 16:4; 29:20; Ps 77:9◦

אֶפֶס[B] ↩ אפס *m.* end; nothing, nothingness; not longer, not any more; with כִּי but, though; with עוֹד nothing else; with בְּ futile 3 אַפְסֵי Dtn 33:17: אַפְסֵי־אָרֶץ *the ends of the earth*

אֶפֶס דַּמִּים *pln* Ephes-Dammim 1 Sam 17:1◦

אָפְסַיִם ↩ אפס *m.* du. ankle Ez 47:3: מֵי אָפְסָיִם *ankle-deep water*◦

אֶפַע *m.* less than nothing Isa 41:24◦

אֶפְעֶה *m.* viper Isa 30:6; 59:5; Job 20:16◦

✓ אפף *q* surge, encompass 5 אֲפָפוּנִי[e] אָפְפוּ אֲפָפֻנִי[e]

✓ אפק *hitp* pluck up courage, risk; collect, control oneself 5 הִתְאַפְּקוּ 6 אֶתְאַפַּק 7 וַיִּתְאַפַּק לְהִתְאַפֵּק 8 וָאֶתְאַפַּק

אֲפֵק & אֲפִיק *pln* Aphek

אֲפֵקָה *pln* Apheqah Jos 15:53◦

אֵפֶר *m.* dust, ashes

אֲפֵר *m.* bandage 1 Kgs 20:38.41◦

אֹפִיר *m. PN* & *pln* Ophir

אֶפְרֹחַ *m.* young bird, brood 2 אֶפְרֹחִים 4 אֶפְרֹחֶיהָ אֶפְרֹחָו Dtn 22:6; Ps 84:4; Job 39:30◦

אַפִּרְיוֹן *m.* carry chair, litter Song 3:9◦

אֶפְרַיִם *m. PN* & *pln* Ephraim

אֶפְרָת & אֶפְרָתָה *f. PN* & *pln* Ephratha

אֶפְרָתִי *pn* Ephratite

אֶצְבֹּן & אֶצְבּוֹן *m. PN* Esbon

אֶצְבַּע *f.* finger, toe 2 אֶצְבָּעוֹת 3 אֶצְבְּעוֹת 4 אֶצְבְּעוֹתֵיכֶם אֶצְבְּעוֹתָיו אֶצְבָּעוֹ

אָצִיל ← אצל I. *m.* side 4 וּמֵאֲצִילֶיהָ Isa 41:9: *its most distant parts*◦

אָצִיל II. *m.* noble 2 אֲצִילֵי Ex 24:11◦

אַצִּיל *m.* & אַצִּילָה *f.* joint; אַצִּלוֹת יָדַיִם wrists; armpits Jer 38:12; terrace (?) Ez 41:8 – 3 אַצִּלוֹת אַצִּלֵי

✓ אצל *q* lay aside; take away, refuse 5 אָצַלְתָּ 7 וַיָּאצֶל וְאָצַלְתִּי (*hif?* Num 11:25)

nif be set back, shortened 5 נֶאֱצָל Ez 42:6◦

אֵצֶל[B] ← אצל *m.* side, beside 4 אֶצְלָהּ אֶצְלוֹ אֶצְלָם אֶצְלִי

אָצֵל *m. PN* Asel

אָצַל *pln* or *pn* a river, Azal, Zec 14:5◦

אֲצַלְיָהוּ *m. PN* Azaliah 2 Kgs 22:3; 2 Chr 34:8◦

אֹצֶם *m. PN* Ozem 1 Chr 2:15.25◦

אֶצְעָדָה *f.* bracelet; walking chain (chain between the ankles to force short steps) Num 31:50; 2 Sam 1:10◦

✓ אצר *q* collect, store 5 אָצְרוּ 11 הָאוֹצְרִים 2 Kgs 20:17; Isa 39:6; Am 3:10◦

nif be stored up, treasured 6 יֵאָצֵר Isa 23:18◦

hif appoint a treasurer 7 וָאוֹצְרָה Neh 13:13◦

אֵצֶר *m. PN* Ezer

אֹצָר ↪ אוֹצָר

אֶקְדָּח *pn* of a precious stone, ruby, beryl Isa 54:12◦

אַקּוֹ *m.* wild goat Dtn 14:5◦

אֹר ↪ אוֹר light

אֻר ↪ אוּר

אֲרָא *m. PN* Ara 1 Chr 7:38◦

אֲרִיאֵל & אֲרִאֵל *m.* altar hearth Ez 43:15f; *m. PN* Ariel Isa 29:1f.7; warrier, others: *m. PN* 2 Sam 23:20◦

אַרְאֵלִי *m. PN* & *pn* Arelite Gen 46:16; Num 26:17◦

אֶרְאֶלָּם *m.* warrior, heroes; others: people from Ariel Isa 33:7◦

✓ ארב *q* lurk, lie in wait 5 אָרְבוּ אָרַבְתִּי וְאָרַב 6 אֲרַבְתֶּם *p* יֶאֱרֹבוּ יֶאֱרָבוּ יֶאֱרֹב 7 נֶאֶרְבָה 8 וַיֶּאֶרְבוּ וַיֶּאֱרֹב 10 אֱרָב־ 11 וֶאֱרֹב אֹרֵב אֹרְבִים

pi (put in) ambush 11 מְאָרְבִים Jdg 9:25; 2 Chr 20:22◦

hif set an ambush 7 וַיָּרֶב 1 Sam 15:5◦

אֲרָב *pln* Arab Jos 15:52◦

אֶרֶב ← ארב *m.* lair, hiding place Job 37:8; 38:40◦

אֹרֶב ← ארב *m.* ambush, deceit 4 אָרְבּוֹ Jer 9:7; Hos 7:6◦

אַרְבֶּה locust

אָרְבָּה ← ארב *f.* trickery, skills (of hands) 3 אָרְבּוֹת Isa 25:11◦

1 st.c. sg. 2 st.a. pl. 3 st.c. pl. 4 with *epp* 5 SC 6 PC 7 narrative 8 inf.c. 9 inf.a. 10 imp. 11 part.

אֲרֻבָּה *f.* window, window grille; opening, hatch, flap (of a cote or chimney) 2/3 אֲרֻבֹּת אֲרֻבֹּתֵיהֶם 4 אֲרֻבּוֹת

אֲרֻבּוֹת *pln* Arubbot 1 Kgs 4:10◦

אַרְבִּי *pn* Arabite 2 Sam 23:35◦

אַרְבַּע *m.* & אַרְבָּעָה[B] *f.* I. four; du. אַרְבַּעְתָּיִם fourfold; pl. forty 1 אַרְבַּעַת 2 אַרְבָּעִים

אַרְבַּע II. *m. PN* Arba

אַרְבַּע עֶשְׂרֵה fourteen, with *f.*

אַרְבָּעָה עָשָׂר fourteen, with *m.*

✓ ארג *q* weave 6 תַּאַרְגִי יֶאֱרֹג 11 אֹרְגִים אֹרֵג אֹרְגוֹת

אֶרֶג ↩ ארג *m.* weaver's shuttle Job 7:6◦

אַרְגֹּב & אַרְגֹּב *pln* Argob

אַרְגְּוָן *m.* purple 2 Chr 2:6◦

אַרְגַּז *m.* box, saddlebag 1 Sam 6:8ff◦

אַרְגָּמָן *m.* red purple

אַרְדְּ *m. PN* Ard Gen 46:21; Num 26:40◦

אַרְדּוֹן *m. PN* Ardon 1 Chr 2:18◦

אַרְדִּי *pn* Ardite Num 26:40◦

אֲרִדַי *m. PN* Aridai Est 9,9◦

✓ ארה *q* pluck 5 אָרִיתִי[e] וְאָרוּהָ Ps 80:13; Song 5:1◦

אֹרָה ↪ ארת

אָרָה ↪ ארר

אֲרוֹד *m. PN* Arod Num 26:17◦

אַרְוָד *pln* Arwad Ez 27:8.11◦

אֲרוֹדִי *m. PN* & *pn* Arod; Arodite Gen 46:16; Num 26:17◦

אַרְוָדִי *pn* Arvadite Gen 10:18; 1 Chr 1:16◦

אֻרְוָה *f.* stall, stable 2 וְאֻרָוֹת 3 אֻרְיוֹת אֻרְוֹת

אָרוּז *m.* braided 2 אֲרֻזִים Ez 27:24; others: ↪ אֶרֶז ceder◦

אֲרוּכָה & אֲרֻכָה *f.* healing, recovery; buildings: repair, restoration 1 אֲרֻכַת 4 אֲרֻכָתְךָ Isa 58:8; Jer 8:22; 30:17; 33:6; 2 Chr 24:13; Neh 4:1◦

אֲרוּמָה *pln* Arumah Jdg 9:41◦

אֲרוֹן[B] *m.* & *f.* ark; chest 2 Kgs 12:10f; coffin Gen 50:26 – 1 אֲרוֹן אֲרֹן

אֲרַוְנָה *m. PN* Araunah

אֶרֶז a tree, ceder 2 אֲרָזִים 3 אַרְזֵי

אַרְזָה *f.* (coll.) panel, wanescot made of cedar Zeph 2:14◦

✓ ארח *q* be on one's way, travel, hike, pt. traveller 5 אָרַח 8 אֲרֹחַ[e] 11 אָרְחִים אֹרֵחַ אֹרְחִים

אֹרֵחַ *m.* traveller ↪ the previous word

אָרַח *m. PN* Arah

אֹרַח[B] ↩ ארח *f.* way, path 1 אֹרַח 2 אֳרָחוֹת 3 אָרְחוֹתַי אָרְחֹתַי אֹרְחֹתַי אָרְחֹתָיו אֹרְחֹתָיו 4 אָרְחוֹת אָרְחוֹתָם אָרְחוֹתֵיהֶם

אֲרֻחָה ↩ ארח *f.* allowance, apanage; portion, dish 1 אֲרֻחַת

אֹרְחָה ↩ ארח *f.* caravan, travel group Gen 37:25; Isa 21:13; Job 6:19◦

אֲרִי *m.* lion 2 אֲרָיִים אֲרָיוֹת

אֲרִי & אוּרִי m. PN Uri

אֲרִיאֵל & אֲרִאֵל I. m. altar hearth Ez 43:15f; as pln Ariel (for Jerusalem) Isa 29:1f.7; warrior? 2 Sam 23:20◦

אֲרִיאֵל II. m. PN Ariel Ezr 8:16◦

אֲרִידַי m. PN Aridai Est 9:9◦

אֲרִידָתָא m. PN Aridatha Est 9:8◦

אַרְיֵה I. m. lion

אַרְיֵה II. m. PN Arie 2 Kgs 15:25◦

אֻרְיָה f. stall, stable 3 אֻרְיוֹת var. ↪ אֻרְוָה

אַרְיוֹךְ m. PN Arioch Gen 14:1.9◦

אֻרִים ↪ אוּר II. m. oracle 2 אוּרִים

אֲרִיסַי m. PN Arisai Est 9:9◦

אֻרְיוֹת pl. ↪ אֻרְוָה

√ ארךְ[B] q be long, become long 5 אָרְכוּ 6 וַתֶּאֱרַכְנָה 7 יַאַרְכוּ Gen 26:8; Ez 12:22; 31:5◦ hif make long, lengthen; with יָמִים (let) live long; be long, stay long, make long one's anger: defer 5 וְהַאֲרַכְתֶּם הֶאֱרִיכוּ וְהַאֲרַכְתָּ הֶאֱרִיךְ 6 יַאֲרִכוּן יַאֲרִכוּ אַאֲרִיךְ תַּאֲרִיךְ יַאֲרִיךְ 7 וַיַּאֲרִכוּ וַיַּאֲרִיכוּ 8 וּבְהַאֲרִיךְ 10 יַאֲרִכֶן מַאֲרִיךְ 11 הַאֲרִיכִי

אֶרֶךְ & אָרֵךְ & אֹרֶךְ ↤ ארךְ m. long, length 1 אֶרֶךְ: אֶרֶךְ אַפַּיִם longanimous, patient

אֹרֶךְ[B] ↤ ארךְ m. length 4 אָרְכּוֹ אָרְכָּה; אֶרֶךְ אַפַּיִם longanimous, patient

אֶרֶךְ pln Erech Gen 10:10◦

אֲרֻכָּה ↤ ארךְ f. long, lasting 2 Sam 3:1; Jer 29:28; Job 11:9◦

אֲרוּכָה & אֲרֻכָה f. healing, recovery; buildings: repair, restoration 1 אֲרֻכַת 4 אֲרֻכָתְךָ Isa 58:8; Jer 8:22; 30:17; 33:6; 2 Chr 24:13; Neh 4:1◦

אַרְכִּי pn Arkite

אֲרָם m. PN & pn Aram

אַרְמוֹן m. palace, citadel 3 אַרְמְנוֹת 4 אַרְמְנוֹתָיִךְ אַרְמְנוֹתֶיהָ וְאַרְמְנֹתָיו אַרְמְנוֹתֵינוּ אַרְמְנוֹתֵיהֶם

אֲרַמִּי m. & אֲרַמִּיָּה f. pn Aramean 2 אֲרַמִּים

אֲרָמִי m. & אֲרָמִית f. Aramaic

אַרְמֹנִי m. PN Armoni 2 Sam 21:8◦

אֹרֶן ↪ אֲרוֹן

אֲרָן m. PN Aran Gen 36:28; 1 Chr 1:42◦

אֹרֶן I. pn of a tree, ceder; others: spruce, pine, laurel Isa 44:14◦

אֹרֶן II. m. PN Oren 1 Chr 2:25◦

אַרְנֶבֶת f. rabbit Lev 11:6; Dtn 14:7◦

אַרְנֹן & אַרְנוֹן pn a river, Arnon

אֲרַנְיָה m. PN ↪ אֲרַוְנָה Araunah

אַרְנָן m. PN Arnan 1 Chr 3:21◦

אָרְנָן m. PN ↪ אֲרַוְנָה Araunah

אַרְפַּד & אַרְפָּד pln Arpad

אַרְפַּכְשַׁד m. PN Arpachshad

אֶרֶץ[B] f. earth, land, country, territory; ground, soil p אָרֶץ 2 אֲרָצוֹת 3 אַרְצוֹת אַרְצֹת 4 אַרְצוֹ אַרְצָם אַרְצִי אַרְצֵךְ אַרְצֶךָ p אַרְצְךָ אַרְצָהּ אַרְצֹתָם אַרְצֵנוּ

1 st.c. sg. 2 st.a. pl. 3 st.c. pl. 4 with epp 5 SC 6 PC 7 narrative 8 inf.c. 9 inf.a. 10 imp. 11 part.

אַרְצָא *m. PN* Arza 1 Kgs 16:9◦

✓ **ארר**[B] *q* curse 5 תָּאֹר 6 אָרוֹתִיהָ[e] וְאָרוֹתִי אֹרְרֶיךָ[e] אֹרְרֵי 11 אֹרוּ אָרָה־ 10 אָרוֹר 9 אָאֹר pass. אֲרוּרִים אֲרוּרָה אָרוּר

nif be cursed 11 נֵאָרִים Mal 3,9◦

pi curse Gen 5:29; pt. bring a curse Num 5:18ff - הַמְאָרְרִים הַמְאָרֲרִים 11 אֵרְרָהּ[e] 5◦

hof be cursed 6 יוּאָר Num 22:6◦

אֲרָרַט *pn* a mountain, Ararat

אֲרָרִי *pn* Hararite; with art. הָאֲרָרִי 2 Sam 23:33◦

✓ **ארשׂ** *pi* become engaged 5 אֵרַשְׂתִּי אֵרַשׂ תְּאָרֵשׂ 6 אֵרַשְׂתִּיךְ[e] Dtn 20:7; 28:30; 2 Sam 3:14; Hos 2:21f◦

pu be engaged 5 אֹרָשָׂה 11 הַמְאֹרָשָׂה Ex 22:15; Dtn 22:23ff◦

אֲרֶשֶׁת ↩ ארשׁ *f.* desire, request Ps 21:3◦

אֹרֹת ↩ ארה *f.* coll. herbs, vegetables 2 Kgs 4:39◦

אַרְתַּחְשַׁסְתְּא & **אַרְתַּחְשַׁשְׂתָּא** & **אַרְתַּחְשַׁשְׂתְּא** *m. PN* Artaxerxes

אֲשַׂרְאֵל *m. PN* Asarel 1 Chr 4:16◦

אֲשַׂרְאֵלָה *m. PN* Asarela 1 Chr 25:2.14◦

אַשְׂרִיאֵל *m. PN* Asriël

אַשְׂרִיאֵלִי *pn* Asriëlite Num 26:31◦

אֵשׁ[B] *f.* fire 4 אֶשְׁכֶם אִשָּׁם אִשּׁוֹ

ⓘ Some scholars assume a lemma אֵשׁ II. (Jer 51:58 and Hab 2:13) meaning *nothingness, trifle*; but this figure of speech can easiliy be derived from the primary word.

אִשׁ there is = ↪ יֵשׁ Prov 18:24; with אִם *there is no way* 2 Sam 14:19; with הֲ *is there?* Mi 6:10◦

אַשְׁבֵּל *m. PN* Ashbel

אַשְׁבֵּלִי *pn* Ashbelite Num 26:38◦

אֶשְׁבָּן *m. PN* Eshban Gen 36:26; 1 Chr 1:41◦

אַשְׁבֵּעַ *m. PN* Ashbea or part of the *pln* Bet-Ashbea 1 Chr 4:21◦

אֶשְׁבַּעַל *m. PN* Eshbaal 1 Chr 8:33; 9:39◦

אֶשֶׁד *m.* & **אֲשֵׁדָה** *f.* slope 1 אֶשֶׁד 2 אֲשֵׁדוֹת 3 אַשְׁדֹּת אַשְׁדּוֹת

אַשְׁדּוֹד *pln* Ashdod

אַשְׁדּוֹדִי *pn* Ashdodite

אֶשְׁדָּת *kt.* Dtn 33:2; *qr.* אֵשׁ דָּת fire of law, fiery law

אִשָּׁה[B] *f.* woman, wife; each (woman); of animals: female; אִשָּׁה ... אִשָּׁה one ... the other one 1 אֵשֶׁת 2 נָשִׁים 3 נְשֵׁי; אִשֹּׁת only Ez 23:44; 4 נָשָׁיו אִשְׁתִּי אֶשְׁתְּךָ אִשְׁתֶּךָ *p* אִשְׁתְּךָ אִשְׁתּוֹ נְשֵׁיכֶם נָשֶׁיךָ

אֶשָּׁה *var.* ↪ אֵשׁ fire 4 אִשְׁתָּם Jer 6:29◦

אִשֶּׁה *m.* burnt offering 1 אִשֵּׁה אִשּׁוֹ 3 אִשֵּׁי 4 אִשַּׁי *p* אִשָּׁי

אשׁויה *kt.* Jer 50:15; *qr.:* אָשְׁיָה *f.* tower, pillar, wall 4 אָשְׁיוֹתֶיהָ◦

אֱשׁוּן *qr. m.* time; *kt.* pupil, fig. amid Prov 20:20◦

אַשּׁוּר *pn* & *pln* Assur

אַשּׁוּרִי *m. PN* Asher 2 Sam 2:9◦

1 st.c. sg. 2 st.a. pl. 3 st.c. pl. 4 with *epp* 5 SC 6 PC 7 narrative 8 inf.c. 9 inf.a. 10 imp. 11 part.

אַשּׁוּרִם *pn* pl. Ashurite Gen 25:3◦

אַשְׁחוּר *m. PN* Ashhur 1 Chr 2:24; 4:5◦

אָשְׁיָה *f.* tower, pillar, wall Jer 50:15 *qr.*◦

אֲשִׁימָא *pn* an idol, Ashima 2 Kgs 17:30◦

אֲשֵׁירָה ↪ אֲשֵׁרָה 2 Kgs 17:16◦

אֲשִׁישָׁה *f.* raisin cake 2 אֲשִׁישׁוֹת 3 אֲשִׁישֵׁי

ⓘ Some scholars assume a lemma אָשִׁישׁ in Isa 16:7, a by-form of *man.*

אֶשֶׁךְ *m.* testicals *p* אָשֶׁךְ Lev 21:20◦

אֶשְׁכּוֹל I. *m.* vine, cluster of grapes 2 אֶשְׁכְּלוֹת אַשְׁכְּלוֹת 3 אַשְׁכְּלֹת 4 אַשְׁכְּלֹתֶיהָ

אֶשְׁכֹּל & **אֶשְׁכּוֹל** II. *m. PN* & *pln* Eshcol

אַשְׁכֵּים inf. a. ↪ שׁכם

אַשְׁכְּנַז *m. PN* Aschkenas Gen 10:3; Jer 51:27; 1 Chr 1:6◦

אֶשְׁכָּר *m.* tribute, gifts 4 אֶשְׁכָּרֵךְ Ez 27:15; Ps 72:10◦

אֵשֶׁל a bush, tamarisk

✓ **אשׁם**[B] *q* be guilty, become guilty; consequences of being guilty: be condemned, expiate 5 אָשֵׁם אָשַׁם *p* אָשְׁמָה אָשַׁמְתָּ אָשְׁמוּ 6 יֶאְשַׁם וַיֶּאְשַׁם 7 נֶאְשָׁם תֶּאְשָׁמוּ יֶאְשְׁמוּ *p* יֶאְשָׁמוּ יֶאְשַׁם אָשׁוֹם 9 אַשְׁמָה 8 וַיֶּאְשְׁמוּ

nif suffer 5 נֶאְשָׁמוּ Joel 1:18◦

hif declare guilty, make someone bear his or her guilt 10 [e]הַאֲשִׁימֵם Ps 5:11◦

אָשָׁם[B] ↪ אשׁם *m.* guilt, guilt offering, restitution 4 אֲשָׁמוֹ אֲשָׁמָם אֲשָׁמָיו

אָשֵׁם ↪ אשׁם *m.* guilty 2 אֲשֵׁמִים Gen 42:21; 2 Sam 14:13; Ezr 10:19◦

אַשְׁמָה ↪ אשׁם *f.* guilt 1 אַשְׁמַת 2 אַשְׁמוֹת 4 אַשְׁמָתָם אַשְׁמָתֵנוּ אַשְׁמָתֵינוּ אַשְׁמָתִי אַשְׁמוֹתַי

אַשְׁמוּרָה & **אַשְׁמֹרֶת** ↪ שׁמר *f.* watch, night watch 1 אַשְׁמֹרֶת 2 אַשְׁמֻרוֹת

אַשְׁמַנִּים *m.* darkness Isa 59:10◦

ⓘ Some scholars derive this word from שׁמן *be fat (among those in full vigor we are like dead men),* others from אשׁם *(guilty).*

אֶשְׁנָב *m.* lattice 4 אֶשְׁנַבִּי Jdg 5:28; Prov 7:6◦

אַשְׁנָה *pln* Ashnah Jos 15:33.43◦

אֶשְׁעָן *pln* Eshan Jos 15:52◦

אַשָּׁף *m.* conjurer 2 הָאַשָּׁפִים Dan 1:20; 2:2◦

אַשְׁפָּה *f.* quiver; with בְּנֵי *arrows* 4 אַשְׁפָּתוֹ

אַשְׁפְּנַז *m. PN* Ashpenas Dan 1:3◦

אֶשְׁפָּר *m.* date cake; others: peace of meat 2 Sam 6:19; 1 Chr 16:3◦

אַשְׁפֹּת & **אַשְׁפּוֹת** *f.* garbage; Neh 3:13: הַשְּׁפוֹת

אַשְׁקְלוֹן *pln* Ashkelon

אַשְׁקְלוֹנִי *pn* Ashkelonite Jos 13:3◦

✓ **אשׁר** I. *q* go, walk 10 אִשְׁרוּ Prov 9:6◦

pi go, walk, Prov 4:14; guide Isa 3:12; 9,15; correct Isa 1:17; direct Prov 23:19 – 6 תְּאַשֵּׁר 10 אַשֵּׁר אַשְּׁרוּ 11 מְאַשְּׁרֵי [e]מְאַשְּׁרֶיךָ◦

pu be guided 11 [e]מְאֻשָּׁרָיו Isa 9:15◦

✓ **אשׁר** II. *pi* congratulate, call someone fortunate, happy 5 אִשְּׁרוּ [e]אִשְּׁרוּנִי 6 [e]יְאַשְּׁרוּהוּ 7 [e]וַיְאַשְּׁרוּהָ [e]וַתְּאַשְּׁרֻנִי

pu be called fortunate, happy 5 אֻשַּׁר 6 יְאֻשַּׁר 11 מְאֻשָּׁר יְאֻשָּׁר Ps 41:3; Prov 3:18◦

1 st.c. sg. 2 st.a. pl. 3 st.c. pl. 4 with *epp* 5 SC 6 PC 7 narrative 8 inf.c. 9 inf.a. 10 imp. 11 part.

אָשֵׁר *m. PN* Asher

אֲשֶׁר[B] relative particle, connecting link

ⓘ The relative particle has no "meaning"; it is a purely linguistic sign and indicates that an explanation of the foregoing now follows. It is best to start with a working translation, like: *as to which*, or *which is that*, before looking for a suitable English vocabulary, which accrues entirely out of context. Gen 1:7: וַיַּבְדֵּל בֵּין הַמַּיִם אֲשֶׁר מִתַּחַת לָרָקִיעַ *he separated the water [which was located] below the dome.* אֲשֶׁר can be combined with the prepositions בְּ, כְּ, מִן and others and then reflects their range of meaning, e.g. Gen 22:16: כִּי יַעַן אֲשֶׁר עָשִׂיתָ אֶת־הַדָּבָר הַזֶּה *because* you have done this; Gen 7:9: כַּאֲשֶׁר צִוָּה אֱלֹהִים אֶת־נֹחַ *as* God commanded; Jdg 17:9: וְאָנֹכִי הֹלֵךְ לָגוּר בַּאֲשֶׁר אֶמְצָא I go *wherever* I can to settle down as a guest.

אֶשֶׁר[B] ← אשר *m.* fortune, fortunate, happy, blessed, blissful; pl. as *interj.*: אַשְׁרֶיךָ יִשְׂרָאֵל *happy you are, Israel!* 3 אַשְׁרֵי 4 אַשְׁרֵהוּ אַשְׁרֵיכֶם אַשְׁרֶיךָ אַשְׁרַיִךְ אַשְׁרֶיךָ

אֹשֶׁר ← אשר *m.* happy 4 אָשְׁרִי *happy am I* Gen 30:13◦

אָשֻׁר & אַשֻּׁר ← אשר *f.* step, track 4 אֲשֻׁרוֹ אֲשֻׁרֵינוּ אֲשֻׁרַי אֲשֻׁרָיו אַשֻּׁרִי

אֲשֵׁרָה & אֲשֵׁירָה[B] *f.* cultic post, also *pn* Ashera, a ugaritic goddess 2 אֲשֵׁרִים אֲשֵׁרוֹת 4 אֲשֵׁירֵהֶם אֲשֵׁירֶיךָ אֲשֵׁרָיו

אָשֵׁרִי *pn* Asherite Jdg 1:32◦

אַשְׁרֵי ← אֶשֶׁר

✓ אשש ← איש *hitpoal* be men, be strong, firm 10 וְהִתְאֹשָׁשׁוּ Isa 46:8◦

אֵשֶׁת cstr. ← אִשָּׁה woman

אֶשְׁתָּאֹל & אֶשְׁתָּאוֹל *pln* Eshthaol

אֶשְׁתָּאֻלִי *pn* Eshthaolite 1 Chr 2:53◦

אֶשְׁתּוֹלְלוּ ← שׁלל

אֶשְׁתּוֹן *m. PN* Eshthon 1 Chr 4:11f◦

אֶשְׁתְּמֹה & אֶשְׁתְּמֹעַ *pln* Eshthemoa

אַתָּ & אַתָּה[B] *m.* personal pron. you

אַתְּ[B] *f.* personal pron. you; *p* אָתְּ

אֵת & אֶת־[B] I. preposition that refers to the target of a sentence, most often a determined object.

ⓘ The target of the sentence might be a direct object: וַיְבָרְכוּ אֶת־רִבְקָה *They blessed Rebekah* Gen 24:60 (Note, that the use of the prep. is not mandatory: וַיְבָרֲכוּ אֱלֹהִים בְּנֵי יִשְׂרָאֵל *And the children of Israel blessed God* Jos 22:33). In English, the prep. is often but by far not always rendered with the accusative, e.g. Lev 3:7: אִם־כֶּשֶׂב הוּא־מַקְרִיב אֶת־קָרְבָּנוֹ *If one presents a lamb **as** an offering;* Ruth 1:6: כִּי־פָקַד יְהוָה אֶת־עַמּוֹ *The Lord had paid attention **to** his people;* Ruth 2:9: הֲלוֹא צִוִּיתִי אֶת־הַנְּעָרִים *I've ordered the young men [dative] not to bother you.* Regularly, a whole sentence can be the target of this particle: וַיַּרְא אֱלֹהִים אֶת־כָּל־אֲשֶׁר עָשָׂה *God looked at everything he had made* Gen 1:31 - 4 אֹתוֹ אֹתָהּ אֹתָךְ אֹתְכָה אֹתִי אֶתְהֶם אֹתְכֶם אֶתְכֶם אֹתָנָה אֹתָן אֶתְהֶן אֹתָם אֹתְהֶם אֹתָנוּ

אֵת & ־אֶת[B] II. with, by; with help of; with מִן: מֵאֵת (away ...) from; 4 אִתּוֹ אִתָּהּ אִתְּךָ אִתָּךְ אִתָּנוּ אִתְּכֶם אִתָּם מֵאִתִּי אִתִּי אִתֵּךְ

ⓘ The two preceding prepositions are often confused. The second one, meaning "with", is vocalized with an *i* when it has an *epp*, and doubles its ת.

אֵת III. *m.* plowshare 1 Sam 13:20f; 2 Kgs 6:5 (?); Isa 2:4; Mi 4:3 – 2 אִתִּים אֵתִים 4 אִתּוֹ אִתֵּיכֶם◦

אֹת ↪ אוֹת sign

אֶתְבַּעַל *m. PN* Ethbaal 1 Kgs 16:31◦

√ אתה *q* come; come upon someone Job 3:25 - 5 אָתָה וְאָתָה 6 אֶתְנוּ יֶאֱתֶה תֵּאתֶה יֶאֱתָיוּ 7 וַיֵּאת וְאֹתִיּוֹת 11 אֹתִיו 10 וַיֶּאֱתָיוּן וַיֶּאֱתָיֻנִי[e] וַיֵּתֵא
hif bring 10 הֵתָיוּ Isa 21:14; Jer 12:9◦

אַתָּה[B] *m.* personal pron. you; *p* אָתָּה

אָתוֹן *f.* female donkey, mare, jenny 2 אֲתוֹנוֹת 4 אֲתֹנְךָ אֲתֹנוֹ אֲתֹנוֹת

אתוק *kt.* Ez 41:15; *qr.* אַתִּיק court; others: gallery◦

אַתִּי ↪ אַתְּ *f.* du

אִתַּי *m. PN* Ittai

אַתִּיק *m.* court; others: gallery Ez 41:15f *qr.*; 42:3.5◦

אַתֶּם[B] *m.* personal pron. pl. you

אֵתָם *pln* Etham

אֶתְמוֹל & אֶתְמוּל & אֶתְמֹל & אִתְמוֹל[B] yesterday; indefinite: already, long Isa 30:33); with שִׁלְשֹׁם (yesterday and the day before >) until now, earlier

אֵתָן & אֵיתָן everlasting, inexhaustible, continuous, permanent; of a river: ever-flowing; of a wadi: always dry; of a sea:: normal water level; of a dwelling: solid, firm; of a month: lasting (the rivers are not yet dry: Oct./Nov.), also *pn* Ethanim 2 אֵתָנִים 4 אֵיתָנוֹ אֵתָנִים

אַתֵּן & אַתֵּן & אַתֵּנָה[B] *f.* personal pron. pl. you

אֶתְנָה ↩ נתן *f.* fee, wages Hos 2:14◦

אֶתְנִי *m. PN* Ethni 1 Chr 6:26◦

אֵתָנִים *pn* a month (Oct./Nov.), Ethanim 1 Kgs 8:2 ↪ אֵיתָן◦

אֶתְנַן *m.* & אֶתְנָה ↩ נתן *f.* fee, wages 4 אֶתְנַנֵּהָ אֶתְנַנָּהּ

אֶתְנָן *m. PN* Ethnan 1 Chr 4:7◦

אֲתָרִים *pln* Atharim Num 21:1◦

בְּ[B] in, into, with, on, through, by, for; when, then 4 בּוֹ בֹּה בָּהּ בְּךָ בָּךְ בִּי בָּהֶם בָּם בָּהֵמָּה בָּנוּ בָּהֵנָּה בָּהֶן בָּהֵן

ⓘ בְּ is a proclitic preposition with a variable vowel. בְּ indicates the coincidence, the coming or falling together of things, persons or events, e.g. Ps 114:1 בְּצֵאת יִשְׂרָאֵל מִמִּצְרָיִם *In the leaving of Israel from Egypt* > temporal dissolution: when Israel left Egypt.

בָּא *m.* & **בָּאָה** *f.* 5/11 ↪ בוא

בִּאָה ↩ בוא *f.* entrance Ez 8:5◦

✓ **באר** *pi* interprete, explain; make plain, write clearly 5 בֵּאֵר 9 בַּאֵר 10 בָּאֵר Dtn 1:5; 27:8; Hab 2:2◦

בְּאֵר[B] I. *f.* well; pit 2 בְּאֵרֹת; בארות ↪ בּוֹר Jer 2:13 - 3 בְּאֵרֹת בֶּאֱרֹת 4 בְּאֵרְךָ

בְּאֵר II. *pln* Beer Num 21:16; Jdg 9:21◦

בְּאֵר III. part of following *pln:*

בְּאֵר אֵילִים Beer-Elim

בְּאֵר לַחַי רֹאִי Beer-Lahai-Roï

בְּאֵר שֶׁבַע Beersheba

בֹּאר ↪ בּוֹר *m.* well, cistern; pit, pitfall

בְּאֵרָא *m. PN* Beera 1 Chr 7:37◦

בְּאֵרָה *m. PN* Beerah 1 Chr 5:6◦

בְּאֵרוֹת & **בְּאֵרֹת** *pln* Beeroth

בְּאֵרֹתִי *pn* Beerothite

בְּאֵרֹת בְּנֵי־יַעֲקָן *pln* Beerot-Bene-Jaakan Num 33:31f; Dtn 10:6◦

בְּאֵרִי *m. PN* Beeri Gen 26:34; Hos 1:1◦

✓ **באש** *q* stink, reek; decay 5 בָּאַשׁ 6 יִבְאַשׁ
וַתִּבְאַשׁ וַיִּבְאַשׁ 7 תִּבְאַשׁ

nif fig.: make oneself stinking, discredit oneself, make oneself hated 5 נִבְאַשׁ נִבְאַשְׁתָּ נִבְאֲשׁוּ

hif stink, make stinking; be discredited, hated 5
הִבְאִישׁ הִבְאִישׁוּ הִבְאַשְׁתֶּם 6 הַבְאִישׁ 8
הַבְאֵשׁ 9 הַבְאִישֵׁנָה[e]

hitp fig.: make oneself stinking, discredit oneself, make oneself hated 5 הִתְבָּאֲשׁוּ 1 Chr 19:6◦

בְּאשׁ ↩ באש *m.* stink, stench 4 בָּאְשׁוֹ בָּאְשָׁם Isa 34:3; Joel 2:20; Am 4:10◦

בְּאֻשׁ *m.* bad, sour grapes 2 בְּאֻשִׁים Isa 5:2.4◦

בָּאְשָׁה ↩ באש *f.* stinkweed Job 31:40◦

בָּבָה *f.* eyeball 1 בָּבַת עֵינוֹ Zec 2:12◦

בֵּבָי & **בֵּבַי** *m. PN* Bebai

בָּבֶל *pln* Babel, Babylon

בַּג = **בַּז** ↩ בזז prey, plunder Ez 25:7 *kt.*◦

✓ **בגד** *q* commit injustice, do wrong, be unfair; be unfaithful, illoyal, leave; rebel, come against someone; mistreat, rob 5 בָּגַדְתָּה בָּגְדָה
יִבְגּוֹד יִבְגֹּד 6 בְּגַדְתֶּם בָּגָדוּ *p* בָּגְדוּ בָּגַדְתִּי
לִבְגֹּד 8 וַיִּבְגְּדוּ 7 נִבְגַּד תִּבְגֹּדוּ יִבְגְּדוּ תִּבְגּוֹד
בֹּגְדֵי בֹּגְדִים בֹּגֵדָה בּוֹגֵד 11 בָּגוֹד 9 בְּבִגְדוֹ[e]

בֶּגֶד[B] I. *m.* clothes, garment; cover, blanket 2
בִּגְדֹתֶיךָ בְּגָדָיו בִּגְדֵי בִּגְדוֹ 4 בִּגְדֵי 3 בְּגָדִים
בְּגָדַי בִּגְדֵיכֶם

בֶּגֶד ↩ בגד II. *m.* unfaithfulness, illoyality, treachery Jer 12:1; Isa 24:16 *p* בָּגֶד◦

בֹּגְדוֹת ↩ בגד *f.* treacherous, unreliable Zeph 3:4◦

בָּגוֹדָה ↩ בגד *f.* treacherous, unfaithful Jer 3:7.10◦

בִּגְוַי *m. PN* Bigvai

1 st.c. sg. 2 st.a. pl. 3 st.c. pl. 4 with *epp* 5 SC 6 PC 7 narrative 8 inf.c. 9 inf.a. 10 imp. 11 part.

בִּגְלַל[B] because of ↪ גָּלָל

בִּגְתָא m. PN Bigtha Est 1:10◦

בִּגְתָן & בִּגְתָנָא m. PN Bigthan Est 2:21; 6:2◦

בַּד I. m. linen, pl. linen garments (of priests) 2 בַּדִּים

בַּד[B] ↩ בדד II. separated, segregated, all alone; solitude, one thing alone; with מִן aside, besides, not counting; בַּד בְּבַד Ex 30:34 in equal parts 4 לְבַדִּי לְבַדְּךָ לְבַדָּהּ לְבַדּוֹ בַּדָּנָה בַּדֵּהֶן לְבַדָּם

ⓘ This word appears nearly always with the preposition לְ.

בַּד III. m. branch, twig, shoot Ez 19:14; carrying pole Ex 25:13; bar (others ↪ IV.) Hos 11:6; down Job 17:16; limbs Job 18:13; 41:4 - 2 בַּדִּים 3 בַּדֵּי 4 בַּדָּיו בַּדֶּיהָ

ⓘ This word is derived from בַּד II; in this respect, it marks things that are "separated"; hence the broad semantic field.

בַּד ↩ בדא IV. m. diviner, babbler Isa 44:25; Jer 50:36; empty talk Isa 16:6; Jer 48:30; Job 11:3 - 2 בַּדִּים 4 בַּדָּיו בַּדֶּיךָ◦

✓ בדא q make something up 5 בָּדָא 11 בּוֹדָאם 1 Kgs 12:33; Neh 6:8◦

✓ בדד q be alone, lonely 11 בּוֹדֵד Isa 14:31; Hos 8:9; Ps 102:8◦

בָּדָד ↩ בדד m. alone, lonely, isolated

בְּדַד m. PN Bedad Gen 36:35; 1 Chr 1:46◦

בְּדֵי ↪ דַּי for; when

בֵּדְיָה m. PN Bediah Ezr 10:35◦

בְּדִיל ↩ בדל m. tin Num 31:22 Ez 22:18.20; 27:14; lead Zec 4:10; dross Isa 1:25 - 4 בְּדִילָיִךְ◦

✓ בדל[B] nif keep oneself separate; be excluded, banned; be singled out, set apart; go over, defect 5 נִבְדְּלוּ 6 יִבָּדֵל יִבָּדְלוּ 7 וַיִּבָּדֵל וַיִּבָּדְלוּ 10 הִבָּדְלוּ 11 נִבְדָּל

hif separate, distinguish, select 5 הִבְדִּיל 6 וְהִבְדַּלְתֶּם הִבְדִּילוּ וְהִבְדַּלְתָּ וְהִבְדִּילָה וַיַּבְדֵּל 7 יַבְדִּילוּ תַּבְדִּיל יַבְדִּילֵנִי[e] יַבְדִּיל 8 וַיַּבְדִּילוּ וָאַבְדִּלָה וָאַבְדִּל וַיַּבְדִּילֵם[e] מַבְדִּלִים מַבְדִּיל 11 הַבְדֵּל 9 לְהַבְדִּיל

בָּדָל ↩ בדל m. piece, part 1 בְּדַל־אֹזֶן earlobe Am 3:12◦

בְּדֹלַח pn bdellium Gen 2:12; Num 11:7◦

בְּדָן m. PN Bedan 1 Sam 12:11; 1 Chr 7:17◦

ⓘ Most translations read with the old text witnesses 1 Sam 12:11 *Barak*.

✓ בדק q mend, repair 8 לִבְדּוֹק 2 Chr 34:10◦

בֶּדֶק ↩ בדק m. chink, crack, leak p בָּדֶק 4 בִּדְקֵךְ

בִּדְקַר m. PN Bidkar 2 Kgs 9:25◦

בֹּהוּ m. emptiness, void, with ↪ תֹּהוּ

בֹּהֶן m. thumb, big toe 3 בְּהֹנוֹת Jdg 1:6f◦

בַּהַט a precious paving stone, dark marble Est 1:6◦

בָּהִיר m. bright; others: dark Job 37:21◦

✓ בהל nif be dismayed, terrified; be scared off, be hasty Ecc 8:3; crave, long for wealth Prov 28:22 - 5 נִבְהַל נִבְהֲלָה נִבְהַלְתִּי נִבְהֲלוּ p 6 יִבָּהֵל תִּבָּהֵל אֶבָּהֵל יִבָּהֲלוּ נִבְהָלוּ

נִבְהָל נִבְהָל 11 וַתִּבָּהֵל וַיִּבָּהֵל 7 תִּבָּהַלְנָה נִבְהָלָה

pi terrify, frighten; rush, be hasty 6 יְבַהֵל 8 וַיְבַהֵל 7 יְבַהֲלֻהוּ[e] יְבַהֲלֻמוֹ[e] וִיבַהֶלְךָ[e] מְבַהֲלִים 11 לְבַהֲלֵנִי[e] וּלְבַהֲלָם[e] *qr.*

pu be fast 11 מְבֹהֶלֶת מְבֹהָלִים *qr.*; *kt.* מְבֻחֶלֶת Prov 20:21: נַחֲלָה מְבֹהֶלֶת *inheritance gained hurriedly*; Est 8,14: *fast couriers*◦

hif terrify Job 23:16; hurry someone away, get rid 2 Chr 26:20; bring hastily Est 6:14 - 5 וַיַּבְהִלוּהוּ[e] 7 הִבְהִילָנִי[e]◦

בֶּהָלָה ← בהל *f.* sudden terror, early death 2 בֶּהָלוֹת

בְּהֵמָה[B] *f.* coll. cattle; animals 1 בֶּהֱמַת 2 וּבְהֶמְתֶּךָ בְּהֶמְתּוֹ 4 בַּהֲמוֹת 3 בְּהֵמוֹת בְּהֶמְתֵּנוּ בְּהֶמְתְּכֶם בְּהֶמְתָּם

בְּהֵמוֹת *pn* of a power of chaos, Behemoth; hippopotamus or crocodile Job 40:15◦

בֹּהֶן *m.* thumb, big toe

בֹּהֶן *m.* thumb, big toe 3 בְּהֹנוֹת Jdg 1:6f◦

בֹּהַן *m.* *PN* Bohan Jos 15:6; 18:17◦

בֹּהַק *pn* harmless rash Lev 13:39◦

בַּהֶרֶת *f.* bright spot on the skin Lev 13:2ff; 14:56◦

√ **בוא**[B] *q* come, go; go into, arrive; happen, occur, come to pass; with עַל come upon 5 בָּא בָּאתֶם בָּאוּ בָּאתִי בָּאת בָּאתָה בָּאתָ בָּאָה יָבוֹאוּ אָבֹא תָּבוֹאִי תָּבוֹא יָבֹא יָבוֹא 6 בָּנוּ בָּאנוּ וַיָּבֹו וַיָּבֹא 7 נָבֹא נָבוֹא תְּבֹאנָה יְבֹאוּן יָבֹאוּ וַנָּבוֹא וַתְּבוֹאֶינָה וַתָּבֹאנָה וַיָּבֹאוּ וָאָבוֹא וַתָּבֹא 9 בוֹאֲךָ[e] *p* בֹּאֲךָ[e] בֹּאָהּ[e] בוֹאוֹ[e] לָבוֹא בוֹא בֹּא 8 בָּאָה בָּא 11 בֹּאוּ בֹּאִי בֹּאָה בּוֹא בֹּא 10 בּוֹא בָּאוֹת בָּאִים

hif let come, bring; offer; effect 5 הֵבִיא הֵבִיאָה הֲבִיאֹנֶם[e] הֵבִיאוּ הֵבֵאתִי הֲבִיאֹתָנוּ[e] הֵבֵאתָ נָבִיא יָבֹאוּ יָבִיאוּ אָבִי אָבִיא יָבִיא 6 הֲבֵאתֶם וַיְבִאֶהָ[e] וַיְבִאֵהוּ[e] וַיָּבֵא 7 וּנְבִיאֵם[e] וְנָבָא וַיְבִאוּם[e] וַיְבִאֻהוּ[e] וַיָּבִיאוּ; וַתְּבִאֵהוּ[e] וַיְבִיאֵם[e] בַּהֲבִיאִי[e] לַהֲבִיאֲךָ[e] לַהֲבִיאָם[e] לָבִיא הָבִיא 8 הָבִיאוּ הָבִיאִי הָבִיאָה הָבֵא 10 הָבֵא 9 11 וּמְבִיאֶיהָ[e] מְבִיאִים מְבִאֲךָ[e] מֵבִי מֵבִיא

hof be brought, be put, be offered 5 הוּבָא מוּבָאִים מוּבָא 11 יוּבָאוּ יוּבָא 6 הוּבְאוּ הֻבָאת

בּוֹדָאם ← בדא

√ **בוז**[B] *q* despise, deride 5 בָּז בָּזָה בָּזוּ 6 יָבוּז בָּז 11 בּוּז 9 יָבוּזוּ

בּוּז ← בוז I. *m.* fool, laughingstock

בּוּז II. *m. PN* & *pln* Buz Gen 22:21; Jer 25:23; 1 Chr 5:14◦

בּוּזָה ← בוז *f.* fooled, despised Neh 3:36◦

בּוּזִי I. *pn* Buzite Job 32:2.6◦

בּוּזִי II. *m. PN* Buzi Ez 1:3◦

בַּוַּי *m. PN* Neh 3:18, read with v. 24 Binnui◦

√ **בוך** *nif* be bewildered, in uproar, confusion Joel 1:18; Est 3:15; wander around aimlessly Ex 14:3 - 5 נְבוּכָה נָבֹכוּ 11 נְבֻכִים◦

בּוּל I. *m.* block Isa 44:19; produce, food; others: tribute Job 40:20◦

בּוּל II. *pn* a Canaanite month, Bul, (October/November) 1 Kgs 6:38◦

בּוּנָה *m. PN* Bunah 1 Chr 2:25◦

בֻּנִּי & **בּוּנִּי** *m. PN* Bunni Neh 9:4; 10:16; 11:15◦

✓ בוס *q* crush, trample 6 וְאָבוּס יָבוּס בּוֹסִים 11 אֲבוֹסֶנּוּ[e]

pol trample, tread 5 בּוֹסְסוּ Isa 63:18; Jer 12:10◦

hof being trampled 11 מוּבָס Isa 14:19◦

hitpol struggle, kick 11 מִתְבּוֹסֶסֶת Ez 16:6.22◦

בּוּץ & בֻּץ *pn* byssus, fine linen or cotton

בּוֹצֵץ *pln* Bozez 1 Sam 14:4◦

בּוּקָה ← בקק *f.* waste, void Nah 2:11◦

בּוֹקֵר ← בָּקָר *m.* cattle breeder Am 7:14◦

✓ בּוּר *q* prove, test 8 לָבוּר לְבָרָם[e] Ecc 3:18; 9:1◦

ⓘ The form לְבָרָם can as well be derived from ← ברר.

בֹּור Jer 6:7 *qr.* בַּיִר = בְּאֵר well, pit; *kt.* ← next word

בּוֹר & בֹּר[B] *m.* cistern, well; pit, pitfall; prison, grave 2 בֹּארוֹת בֹּרֹת בּוֹרוֹת Jer 2:13 - 4 בּוֹרְךָ בֹּרוֹ בּוֹרוֹ

בּוֹר הַסִּרָה ← סִרָה *pln* cistern of Sira

בּוֹר עָשָׁן *pln* Bor-Ashan 1 Sam 30:30◦

✓ בּוֹשׁ I. *q* be ashamed, be put to shame, come to naught 5 בֹּשׁ בּוֹשׁ בֹּשְׁתִּי בּוֹשָׁה בֹּשׁוּ וּבֹשׁוּ 6 וַיֵּבֹשׁוּ 7 יֵבֹשׁוּ יֵבוֹשׁוּ אֵבוֹשׁ תֵּבוֹשִׁי יֵבוֹשׁ 8/9 בֹּשִׁים בּוֹשִׁים 11 בּוֹשׁוּ בּוֹשִׁי 10 בּוֹשׁ

pil be delayed 5 בֹּשֵׁשׁ Ex 32:1; Jdg 5:28◦

hif I. put to shame, bring shame to oneself; obstruct, ruin, fail 5 הֶבִישֹׁתָה הֱבִישׁוֹת 6 מְבִישָׁה מֵבִישׁ 11 תָּבִישׁוּ תְּבִישֵׁנִי[e]

hif II. cover with shame, embarass; act shamefully; be ashamed 5 הוֹבִישָׁה הוֹבִישׁ הֵבִישׁ הוֹבִישׁוּ 10 הֵבִישׁוּ הֹבַשְׁתָּ

hitpol be ashamed before one another 6 יִתְבֹּשָׁשׁוּ Gen 2:25◦

ⓘ Maybe there is another root בּוֹשׁ II. meaning „hesitate, be slow" (s.above *pil*).

בּוֹשָׁה ← בוש *f.* shame, blush of shame

בַּז ← בזז *m.* loot, plunder, plundering 4 בִּזָּהּ; with art. הַבָּז Num 31:32

✓ בזא *q* divide (of rivers) 5 בָּזְאוּ Isa 18:2.7◦

✓ בזה[B] *q* dispise, ignore, disrespect, disdain 5 בָּזָה בָּזִיתָ בָּזָתָנִי[e] בְּזִתְנִי 6 תִּבְזֶה 7 וַיִּבֶז וַיִּבְזֵהוּ[e] 8 לִבְזֹה־ 11 בּוֹזֶה בֹּזֵי[e] בּוֹזִים וּבֹזֵי וַיִּבְזֵהוּ[e] pass. בְּזוּיָה בְזוּי בָּזוּי

hif no longer respect someone 8 הַבְזוֹת Est 1:17◦

nif be dispised 11 נִבְזֶה נִבְזִים

בִּזָּה ← בזז *f.* loot, plunder, plundering

✓ בזז[B] *q* plunder, loot, spoil 5 בָּזְזוּ בָּזְזוּ וּבָזַז 10 לָבֹז 8 וַיָּבֹזּוּ 7 יָבֹזּוּם[e] תָּבֹזּוּ תָּבֹז 6 וּבְזָזוּם[e] לְבֹזְזֵינוּ[e] בֹּזְזֵיהֶם[e] בֹּזְזַיִךְ[e] לְבֹזְזִים בֹּזְזִים 11 בֹּזּוּ pass. בָּזוּז

nif be plundered, spoiled 5 וְנָבֹזּוּ 6 תִּבּוֹז 9 וְהִבּוֹז Isa 24:3; Am 3:11◦

pu be plundered 5 וּבֻזָּזוּ Jer 50:37◦

בִּזָּיוֹן ← בזה *m.* disdain, contempt Est 1:18◦

בִּזְיוֹתְיָה *pln* Biziotiah Jos 15:28◦

ⓘ Some translators assume a wrong reading of the word בְּנוֹתֶיהָ and render *and its daughter-cities.*

בָּזָק *m.* lightning Ez 1:14◦

בֶּזֶק *pln* Bezek Jdg 1:4; 1 Sam 11:8◦

✓ בזר *q* scatter 6 יִבְזוֹר Dan 11:24◦

pi disperse 5 בִּזַּר Ps 68,31◦

1 st.c. sg. 2 st.a. pl. 3 st.c. pl. 4 with *epp* 5 SC 6 PC 7 narrative 8 inf.c. 9 inf.a. 10 imp. 11 part.

בִּזְּתָא *m. PN* Bizetha Est 1:10◦

בָּחוֹן ↩ בחן *m.* tester Jer 6:27◦

בַּחוּן *m.* (siege) tower Isa 23:13 *qr.*◦

בָּחוּר[B] *m.* young man 2 בַּחוּרִים 3 בַּחוּרֵי 4 בַּחוּרָי בַּחוּרֵיכֶם בַּחֻרֶיהָ בַּחוּרָיו

ⓘ This word refers to the sexually mature but still unmarried man. Regard: it is identical with the pt. pass. of ↪ בחר.

בְּחוּרוֹת *f.* youth, days of the youth 4 בִּימֵי בְחוּרוֹתֶךָ Ecc 11:9; 12:1◦

בְּחוּרִים *m.* youth 4 מִבְּחֻרָיו Num 11:28◦

בָּחוּרִים & **בָּחֻרִם** *pln* Bahurim

בַּחִין *m.* (siege) tower Isa 23:13 *kt.*◦

בָּחִיר ↩ בחר *m.* chosen (of God) 1 בְּחִיר 4 בְּחִרָיו בְּחִירָיו ·בְּחִרֵי בְּחִירוֹ

בחל√ *q* detest 5 בָּחֲלָה Zec 11:8◦

pu be detested 11 מְבֹחֶלֶת Prov 20:21 *kt.*; *qr.* ↪ בהל◦

בחן√ *q* test, try 5 בָּחַנוּ בְּחַנְתָּנוּ[e] בָּחַנְתָּ בְּחָנַנִי[e] 6 יִבְחָן יִבְחָנוּ אֶבְחָנְךָ[e] 8 בְּחֹן 10 בְּחָנוּנִי[e] 11 בֹּחֵן וּבְחָנוּנִי[e] בְּחָנֵנִי[e]

nif be tested 6 יִבָּחֵן יִבָּחֲנוּ[e] Gen 42:15f; Job 34:36◦

pu it is tested 5 בֹּחַן Ez 21:18◦

בַּחַן ↩ בחן *m.* watch-tower Isa 32:14◦

בֹּחַן ↩ בחן *m.* tested, approved Isa 28:16◦

בחר[B]√ *q* (examine very carefully and then) with בְּ choose, select; with מִן give preference to; with לְ opt for; pt. pass. be chosen, selected 5 בָּחַרְתִּי בָּחַרְתָּ בָּחַרְתְּ *p* בָּחַר *p* בָּחָר 6 יִבְחַר *p* יִבְחָר בְּחַרְתֶּם בְּחַרְתֶּם בָּחֲרוּ בְּחַרְתִּיךָ[e]
7 נִבְחֲרָה יִבְחֲרוּ אֶבְחָרֵהוּ[e] אֶבְחֲרָה אֶבְחַר
11 בַּחֲרוּ בְּחַר 10 בָּחוֹר 9 בָּחֳרִי[e] 8 וַיִּבְחַר
בְּחוּרֵי בָּחוּר pass. בֹּחֵר

nif pt. be chosen; SC prefer Jer 8:3 - 5 נִבְחַר 11 נִבְחָר

pu be chosen 6 יְבֻחַר Ecc 9:4 *kt.* (*qr.* ↪ חבר be joined to)◦

ⓘ Some accept a second or even third root בחר; they then separate the process of testing and selecting: I. test Isa 48:10; possibly Job 29:25; 34:4◦; II. select (as above); III. (as var. to חבר) be associated with 1 Sam 20:30; perhaps Ecc 9:4 *kt.* be joined to.

בַּחוּרִים & **בַּחֻרִים** *pln* Bahurim

בטא & **בטה**√ *q* chatter, babble 11 בּוֹטֶה Prov 12:18◦

pi chatter, babble 6 יְבַטֵּא 7 וַיְבַטֵּא 8 לְבַטֵּא Lev 5:4; Ps 106:33◦

בָּטוּחַ & **בָּטֻחַ** ↩ בטח *m.* trust, confident Isa 26:3; Ps 112:7◦

בטח[B]√ *q* trust, rely on, feel safe (including carelessness) 5 בָּטַח *p* בָּטָח בָּטַחְתָּ בָּטַחְתִּי בָּטְחוּ בָּטָחְנוּ 6 יִבְטַח תִּבְטַח *p* תִּבְטָח וַיִּבְטַח 7 תִּבְטָחוּ *p* תִּבְטְחוּ אֶבְטַח תִּבְטְחִי בְּטַח 10 בָּטוֹחַ 9 בִּטְחֵךְ[e] בְּטֹחַ 8 וַיִּבְטְחוּ־ הַבֹּטְחִים בֹּטְחָה בֹּטֵחַ 11 בִּטְחוּ

hif make someone trust, feel safe 5 הִבְטַחְתָּ 6 מַבְטִיחִי[e] 11 וַיַּבְטַח 7 וְאַל־יַבְטַח

בָּטוּחַ & **בָּטֻחַ** ↩ בטח *m.* trust, confident Isa 26:3; Ps 112:7◦

בֶּטַח[B] ↩ בטח I. *m.* security, confidence, assurance

בֶּטַח II. *pln* Betah 2 Sam 8:8◦

ⓘ Some scholars assume a mix-up of the letters here and read Tebah.

בִּטְחָה ← בטח *f.* trust, confidence Isa 30:15◦

בִּטָּחוֹן ← בטח *m.* trust, confidence 2 Kgs 18:19; Isa 36:4; Ecc 9:4◦

בַּטֻּחוֹת ← בטח *f.* secure Job 12:6◦

בטל√ *q* cease, be idle 5 וּבָטְלוּ Ecc 12:3◦

בֶּטֶן[B] I. *f.* womb, belly, body, stomach, innermost; *arch.* bulge 1 Kgs 7:20

ⓘ In Hebrew, the belly is the seat of feelings and contemplation.

בֶּטֶן II. *pln* Beten Jos 19:25◦

בָּטְנִים *m.* pl. pistachios Gen 43:11◦

בְּטֹנִים *pln* Betonim Jos 13:26◦

בִּי particle to get attention at the beginning of a speech: *excuse me, please ...*

בין√[B] *q* perceive, understand, distinguish, have insight 5 בִּינוֹתִי בַּנְתָּה וּבִין 6 אָבִינָה יָבֵן יָבִין בָּנִים 11 בִּין 9/10 וָאָבִינָה וַיָּבֶן 7 יָבִינוּ
nif be wise, insightful; נְבוֹן דָּבָר skilful in speech 5 נְבֻנוֹתִי 11 נָבוֹן נְבוֹן נְבוֹנִים נְבֹנִים נְבֹנָיו[e]
pol care 6 יְבוֹנְנֵהוּ[e] Dtn 32:10◦
hif perceive, understand, distinguish, have insight; causative: provide insight, instruct 5 הֵבִין הֲבִינֹתֶם הֵבִינוּ 6 (or *q*) יָבִין[e] תְּבִינֵם 7 מְבִינֵי הַמְּבִינִים מֵבִין 11 וַיְבִינֵהוּ[e] (or *q*)
hitpol pay attention; understand 5 הִתְבּוֹנָן *p* אֶתְבּוֹנֵן יִתְבּוֹנָן 6 וְהִתְבּוֹנָנוּ הִתְבּוֹנַנְתָּ תִּתְבּוֹנָנוּ *p* תִּתְבּוֹנְנוּ יִתְבּוֹנָנוּ *p* יִתְבּוֹנְנוּ אֶתְבּוֹנָן וְהִתְבּוֹנְנוּ הִתְבּוֹנֵן 10 וָאֶתְבּוֹנֵן וַתִּתְבֹּנֵן 7

ⓘ The basic meaning of this word is that of difference, separation: Man can distinguish and differentiate things, which is the basic prerequisite of all knowledge.

בַּיִן *m.* & **בַּיִת** *f.* interval, space; du.: אִישׁ־הַבֵּנַיִם 1 Sam 17:4.23◦

ⓘ The word means the distance between the two armies facing each other. The „man of distance" is the best duelist of any of the two armies. Otherwise, the word is only used in cstr:

בֵּין *m.* & **בֵּית**[B] *f.* as prep.: between 3 בֵּינוֹת Ez 10:2.6f - 4 בֵּינוֹ בֵּינֶךָ בֵּינְךָ בֵּינֵךְ בֵּינִי בֵּינֵיהֶם בֵּינֵינוּ בֵּינֵיכֶם between us; בֵּין עֲשֶׂרֶת יָמִים Neh 5:18 every ten days; בֵּין הָעַרְבָּיִם towards evening; בֵּית נְתִיבוֹת crossroad, intersection

בִּינָה[B] ← בין *f.* insight, mind; understanding 1 בִּינַת 2 בִּינוֹת 4 בִּינָתִי וּבִינַתְכֶם

בֵּיצָה *f.* egg 2 בֵּיצִים 3 בֵּיצֵי 4 בֵּיצֶיהָ בֵּצֵיהֶם

בִּיר *m.* well Jer 6,7 *qr. var.* of ↪ בְּאֵר◦

בִּירָה *f.* fortress, castle; temple 2 בִּירָנִיּוֹת

בַּיִת[B] I. *m.* house; in a broad sense: location, place, room; family, clan; (the) inside: מִבַּיִת וּמִחוּץ inside and outside Gen 6:14 - 1 בֵּית 2 בָּתִּים 3 בָּתֵּי 4 בֵּיתוֹ בֵּיתְךָ בֵּיתִי בֵּיתָם בָּתָּיו בָּתֵּינוּ בָּתֵּיכֶם בָּתֵּיהֶם בָּתַּיִךְ

בַּיִת II. *f.* & **בַּיִן** *m.* between; בֵּית נְתִיבוֹת crossroads, intersection 1 בֵּית

בֵּית cstr. of בַּיִת I.; part of the following *pln*:
בֵּית אָוֶן Beth-Aven
בֵּית־אֵל & בֵּית הָאֱלִי Beth-El
בֵּית הָאֵצֶל Beth-Ezel
בֵּית אַרְבֵאל Beth-Arbel

1 st.c. sg. 2 st.a. pl. 3 st.c. pl. 4 with *epp* 5 SC 6 PC 7 narrative 8 inf.c. 9 inf.a. 10 imp. 11 part.

בֵּית בַּעַל מְעוֹן Beth-Baal-Meon
בֵּית בִּרְאִי Beth-Birei
בֵּית בָּרָה Beth-Barah
בֵּית גָּדֵר Beth-Gader
בֵּית הַגִּלְגָּל Beth-Gilgal
בֵּית גָּמוּל Beth-Gamul
בֵּית הַגָּן Beth-Haggan
בֵּית דִּבְלָתַיִם Beth-Diblataim
בֵּית דָּגֹן & בֵּית דָּגוֹן Beth-Dagon
בֵּית הָרָם Beth-Haram
בֵּית הָרָן Beth-Haran
בֵּית חָגְלָה Beth-Hogla
בֵּית חוֹרוֹן Beth-Horon
בֵּית חָנָן Beth-Hanan
בֵּית יוֹאָב Beth-Joab
בֵּית הַיְשִׁימוֹת Beth-Jeshimot
בֵּית כָּר Beth-Kar
בֵּית הַכֶּרֶם Beth-Kerem
בֵּית לְבָאוֹת Beth-Lebaoth
בֵּית לָחֶם & בֵּית לֶחֶם Bethlehem
בֵּית הַלַּחְמִי *pn* Bethlehemite
בֵּית מִלּוֹא Beth-Millo
בֵּית מְעוֹן Beth-Meon
בֵּית מַעֲכָה Beth-Maachah
בֵּית הַמֶּרְחָק *the last house* 2 Sam 15:17
בֵּית מַרְכָּבוֹת Beth-Markaboth
בֵּית נִמְרָה Beth-Nimrah
בֵּית עֶדֶן Beth-Eden
בֵּית עַזְמָוֶת Beth-Asmaweth
בֵּית הָעֵמֶק Beth-Emek
בֵּית עֲנוֹת Beth-Anoth
בֵּית עֲנָת Beth-Anath
בֵּית לְעַפְרָה Beth-Leaphrah
בֵּית עֵקֶד הָרֹעִים Beth-Eked-Roïm
בֵּית הָעֲרָבָה Beth-Arabah
בֵּית פֶּלֶט Beth-Pelet
בֵּית פְּעוֹר Beth-Peor
בֵּית פַּצֵּץ Beth-Pazzez
בֵּית־צוּר Beth-Zur
בֵּית־רְחוֹב Bet-Rehob
בֵּית רֵכָב Beth-Rehab
בֵּית רָפָא Beth-Rafa
בֵּית שְׁאָן Beth-Schean
בֵּית הַשִּׁטָּה Beth-Shittah
בֵּית שֶׁמֶשׁ Beth-Schemesch
בֵּית תּוֹגַרְמָה Beth-Togarmah
בֵּית תַּפּוּחַ Beth-Tappuach

בַּיִת *f.* between ↪ בַּיִן

בִּיתָן *m.* palace, citadel 1 בִּיתַן Est 1:5; 7:5f◦

בָּכָא *pn* of a tree, Baka, others: balsam, mulberry tree 2 בְּכָאִים 2 Sam 5:23f; 1 Chr 14:14f; Ps 84:7◦

✓**בכה**[B] *q* cry, weep 5 בָּכוּ בָּכִיתִי בָּכְתָה בָּכָה יִבְכּוּ אֶבְכֶּה תִּבְכֶּה תִּבְכִּי תִּבְכֶּה 6 בָּכִינוּ בְּכִיתֶם 8 וַיִּבְכּוּ וַיֵּבְךְּ 7 תִּבְכֶּינָה יִבְכָּיוּן תִּבְכּוּ בְּכֶינָה בְּכוּ 10 בָּכוֹ בָּכֹה 9 לִבְכֹּתָהּ[e] לִבְכּוֹת 11 בֹּכִים בּוֹכִים בּוֹכִיָּה בֹּכֶה

pi weep 11 מְבַכּוֹת מְבַכָּה Jer 31:15; Ez 8:14◦

בֶּכֶה ↩ בכה *m.* weeping Ezr 10:1◦

בְּכוֹר ↩ בְּכֹר *m.* firstborn

בִּכּוּרָה & **בִּכּוּרָה** ↩ בכר *f.* early fig 2 בִּכֻּרוֹת

בִּכֻּרִים[B] & **בִּכּוּרִים** ↩ בכר *m.* first fruits, first yield 3 בִּכּוּרֵי 4 בִּכּוּרֶיךָ; Ex 23:19: רֵאשִׁית בִּכּוּרֵי אַדְמָתְךָ *The choicest first fruits of your soil*

בְּכוֹרַת *m. PN* Bechorath 1 Sam 9:1◦

1 st.c. sg. 2 st.a. pl. 3 st.c. pl. 4 with *epp* 5 SC 6 PC 7 narrative 8 inf.c. 9 inf.a. 10 imp. 11 part.

בָּכוּת ↤ בכה *f.* weeping (part of the *pln* Allonbachuth, oak of weeping) Gen 35:8◦

בְּכִי ↤ בכה *m.* weeping; dripping Job 28:11 *p* בֶּכִי - 4 בִּכְיִי

בֹּכִים *pln* Bochim Jdg 2:1◦

בְּכִירָה ↤ בכר *f.* firstborn, elder

בְּכִית ↤ בכה *f.* mourning 4 בְּכִיתוֹ Gen 50:4◦

בכר✓ *pi* bear fresh fruit Ez 47:12; appoint as firstborn Dtn 21:16 - 6 יְבַכֵּר 8 בַּכֵּר◦
pu belong as firstborn (to YHWH) 6 יְבֻכַּר Lev 27:26◦
hif give birth to her first child 11 מַבְכִּירָה Jer 4:31◦

בֶּכֶר *m. PN* Becher

בֵּכֶר *m.* young camel, dromedary 3 בִּכְרֵי Isa 60:6◦

בְּכֹר & בְּכוֹר[B] ↤ בכר *m.* firstborn; fig. the highest of its kind, for better or for worse; בְּכוֹרֵי דַלִּים the firstborn of the poor, the poorest of the poor Isa 14:30 - 3 בְּכוֹרֵי בְּכֹרוֹת 4 בְּכֹרִי בְּכֹרֶךָ *p* בְּכֹרְךָ בְּכוֹרוֹ בְּכֹרוֹ בְּכוֹרֵיהֶם

בְּכֹרָה ↤ בכר *f.* firstborn; right of the firstborn, birthright 4 בְּכֹרָתְךָ

בִּכְרָה ↤ בכר *f.* young she-camel Jer 2:23◦

בֹּכְרוּ *m. PN* Bochru 1 Chr 8:38; 9:44◦

בַּכְרִי *pn* Becherite Num 26:35◦

בִּכְרִי *m. PN* Bichri & *pn* Bichrite

בִּכֻּרִים ↦ בִּכּוּרִים

בַּל not, not yet; hardly; only Ps 16:2

בֵּל *pn* a bab. idol, Bel (= Marduk)

בַּלְאֲדָן *m. PN* Baladan 2 Kgs 20:12; Isa 39:1◦

בלג✓ *hif* flash forth, let fall suddenly (destruction) Am 5:9; intr.: flash a smile, be happy Ps 39:14; Job 9:27; 10:20 - 6 וְאַבְלִיגָה 11 הַמַּבְלִיג◦

בִּלְגָּה *m. PN* Bilga

בִּלְגַּי *m. PN* Bilgai Neh 10:9◦

בִּלְדַּד *m. PN* Bildad

בלה✓ *q* of cloths: worn out; of people: be exhausted, decline, detoriate, waste away 5 בָּלְתָה 6 בָּלוּ יִבְלֶה יִבְלוּ 8 בְּלֹתִי[e]
pi cause to waste away Lam 3:4; wear out, enjoy Isa 65:22; Job 21:13 *kt.*; decay Ps 49:15; oppress 1 Chr 17:9 - 5 בִּלָּה 6 יְבַלּוּ 8 בַּלּוֹת בַּלֹּתוֹ[e]◦

בלה✓ *pi* frighten 11 מְבַלֲהִים Ezr 4:4 *kt.*◦

בָּלֶה *m.* & בָּלָה *f.* ↤ בלה old, worn out 3 בָּלִים Jos 9:4f; Ez 23:43◦

בָּלָה *pln* Balah Jos 19:3◦

בַּלָּהָה ↤ בלה *f.* terror 2 בַּלָּהוֹת 3 בַּלְהוֹת

בִּלְהָה *f. PN* & *pln* Bilha

בִּלְהָן *m. PN* Bilhan

בְּלוֹא & בְּלוֹי ↤ בלה *m.* rags 3 בְּלוֹאֵי בְּלוֹיֵ Jer 38:11f◦

בֵּלְטְשַׁאצַּר & בֵּלְטְאשַׁצַּר *m. PN* Beltshazzar (= Daniel)

1 st.c. sg. 2 st.a. pl. 3 st.c. pl. 4 with *epp* 5 SC 6 PC 7 narrative 8 inf.c. 9 inf.a. 10 imp. 11 part.

בְּלִי ← בלה *m.* destruction Isa 38:17; end Ps 72:7; otherwise the same form is cstr. and indicates non-existence, often preceded by a prefix: without, not, except

בְּלִיל ← בלל *m.* mixed grain as animal feed, fodder Isa 30:24; Job 6:5◦

בְּלִי־מָה *m.* nothing (בְּלִי + מָה) Job 26:7◦

בְּלִיַּעַל *m.* worthlessness, evil, wickedness, malice, corruption אִישׁ בְּלִיַּעַל evil fellow 1 Sam 25:25; אֲנָשִׁים בְּנֵי־בְלִיַּעַל scoundrels, worthless people Dtn 13:14

בלל√ *q* mix; confuse Gen 11:7.9; mix, give fodder Jdg 19:21 - 5 בָּלַל 6 בְּלֹתִי 7 וַנָּבְלָה 7 וַיָּבָל *qr.; kt.:* וַיָּבוֹל 11 pass. בָּלוּל בְּלוּלָה בְּלוּלֹת
hitpol mix oneself 6 יִתְבּוֹלָל Hos 7:8◦

בלם√ *q* curb, control 8 לִבְלוֹם Ps 32:9◦

בלס√ *q* scratch (figs to let them ripen) 11 בּוֹלֵס Am 7:14◦

בלע√[B] I. *q* swallow 5 בָּלַע בְּלָעַנִי[e] בְּלָעֻנוּ[e]
בְּלָעָה 6 יִבְלַע *p* יִבְלָע יִבְלָעֶנָּה[e] תִּבְלָעֵמוֹ[e]
וַתִּבְלַע וַיִּבְלַע 7 נִבְלָעֵם[e] יִבְלָעֵהוּ[e] תִּבְלָעֵנוּ[e]
בִּלְעִי[e] בְּלַע 8 וַתִּבְלָעֶנָּה וַתִּבְלָעֵם[e]
nif be swallowed 5 נִבְלַע Hos 8:8◦
pi swallow; consume, destroy 5 בִּלַּע בִּלְּעַ
בִּלְּעָנוּ[e] בִּלַּעֲנוּהוּ[e] 6 יְבַלַּע יְבַלְּעֵם[e] יְבַלְּעֶנּוּ[e]
בַּלַּע 8 וַתְּבַלְּעֵנִי[e] 7 אֲבַלַּע תְּבַלְּעֵנוּ[e] תְּבַלַּע
בַּלְּעוֹ[e] 9 בַּלֵּעַ 10 בַּלַּע 11 מְבַלְּעָיִךְ[e]
pu be swallowed, destroyed 6 יְבֻלַּע *p* יְבֻלָּע 2 Sam 17:16; Job 37:20◦

ⓘ Some count the two previous passages as ↪ II. or assume a further root ↪ III.

בלע II. *nif* be confused 5 נִבְלְעוּ Isa 28:7◦
pi confuse 5 בִּלַּע 6 אֲבַלַּע 10 בַּלַּע בִּלְּעוּ
pu be confused, lost 11 מְבֻלָּעִים Isa 9:15◦
hitp be confused, lost 6 תִּתְבַּלָּע Ps 107:27◦

בלע√ III. *pi* communicate, spread 6 יְבַלַּע Prov 19:28◦
pu be communicated 6 יְבֻלַּע *p* יְבֻלָּע 2 Sam 17:16; Job 37:20◦

ⓘ Some count the previous two passages as ↪ I. or ↪ II.

בֶּלַע ← בלע I. *m.* what has been swallowed 4 בִּלְעוֹ Jer 51:44◦

בֶּלַע ← בלע II. *m.* confusion, destruction *p* בָּלַע Ps 52:6◦

בֶּלַע III. *m. PN* & *pln* Bela

בִּלְעֲדֵי & **בַּלְעֲדֵי** except, apart from, without, not 4 בִּלְעָדַי בִּלְעָדֶיךָ בִּלְעָדֶיךָ

בַּלְעִי *pn* Belaite

בִּלְעָם *m. PN* & *pln* Bileam

בלק√ *q* desolate 5 בּוֹלְקָהּ[e] Isa 24:1◦
pu be desolate 11 מְבֻלָּקָה Nah 2:11◦

בָּלָק *m. PN* Balak

בֵּלְאשַׁצַּר & **בֵּלְשַׁאצַּר** *m. PN* Belshazzar, Belsazar

בִּלְשָׁן *m. PN* Bilshan Ezr 2:2; Neh 7:7◦

בִּלְתִּי[B] not, except, without; often with לְ and inf.c.; with מִן because not; with עַד until not 4 בִּלְתִּי בִּלְתְּךָ

בָּמָה[B] *f.* heights, high places; cultic height (for offerings); back Dtn 33:29 - 2 בָּמוֹת 3 בָּמוֹת
בָּמֹתָם בָּמוֹתֵימוֹ בָּמֹתָיו 4 בָּמֳתֵי בָּמוֹתַי
בָּמוֹתֵי בָּמוֹתֵיכֶם

בִּמְהָל *m. PN* Bimhal 1 Chr 7:33◦

בְּמוֹ = ↪ בְּ + ↪ מוֹ

בָּמוֹת *pln* Bamot Num 21:19f◦

בָּמוֹת בַּעַל *pln* Bamot-Baal Num 22:41; Jos 13:17◦

בֵּן[B] I. *m.* son; in the broadest sense: grandson, boy, child; animals: cub 1 בֶּן־ בֶּן בִּן־ 2 בָּנִים 3
בְּנֵי וּבָנֶיךָ וּבָנָיו בְּנֵי בְּנֵךְ בִּנְךָ *p* בִּנְךָ בְּנוֹ 4 בְּנֵי
בָּנֵינוּ בָּנַי בָּנַיִךְ

ⓘ The word בֵּן often denotes membership of a group: the בְּנֵי נְבִיאִים are pupils of a prophet (not: sons), the בְּנֵי יִשְׂרָאֵל children of Israel, the Israelites (not only the male). A בֶּן־חָמֵשׁ שָׁנִים וְשִׁבְעִים שָׁנָה is a seventy-five-year-old.

בֵּן II. *m. PN* Ben 1 Chr 15:18◦

ⓘ This name is deleted in many translations.

With בֵּן the following *m. PN* are formed:

בֶּן־אֲבִינָדָב Ben-Abinadab

בֶּן־אוֹנִי Ben-Oni

בֶּן־גֶּבֶר Ben-Geber

בֶּן־דֶּקֶר Ben-Deker

בֶּן־הֲדַד Ben-Hadad

בֶּן־זוֹחֵת Ben-Zohet

בֶּן־חוּר Ben-Hur

בֶּן־חַיִל Ben-Hail

בֶּן־חָנָן Ben-Hanan

בֶּן־חֶסֶד Ben-Hesed

בֶּן־עַמִּי Ben-Ammi

√בנה[B] *q* build 5 בָּנָה בָּנְתָה בָּנִית בָּנִיתָה בָּנִיתִי
6 בָּנִינוּ בְּנִיתֶם בָּנוּהוּ[e] בָּנוּ וּבְנִיתִים[e] בְּנִיתִיהָ[e]
וְאֶבְנֶנָּה[e] אֶבְנֶה תִּבְנִי תִּבְנֶה יִבְנֵם[e] יִבְנֶה
וַיִּבְנֵהוּ[e] וַיִּבְנֶה וַיִּבֶן 7 נִבְנֶה תִּבְנוּ יִבְנוּ אֶבְנֵךְ[e]
בְּנוֹת 8 וַנִּבְנֶה וַיִּבְנוּ וָאֶבְנֶה וַתִּבְנִי וַתִּבֶן
בֹּנֶה 11 בְּנוּ בְּנֵה 10 בָּנֹה 9 בְּנוֹתְכֶם[e] בְּנוֹתַיִךְ[e]
בְּנוּיִם הַבְּנוּיָה בָּנוּי pass. בֹּנִים בֹּנַיִךְ[e] בּוֹנָיו[e]
nif be built 5 נִבְנָה נִבְנְתָה נִבְנֵית וְנִבְנוּ 6 יִבָּנֶה
נִבְנֶה 11 הִבָּנוֹתוֹ[e] הִבָּנוֹת 8 תִּבָּנֶינָה אִבָּנֶה תִּבָּנֶה

ⓘ In Gen 16:2 there is a pun with בֵּן: *having a son.*

בִּנּוּי *m. PN* Binnui

בָּנוֹת pl. ↪ בַּת daughters

בֻּנִּי & בּוּנִּי *m. PN* Bunni Neh 9:4; 10:16; 11:15◦

בָּנִי *m. PN* Bani

בְּנֵי־בְרַק *pln* Bene-Berak

בְּנֵי יַעֲקָן *pln* Bene-Yaakan

בִּנְיָה ↩ בנה *f.* building Ez 41:13◦

בְּנָיָה & בְּנָיָהוּ *m. PN* Benaiah

בֵּנַיִם ↪ בַּיִן Dual 1 Sam 17:4.23◦

בִּנְיָמִין *m. PN & pln* Benjamin

בֶּן־יְמִינִי *pn* Benjaminite

בִּנְיָן ↩ בנה *m.* building

בְּנִינוּ *m. PN* Beninu Neh 10:14◦

בִּנְעָא *m. PN* Binea 1 Chr 8:37; 9:43◦

בְּנֹת ↪ בַּת

בְּסוֹדְיָה *m. PN* Besodiah Neh 3:6◦

בֵּסַי *m. PN* Besai Ezr 2:49; Neh 7:52◦

1 st.c. sg. 2 st.a. pl. 3 st.c. pl. 4 with *epp* 5 SC 6 PC 7 narrative 8 inf.c. 9 inf.a. 10 imp. 11 part.

בֹּסֶר *m.* coll. unripe fruit, esp. grapes Isa 18:5 - 4 בִּסְרוֹ

בַּעֲבוּר[B] בְּ + עֲבוּר as prep. & conj.: for the sake of, in order to, so that, on account of, because 4 בַּעֲבוּרָהּ בַּעֲבוּרְךָ בַּעֲבוּרֵךְ בַּעֲבוּרִי בַּעֲבוּרָם

בַּעַד prep. with different orientation: with verbs of closing: behind; with verbs of fencing: all around; with action verbs: through; with persons and things: around, for the sake of, for, instead of, as: Jdg 3:23 וַיִּסְגֹּר דַּלְתוֹת הָעֲלִיָּה בַּעֲדוֹ *he closed the doors of the upper room behind him*; 1 Sam 1:6 כִּי־סָגַר יְהוָה בְּעַד רַחְמָהּ *the LORD had closed her womb*; Lam 3:7 גָּדַר בַּעֲדִי *he has walled me in*; 2 Kgs 1:2 וַיִּפֹּל אֲחַזְיָה בְּעַד הַשְּׂבָכָה *Ahaziah fell through the lattice*; Gen 26:8 וַיַּשְׁקֵף אֲבִימֶלֶךְ בְּעַד הַחַלּוֹן *Abimelech looked out through a window*; 2 Sam 12:16 וַיְבַקֵּשׁ דָּוִד אֶת־הָאֱלֹהִים בְּעַד הַנָּעַר *David pleaded with God on behalf of the child*; Isa 32:14 וָבַחַן הָיָה בְעַד מְעָרוֹת *the tower will become wasteland.*

בעה✓ I. *q* ask 6 תִּבְעָיוּן 10 בְּעָיוּ Isa 21:12◦
nif be searched 5 נִבְעוּ Ob 1:6◦

בעה✓ II. *q* cause to boil 6 תִּבְעֶה Isa 64:1◦
nif bulge (of a crack in a wall) 11 נִבְעֶה Isa 30:13◦

בְּעוֹר & **בְּעֹר** *m. PN* Beor

בְּעוּתִ ← בעת *f.* terror, assault 3 בִּעוּתֵי 4 בִּעוּתֶיךָ Ps 88:17; Job 6:4◦

בֹּעַז *m. PN* Boaz

בעט✓ *q* kick, fig. show disrespect 6 תִּבְעֲטוּ 7 וַיִּבְעָט Dtn 32:15; 1 Sam 2:29◦

בְּעִיר *m.* cattle 4 בְּעִירוֹ בְּעִירָה בְּעִירָם בְּעִרֵנוּ בְּעִירְכֶם

בעל✓[B] *q* marry; rule, possess, be the boss: pt.pass. married 5 בָּעַל בְּעָלָהּ[e] וּבְעָלָה בָּעֲלָה 6 יִבְעַל בְּעָלוּנוּ[e] בָּעֲלוּ בָּעַלְתִּי וּבְעַלְתָּהּ[e] 11 בֹּעֲלַיִךְ[e] pass. בְּעוּלָה בְּעוּלַת יִבְעָלוּךְ[e] בְּעֻלַת
nif be married 6 תִּבָּעֵל Prov 30:23; Isa 62:4◦

בַּעַל[B] ← בעל I. *m.* husband; lord, master, owner; with city names: citizen *p* בָּעַל 3 בַּעֲלֵי 4 בַּעְלָהּ בַּעֲלֵי בְּעָלָיו בְּעָלֶיהָ

ⓘ Baal often describes the mastering of a situation or the integration into a process: Thus a בַּעַל הַחֲלֹמוֹת is the master of dreams, a dreamer, means בַּעַל פִּיפִיּוֹת master of double edges, (a harrow) with double edges.

בַּעַל II. *m. PN* 1 Chr 5:5; 8:30; 9:36; name of a Canaanite idol & *pln* Baal; part of the following *pln* & *PN:*

בַּעַל גָּד Baal-Gad
בַּעַל הָמוֹן Baal-Hamon
בַּעַל זְבוּב Baal-Sebub, Beelzebul ↪ זְבוּב
בַּעַל חָנָן Baal-Hanan
בַּעַל חָצוֹר Baal-Hasor
בַּעַל חֶרְמוֹן Baal-Hermon
בַּעֲלֵי יְהוּדָה Baal-Yehuda
בַּעַל מְעוֹן Baal-Meon
בַּעַל פְּעוֹר Baal-Peor
בַּעַל פְּרָצִים Baal-Perazim
בַּעַל צְפוֹן Baal-Zephon
בַּעַל שָׁלִשָׁה Baal-Shalishah
בַּעַל תָּמָר Baal-Tamar

בַּעֲלָה[B] ← בעל I. *f.* lady, mistress, female owner 1 בַּעֲלַת

בַּעֲלָה II. *pln* Baalah

בְּעָלוֹת *pln* Bealoth Jos 15:24; 1 Kgs 4:16◦

בְּעֶלְיָדָע *m. PN* Beeliada 1 Chr 14:7◦

בְּעַלְיָה *m. PN* Bealiah 1 Chr 12:6◦

בַּעֲלִיס *m. PN* Baalis Jer 40:14◦

בַּעֲלַת & בַּעֲלָת *pln* Baalath

בַּעֲלַת בְּאֵר *pln* Baalath-Beer Jos 19:8◦

בְּעֹן *pln* Beon Num 32:3◦

בַּעֲנָא *m. PN* Baana

✓בער[B] I. *q* burn, burn up, kindle 5 בָּעֲרָה
וַיִּבְעַר 7 יִבְעֲרוּ תִּבְעַר יִבְעָר *p* יִבְעַר 6 בָּעֲרוּ
בֹּעֲרוֹת בֹּעֲרִים בֹּעֶרֶת בֹּעֵרָה בֹּעֵר 11 וַתִּבְעַר
pi burn, kindle 5 בִּעַרְתֶּם בִּעֲרוּ בִּעַרְתִּיהָ[e] בִּעֵר
6 יְבַעֵר יְבַעֲרוּ תְּבַעֲרוּ 8 לְבָעֵר 9 לְבַעֲרָם[e]
11 בָּעֵר מְבַעֲרִים

pu burn 11 מְבֹעֶרֶת Jer 36:22◦

hif kindle, burn, burn down (trans.) 5 וְהִבְעַרְתִּי
6 תַּבְעִיר 7 וַיַּבְעֵר וַיַּבְעֶר־ 11 הַמַּבְעִר

✓בער II. *pi* remove, sweep away, destroy; graze, plunder, spoil 5 וּבִעַרְתָּ וּבִעֵר בִּעֵר
וּבִעַרְתִּי וּבִעֲרוּ בִּעַרְתֶּם 6 יְבַעֲרוּ תְּבַעֲרוּ
8 נְבַעֲרָה בָּעֵר

hif sweep away 1 Kgs 16:3; cause a damage, let graze Ex 22:4 (others: בער I.) 6 יַבְעֶר 11 מַבְעִיר◦

✓בער III. ← בְּעִיר *q* be stupid 6 יִבְעֲרוּ 11 בֹּעֲרִים Jer 10:8; Ez 21:36; Ps 94:8◦

nif be stupid נִבְעַר נִבְעֲרוּ 11 נִבְעָרָה Isa 19:11; Jer 10:14.21; 51:17◦

בַּעַר ← בְּעִיר *m.* fool, stupid person

בְּעֹר & בְּעוֹר *m. PN* Beor

בַּעֲרָא *f. PN* Baara 1 Chr 8:8◦

בְּעֵרָה ← בער *f.* fire Ex 22:5◦

בַּעֲשֵׂיָה *m. PN* Baaseiah, 1 Chr 6:25◦

בַּעְשָׁא *m. PN* Baasha

בְּעֶשְׁתְּרָה *pln* Beeshtherah Jos 21:27◦

ⓘ With 1 Chr 6:56 some English translations read Aschtharoth.

✓בעת *pi* tremble, be frightened, be assailed by an evil spirit or terror 5 וּבִעֲתַתּוּ בִּעֲתַתְנִי[e]
יְבַעֲתוּנִי[e] יְבַעֲתֻנִי[e] תְּבַעֲתַנִּי[e] תְּבַעֵת 6 בִּעֲתַתְהוּ[e]
11 מְבַעִתֶּךָ[e] יְבַעֲתֻהוּ[e]

nif be frightened 5 נִבְעַתִּי נִבְעַת

בְּעָתָה ← בעת *f.* terror, trouble Jer 8:15; 14:19◦

בֵּץ & בּוּץ *pn* byssus, fine linen or cotton

בֹּץ ← בצץ *m.* mud, mire Jer 38:22◦

בֵּץ ← בֵּיצָה egg

בִּצָּה ← בצץ *f.* mud, mire 4 בִּצֹּאתוֹ Ez 47:11 *kt.*; *qr.* pl.: בִּצֹּאתָיו; Job 8:11; 40:21◦

בֵּצָה ← בֵּיצָה egg

בָּצוּר *m.* & בְּצוּרָה *f.* ← בצר III. inaccessible: steep, solid (wall), fortified (city), impenetrable (forest, thoughts) 2 בְּצוּרוֹת
בְּצֻרוֹת

בֵּצָי *m. PN* Bezai Ezr 2:17; Neh 7:23; 10:19◦

בָּצִיר I. ← בצר I. *m.* vintage, grape harvest 1 בְּצִיר 4 בְּצִירֶךָ

בָּצִיר II. ← בצר III. *m.* dense, impenetrable Zec 11:2 *qr.*◦

בָּצָל *m.* onion 2 בְּצָלִים Num 11:5◦

בְּצָרָה ← בצר *f.* drought, hardship 2 בַּצָּרוֹת Jer 14:1; Ps 9:10; 10:1◦

בִּצָּרוֹן *m.* fortress, stronghold Zec 9:12◦

בְּצֻרוֹת ← בָּצוּר

בַּצֹּרֶת ← בצר *f.* drought, hardship Jer 17:8◦

בַּקְבּוּק *m. PN* Bakbuk Ezr 2:51; Neh 7:53◦

בַּקְבֻּק *m.* bottle, jar 1 Kgs 14:3; Jer 19:1.10◦

בַּקְבֻּקְיָה *m. PN* Bakbukiah Neh 11:17; 12:9.25◦

בַּקְבַּקַּר *m. PN* Bakbakar 1 Chr 9:15◦

בֻּקִּי *m. PN* Bukki

בֻּקִּיָּהוּ *m. PN* Bukkiah 1 Chr 25:4.13◦

בְּקִיעַ ← בקע *m.* cracks, debris, pieces 2 בְּקִיעִים 3 בְּקִיעֵי Isa 22:9; Am 6:11◦

√בקע[B] *q* divide, break open; conquer (a city); split open (springs) Ps 74:15; hatch an egg Isa 34:15 - 5 בָּקַע בָּקְעָה בְּקַעְתָּ 7 וַיִּבְקַע וַיִּבְקְעוּ בּוֹקֵעַ 11 בִּקְעָהוּ[e] 10 בִּקְעָם[e] 8 וַיִּבְקָעוּהָ[e]

nif divide, be split; open, break forth; be hatched; be conquered 5 נִבְקַע נִבְקְעוּ *p* נִבְקָעוּ הִבָּקֵעַ 8 תִּבָּקַע יִבָּקַע *p* יִבָּקֵעַ 6

pi split, slit, maul, tear, let break out (storm), hatch an egg - 5 בִּקַּע וּבִקַּעְתִּי 6 יְבַקַּע תְּבַקַּע וַיְבַקְּעוּ 7 וַיְבַקַּע תְּבַקַּע תְּבַקְּעֵם[e]

pu be torn Jos 9:4; be ripped open Hos 14:1; be conquered Ez 26:10 - 6 יְבֻקָּעוּ 11 מְבֻקָּעָה מְבֻקָּעִים◦

hif break through 2 Kgs 3:26; conquer Isa 7:6 - 6 וְנַבְקִעֶנָּה[e] 8 לְהַבְקִיעַ◦

hof be conquered 5 הָבְקְעָה Jer 39:2◦

בְּצַלְאֵל *m. PN* Bezalel

בַּצְלוּת & בַּצְלִית *m. PN* Bazlut, Bazlit Ezr 2:52; Neh 7:54◦

√בצע *q* cut off, break, hurt; make unjust profit; make an end, kill Job 27:8 - 6 יִבְצַע יִבְצָעוּ 8 בְּצֹעַ 10 בִּצְעָם[e] 11 בּוֹצֵעַ בֹּצֵעַ

pi cut off (the thread [fig.: of life]), make an end; carry out, fulfil Lam 2:17; make unjust profit, cheat 5 בִּצַּע 6 יְבַצַּע יְבַצְּעֵנִי[e] וַיְבַצְּעֵנִי[e] וַתְּבַצְּעִי 7 תְּבַצַּעְנָה תְּבַצְּעִי

בֶּצַע ← בצע *m.* gain, (unjust) profit, advantage, loot, robbery, bribery; (end Jer 51:13 ?) *p* בָּצַע 4 בִּצְעוֹ בִּצְעֵךְ בִּצְעָם

בְּצַעֲנַנִּים Jdg 4:11 *qr. pln* Zaanannim ↪ צַעֲנַנִּים◦

√בצק *q* swell 5 בָּצֵקָה בָּצֵקוּ Dtn 8:4; Neh 9:21◦

בָּצֵק *m.* dough 4 בְּצֵקוֹ

בָּצְקַת *pln* Bozkath Jos 15:39; 2 Kgs 22:1◦

√בצר I. *q* gather grapes, harvest vineyard 6 תִּבְצֹר 7 וַיִּבְצְרוּ 11 בּוֹצֵר בֹּצְרִים

√בצר II. *q* take courage, humiliate 6 יִבְצֹר Ps 76:13◦

√בצר III. *pi* fortify Isa 22:10; make it unreachable (high) Jer 51:53 - 6 תְּבַצֵּר 8 לְבַצֵּר◦

nif be impossible 6 יִבָּצֵר Gen 11:6; Job 42:2◦

בֶּצֶר I. *m.* gold *p* בָּצֶר Job 22:24f◦

בֶּצֶר II. *m. PN* & *pln* Bezer

בָּצְרָה I. *f.* fold yard, pen Mi 2:12◦

בָּצְרָה II. *pln* Bozra

1 st.c. sg. 2 st.a. pl. 3 st.c. pl. 4 with *epp* 5 SC 6 PC 7 narrative 8 inf.c. 9 inf.a. 10 imp. 11 part.

hitp split open Mi 1:4; be torn Jos 9:13 - 5 יִתְבַּקְּעוּ 6 הִתְבַּקָּעוּ.

בֶּקַע *m.* half a shekel Gen 24:22 Ex 38:26.

בִּקְעָה[B] ← בקע *f.* valley, lowland 1 בִּקְעַת 2 בְּקָעֹת בִּקְעוֹת

בִּקְעַת־אָוֶן *pln* Bikat-Aven Am 1:5.

✓**בקק** *q* make empty, ravage Isa 24:1; Nah 2:3, thwart, destroy Jer 19:7; spread out, sprawl Hos 10:1 - 5 בַּקֹּתִי[e] 11 בֹּקְקִים בּוֹקֵק בֹּקְקִים.

nif ebb away (courage) Isa 19:3; be emptied, destroyed Isa 24:3 - 5 וְנָבְקָה 6 תִּבּוֹק 9 הִבּוֹק.

pol make empty, lay waste 6 וְיבֹקְקוּ Jer 51:2.

✓**בקר** *pi* observe, examine, think, consider; with בֵּין distinguish; look after, take responsibility 5 וּבִקַּרְתִּים[e] 6 וּבִקְּרוּ יְבַקֵּר 8 אֲבַקֵּר לְבַקֵּר

בָּקָר[B] *m.* & *f.* cow, coll. cattle, livestock 1 בְּקַר 2 בְּקָרִים 4 בְּקָרוֹ בְּקָרְךָ *p* בְּקָרֶךָ בְּקַרְכֶם pl. בְּקָרֵינוּ

בֹּקֶר[B] *m.* morning, daybreak 2 בְּקָרִים בְּקָרִים

בַּקָּרָה ← בקר *f.* care, concern 1 בַּקָּרַת Ez 34:12.

בִּקֹּרֶת ← בקר *f.* penalty Lev 19:20.

✓**בקשׁ**[B] *pi* seek, look for, strive; want, desire, demand, ask; want to take possession of someone, want to kill him or her 5 בִּקֵּשׁ בִּקֵּשׁ בִּקְשָׁה 6 בִּקְשֻׁנִי[e] בִּקְשֻׁהוּ[e] בִּקְשׁוּ בִּקַּשְׁתִּיו[e] בִּקַּשְׁתִּי אֲבַקֵּשׁ תְּבַקְשֶׁנּוּ[e] תְּבַקְשֶׁנָּה[e] תְּבַקֵּשׁ יְבַקֵּשׁ וַיְבַקְשֵׁהוּ[e] וַיְבַקֵּשׁ 7 תְּבַקְשׁוּ יְבַקְשׁוּ אֲבַקְשֶׁנּוּ[e] לְבַקְשׁוֹ[e] בַּקֵּשׁ 8 וַיְבַקְשֻׁהוּ[e] וַיְבַקְשׁוּ וָאֲבַקְשֵׁהוּ[e] 11 בַּקְשׁוּנִי[e] בַּקְשׁוּ בַּקֵּשׁ 10 לְבַקְשֵׁנִי[e] לְבַקֶּשְׁךָ[e] מְבַקְשֶׁיךָ[e] מְבַקְשֶׁיהָ[e] מְבַקְשִׁים מְבַקֵּשׁ

pu be sought, be investigated 6 וּתְבֻקְשִׁי יְבֻקַּשׁ 7 וַיְבֻקַּשׁ Jer 50:20; Ez 26:21; Est 2:23.

בַּקָּשָׁה ← בקשׁ *m.* desire, plea, request 4 בַּקָּשָׁתִי בַּקָּשָׁתֵךְ בַּקָּשָׁתוֹ

בַּר I. *m.* son 4 בְּרִי Prov 31:2; Ps 2:12(?).

בַּר II. *m.* & **בָּרָה** *f.* ← ברר pure, sincere, clear Ps 19:9; 24:4; 73:1; Job 11:4; of the beauty of a woman: Song 6:9f; empty, clean Prov 14:4 - 3 בָּרֵי.

בַּר & **בָּר** ← ברר III. *m.* grain

בַּר IV. *m.* open field בַּבָּר in the open Job 39:4.

בֹּר ← ברר I. *m.* purity, innocence; lye Isa 1:25 (as cleaning agent) 4 בֹּרִי

בֹּר II. & **בּוֹר**[B] *m.* cistern, well; pit, pitfall, prison, grave 2 בֹּרֹת בּוֹרוֹת בֹּארוֹת Jer 2:13 - 4 בֹּרוֹ בּוֹרוֹ

✓**ברא**[B] I. *q* create; pt. creator 5 בָּרָא (2 Sam 12:17 ← ברה) בְּרָאָהּ[e] בְּרָאָם[e] בְּרָאתָ בְּרָאתִי בְּרָאתִיו[e] 6 יִבְרָא 7 וַיִּבְרָא 8 בְּרֹא 10 בְּרָא 11 בּוֹרֵא בֹּרֵא בֹּרַאֲךָ[e] בּוֹרְאֶיךָ[e]

nif be created 5 נִבְרְאוּ נִבְרָאת 8 הִבָּרְאֲךָ[e] 11 נִבְרָא בְּהִבָּרְאָם[e]

ⓘ This word is exclusively related to God, and no means are ever mentioned by which God would create anything.

✓**ברא** II. *var.* ← ברה I. *hif* fatten 8 לְהַבְרִיאֲכֶם[e] 1 Sam 2:29.

✓**ברא** III. *pi* felling trees, clearing; fig. cut into pieces 5 וּבֵרֵאתָ וּבֵרֵאתוֹ[e] 9 בָּרֵא Jos 17:15.18; Ez 21:24; 23:47.

בְּרִאָה ← ברא *f.* fat Hab 1:6 ← בָּרִיא.

בְּרֹאדַךְ = מְרֹאדַךְ *m. PN* Merodach-Baladan 2 Kgs 20:12◦

בִּרְאִי part of the *pln* Beth-Biri בֵּית בִּרְאִי

בְּרָאיָה *m. PN* Beraiah 1 Chr 8:21◦

בַּרְבֻּרִים ← ברא *m.* fatted fowl 1 Kgs 5:3◦

√ **ברד** *q* hail 5 בָּרַד Isa 32:19◦

בָּרָד ← ברד *m.* hail

בָּרֹד *m.* spotted, mottled 2 בְּרֻדִּים Gen 31:10.12; Zec 6:3.6◦

בֶּרֶד *m. PN* & *pln* Bered 1 Chr 7:20; Gen 16:14◦

ברה I. *var.* → ברא II. *q* eat 5 בָּרָא (!) בָּרָה 6 אֶבְרֶה 2 Sam 12:17; 13:6.10◦
pi become food 8 לְבָרוֹת Lam 4:10◦
hif persuade to eat 2 Sam 3:35; prepare food 2 Sam 13:5 - 6 תַּבְרֵנִי[e] 8 לְהַבְרוֹת◦

√ **ברה** II. ← בְּרִית choose 10 בְּרוּ 1 Sam 17:8◦

בָּרָה ← ברר *f.* pure, sincere, clear Ps 19:9; of the beauty of a woman: Song 6:9f◦

בָּרוּךְ *m. PN* Baruch

בָּרוּר ← ברר *m.* pure Zeph 3:9; Job 33:3◦

בְּרוֹשׁ a tree, cypress (others: juniper); Nah 2:4 speers (made of cypress-wood) 2 בְּרֹשִׁים בְּרוֹשִׁים

בְּרוֹת Aram. *var.* of the preceding word 2 בְּרוֹתִים Song 1:17◦

בָּרוּת ← ברה *f.* food 4 בָּרוּתִי Ps 69:22◦

בֵּרוֹתָה *pln* Berothah Ez 47:16◦

בִּרְזָוִת *m. PN kt.* 1 Chr 7:31; *qr.* בִּרְזָיִת Birsayit◦

בַּרְזֶל *m.* iron

בַּרְזִלַּי *m. PN* Barzillai

√ **ברח**[B] *q* flee, be on the run, hurry away; reach from end to end Ex 36:33 - 5 בָּרְחוּ בָּרַח *p*
יִבְרְחוּ אֶבְרַח יִבְרַח *p* יִבְרַח 6 בָּרְחוּ
בָּרַח 8 וַיִּבְרְחוּ וַתִּבְרַח וַיִּבְרַח 7 וְנִבְרְחָה
בֹּרֵחַ 11 בִּרְחוּ בְּרַח 10 בָּרוֹחַ 9 בָּרְחִי[e] בָּרְחֲךָ[e]
בֹּרַחַת
hif make someone flee, drive out; reach from end to end Ex 26:28ff - 5 הִבְרִיחוּ 6 יַבְרִיחַ
מַבְרִחַ 11 וְאַבְרִיחֵהוּ[e] וַיַּבְרִיחוּ 7 יַבְרִיחֶנּוּ[e]
ⓘ Some scholars assume for Prov 19:26 and 1 Chr 12:16 two more roots with the meaning "hurt" and "block".

בָּרִחַ & **בָּרִיחַ** ← ברח *m.* fugitive 2 בָּרִיחִים 4 בְּרִיחֶהָ

בַּרְחֻמִי *pn* Barhumite 2 Sam 23:31 → בַּחֲרֻמִים◦

בֵּרִי *m. PN* Beri 1 Chr 7:36◦

בְּרִי *m.* water, moisture → רִי Job 37:11◦

בָּרִיא *m.* & **בְּרִיאָה** & **בְּרָאָה** *f.* ← ברא fat, fattened; Ez 34:20 בִּרְיָה *f.* sg. - 2 בְּרִאִים 3 בְּרִיאֵי

בְּרִיאָה ← ברא *f.* something new Num 16:30◦

בִּרְיָה ← ברה I. *f.* food, diet 2 Sam 13:5ff; for Ez 34:20 → בָּרִיא◦

בָּרִיחַ *m. PN* Bariah 1 Chr 3:22◦

בָּרִיחַ & **בָּרִחַ** ← ברח *m.* fugitive 2 בָּרִיחִים 4 בְּרִיחֶהָ

בְּרִיחַ ← ברח *m.* bar 2 בְּרִחִים בְּרִיחִים 3 בְּרִיחֵי 4 בְּרִיחֶיהָ

בֵּרִים *pn* Berites 2 Sam 20:14◦

ⓘ Some English translations assume a text error and read Bichrites.

בְּרִיעָה *m. PN* Beriah

בְּרִיעִי *pn* Beriite Num 26:44◦

בְּרִית[B] *f.* covenant 4 בְּרִיתוֹ בְּרִיתְךָ *p* בְּרִיתֶךָ בְּרִיתְכֶם בְּרִיתִי

ⓘ The word originally means a contract, an agreement of a legal nature and refers to the commitment of a stronger party to a weaker party.

בֹּרִית ↔ ברר *m.* soap Jer 2:22; Mal 3:2◦

√ **ברך**[B] I. *q* only pt. pass.; for the meaning ↔ *pi* 11 בָּרוּךְ בְּרוּכָה בְּרֻכִים בְּרוּכִים בְּרוּכֵי

nif be blessed, find blessing 5 וְנִבְרְכוּ Gen 12:3; 18:18; 28:14◦

pi bless; attenuated: wish blessing, greet, congratulate, praise; with God as obj.: praise; as euphemism: curse Job 2:9 - 5 בֵּרַךְ *p* בֵּרֵךְ בֵּרַכְתִּי בֵּרַכְתָּנִי[e] בֵּרַכְתָּ בֵּרַכְךָ[e] בֵּרְכוּ[e] 6 בֵּרַכְנוּכֶם[e] בֵּרַכְנוּךָ[e] בֵּרְכוּנִי[e] בֵּרַכְתִּיךָ[e] וַאֲבָרֶכְךָ[e] אֲבָרְכָה תְּבָרֲכַנִי[e] יְבָרֶכְךָ[e] יְבָרֵךְ וַיְבָרְכֵהוּ[e] וַיְבָרֶךְ 7 וַאֲבָרֲכֵם[e] וַאֲבָרְכָכָה[e] 9 בַּבָרְכוֹ[e] בָּרֵךְ 8 וַיְבָרֲכוּ וַיְבָרְכֵם[e] וַיְבָרֲכֵנִי[e] בָּרְכוּ בָּרְכִי בָּרְכֵנִי[e] בָּרֵךְ 10 בָּרוּךְ בָּרֵךְ וּמְבָרֲכֶיךָ[e] מְבָרְכֶיךָ[e] מְבָרֵךְ 11 בָּרְכוּ

pu be blessed; of God: be praised 6 יְבֹרַךְ *p* מְבֹרֶכֶת מְבֹרָךְ 11 תְּבֹרַךְ *p* תְּבֹרֵךְ יְבֹרָךְ מְבֹרָכָיו[e]

hitp be blessed 5 וְיִתְבָּרְכוּ יִתְבָּרֵךְ 6 הִתְבָּרֵךְ 11 מִתְבָּרֵךְ

√ **ברך** II. ↔ בֶּרֶךְ *q* kneel 6 וַיִּבְרַךְ 7 נִבְרְכָה Ps 95:6; 2 Chr 6:13◦

hif make kneel 7 וַיַּבְרֵךְ Gen 24:11◦

בֶּרֶךְ *f.* knee du. בִּרְכַּיִם 3 בִּרְכֵּי 4 בִּרְכָּיו בִּרְכֵיהֶם בִּרְכַּי בִּרְכֶּיהָ

בָּרַכְאֵל *m. PN* Barahel Job 32:2.6◦

בְּרָכָה[B] ↔ ברך I. *f.* blessing; blessing wish, blessing saying, praise; blessing gift; with עשׂה make one's peace, surrender 2 Kgs 18:31 - 1 בִּרְכַּת 2 בְּרָכוֹת 3 בִּרְכֹת בִּרְכֹת 4 בִּרְכָתוֹ בִּרְכוֹתֵיכֶם בִּרְכָתִי בִּרְכָתֶךָ *p* בִּרְכָתְךָ

בְּרָכָה II. *m. PN* Berachah 1 Chr 12:3◦

בְּרֵכָה *f.* pool 1 בְּרֵכַת 3 בְּרֵכוֹת

בֶּרֶכְיָה & **בֶּרֶכְיָהוּ** *m. PN* Berechiah

ברם ↔ ברר

בְּרֹמִים *m.* multi-colored fabric Ez 27:24◦

בַּרְנֵעַ part of *pln* ↔ קָדֵשׁ בַּרְנֵעַ Kadesh-Barnea

בֶּרַע *m. PN* Bera Gen 14:2◦

בְּרִיעָה & **בְּרִעָה** *m. PN* Beria

√ **ברק** *q* shoot out lightning (with בָּרָק) 10 בְּרוֹק Ps 144:6◦

בָּרָק ↔ ברק I. *m.* lightning 1 בְּרַק 2 בְּרָקִים 4 בְּרָקָיו

בָּרָק II. *m. PN* Barak Jdg 4:6ff; 5:1ff◦

בְּרַק part of the *pln* ↔ בְּנֵי־בְרַק Bene-Berak

בַּרְקוֹס *m. PN* Barkos Ezr 2,53; Neh 7:55◦

בַּרְקָנִים *m.* thistles, thorns Jdg 8:7.16◦

בָּרֶקֶת *f.* ruby, others: carnelian Ex 28:17; 39:10◦

בָּרְקַת *var.* of the preceding word Ez 28:13◦

√ ברר I. *q* sort out; pt.pass. choice, selected 5 בְּרוּרָה בָּרוּר pass. 11 לְבָרָם[e] בּוֹר 8 בָּרוֹתִי בְּרֻרוֹת בְּרוּרִים

nif purify oneself, be clean 10 הִבָּרוּ 11 נָבָר

pi purify 8 לְבָרֵר Dan 11:35◦

hitp show onself pure, be purified 6 תִּתְבָּרָר יִתְבָּרֲרוּ תִּתָּבָר 2 Sam 22:27; Ps 18:27; Dan 12:10◦

hif cleanse 8 לְהָבַר Jer 4:11◦

√ ברר II. *q* pt.pass. sharpened 11 בָּרוּר Isa 49:2◦

hif sharpen 10 הָבֵרוּ Jer 51:11◦

בְּרֹשִׁים ← בְּרוֹשׁ a tree, cypress (others: juniper)

בִּרְשַׁע *m. PN* Birsha Gen 14:2◦

בֵּרֹתַי *pln* Berothai 2 Sam 8:8◦

בֵּרֹתִי ← בְּאֵרֹתִי *pn* Beerothite 1 Chr 11:39◦

בְּשׂוֹר *pn* Besor 1 Sam 30:9ff◦

בְּשׂוֹרָה ← בְּשֹׂרָה *f.* message

בֹּשֶׂם & בֶּשֶׂם & בָּשָׂם *m.* fragrance, spice, balm, perfume 2 בְּשָׂמִים 4 בְּשָׂמַי בְּשָׂמָיו

בָּשְׂמַת *f. PN* Basemath

√ בשׂר[B] *pi* proclaim or bring good news; pt. messenger, herald of joy 5 וּבִשַּׂרְתָּ בִּשַּׂר 6 תְּבַשֵּׂר וַאֲבַשְּׂרָה יְבַשֵּׂרוּ תְּבַשְּׂרוּ 8 בַּשְּׂרְתִּי 10 לְבַשֵּׂר 11 בַּשְּׂרוּ מְבַשֵּׂר מְבַשֶּׂרֶת מְבַשְּׂרוֹת

hitp bring good news 6 יִתְבַּשֵּׂר 2 Sam 18:31 יִתְבַּשֵּׂר אֲדֹנִי *Good news for my lord the king!*◦

בָּשָׂר[B] *m.* flesh, body, skin; fig. living human beings & animals; meat 1 בְּשַׂר 2 בְּשָׂרִים 4 בְּשַׂרְכֶם בְּשָׂרִי בְּשָׂרְךָ *p* בְּשָׂרֶךָ בְּשָׂרוֹ

בְּשֹׂרָה & בְּשׂוֹרָה ← בשׂר *f.* news, message, messenger's fee

בְּשַׁגַּם because, for (← בְּ + שֶׁ + גַּם) Gen 6:3◦

√ בשׁל *q* seethe Ez 24:5; be ripe Joel 4:13 – 5 בָּשֵׁל בָּשְׁלוּ◦

pi boil, roast, fry, bake 6 בִּשְּׁלוּ בִּשַּׁלְתָּ בִּשְּׁלָם[e] 11 בַּשֵּׁל 8/9/10 וַנְּבַשֵּׁל 7 יְבַשְּׁלוּ תְּבַשֵּׁל מְבַשְּׁלִים

pu be cooked 5 בֻּשָּׁלָה 6 תְּבֻשַּׁל 11 מְבֻשָּׁל Ex 12:9; Lev 6:21; 1 Sam 2:15◦

hif ripen הִבְשִׁילוּ Gen 40:10◦

בָּשֵׁל ← בשׁל *m.* boiled Ex 12:9; Num 6:19◦

בִּשְׁלָם *m. PN* Bishlam Ezr 4:7◦

בָּשָׁן *pln* Bashan

בָּשְׁנָה ← בושׁ *f.* shame Hos 10:6◦

√ בשׁס *po* trample, oppress 8 בּוֹשַׁסְכֶם[e] ← בוס Am 5:11◦

בֹּשֶׁשׁ ← בושׁ

בֹּשֶׁת[B] ← בושׁ *f.* shame; fig, idol 4 בָּשְׁתְּךָ בָּשְׁתֵּנוּ בָּשְׁתְּכֶם בָּשְׁתָּם בָּשְׁתִּי

בַּת[B] I. *f.* daughter; granddaughter; girl; on the phenomenon of affiliation ← בֵּן; בְּנוֹת הַשִּׁיר daughters of the song, tones; בְּנוֹת פֹּרָת daughters of the fruit tree, branches; בַּת עַיִן eyeball 2 בָּנוֹת 3 בְּנוֹת 4 בִּתּוֹ בִּתְּךָ בִּתִּי בְּנֹתָיו בְּנֹתָיו בְּנֹתַי בְּנֹתֶיךָ

בַּת II. *pn* of a liquid measure, Bath; according to rabbinical tradition approx. 22 l; others: approx. 40 l - 2 בַּתִּים 1 Kgs 7:26.38; Isa 5:10; Ez 45:10ff; 2 Chr 2:9; 4,5◦

בַּת־שֶׁבַע *f. PN* Bathseba

בַּת־שׁוּעַ *f PN* Batshua 1 Chr 2:3; 3:5; others read with Gen 38:2 daughter of Shua◦

בָּתָה *f.* end, destruction; others: desert, ruin Isa 5:6◦

בַּתָּה *f.* deep, steep; others: precipice 2 בַּתּוֹת Isa 7:19◦

בְּתוּאֵל *m. PN* & *pln* Bethuel

בְּתוּל *pln* Bethul Jos 19:4◦

בְּתוּלָה[B] *f.* virgin 2 בְּתוּלוֹת 3 בְּתוּלַת בְּתוּלֹתֶיהָ בְּתוּלֹתָיו 4 בְּתֻלֹת בְּתֻלוֹת בְּתוּלֹתַי

בְּתוּלִים *m.* virginity אִשָּׁה בִּבְתוּלֶיהָ *a woman in her virginity, a young woman; time of youth* Jdg 11:37 - 3 בְּתוּלֵי 4 בְּתוּלֶיהָ בְּתוּלַי

בִּתְיָה *f. PN* Bithyah 1 Chr 4:18◦

בָּתִּים pl. of → בַּיִת house

√ **בתק** *pi* hack to pieces 5 [e]בִּתְּקוּךְ Ez 16:40◦

√ **בתר** *q* cut, divide 5 בָּתַר Gen 15:10◦

pi cut, divide 7 וַיְבַתֵּר Gen 15:10◦

בֶּתֶר ← בתר I. *m.* part, piece 3 בִּתְרֵי 4 בִּתְרוֹ בְּתָרָיו Gen 15:10; Jer 34:18f◦

בֶּתֶר II. *m.* cliff; others: *pn* Bather *p* בָּתֶר Song 2:17◦

בִּתְרוֹן ← בתר *m.* canyon; others *pn* Bithron 2 Sam 2:29◦

גֵּא ← גאה *m.* haughty, excessive pride Isa 16:6◦

√ **גאה**[B] *q* be highly exalted; become high, grow 5 גָּאָה 9 גָּאֹה 6 יִגְאֶה גָּאוּ

גֵּאֶה ← גאה *m.* arrogance, arrogant, proud 2 גֵּאִים

גֵּאָה ← גאה *f.* pride Prov 8:13◦

גְּאוּאֵל *m. PN* Gëuël Num 13:15◦

גַּאֲוָה ← גאה *f.* grandeur, majesty (of God; of Israel Dtn 33:29; of the sea: turbulence Ps 46:4); in a neg. sense: pride, arrogance 1 גַּאֲוַת 4 גַּאֲוָתִי גַּאֲוָתֶךָ גַּאֲוָתוֹ

גְּאֻלָּה[B] & **גְּאוּלָּה** ← גאל I. *f.* redemption (of a pledge, of something that has been sold forcibly); relatives (= those to whom one has the obligation to redeem) Ez 11:15 - 1 גְּאֻלַּת 4 גְּאֻלָּתִי גְּאֻלָּתְךָ גְּאֻלָּתוֹ

גְּאוּלִים ← גאל I. *m.* redemption 4 גְּאוּלַי Isa 63:4◦

גָּאוֹן ← גאה *m.* grandeur, majesty; in a neg. sense: pride, arrogance 1 גְּאוֹן 4 גְּאוֹנֵךְ גְּאֹנוֹ גְּאוֹנָם

גֵּאוּת[B] ↩ גאה *f.* grandeur, majesty; in a neg. sense: pride, arrogance 1 גֵּאוּת עָשָׁן ascending smoke, smoke clouds Isa 9:17

גַּאֲיוֹן ↩ גאה *m.* arrogant 2 לִגְאֵיוֹנִים Ps 123:4◦

גֵּאָיוֹת ↪ גַּיְא valley

גאל[B] √ I. *q* redeem, release; liberate, save, deliver 5 גָּאַל וּגְאָלוֹ[e] גְּאָלָהּ[e] גְּאָלָם[e] גָּאַלְתָּ וְגָאַלְתִּי גְּאַלְתִּיךָ[e] וּגְאַלְתִּיךָ[e] 6 יִגְאַל *p* יִגְאָל אֶגְאָל תִּגְאַל יִגְאָלֵךְ[e] יִגְאָלֶנָּה[e] יִגְאָלֶנּוּ[e] 7 יִגְאָלֵהוּ[e] וַיִּגְאָלֵם[e] 8 גְּאוֹל- לִגְאָל- לְגָאֳלֵךְ[e] 9 גָּאוֹל 10 גְּאַל *p* גְּאָל גְּאָלָהּ[e] וּגְאָלֵנִי[e] 11 גֹּאֵל גּוֹאֵל גֹּאֲלוֹ[e] גֹּאֲלֵךְ[e] גֹּאֲלָם[e] גֹּאֲלָיו[e] pass. גְּאוּלֵי גְּאוּלִים

nif buy oneself out, redeem oneself, be redeemed 5 נִגְאָל 6 יִגָּאֵל תִּגָּאֵלוּ

ⓘ The word refers to the duty of blood relatives to release a person who has gotten into a predicament. Thus the English term „avenger of blood“ or „slayer“ for גֹּאֵל הַדָּם is misleading since it is about releasing the נֶפֶשׁ of a murdered relative from its torment and to enable it to find its way back to God (not primarily about killing the murderer and not at all about taking revenge).

גאל √ II. *nif* defile, sully, become impure 5 נִגְאָלָה 11 נְגֹאֲלוּ Isa 59:3; Lam 4:14; Zeph 3:1◦

pi make impure 5 גֵּאַלְנוּךָ[e] Mal 1:7◦

pu become impure, be polluted 7 וַיְגֹאֲלוּ 11 מְגֹאָל

hif stain 5 אֶגְאָלְתִּי (prefix א instead of ה) Isa 63:3◦

hitp defile oneself 6 יִתְגָּאַל *p* יִתְגָּאָל Dan 1:8◦

גֹּאַל ↩ גאל II. *m.* pollution 3 גָּאֳלֵי Neh 13:29◦

גְּאֻלָּה ↪ גְּאוּלָּה redemption

גָּאֹן ↪ גָּאוֹן

גַּב *m.* what is bent: back, hump, shield, breastplate, crest, elevation, arch (of a wheel: rim; of an eye: brow) 3 גַּבֹּת גַּבֵּי 4 גַּבֵּךְ גַּבִּי גַּבֵּיהֶם גַּבֹּתָם גַּבֵּהֶם

ⓘ Some assume for Job 13:12 a lexeme גַּב II. meaning *answer* and understand the sentence as a wordplay: *your answers are piles of clay.*

גֵּב I. *m.* pit, dirch 2 גֵּבִים 2 Kgs 3:16; Jer 14:3◦

גֵּב II. *m.* beam 2 גֵּבִים 1 Kgs 6:9◦

גֵּב III. *m.* locust 2 גֵּבִים Isa 33:4◦

גֶּבֶא *m.* cistern, well, pond 4 וּגְבָאָיו Isa 30:14; Ez 47:11◦

גבה[B] √ *q* to be high, sublime; to be or become strong, courageous; negative: to be haughty, proud 5 גָּבַהּ *f.* גָּבְהָא גָּבַהְתָּ גָּבְהוּ 6 יִגְבַּהּ וַיִּגְבְּהוּ[e] וַתִּגְבַּהּ וַיִּגְבַּהּ 7 תִּגְבָּהוּ יִגְבְּהוּ גָּבְהָה[e] גְּבֹהַּ 8 וַתִּגְבְּהֶינָה

hif make high 5 הִגְבַּהְתִּי 6 יַגְבִּיהַּ תַּגְבִּיהַּ תַּגְבִּיהַּ מַגְבִּיהַּ 11 הַגְבֵּהַּ 9 וַיַּגְבִּיהֶהָ[e] 7 יַגְבִּיהוּ הַמַּגְבִּיהִי in connection with other verbs, mostly with inf.c.: high, e.g. Ps 113:5: הַמַּגְבִּיהִי לָשָׁבֶת *enthroned on high*

גָּבֹהַּ *m.* & **גְּבֹהָה**[B] *f.* ↩ גבה high, neg.: haughty, arrogant, boisterous 1 גְּבַהּ גְּבֹהַּ 2 גְּבֹהִים גְּבֹהוֹת גְּבֹהֹת

גֹּבַהּ ↩ גבה *m.* high, height, majesty; neg.: arrogance 3 גָּבְהֵי 4 גָּבְהוֹ גָּבְהָם

גְּבֹהָה *f.* ↪ גָּבֹהַּ

גַּבְהוּת ↩ גבה. *f.* arrogance Isa 2:11.17◦

גָּבוֹל *kt.* Jos 15,47 *qr.* גָּדוֹל◦

גְּבוּל & גְּבֻל[B] ← גבל *m.* border, edge; territory, space, place 4 גְּבֻלוֹ גְּבוּלוֹ גְּבֻלְךָ גְּבֻלֵךְ
גְּבוּלַיִךְ גְּבוּלֶיהָ גְּבוּלֵנוּ גְּבוּלִי

גְּבוּלָה[B] ← גבל *f.* border, edge; territory, space, place 2 גְּבוּלוֹת 4 גְּבֻלֹתֶיהָ גְּבֻלָתוֹ

גִּבּוֹר & גִּבֹּר[B] ← גבר *m.* strong, powerful; fighter, warrior, hero 2 הַגִּבֹּרִים 3 גִּבּוֹרֵי 4
גִּבֹּרַי גִּבֹּרֵיהֶם גִּבֹּרֵיהוּ גִּבּוֹרָיו גִּבּוֹרָם

גְּבוּרָה ← גבר *f.* strength, power, might 1
גְּבוּרַת 3 גְּבוּרֹת גִּבֻרוֹת בִּגְבוּרָתוֹ 4 גְּבוּרָתוֹ גְּבֻרָתוֹ
גְּבוּרָתִי גְּבוּרַתְכֶם גְּבוּרָתֶךָ

גַּבַּחַת *m.* bald forehead Lev 13:41◦

גַּבַּחַת *f.* bald forehead; area of infection of the forehead 4 בְּגַבַּחְתּוֹ Lev 13:42f.55f◦

גֹּבַי *m.* (swarm of) locusts *p* גֹּבָי Am 7:1; Nah 3:17◦

גַּבַּי *m. PN* Gabbai Neh 11:8◦

גֵּבִים *pln* Gebim Isa 10:31◦

גְּבִינָה *f.* curd, cheese Job 10:10◦

גָּבִיעַ *m.* cup, chalice, flower cup 1 גְּבִיעַ 2
גְּבִעִים 4 גְּבִיעֶיהָ גְּבִיעִי

גְּבִיר ← גבר *m.* master, lord Gen 27:29.37◦

גְּבִירָה ← גבר mistress, lady 1 גְּבֶרֶת 4
גְּבִרְתָּהּ גְּבִרְתֵּךְ גְּבִרְתִּי

גָּבִישׁ *m.* crystal Job 28:18◦

גבל√ *q* enclose, limit, border 5 גָּבְלוּ 6 יִגְבּוֹל
תִּגְבָּל־ Jos 18:20; Dtn 19:14; Zec 9:2◦
hif set limits 5 הִגְבַּלְתָּ 10 הַגְבֵּל Ex 19:12.23◦

גְּבַל *pln* Gebal Ez 27:9◦

גְּבָל *pln* Gebal Ps 83:8◦

גְּבֻל & גְּבוּל[B] ← גבל *m.* border, edge; territory, space, place 4 גְּבֻלוֹ גְּבוּלוֹ גְּבֻלְךָ גְּבֻלֵךְ
גְּבוּלַיִךְ גְּבוּלֶיהָ גְּבוּלֵנוּ גְּבוּלִי

גִּבְלִי *pn* Gebalite Jos 13:5; 1 Kgs 5:32◦

גַּבְלֻת *f.* twisted Ex 28:22; 39:15◦

גִּבֵּן *m.* hunchback Lev 21:20◦

גְּבִנָּה *f.* curd, cheese Job 10:10◦

גַּבְנֻנִּים *m.* many-peaked Ps 68:16◦

גֶּבַע *pln* Geba

גֶּבַע ← גָּבִיעַ cup, chalice, flower cup

גִּבְעָא *m. PN* Gibea 1 Chr 2:49◦

גִּבְעָה I. *f.* hill 1 גִּבְעַת 2 גְּבָעוֹת 3 גִּבְעוֹת
גִּבְעֹת 4 גִּבְעָתָהּ גִּבְעָתִי גִּבְעוֹתֶיךָ

גִּבְעָה II. *pln* Gibea; cstr. is part of many *pln* :
→ גִּבְעַת

גִּבְעוֹן & גִּבְעֹן *pln* Gibeon

גִּבְעֹל *m.* blossom, bud Ex 9:31◦

גִּבְעֹנִי *pn* Gibeonite 1 Chr 12:3◦

גִּבְעַת part of following *pln* :
גִּבְעַת אַמָּה Gibeath-Amma
גִּבְעַת בִּנְיָמִין Gibeath-Benjamin
גִּבְעַת גָּרֵב Gibeath-Gareb
גִּבְעַת הָאֱלֹהִים Gibeath-Elohim
גִּבְעַת הַחֲכִילָה Gibeath-Hakilah
גִּבְעַת הַמּוֹרֶה Gibeath-More
גִּבְעַת פִּינְחָס Gibeath-Pinehas
גִּבְעַת הָעֲרָלוֹת Gibeath-Araloth

גִּבְעָתִי *pn* Gibeathite 1 Chr 12:3◦

גבר[B] √ *q* be strong, powerful; be stronger, superior, win, achieve something, dominate 5 גָּבַר גָּבְרוּ *p* גָּבֵרוּ 6 יִגְבַּר 7 וַיִּגְבְּרוּ
pi make stronger, make (more) effort 5 וְגִבַּרְתִּי 6 יְגַבֵּר Zec 10:6.12; Ecc 10:10◦
hif make strong, be strong, confirm, prevail 5 הִגְבִּיר 6 נַגְבִּיר Dan 9:27; Ps 12:5◦
hitp show oneself mighty Isa 42:13; behave arrogantly Job 15:25; 36:9 - 6 יִתְגַּבָּר יִתְגַּבָּרוּ◦

גֶּבֶר ← גבר I. *m.* man; strong young man *p* גָּבֶר 1 גֶּבֶר 2 גְּבָרִים

גֶּבֶר II. *m. PN* Geber 1 Kgs 4:13.19◦

גִּבָּר *pln* Gibbar Ezr 2:20◦

גִּבּוֹר[B] & גִּבֹּר ← גבר *m.* strong, powerful; fighter, warrior, hero 2 הַגִּבֹּרִים 3 גִּבּוֹרֵי 4 גִּבֹּרַי גִבּוֹרֵיהֶם גִּבּוֹרֵיהוּ גִּבּוֹרָיו גִּבּוֹרָם

גַּבְרִיאֵל *m. PN* Gabriel Dan 8:16; 9:21◦

גְּבֶרֶת ↪ גְּבִירָה mistress

גִּבְּתוֹן *pln* Gibbethon

גָּג *f.* (flat) roof; top 1 גַּג 2 גַּגּוֹת 4 גַּגּוֹ גַּגֶּךָ גַּגֹּתֶיהָ גַּגּוֹתֵיהֶם

גַּד I. *m.* coriander Ex 16:31; Num 11:7◦

גַּד II. *m.* luck; with בְּ good fortune! Gen 30:11 *kt.*; *qr.*: *good fortune has come*◦

גַּד III. *pn* of an idol, Gad Isa 65:11◦

גָּד *m. PN* & *pln* Gad

גַּד ↪ גִּיד

גִּדְגָּד *pln* Gidgad, others: part of the *pln* Hor-Gidgad Num 33:32f◦

גֻּדְגֹּדָה *pln* Gudgodah; others read the *pln* Hor-Gidgad ↪ preceding word Dtn 10:7◦

גדד √ *q* attack, gang up on somebody 6 יָגוֹדּוּ Ps 94:21◦
hitp scratch, cut into one's flesh 6 יִתְגֹּדַד 7 וַיִּתְגֹּדְדוּ יִתְגֹּדָדוּ תִּתְגֹּדְדוּ תִּתְגּוֹדָדִי 11 מִתְגֹּדְדִים
ⓘ Some scholars assume different roots for *q* and *hitp*.

גָּדָה ↪ גְּדוֹת bank, shore

גְּדוּד ← גדד I. *m.* edge of furrow, ridge Ps 65:11; (wall 2 Sam 22:30 & Ps 18:30 ? ↪ next word) 4 גְּדוּדֶיהָ◦

גְּדוּד ← גדד II. *m.* raid, robbery; robber, band of robbers, troop 2 גְּדוּדִים 3 גְּדוּדֵי 4 גְּדוּדָיו

גְּדוּדָה ← גדד *f.* cuttings, gashes 2 גְּדֻדֹת Jer 48:37◦

גָּדוֹל & גָּדֹל *m.* & גְּדוֹלָה[B] *f.* ← גדל great, famous; proud 1 גְּדֹל גְּדוֹל גְּדָל־ 2 גְּדֹלִים גְּדוֹלֶיהָ גְּדֹלָיו גְּדוֹלָם 4 גְּדֹלֵי 3 גְּדוֹלוֹת

גְּדוֹלָה *f.* ↪ גָּדוֹל 2 גְּדוֹלוֹת גְּדֹלוֹת

גְּדֻלָּה[B] & גְּדוּלָה & גְּדוּלָּה *f.* ← גדל greatness, sublimity, glory of God; God's great deeds 2 גְּדֻלּוֹת 4 גְּדֻלָּתוֹ גְּדוּלָּתְךָ גְּדוּלֹּתֶיךָ

גִּדּוּף ← גדף *m.* insult, revile, derision 2 גִּדּוּפִים 3 גִּדּוּפֵי Isa 43:28; Zeph 2:8◦

גִּדּוּפָה ← גדף *f.* insult, revile, derision 4 גִּדֻּפֹתָם Isa 51:7; Ez 5:15◦

גְּדוֹר & גְּדֹר *m. PN* & *pln* Gedor

גְּדוֹת f. bank, shore 4 גְּדִיתָיו גְּדוֹתָיו 1 Chr 12:16; qr. ↪ גִּדְיָה

גְּדִי m. & f. young goat, kid 2 גְּדָיִים 3 גְּדָיֵי 4 גְּדִיֹּתַיִךְ

גָּדִי m. PN Gadi 2 Kgs 15:14.17; pn Gadite

גַּדִּי m. PN Gaddi Num 13:11◦

גַּדִּיאֵל m. PN Gadiël, Gaddil Num 13:10◦

גִּדְיָה f. bank, shore 2 גְּדוֹת 4 גְּדִיתָיו גְּדוֹתָיו 1 Chr 12:16 qr.

גְּדִיָּה f. young goat, kid 4 גְּדִיֹּתַיִךְ Song 1:8◦

גָּדִישׁ I. m. pile of sheaves

גָּדִישׁ II. m. grave, tumulus Job 21:32◦

גדל[B] q be, become great, grow up; prove to be great, mighty; fig. become rich Gen 26:13 - 5 אֲגַדֵּל יִגְדַּל 6 גָּדְלוּ וְגָדַלְתִּי גָּדַלְתָּ גָּדְלָה גָּדַל גָּדוֹל 9 וַיִּגְדְּלוּ וַתִּגְדְּלִי וַיִּגְדַּל 7 יִגְדָּלוּ

pi become great, let grow; make great, make powerful; respect, honour, praise 5 גִּדֵּל גִּדַּל p יְגַדֵּל 6 גִּדְּלוּהוּ[e] גִּדַּלְתִּי גִדַּלְתּוֹ[e] גִּדְּלָה גִּדְּלוּ[e] וַיְגַדֵּל 7 וַאֲגַדְּלֶנּוּ[e] אֲגַדְּלָה תְּגַדְּלֶנּוּ[e] וִיגַדֵּל 11 גַּדְּלוּ 10 וּלְגַדְּלָם[e] גַּדֶּלְךָ[e] גַּדֵּל 8 וַיְגַדְּלֵהוּ[e] מְגַדְּלִים

pu be grown up 11 מְגֻדָּלִים Ps 144:12◦

hif make great; do great things; be great, powerful; make oneself great, boast 5 הִגְדִּיל הִגְדִּל תַּגְדֵּל יַגְדִּיל 6 הִגְדִּילוּ הִגְדַּלְתִּי הִגְדַּלְתָּ 8 וַתַּגְדִּילוּ וַיַּגְדִּלוּ וַתַּגְדֵּל 7 תַּגְדִּילוּ אַגְדִּיל הַמַּגְדִּילִים מַגְדִּיל 11 הַגְדִּיל

hitp be great Ez 38:23; make oneself great, boast Isa 10:15; Dan 11:36f - 5 הִתְגַּדַּלְתִּי 6 יִתְגַּדֵּל p יִתְגַּדָּל◦

גָּדֵל ↩ גדל m. great, rich; with הָלֵךְ more and more 3 גְּדֵלֵי Gen 26:13; 1 Sam 2:26; Ez 16:26; 2 Chr 17:12◦

גֹּדֶל ↩ גדל m. greatness; honor; with לֵב arrogance, boast 4 גָּדְלְךָ גָּדְלוֹ גָּדְלוֹ

גִּדֵּל m. PN Giddel

גָּדוֹל[B] & גָּדֹל ↩ גדל m. great, famous; proud 1 גְּדָל גְּדֹל 2 גְּדֹלִים 3 גְּדֹל־ גְּדוֹל גְּדוֹלוֹת גְּדוֹלֶיהָ גְּדֹלָיו גְּדוֹלָם 4 גְּדֹלֵי

גְּדִל m. tassel, tuft Dtn 22:12; festoon, garland 1 Kgs 7:17 - 2 גְּדִלִים◦

גְּדֻלָּה & גְּדוּלָּה & גְּדוּלָה ↩ גדל f. greatness, sublimity, glory of God; God's great deeds 2 גְּדֻלּוֹת 4 גְּדֻלָּתוֹ

גְּדַלְיָה & גְּדַלְיָהוּ m. PN Gedaliah

גְּדִלִים ↩ גְּדִל tassel, garland

גִּדַּלְתִּי m. PN Giddalthi 1 Chr 25:4.29◦

גדע q cut, hack, break 5 גָּדַע וְגָדַעְתִּי 7 וָאֲגַדַּע 11 pass. גְּדֻעִים

nif be cut, be broken 5 נִגְדַּעְתָּ נִגְדְּעָה נִגְדַּע נִגְדְּעוּ

pi cut, break 5 גִּדַּע גִּדֵּעַ 6 אֲגַדֵּעַ תְּגַדֵּעוּן 7 וַיְגַדְּעוּ וַיְגַדַּע

pu be cut down, be felled 5 גֻּדָּעוּ Isa 9:9◦

גִּדְעוֹן m. PN Gideon

גִּדְעֹם pln Gidom Jdg 20:45◦

גִּדְעֹנִי m. PN Gidoni

גדף pi revile, insult 5 גִּדַּפְתָּ גִּדְּפוּ 11 מְגַדֵּף

גִּדּוּפִים ↩ גדף m. insult, revile, derision ↪ גִּדּוּף

1 st.c. sg. 2 st.a. pl. 3 st.c. pl. 4 with epp 5 SC 6 PC 7 narrative 8 inf.c. 9 inf.a. 10 imp. 11 part.

√ גדר *q* build a wall, masonry; fill in (cracks), wall up; pt.: mason 5 גָּדַר 7 גָּדַרְתִּי 11 וַתִּגְדְּרוּ גֹּדְרִים גֹּדֵר

גֶּדֶר ← גדר *m.* & *f.* mason 1 גֶּדֶר 4 גְּדֵרוֹ גְּדֵרָיִךְ גְּדֵרֶיהָ

גֶּדֶר *pln* Geder

גְּדֹר & גְּדוֹר *pln* Gedor

גְּדֵרָה ← גדר I. *f.* wall; with livestock: pen, hurdle 2 גְּדֵרוֹת 3 גִּדְרוֹת גְּדֵרֹת 4 גְּדֵרֹתָיו

גְּדֵרָה II. *pln* Gederah Jos 15:36; 1 Chr 4:23◦

גְּדֵרוֹת *pln* Gederoth Jos 15:41; 2 Chr 28:18◦

גְּדֵרִי *pn* Gederite 1 Chr 27:28◦

גֶּדֶרֶת ← גדר *f.* wall Ez 42:12◦

גְּדֵרָתִי *pn* Gederathite 1 Chr 12:5◦

גְּדֵרֹתַיִם *pln* Gederothaim Jos 15:36◦

גֵּה demon. pron. this Ez 47:13◦

√ גהה *q* heal, cure 6 יִגְהֶה Hos 5:13◦

גֵּהָה ← גהה *f.* healing Prov 17:22◦

√ גהר *q* crouch down, bow 7 וַיִּגְהַר 1 Kgs 18:42 ; 2 Kgs 4:34f◦

גַּו *m.* back; with שׁלך: throw behind the back, idiom: turn one's back, despise4 גַּוּוֹ גֵּוְךָ גַּוָּם 1 Kgs 14:9; Ez 23:35; Neh 9:26◦

גֵּו I. *m.* back 4 גֵּוְךָ גֵּוִי

גֵּו II. *m.* community, society Job 30:5◦

גּוֹב I. *m.* locust Nah 3:17◦

גֹּב II. *pln* Gob 2 Sam 21:18f◦

גּוֹבַי *m.* coll. locusts, locust swarm Am 7:1; Nah 3:17◦

גּוֹג *m. PN* Gog

√ גוד *q* attack, raid 6 יָגֻד יְגוּדֶנּוּ[e] Gen 49:19; Hab 3:16◦

גֵּוָה ← גאה I. *f.* pride, arrogance Jer 13:17; Job 22:29; 33:17◦

גֵּוָה II. *f.* back Job 20:25◦

√ גוז *q* pass by Ps 90:10; bring Num 11:31 - 5 גָּז 7 וַיָּגָז◦

גּוֹזָל *m.* young bird Dtn 32:11; dove Gen 15:9◦

גּוֹזָן *pln* Gozan

גוח ← גיח

גּוֹי[B] *m.* people, nation 2 גּוֹיִם 3 גּוֹיֵי 4 גּוֹיֶךָ גּוֹיֵךְ גּוֹיֵיִךְ גּוֹיִי גּוֹיֵהֶם

ⓘ In Hebrew there are two words for *people*; while עַם marks the interior view, גּוֹי refers to others. This is not limited to the view of Israel.

גְּוִיָּה *f.* body 1 גְּוִיַּת 2 גְּוִיּוֹת 4 גְּוִיָּתוֹ גְּוִיָּתָם גְּוִיָּתֵנוּ גְּוִיֹּתֵיהֶם גְּוִיֹּתֵיהֶנָה גְּוִיֹּתֵינוּ

√ גול ← גיל

גּוֹלָה & גֹּלָה[B] ← גלה *f.* deportation; the deportees, exiles

גּוֹלָן *pln* Golan

גּוּמָּץ *m.* pit Ecc 10:8◦

גּוּנִי *m. PN* & *pn* Guni; Gunite

√ גוע *q* breathe one's last, die 5 גָּוַע גָּוְעוּ גָּוַעְנוּ 6 יִגְוַע *p* יִגְוָע אֶגְוַע יִגְוְעוּ *p* יִגְוָעוּ יִגְוָעוּן 7 וַיִּגְוַע 8 גְּוֹעַ 11 גֹּוֵעַ גְּוַע

√גוף *hif* shut 6 יָגִיפוּ Neh 7:3◦

גּוּפָה *f.* body 1 גּוּפַת 2 גּוּפֹת 1 Chr 10:12◦

√גור[B] I. *q* settle down as a guest 5 גָּר־ גָּר אֲגוּרָה תָּגוּר יְגֻרְךָ[e] יָגוּר 6 גָּרוּ גַּרְתִּי גַּרְתָּה 11 גּוּרִי גּוּר 10 גּוֹר 9 גּוּר 8 וַתָּגָר וַיָּגָר 7 יָגוּרוּ גָּרֵי גָּרִים גָּרָה גָּר

hitp stay as a guest 11 מִתְגּוֹרֵר 1 Kgs 17:20◦

ⓘ Basically, this word does not mean "being a stranger" as it is often translated. Strangers, foreigners, live in a foreign country, abroad → נָכְרִי; if they have settled in the country, they are guests and have a legally defined status and similar rights as locals.

גור II. *q* attacking, fighting, stirring up trouble 5 גָּר 6 יָגוּרוּ יָגוּר 9 גּוֹר Isa 54:15; Ps 56:7; 59:4; 140:3◦

hitp burst 11 מִתְגּוֹרֵר Jer 30:23◦

√גור III. *var.* → יגר *q* be afraid, upset 6 יָגוּר גּוּרוּ 10 וַיָּגָר 7 תָּגוּרוּ יָגוּרוּ אָגוּר תָּגוּר

גּוּר *m.* young lion 3 גּוּרֵי 4 גּוּרוֹתָיו Jer 51:38; Nah 2:13◦

גּוֹר I. *m.* cub 4 גּוּרֵיהֶן גּוּרֵיהָ

גּוּר II. *pln* Gur 2 Kgs 9:27◦

גּוּר־בַּעַל *pln* Gur-Baal 1 Chr 26:7◦

גּוֹרָל & גֹּרָל[B] *m.* lot, allotted; fate, destiny 1 גּוֹרַל 2 גּוֹרָלוֹת גֹּרָלוֹת 4 גֹּרָלוֹ גֹּרָלְךָ *p* גּוֹרָלָם גּוֹרָלִי גּוֹרָלֵךְ גּוֹרָלֶךָ

גּוּשׁ *m.* lump, block Job 7:5 *kt.*; *qr.* גִּישׁ (same meaning)◦

גֵּז ← גזז *m.* shearing, mowing 3 גִּזֵּי

גִּזְבָּר *m.* treasurer Ezr 1:8◦

√גזה *q* pull 11 גּוֹזִי Ps 71:6 *it was you who took me from my mother's womb.*◦

גִּזָּה ← גזז *f.* shearing 1 גִּזַּת Jdg 6:37.40◦

גִּזוֹנִי *pn* Gizonite 1 Chr 11:34◦

√גזז *q* shear, mow, cut 6 תָּגֹז 7 וַיָּגָז 8 גֹּז גְּזֹז 10 גְּזֹזִי[e] גֹּזְזֵי גֹּזְזִים גֹּזֵז 11 גָּזִי

nif be cut off 5 נָגֹזּוּ Nah 1:12◦

גָּזֵז *m. PN* Gazes 1 Chr 2:46◦

גָּזִית *f.* with or without אֶבֶן: hewn stones, cuboids

√גזל *q* pull off, tear off, pull away, snatch, rob 5 גָּזַל *p* גָּזָל גָּזַלְתִּי גָּזָלוּ *p* גָּזָלוּ 6 יִגְזֹל תִּגְזָל־ גָּזוּל pass. גֹּזְלֵי גֹּזְלוּ[e] 11 גֹּזֵל 8 גְּזֹל יִגְזְלוּ

nif be robbed 5 וְנִגְזְלָה Prov 4:16◦

גֵּזֶל ← גזל *m.* robbery Ez 18:18; Ecc 5:7◦

גָּזֵל ← גזל *m.* robbery, loot

גְּזֵלָה ← גזל *f.* robbery, loot, pledge

גָּזָם *m.* coll. locusts Jo 1:4; 2:25; Am 4:9◦

גַּזָּם *m. PN* Gazam Ezr 2:48; Neh 7:51◦

גֶּזַע *m.* stump, trunk 4 גִּזְעָם גִּזְעוֹ Isa 11:1; 40:24; Job 14:18◦

√גזר I. *q* cut, slice, split; fell (trees) 2 Kgs 6:4; decide Job 22:28; be cut off Hab 3:17 - 5 גָּזַר 6 תִּגְזַר 7 וַיִּגְזֹר וַיִּגְזְרוּ 10 גִּזְרוּ גְּזֹרוּ 11 גֹּזֵר

nif be cut off (from the living), disappear, perish; be decided 5 וְנִגְזַר נִגְזַרְתִּי נִגְזַר

√גזר II. devour 7 וַיִּגְזֹר Isa 9:19◦

גֶּזֶר ← גזר I. *m.* parts, pieces 2 גְּזָרִים Gen 15:17; Ps 136:13◦

גֶּזֶר II. *pln* Gezer

גְּזֵרָה ↩ גזר *f.* wasteland, wilderness Lev 16:22◦

גִּזְרָה ↩ גזר *f.* look, shape Lam 4:7; separated space, yard Ez 41:12ff; 42:1.10. 13 - 4 גִּזְרָתָם

גִּזְרִי *pn* Gezerite 1 Sam 27:8 *qr.*◦

ⓘ Many translations follow the *kt.* and read Girzites.

גחה✓ *q* pull 11 [e]גֹּחִי Ps 22:10◦

גָּחוֹן *m.* belly 4 גְּחֹנְךָ Gen 3:14; Lev 11:42◦

גִּחוֹן & גִּיחוֹן *pln* Gihon

גֵּחֲזִי & גֵּיחֲזִי *m. PN* Gehasi

גַּחֶלֶת *f.* coal, spark, lightning 2 גֶּחָלִים 3 גֶּחָלָיו גַּחַלְתִּי 4 גַּחֲלֵי

גַּחַם *m. PN* Gaham Gen 22:24◦

גַּחַר *m. PN* Gahar Ezr 2:47; Neh 7:49◦

גַּיְא & גֵּיא & גֵּיא & גֵּי[B] *f.* valley 1 גֵּי גֵּיא 2 גֵּאָיוֹת גֵּאָית 4 גֵּיאוֹתֶיךָ der cstr. (א)גֵּי part of the folllowing *pln*:

גֵּי־הִנֹּם Hinnom-valley

גֵּי בֶן־הִנֹּם Hinnom-valley

גֵּיא־הָרִים Harim-valley

גֵּיא־הַהֲרֵגָה murder valley

גֵּיא חִזָּיוֹן valley of visions

גֵּיא (הַ)חֲרָשִׁים valley of the workmen

גֵּיא הֲמוֹן גּוֹג valley of the armies of Gog

גֵּיא הָעֹבְרִים valley of travellers

גֵּי (הַ)צְּבֹעִים hyena valley

גֵּיא יִפְתַּח־אֵל valley of Jiphtah-El

גֵּיא־מֶלַח salt-valley

גֵּיא צְפָתָה valley of Zephatha

גִּיד *m.* sinew, vein 2 גִּידִים 3 גִּדִים גִּידֵי

גיח✓ & גוח *q* burst forth, rush; groan 6 יָגִיחַ 8 [e]גִּיחוֹ 10 גֹּחִי Job 38:8; 40:23; Mi 4:10◦
hif burst forth, 7 וַתָּגַח Ez 32:2◦

גִּיחַ *pln* Giah 2 Sam 2:24◦

גִּיחוֹן *pln* & *pn* Gihon

גיל✓ & גול[B] *q* cheer, rejoice 5 וְגַלְתִּי 6 יָגֵל יָגִיל יְגִילוּן יָגִילוּ אָגִילָה וְתָגֵל תָּגוֹל תָּגִיל יָגִיל וְגִילוּ גִּילִי 10 גִּיל גּוֹל 9 וַיָּגֶל 7 נָגִילָה תָּגֵלְנָה

גִּיל[B] ↩ גיל I. *m.* joy, cry of joy

גִּיל II. *m.* age 4 גִּילְכֶם Dan 1:10◦

גִּילָה ↩ גיל *f.* joy, cheer 1 גִּילַת Isa 35:2; 65:18◦

גִּלֹנִי & גִּילֹנִי *pn* Gilonite

גִּינַת *m. PN* Ginath 1 Kgs 16:21f◦

גִּיר ↪ גִּר chalk Isa 27:9◦

גֵּיר ↪ גֵּר guest

גִּישׁ ↪ גּוּשׁ lump, block Job 7:5◦

גֵּישָׁן *m. PN* Geshan 1 Chr 2:47◦

גַּל ↩ גלל I. *m.* heap of stones 2 גַּלִּים

גַּל II. *m.* wave; spring (others: rock garden) Song 4:12 - 2 גַּלִּים 3 גַּלֵּי 4 גַּלָּיו גַּלֶּיךָ גַּלֵּיהֶם

גֵּל ↩ גלל *m.* (lump of) excrement 3 בְּגֶלְלֵי 4 גֶּלְלוֹ Ez 4:12.15; Job 20:7◦

גַּלָּב *m.* barber 2 גַּלָּבִים Ez 5:1◦

גִּלְבֹּעַ *pln* Gilboa

1 st.c. sg. 2 st.a. pl. 3 st.c. pl. 4 with *epp* 5 SC 6 PC 7 narrative 8 inf.c. 9 inf.a. 10 imp. 11 part.

גַּלְגַּל ← גלל *m.* wheel; tumbleweed (others: whirling dust) Isa 17:13; Ps 83:14 - 4 גַּלְגַּלָּיו

גִּלְגָּל ← גלל I. *m.* wheel 1 גִּלְגַּל Isa 28:28◦

גִּלְגָּל II. *pln* Gilgal

גֻּלְגֹּלֶת ← גלל *f.* skull, head; with לְ headcount: for each person 4 גֻּלְגְּלֹתוֹ גֻּלְגְּלֹתָם

גֶּלֶד *m.* skin 4 גִּלְדִּי Job 16:15◦

גלה[B] *q* with אֹזֶן expose the ear, uncover: open, reveal; pt. pass, open, public; expose the country: go away, deport, lead away; be deported, be in exile; general: go missing, disappear 5 אֶגְלֶה יִגֶל יִגְלֶה 6 גָּלוּ גָּלִיתָ גָּלְתָה גָּלָה גְּלֵה גֹּלֶה 7 יִגְלוּ 8 וַיִּגֶל 9 גְּלוֹת 10 גָּלֹה 11 גְּלֵה גֹּלֶה pass. גְּלוּי גָּלוּי

nif be uncovered, be exposed, come to light; be unveiled, be revealed; be taken away Isa 38:12 – 5 נִגְלָה נִגְלְתָה נִגְלֵיתִי נִגְלוּ נִגְלִינוּ 6 יִגָּלֶה 10 נִגְלֹה 9 נִגְלוֹת הִגָּלוֹת 8 יִגָּלוּ תִּגָּל תִּגָּלֶה וְהַנִּגְלֹת 11 הִגָּלוּ

pi uncover, expose, reveal 5 גִּלִּית גִּלְּתָה גִּלָּה תְּגַלֵּי תְּגַל *p* תְּגַל יְגַלֶּה 6 גִּלּוּ גִּלֵּיתִי גִּלֵּיתִי מְגַלֶּה 11 גַּלֵּי גַּל 10 לְגַלּוֹת 8 וַיְגַל 7 יְגַלּוּ

pu be open Prov 27:5; be exposed Nah 2:8 - 5 מְגֻלָּה 11 גֻּלְּתָה◦

hif lead into exile, deport 5 הִגְלָם[e] וְהִגְלָה הֶגְלָה וַיֶּגֶל 7 הִגְלוּ הִגְלִיתֶם הִגְלֵיתִי הִגְלִיתָ הֶגְלָם[e] הַגְלוֹתִי[e] בַּגְלוֹתוֹ[e] הַגְלוֹת 8 וַיַּגְלֵם[e] וַיַּגְלֶהָ[e]

hof be led into exile 5 הָגְלַת הָגְלְתָה הָגְלָה מָגְלִים 11 הָגְלוּ

hitp be exposed, expose oneself, display 7 וַיִּתְגַּל 8 בְּהִתְגַּלּוֹת Gen 9:21; Prov 18:2◦

גִּלֹה *pln* Gilo Jos 15:51; 2 Sam 15:12◦

גּוֹלָה & גֹּלָה ← גלה G *f.* deportation; the deportees, exiles

גֻּלָּה ← גלל I. *f.* bowl, basin; bowl-shaped part of a column, spherical 1 גֻּלַּת 2 גֻּלּוֹת גֻּלֹּת

גֻּלָּה II. *f.* spring 3 גֻּלֹּת מַיִם Jos 15:19; Jdg 1:15◦

ⓘ The plural is often understood as (part of) a *pln,* Gulot.

גִּלּוּל & גִּלֻּל ← גלל *m.* idol 2 גִּלּוּלִים גִּלֻּלִים 4 גִּלֻּלֵיהֶם

ⓘ The word actually means pile of excrement; its vocalization is based on the lemma ↪ שִׁקּוּץ disgust.

גְּלוֹם *m.* coat, cape 3 גְּלוֹמֵי Ez 27:24◦

גָּלוּת ← גלה *f.* exile, deportation; the deportees 1 גָּלוּת גָּלֻת 4 גָּלוּתֵנוּ גָּלוּתִי

גלח *pi* shave, shear, cut 5 גִּלְּחָה גִּלְּחוֹ[e] גִּלַּח 6 יְגַלֵּחַ יְגַלַּח יְגַלְּחוּ[e] יְגַלְּחֶנּוּ[e] יְגַלְּחֵם[e] יְגַלְּחוּ 7 וַיְגַלַּח וַיְגַלְּחֵם[e] וַתְּגַלַּח 8 וּבְגַלְּחוֹ[e]

pu be shaved 5 גֻּלַּחְתִּי 11 מְגֻלְּחֵי Jdg 16:17; Jer 41:5◦

hitp shave oneself 5 וְהִתְגַּלָּח 8 הִתְגַּלְּחוֹ[e] Lev 13:33; Num 6:19◦

גִּלָּיוֹן ← גלה *m.* tablet Isa 8:1; mirror Isa 3:23 - 2 גִּלְיֹנִים◦

גָּלִיל ← גלל I. *m.* turnable 1 Kgs 6:34; roll, ring, rod Est 1:6; Song 5:14 - 2 גְּלִילִים 3 גְּלִילֵי◦

גָּלִיל II. *pn* Galilee

גְּלִילָה ← גלל *f.* district; region 2 גְּלִילוֹת Jos 13:2; 18:17; 22:10f; Ez 47:8; Joel 4:4◦

1 st.c. sg. 2 st.a. pl. 3 st.c. pl. 4 with *epp* 5 SC 6 PC 7 narrative 8 inf.c. 9 inf.a. 10 imp. 11 part.

ⓘ Sometimes the plural is also understood as an *pln*, Geliloth.

גַּלִּים *pln* Gallim

גָּלְיָת & גָּלְיַת *m. PN* Goliath

√גלל[B] *q* roll; fig. roll off (one's burden on God), to roll away (own shame); confide (one's ways to God) 5 גַּלּוֹתִי וְגָלֲלוּ 7 וַיָּגֶל (or *hif*) 10 גּוֹל גֹּל גֹּלּוּ גַּל 11 גֹּלֵל

nif be rolled up Isa 34:4; surge, roll down Am 5:24 - 5 וְנָגֹלּוּ 6 וְיִגַּל◦

pol be rolled 11 מְגוֹלָלָה Isa 9:4◦

hitp fall upon, attack Gen 43:18; writhe, wallow 2 Sam 20:12 - 8 לְהִתְגֹּלֵל 11 מִתְגֹּלֵל◦

pilp roll down 5 [e]וְגִלְגַּלְתִּיךָ Jer 51:25◦

hitpalp roll on 5 הִתְגַּלְגָּלוּ Job 30:14◦

hif roll 7 וַיָּגֶל (or *q*) Gen 29:10◦

גָּלָל ↩ גלל I. *m.* pile of excrement, dung 1 Kgs 14:10; Zeph 1:17◦

גָּלָל II. with prefixed בְּ: בִּגְלַל for, for the sake of, on account of 4 בִּגְלָלְךָ בִּגְלַלְכֶם

גָּלָל III. *m. PN* Galal Neh 11:17; 1 Chr 9:15f◦

גֵּלְלוֹ & גֶּלְלֵי ↩ גֵּל pile of excrement, dung

גִּלֲלַי *m. PN* Gilalai Neh 12:36◦

√גלם *q* wrap, roll 7 וַיִּגְלֹם 2 Kgs 2:8◦

גֹּלֶם *m.* unformed 4 גָּלְמִי Ps 139:16◦

גַּלְמוּד *m.* & גַּלְמוּדָה *f.* barren, sterile Isa 49:21; Job 3:7; 15:34◦

גּוֹלָן & גֹּלָן *pln* Golan

√גלע *hitp* break out, pick a fight 5 הִתְגַּלָּע 6 יִתְגַּלָּע Prov 17:14; 18:1; 20:3◦

גִּלְעַד *m. PN* & *pln* Gilead

גַּלְעֵד *pln* Galed Gen 31:47f◦

גִּלְעָדִי *pn* Gileadite

√גלש *q* stream down, descend, leap 5 גָּלְשׁוּ Song 4:1; 6:5◦

גֻּלֹּת *f.* springs ↩ גֻּלָּה

גַּם[B] also, too; even, even though; גַּם ... גַּם both, as well as

√גמא *pi* raise dust (others: swallow) 6 יְגַמֶּא Job 39:24◦

hif let drink 10 [e]הַגְמִיאִינִי Gen 24:17◦

גֹּמֶא *m.* papyrus

גֹּמֶד a linear measure, span Jdg 3:16◦

ⓘ The span is a highly inaccurate measure and refers to the length between stretched out thumb and index finger or little finger.

גַּמָּדִים *pn* Gammadite Ez 27:11◦

גָּמוּל *m. PN* Gamul 1 Chr 24:17◦

גְּמוּל & גְּמֻל[B] ↩ גמל *m.* deed, good deed, benefaction; retribution 4 גְּמֻלוֹ גְּמֻלְךָ גְּמוּלֶךָ גְּמוּלָיו גְּמֻלְכֶם גְּמוּלָם

גְּמוּלָה[B] ↩ גמל *f.* deed; retribution 2 גְּמוּלוֹת גְּמֻלוֹת 2 Sam 19:37; Isa 59:18; Jer 51:56◦

גִּמְזוֹ *pln* Gimzo 2 Chr 28:18◦

√גמל[B] *q* finish, accomplish something; render, do; become mature, wean 5 גָּמַל [e]גְּמָלָם גְּמָלַנִי[e] גְּמַלְתִּי גְּמַלְתַּנִי גָּמַלְתָּ גְּמָלוּךָ[e] גְּמָלַנוּ גָּמַלְנוּ 6 תִּגְמֹל תִּגְמְלֵנִי[e] 7 וַיִּגְמֹל [e]וַתִּגְמְלֵהוּ 8 גְּמָלְךָ[e] 10 גְּמֹל 11 גֹּמֵל גֹּמְלִים

nif be weaned 6 יִגָּמֵל 7 וַיִּגָּמַל 8 הִגָּמֵל Gen 21:8; 1 Sam 1:21◦

גָּמָל *m.* & *f.* camel 2 גְּמַלִּים 4 גְּמַלָּיו גְּמַלֶּיךָ גְּמַלֵּיהֶם

גְּמַלִּי *m. PN* Gemalli Num 13:12◦

גַּמְלִיאֵל *m. PN* Gamliel

√גמר bring to an end, accomplish; be finished 5 גָּמַר 6 יִגְמֹר יִגְמָר־ 11 גֹּמֵר

גֹּמֶר *f. PN* & *pn* Gomer

גְּמַרְיָה & גְּמַרְיָהוּ *m. PN* Gemariah

גַּן[B] ← גנן *m.* & *f.* (Gen 2:15) garden *p* גָּן 2 גַּנִּים 4 גַּנִּי

√גנב[B] *q* steal, rob; deceive 5 גָּנְבוּ גְּנַבְתֶּם [e]גָּנַבְתָּ [e]גְּנָבוּךָ 6 יִגְנוֹב תִּגְנֹב נִגְנֹב 7 וַיִּגְנֹב וַתִּגְנֹב 9 גָּנֹב 11 גֹּנֵב pass. גָּנוּב גְּנוּבִים f. cstr.: גְּנֻבְתִי

nif be stolen 6 יִגָּנֵב Ex 22:11◦

pi steal Jer 23:30; steal one's heart, deceive 2 Sam 15:6 - 7 וַיְגַנֵּב 11 מְגַנְּבֵי◦

pu be kidnapped Gen 40:15; Ex 22,6; be stealthily brought Job 4:12 - 5 גֻּנַּבְתִּי וְגֻנַּב 6 יְגֻנָּב 9 גֻּנֹּב◦

hitp steel into, sidle 7 וַיִּתְגַּנֵּב 2 Sam 19:4◦

גַּנָּב ← גנב *m.* thieve 2 גַּנָּבִים

גְּנֵבָה ← גנב *f.* stolen goods 4 גְּנֵבָתוֹ Ex 22:2f◦

גְּנֻבַת *m. PN* Genubath 1 Kgs 11:20◦

גַּנָּה ← גנן *f.* garden, cult site 1 גִּנַּת 2 גַּנּוֹת גַּנֹּת 4 גַּנָּתוֹ גַּנּוֹתֵיכֶם

גֶּנֶז I. *m.* treasuries 2 גְּנָזִים 3 גִּנְזֵי Est 3:9; 4:7 ◦

גֶּנֶז II. *m.* blanket, others: box 3 גִּנְזֵי Ez 27:24◦

גַּנְזַךְ *m.* treasuries 4 גַּנְזַכָּיו 1 Chr 28:11◦

√גנן *q* protect, shelter 5 וְגַנּוֹתִי 6 יָגֵן 9 גָּנוֹן

גִּנְּתוֹן & גִּנְּתוֹי *m. PN* Ginnehon Neh 10:7; 12:4.16◦

√געה *q* moo 6 יִגְעֶה 9 גָּעוֹ 1 Sam 6:12; Job 6:5◦

גֹּעָה *pln* Goah Jer 31:39◦

√געל *q* loathe, reject, abandon 5 וְגָעֲלָה [e]גְּעַלְתִּים גָּעֲלוּ 6 תִּגְעַל 11 גֹּעֶלֶת

nif be rejected; others: defiled 5 נִגְעַל 2 Sam 1:21◦

hif miss 6 יַגְעִל Job 21:10◦

גֹּעַל ← געל *m.* disgust 1 גֹּעַל Ez 16:5◦

גַּעַל *m. PN* Gaal

√גער *q* scold, chastise, punish; threaten 5 וְגָעַר גָּעַרְתָּ גָּעַרְתִּי 6 יִגְעַר תִּגְעֲרוּ 7 וַיִּגְעַר 8 מִגְּעָר־ 11 גֹּעֵר גּוֹעֵר

גְּעָרָה ← גער *f.* rebuke, threat 1 גַּעֲרַת 4 גַּעֲרָתִי גַּעֲרָתוֹ

√געש *q* quake, sway 7 וַתִּגְעַשׁ Ps 18:8; וַתִּגָּעַשׁ 2 Sam 22:8 *kt.*; *qr.* ↪ *hitp*◦

pu be frightened, startled 6 יְגֹעֲשׁוּ Job 34:20◦

hitp quake, sway 6 יִתְגָּעֲשׁוּ 7 וַיִּתְגָּעַשׁ וַיִּתְגָּעֲשׁוּ

hitpo wave, stagger; surge 5 וְהִתְגֹּעֲשׁוּ 6 יִתְגֹּעֲשׁוּ Jer 25:16; 46:8◦

גַּעַשׁ *pn* Gaash

גַּעְתָּם *m. PN* Gatham

גַּף I. *m.* hill, heights 3 גַּפֵּי Prov 9:3◦

ⓘ The word is related to ↪ גַּב and means the highest point of a bulge.

גַּף II. *m.* person; with בְּ: alone 4 בְּגַפּוֹ Ex 21:3f◦

1 st.c. sg. 2 st.a. pl. 3 st.c. pl. 4 with *epp* 5 SC 6 PC 7 narrative 8 inf.c. 9 inf.a. 10 imp. 11 part.

גֶּפֶן *f.* (& *m.* Hos 10:1) vine, grapevine; tendril גַּפְנָם גַּפְנִי גַּפְנְךָ גַּפְנָהּ גַּפְנוֹ 4 גְּפָנִים 2 גָּפֶן *p*

גֹּפֶר *pn* cypress or fir tree Gen 6:14◦

גָּפְרִית *f.* sulphur

גֵּר[B] ← גור *m.* guest, protected citizen 3 גֵּרִים גֵּרְךָ גֵּרוֹ 4 גֵּירִים

ⓘ Basically, this word does not mean „stranger“ as it is often translated. Strangers, foreigners, live in a foreign country, abroad ↪ נָכְרִי; if they have settled in the country, they are guests and have a legally defined status and similar rights as locals.

גִּר *m.* chalk Isa 27:9◦

גֹּר ↪ גּוֹר cab, young lion

גֵּרָא *m.* *PN* Gera

גָּרָב *m.* scabies, festering skin disease Lev 21:20; 22:22; Dtn 28:27◦

גָּרֵב *m.* *PN* & *pln* Gareb

גַּרְגַּר *m.* olive 2 גַּרְגְּרִים Isa 17:6◦

גַּרְגְּרוֹת *f.* neck 4 גַּרְגְּרֹתֶיךָ גַּרְגְּרֹתֶךָ Prov 1:9; 3:3.22; 6:21◦

גִּרְגָּשִׁי *pn* Girgashite

גרד√ *hitp* scrape, scratch 8 לְהִתְגָּרֵד Job 2:8◦

גרה√ *pi* cause a dispute 6 יְגָרֶה Prov 15:18; 28:25; 29:22; Ps 140:3 ← גור II.◦

hitp dispute, fight; with מִלְחָמָה start a war; oppose Prov 28:4 - 5 הִתְגָּרִית 6 תִּתְגָּר יִתְגָּרֶה תִּתְגָּרֶה יִתְגָּרוּ תִּתְגָּרוּ 10 וְהִתְגָּר

גֵּרָה I. *f.* ruminant, cud, often with מַעֲלֶה resp. מַעֲלַת ↪ עלה

גֵּרָה II. *f.* granule; *pn* of the smallest weight, Gera: 1/20 of a shekel ↪ שֶׁקֶל

גָּרוֹן *m.* throat, neck 4 גְּרוֹנָם גְּרוֹנֵךְ גְּרוֹנִי

גֵּרוּת ← גור *f.* lodge Jer 41:17◦

גֹּרוֹת ↪ גּוֹר cab, young lion

גרז√ *nif* be outcast, cut off 5 נִגְרַזְתִּי Ps 31:23◦

גִּרְזִי *kt.* 1 Sam 27:8; *qr.* גִּזְרִי *pn* Gerezite◦

גְּרִזִּים *pn* Garizim

גַּרְזֶן *m.* axe Isa 10:15; Dtn 19:5; 20:19; chisel 1 Kgs 6:7◦

גֹּרָל & גּוֹרָל[B] *m.* lot, allotted; fate, destiny 1 גּוֹרַל 2 גֹּרָלוֹת גּוֹרָלוֹת 4 גֹּרָלוֹ גֹּרָלְךָ *p* גּוֹרָלֶךָ גּוֹרָלֵךְ גּוֹרָלִי גּוֹרָלָם Prov 19:19 *kt.* גֹּרַל *qr.* גְּדָל great

גרם√ *q* gnaw off bones so that nothing remains 5 גָּרְמוּ Zeph 3:3◦

pi gnaw, crush 6 תְּגָרֵמִי יְגָרֵם Num 24:8; Ez 23:34◦

גֶּרֶם ← גרם *m.* bone; bare 2 Kgs 9:13 (cf. ↪ עֶצֶם) *p* גָּרֶם 4 גְּרָמָיו

גַּרְמִי *pn* Garmite

גֹּרֶן *f.* barn, threshing floor 1 גֹּרֶן 2 גֳּרָנוֹת 3 גָּרְנוֹת 4 גָּרְנְךָ גּוֹרְנֵךְ גָּרְנִי

גרס√ *q* be consumed with desire 5 גָּרְסָה Ps 119:20◦

hif let someone bite 7 וַיַּגְרֵס Lam 3:16◦

גרע√ I. *q* take away, reduce, diminish, shorten; shear 6 יִגְרַע תִּגְרַע אֶגְרַע תִּגְרְעוּ 8 גְּרוֹעַ 11 pass. גְּרוּעַ גָּרֻעַ

nif be reduced, taken away 5 וְנִגְרַע וְנִגְרְעָה 6 יִגָּרַע *p* נִגָּרַע יִגָּרֵעַ 11 נִגְרָע

√גרע II. *pi* draw up (drops of water) 6 יְגָרַע Job 36:27◦

√גרף *q* sweep away 5 גְּרָפָם[e] Jdg 5:21◦

√גרר *q* catch, collect, carry off 6 יְגֹרֵהוּ[e] יְגוֹרֵם[e] Hab 1:15; Prov 21:7◦

nif chew cud 6 יִגָּר Lev 11:7◦

pol be sawn 11 מְגֹרָרוֹת 1 Kgs 7:9◦

hitpol burst on 11 מִתְגּוֹרֵר Jer 30:23 (others ↪ גור II.)◦

גְּרָר *pln* Gerar

גֶּרֶשׂ *m.* crushed grains, pearl barley Lev 2:14.16◦

√גרשׁ[B] *q* expel, cast out, chase away; of the sea: eject, splash 7 וַיְגָרְשׁוּ 11 גֹּרֵשׁ pass. גְּרוּשָׁה

nif be expelled, cast out Jon 2:5; of the sea: be troubled 5 נִגְרַשְׁתִּי נִגְרְשָׁה 11 נִגְרָשׁ

pi expel, banish 5 גֵּרַשְׁתָּמוֹ[e] גֵּרַשְׁתָּ גֵּרְשָׁה גֵּרַשְׁתִּי וְגֵרַשְׁתִּיו[e] גֵּרַשְׁתִּהוּ[e] גֵּרְשׁוּנִי[e] 6 יְגָרֵשׁ יְגָרְשֵׁם[e] אֲגָרֵשׁ אֲגָרְשֶׁנּוּ[e] יְגָרְשׁוּהָ[e] תְּגָרְשׁוּן 8 לְגָרֵשׁ לְגָרְשֵׁנוּ[e] 9/10 גָּרֵשׁ

pu be banished, driven out 5 גֹּרְשׁוּ 6 יְגֹרָשׁוּ Ex 12:39; Job 30:5◦

גֶּרֶשׁ *m.* fruit, yield Dtn 33:14◦

גְּרֻשָׁה ↩ גרשׁ *f.* expulsion, eviction 4 גְּרֻשֹׁתֵיכֶם Ez 45:9◦

גֵּרְשׁוֹן *m. PN* Gershon

גֵּרְשֹׁם *m. PN* Gershom

גֵּרְשֻׁנִּי *pn* Gershonite

גְּשׁוּר *pn* Geshur

גְּשׁוּרִי *pn* Geshurite

√גשׁם *hif* bring rain 11 מַגְשִׁמִים Jer 14:22◦

pu be rained upon 5 גֻּשְׁמָהּ Ez 22:24; but more likely ↪ גֹּשֶׁם with *epp*◦

גֶּשֶׁם I. *m.* rain; pl. rainy or winter season *p* גָּשֶׁם 2 גְּשָׁמִים 3 גִּשְׁמֵי 4 גִּשְׁמָהּ גִּשְׁמֵיהֶם גִּשְׁמֵיכֶם

גֶּשֶׁם II. & גַּשְׁמוּ *m. PN* Geshem Neh 2:19; 6:1ff◦

גֹּשֶׁם *m.* rain Ez 22:24; but cf. *pu* ↪ גשׁם◦

גֶּשֶׁם & גַּשְׁמוּ Geshem *m. PN* Neh 2:29; 6:1ff◦

גֹּשֶׁן *pn* Goshen

גִּשְׁפָּא *m. PN* Gishpa

√גשׁשׁ *pi* grope 6 נְגַשְׁשָׁה *p* נְגַשֵּׁשָׁה Isa 59:10◦

גַּת I. *f.* winepress 3 גִּתּוֹת

גַּת II. *pln* Gath; part of the following *pln:*
גַּת־הַחֵפֶר Gath-Hefer
גַּת־רִמּוֹן Gath-Rimmon

גִּתִּי *pn* Gathite

גִּתַּיִם *pln* Gittaim 2 Sam 4:3; Neh 11:33 ◦

גִּתִּית *pn* an instrument, Gittit, or a key; others: name of a tune Ps 8:1; 81:1; 84:1 ◦

גֶּתֶר *m. PN* Gether Gen 10:23; 1 Chr 1:17 ◦

ד

√ דאב *q* grow dim, languish 5 דָּאֲבָה 8 דַּאֲבָה
Jer 31:12.25; Ps 88:10◦

דְּאָבָה ↔ דאב *f.* desperation, fear Job 41:14◦

דְּאָבוֹן ↔ דאב *m.* desperation, sorrow 1 דַּאֲבוֹן Dtn 28:65◦

√ דאג *q* be worried, afraid; grieve 5 וְדָאַג דָּאַגְתְּ
6 יִדְאַג אֶדְאָג 11 דֹּאֵג דֹּאֲגִים

דָּאג fish ↔ דָּג

דֹּאֵג & דּוֹאֵג *m. PN* Doëg

דְּאָגָה ↔ דאג *f.* restlessness, concern

√ דאה *q* hover, fly 6 יִדְאֶה 7 וַיֵּדֶא

דָּאָה *f.* a bird of prey, vulture or kite Lev 11:14◦

דֹּאר & דּוֹר *pln* Dor

דֹּב & דּוֹב *m.* & *f.* (fem.) bear 2 דֻּבִּים

דֹּבֶא *m.* strength, calm, serenity 4 דָּבְאֶךָ Dtn 33:25◦

√ דבב *q* flow, glide 11 דּוֹבֵב Song 7:10◦

דִּבָּה *f.* report, rumor, slander, grievance 1 דִּבַּת 4 דִּבָּתְךָ דִּבָּתָם

דְּבוֹרָה I. *f.* bee 2 דְּבֹרִים

דְּבוֹרָה II. *f. PN* Deborah

דִּבְיוֹנִים *m.* dove's dung 2 Kgs 6:25 *qr*◦

דְּבִיר I. *m.* sanctuary

דְּבִיר II. *m. PN* & *pln* Debir

דְּבֵלָה *f.* fig cake 1 דְּבֶלֶת 2 דְּבֵלִים

דִּבְלָה *pln* Diblah; some read רִבְלָתָה Riblah Ez 6:14◦

דִּבְלַיִם *m. PN* Diblaim Hos 1:3◦

דִּבְלָתַיִם part of the *pln* Beth-Diblathaim

√ דבק[B] *q* stick, kling, hold on, stay close, follow
5 דָּבַק דָּבֵק דָּבְקָה *p* דָּבֵקָה דָּבַקְתִּי דָּבְקוּ
דָּבֵקוּ 6 יִדְבַּק תִּדְבָּק תִּדְבָּקַנִי[e]; 2.sg.f. mit ן-
parag.: תִּדְבָּקִין; יִדְבְּקוּ תִּדְבָּקוּ תִּדְבָּקוּן 7
וַיִּדְבַּק וַתִּדְבַּק 8 וּלְדָבְקָה

pu stick together 6 יְדֻבָּקוּ Job 38:38; 41:9◦

hif stick, let stick; pursue, reach, overcome 5 הִדְבַּקְתִּי הִדְבִּיקָתְהוּ[e] הִדְבִּקֻהוּ[e] 6 יַדְבֵּק אַדְבִּיק 7 וַיַּדְבֵּק וַיַּדְבִּיקוּ וַיַּדְבְּקוּ

hof stick, cleave 11 מֻדְבָּק Ps 22:16◦

דָּבֵק *m.* & דְּבֵקָה *f.* ↔ דבק someone holding fast Dtn 4:4; Prov 18:24; *f.*: something attached 2 Chr 3:12◦

דֶּבֶק ↔ דבק *m.* soldering Isa 41:7; joints of an armor 1 Kgs 22:34; 2 Chr 18:33 - 2 דְּבָקִים◦

דְּבֵקָה ↔ דבק *f* joining, touching 2 Chr 3:12◦

√ דבר[B] I. *q* talk, speak 8 דַּבֶּרְךָ[e] 11 דֹּבֵר דֹּבְרִים דֹּבְרוֹת דֹּבֶרֶת pass. דָּבֻר

ⓘ The root occurs almost exclusively in *pi*; *q*-forms are extremely rare (1092 to 41), and finite verbs cannot be found at all.

nif talk to each other, discuss, talk about (in a negative sense) 5 נִדְבְּרוּ *p* נִדְבָּרוּ נִדְבַּרְנוּ 11 הַנִּדְבָּרִים

pi talk, speak; promise; talk bad; command; with עַל לֵב talk friendly; with אֶל לִבּוֹ say, think 5 דִּבֶּר *p* דִּבֵּר דִּבְּרוֹ[e] דִּבַּרְתָּ וְדִבַּרְתֶּם[e]
דִּבַּרְתִּי דִּבְּרוּ *p* דִּבֵּרוּ דִּבַּרְתֶּם דִּבַּרְנוּ 6
יְדַבֵּר תְּדַבֵּר אֲדַבֵּר אֲדַבְּרָה יְדַבְּרוּ תְּדַבְּרוּ
תְּדַבְּרוּן נְדַבֵּר 7 וַיְדַבֵּר וַיְדַבְּרֵם[e] וַתְּדַבֵּר
וַיְדַבְּרוּ וַתְּדַבֵּרְנָה 8 דַּבֵּר דַּבְּרוֹ[e] דַּבְּרָהּ[e]
דַּבֶּרְךָ[e] דַּבְּרִי[e] דַּבְּרָם[e] דַּבֶּרְכֶם[e] 9 דַּבֵּר־
דַּבֵּר 10 דַּבֵּר דַּבְּרִי *p* דַּבֵּרוּ דַּבְּרוּ *p* וְדַבֵּרוּ
11 מְדַבֵּר מְדַבֶּרֶת הַמְדַבְּרִים מְדַבְּרוֹת

pu be spoken Ps 87:3; be spoken for Song 8:8 - 6 יְדֻבַּר 11 מְדֻבָּר◦

hif subdue 6 יַדְבֵּר 7 וַיַּדְבֵּר Ps 18:48; 47:4◦

hitp speak 11 מִדַּבֵּר Num 7:89; Ez 2:2; 43:6◦

ⓘ The word וַתְּדַבֵּר can mean nothing else but *killing,* according to the context of 2 Chr 22:10; some people therefore assume a misreading - cf. the parallel passage 2 Kgs 11:1. On the other hand, the *hif* meaning speaks for the assumption of another root with the word field *suppress, expel, destroy*. Sometimes a third root is supposed: Prov 21:28 *to have descendants.* Unclear Song 5:6.

דָּבָר[B] ↩ דבר *m.* word; saying; order, command; thing, event; דִּבְרֵי הַיָּמִים records, chronicle; וַיְהִי אַחַר הַדְּבָרִים הָאֵלֶּה *and it happened after these events, some time afterward* 1 דְּבַר 2 דְּבָרִים 3 דִּבְרֵי 4 דְּבָרוֹ דְּבָרִי דְּבָרֶיךָ דְּבָרָיו דְּבָרֵנוּ דִּבְרֵי דְּבָרְךָ דִּבְרֵיכֶם דִּבְרֵיהֶם

דֶּבֶר I. *m.* plague

דֶּבֶר II. *m.* thorns 4 דְּבָרֶיךָ Hos 13:14◦

ⓘ It is uncertain whether this word does not coincide with דֶּבֶר I.

דֹּבֶר *m.* pasture 4 דָּבְרָם דָּבְרוֹ Isa 5:17; Mi 2:12◦

דְּבִר *pln* Debir Jos 13:26; with 2 Sam 17:27 Lo-Dabar

דִּבֵּר ↩ דבר *m.* word Jer 5:13◦

דִּבְרָה ↩ דבר *f.* cause, concern, plea; with עַל in st.c.: because of, according to; manner, way; in Ps 110:4 עַל־דִּבְרָתִי מַלְכִּי־צֶדֶק the י is mostly understood as י-compaginis: *according to the way of Melchizedek* 1 דִּבְרַת 4 דִּבְרָתִי

דַּבְּרָה ↩ דבר *f.* word, instruction 4 דַּבְּרֹתֶיךָ Dtn 33:3◦

דְּבֹרָה *f.* bee 2 דְּבֹרִים

דֹּבְרוֹת *f.* rafts, floats 1 Kgs 5:23◦

דִּבְרִי *m. PN* Dibri Lev 24:11◦

דָּבְרַת *pln* Daberath

דְּבַשׁ & **דְּבָשׁ** *m.* honey 4 דִּבְשִׁי

דַּבֶּשֶׁת I. *f.* hump Isa 30:6◦

דַּבֶּשֶׁת II. *pln* Dabbesheth Jos 19:11◦

דָּג[B] *m.* fish 2 דָּגִים 3 דְּגֵי

דָּגָה[B] *f.* fish; coll. pl. 1 דְּגַת 4 דְּגָתָם

√ **דגה** ↩ דָּג *q* grow into multitude 6 וְיִדְגּוּ Gen 48:16◦

דָּגוֹן *pn* of an idol, Dagon

√ **דגל** *q* raise a banner Ps 20:6; pt.pass. outstanding (like banner holders) Song 5:10 - 6 נִדְגֹּל 11 pass. דָּגוּל◦

nif awesome (like banner holders) 11 כַּנִּדְגָּלוֹת Song 6:4.10◦

1 st.c. sg. 2 st.a. pl. 3 st.c. pl. 4 with *epp* 5 SC 6 PC 7 narrative 8 inf.c. 9 inf.a. 10 imp. 11 part.

דֶּגֶל ← דגל *m.* banner, signal, sign 4 דִּגְלוֹ דִּגְלֵיהֶם

דָּגָן *m.* grain, cereal 1 דְּגַן 4 דְּגָנְךָ *p* דְּגָנֶךָ דְּגָנֵי דְּגָנָם

✓ דגר *q* hatch 5 דָּגַר וְדָגְרָה Isa 34:15; Jer 17:11◦

דַּד *f.* the female breast, breasts du. דַּדֵּי 4 דַּדֶּיהָ דַּדַּיִךְ

דֹּד & דּוֹד *m.* beloved, lover; uncle; pl. also love; בֶּן־דּוֹד, בַּת־ cousin 2 דֹּדִים דּוֹדִים 4 דּוֹדִי

דֹּדָה *f.* aunt 4 דֹּדָתוֹ דֹּדָתְךָ Ex 6:20; Lev 18:14; 20:20◦

✓ דדה *hitp* wander, walk 6 אֶדַּדֶּה אֶדַּדֵּם[e] Isa 38:15; Ps 42:5◦

ⓘ Both passages are difficult to understand and are usually edited by the translators.

דֹּדָוָהוּ *m. PN* Dodawa 2 Chr 20:37◦

דֹּדִי *m. PN* Dodi 2 Sam 23:9 *kt.*◦

דְּדָן *pn* Dedan

דְּדָנִי *pn* Dedanite

דֹּדָנִים *pn* Gen 10:4; with 1 Chr 1:7 many translators read Rodanite ◦

✓ דהם *nif* be bewildered, upset 11 נִדְהָם Jer 14:9◦

✓ דהר *q* gallop 11 דֹּהֵר Nah 3:2◦

דַּהֲרָה ← דהר *f.* gallopping 3 דַּהֲרוֹת Jdg 5:22◦

✓ דוב *hif* let emaciate 11 מְדִיבֹת Lev 26:16◦

דּוֹאֵג & דֹּאֵג *m. PN* Doëg

דּוֹב & דֹּב *m.* & *f.* (fem.) bear 2 דֻּבִּים

דַּוָּג ← דָּג *m.* fishermen 2 לְדַוָּגִים Jer 16:16 *kt.*; Ez 47:10◦

דּוּגָה ← דָּג *f.* fishhook Am 4:2◦

דּוֹד & דֹּד *m.* beloved, lover; uncle, relative; pl. also love; בֶּן־דּוֹד, בַּת־ cousin 2 דֹּדִים דּוֹדִי 4 דּוֹדִים

דּוּד *m.* pot, kettle; basket 2 דְּוָדִים דּוּדִים 2 דּוּדָאֵי 2 Kgs 10:7; Jer 24:1; 2 Chr 35:13◦

דָּוִד & דָּוִיד *m. PN* David

דּוּדָאִים *m.* mandrakes ↪ דּוּדַי I.

דּוֹדָה *f.* aunt 4 דֹּדָתְךָ דֹּדָתוֹ Ex 6:20; Lev 18:14; 20:20◦

דּוֹדוֹ *m. PN* Dodo

דּוֹדָוָהוּ *m. PN* Dodawa 2 Chr 20,37◦

דּוּדַי I. *m.* mandrakes 2 דּוּדָאִים 3 דּוּדָאֵי Gen 30:14-16; Song 7:14◦

דּוּדַי II. ↪ דּוּד basket 3 דּוּדָאֵי Jer 24:1◦

דּוֹדַי *m. PN* Dodai

✓ דוה *q* menstruate 8 דְּוֹתָהּ[e] Lev 12:2◦

דָּוֶה *m.* & דָּוָה *f.* ← דוה menstruating, ritual impure; weak, sick, sad

✓ דוח *hif* rinse, wash, clean; cast out Jer 51:34 - 5 הֱדִיחָנִי[e] *qr.*; *kt.* הֱדִיחָנוּ[e] 6 יָדִיחַ יְדִיחוּ

דְּוַי ← דוה *m.* illness; with עֶרֶשׂ sickbed Ps 41:4; polluted, foul Job 6:7 *p* דְּוָי 1 דְּוֵי◦

דַּוָּי ← דוה *m.* sick, weak, sad *p* דַּוָּי Isa 1:5; Jer 8:18; Lam 1:22◦

דּוֹיֵג *m. PN* Doëg *kt.*; *qr.* ↪ דֹּאֵג 1 Sam 22:18◦

✓ דוך *q* crush, pulverize, grind 5 דָּכוּ Num 11:8◦

דּוּכִיפַת *pn* an unclean bird, hoopoe Lev 11:19; Dtn 14:18◦

דּוּמָה ↩ דמה I. *f.* silence Ps 94:17; 115:17◦

דּוּמָה II. *m. PN* & *pln* Dumah

דּוּמִיָּה & דֻּמִיָּה ↩ דמה *f.* silence, quiet

דּוּמָם ↩ דמה (adv. & adj). silent, speechless Isa 47:5; Hab 2:19; Lam 3:26◦

דּוּמֶשֶׂק *pln* Damascus 2 Kgs 16:10 ↪ דַּמֶּשֶׂק◦

✓ דון *q* stay, reign, others: judge (*var.* ↪ דין) 6 יָדוֹן Gen 6:3◦

דּוּן *m.* judgement *qr.* Job 19:29; *kt.* ↪ דִּין◦

דּוֹנַג *m.* wax *p* דּוֹנָג

✓ דוץ *q* leap, dance 6 תָּדוּץ Job 41:14◦

✓ דוק *q* crush 6 יוּדַק Isa 28:28 *var.* ↪ דקק◦

✓ דור I. *q* pile 10 דּוּר Ez 24:5◦

✓ דור II. *q* dwell, live 8 דּוּר Ps 84:11◦

דּוּר ↩ דור all around Isa 29:3; ball Isa 22:18◦

דּוֹר & דֹּר[B] ↩ דור I. *m.* age, time, course of time, period, history; generation; fate, destiny 2 דּוֹרִים דּוֹרוֹת דֹּרֹת 4 דּוֹרוֹ דּוֹרִי דֹּרֹתָיו דֹּרֹתֵינוּ דֹּרֹתֵיכֶם דֹּרֹתָם

דּוֹר II. *m.* home, dwelling 4 דּוֹרִי Isa 38:12◦

דּוֹר III. *pln* Dor

✓ דוש & דיש *q* trample; thresh 5 וְדַשְׁתִּי 6 תָּדוּשׁ יְדוּשֶׁנּוּ[e] 8 לָדוּשׁ בְּדִישׁוֹ[e] 10 דּוּשִׁי 11 דָּשָׁה דָּשׁ

nif 5 נָדוֹשׁ 8 הִדּוֹשׁ be trampled Isa 25:10◦

hof be threshed 6 יוּדַשׁ Isa 28:27◦

✓ דחה *var.* ↪ נדח *q* push, push away, expel 8 לִדְחוֹת 9 דַּחֹה 11 דּוֹחֶה pass. הַדְּחוּיָה Ps 35:5; 62:4; 118:13; 140:5◦

nif 6 יִדַּחוּ יִדָּחֶה be pushed Jer 23:12; Prov 14:32◦

pu be pushed 5 דֹּחוּ Ps 36:13◦

✓ דחח *var.* ↪ דחה, נדח *nif* be pushed, cast out; fall 6 יִדַּחוּ יִדַּח 2 Sam 14:14; Jer 23:12◦

דְּחִי ↩ דחה *m.* stumbling, falling Ps 56:14; 116:8◦

דֹּחַן *m.* sorghum Ez 4:9◦

✓ דחף *q* be in a hurry 11 דְּחוּפִים Est 3:15; 8:14◦

nif hurry 5 נִדְחָף Est 6:12; 2 Chr 26:20◦

✓ דחק *q* oppress 6 יִדְחָקוּן 11 וְדֹחֲקֵיהֶם Jdg 2:18; Joel 2:8◦

דַּי sufficient, enough עַד־בְּלִי־דָי in abundance Mal 3:10; כְּדֵי as; מִדֵּי more than necessary; מִדֵּי with an other verb: as often; מִדֵּי with inf.c. whenever; בְּדֵי for, as often; 1 דֵּי 4 דַּיֵּנוּ

דִּי זָהָב *pln* Di-Sahab Dtn 1:1◦

דִּיבוֹן & דִּיבֹן *pln* Dibon

✓ דיג *q* fish 5 דִיגוּם[e] Jer 16:16◦

דַּיָּג ↩ דיג *m.* fisherman 2 הַדַּיָּגִים Isa 19:8; Jer 16:16 *qr.*◦

דַּיָּה *f.* vulture 2 דַּיּוֹת Dtn 14:13; Isa 34:35◦

דְּיוֹ *m.* ink Jer 36:18◦

דִּימוֹן *pln* Dimon Isa 15:9◦

דִּימוֹנָה *pln* Dimonah Jos 15:22◦

✓ דִּין[B] *q* speak justice, be a judge, judge; quarrel, argue 5 דָּן 6 דָּנוּ יָדִין תְּדִינֵנִי[e] 8/10 דִּין 11 דָּן

nif argue, quarrel 11 נָדוֹן 2 Sam 19:10◦

דִּין[B] ← דין *m.* court, law; court hearing, legal matter; dispute 4 דִּינִי

דַּיָּן ← דין *m.* judge 1 Sam 24:16; Ps 68:6◦

דִּינָה *f. PN* Dinah

דִּיפַת *m. PN* 1 Chr 1:6; many translators read with Gen 10:3 Rifat◦

דָּיֵק ← דוק *m.* coll. bastions, siege towers

דִּישׁ ↪ דושׁ

דַּיִשׁ ← דושׁ *m.* threshing, the time of threshing Lev 26:5◦

דִּישׁוֹן I. *m.* oryx, gazelle Dtn 14:5◦

דִּישׁוֹן II. & דִּישֹׁן & דִּשׁוֹן & דִּישָׁן *m. PN* Dishon

דַּךְ ← דכה *m.* oppressed *p* דָּךְ Ps 9:10; 10:18; 74:21◦

✓ דכא *nif* be crushed, contrite 11 נִדְכָּאִים Isa 57:15◦

pi smash, crush, oppress 5 דִּכָּא דִּכְּאתָ 6 וַיְדַכֵּא לְדַכֵּא 8 תְּדַכְּאוּ יְדַכְּאוּ תְּדַכֵּא יְדַכְּאֻנִי[e] דַּכְּאוֹ[e]

pu be crushed, contrite 5 דֻּכְּאוּ 6 יְדֻכָּא 11 מְדֻכָּאִים מְדֻכָּא

hitp be smashed, crushed 6 וְיִדַּכְּאוּ *p* וְיִדַּכָּאוּ Job 5:4; 34:25◦

דַּכָּא ← דכא *m.* crushed (testicles) Dtn 23:2; dust Ps 90:3; smashed, contrite Isa 57:15; Ps 34:19◦

✓ דכה *var.* ↪ דכא *q* crush 5 וְדָכָה *kt.* 6 יִדְכֶּה *qr.* Ps 10:10◦

nif be crushed 5 וְנִדְכֵּיתִי 11 נִדְכֶּה Ps 38:9; 51:19◦

pi crush 5 דִּכִּיתָ דִּכִּיתָנוּ[e] Ps 44:20; 51:10◦

דַּכָּה ↪ דַּכָּא

דֳּכִי ← דכה *m.* roar, pound 4 דָּכְיָם Ps 93:3◦

דַּל *m.* door 1 דַּל Ps 141:3◦

דַּל[B] ← דלל *m.* low, poor, weak, helpless 2 דַּלִּים *f.* דַּלּוֹת

✓ דלג *q* leap, hop 11 דּוֹלֵג Zef 1:9◦

pi jump, skip 6 יְדַלֵּג אֲדַלֶּג־ 11 מְדַלֵּג 2 Sam 22:30; Isa 35:6; Ps 18:30; Song 2:8◦

✓ דלה I. *q* draw water 5 דָּלָה 6 יִדְלֶנָּה[e] 7 וַתִּדְלֶנָה 9 דָּלֹה Ex 2:16.19; Prov 20:5◦

pi draw 5 דִּלִּיתָנִי[e] Ps 30:2◦

✓ דלה II. *q* hang limp, dangle 5 דַּלְיוּ Prov 26:7◦

דַּלָּה ← דלה II. *f.* coll. thread 1 דַּלַּת Isa 38:12; hair Song 7:6◦

דַּלָּה ← דלל I. *f.* coll. small, unimportant people 1 דַּלַּת 2 דַּלּוֹת

✓ דלח *q* trouble (waters) 6 תִּדְלָחֵם[e] 7 וַתִּדְלַח Ez 32:2.13◦

דְּלִי *m.* bucket 4 du. דָּלְיָו Num 24:7; Isa 40:15◦

דְּלָיָה & דְּלָיָהוּ *m. PN* Delaiah

דְּלִילָה *f. PN* Delilah Jdg 16:4ff◦

דָּלִית *f.* twig, branch 2 דָּלִיּוֹת 4 דָּלִיּוֹתָיו דָּלִיֹּתָיו

✓ דלל I. *q* be weak, small, insignificant; be impoverished; (eyes) look weary, broken 5 דַּלּוֹתִי וַיִּדַּל 7 יִדַּל 6 דַּלּוֹנוּ דַּלּוּ דַּלְלוּ

✓ דלל II. *q* hang, dangle 5 דַּלּוּ Job 28:4◦

דִּלְעָן *pln* Dilan Jos 15:38◦

✓ דלף *q* drip, leak, tear, melt 5 דָּלְפָה 6 יִדְלֹף Ps 119:28; Job 16:20; Ecc 10:18◦

דֶּלֶף ← דלף *m.* dripping, leaky roof Prov 19:13; 27:15◦

דַּלְפוֹן *m. PN* Dalphon Est 9:7◦

✓ דלק *q* light, set on fire, burn, inflame; be heated, hotly indignant, chase 5 דָּלְקוּ דָּלַקְתָּ דֹּלְקִים 11 דְּלֹק 8 יִדְלַק 6 דְּלָקֻנוּ[e]

hif inflame (the body with wine) Isa 5:11; kindle (fire) Ez 24:10 - 6 [e]יַדְלִיקֵם 9 הַדְלֵק◦

דַּלֶּקֶת ← דלק *f.* fever Dtn 28:22◦

דֶּלֶת[B] *f.* door, du. double door, pl. door wings, gates; lid (of a box); column (of a scroll) 2 דְּלָתוֹת du. דְּלָתַיִם 3 דַּלְתֵי דְּלָתוֹת 4 דַּלְתּוֹ דַּלְתֹתַי דְּלָתַי דְּלָתֶיךָ דְּלָתֶיהָ דַּלְתֶךָ דַּלְתוֹתֵיהֶם

דָּם[B] *m.* blood; blood crime, blood guilt 1 דַּם 2 דָּמִים 3 דְּמֵי 4 דָּמוֹ דָּמָהּ דָּמְךָ דָּמִי דָּמָם דְּמֵיכֶם דָּמֵיךְ דִּמְכֶם

✓ דמה[B] I. *q* resemble, be alike 5 דָּמְתָה דָּמָה דָּמִינוּ דָּמוּ דָּמִיתִי דָּמִית 6 יִדְמֶה [e]תְּדַמְּיוּנִי 10 דְּמֵה 11 דּוֹמֶה

pi resemble, compare; imagine, think, mean 5 דִּמִּינוּ דִּמּוּ דִּמִּיתִי[e] דִּמִּיתִי דִּמִּית דִּמָּה 6 תְּדַמְּיוּנִי[e] תְּדַמְּיוּן אֲדַמֶּה תְּדַמִּי יְדַמֶּה

nif be alike 5 נִדְמֵיתָ Ez 32:2 (others ↪ II. or III.)◦

hitp make oneself like 6 אֶדַּמֶּה Isa 14:14◦

✓ דמה II. *q* cease, rest 6 תִּדְמֶינָה תִּדְמֶה Jer 14:17; Lam 3:49◦

✓ דמה III. *q* destroy 5 דָּמִיתִי Hos 4:5; Jer 6:2◦

pi destroy 5 אֲדַמֶּה 6 דִּמָּה 2 Sam 21:5; Hos 12:11 (others ↪ I.)◦

nif be destroyed, perish 5 נִדְמֵיתָה נִדְמָה נִדְמֶה 11 נִדְמֹה 9 נִדְמוּ נִדְמֵיתִי

דֻּמָה ← דמם/ה *f.* quiet, silent, others: destroyed; comparable Ez 27:32◦

דְּמוּת[B] ← דמה *f.* image, reproduction, copy; similarity, shape, form, appearance 4 דְּמוּתוֹ דְּמוּתֵנוּ

דְּמִי ← דמה *m.* middle, prime Isa 38:10◦

דֳּמִי ← דמה *m.* silence, rest Isa 62:6f; Ps 83:2◦

דֻּמִיָּה & דּוּמִיָּה ← דמה *f.* quiet, silence

דִּמְיוֹן ← דמה *m.* similarity 4 דִּמְיֹנוֹ Ps 17:12◦

✓ דמם *var.* ↪ דמה II. *q* stiffen, become silent; stand still, be calm, motionless; be destroyed Jer 8:14; 48:2 - 5 דַּמּוּ 6 יִדֹּם יִדֹּם תִּדֹּמִּי יִדְּמוּ דֹּמּוּ דֹּמִּי דֹּם דּוֹם 10 וָאֶדֹּם וַיִּדֹּם 7 וְנִדְּמָה

hif silence someone, let perish 5 [e]הֲדִמָּנוּ Jer 8:14◦

nif be destroyed, perish 5 נָדַמּוּ נָדַם 6 יִדַּמּוּ *p* תִּדַּמּוּ יִדַּמּוּ

po reassure, calm 5 וְדוֹמַמְתִּי Ps 131:2◦

דְּמָמָה ← דמם *f.* gentle blowing, whisper, silence 1 Kgs 19:12; Ps 107:29; Job 4:16◦

דֹּמֶן *m.* faeces, dung

דִּמְנָה *pln* Dimnah Jos 21:35◦

✓ **דמע** *q* cry, weep 6 תִּדְמַע 9 דָּמֹעַ Jer 13:17◦

דֶּמַע ← דמע *m.* juice, yield of wine and olive 4 דִּמְעֲךָ Ex 22:28◦

דִּמְעָה ← דמע *f.* coll. tears 1 דִּמְעַת 2 דְּמָעוֹת 4 דִּמְעָתִי דִּמְעָתֵךְ דִּמְעָתָהּ

דַּמֶּשֶׂק *pln* Damascus

דְּמֶשֶׁק *pn* damask, fine linen Am 3:12◦

דָּן *m. PN* Dan

דָּן יַעַן *pln* Dan-Jaan 2 Sam 24:6◦

דַּנָּה *pln* Dannah Jos 15:49◦

דִּנְהָבָה *pln* Dinhabah Gen 36:21; 1 Chr 1:43◦

דָּנִאֵל & **דָּנִיֵּאל** m. *PN* Daniel

דֵּעַ ← ידע *m.* insight, knowledge, adequate perception 2 דֵּעִים 4 דֵּעִי

דֵּעָה[B] ← ידע *f.* insight, knowledge, adequate perception 2 דֵּעוֹת

דְּעוּאֵל *m. PN* Deguel

ⓘ Many translators read with the Septuagint and the NT Reguel.

✓ **דעך** *q* be extinguished, extinct 5 דָּעֲכוּ 6 יִדְעָךְ *p* יִדְעַךְ

nif disappear, evaporate 5 נִדְעֲכוּ Job 6:17◦

pu be extinguished 5 דֹּעֲכוּ Ps 118:12◦

דַּעַת[B] ← (inf.) ידע *f.* knowledge, cognition, understanding, adequate, fully valid comprehension; capability, aptitude *p* דָּעַת 4 דַּעְתּוֹ דַּעְתְּכֶם דַּעְתָּם דַּעְתִּי דַּעְתֵּךְ דַּעְתְּךָ

דָּפִי & **דֳּפִי** *m.* libel, slander, insult Ps 50:20◦

✓ **דפק** *q* overstrain, overdrive Gen 33:13; knock Song 5:2 - 5 דְּפָקוּם[e] 11 דּוֹפֵק◦

hitp knock 11 מִתְדַּפְּקִים Jdg 19:22◦

דָּפְקָה *pln* Dophkah Num 33:12f◦

דַּק *m.* & **דַּקָּה** *f.* ← דקק skinny, emaciated, thin; small, fine, finely ground, dust; quiet, weak 3 דַּקַּת דַּקּוֹת

דֹּק ← דקק *m.* fine cloth, veil Isa 40:22◦

דִּקְלָה *pln* Diklah Gen 10:27; 1 Chr 1:21◦

✓ **דקק** *q* crush, grind 5 דַּק *p* דָּק 6 תָּדֹק יְדֻקֶּנּוּ[e]

hif crush, grind 5 הֵדַק וַהֲדִקּוֹת 6 אֲדִקֵּם[e] 7 וַיָּדֶק 8 לְהָדֵק 9 הָדֵק

hof be crushed 6 יוּדַק Isa 28:28◦

✓ **דקר** *q* pierce through 5 דְּקָרוּ דְּקָרֻנִי[e] 7 וַיִּדְקְרֵהוּ[e] וַיִּדְקֹר 10 דָּקְרֵנִי

nif be pierced, 6 יִדָּקֵר Isa 13:15◦

pu be pierced through, wounded 11 מְדֻקָּרִים Jer 37:10; 51:4; Lam 4:9◦

דֶּקֶר *m. PN* Deker 1 Kgs 4:9◦

דַּר *m.* black-silvery, mother-of-pearl Est 1:6◦

דֹּר & **דּוֹר**[B] *m.* age, time, course of time, period, history; generation; fate, destiny 2 דּוֹרִים דֹּרֹתָם דֹּרֹתָיו דּוֹרִי דּוֹרוֹ 4 דֹּרֹת דּוֹרוֹת דֹּרֹתֵינוּ דֹּרֹתֵיכֶם

דֵּרָאוֹן *m.* disgust, shame 1 דִּרְאוֹן Isa 66:24; Dan 12:2◦

דָּרְבָן *f.* goad 2 דָּרְבֹנוֹת 1 Sam 13:21; Ecc 12:11◦

דַּרְדַּע *m. PN* Darda 1 Kgs 5:11; 1 Chr 2:6◦

דַּרְדַּר *m.* coll. thistle Gen 3:18; Hos 10:8◦

דָּרוֹם *m.* south, south wind

דְּרוֹר I. *m.* release, freedom, liberty Lev 25:10; Isa 61:1; Jer 34:8.15.17; Ez 46:17◦

דְּרוֹר II. *m.* solidified Ex 30:23◦

ⓘ Free-flowing, congealed myrrh: of the highest quality.

דְּרוֹר III. *pn* a bird, swallow Ps 84:4; Prov 26:2◦

דָּרְיָוֶשׁ *m. PN* Darius

דַּרְיוֹשׁ inf.c. ↪ דרשׁ

√דרךְ[B] *q* tread, press; go, come out, march; draw the bow (pt.: bowman) 5 דָּרַךְ דָּרְכָה
דָּרַכְתָּ דָּרַכְתִּי דָּרְכוּ וְדָרְכוּ 6 תִּדְרֹךְ תִּדְרְכִי
11 וַיִּדְרְכוּ 7 יִדְרְכוּ תִּדְרְכוּן יִדְרְכוּ וְאֶדְרְכֵם[e]
דְּרֻכוֹת דְּרוּכָה pass. דֹּרְכִים דֹּרֵךְ

hif let tread, stamp, trample; go, let walk, lead; draw the bow 5 וְהִדְרִיךְ הִדְרִיכֻהוּ[e] 6
11 הַדְרִיכֵנִי[e] 10 וַיַּדְרִיכֵם[e] 7 אַדְרִיכֵם[e]
מַדְרִיכֲךָ[e]

דֶּרֶךְ[B] ↩ דרךְ *m.* & *f.* way, path, road, journey
p דַּרְכְּךָ דַּרְכָּהּ דַּרְכּוֹ 4 דַּרְכֵי 3 דְּרָכִים 2
דַּרְכֶּךָ דַּרְכֵךְ דַּרְכִּי דַּרְכָּם דַּרְכְּכֶם דַּרְכֵּנוּ;
דְּרָכַי דְּרָכַיִךְ דְּרָכֶיךָ דְּרָכֶיהָ דְּרָכָיו
דְּרָכֵינוּ דַּרְכֵיכֶם דַּרְכֵיהֶן דַּרְכֵיהֶם

דַּרְכְּמוֹנִים *pn* currency unit, drachmas Ezr 2:69; Neh 7:69ff◦

דַּמֶּשֶׂק = דַּרְמֶשֶׂק *pln* Damascus

דֶּרַע *m. PN* 1 Chr 2:6; following 1 Kgs 5:11, most translations read Darda◦

דַּרְקוֹן *m. PN* Darkon Ezr 2:56; Neh 7:58◦

√דרשׁ[B] *q* search, study, research, explore, inquire, ask 5 דָּרַשׁ דָּרַשְׁתִּי דְּרַשְׁתִּיךָ[e] דָּרְשׁוּ *p*
6 דְּרַשְׁנֻהוּ[e] דְּרָשׁוּם[e] דְּרָשׁוּנִי[e] דְּרָשֻׁהוּ[e] דָּרְשׁוּ
אֶדְרְשָׁה תִּדְרְשֶׁנּוּ[e] יִדְרְשֶׁנּוּ[e] יִדְרְשֵׁהוּ[e] יִדְרֹשׁ
תִּדְרְשֵׁנִי[e] יִדְרְשֵׁהוּ[e] יִדְרְשׁוּהוּ[e] אֶדְרְשֶׁנּוּ[e]
לִדְרֹשׁ 8 וַיִּדְרְשׁוּ וַיִּדְרְשֵׁהוּ[e] וַיִּדְרֹשׁ 7 נִדְרוֹשׁ
9 לְדָרְשֵׁנִי[e] דָּרְשׁוֹ[e] לִדְרִיוֹשׁ לִדְרוֹשׁ לְדָרָשׁ־
דֹּרֵשׁ 11 דֹּרְשׁוּנִי[e] דִּרְשׁוּ דְּרָשׁ־נָא 10 דָּרֹשׁ
דְּרוּשָׁה pass. דֹּרְשָׁיו[e] וְדֹרְשֵׁי דֹּרְשֶׁיךָ[e] דֹּרְשׁוֹ[e]
דְּרוּשִׁים

nif be sought, be reckoned, be questioned 5
נִדְרַשְׁתִּי נִדְרְשׁוּ 6 אִדָּרֵשׁ 9 הַאִדָּרֹשׁ 11 נִדְרָשׁ

√דשׁא *q* be green 4 דָּשְׁאוּ Joel 2:22◦

hif let bring fourth, sprout 6 תַּדְשֵׁא Gen 1:11◦

דֶּשֶׁא ↩ דשׁא *m.* fresh green, grass

√דשׁן *q* become fat 5 וְדָשֵׁן Dtn 31:20◦

pi fattening; anointing Ps 23:5; be considered fat: be considered good, to accept; to delight; to remove fat ashes Ex 27:3; Num 4:13 - 5 וְדִשְּׁנוּ
דִּשַּׁנְתָּ 6 יְדַשְּׁנֶה (Ps 20:4 with ה-cohortativum)
תְּדַשֵּׁן 8 לְדַשְּׁנוֹ[e]

pu be soaked in fat; be enriched, satisfied, prosper 6 יְדֻשָּׁן תְּדֻשָּׁן

hotpael be dripping with fat 5 הֻדַּשְּׁנָה Isa 34:6◦

דֶּשֶׁן ↩ דשׁן *m.* fat, fat ash, ash *p* דָּשֶׁן 4 דִּשְׁנִי

דָּשֵׁן ↩ דשׁן *m.* fat, abundant; powerful, rich 2 דְּשֵׁנִים 3 דִּשְׁנֵי Isa 30:23; Ps 22:30; 92:15◦

דִּישֹׁן & דִּישׁוֹן & דִּשֹׁן *pln* & *pn* Dishon

1 st.c. sg.   2 st.a. pl.   3 st.c. pl.   4 with *epp*   5 SC   6 PC   7 narrative   8 inf.c.   9 inf.a.   10 imp.   11 part.

דָּת[B] *f.* law, decree, order 1 דַּת 2 דָּתִים 3 דָּתֵי 4 דָּתֵיהֶם דָּתוֹ

דָּתָן *m. PN* Dathan

דֹּתָן & דֹּתַיְן *pln* Dothan Gen 37:17; 2 Kgs 6:13◦

ה

הַ· & הַ & הָ & הֶ prefix with varying vocalization (usually *patah* and *dagesh* in the following consonant): element of determination, definite article הַבַּיִת *the house*

הֲ & הַ & הֶ prefix with varying vocalization: interrogative pronoun 2 Sam 7:5 הַאַתָּה תִּבְנֶה־לִּי בַיִת *Are you the one who should build me a house?*

הֵא interjection: hey! Gen 47:23; Ez 16:43◦

הֶאֱזְנִיחוּ → זנח II.

הֶאָח interjection of well-being - but sometimes also of malicious joy (Ps 35:21): Ha! Aha!

הָאֲרָרִי *pn* Hararite; with article → אֲרָרִי (= הֲרָרִי) 2 Sam 23:33◦

הַב & הָבָה interj.: come on; as a request: give! *f.* הָבִי pl. הָבוּ

ⓘ this word is derived from the imperative form of the root יהב

הַבְהָבִים *m.* gift, present; with זֶבַח sacrificial gifts 4 הַבְהָבַי Hos 8:13◦

הבל √ *q* to be empty, void: a wisp of nothing; to do the void, to sink into the void, to become nothing 6 תֶּהְבָּלוּ 7 וַיֶּהְבָּלוּ 2 Kgs 17:15; Jer 2:5; Job 27:12; Ps 62:11◦

hif deceive, cheat 11 מַהְבִּלִים Jer 23:16◦

הֶבֶל[B] → הבל I. the nothingness, vanity, idolatry, whiff 1 הֲבֵל 2 הֲבָלִים 3 הַבְלֵי 4 הַבְלֵיהֶם הֶבְלִי

הֶבֶל II. *m. PN* Abel Gen 4:2ff◦

הָבְנִים *m.* ebony Ez 27:15 *qr.*◦

הבר √ *q* disassemble, interpret (the starry sky: astrologer) 5 הָבְרוּ *kt.* 11 הֹבְרֵי *qr.* Isa 47:13◦

הֵגֵא *m. PN* Hegai Est 2:3ff◦

הגה √ I. *q* of animals: growling, cooing, etc.; of people: sighing; mumbling, thinking, reflecting; speaking 5 וְהָגִיתִי וְהָגִית 6 יֶהְגֶּה יֶהְגּוּ 8 הָגֹה 9 נֶהְגֶּה תֶּהְגּוּ Isa 59:13 וְהֹגוֹ (some: → *po*)

po speak 9 וְהֹגוֹ Isa 59:13 (others: → *q*)◦

hif mutter 11 וְהַמַּהְגִּים Isa 8:19◦

הגה √ II. *q* remove, scare off 5 הָגָה Isa 27:8◦

הֶגֶה → הגה I. *m.* sigh, wail Ez 2:10; Ps 90:9; Job 37:2◦

הָגוּת → הגה I. *f.* reflection, meditation Ps 49:4◦

הֵגֵא & הֵגַי *m. PN* Hegai Est 2:3.8.15◦

הָגִיג → הגה I. *m.* sighing; others: speech, reflection 4 הֲגִיגִי Ps 5:2; 39:4◦

הִגָּיוֹן ↩ הגה I. *m.* speech, neg.: chatter Lam 3:62; reflection, thinking; sound Ps 92:4; interlude Ps 9:17 - 1 הֶגְיוֹן 4 הֶגְיוֹנָם

הֲגִינָה *f.* along, toward Ez 42:12◦

הָגָר *f. PN* Hagar

הַגְרִי *pn* Hagarite 2 הַגְרִאם הַגְרִאִים הַגְרִים

הֵד *m.* singing, joyful shouts Ez 7:7◦

הֲדַד *m. PN* Hadad

הֲדַדְעֶזֶר *m. PN* Hadad-Eser; according to some manuscripts: Hadar-Eser

הֲדַד־רִמּוֹן *pln* Hadad-Rimmon Zec 12:11◦

✓ הדה *q* put one's hand on 5 הָדָה Isa 11:8◦

הֹדּוּ *pn* a river, Indus & *pln* India Est 1:1; 8:9◦

הָדוּר ↩ הדר mountainous region, rugged heights 2 הֲדוּרִים Isa 45:2◦

הֲדוֹרָם *m. PN* Hadoram

הִדַּי *m. PN* Hiddai 2 Sam 23:30◦

הֹדַיְוָהוּ *m. PN* Hodaviah 1 Chr 3:24 *kt.*; *qr.* הוֹדַוְיָהוּ◦

✓ הדך *q* trample down 10 וַהֲדֹךְ Job 40:12◦

הֲדֹם *m.* stool, footstool

הֲדַס a plant, myrtle 2 הַהֲדַסִּים

הֲדַסָּה *f. PN* Hadassa Est 2:7◦

✓ הדף *q* expel, drive away, cast out 5 הֲדָפוֹ[e] יֶהְדְּפֵם[e] יֶהְדָּפֶנּוּ[e] יֶהְדֹּף 6 וַהֲדַפְתִּיךָ[e] לַהֲדֹף[e] 8 לַהֲדֹף תֶּהְדֹּפוּ יֶהְדְּפֶהוּ[e]

✓ הדר *q* honour; take sides, favour; pt. pass. decorated; highland Isa 45:2 - 5 הָדַרְתָּ 6 וַהֲדוּרִים הָדוּר 11 תֶּהְדַּר

nif be honoured 5 נֶהְדָּרוּ Lam 5:12◦

hitp brag, boast 6 תִּתְהַדַּר Prov 25:6◦

הֲדַר *m. PN* Hadar

הָדָר ↩ הדר *m.* splendor, majesty, jewelry, wealth 1 הֲדַר 3 הַדְרֵי 4 הֲדָרָהּ וַהֲדָרְךָ הֲדָרִי הֲדָרֶךְ

הֶדֶר ↩ הדר *m.* splendor, beauty Dan 11:20◦

הֲדָרָה ↩ הדר *f.* ornament, adornment, decoration 1 הַדְרַת

הָהּ (interj.) Alas! Oh no! Ez 30:2◦

הוֹ (interj). Alas! Oh no! Am 5:16◦

✓ הוא ↪ הוה

הוּא[B] *m.* personal pronoun: he; demonstrative pronoun: this

ⓘ sometimes the masculine form הוּא stands for the feminine הִיא as a *qr. perpetuum*: הִוא

הוֹבְנִים Ez 27:15 *kt.*; *qr.* ↪ הָבְנִים ebony◦

הוֹד I. *m.* highness, majesty, dignity 4 הוֹדוֹ הוֹדִי הוֹדֶךָ *p* הוֹדְךָ הֹדָהּ

הוֹד II. *m. PN* Hod 1 Chr 7:37◦

הוֹדְוָה & הוֹדַוְיָה & הוֹדַוְיָהוּ & הֹדַיְוָהוּ *m. PN* Hodaviah

הוֹדִיָּה & הוֹדִיָּה *m. PN* Hodiah

✓ הוה I. *q* fall 10 הֱוֵא Job 37:6◦

✓ הוה II. *q* become, happen, occur, be, remain, prove 6 יְהוּא 10 הֱוֵי־ הֱוֵה 11 הֹוֶה

ⓘ From this root, a *var.* of ↪ היה, god's name YHWH is derived.

הַוָּה ↩ הוה *f.* wantonness, discretion, malice; disaster, suffering 1 הַוַּת 2 הַוּוֹת חַוּוֹת 4 הַוָּתוֹ הַוָּתִי

הֹוָה ↩ הוה *f.* disaster, misfortune Isa 47:11; Ez 7:26◦

הוֹהָם *m. PN* Hoham Jos 10:3◦

הוֹי interjection of lament: woe!

הוֹלֵלוֹת & הוֹלֵלֻת ↩ הלל III. *f.* folly

הוֹלֵם pt. ↪ הלם hammering, flattening Isa 41:7◦

√ הום *var.* ↪ המם *q* throw into confusion 5 [e]הָמָם Dtn 7,23◦

nif earth: roar; city: get into turmoil 7 וַתֵּהֹם 1 Sam 4:5; 1 Kgs 1:45; Ruth 1:19◦

hif roar, of people; be in inner turmoil 6 תְּהִימֶנָה וְאָהִימָה Mi 2:12; Ps 55:3◦

הוֹמָם & הֵימָם *m. PN* Hemam Gen 36:22; 1 Chr 1:39◦

√ הון *hif* regard sth. as easy 7 וַתָּהִינוּ Dtn 1:41◦

הוֹן ↩ הון *m.* abundance, wealth; goods, property; sufficiency, sufficient 4 הוֹנְךָ הוֹנֵךְ הוֹנוֹ הוֹנֵיךְ

הוֹשָׁמָע *m. PN* Hoshama 1 Chr 3:18◦

הוֹשֵׁעַ *m. PN* Hosea

הוֹשַׁעְיָה *m. PN* Hoshaiah

√ הות *pil* attack, assail, stalk 6 תְּהוֹתְתוּ Ps 62:4◦

ⓘ This form can also be derived from ↪ התת

הוֹתִיר *m. PN* Hotir 1 Chr 25:4.28◦

√ הזה *q* dream 11 הֹזִים Isa 56:10◦

הֵחֵל etc. ↪ חלל

הִי interj. woe! Ez 2:10◦

הִיא[B] *f.* personal pronoun sg.: she; demonstrative pronoun: this

הֵידָד *m.* cheer, rejoicing

ⓘ The word refers to the cheerful cries of the winegrowers when the wine is pressed (Jer 48:33) and fig. the war cries when the enemy is trampled down (Isa 16:9)

הֻיְּדוֹת ↩ ידה *f.* praise, songs of thanksgiving, hymns Neh 12:8◦

√ היה[B] *q* become, happen, take place, occur, be, remain, prove 5 הָיְתָה הָיָה הָיִת הָיִיתָ (3.sg.f.); הָיִיתָה *p* (2.sg.m.); הָיִית (2.sg.f.); וְהָיוּ הָיִיתִי אַל־ תִּהְיֶה יֶהִי *p* יְהִי יִהְיֶה 6 וְהָיִינוּ וִהְיִיתֶם תִּהְיֶין תִּהְיֶינָה יִהְיוּ אֶהְיֶה (2.sg.f.); תִּהְיִי תְּהִי (3.pl.f.); וַתְּהִי וַיְהִי 7 נִהְיֶה תִּהְיוּ (3.sg.f. & 2.sg.m.); וַיִּהְיוּ וָאֱהִי וָאֶהְיֶה (2.sg.f.); וַתְּהִיִי הֱיֵה לִהְיוֹת הֱיוֹת 8 וַנְּהִי וַנִּהְיֶה וַתִּהְיוּ וַתִּהְיֶיןָ [e]הֱיוֹתִי [e]לִהְיֹתְךָ [e]הֱיוֹתָהּ [e]בִּהְיֹתוֹ [e]בִּהְיוֹתוֹ [e]הָיֹה 9 בִּהְיוֹתֵנוּ [e]הֱיוֹתְכֶם [e]בִּהְיוֹתָם [e]הֱיוֹתָם הוֹיָה 10 הֱיֵה וֶהְיֵה הֱיִי (sg.f.); וִהְיוּ הֱיוּ 11 הָיוֹ

nif happen, become, occur, be, prove; be weak Dan 2:1; 8:27 - 5 נִהְיָה נִהְיְתָה *p* נִהְיָתָה (3.sg.f.); נִהְיֵיתָ (2.sg.m.); נִהְיֵיתִי 11 נִהְיָה (sg.f.)

הַיָּה *var.* ↪ הַוָּה *f.* misfortune, calamity 4 הַוָּתִי הַיָּתִי Job 6:2; 30:13 *kt.* (*qr.* ↪ הַוָּה)◦

הֵיךְ *var.* ↪ אֵיךְ how? Dan 10:17; 1 Chr 13:12◦

הֵיכָל[B] *m.* palace, temple 1 הֵיכַל 2 הֵיכָלוֹת 3 הֵיכְלֵי 4 הֵיכָלוֹ הֵיכָלֶךָ הֵיכָלִי הֵיכָלֵיכֶם

הֵילֵל *m.* morning star Isa 14:12◦

הֵימָם & הוֹמָם *m. PN* Hemam Gen 36:22; 1 Chr 1:39◦

הֵימָן *m. PN* Heman

הִין a liquid measure, hin, ca. 6 liters

הכר *q* do wrong, torture 6 תַּהְכְּרוּ Job 19:3◦

הַכָּרָה ↤ נכר *f.* facial expression, with פָּנֶה 1 הַכָּרַת Isa 3:9◦

הֲלֹא question particle ↪ הֲ with ↪ לֹא Isn't it? Isn't it true that...?

הלא *nif* be far away, outcast 11 הַנַּהֲלָאָה Mi 4:7◦

הָלְאָה ↤ הלא far away, away from, apart from, beyond; from then on, since, ever since; מִן־הוּא וָהָלְאָה far and wide

הִלּוּלִים ↤ הלל *m.* festival, joyous celebration Lev 19:24; Jdg 9:27◦

הַלָּז *m.* & *f.* demonstrative pronoun, this (= ↪ זֶה)

הַלָּזֶה *m.* demonstrative pronoun, this (= ↪ זֶה)

הַלֵּזוּ *f.* demonstrative pronoun, this Ez 36:35 (= ↪ זֶה, זוּ)◦

הֲלִיךְ ↤ הלך *m.* step 4 הֲלִיכַי Job 29:6◦

הֲלִיכָה ↤ הלך *f.* walking, caravan, procession; activity, event Prov 31:27 3 הֲלִיכוֹת 4 הֲלִיכֹת הֲלִיכוֹתֶיךָ הֲלִיכָתָם הֲלִכוֹתָם

הלך[B] *q* walk, go; wander, move, travel; flow; of a message: spread, become known; live; inf.a. with another form: continue to do something, increase: 2 Sam 18:25 וַיֵּלֶךְ הָלוֹךְ וְקָרֵב *he walked and came nearer and nearer.* 5 הָלַךְ *p* הָלָךְ הָלְכָה הָלָכָה הָלַכְתָּ *p* הָלָכְתָּ הָלַכְתְּ *p* הָלַכְתָּ הָלַכְתִּי הָלְכוּ הֶהָלְכוּא (3.pl. with art., Jos 10:24) הֲלַכְתֶּם וַהֲלַכְתֶּם וְהָלָכְנוּ 6 *p* יֵלֵךְ יַהֲלֹךְ תֵּלֵךְ תֵּלְכִי אֵלֵךְ וְאֵלְכָה יְהַלֵּכוּ יֵלְכוּ *p* יֵלְכוּ אֶהֱלֹךְ אֵילְכָה וְאֵלְכָה וְנֵלְכָה *p* נֵלְכָה נֵלֵךְ תֵּלַכְנָה תֵּלְכוּ *p* תֵּלְכוּ וָאֵלֵךְ וַתֵּהֲלַךְ וַתֵּלֶךְ וַיֵּלַךְ *p* וַיֵּלֶךְ 7 נֵלְכָה־נָּא לֶכֶת 8 וַתֵּלְכוּ וַתֵּלַכְנָה וַיֵּלְכוּ *p* וַיֵּלְכוּ וָאֵלֵךְ *p* לֶכְתָּן[e] לֶכְתָּם[e] לֶכְתִּי[e] לֶכְתֵּךְ[e] לֶכְתְּךָ[e] לֶכְתּוֹ[e] הָלֹךְ 9 הָלוֹךְ הָלֹךְ 10 לֵךְ לְכָה לֶךְ־ לֵךְ (Jdg 19:13; cf. Num 23:13; 2 Chr 25:17 *kt.*; *qr.* לְכָה) לֵכָה *p* לְכִי לְכוּ לֵכְנָה לֵכְןָ 11 הֹלֵךְ הֹלְכָה הֹלֶכֶת הֹלְכִים הֹלְכֵי הֹלְכוֹת הֹלְכֹת

nif be gone, die 6 נֶהֱלָכְתִּי Ps 109:23◦

pi go, walk 5 הִלַּכְתִּי הִלְּכוּ 6 יְהַלֵּךְ אֲהַלֵּךְ וְהִלֵּךְ 10 וַיְהַלֵּךְ 7 נְהַלֵּךְ יְהַלֵּכוּן *p* יְהַלֵּכוּ 11 מְהַלֵּךְ מְהַלְּכִים

hif let go, bring, lead 5 הוֹלִיךְ וְהוֹלִיכוּ[e] 6 הֹלִיכֵךְ[e] הוֹלִיכֵם[e] וְהוֹלַכְתִּי וְהִלַּכְתִּיהָ[e] וְאוֹלִיכָה אוֹלִיךְ יוֹלִיכֵם[e] יֹלֵךְ יוֹלֵךְ יוֹלִךְ וַיּוֹלִכֵנִי[e] וַיֹּלֶךְ וַיּוֹלֶךְ 7 אוֹלִיכֵם[e] 10 לְהֹלִיכוֹ[e] 8 וַיּוֹלִיכֵהוּ[e] וָאוֹלֵךְ וַיּוֹלִיכֵם[e] מוֹלִיכֵךְ[e] מוֹלִיךְ 11 הֹלִיכוּ הֵילִיכִי הוֹלֵךְ מוֹלִיכֵךְ[e] מוֹלִיכָם[e] מוֹלִכוֹת

hitp go around, walk around, wander; live 5 הִתְהַלַּכְתִּי הִתְהַלַּכְתָּ הִתְהַלֶּךְ־ וְהִתְהַלֵּךְ *p* יִתְהַלֶּךְ־ יִתְהַלֵּךְ 6 הִתְהַלַּכְנוּ הִתְהַלְּכוּ *p* יִתְהַלְּכוּ אֶתְהַלְּכָה אֶתְהַלֵּךְ יִתְהַלָּךְ וַיִּתְהַלְּכוּ וַיִּתְהַלֵּךְ 7 יִתְהַלָּכוּ יִתְהַלָּכוּן 10 בְּהִתְהַלֶּכְךָ[e] לְהִתְהַלֵּךְ 8 וַתִּתְהַלַּכְנָה

מִתְהַלֶּכֶת מִתְהַלֵּךְ 11 הִתְהַלְּכוּ הִתְהַלֵּךְ מִתְהַלְּכִים

הֵלֶךְ ↩ הלך *m.* traveler, visitor 2 Sam 12:4; flow 1 Sam 14:26◦

הֲלִכָה ↩ הלך *f.* way Nah 2:6 *kt.* 4 הֲלִכוֹתָם; *qr.* ↪ הֲלִיכָה◦

✓ **הלל**[B] I. *pi* praise, jubilate, rejoice 5 הִלֵּל 6 הִלַּלְנוּ וְהִלַּלְתֶּם הִלְלוּךָ[e] וְהִלְלוּ הִלַּלְתִּיךָ[e] אֲהַלֵּל תְּהַלֶּלְךָ[e] תְּהַלֵּל יְהַלְלֶךָּ[e] יְהַלֶּל־יְהַלְלוּהוּ[e] יְהַלְלוּ אֲהַלְלֶךָּ[e] אֲהַלְלֶנּוּ[e] אֲהַלְלָה וַיְהַלְלוּ וַיְהַלְלֶהָ[e] 7 יְהַלְלוּךָ[e] וִיהַלְלוּהָ[e] הַלְלוּהוּ[e] הַלְלוּ הַלְלִי 10 הַלֵּל 8/9 וַיְהַלְלוּהָ[e] מְהַלְלִים 11

pu be praised, famous; pt. the praised, venerable 5 מְהֻלָּל 11 יְהֻלַּל 6 הוּלְּלוּ הֻהֻלָּלָה

hitp be praised; boast, brag 6 תִּתְהַלֵּל יִתְהַלֵּל 10 לְהִתְהַלֵּל 8 יִתְהַלָּלוּ *p* וְיִתְהַלְלוּ תִּתְהַלְלִי מִתְהַלְלִים הַמִּתְהַלֵּל 11 הִתְהַלְלוּ

✓ **הלל** II. *hif* flash light, (let) shine 6 תָּהֵל יָהֵל 8 יָהֵלּוּ הִלּוֹ[e] Isa 13:10; Job 29:3; 31:26; 41:10◦

✓ **הלל** III. *q* be confused, foolish Ps 5:6; 73:3; 75:5◦

ⓘ All three passages can also be derived from הלל I. (be boastful).

po be confused, make a fool of, mock 6 יְהוֹלֵל 11 מְהוֹלָלַי[e] מְהוֹלָל Isa 44:25; Ps 102:9; Job 12:17; Ecc 2:2; 7:7◦

hitp turn out to be a fool, play the fool; behave foolishly, recklessly, run wild 5 הִתְהֹלָלוּ 6 יִתְהֹלְלוּ *p* 7 וַיִּתְהֹלֵל 10 הִתְהֹלָלוּ 1 Sam 21:14; Jer 25:16; 46:9; 50:38; 51:7; Nah 2:5◦

הִלֵּל *m. PN* Hillel Jdg 12:13.15◦

✓ **הלם** *q* beat, stomp, throw down; overcome (by wine) Isa 28:1 5 הֲלָמוּנִי[e] הָלְמוּ וְהָלְמָה 6 הֲלוּמֵי pass. הוֹלֵם 11 יַהֲלֹמוּן יֶהֶלְמֵנִי

הֲלֹם here, hither

הֵלֶם *m. PN* Hotham, Helem 1 Chr 7:35◦

הַלְמוּת *f.* hammer Jdg 5:26◦

הָם *pln* Ham Gen 14:5◦

הֵם & **הֵמָּה**[B] pl. of הוּא; as personal pronoun: them; as demonstrative pronoun: these; with art.: הָהֵם, sometimes הָהֵמָּה

הַמְּדָתָא *m. PN* Hammedatha

✓ **המה** *q* make a noise: roister, howl, bark, hum, whistle, sigh, etc. - depending on the source 5 וְאֶהֱמָיָה וְאֶהֱמֶה תֶּהֱמִי יֶהֱמֶה 6 וְהָמוּ 11 וַיֶּהֱמוּ 7 נֶהֱמֶה יֶהֱמָיוּן יֶהֱמוּ הוֹמָה הֹמֶה הֹמִיָּה

הֵמָּה ↪ הֵם

הֲמֻלָּה & **הֲמוּלָּה** *f.* sound of tumult Jer 11:16; Ez 1:24◦

הָמוֹן ↩ המה *m.* noise, racket, shouting, riot; noisy crowd, army 4 הֲמוֹנָהּ הֲמוֹנָהּ הֲמוֹנוֹ הֲמָנְכֶם הֲמוֹנָם

הֲמוֹנָה *pln* Hamonah, town of troops Ez 39:16◦

הֶמְיָה ↩ המה *f.* sound, tone 1 הֶמְיַת Isa 14:11◦

✓ **המם** I. *var.* ↪ הום *q* plunge into confusion, frighten, agitate; destroy, annihilate; thresh Isa 28:28 - 5 הֲמָמָנוּ[e] הֲמָמָם[e] הֲמָמַנִי[e] וְהָמַם לְהֻמָּם[e] 8 וַיְהֻמֵּם[e] וַיָּהָם 7 וּתְהֻמֵּם[e] 6 וְהַמֹּתִי

nif be agitated 7 וַתֵּהֹם 1 Kgs 1:45◦

① The *nif*-form can also be derived from ↪ הום . For the passage Jer 51:34 some scholars assume a root ↪ II.

√ המם II. *q* devour 5 *qr.* הֲמָמַנִי[e] *kt.* הֲמָמָנוּ[e] Jer 51:34◦

הָמָן *m. PN* Haman Est 3:1ff◦

הָמֹן *m.* noise 4 הֲמָנְכֶם Ez 5:7 ↪ הָמוֹן◦

הֲמָסִים *m.* twigs, brushwood Isa 64:1◦

הֵן I. *f.* they

① This word occurs only with prefix: מֵהֵן בָּהֵן etc.; הֲלָהֵן תְּשַׂבֵּרְנָה *do you want to wait for them?* Ruth 1:13

הֵן & הֶן־ II. as interj.: look! behold! ↪ הִנֵּה; as conj.: if

הֵנָּה I. *f.* they

הֵנָּה II. here, hither; so far הֵנָּה ... וָהֵנָּה here and there

הִנֵּה as *interj.*: look! behold! In response to an address: *here I am!* As *conj.*: if 4 הִנֵּהוּ הִנּוֹ הִנֶּנּוּ
הִנֵּנוּ *p* הִנְּנוּ הִנֵּנִי *p* הִנֶּנִּי הִנְנִי הִנְךָ הִנְּכָה הִנָּךְ
הִנָּם הִנְּכֶם

הֲנָחָה ↩ נוח *f.* abatement of tax; others: grant a holiday Est 2:18◦

הִנֹּם part of the *pln* : גֵּיא בֶן־הִנֹּם Ben-Hinnom-valley, valley Ben-Hinnom

הֵנַע *pln* Hena

הֲנָפָה ↩ נוף inf.c. the waving; here perhaps: shake back and forth, sieving Isa 30:28◦

הַס ↩ הסה quiet! hush!

√ הסה *hif* hush, pacify 7 וַיַּהַס Num 13:30◦

הָסוּרִים Ecc 4:14 for הָאֲסוּרִים pt. *q* pass. ↪ אסר be imprisoned; בֵּית הָסוּרִים prison◦

הֲפֻגָה *f.* rest, end 2 הֲפֻגוֹת Lam 3:49◦

√ הפך[B] *q* turn, evert, turn upside down; transform, destroy 5 הָפַךְ הֲפָכָם[e] הָפְכָה הָפַכְתָּ
7 וַיַּהַפְכוּ אֶהְפֹּךְ יַהֲפֹךְ 6 הֲפַכְתֶּם וְהָפַכְתִּי
הֲפֹךְ 8 וַיַּהַפְכוּ וַיַּהַפְכֵהוּ[e] וַיַּהֲפָךְ־ וַיַּהֲפֹךְ
הֹפֵךְ 11 הֲפֹךְ 10 הָפוֹךְ 9 הָפְכִי[e] וְלַהֲפָכָה[e]
הַהֹפְכִים הַהֹפְכִי

nif be transformed, become; be turned upside down, be destroyed; be wrong, be false 5 נֶהְפַּךְ
7 תֵּהָפֵךְ יֵהָפֵךְ 6 וְנֶהֶפְכוּ וְנֶהְפַּכְתְּ וְנֶהְפַּכְתָּ
נֶהְפָּכֶת וְנֶהְפָּךְ 11 נַהֲפוֹךְ 9 וַיֵּהָפְכוּ וַיֵּהָפֵךְ

hof turn on sb. 5 הָהְפַּךְ Job 30:15◦

hitp turn, flash (sword); send back and forth; transform 6 מִתְהַפֶּכֶת מִתְהַפֵּךְ 11 תִּתְהַפֵּךְ

הֶפֶךְ ↩ הפך *m.* perversity; opposite 4 הַפְכְּכֶם Isa 29:16; Ez 16:34◦

הֲפֵכָה ↩ הפך *f.* destruction Gen 19:29◦

הֲפַכְפַּךְ ↩ הפך *m.* twisted, crooked Prov 21:8◦

הַצָּלָה ↩ נצל *f.* salvation Est 4:14◦

הַצְּלֶלְפּוֹנִי *f. PN* Hazlelponi 1 Chr 4:3◦

הֹצֶן *m.* armed (?) Ez 23:24◦

הַקּוֹץ & קוֹץ *m. PN* Koz, Hakkoz

הַר *m.* mountain, mountain area 2 הָרִים 3
הָרֵי הַרְרֵי 4 הַרְרֵי הֲרָרֵי הַרְרָם הָרָיו
הָרֵי *p* הָרֵי הַרְרֶכֶם הֲרָרֶיהָ

הֹר *pln* Hor

הָרָא *pln* Hara

הַרְאֵל *pn* of the altar of burnt offerings Ez 43:15 ↪ אֲרִיאֵל◦

הַרְבִּית inf.c. *hif* ↪ רבה continue (to cause more destruction) 2 Sam 14:11 *kt.*◦

הַרְבֵּה & הַרְבֶּה & הַרְבָּה inf.a. *hif* ↪ רבה as adv.: much, big, more

הַרְבַּת inf.c. *hif.* ↪ רבה continue (to cause more destruction) 2 Sam 14:11 *qr.*◦

✓ הרג[B] *q* kill, slay, strike 5 הָרַג *p* הָרָג הֲרָגוֹ[e] וְהָרַגְתָּ וַהֲרַגְתֶּם[e] הֲרַגְתִּהוּ[e] 3.sg.f. הֲרָגָם[e]; הֲרַגְתֶּם הֲרָגוּם[e] הָרְגוּ הֲרַגְתִּים[e] הָרַגְתִּי אֶהֱרוֹג תַּהֲרֹג יַהֲרֹג 6 וַהֲרַגְנֻהוּ[e] וַהֲרַגְנוּם[e] נַהֲרֹג תַּהַרְגוּ יַהַרְגֻנִי[e] יַהַרְגֻן יַהֲרְגוּ וְאַהַרְגָה וְאֶהֶרְגֵהוּ[e] וַיַּהַרְגֵהוּ[e] וַיַּהֲרֹג 7 וְנַהַרְגֵהוּ[e] לְהָרְגֵךְ[e] לְהָרְגוֹ[e] לַהֲרֹג 8 וַיַּהַרְגוּם[e] וַיַּהַרְגוּ הֲרֹגוּ וְהִרְגוּ הָרְגֵנִי[e] הֲרֹג 10 הָרֹג 9 לְהָרְגֵנוּ[e] 11 הֹרְגָיו[e] הֹרְגֵי הֲרוּגִים pass. הֹרְגִים הוֹרֵג הֹרֵג הֲרוּגֶיהָ[e]

nif be killed 6 תֵּהָרַגְנָה יֵהָרֵג 8 בֵּהָרֵג Ez 26:6.15; Lam 2:20◦

pu be killed 5 הֹרָגְנוּ הֹרַג Isa 27:7; Ps 44:23◦

הֶרֶג ↩ הרג *m.* killing, slaughter

הֲרֵגָה ↩ הרג *f.* killing, slaughter

✓ הרה[B] *q* be, become pregnant 5 הָרְתָה וְהָרָה וַתַּהֲרֶיןָ וַתַּהַר 7 תַּהֲרוּ 6 הָרִינוּ הָרִיתִי וְהָרִית הוֹרַי[e] הוֹרָתָם[e] הוֹרָתִי[e] 11

pu be conceived 5 הֹרָה Job 3:3◦

po conceive 9 הֹרוֹ Isa 59:13◦

הָרָה ↩ הרה *f.* pregnant 1 הֲרַת 4 הָרוֹתֶיהָ וְהָרֹתֵיהֶם

הָרוּם *m. PN* Harum 1 Chr 4:8◦

הֵרוֹן ↩ הרה *f.* pregnancy 4 הֵרֹנֵךְ Gen 3:16◦

הֲרוֹרִי *pn* 1 Chr 11:27; read with 2 Sam 23:25 Harodite◦

הֵרָיוֹן ↩ הרה *m.* conceiving, pregnancy Hos 9:11; Ruth 4:13◦

הֲרִיסָה ↩ הרס *f.* ruin 4 הֲרִסוֹתָיו Am 9:11◦

הֲרִיסוּת ↩ הרס *f.* devastated, desolate 4 הֲרִסֻתֵיךְ Isa 49:19◦

הֹרָם *m. PN* Horam Jos 10:33◦

הָרָם ↪ בֵּית הָרָם *pln* Bet-Haram

הַרְמוֹן *pln* Hermon Am 4:3◦

הָרָן *m. PN* Haran & *pln* ↪ בֵּית הָרָן

ⓘ Some scholars identify Bet-Haran with Bet-Haram.

הֵרֹן ↩ הרה *f.* pregnancy 4 הֵרֹנֵךְ Gen 3:16◦

הֹרָנִי ↪ ירה

✓ הרס *q* destruct, destroy, demolish 5 הָרַס יֶהֶרְסֵנּוּ[e] יַהֲרוֹס 6 הָרְסוּ וְהָרַסְתִּי וְהָרַסְתָּ אֶהֱרוֹס תַּהֲרֹס תֶּהֶרְסֵנּוּ[e] יֶהֶרְסֵם[e] יֶהֶרְסֶךָ[e] 11 וְלַהֲרוֹס 8 וַיֶּהֶרְסֶהָ[e] 7 יַהֲרְסוּ יֶהֶרְסוּ אֶהֱרֹס הֹרֵס

nif be destroyed, torn down 5 נֶהֶרְסוּ נֶהֱרָסָה 6 וְהַנֶּהֱרָסוֹת 11 יֵהָרֵסוּן תֵּהָרֵס יֵהָרֵס

pi destroy, tear down 6 תְּהָרְסֵם[e] 9 הָרֵס 11 מְהָרְסַיִךְ[e] Ex 23:24; Isa 49:17◦

הֶרֶס ↩ הרס *pln* Ir-Heres, city of destruction Isa 19:18◦

הֲרָרִי & הָרָרִי *pn* Hararite

הָשֵׁם *m. PN* 1 Chr 11:34; read with 2 Sam 23:32 Jashen◦

הַשְּׁמָעוּת ↩ שמע *f.* report, news Ez 24:26◦

הָשְׁפּוֹת ↪ אַשְׁפֹּת *f.* dung Neh 3:13◦

הִשְׁתַּחֲוָה etc. ↪ חוה

הִתּוּךְ ↩ נתך *m.* melting Ez 22:22◦

הִתְחַבְּרוּת inf.c. *hitp.* ↪ חבר make alliance Dan 11:23◦

הִתְיַחֵשׂ inf. *hitp* ↪ יחשׂ family record, genealogy

הֲתָךְ *m. PN* Hathak Est 4:5ff◦

√ התל *pi* mock, ridicule 7 וַיְהַתֵּל 1 Kgs 18:27◦

הֲתֻלִים ↩ התל *m.* mockers Job 17:2◦

√ התת *pol* attack, assail, stalk 6 תְּהוֹתְתוּ Ps 62:4◦

ⓘ This form can also be derived from ↪ הות

וְ and, but, or

ⓘ The *waw* is a proclitical conjunction with a variable vowel: וַ וָ וּ וְ; it combines words and groups of words, sentences and phrases. It continues thoughts (and, so, so that), but can also be disjunctive or adversative (or, but). Furthermore, it marks - with following *dagesh forte* - the narrative.

וְדָן *pln* Vedan Ez 27:19◦

וָהֵב *pln* Waheb Num 21:14◦

וָו *m.* nail, hook 2 וָוִים 3 וָוֵי 4 וָוֵיהֶם

וָזָר *m.* crooked, winding Prov 21:8◦

וַיְזָתָא *m. PN* Vaizatha Est 9:9◦

וָלָד *m.* child Gen 11:30◦

וַנְיָה *m. PN* Vaniah Ezr 10:36◦

וָפְסִי *m. PN* Vophsi Num 13:14◦

וַשְׁנִי *m. PN* Vashni 1 Chr 6:13◦

ⓘ Most translators read with 1 Sam 8:2 *Joel* and assume a misspelling with וְהַשֵּׁנִי *the second.*

וַשְׁתִּי *f. PN* Vashti Est 1:9ff; 2:1ff

זְאֵב I. *m.* wolf 2 זְאֵבִים 3 זְאֵבֵי

זְאֵב II. *m. PN* Zeeb

זֹאת[B] *f.* demonstrative pronoun sg.: this; so, here

√ זבד *q* endow, make a gift 5 [e]זְבָדַנִי Gen 30:20◦

זֶבֶד ↩ זבד *m.* gift Gen 30:20◦

זָבָד *m. PN* Zabad

זַבְדִּי *m. PN* Zabdi

זַבְדִּיאֵל *m. PN* Zabdiël 2 Chr 27:2; Neh 11:14◦

1 st.c. sg. 2 st.a. pl. 3 st.c. pl. 4 with *epp* 5 SC 6 PC 7 narrative 8 inf.c. 9 inf.a. 10 imp. 11 part.

זְבַדְיָה & זְבַדְיָהוּ *m. PN* Zebadiah 1 Chr 26:2; 2 Chr 17:18; 19,11◦

זְבוּב *m.* coll. flies 3 זְבוּבֵי; ↪ בַּעַל זְבוּב *pn* Baal-Zebub, Lord of flies; idol of the Ekronites.

זָבוּד *m. PN* Zabud 1 Kgs 4:5; Ezr 8:14 *kt.*◦

זְבוּדָה *f. PN* Zebudah 2 Kgs 23:36 *qr.*◦

זְבוּל ↪ זְבֻל (exalted) house

זְבוּלֻן & זְבוּלוּן & זְבֻלֻן & זְבוּלוֹן *m. PN* & *pln* Zebulon

זְבוּלֹנִי *pn* Zebulonite

√ זבח[B] *q* slaughter, sacrifice, offer sacrifice 5 זָבַחְנוּ זְבַחְתֶּם וְזָבְחוּ זָבַחְתִּי זָבַחְתָּ זָבַח 6 יִזְבְּחוּ אֶזְבְּחָה תִּזְבָּחֻנּוּ[e] תִּזְבַּח יִזְבָּח יִזְבַּח *p* יִזְבַּח וַיִּזְבָּחֵהוּ[e] וַיִּזְבַּח 7 וְנִזְבְּחָה נִזְבַּח תִּזְבָּחֶהוּ[e] בִּזְבְחוֹ[e] לִזְבֹּחַ 8 וַיִּזְבְּחוּ וַתִּזְבָּחֵהוּ[e] וַתִּזְבָּחִים[e] זֹבְחֵי הַזֹּבְחִים זֹבֵחַ 11 זִבְחוּ זְבַח 10

pi sacrifice, offer 5 זִבַּח *p* זִבְּחוּ זִבֵּחַ 6 יְזַבֵּחַ מְזַבֵּחַ 11 לְזַבֵּחַ 8 וַיְזַבֵּחַ 7 יְזַבְּחוּ אֲזַבֵּחַ וּמְזַבְּחוֹת מְזַבְּחִים

זֶבַח ↩ זבח I. *m.* offering, sacrifice *p* זָבַח 2 זְבָחֶיךָ זִבְחֵיכֶם זִבְחֵי זִבְחוֹ 4 זִבְחֵי 3 זְבָחִים זִבְחוֹתָם זִבְחֵיכֶם

זֶבַח II. *m. PN* Zebach

זַבַּי *m. PN* Zabbai

זְבִידָה *f. PN kt.*; *qr.* ↪ זְבוּדָה Zebudah, Zebidah 2 Kgs 23:36◦

זְבִינָא *m. PN* Zebina Ezr 10:43◦

√ זבל *q* elevate, honor; others: dwell, live 6 יִזְבְּלֵנִי[e] Gen 30:20◦

ⓘ This passage is unclear; it wants to explain the name Zebulon, and so the root is associated with the noun ↪ זְבֻל, which denotes the exalted dwelling of God.

זְבֻל & זְבוּל I. *m.* dwelling; the glorious dwelling of God, temple; with ה-locale זְבֻלָה Hab 3:11 שֶׁמֶשׁ יָרֵחַ עָמַד זְבֻלָה *sun and moon stood still in their place*

זְבֻל II. *m. PN* Zebul Jdg 9:28ff◦

זְבֻלוּן ↪ זְבוּלוּן *m. PN* & *pln* Zebulon

זָבַת pt. st.c. *f.* ↪ זוב

זָג *m.* grape skin, marc Num 6:4◦

זֵד ↩ זוד *m.* cheeky, arrogant, godless 2 זֵדִים

זָדוֹן ↩ זוד *m.* pride, recklessness 1 זְדוֹן 4 זְדֹנְךָ

זֶה[B] *m.* demonstrative pronoun: this; so, here

זֹה *f.* demonstrative pronoun: this; so, here ↪ זאת

זָהָב[B] *m.* gold 1 זְהַב 4 זְהָבוֹ זְהָבְךָ זְהָבִי זְהָבָם

√ זהם *pi* denature, loathe 5 וְזִהֲמַתּוּ 3.sg.*f.* with *epp* 3.sg.*m.* Job 33:20◦

זַהַם *m. PN* Zaham 2 Chr 11:19◦

√ זהר I. *hif* shine, glow 6 יַזְהִרוּ Dan 12:3◦

√ זהר II. *nif* be warned 5 נִזְהָר 8/10 הִזָּהֵר 11 נִזְהָר

hif warn 5 וְהִזְהַרְתָּ וְהִזְהִירָהּ[e] הִזְהִיר לְהַזְהִיר 8 הַזְהַרְתּוֹ[e] וְהִזְהַרְתָּה

זֹהַר ↩ זהר *m.* shine, brightness Ez 8:2; Dan 12:3◦

זִו *pn* Ziw, second month in the Canaanite calendar, May 1 Kgs 6:1.37◦

1 st.c. sg. 2 st.a. pl. 3 st.c. pl. 4 with *epp* 5 SC 6 PC 7 narrative 8 inf.c. 9 inf.a. 10 imp. 11 part.

זוֹ *f.* demonstrative pronoun: this Hos 7:16; Ps 132:12 ↪ זֹאת◦

זוּ *m.* & *f.* demonstrative pronoun: this ↪ זֶה

√ זוב *q* flow; waste away Lam 4:9 - 5 זָב 6 יָזוּב זָבַת זָבָה זָב 11 וַיָּזוּבוּ וַיָּזֻבוּ 7 יָזוּבוּ תָּזוּב

זוֹב ↩ זוב *m.* Ausfluss 4 זוֹבוֹ זָבָהּ

√ זוד & זיד *q* be haughty, presumptuous; act with intent 5 זָדוּ זָדָה Ex 18:11; Jer 50:29◦
hif be cheeky, arrogant, cocky, presumptuous; with נָזִיד make a soup Gen 25:29 - 5 הֵזִידוּ 6 לַהֲזָדָה 8 וַתָּזִדוּ וַיָּזֶד 7 יְזִידוּן יָזֵד יָזִיד

זוּזִים *pn* Zuzite Gen 1:,5◦

√ זוח *nif* come loose 6 יִזַּח Ex 28:28; 39:21◦
ⓘ The form can also be derived from ↪ זחח

זוֹחֵת *m. PN* Zoheth 1 Chr 4:20◦

זָוִית *f.* corner 2 זָוִיּוֹת זָוִיֹּת Zec 9:15; Ps 144:12◦

√ זול *q* pour 11 הַזָּלִים Isa 46:8◦

זוּלָה[B] except, except that; but, only 1 זוּלַת זוּלָתִי זוּלָתֶךָ *p* זוּלָתְךָ זוּלָתָהּ 4 זוּלָתִי

זוֹלֵל etc.↪ זלל

√ זון *hof* be well-fed 11 מְיֻזָּנִים Jer 5:8◦
ⓘ The meaning of the root is not entirely clear and can only be deduced from the context. Some manuscripts read מוּזָנִים and deduce the word from ↪ יזן *be heated, excited*. Regarding מֵזִין Prov 17:4 ↪ אזן.

זוֹנָה ↪ זָנָה free, independent woman; prostitute

√ זוע *q* tremble 5/11 זָע 6 יָזֻעוּ Ecc 12:3; Est 5:9◦
pilp let tremble, torture 11 מְזַעְזְעֶיךָ[e] Hab 2:7◦
ⓘ This form can also be derived from ↪ זעה.

זְוָעָה ↩ זוע *f.* tremble, fear, fright Isa 28:19; otherwise only as *kt.*; *qr.* ↪ זַעֲוָה tremble

√ זור I. *q* wring, press, squeeze 6 תְּזוּרֶהָ 7 וַיָּזַר 11 pass. הַזּוּרֶה Jdg 6:38; Isa 59:5; Job 39:15; for Isa 1:6 ↪ זרר◦

√ זור II. move away, alienate, renegade, disloyalize 5 זָרוּ זֹרוּ Ps 58:4; Job 19:13; move away from one's desire, satisfy Ps 78:30; possibly Isa 1:6 close (from a wound), but ↪ זרר◦
nif turn away 5 נָזֹרוּ Isa 1:4; Ez 14:5◦
hof become estranged 11 מוּזָר Ps 69:9◦

√ זור III. *q* stink, be obnoxious 5/11 זָרָה Job 19:17◦

זָזָא *m. PN* Zaza 1 Chr 2:33◦

√ זחח *nif* come loose 6 יִזַּח Ex 28:28; 39:21◦
ⓘ This form can also be derived from ↪ זוח.

√ זחל I. *q* crawl 11 זֹחֲלֵי Dtn 32:24; Mi 7:17◦

√ זחל II. *q* shy away, hold back 6 זָחַלְתִּי Job 32:6◦

זֹחֶלֶת *pln* Zoheleth 1 Kgs 1:9◦

זיד ↪ זוד

זֵידוֹן ↩ זוד *m.* wild, exuberant 2 זֵידוֹנִים Ps 124:5◦

זִיז I. *m.* coll. small animals, creatures זִיז שָׂדַי *all that moves in the field* Ps 50:11; 80:14◦

זִיז II. *m.* nipple Isa 66:11◦

זִיזָא & זִיזָה *m. PN* Ziza 1 Chr 4:37; 23:11; 2 Chr 11:20◦

זִינָא m. PN Zina 1 Chr 23:10; some english translations read with v.11 Ziza.◦

זִיעַ m. PN Zia 1 Chr 5:13◦

זִיף m. PN & pln Ziph

זִיפָה m. PN Ziphah 1 Chr 4:16◦

זִיפִי pn Ziphite

זִיקוֹת ↩ זקק f. fire arrows Isa 50:11◦

זַיִת[B] m. coll. olive; olive tree 1 זֵית 2 זֵיתִים 4 זֵיתֵיכֶם זֵיתֵיהֶם זֵיתְךָ p זֵיתֶךָ

זֵיתָן m. PN Zetan 1 Chr 7:10◦

זַךְ m. & זַכָּה f. ↩ זכך pure, clear (literally and metaphorically)

√ זכה q be pure, clear, bright, prove oneself pure; appear pure 6 אֶזְכֶּה תִּזְכֶּה יִזְכֶּה Mi 6:11; Ps 51:6; Job 15:14; 25:4◦

pi keep pure 5 זִכִּיתִי 6 יְזַכֶּה Ps 73:13; 119:9; Prov 20:9◦

hitp make oneself clean 10 הִזַּכּוּ Isa 1:16◦

זַכָּה ↩ זכך f. clear, pure ↪ זַךְ

זְכוֹכִית ↩ זכה f. glass Job 28:17◦

זָכוּר be cognisant; pt.pass. ↪ זכר Ps 103:14◦

זְכוּר ↩ זכר m. male, males, men 4 זְכוּרָהּ זְכוּרְךָ Ex 23:17; 34:23; Dtn 16:16; 20:13◦

זַכּוּר m. PN Zaccur

זַכַּי m. PN Zaccai

√ זכך var. ↪ זכה q be clear, pure 5 זַכּוּ Lam 4:7; Job 15:15; 25:5◦

hif reinigen 4 הֲזִכּוֹתִי Job 9,30◦

√ זכר[B] q be cognisant, mindful; remember 5
p זָכַרְתְּ זְכַרְתֶּם[e] זְכַרְתַּנִי[e] זָכַרְתָּ זְכָרֻנוּ[e] זָכַר
זְכַרְנוּ וּזְכַרְתֶּם וְזָכְרוּ זְכַרְתִּיךָ[e] וְזָכַרְתִּי זָכָרְתְּ
אֶזְכֹּר וְתִזְכְּרֵנִי[e] תִּזְכְּרֶנּוּ[e] תִּזְכֹּר יִזְכָּר־ יִזְכֹּר 6
יִזְכְּרוּךָ[e] (epp 2.sg.f.); אֶזְכְּרֵכִי[e] אֶזְכְּרֶנּוּ[e]
8 וַיִּזְכְּרוּ וַיִּזְכְּרֶהָ[e] וַיִּזְכֹּר 7 תִּזְכְּרוּ יִזְכְּרוּנִי[e]
11 זִכְרוּ זָכְרֵנִי[e] זְכֹר 10 זָכֹר זָכוֹר 9 זָכְרֵנוּ[e] זְכֹר
זֹכְרֵי

nif be remembered, recalled, reminded, mentioned 5 תִּזָּכַרְנָה תִּזָּכֵרִי תִּזָּכָר יִזָּכֵר 6 נִזְכַּרְתֶּם
8 הִזָּכֶרְכֶם[e] 11 נִזְכָּרִים

hif cause to be remembered, remind, mention, make known, acknowledge, praise 5 הִזְכִּיר
וְהִזְכַּרְתַּנִי[e] 6 יַזְכִּיר אַזְכִּיר תַּזְכִּירוּ נַזְכִּיר
10 הַזְכַּרְכֶם[e] הַזְכִּירוֹ[e] הַזְכִּיר 8 נַזְכִּירָה
הַזְכִּירֵנִי[e] הַזְכִּירוּ 11 מַזְכִּיר מַזְכֶּרֶת
הַמַּזְכִּרִים

זָכָר[B] m. male, males, man, men 2 זְכָרִים

זֵכֶר[B] ↩ זכר m. memory, remembrance, commemoration; name, title 4 זִכְרֶךָ p זִכְרְךָ זִכְרוֹ זִכְרִי זִכְרָם

זֶכֶר m. PN Zecher 1 Chr 8:31◦

זִכָּרוֹן & זִכָּרֹן[B] ↩ זכר m. commemoration, memory, remembrance; sign, symbol, memorial סֵפֶר הַזִּכְרֹנוֹת Est 6:1 chronicle of notable events; book of records. 1 זִכְרוֹן 2 זִכְרֹנוֹת 4 זִכְרֹנֵךְ זִכְרֹנֵיכֶם

זִכְרִי m. PN Zichri

זְכַרְיָה & זְכַרְיָהוּ m. PN Zechariah

זֻלּוּת ↩ זלל I. f. meanness, vileness Ps 12:9◦

זַלְזַל m. shoot, sprig 2 זַלְזַלִּים Isa 18:5◦

1 st.c. sg. 2 st.a. pl. 3 st.c. pl. 4 with epp 5 SC 6 PC 7 narrative 8 inf.c. 9 inf.a. 10 imp. 11 part.

✓זלל I. *q* be careless, frivolous; be demeaned Lam 1:11; pt. glutton 6 תִּזְלִי 11 זוֹלֵל זוֹלְלָה זֹלֲלֵי זוֹלְלִים

hif demean 5 [e]הִזִּילוּהָ Lam 1:8◦

✓זלל II. *nif* shake, quake 5 נָזֹלּוּ Isa 63:19; 64:2◦

ⓘJdg 5:5 נָזְלוּ can be derived from this root, but also from ↪ נזל q *melt.*

זַלְעָפָה *f.* fiery, scorching; burning with rage 2 זַלְעָפוֹת 3 זַלְעֲפוֹת Ps 11:6; 119:53; Lam 5:10◦

זִלְפָּה *f. PN* Zilpah

זִמָּה ↩ זמם I. *f.* plan 1 זִמַּת 2 זִמּוֹת 4 זִמֹּתַי Isa 32:7 (↪ II.); Prov 24:9; Job 17:11◦

זִמָּה II. *f.* shame, infamy, incest, sacrilege 1 זִמַּת 4 זִמָּתֵךְ זִמַּתְכֶנָה (*epp* 2.pl.f.); זִמֹּתַי

זִמָּה III. *m. PN* Zimmah 1 Chr 6:5.27; 2 Chr 29:12◦

זְמוֹרָה *f.* vine; vine shoot, twiner 1 זְמֹרַת 4 זְמֹרֵיהֶם

זַמְזֻמִּים *pn* Zamzummite Dtn 2:20◦

זָמִיר ↩ זמר I. *m.* song 2 זְמִרוֹת זְמִרֹת

זָמִיר ↩ זמר II. *m.* cutting, pruning Song 2:12 (others ↪ I.)◦

זְמִירָה *m. PN* Zemirah 1 Chr 7:8◦

✓זמם *q* think, plan 5 זָמַם *p* זָמָם זָמְמָה זַמּוֹתָ זַמֹּתִי זַמֹּתִי זָמְמוּ 6 יָזְמוּ 11 זֹמֵם

זָמָם ↩ זמם *m.* plan Ps 140:9◦

✓זמן *pu* be appointed, fixed 11 מְזֻמָּנִים מְזֻמָּנוֹת Ezr 10:14; Neh 10:35; 13:31◦

זְמָן ↩ זמן *m.* time, appointed, specific time 4 זְמַנֵּיהֶם זְמַנָּם

✓זמר I. *pi* playing, making music, singing, praising 6 [e]אֲזַמֵּרָה *p* וַאֲזַמְּרָה אֲזַמֵּר יְזַמֶּרְךָ [e]זַמְּרוּ 10 זַמְּרָה וּלְזַמֵּר 8 וּנְזַמְּרָה וַאֲזַמְּרֶךָּ *p* זַמֵּרוּ

✓זמר II. *q* prune 6 תִּזְמֹר Lev 25:3f◦

nif be pruned 6 יִזָּמֵר Isa 5:6◦

זֶמֶר *m.* wild goat Dtn 14:5◦

זִמְרָה ↩ זמר I. *f.* song, song of praise; sound 1 זִמְרַת

זִמְרָה II. *f.* strength, protection 1 זִמְרַת 4 זִמְרָתִי instead of זִמְרָת Ex 15:2; Isa 12:2; Ps 118:14; produce (strength of the land) Gen 43:11◦

זְמֹרָה ↩ זמר II. *f.* vine; vine shoot, twiner 1 זְמֹרַת 4 זְמֹרֵיהֶם

זִמְרִי *m. PN* & *pln* Zimri

זִמְרָן *m. PN* Zimran Gen 25:2; 1 Chr 1:32◦

זַן *m.* all kinds of אֶל־זַן מִזַּן 2 זְנִים Ps 144:13; 2 Chr 16:14◦

✓זנב *pi* cut off (the tail), attack the rearguard, attack from behind 5 וְזִנַּבְתֶּם 7 וַיְזַנֵּב Dtn 25:18; Jos 10:19◦

זָנָב ↩ זנב *m.* tail, stump 2 זְנָבוֹת 3 הַזְּנָבוֹת 4 זְנָבוֹ

✓זנה[B] I. *q* live as a free woman and sexually self-determined (Jos 2:1ff); prostitute oneself, commit adultery, fornicate, also in the sense of idolatry; pt. harlot 5 זָנָה זָנְתָה זָנִית זָנִיתָ וְזָנוּ 6

1 st.c. sg. 2 st.a. pl. 3 st.c. pl. 4 with *epp* 5 SC 6 PC 7 narrative 8 inf.c. 9 inf.a. 10 imp. 11 part.

וַיִּזְנוּ וַתִּזְנִי וַתִּזֶן וַתִּזְנֶה 7 תִּזְנֶינָה יִזְנוּ תִּזְנִי תִּזְנֶה זוֹנוֹת זֹנִים זוֹנָה זֹנָה 8 לִזְנוֹת 9 זָנֹה 11 וַתִּזְנֶינָה

pu be solicited 5 זוּנָּה Ez 16:34◦

hif commit fornication; incite prostitution, tempt to idolatry 5 וְהִזְנוּ הִזְנֵית 7 וַיֶּזֶן 8 וַתַּזְנֶה הַזְנֵה 9 לְהַזְנוֹתָהּ^e הַזְנוֹת

√ זנה II. q be disgusted 7 וַתִּזְנֶה Jdg 19:2◦

זֹנָה pt. ↪ זנה a free and sexually self-determined woman (Jos 2:1ff); prostitute

זָנוֹחַ *pln* & *m. PN* Zanoach

זְנוּנִים ↩ זנה *m.* prostitution, whoring, fornication; idolatry 3 זְנוּנֵי 4 זְנוּנֶיהָ זְנוּנַיִךְ זְנוּנַיִךְ

זְנוּת ↩ זנה *f.* fornication; idolatry 4 זְנוּתָהּ זְנוּתֵיכֶם זְנוּתַיִךְ זְנוּתָם זְנוּתֵךְ

√ זנח I. *q* repudiate, reject 5 זָנַח זָנַחְתָּ זְנַחְתַּנִי^e זְנַחְתַּנוּ^e זְנַחְתִּי זְנַחְתִּים^e 6 זְנַח יִזְנַח 7 וַתִּזְנַח

hif desecrate, reject 4 הִזְנִיחָם^e הִזְנִיחַ 6 יַזְנִיחֲךָ^e 1 Chr 28:9; 2 Chr 11:14; 22:19◦

√ זנח II. *hif* get stinking 5 וְהֶאֶזְנִיחוּ Isa 19:6◦

√ זנק *pi* leap 6 יְזַנֵּק Dtn 33:22◦

√ זעה *pil* make tremble 11 מְזַעְזְעֶיךָ^e Hab 2:7◦

ⓘ This form can also be drivated from ↪ זוע.

זֵעָה *f.* sweat 1 זֵעַת Gen 3:19◦

זְעָוָה ↩ זוע *f.* horror, fright

זַעֲוָן *m. PN* Zaawan Gen 36:27; 1 Chr 1:42◦

זעזע ↪ זוע & זעה

זְעֵיר a little Isa 28:10.13; Job 36:2◦

√ זעך *nif* be abbreviated, others: be extinguished 4 נִזְעָכוּ Job 17:1◦

√ זעם *q* let one's anger run wild, get angry, curse 5 זָעַם זָעַמְתָּה 6 אֶזְעֹם יִזְעָמוּהוּ^e 10 זֹעֲמָה 11 זֹעֵם pass. זְעוּמָה זְעוּם

nif be bitter, annoyed 11 נִזְעָמִים Prov 25:23◦

זַעַם ↩ זעם *m.* trouble, curse 4 זַעְמְךָ זַעְמוֹ זַעְמִי

√ זעף *q* grumble, get angry; pt. look grumpy, sad, miserable 6 יִזְעַף 7 וַיִּזְעַף 11 זֹעֲפִים Gen 40:6; Prov 19:3; Dan 1:10; 2 Chr 26:19◦

זַעַף ↩ זעף *m.* anger, rages 4 זַעְפּוֹ

זָעֵף ↩ זעף *m.* sullen, cantankerous 1 Kgs 20:43; 21:4◦

√ זעק^B *q* cry, call 5 זָעֲקָה זָעַקְתִּי זָעֲקוּ זְעַקְתֶּם וּזְעַקְתֶּם וַיִּזְעֲקוּ^e זַעֲקוּךָ 6 יִזְעַק אֶזְעַק וַיִּזְעֲקוּ *p* יִזְעָקוּ 7 וַיִּזְעֲקוּ^e וְאֶזְעַק 8 זְעֹק זַעֲקֵךְ^e זַעֲקְךָ^e 10 זְעַק זַעֲקִי וְזַעֲקוּ

nif be called together; call together, assemble 5 נִזְעָקְתָּ נִזְעֲקוּ 7 וַיִּזָּעֵק וַיִּזָּעֲקוּ

hif shout, scream; call together 6 יַזְעִיקוּ 7 וַיַּזְעֵק הַזְעֵק 10 לְהַזְעִיק 8

זְעָקָה ↩ זעק *f.* cry for help; shouting, screaming 1 זַעֲקַת 4 זַעֲקָתְךָ זַעֲקָתִי זַעֲקָתָם

זִפְרֹן *pln* Ziphron Num 34:9◦

זֶפֶת *f.* pitch, tar *p* זָפֶת Ex 2:3; Isa 34:9◦

זֵק I. *m.* chain, shackle 2 זִקִּים

זֵק II. *m.* fire arrow 2 זִקִּים Prov 26:18◦

√ זקן^B ↩ זָקֵן *q* be, become old 5 זָקֵן זָקְנָה זָקַנְתָּה זָקַנְתָּ זָקַנְתִּי 7 וַיִּזְקַן

hif become old 6 יַזְקִין Job 14:8; Prov 22:6◦

זָקָן^B ↩ זקן *m.* &*f.* beard 1 זְקַן 4 זְקָנוֹ זְקָנְךָ זְקָנִי זְקָנָם זְקַנְכֶם

זָקֵן[B] *m.* & זְקֵנוֹת *f.* ← זקן old; old man, old woman; pl. the elders, leaders 1 זְקַן 2 זְקֵנִים 3 זִקְנֵי 4 זְקֵנָיו זְקֵנֶיהָ זְקֵנֶיךָ זְקֵנַי זִקְנֵיכֶם זִקְנוֹת זְקֵנֵינוּ

זֹקֶן ← זקן *m.* old age Gen 48:10◦

זִקְנָה ← זקן *f.* old age, growing old, getting older 1 זִקְנַת 4 זִקְנָתוֹ זִקְנָתָהּ

זְקֻנִים ← זקן *m.* (old) age 4 זְקֻנָיו Gen 21:2.7; 37:3; 44:20 יֶלֶד זְקֻנִים *child of one's old age*◦

✓ זקף *q* lift up 11 זוֹקֵף זֹקֵף Ps 145:14; 146:8◦

✓ זקק *q* refine Job 28:1; condense Job 36:27 - 6 יָזֹקּוּ◦

pi refine 5 וְזִקַּק Mal 3:3◦

pu be filtered, refined 11 מְזֻקָּק מְזֻקָּקִים

זָר *m.* & זָרָה[B] *f.*← זור (pt.) foreigner, stranger; illegitimate, excluded, illicit; strange, odd; as a contrast to priest: layman 2 זָרִים 4 זָרוֹת זָרַיִךְ

זֵר *m.* moulding, border

זָרָא *m.* disgust, gross Num 11:20◦

✓ זרב *pu* become waterless, run dry 6 יְזֹרְבוּ Job 6:17◦

זְרֻבָּבֶל *m. PN* Zerubbabel

זֶרֶד *pn* Zered Nm 21:12; Dtn 2:13f◦

✓ זרה I. *q* scatter, spread, winnow 6 תִּזְרֶה 7 וַיִּזֶר[e] 8 לִזְרוֹת וָאֱזָרֵם[e] 10 זְרֵה 11 זֹרֶה תִּזְרֵם

nif be scattered 7 וַיִּזָּרוּ 8 בְּהִזָּרוֹתֵיכֶם[e] Ez 6:8; 36:19◦

pi scatter, spread 5 זֵרוּ וְזֵרִתִים[e] וְזֵרִיתִי וְזֵרָם[e] 6 וְזֵרוּהָ[e] אֱזָרֶה 8 יְזָרוּ לְזָרוֹת 11 זָרוֹתָם מְזָרֶה מְזָרֶה

pu be scattered Job 18:15; be spread Prov 1:17 - 6 יְזֹרֶה 11 מְזֹרָה◦

זרה ← זרת II. *pi* scrutinize 5 זֵרִיתָ Ps 139:3◦

זְרֹעַ & זְרוֹעַ[B] *f.* arm; strength, support, assistance; Isa 9:19: neighbour, others: flesh of his own arm 2 זְרֹעִים זְרוֹעוֹת 3 זְרֹעֹת זְרוֹעִים זְרֹעָם זְרֹעֵי זְרוֹעֵי 4 זְרֹעוֹ זְרֹעֲךָ זְרוֹעֵי זְרֹעֵי זְרוֹעֵי זְרוֹעֹתֵיכֶם זְרוֹעֹתָם זְרֹעוֹתֶיהָ

זֵרוּעַ ← זרע *m.* what is sown Lev 11:37; Isa 61:11◦

זַרְזִיף ← זרף *m.* rain Ps 72:6◦

זַרְזִיר *m.* strutting animal: cock; others: greyhound, warhorse; literally: *the one who is girded at the loins* זַרְזִיר מָתְנַיִם Prov 30:31◦

✓ זרח[B] *q* rise, break, shine; fig. break out (leprosy) 2 Chr 26:19 - 5 וְזָרַח *p* זָרָחָה זָרָח 6 יִזְרַח 7 וַיִּזְרַח 8 זְרֹחַ 11 זוֹרֵחַ

זֶרַח ← זרח I. *m.* shine, glow 4 זַרְחֵךְ Isa 60:3◦

זֶרַח II. *m. PN* Zerach

זַרְחִי *pn* Zerachite

זְרַחְיָה *m. PN* Zerachiah

✓ זרם *q* carry off, let die 5 זְרַמְתָּם[e] Ps 90:5◦

po pour out 5 זֹרְמוּ Ps 77:18◦

זֶרֶם ← זרם *m.* thunderstorm, lightning

זִרְמָה ← זרם *f.* seminal discharge, ejaculate 1 זִרְמַת 4 זִרְמָתָם Ez 23:20◦

✓ זרע[B] *q* sow, plant 5 זָרַע וְזָרַעְתִּי וּזְרַעְתִּיהָ[e] תִּזְרָעֶנּוּ[e] 6 תִּזְרַע יִזְרַע *p* יִזְרָע וּזְרַעְתֶּם זִרְעוּ 7 וַיִּזְרַע נִזְרַע תִּזְרְעוּ וְאֶזְרָעֵם[e] אֶזְרְעָה

וַיִּזְרְעוּ וַיִּזְרָעֶהָ[e] 8 זְרֹעַ 10 זְרַע זִרְעוּ 11 זֹרֵעַ זוֹרֵעַ זֹרְעֵי pass. זָרֻעַ זְרוּעָה

nif be sown; be procreated; women: be able to give birth 5 וְנִזְרְעָה וְנִזְרַעְתֶּם 6 יִזָּרֵעַ תִּזָּרַע

pu be sown 5 זֹרָעוּ Isa 40:24◦

hif yield seed Gen 1:11f; women: give birth Lev 12:2 - 6 תַּזְרִיעַ 11 מַזְרִיעַ◦

זֶרַע[B] ← זרע *m.* seed, sowing, seeding; progeny, descendants 1 זֶרַע זְרַע 4 זַרְעוֹ זַרְעָהּ זַרְעֲךָ זַרְעֵךְ זַרְעִי זַרְעָם זַרְעֲכֶם *p* זַרְעֶךָ זַרְעֵיכֶם

זֵרֻעַ → זְרוֹעַ

זֵרְעֹנִים ← זרע *m.* vegetables, plant-based food Dan 1:16◦

✓ **זרק**[B] *q* scatter, sprinkle; getting grey hair Hos 7:9 - 5 זָרַק וְזָרְקוּ[e] זָרְקָה זָרַקְתָּ וְזָרַקְתָּ וְזָרְקוּ 6 יִזְרֹק תִּזְרֹק 7 וַיִּזְרֹק וַיִּזְרְקֻהוּ[e] וַיִּזְרְקוּ 8/10 זְרֹק 11 זֹרְקִים הַזֹּרֵק

pu be sprinkled 5 זֹרַק Num 19:13.20◦

✓ **זרר** *q* being pressed (pass.) 5 זֹרוּ Isa 1:6◦

ⓘ Some scholars derive this form from → זור.

po sneeze 7 וַיְזוֹרֵר 2 Kgs 4:35◦

זֶרֶשׁ *f. PN* Zeresh Est 5:10.14; 6:3◦

זֶרֶת a linear measure, span; approx. 25 cm *p* זָרֶת

זַתּוּא *m. PN* Zattu

זֵתָם *m. PN* Zetam 2 Chr 23:8; 26:22◦

זֵתַר *m. PN* Zetar Est 1:10◦

חֹב *m.* chest, bosom; others: chest pocket 4 חֻבִּי Job 31:33◦

✓ **חבא**[B] *nif* hide, be safe 5 נַחְבֵּאתָ נֶחְבָּא נֶחְבְּאוּ וְנֶחְבֵּאתֶם 6 תֵּחָבֵא יֵחָבְאוּ 7 וָאֵחָבֵא וַיֵּחָבְאוּ 8 הֵחָבֵא 11 נֶחְבָּא נֶחְבָּאִים

pu be forced into hiding 5 חֻבְּאוּ Job 24:4◦

hif hide, conceal something or someone 5 הֶחְבִּיאָנִי[e] הֶחְבִּיאַתָה הֶחְבְּאַתָה הֶחְבִּיאָה 7 וַיַּחְבִּיאֵם[e] וָאַחְבִּא וַתַּחְבִּא

hof be hidden away 5 הָחְבָּאוּ Isa 42:22◦

hitp hide oneself; solidify Job 38:30 - 5 הִתְחַבְּאוּ 6 יִתְחַבֵּא יִתְחַבְּאוּ *p* יִתְחַבָּאוּ 7 וַיִּתְחַבֵּא וַיִּתְחַבְּאוּ 11 מִתְחַבֵּא מִתְחַבְּאִים

✓ **חבב** *q* love 11 חֹבֵב Dtn 33:3◦

חֹבָב *m. PN* Hobab Num 10:29; Jdg 4:11◦

✓ **חבה** *var.* → חבא *q* hide 10 חֲבִי Isa 26:20◦

nif hide oneself 5 וְנֶחְבָּה 8 לְהֵחָבֵה 1 Kgs 22:25; 2 Kgs 7:12; Jer 49:10◦

חֻבָּה *m. PN* Hubbah 1 Chr 7:34 *qr.*◦

חָבוֹר *pn* Habor

חַבּוּרָה & **חַבֻּרָה** ← חבר II. *f.* stripe, bruise, wound 3 חַבֻּרוֹת 4 חַבֻּרָתוֹ חַבֻּרָתִי חַבּוּרָתִי

✓ **חבט** *q* thrash, beat, chop, shake off 6 יַחְבֹּט תַּחְבֹּט 7 וַתַּחְבֹּט 11 חֹבֵט

1 st.c. sg. 2 st.a. pl. 3 st.c. pl. 4 with *epp* 5 SC 6 PC 7 narrative 8 inf.c. 9 inf.a. 10 imp. 11 part.

חֲבֹלָה ← חבל I. *f.* pledge 4 חֲבֹלָתוֹ Ez 18:7◦

חִבֵּלִים *m.* union, harmony Zec 11:7.14◦

חֲבַצֶּלֶת a flower; trad. narcissus, lily or crocus Isa 35:1; Song 2:1◦

חֲבַצִּנְיָה *m. PN* Habazziniah Jer 35:3◦

✓חבק *q* embrace, hug, caress 2 Kgs 4:16; Ecc 3:5; fold (hands) Ecc 4:5 - 8 לַחֲבוֹק 11 חֹבֵק חֹבֶקֶת◦

pi embrace, hug, cling 5 חִבְּקוּ 6 וּתְחַבֵּק וַיְחַבֵּק וַיְחַבֶּק־ 7 תְּחַבְּקֶנָּה^e^ תְּחַבְּקֵנִי^e^ מְחַבֵּק 8 וַיְחַבְּקֵהוּ^e^

חִבֻּק ← חבק *m.* folding of the hands Prov 6:10; 24:33◦

חֲבַקּוּק *m. PN* Habakuk Hab 1:1; 3:1◦

✓חבר[B] I. *q* join, unite, ally; make friends, be good friends; join together; conjure, charm 4 חוֹבְרוֹת חֹבֵר חוֹבֵר 11 הַיְחָבְרְךָ^e^ 6 חָבְרוּ חֹבֶרֶת חֹבְרֹת pass. חָבוּר

pi join; ally; conclude an agreement 5 חִבַּר לְחַבֵּר 8 וַיְחַבְּרֵהוּ^e^ וַיְחַבֵּר 7 וְחִבַּרְתָּ

pu be bound together, joined; come together, gather, stay 5 חֻבְּרָה וְחֻבַּר חֻבָּר 6 יְחֻבַּר Ex 28:7; 39:4; Ps 122:3; Ecc 9:4◦

hitp team up, form an alliance; make friends 6 הִתְחַבֶּרְךָ^e^ הִתְחַבְּרוּת 8 יִתְחַבְּרוּ אֶתְחַבַּר Dan 11:6.23; 2 Chr 20:35.37◦

✓חבר II. *hif* be brilliant 6 אַחְבִּירָה Job 16:4◦

חֶבֶר ← חבר I. *m.* companionship, in company, community, gang; enchantment, spell *p* חֲבָרַיִךְ 4 חֲבָרִים 2 חֶבֶר

חֶבֶר II. *m. PN* Heber

nif be beaten out 6 יֵחָבֵט Isa 28:27◦

חֲבָיָה *m. PN* Habaiah Ezr 2:61; Neh 7:63◦

חֶבְיוֹן ← חבה *m.* hiding Hab 3:4◦

✓חבל I. *q* take a pledge 5 חָבַל 6 יַחְבֹּל יַחֲבֹל 9 חָבֹל 10 חַבְלֵהוּ^e^ 11 חֹבֵל pass. חֲבֻלִים

nif be pledged 6 יֵחָבֵל Prov 13:13 (others: ↪ חבל II.)◦

✓חבל II. *q* do wrong, do injustice, mistreat 5 חָבַלְנוּ 6 אֶחְבֹּל 9 חֲבֹל Job 34,31; Neh 1,7◦

nif suffer harm, harm oneself 6 יֵחָבֵל Prov 13:13 (others: ↩ חבל I.)◦

pi spoil, destroy 5 וְחִבֵּל 6 תְּחַבֵּל 8 לְחַבֵּל 11 מְחַבְּלִים

pu be broken Isa 10:27; be broken, disturbed Job 17:1 - 5 חֻבָּלָה וְחֻבַּל◦

✓חבל III. *pi* conceive 5 חִבְּלָה חִבְּלַתְךָ^e^ 6 יְחַבֶּל Ps 7:15; Song 8:5◦

חֶבֶל I. *m.* rope, cord, string; measuring cord, length of cord; measured area, district, region; measured share, part, inheritance, lot 2 חֲבָלִים 3 חַבְלֵי 4 חַבְלוֹ חֲבָלָיו חֲבָלַיִךְ

חֶבֶל II. *m.* group, company 1 Sam 10:5.10◦

חֶבֶל III. ↩ חבל *m.* destruction 2 חֲבָלִים Mi 2:10; Job 21:17◦

חֵבֶל ↩ חבל *m.* travail, birth pangs 2 חֲבָלִים 3 חֶבְלֵי 4 חֲבָלֶיהָ חֶבְלֵיהֶם

חֲבֹל ↩ חבל *m.* pledge Ez 18:12.16; 33:15◦

חִבֵּל *m.* mast, crow's nest Prov 23:34◦

חֹבֵל *m.* sailor, mate, coll. seamen; רַב הַחֹבֵל captain 3 חֹבְלֵי 4 חֹבְלַיִךְ Ez 27:8ff; Jona 1:6◦

חָבֵר[B] ↩ חבר *m.* friend, comrade, fellow 2 חֲבֵרִים 3 חַבְרֵי 4 חֲבֵרוֹ חֲבֵרָיו חֲבֵרֶיךָ

חַבָּר ↩ חבר *m.* trade partner 2 חַבָּרִים Job 40:30◦

חֲבַרְבֻּרָה ↩ חבר *f.* stain 4 חֲבַרְבֻּרֹתָיו Jer 13:23◦

חֶבְרָה ↩ חבר *f.* company Job 34:8◦

חַבֻּרָה & חַבּוּרָה ↩ חבר II. *f.* stripe, bruise, wound 3 חַבֻּרוֹת 4 חַבֻּרָתִי חַבֻּרָתוֹ חַבּוּרָתִי

חֶבְרוֹן *m. PN* & *pln* Hebron

חֶבְרוֹנִי & חֶבְרֹנִי *pn* Hebronite

חֶבְרִי *pn* Heberite Num 26:45◦

חֲבֶרֶת ↩ חבר *f.* wife, companion 4 חֲבֶרְתְּךָ Mal 2:14◦

חֹבֶרֶת ↩ חבר *f.* joint pieces Ex 26:4.10; 36:17◦

√ חבשׁ *q* wind, wrap, bind, tie, dress, saddle; govern, rule Job 34:17; imprison Job 40:13 - 5 חָבַשְׁתָּ חֲבַשְׁתֶּם 6 יֶחְבָּשׁ יַחֲבוֹשׁ יַחֲבֹשׁ וַיַּחֲבֹשׁ 7 אֶחְבְּשָׁה אֶחֱבֹשׁ יַחְבְּשֵׁנוּ[e] יַחֲבָשׁ־ חֲבוֹשׁ 10 לְחָבְשָׁהּ[e] חֲבֹשׁ 8 וַיַּחְבְּשׁוּ וָאֶחְבָּשֵׁךְ[e] חֲבוּשִׁים חֲבוּשׁ .pass חֹבֵשׁ 11 חִבְשׁוּ־לִי חֲבֹשׁ חֲבֻשִׁים

pi bind up Ps 147:3; dam up (water) Job 28:11 - 5 חִבֵּשׁ 11 מְחַבֵּשׁ◦

pu be bound up 5 חֻבְּשָׁה חֻבָּשׁוּ Isa 1:6; Ez 30:21◦

חֲבִתִּים *m.* pastry, pancakes 1 Chr 9:31◦

חָג & חַג[B] ↩ חגג *m.* feast, festival, celebration, procession 1 חַג 2 חַגִּים 4 חַגָּהּ חַגֶּךָ חַגִּי חַגַּיִךְ חַגֵּיכֶם

חָגָּא *f.* terror Isa 19:17◦

חָגָב I. locust

חָגָב II. *m. PN* Hagab Ezr 2:45◦

חֲגָבָא & חֲגָבָה *m. PN* Hagabah Ezr 2:45; Neh 7:48◦

√ חגג[B] *q* celebrate a feast, hold a festival, dance; stagger (like a drunkard) Ps 107:27 - 5 חַגּוֹתֶם 10 לָחֹג חֹג 8 תְּחָגֻּהוּ[e] וְיָחֹגּוּ יָחוֹגּוּ תָּחֹג 6 חַגֹּתֶם וְחֹגְגִים חוֹגֵג 11 חָגִּי

חֲגָוִים *m.* crevices 3 חַגְוֵי Jer 49:16; Ob 1:3; Song 2:14◦

חֲגוֹר ↩ חגר *m.* belt 4 חֲגֹרוֹ 1 Sam 18:4; Prov 31:24◦

חָגוֹר ↩ חגר *m.* wrapped, girded 3 חֲגוֹרֵי Ez 23:15◦

חֲגוֹרָה ↩ חגר *f.* belt; loincloth Gen 3:7 - 2 חֲגֹרֹת 4 חֲגֹרָתוֹ

חַגִּי *m. PN* & *pn* Haggi, Haggite Gen 46:16; Num 26:15◦

חַגַּי *m. PN* Haggai

חַגִּיָּה *m. PN* Haggiah 1 Chr 6:15◦

חַגִּית *f. PN* Haggit

חָגְלָה *f. PN* Hoglah Num 26:33; 27:1; Jos 17:3◦

√ חגר *q* put on a belt, gird oneself, get ready, prepare 5 חָגְרָה חָגַרְתָּ וְחָגַרְתָּ חָגְרוּ 6 יַחְגֹּר יַחְגְּרֶהָ[e] 10 וְלַחֲגֹר 8 וַיַּחְגְּרוּ וַיַּחְגֹּר 7 וַיַּחְגְּרוּ תַּחְגֹּר

חֹגֵר pass. 11 חֲגוּרָה חֲגֹרְנָה חֲגֻרוּ חֲגֻרֵי חֲגֹר חֲגֻרִים חֲגוּרִים חֲגוּרַת חָגוּר

חֲגֹר belt ↪ חֲגוֹר

חֲגֹרָה belt, loincloth ↪ חֲגוֹרָה

חַד I. ↪ חַדָּה

חַד II. one וְדִבֶּר־חַד אֶת־אַחַד *speak to one another* Ez 33:30 ↪ אֶחָד◦

✓ חדד *q* be fast, fierce 5 וְחַדּוּ Hab 1:8◦
hif sharpen 6 יָחַד Prov 27:17◦
hof be sharpened 5 הוּחַדָּה Ez 21:14ff◦

חֲדַד *m. PN* Hadad Gen 25:15; 1 Chr 1:30◦

✓ חדה *q* be pleased, glad 6 יִחַדְּ 7 וַיִּחַדְּ Ex 18:9; Job 3:6◦
pi make someone glad 6 ᵉתְּחַדֵּהוּ Ps 21:7◦

חַדָּה ↩ חדד I. *f.* sharp Isa 49:2; Ez 5:1; Ps 57:5; Prov 5:4◦

חַדּוּד ↩ חדד *m.* sharp 3 חַדּוּדֵי Job 41:22◦

חֶדְוָה ↩ חדה *f.* joy 1 חֶדְוַת Neh 8:10; 1 Chr 16:27◦

חָדִיד *pln* Hadid Ezr 2:33; Neh 7:37; 11:34 ◦

✓ חדל I. *q* stop, end; lack, fail; let go, leave alone, give up, cease 5 הֶחֱדַלְתִּי חָדַלְתָּ חָדַל אֶחְדַּל יֶחְדַּל 6 חָדַלְנוּ חָדֵלוּ חָדְלוּ *p* חָדָלוּ וַיֶּחְדַּל 7 נֶחְדַּל יֶחְדָּלוּן יֶחְדָּלוּ אֶחְדָּלָה חִדְלוּ חֲדַל *p* חֲדָל 10 מֵחֲדֹל 8 וַיֶּחְדְּלוּ

✓ חדל II. *q* become fat; fig. be successful 5 חָדֵלוּ 6 וְיֶחְדַּל 10 חֲדַל *p* חָדָל 1 Sam 2:5; Job 14:6; Prov 19:27; Prov 23:4◦

ⓘ It is questionable whether there is a root חדל II.; all listed passages can also (and better) be explained with חדל I.

חָדֵל ↩ חדל *m.* despised, unworthy, abandoned, avoided 1 חֲדַל Isa 53:3; Ez 3:27; Ps 39:5◦

חֶדֶל *m.* world, others: realm of the dead *p* חָדֶל Isa 38:11◦

חַדְלָי *m. PN* Hadlai 2 Chr 28:12◦

חֵדֶק *m.* briar Mi 7:4; Prov 15:19◦

חִדֶּקֶל *pn* Tigris Gen 2:14; Dan 10:4◦

✓ חדר *q* surround, others: pierce 11 הַחֹדֶרֶת Ez 21:19◦

חֶדֶר[B] *m.* room, space 1 חֲדַר חֶדֶר 2 חֲדָרִים 3 חַדְרֵי 4 חֶדְרוֹ חֲדָרָיו חֲדָרֶיךָ

חַדְרָךְ *pln* Hadrach Zec 9:1◦

✓ חדש[B] *pi* renew, make new, restore 5 וְחִדְּשׁוּ 6 תְּחַדֵּשׁ וּתְחַדֵּשׁ 7 וַיְחַדֵּשׁ 8/10 חַדֵּשׁ נְחַדֵּשׁ
hitp renew oneself, become young again 6 תִּתְחַדֵּשׁ Ps 103:5◦

חָדָשׁ *m.* & חֲדָשָׁה[B] *f.* ↩ חדש new 2 חֲדָשׁוֹת חֲדָשִׁים

חֹדֶשׁ [B] ↩ חדש I. *m.* month, new moon 2 חֳדָשִׁים 3 חָדְשֵׁי 4 חָדְשׁוֹ חָדְשָׁהּ חֳדָשָׁיו חָדְשֵׁיכֶם

חֹדֶשׁ II. *f. PN* Hodesh 1 Chr 8:9◦

חֲדָשָׁה ↩ חדש I. *f.* new 2 חֲדָשׁוֹת

חֲדָשָׁה II. *pln* Hadashah Jos 15:37◦

חָדְשִׁי ↪ תַּחְתִּים חָדְשִׁי *pln* Tachtim-Hodshi 2 Sam 24:6 ◦

חֲדַתָּה ↪ חָצוֹר חֲדַתָּה *pln* Hazor-Hadattah Jos 15:25◦

חוב *pi* be to blame for something 5 וְחִיַּבְתֶּם Dan 1:10 *you would be putting my own head in danger from the king*◦

חוֹב ↩ חוב *m.* debtor Ez 18:7◦

חוֹבָה *pln* Hoba Gen 14,15◦

חוג *q* draw a circle 5 חָג Job 26:10◦

חוּג ↩ חוג *m.* circle Isa 40:22; Prov 8:27; Job 22:14◦

חוד *q* give a riddle 5 חַדְתָּ 6 אָחוּדָה 10 חוּד חוּדָה Jdg 14:12f.16; Ez 17:2◦

חוה[B] I. *hištafel* prostrate, bow low 5
הִשְׁתַּחֲווּ הִשְׁתַּחֲוֵיתִי הִשְׁתַּחֲוִיתָ וְהִשְׁתַּחֲוָה
תִּשְׁתַּחֲוֶה וַיִּשְׁתַּחוּ יִשְׁתַּחֲוֶה 6 וְהִשְׁתַּחֲוִיתֶם
7 נִשְׁתַּחֲוֶה תִּשְׁתַּחֲווּ וַיִּשְׁתַּחֲווּ אֶשְׁתַּחֲוֶה
לְהִשְׁתַּחֲוֹת 8 וַתִּשְׁתַּחֲוֶיןָ וַיִּשְׁתַּחוּ
11 הִשְׁתַּחֲווּ הִשְׁתַּחֲוִי 10 בְּהִשְׁתַּחֲוָיָתִי[e]
מִשְׁתַּחֲוִיתֶם[e] מִשְׁתַּחֲוִים מִשְׁתַּחֲוֶה

ⓘ In elder lexicons the forms of this root were assigned to ↪ שׁחה *hitp.*

חוה II. *pi* inform, announce, forward 6 יְחַוֶּה אֲחַוְךָ[e] 8 מֵחַוֹּת אֲחַוֶּה Job 15:17; 32:6ff; 36:2; Ps 19:3◦

חַוָּה I. *f.* tent camp 2 חַוֹּת 4 חַוֹּתֵיהֶם

חַוָּה II. *f. PN* Eve

חוֹזֶה ↪ חֹזֶה

חוֹזָי *pn* 2 Chr 33:19; the translations usually follow the meaning of the word: Seer◦

חוֹחַ *m.* thorn, hook; rock cleft 1 Sam 13:6; chains, fetters 2 Chr 33:11 - 2 חֹחִים חוֹחִים חֲוָחִים

חוּט *m.* rope, thread, cord, tape

חִוִּי *pn* Hivite

חֲוִילָה *pn* Havilah

חול I. *q* dance a round dance; whirl (of a sword); [fall, burst (on the head) ↪ II.] 5 חָלָה יָחֵלוּ 6 תָּחוּל יָחוּל (Ez 30,16 *qr.*; *kt. hif*); חָלוּ 8 לָחוּל

pol dance a round dance 11 חֹלְלִים (↪ חלל *q*) הַמְּחֹלְלוֹת Jdg 21:23; Ps 87:7◦

hitpol whirl 11 מִתְחוֹלֵל Jer 23:19; others: ↪ חול II.◦

חול II. *q* fall, burst 5 חָלָה 6 יָחוּל יָחֵלוּ 2 Sam 3:29; Jer 23:19; 30:23; Hos 11:6◦

חול III. *q* be in pain, squirm, tremble 6 תָּחוּל 7 וַתָּחֶל 10 חוּלִי Jer 51:29; Mi 4:10; Ps 114:7; Ez 30:16 *qr.*◦

ⓘ It is not sure whether a root חול II. or III. exist; all passages of II. can also be explained with חול I., and III. is a *var.* of ↪ חיל; the listed passages can also be derived from this root.

חוּל *m. PN* Hul Gen 10,23; 1 Chr 1:17◦

חוֹל[B] *m.* sand

ⓘ Some scholars assume for Job 29:18 a lexeme חול II. with the meaning *Phoenix.*

חוּם *m.* dark brown, black Gen 30:32.35.40◦

חוֹמָה[B] *f.* wall 1 חוֹמַת 2/3 חֹמוֹת חוֹמֹת 4 חוֹמֹתַיִךְ חֹמֹתֶיךָ חוֹמוֹתֶיהָ חוֹמָתָהּ

חוס *q* be sorry, spare, have pity 5 חַסְתָּ חָסָה 6 יָחוּס תָּחוּס תָּחֹס אָחוּס 7 וַתָּחָס 10 חוּסָה

חוֹף *m.* shore, coast

חוּפָּם *m. PN* Hupham Num 26:39◦

חוּפָמִי *pn* Huphamite Num 26:39◦

חוּץ[B] outside, external; as subst.: street, alley; מִבַּיִת וּמִחוּץ Gen 6:14 inside and out; מִחוּץ לְ outside of, beyond; חוּצָה outwards; חוּץ מִן Ecc 2:25 except, apart 2/3 חוּצוֹת חוּצֹת 4 חוּצוֹתָם חוּצוֹתָיִךְ חוּצוֹתֶיהָ חוּצֹתָיו חוּצוֹתֵינוּ

חוֹק ↪ חֹק *m.* law; Ps 74:11 *kt.*; *qr.* ↪ חֵיק bosom, lap◦

חוּק ↪ inf.c. *q* חקק

חוּקֹק *pln* Hukkok Jos 19:34; 1 Chr 6:60◦

✓ חוּר *q* turn pale Isa 29:22 (Isa 24:6 ↪ חרה II.) 6 יֶחֱוָרוּ◦

חוּר ↩ חור I. *m.* linen, white as linen Est 1:6; 8:15◦

חוֹר II. & חֻר ↩ חרר *m.* hole, prison 2 חוֹרִים Isa 11:8; 42:22◦

חוּר III. *m. PN* Hur

חוֹר & חֹר[B] I. *m.* free, born free; independent, noble 2 חוֹרִים חֹרִים 3 חֹרֵי

חוֹר & חֹר ↩ חרר II. *m.* hole 2 חֹרִים 3 חֹרֵי 4 חֹרֵיהֶן חֹרָיו

חוֹרֵב & חֹרֵב *pn* Horeb

חוּרִי *m. PN* Huri 1 Chr 5:14◦

חוֹרִי *m. PN* Hori

חוּרָי ↩ חור white fabric; others read a verbal form: *they turn pale* Isa 19:9◦

חוּרַי *m. PN* 1 Chr 11:32; the English translations read with 2 Sam 23:30 Hiddai ◦

חוּרָם *m. PN* Huram

ⓘ Several persons bear this name; English translations often read *Hiram*.

חוּרָם אָבִי *m. PN* Huram-Abi; others: Huram, my father 2 Chr 2:12; (4:16?)◦

חַוְרָן *pn* Hauran Ez 47:16.18◦

חֹרֹנַיִם & חוֹרֹנַיִם *pln* Horonaim Isa 15:5; Jer 48:3.5.34◦

✓ חוּשׁ I. *q* hurry, be quick 5 חַשְׁתִּי וְחָשׁ 7 וַתַּחַשׁ (or *hif*) 10 חוּשָׁה 11 pass. חֻשִׁים

ⓘ Num 32:17 some translaters read חֲמֻשִׁים ↩ חמשׁ *prepare for battle*

hif rush, hurry (to do something); cause something in time; be in haste, flee 5 הֵחִישׁוּ 6 יָחִישׁ יָחִישָׁה אֲחִישֶׁנָּה[e] 7 וַתַּחַשׁ (or *q*) 10 חוּשָׁה

✓ חוּשׁ II. *q* be excited, rejoice, enjoy 6 יָחוּשׁ 8 חוּשִׁי[e] Ecc 2,25; Job 20,2◦

חוּשָׁה *m. PN* Husha 1 Chr 4:4◦

חוּשַׁי *m. PN* Hushai

חוּשִׁים & חֻשִׁים *f. PN* Hushim 1 Chr 8:8.11◦

חוּשָׁם & חֻשָׁם *m. PN* Husham

חוֹתָם ↩ חתם I. *m.* seal 4 חוֹתָמְךָ חֹתָמוֹ

חוֹתָם II. *m. PN* Hotham 1 Chr 7:32; 11:44◦

חֲזָהאֵל & חֲזָאֵל *m. PN* Hazael

✓ חזה[B] *q* see, have a vision; pt. seer; make a contract Isa 28:15; look around for something, choose Ex 18:21; see with joy, gaze Mi 4:11 - 5 חֲזִיתֶם חָזוּ חֲזִיתִיךָ[e] חָזִיתִי חָזִיתָ חָזִית חָזָה 6 תֶּחֱזוּ יֶחֱזוּ אֶחֱזֶה אֶחַז תֶּחֱזֶה תַּחַז יֶחֱזֶה 11 לַחֲזוֹת 8 וַיֶּחֱזוּ וָאֶחֱזֶה 7 נֶחֱזֶה תֶּחֱזֶינָה חֹזֶה הַחֹזִים

1 st.c. sg. 2 st.a. pl. 3 st.c. pl. 4 with *epp* 5 SC 6 PC 7 narrative 8 inf.c. 9 inf.a. 10 imp. 11 part.

חָזֶה *m.* breast, brisket (of sacrificial animals, as a portion for the priest) 1 חֲזֵה 2 הֶחָזוֹת

חֹזֶה ← חזה I. *m.* contract, pact Isa 28:15◦

חֹזֶה II. pt. ↪ חזה seer

חֲזָהאֵל *m. PN* Hazaël

חֲזוֹ *m. PN* Hazo Gen 22:22◦

חָזוֹן ← חזה *m.* vision, revelation 1 חֲזוֹן

חָזוּת ← חזה *f.* vision, revelation Isa 21:1; 29:11; contract, pact Isa 28:18; prominent, notable Dan 8:5.8 - 4 חָזוּתְכֶם◦

חֲזוֹת ← חזה *f.* vision, revelation 3 חֲזוֹת 2 Chr 9:29◦

חֲזִיאֵל *m. PN* Haziël 1 Chr 23:9◦

חֲזָיָה *m. PN* Hasaiah Neh 11:5◦

חֶזְיוֹן *m. PN* Hesion 1 Kgs 15:18◦

חִזָּיוֹן ← חזה *f.* vision, revelation 1 חֶזְיוֹן 2 חֶזְיֹנוֹ 4 חֶזְיֹנוֹת

חֲזִיז *m.* thunderclouds, rain 1 חֲזִיז 2 חֲזִיזִים

חֲזִיר *m.* pig, wild boar

חֵזִיר *m. PN* Hezir Neh 10:21; 1 Chr 24:15◦

√ **חזק**[B] *q* be, become strong, become hard, harden, obdurate; be brave, courageous; be firm, pay attention; with בְּ get stuck, caught 2 Sam 18:9; with לְ press, urge Ex 12:33 - 5 חָזַק חָזְקוּ חֲזַקְתַּנִי[e] חָזַקְתָּ חָזְקָה חֲזָקוֹ[e] חָזָק *p* תֶּחֱזַקְנָה יֶחֶזְקוּ יֶחֱזְקוּ תֶּחֱזַק יֶחֱזַק 6 וַחֲזַקְתֶּם לְחָזְקָה 8 וַתֶּחֱזַק וַיֶּחֱזָק *p* וַיֶּחֱזַק 7 תֶּחֶזְקוּ חִזְקוּ חֲזַק 10 לְחָזְקָה[e]

pi make firm, strengthen; harden; tighten Isa 22:21 - 5 חִזַּק וְחִזַּקְתִּי חִזְּקוּ חִזַּקְתֶּם 6 אֲחַזֵּק וַיְחַזְּקֵהוּ[e] וַיְחַזֵּק 7 יְחַזְּקוּם[e] יְחַזְּקוּ אֲחַזְּקֶנּוּ[e] חַזֵּק 10 לְחַזֵּק 8 וַיְחַזְּקוּם[e] וַיְחַזְּקוּ וַיְחַזְּקֵנִי[e] מְחַזֵּק 11 חַזְּקוּ חַזְּקִי וְחַזְּקֵנִי[e] וְחַזְּקֵהוּ[e] מְחַזְּקִים

hif strengthen; stick firmly to something, make increased effort; grasp, hold 5 הֶחֱזִיק הֶחֱזִיקֵךְ[e] הֶחֱזִיקַתְנוּ[e] הֶחֱזַקְתְנִי[e] הֶחֱזִיקַתְהוּ[e] וְהֶחֱזִיקָה הֶחֱזַקְתִּיךָ[e] וְהַחֲזַקְתִּי וְהֶחֱזַקְתִּי וְהֶחֱזַקְתָּ 7 יַחֲזִקוּ יַחֲזִיקוּ וְאַחְזֵק יַחֲזֵק יַחֲזִיק 6 הֶחֱזִיקוּ הַחֲזֵק 10 הֶחֱזִיקִי[e] לְהַחֲזִיק 8 וַיַּחֲזִקוּ וַיַּחֲזֶק מַחֲזֶקֶת הַמַּחֲזִיק 11 הַחֲזִיקוּ וְחַזְּקֵהוּ[e] וְהַחֲזִיקִי מַחֲזִיקִים

hitp be strong, brave, powerful; concentrate one's powers, pull oneself together, struggle, take courage 5 וְהִתְחַזַּקְתֶּם הִתְחַזַּקְתִּי הִתְחַזַּק 6 וַיִּתְחַזֵּק 7 וְנִתְחַזְּקָה וְנִתְחַזַּק יִתְחַזָּקוּ 8 מִתְחַזֵּק 10 לְהִתְחַזֵּק הִתְחַזְּקוּ הִתְחַזַּק 11 הַמִּתְחַזְּקִים

חָזָק *m.* & **חֲזָקָה**[B] *f.* ← חזק firm, hard, strong, intense, severe 2 חֲזָקִים 3 חִזְקֵי

חָזֵק ← חזק *m.* strong, loud Ex 19:19; 2 Sam 3:1◦

חֵזֶק ← חזק *m.* strength 4 חִזְקִי Ps 18:2◦

חֹזֶק ← חזק *m.* strong, powerful; with a strong hand בְּחֹזֶק יָד 4 by one's own efforts בְּחָזְקֵנוּ Ex 13:3.14.16; Am 6:13; Hag 2:22◦

חֲזָקָה *f.* ↪ חָזָק firm, hard, strong, intense, severe

חֶזְקָה ← חזק *f.* strength, power, force, strong grasp 1 חֶזְקַת 4 חֶזְקָתוֹ

חָזְקָה ← חזק *f.* strong, powerful, fierce, with force; repair 2 Kgs 12:13 (if not inf.c. ↪ חזק)

חִזְקִי *m. PN* Hizki 1 Chr 8:17◦

חִזְקִיָּה & חִזְקִיָּהוּ *m. PN* Hizkiah (↪ יְחִזְקִיָּה & יְחִזְקִיָּהוּ with emphatic י)

חָח *m.* hook, ring; clasp 2 חַחִיִּם חַחִים Ez 29:4 *kt.* 4 חַחִי

✓ חטא[B] *q* miss, fail, go astray, sin, become guilty, be at fault 5 חָטָא חָטְאָה חָטָאתִי חָטְאוּ
חֲטָאתֶם חָטָאנוּ 6 יֶחְטָא *p* יֶחֱטָא אֶחֱטָא יֶחֶטְאוּ
תֶּחֶטְאוּ *p* תֶּחֱטָאוּ 7 וַתֶּחֱטָא וַנֶּחֱטָא 8 חֲטוֹא
חֲטוֹ חֲטֹא חֲטָאתוֹ[e] 11 חֹטֶא חוֹטֶא חֹטֵא חוֹטֵא
חֹטְאִים חֹטֵאת חֹטְאֵי[e]

pi make amends, bring back, replace; purify, bring a sin offering 5 חִטֵּא וְחִטְּאוּ[e] וְחִטֵּאתָ
חִטְּאוּ 6 תְּחַטְּאֵנִי[e] אֲחַטֶּנָּה[e] 7 וַיְחַטֵּא וַיְחַטְּאֵהוּ[e]
וַיְחַטְּאוּ 8 חַטֵּא 11 מְחַטֵּא

hif miss; cause to sin; be presented as guilty 5
הֶחֱטִיא הֶחֱטִי הֶחֱטִיאָם[e] הֶחֱטִיאוּ 6 יַחֲטִא
תַּחֲטִיא יַחֲטִיאוּ 7 וַיַּחֲטִא וַתַּחֲטִא 8 לְהַחֲטִיא
הַחֲטִי 11 מַחֲטִיאֵי

hitp free oneself from sin, dispense with sin; be afraid, freeze in terror Job 41:17 - 6 יִתְחַטָּא
תִּתְחַטְּאוּ *p* תִּתְחַטָּאוּ 7 וַיִּתְחַטְּאוּ

חֵטְא[B] ↩ חטא *m.* fault, sin 2 חֲטָאִים 3 וַחֲטָאַי
חֲטָאַי חֶטְאָם (3.sg.f.); חֶטְאָה חֶטְאוֹ 4
חֲטָאֵיכֶם חֲטָאֵינוּ

חֲטָא ↩ חטא *m.* sin 4 וַחֲטָאָךְ Dan 4:24 *qr.*◦

חַטָּא ↩ חטא *m.* sin, sinful, sinner 2 חַטָּאִים 3
חַטָּאֵי 4 וְחַטָּאֶיהָ

חֲטָאָה ↩ חטא *f.* sin, sin offering Ps 40:7

חֲטָאָה & חַטָּאת & חַטָּת[B] ↩ חטא *f.* sin; sin offering; consequence of sin, punishment Num 32:23 - 1 חַטַּאת 2 חַטָּאוֹת 3 חַטֹּאות חַטֹּאת 4
חַטָּאתוֹ חַטָּאתֵךְ חַטָּאתִי חַטַּאתְכֶם חַטֹּאתָיו
חַטֹּאתֶיהָ חַטֹּאתָם חַטֹּאתֵיכֶם חַטֹּאותֵיכֶם
חַטֹּאתָי חַטֹּאתֵינוּ

✓ חטב *q* cut, chip, log, fell trees, collect firewood 6 יַחְטְבוּ 8 לַחְטֹב 11 חֹטֵב חֹטְבִים
חֹטְבֵי

pu be sculpted, carved 11 מְחֻטָּבוֹת Ps 144:12◦

חֲטֻבוֹת *f.* colorful covers Prov 7:16◦

חִטָּה *f.* wheat, wheat grains, wheat flour 2 חִטִּין חִטִּים

חַטּוּשׁ *m. PN* Hattush

חֲטִיטָא *m. PN* Hatita Ezr 2:42; Neh 7:45◦

חַטִּיל *m. PN* Hattil Ezr 2:57; Neh 7:59◦

חִטִּין ↪ חִטָּה

חֲטִיפָא *m. PN* Hatipha Ezr 2:54; Neh 7:56◦

✓ חטם *q* hold back, stay calm 6 אֶחֱטָם Isa 48:9◦

✓ חטף *q* take, catch, seize, rob 5 וַחֲטַפְתֶּם 6 יַחְטֹף 8 לַחֲטוֹף Jdg 21:21; Ps 10:9◦

חֹטֶר *m.* shoot, twig Isa 11:1; Prov 14:3◦

חַטָּת ↪ חַטָּאת sin Num 15:24◦

חַי[B] ↩ חיה I. *m.* as subst.: life, lifetime; liveliness, vitality 4 חַיֶּךָ; as plural with the same meaning ↪ חַיִּים with *epp*: חַיֶּיךָ; 2.sg.f. חַיָּיְכִי; חַיַּי חַיֵּיכֶם חַיֵּיהֶם חַיֵּינוּ

חַי[B] *m.* & חַיָּה *f.* ↩ חיה II. as adj.: alive, living; strong, fresh, healthy; with article: הָחַי חַי הֶחָי; *p* חָי 1 חֵי 2 חַיִּים חַיּוֹת - אֱלֹהִים חַי the living God; אֶרֶץ הַחַיִּים the land of the living; נֶפֶשׁ חַיָּה living beings; in an oath חַי יְהוָה as the Lord lives; בָּשָׂר חַי raw meat; *f.* ↪ חַיָּה

חַי ↩ חיה III. *m.* clan, relatives 4 חַיַּי 1 Sam 18:18 (or ↪ I.)◦

חִיאֵל *m. PN* Hiël 1 Kgs 16:34◦

חִידָה *f.* riddle Jdg 14:12ff; aphorism, parable; trick, deceit Dan 8:23 - 2 חִדוֹת חִידוֹת 4 חִידָתְךָ חִידָתִי חִידֹתָם

✓ חיה[B] *q* live; stay alive; revive, recover 5 *m.*: חָיָה חַי חָי חֵי וָחַי וָחָי; *f.*: חָיָה חָיְתָה; וְחָיִיתָ וְחָיוּ וִחְיִיתֶם 6 יִחְיֶה יְחִי תִּחְיֶה תִּחְיִי וּתְחִי אֶחְיֶה יִחְיוּ תִּחְיוּ תִּחְיֶינָה וְנִחְיֶה 7 וַיְחִי וַיֶּחִי וַיִּחְיוּ 8 לִחְיוֹת חֲיוֹתָם[e] 9 חָיֹה 10 וֶחְיֵה חֲיִי וִחְיוּ

pi let live, keep alive; give life, refresh; revive, reanimate, restore; with זֶרַע preserve offspring Gen 19:32.34 - 5 חִיָּה חִיִּיתַנִי[e] חִיָּתְנִי[e] חִיּוּ חִיִּיתֶם 6 יְחַיֶּה וִיחַיֵּהוּ[e] תְּחַיֶּה תְּחַיֵּינִי[e] יְחַיּוּ יְחַיֵּנוּ[e] תְּחַיּוּן וּנְחַיֶּה 7 וַיְחַיֶּהָ[e] וַתְּחַיֶּינָה 8 לְחַיּוֹת לְחַיֹּתוֹ[e] לְחַיּוֹתָם[e] לְחַיֹּתֵנוּ[e] 10 חַיֵּיהוּ[e] חַיֵּנִי[e] 11 מְחַיֶּה

hif stay alive; keep alive, let live; bring to life 5 הֶחֱיָה הֶחֱיִתָנוּ[e] הֶחֱיֵיתִי וְהַחֲיִתֶם 8 לְהַחֲיֹת לְהַחֲיֹתוֹ[e] 9 הַחֲיֵה 10 וְהַחֲיֵנִי[e] הַחֲיוּ

חָיוֹת ↩ חיה *f.* lively, strong; others ↪ חַיָּה I. pl. Ex 1:19◦

חַיָּה[B] ↩ חיה I. *f.* animal; wild animal, predator; Ps 74:19 cstr. for abs.; נֶפֶשׁ חַיָּה living being 1 חַיַּת חַיְתוֹ 2 חַיּוֹת 3 חַיּוֹת 4 חַיָּתוֹ חַיָּתְךָ חַיָּתָם חַיָּתִי

חַיָּה[B] ↩ חיה II. *f.* life, living soul, creature; desire, appetite Job 38:39 - 1 חַיַּת 4 חַיָּתוֹ חַיָּתְךָ חַיָּתָם חַיָּתִי - Gen 18:10 כָּעֵת חַיָּה *according to the time of life - about this time next year*

חַיָּה ↩ חיה III. *f.* troop 2 Sam 23:13; flock Ps 68:11 - 1 חַיַּת 4 חַיָּתְךָ

חַיּוּת ↩ חיה *f.* life, lifetimes 2 Sam 20:3◦

חַיִּים[B] ↩ חיה *m.* life, life force, life time; livelihood Prov 27:27; liveliness 3 חַיֵּי 4 חַיֶּיךָ חַיֵּךְ; 2.sg.f. חַיָּיְכִי; חַיַּי *p* חַיָּי חַיֵּיהֶם חַיֵּיכֶם חַיֵּינוּ

✓ חיל[B] I. cf. ↪ חול III. tremble, of fear or birth pains; shiver, writhe, be afraid 5 חַלְתִּי חָלָה חָלוּ חַלְנוּ 6 יָחִיל תָּחִיל תָּחוּל אָחוּלָה תְּחִילִין יָחִילוּ יְחִילוּן 7 וַיָּחֶל וַיָּחֵל וַתָּחֹל 8/9 חוּל 10 חוּלִי חִילוּ 11 חוֹלָה

hif tremble, shake 6 יָחִיל Ps 29:8◦

hof be born 6 יוּחַל Isa 66:8◦

polel give birth, let give birth, bring forth 6 יְחוֹלֵל תְּחוֹלֵל תְּחוֹלֵלְכֶם[e] 8 חֹלֵל 11 מְחֹלֵל מְחֹלְלֶךָ[e] cf. ↪ חלל II. *pol*

polal be born, be trembling 5 חוֹלַלְתִּי חוֹלָלְתְּ 6 יְחוֹלָלוּ

hitpolel tremble, be upset, be in anguish; burst 10 וְהִתְחוֹלֵל 11 מִתְחוֹלֵל Jer 23:19; Ps 37:7; Job 15:20◦

hitpalpel be in anguish 7 וַתִּתְחַלְחַל Est 4:4◦

✓ חיל II. *q* endure, last 6 יָחִיל יָחִילוּ Ps 10:5; Job 20:21◦

✓ חיל III. (cf. ↪ חול & יחל) *q* wait, stay 5 חָלָה 6 יָחִיל 7 וַיָּחֶל וַיָּחִילוּ Gen 8:10; Jdg 3:25; Mi 1:12; Lam 3:26◦

pol wait 6 תְּחוֹלֵל Job 35:14◦

hitpol wait 10 הִתְחוֹלֵל Ps 37:7◦

חַיִל[B] *m.* power, strength, (military) might; army, troop; possessions, wealth; proficiency, efficiency; שַׂר־הַחַיִל commander (without שַׂר Est 1:3); אַנְשֵׁי־חַיִל capable people; בֶּן־

1 st.c. sg. 2 st.a. pl. 3 st.c. pl. 4 with *epp* 5 SC 6 PC 7 narrative 8 inf.c. 9 inf.a. 10 imp. 11 part.

חַיִל soldier, fighter; גִּבּוֹר חַיִל brave warrior, prominent, worthy man 1 חֵיל 2 חֲיָלִים 4 חֵילוֹ חֵילָם חֵילִי חֵילֵךְ חֵילְךָ חֵילָה חֵילָהּ חֵילֵהֶם חֵילֵיהֶם

חֵיל & חֵל *m.* wall, dam 4 חֵילֵךְ חֵילָה

חִיל ← חיל *m.* fear, horror; birth pains

חִילָה ← חיל *f.* agony, pain Job 6:10◦

חֵילָה Ps 48:14 → חֵיל

חִילֵז *pln* 1 Chr 6:43; with Jos 15:51 Holon◦

חֵילֵךְ *pln* Helech; others: *your army* Ez 27:11◦

חֵילָם *pln* Helam 2 Sam 10:16f◦

חִין *m.* well-shaped Job 41:4◦

חַיִץ *m.* wall Ez 13:10◦

חִיצוֹן *m.* & חִיצוֹנָה *f.* ← חוץ the exterior, outside

חֵיק & חֵק[B] *m.* bosom, lap; garment fold (in which one puts one's hand); hollow, cavity; middle; the inside and seat of passion 4 חֵיקוֹ חֵיקִי חֵיקֶךָ בְּחֵיקָהּ

ⓘ The word describes the parts of the body that are touched when one hugs a person or an animal; this explains the derivations.

חִירָה *m. PN* Hira Gen 38:1.12◦

חִירוֹם & חִירָם *m. PN* Hiram

חִירוֹת → פִּי הַחִירוֹת *pln* Pi-Hahirot

חִישׁ ← חוש soon, quickly Ps 90:10◦

חֵךְ *m.* palate, roof of the mouth 4 חִכּוֹ חִכְּךָ *p* חִכָּם חִכִּי חִכֵּךְ חִכֶּךָ

חכה✓ *q* wait, stay 11 חוֹכֵי Isa 30:18◦

pi wait, stay, hope; hesitate 5 חִכָּה חִכְּתָה 6 וְחִכִּיתִי חִכּוּ וְחִכִּינוּ 8 תְּחַכֶּה יְחַכֶּה 10 חַכֵּי מְחַכִּים מְחַכֵּה־ מְחַכֶּה 11 חַכּוּ־לִי חַכֵּה־לוֹ

חַכָּה *f.* rod, hook Isa 19:8; Hab 1:15; Job 40:25◦

חֲכִילָה *pn* Hachilah; others: part of the *pln* Gibea-Hachilah 1 Sam 23:19; 26:1.3◦

חֲכַלְיָה *m. PN* Hachaliah Neh 1:1; 10:2◦

חַכְלִילִי *m.* & חַכְלִילוּת *f.* dark, shiny Gen 49:12; bleary Prov 23:29◦

חכם✓[B] *q* be, become wise, act wisely; be able, skilled 5 חָכָם חָכְמָה חָכַמְתָּ חָכְמוּ 6 יֶחְכַּם *p* יֶחְכָּם אֶחְכָּמָה יֶחְכָּמוּ 7 וַיֶּחְכַּם 10 חֲכַם חֲכָמוּ

pi instruct, teach wisdom, make wise 6 יְחַכֵּם יְחַכְּמֵנוּ[e] תְּחַכְּמֵנִי[e] Ps 105:22; 119:98; Job 35:11◦

pu be wise Prov 30:24; be skilful Ps 58:6 - 11 מְחֻכָּם מְחֻכָּמִים◦

hif make wise 11 מַחְכִּימַת Ps 19:8◦

hitp act wisely (with לְ against) Ex 1:10; be overwise Ecc 7:16 - 6 תִּתְחַכַּם נִתְחַכְּמָה◦

חָכָם *m.* & חֲכָמָה[B] *f.* ← חכם wise, clever, skilful; capable of physical and mental excellence; pl. the wise 1 חֲכַם חַכְמַת 2 חֲכָמִים חֲכָמוֹת 3 חַכְמֵי חַכְמוֹת 4 חֲכָמָיו חֲכָמֶיהָ חֲכָמֶיךָ חֲכָמַיִךְ

חָכְמָה[B] ← חכם *f.* wisdom, skill, dexterity; ability to recognize problems and to find and use means to solve them 1 חָכְמַת 4 חָכְמָתוֹ חָכְמָתָהּ חָכְמָתֶךָ חָכְמָתִי חָכְמָתָם חָכְמַתְכֶם

חָכְמוֹת ← חכם *f.* wisdom

חַכְמוֹנִי *m. PN* Hachmoni 1 Chr 11:11; 27:32◦

חֹל *m.* not holy, profane, ordinary

חֵל & **חֵיל** *m.* wall, dam 4 חֵילָהּ חֵילֵךְ

✓**חלא** *var.* ↔ חלה *q* get ill 7 וַיֶּחֱלָא 2 Chr 16:12◦

hif make ill 5 הֶחֱלִי Isa 53:10◦

חֶלְאָה ↔ חלא I. *f.* rust 4 חֶלְאָתָה חֶלְאָתָהּ Ez 24:6.11f◦

חֶלְאָה II. *f. PN* Helah 1 Chr 4:5.7◦

חֲלָאִים ↔ חֲלִי *m.* Ornament Prov 25:12; Song 7:2◦

חֵלָאם *pln* Helam 2 Sam 10:17◦

חָלָב *m.* milk 1 חֲלֵב

חֵלֶב[B] I. *m.* fat; fig.: the fattest, best 2 חֲלָבִים 3 חֶלְבֵי 4 חֶלְבּוֹ חֶלְבָּהּ חֶלְבְּהֶן חֶלְבֵּהֶן

חֵלֶב II. *m. PN* 2 Sam 23:29; most translators read with 1 Chr 11:30 Heled◦

חֶלְבָּה *pln* Helbah Jdg 1:31◦

חֶלְבּוֹן *pln* Helbon Ez 27:18◦

חֶלְבְּנָה galbanum Ex 30:34◦

חֶלֶד *m.* life, lifetime, world *p.* חָלֶד 4 חֶלְדִּי Ps 17:14; 39:6; 49:2; 89:48; Job 11:17◦

חֵלֶד *m. PN* Heled 1 Chr 11:30◦

חֹלֶד an unclean animal, weasel; others: mole Lev 11:29◦

חֻלְדָּה *f. PN* Huldah 2 Kgs 22:14; 2 Chr 34:22◦

חֶלְדַּי *m. PN* Heldai 1 Chr 27:15; Zec 6:10.(14)◦

✓**חלה**[B] *q* be or become ill; be weak, pain-filled 5 חָלָה (cf. ↔ חוּל) חָלִית וְחָלִיתִי חָלוּ 7 וַיָּחַל 8 חֲלֹתוֹ[e] חֲלוֹתָם[e] 11 חֹלָה הַחוֹלָה חוֹלַת חוֹלָה

nif be sick, exhausted, weak; pt. terrible, life-threatening; be worried Am 6:6 - 5 וְנֶחֱלֵיתִי נֶחְלוּ 11 נַחֲלָה נֶחְלָה נַחְלוֹת

pi beg, appease (with פְּנֵי); make sick Dtn 29:21 - 5 חִלָּה חִלִּיתִי וְחִלּוּ חִלִּינוּ 6 יְחַלּוּ 7 וַיְחַל 8 לְחַלּוֹת 10 חַל חַלּוּ

pu be week, feeble 5 חֻלֵּיתָ Isa 14:10◦

hif make ill 5 הֶחֱלִי הֶחֱלֵיתִי הֶחֱלוּ 11 מַחֲלָה Isa 53:10; Hos 7:5; Mi 6:13; Prov 13:12◦

hof be wounded 5 הָחֳלֵיתִי 1 Kgs 22:34; 2 Chr 18:33; 35:23◦

hitp get sick; pretend to be sick 7 וַיִּתְחָל 8 לְהִתְחַלּוֹת 10 וְהִתְחָל 2 Sam 13,2.5f◦

חַלָּה *f.* cake 1 חַלַּת 2/3 חַלּוֹת חַלֹּת

חֲלוֹם & **חֲלֹם**[B] ↔ חלם I. *m.* dream בַּעַל הַחֲלֹמוֹת dreamer Gen 37:19 – 2/3 חֲלֹמוֹת 4 חֲלֹמוֹ חֲלוֹמִי חֲלֹמֹתָיו חֲלֹמֹתֵיכֶם חֲלֹמֹתֵינוּ

חַלּוֹן *m.* & *f.* window; light, air opening 2 חַלּוֹנִים חַלּוֹנוֹת חַלֹּנוֹת 4 חַלּוֹנֵינוּ

חֹלוֹן & **חֹלֹן** *pln* Holon Jer 48:21; Jos 15:51; 21:15◦

חַלּוֹנַי with many windows Jer 22:14◦

חֲלוֹף ↔ חלף *m.* weak, unfortunate Prov 31:8◦

חָלוּץ ↔ חלץ

חַלּוּק ↔ חלק *m.* smooth 3 חַלֻּקֵי 1 Sam 17:40◦

חֲלוּשָׁה ↔ חלש *f.* defeat Ex 32:18◦

חֲלַח *pln* Halach 2 Kgs 17:6; 18:11: 1 Chr 5:26◦

חַלְחוּל *pln* Halhul Jos 15:58◦

1 st.c. sg. 2 st.a. pl. 3 st.c. pl. 4 with *epp* 5 SC 6 PC 7 narrative 8 inf.c. 9 inf.a. 10 imp. 11 part.

חַלְחָלָה ↩ חיל *f.* cramp, tremor, fear

חלט *hif* take someone at his word 7 וַיַּחְלְטוּ 1 Kgs 20:33◦

חֳלִי ↩ חלה *m.* disease, suffering *p* חֹלִי 4 חָלְיוֹ חָלְיֵנוּ

חֲלִי I. *m.* collar, jewellery 2 ↪ חֲלָאִים Prov 25:12; Song 7:2◦

חֲלִי II. *pln* Hali Jos 19:25◦

חֶלְיָה *f.* collar, jewellery 4 חֶלְיָתָהּ Hos 2:15◦

חָלִיל *m.* flute 2 חֲלִילִים חֲלִלִים

חָלִילָה & חָלִלָה interj., mostly with לְ: be it far from!

חֲלִיפָה ↩ חלף *f.* change; alternating; replacement Job 14:14; more and more Job 10:17; change of clothes: especially good, festive clothes (mostly with בְּגָדִים or שְׂמָלֹת) 2/3 חֲלִיפוֹת חֲלִיפֹת חֲלִפֹת 4 חֲלִיפֹתָי

חֲלִיצָה ↩ חלץ *f.* what one takes from those who are slain: weapons, armor, clothing 4 חֲלִצָתוֹ חֲלִיצוֹתָם Jdg 14:19; 2 Sam 2:21◦

חֵלְכָה *m.* & *f.* the weak, unfortunate *p* חֵלֶכָה 2 חֵלְכָאִים Ps 10:8.10.14◦

חלל[B] I. *nif* be desecrated, profaned, blasphemed, defiled 5 נִחָל נִחַלְתְּ וְנִחֲלוּ 6 יֵחָל תֵּחֵל 7 וָאֵחַל 8 הֵחֵל לְהֵחַלּוֹ[e]

pi profane, desecrate; take into use, utilize 5 חִלֵּל חִלְלוֹ[e] חִלַּלְתָּ חִלַּלְתְּ חִלְּלוּ *p* חִלֵּלוּ וְחִלְּלֶהָ[e] וְחִלְּלֻהוּ[e] וְחִלַּלְתֶּם 6 יְחַלֵּל יְחַלְּלֻנוּ[e] תְּחַלֵּל תְּחַלְּלֻנוּ[e] יְחַלְּלוּ *p* יְחַלֵּלוּ יְחַלְּלֻהוּ[e] תְּחַלְּלוּ 7 וַתְּחַלְּלֶהָ[e] וָאֲחַלֵּל וָאֲחַלֶּלְךָ[e] וַיְחַלְּלוּ וַתְּחַלְּלוּ וַתְּחַלֶּלְנָה 8 לְחַלֵּל חַלְּלוֹ[e] חַלְּלָם[e] 11 מְחַלֵּל מְחַלְּלֶהָ[e] מְחַלֶּלֶת מְחַלְּלִים

pu be profaned 11 הַמְחֻלָּל Ez 36:23◦

hif start, begin; defile, desecrate Ez 39:7; break one's word Num 30:3 - 5 הֵחֵל הֵחֵלָּה הַחִלּוֹתָ הֵחֵלּוּ 6 יַחֵל יָחֵל אַחֵל אָחֵל תָּחֵלּוּ תְּחִלֶּינָה 7 וַיָּחֶל וַתָּחֶל וַיָּחֵלּוּ וַתְּחִלֶּינָה 8 הָחֵל הַחִלָּם[e] 9/10 הָחֵל 11 מֵחֵל

hof be begun 5 הוּחַל Gen 4:26◦

ⓘ The basic meaning of the word is *to profane*; this results in the spectrum of *take into use, begin something* up to *desecrate.*

חלל II. *q* be pierced, wounded 5 חָלַל 8 חַלּוֹתִי[e] Ps 77:11 *this is me being pierced = my weakness, my pain;* Ps 109:22◦

pi murder, pierce 11 מְחַלְלֶיךָ[e] Ez 28:9◦

pu be pierced, wounded 11 מְחֻלָּלֵי Ez 32:26◦

pol pierce, wound 5 חֹלֲלָה 11 מְחוֹלֵל מְחוֹלֶלֶת pass. מְחוֹלָל Isa 51:9; 53:5; Prov 26:10; Job 26:13◦

חלל ↩ חָלִיל III. play flute 11 מְחַלְּלִים 1 Kgs 1:40◦

חָלָל *m.* & חֲלָלָה *f.* ↩ חלל I. desecrated, humiliated Lev 21:7.14; Ez 21:30◦

חָלָל ↩ חלל II. *m.* pierced, wounded; killed, slain 1 חֲלַל 2 חֲלָלִים 3 חַלְלֵי 4 חֲלָלֶיהָ חֲלָלֶיךָ חֲלָלַיִךְ חַלְלֵיהֶם חַלְלֵיכֶם חֲלָלֵינוּ

חָלִל *m.* flute 2 חֲלִילִים חֲלִלִים

חלם[B] I. *q* dream; pt. dreamer 5 חָלַם חָלַמְתָּ חָלַמְתִּי *p* חָלָמְתִּי חָלַמְנוּ 6 יַחֲלֹם יַחְלְמוּ *p* יַחֲלֹמוּן 7 וַיַּחֲלֹם וַיַּחַלְמוּ וַנַּחַלְמָה 11 חוֹלֵם חֹלֵם חֹלְמִים

hif dream 11 מַחְלְמִים Jer 29:8◦

חלם II. *q* get strong 6 יַחְלְמוּ Job 39:4◦

hif restore, recover 6 תַּחֲלִימֵנִי[e] Isa 38:16◦

1 st.c. sg. 2 st.a. pl. 3 st.c. pl. 4 with *epp* 5 SC 6 PC 7 narrative 8 inf.c. 9 inf.a. 10 imp. 11 part.

חֵלֶם *m. PN* Zec 6:14; with v.10 Heldai ↪ חֶלְדַּי◦

חֲלֹם & **חֲלוֹם**[B] ↩ חלם *m.* dream 2/3 חֲלֹמוֹת 4 חֲלֹמוֹ חֲלוֹמִי חֲלֹמֹתָיו חֲלֹמֹתֵיכֶם חֲלֹמֹתֵינוּ

חַלָּמוּת *f.* according to the Jewish exegetes and in modern Hebrew: egg white; others: name of a plant Job 6:6◦

חַלָּמִישׁ *m.* smooth stone, pebble 1 חַלְמִישׁ

חַלֹּן I. *f.* window; light, air opening 2 חַלֹּנִים חַלּוֹנוֹת חַלֹּנוֹת 4 חַלּוֹנֵינוּ

חֹלֹן II. *pln* Holon ↪ חֹלוֹן

חֵלֹן *m. PN* Helon

√**חלף** I. *q* pass by, float; have an end, disappear; of fresh shoots: grow up Ps 90:6; roar, sweep Isa 21:1 - 5 חָלַף *p* חָלָף חָלַפְתָּ חָלְפוּ 6 יַחֲלֹף וְיַחֲלֹפוּ 8 לַחֲלֹף

pi change clothes 7 וַיְחַלֵּף Gen 41:14; 2 Sam 12:20◦

hif change, replace, interchange, put in place; general: modify; from fresh shoots: sprout; with כֹּחַ gain new strength 5 וְהֶחֱלִף 6 יַחֲלִיף נַחֲלִיף יַחֲלִיפוּ תַּחֲלִיפֵם[e] תַּחֲלִיף יַחֲלִיפֶנּוּ[e] 7 וַתַּחֲלֵף 10 הַחֲלִיפוּ

√**חלף** II. *q* pierce 5 וְחָלְפָה 6 תַּחְלְפֵהוּ[e] Jdg 5:26; Job 20:24◦

חֵלֶף ↩ חלף I. for, in return Num 18:21.31◦

חֵלֶף II. *pln* Heleph Jos 19:33◦

חלץ I. *q* take off; take off sandals Dtn 25:9; Isa 20:2; be barefoot חֲלוּץ הַנָּעַל Dtn 25:10; bare one's breasts: nurse Lam 4:3 - 5 חָלְצוּ וְחָלְצָה 6 תַּחֲלֹץ 11 pass. חֲלוּץ◦

pi 5 extract, tear out (stones) Lev 14:40.43; plunder, damage (others: tear out, help) Ps 7:5 - 5 חִלֵּץ חִלְּצוּ 7 וָאֲחַלְּצָה 8 חִלֵּץ◦

√**חלץ** II. *q* withdraw 5 חָלַץ (with מִן) Hos 5:6◦

nif be rescued 5 נֶחֱלָץ 6 יֵחָלְצוּ יֵחָלְצוּן Ps 60:7; 108:7; Prov 11:8f◦

pi rescue, save 5 חִלֵּץ חִלַּצְתָּ 6 יְחַלֵּץ יְחַלְּצֵנִי[e] אֲחַלֶּצְךָ[e] אֲחַלְּצֵהוּ[e] 7 וַיְחַלְּצֵם[e] וָאֲחַלֶּצְךָ[e] 10 חַלְּצֵנִי[e] חַלְּצָה 2 Sam 22:20; Ps 6:5; 18:20; 34:8; 50:15; 81:8; 91:15; 116:8; 119:153; 140:2; Job 36:15◦

√**חלץ** III. *q* prepare (for battle) 11 pass. חָלוּץ חֲלוּץ חֲלוּצִים חֲלוּצֵי

nif be armed 6 נֵחָלֵץ תֵּחָלְצוּ 10 הֵחָלְצוּ Num 31:3; 32:17.20◦

hif give strength 6 יַחֲלִיץ Isa 58:11◦

ⓘ Some scholars derive all forms from a single root with the basic meaning *pulling out*.

חֶלֶץ *m. PN* Helez

חֲלָצַיִם du. *m.* loins, hips *p.* חֲלָצָיִם 4 חֲלָצוֹ (sg.; only Job 31:20 *kt.*) חֲלָצֶיךָ חֲלָצָיו

√**חלק**[B] I. *q* be soft; be false (with לֵב) 5 חָלַק חָלְקוּ Ps 55:22; Hos 10:2◦

hif smoothen, flatten; (with לָשׁוֹן or abs.) flatter 5 הֶחֱלִיק הֶחֱלִיקָה 6 יַחֲלִיקוּן 11 מַחֲלִיק Isa 41:7; Ps 5:10; 36:3; Prov 2:16; 7:5; 29:5◦

√**חלק**[B] II. *q* cast and draw lots; divide, distribute; share booty, plunder 5 חָלַק חָלְקוּ 6 יַחֲלֹק יַחֲלְקוּ תַּחְלְקוּ 7 וַתַּחְלְקֵם[e] וַיַּחְלְקוּ וַיַּחְלְקוּם[e] 8 חֲלֹק 10 חִלְקוּ 11 חוֹלֵק

nif be divided, split up, distributed 6 יֵחָלֵק יֵחָלֵק תֵּחָלֵק 7 וַיֵּחָלֵק

pi share, divide; cast lots; scatter Gen 49:7; Lam 4:16 - 5 חִלְּקָם[e] חִלַּקְתָּה וְחִלַּקְתָּם[e] חִלְּקוּ 6

1 st.c. sg. 2 st.a. pl. 3 st.c. pl. 4 with *epp* 5 SC 6 PC 7 narrative 8 inf.c. 9 inf.a. 10 imp. 11 part.

יְחַלֵּק תְּחַלֵּק אֲחַלֵּק אֲחַלֶּק־ אֲחַלְּקָה
אֲחַלְּקֵם[e] יְחַלְּקוּ 7 וַיְחַלֵּק וַיְחַלֶּק־ וַיְחַלְּקֵם[e]
וַיְחַלְּקוּ 8 חַלֵּק חַלְּקָם[e] 10 חַלֵּק

pu be divided 5 חֻלַּק 6 תְּחֻלַּק Isa 33:23; Am 7:17; Zec 14:1◦

hif participate in the division of an estate 8 לַחֲלִק Jer 37:12◦

hitp divide 5 וְהִתְחַלְּקוּ Jos 18:5◦

חָלָק *m.* & **חֲלָקָה**[B] *f.* ← חלק smooth, bald; flattering 3 חַלְקֵי חֲלָקוֹת חֲלַקּוֹת

חֵלֶק ← חלק I. *m.* sweet talk Prov 7:21◦

חֵלֶק ← חלק II. *m.* part, share, inheritance share, booty share; sharing of property or booty 2 חֲלָקִים 4 חֶלְקוֹ חֶלְקֵךְ חֶלְקְךָ חֶלְקִי חֶלְקָם

חֵלֶק III. *m.* field, property (corresponds with II. in the meaning possession, inheritance) 4 חֶלְקֵיהֶם Hos 5:7◦

חֵלֶק IV. *m. PN* Helek Num 26:30; Jos 17:2◦

חַלֻּק ← חלק *m.* smooth 3 חַלֻּקֵי 1 Sam 17:40◦

חֲלָקָה *f.* → חָלָק smooth, gentle; pl. smooth paths; flattery 3 חֲלָקוֹת חֲלַקּוֹת

חֶלְקָה ← חלק *f.* I. smoothness 1 חֶלְקַת Gen 27:16; Prov 6:24◦

חֶלְקָה ← חלק II. *f.* piece of field, plot of land, property 1 חֶלְקַת 4 חֶלְקָתִי חֶלְקָתָם

חֲלֻקָּה ← חלק *f.* part, department, order 1 חֲלֻקַּת 2 Chr 35:5◦

חֶלְקִי *pn* Helekite Num 26:30◦

חֶלְקַי *m. PN* Helkai Neh 12:15◦

חִלְקִיָּה & **חִלְקִיָּהוּ** *m. PN* Hilkiah

חֲלַקְלַקּוֹת ← חלק *f.* smooth, slippery ground Jer 23:12; Ps 35:6; intrigues, flattery Dan 11:21.34◦

חֶלְקַת *pln* Helkath Jos 19:25; 21:31◦

✓ **חלשׁ** I. *q* be weak, fade away 7 וַיֶּחֱלַשׁ Job 14:10◦

✓ **חלשׁ** II. *q* overcome, vanquish 7 וַיַּחֲלֹשׁ 11 חוֹלֵשׁ Ex 17:3; Isa 14:12◦

חַלָּשׁ ← חלשׁ I. *m.* weakling Joel 4:10◦

חָם I. *m.* father-in-law (father of the groom; cf. → חתן) 4 חָמִיךְ חָמִיהָ Gen 38:13.25; 1 Sam 4:19.21◦

חָם ← חמם II. hot 2 חַמִּים Jos 9:12; Job 37:17◦

חָם III. *m. PN* Ham, son of Noah; later name for Egypt

חֹם[B] ← חמם *m.* warmth, heat; כְּחֹם הַיּוֹם when the day is hottest, midday heat

חֵמָא *f.* anger, rage ← חֵמָה Dan 11:44◦

חֶמְאָה & **חֵמָה** *f.* butter, buttermilk 1 חֶמְאַת

✓ **חמד**[B] *q* like, fancy, desire, want something; pt.pass. darling 5 חָמַד וְחָמְדוּ חֲמַדְתֶּם 6 יַחְמֹד תַּחְמֹד וְנֶחְמְדֵהוּ[e] 7 וָאֶחְמְדֵם[e] 11 pass. חֲמוּדֵיהֶם[e] חֲמוּדוֹ[e]

nif pt. delicious, desirable 11 נֶחֱמָדִים נֶחְמָד Gen 2:9; 3:6; Ps 19:11; Prov 21:20◦

pi enjoy doing something 5 חִמַּדְתִּי Song 2:3◦

חֶמֶד ← חמד *m.* fine, delicious, splendid, desirable Isa 32:12; Ez 23:6.12.23; Am 5:11◦

חֶמְדָּה ← חמד *f.* longing, hope; object of longing: something valuable, beautiful, desirable 1 חֶמְדַּת 4 חֶמְדָּתוֹ חֶמְדָּתֵךְ חֶמְדָּתִי חֶמְדָּתָם

1 st.c. sg. 2 st.a. pl. 3 st.c. pl. 4 with *epp* 5 SC 6 PC 7 narrative 8 inf.c. 9 inf.a. 10 imp. 11 part.

חֲמֻדוֹת & **חֲמוּדוֹת** ↩ חמד *f.* precious, solemn, delicious; אִישׁ חֲמֻדוֹת beloved, esteemed (by God) (without אִישׁ Dan 9:23)

חֶמְדָּן *m. PN* Hemdan Gen 36:26◦

חֵמָה ↩ חמם I. *f.* heat, anger; poison 1 חֲמַת 2 חֵמָתִי חֲמָתֶךָ *p* חֲמָתְךָ חֲמָתוֹ 4 חֵמֹת חֵמוֹת חֲמָתָם

חֵמָה II. *f.* butter Job 29:6◦

חַמָּה ↩ חמם *f.* glow, blaze; sun 4 חַמָּתוֹ

חֹמָה ↪ חוֹמָה

חַמּוּאֵל *m. PN* Hammuël 1 Chr 4:26◦

חֲמוּדוֹת ↪ חֲמֻדוֹת

חֲמוּטַל & **חֲמִיטַל** *f. PN* Hamutal

חָמוּל *m. PN* Hamul Gen 46:12; Num 26:21; 2 Chr 2:5◦

חָמוּלִי *pn* Hamulite Num 26:21◦

חַמּוֹן *pln* Hammon Jos 19:28; 1 Chr 6:61◦

חָמוּץ ↩ חמץ *m.* deep red Isa 63:1◦

חָמוֹץ ↩ חמץ *m.* oppressed Isa 1:17◦

חַמּוּק ↩ חמק *m.* curve 3 חַמּוּקֵי Song 7:2◦

חֲמוֹר & **חֲמֹר** I. *m.* donkey 2 חֲמוֹרִים חֲמֹרִים

חֲמוֹר II. *f.* heap du. חֲמֹרָתָיִם Jdg 15:16◦

חֲמוֹר III. *m. PN* Hamor

חָמוֹת & **חָמֹת** mother-in-law 4 חֲמֹתָהּ חֲמוֹתֵךְ Ruth 1ff; Mi 7:6◦

חַמּוֹת דֹּאר *pln* Hammot-Dor Jos 21:32◦

חֹמֶט *pn* of an unclean reptile, blindworm Lev 11:30◦

חֻמְטָה *pln* Humta Jos 15:54◦

חֲמִיטַל *f. PN* 2 Kgs 24:18; Jer 52:1 *kt.*; *qr.* ↪ חֲמוּטַל◦

חָמִיץ *m.* seasoned, salted; others: silage, provender, sorrel Isa 30:24◦

חֲמִישִׁי *m.* & **חֲמִישִׁית** *f.* ordinal number: fifth; the fem. often absolute: the fifth, the fifth part 4 חֲמִישִׁתָיו חֲמִשִׁיתוֹ

√ **חמל**[B] *q* have pity; save, spare, hold back 5 חֲמַלְתֶּם וְחָמַלְתִּי חָמַלְתָּ חָמָל *p* חָמַל 6 תַּחֲמֹלוּ *p* תַּחְמְלוּ יַחְמֹלוּ אֶחְמֹל יַחְמֹל יַחְמוֹל 7 וַיַּחְמֹל וַתַּחְמֹל וָאֶחְמֹל 8 לְחֶמְלָה Ez 16:5

חֶמְלָה ↩ חמל *f* pity, mercy 1 חֶמְלַת 4 חֶמְלָתוֹ Gen 19:6; Isa 63:9◦

חֶמְלָה *f.* pity (inf. for חמל) Ez 16:5◦

√ **חמם**[B] *q* warm; be or become hot 5 חַמּוֹתִי חַם 6 יֵחַם יִחַם יָחֹם תֵּחַם יֵחַמּוּ 7 וַיָּחָם 8 חֹם חֻמּוֹ[e] בְּחֻמָּם[e] לַחְמָם

nif become hot, aroused 11 הַנֵּחָמִים Isa 57:5◦

pi warm 6 תְּחַמֵּם Job 39:14◦

hitp be warmed 6 יִתְחַמָּם Job 31:20◦

חַמָּן *m.* incense altar, sacrificial column 2 חַמָּנִים 4 חַמָּנֵיכֶם

√ **חמס** *q* commit violence, rape, oppress, harass; repel (a vine unripe grapes), trample, destroy (one's dwelling place) 5 חָמְסוּ 6 יַחְמֹס 7 וַיַּחְמֹס 11 חֹמֵס תַּחְמְסוּ

ⓘ Some scholars assume a second root for Job 21:27 with the meaning *think up, make up*.

nif be treated violently, be raped 5 נֶחְמְסוּ Jer 13:22◦

חָמָס ← חמס *m.* violence, injustice; with אִישׁ violent offender; with עֵד false witness; pl. acts of violence 1 חֲמַס 2 חֲמָסִים 4 חֲמָסִי חֲמָסוֹ

√ חמץ I. *q* be leavened (dough) 5 חָמֵץ 6 יֶחְמָץ 8 ᵉחֻמְצָתוֹ Ex 12:34.39; Hos 7:4◦

hif pt. leavened food 11 מַחְמֶצֶת Ex 12:19f◦

hitp be grieved, bitter 6 יִתְחַמֵּץ Ps 73:21◦

√ חמץ II. *q* pt. oppressor, tyrant 11 חוֹמֵץ Ps 71:4◦

חָמֵץ ← חמץ *m.* leavened food

חֹמֶץ ← חמץ *m.* vinegar, vinegar drink

√ חמק *q* turn away 5 חָמַק Song 5:6◦

hitp waver, be indecisive 6 תִּתְחַמָּקִין Jer 31:22◦

√ חמר I. *q* foam, ferment 5 חָמַר 6 יֶחְמְרוּ Ps 46:4; 75:9◦

poalal be agitated; be reddened (from crying) 5 חֳמַרְמָרוּ; חֳמַרְמְרָה *kt.* Lam 1:20; 2:11; Job 16:16◦

√ חמר ← חֵמָר II. *q* seal (with earth resin) 7 ᵉוַתַּחְמְרָה Ex 2:3◦

חֶמֶר ← חמר *m.* wine *p* חָמֶר Dtn 32:14◦

חֵמָר *m.* bitumen, earth resin Gen 11:3; 14,10; Ex 2:3◦

חֹמֶר I. *m.* mortar, lime; clay, loam; dirt, excrement

חֹמֶר ← חמר II. *m.* foaming, raving Hab 3:15◦

חֹמֶר III. a measure of capacity, ca. 400 litres ↪ חֲמוֹר II. 2 חֳמָרִים חֳמָרִם

חֲמֹר & חֲמוֹר *m.* donkey 2 חֲמֹרִים חֲמוֹרִים

חֳמָרִם ↪ חֹמֶר III.

חֶמְדָּן *m. PN* 1 Chr 1:41; with Gen 36:26 Hemdan◦

חֲמֹרָתַיִם ↪ חֲמוֹר II. du. *m.* heaps Jdg 15:16◦

√ חמשׁ ← חָמֵשׁ *q* pt. ordered, prepared (for war), ready for battle (in divisions of 50 each) 11 חֲמֻשִׁים

pi receive a twenty percent tax 5 וְחִמֵּשׁ Gen 41:34◦

חָמֵשׁ *m.* & חֲמִשָּׁה[B] *f.* five 1 חֲמֵשׁ חֲמֵשֶׁת 2 חֲמִשִּׁים fifty 4 חֲמִשֶּׁיךָ

חֹמֶשׁ I. *m.* one fifth Gen 47:26◦

חֹמֶשׁ II. *m.* belly, body 2 Sam 2:23; 3:27; 20:10◦

חֲמִשָּׁה *f.* five 1 חֲמֵשֶׁת

חֲמִשִׁי ↪ חֲמִישִׁי *m.* one fifth

חֲמִשִּׁים *m.* fifty 4 חֲמִשֶּׁיךָ ↪ חָמֵשׁ

חֲמִשִׁית ← חָמֵשׁ *f.* pentagon 1 Kgs 6:31◦

חֵמֶת *m.* waterskin *p* חֵמֶת 1 חֵמַת Gen 21:14f.19◦

חֲמָת & חֲמַת *pln* Hamath

חַמַּת *m. PN* & *pln* Hammath

חָמֹת & חָמוֹת mother-in-law 4 חֲמֹתָהּ חֲמוֹתֵךְ Ruth 1ff; Mi 7:6◦

חֲמָתִי *pn* Hamathite

חֵן[B] ← חנן *m.* kindness, favour, mercy; grace, beauty 4 חִנּוֹ

חֲנָדָד *m. PN* Henadad

√ חנה[B] *q* pitch a camp, encamp, camp; besiege; incline Jdg 19:9- 5 חָנָה חָנִיתִי חָנוּ 6 תַּחֲנֶה
חֲנֹת חֲנוֹת 8 וַיַּחֲנוּ וַיִּחַן 7 נַחֲנֶה תַּחֲנוּ יַחֲנוּ
חוֹנִים חֹנִים חֹנָה חֹנֶה 11 חֲנוּ חֲנֵה 10 חֲנֹתֵנוּ[e]

pi inf. חַנּוֹת ↩ חנן Ps 77:10 show mercy, be gracious◦

חַנָּה *f. PN* Hannah 1 Sam 1:2ff

חֲנוֹךְ & חֲנֹךְ *m. PN* & *pln* Henoch

חָנוּן *m. PN* Hanun

חַנּוּן[B] ↩ חנן *m.* gracious, friendly

ⓘ This statement is made exclusively of God (elliptically Ps 112:4).

חָנוּת *f.* vault, cellar 2 הַחֲנֻיוֹת Jer 37:16◦

√ חנט I. *q* embalm 7 וַיַּחַנְטוּ 8 לַחֲנֹט Gen 50:2.26◦

√ חנט II. *q* ripen 5 חָנְטָה Song 2:13◦

חֲנֻטִים ↩ חנט *m.* anointment, embalming Gen 50,3◦

חַנִּיאֵל *m. PN* Hanniël Num 34:23; 1 Chr 7:39◦

חֲנֻיוֹת ↪ חָנוּת vault

חָנִיךְ ↩ חנך *m.* tested, proven, well trained 4 חֲנִיכָיו Gen 14:14◦

חֲנִינָה ↩ חנן *f.* pity, mercy Jer 16:13◦

חֲנִית *f.* spear, javelin, lance 2 חֲנִיתִים 4 חֲנִיתוֹ
חֲנִתֹתֵיהֶם חֲנִיתֶךָ

√ חנך *q* dedicate; accustom, train 5 חֲנָכוּ[e] 6
יַחְנְכֶנּוּ[e] 7 וַיַּחְנְכוּ 10 חֲנֹךְ

חֲנֹךְ & חֲנוֹךְ *m. PN* & *pln* Henoch

חֲנֻכָּה ↩ חנך *f.* dedication 1 חֲנֻכַּת

חֲנֹכִי *pn* Henochite

חִנָּם ↩ חנן for free, without paying; in vain, without reason, without cause

חֲנַמְאֵל *m. PN* Hanamel Jer 32:7ff◦

חֲנָמַל *m.* hail Ps 78:47◦

√ חנן[B] I. *q* be gracious, merciful; turn to someone, give something graciously, grant out of grace 5 חָנַן חַנֵּנִי[e] וְחַנֹּתִי חָנָנוּ 6 יָחֹן יְחֻנַּן יְחָנְךָ[e]
יְחָנֵּנִי[e] יְחָנְךָ[e] יְחָנֵּנוּ[e] תְּחָנֵּם[e] אָחֹן 7 וַיָּחָן וַיְחָנֵּנוּ[e]
8 חֶנְנָה[e] לַחֲנַנְכֶם[e] 9 חָנוֹן 10 חָנֵּנִי[e] חָנֵּנוּ[e] חָנּוּנוּ[e]
11 חוֹנֵן חֹנֵן

(*nif* נֵחַנְתְּ 2. sg. f. SC ↪ אנח groan Jer 22:23◦)

pil be friendly 6 יְחַנֵּן Prov 26:25◦

pol be kind, generous 6 יְחֹנֵנוּ 11 מְחוֹנֵן Ps 102:15; Prov 14:21◦

hof find mercy 6 יֻחַן Isa 26:10; Prov 21:10◦

hitp beg, plead 5 הִתְחַנַּנְתָּה הִתְחַנַּנְתִּי וְהִתְחַנְּנוּ
6 תִּתְחַנָּן אֶתְחַנָּן אֶתְחַנֶּן־ 7 וַיִּתְחַנֵּן וַתִּתְחַנֵּן
וָאֶתְחַנַּן 8 הִתְחַנְּנוֹ[e]

√ חנן II. *q* cause disgust 5 וְחַנֹּתִי Job 19:17◦

חָנָן *m. PN* Hanan

חֲנַנְאֵל *pn* Hananel Jer 31:38; Zec 14:10; Neh 3:1; 12:39◦

חֲנָנִי *m. PN* Hanani

חֲנַנְיָה & חֲנַנְיָהוּ *m. PN* Hananiah

חָנֵס *pln* Hanes Isa 30:4◦

√ חנף *q* be godless, unholy, hypocritical; be profaned, desecrated; profane, defile Jer 3:9 (↪ *hif*) 5 חָנְפָה חָנֵפוּ 6 תֶּחֱנַף 7 וַתֶּחֱנַף 9 חָנוֹף

1 st.c. sg.   2 st.a. pl.   3 st.c. pl.   4 with *epp*   5 SC   6 PC   7 narrative   8 inf.c.   9 inf.a.   10 imp.   11 part.

hif desecrate, defile; pretend, cant; bring to apostasy (by flattering) 6 יַחֲנִיף 7 תַּחֲנִיפוּ וַתַּחֲנִפִי Num 35:33; Jer 3:2; Dan 11:32◦

חָנֵף ← חנף *m.* hypocritical, godless, profane 2 חֲנֵפִים 3 חַנְפֵי

חֹנֶף ← חנף *m.* ungodliness, profanity Isa 32:6◦

חֲנֻפָּה ← חנף *f.* pollution, ungodliness Jer 23:15◦

✓ **חנק** *nif* hang oneself 7 וַיֵּחָנַק 2 Sam 17:23◦ *pi* strangle 11 מְחַנֵּק Nah 2:13◦

חַנָּתֹן *pln* Hannaton Jos 19,14◦

✓ **חסד**[B] I. *hitp* show solidarity with somebody, be faithful 6 תִּתְחַסָּד 2 Sam 22:26; Ps 18:26◦

✓ **חסד** II. *pi* insult 6 [e]יְחַסֶּדְךָ Prov 25:10◦

חֶסֶד[B] ← חסד I. *m.* goodness, love, faithfulness, belief, solidarity; beauty, grace *p* חָסֶד 2 חֲסָדִים 3 חַסְדֵי 4 חַסְדּוֹ חַסְדְּךָ *p* חַסְדֶּךָ חֲסָדֶיךָ חֲסָדָיו חַסְדִּי

חֶסֶד ← חסד II. *m.* shame, dishonour, incest Lev 20:17; Prov 14:34◦

חֶסֶד III. *m. PN* Hesed 1 Kgs 4:10◦

חֲסַדְיָה *m. PN* Hasadiah 1 Chr 3:20◦

✓ **חסה** *q* seek, find shelter, refuge; hide; trust 5 חָסָה חָסָיָה חָסִיתִי חָסָיו וְחָסוּ 6 אֶחֱסֶה אֶחְסֶה 7 חָסוּ 8 לַחֲסוֹת וְלַחְסוֹת 10 יֶחֱסָיוּן יֶחֱסוּ 11 חֹסֵי חוֹסֵי חֹסִים חוֹסֶה

חֹסָה *m. PN* & *pln* Hosah

חָסוּת ← חסה *f.* refuge, shelter Isa 30:3◦

חָסִיד ← חסד *m.* merciful, kind, solidary 2 חֲסִידִים

חֲסִידָה ← חסד *f.* stork

חֲסַדְיָה *m. PN* Hasadiah 1 Chr 3:20◦

חָסִיל locust

חָסִין *m.* stork Ps 89:9◦

✓ **חסל** *q* (or *hif*) devour, consume 6 [e]יַחְסְלֶנּוּ Dtn 28:38◦

✓ **חסם** *q* put on a muzzle Dtn 25:4; block the way Ez 39:11 - 6 תַחְסֹם 11 חֹסֶמֶת◦

✓ **חסן** *nif* be hoarded 6 יֵחָסֵן Isa 23:18◦

חָסֹן *m.* strong Isa 1:31; Am 2:9◦

חֹסֶן ← חסן *m.* wealth, abundance

✓ **חספס** *pualal* be flaky, crunchy 11 מְחֻסְפָּס Ex 16:14◦

✓ **חסר**[B] *q* suffer deficiency, lack, need, miss; decrease, diminish, dry up 5 חָסֵר חָסַרְתָּ חָסֵרוּ חָסַרְנוּ 6 יֶחְסַר תֶּחְסַר אֶחְסָר יַחְסְרוּן 7 וַיַּחְסְרוּ 9 חָסוֹר

pi make lower Ps 8:6; deprive oneself of something Ecc 4:8 - 7 [e]וַתְּחַסְּרֵהוּ 11 מְחַסֵּר◦

hif have too little Ex 16:18; deprive, give not enough Isa 32:6 - 5 הֶחְסִיר 6 יַחְסִיר◦

חָסֵר ← חסר *m.* missing, lacking; with לֵב foolish, ignorant 1 חֲסַר

חֶסֶר ← חסר *m.* deficiency; poverty Job 30:3; Prov 28:22◦

חֹסֶר ← חסר *m.* deficiency, lack Dtn 28:48.57; Am 4:6◦

חַסְרָה *m. PN* Hasrah 2 Chr 34:22◦

1 st.c. sg. 2 st.a. pl. 3 st.c. pl. 4 with *epp* 5 SC 6 PC 7 narrative 8 inf.c. 9 inf.a. 10 imp. 11 part.

חֶסְרוֹן ↩ חסר *m.* what is lacking Ecc 1:15◦

חַף ↩ חפף *m.* clean, pure Job 33:9◦

✓ חפא *pi* do something secretly 7 וַיְחַפְּאוּ 2 Kgs 17:9◦

✓ חפה *q* cover, veil 5 וְחָפוּ 11 pass. חָפוּי וַחֲפוּי
nif be covered 11 נֶחְפָּה Ps 68:14◦
pi cover, overlay 5 חִפָּה 7 וַיְחַף וַיְחַפֵּהוּ[e] 2 Chr 3:5ff◦

חֻפָּה ↩ חפה I. *f.* shelter, canopy Isa 4:5; bridal room Jo 2:16; Ps 19:6 - 4 חֻפָּתוֹ חֻפָּתָהּ◦

חֻפָּה II. *m. PN* Huppah 1 Chr 24:13◦

✓ חפז *q* be startled; be frightened, excited; be in a hurry, flee in a rush 6 יַחְפֹּז תַּחְפְּזוּ 8 בְּחָפְזָהּ[e] חָפְזִי[e] חָפְזָם[e]
nif hurry up, do something in haste 5 נֶחְפָּזוּ 6 יֵחָפֵזוּן 8 בְּהֵחָפְזָם[e] 11 נֶחְפָּז

חִפָּזוֹן ↩ חפז *m.* haste, hurry Ex 12:11; Dtn 16:3; Isa 52:12◦

חֻפִּים & חֻפִּם *m. PN* Huppim

חֹפֶן *m.* hollow hand, handful; du. חָפְנַיִם 3 חָפְנֵי 4 חָפְנָיו חָפְנֵיכֶם

חָפְנִי *m. PN* Hophni

✓ חפף *q* shield, cover 11 חֹפֵף Dtn 33:12◦

✓ חפץ[B] I. *q* want, wish, desire, long for, take a shine to, take pleasure in 5 חָפֵץ חָפַצְתָּ חָפַצְתִּי חֲפַצְתֶּם חָפָצְנוּ 6 יַחְפֹּץ *p* יֶחְפָּץ יַחְפְּצוּ *p* יֶחְפָּצוּ תַּחְפֹּץ אֶחְפֹּץ *p* אֶחְפָּץ יֶחְפָּצוּן 9 חָפֹץ

✓ חפץ II. *q* make stiff 6 יַחְפֹּץ Job 40:17◦

חָפֵץ *m.* & חֲפֵצָה[B] *f.* ↩ חפץ pleasing, wanting, willing 2 חֲפֵצִים 3 חֲפֵצֵי 4 חֶפְצֵיהֶם

חֵפֶץ[B] ↩ חפץ *m.* pleasure, delight; favour, wish, desire; want; plan, goal; business; care, matter of the heart 2 חֲפָצִים 4 חֶפְצוֹ חֶפְצָהּ חֶפְצְךָ חֶפְצִי חֶפְצָם חֲפָצֶיךָ

חֶפְצִי־בָהּ *f. PN* Hephzi-Bah 2 Kgs 21:1; symb. name of Sion: *My delight* Isa 62:4◦

✓ חפר I. *q* dig, paw; search, scout, spy out 5 חָפַר וְחָפַרְתָּ וַחֲפַרְתָּה חָפַרְתִּי חָפְרוּ *p* חָפָרוּ חֲפָרוּהָ[e] 6 יַחְפְּרוּ תַּחְפְּרוּ 7 וַיַּחְפֹּר וַיַּחְפְּרֵהוּ[e] וַאֶחְפֹּר וַיַּחְפְּרוּ וַיַּחְפְּרֻהוּ[e] 8 לַחְפֹּר 11 חֹפֵר

ⓘ In Isa 2:20 the word means *throwing into a hole*, but many exegetes read ↪ חֲפַרְפָּרָה

✓ חפר II. *q* be ashamed, blush with shame 5 חָפְרָה *p* וְחָפֵרָה 6 תַּחְפִּירִי תַּחְפְּרוּ *p* יַחְפְּרוּ יֶחְפָּרוּ 7 תַּחְפְּרוּ וַיֶּחְפָּרוּ
hif be ashamed; act shamefully 5 הֶחְפִּיר 6 תַּחְפִּירִי יַחְפִּיר 11 מַחְפִּיר

✓ חפר III. *q* scout, explore 5 חָפַרְתָּ חָפַר 6 יַחְפְּרוּ 8 לַחְפֹּר Dtn 1:22; Jos 2:2f; Job 11:8; 39:29◦

ⓘ Some scholars assume a root חפר III.; but the meaning *explore* is also figuratively derived from I.

חֵפֶר *m. PN* & *pln* Hepher

חֵפֶר ↪ גַּת־הַחֵפֶר *pn* Gat-Hepher

חֶפְרִי *pn* Hepherite

חֲפָרַיִם *pn* Hapharaim Jos 19:19◦

חָפְרַע *m. PN* Hophra Jer 44:30◦

חֲפַרְפָּרָה ↩ חפר *f.* mole

1 st.c. sg. 2 st.a. pl. 3 st.c. pl. 4 with *epp* 5 SC 6 PC 7 narrative 8 inf.c. 9 inf.a. 10 imp. 11 part.

ⓘ This word is not found in biblical Hebrew. Some exegetes read its plural חֲפַרְפֵּרוֹת in Isa 2:20, because the text לַחְפֹּר פֵּרוֹת is hard to understand.◦

✓ חפשׂ *q* search, explore, prove, test 6 חָפַשׂ 11 נַחְפְּשָׂה יַחְפְּשׂוּ תַּחְפְּשֶׂנָּה[e]

nif be searched out, ransacked 5 נֶחְפְּשׂוּ Ob 6◦

pi search, trace, explore 5 וְחִפַּשְׂתִּי וְחִפְּשׂוּ 6 חִפְּשׂוּ 10 וַיְחַפֵּשׂ 7 אֲחַפֵּשׂ

pu be hidden, concealed; hide 6 יְחֻפַּשׂ 11 מְחֻפָּשׂ Ps 64:7; Prov 28:12◦

hitp be searched for; disguise oneself, make oneself unrecognizable 5 הִתְחַפֵּשׂ 6 יִתְחַפֵּשׂ 7 הִתְחַפֵּשׂ 9 וַיִּתְחַפֵּשׂ

חֵפֶשׂ ↩ חפשׂ *m.* plan Ps 64:7◦

✓ חפשׁ *pu* be free, freed 5 חֻפָּשָׁה Lev 19:20◦

חֹפֶשׁ *m.* saddle cloth Ez 27:20◦

חֻפְשָׁה ↩ חפשׁ *f.* free, freedom Lev 19:20◦

חָפְשׁוּת ↩ חפשׁ *f. kt.*; *qr.* חָפְשִׁית only in בֵּית הַחָפְשִׁית separate house 2 Kgs 15:5; 2 Chr 26:21◦

חָפְשִׁי *m.* & חָפְשִׁית *f.* ↩ חפשׁ free, released Ex 21:5; abandoned, isolated 2 Kgs 15:5; 2 Chr 26:21; Ps 88:6 - 2 חָפְשִׁים

חֵץ *m.* arrow 2 חִצִּים 3 חִצֵּי 4 חִצּוֹ חִצִּי חִצָּם חִצֶּיךָ חִצֶּיךָ חִצַּי חִצָּיו

חֵץ → חוץ

✓ חצב[B] *q* hew, carve, cut, hoe, dig; strike down, kill Hos 6:5; spray flames Ps 29:7; pt. stonemason 5 חָצַב חָצְבָה חָצַבְתָּ חָצַבְתִּי 6 תַּחְצֹב 7 וַיַּחְצֹב 8 לַחְצֹב לַחְצוֹב 11 חֹצֵב חֹצְבֵי (with י-compaginis); חֹצְבִים חֹצְבֵי pass. חֲצוּבִים

nif be cut, engraved 6 יֵחָצְבוּן Job 19:24◦

pu be cut out 5 חֻצַּבְתֶּם Isa 51:1◦

hif cut in pieces 11 הַמַּחְצֶבֶת Isa 51:9◦

✓ חצה *q* divide, distribute, split; with עַד reach to Isa 30:28; reach the middle Ps 55:24 - יֶחֱצוּ *p* יַחְצוּ יֶחֱצֶה 6 וְחָצוּ וְחָצִית חָצָה 5 וַיַּחְצוּ וַיֶּחֱצֵם[e] וַיַּחַץ 7 יֶחֱצוּהוּ[e] יֶחֱצוּן וְתֶחָץ

nif be divided 6 יֵחָצוּ 7 וַיֵּחָצוּ וְתֵחָץ

חִיצוֹנָה ↩ חוּץ *f.* the exterior, outside

חֲצוֹצְרָה → חֲצֹצְרָה trumpet

חָצוֹר *pln* Hazor

חָצוֹר חֲדַתָּה *pln* Hazor-Hadatta Jos 15:25◦

חֲצוֹת & חֲצֹת ↩ חצה *f.* middle; חֲצוֹת־לַיְלָה midnight Ex 11:4; Ps 119:62; Job 34:20◦

חֲצִי & חֵצִי[B] ↩ חצה *m.* half, middle 1 חֲצִי 4 חֶצְיֵנוּ חֶצְיָם חֶצְיָהּ חֶצְיוֹ

חֵצִי I. *m.* arrow 1 Sam 20:36ff; 2 Kgs 9:24◦

חֵצִי II. → חֲצִי

חָצִיר *m.* grass; leek Num 11:5 - 1 חֲצִיר

חֹצֶן *m.* bosom, breast (unspecific for men and women); fold of cloths (at the bosom); with בְּ carry in hands (and press to the breast) 4 חִצְנוֹ חָצְנִי

✓ חצץ *q* pt. keep distance, in order 11 חֹצֵץ Prov 30:27◦

pi distribute (water) 11 מְחַצְצִים Jdg 5:11◦

pu be finished 5 חֻצָּצוּ Job 21:21◦

חָצָץ *m.* gravel, pebble Prov 20:17; Lam 3:16◦

חַצְצֹן תָּמָר *pln* Hazezon-Tamar Gen 14:7◦

√ חצצר ↩ חֲצֹצְרָה *pi* play the trumpet 11 מַחְצְצְרִים (and variants) *kt.*; *qr.* מַחְצְרִים (*hif*); מְחַצְּרִים (*pi* 2 Chr 5:13)

חֲצֹצְרָה *f.* trumpet 2 חֲצֹצְרוֹת חֲצוֹצְרוֹת

חָצֵר[B] *m.* & *f.* fortified camp; settlement, village without a wall, homestead; courtyard, atrium 1 חֲצַר 2 חֲצֵרִים חֲצֵרוֹת 3 חַצְרֵי חַצְרֵי חֲצֵרֶיךָ וַחֲצֵרֶיהָ חֲצֵרוֹ 4 חַצְרוֹת חַצְרוֹתָי חֲצֵרוֹתָיו *p* חַצְרוֹתָיו ;חַצְרֵיהֶם חַצְרוֹתֵיהֶם

Part of the following *pln* :
חֲצַר־אַדָּר Hazar-Addar
חֲצַר גַּדָּה Hazar-Gaddah
חֲצַר סוּסָה Hazar-Susah
חֲצַר סוּסִים Hazar-Susim
חֲצַר עֵינוֹן Hazar-Enan
חֲצַר שׁוּעָל Hazar-Shual
חָצֵר הַתִּיכוֹן Hazar-Tichon; Hazar Enan

חֶצְרוֹ *m. PN* Hezro 1 Chr 11:37; 2 Sam 23:35 *qr.*◦

חֶצְרוֹן & חֶצְרֹן *m. PN* & *pln* Hezron

חֶצְרוֹנִי & חֶצְרֹנִי *pn* Hezronite

חֲצֵרוֹת & חֲצֵרֹת *pln* Hazeroth

חֶצְרַי *m. PN* 2 Sam 23:35 *kt.*; *qr.* ↪ חֶצְרוֹ◦

חֲצַרְמָוֶת *m. PN* Hazarmaweth Gen 10:26; 1 Chr 1:20◦

חָצֹת ↪ חָצוֹת middle

חֵק ↪ חֵיק lap, bosom

חֹק[B] ↩ חקק *m.* something set, determined: commandment, law, rule; habit, custom; fixed daily work, task; what is set for someone: limit; certain amount of food, portion, share 1 חָק־ 2 חֻקֶּךָ חֻקּוֹ 4 חֻקֵּי חוּקֵּי חֻקֵּי 3 חֻקִּים חֻקִּים חֻקֶּיךָ חֻקָּיו חֻקֵּכֶם חֻקֵּי חֻקֶּךָ

√ חקה *var.* ↪ חקק *pu* be carved, painted; carving, picture 11 מְחֻקֶּה 1 Kgs 6:35; Ez 8:10; 23:14◦

hitp draw, carve 6 תִּתְחַקֶּה Job 13:27◦

חֻקָּה[B] ↩ חקק *f.* law; custom, practice, habit 1 חֻקּוֹתַי חֻקֹּתָם חֻקֹּתָיו 4 חֻקֹּת חֻקּוֹת 2/3 חֻקַּת חֻקֹּתֵיהֶם חֻקֹּתֶיךָ

חֲקוּפָא *m. PN* Hakupha Ezr 2:51; Neh 7:53◦

√ חקק[B] *q* scratch, carve, mark, chisel, cut out; order (in writing), command 5 חַקֹּתִיךָ[e] וְחַקּוֹתָ הַחֹקְקִים חֹקְקֵי 11 חֻקָּהּ[e] 10 חֻקּוֹ[e] חוּקוֹ[e] 8 לְחוֹקְקֵי

pu pt. what has been decreed: right, judgement 11 מְחֻקָּק Prov 31:5◦

po order Prov 8:15; pt. master, leader Jdg 5:9.14; scepter, ruler's baton Gen 49:10; Num 21:18; Ps 60:9; 108:9 - 6 יְחֹקְקוּ 11 מְחֹקֵק מְחֹקְקֵנוּ[e] מְחֹקְקִים מְחֹקְקִי[e]◦

hof be printed, inscribed 6 וְיֻחָקוּ Job 19:23 ◦

חֻקֹּק & חוּקֹק *pln* Hukkok Jos 19:34◦

חִקְקֵי 3 ↪ חֹק law

√ חקר *q* investigate, research, check, fathom; explore, spy 5 חֲקָרוֹ[e] חֲקָרָהּ[e] וְחָקַרְתָּ יַחְקְרֶנּוּ[e] יַחֲקָר־ יַחְקֹר 6 חֲקַרְנוּהָ[e] חֲקַרְתַּנִי[e] חֲקוֹר 8 וְנַחְקֹרָה יַחְקֹרוּ אֶחְקְרֵהוּ[e] אֶחְקֹר חוֹקֵר 11 חִקְרוּ חָקְרֵנִי[e] 10 לְחָקְרָהּ[e] לַחְקֹר חֹקֵר

nif be explored; with לֹא be inscrutable, unfathomable, unascertainable, impenetrable 5 וְיֵחָקְרוּ יֵחָקֵר 6 נֶחְקַר

1 st.c. sg.　2 st.a. pl.　3 st.c. pl.　4 with *epp*　5 SC　6 PC　7 narrative　8 inf.c.　9 inf.a.　10 imp.　11 part.

pi scrutinize 5 חִקֵּר Ecc 12:9◦

חֵקֶר ← חקר *m.* the exploring, search, counselling; the object of exploration: depth (of God, of *tehom*); with אֵין inscrutable, unfathomable 3 חִקְרֵי

חֹר[B] ← חרר I. *m.* free, born free; independent, noble 2 חֹרִים חוֹרִים 3 חֹרֵי 4 חֹרֶיהָ חֹרָיו

חֹר II. *m.* hole, den 2 חֹרִים 3 חֹרֵי 4 חֹרָיו חֹרֵיהֶן

חֻר & חוּר *m.* hole, den 2 חוּרִים Isa 11:8; 42:22◦

חֹר הַגִּדְגָּד *pn* Hor-Gidgad Num 33:32f◦

חֲרָאִים *m.* dung, excrements 2 חֲרֵי 4 חַרְאֵיהֶם 2 Kgs 6:25; 18:27; Isa 36:12◦

✓ **חרב**[B] I. *q* dry up, drain off 5 חָרְבוּ 6 יֶחֱרַב 7 וַיֶּחֱרַב 9 חָרֹב 10 תֶּחֱרַבְנָה יֶחֶרְבוּ תֶּחֱרַב חֳרָבִי

pu be dried 5 חֹרָבוּ Jdg 16:7f◦

hif dry 5 הֶחֱרִבוּ וְהַחֲרַבְתִּי הֶחֱרִיב 6 אַחֲרִיב 11 מַחֲרִיב הַמַּחֲרֶבֶת מַחֲרִבַיִךְ[e] אַחְרִב

✓ **חרב**[B] II. *q* be desolate, lie in ruins; be horrified Jer 2:12; destroy Jer 50:21.27 - 6 תֶּחֱרַב חִרְבוּ חֲרִבוּ חֲרֹב 10 חָרֹב 9 תֶּחֱרַבְנָה

nif be shattered, destroyed, lie in ruins; fight each other 2 Kgs 3:23 - 5 נֶחֶרְבוּ 11 נֶחֱרֶבֶת נֶחֳרָבוֹת

hif lay in ruins, destroy, devastate 5 הֶחֱרִיב מַחֲרִבַיִךְ[e] מַחֲרִיב 11 אַחֲרִיב 6 הֶחֱרַבְתִּי

hof be shattered, destroyed, lie in ruins 5 מָחֳרָבוֹת 11 הָחֳרֵב 9 הָחֳרָבָה

ⓘ Often the meanings of I. and II. merge into each other, so the question arises whether there is only one single root.

חֹרֶב ← חרב I. *m.* aridity, drought, heat

חֹרֶב ← חרב II. *m.* destruction, desolation

חֹרֵב *pn* Horeb

חָרֵב ← חרב *m.* destroyed, devastated, barren Jer 33:10.12; Hag 1:4.9

חֶרֶב[B] *f.* sword; dagger, knife; with פִּי sharpness, edge of the sword *p* חָרֶב 2 חֲרָבוֹת 3 חַרְבִּי חַרְבֶּךָ *p* חַרְבְּךָ חַרְבּוֹ 4 חַרְבוֹת חַרְבֹתֵיהֶם חַרְבוֹתָם חַרְבְּכֶם חַרְבָּם

חֲרֵבָה ← חרב I. *f.* dry (bread) Lev 7:10; Prov 17:1◦

חֲרֵבָה ← חרב II. *f.* ruined 2 חֲרֵבוֹת Ez 36:35.38; Neh 2:3.17◦

חָרְבָּה[B] ← חרב II. *f.* ruin, devastation, wasteland 2 חֳרָבוֹת 3 חָרְבוֹת 4 חָרְבוֹתָיו חָרְבוֹתֵיהֶם חָרְבֹתַיִךְ וְחָרְבוֹתֶיהָ

חָרָבָה[B] ← חרב I. *f.* dry land, mainland Gen 7:22; Ex 14:21; Jos 3:17; 4:18; 2 Kgs 2:8; Ez 30:12; Hag 2:6◦

חֲרָבוֹן ← חרב I. *m.* drought, blazing heat 3 חַרְבֹנֵי Ps 32:4◦

חַרְבוֹנָא & חַרְבוֹנָה *m. PN* Harbona Est 1,10; 7,9◦

✓ **חרג** *q* come trembling 6 וְיַחְרְגוּ Ps 18:46◦

חַרְגֹּל *pn* a locust, Hargol Lev 11:22◦

✓ **חרד** *q* tremble, shake, shiver, be in anxiety; quivering, anxiously approaching; making anxious efforts, take trouble (with ↔ חֲרָדָה) 2 Kgs 4:13 - 5 חָרַד חָרְדָה חָרַדְתְּ חָרְדוּ 6 וַיֶּחֱרַד 7 יֶחֱרָדוּ יֶחֶרְדוּ *p* יֶחֶרְדוּ יֶחֱרַד חִרְדוּ 10 וַיֶּחֶרְדוּ

hif frighten, make someone uneasy; pt. troublemaker 5 הֶחֱרִידוּ וְהַחֲרַדְתִּי 8 לְהַחֲרִיד 11 מַחֲרִיד

חָרֵד ← חרד *m.* trembling, anxious, fearful 2 חֲרֵדִים

חֲרֹד *pn* Harod Jdg 7:1◦

חֲרָדָה ← חרד I. *f.* fright, fear; trouble 2 Kgs 4:13

חֲרָדָה II. *pln* Haradah Num 33:24f◦

חֲרֹדִי *pn* Harodite 2 Sam 23:25◦

√ חרה[B] I. *q* burn with rage; be angry 5 חָרָה 6 חָרָה 9 חֲרוֹת 8 וַיִּחַר 7 יִחַר יֶחֱרֶה

nif be angry, argue 5 נִחֲרוּ 11 הַנֶּחֱרִים Isa 41:11;45:24; Song 1:6◦

hif kindle one's wrath Job 19:11; do something assiduously Neh 3:20 - 5 הֶחֱרָה 7 וַיַּחַר◦

tifel compete; brag 6 תְּתַחֲרֶה 11 מְתַחֲרֶה Jer 12:5; 22:15◦

hitp get upset, outraged 6 תִּתְחַר Ps 37:1ff; Prov 24:19◦

√ חרה II. *var.* ↔ חור *q* decrease, disappear 5 חָרוּ Isa 24:6◦

חַרְהֲיָה *m. PN* Harhaiah Neh 3:8◦

חָרוּז *m.* strings of beads 2 חֲרוּזִים Song 1:10◦

חָרוּל weeds, nettles 2 חֲרֻלִים Zeph 2:9; Job 30:7; Prov 24:31◦

חֲרוּמַף *m. PN* Harumaph Neh 3:10◦

חָרוֹן[B] ← חרה *m.* raging fury 1 חֲרוֹן 4 חֲרוֹנוֹ חֲרוֹנִי חֲרוֹנֶיךָ *p* חֲרֹנְךָ

חֹרֹנַיִם & חֹרוֹנַיִם *pn* Horonaim Isa 15:5; Jer 48:3ff◦

חָרוּץ I. *m.* gold (poetic)

חָרוּץ II. *m.* moat Dan 9:25◦

חָרוּץ III. *m.* threshing sledge 2/3 חֲרוּצוֹת Isa 28:27; Am 1:3; Job 41:22◦

חָרוּץ IV. *m.* mutilation Lev 22:22◦

חָרוּץ V. *m.* decision Jo 4:14◦

חָרוּץ VI. *m.* diligent 2 חָרוּצִים Prov 10:4; 12:24.27; 13:4; 21:5◦

חָרוּץ VII. *m. PN* Haruz 2 Kgs 21:19◦

חַרְחוּר *m. PN* Harhur Ezr 2:52; Neh 7:53◦

חַרְחַס *m. PN* Harhas 2 Kgs 22:14◦

חַרְחֻר *m.* heat, fever Dtn 28:22◦

חֶרֶט *m.* stylus, pen Ex 32:4; Isa 8:1 (*human pen, ordinary pen*)◦

חַרְטֹם *m.* magician, sorcerer 2 חַרְטֻמִּים 3 חַרְטֻמֵּי

חֳרִי ← חרה *m.* heat, fierce anger (with אַף)

חֹרִי I. *m.* fine biscuits, cookie Gen 40:16◦

חֹרִי II. *m. PN* Hori; *pn* Horite

חָרִיט *m.* bag, pouch 2 Kgs 5:23; Isa 3:22◦

חֲרְיוֹנִים 2 Kgs 6,25 *kt.* חֲרֵי יוֹנִים dove dung ↔ חֲרָאִים; *qr.* דִּבְיוֹנִים dove dung◦

חָרִיף *m. PN* Hariph

חֲרִיפִי *pn kt.*; *qr.* חֲרוּפִי Haruphite 1 Chr 12:6◦

חָרִיץ I. *m.* slice, piece (of cheese) הֶחָלָב חֲרִצֵי 1 Sam 17:18◦

חָרִיץ II. *m.* pickaxe 3 חֲרִצֵי 2 Sam 12:31; 1 Chr 20:3◦

חָרִישׁ ↩ חרשׁ *m.* plowing, time of plowing Gen 45:6; Ex 34:211 Sam 8:12◦

חֲרִישִׁית *f.* sweltering hot Jona 4:8◦

✓ **חרך** *q* roast; others: hunt (object: prey) 6 יַחֲרֹךְ Prov 12:27◦

חֲרַכִּים *m.* lattice, peephole Song 2:9◦

חֲרֻלִים ↪ חָרוּל weed

✓ **חרם**[B] I. *hif* ban, consecrate to destruction, and by means of a ban dedicate YHWH 5 וְהַחֲרַמְתָּה הֶחֱרִימָםᵉ הֶחֱרִם הֶחֱרִים וְהַחֲרַמְתִּי הֶחֱרַמְתִּי (2.sg.f. in Mi 4:13) הֶחֱרַמְנוּ וְהַחֲרַמְתֶּם הֶחֱרַמְתֶּם וְהַחֲרַמְתִּיםᵉ וַיַּחֲרֵם 7 תַּחֲרִימוּ תַּחֲרִימֵםᵉ תַּחֲרִים יַחֲרִם 6 וַנַּחֲרֵם 8 וַיַּחֲרִמֵםᵉ וַיַּחֲרִימוּ וַיַּחֲרִימָהᵉ הַחֲרֵם 10 הַחֲרֵם 9 הַחֲרִימָםᵉ לְהַחֲרִים וְהַחֲרִימוּהָᵉ הַחֲרִימוּ

hof be put under the ban, be devoted to destruction 6 יָחֳרָם *p* יָחֳרָם Ex 22:19; Lev 27:29; Ezr 10:8◦

✓ **חרם** II. *q* be pierced, split, mutilated 11 pass. חָרֻם Lev 21:18◦

ⓘ Some scholars assume for Isa 11:15 a *hifil* form of II: *pierce, split.*

חֵרֶם[B] ↩ חרם I. *m.* ban; what is banned, devoted to destruction *p* חֵרֶם 4 חֶרְמוֹ חֶרְמִי

חֵרֶם II. *m.* net 2 חֲרָמִים

חֹרֵם *pln* Horem Jos 19:38◦

חָרִם *m. PN* Harim

חָרְמָה *pln* Hormah

חֶרְמוֹן *pn* Hermon

חֶרְמֵשׁ *m.* sickle Dtn 16:9; 23:26◦

חָרָן ↪ חָרוֹן

חָרָן *pln* & *m. PN* Haran

חֹרֹנִי *pn* Horonite Neh 2:10.19; 13:28◦

חֹרֹנַיִם *pn* Horonaim Isa 15:5; Jer 48:3ff◦

חַרְנֶפֶר *m. PN* Harnepher 1 Chr 7:36◦

חֶרֶס I. *m.* sun *p* חָרֶס; with ה-locale הַחַרְסָה Jdg 14:18; Job 9:7 (Isa 19:18; here part of the *pln* Ir-Heres, Sun-City)◦

חֶרֶס II. *m.* itch Dtn 28:27◦

חֶרֶס III. *pln* or *pn* Heres Jdg 8:13◦

ⓘ Some scholars read here a *pln* Maale-Heres, others derive from ↪ I. and translate *before sunrise.*

חַרְסוּת *f.* clay; with שַׁעַר Potsherd gate *kt.*; *qr.*: חַרְסִית Jer 19:2◦

✓ **חרף** I. *q* spend the winter time, winter 6 תֶּחֱרָף Isa 18:6◦

✓ **חרף** II. *q* mock, ridicule, deride, jeer, abuse 6 יֶחֱרַף 11 ᵉחֹרְפִי ᵉחוֹרְפֶיךָ

pi mock, provoke to fight; risk one's life Jdg 5:18 - 5 חֵרֵף חֵרַפְתָּ חֵרַפְתִּי חֵרְפוּ ᵉחֵרְפוּנִי ᵉיְחָרְפוּנִי יְחָרְפֵנִי יְחָרֵף 6 חֵרַפְתֶּם חֵרְפוּךָᵉ 7 מְחָרֵף 11 לְחָרֵף 8 וַיְחָרֵף

nif be scorned 11 נֶחֱרֶפֶת Lev 19:20 (but more likely ↪III.)◦

✓ **חרף** III. *nif* be assigned to another man 11 נֶחֱרֶפֶת Lev 19:20 (others: ↪II.)◦

חָרֵף *m. PN* Haref 1 Chr 2:51◦

1 st.c. sg. 2 st.a. pl. 3 st.c. pl. 4 with *epp* 5 SC 6 PC 7 narrative 8 inf.c. 9 inf.a. 10 imp. 11 part.

חֹרֶף ← חרף I. *m.* winter; time of old age, others: time of the youth Job 29:4 - 4 חָרְפִּי

חֶרְפָּה ← חרף II. *f.* insult, mockery, derision, ridicule; disgrace, dishonour; shame 1 חֶרְפַּת 2 חֲרָפוֹת 3 חֶרְפּוֹת 4 חֶרְפָּתוֹ חֶרְפָּתְךָ חֶרְפָּתֵךְ חֶרְפָּתֵךְ חֶרְפָּתִי חֶרְפָּתָם חֶרְפָּתֵנוּ

✓ חרץ I. *q* with לָשׁוֹן show, move the tongue, bare the teeth, frighten, do harm Ex 11:7; Jos 10:21; determine (judgement) 1 Kgs 20:40; Isa 10:22; Job 14:5 - 5 חָרַץ חָרַצְתָּ 6 יֶחֱרַץ 11 pass. חָרוּץ חֲרוּצִים◦

nif pt. be determined 11 נֶחֱרָצָה נֶחֱרֶצֶת

✓ חרץ II. *q* hurry, act promptly 6 תֶּחֱרָץ 2 Sam 5:24◦

חָרִץ → חָרִיץ

חַרְצֻבּוֹת *f.* bonds, shackles Isa 58:6; agonies Ps 73:4◦

חַרְצַנִּים *m.* unripe grapes Num 6:4◦

✓ חרק *q* gnash, grind 5 חָרַק 6 יַחֲרֹק 7 וַיַּחַרְקוּ 9 חָרֹק 11 חֹרֵק

✓ חרר *var.* → חרה I. *q* burn, glow 5 חָרָה חָרוּ Isa 24:6 (but cf. → חרה II.); Ez 24:11; Job 30:30◦

nif be singed, charred Ez 15:4f; 24:10; Ps 102:4; blow (bellows Jer 6:29); be inflamed (throat Ps 69:4 but → II.) 5 נָחַר *p* נָחָר נִחַר נִחָרוּ 6 יֵחָרוּ 7 וַיֵּחָר◦

pilp with רִיב spark off an argument, kindle strife 8 לְחַרְחַר Prov 26:21◦

✓ חרר II. *nif* be hoarse 5 נִחַר Ps 69:4 (but → I.)◦

חֲרֵרִים ← חרר *m.* parched places Jer 17:6◦

חֶרֶשׂ *m.* clay, clay vessel; shard 3 חַרְשֵׂי 4 חַרְשֶׂהָ

✓ חרשׁ I. *q* cut: engrave, work, plough; pt. craftsman, farmer; think, plot, plan Prov 3:29 - 5 חָרְשׁוּ חֲרַשְׁתֶּם 6 יַחֲרוֹשׁ יַחֲרֹשׁ תַּחֲרֹשׁ 8 לַחֲרֹשׁ 11 הַחֹרֵשׁ חֹרְשִׁים חֹרְשֵׁי חֹרְשׁוֹת pass. חֲרֻשָׁה

nif be ploughed 6 תֵּחָרֵשׁ Jer 26:18; Mi 3:12◦

hif plan, plot 11 מַחֲרִישׁ 1 Sam 23:9◦

✓ חרשׁ II. *q* be deaf; be calm, silent 6 יֶחֱרַשׁ תֶּחֱרַשׁ תֶּחֱרַשְׁנָה Mi 7:16; Ps 28:1; 35:22; 39:13; 50:3; 83:2; 101:9◦

hif be quiet, silent, idle, dumb, silent; leave alone, let go 5 הֶחֱרִישׁ וְהֶחֱרִשׁ הֶחֱרִישׁוּ 6 הֶחֱרַשְׁתִּי תַּחֲרֵשׁ יַחֲרִישׁ תַּחֲרִישׁ יַחֲרִישׁוּן יַחֲרִישׁוּ אַחֲרִישׁ 7 וַיַּחֲרִשׁוּ וַיַּחֲרִישׁוּ 9 הַחֲרֵשׁ 10 הַחֲרֵשׁ הַחֲרִישׁוּ 11 מַחֲרִישׁ מַחֲרִשִׁים

hitp keep quiet 7 וַיִּתְחָרְשׁוּ Jdg 16:2 ◦

חָרָשׁ ← חרשׁ I. *m.* (skilful) craftsman; others: wizard 2 חֲכַם חֲרָשִׁים Isa 3:3 → חָרָשׁ◦

חֶרֶשׁ ← חרשׁ II. *m.* secretly Jos 2:1◦

חֶרֶשׁ III. *m. PN* Heresh 1 Chr 9:5◦

חֹרֶשׁ ← חרשׁ *m.* forest; wood 2 חֳרָשִׁים Isa 17:9; Ez 31:3; 2 Chr 27:4◦

חָרָשׁ ← חרשׁ *m.* craftsman, artisan 1 חָרַשׁ 2 חָרָשִׁים 3 חָרָשֵׁי חָרָשִׁים

חֵרֵשׁ ← חרשׁ *m.* deaf 2 חֵרְשִׁים

חַרְשָׁא *m. PN* Harsha Ezr 2:52; Neh 7:54◦

חֹרְשָׁה *pln* Horesh 1 Sam 23:15ff◦

חֲרֹשֶׁת ← חרשׁ *f.* the carving, cutting Ex 31:5; 35:33◦

1 st.c. sg. 2 st.a. pl. 3 st.c. pl. 4 with *epp* 5 SC 6 PC 7 narrative 8 inf.c. 9 inf.a. 10 imp. 11 part.

חֲרֹשֶׁת הַגּוֹיִם *pln* Haroshet-Goyim Jdg 4:2ff◦

✓ **חרת** *var.* ↪ חרשׁ *q* be engraved 11 pass. חָרוּת Ex 32:16◦

חֶרֶת *pln* Hereth *p* חָרֶת 1 Sam 22:5◦

ⓘ Mostly the word is understood as part of a *pln Jaar-Hereth*, forest of Hereth.

חֲשׂוּפָא & **חֲשֻׂפָא** *m. PN* Hasupha Ezr 2:43; Neh 7:46◦

חֲשׂוּפַי ↩ חשׂף naked Isa 20:4◦

✓ **חשׂך** *q* withhold, save, restrain, spare, deprive, reserve, hold back 5 חָשַׂךְ חָשַׂכְתָּ חָשְׂכוּ *p* חָשָׂכוּ 6 יַחְשֹׂךְ תַּחְשֹׂךְ תַּחְשְׂכִי אֶחְשָׂךְ תֶּחְשַׂכְנָה יֶחְשְׂכוּ 7 וַתַּחְשַׂךְ וָאֶחְשֹׂךְ 10 חֲשֹׂךְ 11 חֹשֵׂךְ חוֹשֵׂךְ

nif hold back Job 16:6; be spared Job 21:30 - 6 יֵחָשֵׂךְ יֵחָשֵׂךְ◦

✓ **חשׂף** *q* make free, bare (YHWH's arm) Isa 52:10; scoop Isa 30:14; strip bare (a tree) Joel 1:7; Ps 29:9 - 5 חָשַׂף חֲשָׂפָהּ[e] חָשַׂפְתִּי 7 וַיֶּחֱשֹׂף 8 לַחְשֹׂף 9 חָשֹׂף 10 חֶשְׂפִּי 11 pass. חֲשׂוּפָה חֲשׂוּפַי

חָשִׂף *m.* little flock 3 חֲשִׂפֵי 1 Kgs 20:27◦

✓ **חשׁב**[B] *q* think, reflect, excogitate; mean, consider, esteem, credit; plan, invent, prepare, elaborate; strive, take care of; weave, pt. artisan, weaver 5 חָשַׁב חֲשָׁבָהּ[e] חֲשַׁבְתָּה חָשְׁבוּ חָשָׁבוּ חֲשַׁבְתֶּם חֲשַׁבְנֻהוּ[e] 6 יַחֲשָׁב־ יַחְשֹׁב יַחְשְׁבֵנִי[e] תַּחְשְׁבֵנִי[e] יַחְשְׁבוּ *p* יַחְשְׁבוּ יַחֲשְׁבוּן תַּחְשְׁבוּ תַּחְשְׁבֻנִי[e] 7 וַיַּחְשְׁבֶהָ[e] וַיַּחְשְׁבֵנִי[e] 8 לַחְשֹׁב 11 חֹשֵׁב חֹשְׁבִים חֹשְׁבֵי

nif be considered, attributed, accounted for 5 נֶחְשַׁב נֶחְשַׁבְתִּי נֶחְשְׁבוּ *p* נֶחְשָׁבוּ נֶחְשַׁבְנוּ 6 יֵחָשֵׁב יֵחָשְׁבוּ תֵּחָשֵׁב תֵּחָשֵׁב 7 וַתֵּחָשֵׁב 11 נֶחְשָׁב

pi calculate, settle; plan, consider; assume, hold for; with inf.c. be about to Jona 1:4; Prov 24:8; think, take into account 5 וְחִשַּׁב חִשְּׁבָה חִשַּׁבְתִּי 6 יְחַשֵּׁב יְחַשְּׁבוּ 7 וָאֲחַשְּׁבָה וַתְּחַשְּׁבֵהוּ[e] 11 מְחַשֵּׁב

hitp be reckoned 6 יִתְחַשָּׁב Num 23:9◦

חֵשֶׁב *m.* sash, belt (of the Ephod)

חֹשֵׁב *m.* artist, weaver (pt. ↪ חשׁב)

חֲשַׁבַּדָּנָה *m. PN* Hashbaddanah Neh 8:4◦

חֲשֻׁבָה *m. PN* Hashubah 1 Chr 3:20◦

חֶשְׁבּוֹן ↩ חשׁב I. *m.* knowledge, insight Ecc 7:25.27; 9:10◦

חֶשְׁבּוֹן II. *pln* Heshbon

חִשָּׁבוֹן ↩ חשׁב *m.* art, others: schemes Ecc 7:29; invention, engine, catapult 2 Chr 26:15 - 2 חִשְּׁבֹנוֹת◦

חֲשַׁבְיָה & **חֲשַׁבְיָהוּ** *m. PN* Hashabiah

חֲשַׁבְנָה *m. PN* Hashabnah Neh 10:26◦

חֲשַׁבְנְיָה *m. PN* Hashabneiah Neh 3:10; 9:5◦

✓ **חשׁה** *q* be quiet, silent 6 יֶחֱשׁוּ אֶחֱשֶׁה תֶּחֱשֶׁה 7 וַיֶּחֱשׁוּ 8 לַחֲשׁוֹת

hif be quiet, remain silent; be inactive; calm 5 הֶחֱשֵׁיתִי 10 הַחֲשׁוּ 11 מַחְשִׁים מַחְשֶׁה

חַשּׁוּב *m. PN* Hashub

חֲשׁוּקִים ↩ חשׁק *m.* cross bars 4 חֲשֻׁקֵיהֶם

חֲשֵׁיכָה ↩ חשׁך *f.* darkness Ps 139;12 ↪ חֲשֵׁכָה

1 st.c. sg. 2 st.a. pl. 3 st.c. pl. 4 with *epp* 5 SC 6 PC 7 narrative 8 inf.c. 9 inf.a. 10 imp. 11 part.

חֻשִׁים & **חוּשִׁים** *m. PN* Hushim Gen 46:23; 1 Chr 7:12; 8:8.11◦

✓ **חשׁך**[B] *q* be, become dark 5 חָשַׁךְ חָשְׁכָה
חָשְׁכוּ 6 תֶּחְשַׁךְ יֶחְשְׁכוּ תֶּחְשַׁכְנָה 7 וַתֶּחְשַׁךְ
hif darken; become dark 5 הֶחְשִׁיךְ הֶחְשַׁכְתִּי 6
יַחְשִׁיךְ יַחְשִׁךְ 7 וַיַּחְשֵׁךְ 11 מַחְשִׁיךְ

חֹשֶׁךְ[B] ← חשׁך *m.* darkness 4 חָשְׁכִּי

חָשֹׁךְ ← חשׁך *m.* insignificant, obscure (people) 2 חֲשֻׁכִּים Prov 22:29◦

חֲשֵׁכָה ← חשׁך *f.* darkness 1 חֶשְׁכַת 2 חֲשֵׁכִים

✓ **חשׁל** *nif* pt. the weak, laggards 11 הַנֶּחֱשָׁלִים Dtn 25:18◦

חָשֻׁם *m. PN* Hashum

חֻשָׁם *m. PN* Husham Gen 36:34f; 1 Chr 1:45f◦

חֻשִׁם & **חוּשִׁם** *m. PN* Hushim

חֶשְׁמוֹן *pln* Heshmon Jos 15:27◦

חַשְׁמַל *m.* valuable, shiny metal, electrum or bronze Ez 1:4.27; 8:2◦

חַשְׁמֹנָה *pln* Hashmonah Num 33:29f◦

חַשְׁמַנִּים *m.* gifts of bright ore (or bearer of gifts, messengers, princes) Ps 68:32◦

חֹשֶׁן *m.* breast pocket, breastplate

✓ **חשׁק** *q* longing, lust; accepting, loving 5 חָשַׁק חָשַׁקְתָּ חָשְׁקָה
pi join together, fasten 5 וְחִשַּׁק Ex 38:28◦
pu be joined together; pt. connecting rods, bands 11 מְחֻשָּׁקִים Ex 27:17; 38:17◦

חֵשֶׁק ← חשׁק *m.* lust, desire; plan, wish 4 חִשְׁקִי 1 Kgs 9:1.19; Isa 21:4; 2 Chr 8:6◦

חֲשׁוּקִים → חִשֻּׁק

חִשֻּׁק *m.* spoke 4 חִשֻּׁקֵיהֶם 1 Kgs 7:33◦

חִשֻּׁר *m.* hub 4 חִשֻּׁרֵיהֶם 1 Kgs 7:33◦

חַשְׁרָה *f.* gathering (of water) 1 חַשְׁרַת־מַיִם 2 Sam 22:12; (Ps 18:12)◦

חֲשַׁשׁ *m.* dry grass, stubbles Isa 5:24; 33:11◦

חֻשָׁתִי & **חוּשָׁתִי** *pn* Hushathite

חַת ← חתת I. *m.* broken 1 Sam 2:4; dismay Jer 46:5 - 3 חַתִּים◦

חַת ← חתת II. *m.* fear, dread *p* חָת 4 חִתְּכֶם Gen 9:2; Job 41:25◦

חֵת *m. PN* Heth; בְּנֵי־חֵת Hethites → חִתִּי

✓ **חתה** *q* fire: take Isa 30:14; carry Prov 6:27; heap Prov 25:22; without fire: snatch Ps 52:7 - 6 יַחְתֶּה יַחְתְּךָ[e] 8 לַחְתּוֹת 11 חֹתֶה◦

חִתָּה ← חתת *f.* terror 1 חִתַּת Gen 35:5◦

חִתּוּל ← חתל *m.* bandage Ez 30:21◦

חַתְחַתִּים ← חתת *m.* terror Ecc 12:5◦

חִתִּי *m.* & **חִתִּית** *f. pn* Hethite 2 חִתִּים חִתִּיּוֹת

חִתִּית ← חתת *f.* terror 4 חִתִּיתוֹ חִתִּיתָם Ez 26:17; 32:23ff◦

✓ **חתך** *nif* be ordered, determined 5 נֶחְתַּךְ Dan 9:24◦

✓ **חתל** *pu* be wrapped (in swaddling clothes) 5 חֻתָּלְתְּ Ez 16:4◦
hof be wrapped (in swaddling clothes) 9 וְהָחְתֵּל Ez 16:4◦

חֲתֻלָּה ← חתל *f.* diaper, nappy 4 חֲתֻלָּתוֹ Job 38:9◦

1 st.c. sg. 2 st.a. pl. 3 st.c. pl. 4 with *epp* 5 SC 6 PC 7 narrative 8 inf.c. 9 inf.a. 10 imp. 11 part.

חֶתְלוֹן & חֶתְלֹן *pn* Hethlon Ez 47:15; 48:1◦

√חתם *q* seal 6 יַחְתּוֹם יַחְתֹּם 7 וַיַּחְתֹּם וַתַּחְתֹּם וָאֶחְתֹּם 8 לַחְתֹּם 9 חָתוֹם 10 חֲתוֹם וְחִתְמוּ 11 חוֹתֵם pass. הֶחָתוּם חָתֻם חֲתוּמִים וַחֲתֻמִים

nif be sealed 11 נֶחְתָּם Est 3:12◦

pi shut oneself up 5 חִתְּמוּ Job 24:16◦

hif block 5 הֶחְתִּים 8 Lev 15:3◦

חֹתָם & חוֹתָם I. *m.* seal 4 חֹתָמוֹ חֹתָמְךָ

חֹתָם & חוֹתָם II. *pn* Hotham 1 Chr 7:32; 11:44◦

חֹתֶמֶת *f.* seal Gen 38:25◦

√חתן *q* pt. *m.* father-in-law; *f.* mother-in-law 11 חֹתֵן[e] חֹתְנוֹ[e] חֹתֶנְךָ[e] חֹתַנְתּוֹ[e]

√*hitp* intermarry, become in-law by marriage 5 וְהִתְחַתַּנְתֶּם 6 תִּתְחַתֵּן 7 וַיִּתְחַתֵּן 8 הִתְחַתֵּן 10 הִתְחַתֵּן וְהִתְחַתְּנוּ

חֹתֵן *m.* father-in-law; pt. → חתן

חָתָן ← חתן *m.* groom, son-in-law, general: in-law 1 חֲתַן 4 חֲתָנוֹ חֲתָנָיו

חֲתֻנָּה ← חתן *f.* wedding 4 חֲתֻנָּתוֹ Song 3:11◦

חֹתֶנֶת *f.* mother-in-law 4 חֹתַנְתּוֹ; pt.f. → חתן Dtn 27:23◦

√חתף *q* snatch away 6 יַחְתֹּף Job 9:12◦

חֶתֶף ← חתף *m.* thief, robber Prov 23:28◦

√חתר *q* break through; break through raging waves, row Jon 1:13 - 5 חָתַר חָתַרְתִּי 6 יַחְתְּרוּ 7 וָאֶחְתֹּר וַיַּחְתְּרוּ 10 חֲתָר־נָא

√חתת *q* be desperate, confused, discouraged, beaten, be finished. 5 חַת חַתָּה *p* חַתּוּ וְחַתָּה חַתּוּ *p* חָתּוּ 6 יֵחַת תֵּחַת אֵחַתָּה יֵחַתּוּ תֵּחַתּוּ 7 וַיֵּחַתּוּ 10 וָחֹתּוּ

nif be in awe 5 נִחַת Mal 2:5◦

ⓘ Some translators understand the PC-q forms as Niphal, which is quite possible. This does not change the meaning given under q.

pi scare, frighten Job 7,14; be broken Jer 51:56 – 5 חִתְּתָה וְחִתַּתַּנִי[e]◦

hif scare, discourage, break 5 הַחִתַּת וְהַחִתֹּתִי 6 יְחִיתַן יְחִתֵּנִי[e] אֲחִתְּךָ[e]

חַת ← חתת I. *m.* terror, horror Job 6:21◦

חֲתַת II. *m. PN* Hathath 1 Chr 4:13◦

√טאטא *pil* sweep away 5 וְטֵאטֵאתִיהָ[e] Isa 14:23◦

טֹב → טוב

טָבְאֵל *m. PN* Tabeel Ezr 4:7◦

טָבְאַל *m. PN* Tabeal Isa 7:6◦

√טבב *q* talk 8 מִטּוֹב (others: → טוב I.) Ps 39,3◦

טְבוּל *m.* turban 2 טְבוּלִים Ez 23:15◦

טַבּוּר *m.* navel, fig. center Jdg 9:37; Ez 38:12◦

√טבח[B] *q* slaughter; murder, slay, kill 5 טָבְחוּ[e] טָבְחָה טָבַחְתָּ טָבַחְתִּי 8 לִטְבוֹחַ טְבֹחַ 10 טְבַח וּטְבֹחַ 11 pass. טָבוּחַ

טֶבַח ← טבח I. *m.* slaughter; animal (selected for slaughter) *p* טָבַח 4 טִבְחָהּ

1 st.c. sg. 2 st.a. pl. 3 st.c. pl. 4 with *epp* 5 SC 6 PC 7 narrative 8 inf.c. 9 inf.a. 10 imp. 11 part.

טֶבַח II. *m. PN* Tebach Gen 22:24◦

טַבָּח ← טבח *m.* cook 1 Sam 9:23f; pl. bodyguards, security 2 טַבָּחִים; שַׂר und רַב הַטַּבָּחִים chief of the guards

טַבָּחָה ← טבח *f.* cook 2 טַבָּחוֹת 1 Sam 8:13◦

טִבְחָה ← טבח *f.* the slaughter Jer 12:3; Ps 44:23; (the slaughtered =) meat 1 Sam 25:11 - 4 טִבְחָתִי◦

טִבְחַת *pln* Tibhath 1 Chr 18:8◦

טבל✓ *q* dip (into) 5 וְטָבַלְתָּ וְטָבַלְתָּ וְטָבַל 11 וַיִּטְבְּלוּ וַיִּטְבֹּל 7 תִּטְבְּלֵנִיe 6 וּטְבַלְתֶּם וְטֹבֵל

nif be dipped, immersed 5 נִטְבְּלוּ Jos 3:15◦

טְבַלְיָהוּ *m. PN* Tebaliah 1 Chr 26:11◦

טבע✓ *q* sink in, penetrate 5 טָבְעוּ טָבַעְתִּי 6 וַתִּטְבַּע וַיִּטְבַּע 7 אֶטְבָּעָה

pu be sunk 5 טֻבְּעוּ Ex 15:4◦

hof be sunk, sunken 5 הָטְבָּעוּ *p* הָטְבָּעוּ Jer 38:22; Prov 8:25; Job 38:6◦

טַבָּעוֹת *m. PN* Tabbaoth Ezr 2:43; Neh 7:46◦

טַבַּעַת *f.* Ring, signet ring 2 טַבָּעוֹת 3 טַבְּעֹת טַבְּעֹתֵיהֶם טַבְּעֹתָיו טַבַּעְתּוֹ 4 טַבַּעַת טַבָּעוֹת

טַבְרִמּוֹן *m. PN* Tabrimmon 1 Kgs 15:18◦

טַבָּת *pln* Tabbath Jdg 7:22◦

טֵבֵת *pn* Tebeth, 10th month, Dec/Jan Est 2:16◦

טָהוֹר & **טָהֹר** *m.* & **טְהוֹרָה**B *f.* ← טהר pure 1 טְהֹר־ טְהָר־ טֳהָר־ 2 טְהוֹרִים טְהֹרִים טְהֹרוֹת

טהרB✓ *q* be, become pure 5 טָהֲרָה וְטָהֵר תִּטְהָר יִטְהַר 6 טָהָרְתִּי *p* טָהַרְתִּי וְטָהֲרָה וַיִּטְהַר 8/9 ↩ 7 תִּטְהָרוּ אֶטְהָר תִּטְהֲרִי טְהָר 10 טָהֳרָה

pi cleanse, purify, clean oneself, declare oneself clean 5 טִהַרְתִּיךָe טִהַרְתָּ וְטִהֲרוֹe וְטִהַר וְטִהַר וַיְטַהֵר 7 אֲטַהֵר 6 וְטִהֲרוּ וְטִהַרְתִּיםe לְטַהֲרוֹe לְטַהֵר 8 וַיְטַהֲרוּ וַתְּטַהֲרֵםe 10 מְטַהֵר 11 טַהֲרֵנִיe

pu be cleansed 11 מְטֹהָרָה Ez 22:24◦

hitp purify oneself, let oneself be purified, be pure 5 וַיִּטַּהֲרוּ 7 הִטַּהַרְנוּ וְהִטֶּהָרוּ הִטַּהֲרוּ 10 מִטַּהֲרִים לַמִּטַּהֵר 11 הִטַּהֲרוּ

טֹהַר ← טהר *m.* clear, clarity; purification 4 טָהֳרָה Ex 24:10; Lev 12:4.6◦

טְהָר ← טהר *m.* shininess, splendor 4 טְהָרוֹ Ps 89:45◦

טָהֹר *m.* & **טְהֹרָה** *f.* ↩ טָהוֹר

טָהֳרָה used as inf. for ↩ טהר: pure, purity, purification 1 טָהֳרַת 4 טָהֳרָתוֹ

טובB✓ *q* be good, have a good time; be pleasant, beautiful, happy 5 טוֹב טֹבוּ 6/7 ↩ יטב 8 טוֹב טוֹב Prov 11,10 - 9/11 טוֹב Jdg 11:25 (the first word is 9, the second 11)

ⓘ The forms can often not be reliably recognized and distinguished from the corresponding nominal formations.

hif do the right thing (cf. ↩ יטב *hif*) 5 הֱטִיבֹתָ הֱטִיבוֹתָ 1 Kgs 8:18; 2 Kgs 10:30; 2 Chr 6:8◦

טוֹב & **טֹב** I. *m.* & **טוֹבָה**B *f.* ← טוב what is good: good, pleasant; precious, delicious; beautiful, pleasing, cheerful; useful, abundant

טוּבָם 4 טוּבֵי 3 טוֹבוֹת טֹבִים טוֹבִים 2 טוּבַת 1
טוּבָם טוּבֹתָיו טוּבָתָם for Ps 39:3 ↪ טבב

טוב II. *pln* Tob Jdg 11:3.5; 2 Sam 10:6.8◦

טוֹב אֲדוֹנִיָּה *m. PN* Tob-Adoniah 2 Chr 17:8◦

טוּב[B] ↩ טוב *m.* the good, coll. the goods; the right thing; the goodness (of God); good, beautiful; good life, happiness, prosperity Job 20:21; with לֵב heart's desire, wholeheartedly
טוּבָם טוּבִי טוּבְךָ טוּבָהּ טוּבוֹ 4

טוֹבָה[B] *f.* adj. ↪ טוב I.; as subst.: goodness, kindness, friendliness, goodwill; good skills, luck, abundance of blessing 2 טוֹבוֹת 4 טוֹבָתִי
טוֹבֹתָיו טֹבָתָם טוֹבָתֶךָ *p* טוֹבָתְךָ

טוֹבִיָּהוּ & טוֹבִיָּה *m. PN* Tobiah

טוה✓ *q* spin 5 טָווּ Ex 35:25f◦

טוח✓ *q* coat, paint, whitewash 5 טָחוּ וְטָח
טָחֵי טָחִים 11 לָטוּחַ 8 טַחְתֶּם

nif be coated, plastered 8 הִטּוֹחַ הִטּוֹחַ Lev 14:43.48◦

טֹטָפֹת & טוֹטָפֹת ↩ טטף *f.* signs, memorial, reminder signs as frontlets, headbands Ex 13:16; Dtn 6:8; 11:18◦

טול✓ *hif* throw, toss, sling 5 וְהֵטַלְתִּי הֵטִיל
10 וַיְטִלֻהוּ[e] וַיָּטִלוּ וַיָּטֶל 7 אֲטִילְךָ[e] 6 וַהֲטִילֻנִי[e]
הֲטִילֻנִי[e]

hof be thrown down, fall 5 הוּטְלוּ 6 יוּטַל *p*
יֻטָל יוּטָל

pilp throw away, hurl 11 מְטַלְטֶלְךָ[e] Isa 22:17◦

טוּר *m.* row, course; something strung together: coating, layer, wall 2 טֻרִים טוּרִים 3
טוּרֵי

טוש✓ *q* swoop 6 יָטוּשׂ Job 9:25◦

טחה✓ *pil* shoot 11 מְטַחֲוֵי Gen 21,16 הַרְחֵק כִּמְטַחֲוֵי קֶשֶׁת *distance of a bowshot*◦

טְחוֹן ↩ טחן *m.* mill Lam 5:13◦

טֻחוֹת *f.* inward parts, kidneys; fig. darkness; others: *pn* Ibis Ps 51:8; Job 38:36◦

טחח✓ *q* be glued, blinded 5 טַח Isa 44:18◦

טחן✓ *q* grind, mill; pt. *f.* miller; fig. crush, oppress Isa 3:15 - 5 וְטָחֲנוּ 6 תִּטְחָן תִּטְחֲנוּ 7
הַטֹּחֲנוֹת טוֹחֵן 11 וְטַחֲנִי 10 טָחוֹן 9 וַיִּטְחַן

טַחֲנָה ↩ טחן *f.* mill Ecc 12:4◦

טֹחֲנָה ↩ טחן *f.* miller 2 הַטֹּחֲנוֹת Ecc 12:3 pt. ↪ טחן◦

ⓘ Some exegetes understand this word as *"grinder tooth", molar.*

טְחֹרִים *m.* anal tumors, hemorrhoids 3 טְחֹרֵי 4 טְחֹרֵיהֶם 1 Sam 6:11.17 (and *qr.* for ↪ עֳפָלִים Dtn 28:27; 1 Sam 5:6.9.12; 6:11.17)◦

טֹטָפֹת ↪ טוֹטָפֹת sign

טִיחַ ↩ טוח *m.* paint, plaster, whitewash Ez 13:12◦

טִיט *m.* excrement, mud, street dirt; clay

טִירָה *f.* tent camp, encampment; fence, wall; wall crown, pinnacles Song 8:9 - 1 טִירַת 2/3
טִירֹתָם טִירוֹתֵיהֶם 4 טִירוֹת

טַל[B] *m.* dew *p* טָל 4 טַלְּךָ טַלָּם

טלא✓ *q* be spotted, colourful 11 pass. טָלוּא טְלֻאוֹת טְלֻאִים Gen 30:32ff; Ez 16:16◦

pu be patched 11 מְטֻלָּאוֹת Jos 9:5◦

טְלָאִים *pln* Telem, Telaim 1 Sam 15:4◦

1 st.c. sg. 2 st.a. pl. 3 st.c. pl. 4 with *epp* 5 SC 6 PC 7 narrative 8 inf.c. 9 inf.a. 10 imp. 11 part.

טמן√ *q* hide, conceal 5 טָמַן טְמַנְתֶּם[e] טָמַנְתִּי טְמַנְתִּיו[e] טָמְנוּ *p* טָמָנוּ 7 וַיִּטְמֹן וַיִּטְמְנֵהוּ[e] טְמֻנֵהוּ[e] 10 טְמֻנוֹ[e] לִטְמוֹן 8 וָאֶטְמְנֵהוּ וַתִּטְמְנֵם[e] טְמֻנִים 11 pass. טָמוּן טְמוּנָה טְמוּנִים טְמוּנֵי טָמְנֵם[e]

nif hide 10 הִטָּמֵן Isa 2:10◦

hif hide 7 וַיַּטְמִנוּ 2 Kgs 7:8◦

טֶנֶא *m.* basket 4 טַנְאֲךָ Dtn 26:2.4; 28:5.17◦

טנף√ *pi* soil, make dirty 6 אֲטַנְּפֵם[e] Song 5:3◦

טעה√ *hif* mislead 5 הִטְעוּ Ez 13:10◦

טעם√ *q* to absorb: taste, savour, eat; feel, perceive 5 טָעַם טָעֲמָה טָעַמְתִּי 6 יִטְעַם אֶטְעַם טַעֲמוּ 10 טְעֹם 9 יִטְעֲמוּן

טַעַם ← טעם *m.* taste, judgment; sensation, understanding, wisdom; command, decree Jon 3:7; with שׁנה disguise, change one's behaviour 1 Sam 21:14 *p* טָעַם 4 טַעְמוֹ טַעְמֵךְ

טען√ I. *pu* be pierced 11 מְטֹעֲנֵי Isa 14:19◦

טען√ II. *q* load 10 טַעֲנוּ Gen 45,17◦

טַף *m.* coll. little ones, small children *p* טָף 4 טַפְּנוּ טַפְּם

טפח√ I. *pi* stretch out, spread out 5 טִפְּחָה Isa 48:13◦

טפח√ II. *pi* nurture, care 5 טִפַּחְתִּי Lam 2:22◦

טֶפַח & טֹפַח ← טפח *m.* handbreadth 2 טְפָחוֹת

טְפָחוֹת ← טפח *m.* roof framework, truss 1 Kgs 7:9; handbreadth Ps 39:6◦

טִפֻּחִים ← טפח *m.* tender care Lam 2:20◦

טָלֶה *m.* lamb 1 טְלֵה 2 טְלָאִים 1 Sam 7:9; Isa 40:11; 65:25◦

טָלוּא ← טלא

טַלְטֵלָה ← טול as inf.: throwing Isa 22:17 (*the throwing of a strong man, fig. violently, headlong*)◦

טלל√ *pi* roof, cover 6 וַיְטַלְלֶנּוּ[e] Neh 3:15◦

טֶלֶם *m. PN* & *pln* Telem Jos 15:24; Ezr 10:24◦

טַלְמוֹן & טַלְמֹן *m. PN* Talmon

טמא√[B] *q* be, become unclean 5 טָמֵא טָמְאָה טָמְאוּ 6 יִטְמָא יִטְמְאוּ 7 וַתִּטְמָא וַיִּטְמְאוּ טְמֵאת 8 לְטָמְאָה

nif defile oneself, become unclean 5 נִטְמָא נִטְמָאָה נִטְמֵאת נִטְמְאוּ 11 וְנִטְמֵתֶם נִטְמָאָה *p* נִטְמְאִים

pi defile; consider, declare unclean; profane, dishonour; rape, violate 5 טִמֵּא טִמְּאוּ[e] טִמֵּאת 6 יְטַמֵּא יְטַמְּאֻנּוּ[e] תְּטַמֵּא טִמְּאוּהָ[e] טִמְּאוּ 7 וַיְטַמֵּא וַיְטַמְּאֵהוּ[e] וָאֲטַמֵּא וַיְטַמְּאוּ תְּטַמְּאוּ 9 טַמְּאֲכֶם[e] טַמְּאָם[e] לְטַמְּאוֹ[e] טַמֵּא 8 וְתִטַמְּאוּ טַמֵּא 10 טַמְּאוּ

pu be unclean, be defiled 11 מְטֻמָּאָה Ez 4:14◦

hitp become unclean 6 יִטַּמָּא תִּטַּמְּאוּ *p* תִּטַּמָּאוּ

hotpaal be defiled 5 הֻטַּמָּאָה Dtn 24:4◦

טָמֵא *m.* & טְמֵאָה[B] *f.* ← טמא unclean 1 טְמֵא 2 טְמֵאִים טְמֵאַת

טֻמְאָה ← טמא *f.* uncleanness 1 טֻמְאַת 3 טֻמְאֹת 4 טֻמְאָתוֹ

טָמְאָה ← טמא *f* uncleanness Mi 2:10 (if not 3.sg.f. SC ← טמא)◦

טמה√ *nif* be stupid 5 נִטְמִינוּ (others: *var.* ← טמא *nif* be unclean) Job 18:3◦

✓טפל *q* coat; fig. cover up, whitewash, with שֶׁקֶר forge lies 5 טָפְלוּ 7 וַתִּטְפֹּל 11 טֹפְלֵי Ps 119:69; Job 13:4; 14:17◦

טִפְסָר *m.* officer, marshal Nah 3:17; coll. troops Jer 51:27 - 4 טַפְסְרַיִךְ◦

✓טפף *q* scamper, skip 9 טָפוֹף Isa 3:16◦

✓טפשׁ *q* be insensitive, thick-skinned 5 טָפַשׁ Ps 119:70◦

טָפַת *f. PN* Taphath 1 Kgs 4:11◦

טֻר ↪ טוּר

✓טרד *q* drip ceaselessly 11 טֹרֵד טוֹרֵד Prov 19:13; 27:15◦

טְרוֹם not yet, before Ruth 3:14 *kt.*; *qr* ↪ טֶרֶם◦

✓טרח *hif* load 6 יַטְרִיחַ Job 37:11◦

טֹרַח ↤ טרח *m.* burden, weight 4 טָרְחֲכֶם Dtn 1:12; Isa 1:14◦

טְרִיָּה *f.* fresh, raw Jdg 15:15; Isa 1:6◦

טֶרֶם[B] not yet, before; often with בְּ, once with מִן Hag 2:15

✓טרף[B] I. *q* rip, tear to pieces, destroy 5 טָרַף *p* אֶטְרֹף יִטְרָף יִטְרֹף (pass. ↪ *pu*) 6 טֹרֵף טָרָף טֹרֵף 11 טָרֹף 9 לִטְרָף־ לִטְרוֹף 8 וַיִּטְרֹף 7 טֹרְפֵי

nif be torn 6 יִטָּרֵף Ex 22:12; Jer 5:6◦

pu be torn 5 טֹרַף *p* טֹרָף Gen 37:33; 44:28◦

✓טרף II. *hif* feed, provide 10 [e]הַטְרִיפֵנִי Prov 30:8◦

טֶרֶף ↤ טרף I. *m.* prey, nutrition, aliment *p* טָרֶף 4 טַרְפּוֹ טַרְפֵּךְ

טָרָף ↤ טרף II. *m.* leaf 3 טַרְפֵּי Ez 17:9 (others: ↪ the following)◦

טָרָף ↤ טרף *m.* fresh, freshly plucked Gen 8:11; Ez 17:9◦

טְרֵפָה ↤ טרף I. *f.* torn up (animal)

י

✓יאב *q* hanker, long 5 יָאַבְתִּי Ps 119:131◦

יֹאָב *m. PN* Joab 1 Kgs 1:19 ↪ יוֹאָב◦

✓יאה *q* be due, entitled 5 יָאָתָה Jer 10:7◦

יְאוֹר ↪ יְאֹר

יַאֲזַנְיָה & יַאֲזַנְיָהוּ *m. PN* Jaasaniah

יָאִיר *m. PN* Jair

✓יאל I. *var.* ↪ אול *nif* act unwise, recklessly, make a fool of oneself 5 נֹאֲלוּ נוֹאֲלוּ *p* נוֹאָלוּ נוֹאַלְנוּ Num 12:11; Isa 19:13; Jer 5:4; 50:36◦

✓יאל II. *hif* start, make a beginning, take up something, decide on something; want something, strive for something; be able, capable, succeed 5 הוֹאִיל הוֹאַלְתָּ הוֹאַלְתִּי הוֹאַלְנוּ 6 וַיֹּאֶל וַיּוֹאֶל 7 וְיֹאֵל 10 הוֹאֶל הוֹאֶל־נָאה הוֹאִילוּ

יְאֹר[B] *m.* river, stream; sg. as *pn* Nile; Tigris Dan 12:5ff ; channel, gallery Job 28:10; pl. Nile

1 st.c. sg. 2 st.a. pl. 3 st.c. pl. 4 with *epp* 5 SC 6 PC 7 narrative 8 inf.c. 9 inf.a. 10 imp. 11 part.

יְאֹרָיו יְאֹרֶיךָ יְאֹרִי 4 יְאֹרֵי 3 יְאֹרִים arms 2 יְאֹרֵיהֶם

יָאִרִי pn Jaïrite 2 Sam 20:26◦

יאשׁ✓ nif despair, let go 1 Sam 27:1; pt.: desperate man Job 6:26; as an expression: it is in vain Isa 57:10; Jer 2:25; 18:12 - 5 נוֹאַשׁ 11 נוֹאָשׁ נֹאָשׁ◦

pi let dispair 8 לְיַאֵשׁ Ecc 2:20◦

יאשׁ & יוֹאָשׁ m. PN Joash 2 Chr 24:1

יאשִׁיָּה & יאשִׁיָּהוּ m. PN Josiah

יָאֲתָה Jer 10:7 ↪ יאה

יאתוֹן Ez 40:15 kt.; qr. ↪ אִיתוֹן

יְאָתְרַי m. PN Jeotrai 1 Chr 6:6◦

יבב✓ pi wail, lament 7 וַתְּיַבֵּב Jdg 5:28◦

יְבוּל ↩ יבל m. yield, harvest, produce 4 יְבוּלָם יְבֻלָהּ יְבוּלָהּ

יְבוּס pln Jebus, former name of Jerusalem

יְבוּסִי & יְבֻסִי pn Jebusite

יִבְחָר m. PN Jibhar 2 Sam 5:15; 1 Chr 3:6; 14:5◦

יָבִין m. PN Jabin

יָבֵישׁ pln Jabesh ↪ יָבֵשׁ II. & m. PN

יבל✓ hif guide, lead; bring 6 יֹבִלֵנִי[e] אוֹבִילֵם[e] יֹבִלוּהָ[e] יוֹבִלוּן יֹבִלוּ יוֹבִלוּ

hof be guided, lead, brought 6 יוּבָל p יוּבַל תּוּבַלְנָה תּוּבָלוּן יוּבָלוּ אוּבָל תּוּבַל

יָבָל I. m. watercourse 3 יִבְלֵי Isa 30:25; 44:4◦

יָבָל II. m. PN Jabal Gen 4:20◦

יֹבֵל & יוֹבֵל[B] m. ram; קֶרֶן הַיּוֹבֵל ram's horn; sometimes only יֹבֵל Ex 19:13; הַיּוֹבֵל שְׁנַת the year of jubilee; שׁוֹפְרוֹת הַיּוֹבְלִים ram's horns, trombones (of jubilee)

ⓘ The Jubilee Year is the 50th year after seven Sabbatical years and frees, among other things, debtors from their burden; it is introduced with the blowing of the ram's horn - hence the term year of jubilee (Lev 25:8-13).

יִבְלְעָם pln Jibleam Jos 17:11; Jdg 1:27; 2 Kgs 9:27◦

יַבֶּלֶת f. wart Lev 22:22◦

יבם✓ pi marry 6 יְבַמְּהּ[e] 8 וְיַבְּמָהּ[e] 10 יַבֵּם Gen 38:8; Dtn 25:5.7◦

יָבָם m. brother of a deceased husband, brother-in-law 4 יְבָמִי יְבָמָהּ Dtn 25, 5.7◦

ⓘ The two preceding words are about the so-called levirate marriage: In order to prevent a woman from being left destitute in the event of her husband's death, the deceased's brother marries the widow in order to beget offspring for him.

יְבָמָה ↩ יבם f. sister-in-law 4 יְבִמְתּוֹ יְבִמְתֵּךְ Dtn 25:7.9; Ruth 1:15◦

יַבְנְאֵל pln Jabneel Jos 15:11; 19:33◦

יַבְנֶה pln Jabne 2 Chr 26:6◦

יִבְנְיָה m. PN Jibneiah 1 Chr 9:8◦

יִבְנִיָּה m. PN Jibniah 1 Chr 9:8◦

יְבוּסִי & יְבֻסִי pn Jebusite

יַבֹּק pn a river, Jabbok

יְבֶרֶכְיָהוּ m. PN Jeberechiah Isa 8:2◦

יִבְשָׂם *m. PN* Jibsam 1 Chr 7:2◦

✓יבשׁ[B] *q* become dry, dry up, wither 5 יָבֵשׁ יָבְשׁוּ יָבֵשׁ יָבֵשׁ *p* יָבֵשׁוּ 6 יָבֵשׁ יִיבַשׁ *p* יָבְשׁוּ יָבְשָׁה יָבוֹשׁ יָבֵשׁ 9 בִּיבֹשׁ יְבֹשֶׁת 8 וַתִּיבַשׁ 7

pi become, make dry 6 תְּיַבֵּשׁ־ תְּיַבֵּשׁ 7 וַיְבַשְׁהוּ[e]

Nah 1:4; Job 15:30; Prov 17:22◦

hif dry up 5 הוֹבַשְׁתִּי הוֹבִישָׁה הֹבִישׁ הוֹבִישׁ אוֹבִישׁ 6 הֹבִשׁוּ

יָבֵשׁ *m.* & יְבֵשָׁה[B] *f.* ← יבשׁ I. dry, withered 2 יְבֵשׁוֹת יְבֵשִׁים

יָבֵשׁ II. *m. PN* & *pln* Jabesh ↪ יָבֵישׁ

יַבָּשָׁה[B] ← יבשׁ *f.* dry land; mainland בַּיַּבָּשָׁה on dry land

יַבֶּשֶׁת ← יבשׁ *f.* dry ground, arid soil *p* יַבָּשֶׁת Ex 4:9; Ps 95:5◦

יִגְאָל *m. PN* Jigal Num 13:7; 2 Sam 23:36; 1 Chr 3:22◦

✓יגב *q* pt. farmer 11 יֹגְבִים 2 Kgs 25:12; Jer 52:16◦

יָגְבְּהָה *pln* Jogbohah, Num 32:35; Jdg 8:11◦

יְגֵבִים ← יגב *m.* fields Jer 39:10◦

יִגְדַּלְיָהוּ *m. PN* Jigdaliah Jer 35:4◦

✓יגה I. *hif* remove, eliminate 5 הֹגָה 2 Sam 20:13 (impers. *when he had been removed*)◦

ⓘ Some scholars understand the form as hofal: *to be removed.*

✓יגה II. *nif* be full of grief, mourn 11 נוּגוֹת נוּגֵי Lam 1:4; Zeph 3:18◦

pi grieve, sadden 7 וַיַּגֶּה Lam 3:33◦

hif torment, make suffer; pt. tormentor 5 הֹגָה הוֹגָה[e] הוֹגָה 6 תּוֹגְיוּן 11 מוֹגַיִךְ[e] Isa 51:23; Job 19:2; Lam 1:5.12; 3:32◦

יָגוֹן ← יגה *m.* grief, sorrow 4 מִיגוֹנָם

יָגוּר *pln* Jagur Jos 15:21◦

יָגוֹר ← יגר *m.* afraid, in fear Jer 22:25; 39:17◦

יָגִיעַ ← יגע *m.* exhausted 3 יְגִיעֵי Job 3:17◦

יְגִיעַ ← יגע *m.* work, toil; yield of work, profit, property, assets 4 יְגִיעוֹ יְגִיעֲךָ *p* יְגִיעֶךָ יְגִיעֵי

יְגִיעָה ← יגע *f.* exhaustion 1 יְגִעַת Ecc 12:12◦

יָגְלִי *m. PN* Jogli Num 34:22◦

✓יגע[B] *q* become tired, be exhausted; work, toil 5 יָגְעָה יָגַעְתָּ יָגַעַתְּ יָגַעְתִּי יָגַעְנוּ 6 תִּיגַע יִיגָע יָגָעוּ *p* יִיגְעוּ יִגְעוּ אִיגָע

pi bother Jos 7:3; become tired Ecc 10:15 - 6 תְּיַגְּעֶנּוּ[e] תְּיַגַּע◦

hif weary, bother, burden 5 הוֹגַעְתִּיךָ[e] הוֹגַעְתַּנִי[e] הוֹגַעְתֶּם Isa 43:23f; Mal 2:17◦

יָגָע ← יגע *m.* acquisition, profit Job 20:18◦

יָגֵעַ ← יגע *m.* tired, weary Dtn 25:18; 2 Sam 17:2; weariness Ecc 1:8 - 2 יְגֵעִים◦

✓יגר *q* be afraid 5 יָגֹרְתִּי יָגֹרְתָּ

יְגַר שָׂהֲדוּתָא *pn* Jegar-Sahaduta Gen 31:47◦

יָד[B] *f.* hand; side; on the side, beside, by; handful, portion; power, strength; space, monument; piece, part, cone 1 יַד 2 יָדוֹת du. יָדַיִם 3 יְדֵי 4 יָדוֹ יָדָהּ יָדְךָ *p* יָדֶךָ יָדֵךְ יָדִי יָדָם יְדוֹת יְדֵי יָדֶיךָ יָדֶיהָ יָדָיו du. יָדֵנוּ יֶדְכֶן יֶדְכֶם; יְדוֹתָם יְדֹתֶיהָ יְדֹתָיו pl. יָדֵינוּ יְדֵיכֶם יְדֵיהֶם;

יִדְאֲלָה *pln* Jidalah Jos 19:15◦

יִדְבָּשׁ *m. PN* Jidbash 1 Chr 4:3◦

ידד✓ *q* cast, draw lots 5 יַדּוּ Joel 4:3; Ob 11; Nah 3:10◦

יְדִדוּת *f.* darling Jer 12:7◦

ידה[B]✓ I. *hif* praise, exalt, thank; confess (guilt) 5 אוֹדֶה יוֹדֶךָּ[e] *p* יוֹדֻךָ[e] יוֹדֶה 6 הוֹדִינוּ הוֹדוּ יוֹדוּךָ[e] יוֹדוּ אֲהוֹדֶנּוּ[e] אֲהוֹדֶה אוֹדְךָ[e] אוֹדֶנּוּ[e] 10 הֹדֹת הוֹדֹת הֹדוֹת הוֹדוֹת 8 נוֹדֶה יוֹדֶךָ[e] מוֹדִים מוֹדֶה 11 הֹדוּ הוֹדוּ

hitp praise, confess (guilt) 5 וְהִתְוַדּוּ וְהִתְוַדָּה 7 וּמִתְוַדֶּה 11 הִתְוַדֹּתוֹ[e] 8 וַיִּתְוַדּוּ וָאֶתְוַדֶּה מִתְוַדִּים

ידה✓ II. *q* shoot 10 יְדוּ Jer 50:14◦

pi throw 7 וַיַּדּוּ 8 יַדּוֹת Lam 3:53; Zec 2:4◦

יִדּוֹ *m. PN* Jiddo Ezr 10:43 *kt.*; 1 Chr 27:21◦

יָדוֹן *m. PN* Jadon Neh 3:7◦

יַדּוּעַ *m. PN* Jaddua Neh 10:22; 12:11.22◦

יְדוּתוּן *m. PN* Jeduthun

יַדַּי *m. PN* Jaddai Ezr 10:43 *kt.*; *qr.* ↪ יִדּוֹ◦

יָדִיד *m.* lover, friend, darling 1 יְדִיד 4 יְדִידוֹ יְדִידֶיךָ לִידִידִי

יְדִידָה *f. PN* Jedidah 2 Kgs 22:1◦

יְדִידְיָה *m. PN* Jedidiah, sobriquet of Salomo 2 Sam 12:25◦

יְדִידוֹת & **יְדִידֹת** *f.* lovely Ps 84:2; love Ps 45:1◦

יְדָיָה *m. PN* Jedaiah Neh 3:10; 1 Chr 4:37◦

יְדִיעֲאֵל *m. PN* Jediael

יְדִיתוּן & **יְדוּתוּן** *m. PN* Jeduthun 1 Chr 16:38

יִדְלָף *m. PN* Jidlaph Gen 22:22◦

ידע[B]✓ *q* perceive, understand, recognize, know; get to know, have insight, knowledge; have sexual contact 5 יָדַע יְדָעוֹ[e] יְדָעָהּ[e] יָדְעָה יָדְעוּ יְדַעְתִּיו[e] יָדַעְתִּי יְדַעְתֶּם[e] יְדַעְתּוֹ[e] יָדַעְתָּ יֵדַע *p* יָדָע 6 יָדָעְנוּ יְדַעְתֶּן יְדַעְתֶּם יְדָעוּם[e] תֵּדְעוּ יֵדְעוּן יֵדְעוּ וְאֵדָעֶךָ[e] אֵדְעָה אֵדַע תֵּדַע וַיֵּדְעוּ וַיֵּדַע 7 וַנֵּדָעֶנּוּ[e] וְנֵדְעָה נֵדַע תֵּדְעוּן לְדַעְתָּהּ[e] לְדַעְתּוֹ[e] דֵּעָה לָדַעַת 8 וַנֵּדָעֵם[e] 11 דְּעוּ דְּעִי דְּעֶה דַּע 10 יָדֹעַ יָדוֹעַ 9 דַּעְתִּי[e] יוֹדְעֵנוּ[e] יֹדְעֵי יֹדְעִים יוֹדְעִים יֹדַעַת יֹדֵעַ יוֹדֵעַ pass. וִידֻעִים וִידוּעַ

ⓘ The word designates the appropriate knowledge, the complete and adequate grasping of the object of consideration. The real perception of a counterpart can also include sexual experience, and so the expression "he knew her" or "she had not yet known a man" often found in translations is not a euphemism or characteristic of a prudish sexual attitude, but on the contrary expression of a holistic view of man that includes sexuality.

nif show oneself, reveal, make known; be perceived; be instructed; know oneself; come to insight, knowledge 5 נוֹדַע נוֹדְעָה נוֹדַעְתִּי נוֹדָעוּ 6 יִוָּדַע *p* יִוָּדֵעַ יִוָּדַע תִּוָּדַע תִּוָּדְעִי 7 וַיִּוָּדַע 8 וְאִוָּדַע הִוָּדְעִי[e] 11 נוֹדָע

pi let, make know 5 יִדַּעְתָּ Job 38:12 *qr.*◦

pu pt. confidant; acquaintance, relative 11 מְיֻדָּע מְיֻדַּעַת מְיֻדָּעַי[e] *p* מְיֻדָּעַי[e] מְיֻדָּעָיו[e] מְיֻדָּעִי[e] Isa 12:5 *kt.*

poel appoint 5 יוֹדַעְתִּי 1 Sam 21:3◦

1 st.c. sg. 2 st.a. pl. 3 st.c. pl. 4 with *epp* 5 SC 6 PC 7 narrative 8 inf.c. 9 inf.a. 10 imp. 11 part.

hif let know, make known, inform; reveal, announce, prove 5 הוֹדִיַע הוֹדִיעַנִי[e] וְהוֹדַעְתָּ
וְהוֹדַעְתֶּם[e] וְהוֹדַעְתִּי הוֹדִיעוּ הוֹדַעְתֶּם 6 וַיֹּדַע
יוֹדִעֶנּוּ[e] תּוֹדִיעֵנִי[e] אוֹדִיעֲךָ[e] אוֹדִיעֵם[e] יֹדִיעוּ
יוֹדִעֶם[e] נוֹדִיעָה 7 וַיֹּדַע 8 הוֹדִיַע הֹדִיַע
הוֹדַע 10 לְהוֹדִיעָם[e] הוֹדִיעֵנִי[e] הוֹדִעֶךָ[e]
מוֹדִיעֲךָ[e] 11 הוֹדִעֶנוּ[e] הוֹדִיעוּ הוֹדִיעֵנִי[e]
מוֹדִיעָם[e] מוֹדִיעִים מוֹדִיעֵם

hof become aware, be made known 5 הוּדַע 11 מוּדַעַת Lev 4:23.28 Isa 12:5 *qr.*∘

hitp make oneself known, reveal oneself 6 אֶתְוַדַּע 8 הִתְוַדַּע Gen 45:1; Num 12:6∘

יָדָע *m. PN* Jada 1 Chr 2:28.32∘

יְדַעְיָה *m. PN* Jedaiah

יִדְּעֹנִי ↔ ידע *m.* soothsayer, soothsaying spirit Lev 20:27 - 2 יִדְּעֹנִים

יְדוּתוּן & יְדֻתוּן *m. PN* Jeduthun

√ יהב ↪ הַב & הָבָה

יָהּ & יָהוּ Part of *PN*; used in poetic context to evoke the name of God יהוה without pronouncing it

יְהָב *m.* burden 4 יְהָבְךָ Ps 55:23∘

√ יהד *hitp* become jewish 11 מִתְיַהֲדִים Est 8:17∘

יְהֻד *pln* Jehud Jos 19:45∘

יָהְדָי *m. PN* Jahdai 1 Chr 2:47∘

יֵהוּא *m. PN* Jehu

יְהוּא Ecc 11:3 ↪ הוה

יְהוֹאָחָז *m. PN* Joahas

יְהוֹאָשׁ *m. PN* Joash

יְהוּד *pln* Jehud Jos 19:45∘

יְהוּדָה *pn* Juda

יְהוּדִי *m. PN* Jehudi & *pn* Judaen 2 יְהוּדִים

יְהוּדִיָּה *pn* Judahite 1 Ch 4:18∘

יְהוּדִית I. *f. pn* Judean; judean; in Judean (language), in Hebrew 2 Kgs 18:26; Neh 13:24

יְהוּדִית II. *f. PN* Judith Gen 26:34∘

יהוה The Tetragrammaton refers to the consonants of the name of God, YHWH, which is not pronounced. The original vocalization is not preserved in Judaism. The connection with the root היה or הוה is obvious.

יְהוֹזָבָד *m. PN* Josabad

יְהוֹחָנָן *m. PN* Johanan

יְהוֹיָדָע *m. PN* Jojada

יְהוֹיָכִין *m. PN* Jojachin

יְהוֹיָקִים *m. PN* Jojakim

יְהוֹיָרִיב *m. PN* Jojarib

יְהוּכַל *m. PN* Juchal Jer 37:3∘

יְהוֹנָדָב *m. PN* Jonadab

יְהוֹנָתָן *m. PN* Jonathan

יְהוֹסֵף *m. PN* Joseph Ps 81:6∘

יְהוֹעַדָּה *m. PN* Joadda 1 Chr 8:36∘

יְהוֹעַדָּן *f. PN* Joaddan 2 Kgs 14:2; 2 Chr 25:1∘

יְהוֹצָדָק *m. PN* Jozadak

יְהוֹרָם *m. PN* Joram

יְהוֹשֶׁבַע *f. PN* Josheba 2 Kgs 11:2∘

1 st.c. sg. 2 st.a. pl. 3 st.c. pl. 4 with *epp* 5 SC 6 PC 7 narrative 8 inf.c. 9 inf.a. 10 imp. 11 part.

יְהוֹשׁוּעַ *m. PN* Joshua

יְהוֹשָׁפָט *m. PN* & *pln* Joshaphat

יָהִיר *m.* proud, haughty, arrogant Hab 2:5; Prov 21:24◦

יַהֵל Isa 13:20 ↪ **אהל** to tent◦

יְהַלֶּלְאֵל *m. PN* Jehallelel 1 Chr 4:16; 2 Chr 29:12◦

יַהֲלֹם *pn* of a precious stone, jasper; others: diamond Ex 28:18; 39:11; Ez 28:13◦

יַהַץ *pln* Jahaz

יוֹאָב & **יֹאָב** 1 Kgs 1:19 *m. PN* Joab

יוֹאָח *m. PN* Joach

יוֹאָחָז *m. PN* Joahas 2 Chr 34:8◦

יוֹאֵל *m. PN* Joel

יוֹאָשׁ& **יֹאָשׁ** 2 Chr 24:1 *m. PN* Joash

יוֹב *m. PN* Job Gen 46:13◦

ⓘ Some translators read with Num 26:24 *Jashub*

יוֹבָב *m. PN* & *pln* Jobab

יוֹבֵל & **יֹבֵל**[B] *m.* ram; **קֶרֶן הַיּוֹבֵל** ram's horn; sometimes only **יוֹבֵל** Ex 19:13; **הַיּוֹבֵל** **שְׁנַת** the year of jubilee; **שׁוֹפְרוֹת הַיּוֹבְלִים** ram's horns, trombones (of jubilee)

ⓘ The Jubilee Year is the 50th year after seven Sabbatical years and frees, among other things, debtors from their burden; it is introduced with the blowing of the ram's horn - hence the term year of jubilee (Lev 25:8-13).

יוּבַל I. *m.* creek Jer 17:8◦

יוּבַל II. *m. PN* Jubal Gen 4:21◦

יוֹזָבָד *m. PN* Josabad

יוֹחָא & **יֹחָא** *m. PN* Joha 1 Chr 8:16; 11:45◦

יוֹחָנָן *m. PN* Johanan

יוּטָּה & **יֻטָּה** *pln* Juttah Jos 15:55; 21:16◦

יוֹיָדָע *m. PN* Jojada Neh 3:6; 12:10f.22; 13:28◦

יוֹיָכִין *m. PN* Jojachin ↪ **יְהוֹיָכִין** Ez 1:2◦

יוֹיָקִים & **יְהוֹיָקִים** *m. PN* Jojakim Neh 12:10.12.26◦

יוֹיָרִיב *m. PN* Jojarib Neh 11:5; Ezr 8:16◦

יוֹכֶבֶד *f. PN* Jochebed Ex 6:20; Num 26:59◦

יוּכַל & **יְהוּכַל** Jer 37:3 *m. PN* Juchal

יוֹם[B] *m.* day; **הַיּוֹם** & **כַּיּוֹם** today, this day; **כַּיּוֹם הַזֶּה** as it is now in daylight; **מִיּוֹם** since; du.: two days; pl. course of time: couple of days, for a while, some time; **שְׁנָתַיִם יָמִים** two years; **מִיָּמִים יָמִימָה** from year to year. - du. **יוֹמָיִם** **הַיָּמִין יָמִים** 2 **יָמִים** Dan 12:13; 3 **יְמוֹת יְמֵי** Dtn 32:7; 4 **יוֹמוֹ יוֹמְךָ יוֹמָם יָמֶיךָ יָמַי יְמֵיכֶם יָמֵינוּ**

יוֹמָם by day, during the day

יָוָן *m. PN* & *pln* Javan, Greece

יָוֵן *m.* dirt, mud Ps 40:3; 69:3◦

יוֹנָדָב & **יְהוֹנָדָב** *m. PN* Jonadab

יוֹנָה I. *f.* dove 1 **יוֹנַת** 2 **יוֹנִים** 3 **יוֹנֵי** 4 **יוֹנָתִי**

יוֹנָה II. *m. PN* Jonah 2 Kgs 14:25; Jon 1-4◦

יוֹנָה III. Jer 46:16; 50:16 pt.f. ↪ **ינה**

יְוָנִים *pn* Javanites, Greeks Joel 4:6◦

יוֹנֵק & יֹנֵק *m.* & יוֹנֶקֶת *f.* ↩ ינק infant, child, offspring; shoot 2 יוֹנְקִים 3 יֹנְקֵי 4 יֹנַקְתּוֹ יֹנְקוֹתָיו

יוֹנָתָן & יְהוֹנָתָן *m. PN* Jonathan

יוֹסֵף *m. PN* Joseph

יוֹסִפְיָה *m. PN* Josiphiah Ezr 8:10◦

יוֹעֵאלָה *m. PN* Joelah 1 Chr 12:8◦

יוֹעֵד *m. PN* Joed Neh 11:7◦

יוֹעֶזֶר *m. PN* Joeser 1 Chr 12:7◦

יוֹעֵץ pt. ↪ יעץ

יוֹעָשׁ *m. PN* Joash 1 Chr 7:8; 27:28◦

יוֹצֵאת going out, loss Ps 144:14 (pt.f. ↪ יצא)◦

יוֹצָדָק & יְהוֹצָדָק *m. PN* Jozadak

יוֹצֵר & יֹצֵר[B] potter; melter Zec 11:13 - 2 יוֹצְרִים (pt.m. ↪ יצר)

יוֹקִים *m. PN* Jokim 1 Chr 4:22◦

יוֹרֶא be refreshed; PC *hof* ↪ רוה Prov 11:25◦

יוֹרֶה ↩ ירה *m.* early rain Dtn 11:14; Jer 5:24 *qr.*◦

יוֹרָה *m. PN* Jorah Ezr 2:18◦

יוֹרַי *m. PN* Jorai 1 Chr 5:13◦

יוֹרָם & יְהוֹרָם *m. PN* Joram

יוּשַׁב חֶסֶד *m. PN* Jushab-Hesed 1 Chr 3:20◦

יוֹשִׁבְיָה *m. PN* Joshibiah 1 Chr 4:35◦

יוֹשָׁה *m. PN* Josha 1 Chr 4:34◦

יוֹשַׁוְיָה *m. PN* Joshaviah 1 Chr 11:46◦

יוֹשָׁפָט *m. PN* Joshaphat ↪ יְהוֹשָׁפָט 1 Chr 11:43; 15:24◦

יוֹתָם *m. PN* Jotham

יוֹתֵר & יֹתֵר[B] ↩ יתר *m.* rest, the remaining; as adv. exceedingly, over the measures, too; by the way, besides; with מִן more than

יוֹתֶרֶת & יֹתֶרֶת ↩ יתר *f.* caul fat on the liver; overhang, fat mass

יְזוּאֵל *m. PN kt.*; *qr.* יְזִיאֵל Jesiel 1 Chr 12:3◦

יְזִיָּה *m. PN* Jisiah Ezr 10:25◦

יָזִיז *m. PN* Jasis 1 Chr 27:31 ◦

יִזְלִיאָה *m. PN* Jisliah 1 Chr 8:18◦

יזן✓ *pu* be aroused 11 מְיֻזָּנִים Jer 5:8◦

ⓘ The meaning of the root is not entirely clear and can only be deduced from the context. Some manuscripts read מוּזָנִים and derive the word from זון, *well-fed*. For מֵזִין Prov 17:4 ↪ אזן

יְזַנְיָה & יְזַנְיָהוּ *m. PN* Jesaniah Jer 40:8; 42:1 ↪ יַאֲזַנְיָה◦

יֶזַע *m.* sweat *p* יָזַע Ez 44:18◦

יִזְרָח *pn* Izrahite 1 Chr 27:8◦

יִזְרַחְיָה *m. PN* Izarahiah 1 Chr 7:3; Neh 12:42◦

יִזְרְעֶאל *m. PN* Hos 1:4; 2:24; 1 Chr 4:3 & *pln* Jesreel

יִזְרְעֶאלִי *m.* & יִזְרְעֶאלִית *f. pn* Jesreelite

יוֹחָא & יֹחָא *m. PN* Joha 1 Chr 8:16; 11:45◦

יְחֻבָּה *m. PN* 1 Chr 7:34 *kt.*; *qr.* וְחֻבָּה Hubba◦

√יחד[B] *q* join 6 תֵּחַד Gen 49:6; Isa 14:20◦
pi unite 10 יַחֵד Ps 86:11◦

יַחַד & יַחְדָּו[B] & sometimes יַחְדָּיו ↩ יחד; יָחַד together, all together, with each other; united, unified

יָחַד Prov 27:17 ↪ חדד hif.

יַחְדּוֹ *m. PN* Jachdo 1 Chr 5:14◦

יַחְדִּיאֵל *m. PN* Jachdiël 1 Chr 5:24◦

יֶחְדְּיָהוּ *m. PN* Jechdeiah 1 Chr 24:20; 27:30◦

יְחוּאֵל *m. PN kt.; qr.* יְחִיאֵל Jehiël 2 Chr 29:14◦

יַחֲזִיאֵל *m. PN* Jahasiël

יַחְזְיָה *m. PN* Jachseiah Ezr 10:15◦

יְחֶזְקֵאל *m. PN* Ezekiel

יְחִזְקִיָּה & יְחִזְקִיָּהוּ *m. PN* Hiskiah

יַחְזֵרָה *m. PN* Jachserah 1 Chr 9:12◦

יְחִיאֵל *m. PN* Jechiel

יָחִיד *m.* & יְחִידָה *f.* ↩ אֶחָד the only one, single; lonely, abandoned Ps 25:16; 68:7 - 2 יְחִידִים 4 יְחִידְךָ *p* יְחִידֶךָ יְחִידָתִי

יְחִיָּה *m. PN* Jehiah 1 Chr 15:24 ◦

יָחִיל ↩ יחל *m.* hoping, waiting Lam 3:26◦

√יחל[B] *nif* wait Gen 8:12; 1 Sam 13:8 *kt.*; hope (in vain) Ez 19:5 - 5 נוֹחֲלָה 7 וַיִּיָּחֶל◦
pi wait; let hope Ps 119:49 - 5 יִחַלְתִּי יִחַלְתָּנִי[e] וַאֲיַחֲלָה אֲיַחֵל יְיַחֵל 6 יִחַלְנוּ וְיִחֵלוּ *p* וְיִחֲלוּ וַיְּחֶל 7 יְיַחֵלוּן יְיַחֵילוּ Gen 8:10 (or *hif*) 10 יַחֵל 11 מְיַחֵל מְיַחֲלִים

hif wait, hold on, spend time 5 הוֹחַלְתִּי *p* הוֹחָלְתִּי 6 אוֹחִיל תּוֹחֵל 7 אֹחִילָה וַיּוֹחֶל 1 Sam 13:8 *qr.*; וַיָּחֶל Gen 8:10 (others: *pi* or *q*) 10 הוֹחִילִי

יַחְלְאֵל *m. PN* Jachleel Gen 26:14; Num 26:26◦

יַחְלְאֵלִי *m. pn* Jachleelite Num 26:26◦

√יחם *var.* ↪ חמם *q* be hot, in rut, copulate, conceive 7 וַיֶּחֱמוּ וַיֵּחַמְנָה (3. pl.f.) Gen 30:38f◦
pi of humans: conceive; of animals: be on heat 5 יֶחֱמַתְנִי[e] 8 יַחֵם לְיַחֲמֵנָּה[e] Gen 30:41; 31:10; Ps 51:7◦

יַחְמוּר *m.* roebuck Dtn 14:5; 1 Kgs 5:3◦

יַחְמַי *m. PN* Jachmai 1 Chr 7:2◦

יָחֵף *m.* barefoot 2 Sam 15:30; Isa 20:2ff; Jer 2:25◦

יַחְצְאֵל *m. PN* Jahzeel Gen 46:24; Num 26:48◦

יַחְצְאֵלִי *pn* Jahzeelite Num 26:48◦

יַחְצִיאֵל *m. PN* Jahziel 1 Chr 7:13◦

√יחר 2 Sam 20:5 ↪ אחר *pi* resp. *hif.* delay

√יחשׂ *hitp* be enrolled in a genealogy, be listed in a family record; inf. as subst.: (entry in a) register 5 הִתְיַחְשׂוּ 8 הִתְיַחֵשׂ הִתְיַחְשָׂם[e] 11 הַמִּתְיַחְשִׂים

יַחַשׂ ↩ יחשׂ *m.* register, genealogy, family Neh 7:5 ◦

יַחַת *m. PN* Jahat

יֵחַת ↪ חתת

1 st.c. sg. 2 st.a. pl. 3 st.c. pl. 4 with *epp* 5 SC 6 PC 7 narrative 8 inf.c. 9 inf.a. 10 imp. 11 part.

יטב[B] var. ↪ **טוב** *q* be good, be well, be happy; with **בְּעֵינֵי** please 6 **יִיטַב** 7 **יִטַב** **וַיִּיטַב** **וַיִּיטְבוּ**

ⓘ This word occurs in *q* only in *PC* and *narrative* and replaces the corresponding forms of **טוב**.

hif do good, act good, treat someone good; make something beautiful, prepare something well; have a good time, enjoy **אִם־תֵּיטִיב** *if everything goes well for you* Gen 4:7; with inf. do something right **הֵיטַבְתָּ לִרְאוֹת** *you have seen correctly* Jer 1:12 - 5 **הֵיטִיב הֵיטַבְתָּ הֵיטִבֹתִי** **יֵיטִיב** 6 **וְהֵטַבְנוּ הֵיטִיבוּ** **תֵּיטִיב וִיטִבֵךְ**[e] **יֵיטִיב** 6 **וְהֵטַבְנוּ הֵיטִיבוּ** 8 **וַתֵּיטֶב וַיֵּיטֶב** 7 **תֵּיטִיבוּ יֵיטִיבוּ וְאֵיטִיבָה** 9 **הֵיטִיבִי**[e] **לְהֵיטִבֵךְ**[e] **בְּהֵיטִיבוֹ**[e] **לְהֵיטִיב** 11 **וְהֵיטִיבוּ הֵיטִיבִי הֵיטִיבָה** 10 **הֵיטֵב הֵיטֵיב** **מֵיטִיבֵי מֵיטִיבִים מֵטִב מֵיטִיב**

יָטְבָה *pln* Jotbah 2 Kgs 21:19◦

יָטְבָתָה *pln* Jotbatah Num 33,33f; Dtn 10:7◦

יֻטָּה & **יוּטָּה** *pln* Juttah Jos 15:55; 21:16◦

יְטוּר *m. PN* Jetur Gen 25,15; 1 Chr 1:31; 5:19◦

יַיִן[B] *m.* wine; wine intoxication, drunkenness Gen 9:24; 1 Sam 25:37 - *p* **יָיִן** 1 **יֵין יֵין** 4 **יֵינוֹ יֵינָהּ** **יֵינָם יֵינִי יֵינֵךְ**

יַךְ 1 Sam 4:13 *kt.*; *qr.* ↪ **יַד** next to, near◦

יכח *nif* argue, reason Isa 1:18; Job 23:7; be cleared, vindicated Gen 20:16 - 6 **וְנִוָּכְחָה** 11 **וְנֹכַחַת נוֹכָח**◦

hif to judge, decide, determine; to administer justice; stand up for justice, grant rights; to hold people accountable, punish 5 **הוֹכִיחַ** **יוֹכַח יוֹכִיחַ** 6 **וְהֹכַחְתִּיו**[e] **הֹכַחְתָּ וְהוֹכַח הֹכִיחַ** **וְיוֹכִיחוּ אוֹכִיחֲךָ**[e] *p* **אוֹכִיחֶךָ**[e] **תּוֹכִיחֵנִי**[e] **תּוֹכִיחַ** **הוֹכֵחַ** 9 **הַלְהוֹכַח לְהוֹכִיחַ** 8 **וַיּוֹכַח** 7 **תּוֹכִחֵךְ**[e] **מוֹכִיחִים מוֹכִיחַ** 11 **הוֹכַח** 10

hof be warned 5 **וְהוּכַח** Job 33:19◦

hitp enter into trial 6 **יִתְוַכָּח** Mi 6:2◦

יְכִילְיָה *f. PN kt.*; *qr.* **יְכָלְיָה** Jecholiah 2 Chr 26:3◦

יָכִין *m. PN* Jachin

יָכִינִי *pn* Jachinite Num 26:12◦

יכל[B] *q* be able , capable (with following inf.); abs.: overcome, defeat 5 **יָכֹל יָכוֹל יָכְלָה** *p* **יוּכַל** 6 **יָכֹלוּ** *p* **יָכְלוּ יְכָלְתִּיו**[e] **יָכֹלְתִּי יָכֹלְתְּ** **יוּכְלוּן יוּכְלוּ אוּכַל** *p* **אוּכָל תּוּכַל יוּכָל** 9 **יְכֹלֶת** 8 **וַתּוּכַל וַיֻּכַל וַיּוּכַל** 7 **נוּכַל תּוּכְלוּ** **יָכֹל יָכוֹל**

יְכָלְיָהוּ *f. PN* Jecholiah

יְכָנְיָה & **יְכָנְיָהוּ** *m. PN* Jechoniah

ילד[B] *q* have a child, bear, give birth; beget, sire; lay eggs, incubate 5 **יָלַד יְלָדֵךְ**[e] **יָלְדָה** *p* **יְלַדְתִּךָ**[e] (3.sg.f. + *epp* 3.sg. m.); **יְלָדַתּוּ**[e] **יָלָדָה** **יְלִדְתִּיהוּ**[e] **יְלִדְתַּנִי**[e] **יָלַדְתְּ יְלִדְתָּנוּ**[e] (2. sg.f.); **תֵּלֵד יֵלֵד יֵלֵד** 6 **יְלָדַנוּ יָלְדוּ** *p* **יָלְדוּ יְלִדְתִּיךָ**[e] **וַיֵּלְדוּ וָאֵלֵד וַתֵּלֶד** 7 **תֵּלַדְנָה יֵלֵדוּן** *p* **יֵלֵדוּ** **לִדְתָּנָה**[e] **לְלִדְתִּי**[e] **לְדִתָּהּ**[e] **לֶדֶת** 8 **וַתֵּלַדְןָ** **יֹלֶדֶת הַיֹּלְדָה**[e] **יוֹלֵד יֹלֵד** 11 **יָלֹד** 9 **לָלֶת לֵדָה** **יֹלַדְתְּ** (forma mixta, PC or 2. sg. f. SC); **יֹלֵדָה** **יֹלְדוֹת יֹלְדָיו**[e] **יוֹלַדְתְּכֶם**[e] **יוֹלַדְתֵּךְ**[e] **יוֹלַדְתּוֹ**[e] pass. **יְלוּדִים יְלוּד יָלוּד**

nif be born 5 **נוֹלַד נוֹלְדוּ נוֹלְדוּ** 6 **יִוָּלֵד אִוָּלֵד־** **הִוָּלֵד** 8 **וַיִּוָּלְדוּ וַיִּוָּלֵד** 7 **יִוָּלְדוּ** *p* **יִוָּלְדוּ** **נוֹלָדִים נוֹלַד־ נוֹלַד** 11 **הִוָּלְדָהּ**[e] **הִוָּלְדוֹ**[e]

pi provide obstetric care; pt. midwife 8 **בְּיַלֶּדְכֶן**[e] 11 **מְיַלֶּדֶת מְיַלְּדֹת** Gen 35:17; 38:28; Ex 1:15ff◦

pu be born 5 יֻלַּדְתִּי יֻלְּדָה יוּלַּד יֻלַּד־ יוּלַּד *p* יֻלָּד יֻלַּד יוּלָּד 11 יֻלַּדְתֶּם יֻלְּדוּ *p* יֻלָּדוּ

hif beget, become father; fertilize, bring forth 5 הוֹלִיד הוֹלִיד הֹלִיד הוֹלִידָהּ[e] הוֹלַדְתָּ הוֹלִידוּ 6 הוֹלִידוּ[e] 8 וַיּוֹלֶד 7 אוֹלִיד תּוֹלִיד יוֹלִיד 9 מוֹלִידִים מוֹלִיד 11 הוֹלִידוּ 10 הוֹלֵיד

hof be born; with יוֹם birthday 8 הֻלֶּדֶת הוּלֶּדֶת Gen 40:20; Ez 16:4f◦

hitp be entered in a birth register 7 וַיִּתְיַלְדוּ Num 1:18◦

יֶלֶד[B] ← ילד *m.* child; of animals: young one, cub *p* יָלֶד 2 יְלָדִים 3 יַלְדֵי 4 יַלְדֵי יְלָדָיו יְלָדוֹ יַלְדֵיהֶן יַלְדֵיהֶם יְלָדַי וִילָדֶיהָ

יַלְדָּה[B] ← ילד *f.* girl 2 יְלָדוֹת

יַלְדוּת ← ילד *f.* childhood (possibly in the sense of early time) Ps 110:3; youth Ecc 11:9f – 4 יַלְדֻתֶיךָ יַלְדוּתֶיךָ◦

יִלּוֹד ← ילד *m.* & *f.* born 2 יִלֹּדִים

יָלוֹן *m. PN* Jalon 1 Chr 4:17◦

ילה√ *q* languish 7 וַתֵּלַהּ Gen 47:13

ⓘ The form can just as well be derived from ↪ להה.

יָלִיד ← ילד *m.* son; with בַּיִת domestic, servant, slave 1 יְלִיד 3 יְלִידֵי

ילך ↪ הלך

ילל√[B] *hif* howl, wail 5 הֵילִיל 6 הֵילִילוּ הֵילִיל יְיֵלִיל תְּהֵילִילוּ תְּיֵלִילוּ יְהֵילִילוּ וְאֵילִילָה אֵילִיל 10 הֵילִילוּ הֵילִילִי הֵילֵל

יְלֵל ← ילל *m.* howling Dtn 32:10◦

יְלָלָה ← ילל *f.* howling, wailing 1 יִלְלַת 4 יִלְלָתָהּ

ילע√ *q* talk inconsiderately 5 יָלַע Prov 20:25 (others ↪ לעע)◦

יַלֶּפֶת *f.* psoriasis, eczema, scab Lev 21:20; 22:22◦

יֶלֶק *m.* coll. caterpillar, larva *p* יָלֶק

יַלְקוּט *m.* pouch, sling stone bag 1 Sam 17:40◦

יָם[B] *m.* sea, mediterranean sea; west 1 יָם 2 יַמִּים 4 יַמָּה

ⓘ The lexeme also serves as a synonym for a great river like the Nile Isa 19:5 or the Euphrates Jer 51:36 or general lake, stream Ez 32:2

יָם הַנְּחֹשֶׁת *pn* the bronze sea

ⓘ The bronze sea is a large cultic object in the Salomonic temple, formed as a basin, which was supposed to symbolize the primeval flood and which was carried by twelve cattle as representatives of the tribes of Israel; sometrimes just הַיָּם Jer 27:19; 52:20

יְמוּאֵל *m. PN* Jemuel

יְמוֹנִי ← יָמִין *m.* right side Ez 4:6 *kt.*◦

יְמוֹת pl. ↪ יוֹם day

יְמֵי & יָמִים pl. ↪ יוֹם day

יְמִימָה *f. PN* Jemimah Job 42:14◦

יָמִין[B] I. *f.* right, right side; place of honour; south, south-side 1 יְמִין 4 יְמִינְךָ בִּימִינוֹ יְמִינוֹ וִימִינָם יְמִינִי יְמִינֶךָ *p*

יָמִין II. *m. PN* Jamin

יְמָנִי *m.* right, right side 2 Chr 3:17 *kt.*◦

יְמִינִי *pn* Benjaminite, for בִּנְיָמִין and בֶּן־ יְמִינִי

יִמְלָא 2 Chr 18:7f & **יִמְלָה** 1 Kgs 22:8f *m. PN* Jimlah◦

יַמְלֵךְ *m. PN* Jamlech 1 Chr 4:34◦

יֵמִם *m.* hot springs; others: mules Gen 36:24◦

יֹמָם → יוֹמָם

✓ **ימן** *hif* turn right; pt. right-hander 6 וְאֵימִנָה 8 תֵּאָמִינוּ 10 לְהֵמִין 11 הֵימְנִי מַיְמִינִים

יִמְנָה *m. PN* Jimnah

יָמְנִי *m.* & **יְמָנִית** *f.* right, right side; south, south-side

יִמְנָע *m. PN* Jimna 1 Chr 7:35◦

✓ **ימר** *hif* change 5 הֵהֵימִיר Jer 2:11 → מור◦

hitp boast 6 תִּתְיַמָּרוּ Isa 61:6◦

ⓘ This form probably derives from → אמר

יִמְרָה *m. PN* Jimrah 1 Chr 7:36◦

✓ **ימש** *hif* let someone touch, feel 10 הֵימִשֵׁנִי[e] Jdg 16:26 *kt.*; *qr.* → מוש◦

✓ **ינה** *q* destroy, oppress 6 נִינָם[e] 11 יוֹנִים הַיּוֹנָה Jer 25:38; 46:16; 50:16; Zeph 3:1; Ps 74:8◦

hif destroy, oppress 5 הוֹנוּ הוֹנָה 6 תּוֹנֶה יוֹנֶה 8 לְהוֹנֹתָם[e] תּוֹנֶנּוּ[e] תֹּנוּ תוֹנוּ 11 מוֹנַיִךְ[e]

יָנוֹחַ *pln* Janoach

יָנִי PC *hif* → נוא

יָנִים *pln* Jos 15:53 *kt.*; *qr.* Janum◦

יְנִיקָה → ינק *f.* twig, shoot 4 יְנִיקוֹתָיו Ez 17:4◦

✓ **ינק**[B] *q* suck; i.e. feed, enjoy; pt. suckling 5 תִּינָקוּ *p* תִּינְקוּ יִינְקוּ אִינָק יִינָק 6 וִינַקְתֶּם וְיָנַקְתְּ 11 יֹנְקֵי יֹנְקִים יוֹנֶקֶת יֹנֵק יוֹנֵק

hif suckle, breastfeed; let suckle Dtn 32:13; pt. nurse 5 הֵינִיקָה הֵינִיקוּ 6 תֵּינִק 7 וַתֵּינֶק וַיֵּנִקֵהוּ[e] 8 לְהֵינִיק 10 וְהֵינִקֵהוּ[e] 11 מֵינֶקֶת וַתְּנִיקֵהוּ[e] מֵינִיקְתָּהּ[e] מֵנִיקְתּוֹ[e] מֵינִיקְתּוֹ[e] מֵנִקְתָּהּ[e] מֵינִיקוֹתַיִךְ[e] מֵינִיקוֹת[e]

יֹנֵק & **יוֹנֵק** *m.* & **יוֹנֶקֶת** *f.* → ינק infant, child, offspring; sprout, shoot 4 יֹנַקְתּוֹ יוֹנְקוֹתָיו יֹנְקוֹתָיו

יַנְשׁוּף owl

✓ **יסד**[B] I. *q* establish; lay the foundation, prepare, set, assign, determine 5 יָסַד יְסָדָהּ[e] יְסַדְתִּיךְ[e] יְסַדְתָּם[e] יְסַדְתּוֹ[e] יָסַדְתָּ יָסְדָה 8 וִיסַדְתִּיךְ 11 לִיסֹד יֹסֵד

nif be founded 6 תִּוָּסֵד 8 הִוָּסְדָהּ[e] Ex 9:18; Isa 44:28◦

pi found; determine, order, appoint to an office, establish 5 יִסַּד יִסְּדָהּ[e] יִסְּדוּ 6 יְיַסְּדֶנָּה[e] 8 לְיַסֵּד

pu be founded 5 יֻסַּד *p.* יֻסָּד 11 מְיֻסָּדִים מְיֻסָּד מְיֻסָּדוֹת Ez 41:8 *kt.*; *qr.* מוּסָדוֹת → מוּסָדָה

hof be founded 8 הוּסַד 11 מוּסָּד Isa 28:16; Ezr 3:11; 2 Chr 3:3◦

✓ **יסד** II. *nif* consult, conspire 5 נוֹסְדוּ 8 בְּהִוָּסְדָם[e] Ps 2:2; 31:14◦

יְסֻד → יסד *m.* beginning Ezr 7:9◦

יְסוֹד[B] → יסד *m.* foundation, base, ground 4 יְסוֹדוֹתֶיהָ יְסֹדֶיהָ יְסוֹדָם יְסֹדוֹ

יְסוּדָה → יסד *f.* foundation 4 יְסוּדָתוֹ Ps 87:1◦

יִסּוֹר → יסר *m.* critic, wiseacre Job 40:2◦

יָסוּר Jer 17:13 someone who forsakes *kt.* 4 יְסוּרַי; *qr.* pt.*q.* (or adj.)+*epp* → סור◦

יִסְכָּה *f. PN* Jiskah Gen 11:29◦

יִסְמַכְיָהוּ *m. PN* Ismachiah 2 Chr 31:13◦

✓ **יסףB** *q* add; continue to do something 5 יָסַף *p* יָסָף יָסְפָה יָסְפוּ יָסַפְנוּ (8 סְפוֹת Num 32:14; Isa 30:1 ← ספה) 10 סְפוּ 11 יוֹסֵף יֹסְפִים
nif be added 5 נוֹסַף נוֹסְפָה 11 נוֹסָף נוֹסָפוֹת
hif add, multiply, enlarge; enhance, continue to do something 5 הוֹסִיף הוֹסַפְתָּ הוֹסַפְתִּי וְהֹסַפְתִּי 6 יֹסִיף אֹסִיף תֹּסֵף תֹּסַף תֹּסֶף יֹסֵף יֹסֶף (Prov 30:6); תּוֹסִפוּ תֹּסִפוּן תֹּאסִפוּן (Ex 5:7) 7 וַיֹּסֶף (2 Sam 6:1 ← אסף) וַתֹּסֶף וַיּוֹסִפוּ 8 לְהוֹסִיף לְהֹסִיף 11 מוֹסִיפִים

ⓘ The word often expresses a continuity, which is then explained in the following inf.c: וְלֹא־יָסְפָה שׁוּב־אֵלָיו עוֹד *and she (the dove) did not continue to come back to him - she did not come back* Gen 8:12. oath formula: כֹּה יַעֲשֶׂה־לְּךָ אֱלֹהִים וְכֹה יוֹסִיף *may God do this and that to you* 1 Sam 3:17.

✓ **יסרB** *q* teach, instruct, exercise; warn, discipline, rebuke 6 יִסְּרֵנִיe אֶסָּרֵםe 9 יָסֹר (2 Chr 15:22; others: subst. ↪ יָסֹר) 11 יֹסֵר Hos 10:10; Ps 94:10; Prov 9:7◦
nif to be reprimanded, warned, rebuked; take advice 6 יִוָּסֶר תִּוָּסְרוּ 7 וָאִוָּסֵר 10 הִוָּסְרִי הִוָּסְרוּ
pi teach, train, guide; discipline, rebuke, admonish 5 יִסַּר וְיִסְּרוֹe יִסְּרַנִּיe יִסְּרַתּוּe (3.sg.f. + *epp* 3.sg.m.); יִסַּרְתָּ יִסְּרַתַּנִיe יִסַּרְתִּי וְיִסַּרְתִּיךָe יִסְּרוּ יִסְּרוּנִיe 6 יְיַסֵּר אֲיַסֵּר 10 יַסֵּר 9 לְיַסְּרָהּ 8 לְיַסְּרָךְe תְּיַסְּרֵנִיe תְּיַסְּרֵךְe 11 מְיַסְּרֶךָּe יַסְּרֵנִיe יַסֵּר
hif discipline 6 אַיְסִרֵםe Hos 7:12◦
nitpael take warning, be taught 5 וְנִוַּסְּרוּ Ez 23:48◦

יָסֹר ↪ יסר *m.* teacher, master 1 Chr 15:22 (others: inf.a. ↪ יסר)

יָעִ shovel ↪ יָעִים

יַעְבֵּץ *m. PN* Jabez 1 Chr 4:9f & *pln* 1 Chr 2:55◦

✓ **יעד** *q* determine, leave, allocate, set, order, direct 5 יְעָדוֹe יְעָדָהּe 6 יִיעָדֶנָּהe Ex 21:8f; 2 Sam 20:5; Jer 47:7; Mi 6:9◦
nif appear, reveal oneself (of God); come together, meet, make an appointment 5 וְנוֹעַדְתִּי *p* נוֹעָדוּ וְנוֹעֲדוּ 6 אִוָּעֵד נִוָּעֵד נִוָּעֲדָה 7 וַיִּוָּעֲדוּ 11 הַנֹּעָדִים הַנּוֹעָדִים
hif sue, hold to account 6 יוֹעִידֶנִּיe יְעִידֵנִיe Jer 49:19; 50:44; Job 9:19◦
hof be set; be directed 11 מֻעָדוֹת מוּעָדִים Jer 24:1; Ez 21:21◦

יֶעְדִּי 2 Chr 9:29 *kt.*; *qr. m. PN* Jedo◦

✓ **יעה** *q* sweep away 5 יָעָה Isa 28:17◦

יְעוּאֵל *m. PN* Jëuël

יְעוּץ *m. PN* Jëuz 1 Chr 8:10◦

יָעוּר *m. PN* 1 Chr 20:5 *kt.*; *qr.* יָעִיר Jair◦

יְעוּשׁ *m. PN* Jëush; *qr.* 1 Chr 7:10

✓ **יעז** *nif* be cheeky 11 נוֹעָז Isa 33:19◦

יַעֲזִיאֵל *m. PN* Jaasiel 1 Chr 15:18◦

יַעֲזִיָּהוּ *m. PN* Jaasiah 1 Chr 24:26f◦

יַעְזֵיר & **יַעְזֵר** *pln* Jaser

✓ **יעט** *q* dress 5 יְעָטָנִיe Isa 61:10◦

יְעִיאֵל *m. PN* Jëiël

יָעִים *m.* shovels 3 יָעֵי 4 יָעָיו

יָעִיר *m. PN* Jair

יְעִישׁ 1 Chr 7:10 *m. PN kt.*; *qr.* Jëush

יַעְכָּן *m. PN* Jakan 1 Chr 5:13◦

√**יעל**[B] *hif* help, benefit, be useful, have an advantage 5 הוֹעִיל 6 יוֹעִיל אֹעִיל יוֹעִילוּ יוֹעִלוּ 11 מוֹעִיל 9 הוֹעֵיל 8 הוֹעִיל יוֹאִילוּךָ[e] יֹעִלוּ

יָעֵל I. *m.* ibex, wild goat 2 יְעֵלִים 3 יַעֲלֵי

יָעֵל II. *f. PN* Jael

יַעְלָא Neh 7,58 & **יַעְלָה** Ezr 2:56 *m. PN* Jaalah

יַעֲלָה *f.* mountain chamois Prov 5:19◦

יַעְלָם *m. PN* Jalam

יַעַן[B] I. because, therefore; often with following כִּי or אֲשֶׁר

יַעַן II. part of the *pln* Dan-Jaan 2 Sam 24:6◦

יַעֲנָה *f.* ostrich; always with בַּת (sg.) resp. בְּנוֹת (pl.)

יַעְנַי *m. PN* Janai 1 Chr 5:12◦

יְעֵנִים *m.* ostrichs Lam 4:3 *qr.*◦

√**יעף**[B] *q* be or become exhausted or tired 5 יָעֵף (or adj. ↪ next lemma) יָעֵפוּ 6 יִיעַף יִעֲפוּ *p* וַיִּעָף 7 יִיעָפוּ

hof be in brisk flight (with ↪ יְעָף) 11 מֻעָף Dan 9:21 *var.* ↪ עוף◦

יָעֵף *m.* tired, exhausted 2 יְעֵפִים

יְעָף ↩ עוף *m.* flight Dan 9:21◦

√**יעץ**[B] *q* advise, give advice; deliberate, decide; plan, intend; pt. adviser, counsellor 5 יָעַץ *p* 6 יְעָצֻהוּ[e] יָעֲצוּ יָעַצְתִּי יְעָצָנִי[e] יְעָצָהּ[e] יָעָץ יוֹעַצֵךְ[e] יוֹעֵץ 11 אִיעָצֵךְ[e] אִיעָצְךָ[e] אִיעֲצָה הַיְעוּצָה pass. יְעַצִיךְ[e] הַיֹּעֲצִים יוֹעַצְתּוֹ[e]

nif accept advice, take counsel, be advised; decide 5 נוֹעָץ נוֹעֲצוּ 6 יִוָּעֲצוּ וְנִוָּעֲצָה 7 וַיִּוָּעַץ 11 נוֹעָצִים

hitp consult, conspire 6 וְיִתְיָעֲצוּ Ps 83:4◦

יַעֲקֹב & **יַעֲקוֹב** *m. PN* Jacob

יַעֲקֹבָה *m. PN* Jaakobah 1 Chr 4:36◦

יַעֲקָן *m. PN* & *pln* Jaakan

√**יער**[B] I. *m.* forest; wood, thicket; park *p* יָעַר 2 יְעָרִים 4 יְעָרוֹת יַעְרוֹ יַעְרָהּ

יַעַר II. *m.* honeycomb 1 Sam 14:26; Song 5:1◦

יַעַר III. *pln* Jaar Ps 132:6◦

יַעֲרָה *f.* honeycomb 1 יַעְרַת 1 Sam 14:27◦

יַעְרָה *m. PN* 1 Chr 9:42 ; most translators read with Septuagint Joadda◦

יְעָרוֹת *f.* forests ↪ יַעַר Ps 29:9◦

יַעֲרֵי אֹרְגִים *m. PN* 2 Sam 21:19; most translators read with 1 Chr 20:5 and Septuagint Jair◦

יַעֲרֶשְׁיָה *m. PN* Jareshiah 1 Chr 8:27◦

יַעֲשָׂו *m. PN* Ezr 10:37 *kt.*; *qr.* Jaasai◦

יַעֲשִׂיאֵל *m. PN* Jaasiël 1 Chr 11:47; 27:21◦

יִפְדְיָה *m. PN* Jiphdeiah 1 Chr 8:25◦

√**יפה**[B] *q* be beautiful (for sb.) 5 יָפִית יָפוּ 7 וַיִּיף וַתִּיפִי (וַתֹּפֵהוּ ↪ אפה)

pi decorate 6 יְיַפֵּהוּ[e] Jer 10:4 ◦

peleal be beautiful 5 יָפְיָפִיתָ Ps 45:3◦

hitp make oneself beautiful 6 תִּתְיַפִּי Jer 4:30◦

1 st.c. sg. 2 st.a. pl. 3 st.c. pl. 4 with *epp* 5 SC 6 PC 7 narrative 8 inf.c. 9 inf.a. 10 imp. 11 part.

יָפֶה *m.* & **יָפָה**[B] *f.* ← יפה beautiful (for sb.); pleasant, appropriate 1 יְפֵה יְפַת 2 יָפוֹת 3 יְפֹת 4 יָפָתִי

יְפֵה־פִיָּה ← יפה *f.* most beautiful Jer 46:20◦

יָפוֹ & **יָפוֹא** *pln* Japho

✓ **יפח** *hitp* gasp, pant 6 תִּתְיַפֵּחַ Jer 4:31◦

יָפֵחַ ← יפח *m.* snorting Ps 27:12◦

יְפִי ← יפה *m.* beauty *p* יֹפִי 1 יְפִי 4 יָפְיוֹ יָפְיָהּ יָפְיֵךְ יָפְיֵךְ

יָפִיעַ *m. PN* & *pln* Japhia

יַפְלֵט *m. PN* Japhlet 1 Chr 7:32f◦

יַפְלֵטִי *pn* Japhletite Jos 16:3◦

יְפֻנֶּה *m. PN* Jephunne

✓ **יפע** *hif* shine, radiate, be bright 5 הוֹפִיעַ הוֹפִיעַ הוֹפִיעָה 8 וַתֹּפַע 7 תוֹפַע 6 הוֹפָעְתָּ

יִפְעָה ← יפע *f.* beauty, splendor 4 יִפְעָתֵךְ Ez 28:7.17◦

יֶפֶת *m. PN* Japhet

יִפְתָּח *m. PN* & *pln* Jiphthach

יִפְתַּח־אֵל *pln* Jiphthach-El Jos 19:14.27◦

✓ **יצא**[B] *q* go out; move out, come forth, go forward; go away 5 יָצָא יָצְאָה יָצָאתָ יָצָאת יָצָאתִי
תֵּצֵא יֵצֵא 6 יָצָאנוּ יְצָאתֶם יָצְאוּ *p* יָצְאוּ יָצָתִי
וַיֵּצֵא 7 נֵצֵא תֵּצְאוּ יֵצְאוּ *p* יֵצְאוּ אֵצֵא תֵּצְאִי
צֵאתוֹ[e] צֵאת 8 וַתֵּצֶאנָה וַיֵּצְאוּ וָאֵצֵא וַתֵּצֵא
בְּצֵאתְכֶם[e] צֵאתָם[e] צֵאתִי[e] צֵאתֶךָ[e] *p* צֵאתְךָ[e]
צְאוּ צְאִי צֵאָה צֵא 10 יָצוֹא יָצֹא 9 צֵאתֵנוּ[e]
יֹצְאֵי יֹצְאִים יֹצֵת יֹצֵאת יֹצְאָה יֹצֵא 11 צֹאֶינָה
יֹצְאוֹת

hif let go out, come out; bring out, lead out 5
p הוֹצִיאַנִי[e] הוֹצִיאֲךָ[e] הוֹצִיאוֹ[e] הוֹצִיא
הוֹצִיאוּ הֹצֵאתִיךָ[e] הֹצֵאתָנִי[e] הוֹצֵאתָ הוֹצִיאָנִי[e]
אוֹצִיא תּוֹצֵא תּוֹצִיא יֹצִיא יוֹצִיא 6 הוֹצֵאתֶם
וַתּוֹצֵא וַיֹּצֵא וַיּוֹצֵא 7 נוֹצִיא תּוֹצִיאוּ יוֹצִיאוּ
הוֹצִיאֲךָ[e] הוֹצִיאוֹ[e] לְהוֹצִיא 8 וַיֹּצִאֵהוּ[e] וַיּוֹצִיאוּ
הוֹצִיא הוֹצֵא 10 לְהוֹצִיאָנוּ[e] הוֹצִיאָם[e] הוֹצִיאִי[e]
מוֹצֵא מוֹצִיא 11 הוֹצִיאוּהָ[e] הוֹצִיאוּ הוֹצִיאֵם[e]
מוֹצִיאָם[e] מוֹצִיאִי[e] הַמּוֹצִיאֲךָ[e] מוֹצִיאוֹ[e]
מוֹצִאֵי מוֹצִאִים

hof be brought out 5 הוּצָאָה 11 מוּצֵאת מוּצָאִים מוּצָאוֹת

✓ **יצב**[B] *var.* ↪ נצב *hitp* step, stand, stand up; hold out, support 5 וְהִתְיַצְּבוּ 6 יִתְיַצֵּב *p*
וַיִּתְיַצֵּב 7 יִתְיַצְּבוּ אֶתְיַצְּבָה תִּתְיַצֵּב יִתְיַצָּב
10 מֵהִתְיַצֵּב לְהִתְיַצֵּב 8 וַיִּתְיַצְּבוּ וַתֵּתַצַּב
הִתְיַצְּבוּ הִתְיַצֵּב

✓ **יצג** *hif* establish: put down, lay down, leave there; give space, bring to bear 5 הִצִּיגָנוּ[e]
7 אַצִּיגָה תַּצִּיג 6 הִצַּגְתִּיהָ[e] וְהִצַּגְתִּיו[e] הִצִּיגַנִי[e]
מַצִּיג 11 הַצִּיגוּ 10 הַצֵּג 8 וַיַּצִּגֵם[e] וַיַּצִּגוּ וַיַּצֵּג

hof be left behind 6 יֻצָּג Ex 10:24◦

יִצְהָר I. *m.* fresh oil

יִצְהָר II. *m. PN* Jizhar

יִצְהָרִי *pn* Jizharite

יָצוּעַ ← יצע *m.* bed, couch 3 יְצוּעֵי 4 יְצוּעִי יְצוּעָי

יִצְחָק *m. PN* Isaac

יְצֹחַר *m. PN* 1 Chr 4:7 *kt.*; *qr.* Zohar◦

יַצִּיא ← יצא *m.* offspring 4 וּמִיצִיאוֹ 2 Chr 32:21 *kt.*; *qr.* 3 וּמִיצִיאֵי◦

1 st.c. sg. 2 st.a. pl. 3 st.c. pl. 4 with *epp* 5 SC 6 PC 7 narrative 8 inf.c. 9 inf.a. 10 imp. 11 part.

יָצִיעַ *m.* attachment, wing, side room 1 Kgs 6:5.10 *qr.*; *kt.* ↪ יָצוּעַ◦

✓יצע *hif* bed oneself 6 וְאַצִּיעָה יַצִּיעַ Isa 58:5; Ps 139:8◦

hof serve as bed 6 יֻצַּע Isa 14:11; Est 4:3◦

✓יצק *q* pour out, stream, flow; cast (metal); distribute food 5 יָצַק יָצְקָם[e] יָצַקְתָּ 6 יִצֹּק אֶצֹּק 10 לָצֶקֶת 8 וַיִּצְקוּ וַתִּצֹּק וַיִּצֹק וַיִּצֹּק 7 אֶצָּק־ יְצֻקוֹת יְצֻקִים יָצוּק 11 pass. יִצְקוּ יְצֹק יִצֹּק צַק

hif pour out, spread Jos 7:23; 2 Kgs 4:5; set down 2 Sam 15:24 - 7 וַיַּצִּקוּ[e] וַיַּצִּקֻם 11 מוּצָקֶת *qr.*; *kt.* מֵיצָקֶת◦

hof be poured out; be cast (metal); be firm (like cast metal) Job 11:15 - 5 הוּצַק 6 יוּצַק 11 מוּצָק מֻצַּק מֻצָּק

יְצֻקָה ↩ יצק *f.* casting 4 יְצֻקָתוֹ 1 Kgs 7:24◦

✓יצר[B] *q* form, build, shape; create; pt. potter, creator 5 יָצַר *p* יָצַר יְצָרָהּ[e] יְצַרְתִּי יָצַרְתִּיו[e] יְצַרְתִּיהָ[e] וִיצַרְתִּיךָ[e] יְצַרְתָּם 6 יִצְּרֵהוּ[e] אֶצּוֹרְךָ[e] *kt.*; *qr.* אֶצָּרְךָ[e] 7 וַיִּיצֶר וַיִּצֶר 11 יוֹצֵר יְצָרִים יוֹצְרִים יֹצְרֵנוּ[e] יֹצְרִי[e] יֹצֶרְךָ[e] יֹצֵר

nif be formed 5 נוֹצַר Isa 43:10◦

pu be formed 5 יֻצָּרוּ Ps 139:16◦

hof be formed 6 יוּצַר Jes 54:17◦

יֵצֶר ↩ יצר I. *m.* form, imagery, idol 4 יִצְרוֹ יִצְרֵנוּ Isa 29:16; Ps 103:14; Hab 2:18 ◦

יֵצֶר[B] ↩ יצר II. *m.* inclination, tendency, attitude, thinking, striving, desire

יֵצֶר III. *m. PN* Jezer

יִצְרִי *m. PN* Zeri 1 Chr 25:11 & *pn* Jezerite Num 26:49◦

יְצֻרִים ↩ יצר *m.* limbs Job 17:7◦

✓יצת[B] *q* kindle, set on fire, burn 6 יִצַּתוּ וַתִּצַּת 7 תִּצַּתְנָה

nif break out, be burnt 5 נִצְּתָה נִצְּתוּ

hif kindle, set on fire 5 וְהוֹצִתִיהָ[e] וְהִצַּתִּי הִצִּית (2 Sam 14:30 *kt.*); וְהִצִּיתוּ 6 תַּצִּיתוּ 7 וַיַּצֶּת מַצִּית 11 וְהַצִּיתוּהָ[e] 10 וַיַּצִּיתוּ

יֹצֵת ↩ pt.f. יצא

יֶקֶב *m.* wine press *p* יָקֶב 2 יְקָבִים 3 יִקְבֵי 4 יְקָבֶיךָ יִקְבְךָ

יְקֶב־זְאֵב *pln* Jekeb-Seeb; others: Seeb's wine press Jdg 7:25◦

יְקַבְצְאֵל *pln* Jekabzeel Neh 11:25; ◦

✓יקד *q* burn, blaze 6 יֵקַד 7 וַתִּקַד 11 יֹקֶדֶת Dtn 32:22; Isa 10:16; 65:5◦

hof be kindled, burn 6 תּוּקַד *p* תּוּקָד Lev 6:2ff; Jer 15:14; 17:4◦

יְקֹד ↩ יקד *m.* burning flame 1 יְקוֹד Isa 10:16◦

יָקְדְעָם *pln* Jokdeam Jos 15:56◦

יָקֶה *m. PN* Jake Prov 30:1◦

יְקָהָה *f.* obedience 1 יִקְּהַת לִיקְּהַת Gen 49:10; Prov 30:17◦

יָקוּד ↩ יקד *m.* hearth Isa 30:14◦

יְקוּם ↩ קום *m.* living beings, population Gen 7:4.23; Dtn 11:6◦

יָקוּשׁ & יָקוֹשׁ *m.* fowler, trapper

יְקוּתִיאֵל *m. PN* Jekuthiel 1 Chr 4:18◦

יָקְטָן *m. PN* Joktan

יָקִים *m. PN* Jakim 1 Chr 8:19; 24:12◦

יַקִּיר ↩ יקר *m.* dear, favored Jer 31:20◦

יְקַמְיָה *m. PN* Jekamiah 1 Chr 2:41; 3:18◦

יְקַמְעָם *m. PN* Jekamam 1 Chr 23:19; 24:23◦

יָקְמְעָם & יָקְמֳעָם *pln* Jokneam 1 Kgs 4:12; 1 Chr 6:53 (↪ the following entry)◦

יָקְנְעָם *pln* Jokneam Jos 12:22; 19:11; 21:34◦

יקע √ *q* dislocate Gen 32:26; turn away, leave Jer 6:8; Ez 23:17f - 6 תֵּקַע 7 וַתֵּקַע◦

hif hang, execute 5 וְהוֹקַעֲנוּם^e 7 וַיֹּקִיעֻם^e 10 הוֹקַע Num 25:4; 2 Sam 21:6.9◦

hof be hanged, executed 11 הַמּוּקָעִים 2 Sam 21:13◦

יקץ √ *q* wake up, awake 6 וְיִקַץ וְיִקְצוּ 7 וַיִּיקֶץ וָאִיקַץ וַיִּקַץ וַיִּיקַץ

יקר √^B *q* be precious, expensive, highly valued; be diffcult, elusive 5 יָקַרְתִּי יָקְרָתָ יָקְרָה 6 וְיֵקַר וְיִיקַר תֵּיקַר 7 וַיִּיקַר

hif make precious, rare 6 אוֹקִיר 10 הֹקַר Isa 13:12; Prov 25:17◦

יָקָר *m.* & יְקָרָה^B *f.* ↩ יקר valuable, expensive, precious, rare 1 יְקַר יִקְרַת 2 יְקָרִים יְקָרוֹת יִקְרַת 4 יְקָרוֹתֶיךָ

יְקָר ↩ יקר *m.* preciousness, nobility; splendour, price, honour 2 יְקָר יְקַר 4 בִּיקָרוֹ יְקָרָהּ

יקשׁ √ *q* set traps; pt. trappers, fowlers 5 יָקֹשְׁתִּי יָקֹשׁוּ 11 יוֹקְשִׁים

nif become entangled, caught, seduced 5 נוֹקַשׁ נוֹקַשְׁתִּי וְנוֹקְשׁוּ 6 תִּוָּקֵשׁ

pu be trapped 11 יוּקָשִׁים Ecc 9:12◦

יָקְשָׁן *m. PN* Jokshan Gen 25,:f; 1 Chr 1:32◦

יָקְתְאֵל *pln* Jokteel Jos 15:38; 2 Kgs 14:7◦

ירא √^B I. *q* be afraid, be scared; be awestruck 5 יָרֵא יָרְאָה יָרֵאתָ יָרֵאת יָרֵאתִי יָרְאוּ יְרֵאוּהוּ^e יְרֵאוּנִי^e יְרֵאתֶם יָרֵאנוּ 6 יִירָא^e יִרָאֲךָ תִּירָא תִּרְאִי אִירָא אִירָאֶנּוּ^e יִירְאוּ יִרְאוּ יְרָאוּךָ^e 7 וַיִּרָא תִּירָאֵם^e תִּירְאוּ יְרֵאוּנִי^e יִירָאוּךָ^e וַיִּרָא וַיִּרְאוּנִי^e וַתִּירְאִי וָאִירָא וַיִּירְאוּ וַיִּרְאוּ 8 וַתִּירֶאןָ לֵרֹא יְרֹא mostly ↪ יִרְאָה 10 יִרְאוּ יְרָא 11 ↪ יָרֵא

ⓘ The word originally means *astonishment* about something unknown; when the insight becomes clearer, the meaning splits into *fear* or *awe*.

nif to be feared; to be revered, respected 6 תִּוָּרֵא 11 נוֹרָא נוֹרָאָה נוֹרָאוֹת נוֹרְאֹתֶיךָ^e

pi make someone afraid, frighten 6 יְרָאֻנִי^e 8 לְיָרְאֵנִי^e לְיָרְאָם^e 11 מְיָרְאִים

ירא II. & III. ↪ ירה II. & III. For Prov 11:25 cf. ↪ רוה *hof.*

יָרֵא^B ↩ ירא *m.* (as a verbal adjective) being afraid; being in awe 1 יְרֵא 2 יְרֵאִים 3 יִרְאֵי 4 יְרֵאָיו לִירֵאֶיךָ

יִרְאָה^B *f.* (as inf.c. to ירא and verbal subst.) be afraid; feel awe, reverence; fear, reverence, fear of God 1 יִרְאַת 4 יִרְאָתוֹ יִרְאָתְךָ יִרְאָתִי

יִרְאוֹן *pln* Jiron Jos 19:38◦

יִרְאִיָּיה *m. PN* Jiriah Jer 37:13f◦

יָרֵב *m. PN* Jareb (word play: king quarrel); others: great king Hos 5:13; 10:6◦

יְרֻבַּעַל *m. PN* Jerubbaal

יָרָבְעָם *m. PN* Jerobeam

יְרֻבֶּשֶׁת *m. PN* Jerubbeshet; malapropism of ↪ יְרֻבַּעַל 2 Sam 11:21◦

1 st.c. sg. 2 st.a. pl. 3 st.c. pl. 4 with *epp* 5 SC 6 PC 7 narrative 8 inf.c. 9 inf.a. 10 imp. 11 part.

ⓘ The English translations read here most often Jerubaal.

✓ירד[B] *q* descend, go down; flow down; throw
down 5 יָרַד *p* יָרֵד רַד יָרְדָה *p* יָרָדָה יָרַדְתָּ
יָרַדְתְּ יָרַדְתִּי יָרְדוּ יָרַדְנוּ 6 יֵרֵד תֵּרֶד תֵּרֵד
תֵּרַד אֵרְדָה יֵרְדוּ תֵּרַדְנָה נֵרֵד נֵרְדָה 7 וַיֵּרֶד
רִדְתּוֹ[e] רְדָה רֶדֶת 8 וַיֵּרְדוּ וָאֵרֵד וַיֵּרַד *p*
רְדָה רֵד רֶד 10 יָרֹד 9 יְרָדִי[e] רִדְתִּי[e] רִדְתָּהּ[e]
יֹרְדִים יֹרְדָה יֹרֶדֶת יֹרֵד יוֹרֵד 11 רְדוּ רְדִי
יֹרְדֵי יֹרְדוֹת

hif let descend, bring down, take off (jewellery), throw down, drop, let flow down 5 הוֹרִיד
וְהוֹרַדְתִּי הוֹרַדְתֵּנוּ[e] וְהוֹרַדְתָּ הוֹרִד
הוֹרַדְתִּיךָ[e] וְהוֹרִדוּ הוֹרִדֵהוּ[e] וְהוֹרַדְתֶּם 6
יוֹרִדֵנִי[e] יוֹרֵד תּוֹרֵד תּוֹרִדֵנִי[e] אוֹרִדְךָ[e] יוֹרִידוּ יֹרִדוּ
וַיּוֹרִדוּם[e] וַיּוֹרִדוּ וַתֹּרֶד וַיּוֹרִדֵהוּ[e] וַיּוֹרֶד 7
הוֹרֵד 10 בְּהוֹרִדִי[e] לְהוֹרִיד 8 וַתּוֹרִדֵם[e]
מֹרִיד מוֹרִיד 11 הוֹרִידוּ הוֹרִידִי וְהוֹרִדֵהוּ[e]

hof be brought down 5 הוּרַד הוּרַדְתָּ 6 תּוּרַד

יֶרֶד *m. PN* Jered

יַרְדֵּן *pn* Jordan, usually with article הַיַּרְדֵּן

✓ירה[B] I. *hif* teach, instruct, educate; give signs Prov 6:13; pt. teacher 5 הוֹרָהוּ[e] הוֹרֵתָנִי[e]
יֹרֵנוּ[e] יוֹרֵנוּ[e] יוֹרֶה יֹרֶה 6 הוֹרֵיתִיךָ[e] הוֹרֵיתִי
הֹרֵנִי[e] הוֹרֵנִי[e] 10 הֹרֹת 8 יוֹרוּךָ[e] יוֹרוּ יֹרֵם[e]
מוֹרַי[e] מוֹרֶיךָ[e] מוֹרֶה 11 הוֹרוּנִי[e]

ⓘ From this verb the subst. Torah תּוֹרָה is derived; so it does not mean „law“ at all, but *instruction, teaching*.

✓ירה[B] II. *q* throw, hurl; shoot; pt. archer; lay (foundation), build, set (stone monument) Gen 31:51; Job 38:6 - 5 יָרָה 6 יָרִיתִי 7 וַנִּירָם[e] 8
יוֹרִים יֹרֶה 11 יְרֵה 10 יָרֹה 9 לִירוֹא לִירוֹת
יֹרִים

nif be shot 6 יִיָּרֶה Ex 19:13◦

hif throw, shoot; pt. archer 5 הֹרָנִי[e] 6 יוֹרֶה
וַיֹּרֵם[e] וַיּוֹר 7 יֹרְנוּ[e] יֹרוּ אוֹרֶה תּוֹרֶה תּוֹרֶךָ[e] *p* תּוֹרְךָ[e]
וַיֹּרוּ וַיֹּרְאוּ 2 Sam 11:24 *qr./kt.* 11 מוֹרִים
מוֹרְאִים 2 Sam 11:24 *qr/kt.*

✓ירה III. *hif* let rain, moisten, water 6 יוֹרֶה 11 Hos 6:3; 10:10◦

hof be watered, refreshed 6 יוֹרֶא Prov 11:25◦

✓ירה *q* be afraid, troubled 6 תִּרְהוּ Isa 44:8◦

ⓘ This form can also be derived from ↪ רהה.

יְרוּאֵל *pln* Jeruel 2 Chr 20:16◦

יָרוֹחַ *m. PN* Jaroach 1 Chr 5:14◦

יָרוּם 3.sg.m. PC ↪ רום

יָרוֹק *m.* green, green stuff Job 39:8◦

יְרוּשָׁא 2 Kgs 15,33 & יְרוּשָׁה 2 Chr 27:1 *f. PN* Jerushah◦

יְרוּשָׁלַיִם *pln* Jerusalem

יֶרַח I. *m.* month 2 יְרָחִים 3 יַרְחֵי

יֶרַח II. *m. PN* Jerach Gen 10:26; 1 Chr 1:20◦

יָרֵחַ[B] *m.* moon 4 וִירֵחֲךָ

יְרֵחוֹ & יְרִחוֹ & יְרִיחוֹ & יְרִיחֹה *pln* Jericho

יְרֹחָם *m. PN* Jeroham

יְרַחְמְאֵל *m. PN* Jerachmeel

יְרַחְמְאֵלִי *pn* Jerachmeelite 1 Sam 27:10; 30:29◦

יַרְחָע *m. PN* Jarha 1 Chr 2:34f◦

✓ירט *q* sloping, be wrong (way) Num 22:32; push, cast Job 16:11 - 5 יָרַט 6 יִרְטֵנִי[e]◦

1 st.c. sg. 2 st.a. pl. 3 st.c. pl. 4 with *epp* 5 SC 6 PC 7 narrative 8 inf.c. 9 inf.a. 10 imp. 11 part.

יְרִיאֵל *m. PN* Jeriel 1 Chr 7:2◦

יָרִיב ← ריב I. *m.* adversary (in a ↪ ריב) 4 יְרִיבֵךְ Isa 49:25; Ps 35:1◦

יָרִיב II. *m. PN* Jarib Ezr 8:16; 10:18◦

יְרִיבַי *m. PN* Jeribai 1 Chr 11:46◦

יְרִיָּה & **יְרִיָּהוּ** *m. PN* Jeria

יְרִיחוֹ ↪ יְרֵחוֹ *pln* Jericho

יְרִימוֹת *m. PN* Jerimoth

יְרֵמוֹת *m. PN* Jeremoth 1 Chr 7:8◦

יְרִיעָה *f.* tent curtain, sheet; tent 2 יְרִיעוֹת
יְרִיעָתִי יְרִיעֹתֵיהֶם 4 יְרִיעֹת

יְרִיעֹת *f. PN* Jerioth 1 Chr 2:18◦

יָרֵךְ *f.* thigh, hip; foot (of a lamp); side (of a room) 1 יֶרֶךְ du. יְרֵכֵךְ יְרֵכִי 4 יְרֵכַיִם

יַרְכָה *f.* flank, side Gen 49:13; interior (of a house Am 6:10; of a ship Jon 1:5); farthest corner (of Lebanon 2 Kgs 19:23; of the world Jer 6:22); back (of a house Ex 26:22) du. יַרְכָתַיִם du.c. יַרְכְתֵי 4 וְיַרְכָתוֹ

יַרְמוּת *pln* Jarmuth

יְרֵמוֹת *m. PN* Jeremoth

יְרֵמַי *m. PN* Jeremai Ezr 10:33◦

יִרְמְיָה & **יִרְמְיָהוּ** *m. PN* Jeremiah

✓ **ירע** *q* quiver 5 יָרְעָה Isa 15:4◦

יִרְפְּאֵל *pln* Jirpeel Jos 18:27◦

✓ **ירק** *q* spit 5 יָרַק יָרְקָה 9 יָרֹק Num 12:14; Dtn 25:9◦

יָרָק *m.* green, vegetable, herbs Dtn 11:10; 1 Kgs 21:2; Prov 15:17◦

יֶרֶק *m.* green, vegetable, herbs 1 יְרַק יֶרֶק

יַרְקוֹן *pn* Jarkon Jos 19:46; others: Me-Jarkon ↪ מֵי הַיַּרְקוֹן◦

יֵרָקוֹן *m.* wilting, yellowing; whiter shade of pale Jer 30:6

יָרְקְעָם *m. PN* Jorkoam 1 Chr 2:44◦

יְרַקְרַק *m.* golden green (gold-coloured); green-yellow (leprous-coloured) 2 *f.* יְרַקְרַקֹּת

✓ **ירשׁ**[B] *q* inherit, bequeath, receive as inheritance, take possession; expropriate, expel 5
יָרְשׁוּ וִירִשְׁתָּהּ[e] וִירִשְׁתֶּם[e] וְיָרַשְׁתָּ יָרַשׁ
יִירַשׁ 6 יָרַשְׁנוּ וִירִשְׁתֶּם וִירֵשׁוּךָ[e] וִירֵשׁוּהָ[e]
תִּירָשׁ יִירָשְׁךָ[e] *p* יִירַשׁ *p* וְיִרַשׁ
יִירָשׁוּם[e] יִרְשׁוּ יִירְשׁוּ אִירָשֶׁנָּה[e] תִּירָשֶׁנּוּ[e]
וַיִּירֵשׁ וַיִּירַשׁ 7 נִירְשָׁה נִרָשׁ תִּרְשׁוּן תִּירְשׁוּ
רֶשֶׁת לָרֶשֶׁת 8 וַיִּירָשֻׁם[e] וַיִּירָשׁוּהָ[e] וַיִּירְשׁוּ
יְרָשָׁה רָשׁ רֵשׁ 10 לְיָרְשֵׁנוּ[e] רִשְׁתָּהּ[e] רִשְׁתּוֹ[e]
יֹרְשָׁיו[e] יֹרְשִׁים יוֹרְשִׁים יֹרֶשֶׁת יוֹרֵשׁ 11 רְשׁוּ

nif be, become poor 6 אִוָּרֵשׁ תִּוָּרֵשׁ יִוָּרֵשׁ Gen 45:11; Prov 20:13; 23:21; 30:9◦

pi take possession Dtn 28:42; expel Jdg 14:15 (if not *q*) 6 יְיָרֵשׁ 8 לְיָרְשֵׁנוּ[e]◦

hif take possession Num 14:24; 33:53; Jdg 1:19; Jos 8:7; give for possession, bequeath; expel; make poor 1 Sam 2:7 – 5 הֹרִישׁוּ[e] הוֹרִישׁ הֹרִישׁ
יוֹרִשׁ 6 וְהוֹרַשְׁתֶּם הוֹרִישׁוּ וְהוֹרַשְׁתָּם[e]
וְתוֹרִשֵׁנִי[e] תּוֹרִישֵׁמוֹ[e] יוֹרִישְׁךָ[e] יוֹרִשֶׁנָּה[e]
וַיֹּרֶשׁ וַיּוֹרֶשׁ 7 תּוֹרִישׁוּ אוֹרִישֵׁם[e] אוֹרִישׁ
וְהוֹרֵשׁ 9 הוֹרִישָׁם[e] הוֹרִישׁוֹ[e] הוֹרִישׁ 8 וַיֹּרִשֵׁם[e]
מוֹרִישָׁם[e] מוֹרִישׁ 11

יְרֵשָׁה ← ירשׁ *f.* property Num 24:18◦

1 st.c. sg. 2 st.a. pl. 3 st.c. pl. 4 with *epp* 5 SC 6 PC 7 narrative 8 inf.c. 9 inf.a. 10 imp. 11 part.

יְרֻשָּׁה ← ירשׁ *f.* property 1 יְרֻשַּׁת 4 יְרֻשָּׁתוֹ יְרֻשַּׁתְכֶם

יִצְחָק & יִשְׂחָק *m. PN* Isaac

יְשִׂימִאֵל *m. PN* Jesimiel 1 Chr 4:36◦

יִשְׂרָאֵל *m. PN* & *pn* Israel

יְשַׂרְאֵלָה *m. PN* Jesarelah 1 Chr 25:14◦

יִשְׂרְאֵלִי *m.* & יִשְׂרְאֵלִית *f. pn* Israelite

יִשָּׂשכָר *m. PN qr. perpetuum* Issachar

יֵשׁ [B] יֶשׁ־ יֵשׁ־ יֶשׁ there is 4 יֶשְׁנוֹ (*epp* 3.sg.m.) הֲיִשְׁכֶם יֶשְׁכֶם יֶשְׁךָ (with ה-interrogativum)

ⓘ The "existence particle" indicates in a nominal sentence the existence of the fact, person or object in question. With *epp* it expresses a reference (not the object): Gen 24:42 אִם־יֶשְׁךָ־נָּא מַצְלִיחַ *if only there were someone out there who could be successful regarding you > please make successful*

✓ יָשַׁב [B] *q* sit down, sit; be seated, dwell, stay; pt. inhabitant 5 יָשַׁב *p* יָשָׁב יָשְׁבָה יָשַׁבְתְּ יָשַׁבְתְּ יָשַׁבְתִּי *p* יָשָׁבוּ וִישַׁבְתֶּם יָשַׁבְנוּ 6 יֵשֵׁב יֵשֵׁב וַתֵּשֶׁב וַיֵּשֶׁב וַיֵּשֶׁב 7 יֵשֵׁבוּ *p* יֵשְׁבוּ אֵשְׁבָה אֵשֵׁב שִׁבְתּוֹ[e] שֶׁבֶת *p* שֶׁבֶת 8 וָאֵשְׁבָה וָאֵשֵׁב וַיֵּשְׁבוּ *p* שְׁבוּ שְׁבִי שְׁבָה שֶׁב־ שֵׁב 10 יָשֹׁב 9 שִׁבְתִּי[e] יוֹשְׁבֵי יֹשְׁבִים יֹשֶׁבֶת יוֹשֶׁבֶת יֹשֵׁב יוֹשֵׁב 11 שֵׁבוּ יֹשְׁבוֹת

nif be inhabitated 5 נוֹשָׁבָה נוֹשָׁבוּ נֹשְׁבוּ *p* נוֹשֶׁבֶת נוֹשָׁבוֹת *p* נוֹשֶׁבֶת 11 נוֹשָׁבוּ

pi pitch (tents) 5 וְיִשְּׁבוּ Ez 25:4◦

hif let live, let sit, let stay; marry Ezr 10:2; populate, make habitable Isa 54:3 - 5 הוֹשִׁיב הֹשַׁבְתִּיךָ[e] הוֹשַׁבְתִּי הוֹשַׁבְתָּ הוֹשִׁיבַנִי[e] אוֹשִׁיבְךָ[e] 6 הֹשִׁיבוּ הוֹשִׁיבוּ וְהֹשַׁבְתִּים[e] וַיֹּשֶׁב וַיּוֹשֶׁב וַיּוֹשֶׁב 7 יוֹשִׁיבוּ תּוֹשִׁיבֵנִי[e] הוֹשֵׁב 10 לְהוֹשִׁיבִי[e] לְהוֹשִׁיב 8 וַנֹּשֶׁב וַיֹּשִׁיבוּם[e] מוֹשִׁיבִי[e] מוֹשִׁיב 11 הוֹשִׁיבוּ

hof own, be resident Isa 5:8; be inhabited Isa 44:26 - 5 וְהוּשַׁבְתֶּם 6 תּוּשָׁב◦

יֹשֵׁב בַּשֶּׁבֶת *m. PN* Josheb bashebeth *who sat in the seat* 2 Sam 23:8; some translators read Ishbaal.

יֶשֶׁבְאָב *m. PN* Jeshebab 1 Chr 24:13◦

יִשְׁבָּח *m. PN* Jishbach 1 Chr 4:17◦

יִשְׁבּוֹ בְּנֹב 2 Sam 21:16 *kt.*; *qr.* יִשְׁבִּי בְּנֹב *m. PN* Jishbi from Nob◦

יָשֻׁבִי *pn* . Jashubite Num 26:24◦

יָשֻׁבִי לֶחֶם *m. PN* ; others: they returned to Bethlehem; inhabitants of Bethlehem resp. Lechem 1 Chr 4:22◦

יָשָׁבְעָם *m. PN* Jashobam 1 Chr 11:11; 27:2◦

יִשְׁבָּק *m. PN* Jishbak Gen 25:2; 1 Chr 1:32◦

יָשְׁבְּקָשָׁה *m. PN* Joshbekashah 1 Chr 25:4.24◦

יָשׁוּב *m. PN* Jashub

יָשׁוּבִי *pn* Jashubite Num 26:24◦

יִשְׁוָה *m. PN* Jishwah Gen 46:17; 1 Chr 7:30◦

יִשְׁוִי *m. PN* Jishvi & *pn* Jishvite

יְשׁוֹחָיָה *m. PN* Jeshohaiah 1 Chr 4:36◦

יֵשׁוּעַ *m. PN* & *pln* Jeshua

יְשׁוּעָה [B] & יְשׁוּעָתָה ← ישׁע *f.* help, salvation, prosperity, rescue 1 יְשׁוּעַת 2 יְשׁוּעוֹת *p* יְשׁוּעָתְךָ יְשׁוּעָתָה יְשֻׁעָתוֹ 4 יְשֻׁעוֹת יְשׁוּעַת יְשׁוּעָתֵנוּ יְשׁוּעָתִי יְשׁוּעָתֶךָ

1 st.c. sg. 2 st.a. pl. 3 st.c. pl. 4 with *epp* 5 SC 6 PC 7 narrative 8 inf.c. 9 inf.a. 10 imp. 11 part.

יֶשַׁח m. hunger, emptiness; others: vertigo; dirt 4 וְיֶשְׁחֲךָ Mi 6:14◦

✓ ישׁט hif hold out, extend 6 יוֹשִׁיט 7 וַיּוֹשֶׁט Est 4:11; 5:2; 8:4◦

יִשַׁי m. PN Isai

יָשִׁיב m. PN 1 Chr 7:1 kt.; qr. ↪ יָשׁוּב Jashub

יִשִּׁיָּה & יִשִּׁיָּהוּ m. PN Jishiah

יְשִׁימוֹן & יְשִׁימֹן m. wasteland, desert Dtn 32:10; also pln Jeshimon; cf. Bet-Jeshmoth ↪ בַּיִת and the following lemma.

יְשִׁימוֹת f. desolation, desert Ps 55:16 kt.; qr. ↪ the following lemma◦

יַשִּׁיא מָוֶת Ps 55:16 qr. ↪ נשׁא II. hif deceive, here: rob◦

יָשִׁישׁ m. very old man 2 יְשִׁישִׁים

יְשִׁישַׁי m. PN Jeshshai 1 Chr 5:14◦

יִשְׁמָא m. PN Jishma 1 Chr 4:3◦

יִשְׁמָעֵאל m. PN & pn Ismael

יִשְׁמְעֵאלִי pn Ismaelite

יִשְׁמַעְיָה & יִשְׁמַעְיָהוּ m. PN Ishmaiah 1 Chr 12:4; 27:19◦

יִשְׁמְעֵלִי pn Ismaelite 1 Chr 27:30 ↪ יִשְׁמְעֵאלִי◦

יִשְׁמְרַי m. PN Jishmerai 1 Chr 8:18◦

✓ ישׁן[B] I. q go to sleep, sleep 5 יָשַׁנְתִּי וְיָשְׁנוּ 6 וְאִישָׁנָה וַיִּישַׁן p וַיִּישָׁן 7 אִישָׁן יִשְׁנוּ p אִישַׁן יִישָׁן 8 לִישׁוֹן

pi let go to sleep 6 [e]תְּיַשְּׁנֵהוּ Jdg 16:19◦

✓ ישׁן II. nif be old, be from the year before Lev 26:10; chronicle Lev 13:11; dwell for a long time, feel home Dtn 4:25 - 5 וְנוֹשַׁנְתֶּם 11 נוֹשָׁן נוֹשֶׁנֶת◦

יָשֵׁן I. m. & יְשֵׁנָה f. ↩ ישׁן sleeping 2 יְשֵׁנִים 3 יְשֵׁנֵי

יָשֵׁן II. m. PN Jashen 2 Sam 23:32◦

יָשָׁן m. & יְשָׁנָה I. f. ↩ ישׁן old 2 יְשָׁנִים

יְשָׁנָה II. pln Jeshanah 2 Chr 13:19◦

✓ ישׁע[B] hif help, save, rescue, deliver; pt. savior הוֹשַׁעְתָּ הוֹשִׁיעָה הוֹשִׁיעָם[e] הוֹשִׁיעוֹ[e] הוֹשִׁיעַ 6 הוֹשַׁעְתֶּם הוֹשַׁעְתִּים[e] הוֹשַׁעְתִּי הוֹשַׁעְתָּנוּ[e] יוֹשִׁעֵם[e] יוֹשִׁיעֵךְ[e] יוֹשִׁיעֶךָ[e] יְהוֹשִׁיעַ יוֹשִׁיעַ יוֹשִׁיעוּ[e] אוֹשִׁיעֵם[e] אוֹשִׁיעָה אוֹשִׁיעַ יוֹשִׁעֲכֶם[e] וְאוֹשִׁיעָה וַיּוֹשִׁעֵן[e] וַיּוֹשִׁיעֵם[e] וַיּוֹשַׁע 7 תּוֹשִׁיעוּן לְהוֹשִׁיעֶךָ[e] לְהוֹשִׁיעָהּ[e] לְהוֹשִׁיעַ 8 וַיּוֹשִׁיעוּם[e] הוֹשִׁיעָה הוֹשַׁע 10 הוֹשֵׁעַ 9 לְהוֹשִׁיעֵנִי[e] מוֹשִׁיעוֹ[e] מוֹשִׁיעַ 11 הוֹשִׁיעֵנוּ[e] וְהוֹשִׁעֵנִי[e] מֹשִׁעִי[e] מוֹשִׁיעֵךְ[e] מוֹשִׁעֶךָ[e] p מוֹשִׁיעֶךָ[e] מוֹשִׁעִים מוֹשִׁיעָם[e]

nif receive help, be saved; pt. victorious 5 נוֹשַׁע p אִוָּשֵׁעַ תִּוָּשֵׁעִי תִּוָּשַׁע יִוָּשֵׁעַ 6 נוֹשָׁעְנוּ וְנוֹשַׁעְתֶּם 11 הִוָּשְׁעוּ 10 נִוָּשֵׁעָה p וְנִוָּשֵׁעַ תִּוָּשֵׁעוּן אִוָּשֵׁעָה נוֹשָׁע

יֵשַׁע[B] ↩ ישׁע m. help, rescue, deliverance, salvation p יֶשַׁע 4 יִשְׁעוֹ יִשְׁעֲךָ p יִשְׁעֶךָ יִשְׁעִי יִשְׁעֵנוּ

יְשֻׁעָה & יְשׁוּעָתָה ↪ יְשׁוּעָה

יִשְׁעִי m. PN Jishi

יְשַׁעְיָה m. PN Jeshaiah 1 Chr 3:21; Ezr 8:7.19; Neh 11:7◦

יְשַׁעְיָהוּ m. PN Isaiah

1 st.c. sg. 2 st.a. pl. 3 st.c. pl. 4 with epp 5 SC 6 PC 7 narrative 8 inf.c. 9 inf.a. 10 imp. 11 part.

יְשֻׁעָתָה ← יְשׁוּעָה

יִשְׁפָּה m. PN Jishpa 1 Chr 8:16◦

יָשְׁפֵה pn of a precious stone, jasper Ex 28:20; 39:13; Ez 28:13◦

יִשְׁפָּן m. PN Jishpan 1 Chr 8:22◦

✓ ישׁר[B] q be straight, even; be right, just, sincere, honest; go straight 1 Sam 6:12 - 5 יָשַׁר יָשְׁרָה 6 יִישַׁר 7 וַיִּישַׁר וַיִּשַׁר וַתִּישַׁר וַיִּשַּׁרְנָה

pi straighten, level, make even Isa 40:3; execute correctly Ps 119:128; lead down 2 Chr 32:30; go straight Prov 9:15 - 5 יִשַּׁרְתִּי 6 יְיַשֵּׁר יְיַשֶּׁר־ תְּיַשֵּׁר אֲיַשֵּׁר 7 וַיְיַשְּׁרֵם[e] 10 יַשְּׁרוּ 11 הַמְיַשְּׁרִים

pu with זָהָב smoothed gold, gold leaf 11 מְיֻשָּׁר 1 Kgs 6:35◦

hif straighten, level Isa 45:2; Ps 5:9; look straight ahead Prov 4:25- 6 אוֹשִׁר *kt.*; *qr.*: *pi*; יַיְשִׁרוּ 10 הוֹשַׁר *kt.*; *qr.*: הַיְשַׁר◦

יָשָׁר m. & יְשָׁרָה[B] f. ← ישׁר correct, right, upright, sincere, reliable, eager (often with לֵב); even, straight; appropriate, adequate; with בְּעֵינֵי consider something as right 1 יְשַׁר 2 יְשָׁרִים יְשָׁרוֹת 3 יִשְׁרֵי

יֵשֶׁר m. PN Jesher 1 Chr 2:18◦

יֹשֶׁר ← ישׁר m. straightforwardness, honesty, sincerity; the due, right, proper 4 יָשְׁרוֹ

יִשְׁרָה ← ישׁר f. honesty, sincerity 1 יִשְׁרַת 1 Kgs 3:6◦

יְשֻׁרוּן pn Jeshurun, *the sincere, honorable name for Israel* Dtn 32:15; 33:5.26; Isa 44:2◦

יָשֵׁשׁ m. old man, very aged 2 Chr 36:17◦

יִשְׁתַּחֲוֶה etc. ← חוה

✓ יתא 7 וַיֵּתֵא ← אתה Dtn 33:21◦

יָתֵד *f.* peg, nail, tent peg, fig. firm grip Ezr 9:8; spade Dtn 23:14 - 1 יְתַד 2 יְתֵדוֹת יְתֵדֹת 3 יִתְדֹת 4 יְתֵדֹתָיו יְתֵדֹתֶיהָ וִיתֵדֹתַיִךְ וִיתֵדֹתָם

יָתוֹם *m.* orphan 2 יְתֹמִים יְתוֹמִים 4 יְתֹמָיו יְתֹמֶיךָ

יְתוּר *m.* aerea, range; others: 3.sg.m.PC תור scout Job 39:8◦

יַתִּיר & יַתִּר *pln* Jattir

יִתְלָה *pln* Jithlah Jos 19:42◦

יִתְמָה *m. PN* Jithmah 1 Chr 11:46◦

יַתְנִיאֵל *m. PN* Jathniel 1 Chr 26:2◦

יִתְנָן *pln* Jithnan Jos 15:23◦

✓ יתר[B] *q* pt. ← יוֹתֵר & יֹתֵר *m.*; יוֹתֶרֶת & יֹתֶרֶת *f.* the rest

nif remain, be left over 5 נוֹתַר נוֹתְרָה נוֹתַרְתִּי נוֹתְרוּ 6 יִוָּתֵר יִוָּתֶר יִוָּתְרוּ 7 וַיִּוָּתֵר וָאִוָּתֵר וַיִּוָּתְרוּ 11 נוֹתָר נוֹתֶרֶת נוֹתָרִים נוֹתָרוֹת הַנּוֹתֶרֶת

hif leave over, have more than enough; give in abundance Dtn 28:11; 30,9; have priority Gen 49:4 - 5 הוֹתִיר וְהוֹתִרְךָ[e] וְהוֹתִירְךָ[e] הוֹתִרָה וְהוֹתַרְתִּי 6 יוֹתִיר אַל־תּוֹתַר וְלֹא־תוֹתִירוּ נוֹתַר 7 וַיּוֹתֵר וַתּוֹתַר וַיּוֹתִרוּ 8 הוֹתִיר 9/10 הוֹתֵר

יֹתֵר & יוֹתֵר[B] ← יתר *m.* rest, the remaining; as adv. exceedingly, over the measures, too; by the way, besides; with מִן more than

יַתִּר & יַתִּיר *pln* Jattir

יָתֵר 3.sg.m. PC *hif* ← תור

יֶתֶר[B] ← יתר I. *m.* rest; as adj. or adv.: excellent Gen 49:3; Prov 17:7; much, extraordinary Isa 56:12; Dan 8:9; with עַל in abundance, plentiful 4 יִתְרָם יִתְרוֹ

יֶתֶר II. *m.* rope, cord; tent rope; tendon 2 יְתָרִים 4 יִתְרוֹ

יֶתֶר III. *m. PN* Jether

יִתְרָא *m. PN* Ithra 2 Sam 17:25◦

יִתְרָה & יִתְרַת ← יתר *f.* with עשׂה savings, last possessions Isa 15:7; Jer 48:36◦

יִתְרוֹ *m. PN* Jethro

יִתְרוֹן ← יתר *m.* preference, advantage, profit

יִתְרִי *pn* Ithrite, 2 Sam 23:38; 1 Chr 2:53; 11:40◦

יִתְרָן *m. PN* Ithran

יִתְרְעָם *m. PN* Ithream 2 Sam 3:5; 1 Chr 3:3◦

יֹתֶרֶת & יוֹתֶרֶת ← יתר *f.* caul fat on the liver; overhang, fat mass

יִתְרַת & יִתְרָה ← יתר *f.* with עשׂה savings, last possessions Isa 15:7; Jer 48:36◦

יְתֵת *m. PN* Jetheth Gen 36:40; 1 Chr 1:51◦

כְּ כַּ כָּ proclitic preposition of comparison and relation: so ... as, how, according to; approximately, roughly; as, as soon as. With relative particle כַּאֲשֶׁר according to, correspondingly; as, because; so, as 4 כָּמוֹ כָּמוֹנִי כָּמֹנִי (cf. → כְּמוֹ) כָּהֶם כָּהֵנָּה כָּכֶם

√כאב *q* be in pain, suffer 6 יִכְאַב *p* יִכְאָב 11 כּוֹאֵב כֹּאֵב כֹּאֲבִים

hif cause pain, hurt; spoil 2 Kgs 3:19 - 5 הִכְאַבְתִּיו[e] 6 יַכְאִיב תַּכְאִבוּ 11 מַכְאִב

כְּאֵב ← כאב *m.* pain 4 כְּאֵבִי

√כאה *hif* grieve, distress 8 הַכְאוֹת Ez 13:22◦

nif be chagrined, sad 5 נִכְאָה; נִכְאוּ Job 30:8 → נכא 11 נִכְאֵה Ps 109:16; Dan 11:30◦

כָּאֶה ← כאה *m.* miserable, discouraged Ps 10:10 *qr.* 2 כָּאִים◦

כָּאֲרִי *like a lion;* but some scholars read כָּאֲרוּ from a root כאר *pierce* or כָּרוּ from כרה *dig* Ps 22:17◦

כַּאֲשֶׁר כְּ + אֲשֶׁר → כְּ according to, corresponding to; as, because; so, as

√כבד[B] *q* be heavy, weighty, rich; be honored; carry a burden, be a burden 5 כָּבְדָה וְכָבֵד *p* כָּבְדוּ כָּבֵדָה cf. also → כָּבֵד 6 יִכְבַּד *p* יִכְבָּד

וַתִּכְבַּד וַיִּכְבַּת 7 נִכְבַּד יִכְבְּדוּ תִּכְבַּד
וַתִּכְבְּדִי

nif be honoured, respected; show oneself rich; prove oneself dignified, glorious; of God: receive glory 5 נִכְבַּד נִכְבַּדְתָּ נִכְבַּדְתִּי וְנִכְבַּדְתִּי 6 אֶכָּבֵד
וְאִכָּבְדָה p אִכָּבֵדָה 8 בְּהִכָּבְדִי[e] 10 הִכָּבֵד 11
נִכְבָּד וְנִכְבָּדִים נִכְבַּדֵּי נִכְבַּדֶּיהָ[e] נִכְבַּדֵּיהֶם[e]
נִכְבָּדוֹת

pi honour, pay homage; harden (heart) 1 Sam 6:6 - 5 כִּבְּדוּנִי[e] כִּבְּדוּ כִּבַּדְתָּנִי[e] וְכִבַּדְתּוֹ[e]
וְכִבַּדְנוּךָ[e] 6 יְכַבֵּד תְּכַבֶּדְךָ[e] תְּכַבְּדֵנִי[e]
יְכַבְּדוּךָ[e] יְכַבְּדוּ אֲכַבֶּדְךָ[e] אֲכַבֵּד אֲכַבְּדֶהוּ[e]
תְּכַבְּדוּ 8 כַּבֶּדְךָ[e] 9 כַּבֵּד 10 כַּבֵּד כַּבְּדוּ
מְכַבְּדוֹ[e] מְכַבֵּד 11 כַּבְּדוּהוּ[e] כַּבְּדֵנִי[e]
מְכַבְּדַי[e] מְכַבְּדֶיהָ[e]

pu be honoured 6 יְכֻבָּד 11 מְכֻבָּד Isa 58:13; Prov 13:18; 27:18◦

hif make heavy, harden (heart Ex 8:11; ears Isa 6:10); make glorious Isa 8:23; honour Jer 30:19; become arrogant 2 Chr 25:19 - 5 הִכְבִּיד
הִכְבַּדְתָּ הִכְבַּדְתִּי הִכְבַּדְתִּים[e] וְהִכְבִּידוּ הִכְבִּידוּ 6
אַכְבִּיד 7 וַיַּכְבֵּד 8 לְהַכְבִּיד 9/10 הַכְבֵּד 11
מַכְבִּיד

hitp be numerous Nah 3:15; honour oneself, boast Prov 12:9- 10 הִתְכַּבֵּד הִתְכַּבְּדִי 11
מִתְכַּבֵּד◦

כָּבֵד[B] ← כבד I. *m.* heavy, weighty; rich, numerous; honoured, respected; hardened, obdurate; with מִן too heavy, difficult Ex 18:13; Num 11:4; with פֶּה or לָשׁוֹן speak incomprehensible 1 כְּבַד כְּבֶד 2 כְּבֵדִים 3 כִּבְדֵי

כָּבֵד ← כבד II. *f.* liver 4 כְּבֵדִי

כֹּבֶד ← כבד *m.* weight, load, burden Isa 21:15; 30:27; Prov 27:3; mass Nah 3:3◦

כָּבֹד honour ↪ כָּבוֹד

כְּבֵדֻת ← כבד *f.* arduous, heavy Ex 14:25 *he made them drive with difficulty*◦

כבה✓ *q* extinguish, go out 5 כָּבוּ 6 יִכְבֶּה
תִּכְבֶּה

pi extinguish, put out, quench 5 וְכִבּוּ 6 יְכַבֶּנָּה
תְּכַבֶּה 7 וַיְכַבּוּ 8 לְכַבּוֹת כַּבּוֹתְךָ[e] 11 מְכַבֶּה

כָּבוֹד[B] ← כבד *m.* of God: honour, power, glory, praise; of man: honour, abundance, multitude, wealth, fame, splendour, pride 1 כְּבוֹד
4 כְּבוֹדוֹ כְּבוֹדְךָ כְּבוֹדִי כְּבוֹדָם כְּבוֹדְכֶם

כְּבוּדָּה ← כבד *f.* abundance, splendor, wealth Jdg 18:21; Ez 23:41; Ps 45:14◦

כָּבוּל *pln* Kabul Jos 19:27; 1 Kgs 9:13◦

כַּבּוֹן *pln* Kabbon Jos 15:40◦

כַּבִּיר ← כבר *m.* great, powerful, numerous 2 כַּבִּירִים

כְּבִיר ← כבר *m.* pillow, blanket, others: tangle of goat hair 1 כְּבִיר הָעִזִּים 1 Sam 19:13.16◦

כֶּבֶל *m.* chain 3 כַּבְלֵי Ps 105:18; 149:8◦

כבס✓ *q* wash, full 11 שְׂדֵה כוֹבֵס fuller's field 2 Kgs 18:17; Isa 7:3; 36:2◦

pi wash, full, clean 5 כִּבֵּס וְכִבֶּס וְכִבְּסוּ
7 תְּכַבְּסִי תְּכַבְּסֵנִי[e] תְּכַבֵּס יְכַבֵּס 6 וְכִבַּסְתֶּם
מְכַבְּסִים 11 כַּבְּסִי כַּבְּסֵנִי[e] 10 וַיְכַבְּסוּ

pu be cleaned 5 כֻּבַּס Lev 13:58; 15:17◦

hotp be washed 5 or 8 הֻכַּבֵּס Lev 13:55f◦

כבר *hif* multiply Job 35:16; pt. in abundance Job 36:31 - 6 יַכְבִּיר 11 מַכְבִּיר◦

כְּבָר I. long ago, already Ecc 1:10ff

כְּבָר II. *pn* Kebar Ez 1:1

כְּבָרָה I. *f.* sieve Am 9:9◦

כְּבָרָה II. *f.* with אֶרֶץ measure of distance: the length of a field; generally a stretch of road, a short distance 1 כִּבְרַת Gen 35:16; 48:7; 2 Kgs 5:19◦

כֶּבֶשׂ[B] *m.* lamb 2 כְּבָשִׂים 4 כְּבָשַׂי

כִּבְשָׂה & **כַּבְשָׂה**[B] *f.* lamb 1 כִּבְשַׂת 2 כְּבָשׂת 3 כִּבְשׂת

√כבשׁ[B] *q* put under the dominion: care, cultivate Gen 1:28; handle (the guilt), conquer Mi 7:19; Zec 9:15; rape Est 7:8 - 5 וְכָבְשׁוּ 6 יִכְבֹּשׁ 7 וַיִּכְבְּשׁוּם[e] 8 וַתִּכְבְּשׁוּ לִכְבּוֹשׁ 10 וְכִבְשֻׁהָ[e] 11 כֹּבְשִׁים

nif be conquered, subdued, humiliated; be a slave Neh 5:5 - 5 נִכְבְּשָׁה 11 נִכְבָּשׁוֹת

pi conquer, subdue 5 כִּבֵּשׁ 2 Sam 8:11◦

hif conquer, subdue 7 וַיַּכְבִּישׁוּם[e] *kt.*; *qr.*: וַיִּכְבְּשׁוּם[e] ↪ *q* Jer 34:11◦

כֶּבֶשׁ *m.* stool 2 Chr 9:18◦

כִּבְשָׁן *m.* furnace, melting oven Gen 19:28; Ex 9:8.10; 19:18◦

כַּד *m.* jug, jar 2 כַּדִּים 4 כַּדָּהּ כַּדֵּךְ

כַּדּוּר *m.* ball Isa 22:18; all around Isa 29:3; but cf. ↪ דּוּר◦

כְּדֵי ↪ דַּי according to

כַּדְכֹּד *pn* a precious stone, ruby Isa 54:12; Ez 27:16◦

כְּדֻמָה ↪ דֻּמָה *something silent* or *destroyed* Ez 27:32◦

כְּדָרְלָעֹמֶר *m. PN* Kedor-Laomer Gen 14:1ff; 9:17◦

כֹּה[B] so, thus; seldom: here; now

√כהה I. *q* get weak, tired; slacken 5 כָּהֲתָה 6 תִּכְהֶה יִכְהֶה 7 וַתִּכְהֶיןָ וַתֵּכַהּ 9 כָּהֹה

pi decline, fade Lev 13:6.56; hold back, hinder 1 Sam 3:13; despair Ez 21:12 - 5 כִּהָה כֵּהָה (can also be adj.) וְכִהֲתָה◦

√כהה II. according to some scholars: *pi* כִּהָה reprimand 1 Sam 3:13 (but ↪ I.)◦

כֵּהָה *f.* ↩ כהה fading (eyes) 1 Sam 3:2; glowing (wick) Isa 42:3; declining (skin alteration) Lev 13:21.26.28.39; relief, healing (illness) Nah 3:19; faint, despondent (spirit) Isa 61:3 - 2 כֵּהוֹת◦

√כהן[B] *pi* be a priest, perform one's ministry as a priest; adorn oneself priestly Isa 61:10 - 5 וְכִהֵן וְכִהֲנוּ 6 יְכַהֵן 7 וַיְכַהֵן וַיְכַהֲנוּ 8 לְכַהֵן לְכַהֲנוֹ[e] 11 ↪ next word

כֹּהֵן[B] ↩ כהן *m.* priest 2 כֹּהֲנִים 3 כֹּהֲנֵי 4 כֹּהֲנֶיהָ כֹּהֲנֶיךָ כֹּהֲנַי

כְּהֻנָּה ↩ כהן *f.* priesthood 1 כְּהֻנַּת 2/3 כְּהֻנּוֹת 4 כְּהֻנַּתְכֶם כְּהֻנָּתָם

כּוּב *pln* Kub Ez 30:5◦

כּוֹבַע *m.* helmet *p* כּוֹבָע 2 כּוֹבָעִים

√כוה *nif* be burned, scorched 6 תִּכָּוֶה תִּכָּוֶינָה Isa 43:2; Prov 6:28◦

כּוֹחַ strength, power ↪ כֹּחַ

כְּוִיָּה ↩ כוה *f.* burn Ex 21:25◦

כּוֹכָב[B] *m.* star 1 כּוֹכַב 2 כּוֹכָבִים 3 כּוֹכְבֵי 4 כֹּכְבֵיהֶם

√כול[B] *q* hold, gauge 5 כָּל Isa 40:12◦

pilp hold; care for, provide with food, maintain, take care; with דרך take care of one's affairs; bear Mal 3:2 - 5 כִּלְכַּל וְכִלְכַּלְתִּי וְכִלְכְּלוּ 6 יְכַלְכֵּל יְכַלְכְּלֶךָּ[e] אֲכַלְכֵּל יְכַלְכְּלוּךָ[e] יְכַלְכְּלֵהוּ[e] 7 וַיְכַלְכֵּל וַיְכַלְכְּלֵם[e] וָאֲכַלְכְּלֵם[e] 8 לְכַלְכֵּל לְכַלְכֶּלְךָ[e] 11 מְכַלְכֵּל

polpal be provided with food 5 וְכָלְכְּלוּ 1 Kgs 20:27◦

hif hold; bear, endure, hold back; destroy, kill Ez 21:33 - 6 יָכִיל יָכְלוּ יְכִילֻנוּ[e] 8 הָכִיל

כּוֹל ↪ כֹּל

כּוּמָז *m.* necklace, clasp Ex 35:22; Num 31:50◦

√כון[B] *q* found, prepare 7 וַיְכֻנֶנּוּ[e] Job 31:15; others: ↪ *pol*◦

nif be firm, stable; be fastened, be founded; be prepared, be ordered; be ready, be finished 5 נָכוֹנָה נָכֹנוּ נְכוֹנוּ 6 יִכּוֹן תִּכּוֹן יִכֹּנוּ 7 וַתִּכּוֹן וַתִּכֹּן 10 הִכּוֹן הִכֹּן הִכּוֹנוּ 11 נָכוֹן נְכוֹן נְכוֹנָה נְכֹנִים

polel found, prepare, arrange, fix, set up, establish; give continuance, consolidate; lay, align, aim (from arrow in bow)5 כּוֹנֵן כּוֹנְנָהּ[e] כּוֹנַנְתָּ *p* כּוֹנָנְתָּה כּוֹנַנְתָּהּ[e] כּוֹנַנְתְּ וְכֹנַנְתִּי כּוֹנְנוּ 6 יְכוֹנֵן יְכוֹנְנֶהָ[e] וּתְכוֹנֵן 7 וַיְכֹנְנֶךָ[e] וַיְכוֹנְנֶהָ[e] וַיְכֻנֶנּוּ[e] וַיְכוֹנְנוּ[e] וַתְּכוֹנֵן וַיְכוֹנְנוּנִי[e] 10 כּוֹנֵן וְכוֹנְנָה כּוֹנְנֵהוּ[e]

polal be prepared, created Ez 28:13; be strengthened (steps) Ps 37:23 - 5 כּוֹנָנוּ◦

hif found, create, prepare, arrange, establish; set up, install; order, determine, use; prepare, fix, fasten, repair; direct, align (with לֵב); care, supply (with לְ); get something done (with לְ and inf.c.) 5 הֵכִין הֱכִינוֹ[e] הֱכִינָהּ[e] הֱכִינַנִי[e] הֵכַנּוּ הֲכִינֹנוּ וַהֲכִינוּ הֲכִנֹתִי הֲכִנֹתָ הֲכִינֹתָה 6 יָכִין תָּכִין תְּכִינֶהָ[e] אָכִין אָכִינָה 7 וַיָּכֶן וַיָּכִינוּ 8 לְהָכִין הֲכִינוֹ[e] הֲכִינָהּ[e] 9 הָכֵן הָכִין 10 הָכֵן הָכִינוּ 11 מֵכִין

hof be prepared, established 5 הֻכַן וְהוּכַן *p* הוּכָן 11 מוּכָן מוּכָנִים

hitpolal be established Num 21:27; Isa 54:14; Prov 24:3; get ready, get in position Ps 59:5 – 6 יִתְכּוֹנָן וְתִכּוֹנֵן וְיִכּוֹנָנוּ◦

כּוּן *pln* Kun 1 Chr 18:8◦

כַּוָּן *m.* cake 2 כַּוָּנִים Jer 7:18; 44:19◦

כּוֹנַנְיָהוּ *m. PN* Konaniah *kt.*; *qr.*: כָּנַנְיָהוּ 2 Chr 31:12f; 35:9◦

כּוֹס I. *f.* cup 2 כֹּסוֹת 4 כֹּסוֹ כּוֹסָהּ כּוֹסִי כּוֹסָם

כּוֹס II. a bird, little owl Lev 11:17; Dtn 14:16; Ps 102:7

כּוּר *m.* melting oven

כּוֹרֶשׁ & כֹּרֶשׁ *m. PN* Cyrus

כּוּשׁ *m. PN* & *pln* Kush

כּוּשִׁי *m. PN* & *pn* Kush, Kushite

כּוּשָׁן *m. PN* Kushan Hab 3:7◦

כּוּשַׁן רִשְׁעָתַיִם *m. PN* Kushan-Rishathaim Jdg 3:8.10◦

כּוֹשָׁרוֹת ↪ כשׁר prosperity, happiness Ps 68:7◦

כּוּת & כּוּתָה *pln* Kuthah 2 Kgs 17:24.30◦

כּוֹתֶרֶת & כֹּתֶרֶת *f.* capital, knob 2 כֹּתָרוֹת כֹּתָרֹת

√כזב *q* lie 11 כֹּזֵב Ps 116:11◦

nif be proved a liar Prov 30:6, be futile, false Job 41:1 - 5 וְנִכְזַבְתָּ נִכְזָבָה◦

1 st.c. sg. 2 st.a. pl. 3 st.c. pl. 4 with *epp* 5 SC 6 PC 7 narrative 8 inf.c. 9 inf.a. 10 imp. 11 part.

pi lie, deceive, be disloyal; dry up Isa 58:11 - 5 8 יְכַזְּבוּ אֲכַזֵּב תְּכַזְּבִי תְּכַזֵּב וִיכַזֵּב 6 כַּזֵּב בְּכַזֶּבְכֶם[e]

hif prove oneself a liar 6 [e]יַכְזִיבֵנִי Job 24:25◦

כָּזָב *m.* lie, falsehood, deception; idol 2 כְּזָבִים 4 כִּזְבֵיהֶם

כֹּזֵבָא *pln* 1 Koseba 1 Chr 4:22◦

כָּזְבִּי *f. PN* Kosbi Num 25:15.18◦

כְּזִיב *pln* Kesib Gen 38:5◦

כֹּחַ & כּוֹחַ[B] I. *m.* power, might, strength; power of the earth, yield; ownership, possession; with inf.c. ability, possibility to do something 4 כֹּחֲכֶם כֹּחִי כֹּחֲכָה *p* כֹּחֲךָ כֹּחָה כֹּחֹה כֹּחוֹ

כֹּחַ II. a lizard Lev 11:30◦

כחד✓ *nif* be hidden; be destroyed, perish 5 11 וַתִּכָּחֵד 7 יִכָּחֵד 6 נִכְחֲדוּ נִכְחָד *p* נִכְחַד הַנִּכְחָדוֹת נִכְחֶדֶת

pi hide, conceal, withhold, deny 5 כִּחַדְתִּי כִּחֵד אֲכַחֵד תְּכַחֲדִי תְּכַחֵד 6 כִּחֲדוּ *p* כִּחֵדוּ נְכַחֵד תְּכַחֲדוּ

hif make disappear, destroy; hide Job 20:12 - 5 וַיַּכְחֵד 7 וְנַכְחִידֵם[e] יַכְחִידֶנָּה[e] 6 וְהִכְחַדְתִּיו וּלְהַכְחִיד 8 וְאַכְחִד

כחל✓ *q* put on one's make-up 5 כָּחַלְתְּ Ez 23:40◦

כחש✓ *q* grow lean, lose weight 5 כָּחַשׁ Ps 109:24◦

nif flatter, humiliate oneself 6 וְיִכָּחֲשׁוּ Dtn 33:29◦

pi lie, deny, pretend; conceal; abandon, miss Hos 9:2; flatter Ps 18:45 - 5 כִּחַשְׁתִּי וְכִחֵשׁ תְּכַחֲשׁוּן תְּכַחֲשׁוּ יְכַחֲשׁוּ יְכַחֶשׁ יְכַחֵשׁ 6 כִּחֲשׁוּ 7 כַּחֵשׁ 8/9 וַתְּכַחֵשׁ

hitp flatter 6 יִתְכַּחֲשׁוּ 2 Sam 22:45◦

כַּחַשׁ ↩ כחשׁ *m.* lie, deception; emaciation, decay *p* כָּחַשׁ 4 כַּחֲשִׁי כַּחֲשֵׁיהֶם

כֶּחָשִׁים ↩ כחשׁ *m.* liar Isa 30:9◦

כִּי[B] I. emphatic particle: yes, certainly, indeed, really; as a conj.: that, because; as, if, when; כִּי־עַל־כֵּן precisely for that reason; כִּי אִם except, unless, nevertheless, otherwise, but

כִּי ↩ כוה II. *m.* burning, branding Isa 3:24 (or ↪ I.)◦

כִּיד *m.* doom, gloom 4 כִּידוֹ Job 21:20◦

כִּידוֹדִים *m.* sparks 3 כִּידוֹדֵי Job 41:11◦

כִּידוֹן *m.* javelin, short sword

כִּידוֹר *m.* attack Job 15:24◦

כִּידֹן *m. PN* Kidon 1 Chr 13:9◦

כִּיּוּן *pn* a Babylonian idol, Kevan (= Saturn); others: pedestal Am 5:26◦

כִּיּוֹר & כִּיֹּר *m.* kettle, pan, pot; basin; platform 2 Chr 6:13 - 2 כִּיֹּרוֹת כִּיֹּרֹת כִּיּוֹרִים

כֵּלַי & כִּילַי *m.* scammer, villain Isa 32:5.7◦

כֵּילַפּוֹת *f.* hatchets Ps 74:6◦

כִּימָה *pn* a constellation: Pleiades, Seven Sisters Am 5:8; Job 9:9; 38:31◦

כִּיס *m.* bag

כִּירַיִם *m.* small stove; du. (for two pots) Lev 11:35◦

כִּיֹּר ↩ כִּיּוֹר

כִּישׁוֹר *m.* spindle Prov 31:19◦

כָּכָה so, thus, exactly like that

כִּכָּר[B] *m.* & *f.* what is round: circle, compass; region, district; (round) loaf of bread; coin

כֹּל & כּוֹל[B] ↩ כלל the totality, the whole; everything, everyone; all, all together, all sorts; with neg.: no whatsoever 1 כָּל־ 4 כֻּלּוֹ כֹּל *p* כֻּלָּם כּוּלָּם כֻּלְּךָ כֻּלֵּךְ כֻּלָּא כֻּלָּהּ כֻּלֹּה כֻּלָּנוּ כֻּלְּכֶם כֻּלְּהֶנָה כֻּלָּנָה כֻּלָּהֵם

ⓘ Rule of thumb: כֹּל + det. sg.: the whole; + indet. sg. everyone; sometimes: anybody, any, all kinds; + pl., usually with art.: all

כלא✓ *q* withhold, hinder, refuse; enclose, imprison 5 כָּלְאוּ כְּלִתֶנִי[e] כָּלָאתִי כָּלְאָה כְּלָאוֹ[e] לִכְלוֹא 8 אֶכְלָא תִכְלָאִי תִּכְלָא יִכְלֶה 6 כְּלוּ כָּלָא כָּלוּא 11 pass. כְּלָאֵם[e] 10

nif be held back, restrained Gen 8:2; Ez 31:15; stop Ex 36:6 (↪ II.) 7 וַיִּכָּלְאוּ וַיִּכָּלֵא◦

כלא II. ↪ כלה

כֶּלֶא ↩ כלא *m.* prison 2 כְּלָאִים 4 כִּלְאוֹ

כִּלְאָ ↪ כֹּל whole, all of Ez 36:5◦

כִּלְאָב *m. PN* Kilab 2 Sam 3:3◦

כִּלְאַיִם du. two different kinds Lev 19:19; Dtn 22:9◦

כֶּלֶב *m.* dog; swearword, especially for male prostitutes מְחִיר כֶּלֶב dog money, hustler's fee Dtn 23:19 - *p* כָּלֶב 2 כְּלָבִים 3 כַּלְבֵי 4 כְּלָבֶיךָ

כָּלֵב *m. PN* Kaleb

כָּלִבִּי *pn* Kalebite 1 Sam 25:3 *qr.*◦

כלה✓[B] *q* come to an end: stop, finish, be over, done, resolved, fulfilled; pass away, fade away, perish; be exhausted, used up 5 כָּלְתָה כָּלָה *p* יִכְלוּ יִכֶל יִכְלֶה 6 כָּלִינוּ כְּלִיתֶם כָּלוּ כָּלָתָה 8 וַתִּכְלֶינָה וַיִּכְלוּ וַתֵּכֶל 7 תִּכְלֶנָה יִכְלְיוּן *p* כְּלֹתָם[e] כְּלֹתוֹ[e] כְּלוֹת

pi complete, accomplish; come to an end, be over, be exhausted; use up, eat away (twigs); fade away; make an end, destroy 5 כִּלָּא כִּלָּה כִּלָּם[e] וְכִלַּתּוּ[e] כִּלְּתָה כִּלָּנוּ[e] כִּלָּם (3.sg.f.+3.sg.m.); כִּלּוּנִי[e] כִּלּוּ כִּלִּיתִיךָ[e] כִּלֵּיתִי כִּלִּיתִי כִּלִּיתָם[e] אֲכַלֵּם[e] אֲכַלֶּךָ[e] וּתְכַל יְכַלֵּהוּ[e] יְכַלֶּה 6 כִּלִּיתֶם כַּלֵּא כַּלּוֹת 8 וַיְכַלְּהוּ וַיְכַלּוּ וַיְכַלֵּהוּ[e] וַיְכַל 7 כַּלּוּ כַּלֵּה 11 וְכַלֵּה 10 לְכַלֹּתָם[e] 9 כְּכַלֹּתוֹ[e] מְכַלּוֹת מְכַלֶּה

pu be completed, be finished 5 וַיְכֻלּוּ 7 כָּלוּ Gen 2:1; Ps 72:20◦

כָּלֶה ↩ כלה *f.* yearning, longing 2 כָּלוֹת Dtn 28:32◦

כָּלָה ↩ כלה *f.* end; complete, final destruction; with עשׂה kill

כַּלָּה ↩ כלל *f.* bride; daughter-in-law 4 וְכַלּוֹתֵיכֶם כַּלֹּתֶיהָ כַּלָּתֶךָ כַּלָּתָה כַּלָּתוֹ

כְּלֻהַי *m. PN kt.* Ezr 10:35 Keluhi; *qr.* Keluhu◦

כְּלוּא ↩ כלא *m.* prison Jer 37:4; 52:31 *qr.* ↪ כֶּלֶא◦

כְּלוּב I. *m.* basket Am 8:1f; cage Jer 5:27◦

כְּלוּב II. *m. PN* Kelub 1 Chr 4:11f; 27:26◦

כְּלוּבָי *m. PN* Kaleb 1 Chr 2:9◦

כְּלוּלוֹת ↩ כלל *f.* bride, betrothal 4 כְּלוּלֹתָיִךְ Jer 2:2◦

כֶּלַח I. *m.* in full vigour, in ripe age Job 5:26; 30:2◦

כֶּלַח II. *pln* Kelach *p* כָּלַח Gen 10:11f◦

כָּל־חֹזֶה *m. PN* Kolhose Neh 3:15; 11:5◦

כְּלִי[B] *m.* non-specific: tools, crockery, appliances, equipment; weapons; vessel(s) *p* כֶּלִי 2 כֵּלִי כֵּלֶיךָ כֵּלֶיהָ כֵּלָיו 4 כְּלִי 3 כֵּלִים כֵּלֵינוּ כְּלֵיהֶם

כֵּלַי & **כִּילַי** *m.* scammer, villain Isa 32:5.7◦

כְּלִיא *kt.* Jer 37:4; 52:31 *m.* prison ↪ *qr.* כְּלוּא; cf. ↪ כֶּלֶא◦

כִּלְיָה *f.* kidneys; the innermost, seat of emotions, consciousness and conscience 2 כְּלָיוֹת 3 כִּלְיוֹת 4 כִּלְיוֹתַי כִּלְיוֹתֵיהֶם

כִּלָּיוֹן ↪ כלה *m.* failure Dtn 28:65; destruction Isa 10:22 - 1 כִּלְיוֹן◦

כִּלְיוֹן *m. PN* Kilion Ruth 1:2.5; 4:9◦

כָּלִיל *m.* & **כְּלִילָה** *f.* ↩ כלל complete, whole and entire; perfect; whole offering 1 כְּלִילַת כְּלִיל

כִּלְכֵּל etc. ↪ כול

כַּלְכֹּל *m. PN* Kalkol 1 Kgs 5:11; 1 Chr 2:6◦

✓**כלל** *var.* ↪ כלא *q* make perfect 5 כָּלְלוּ Ez 27:4.11◦

כְּלָל *m. PN* Kelal Ezr 10:30◦

✓**כלם**[B] *nif* be shamed, insulted, reviled; be ashamed Isa 54:4 - 5 נִכְלַמְתְּ נִכְלַמְתִּי נִכְלָמְתִּי *p* נִכְלָמְתִּי 6 יִכָּלְמוּ תִכָּלְמִי תִּכָּלֵם 8 נִכְלָמְנוּ נִכְלְמוּ הַנִּכְלָמוּ נִכְלָמִים נִכְלָם 11 וְהִכָּלְמוּ 10 הִכָּלֵם

hif shame, insult, revile 5 הִכְלַמְנוּם[e] הִכְלִמוֹ[e] 6 וַתַּכְלִמֵנוּ[e] 7 תַּכְלִימוּנִי[e] תַּכְלִימוּהָ[e] יַכְלִים 8 מַכְלִם מַכְלִים 11 הַכְלִים

hof be insulted, disgraced 5 הָכְלַמְנוּ וְהָכְלְמוּ 1 Sam 25:15; Jer 14:3◦

כִּלְמַד *pln* Kilmad Ez 27:23◦

כְּלִמָּה ↩ כלם *f.* shame, disgrace, insult 1 כְּלִמַּת 2 כְּלִמּוֹת 4 כְּלִמָּתוֹ כְּלִמָּתֵךְ כְּלִמָּתָם כְּלִמָּתֵנוּ

כְּלִמּוּת ↩ כלם *f.* shame, disgrace Jer 23;40◦

כַּלְנֵה & **כַּלְנוֹ** *pln* Calno Gen 10:10; Am 6:2; Isa 10:9◦

✓**כמה** *q* desire, yearn, languish 5 כָּמַהּ Ps 63:2◦

כַּמָּה & **כַּמֶּה** ↪ כְּ + ↪ מָה how much, how long, how big?

כִּמְהָם & **כִּמְהָן** *m. PN* Kimham 2 Sam 19:38ff; Jer 41:17 *qr.*◦

כְּמוֹ[B] = ↪ כְּ + ↪ מָה like; as, as if, when 4 כָּמוֹהוּ כָּמוֹהָ כָּמוֹךָ כָּמֹכָה כָּמוֹנִי כְּמוֹהֶם כָּמוֹנוּ כְּמוֹכֶם

כִּמוֹהָם *m. PN* Chimham Jer 41:17 *qr.*◦

כְּמוֹשׁ & **כְּמִישׁ** *kt.* Jer 48:7 *pn* a Moabitic idol, Chemosh

כַּמֹּן caraway, others: dill Isa 28:25.27◦

✓**כמס** *q* pt.pass. stored, hidden 11 כָּמֻס Dtn 32:34◦

✓**כמר** *nif* be moved, excited, stirred, heated 5 נִכְמְרוּ *p* נִכְמָרוּ

כֹּמֶר *m.* idolatrous priest 2 כְּמָרִים 2 Kgs 23:5; Hos 10:5; Zeph 1:14◦

1 st.c. sg. 2 st.a. pl. 3 st.c. pl. 4 with *epp* 5 SC 6 PC 7 narrative 8 inf.c. 9 inf.a. 10 imp. 11 part.

כִּמְרִיר *m.* obfuscation, darkening 2 כִּמְרִירֵי Job 3:5◦

כֵּן[B] I. so, thus, yes, therefore; with אַחַר and אַחֲרֵי thereafter, thereupon, then; with עַל therefore, so, based on that; with לְ ↪ לָכֵן therefore, hence

כֵּן[B] II. good, right, honest; the right, true; with לֹא false, insincere 2 כֵּנִים

כֵּן III. *m.* location, place, position 4 כַּנִּי כַּנּוֹ Gen 40:13, 41:13; Dan 11:7.20f.38◦

כֵּן IV. *m.* mounting, frame; stand 4 כַּנִּי כַּנּוֹ Ex 30:18; 1 Kgs 7:29.31; Isa 33:23

כֵּן V. *m.* gnat 2 כִּנִּים כִּנָּם Ex 12:8ff; Num 13:33; Isa 51:6; Ps 105:31◦

כנה✓ *pi* give someone an honourable name Isa 44:5; be called honourable Isa 45:4; flatter Job 32:21f - 6 אֲכַנְּךָ[e] אֲכַנֶּה יְכַנֶּה◦

כַּנֵּה *pln* Canneh Ez 27:23◦

כַּנָּה *f.* branch, seedling; others: ↪ כנן Ps 80:16◦

כִּנּוֹר a stringed instrument, harp, zither 2/3 כִּנֹּרוֹת 4 כִּנֹּרֵינוּ כִּנּוֹרִי כִּנּוֹרֶיךָ

כְּנוֹת *m.* colleague, companion 4 כְּנוֹתָיו *qr.* Ezr 4:7◦

כָּנְיָהוּ *m. PN* Coniah, Jojachin ↪ יְהוֹיָכִין

כַּנְלֹתְךָ inf.c. ↪ נלה finish something, be done Isa 33:1 *when you are finished*◦

כִּנָּם gnats Ex 8,12.14 ↪ כֵּן V.◦

כנן✓ *q* protect, shelter 10 כַּנָּה others: ↪ כַּנָּה Ps 80:16◦

כְּנָנִי *m. PN* Cenani Neh 9;4◦

כְּנַנְיָה & כְּנַנְיָהוּ *m. PN* Chenaniah 1 Chr 15:27; 1 Chr 15:22; 26:29◦

כָּנַנְיָהוּ *qr.*; *kt.* ↪ כּוֹנַנְיָהוּ *m. PN* Konaniah 2 Chr 31:12f; 35:9◦

כנס✓ I. *q* collect, accumulate; assemble 5 כָּנַסְתִּי 8/10 כְּנוֹס 11 כֹּנֵס

pi assemble 5 וְכִנַּסְתִּי וְכִנַּסְתִּים[e] 6 יְכַנֵּס Ez 22:21; 39:28; Ps 147:2◦

כנס✓ II. *hitp* wrap oneself in 8 כְּהִתְכַּנֵּס Isa 28:20◦

כנע✓ *nif* humble oneself; be humiliated 5 נִכְנַע נִכְנְעוּ *p* נִכְנָעוּ 6 יִכָּנַע וְיִכָּנְעוּ 7 וַיִּכָּנַע וַתִּכָּנַע הִכָּנְעוּ[e] הִכָּנַע 8 וַיִּכָּנְעוּ

hif humiliate, subdue 5 הִכְנִיעַ וְהִכְנַעְתִּי 6 וַיַּכְנִיעֵם[e] וַיַּכְנַע 7 אַכְנִיעַ תַּכְנִיעַ יַכְנִיעֵם הַכְנִיעֵהוּ[e] 10 וַתַּכְנַע

כִּנְעָה *f.* luggage, bundle 4 כִּנְעָתֵךְ Jer 10:17◦

כְּנַעַן *m. PN* & *pln* Canaan

כְּנַעֲנָה *m. PN* Cenaanah

כְּנַעֲנִי & כִּנְעָנִי *pn* Canaanite; as a synonym for merchants Isa 23:8 - 4 כִּנְעָנֶיהָ

כנף✓ *nif* hide 6 יִכָּנֵף Isa 30:20◦

כָּנָף[B] *f.* extremities: wing; edge, corner, hem, border; du. כְּנָפַיִם 1 כְּנַף 3 כַּנְפוֹת 4 כַּנְפֵי כְּנָפָיו כְּנָפֶיךָ כְּנָפַיִךְ כַּנְפֵיהֶם; Ruth 3:9: וּפָרַשְׂתָּ כְנָפֶךָ עַל־אֲמָתְךָ *put one's wings (others: blanket) around someone, marry her.*

כִּנֶּרֶת & כִּנֲּרוֹת *pln* Kinnereth

כְּנָת *m.* colleague, companion 4 כְּנָוֹתוֹ Ezr 4:7 *kt.*◦

1 st.c. sg. 2 st.a. pl. 3 st.c. pl. 4 with *epp* 5 SC 6 PC 7 narrative 8 inf.c. 9 inf.a. 10 imp. 11 part.

כֵּס throne ↪ כִּסֵּא; others read נֵס, banner Ex 17:16◦

כֹּס ↪ כּוֹס

כֶּסֶא & כֶּסֶה *m.* full moon Prov 7:20; Ps 81:4◦

כִּסֵּא[B] *m.* chair, throne, seat of honour 1 כִּסֵּא 2 כִּסְאוֹת 4 כִּסְאֲךָ *p* כִּסְאֶךָ כִּסְאוֹתָם כִּסְאִי

✓כסה[B] *q* cover, conceal 11 כֹּסֶה pass. כְּסוּי Ps 32:1; Prov 12:16.23◦

nif be covered 5 נִכְסְתָה 8 הִכָּסוֹת Jer 51:42; Ez 24:8◦

pi cover, clothe; hide, conceal, keep secret כִּסָּה כִּסִּיתִי וְכִסִּיתוֹ[e] כִּסִּיתָ כִּסְּתָה כִּסָּהוּ[e] כִּסָּמוֹ[e] כִּסֵּיתִי כִּסִּיתִיךָ[e] כַּסּוּ כִּסּוּךְ[e] וְכִסִּינוּ 6 יְכַסֶּה אֲכַסֶּה תְּכַסֶּה יְכַסֵּךְ[e] יְכַסֶּנָּה[e] יְכַסֶּנּוּ[e] יְכַסֵּהוּ[e] יְכַסְיֻמוּ[e] אֲכַסֶּנּוּ[e] 7 וַיְכַס וַיְכַסֵּהוּ[e] וַתְּכַס וַתְּכַסֵּהוּ[e] וַיְכַסּוּ 8 לְכַסּוֹת לְכַסֹּתוֹ[e] 10 כַּסּוּנוּ[e] 11 מְכַסֶּה מְכַסִּים מְכַסּוֹת

pu be covered 5 כֻּסּוּ 6 יְכֻסֶּה 7 וַיְכֻסּוּ 11 מְכֻסִּים מְכֻסּוֹת

hitp cover, veil oneself; hide oneself 6 תִּכַּסֶּה Prov 26:26; יִתְכַּסּוּ 7 וַיִּתְכַּס וַתִּתְכָּס 11 מִתְכַּסִּים מִתְכַּסֶּה

כֶּסֶה & כֶּסֶא *m.* full moon Prov 7:20; Ps 81:4◦

כִּסֵּה *m.* throne ↪ כִּסֵּא 1 Kgs 10:19◦

כָּסוּי ↩ כסה *m.* covering 1 כְּסוּי Num 4:6.14◦

כְּסֻלּוֹת *pln* Kesulloth Jos 19:18◦

כְּסוּת ↩ כסה *f.* blanket, covering, clothing 4 כְּסוּתָהּ כְּסוּתוֹ

✓כסח *q* be cut (down) 11 pass. כְּסוּחָה כְּסוּחִים Isa 33:12; Ps 80:17; cf. ↪ סוּחָה◦

כְּסִיל ↩ כסל I. *m.* fool, ignorant; stupid, insolent, wicked 2 כְּסִילִים

כְּסִיל II. *pn* of a constellation, Orion 2 כְּסִילִים 4 וּכְסִילֵיהֶם

כְּסִיל III. *pln* Kesil Jos 15:30◦

כְּסִילוּת ↩ כסל *f.* foolishness, stupidity Prov 9:13◦

✓כסל *q* be stupid 6 יִכְסָלוּ Jer 10:8◦

כֶּסֶל I. *m.* hip, loin; side *p* כָּסֶל 2 כְּסָלִים 4 כְּסָלַי כִּסְלֶךָ

כֶּסֶל ↩ כסל II. *m.* trust, self-confidence; foolishness Ecc 7:25 – 4 כִּסְלִי כִּסְלָם

כִּסְלָה ↩ כסל *f.* foolishness Ps 85:9; confidence Job 4:6◦

כִּסְלֵו *pn* the 9th month, Kislev; corresponds approximately to December Zec 7:1; Neh 1:1◦

כְּסָלוֹן *pln* Kesalon Jos 15:10◦

כִּסְלוֹן *m. PN* Kislon Num 34:21◦

כַּסְלֻחִים *pn* Kasluhite Gen 10:14; 1 Chr 1:12◦

כִּסְלֹת תָּבוֹר *pln* Kislot-Tabor Jos 19:12; 1 Chr 6:62◦

✓כסם *q* cut 6 יִכְסְמוּ Ez 44:20◦

כֻּסֶּמֶת *pn* type of grain, emmer, spelt 2 כֻּסְּמִים Ex 9:32; Isa 28:25; Ez 4:9◦

✓כסס *q* consider, calculate 6 תָּכֹסּוּ Ex 12:4◦

✓כסף *q* want something, long for 6 יִכְסֹף תִּכְסֹף Ps 17:12; Job 14:15◦

nif be longing, being homesick Gen 31:30; Ps 84:3; with לֹא being shameless (others: without longing) Zeph 2:1 - 5 נִכְסַף נִכְסְפָה נִכְסַפְתָּה 9 נִכְסֹף 11 נִכְסָף◦

1 st.c. sg. 2 st.a. pl. 3 st.c. pl. 4 with *epp* 5 SC 6 PC 7 narrative 8 inf.c. 9 inf.a. 10 imp. 11 part.

כֶּסֶף[B] *m.* silver; coin of silver, money *p* כָּסֶף 4 כַּסְפֵּנוּ כַּסְפֵּיהֶם כַּסְפָּם כַּסְפִּי כַּסְפְּךָ כַּסְפּוֹ

כָּסִפְיָא *pln* Kasiphia Ezr 8:17◦

כֶּסֶת *f.* magic ribbon, bandage 2 כְּסָתוֹת 4 כִּסְּתוֹתֵיכֶנָה Ez 13:18.20◦

√**כעס**[B] *q* be grumpy, peevish, angry, resentful 5 וְכָעַס *p* וְכָעָס 6 אֶכְעַס 7 וַיִּכְעַס 8 לִכְעוֹס

pi make sb. angry 5 כִּעֲסוּנִי[e] וְכִעֲסַתָּה Dtn 32:21; 1 Sam 1:6◦

hif make sb. grumpy, annoy, irritate, provoke, insult 5 וְהִכְעַסְתִּי הִכְעַסְתָּ הִכְעִיסוּ[e] הִכְעִיס הִכְעִיסוֹ הִכְעִסוּנִי[e] 6 תַּכְעִסֶנָּה[e] אַכְעִיסֵם[e] יַכְעִיסֻהוּ[e] תַּכְעִיסוּ 7 וַיַּכְעֵס וַיַּכְעִסוּ וַיַּכְעִיסוּהוּ[e] 8 הַכְעִיס הַכְעִיסוֹ[e] הַכְעִיסֵנִי[e] 11 מַכְעִיסִים מַכְעִסִים

כַּעַס & **כַּעַשׂ** *m.* anger, displeasure, annoyance *p* כָּעַס 4 כַּעְסוֹ כַּעַסְךָ כַּעַשְׂךָ כַּעְסִי כַּעְשִׂי

כַּף[B] *f.* (& *m.*) cupped hand, palm; of feet: sole; of animals: paw; hollow objects: pan, bowl, handles, palm leaf; כַּף הַקֶּלַע hollow of the sling; כַּף־יָרֵךְ hip socket; *p* כָּף du. כַּפַּיִם 2 כַּפּוֹת כַּפֹּת 3 כַּפֵּי 4 כַּפְּךָ *p* כַּפֶּךָ כַּפִּי כַּפֵּימוֹ כַּפַּי

כֵּף *m.* rock 2 כֵּפִים Jer 4:29; Job 30:6◦

√**כפה** *q* allay, pacify 6 יִכְפֶּה Prov 21:14◦

כִּפָּה *f.* palm branch Job 15:32 כִּפָּה וְאַגְמוֹן palm and reed, fig. high and low Isa 9:13; 19:5 - 4 כִּפָּתוֹ◦

כְּפוֹר I. *m.* bowl 3 כְּפוֹרֵי Ezr 1:10; 8:27; 1 Chr 28:17◦

כְּפוֹר & **כְּפֹר** II. *m.* hoarfrost Ex 16:14; Ps 147:16; Job 38:29◦

כָּפִיס *m.* beam, rafter Hab 2:11◦

כְּפִיר *m.* young lion 2 כְּפִרִים כְּפִירִים 4 כְּפִירַיִךְ

כְּפִירָה *pln* Kephirah Jos 9:17; 18:26; Ezr 2:25◦

כְּפִירִים *pln* Kephirim; others read the previous word, some the pl. of → כָּפָר Neh 6:2◦

√**כפל** *q* fold double 5 וְכָפַלְתָּ 11 pass. כָּפוּל Ex 26:9; 28:16; 39:19◦

nif be doubled 6 וְתִכָּפֵל Ez 21:19◦

כֶּפֶל ↩ כפל *m.* double, twofold du. כִּפְלַיִם Isa 40:2; Job 41:5◦

√**כפן** *q* stretch, bend 5 כָּפְנָה Ez 17:7◦

כָּפָן *m.* hunger Job 5:22; 30:3◦

√**כפף** *q* bend, bend down; pt.pass be bent, depressed 5 כָּפַף 8 לָכֹף 11 pass. הַכְּפוּפִים

nif bow oneself, humble 6 אִכַּף Mi 6:6◦

√**כפר**[B] I. *pi* cover, cover up; of people: atone, reconcile, appease, pacify; as a priestly act: execute atonement, reconciliation; of God: forgive 5 וְכִפֶּר וְכִפַּרְתָּהוּ[e] וְכִפַּרְתֶּם 6 יְכַפֵּר יְכַפֶּר־ יְכַפְּרוּ יְכַפְּרֶנָּה[e] 7 וַיְכַפֵּר 8 לְכַפֵּר כַּפְּרָה[e] כַּפְּרִי[e] בְּכַפֶּרְךָ[e] 10 וְכַפֵּר

pu be forgiven, atoned for; be cancelled Isa 28:18 - 5 כֻּפַּר 6 יְכֻפַּר תְּכֻפָּר

hitp be atoned 6 יִתְכַּפֵּר 1 Sam 3:14◦

nitpael be atoned, forgiven 5 וְנִכַּפֵּר Dtn 21:8◦

√**כפר** ↩ כֹּפֶר II. *q* cover with pitch 5 וְכָפַרְתָּ Gen 6:14◦

1 st.c. sg. 2 st.a. pl. 3 st.c. pl. 4 with *epp* 5 SC 6 PC 7 narrative 8 inf.c. 9 inf.a. 10 imp. 11 part.

כָּפָר *m.* village 2 כְּפָרִים Song 7:12 1 Chr 27:25 (Neh 6:2)◦

כֹּפֶר I. *m.* village 1 Sam 6:18◦

כֹּפֶר II. *m.* pitch Gen 6:14◦

כֹּפֶר III. *m.* gift, bribe, ransom 4 כָּפְרְךָ כָּפְרוֹ

כֹּפֶר IV. *pn* a plant, henna 2 כְּפָרִים Song 1:14; 4:13; 7:12◦

כְּפֹר & **כְּפוֹר** *m.* hoarfrost Ex 16:14; Ps 147:16; Job 38:29◦

כְּפַר הָעַמּוֹנִי *pln* Kephar-Ammoni Jos 18:24◦

כִּפֻּרִים ↩ כפר *m.* atonement יוֹם הַכִּפֻּרִים day of atonement

כַּפֹּרֶת ↩ כפר *f.* cover; the golden cover of the ark of the covenant, trad. called the mercy seat

כפשׁ✓ *hif* trample, press 5 הִכְפִּישַׁנִי[e] Lam 3:16◦

כַּפְתּוֹר & **כַּפְתֹּר** I. *m.* knob; capital

כַּפְתּוֹר & **כַּפְתֹּר** II. *pn* Kaphthor, Crete Dtn 2:23; Am 9:7◦

כַּפְתֹּרִי *pn* Kaphthorite, Crete Gen 10:14; Dtn 2:23; 1 Chr 1:12◦

כַּר I. *m.* lamb, ram; pile driver, wall breaker, battering ram 2 כָּרִים

כַּר II. *m.* saddlebag Gen 31:34◦

כַּר III. *m.* meadow, pasture 2 כָּרִים Isa 30:23; Ps 37:20; 65:14◦

כֹּר *pn* a hollow measure, synonym for ↪ חֹמֶר, 393 l; cf. Ez 45:14

כרבל✓ ↩ aram. כַּרְבְּלָא *pu* be clothed 11 מְכֻרְבָּל 1 Chr 15:27◦

כרה✓ I. *q* dig; open Ps 40:7 - 5 כָּרִיתִי כָּרָה כֹּרֶה 11 וַיִּכְרוּ 7 יִכְרֶה 6 כָּרוּהָ[e] כָּרוּ
nif be dug 6 יִכָּרֶה Ps 94:13◦

כרה✓ II. *q* buy Dtn 2:6; Hos 3:2; barter, flog Job 6:27; higgle, palter Job 40:30 – 6 יִכְרוּ וָאֶכְּרֶהָ[e] 7 תִּכְרוּ◦

כרה✓ III. *q* give a great festival 7 וַיִּכְרֶה 2 Kgs 6:23◦

כֵּרָה ↩ כרה *f.* festival 2 Kgs 6:23◦

כָּרָה *f.* with רֹעִים same as ↪ כַּר III. meadow; others: cottage 3 כְּרֹת Zeph 2:6◦

כְּרוּב I. cherub 2 הַכְּרֻבִים כְּרוּבִים

כְּרוּב II. *pln* Cherub Ezr 2:59; Neh 7:61; others: part of the *pln* Cherub-Addon◦

כָּרִי *pn* Carite

ⓘ Like the „Swiss Guard", the Carites represent a special bodyguard of the king.

כְּרִית *pn* a river, Chrith 1 Kgs 17:3.5◦

כְּרִיתוּת & **כְּרִיתֻת** ↩ כרת *f.* divorce, with סֵפֶר divorce certificate 4 כְּרִיתֻתֶיהָ Dtn 24:1.3; Isa 50:1; Jer 3:8◦

כַּרְכֹּב *m.* border, ledge 4 כַּרְכֻּבּוֹ Ex 27:5; 38:4◦

כַּרְכֹּם *pn* curcuma, turmeric Song 4:14◦

כַּרְכְּמִישׁ & **כַּרְכְּמִשׁ** *pln* Carchemish

כַּרְכַּס *m. PN* Carcas Est 1:10◦

כִּרְכָּרוֹת *f.* dromedars Isa 66:20◦

1 st.c. sg. 2 st.a. pl. 3 st.c. pl. 4 with *epp* 5 SC 6 PC 7 narrative 8 inf.c. 9 inf.a. 10 imp. 11 part.

כֶּרֶם[B] *m.* (& *f.*) vineyard *p* כָּרֶם 2 כְּרָמִים 3 כַּרְמֵי 4 כַּרְמוֹ כַּרְמִי כְּרָמֶיהָ כַּרְמֵיכֶם כַּרְמֵינוּ

כֹּרֵם *m.* vintner, winegrower 2 כֹּרְמִים 4 כֹּרְמֵיכֶם

כַּרְמִי *m. PN* & *pn* Carmi, Carmite

כַּרְמִיל *m.* crimson 2 Chr 2:6.13; 3:14◦

כַּרְמֶל[B] I. *m.* garden, garden landscape, arboretum 4 כַּרְמִלּוֹ

כַּרְמֶל II. *m.* fresh, grated grains Lev 2:14; 23:14; 2 Kgs 4:42◦

כַּרְמֶל III. *pn* & *pln* Carmel

כַּרְמְלִי *m.* & **כַּרְמְלִית** *f. pn* Carmelite

כְּרָן *m. PN* Ceran Gen 36:26; 1 Chr 1:41◦

כרסם✓ *pi* tear apart, ravage 6 יְכַרְסְמֶנָּה[e] Ps 80:14◦

כרע✓ *q* bend, stoop, crouch, kneel; sink to the ground 5 כָּרַע כָּרְעוּ 6 יִכְרַע תִּכְרַע יִכְרְעוּ יִכְרְעוּן תִּכְרְעוּ תִּכְרַעְנָה נִכְרְעָה 7 וַיִּכְרַע וַתִּכְרַע וָאֶכְרְעָה וַיִּכְרְעוּ 8 מִכְּרֹעַ 11 כֹּרֵעַ כֹּרְעִים כֹּרְעוֹת

hif bend sb., humiliate, distress, depress 5 הִכְרִיעַ הִכְרַעְתַּנִי[e] 6 תַּכְרִיעַ 9 הַכְרֵעַ 10 הַכְרִיעֵהוּ[e]

כְּרָעַיִם ↔ כרע *f.* du. legs, lower legs *p* כְּרָעָיִם 4 כְּרָעָיו

כַּרְפַּס *m.* cotton Est 1:6◦

כרר✓ *pilp* dance 11 מְכַרְכֵּר 2 Sam 6:14.16◦

כָּרֵשׂ *f.* belly 4 כְּרֵשׂוֹ Jer 51:34◦

כַּרְשְׁנָא *m. PN* Carshena Est 1:14◦

כרת✓[B] *q* cut, cut off; cut down, fell 5 כָּרַת כָּרְתוּ[e] כָּרַתָּ כָּרַתִּי כְּרָתוֹ 6 תִּכְרֹת אֶכְרוֹת־ תִּכְרְתוּ יִכְרֹתוּ (Jos 9:7 *kt.*; *qr.* אֶכְרָת־) תִּכְרֹתוּן נִכְרֹת נִכְרָת־ וְנִכְרְתָה 7 וַיִּכְרֹת וַיִּכְרָת־ וַתִּכְרֹת וַיִּכְרְתוּ וַיִּכְרְתוּהוּ[e] 8 לִכְרוֹת לִכְרֹת לִכְרָת־ כָּרְתִי[e] 9 כָּרוֹת כָּרֹת 10 כְּרֹת כְּרָת־ כִּרְתָה כִּרְתוּ 11 כֹּרֵת כֹּרְתִים כֹּרְתֵי כָּרוּת כְּרוּת כְּרֻתוֹת pass.

ⓘ כָּרַת בְּרִית Cut, make a covenant: during a covenant ceremony animals are cut up and sacrificed; cf. Gen 15:10-18

nif be cut, cut off, cut down, be felled; be taken away, disappear; be destroyed, exterminated, ruined 5 וְנִכְרַת *p* נִכְרָת וְנִכְרְתָה *p* וְנִכְרָתָה נִכְרַתָּ נִכְרְתוּ *p* נִכְרָתוּ 6 יִכָּרֵת יִכָּרֶת־ תִּכָּרֵת יִכָּרְתוּ *p* יִכָּרֵתוּ יִכָּרֵתוּן 8/9 הִכָּרֵת

pu cut off, cut down 5 כֹּרַת כֹּרְתָה Jdg 6:28; Ez 16:4◦

hif eradicate, obliterate, destroy 5 וְהִכְרִיתָה וְהִכְרִית וְהִכְרַתִּי הִכְרַתִּיו[e] הִכְרַתִּיךָ[e] הִכְרִיתוּ 6 יַכְרִית יַכְרֵת תַּכְרִית תַּכְרִיתֶךָ[e] תַּכְרִית אַכְרִית תַּכְרִיתוּ נַכְרִיתֶנָּה[e] 7 וַיַּכְרֵת וָאַכְרִית וָאַכְרִיתָה 8 לְהַכְרִית בְּהַכְרִת הַכְרִיתֶךָ[e]

hof be eliminated, disappeared 5 הָכְרַת Joel 1:9◦

כְּרֹת ↔ כָּרָה Zeph 2:6◦

כְּרֻתוֹת & **כְּרֻתֹת** ↔ כרת *f.* beam 1 Kgs 6:36; 7:2,12◦

כְּרֵתִי *pn* Cerithe

ⓘ The word often appears in connection with פְּלֵתִי and then means a special force of King David (cf. 2 Sam 8:18). It is not known whether these rough fellows contributed to the malapropism of the word pair in the sense of "every Harry, Dick and Tom".

כֶּשֶׂב *m.* lamb 2 כְּשָׂבִים

כִּשְׂבָּה *f.* lamb Lev 5,6 ↪ כִּבְשָׂה◦

כֶּשֶׂד *m. PN* Chesed Gen 22:22◦

כַּשְׂדִּים & כַּשְׂדִּיִּים *pn* & *pln* Chaldean; also a term for sage, astrologer

כשה√ *q* get fat 5 כָּשִׂיתָ Dtn 32:15◦

כֻּשִׁי ↪ כּוּשִׁי *pn* Cushite

כַּשִּׁיל *m.* ax, hatchet Ps 74:6◦

כשל√[B] *q* stumble, tumble; be tired, weak (and therefore tend to stumble) 5 כָּשַׁל כָּשְׁלָה
p כָּשֵׁלוּ כָּשְׁלוּ 6 יִכְשׁוֹלוּ 9 כָּשׁוֹל 11 כָּשַׁלְתְּ
כֹּשֵׁל כּוֹשֵׁל כֹּשְׁלוֹת

nif stumble, tumble; stagger with exhaustion; fall, perish 5 נִכְשַׁל *p* נִכְשָׁל נִכְשְׁלוּ *p* נִכְשָׁלוּ 6
יִכָּשֵׁל יִכָּשֵׁל תִּכָּשֵׁל יִכָּשְׁלוּ *p* יִכָּשֵׁלוּ 8
נִכְשָׁלִים נִכְשָׁל 11 וּבִכָּשְׁלוֹ[e] וּבְהִכָּשְׁלָם[e]

pi 6 תְּכַשְּׁלִי Ez 36:14 *kt.*; *qr.* תְּשַׁכְּלִי

hif cause to stumble; bring down, seduce; fade (strength) 5 הִכְשִׁיל הִכְשַׁלְתֶּם 6 יַכְשִׁילֵךְ[e]
8 וַיַּכְשִׁלוּם[e] וַיַּכְשִׁילוּהוּ[e] 7 תַּכְשִׁלִי יַכְשִׁילוּ
הַכְשִׁילוֹ[e] הַכְשִׁיל

hof be overthrown 11 מֻכְשָׁלִים Jer 18:23◦

כִּשָּׁלוֹן ↪ כשל *m.* fall Prov 16:18◦

כשף√ *pi* practice magic; pt. wizard 5 וְכִשֵּׁף 11 מְכַשְּׁפִים מְכַשֵּׁפָה מְכַשֵּׁף

כֶּשֶׁף ↪ כשף *m.* magic כְּשָׁפִים 4 כְּשָׁפַיִךְ כְּשָׁפֶיהָ

כַּשָּׁף ↪ כשף *m.* wizard 4 כַּשָּׁפֵיכֶם Jer 27:9◦

כשר√[B] *q* be good, appropriate; succeed 5 וְכָשֵׁר 6 יִכְשַׁר Ecc 11:6; Est 8:5◦

hif use properly 8 הַכְשִׁיר Ecc 10:10◦

כִּשְׁרוֹן ↪ כשר *m.* efficiency, dexterity; success, profit Ecc 2:21; 4:4; 5:10◦

כתב√[B] *q* write 5 כָּתַב כָּתַבְתָּ *p* כָּתָבְתָּ
וּכְתַבְתֶּם[e] כְּתַבְתִּי כָּתְבוּ 6 יִכְתֹּב יִכְתְּבֵם[e]
וְאֶכְתֹּב אֶכְתּוֹב אֶכְתָּב־ אֶכְתֲּבֶנָּה[e] וְיִכְתְּבוּ
וַתִּכְתֹּב וַיִּכְתְּבֵם[e] וַיִּכְתָּב־ וַיִּכְתֹּב 7 תִּכְתְּבוּ
9 כָּתְבֵם[e] כָּתְבוֹ[e] כָּתוֹב כְּתֹב 8 וַיִּכְתְּבוּהָ[e]
כֹּתֵב 11 כֹּתְבוּ כָּתְבָהּ[e] כְּתָב־ כְּתֹב 10 כָּתוּב
כְּתֻבִים הַכְּתוּבָה כָּתוּב pass. הַכֹּתְבִים
כְּתוּבוֹת

nif be written 5 נִכְתָּב 6 יִכָּתֵב תִּכָּתֵב תִּכָּתֵב
נִכְתָּב 11 וַיִּכָּתֵב 7 יִכָּתְבוּן יִכָּתֵבוּ

pi write 6 כִּתֵּבוּ 11 מְכַתְּבִים Isa 10:1◦

כְּתָב ↪ כתב *m.* writing, written document, book, register, family register Ezr 2:62; Neh 7:64; prescription Ezr 6:18 - 4 כְּתָבָם כְּתָבָהּ

כְּתֹבֶת ↪ כתב *f.* tatoo Lev 19:28◦

כִּתִּיִּים & כִּתִּים *pn* & *pln* Kittite, Kittim

כָּתִית *m.* beaten (of pure oil, unpressed)

כֹּתֶל *m.* wall 4 כָּתְלֵנוּ Song 2:9◦

כִּתְלִישׁ *pln* Kithlish Jos 15:40◦

כתם√ *nif* remain with a stain 11 נִכְתָּם Jer 2:22◦

כֶּתֶם *m.* gold *p* כָּתֶם

כֻּתֹּנֶת *f.* underwear, bodywear; also in general: (simple) clothing, tunic Gen 3:21; of women (with ↪ פַּס): (colorful) skirt, (long) dress 2 Sam 13:18; cf. Gen 37:3; of officials and priests: robe, habit Ex 28:40; Isa 22:21 - 1 כְּתֹנֶת 2 כֻּתֳּנוֹת כְּתֹנֶת 3 כָּתְנֹת כָּתְנוֹת 4 כֻּתָּנְתּוֹ כְּתָנְתֵּךְ כֻּתָּנְתִּי כֻּתֳּנֹתָם

כָּתֵף *f.* shoulder, shoulder blade; shoulder pieces (pl.); side, flank; slope, mountain back 1 כֶּתֶף 2 כְּתֵפוֹת כְּתֵפֹת 3 כִּתְפוֹת כִּתְפֹת 4 כְּתֵפַי כְּתֵפָיו כְּתֵפֶיהָ

כְּתֹף ↪ תֹּף tambourin Job 21:12◦

√**כתר** I. *pi* wait, have patience 10 כַּתַּר Job 36:2◦

√**כתר** II. *pi* surround, encircle 5 כִּתְּרוּ כִּתְּרוּנִי[e] Jdg 20:43; Ps 22:13◦

hif surround, encircle, gather around 6 יַכְתִּרוּ 11 מַכְתִּיר Hab 1:4; Ps 142:8◦

√**כתר** III. *hif* be crowned 6 יַכְתִּרוּ Prov 14:18◦

כֶּתֶר ↩ כתר *m.* crown Est 1:11; 2:17; 6:8◦

כֹּתֶרֶת & **כּוֹתֶרֶת** ↩ כתר *f.* capital, knob 2 כֹּתָרֹת כֹּתָרוֹת

√**כתשׁ** *q* crush (in a mortar) 6 תִּכְתּוֹשׁ Prov 27:22◦

√**כתת** *q* hammer, smash, crush, mash, shred 5 וְכַתּוֹתִי 7 וָאֶכֹּת 9 כָּתוֹת 10 כֹּתּוּ 11 pass. כָּתוּת

pi hammer, forge; smash, destroy 5 וְכִתַּת וְכִתְּתוּ

pu be crushed, destroyed 5 כֻּתְּתוּ 2 Chr 15:6◦

hif beat someone back, scatter 7 וַיַּכְּתוּ וַיַּכְּתוּם[e] Num 14:45; Dan 1:44◦

hof be smashed, destroyed, scattered 6 יֻכַּת יֻכַּתּוּ Isa 24:12; Jer 46:5; Mi 1:7; Job 4:20◦

לְ proclitic preposition of relation with different vowels (e.g. לְ לִ לַ) to mark a connection to the following: in relation to, to, for, of, about, concerning, according to; before infinitives: to; by 4 לָה לָהּ לוֹ; 2.m. sg.: לָכָה לְךָ *p* לָךְ; 2.f. sg: לְכִי לָךְ; לִי לָהֶם לָהֶן לָכֵנָה f. pl. Ez 13:18; לָנוּ לָכֶם

לֹא[B] negation of a declarative sentence, without conditional marking: not, nothing, without

לֹא *kt.*; *qr.* ↪ לוּ even if 2 Sam 18:12◦

לֹא דְבָר 2 Sam 17:27 & **לוֹ דְבָר** 2 Sam 9:4f *pln* Lo-Dabar◦

ⓘ Jos 13:26 reads דְּבִר; Am 6:13 either *pln* or *not worth mentioning, worthless*

לֹא עַמִּי *m. PN* Lo-Ammi; symb. name of a son of Hosea Hos 1:9; 2:25◦

לֹא רֻחָמָה *f. PN* Lo-Ruhama symb. name of Hosea's daughter Hos 1:6.8; 2:25◦

√**לאה**[B] *q* be exhausted, tired, slacken; toil in vain, be unable, give up Gen 19:11; be impatient Job 4:2 - 6 תִּלְאֶה 7 וַתֵּלֶא וַיִּלְאוּ

nif be tired, exhausted; toil in vain, be unable; struggle with something 5 נִלְאָה נִלְאֵית נִלְאֵיתִי וְנִלְאוּ 11 נִלְאָה

hif tire, annoy 5 הֶלְאֵנִי[e] הֶלְאָת הֶלְאֵתִיךָ[e] 6 תַּלְאוּ 7 וַיַּלְאוּךָ[e] 8 הַלְאוֹת

לֵאָה *f. PN* Leah

לְאוֹם ↪ לְאֹם

לאט√ 5 לָאַט cover 2 Sam 19:5 ↪ לוט

לָאֵט & **לְאַט** gentle, quiet, calm ↪ לְ + אַט Gen 33:14; 2 Sam 18:5; Isa 8:6; Job 15:11◦

לָאט secretly; with בְּ ↪ לָט Jdg 4:21◦

לָאֵל *m. PN* Laël Num 3:24◦

לְאֹם *m.* people, nation Prov 11:26 - 2 לְאֻמִּים לְאוּמִּים 4 לְאֻמִּי

לְאֻמִּים *pn* Lëummite Gen 25:3◦

לֵב & **לֵבָב**[B] ↩ לבב *m.* heart; consciousness, inner self, character בְּלֹא־לֵב וָלֵב 1 Chr 12:34 *undivided heart, unanimous*; with יצא & עזב & נפל *lose courage*; לִבּוֹ וְאַמִּיץ *brave, courageous* 1 לְבַב לֵב־ לֶב־ 2/3 לִבּוֹת 4 לִבּוֹ לִבְּךָ לִבְּכֶם לִבְּהֶם לִבָּם לִבִּי לְבָבִי לִבֵּךְ *p* לִבֹּתָם לִבּוֹתָם לִבְבֵהֶן

ⓘ The heart is the seat of the mind, not the feeling; the stomach is responsible for this.

לֵב קָמָי *pln heart of those who rose up against me = Chaldea* Jer 51:1◦

לְבֹא & **לְבוֹא** inf.c. ↪ בוא entrance

לָבִא *m.* lion 2 לְבָאִים Ps 57:5 ↪ לָבִיא◦

לְבָאָה *f.* lioness 4 לִבְאֹתָיו Nah 2:13 ↪ לָבִיא◦

לְבָאוֹת *pln* Jos 15:32; with 19:6 Bet-Lebaoth◦

לבב√ I. *nif* gain wisdom 6 יִלָּבֵב Job 11:12◦
pi steal sb.'s heart 5 לִבַּבְתִּנִי[e] לִבַּבְתִּינִי[e] (both forms 2.f. sg.) Song 4:9◦

לבב√ II. *pi* bake (a heartshaped cake) 5 וּתְלַבֵּב 7 וַתְּלַבֵּב 2 Sam 13:6.8◦

לֵבָב heart ↪ לֵב

לְבִבָה ↩ לבב *f.* heartshaped cake 2 לְבִבוֹת 2 Sam 13:6.8.10◦

לְבַד alone ↪ בַּד

לַבָּה *f.* flame 1 לַבַּת Ex 3:2◦

לִבָּה *f.* heart 4 לִבָּתֵךְ Ez 16:30◦

לְבוֹנָה & **לְבֹנָה** I. *f.* incense 4 לְבֹנָתָהּ

לְבוֹנָה II. *pln* Lebona Jdg 21:19◦

לָבוּשׁ & **לָבֻשׁ** cloathed; pt.pass. ↪ לבשׁ

לְבוּשׁ & **לְבֻשׁ**[B] ↩ לבשׁ *m.* coll. clothing, garment; the individual item of clothing, dress, robe 4 לְבֻשׁוֹ לְבוּשְׁךָ לְבוּשָׁם לְבֻשֵׁיהֶם

לבט√ *nif* fall apart, ruin oneself 6 יִלָּבֵט Hos 4:14; Prov 10:8.10◦

לָבִיא *f.* lioness; *m.* lion Ps 57:5 - 2 לְבָאִם 4 לְבִאֹתָיו

לְבִיָּא *f.* lioness Ez 19:2◦

לֻבִים *pn* Libyans ↪ לוּבִים Dan 11:43◦

לבן√ I. *hif* become white; make white, clean up 5 הִלְבִּינוּ 6 אַלְבִּין יַלְבִּינוּ 8 לַבֵּן
hitp make oneself white, be purified 6 וְיִתְלַבְּנוּ Dan 12:10◦

לבן√ II. ↩ לְבֵנָה *q* mold bricks 6 נִלְבְּנָה 8 לִלְבֹּן Gen 11:3; Ex 5:7.14◦

1 st.c. sg. 2 st.a. pl. 3 st.c. pl. 4 with *epp* 5 SC 6 PC 7 narrative 8 inf.c. 9 inf.a. 10 imp. 11 part.

לָבָן I. *m.* & **לְבָנָה** *f.* white 1 לְבָן 2 לְבָנִים לְבָנוֹת

לָבָן II. *m. PN* & *pln* Laban

לַבֵּן *pn* Labben Ps 9:1◦

ⓘ This word is unexplained. The expression עַלְמוּת לַבֵּן can be translated literally: *after the melody* (עַל) *"die for the son"*. ↪ עַל־מוּת

לְבָנָה I. *f.* radiant white: the moon Isa 24:23; 30:26; Song 6:10◦

לְבָנָה II. *f. PN* Lebanah Ezr 2:45; Neh 7:48◦

לִבְנָה *pln* Libnah

לִבְנֶה a tree, poplar Gen 30:37; Hos 4:13◦

לְבֵנָה *f.* bricks, tiles, paving stones; paved ground Ex 24:10 - 1 לִבְנַת 2 לְבֵנִים

לְבֹנָה & **לְבוֹנָה** *f.* incense 4 לְבֹנָתָהּ

לְבָנוֹן *pln* Lebanon

לִבְנִי *m. PN* & *pn* Libni, Libnite (not Gen 24:3ff!)

√**לבשׁ**[B] *q* dress, clothe, wear clothes 5 לָבַשׁ
6 וְלָבְשׁוּ לָבַשְׁתִּי לָבָשְׁתְּ לָבְשָׁה לְבֵשָׁם[e] לָבֵשׁ
יִלְבָּשָׁם[e] יִלְבָּשֵׁם[e] יִלְבָּשֵׁנִי[e] יִלְבָּשׁ *p* יִלְבַּשׁ
יִלְבְּשׁוּ אֶלְבָּשֶׁנָּה[e] תִּלְבָּשִׁי *p* תִּלְבְּשִׁי תִּלְבַּשׁ
וַתִּלְבַּשׁ וַיִּלְבָּשֵׁנִי[e] וַיִּלְבַּשׁ 7 תִּלְבַּשְׁן תִּלְבָּשׁוּ
לִבְשִׁי לְבַשׁ 10 לָבוֹשׁ 9 לִלְבֹּשׁ 8 וַיִּלְבְּשׁוּ
לָבוּשׁ ↪ pass. הַלֹּבְשִׁים 11 לִבְשׁוּ לִבְשִׁי־נָא
לְבֻשֵׁי לְבֶשׁ

pu be clothed 11 מְלֻבָּשִׁים

hif clothe, dress someone 5 הִלְבִּישָׁהּ הִלְבִּישַׁנִי[e]
6 הִלְבִּישׁוּ הִלְבַּשְׁתִּיו[e] הִלְבַּשְׁתָּם[e] הִלְבַּשְׁתְּ
וַתַּלְבֵּשׁ וַיַּלְבִּשֵׁם[e] וַיַּלְבֵּשׁ 7 אַלְבִּישׁ תַּלְבִּישׁ
וַיַּלְבִּשֵׁהוּ[e] 8 לְהַלְבִּישׁ 9 וְהַלְבֵּשׁ 11
הַמַּלְבִּשְׁכֶם[e]

לָבֻשׁ & **לָבוּשׁ** be clothed; pt.pass. ↪ לבשׁ

לְבֻשׁ & **לְבוּשׁ**[B] ↩ לבשׁ coll. *m.* clothing, garment; the individual item of clothing, dress, robe 4 לְבֻשֵׁיהֶם לְבוּשָׁם לְבוּשֶׁךָ לְבֻשׁוֹ

לֹג a hollow measure, log, ca. 500 ml Lev 14:10ff◦

לֹד *pln* Lod

לְדְבִר *pln* Jos 13:26, with 2 Sam 17:27 Lo-Dabar◦

לֵדָה *f.* parturition, giving birth (inf.c. ↪ ילד)

לֹה ↪ לֹא not Dtn 3:11◦

לַהַב[B] *m.* flame; (flashing) blade 2 לְהָבִים 3 לַהֲבֵי

לֶהָבָה[B] *f.* flame; (flashing) blade 1 לַהֶבֶת 2 לַהֲבוֹת 3 לֶהָבוֹת

לְהָבִים *pn* Libyans Gen 10:13; 1 Chr 1:11◦

לַהַג *m.* study Ecc 12:12◦

לַהַד *m. PN* Lahad 1 Chr 4:2◦

√**להה** *q* be tired 7 וַתֵּלַהּ Gen 47:13◦

√**להה** *hitpalp* be crazy, confused 11 מִתְלַהְלֵהַּ Prov 26:18◦

√**להט** *q* blaze, burn, consume 11 לֹהֵט לֹהֲטִים Ps 57:5; 104:4◦

pi ignite, set on fire 5 לִהֲטָה וְלִהַט 6 תְּלַהֵט 7 וַתְּלַהֲטֵהוּ[e] וַתְּלַהֵט

לַהַט ↩ להט *m.* flame; (flashing) blade Gen 3:24◦

לְהָטִים ↩ לוט *m.* magic, sorcery 4 לַהֲטֵיהֶם Ex 7:11◦

1 st.c. sg. 2 st.a. pl. 3 st.c. pl. 4 with *epp* 5 SC 6 PC 7 narrative 8 inf.c. 9 inf.a. 10 imp. 11 part.

√להם *hitp* pt. delicacies 11 מִתְלַהֲמִים Prov 18:8; 26:22◦

לָהֵן reinforcing particle: like, really, actually Ruth 1:13 הֲלָהֵן תְּשַׂבֵּרְנָה עַד *do you really want to wait until ..?* Cf. Job 30:24◦

לַהֲקָה *f.* group 1 לַהֲקַת 1 Sam 19:20◦

לוֹ not ↪ לֹא 1 Sam 2:16; 20:2◦

לֻא & לוּא & לוּ if, if only, what if, o that

לֻבִים & לוּבִים *pn* Libyan

לוּד *m. PN* Lud

לוּדִים *pn* Lydians

לוֹ דְבָר *pln* Lo-Dabar 2 Sam 9:4f◦

√לוה I. *q* accompany 6 [e]יִלְוֶנּוּ Ecc 8:15◦

nif join, affiliate 5 וְנִלְווּ וְנִלְוָה 6 וְיִלָּווּ יִלָּוֶה 11 הַנִּלְוִים הַנִּלְוָה

√לוה II. *q* borrow 5 לָוִינוּ 6 תִּלְוֶה 11 לֹוֶה

hif lend 5 וְהִלְוִיתָ 6 [e]תַּלְוֶנּוּ תַּלְוֶה יַלְוְךָ[e] 11 מַלְוֶה מַלְוֶה

√לוז *q* lose sight of 6 יָלֻזוּ Prov 3:21◦

nif pt. someone who has lost sight of the right way, sinner; the wrong, erroneous Isa 30:12 - 11 נְלוֹזִים נָלוֹז נָלוֹז

hif let out of sight 6 יַלִּיזוּ Prov 4:21◦

לוּז I. *m.* almond tree Gen 30:37◦

לוּז II. *pln* Lus

לוּחַ[B] *m.* tablet, board; plate, plank, panel, board 2 לֻחוֹת לֻחֹת לוּחֹת לוּחוֹת du. לֻחֹתַיִם

לוּחִית *pln* Luhit Isa 15:5; Jer 48:5◦

לוֹחֵשׁ *m. PN* Lohesh Neh 3:12; 10:25◦

√לוט *q* cover, wrap 5 לָאַט 2 Sam 19:5; but cf. ↪ לאט 11 הַלּוֹט Isa 25:7 but cf. ↪ לוט I.; pass. לוּטָה 1 Sam 21:10◦

hif cover, wrap 7 וַיָּלֶט 1 Kgs 19:13◦

לוֹט ↩ לוט I. *m.* cover, blanket Isa 25:7◦

לוֹט II. *m. PN* Lot

לוֹטָן *m. PN* Lotan

לֵוִי *m. PN* & *pn* Levi; official title Levit; pl. Levites 2 הַלְוִיִּם

לִוְיָה ↩ לוה *f.* decoration, wreath 1 לִוְיַת Prov 1:9; 4:9◦

לִוְיָתָן *pn* Leviathan

ⓘ The Leviathan is a mythological character that represents the sea as a power of chaos; he is depicted as a snake, crocodile or whale.

לוּל *m.* spiral staircase 2 לוּלִים 1 Kgs 6:8◦

לוּלֵי & לוּלֵא if not (contrary to the fact); certainly Ps 27:13

√לון[B] I. *nif* grumble 6 תִּלֹּנוּ תִּלּוֹנוּ 7 וַיִּלֹּונוּ וַיִּלֹּנוּ Ex 15:24; 16:2 *qr.*; 16:7 *kt.*; Num 14:2.36 *kt.*; 16:11 *kt.*; Jos 9:18◦

hif grumble 5 הֲלִינֹתֶם 6 תַּלִּינוּ 7 וַיָּלֶן וַיַּלִּינוּ מַלִּינִם מַלִּינִים 11 וַיָּלִינוּ וַיַּלִּינוּ

√לון II. spend the night ↪ לין

לוע ↪ לעע

לוץ ↪ ליץ

√לוש *q* knead 7 וַתָּלָשׁ וַתָּלוֹשׁ 8 לוּשׁ 10 לוּשִׁי 11 לָשׁוֹת

לוּשׁ *m. PN kt.; qr.* ↪ לַיִשׁ Laish 2 Sam 3:15◦

לָז & לָזֶה ↪ הַלָּז this

1 st.c. sg. 2 st.a. pl. 3 st.c. pl. 4 with *epp* 5 SC 6 PC 7 narrative 8 inf.c. 9 inf.a. 10 imp. 11 part.

לֵזוֹ ↪ הַלָּזוֹ this

לָזוּת ← לוז f. devious 1 לְזוּת Prov 4:24◦

לַח m. fresh, moist, new p לַח 2 לַחִים Gen 30:37; Num 6:3; Jdg 16:7f; Ez 17:24; 21:3◦

לֵחַ m. freshness, vigour 4 לֵחֹה Dtn 34:7; בְּלֵחֹמוֹ Jer 11:19 *in his vigour*; but ↪ לֶחֶם◦

לֻחַ tablet ↪ לוּחַ

לְחוּם & לְחֶם m. intestines; others: food, meat, body 4 לְחוּמוֹ לְחֻמָם Zeph 1,17; Job 20,23◦

לְחִי I. f. chin, jaw, cheek; du. הַלְּחָיַיִם 3 לְחָיֵי 4 לְחָיוֹ לְחָיֶהָ לְחָיָו לְחָיֵךְ לְחָיַי לְחָיֵהֶם

לְחִי II. pln Lehi Jdg 15:9ff◦

לַחַי רֹאִי pln Beer-Lahai-Roï, *well of the one who lives and sees* Gen 16:14; 25:11◦

לְחִית pln Luhithe Jer 48,5 *qr*.◦

√לחך q devour 8 לְחֹךְ Num 22:4◦

pi lick, lick up 1 Kgs 18:38; Isa 49:23; Mi 7:17; Ps 72:9; devour Num 22:4 - 5 לִחֲכָה 6 יְלַחֲכוּ p יְלַחֵכוּ◦

√לחם[B] I. q fight 10 לְחַם 11 לֹחֲמִים לֹחֵם לֹחֲמָי[e] Ps 35:1; 56:2f◦

nif fight 5 נִלְחֲמוּ נִלְחַמְתָּ נִלְחָם p וְנִלְחַם p תִּלָּחֲמוּן תִּלָּחֲמוּ יִלָּחֵם 6 נִלְחָמוּ נִלְחַמְנוּ 8 וַיִּלָּחֲמוּנִי[e] וַיִּלָּחֲמוּ וַיִּלָּחֶם 7 נִלְחֲמָה וְהִלָּחֶם הִלָּחֵם 10 נִלְחֹם 9 הִלָּחֲמוֹ[e] לְהִלָּחֵם נִלְחָמִים נִלְחָם 11 וְהִלָּחֲמוּ

√לחם ← לֶכֶם II. q eat, eat bread; pt. pass. be consumed Dtn 32:24 - 5 לַחֲמוּ 6 אֶלְחַם תִּלְחַם 8 לִלְחוֹם 11 pass. לְחֻמֵי Ps 141:4; Prov 4:17; 9:5; 23:1◦

לֶחֶם[B] m. bread; grain, food, fruit; Jer 11:19 בְּלַחְמוֹ with its fruit, but ↪ לֵחַ; income, subsistence Neh 5:18 - p לָחֶם 4 לַחְמוֹ לַחְמְךָ p לַחְמֵנוּ לַחְמִי לַחְמֶךָ

לָחֶם m. bread; others: war Jdg 5:8◦

לְחֶם & לְחוּם m. intestines; others: food, meat, body 4 לְחוּמוֹ לְחֻמָם Zeph 1,17; Job 20,23◦

לַחְמִי m. *PN* Lachmi 1 Chr 20:5◦

לַחְמָס pln Lachmas Jos 15:40◦

√לחץ[B] q suppress, oppress; push, press Num 22:25 - 5 לָחַץ וּלְחַצְתֶּם לְחָצוּ 6 יִלְחָצֵנִי[e] וַיִּלְחֲצוּ וַתִּלְחַץ 7 תִּלְחָצֵנּוּ[e] תִּלְחָץ p תִּלְחַץ לֹחֲצֵיכֶם[e] לֹחֲצָיו[e] לֹחֲצִים 11 וַיִּלְחָצוּם[e]

nif squeeze, press 7 וַתִּלָּחֵץ Num 22:25◦

לַחַץ ← לחץ m. suppression, hardship; of rations: smallest quantity, only a little p לָחַץ 4 לַחֲצֵנוּ

√לחש *pi* pt. wizard, charmer 11 מְלַחֲשִׁים Ps 58:6◦

hitp whisper, hiss 6 יִתְלַחֲשׁוּ 11 מִתְלַחֲשִׁים 2 Sam 12:19; Ps 41:8◦

לַחַשׁ ← לחש m. charm, conjur; Isa 3:3; Jer 8:17; Ecc 10:11; whisper a prayer (?) Isa 26:6; pl. amulets Isa 3:20 - p לָחַשׁ 2 לְחָשִׁים◦

לָט m. secrecy; with בְּ in the covert, secretly 1 Sam 18:22; 24:5; Ruth 3:7; pl. secret arts, sorceries Ex 7:22; 8:3:14 - 4 לָטֵיהֶם◦

לֹט a tree gum, myrrh Gen 37:25; 43:11◦

לְטָאָה pn lizard Lev 11:30◦

לְטוּשִׁים pn Letushites Gen 25:3◦

1 st.c. sg. 2 st.a. pl. 3 st.c. pl. 4 with *epp* 5 SC 6 PC 7 narrative 8 inf.c. 9 inf.a. 10 imp. 11 part.

√לטש q sharpen Gen 4:22; 1 Sam 13:20; Ps 7:13; fig. look daggers Job 16:9; pt. blacksmith, forger - 6 יִלְטוֹשׁ 8 לְטוֹשׁ 11 לֹטֵשׁ◦

pu be sharp, sharpened 11 מְלֻטָּשׁ Ps 52:4◦

לָיָה f. wreath 2 לֹיוֹת 1 Kgs 7:29◦

לַיְלָה[B] & לַיִל m. night p לָיְלָה & לֵיל 1 לֵיל
2/3 לֵילוֹת

לִילִית pn Lilith, a female demon of the nightt Isa 34:14◦

√לִין & לוּן[B] q spend the night, stay overnight; stay, lodge, dwell 5 לָן וְלָנָה 3.f.; וְלַנּוּ 6 יָלִין
נָלִינוּ נָלִין תָּלִינוּ אָלִין תָּלִינִי תָּלֶן תָּלַן תָּלִין
7 וַיָּלֶן וַיָּלִינוּ וַיָּלְנוּ 8 לָלִין לָלוּן 10 לִין לִינִי
לִינוּ 11 לָן לֵנִים

hif let stay overnight, keep overnight 6 יָלִין תָּלִין Lev 19:13; 2 Sam 17:8◦

hitpolel spend the night, stay, live 6 יִתְלוֹנָן יִתְלֹנָן Ps 91:1; Job 39:28◦

√לִיץ q be unrestrained, inconsiderate, mocking 5 לַצְתָּ Prov 9:12◦

pol pt. mocker, derider 11 לֹצְצִים Hos 7:5◦

hif mock Ps 119:51; Prov 3,34; 19,28; pt. teacher, speaker, spokesman, mediator Isa 43:27; Job 33:23; 2 Chr 32:31; interpreter Gen 42:23 - 5
מְלִיצֶיךָ[e] מְלִיצֵי הַמֵּלִיץ 11 יָלִיץ 6 הֱלִיצֻנִי[e]
מְלִיצַי[e]◦

hitpolal mock 6 תִּתְלוֹצָצוּ Isa 28:22◦

לַיִשׁ I. m. lion Isa 30:6; Job 4:11; Prov 30:30◦

לַיִשׁ II. m. PN & pln Laish

לַיְשָׁה pln Laiesha Isa 10:30◦

לֵךְ etc. ↪ הלך

√לכד[B] q take, capture, catch; besiege, occupy
5 לָכַד p לָכָד וּלְכָדָהּ[e] לָכַדְתִּי לָכַדְנוּ 6
יִלְכּוֹד יִלְכְּדֻנּוּ[e] תִּלְכְּדוּ[e] אֶלְכֹּד יִלְכְּדוּ p
יִלְכֹּדוּ יִלְכְּדֻנוּ[e] 7 וַיִּלְכֹּד וַיִּלְכָּד־ וַיִּלְכְּדוּ
וַיִּלְכְּדֵהוּ[e] וַיִּלְכְּדֶהָ[e] וַנִּלְכֹּד 8 לְלָכְדָהּ[e]
לְלָכְדֵנִי[e] 9 וְלָכוֹד 10 וְלִכְדָהּ[e] וְלִכְדוּ 11 לֹכֵד

nif be captured, taken; be drawn by lot 5 נִלְכַּד
נִלְכְּדָה נִלְכַּדְתְּ וְנִלְכְּדוּ 6 יִלָּכֵד יִלָּכֶד
וְיִלָּכְדוּ p יִלָּכְדוּ 7 וַתִּלָּכֵד וַיִּלָּכֵד 11 הַנִּלְכָּד

hitp stick together, be joined; be frozen 6 יִתְלַכְּדוּ p יִתְלַכָּדוּ Job 38:30; 41:9◦

לֶכֶד ↩ לכד m. sling, trap p לָכֶד Prov 3:26◦

לְכָה I. Imp.sg.m. ↪ הלך

לְכָה II. = לְךָ ↪ לְ

לְכָה III. m. PN Lecha 1 Chr 4:21◦

לְכִי Imp.sg.f. ↪ הלך

לָכִישׁ pln Lachish

לָכֵן[B] ↪ כֵּן + לְ adv. therefore; interj. good, sure, very well 1 Sam 28:2 et passim

לֶכֶת inf.c. ↪ הלך

לֻלָאוֹת f. loops 3 לֻלְאֹת לֻלְאוֹת Ex 26:4ff; 36:11ff◦

√לָמַד[B] q learn, practice; pt. pass. be skilled, practiced 5 לָמַד לָמַדְתִּי וְלָמְדוּ וּלְמַדְתֶּם 6
יִלְמַד תִּלְמַד אֶלְמַד אֶלְמְדָה יִלְמְדוּ יִלְמְדוּן
תִּלְמְדוּ 7 וַיִּלְמַד וַיִּלְמְדוּ 8 בְּלָמְדִי[e] 9 לָמֹד 10
לִמְדוּ 11 pass. לְמוּדֵי

pi teach, practice; get used to; pt. teacher 5 לִמַּד
לִמַּדְתִּי לִמַּדְתַּנִי[e] וְלִמַּדְתֶּם לִמְּדוּ לִמְּדוּם[e] 6
וִילַמֵּד יְלַמֶּד יְלַמְּדֵהוּ[e] יְלַמְּדָהּ[e] אֲלַמְּדָה
אֲלַמֶּדְכֶם[e] תְּלַמְּדֵם[e] תְּלַמְּדֵנִי[e] יְלַמְּדוּ p
יְלַמְּדוּן 7 וַיְלַמְּדָהּ[e] וַיְלַמְּדֵהוּ[e] וַיְלַמְּדוּ 8

1 st.c. sg. 2 st.a. pl. 3 st.c. pl. 4 with *epp* 5 SC 6 PC 7 narrative 8 inf.c. 9 inf.a. 10 imp. 11 part.

לְמַּדְנִי[e] וְלַמְּדָהּ[e] 10 וְלַמֵּד 9 לְלַמְּדָם[e] לְלַמֵּד מְלַמְּדֵי[e] מְלַמֶּדְךָ[e] מְלַמֵּד 11 לַמֵּדְנָה

pu to be taught, instructed, educated, trained 5 מְלֻמְּדֵי מְלֻמָּדָה מְלֻמָּד 11 לֻמָּד

לָמֵד & לִמּוּד ↔ למד *m.* used, accustomed; disciple, pupil 2 לִמּוּדִים 3 לִמּוּדֵי 4 לִמֻּדֵי לִמֻּדַי

לָמָה & לָמָּה & לָמָה & לָמֶה[B] ↔ לְ + מָה why?

לְמוֹ poet. *var.* of ↔ לְ Job 27:14; 29:21; 38:40; 40:4◦

לָמוֹ *var.* of ↔ לְ + *epp*: = לָהֶם

לְמוּאֵל & לְמוֹאֵל *m. PN* Lemuel Prov 31:1ff◦

לְמוֹאל opposing; some translators read שְׂמֹאל *left* Neh 12:38 ↔ מוּל◦

לִמּוּד ↔ לָמֵד

לֶמֶךְ & לָמֶךְ *m. PN* Lamech

לְמִן ↔ לְ + מִן

לְמַעַן[B] ↔ לְ + מַעַן so that, in order to, with regard to, because of, for the sake of

לֵנִים ↔ לין pt.

לֹעַ *m.* throat 4 לֹעֶךָ Prov 23:2◦

לעב ✓ *hif* mock, deride 11 מַלְעִבִים 2 Chr 36:16◦

לעג ✓ *q* laugh at, mock 5 לָעֲגָה 6 יִלְעַג *p* יִלְעָג 7 וַתִּלְעַג 11 לֹעֵג יִלְעֲגוּ אֶלְעַג תִּלְעַג

nif babble, speak unintelligibly 11 נִלְעַג Isa 33:19◦

hif laugh at, mock 6 יַלְעִיגוּ תַּלְעִיג 7 וַיַּלְעֵג מַלְעִגִים 11 וַיַּלְעִגוּ

לַעַג ↔ לעג *m.* mockery, derision, blasphemy 4 לַעְגָּם

לָעֵג ↔ לעג *m.* mockery; stammering 3 לַעֲגֵי Isa 28:11; Ps 35:16◦

לַעְדָּה *m. PN* Ladah 1 Chr 4:21◦

לַעְדָּן *m. PN* Ladan

לעה ↔ לעע

לעז ✓ *q* speak a strange language, stammer 11 לֹעֵז Ps 114:1◦

לעט ✓ *hif* let someone have a taste 10 הַלְעִיטֵנִי[e] Gen 25:30◦

לָעִיר *pln* Laïr 2 Kgs 19:13; Isa 37:13 מֶלֶךְ לָעִיר סְפַרְוָיִם others: *the king of the city Sepharvaim*◦

לַעֲנָה *f.* vermouth; i.e. bitterness

לעע I. *q* speak quickly, carelessly, stammer 5 לָעוּ 6 יָלַע Job 6:3; Prov 20:25◦

לעע II. *q* gulp, slurp, swallow 5 וְלָעוּ Ob 1:16◦

לַפִּיד *m.* torch; lightning Ex 20:18 - 2 לַפִּידִם 3 לַפִּידֵי

לַפִּידוֹת *m. PN* Lapidoth Jdg 4:4◦

לִפְנָי ↔ פָּנֶה in front of 1 Kgs 6:17◦

לִפְנֵי before, in front of ↔ פָּנֶה

לפת ✓ *q* grasp, clutch 7 וַיִּלְפֹּת Jdg 16:29◦

nif grope about Ruth 3:8; turn aside Job 6:18 - 6 יִלָּפְתוּ 7 וַיִּלָּפֵת◦

1 st.c. sg. 2 st.a. pl. 3 st.c. pl. 4 with *epp* 5 SC 6 PC 7 narrative 8 inf.c. 9 inf.a. 10 imp. 11 part.

לֵץ ↩ לִיץ *m.* arrogant, cheeky, haughty, mocking 2 לֵצִים

לָצוֹן ↩ לִיץ *m.* taunter, scoffer Isa 28:14; Prov 1:22; 29:8◦

√ **לצץ** *q* pt. taunter, scoffer 11 לֹצְצִים Hos 7:5 ↪ *pol* לִיץ◦

לַקּוּם *pln* Lakkum Jos 19:33◦

√ **לקח**[B] *q* take, grasp, seize; take away, take possession; bring 5 לָקַח קָח Ez 17:5; קָחָם[e]
Hos 11:3; לְקַחְתָּנוּ[e] לָקַחְתְּ לְקָחַנִי[e] לְקָחָהּ[e]
וְלָקַחְתְּ לָקַחְתִּי וּלְקַחְתִּיךָ[e] וּלְקַחְתִּים[e] וְלָקְחוּ
p יִקַּח 6 וְלָקַחְנוּ וּלְקַחְתֶּם וּלְקָחוּם[e] לָקְחוּ p
וְאֶקְחָה אֶקַּח תִּקְחִי יִקָּחֶךָ[e] תִּקַּח וְיִקָּחֶהָ[e] יִקַּח
נִקְחָה נִקַּח תִּקְחוּ יִקְחוּ p יִקָּחוּ יִקָּחֶךָ אֶקָּחֲךָ[e]
וַיִּקָּחֵהוּ[e] וַיִּקְחוּ וַתִּקַּח וַיִּקָּחֶהָ[e] וַיִּקָּחֵהוּ[e] וַיִּקַּח 7
9 קַחְתִּי[e] קַחְתֵּךְ[e] קַחְתּוֹ[e] קַחַת־ לְקַחַת קַחַת 8
וְקָחֶנּוּ[e] קְחָה קָח p קַח לְקַח 10 לָקֹחַ לָקוֹחַ
קָחוּ p קְחוּ לִקְחִי קְחִי קָחֶם־נָא[e] קָחֶם[e] קָחֵנִי[e]
לְקֻחִים pass. לֹקְחֵי לֹקְחִים לֹקֵחַ 11 קָחוּהוּ[e]

nif be taken, be brought 5 נִלְקַח p נִלְקָח
נִלְקָחָה 6 תִּלָּקַח אֶלָּקַח יִקָּחוּ 7 וַתִּקַּח וַתִּלָּקַח
נִלְקָח 11 הִלָּקְחוֹ[e] הִלָּקַח 8

pu/hof resp. *q* pass. be taken, be brought 5 לֻקַּח
7 יֻקָּח p יֻקַּח 6 לֻקְּחוּ לֻקָּחְתְּ לֻקְּחָה לֻקָּח p
לֻקָּח 11 וַתֻּקַּח

hitp flash up, blaze, flare 11 מִתְלַקַּחַת Ex 9:24; Ez 1:4◦

לֶקַח ↩ לקח *m.* instruction, teaching, insight; persuasion Prov 7:21 – 4 לִקְחִי לִקְחָהּ

לִקְחִי *m. PN* Likhi 1 Chr 7:19◦

√ **לקט** *q* gather, glean 5 וְלָקְטוּ p לָקְטוּ 6
לִלְקֹט 8 וַיִּלְקְטוּ 7 תִּלְקְטֵהוּ[e] יִלְקֹטוּן יִלְקְטוּ
10 לִקְטוּ

pi gather, glean 5 וְלִקְּטָה p לִקְּטָה לִקַּטְתְּ p
8 וַתְּלַקֵּט וַיְלַקֵּט 7 וָאֲלַקֲטָה תְּלַקֵּט 6 לְקַטָּה
מְלַקְּטִים מְלַקֵּט 11 לְלַקֵּט

pu be gathered 6 תְּלֻקְּטוּ Isa 27:12◦

hitp be gathered, join 7 וַיִּתְלַקְּטוּ Jdg 11:3◦

לֶקֶט ↩ לקט coll. *m.* gleanings Lev 19:9; 23:22◦

√ **לקק** *q* lick, lap 5 לָקְקוּ 6 יָלֹק 7 וַיָּלֹקּוּ Jdg 7:5ff; 1 Kgs 21:19; 22:38

pi lap 11 הַמְלַקְקִים Jdg 7:6f◦

√ **לקשׁ** *pi* gather, glean 6 יְלַקֵּשׁוּ Job 24:6◦

לֶקֶשׁ ↩ לקשׁ *m.* second hay, aftermath Am 7:1◦

לָשָׁד *m.* cake (with oil) Num 11:8; sap, life juices, vitality Ps 32,4 - 1 לְשַׁד 4 לְשַׁדִּי ◦

לָשׁוֹן & **לָשֹׁן**[B] *m.* & *f.* tongue; language; shape of a tongue: gold bar Jos 7:21; bay, cove Jos 15:2.5; flame Isa 5:24 - 1 לְשׁוֹן 2/3 לְשֹׁנוֹת 4
לְשׁוֹנִי לְשֹׁנָתָם לְשׁוֹנוֹ

לִשְׁכָּה *f.* room, chamber 1 לִשְׁכַּת 2 לְשָׁכוֹת 3
לִשְׁכוֹת with ה-locale לִשְׁכָּתָה

לֶשֶׁם I. a precious stone, agate stone Ex 28:19; 39:12◦

לֶשֶׁם II. *pln* Leshem Jos 19:47◦

√ **לשׁן** *hif* defame, denigrate 6 תַּלְשֵׁן Prov 30:10◦

po defame, slander 11 מְלוֹשְׁנִי *kt.*; *qr.*: מְלָשְׁנִי (with י-compaginis) Ps 101:5◦

לָשֹׁן & **לָשׁוֹן**[B] *m.* & *f.* tongue; language; shape of a tongue: gold bar Jos 7:21; bay, cove Jos

1 st.c. sg. 2 st.a. pl. 3 st.c. pl. 4 with *epp* 5 SC 6 PC 7 narrative 8 inf.c. 9 inf.a. 10 imp. 11 part.

15:2.5; flame Isa 5:24 - 1 לְשׁוֹן 2/3 לְשֹׁנוֹת 4 לְשֹׁנֹתָם לְשׁוֹנִי לְשׁוֹנוֹ

לֶשַׁע p לָשַׁע pln Lesha Gen 10:19◦

לַשָּׁרוֹן pln Sharon, Lasharon Jos 12:18◦

לַת 1 Sam 4:19 לָלַת inf.c. ↪ ילד gebären◦

לֶתֶךְ a measure of capacity, lethech, about 115 liltres, half a Homer Hos 3:2◦

לָתֵת & לָתֶת inf. c. ↪ נתן

מִ with dagesh in the following consonant: proclitic particle ↪ מִן from, out of

מֵ before gutturals: proclitic particle ↪ מִן from, out of

מַ with dagesh in the following consonant: proclitic particle ↪ מָה what

מַאֲבוּס ↩ אבס m. storage, granary 4 מַאֲבֻסֶיהָ Jer 50:26◦

מֹאֲבִיָּה f. pn Moabite 2 מֹאֲבִיּוֹת ↪ מוֹאָבִי

מְאֹד[B] as adv.: very; as m. subst.: strength, might Dtn 6:5; 2 Kgs 23:25 - 4 מְאֹדֶךָ מְאֹדוֹ

מֵאָה[B] I. hundred; one hundredth Neh 5:11; du. two hundred; pl. hundred(s), as military term: group(s) of one hundred du. מָאתַיִם p מָאתָיִם 1 מְאַת 2 מֵאֹת מֵאוֹת; מְאָיוֹת 2 Kgs 11:9 kt.

מֵאָה II. pn a tower in Jerusalem, Meah Neh 3:1; 12:39◦

מַאֲוַיִּים m. wishes, desires 3 מַאֲוַיֵּי Ps 140:9◦

מְאוּם & מְאוּם[B] ↪ מוּם m. flaw, blot, spot Job 31:7; Dan 1:4 kt.◦

מְאוּמָה[B] m. something, anything; with negation: nothing

מָאוֹס m. rubbish; inf.a. ↪ מאס I.

מָאוֹר & מָאֹר ↩ אור m. light, ray, luminaire 1 מְאוֹר 2 מְאוֹרִים מְאוֹרֹת מְאֹרֹת

מְאוּרָה ↩ אור f. light hole, cave 1 מְאוּרַת Isa 11:8◦

מֵאָז ↩ אָז + מִן ever since, all down the ages, in former times

מֹאזְנַיִם m. scale, weights 3 מֹאזְנֵי

מֵאָיוֹת f. groups of hundred, pl. of ↪ מֵאָה I. 2 Kgs 11:4ff kt.◦

מֵאַיִן[B] ↩ אַיִן + מִן: where? from where? מֵאַיִן תָּבֹוא where do you come from? Jon 1:8

מַאֲכָל[B] ↩ אכל m. food 1 מַאֲכַל 4 מַאֲכָלוֹ מַאֲכָלְכֶם מַאֲכָלְךָ מַאֲכָלָהּ

מַאֲכֹלֶת ↩ אכל f. fuel (for the fire) Isa 9:4.18◦

מַאֲכֶלֶת ↩ אכל f. knife 2 מַאֲכָלוֹת Gen 22:6.10; Jdg 19:29; Prov 30:14◦

מַאֲמָץ ↩ אמץ m. forces 3 מַאֲמַצֵּי Job 36:19◦

מַאֲמָר ↩ אמר m. word, command 1 מַאֲמַר Est 1:15; 2:20; 9:32◦

√מאן[B] *pi* deny, reject, refuse 5 מֵאֵן מֵאֲנָה מֵאַנְתְּ מֵאֲנוּ מֵאַנְתֶּם 6 יְמָאֵן יְמָאֲנוּ תְּמָאֲנוּ 7 וַיְמָאֵן וַתְּמָאֵנוּ 8/9 מַאֵן 11 מָאֵן מֵאֲנִים

√מאס[B] I. *q* reject, disregard, disrespect; revoke, cancel Job 42:6 - 5 מָאַס מָאַסְתָּ מְאַסְתִּים[e] מָאֲסוּ *p* מָאָסוּ מְאַסְתֶּם 6 יִמְאַס *p* יִמְאָס יִמְאָסֵם[e] אֶמְאַס וְאֶמְאָסְךָ[e] יִמְאָסוּן 7 וַיִּמְאַס וַיִּמְאָסְךָ[e] וַיִּמְאָסוּ 8 מָאֳסָם[e] מָאָסְכֶם[e] 9 מָאוֹס מָאֹס 11 מוֹאֵס מֹאֵס מֹאֶסֶת

nif be rejected, disregarded 6 תִּמָּאֵס 11 נִמְאָס Isa 54:6; Jer 6:30; Ps 15:4◦

√מאס II. *nif* vanish Ps 58:8; fester Job 7:5 - 6 יִמָּאֲסוּ 7 וַיִּמָּאֵס◦

מְאַסֵּף *m.* rearguard Jos 6:9.13 (pt ↪ אסף)◦

מַאֲפֶה ↩ אפה *m.* something baked 1 מַאֲפֵה Lev 2:4◦

מַאֲפֵל ↩ אפל *m.* darkness Jos 24:7◦

מַאְפֵּלְיָה ↩ אפל *f.* darkness Jer 2:31◦

√מאר *hif* painful, malignant (leprosy) Lev 13:51f; stabbing Ez 28:24 - 11 מַמְאִיר מַמְאֶרֶת◦

מַאֲרָב ↩ ארב *m.* ambush 1 מַאֲרַב

מְאֵרָה ↩ ארר *f.* curse 1 מְאֵרַת 2 מְאֵרוֹת

מֵאֵת ↪ מִן + אֵת from, of

מִבְדָּלוֹת ↩ בדל *f.* be set apart Jos 16:9◦

מֹבָא *kt.* 2 Sam 3:25; *qr.*: ↪ מוֹבָא *m.* coming 4 מוֹבָאֶךָ◦

מָבוֹא[B] ↩ בוא *m.* setting (of the sun); region of the sunset, west; gathering Ez 33:31; entrance Ez 44:5 - 1 מְבֹא מְבוֹא 3 מְבוֹאֹת מְבוֹאֵי 4 מְבוֹאֶךָ

מְבוּכָה ↩ בוך *f.* confusion Isa 22:5; Mi 7:4◦

מַבּוּל[B] ↩ יבל *m.* flood, deluge

מְבוּנִים *kt.* 2 Chr 35:3; *qr.*: מְבִינִים pt. *hif* ↪ בין teach◦

מְבוּסָה ↩ בוס *m.* trampling Isa 18:2.7; 22,5◦

מַבּוּעַ *m.* spring 3 מַבּוּעֵי Isa 35:7; 49:10; Ecc 12:6◦

מְבוּקָה ↩ בוק *f.* emptiness, desert Nah 2:11◦

מְבוּשִׁים ↪ מְבֻשִׁים genitals

מִבְחוֹר ↩ בחר *m.* choicest, best 2 Kgs 3:19; 19:23◦

מִבְחָר ↩ בחר I. *m.* choicest, best 1 מִבְחַר 4 מִבְחָרָיו

מִבְחָר II. *m.* *PN* Mibhar 1 Chr 11:38◦

מַבָּט ↩ נבט *m.* hope Isa 20:5f; Zec 9:5 - 4 מֶבָּטָהּ מַבָּטָם מַבָּטֵנוּ◦

מִבְטָא ↩ בטה *m.* rash pledge, imprudent statement Num 30:7.9◦

מִבְטָח ↩ בטח *m.* hope, confidence 1 מִבְטַח מִבְטָח 2 מִבְטַחִים 4 מִבְטַחוֹ מִבְטֶחָה מִבְטַחֵךְ מִבְטַחִי מִבְטֶחָם מִבְטָחַיִךְ

מַבְלִיגִית ↩ בלג *f.* encouragement 4 מַבְלִיגִיתִי Jer 8:18◦

מְבֻלָּקָה ↩ בלק *f.* destruction Nah 2:11◦

מִבְנֶה ↩ בנה *m.* built, structure 1 מִבְנֵה Ez 40:2◦

מְבֻנַּי *m.* *PN* Mebunnai 2 Sam 23:27◦

ⓘ Some translations read with 1 Chr 11:29 Sibbecai.

1 st.c. sg. 2 st.a. pl. 3 st.c. pl. 4 with *epp* 5 SC 6 PC 7 narrative 8 inf.c. 9 inf.a. 10 imp. 11 part.

מִבְצָר ← בצר I. *m.* fortified site, fortress, town 1 מִבְצַר 2 מִבְצָרִים מִבְצָרוֹת 3 מִבְצְרֵי 4 מִבְצְרֵיהֶם מִבְצָרֶיךָ מִבְצָרֶיהָ מִבְצָרָיו

מִבְצָר II. *m. PN* Mibzar Gen 36:42; 1 Chr 1:53◦

מִבְרָח ← ברח *m.* fugitive 4 מִבְרָחָו Ez 17:21◦

ⓘ The *kt.* reads singular, the *qr.* plural with epp; most translations assume a letter permutation and render *his chosen ones* ↪ בחר

מִבְשָׂם *m. PN* Mibsam Gen 25,13; 1 Chr 1:29; 4:25◦

מְבַשֶּׂרֶת pt.f. ↪ בשׂר messenger of joy

מְבַשְּׁלוֹת ← בשל *f.* stoves, cookers Ez 46:23◦

מְבֻשִׁים ← בוש *m.* shame, genitals 4 מְבֻשָׁיו Dtn 25:11◦

מָג ↪ רַב־מָג head magician Jer 39:3.13◦

מַגְבִּישׁ *m. PN* Magbish Ezr 2:30◦

מִגְבָּלֹת ← גבל *f.* cords, strings Ex 28:14◦

מִגְבָּעוֹת & מִגְבָּעֹת ← גבע *f.* high hats, caps Ex 28:40; 29:9; 39:28; Lev 8:13◦

מֶגֶד *m.* delicacy, noble fruit, precious gift 2 מְגָדִים 4 מְגָדָיו

מְגִדּוֹ *pln* Megiddo

מִגְדּוֹל *m.* tower 2 Sam 22:51 *qr.*◦

מְגִדּוֹן *pln* Megiddo Zec 12:11◦

מַגְדִּיאֵל *m. PN* Magdiël 1 Chr 1:54◦

מַגְדִּיל *kt.* 2 Sam 22:51 (pt. *hif* ↪ גדל)◦

מִגְדָּל[B] ← גדל *m.* tower; pulpit, platform Neh 8:4; (raised) bed Song 5:13 - 1 מִגְדַּל 2 מִגְדָּלִים 3 מִגְדְּלוֹת; part of following *pln* :

מִגְדַּל־אֵל Migdal-El

מִגְדַּל־גָּד Migdal-Gad

מִגְדַּל עֵדֶר Migdal-Eder

מִגְדַּל שְׁכֶם here: tower of Shechem

מִגְדֹּל *pln* Migdol

מִגְדָּנֹת & מִגְדָּנוֹת *f.* precious gifts

מָגוֹג *m. PN* Magog Gen 10:2; Ez 39:6; 1 Chr 1:5◦

מָגוֹר I. ← גור I. *m.* place where one lives as a guest; stopover, station, wandering; general: place of residence 3 מְגוּרֵי 4 מְגוּרָיו מְגֻרֶיךָ מְגוּרֵיהֶם מְגוּרַי

מָגוֹר II. ← גור II. *m.* terror, horror, fear, dread Isa 31:9; Jer 6:25; 20:3ff; 49:29; Ps 31:14◦

מָגוֹר III. *m.* storage; fig. heart, interior (others: ↪ I.) 4 מְגוּרָם Ps 55:16◦

מְגוֹרָה ← גור *f.* terror, fear 1 מְגוֹרַת 4 מְגוּרֹתָם מְגוּרוֹתַי Isa 66:4; Ps 34:5; Prov 10:24◦

מְגוּרָה *f.* granary, barn Hag 2:19◦

מַגְזֵרָה *f.* axe 2 מַגְזְרוֹת 2 Sam 12:31◦

מַגָּל *m.* sickle Jer 50:16; Joel 4:13◦

מְגִלָּה[B] ← גלל *f.* scroll 1 מְגִלַּת

מְגַמָּה *f.* eagerly, others: all 1 מְגַמַּת Hab 1:9◦

מגן √ *pi* give, hand over, deliver 5 מִגֵּן 6 אֲמַגֶּנְךָ[e] תְּמַגֶּנְךָּ[e] Gen 14:20; Hos 11:8; Prov 4:9◦

מָגֵן[B] *m.* & *f.* shield, protection; armament; אִישׁ מָגֵן armed man 2 מָגִנִּים 3 מָגִנֵּי 4 מָגִנּוֹת מָגִנֵּי מָגִנִּי מָגִנֶּיהָ מָגִנָּיו מָגִנֵּנוּ מָגִנָּם

ⓘ Some scholars assume for Prov 6:11; 24:34 and Hos 4:18 a lexeme מָגֵן II. with the meaning *beggar, shameless man.*

מְגִנָּה *f.* hardness, dullness 1 מְגִנַּת Lam 3:65◦

מִגְעֶרֶת ← גער *f.* restlessness, terror Dtn 28:20◦

מַגֵּפָה ← נגף *f.* plague 1 מַגֵּפַת 4 מַגֵּפֹתַי

מַגְפִּיעָשׁ *m. PN* Magpiash Neh 10:21◦

מגר✓ *q* be delivered 11 pass. מְגוּרֵי Ez 21:17◦

pi hurl, cast 5 מִגַּרְתָּה Ps 89:45◦

מְגֻר etc. ↪ מָגוֹר I.

מְגֵרָה *f.* saw 2 מְגֵרוֹת 2 Sam 12:31; 1 Kgs 7:9; 1 Chr 20:3◦

מִגְרוֹן *pln* Migron 1 Sam 14:2; Isa 10:28◦

מִגְרָעוֹת *f.* offsets, rests, recesses 1 Kgs 6:6◦

מֶגְרָפָה *f.* furrow, clod of earth 4 מֶגְרְפֹתֵיהֶם Joel 1:17◦

מִגְרָשׁ ← גרשׁ *m.* pasture, open land 1 מִגְרַשׁ 3 מִגְרְשֵׁי 4 מִגְרָשָׁהּ מִגְרָשֶׁיהָ מִגְרְשֵׁיהֶם

מִגְרְשׁוֹת ← גרשׁ *f.* pastures, open country, here: water area, shore Ez 27:28◦

מַד ← מדד *m.* clothing; carpet Jdg 5:10; measure Job 11:9 - 2 מִדִּין 4 מִדּוֹ מַדּוֹ מִדּוֹ מִדָּה מִדָּיו מִדּוֹתָיו מִדֶּךָ

מִדְבָּר[B] I. *m.* desert, wilderness, steppe 1 מִדְבַּר; with ה-locale (here st.c.:) מִדְבַּרָה *p* מִדְבָּרָה 4 מִדְבָּרָהּ

מִדְבָּר II. ← דבר *m.* mouth, speech 4 מִדְבָּרֵיךְ Song 4:3◦

מדד✓[B] *q* measure 5 מָדַד *p* מָדָד מָדְדוּ[e] וַיָּמָד 7 תָּמֹדּוּ תָּמוֹד 6 מַדֹּתֶם מָדְדוּ מַדֹּתִי מֹד 8 וַיָּמֹדּוּ

nif be measured 6 יִמַּד יִמַּדּוּ Jer 31:37; 33:22 Hos 2:1◦

pi measure, survey 5 וּמִדַּד־ 6 אֲמַדֵּד 7 וַיְמַדֵּד וַיְמַדְּדֵם[e] 2 Sam 8:2; Ps 60:8; 108:8; Job 7:4◦

po measure 7 וַיְמֹדֶד Hab 3:6◦

ⓘ Some scholars derive Hab 3:6 from a root מוד *quake.*

hitpol stretch oneself 7 וַיִּתְמֹדֵד 1 Kgs 17:21◦

מִדָּה[B] I. ← מדד *f.* measurement, extent, size, height, number, range; אִישׁ מִדָּה a big man 1 מִדַּת 2 מִדּוֹת 4 מִדּוֹתֶיהָ; Job 11:9 prob. מִדָּהּ for מִדָּתָהּ but ↪ מַד

מִדָּה II. *f.* taxes, duties 1 מִדַּת Neh 5:4◦

מִדָּה III. *f. var.* ↪ מָדוֹ clothing 4 מִדּוֹתָיו

מַדְהֵבָה *f.* rage, fury; others: hardship; interest; golden city ← Aram. דְּהַב; 1QIsa[a] reads מַרְהֵבָה attack ← רהב Isa 14:4◦

מַדְוֶה & **מָדוֹ** I. *var.* ↪ מַד *m.* clothing מַדְוֵיהֶם 2 Sam 10:4; 1 Chr 19:4◦

מַדְוֶה II. *m.* plague, disease 1 מַדְוֵה 3 מַדְוֵי Dtn 7:15; 28:60◦

מַדּוּחִים ← נדח *m.* deception, seduction Lam 2:14◦

מָדוֹן ← דין I. *m.* quarrel, strife 2 מִדְיָנִים מְדָנִים מְדוֹנִים

מָדוֹן II. *pln* Madon Jos 11:1; 12:19◦

מַדּוּעַ & **מַדֻּעַ**[B] why?

1 st.c. sg. 2 st.a. pl. 3 st.c. pl. 4 with *epp* 5 SC 6 PC 7 narrative 8 inf.c. 9 inf.a. 10 imp. 11 part.

מְדוּרָה & **מְדֻרָה** *f.* stack of logs 4 מְדֻרָתָהּ Isa 30:33; Ez 24:9◦

מִדְחֶה *m.* ruin Prov 26:28◦

מַדְחֵפֹת blow after blow, fast Ps 140:12◦

מָדַי *m. PN* Madai & *pln* Media *p* מָדָי

מָדִי *pn* Medite

מַדַּי sufficient 2 Chr 30:3 ↪ דַּי◦

מִדֵּי more than enough; as often as, whenever, whensoever ↪ דַּי

מִדִּין pl. ↪ מַד

מִדִּין *pln* Middin Jos 15:61◦

מִדְיָן I. ↪ מְדָנִים

מִדְיָן II. *m. PN* & *pln* Midian

מָדִין *kt.* 2 Sam 21:20 ↩ מדד tall; *qr.* מָדוֹן ↩ דין belligerent◦

מְדִינָה[B] *f.* province, district; country, region 1 מְדִינַת 2/3 מְדִינוֹת

מִדְיָנִי *m.* & **מִדְיָנִית** *f. pn* Midianite 2 מְדָנִים מִדְיָנִים

מִדְיָנִים ↩ דין disputes, quarrels 3 מִדְיְנֵי Prov 18:18; 19:13 ↪ מָדוֹן

מְדֹכָה *f.* mortar Num 11:8◦

מַדְמֵן *pln* Madmen Jer 48:2◦

מַדְמֵנָה I. *f.* cesspit Isa 25:10◦

מַדְמֵנָה II. *pln* Madmenah Isa 10:31◦

מַדְמַנָּה *pln* Madmannah Jos 15:31; 1 Chr 2:49◦

מְדָן *m. PN* Medan Gen 25:2; 1 Chr 1:32◦

מְדָנִים disputes ↪ מָדוֹן

מַדָּע & **מַדַּע** ↩ ידע *m.* knowledge, awareness, understanding, insight 4 מַדָּעֲךָ

ⓘ Some scholars assume the meaning *bed-chamber* for Ecc 10:20, because the word is parallel to מִשְׁכָּב; but it also fits *be in thought*

מֹדָע & **מוֹדַע** *m.* & **מֹדַעַת** *f.* ↩ ידע relative 4 מֹדַעְתָּנוּ Ruth 2:1 *qr.*; 3:2; Prov 7:4◦

מַדְקֵרוֹת *f.* thrusts 3 מַדְקְרוֹת Prov 12:18◦

מַדְרֵגָה *f.* cliff 2 מַדְרֵגוֹת Ez 38:20; Song 2:14◦

מְדֻרָה & **מְדוּרָה** *f.* stack of logs 4 מְדֻרָתָהּ Isa 30,33; Ez 24,9◦

מִדְרָךְ ↩ דרך *m.* the space a foot needs to stand on 1 מִדְרַךְ Dtn 2:5◦

מִדְרָשׁ[B] ↩ דרשׁ *m.* interpretation; study, explanation 1 מִדְרַשׁ 2 Chr 13:22; 24:27◦

מְדֻשָׁה ↩ דושׁ *f.* threshed 4 מְדֻשָׁתִי Isa 21:10◦

מָה & **מָה־** & **מַה־** & **מֶה**[B] what, how? with בְּ where, how, what for? with כְּ how, how many? with לְ why? with עַל why, where? with עַד for how long?

מהה√ *hitpalpel* hesitate, wait, delay 5
הִתְמַהְמָהְתִּי הִתְמַהְמָהְנוּ 6 יִתְמַהְמַהּ 7
וַיִּתְמַהְמָהּ 8 לְהִתְמַהְמֵהַּ הִתְמַהְמְהָם[e] 10
וְהִתְמַהְמָהוּ 11 מִתְמַהְמֵהַּ

מְהוּמָה ↩ הום *f.* confusion, distress, turmoil 1 מְהוּמַת 2 מְהוּמֹת

מְהוּמָן *m. PN* Mehuman Est 1:10◦

1 st.c. sg. 2 st.a. pl. 3 st.c. pl. 4 with *epp* 5 SC 6 PC 7 narrative 8 inf.c. 9 inf.a. 10 imp. 11 part.

מְהֵיטַבְאֵל *f. PN* Mehetabel Gen 36:39; 1 Chr 1:50; *m. PN* Neh 6:10◦

מָהִיר ← מהר *m.* competent, skilful, experienced 1 מְהִר

מהל✓ *q* be diluted 11 pass. מָהוּל Isa 1:22◦

מַהֲלָךְ[B] ← הלך *m.* path, distance, length; journey; passage, access, corridor 2 מַהְלְכִים 4 מַהֲלָכֶךְ

מַהֲלָל ← הלל *m.* praise 4 מַהֲלָלוֹ Prov 27:21◦

מַהֲלַלְאֵל *m. PN* Mahalalel Gen 5:12ff; 1 Chr 1:2; Neh 11:4◦

מַהֲלֻמוֹת *f.* blows Prov 18:6; 19:29◦

מָהֵם Ez 8:6 *kt.*; *qr.* מָה הֵם◦

מַהֲמֹרוֹת *f.* pits Ps 140:11◦

מַהְפֵּכָה ← הפך *f.* reversal, destruction 1 מַהְפֵּכַת

מַהְפֶּכֶת ← הפך *f.* stocks, prison

מְהֻקְצָעוֹת *f.* unc.: of the same size; others: made for corners Ez 46:22◦

מהר✓[B] I. *pi* hurry, hurry up, do something fast; as adv.: in a hurry, fast, quickly 5 מִהַר יְמַהֲרוּ יְמַהֵר 6 מִהֲרוּ מִהַרְתִּ מִהַרְתָּ מְהֵרָה מַהֵר 8 וַיְמַהֲרוּ וַתְּמַהֵר וַיְמַהֵר 7 תְּמַהֵרְנָה 10 מְמַהֲרוֹת מְמַהֵר 11 מַהֲרוּ מַהֲרִי מַהֲרָה מַהֵר *nif* come to a quick end Job 5:13; pt. be hasty, careless Isa 32:4; with לֵב be despondent Isa 35:4; be quick, nimble Hab 1:6 - 5 נִמְהָרָה 11 נִמְהֲרֵי נִמְהָרִים נִמְהָר◦

מהר II. *q* pay the bride price 5 מָהֲרוּ 6 יִמְהָרֶנָּה[e] 9 מָהֹר Ex 22:15; Ps 16:4 (could be as well ↪ I.)◦

מַהֵר[B] inf.c. of ↪ מהר I.; as adv.: fast, hurriedly

מֹהַר ← מהר II. *m.* bride price Gen 34:12; Ex 22:16; 1 Sam 18:25◦

מְהֵרָה ← מהר *f.* speed, haste; fast

מַהְרַי *m. PN* Mahrai 2 Sam 23:28; 1 Chr 11:30; 27:13◦

מַהֵר־שָׁלָל־חָשׁ־בַּז symb. name of the son of Isaiah, Maher-Shalalal-Hash-Bas, *swift is the booty, speedy is the prey* Isa 8:1.3◦

מַהֲתַלּוֹת ← תלל *f.* illusions Isa 30:10◦

מוֹ & מֹ ← מָה enhancing particle for כְּ לְ בְּ – usually with *epp*; e.g.. מִי־כָמֹכָה בָּאֵלִם יְהוָה Ex 15:11 *who is like you among the gods?*

מוֹאָב *m. PN & pln* Moab

מוֹאָבִי *m.* & מוֹאָבִית & מוֹאֲבִיָּה *f. pn* Moabite 2 מוֹאֲבִיּוֹת מֹאָבִים

מוֹאל ↪ מוּל the other side, vis-à-vis Neh 12:38◦

ⓘ Some translators read שְׂמֹאל *left*.

מוֹבָא *m.* coming; entrance 4 מוֹבָאָיו מוֹבָאֶךָ 2 Sam 3:25 *qr.*; Ez 43:11◦

ⓘ The word originates from בוא, but is formed in its phonetic sequence analogue to the *exit* מוֹצָא.

מוג✓ *q* tremble, despair, fade, melt Ez 21:20; Am 9:5; Ps 46:7; deliver, let melt Isa 64:6 - 6 תָּמוּג 7 וַתְּמוּגֵנוּ[e] וַתָּמוֹג 8 מוּג◦

1 st.c. sg. 2 st.a. pl. 3 st.c. pl. 4 with *epp* 5 SC 6 PC 7 narrative 8 inf.c. 9 inf.a. 10 imp. 11 part.

מוּל & מוֹל as subst.: *m.* front, front side; as prep.: opposite, in front of; as adv.: front, ahead 4 מֻלִי

מוֹלָדָה *pln* Moladah

מוֹלֶדֶת[B] ← ילד *f.* origin, provenance, birth; parentage, kinship; progeny, children 4 מֹלַדְתֵּךְ מוֹלַדְתֶּךָ *p* מוֹלַדְתְּךָ מוֹלַדְתִּי מוֹלְדוֹתַיִךְ

מוֹלִיד *m. PN* Molid 1 Chr 2:29◦

מוּלֹת ← מול *f.* pl. circumcision Ex 4:26◦

מוּם[B] *m.* blemish, fault; fig. shame, disgrace 4 מוּמוֹ מוּמִי מוּמָם *var.* ↪ מְאוּם

מוֹמְכָן *m. PN* Est 1:16 *kt.*; *qr.* Memuchan ↪ מְמוּכָן◦

מוּסָב ← סבב *m.* surrounding 1 מוּסַב Ez 41:7◦

מוּסַבֹּת pt. *hof* ↪ סבב

מוּסָד[B] ← יסד *m.* foundation 1 מוּסַד Isa 28:16; 2 Chr 8:16◦

מוֹסָד[B] ← יסד *m.* base wall, foundation 3 מֹסְדֵי מוֹסְדֵי

מוּסָדָה ← יסד *f.* foundation, base wall 3 מוּסְדוֹת

ⓘ In Isa 30:32 some manuscripts read מוּסָרוֹ, *punishment*, which undoubtedly makes more sense.

מוֹסָדָה[B] ← יסד *f.* foundation wall, foundation 2 מוֹסָדוֹת 3 מוֹסְדוֹת

מוּסָךְ *m.* covered way, canopy 1 מוּסַךְ 2 Kgs 16:18 *qr.*◦

nif melt, fade, dissolve, decay, waver, wobble; despair 5 נָמוֹג 11 נָמֹגוּ נְמוֹגִים

polel keep soft Ps 65:11; toss, let dissolve Job 30:22 - 6 תְּמֹגְגֶנָּה[e] תְּמֹגְגֵנִי[e]◦

hitpolel melt, dissolve; despair 5 הִתְמֹגָגוּ 6 תִּתְמוֹגָג תִּתְמוֹגַגְנָה תִּתְמוֹגָג Am 9:13; Nah 1:5; Ps 107:26◦

✓מוד *pol* shake, rock 7 וַיְמֹדֶד Hab 3:6; others: ↪ מדד◦

מוֹדַע & מֹדַע *m.* relative Ruth 2:1; Prov 7:4◦

✓מוט[B] *q* stumble, tumble, stagger, fall 5 מָטָה מָטִים מָט 11 מוֹט 8/9 תְּמוּטֶינָה תָּמוּט 6 מָטוּ

nif wobble; stagger 5 נָמוֹטוּ 6 יִמּוֹט אֶמּוֹט יִמּוֹטוּ

hitpolel stagger, fall 5 הִתְמוֹטְטָה Isa 24:19◦

hif let drop 6 יָמִיטוּ Ps 55:4; 140:11◦

מוֹט ← מוט *m.* rod, carrying pole 4 מֹטֵהוּ Num 4:10; 13:23; yoke Nah 1:13◦

מוֹטָה ← מוט *f.* rod, carrying pole 1 Chr 15:15; yoke bar Lev 26:13; Ez 34:27; yoke Ex 30:18; Jer 27:2; 28:10ff; Isa 58:6.9- 2/3 מוֹטֹת מֹטוֹת מוֹטוֹת◦

✓מוך *q* become poor 5 מָךְ 6 יָמוּךְ Lev 25:25ff; 27:8◦

✓מול[B] *q* circumcise 5 מָל מָלוּ וּמַלְתָּה וּמַלְתֶּם מֻלִים מוּל 11 pass. מֹל 10 וַיָּמָל 7

nif be circumcised 5 נִמּוֹל נִמֹּלוּ וּנְמַלְתֶּם 6 יִמּוֹל הִמּוֹל 10 הִמֹּל 9 הִמֹּלוּ[e] הִמֹּל הִמּוֹל 8 וַיִּמֹּלוּ 7 נִמֹּלִים 11 הִמֹּלוּ

hif cut off, defend oneself 6 אֲמִילַם[e] Ps 118:10ff◦

ⓘ Some scholars assume a root מול II. with the meaning *to defend oneself*

מוֹפֵת[B] m. sign, miracle 2 מוֹפְתִים מֹפְתִים 4 מוֹפֶתְכֶם מוֹפְתַי מֹפְתָיו מוֹפְתָיו

מוֹץ ← מיץ

מוֹצָא & מֹצָא[B] ← יצא I. m. going, route, day trip, station; place of outlet: spring; exit, rise, east; what goes out: word, command; export 3 מוֹצָאֵיהֶם מוֹצָאָיו מוֹצָאֵךְ מוֹצָאוֹ 4 מֹצָאֵי מוֹצָאֵיהֶן

מוֹצָא II. m. PN Moza 1 Chr 8:36f; 2:46; 9:42f;

מוֹצָאוֹת ← יצא f. origin Mi 5:1; sewer, latrine 2 Kgs 10:27 qr. 4 מוֹצָאֹתָיו◦

מוּצָק I. ← יצק m. cast, solidified 1 Kgs 7:16.37; Job 37:10; 38:38◦

מוּצָק II. ← צוק m. constraint; distress, need Isa 8:23; Job 36:16◦

מוּצָקָה ← יצק f. cast 2 Chr 4:3; spout Zec 4:2 - 2 מוּצָקוֹת 4 מֻצַקְתּוֹ◦

מוק✓ hif ridicule, scorn 6 יָמִיקוּ Ps 73,8◦

מוֹקֵד ← יקד m. stove, fireplace, burning 3 מוֹקְדֵי 4 מוֹקְדָה Lev 6:2; Isa 33:14; Ps 102:4◦

ⓘ Some scholars understand Lev 6:2 as a noun with epp מוֹקְדָה, others as an independent fem. lexeme with the same meaning ↪ the following. word. Ps 102:4 כְּמוֹ־קֵד can also be included under this lexeme - if it is written differently; but cf. ↪ קֵד.

מוֹקְדָה ↪ the previous word; f. hearth, burning Lev 6:2◦

מוֹקֵשׁ ← יקשׁ m. trap, pitfall 2 מֹקְשִׁים מֹקְשֵׁי מוֹקְשֵׁי 3 מוֹקְשִׁים

מור✓ nif be changed 5 נָמָר Jer 48:11◦

מוּסָר ← יסר m. discipline; education, training; warning, correction 1 מוּסַר 4 מוּסָרְךָ מוּסָרִי

מוֹסָר ← יסר m. warning 4 מֹסָרָם Job 33:16◦

מוֹסֵר ← יסר m. pl. shackles, bonds 3 מוֹסְרֵי 4 מוֹסְרֵיכֶם מוֹסֵרָי Isa 28:22; 52:2; Ps 116:16◦

מוֹסֵרָה ← יסר I. f. shackles, bonds 2 וּמוֹסְרוֹתֶיךָ מוֹסְרוֹתֵימוֹ 4 מֹסְרוֹת 3 מוֹסֵרוֹת וּמוֹסְרוֹתֵיהֶם מוֹסְרוֹתַיִךְ

מוֹסֵרָה II. & מֹסֵרוֹת pln Moser, Moseroth Dtn 10:6; Num 33:30f◦

מוֹעֵד & מֹעֵד[B] ← יעד m. time, date, period; exact, agreed time, appointment; specific, agreed place, meeting point, gathering place; meeting, festival; אֹהֶל מוֹעֵד tabernacle, tent of revelation 2 מוֹעֲדִים 3 מוֹעֲדֵי מוֹעֲדוֹת 4 מוֹעֲדָי p מוֹעֲדַי מוֹעֲדֶךָ מֹעֲדוֹ מוֹעֲדוֹ מוֹעֲדֵנוּ מוֹעֲדֵיכֶם

מוֹעָד ← יעד m. specific place in the army, rank 4 מוֹעָדָיו Isa 14:31◦

מוּעָדָה ← יעד f. appointed, designated Jos 20:9◦

מוֹעַדְיָה m. PN Moadiah Neh 12:17◦

מוּעָף m. gloom Isa 8:23◦

מוֹעֵצוֹת & מֹעֵצוֹת ← יעץ f. advice, counsel; plan 4 מֹעֲצוֹתָם מֹעֲצֹתֵיהֶם

מוּעָקָה f. burden Ps 66:11◦

מוּפָז m. plated with pure gold 1 Kgs 10:18; pt. hof ↪ פזז◦

מוֹפַעַת pln Jer 48:21 kt.; qr. Mephaath◦

מוֹרָשָׁה[B] ← ירשׁ *f.* property, inheritance

מוֹרֶשֶׁת גַּת *pln* Moreschet-Gat Mi 1:14◦

מֹרַשְׁתִּי & מוֹרַשְׁתִּי *pn* Morashithe Jer 26:18; Mi 1:1◦

✓מוּשׁ & מִישׁ[B] I. *q* withdraw, step back, leave; desist, stop 5 מָשׁ מַשְׁתִּי מָשׁוּ וּמַשְׁתִּי 6 יָמִישׁ יָמוּשׁ תָּמִישׁוּ יָמֻשׁוּ יָמוּשׁוּ אָמִישׁ תָּמֻשׁ תָּמוּשׁ
hif withdraw, remove 6 תָּמִישׁוּ Mi 2:3◦

ⓘ This form can also be understood as *q*.

✓מוּשׁ II. *var.* ↪ ימשׁ resp. משׁשׁ *q* touch, feel 6 וַאֲמֻשְׁךָ[e] Gen 27:21◦

hif grasp, touch Ps 115:7; let feel Jdg 16:26 *qr.* 6 יְמִישׁוּן 10 הֲמִשֵׁנִי[e]◦

מוֹשָׁב[B] ← ישׁב *m.* domicile, residence, place, area, settlement area; location, position; time of stay Ex 12:40 - 1 מוֹשַׁב 3 מוֹשְׁבֵי 4 מוֹשָׁבְךָ מוֹשְׁבֹתֵיכֶם מוֹשְׁבֹתֵיהֶם מוֹשְׁבֹתָם מוֹשָׁבִי

מוּשִׁי *m. PN* Mushi & *pn* Mushite Num 3:33; 26:58

מוֹשִׁיעַ[B] *m.* rescuer, saviour (pt. *hif.* ↪ ישׁע) 2 מוֹשִׁיעַ *p* מוֹשִׁיעֲךָ מוֹשִׁיעוֹ 4 מוֹשִׁעִים מוֹשִׁעָם מֹשִׁעִי מוֹשִׁיעֵךְ

מוֹשָׁעוֹת ← ישׁע *f.* salvation, deliverance Ps 68:21◦

✓מוּת[B] *q* die, be dead 5 מֵת מֵתָה מַתָּה וָמַתִּי תָּמֹת תָּמוּת יָמֹת יָמוּת יָמֶת יָמוּת 6 מָתְנוּ מֵתוּ תְּמֻתוּן *p* תָּמוּתוּ יָמֻתוּ אָמוּתָה אָמֻת אָמוּת וַתָּמֹת *p* וָתָּמָת וַיָּמֹת *p* וַיָּמֹת 7 נָמוּת תְּמוּתֶנָה מוּתִי[e] מוּתָהּ[e] מֹתוֹ[e] מוֹתוֹ[e] מוּת 8 וַיְמוּתוּ וַיָּמֻתוּ מֵת 9 מֵת 10 מוּת 11 מְתֵנוּ[e] מוּתֵנוּ[e] מְתָךְ[e] בְּמֹתָם[e] מֵתֵי מֵתִים מֵתָה מֵתִי[e] מֵתֶךָ[e] מֵתוֹ[e]

hif change, modify, replace, exchange 5 הֵמִיר 6 הֵימִיר יָמִיר יָמֵר יָמֵר יְמִירֶנּוּ[e] 7 אָמִיר הָמֵר 9 הָמִיר 8 וַיָּמִירוּ

ⓘ In Ps 46:3, some read a form of ↪ מוג *be shaken*, or assume a root II. with the same meaning.

מוֹר & מֹר *m.* myrrh 1 מָר־

מוֹרָא & מֹרָא & מוֹרָה[B] ← ירא *m.* amazement, awe; fear, distress; fright 2 מוֹרָאִים 4 מוֹרַאֲכֶם מוֹרָאִי מוֹרָאוֹ

מוֹרַג *m.* threshing, threshing cart Isa 41:15; 2 Sam 24:22; 1 Chr 21:23 - 2 מֹרִגִּים מוֹרִגִּים◦

מוֹרָד ← ירד *m.* slope; hanging 1 Kgs 7:29 - 1 מוֹרַד

מוֹרֶה[B] ← ירה I. *m.* teacher 4 מוֹרֶיךָ מוֹרָי

מוֹרֶה II. *m.* early rain Ps 84:7; Joel 2:23◦

מוֹרֶה III. *m.* archer 1 Sam 31:3; 2 Sam 11:24; pt. *hif.* ↪ ירה

מוֹרֶה IV. part of following *pln* :
אֵלוֹן מוֹרֶה Elon-More, Oracle oak, Oak More Gen 12:6; pl. אֵלוֹנֵי מֹרֶה Dtn 11:3; גִּבְעַת הַמּוֹרֶה Gibeat-More, Hill More Jdg 7:1◦

מוֹרָה I. *m.* razor Jdg 13:5; 16:17; 1 Sam 1:11◦

מוֹרָה II. ↪ מוֹרָא *m.* fear, terror Ps 9:21◦

מוֹרִיָּה & מֹרִיָּה *pln* Moriah Gen 22:2; 2 Chr 3:1◦

מוֹרָשׁ[B] ← ירשׁ I. *m.* property, inheritance 1 מוֹרַשׁ 4 מוֹרָשֵׁיהֶם Isa 14:23, Ob 1:17◦

מוֹרָשׁ II. *m.* desire, longing 3 מוֹרָשֵׁי Job 17:11◦

polel kill, let die 5 מֹתַתִּי מוֹתְתַנִי[e] 6 תְּמוֹתֵת 7
וַיְמֹתְתֵהוּ[e] וַאֲמֹתְתֵהוּ 8 לְמוֹתֵת 10 מוֹתְתֵנִי[e]
מְמוֹתֵת 11 מֹתְתֵנִי[e]

polal be about to be slain 2 Kgs 11:2 *kt.* 11 מְמוֹתָתִים ↪ *hof*

hif kill 5 הֵמִית 3.sg.m.: וֶהֱמִיתְךָ[e] וֶהֱמִתָנִי[e]
הֶמִיתָם[e]; 3.sg.f.: הֱמִיתָתְהוּ[e]; הֵמַתִּי וְהֵמַתָּה
הֱמִיתִיו[e] הֲמִתִיהָ[e] הֱמִיתוּ הֱמִיתְהוּ[e] הֶמִתֶם 6 הֲמִתֶּם
יָמִית יְמִתֵנוּ[e] תָּמִית אָמִית תְּמִיתְהוּ[e] נְמִתֵהוּ[e]
נְמִיתֶךָ[e] וַנְמִיתֵם[e] וּנְמִיתֵם 7 וַיָּמֶת וַיְמִתֵהוּ[e] וַיְמִיתְהוּ[e] 8
הָמִית הֲמִיתוֹ[e] הֲמִיתָם[e] לַהֲמִיתֵנוּ[e] 9 הָמֵת 10
הֲמִיתֵנִי[e] וְהָמִיתוּ 11 מֵמִית מְמִיתִים מְמִתִים

hof be killed; מוֹת יוּמָת *certainly be put to death* 5 הוּמָת הֻמְתוּ 6 יוּמַת *p* יוּמָת יוּמְתוּ *p*
יוּמָתוּ 7 וַתּוּמַת 11 מוּמָת מוּמָתִים *qr.* 2 Kgs 11:2

מָוֶת[B] ↩ מות *m.* death; realm of death, underworld; deadly disease, plague 1 מוֹת 4 מוֹתוֹ
מֹתָיו מֹתָם מוֹתָהּ מֹתוֹ

מוֹתָר ↩ יתר *m.* advantage, profit 1 מוֹתַר Ecc 3:19; Prov 14:23; 21:5◦

מִזְבֵּחַ[B] ↩ זבח *m.* altar 1 מִזְבַּח 2/3 מִזְבְּחוֹת
מִזְבְּחִי מִזְבַּחֶךָ *p* מִזְבַּחֲךָ מִזְבְּחוֹ 4 מִזְבְּחֹת
מִזְבְּחֹתֵיהֶם מִזְבְּחֹתָם מִזְבְּחֹתֶיךָ מִזְבְּחֹתָיו

מֶזֶג *m.* spiced wine *p* מָזֶג Song 7:3◦

מָזֶה *m.* fatigued 3 מְזֵי Dtn 32:24◦

מַה־זֶּה מָה & זֶה what is this? Ex 4:2◦

מִזָּה *m.* *PN* Misah Gen 36:13.17; 1 Chr 1:37◦

מָזוּ *m.* storage, granary 4 מְזָוֵינוּ Ps 144:13◦

מְזוּזָה[B] *f.* door post 1 מְזוּזַת 2 מְזוּזֹת מְזוּזוֹת
מְזוּזָתִי 4 מְזֻזוֹת

מָזוֹן ↩ זון *m.* support, food Gen 45:23; 2 Chr 11:23◦

מָזוֹר I. *m.* sore, abscess 4 מְזֹרוֹ Jer 30:13; Hos 5:13◦

מָזוֹר II. *m.* trap Ob 1:7◦

מֵזַח *m.* belt Ps 109:19; dike Isa 23:10◦

ⓘ Some translators assume a permutation at the end and read מָחוֹז *harbour.*

מָזִיחַ *m.* belt 1 מְזִיחַ Job 12,21◦

מֵזִין pt. *hif.* ↪ אזן listen

מַזְכִּיר *m.* speaker, secretary pt. *hif* ↪ זכר

מַזְלֵג *m.* meat fork 1 Sam 2:13f◦

מִזְלָגוֹת *m.* pl. meat fork (with three prongs) 4 מִזְלְגֹתָיו

מַזָּלוֹת *m.* planets, signs of the zodiac 2 Kgs 23:5◦

מְזִמָּה ↩ זמם *f.* plan (of God); (evil) plan (of man), intrigue; prudence 2 מְזִמּוֹת 4 מְזִמָּתוֹ
מְזִמּוֹתָיו

מִזְמוֹר[B] ↩ זמר *m.* psalm, song

מַזְמֵרוֹת *f.* sickles, vine knife 4 מַזְמְרֹתֵיכֶם Isa 2:4; 18:5; Joel 4:10; Mi 4:3◦

מְזַמְּרוֹת *f.* temple utensil: candle snuffer; knife for wick trimming

מִזְעָר small, little, low Isa 10:25; 16:14; 24:6; 29:17◦

מִזְרֶה ↩ זרה *m.* winnowing fork Isa 30:24; Jer 15:7◦

מַזָּרוֹת constellation, morning-star Job 38:32◦

מִזְרָח[B] ↩ זרח *m.* dawn, sunrise; east 1 מִזְרַח; with ה-locale מִזְרָחָה *p* מִזְרָחָה

מְזָרִים *m.* north wind Job 37:9◦

מִזְרָע ← זרע *m.* seed 1 מִזְרַע Isa 19:7◦

מִזְרָק *m.* basin 2 מִזְרָקִים 3 מִזְרְקוֹת מִזְרְקֹת מִזְרְקֵי 4 מִזְרְקֹתָיו

מֹחַ *m.* bone marrow Job 21:24◦

מֵחִים *m.* fatlings Isa 5:17; Ps 66:15◦

מחא✓ *q* clap hands 6 יִמְחָאוּ 8 מַחְאֲךָ[e] Isa 55:12; Ez 25:6; Ps 98:8◦

מַחֲבֵא ← חבא *m.* shelter, hiding place Isa 32:2◦

מַחֲבֹאִים ← חבא *m.* hiding, lurking places 1 Sam 23:23◦

מְחַבְּרוֹת ← חבר *f.* clamps 1 Chr 22:3; 2 Chr 34:11◦

מַחְבֶּרֶת ← חבר *f.* where things meet: seam, joint 4 מַחְבַּרְתּוֹ

מַחֲבַת *f.* oven plate, grid, grill, pan

מַחֲגֹרֶת *f.* with שָׂק: dress made of burlap, sackcloth Isa 3:24◦

מחה✓[B] I. *q* wipe, wipe off; destroy 5 מָחָה מָחָתָה מָחִיתָ וּמָחִיתִי 6 יִמְחֶה אֶמְחֶה אֶמְחֶנּוּ[e] 7 וַיִּמַח 8 מְחוֹת 9 מָחֹה 10 מְחֵה מְחֵנִי[e] 11 מֹחֶה

nif be wiped off, destroyed 5 נִמְחוּ 6 יִמָּחֶה יִמַּח תִּמָּחֶה תִּמָּח 7 וַיִּמָּחוּ

hif wipe off, obliterate, spoil 6 תַּמְחִי־ תֶּמַח (2.sg.m.) 8 לַמְחוֹת Jer 18:23; Neh 13:14; Prov 31:3◦

מחה✓ II. *q* reach 5 מָחָה Num 34:11◦

מחה✓ III. ← מֹחַ *pu* pt. full of marrow 11 מְמֻחָיִם Isa 25:6◦

מְחוּגָה ← חוג *f.* compass, calipers Isa 44:13◦

מָחוֹז *m.* harbour 1 מְחוֹז Ps 107:30◦

מְחוּיָאֵל & **מְחִיָּיאֵל** *m. PN* Mehujael Gen 4:18◦

מַחֲוִים *pn* Mahavites 1 Chr 11:46◦

מָחוֹל ← חול I. *m.* circle dance 1 מְחוֹל 4 מְחוֹלֵנוּ

מָחוֹל II. *m. PN* Mahol 1 Kgs 5:11◦

מַחֲזֶה ← חזה vision, revelation, dream perception 1 מַחֲזֵה Gen 15:1; Num 24:4.16; Ez 13:7◦

מֶחֱזָה ← חזה *f.* window 1 Kgs 7:4f◦

מַחֲזִיאוֹת & **מַחֲזִיאֹת** *m. PN* Mahasioth 1 Chr 25:4.30◦

מְחִי *m.* blow (of a ram) Ez 26:9◦

מְחִידָא *m. PN* Mehida Ezr 2:52; Neh 7:54◦

מִחְיָה ← חיה *f.* life, vitality, preservation of life Gen 45:5 et pas.; food, sustentation; with בָּשָׂר raw flesh Lev 13:10.24 - 1 מִחְיַת 4 מִחְיָתֶךָ

מְחִיָּיאֵל *m. PN* ↔ מְחוּיָאֵל Gen 4:18◦

מְחִיר[B] ← מחר I. *m.* price, purchase price, payment, money 4 מְחִירָהּ מְחִירֵיהֶם

מְחִיר II. *m. PN* Mehir 1 Chr 4:11◦

מַחֲלֶה ← חלה *m.* suffering, illness, disease 4 מַחֲלֵהוּ Prov 18:14; 2 Chr 21:15◦

מַחֲלָה ← חלה *f.* suffering, illness, disease Ex 15:26; 23:25; 1 Kgs 8:37; 2 Chr 6:28◦

מַחְלָה *m.* & *f. PN* Machlah

1 st.c. sg. 2 st.a. pl. 3 st.c. pl. 4 with *epp* 5 SC 6 PC 7 narrative 8 inf.c. 9 inf.a. 10 imp. 11 part.

מְחֹלָה ← חול *f.* circle dance 1 מְחֹלַת 2 מְחֹלֹת מְחֹלוֹת

מַחְלוֹן *m. PN* Machlon Ruth 1:2.5; 4:9◦

מְחִלּוֹת ← חלל *f.* holes Isa 2:19◦

מַחְלִי *m. PN* & *pn* Machli, Machlite

מַחֲלִיִים ← חלה *m.* with בְּ seriously ill 2 Chr 24:25◦

מַחְלָפוֹת *f.* locks of hair 3 מַחְלְפוֹת Jdg 16:13.19◦

מַחֲלָפִים *m.* knives, others: bowls Ezr 1:9◦

מַחֲלָצוֹת *f.* festive clothes Isa 3;22; Zec 3:4◦

מַחְלְקוֹת *pln* Sela Machlekoth, rock of divisions, resp. escape 1 Sam 23:28◦

מַחֲלֹקֶת ← חלק *f.* part, share; division, department, order 3 מַחְלְקוֹת 4 מַחְלַקְתּוֹ מַחְלְקֹתֵיהֶם מַחְלְקֹתָם

מַחֲלַת musical expression, name of a melody, Mahalath Ps 53:1; 88:1◦

מָחֲלַת *f. PN* Mahalath Gen 28:9; 2 Chr 11:18◦

מְחֹלָתִי *pn* Meholatithe 1 Sam 18:19; 2 Sam 21:8◦

מַחֲמָאֹת *f.* butter Ps 55:22◦

מַחְמָד ← חמד *m.* beautiful, dear, expensive, valuable 1 מַחְמַד 2 מַחֲמַדִּים 3 מַחֲמַדֵּי 4 מַחֲמַדֵּיהֶם מַחֲמַדֵּינוּ

מַחֲמֹד & **מַחֲמֻד** ← חמד *m.* preciousness, treasure 4 מַחֲמוֹדֵיהֶם מַחֲמֻדֶּיהָ *kt.*; *qr.* מַחֲמַדֵּיהֶם ← מַחְמָד Lam 1:7.11◦

מַחְמָל ← חמל *m.* desire, delight 1 מַחְמַל Ez 24:21◦

מַחְמֶצֶת ← חמץ *f.* leavened, leavened bread Ex 12:19f◦

מַחֲנֶה[B] ← חנה *m.* & *f.* camp, camp site; army camp, army, armed forces 1 מַחֲנֵה 2 מַחֲנִים מַחֲנֶיךָ מַחֲנֵהוּ 4 מַחֲנָיִם *p* מַחֲנַיִם du. מַחֲנוֹת מַחֲנֵיהֶם מַחֲנֵיכֶם

מַחֲנֵה־דָן *pln* Dan's camp Jdg 13:25; 18:12◦

מַחֲנַיִם *pln* Mahanaim

מַחֲנָק ← חנק *m.* strangulation Job 7:15◦

מַחֲסֶה & **מַחְסֶה** ← חסה *m.* refuge, sanctuary 1 מַחְסֵה 4 מַחְסֵהוּ מַחְסִי מַחֲסִי מַחְסֵנוּ

מַחְסוֹם *m.* bridle, muzzle Ps 39:2◦

מַחְסוֹר ← חסר *m.* hardship, want 4 מַחְסֹרוֹ מַחְסוֹרְךָ מַחְסוֹרֶיךָ

מַחְסֵיָה *m. PN* Machseiah Jer 32:12; 51:59◦

מְחֻסְפָּס ← חספס

מחץ✓ *q* break, smash 5 מָחַצְתְּ מָחֲצָה מָחַץ 6 יִמְחַץ *p* יִמְחָץ אֶמְחָצֵם[e] 10 מְחַץ

מַחַץ ← מחץ *m.* wound Isa 30:26◦

מַחְצֵב ← חצב *m.* hewn 2 Kgs 12:13; 22:6; 2 Chr 34:11◦

מֶחֱצָה ← חצה *f.* half 1 מֶחֱצַת Num 31:36.43◦

מַחֲצִית ← חצה *f.* half, middle; noon 1 מַחֲצִית מַחֲצִת

מחק✓ *q* crush, smash 5 מָחֲקָה Jdg 5:26◦

מֶחְקָר *m.* depth 3 מֶחְקְרֵי Ps 95:4◦

מָחָר[B] as adv.: the next day, tomorrow; soon, in the future

1 st.c. sg. 2 st.a. pl. 3 st.c. pl. 4 with *epp* 5 SC 6 PC 7 narrative 8 inf.c. 9 inf.a. 10 imp. 11 part.

מַחֲרָאוֹת ← חרא *f.* latrine, sewer 2 Kgs 10:27 *kt.*◦

מַחֲרֵשָׁה ← חרשׁ *f.* plowshare 2 מַחֲרֵשׁוֹת 4 מַחֲרַשְׁתּוֹ *p* מַחֲרֶשְׁתּוֹ 1 Sam 13:20f◦

מָחֳרָת[B] *f.* the next day, morning; with מִן the day after 1 מָחֳרַת מָחֳרָת 4 מִמָּחֳרָת מָחֳרָתָם

מַחְשֹׂף ← חשׂף *m.* exposed, laid bare Gen 30:37◦

מַחֲשָׁבָה & מַחֲשֶׁבֶת[B] ← חשׁב *m.* plan, thought, intention, idea, project 1 מַחֲשֶׁבֶת 2 מַחֲשָׁבוֹת 3 מַחְשְׁבוֹת מַחְשְׁבֹת 4 מַחֲשַׁבְתּוֹ מַחְשְׁבוֹתֵיהֶם מַחְשְׁבֹתָם

מַחְשָׁךְ ← חשׁך *m.* darkness; dark places, loopholes 2 מַחֲשַׁכִּים 3 מַחֲשַׁכֵּי

מַחַת *m. PN* Mahath 1 Chr 6:20; 2 Chr 29:12; 31:13◦

מַחְתָּה *f.* fire pan, fire bowl, snuffer 2 מַחְתּוֹת 4 מַחְתֹּת מַחְתָּתוֹ מַחְתֹּתָיו מַחְתֹּתֶיהָ

מְחִתָּה ← חתת *f.* horror, destruction; ruins Ps 89:41 - 1 מְחִתַּת

מַחְתֶּרֶת ← חתר *f.* break-in Ex 22:1; Jer 2:34◦

מַטְאֲטֵא ← טאטא *m.* broom Isa 14:23◦

מַטְבֵּחַ ← טבח *m.* slaughtering block Isa 14:21◦

מַטֶּה[B] ← נטה *m.* stick, staff, rod; branch, twig, vine; tribe (↪ שֵׁבֶט) 1 מַטֵּה 2 מַטּוֹת מַטֹּת 4 מַטֵּהוּ מַטְּךָ מַטָּיו מַטֹּתָם

מַטָּה ← נטה under, below, deep; with מִן + לְ often: from below; with לְ downwards; less: guilt Ezr 9:13; age 1 Chr 27:23 מִלְּמַטָּה

מִטָּה ← נטה *f.* bed, couch 1 מִטַּת 2 מִטּוֹת 4 מִטָּתוֹ מִטָּתֶךָ מִטָּתִי

מֻטֶּה *m.* & מֻטָּה *f.* ← נטה spreading Isa 8:8; injustice Ez 9:9 - 3 מֻטּוֹת◦

מוֹטָה ↪ מֹטָה *f.* yoke, yoke bar, carrying pole 2/3 מוֹטֹת מֹטוֹת מוֹטוֹת

מַטְוֶה ← טוה *m.* something woven, spun Ex 35:25◦

מְטִיל *m.* rod, bar Job 40:18◦

מַטְמוֹן *m.* something hidden, treasure, supply 2 מַטְמֹנִים מַטְמוֹנִים 3 מַטְמֻנֵי

מַטָּע ← נטע *m.* planting bed, plantation 1 מַטַּע 3 מַטָּעֵי 4 מַטָּעוֹ מַטָּעָהּ מַטָּעֵי

מַטְעַמִּים ← טעם *m.* fine food, delicacies, favourite dish 4 מַטְעַמֹּתָיו מַטְעַמּוֹתָיו Gen 27:4ff; Prov 23:3.6◦

מִטְפַּחַת *f.* cape, shawl 2 מִטְפָּחוֹת Ruth 3:15; Isa 3:22◦

√מטר *nif* be watered 6 תִּמָּטֵר Am 4:7◦

hif let rain fall, cause to rain 5 הִמְטִיר הִמְטִיר 8 וַיַּמְטֵר 7 תַּמְטִיר יַמְטֵר 6 וְהִמְטַרְתִּי 11 מַמְטִיר

מָטָר ← מטר *m.* rain 1 מְטַר 3 מִטְרוֹת

מַטָּרָא ↪ מַטָּרָה *f.* target Lam 3:12◦

מַטְרֵד *f. PN* Matred Gen 36:39; 1 Chr 1:50◦

מַטָּרָה ← נטר *f.* target, aim; guard, guard yard, prison

מַטְרִי *m. PN* Matri 1 Sam 10:21◦

1 st.c. sg. 2 st.a. pl. 3 st.c. pl. 4 with *epp* 5 SC 6 PC 7 narrative 8 inf.c. 9 inf.a. 10 imp. 11 part.

מַיB ↩ מַיִם water 2 מַיִם 3 מֵימֵי מֵי with ה-locale הַמַּיְמָה p הַמָּיְמָה 4 מֵימָיו מֵימֶיךָ מֵימַי מֵימֵיהֶם מֵימֵינוּ

מִיB who? whoever; sometimes: where? how? With אַתְּ Ruth 3:16 how about you? With following יִתֵּן as an introduction to a wish that cannot be fulfilled מִי יִתֵּן מוּתִי 2 Sam 19,1 *who gives that I would have died = o would I have died*

מֵידְבָא *pln* Medeba

מֵידָד *m. PN* Medad Num 11:26f◦

מֵי זָהָב *m. PN* Me-Zahab Gen 36:39; 1 Chr 1:50◦

מֵי הַיַּרְקוֹן *pln* Me-Jarkon Jos 19:46◦

מֵיטָב ↩ יטב the best 1 מֵיטַב Gen 47:6.11; Ex 22:4; 1 Sam 15:9.15◦

מִיכָא *m. PN* Micha ↩ מִיכָה

מִיכָאֵל *m. PN* Michael

מִיכָה *m. PN* Micah

מִיכָהוּ *m. PN* Micah, Micaiah

מִיכָיָה *m. PN* Micaiah

מִיכָיָהוּ *m. & f. PN* Micaiah

מִיכָיְהוּ *m. PN* Micah, Micaiah

מִיכַל *f. PN* Michal

מִיכָל *m.* brook; others: reservoir 1 מִיכַל 2 Sam 17:20◦

מַיִםB *m.* water *p* מָיִם 2 מַיִם 3 מֵימֵי מֵי 4 מֵימָיו מֵימֵינוּ מֵימֵיהֶם מֵימַי מֵימֶיךָ; with ה-locale הַמָּיְמָה *p* הַמַּיְמָה

מִיָּמִן & מִיָּמִין *m. PN* Mijamin

מִין *m.* kind, species 4 מִינוֹ מִינֵהוּ מִינֵהֶם

מֵינֶקֶתB & מֵנֶקֶת *f.* nurse pt. *hif* ↩ ינק 2/3 מֵינִיקוֹת 4 מֵינִקְתָּהּ מֵנִקְתּוֹ מֵינִקְתּוֹ מֵינִיקוֹתַיִךְ

מִיסָךְ covered way *kt.* 2 Kgs 16:18; *qr.* ↩ מוּסָךְ◦

מֵיפַעַת & מֵיפָעַת *pln* Mephaath Jos 13:18; Jer 48:21 *qr.*; 1 Chr 6:64◦

מִיץ *m.* pressure Prov 30:33◦

מִיצִיאִים מִן + יָצִיא descendants; *kt.* sg.+ *epp*, *qr.* pl.c. 2 Chr 32:21◦

מִישׁ ↩ מוּשׁ

מֵישָׁא *m. PN* Mesha 1 Chr 8:9◦

מִישָׁאֵל *m. PN* Mishael

מִישׁוֹר & מִישֹׁר ↩ ישׁר *m.* even, firm, level ground, plain; sincerity, justice

מֵישַׁךְ *m. PN* Meshach Dan 1:7; 2:49; 3:12ff◦

מֵישַׁע *m. PN* Mesha 2 Kgs 3:4◦

מֵישָׁע *m. PN* Mesha 1 Chr 2:42◦

מֵישָׁרִים & מֵשָׁרִים ↩ ישׁר *m.* straight, even; light, smooth; right, just, upright, true; justice, truth

מֵיתָר *m.* tent cord, rope; bowstring Ps 21:13 - 4 מֵיתָרָיו מֵיתָרֶיךָ מֵיתָרַי מֵיתְרֵיהֶם

מַכְאוֹב ↩ כאב *m.* pain, suffering 2 מַכְאֹבִים מַכְאֹבֵינוּ מַכְאֹבָיו מַכְאֹבִי 4 מַכְאוֹבִים

מַכְבִּיר *m.* abundance, plenty pt. *hif.* ↩ כבר Job 36:31◦

מַכְבֵּנָה *m. PN* Machbenah 1 Chr 2:49◦

מַכְבַּנַּי *m. PN* Machbannai 1 Chr 12:14◦

מַכְבֵּר ← כבר *m.* cover, blanket 2 Kgs 8:15◦

מִכְבָּר ← כבר *m.* grating 1 מִכְבַּר

מַכָּה[B] ← נכה *f.* blow; stroke of fate, defeat, plague; hit, wound 1 מַכַּת 2 מַכִּים 4 מַכּוֹת מַכֹּתֶיהָ מַכֹּתֶיהָ מַכּוֹתֶיהָ מַכָּתִי מַכָּתוֹ מַכֵּהוּ מַכֹּתֶיךָ מַכֹּתֵךְ

מִכְוָה ← כוה *f.* burn, burn mark 1 מִכְוַת Lev 13:24.28◦

מָכוֹן ← כון *m.* place, site, location; support; foundation Ps 104:5 - 1 מְכוֹן 4 מְכוֹנוֹ מְכוֹנֵי מְכוֹנֶיהָ

מְכוֹנָה & מְכֹנָה ← כון *f.* place, site, location; base, ground; stand, support, rack 2 מְכֹנוֹת 4 מְכֻנָתָהּ מְכוֹנֹתָיו

מְכוּרָה *f.* origin, birth 4 מְכוּרָתָם מְכֹרֹתַיִךְ מְכֻרוֹתַיִךְ Ez 16:3; 21:35; 29:14 ◦

מָכִי *m. PN* Machi Num 13:15◦

מָכִיר *m. PN* Machir

מָכִירִי *pn* Macrite Num 26:29◦

מכך✓ *q* sink, disappear 7 וַיָּמֹכּוּ Ps 106:43◦
nif sag, sink 6 יִמַּךְ Ecc 10:18◦
hof be brought low 5 הֻמְּכוּ Job 24:24◦

מִכְלָא & מִכְלָה *f.* pen, fold 3 מִכְלְאוֹת 4 מִכְלְאֹתֶיךָ Ps 50:9; 78:70; Hab 3:17◦

מִכְלוֹל ← כלל *m.* glorious, splendid, perfect Ez 23:12; 38:4◦

מִכְלוֹת ← כלל *f.* purest, perfect (gold) 2 Chr 4:21◦

מִכְלָל ← כלל *m.* perfection 1 מִכְלַל Ps 50:2◦

מַכְלֻלִים ← כלל *m.* splendid robes Ez 27:24◦

מַכֹּלֶת ← אכל *f.* food, sustenance 1 Kgs 5:25◦

מִכְמַנִּים *m.* treasures 3 מִכְמַנֵּי Dan 11:43◦

מִכְמָס *pln* Michmas

מִכְמָר *m.* net 4 מַכְמֹרָיו Isa 51:20; Ps 141:10◦

מִכְמֶרֶת & מִכְמֹרֶת *f.* net 4 מִכְמַרְתּוֹ Isa 19:8; Hab 1:15f◦

מִכְמָשׁ *pln* → מִכְמָס

מִכְמְתָת *pln* Michmethath Jos 16:6; 17:7◦

מַכְנַדְבַי *m. PN* Machnadbai Ezr 10:40◦

מְכֹנָה I. & מְכוֹנָה ← כון *f.* place, site, location; base, ground; stand, support, rack 2 מְכֹנוֹת 4 מְכֻנָתָהּ מְכוֹנֹתָיו

מְכֹנָה II. *pln* Mechonah Neh 11:28◦

מִכְנָסַיִם *m.* underpants du. cstr. מִכְנְסֵי Ex 28:42◦

מֶכֶס *m.* levy, tax Num 31:28ff◦

מִכְסָה *f.* number, quantity Ex 12:4; total, amount Lev 27:23◦

מִכְסֶה ← כסה *m.* roof, canopy; ceiling, cover 1 מִכְסֵה 4 מִכְסֵהוּ

מְכַסֶּה ← כסה (pt. pi) *m.* blanket, clothing Isa 14:11; 23:18; layer of fat on the entrails, *omentum* Ex 29:13.22; Lev 3:3; 9:19 - 4 מְכַסֵּךְ מְכַסֶּיךָ

מַכְפֵּלָה *pln* Machpelah◦

1 st.c. sg. 2 st.a. pl. 3 st.c. pl. 4 with *epp* 5 SC 6 PC 7 narrative 8 inf.c. 9 inf.a. 10 imp. 11 part.

✓מכר[B] *q* sell; give, give away, give up, surrender 5 מָכַר מְכָרוֹ[e] מְכָרָם[e] מְכָרָנוּ[e] מְכַרְנוּ מָכְרָה
מְכָרוּם[e] 6 יִמְכֹּר יִמְכָּר־ תִּמְכְּרוּ נִמְכְּרֶנּוּ[e] 7
וַיִּמְכְּרֵם[e] וַיִּמְכְּרוּ 8 לִמְכּוֹר מָכְרָהּ[e] מִכְרָם[e] 9
מָכֹר 10 מִכְרָה מִכְרִי 11 מֹכֵר מוֹכֵר מֹכֶרֶת
מֹכְרִים וּמֹכְרֵיהֶן[e]

nif sell oneself, be sold 5 נִמְכַּר נִמְכְּרוּ נִמְכַּרְנוּ
6 יִמָּכֵר יִמָּכְרוּ 8 הִמָּכְרוֹ[e] 11 נִמְכָּרִים

hitp sell oneself, be sold 5 הִתְמַכֵּר וְהִתְמַכַּרְתֶּם
7 וַיִּתְמַכְּרוּ 8 הִתְמַכֶּרְךָ[e]

מֶכֶר *m.* purchase price, value Num 20:19; Prov 31:10; goods Neh 13:16 - 4 מִכְרָהּ מִכְרָם ◦

מַכָּר ← נכר *m.* acquaintance, friend 4 מַכָּרוֹ מַכָּרֵיכֶם 2 Kgs 12:6.8◦

מִכְרֶה *m.* pit 1 מִכְרֵה Zeph 2:9◦

מְכֵרָה ← כרת *f.* sword 4 מְכֵרֹתֵיהֶם Gen 49:5◦

מְכֹרָה origin → מְכוּרָה

מִכְרִי *m. PN* Michri 1 Chr 9:8◦

מְכֵרָתִי *pn* Mecheratithe 1 Chr 11:36◦

מִכְשׁוֹל & מִכְשֹׁל ← כשל *m.* obstacle 2 מִכְשֹׁלִים

מַכְשֵׁלָה ← כשל *f.* heap of ruins 2 מַכְשֵׁלוֹת Isa 3:6, Zeph 1:3◦

ⓘ Some translators read in Zeph 1:3 a verb form *I will make stumble* or understand the subst. in the sense of the previous lexeme as *obstacles, annoyances.*

מִכְתָּב ← כתב *m.* writing, document Ex 32:16; 39:30; 2 Chr 21:12; Song Isa 38:9 - 1 מִכְתַּב◦

מְכִתָּה *f.* coll. fragments 4 מְכִתָּתוֹ Isa 30:14◦

מִכְתָּם *pn* in psalm headings: Miktam; untranslated, others: song, prayer, epigram, golden jewel Ps 16; 56-60◦

מַכְתֵּשׁ *m.* cavity Jdg 15:19; mortar, mill Prov 27:22, also pln Zeph 1:11◦

מַל → מוּל

✓מָלֵא[B] *q* fill, be full, be filled 5 מָלֵא מָלְאוּ[e]
מָלְאָה מָלֵאתִי מָלֵתִי מָלְאוּ מָלוּ *p* מָלֵאוּ 6
יִמְלְאוּ תְּמַלְאֵמוֹ[e] 7 וַיִּמְלְאוּ 8 מְלֹאת מְלֹאות
מְלוֹאת 10 מִלְאוּ 11 מָלֵא מְלֵאִים

nif be filled; fulfilled, satisfied 6 יִמָּלֵא תִּמָּלְאִי *p*
תִּמָּלֵאִי יִמָּלְאוּ יִמָּלְאוּן 7 וַיִּמָּלֵא וַתִּמָּלֵא
וַתִּמָּלְאִי 11 נִמְלָא

pi fill, refill, fulfill, carry out; insert, set; with יַד a handful; also: filling the hands as an expression of consecration; shouting at the top of one's voice Jer 4:5; providing Jer 31:25 – 5
מִלָּא מִלֵּא מִלֵּאתָ מִלֵּאתָנִי[e] מִלֵּאתִי מִלֵּאתִיו[e]
מִלֵּאתִיךָ[e] מִלְאוּ מִלְאוּהָ[e] מִלְאוּךָ[e] וּמִלֵּאתֶם
מִלְאֲנוּ 6 יְמַלֵּא יְמַלֵּה תְּמַלֵּא וַאֲמַלְאֵהוּ[e]
תְּמַלֶּאנָה 7 וַיְמַלֵּא וַתְּמַלֵּא וַיְמַלְאוּ 8 מַלֵּא
מַלֹּאת מַלֹּאות מַלְאָם[e] 10 מַלֵּא מַלְאוּ 11
מְמַלֵּא מְמַלְאִים

pu be set with, adorned 11 מְמֻלָּאִים Song 5:14◦

hitp gather together against someone 6 יִתְמַלָּאוּן Job 16:10◦

מָלֵא *m.* & מְלֵאָה[B] *f.* ← מלא full, filled 1 מְלֵא מְלֵאֲתִי 2 מְלֵאִים 3 מְלֵאוֹת מְלֵאת

מְלֹא[B] ← מלא *m.* quantity; great quantity: richness, multitude; abundance 1 מְלוֹא מְלֹא מְלוֹ 4 מְלֹאוֹ מְלוֹאָהּ מְלֹאָהּ

1 st.c. sg. 2 st.a. pl. 3 st.c. pl. 4 with *epp* 5 SC 6 PC 7 narrative 8 inf.c. 9 inf.a. 10 imp. 11 part.

מִלֹּא & מִלּוֹא *pn* Millo, part of the fortification of Jerusalem, also *pln* 2 Kgs 12:21

מְלֵאָה ← מלא *f.* abundance, harvest, yield 4 מְלֵאָתְךָ Ex 22:28; Num 18:27; Dtn 22:9◦

מִלֻּאָה ← מלא *f.* setting, row 1 מִלֻּאַת 4 מִלֻּאֹתָם מִלּוּאֹתָם Ex 28:17.20; 39:13◦

מִלֻּאִים & מִלּוּאִים ← מלא *m.* set (of stones); filling (of the hand), consecration (of a priest) 4 מִלֻּאֵיכֶם

מַלְאָךְ[B] *m.* messenger, messenger of God, angel 1 מַלְאַךְ 2 מַלְאָכִים 3 מַלְאֲכֵי 4 מַלְאָכוֹ מַלְאֲכֵכֵה מַלְאָכֶיךָ מַלְאָכָיו מַלְאָכַי מַלְאָכֵךְ (2.sg.f.)

מְלָאכָה[B] *f.* work, business, craft, trade; skill, effort, matter; service, worship 1 מְלֶאכֶת מְלָאכֶת 3 מַלְאֲכוֹת 4 מְלַאכְתּוֹ מְלַאכְתְּךָ *p* מַלְאֲכוֹתֶיךָ מְלַאכְתֶּךָ

מַלְאָכוּת *f.* mission, message 1 מַלְאֲכוּת Hag 1:13◦

מַלְאָכִי *m. PN* Malachi Mal 1:1; 3:1◦

מִלֵּאת ← מלא *f.* setting (of eyes, like diamonds); others: abundance Song 5:12◦

מַלְבּוּשׁ ← לבשׁ *m.* clothing 4 מַלְבּוּשֵׁךְ מַלְבּוּשֵׁי מַלְבֻּשֵׁיהֶם

מַלְבֵּן ← לבן *m.* brickyard, brick mold, brick kiln 2 Sam 12:31 *qr.*; Nah 3:14; brick pavement Jer 43:9◦

מִלָּה → מלא

מִלָּה[B] ← מלל IV. *f.* word, utterance, speech; chatter Job 30:9 - 2 מִלִּים מִלִּין 4 מִלָּתוֹ מִלָּתִי מִלֵּיהֶם מִלַּי מִלֶּיךָ

מִלּוֹ & מִלּוֹא → מְלֹא

מִלּוּאָה → מְלֵאָה

מִלּוּאִים → מִלֻּאִים

מִלּוֹא *pn* Millo, part of the fortification of Jerusalem, also *pln* 2 Kgs 12:21

מַלּוּחַ *pn* a spinach plant, saltbush, orache Job 30:4◦

מַלּוּךְ *m. PN* Malluch

מְלוּכָה & מְלֻכָה[B] ← מלך *f.* kingdom

מַלּוּכִי *m. PN kt.*, Malluch Neh 12:14◦

מָלוֹן ← לין *m.* night's lodging, camp, quarters 1 מְלוֹן

מְלוּנָה ← לין *f.* hut, night, guard hut

מַלּוֹתִי *m. PN* Mallothi 1 Chr 25:4.26◦

מלח√ I. *nif* vanish 5 נִמְלָחוּ Isa 51:6◦

מלח√ ← מֶלַח II. *q* season, salt 6 תִּמְלָח Lev 2:13◦

pu be salted 11 מְמֻלָּח Ex 30:35◦

hof be rubbed with salt 5 הָמְלַחַתְּ 9 הָמְלֵחַ Ez 16:4◦

מֶלַח[B] *m.* salt

מְלֵחָה *f.* salty Jer 17:6; Ps 107:34; Job 39:6◦

מְלָחִים *m.* ragged clothes Jer 38:11f◦

מַלָּחִים ← מֶלַח *m.* seamen, sailors 4 מַלָּחַיִךְ מַלָּחֵיהֶם Ez 27:9.27.29; Jon 1:5◦

מִלְחָמָה[B] ← לחם *f.* battle, fight; with כְּלֵי war equipment; with אִישׁ warrior, fighter 2 מִלְחָמוֹת 3 מִלְחֲמוֹת מִלְחֶמֶת 4 מִלְחַמְתּוֹ מִלְחַמְתִּי מִלְחֲמֹתָם מִלְחֲמֹתֵינוּ

1 st.c. sg. 2 st.a. pl. 3 st.c. pl. 4 with *epp* 5 SC 6 PC 7 narrative 8 inf.c. 9 inf.a. 10 imp. 11 part.

ⓘ The word does not mean *war* in essence, because it refers to an action, not a state.

✓מלט[B] *nif* escape, save oneself, be saved 5 נִמְלַט p נִמְלָט נִמְלְטָה נִמְלַטְתִּי p נִמְלָטְתִּי
p נִמְלְטוּ p נִמְלָטוּ 6 יִמָּלֵט אִמָּלֵט יִמָּלְטוּ
11 הִמָּלֵט 8/9/10 וָאִמָּלְטָה וַיִּמָּלֵט 7 יִמָּלֵטוּ
נִמְלָטָה נִמְלָט

pi save, let escape, leave alone; lay eggs Isa 34:15
יְמַלְּטֵהוּ[e] יְמַלֵּט 6 מִלְּטָנוּ[e] מִלַּט־ מִלֵּט 5 -
מַלֵּט 8/9 וַיְמַלְּטוּ וַתְּמַלֵּט 7 אֲמַלֶּטְךָ[e] אֲמַלֵּט
מְמַלְּטִים מְמַלֵּט 11 מַלְּטוּ מַלְּטִי מַלְּטָה 10

hif save, rescue Isa 31:5; deliver Isa 66:7 - 5 הִמְלִיטָה הִמְלִיט◦

hitp escape, others: be bare Job 19:20; spray, leap forth Job 41:11- 6 יִתְמַלָּטוּ 7 וָאֶתְמַלְּטָה◦

מֶלֶט *m.* mortar, plaster Jer 43:9◦

מְלַטְיָה *m. PN* Melatiah Neh 3:7◦

מְלִיכוּ *m. PN* Neh 12:14 *qr.*; Malluch◦

מְלִילֹת *f.* ears, heads (of grain) Dtn 23:26◦

מִלִּין ↩ מִלָּה

מֵלִיץ pt. hif ↩ ליץ teacher, speaker, spokesman, mediator Isa 43:27; Job 33:23; 2 Chr 32:31; interpreter Gen 42:23 - 3 מְלִיצֵי 4 מְלִיצַי מְלִיצֶיךָ

מְלִיצָה ↩ ליץ *f.* mocking verse; parable Hab 2:6; Prov 1:6◦

✓מלך[B] I. *q* reign, be, become king 5 מָלַךְ p
מָלָךְ מָלַכְתָּ מָלְכוּ 6 יִמְלֹךְ יִמְלָךְ־ תִּמְלֹךְ
וַיִּמְלֹךְ 7 יִמְלֹכוּ אֶמְלוֹךְ תִּמְלוֹךְ וַיִּמְלָךְ־
10 מְלֹךְ 9 מָלְכוּ[e] מְלָךְ־ מְלֹךְ 8 וַיִּמְלְכוּ
מְלָךְ־ מָלְכָה מָלְכִי 11 מֹלֵךְ מֹלֶכֶת

hif make someone king, queen 5 הִמְלִיךְ
הִמְלַכְתָּ הִמְלַכְתַּנִי[e] הִמְלַכְתִּי הִמְלַכְתִּיךָ[e]
וַיַּמְלִכֵהוּ[e] וַיַּמְלֵךְ 7 נַמְלִיךְ אַמְלִיךְ 6 הִמְלִיכוּ
מַמְלִיךְ 11 הַמְלִיכוּ[e] הַמְלִיךְ 8 וַיַּמְלִיכֶהָ[e]

hof become king 5 הָמְלַךְ Dan 9:1◦

מלך II. *nif* with לֵב consult with oneself 7 וַיִּמָּלֵךְ Neh 5:7◦

מֶלֶךְ[B] ↩ מלך I. *m.* king 2 מְלָכִים מְלָכִין
מַלְכְּךָ מַלְכָּהּ מַלְכּוֹ 4 מַלְכֵי 3 מְלָאכִים
מַלְכֵיכֶם מַלְכֵיהֶם מַלְכֵּנוּ מַלְכָּם מַלְכִּי
מְלָכֵינוּ

מֶלֶךְ II. *m. PN* Melech 1 Chr 8:35; 9:41◦

מֹלֶךְ *pn* an idol, according to the Latin tradition Moloch

ⓘ The Masoretic tradition punctuates the word after בֹּשֶׁת *shame.*

מַלְכֹּדֶת ↩ לכד *f.* net, trap 4 מַלְכֻּדְתּוֹ Job 18:10◦

מַלְכָּה[B] ↩ מלך *f.* queen 1 מַלְכַּת 2 מְלָכוֹת

מִלְכָּה *f. PN* Milkah

מְלוּכָה[B] & מְלֻכָה ↩ מלך *f.* kingdom

מַלְכוּת[B] ↩ מלך *f.* kingship, kingdom; royal 2 מַלְכֻיוֹת 4 מַלְכֻתוֹ מַלְכוּתֶךָ מַלְכוּתִי

מַלְכִּיאֵל *m. PN* Malkiel

מַלְכִּיאֵלִי *pn* Malkielite Num 26:45◦

מַלְכִּיָּה & מַלְכִּיָּהוּ *m. PN* Malkiah

מַלְכִּי־צֶדֶק *m. PN* Melchizedek Gen 14:18; Ps 110:4◦

מַלְכִּירָם *m. PN* Malkiram 1 Chr 3:18◦

1 st.c. sg. 2 st.a. pl. 3 st.c. pl. 4 with *epp* 5 SC 6 PC 7 narrative 8 inf.c. 9 inf.a. 10 imp. 11 part.

מַלְכִּישׁוּעַ & מַלְכִּי־שׁוּעַ *m. PN* Malkischua

מַלְכָּם *m. PN* Malkam 1 Chr 8:9◦

מִלְכֹּם *pn* an Ammonite idol, Milkom

מַלְכֶם *kt.* Isa 3:15; *qr.* מַה־לָּכֶם◦

מַלְכֵּן 2 Sam 12:31 *kt.*; *qr.* ↪ מַלְבֵּן brickyard, brick kiln◦

מַלְכֹת ↪ מַלְכוּת

מְלֶכֶת ↩ מלך queen Jer 7:18; 44:17ff◦

מֹלֶכֶת *f. PN* Molecheth 1 Chr 7:18◦

מלל✓ I. *q* dry up, wither away 6 יִמָּלוּ יִמַּל 7 וַיִּמָּל Ps 37:2; Job 14:2; 18:16; 24:24◦

pol wilt, wither 6 יְמוֹלֵל Ps 90:6◦

hitpol wilt, wither 6 יִתְמֹלָלוּ Ps 58:8 (others ↪ II.)◦

מלל✓ II. *q* circumcise 10 מֹל Jos 5:2 (others ↪ מול)◦

nif. be circumcised 5 נְמַלְתֶּם Gen 17:11 (others: ↪ מול)◦

hitpol be cut off, blunt 6 יִתְמֹלָלוּ Ps 58:8 (others ↪ I.)

מלל✓ III. *q* signal (with one's feet) 11 מֹלֵל Prov 6:13◦

מלל✓[B] IV. *pi* say, tell 5 מִלֵּל 6 מִלְּלוּ יְמַלֵּל תְּמַלֵּל- Gen 21:7; Ps 106:2; Job 8:2; 33:3◦

מִלְלַי *m. PN* Milalai Neh 12:36◦

מַלְמָד ↩ למד *m.* spiked stick, oxgoad 1 מַלְמַד Jdg 3:31◦

מלץ✓ *nif* be delicious, sweet 5 נִמְלְצוּ Ps 119:103◦

מֶלְצַר *m.* guardian, overseer Dan 1:11.16◦

מלק✓ *q* cut off, nip off 5 וּמָלַק Lev 1:15; 5:8◦

מַלְקוֹחַ ↩ לקח I. *m.* spoil, booty Num 31:11ff; Isa 49:24f◦

מַלְקוֹחַ ↩ לקח II. *m.* palate 4 מַלְקוֹחָי Ps 22:16◦

מַלְקוֹשׁ *m.* late rain

מֶלְקָחַיִם ↩ לקח *m.* pliers, wick trimmer 4 מַלְקָחֶיהָ

מֶלְתָּחָה *f.* wardrobe, dressing room 2 Kgs 10:22◦

מַלְתָּעוֹת *f.* fangs Ps 58:7 ↪ מְתַלְּעוֹת◦

מַמְּגֻרוֹת *f.* storage, granary Joel 1:17◦

מֵמַד ↩ מדד *m.* measure, measurement 4 מְמַדֶּיהָ Job 38:5◦

מְמוּכָן *m. PN* Memuchan Est 1:14.16.21◦

מְמוֹתִים ↩ מות death Jer 16:4; Ez 28:8; bodies 2 Kgs 11:2 *kt.*; *qr:* pt. *hof* ↪ מות be murdered 2 הַמּוּמָתִים 3 מְמוֹתֵי

מַמְזֵר *m.* of illegitimate origin Dtn 23:3; Zec 9:6◦

מִמְכָּר ↩ מכר *m.* sale; the sold 1 מִמְכַּר 4 מִמְכָּרָיו מִמְכָּרוֹ

מִמְכֶּרֶת ↩ מכר *f.* sale Lev 25:42◦

מַמְלָכָה[B] ↩ מלך *f.* kingdom; royal power 1 מַמְלֶכֶת 2 מַמְלָכוֹת 3 מַמְלְכוֹת 4 מַמְלַכְתּוֹ מַמְלַכְתִּי מַמְלַכְתֶּךָ

מַמְלָכוּת ↩ מלך *f.* kingdom; royal power 1 מַמְלְכוּת

1 st.c. sg. 2 st.a. pl. 3 st.c. pl. 4 with *epp* 5 SC 6 PC 7 narrative 8 inf.c. 9 inf.a. 10 imp. 11 part.

מִמְסָךְ *m.* mixed wine, libation Isa 65:11; Prov 23:30◦

מִמֶּן ↪ מִן

מֶמֶר ↩ מרר *m.* bitterness, grief Prov 17:25◦

מַמְרֵא *m. PN* & *pln* Mamre

מַמְּרוֹרִים ↩ מרר *m.* bitterness, sadness Job 9:18◦

מִמְשַׁח ↩ משח *m.* anointed; others: stretched out Ez 28:14◦

מִמְשָׁל ↩ משל *m.* power, dominion 2 מִמְשָׁלִים Dan 11:3.5; pl. rulers 1 Chr 26:6◦

מֶמְשָׁלָה[B] ↩ משל *f.* sovereignty, rule, dominion 1 מֶמְשֶׁלֶת 2 מֶמְשָׁלוֹת 4 מֶמְשַׁלְתְּךָ מֶמְשַׁלְתּוֹ מַמְשְׁלוֹתָיו

מִמְשָׁק *m.* place, field 1 מִמְשַׁק Zeph 2:9◦

מַמְתַקִּים *m.* sweet, sweetness Song 5:16; Neh 8:10◦

מָן[B] I. *m.* Manna 4 מַנְךָ

ⓘ Manna is the sugary secretion of the shield-lice, with which she wraps her eggs.

מָן II. wordplay with I. Ex 16:15 what?◦

מֵן I. ↩ מנה *m.* portion 4 מְנֵהוּ Ps 68:24◦

מֵן II. *m.* stringed instrument 2 מִנִּים מִנִּי Ps 45:9; 150:4◦

מִן[B] & (rarely) **מִנִּי** & **מִנֵּי** preposition of separation: from, from away, out of; without; since; marks the point from which something is evaluated: too (large, heavy); (larger, heavier) than 4 מִמֵּךְ מִמֶּךָּ *p* מִמְּךָ מִמֶּנָּה מִמֵּנָּה מֶנְהוּ מִמֶּנּוּ מִנְּהֶם מֵהֵמָּה מֵהֶם מִכֶּם מֶנִּי *p* מִנִּי מִמֶּנִּי מִמֶּנּוּ מֵהֶן מֵהֵנָּה

מְנָאוֹת *f.* portions Neh 12:44 ↪ מְנַת◦

מַנְגִּינָה *f.* taunt 4 מַנְגִּינָתָם Lam 3:63◦

√ **מנה**[B] *q* count; add, transfer, number; discard; count correctly, consider 5 מָנִיתִי מָנָה 6 תִּמְנֶה 7 וַיִּמְנוּ 8 מְנוֹת 10 מְנֵה 11 מוֹנֶה
nif be counted 5 נִמְנָה 6 יִמָּנֶה יִמָּנוּ 8 הִמָּנוֹת
pi allocate, assign, provide; determine Dan 1:5; let grow Jon 2:5; 4:6ff - 5 מִנּוּ מִנָּה 7 וַיְמַן 10 מַן
pu be appointed 11 מְמֻנִּים 1 Chr 9:29◦

מָנֶה a weight: mina, about 570 grams 2 מָנִים 1 Kgs 10:17; Ez 45:12; Ezr 2:69; Neh 7:71f◦

מָנָה ↩ מנה *f.* part, share, portion 2 מָנוֹת 4 מְנוֹתֶהָ

מֹנֶה ↩ מנה *m.* time 2 מֹנִים Gen 31:7.41◦

מִנְהָג ↩ נהג *m.* driving 1 מִנְהַג 2 Kgs 9:20◦

מִנְהָרוֹת *f.* dens, hiding places Jdg 6:2◦

מָנוֹד *m.* shaking 1 מְנוֹד Ps 44:15◦

מָנוֹחַ[B] ↩ נוח I. *m.* rest, resting place 1 מְנוֹחַ 4 מְנוּחָיְכִי (2.sg.f.)

מָנוֹחַ II. *m. PN* Manoach Jdg 13:2ff; 16:31◦

מְנוּחָה & **מְנֻחָה**[B] ↩ נוח *f.* rest, resting place, residence; comfort, reassurance 2 מְנוּחֹת מְנֻחוֹת 4 מְנוּחָתֶךָ מְנוּחָתִי מְנֻחָתוֹ

מָנוֹן *m.* recalcitrant, ungrateful Prov 29:21◦

מָנוֹס[B] ↩ נוס *m.* escape, refuge 4 מְנוּסִי

מְנוּסָה[B] ↩ נוס *f.* escape, haste 1 מְנֻסַת Lev 26:36; Isa 52:12◦

מָנוֹר *m.* weaver's beam 1 מְנוֹר

מְנוֹרָה[B] *f.* lampstand, menorah 1 מְנֹרַת מְנוֹרַת 2 מְנֹרוֹת

מִנְּזָרִים *m.* guards 1 מִנְּזָרַיִךְ Nah 3,17◦

מֻנָּח ← נוח *m.* free space Ez 41:9.11◦

מִנְחָה[B] *f.* gift, offering, tribute; *pn* a sacrifice: Minchah, grain offering 1 מִנְחַת 4 מִנְחָתוֹ מִנְחָתֵךְ מִנְחֹתֵיךְ מִנְחָתִי מִנְחָתְךָ *p* מִנְחָתֶךָ מִנְחֹתֵיכֶם

מְנוּחָה ← מְנֻחָה

מְנַחֵם *m. PN* Menahem 2 Kgs 15:14ff◦

מָנַחַת *m. PN* & *pln* Manahath Gen 36:23; 1 Chr 1:40; 8:6◦

מָנַחְתִּי *pn* Manahathite 1 Chr 2:54◦

מְנִי *pn* an idol, Meni Isa 65:11◦

מִנִּי I. ← מִן & מֵן

מִנִּי II. *pln* Minni Jer 51:27◦

מִנֵּי ← מִן

מְנָיוֹת pl. ← מְנָת shares, portions

מֹנִים ← מנה times Gen 31:7.41◦

מִנְיָמִין *m. PN* Minjamin

מִנִּית *pln* Minnit Jdg 11:33; Ez 27:17◦

ⓘ In Ez 27:17 some scholars understand the term חִטֵּי מִנִּית as a loanword for *rice*.

מִנְלֶם *m.* property, possession Job 15:29◦

מְנֻסָה ← מְנוּסָה escape, haste

מנע✓ *q* withhold; deprive, hinder, refuse, deny; spare, preserve 5 מָנַע מָנְעֲךָ[e] מְנָעַנִי[e] מָנַעְתְּ מָנַעְתִּי מָנְעוּ 6 יִמְנַע יִמְנָעֵנִי[e] יִמְנָעֶנָּה[e] יִמְנַע 7 אֶמְנַע 10 מְנַע מִנְעִי 11 מֹנֵעַ וָאֶמְנַע

nif being held back, hindered, denied, deterred 5 נִמְנַע 6 יִמָּנַע תִּמָּנַע 7 וַיִּמָּנְעוּ

מַנְעוּל ← מנע *m.* lock, bolt 4 מַנְעֻלָיו מַנְעוּלָיו Song 5:5; Neh 3:3ff◦

מִנְעָל ← מנע *m.* bolt 4 מִנְעָלֶךָ Dtn 33:25◦

מַנְעַמִּים ← נעם *m.* delicacies 4 מַנְעַמֵּיהֶם Ps 141:4◦

מְנַעַנְעִים an instrument, sistrum, rattle 2 Sam 6:5◦

מְנַצֵּחַ pt. ← נצח choir master

מְנַקִּית & מְנַקִּיּוֹת *f.* bowls, cups 4 מְנַקִּיֹּתָיו Ex 25:29; 37:16; Num 4:7; Jer 52:19◦

מֵנֶקֶת pt. *hif* ← ינק nurse

מְנֹרָה & מְנוֹרָה[B] *f* lampstand, lamp, menorah 1 מְנֹרַת מְנוֹרַת 2 מְנֹרוֹת

מְנַשֶּׁה *m. PN* Manasse

מְנַשִּׁי *pn* Manassite

מְנָת ← מנה *f.* part, share, portion 3 מְנָאוֹת מְנָיוֹת

מָס *m.* desperate Job 6:14◦

מַס *m.* compulsary labour, heavy burden; tribute, tax 2 מִסִּים

מֵסַב ← סבב *m.* circle, round, table Song 1: 12; surrounding, neighbourhood 2 Kgs 23:5; all around 1 Kgs 6:29; surround, encircle Ps 140:10 - 3 מְסִבֵּי 4 מְסִבּוֹ מְסִבָּי◦

מְסִבּוֹת ← סבב *f.* back and forth, all around Job 37:12◦

מַסְגֵּר ← סגר I. *m.* blacksmith

1 st.c. sg. 2 st.a. pl. 3 st.c. pl. 4 with *epp* 5 SC 6 PC 7 narrative 8 inf.c. 9 inf.a. 10 imp. 11 part.

מַסְגֵּר ← סגר II. *m.* prison, dungeon Isa 24:22; 42:7; Ps 142:8◦

מַסְגֶּרֶת ← סגר I. *f.* castle 4 מִמִּסְגְּרוֹתָם מִסְגְּרֹתֵיהֶם 2 Sam 22:46; Mi 7:17; Ps 18:46

מִסְגֶּרֶת II. *f.* edge, ledge 2 מִסְגְּרוֹת 4 מִסְגְּרֹת מִסְגְּרֹתֵיהֶם מִסְגַּרְתּוֹ

מַסַּד ← יסד *m.* foundation, ground 1 Kgs 7:9◦

מִסְדְּרוֹן *m.* anteroom, side room Jdg 3:23◦

✓מסה *hif* let overflow, wet Ps 6:7; melt Ps 147:18, with לֵב let melt Jos 14:8; dissolve Ps 39:12 - 5 הִמְסִיו[e] 6 אַמְסֶה 7 וַתֶּמֶס וַיַּמְסֵם[e]◦

מַסָּה ← נסה I. *f.* despair Job 9:23; trial of strength, testing Dtn 4:34; 7:19; 24:2 - 1 מַסַּת 2 מַסּוֹת מַסֹּת◦

מַסָּה II. *pln* Massah Ex 17:7; Dtn 6:16; 9:22; 33:8; Ps 95:8◦

מִסָּה *f.* accordingly, proportional 1 מִסַּת Dtn 16:10◦

מַסְוֶה *m.* veil, blanket Ex 34:33-35◦

מְסוּכָה *f.* thorn hedge Mi 7:4◦

מַסּוֹת & מַסֹּת ← נסה *f.* testings, trials of strength Dtn 4:34; 7:19; 29:2◦

מַסָּח alternating 2 Kgs 11:6◦

מִסְחָר *m.* income, profit 1 מִסְחַר 1 Kgs 10:15◦

✓מסך *q* mix, blend, pour 5 מָסַךְ מָסַכְתִּי 8 מְסֹךְ Isa 5:22; 19:14; Ps 102:10; Prov 9:2.5◦

מֶסֶךְ *m.* spiced, mixed wine Ps 75:9◦

מָסָךְ *m.* blanket, curtain 1 מְסַךְ

מְסֻכָה ← נסך II. *f.* jewellery, covering 4 מְסֻכָתֶךָ Ez 28:13f◦

מַסֵּכָה[B] I. ← נסך I. *f.* cast, cast idol; with נסך make an alliance Isa 30:1 - 1 מַסֵּכַת 2 מַסֵּכוֹת 4 מַסֵּכֹתָם

מַסֵּכָה II. ← נסך II. *f.* cover, blanket Isa 25:7; 28:20◦

מִסְכֵּן ← סכן *m.* poor Ecc 4:13; 9:15f◦

מְסֻכָּן pt. *pu* ← סכן impoverished Isa 40:20◦

מִסְכְּנוֹת *f.* storage, granary, reserve

מִסְכֵּנֻת ← סכן *f.* meagreness Dtn 8:9◦

מַסֶּכֶת *f.* warp threads (of a loom) *p* מַסָּכֶת Jdg 16,13f◦

מְסִלָּה[B] ← סלל *f.* street 1 מְסִלַּת 2 מְסִלּוֹת 4 מְסִלֹּתַי מִמְּסִלּוֹתָם מְסִלָּתוֹ

מַסְלוּל ← סלל *m.* highway Isa 35:8◦

מַסְמְרוֹת & מַסְמְרִים & מִסְמְרוֹת & מִסְמְרִים *m.* nail, stake, peg

✓מסס *q* vanish, fade away, lose heart 8 מְסֹס Isa 10:18; 8:6: מְשׂוֹשׂ◦

nif melt away, weaken, despair 5 נָמַס *p* נָמֵס נָמַסּוּ 6 יִמַּס *p* יִמָּס 7 וַיִּמַּס וַיִּמַּסּוּ 8/9 הִמֵּס 11 נָמֵס

hif discourage, demotivate 5 הֵמַסּוּ Dtn 1:28◦

מַסָּע ← נסע *m.* departure, journey, route, station 3 מַסְעֵי 4 מַסָּעָיו מַסְעֵיהֶם

מַסָּע *m.* hewn stones 1 Kgs 6:7; as weapon: projectile, dart Job 41:18◦

מִסְעָד *m.* parapet 1 Kgs 10:12◦

מִסְפֵּד ← ספד *m.* mourn 1 מִסְפַּד 4 מִסְפְּדִי

1 st.c. sg. 2 st.a. pl. 3 st.c. pl. 4 with *epp* 5 SC 6 PC 7 narrative 8 inf.c. 9 inf.a. 10 imp. 11 part.

מִסְפּוֹא *m.* fodder

מִסְפָּחוֹת *f.* veils, scarves 4 מִסְפְּחֹתֵיכֶם Ez 13:18.21◦

מִסְפַּחַת *f.* rash Lev 13:6ff◦

מִסְפָּר[B] ← ספר I. *m.* number, quantity; enumeration, narrative; מְתֵי מִסְפָּר few people 1 מִסְפַּר 3 מִסְפְּרֵי 4 מִסְפָּרָם מִסְפַּרְכֶם

מִסְפָּר II. *m. PN* Ezr 2:2; read with Neh 7:7 Mispereth◦

מִסְפֶּרֶת *m. PN* Mispereth Neh 7:◦

מסר✓ *q* entice away 8 לִמְסָר־ Num 31:16◦

nif select, put aside 7 וַיִּמָּסְרוּ Num 31:5◦

מֹסָר ← יסר *m.* warning 4 מֹסָרָם Job 33:16◦

מֹסֵרוֹת *pln* Moseroth Num 33:30f◦

מָסֹרֶת ← מסר *f.* band, obligation, tradition Ez 20:37◦

מַסֹּת & **מַסּוֹת** ← נסה *f.* tests, trials Dtn 4:34; 7:19; 29:2◦

מִסְתּוֹר ← סתר *m.* shield, protection Isa 4:6◦

מַסְתֵּר ← סתר *m.* hiding (of the face) Isa 53:3◦

מִסְתָּר ← סתר *m.* hidden, covert; what is hidden, secret; hiding place 2 מִסְתָּרִים 4 מִסְתָּרָיו

מַעֲבָד ← עבד *m.* work, deed 4 מַעְבָּדֵיהֶם Job 34:25◦

מַעֲבֶה *m.* clay mold, others: foundry 1 מַעֲבֵה 1 Kgs 7:46◦

מַעֲבָר ← עבר *m.* blow, sweep Isa 30:32; ford Gen 32:23; narrow path 1 Sam 13:23 - 1 מַעֲבַר◦

מַעְבָּרָה[B] ← עבר *f.* ford, crossing; narrow path 2 מַעְבָּרוֹת 3 מַעְבְּרוֹת

מַעְגָּל I. *m.* barricade, circle of a camp 1 Sam 17:20; 26:5.7◦

מַעְגָּל II. *m.* & *f.* path, lane; track 1 מַעְגַּל 3 מַעְגְּלֵי 4 מַעְגָּלֶיךָ מַעְגְּלֹתָיו מַעְגְּלֹתֶיהָ מַעְגְּלוֹתָם מַעְגְּלוֹתֶיךָ

מעד✓ *q* slip, stagger, waver 5 מָעֲדוּ 6 תִּמְעַד 11 מוֹעֲדֵי אֶמְעָד

pu be unsteady 11 מוּעָדֶת Prov 25:19◦

hif let stumble 9/10 הַמְעַד Ps 69:24◦

מֹעֵד → מוֹעֵד

מַעֲדַי *m. PN* Maadai Ezr 10:34◦

מַעַדְיָה *m. PN* Maadiah Neh 12:5◦

מַעֲדַנִּים ← עדן *m.* delicacy; joy 3 מַעֲדַנֵּי Gen 49:20; Lam 4:5; Prov 29:17◦

מַעֲדַנּוֹת *f.* chain of the Pleiades, Seven Sisters Job 38:31; in chains, others: trembling 1 Sam 15:32◦

מַעְדֵּר *m.* mattock, hoe Isa 7:25◦

מָעָה *f.* grain 4 מְעֹתָיו Isa 48:19◦

מֵעֶה[B] *m.* the inside, fig. the seat of the emotions: the innermost being; intestines, bowels; body, stomach 2 מֵעִים 3 מְעֵי 4 מֵעָיו מֵעֶיךָ מֵעֵיהֶם *p* מֵעָי מֵעַי◦

מָעוֹג *m.* cake; others: stock 1 Kgs 17:12; unclear Ps 35:16, possibly with לַעֲגֵי scrounger◦

מָעוֹז ← עזז *m.* strength, refuge, fortress, castle 1 מָעוֹז 2 מָעֻזִּים 3 מָעוּזֵּי 4 מָעֻזּוֹ מָעוּזּוֹ מָעֻזָּהּ מָעֻזֵּךְ מָעֻזִּי מָעוּזִּי מָעֻזֶּהָ מָעֻזָּם מָעוּזָּם מָעֻזְּכֶם מָעֻזְּכֶן

מְעֻטָּה *f.* polished, sharpened; others: wrapped (passive formation of the following word) Ez 21:20◦

מַעֲטֶה ↩ עטה *m.* wrap, coat 1 מַעֲטֵה Isa 61:3◦

מַעֲטָפוֹת *f.* coats, capes Isa 3:22◦

מְעִי *m.* debris, heap of stones Isa 17:1◦

מָעַי *m. PN* Maai Neh 12:36◦

מְעִיל *m.* robe, coat 2 מְעִילִים 4 מְעִילוֹ מְעִלוֹ מְעִילֵיהֶם מְעִילְךָ

מַעְיָן *m.* spring, well 1 מַעְיַן מַעְיְנוֹ 2 מַעְיָנִים מַעְיָנוֹ 4 מַעְיְנֹת מַעְיְנוֹת מַעְיְנֵי מַעְיָנֵי 3 מַעְיָנוֹת מַעְיָנַי מַעְיְנֹתֶיךָ

מְעִינִים *pn* 1 Chr 4:41 *kt.*; *qr.* ↩ מְעוּנִים Meunite◦

מעך✓ *q* pt. squashed Lev 22:24; stuck 1 Sam 26:7 - 11 pass. מְעוּכָה מָעוּךְ◦

pu touch, press 5 מֹעֲכוּ Ez 23:3◦

מַעֲכָה & **מַעֲכָת** *m.* & *f. PN* & *pln* Maachah

מַעֲכָתִי *pn* Maachatite

מעל[B]✓ *q* misappropriate, misuse, miss; be unfaithful, disloyal 5 מָעַל מָעֲלָה מָעַלְתְּ מָעֲלָת מָעֲלוּ *p* מְעַלְתֶּם מְעַלְנוּ 6 מָעֲלוּ יִמְעַל תִּמְעֹל תִּמְעֲלוּ תִּמְעֲלוּ 7 וַיִּמְעַל וַתִּמְעֹל וַיִּמְעֲלוּ 8 מְעֹל מְעוֹל מָעוֹל 9 מַעֲלָם[e] לִמְעָל־

מַעַל I. ↩ מעל *m.* failure, deceit, fraud, treachery, unfaithfulness *p* מָעַל 4 מַעֲלוֹ מַעְלוֹ מַעֲלָם

מַעַל II. ↩ עלה above, on top of, from above; then, from then on, further on; usually with מִן: מִמַּעַל; with מִן & לְ & ה-locale: מִלְמַעְלָה;

מָעוֹזֶן ↩ עזז *m.* fortress, castle 4 מָעֻזְנֶיהָ Isa 23:11; others suppose a var. of the preceeding word◦

מָעוֹךְ *m. PN* Maoch 1 Sam 27:2◦

מָעוֹן I. *m.* refuge Ps 90:1◦

מָעוֹן ↩ עון II. *m.* dwelling place, hideaway, cave 1 מְעוֹן 4 מְעוֹנוֹ מְעוֹנֵךְ

מָעוֹן III. *m. PN* & *pln* Maon

מְעוֹנָה & **מְעֹנָה** ↩ עון *f.* home, hiding place, cave 2 מְעוֹנוֹת מְעֹנוֹת 4 מְעוֹנָתוֹ מְעֹנָתוֹ מְעוֹנֹתֵינוּ מְעֹנֹתָיו מְעוֹנֹתָיו

מְעוּנִים *pn* Meunites

מְעוֹנֹתַי *m. PN* Meonotai 1 Chr 4:14◦

מָעוּף *m.* darkness 1 מְעוּף Isa 8:22◦

מָעוֹר *m.* nakedness, shame 4 מְעוֹרֵיהֶם Hab 2:15◦

מָעֹז strength, fortress ↪ מָעוֹז

מַעַזְיָה & **מַעַזְיָהוּ** *m. PN* Maaziah Neh 10:9; 1 Chr 24:18◦

מעט[B]✓ *q* be (too) small, few, little; become less, decrease, diminish, lessen 6 יִמְעַט *p* יִמְעָט מְעֹט 8 תִּמְעָטוּ יִמְעָטוּ *p* יִמְעָטוּ

pi be (too) few 5 מִעֲטוּ Ecc 12:3◦

hif reduce, diminish; collect, gather little; fig. make less, exterminate 5 הִמְעַטְתִּים[e] הִמְעִיטָה 6 יַמְעִיט תַּמְעִיטֵנִי[e] תַּמְעִיטִי תַּמְעִיטוּ 11 מַמְעִיט

מְעַט & **מְעָט**[B] ↩ מעט *m.* little; short (time); almost, nearly 1 מְעַט 2 מְעַטִּים

מַעַן[B] always with לְ: לְמַעַן so that, in order that; because; for this reason, with regard to 4 לְמַעַנְכֶם לְמַעֲנִי לְמַעַנְךָ

מַעֲנֶה I. ← ענה m. answer 1 מַעֲנֵה Mi 3:7; Prov 15:1.23; 16:1; Job 32:3.5◦

מַעֲנֶה II. m. purpose 4 מַעֲנֵהוּ Prov 16:4◦

מַעֲנָה f. field, area 1 Sam 14:14; furrow Ps 129:3 - 4 מַעֲנִיתָם qr. מַעֲנוֹתָם kt.◦

מְעֹנָה & מְעוֹנָה f. dwelling, hiding place, refuge, cave 2 מְעֹנוֹת מְעוֹנוֹת 4 מְעוֹנָתוֹ מְעֹנָתוֹ מְעוֹנֹתֵינוּ מְעֹנֹתָיו מְעוֹנֹתָיו

מַעֲנִית Ps 129:3 qr.; kt ↪ מַעֲנָה furrow◦

מַעַץ m. PN Maaz 1 Chr 2:27◦

מַעֲצֵבָה ← עצב f. place of pain, agony Isa 50:11◦

מַעֲצָד ← עצד m. cutting tool, knife, axe Isa 44:12; Jer 10:3◦

מֹעֵצוֹת & מוֹעֵצוֹת ← יעץ f. advice, counsel; plan 4 מֹעֲצוֹתָם מֹעֲצֹתֵיהֶם

מַעְצוֹר ← עצר m. difficulty 1 Sam 14:6◦

מַעְצָר ← עצר m. control Prov 25:28◦

מַעֲקֶה m. railing, parapet Dtn 22:8◦

מַעֲקַשִּׁים ↪ עקשׁ m. crooked ways, rugged places Isa 42:16◦

מַעַר ↪ ערה m. free space, place כְּמַעַר־אִישׁ *wherever there was a bare space* 1 Kgs 7:36; nakedness Nah 3:5 - 4 מַעְרֵךְ◦

מַעֲרָב ← ערב I. m. trade, goods 4 מַעֲרָבֵךְ מַעֲרָבֵי מַעֲרָבֵיִךְ

מַעֲרָב ← ערב II. m. sunset, west, westward

מַעְלָה מָּעְלָה Dtn 28:43 higher and higher; p מָעַל

מֵעַל מִן + עַל from (above)

מֹעַל ← עלה m. raised Neh 8:6◦

מַעֲלֶה ← עלה m. the going up, ascent; stairs, staircase; stairway, steps; platform 1 מַעֲלֵה 4 מַעֲלָיו מַעֲלוֹ

מַעֲלָה[B] ← עלה f. the going up, ascent; departure, return; pilgrimage; step, stairs; (hand, step of the) sundial; (arising) thoughts; the coming, future 1 Chr 17:17 - 2/3 מַעֲלוֹת 4 מַעֲלֹתָו מַעֲלֹתֵהוּ מַעֲלוֹתָו

ⓘ שִׁיר הַמַּעֲלוֹת pilgrimage song Ps 120-134; others: stepladder, pedestal of the choir master or (raised) choir

מַעְלָה ↪ מַעַל + ה-locale

מַעֲלִיל Zec 1:4 kt.; qr. ↪ מַעֲלָלִים

מַעֲלָלִים[B] ← עלל m. deeds, mostly neg.: evil deeds 3 מַעַלְלֵי 4 מַעֲלָלָיו מַעֲלָלֶיךָ מַעֲלָלֵינוּ מַעַלְלֵיכֶם מַעַלְלֵיהֶם

מֵעִם ← מִן + עִם from, away... from

מַעֲמָד ← עמד m. attendance, service; office, post; place, position 1 מַעֲמַד 4 מַעֲמָדָם מַעֲמָדְךָ

מָעֳמָד ← עמד m. firm ground, foothold Ps 69:3◦

מַעֲמָסָה ← עמס f. with אֶבֶן heavy, burdensome Zec 12:3◦

מַעֲמַקִּים ← עמק m. depth 3 מַעֲמַקֵּי Isa 51:10; Ez 27:34; Ps 69:3.15; 130:1◦

1 st.c. sg. 2 st.a. pl. 3 st.c. pl. 4 with *epp* 5 SC 6 PC 7 narrative 8 inf.c. 9 inf.a. 10 imp. 11 part.

ⓘ Isa 45:6 וּמִמַּעֲרָבָה some scholars read an *epp*, others a ה-locale or *f.*

מַעֲרֶה *m.* free space, clearing, hiding place 1 מַעֲרֵה; others: *pln* Maare-Geba or the next word Jdg 20:33◦

מְעָרָה *f.* cave 1 מְעָרַת 2/3 מְעָרוֹת

ⓘ In Isa 32:14 some translators read מְעָרָה II. *ruined.*

מַעֲרָךְ ← ערך *m.* plan, preparation 3 מַעַרְכֵי Prov 16:1◦

מַעֲרָכָה ← ערך *f.* order, row; battlefield 3 מַעַרְכוֹת מַעַרְכֹת

מַעֲרֶכֶת ← ערך *f.* row; לֶחֶם הַמַּעֲרֶכֶת showbread 2 מַעֲרָכוֹת

מַעֲרֻמִּים ← ערם *m.* naked 4 מַעֲרֻמֵּיהֶם 2 Chr 28:15◦

מַעֲרִץ *m.* dread pt. *hif* → ערץ 4 מַעֲרִצְכֶם Isa 8:13◦

מַעֲרָצָה ← ערץ *f.* violence Isa 10:33◦

מַעֲרָת *pln* Maarath Jos 15:59◦

מַעֲשֶׂה[B] ← עשה *m.* deed, action; work, business, effort; work, product, yield Isa 32:17 et passim - 1 מַעֲשֵׂה 2 מַעֲשִׂים 3 מַעֲשֵׂי 4 מַעֲשֵׂהוּ מַעֲשֶׂךָ מַעֲשֵׂנוּ מַעֲשָׂיו מַעֲשֶׂיךָ מַעֲשֵׂיכֶם מַעֲשַׂי מַעֲשֵׂנוּ

מַעְשַׂי *m. PN* Masai 1 Chr 9:12◦

מַעֲשֵׂיָה & **מַעֲשֵׂיָהוּ** *m. PN* Maaseiah

מַעֲשֵׂר *m.* one tenth; the tithe 1 מַעְשַׂר מַעֲשַׂר 2 מַעַשְׂרוֹת 3 מַעְשְׂרוֹת 4 מַעַשְׂרוֹ מַעְשְׂרֹתֵיכֶם

מַעֲשַׁקּוֹת *f.* unjust gain, exploitation Isa 33:15; Prov 28:16◦

מֹף *pln* Memphis Hos 9:6◦

מְפִבֹשֶׁת & **מְפִיבֹשֶׁת** *m. PN* Mephibosheth

מִפְגָּע ← פגע *m.* target, mark Job 7:20◦

מַפָּח ← נפח *m.* last breath 1 מַפַּח Job 11:20◦

מַפֻּחַ ← נפח *m.* bellow Jer 6:29◦

מְפִיבֹשֶׁת & **מְפִבֹשֶׁת** *m. PN* Mephibosheth

מֻפִּים *m. PN* Muppim Gen 46:21◦

מֵפִיץ *m.* hammer, club Prov 25:18◦

מַפָּל ← נפל *m.* waste (of grain, chaff) Am 8:6; pl. belly, paunch Job 41:15- 1 מַפַּל 3 מַפְּלֵי◦

מִפְלָאוֹת ← פלא *f.* marvels 3 מִפְלְאוֹת Job 37:16◦

מַפֵּלָה & **מַפָּלָה** ← נפל *f.* ruin, debris Isa 17:1; 23:13; 25:2◦

מִפְלַגּוֹת ← פלג *f.* departments, family groups 2 Chr 35:12◦

מִפְלָט ← פלט *m.* refuge Ps 55:9◦

מִפְלֶצֶת ← פלץ *f.* abomination, idol 4 מִפְלַצְתָּהּ 1 Kgs 15:13; 2 Chr 15:16◦

מִפְלָשׂ ← פלס *m.* floating, hovering 3 מִפְלְשֵׂי Job 37:16◦

מַפֶּלֶת ← נפל *f.* fall, collapse; felled tree; something fallen, carcass 4 מַפַּלְתּוֹ מַפַּלְתְּךָ מַפַּלְתֵּךְ מַפַּלְתָּם

מִפְעָלוֹת ← פעל *f.* great deeds, works 3 מִפְעֲלוֹת 4 מִפְעָלָיו Ps 46:9; 66:5; Prov 8:22◦

מֵפַעַת *pln* Mephaath Jos 13:18 → מֵיפַעַת

1 st.c. sg. 2 st.a. pl. 3 st.c. pl. 4 with *epp* 5 SC 6 PC 7 narrative 8 inf.c. 9 inf.a. 10 imp. 11 part.

מַפָּץ ← נפץ *m.* with כְּלִי weapon of destruction 4 מַפָּצוֹ Ez 9:2◦

מַפֵּץ ← נפץ *m.* hammer Jer 51:20◦

מִפְקָד ← פקד *m.* muster (others: appointed place) Ez 43:21; census 2 Sam 24:9; 1 Chr 21:5; with שַׁעַר gate of inspection Neh 3:31; order, appointment 2 Chr 31:13 - 1 מִפְקַד◦

מִפְרָץ ← פרץ *m.* bay, landing 4 מִפְרָצָיו Jdg 5:17◦

מַפְרֶקֶת ← פרק *f.* neck 4 מַפְרַקְתּוֹ 1 Sam 4:18◦

מִפְרָשׂ ← פרשׂ *m.* something spread out: sails, clouds 3 מִפְרְשֵׂי 4 מִפְרָשֵׂךְ Ez 27:7; Job 36:29◦

מִפְשָׂעָה *f.* buttocks, hips 1 Chr 19:4◦

מֹפֵת[B] & **מוֹפֵת** *m.* sign, miracle 2 מוֹפְתִים מוֹפְתֵיכֶם מוֹפְתֵי מֹפְתָיו מוֹפְתָיו 4 מֹפְתִים

מַפְתֵּחַ ← פתח *m.* key Jdg 3:25; Isa 22:22; 1 Chr 9:27◦

מִפְתָּח ← פתח *m.* opening 1 מִפְתַּח Prov 8:6◦

מִפְתָּן *m.* threshold, platform 1 מִפְתַּן

מֵץ *m.* oppressor Isa 16:4◦

מֹץ *m.* chaff

√מצא[B] *q* find, reach, meet, come together; take, get something; arise; with לֵב find courage (without לֵב 1 Chr 17:25) 5 מָצָא מְצָאוֹ[e] מְצָאָהּ[e] מְצָאָנוּ[e] מָצְאָה מְצָאַתְנוּ[e] מְצָאתֶם[e] מָצָאתְ מְצָאתַנִי[e] מָצָאת מְצָאתִים[e] (2.sg. f.+3.pl.); מְצָאתִיהוּ מְצָאתִיו[e] מָצָתִי מָצָאתִי מְצָאוּךָ[e] וּמְצָאֻהוּ[e] מָצָאוּ p מָצְאוּ מְצָאתִים[e] יִמְצָא 6 מְצָאנֻהוּ[e] מָצָאנוּ וּמְצָאתֶם מְצָאוּנִי[e] תִּמְצָא יִמְצָאֲכָה[e] יִמְצָאֲךָ[e] יִמְצָאֶנּוּ[e] יִמְצָאֵהוּ[e] יִמְצְאוּ וְאֶמְצָאֵהוּ[e] אֶמְצָא תִּמְצָאֵם[e] תִּמְצָאֶנּוּ[e] p תִּמְצְאוּ יִמְצָאוּנְהָ[e] יִמְצָאֻנְנִי[e] יִמְצָאֻהוּ[e] תִּמְצָאֵהוּ[e] תִּמְצָאוּן p תִּמְצָאוּן תִּמְצָאוּ וַיִּמְצָאֶהָ[e] וַיִּמְצָאֵהוּ[e] וַיִּמְצָא 7 נִמְצָא תִּמְצֶאנָה מְצוֹא מְצֹא 8 וַיִּמְצָאֻהוּ[e] וַיִּמְצְאוּ וַיִּמְצָאֵם[e] מוֹצֵא מֹצֵא 11 מְצֶאןָ מִצְאוּ מְצָא 10 מֹצַאֲכֶם[e] מֹצְאֵי מֹצְאִים מוֹצֵאת מֹצֵאת מֹצְאֵי[e] מֹצְאוֹ[e] מֹצְאוֹת מוֹצְאֵיהֶם[e]

nif be found, let oneself be found; be caught, captured; find, be enough; be assessed, proved, evaluated, verified 5 נִמְצֵאתִי נִמְצֵאת נִמְצָא נִמְצְאוּ p נִמְצָאוּ 6 יִמָּצֵא תִּמָּצֵא תִּמָּצְאִי יִמָּצְאוּן תִּמָּצֶאינָה 7 וַיִּמָּצֵא וַתִּמָּצֵא וַיִּמָּצְאוּ 8 הִמָּצֵא הִמָּצְאוֹ[e] 9 הִמָּצֵא 11 נִמְצָא נִמְצָאֵךְ[e] נִמְצָאוֹת הַנִּמְצָאִים נִמְצָאִים נִמְצָאָה

hif reach, give, present Lev 9:12f.18; deliver, leave 2 Sam 3:8; Zec 11:6; cause, let happen Job 34:11; 37:13 - 5 הִמְצִיאֲךָ[e] הִמְצִיאוּ 6 יַמְצִאֵהוּ[e] יַמְצִאֻנּוּ[e] 7 וַיַּמְצִאוּ 11 מַמְצִיא◦

מֹצָא ↪ מוֹצָא I. *m.* going, route, day trip, station; place of outlet: spring; exit, rise, east; what goes out: word, command; export 3 מֹצָאֵי

מַצָּב ← נצב *m.* place, station, office, outpost, guard

מֻצָּב pt. *hof* ↪ נצב *m.* column, monument Jdg 9:6; bastion Isa 29:3◦

מַצָּבָה ← נצב *f.* outpost, garrison 1 Sam 14:12◦

מַצֵּבָה[B] ← נצב *f.* column, pillar, cenotaph (usually as a forbidden cult institution); memorial stone 2 Sam 18:18; tree stump Isa 6:13 - 1 מַצֶּבֶת מַצְּבַת 2 מַצֵּבוֹת 3 מַצְּבוֹת 4 מַצַּבְתָּהּ מַצְּבֹתָם מַצֵּבוֹתֶיךָ מַצֵּבֹתֵיהֶם

1 st.c. sg. 2 st.a. pl. 3 st.c. pl. 4 with *epp* 5 SC 6 PC 7 narrative 8 inf.c. 9 inf.a. 10 imp. 11 part.

מְצֹבָיָה *m. PN* Mezobaiah; some translators read: *from Zoba* 1 Chr 11:47◦

מַצֶּבֶת ← נצב *f.* memorial stone 2 Sam 18:18; stump Isa 6:13 - 4 מַצַּבְתָּהּ◦

מְצָד & **מְצַד** ← צוד *f.* refuge, castle, mountain top 2/3 מְצָדוֹת

מְצֻדָה & **מְצוּדָה** ← צוד I. *f.* snare Ez 12:13; 17:20; kennel, custody Ez 19:9; prey Ez 13:21 - 2 בַּמְּצֹדוֹת 4 מְצוּדָתִי◦

מְצֻדָה & **מְצוּדָה** II. *f.* → מְצָד refuge, castle, mountain top 1 מְצֻדַת 2 מְצוּדוֹת 4 מְצֻדָתִי מְצוּדָתִי

מצה ✓ *q* drink out, empty; squeeze 5 מָצִית 6 וַיִּמֶץ 7 יִמְצוּ

nif to be drained out Lev 1:15; 5:9; to be absorbed Ps 73:10 - 5 נִמְצָה 6 יִמָּצֶה יִמָּצוּ◦

מַצָּהB ← מצץ I. *f.* unleavened bread 2 מַצּוֹת מַצֹּת

מַצָּה ← נצה II. *f.* strife, trouble Isa 58:4; Prov 13:10; 17:19◦

מֹצָה *pln* Mozah Jos 18:26◦

מֻצְהָב *m.* polished, shiny pt. *hof* → צהב Ezr 8:27◦

מִצְהָלוֹת ← צהל *f.* neighing 4 מִצְהֲלוֹתַיִךְ Jer 8:16; 13:27◦

מָצוֹד ← צוד I. *m.* net, snare 2 מְצוֹדִים 4 מְצוּדוֹ Job 19:6; Ecc 7:26◦

מָצוֹד II. *m.* bulwark, siege tower 1 מְצוֹד 2 מְצוֹדִים Prov 12:12; Ecc 9:14◦

מְצוּדָה & **מְצֻדָה** ← צוד II. *f.* snare Ez 12:13; 17:20; kennel, custody Ez 19:9; prey Ez 13:21 - 2 בַּמְּצֹדוֹת 4 מְצוּדָתִי◦

מְצוּדָה II. & **מְצֻדָה** II. *f.* → מְצָד refuge, castle, mountain top 1 מְצֻדַת 2 מְצוּדוֹת 4 מְצֻדָתִי מְצוּדָתִי

מְצוֹדָה ← צוד I. *f.* net Ecc 9:12◦

מְצוֹדָה II. *f.* bulwark 4 מְצֹדָתָהּ Isa 29:7◦

מִצְוָהB ← צוה *f.* order, command 1 מִצְוַת 2/3 מִצְוֹתָיו מִצְוָתְךָ מִצְוָתוֹ 4 מִצְוֹת מִצְווֹת מִצְוֹתַי מִצְוֹתֶיךָ

מְצוֹלָה & **מְצוּלָה** & **מְצֻלָה** *f.* deep, depth, bottom; valley floor Zec 1:8 - 2 מְצוּלוֹת מְצוּלוֹת מְצֻלוֹת מְצֹלוֹת

מָצוֹק ← צוק *m.* fear, distress, need

מָצוּק ← צוק *m.* pillar 1 Sam 2:8; 14:5 מָצֻק מִצָּפוֹן *like a pillar to the north*, others read מוּצָק pt. hof יצק stand firm, cf. Job 11:15 - 3 מְצֻקֵי◦

מְצוּקָה ← צוק *f.* fear, distress, need 4 מְצוּקוֹתַי מְצוּקוֹתֵיהֶם

מָצוֹר ← צור I. *m.* fear, need; siege, bulwark 1 מְצוֹר 4 מְצוּרֵיךְ

מָצוֹר ← צור II. *m.* fortified, fortress 1 מְצוֹר 4 מְצוּרֵיךְ Ps 60:11; 2 Chr 8:5; 11:5◦

מָצוֹר III. *pn* Egypt 2 Kgs 19:24; Isa 19:6; 37:25; Mi 7:12◦

מְצוּרָה & **מְצֻרָה** ← צור I. *f.* siegeworks 2 מְצֻרֹת Isa 29:3◦

מֻצָקָה ← יצק *f.* cast 2 Chr 4:3; spout Zec 4:2 - 2 מֻצָקֹתוֹ 4 מוּצָקוֹת◦

מֵצַר ← צרר *m.* fear, distress 2 מְצָרִים 3 מְצָרֵי Ps 116:3; 118:5; Lam 1:3◦

מְצֻרָה ← מְצוּרָה I. & II.

מִצְרִי *m.* & מִצְרִית & מִצְרִיּת *f. pn* & adj. Egyptian

מִצְרַיִם *pn* Egypt

מַצְרֵף *m.* crucible Prov 17:3; 27:21◦

מַצַּת ← נצה *f.* quarrel 4 מַצֻּתֶךָ Isa 41:12◦

מַק & מָק ← מקק *m.* mould, mould stench Isa 3:24; 5:24◦

מַקֶּבֶת ← נקב *m.* hammer Jdg 4:21; 1 Kgs 6:7; Isa 44:12; Jer 10:4; quarry Isa 51:1 - 2 מַקָּבוֹת◦

מַקֵּדָה *pln* Makkedah

מִקְדָּשׁ[B] ← קדשׁ *m.* sanctuary, holy place, holy part, holy gift 1 מִקְדַּשׁ 2 מִקְדָּשִׁים 3 מִקְדְּשֵׁי 4 מִקְדָּשֵׁיכֶם מִקְדָּשַׁי מִקְדָּשֶׁיךָ מִקְדָּשׁוֹ מִקְדָּשׁוֹ מִקְדָּשֵׁנוּ

מַקְהֵלִים & מַקְהֵלוֹת ← קהל *f.* Meetings, congregations, choirs Ps 26:12; 68:27◦

מַקְהֵלֹת *pln* Makheloth Num 33:25f◦

מִקְוֵא *pln* Koë + מִן 1 Kgs 10:28; 2 Chr 1:16◦

מִקְוֶה[B] ← קוה I. *m.* hope, consolation 1 מִקְוֵה Jer 14:8; 17:13 Ezr 10:2; 1 Chr 29:15◦

מִקְוֶה ← קוה II. *m.* gathering, accumulation of water; water reservoir, basin Gen 1:10; Ex 7:19; Lev 11:36 - 1 מִקְוֵה◦

מִקְוָה ← קוה *f.* reservoir Isa 22:11◦

מְצוּרָה & מְצֻרָה ← צור II. *f.* fortress, fortified city 2 Chr 11:10f.23; 12:4; 14:5; 21:3; Nah 2:2◦

מַצּוּת ← נצה *f.* quarrel, trouble 4 מַצֻּתֶךָ Isa 41:12◦

מֵצַח *m.* forehead 1 מֵצַח 3 מִצְחוֹת 4 מִצְחוֹ מִצְחֶךָ *p* מִצְחֵךְ

מִצְחָה *f.* greave, shin 1 מִצְחַת 1 Sam 17:6◦

מְצִלָּה ← מְצוּלָה

מְצִלּוֹת ← צלל *f.* bells Zec 14:20◦

מְצִלְתַּיִם ← צלל *m.* & *f.* du. cymbals

מִצְנֶפֶת ← צנף *f.* turban, headband *p* מִצְנָפֶת

מַצָּע ← יצע *m.* bed, couch Isa 28:20◦

מִצְעָד ← צעד *m.* step Ps 37:23; Prov 20:24; footsteps, i.e. entourage Dan 11:43- 3 מִצְעֲדֵי 4 מִצְעָדָיו◦

מִצְעָר I. *m.* small, little (time) 1 מִצְעַר Gen 19:20; Isa 63:18; Job 8:7; 2 Chr 24:24◦

מִצְעָר II. *pln* Mizar Ps 42:7◦

מִצְפֶּה ← צפה I. *m.* watchtower Isa 21:8; 2 Chr 20:24◦

מִצְפֶּה II. *pln* Mizpeh

מִצְפָּה *pln* Mizpah; with ה-*locale* הַמִּצְפָּתָה

מַצְפּוּנִים ← צפן *m.* hidden treasures 4 מַצְפֻּנָיו Ob 1:6◦

מצץ √ *q* suck 6 תָּמֹצּוּ Isa 66:11◦

מֻצָק Job 11:15 pt. *hof* ← יצק stand firm; מֻצַק 1 Kgs 7:16 ← מוּצָק I. cast

מָקוֹם & **מָקֹם**[B] ← קום *m.* place, location, space; city, region, country 1 מְקוֹם 2 מְקֹמוֹת מְקוֹמֵנוּ מְקוֹמִי מְקוֹמוֹ מְקֹמוֹ 4 מְקוֹמוֹת מְקֹמוֹתָם מְקוֹמֹתָם

מָקוֹר ← קור *m.* fountain, spring 1 מְקוֹר מְקוֹרְךָ מְקֹרָהּ מְקוֹרוֹ 4 מְקֹר

מִקָּח ← לקח *m.* acceptance (of gifts, bribery) 1 מִקַּח 2 Chr 19:7◦

מַקָּחוֹת ← לקח *f.* goods, merchandise Neh 10:32◦

מִקְטָר ← קטר *m.* burning 1 מִקְטַר Ex 30:1◦

מֻקְטָר ← קטר *m.* incense offering Mal 1:11◦

מִקְטֶרֶת ← קטר *f.* censer 4 מִקְטַרְתּוֹ Ez 8:11; 2 Chr 26:19◦

מְקַטְּרוֹת ← קטר *f.* incense altars 2 Chr 30:14◦

מַקֵּל *m.* stick, rod, twig 1 מַקַּל מַקֵּל 2 מַקְלוֹת 4 מַקֶּלְכֶם מַקְלִי

מִקְלוֹת *m. PN* Mikeloth 1 Chr 8:32; 9:37f; 27:4◦

מִקְלָט *m.* refuge, asylum; with עִיר city of asylum 1 מִקְלַט 4 מִקְלָטוֹ

מִקְלַעַת *f.* carved, carving, ornaments 1 מִקְלַעַת 2 מִקְלָעוֹת 3 מִקְלְעוֹת 1 Kgs 6:18ff; 7:31◦

מִקְנֶה[B] ← קנה *m.* acquisition, possession, land, livestock 1 מִקְנֵה 4 מִקְנֵהוּ מִקְנְךָ מִקְנֵנוּ מִקְנֵי מִקְנֶיךָ מִקְנֵיהֶם

מִקְנָה[B] ← קנה *f.* acquisition, possession; bondsmen, slaves 1 מִקְנַת 4 מִקְנָתוֹ

מַקְנֶה Ez 8:3 pt. *hif* → קנא cause jealousy, resentment

מִקְנֵיָהוּ *m. PN* Mikneiah 1 Chr 15:18.21◦

מִקְסָם *m.* oracle, divination 1 מִקְסַם Ez 12:24; 13:7◦

מָקַץ *pln* Makaz 1 Kgs 4:9◦

מִקְצוֹעַ & **מִקְצֹעַ** *m.* corner, court; also a place in Jerusalem 1 מִקְצֹעַ 3 מִקְצוֹעֵי מִקְצֹעֹתָיו 4 מִקְצֹעֹת מִקְצֹעוֹת

מַקְצֻעוֹת *f.* carving knife Isa 44:13◦

מִקְצָת → קְצַת + מִן part of Dan 1:2 et passim; end of Dan 1:5 et passim

מקק✓ *nif* rot, decay 5 נָמַקּוּ נְמַקֹּתֶם 6 תִּמַּק נְמַקִּים 11 תִּמַּקְנָה יִמָּקוּ *p* יִמַּקּוּ
hif let rot 9 הָמֵק Zec 14:12◦

מָקֹר → מָקוֹר fountain, spring

מִקְרָא[B] ← קרא *m.* the summoning, gathering, the assembly Ex 12:16; Num 10:2; Isa 4:5; the reading Neh 8:8 - 1 מִקְרָא 3 מִקְרָאֵי 4 מִקְרָאֶיהָ◦

ⓘ Already in biblical times (Neh 8:8) the meaning of the word today is evident: the book read aloud, the Bible.

מִקְרֶה ← קרה *m.* event, accidental fact, coincidence; result, fate 1 מִקְרֵה 4 מִקְרֶהָ

מְקָרֶה *m.* roof beam Ecc 10:18◦

מְקֵרָה ← קרר *f.* cool Jdg 3:20.24◦

מֹקֵשׁ → מוֹקֵשׁ trap, snare

מִקְשֶׁה *m.* artfully draped hair, splendid curls Isa 3:24◦

מִקְשָׁה I. *f.* beaten, hammered

מִקְשָׁה II. *f.* cucumber field Isa 1:8; Jer 10:5◦

מַר I. *m.* & מָרָה & מָרָא *f.* ← מרר bitter; bitterness *p* מָר 1 מָרַת 2 מָרִים 3 מָרֵי

מַר II. *m.* drop Isa 40:15◦

מֹר & מוֹר *m.* myrrh 1 מָר־

√מרא I. *q* be a rebel 11 מֹרְאָה Zeph 3:1◦

√מרא II. *hif* flap one's wings 6 תַּמְרִיא Job 39:18◦

מֹרָא & מוֹרָא & מוֹרָה[B] ← ירא *m.* amazement, awe; fear, distress; fright 2 מוֹרָאִים 4 מוֹרַאֲכֶם מוֹרָאִי מוֹרָאוֹ

מָרָא *f.* bitter Ruth 1:20◦

מַרְאֶה[B] ← ראה *m.* what one sees: looks, shape; vision, appearance 1 מַרְאֵה 3 מַרְאֵי 4 מַרְאַיִךְ מַרְאָיו מַרְאֵךְ מַרְאֶהָ מַרְאֵהוּ מַרְאֵינוּ מַרְאֵיהֶן מַרְאֵיהֶם

מַרְאָה ← ראה *f.* vision; mirror Ex 38:8 - 2 מַרְאוֹת מַרְאֹת

מֻרְאָה *f.* crop 4 מֻרְאָתוֹ Lev 1:16◦

מֵרֹאן part of the *pln* Shimron-Meron Jos 12:20◦

מָרֵשָׁה & מָרֵאשָׁה *m. PN* & *pln* Mareshah

מְרַאֲשׁוֹת *f.* area of the head, at, under the head 3 מְרַאֲשֹׁתֵי 4 מְרַאֲשֹׁתָו מְרַאֲשׁוֹתָיו מְרַאֲשׁוֹתֵיכֶם

מֵרַב *f. PN* Merab 1 Sam 14:49; 18:17.19◦

מַרְבַדִּים *m.* coverings Prov 7:16; 31:22◦

מִרְבָּה ← רבה *f.* much Ez 23:32◦

מַרְבֶּה ← רבה *m.* vast, abundant 1 מַרְבֵּה Isa 9:6; 33:23◦

מַרְבִּית ← רבה major part; greatness; size 2 Chr 9:6; interest, surcharge Lev 25:37; offspring 1 Sam 2:33 - 4 מַרְבִּיתָם

מַרְבֵּץ ← רבץ *m.* camp 1 מִרְבַּץ Ez 25:5; Zeph 2:15◦

מַרְבֵּק *m.* fattening stable; fattened 1 Sam 28:24; Jer 46:21; Am 6:4; Mal 3:20◦

מֹרַג → מוֹרַג threshing, threshing cart

מַרְגּוֹעַ ← רגע *m.* rest Jer 6:16◦

מַרְגְּלוֹת *f.* area of the feet 4 מַרְגְּלֹתָיו Ruth 3:4ff; Dan 10:6◦

מַרְגֵּמָה *f.* sling Prov 26:8◦

מַרְגֵּעָה ← רגע *f.* rest, resting place Isa 28:12◦

√מרד *q* rebel, revolt, turn against 5 מָרַד *p* יִמְרְדוּ 6 וּמָרַדְנוּ מָרָדוּ *p* מָרְדוּ מָרַדְתָּ מָרָד 8 וַיִּמְרְדוּ וַיִּמְרָד־ וַיִּמְרֹד 7 תִּמְרֹדוּ *p* תִּמְרְדוּ מֹרְדִים מוֹרְדִים 11 מְרָדְכֶם[e] מְרוֹד מְרֹד

מֶרֶד ← מרד I. *m.* rebellion Jos 22:22◦

מֶרֶד II. *m. PN* Mered 1 Chr 4:17f◦

מַרְדּוּת ← מרד *f.* disobedient, rebellious 1 Sam 20:30◦

מְרֹדָךְ *pn* of a Bab. idol, Merodach, Marduk

מְרֹדַךְ־בַּלְאֲדָן *m. PN* Merodach-Baladan Isa 39:1◦

מָרְדֳּכַי *m. PN* Mordechai

מֻרְדָּף ← רדף *m.* persecution Isa 14:6◦

מרה√ *q* be rebellious, disobedient, recalcitrant 5 מָרָה מָרְתָה *p* מָרָתָה מָרִיתָ מָרִיתִי מָרוּ מְרִיתֶם 9 מָרוֹ 11 מֹרֶה מוֹרֶה מֹרִים

hif be rebellious, disobedient, recalcitrant 5 וַיַּמְרוּ וַתֶּמֶר 7 יַמְרוּהוּ[e] יַמְרוּ יַמְרֶה 6 הִמְרוּ וַתַּמְרוּ 8 לַמְרוֹת הַמְרוֹתָם[e] 11 מַמְרִים

מָרָה I. *f.* bitter ↪ מַר I.

מָרָה II. *pln* Marah Ex 15:23; Nu 33:8◦

מֹרָה *f.* grief, chagrin, sorrow 1 מָרַת מֹרַת Gen 26:35; Prov 14:10◦

מֹרֶה = מוֹרֶה pt. *hif* Prov 6:13 ↪ ירה III. make signs, show; Dtn 11:30 ↪ מוֹרֶה IV.

מַרְהֵבָה 1QIsa[a] for ↪ מַדְהֵבָה Isa 14:4 attack ↩ רהב◦

מָרוּד ↩ רוד *m.* restlessness Lam 1:7; 3:19; homelessness Isa 58:7 - 2 מְרוּדִים 4 מְרוּדִי מְרוּדֶיהָ◦

מֵרוֹז *pln* Meros Jdg 5:23◦

מָרוֹחַ *m.* bruised, damaged 1 מְרוֹחַ Lev 21:20◦

מָרוֹם[B] ↩ רום *m.* height 1 מְרוֹם 2 מְרֹמִים מְרוֹמָיו 4 מְרֹמֵי מְרוֹמֵי 3 מְרוֹמִים

מֵרוֹם *pln* Merom Jos 11:5.7◦

מֵרוֹץ ↩ רוץ running, racing Ecc 9:11◦

מְרוּצָה ↩ רוץ I. *f.* (way of) running 1 מְרֻצַת מְרוּצַת 4 מְרוּצָתָם *qr.*; *kt.* מְרֻצוֹתָם 2 Sam 18:27; Jer 8:6; 23:10◦

מְרוּצָה II. *f.* extortion, usury Jer 22:17◦

מְרוּקִים *m.* beauty care 4 מְרוּקֵיהֶן Est 2:12◦

מָרוֹרוֹת ↪ מְרֹרוֹת bitter

מְרוֹרִים ↪ מְרֹרִים bitter

מָרוֹת *pln* Maroth Mi 1:12◦

מַרְזֵחַ *m.* celebration Am 6:7; mourning Jer 16:5 - 1 מִרְזַח◦

מרח√ *q* apply (a poultice) 6 יִמְרְחוּ Isa 38:21◦

מֶרְחָב ↩ רחב *m.* wide open land, open field; *the expanse of the Lord* Ps 118:5 - 3 מֶרְחֲבֵי

מֶרְחָק ↩ רחק *m.* far, far away; the extreme, last; the distance 2 מֶרְחַקִּים מַרְחַקִּים 3 מֶרְחַקֵּי

מַרְחֶשֶׁת *f.* frying pan, grill Lev 2:7; 7:9◦

מרט√ *q* pull out, tear up (hair, beard) Isa 50:6; Ezr 9:3; Neh 13:25; polish Ez 21:14ff; pt. pass. chafed Ez 29:18 - 7 וָאֶמְרְטָה וָאֶמְרְטֵם[e] 8 מָרְטָה 11 מֹרְטִים pass. מְרוּטָה◦

nif loose hair, become bald 6 יִמָּרֵט Lev 13:40f◦

pu be polished, smooth 1 Kgs 7:45; Ez 21:15f; smoothed, bronzed (skin) Isa 18:2.7 - 5 מֹרָטָה 11 מְמֹרָט מוֹרָט◦

מְרִי[B] ↩ מרה *m.* obstinate *p* מֶרִי 4 מֶרְיְךָ מִרְיָם

מְרִי־בַעַל ↪ מְרִיב־בַּעַל 1 Chr 9:40◦

מְרִיא *m.* fattened cattle 2 מְרִיאִים 3 מְרִיאֵי 4 מְרִאֵיכֶם

מְרִיב־בַּעַל *m. PN* Merib-Baal 1 Chr 8:34; 9:40◦

מְרִיבָה[B] ↩ ריב I. *f.* argument Gen 13:8; disobedience Num 27:14 - 1 מְרִיבַת 2 מְרִיבוֹת מְרִיבֹת◦

מְרִיבָה II. *pln* Meribah

מִרְעֶה ← רעה *f.* pasture 1 מִרְעֵה 4 מִרְעֵהוּ מִרְעֵיכֶם

מַרְעִית ← רעה *f.* pasture 4 מַרְעִיתֶךָ מַרְעִיתָם מַרְעִיתִי

מַרְעֲלָה *pln* Maralah Jos 19:11◦

מַרְפֵּא & מַרְפֵּה ← רפא *m.* healing; curative, gentle; quiet; calm, serene

מִרְפָּשׂ *m.* turbid, polluted water 1 מִרְפַּשׂ Ez 34:19◦

√מרץ *nif* being cruel, painful 1 Kgs 2:8; Mi 2:10; being mocked Job 6:25 - 5 נִמְרְצוּ 11 נִמְרֶצֶת נִמְרָץ◦

hif tease, provoke 6 ᵉיַמְרִיצְךָ Job 16:3◦

מְרֻצוֹת Jer 8:6 *kt.* ↪ מְרוּצָה I. running

מַרְצֵעַ *m.* ← רצע awl Ex 21:6; Dtn 15:17◦

מַרְצֶפֶת ← רצף *f.* stone pavement 2 Kgs 16:17◦

√מרק *q* polish 10 מִרְקוּ 11 pass. מָרוּק Jer 46:4; 2 Chr 4:16◦

pu be scoured 5 מֹרַק Lev 6:21◦

hif cleanse 6 תַּמְרִיק *kt.*; *qr.*: ↪ תַּמְרוּק remedy Prov 20:30◦

מָרָק broth 1 מְרַק Jdg 6:19f; Isa 65:4 *qr.*◦

מֶרְקָחָה ← רקח *f.* broth Ez 24:10; ointment, ointment pot Job 41:23◦

מֶרְקָחִים ← רקח *m.* herbs Song 5:13◦

מִרְקַחַת ← רקח *f.* ointment, anointing oil Ex 30:25; 1 Chr 9:30; 2 Chr 16:14◦

√מררᴮ *q* be bitter 5 מַר *p* מָר מָרָה 6 יֵמַר

מֹרִיָּה *pln* Moriah Gen 22:2; 2 Chr 3:1◦

מְרָיָה *m. PN* Meraiah Neh 12:12◦

מְרָיוֹת *m. PN* Meraioth

מִרְיָם *f. PN* Miriam

מְרִירוּת ← מרר *f.* bitterness Ez 21:11◦

מְרִירִי ← מרר *m.* bitter Dtn 32:24◦

מֹרֶךְ ← רכך *m.* cowardice Lev 26:36◦

מֶרְכָּב ← רכב *m.* saddle Lev 15:9; seat Song 3:10; chariot 1 Kgs 5:6 - 4 מֶרְכָּבוֹ

מֶרְכָּבָהᴮ ← רכב *f.* chariot 1 מִרְכֶּבֶת 2 מַרְכָּבוֹת 3 מַרְכְּבוֹת 4 מֶרְכַּבְתּוֹ מַרְכְּבֹת מַרְכְּבוֹתֶיהֶם מַרְכְּבֹתֶיךָ מַרְכְּבֹתָיו

מַרְכֹּלֶת ← רכל *f.* trading, market 4 מַרְכֻלְתֵּךְ Ez 27:24◦

מִרְמָה ← רמה I. *f.* deceit, deception, fraud. 2 מִרְמוֹת

מִרְמָה II. *m. PN* Mirmah 1 Chr 8:10◦

מְרֵמוֹת *m. PN* Meremoth

מִרְמָס ← רמס I. *m.* stamping, trampling 1 מִרְמַס

מֵרֹנֹתִי *pn* Meronothite Neh 3:7; 1 Chr 27:30◦

מֶרֶס *m. PN* Meres Est 1:14◦

מַרְסְנָא *m. PN* Marsena Est 1:14◦

מֵרַע *m.* evil; others: pt. *hif* ↪ רעע do evil Dan 11:27◦

מֵרֵעַ ← רעה *m.* friend, companion 2 מֵרֵעִים 4 מֵרֵעֶךָ מְרֵעֵהוּ מֵרֵעֵהוּ

pi make something heavy, bitter; weep bitterly Isa 22:4- 6 אֲמָרֵר 7 וַיְמָרְרוּ וַיְמָרֲרֻהוּ[e]
hif make bitter, embitter, distress; complain, grieve 5 הֵמַר 6 תַּמֵּר 9 הָמֵר
hitpalpal be embittered Dan 11:11; be enraged Dan 8:7 - 6 יִתְמַרְמַר◦

מְרֵרָה ← מרר *f.* gall 4 מְרֵרָתִי Job 16:13◦

מְרֹרָה ← מרר *f.* gall Job 20:25; poison Job 20:14 - 1 מְרוֹרַת 4 מְרֹרָתוֹ◦

מְרֹרֹת & **מְרוֹרוֹת** ← מרר *f.* bitter Dtn 32:32, Job 13:26◦

מְרוֹרִים & **מְרֹרִים** ← מרר *m.* bitter herbs Ex 12:8; Num 9:11; bitterness Lam 3:15◦

מְרָרִי *m. PN* Merari

מָרֵאשָׁה & **מָרֵשָׁה** I. *pln* Mareshah

מָרֵשָׁה II. *m. PN* Mareshah 1 Chr 2:42◦

מִרְשַׁעַת ← רשע *f.* evil, mean 2 Chr 24:7◦

מוֹרַשְׁתִּי & **מֹרַשְׁתִּי** *pn* Morashthite Jer 26:18; Mi 1:1◦

מְרָתַיִם ← מרה *pn* Merathaim, different name for Babylon Jer 50:21◦

מַשָּׂא[B] I. ← נשא *m.* load, payload; tribute 4 מַשָּׂאֲכֶם מַשָּׂאָם מַשָּׂאוֹ

מַשָּׂא[B] II. ← נשא *m.* word, saying, oracle 3 מַשְּׂאוֹת

מַשָּׂא III. *m. PN* Massa Gen 25:14; 1 Chr 1:30◦

מַשֹּׂא ← נשא with פָּנִים *m.* partiality 2 Chr 19:7◦

מַשָּׂאָה ← נשא *f.* lifting up Isa 30:27◦

מַשְׂאֵת ← נשא *f.* lifting, picking up; what is being raised: signals, smoke signals, what is put on the table, food, portions; what is given to someone: gifts; what is being loaded onto a person: burden; Ez 17:9 Inf.c. ↪ נשׂא pull out; Lam 2:14 ↪ מַשָּׂא II. - 1 מַשְׂאַת 2/3 מַשְׂאוֹת 4 מַשְׂאֹתֵיכֶם מַשְׂאֹת

מִשְׂגָּב ← שׂגב *m.* fortress, refuge, protection 1 מִשְׂגַּב 4 מִשְׂגַּבִּי מִשְׂגַּבּוֹ

מַשֶּׂגֶת reaching, overtaking pt. *hif.* ↪ נשׂג Lev 14:21; 1 Chr 21:12◦

מְשׂוּכָה ← שׂוך *f.* hedge, hedge of thorns 4 מְשׂוּכָּתוֹ Isa 5:5◦

מַשּׂוֹר ← שׂור *m.* saw Isa 10:15◦

מְשׂוּרָה *f.* measure (of capacity); measured Lev 19:35; Ez 4:11.16; 1 Chr 23:29◦

מָשׂוֹשׂ ↪ שׂושׂ *m.* joy 1 מְשׂוֹשׂ 4 מְשׂוֹשָׂהּ מְשׂוֹשִׂי

מְשׂוֹשׂ Isa 8:6 = מְסוֹס inf.c. ↪ מסס melt with fear, lose heart ◦

מִשְׂחָק ← צחק *m.* joke, laughter Hab 1:10◦

מַשְׂטֵמָה *f.* hostility Hos 9:7f ◦

מְשֻׂכָה ← שׂוך *f.* thorn hedge 1 מְשֻׂכַת Prov 15:19◦

מַשְׂכִּיל ← שׂכל *m.* musical term in psalm headings, wisdom song

מַשְׂכִּית *f.* sculpture, picture, idol; with לֵב imagination 2 מַשְׂכִּיּוֹת 4 מַשְׂכִּתוֹ מַשְׂכִּיתוֹ מַשְׂכִּיֹּתָם

מַשְׂכֹּרֶת ← שׂכר *f.* wages 4 מַשְׂכֻּרְתֶּךָ מַשְׂכֻּרְתִּי מַשְׂכֻּרְתֵּךְ

מַשְׂמְרוֹת *f.* nails Ecc 12:11 ↪ מַסְמְרוֹת◦

מִשְׂפָּח *m.* breach of law◦

מִשְׂרָה ↩ שׂרה *f.* reign Isa 9:5f◦

מִשְׂרָפוֹת ↩ שׂרף *f.* burning 3 מִשְׂרְפוֹת Isa 33:12; Jer 34:5◦

מִשְׂרְפוֹת־מַיִם *pln* Misrephoth-Maim Jos 11:8; 13:6◦

מַשְׂרֵקָה *pln* Masrekah Gen 36:36; 1 Chr 1:47◦

מַשְׂרֵת *f.* pan 2 Sam 13:9◦

מַשׁ *m. PN* Mash Gen 10:23◦

מַשָּׁא ↩ נשׁה *m.* debt, debt claim Neh 5:10; 10:32; usury Neh 5:7◦

מֵשָׁא *pln* Mesha Gen 10:30◦

מַשְׁאַבִּים ↩ שׁאב *m.* watering holes Jdg 5:11◦

מַשָּׁאָה ↩ נשׁה *f.* loan, debt 1 מַשַּׁאת 2 מַשָּׁאוֹת Dtn 24:10; Prov 22:26◦

מְשֹׁאָה & מְשׁוֹאָה ↩ שׁאה *f.* wilderness, destruction Zeph 1:15; Job 30:3; 38:27◦

מַשָּׁאוֹן ↩ נשׁא *m.* deception, hypocrisy Prov 26:26◦

מַשֻּׁאוֹת Ps 74,3 & מַשּׁוּאוֹת Ps 73,18 *f.* ruins, debris ↩ שׁאה; others: deception ↩ נשׁא◦

מִשְׁאָל *pln* Mishal Jos 19:26; 21:30◦

מִשְׁאָלָה ↩ שׁאל *f.* wish, request 3 מִשְׁאֲלֹת 4 מִשְׁאֲלֹתֶיךָ Ps 20:6; 37:4◦

מִשְׁאֶרֶת *f.* baking trough, bowl 4 מִשְׁאַרְתֶּךָ מִשְׁאֲרוֹתֶיךָ מִשְׁאֲרֹתָם Ex 7:28; 12:34; Dtn 28:5.17◦

מֹשָׁב ↪ מוֹשָׁב

מִשְׁבְּצוֹת *f.* frames, settings (of gold); interlaced, embroidered, enwrought (with gold)

מְשֻׁבָה ↪ מְשׁוּבָה turning away

מַשְׁבֵּר ↩ שׁבר *m.* cervix, opening of the womb 1 מִשְׁבַּר 2 Kgs 19:3; Isa 37:3; Hos 13:13◦

מִשְׁבָּר ↩ שׁבר *m.* surging waves, breakers (of the sea) 3 מִשְׁבְּרֵי 4 מִשְׁבָּרֶיךָ

מִשְׁבָּת ↩ שׁבת *f.* destruction, ruin 4 מִשְׁבַּתֶּהָ Lam 1:7◦

מִשְׁגֶּה ↩ שׁגה *m.* error, mistake Gen 43:12◦

√משׁה *q* draw out 5 [e]מְשִׁיתִהוּ Ex 2:10◦
hif draw out 6 [e]יַמְשֵׁנִי 2 Sam 22:17; Ps 18:17

מֹשֶׁה *m. PN* Moses

מַשֶּׁה ↩ נשׁה debts; only in the phrase: בַּעַל מַשֵּׁה יָדוֹ deptee, creditor 1 מַשֵּׁה Dtn 15:2◦

מְשׁוֹאָה ↩ שׁאה *f.* desert, wilderness, destruction Zeph 1:15; Job 30:3; 38:27◦

מַשּׁוּאוֹת ↩ שׁאה *f.* ruin, destruction Ps 73:18◦

מְשׁוֹבָב *m. PN* Meshobab 1 Chr 4:34◦

מְשׁוּבָה & מְשֻׁבָה[B] ↩ שׁוב *f.* turning away: abandonment, apostasy, disloyalty 1 מְשׁוּבַת 4 מְשׁוּבֹתֵינוּ מְשׁוּבֹתֵיכֶם מְשֻׁבוֹתַיִךְ מְשׁוּבָתִי

מְשׁוּגָה ↩ שׁגה *f.* error 4 מְשׁוּגָתִי Job 19:4◦

מָשׁוֹט *m.* oar 4 מְשׁוֹטָיִךְ Ez 27:6.29◦

מְשׁוֹסָה Isa 42:24 *kt.*; *qr.* מְשִׁסָּה plundering◦

√משׁח[B] *q* anoint (someone to be king, priest or prophet); spread a liquid, sprinkle, brush 5 [e]וּמְשַׁחְתּוֹ מָשַׁחְתָּ מְשָׁחֲךָ[e] מְשָׁחוֹ[e] מָשַׁח [e]יִמְשָׁחֵם יִמְשַׁח 6 מְשַׁחְנוּ מָשְׁחוּ מְשַׁחְתֶּם[e]

1 st.c. sg. 2 st.a. pl. 3 st.c. pl. 4 with *epp* 5 SC 6 PC 7 narrative 8 inf.c. 9 inf.a. 10 imp. 11 part.

וַיִּמְשְׁחוּ וַיִּמְשָׁחֲךָ[e] וַיִּמְשַׁח 7 תִּמְשַׁח יִמְשָׁחוּ לִמְשָׁחֳךָ[e] מְשָׁחוּ[e] מָשְׁחָה מְשֹׁחַ 8 וַיִּמְשָׁחֻהוּ[e] 11 מְשַׁחוּ מְשָׁחֻהוּ[e] 10 מָשׁוֹחַ 9 מָשְׁחָתָם[e] מְשֻׁחִים מָשׁוּחַ pass. מְשֻׁחִים

nif be anointed 5 נִמְשַׁח 8 הִמָּשַׁח

מִשְׁחָה[B] ↩ משח I. *f.* anointing 1 מִשְׁחַת

מִשְׁחָה II. *f.* portion 1 מִשְׁחַת Lev 7:35◦

ⓘ Some scholars derive the word from a root משח II., others understand it as *anointing gift*.

מָשְׁחָה I. *f.* portion Num 18:8 (cf. the previous word)◦

מָשְׁחָה II. inf.c. ↪ משח Ex 29:29; 40:15; others: anointing

מַשְׁחִית[B] pt. *hif* ↪ שחת *m.* destroyer; destruction, annihilation, spoilage; as a military term: destruction squad 1 Sam 13:17; trap Jer 5:26; הַר הַמַּשְׁחִית mountain of destruction, Babel Jer 51:25

מִשְׁחָר ↩ שחר *m.* dawn, early morning Ps 110:3◦

מַשְׁחֵת ↩ שחת *m.* destruction; with כְּלִי murder weapon 4 מַשְׁחֵתוֹ Ez 9:1◦

מִשְׁחַת ↩ שחת *m.* marred, deformed Isa 52:14◦

מָשְׁחָת ↩ שחת *m.* blemish 4 מָשְׁחָתָם Lev 22:25◦

מִשְׁטוֹחַ ↩ שטח *m.* space to spread (for nets) 1 מִשְׁטַח Ez 26:5.14; 47:10◦

מִשְׁטָר ↩ שטר *m.* rule, others: plan, document 4 מִשְׁטָרוֹ Job 38:33◦

מֶשִׁי *m.* silk Ez 16:10.13◦

מוּשִׁי & **מֻשִׁי** *m. PN* Mushi & *pn* Mushite

מְשֵׁיזַבְאֵל *m. PN* Meshezabel Neh 3:4; 10:22; 11:24◦

מָשִׁיחַ[B] ↩ משח *m.* anointed; the anointed one 1 מְשִׁיחַ 4 מְשִׁיחוֹ מְשִׁיחֶךָ מְשִׁיחִי מְשִׁיחָיו

✓**משך**[B] *q* seize, grasp, pull, drag; make a long-lasting tone Ex 19:13; have patience Neh 9:30; with חֶסֶד spread, preserve grace; walk, follow Job 21:33; as an encouragement: go! Ex 12:21; מֹשֵׁךְ הַזָּרַע sower Am 9:13; with קֶשֶׁת drawing the bow Isa 66:19; drag off (others: prolong) Job 24:22; steer, direct Jdg 4:7 - 5 מָשַׁךְ 6 מָשְׁכוּ מְשַׁכְתִּיךָ[e] מָשַׁכְתִּי וּמָשַׁכְתָּ מָשְׁכָה וַיִּמְשֹׁךְ 7 אֶמְשְׁכֵם[e] תִּמְשְׁכֵנִי[e] תִּמְשֹׁךְ יִמְשׁוֹךְ מִשְׁכוּ מָשְׁכֵנִי[e] מְשֹׁךְ 10 מָשְׁכוֹ[e] מְשֹׁךְ 8 וַיִּמְשְׁכוּ 11 מֹשְׁכֵי מֹשְׁכִים מֹשֵׁךְ

nif be extended, be delayed 6 יִמָּשֵׁכוּ תִּמָּשֵׁךְ Isa 13:22; Ez 12:25.28◦

pu be tall Isa 18:2.7; be delayed, deferred Prov 13:12 - 11 מְמֻשָּׁכָה מְמֻשָּׁךְ◦

מֶשֶׁךְ ↩ משך I. *m.* seed; others: bag Ps 126:6; possession Job 28:18◦

מֶשֶׁךְ II. *m. PN* & *pn* Meshech

מִשְׁכָּב[B] ↩ שכב *m.* bed, couch, sleeping place; lying 1 מִשְׁכַּב 3 מִשְׁכְּבֵי 4 מִשְׁכָּבוֹ מִשְׁכְּבוֹתָם מִשְׁכַּבְכֶם מִשְׁכָּבִי מִשְׁכָּבְךָ

מֹשְׁכוֹת *f.* bands, cords Job 38:31◦

מִשְׁכָּן[B] ↩ שכן *m.* dwelling place, home, residence; tabernacle 1 מִשְׁכַּן 2 מִשְׁכָּנוֹת 3 מִשְׁכְּנוֹתָיו מִשְׁכָּנִי מִשְׁכָּנוֹ 4 מִשְׁכְּנֵי מִשְׁכְּנוֹת מִשְׁכְּנֹתֵינוּ מִשְׁכְּנֵיהֶם מִשְׁכְּנֹתֶיךָ מִשְׁכְּנֹתָיו

מ֫שׁל[B] I. *q* present, recite: a mocking verse Joel 2:17, a proverb Ez 18:3, a parable Ez 17:2; scoff Job 17:6; pt. storyteller, loudmouth, bard 6 מָשַׁל 11 מֹשֵׁל 10 מְשֹׁל 8 מְשָׁל־ מְשֹׁל 6 יִמְשְׁלוּ יִמְשֹׁל מֹשְׁלֵי מֹשְׁלִים

nif be like, equal 5 וְנִמְשַׁלְתִּי נִמְשַׁלְתָּ נִמְשַׁל

pi speak in parables 11 מְמַשֵּׁל Ez 21:5◦

hitp be like, equal 7 וָאֶתְמַשֵּׁל Job 30:19◦

hif compare 6 [e]תַּמְשִׁלוּנִי Isa 46:5

מ֫שׁל[B] II. *q* rule, govern, be in power; pt. ruler; governor, head; neg.: tyrant 5 מָשַׁל *p* יִמְשׁוֹל יִמְשֹׁל 6 מָשְׁלוּ וּמָשַׁלְתָּ מָשְׁלָה מָשָׁל 8 וַיִּמְשְׁלוּ 7 יִמְשְׁלוּ *p* יִמְשְׁלוּ תִּמְשָׁל־ יִמְשָׁל־ מֹשֵׁל מוֹשֵׁל 11 מְשָׁל־ 10 מָשׁוֹל 9 מְשׁוֹל מְשֹׁל מֹשְׁלָיו[e] מֹשְׁלֵי מֹשְׁלִים מֹשְׁלָה מֹשְׁלוֹ[e]

hif make sb. a ruler; inf.abs. dominion Job 25:2- הַמְשֵׁל 9 תַּמְשִׁילֵהוּ[e] 6 הִמְשִׁילָם[e] 5

מָשָׁל[B] ← משׁל I. *m.* saying, proverb, aphorism, poem; oracle, riddle; mocking verse, mocking song 1 מְשַׁל 2 מְשָׁלִים 3 מִשְׁלֵי 4 מְשָׁלוֹ

מָשָׁל II. *pln* Mashal 1 Chr 6:59◦

מֹשֶׁל ← משׁל I. *m.* like 4 מָשְׁלוֹ Job 41:25◦

מֹשֶׁל ← משׁל II. *m.* dominion, power 4 מָשְׁלוֹ Zec 9:10; Dan 11:4◦

מִשְׁלוֹחַ & מִשְׁלַח ← שׁלח *m.* sending Est 9:19.22; with יָד reaching out one's hand for something, taking possession of Isa 11:14 - 1 מִשְׁלוֹח◦

מִשְׁלָח ← שׁלח mit יַד *m.* the sending of the hand: business, undertaking; acquisition; where one sends animals: pasture Isa 7:25 - 1 מִשְׁלַח

מִשְׁלַחַת ← שׁלח *f.* in droves Ps 78:49; holidays Ecc 8:8◦

מְשֻׁלָּם *m. PN* Meshullam

מְשִׁלֵּמוֹת *m. PN* Meshillemoth 2 Chr 28:12; Neh 11:13◦

מְשֶׁלֶמְיָהוּ & מְשֶׁלֶמְיָה *m. PN* Meshelemiah 1 Chr 9:21; 26:1f.9◦

מְשִׁלֵּמִית *m. PN* 1 Chr 9:12 Meshillemith ◦

מְשֻׁלֶּמֶת *f. PN* Meshullemeth 2 Kgs 21:19◦

מִשְׁלֹשׁ three; שָׁלוֹשׁ + כְּ + מִן Gen 38:24◦

מְשַׁמָּה ← שׁמם *f.* desert, wasteland, ruins; horror, terror 2 מְשַׁמּוֹת

מִשְׁמָן ← שׁמן *m.* fat Isa 17:4; pl. the fat ones, well-fed leaders Isa 10:16; Ps 78:31; the fat, best parts (of the land) Dan 11:24; Gen 27:28.39 - 1 מִשְׁמַן 3 מִשְׁמַנֵּי 4 מִשְׁמַנָּיו מִשְׁמַנֵּיהֶם◦

מִשְׁמַנָּה *m. PN* Mishmannah 1 Chr 12:11◦

מַשְׁמַנִּים ← שׁמן *m.* fat dishes, festive meal Neh 8:10◦

מִשְׁמָע ← שׁמע I. *m.* what one hears, hearsay 1 מִשְׁמַע Isa 11:3◦

מִשְׁמָע II. *m. PN* Mishma Gen 25:14; 1 Chr 1:30; 4:25f◦

מִשְׁמַעַת ← שׁמע *f.* bodyguard 1 Sam 22:14; 2 Sam 23:23; 1 Chr 11:25; subject Isa 11:14 - 4 מִשְׁמַעְתֶּךָ מִשְׁמַעְתּוֹ◦

1 st.c. sg. 2 st.a. pl. 3 st.c. pl. 4 with *epp* 5 SC 6 PC 7 narrative 8 inf.c. 9 inf.a. 10 imp. 11 part.

מִשְׁמָר ← שׁמר *m.* guard, post; guard house; detention, custody; prison; what is to be guarded Prov 4:23; order, department, service 1 מִשְׁמַר 4 מִשְׁמָרוֹ מִשְׁמַרְכֶם מִשְׁמָרָיו

מִשְׁמֶרֶת[B] ← שׁמר *f.* guarding: sentry, guard; preserving: service, administration, welfare; taking care, keeping; with שׁמר following orders *p* מִשְׁמָרֶת 2 מִשְׁמָרוֹת 3 מִשְׁמְרוֹת 4 מִשְׁמַרְתּוֹ מִשְׁמַרְתְּךָ מִשְׁמַרְתִּי מִשְׁמְרוֹתָם מִשְׁמַרְתָּם

מִשְׁנֶה[B] ← שׁנה *m.* second, twice, double; copy, transcription 1 מִשְׁנֵה 2 מִשְׁנִים 4 מִשְׁנֵהוּ

מְשִׁסָּה ← שׁסס *f.* loot, plunder 2 מְשִׁסּוֹת

מִשְׁעוֹל *m.* narrow path Num 22:24◦

מֹשִׁיעַ → מוֹשִׁיעַ

מִשְׁעִי *m.* cleansing Ez 16:4◦

מִשְׁעָם *m. PN* Misham 1 Chr 8:12◦

מִשְׁעָן ← שׁען *m.* support, hold 2 Sam 22:19; Ps 18:19; supply Isa 3:1- 1 מִשְׁעַן◦

מַשְׁעֵן *m.* & מַשְׁעֵנָה *f.* ← שׁען support Isa 3:1 מַשְׁעֵן וּמַשְׁעֵנָה total support; neg: any◦

מִשְׁעֶנֶת ← שׁען *f.* support, stick, crutch 4 מִשְׁעַנְתּוֹ מִשְׁעַנְתְּךָ מִשְׁעַנְתִּי מִשְׁעֲנֹתָם

מִשְׁפָּחָה[B] *f.* family, clan; people, nation; species, kind 1 מִשְׁפַּחַת 2 מִשְׁפָּחוֹת 3 מִשְׁפְּחוֹת 4 מִשְׁפַּחְתּוֹ מִשְׁפַּחְתִּי מִשְׁפְּחֹתָם מִשְׁפְּחֹת מִשְׁפְּחֹתֵיהֶם מִשְׁפְּחֹתֵיכֶם

מִשְׁפָּט[B] ← שׁפט *f.* judgment, decision, law, legal matter, regulation; court, legal proceedings; plan, building plan 1 Kgs 6:38; procedure, approach Jdg 13:12; habit, custom, manner Jos 6:15 et passim - 1 מִשְׁפַּט 2 מִשְׁפָּטִים 3 מִשְׁפְּטֵי 4 מִשְׁפָּטוֹ מִשְׁפָּטֶךָ מִשְׁפָּטַי מִשְׁפָּטָם מִשְׁפָּטֶיךָ מִשְׁפָּטָיו מִשְׁפָּטָן מִשְׁפָּטַי מִשְׁפְּטֵיהֶם

מִשְׁפְּתַיִם *m.* du. saddlebags; others: hurdles Gen 49:14; Jdg 5:16◦

מֶשֶׁק *m.* heir Gen 15:2◦

מַשָּׁק ← שׁקק *m.* rush, leap 1 מַשַּׁק Isa 33:4◦

מְשֻׁקָּדִים *m.* shaped like almond blossoms Ex 25:33f; 37:19f; pt. *pu* → שׁקד◦

מַשְׁקֶה[B] ← שׁקה *m.* drink; cupbearer Gen 40:1ff; well watered Gen 13:10 - 1 מַשְׁקֵה 4 מַשְׁקֵהוּ מַשְׁקָיו

מִשְׁקוֹל ← שׁקל *pn* weight, Lot, Shekel Ez 4:10◦

מַשְׁקוֹף *m.* upper door sill, lintel Ex 12:7.22f◦

מִשְׁקָל ← שׁקל *m.* weight; weighed, measured 1 מִשְׁקַל 4 מִשְׁקָלוֹ מִשְׁקָלָהּ מִשְׁקָלָם

מִשְׁקֹלֶת & מִשְׁקֶלֶת ← שׁקל *f.* scale, mason's level 2 Kgs 21:13; Isa 28:17 *p* מִשְׁקָלֶת◦

מִשְׁקָע ← שׁקע *m.* pure, clear 1 מִשְׁקַע Ez 34:18◦

מִשְׁרָה *f.* juice 1 מִשְׁרַת Num 6:3◦

מֵישָׁרִים[B] & מֵשָׁרִים ← ישׁר *m* straight, even; light, smooth; right, just, upright, true; justice, truth

מִשְׁרָעִי *pn* Mishraite 1 Chr 2:53◦

מֹשׁשׁ✓ *var.* → מוּשׁ *q* touch, feel 6 יְמֻשֵּׁנִי[e] 7 וַיְמֻשֵּׁהוּ[e] Gen 27:12.22◦

pi touch, search, rummage Gen 31:34.37; grope Dtn 28:29; Job 5:14; 12:25 - 5 מִשַּׁשְׁתָּ 6 יְמַשֵּׁשׁ 7 וַיְמַשֵּׁשׁ 11 מְמַשֵּׁשׁ יְמַשְׁשׁוּ◦

hif feel 6 יָמֵשׁ Ex 10:21 *a darkness one can feel, pitch-black* 10 הֲמִשֵׁנִי Jdg 16:26 *qr.*; *kt.* ↪ ימש◦

מִשְׁתֶּה[B] ↩ שתה *m.* drinking, drinking binge; drink 1 מִשְׁתֵּה 4 מִשְׁתָּיו מִשְׁתֵּיהֶם מִשְׁתֵּיכֶם

מַשְׁתִּין pt. ↪ שתן piss

ⓘ With בְּקִיר a quite drastic paraphrase of the male sex.

מֵת pt. ↪ מות dead

מַתְבֵּן *m.* pile of straw Isa 25:10◦

מֶתֶג *m.* bridle, rein 4 מִתְגִּי

מָתוֹק *m.* & מְתוּקָה *f.* ↩ מתק sweet 2 מְתוּקִים

מְתוּשָׁאֵל *m. PN* Methushael Gen 4:18◦

מְתוּשֶׁלַח *m. PN* Methushelach, Methusalem

מתח✓ *q* spread 7 וַיִּמְתָּחֵם[e] Isa 40:22◦

מָתַי when? with עַד until when, how long?

מְתִים[B] *m.* people, persons; men מְתֵי מִסְפָּר *few people* 2 מְתִם 3 מְתֵי 4 מְתָיו מְתַיִךְ

מַתְכֹּנֶת ↩ תכן *f.* measure, number, quota, levy Ex 5:8; composition, mixture Ex 30:32. 37; measure, proportion Ez 45:11; original plan, state 2 Chr 24:13 - 4 מַתְכֻּנְתּוֹ מַתְכֻּנְתָּם◦

מַתְּלָאָה ↩ מָה־תְּלָאָה what a bother! Mal 1:13◦

מְתַלְּעוֹת *f.* jawbone 3 מְתַלְּעוֹת מַלְתְּעוֹת (Ps 58:7) 4 מְתַלְּעֹתָיו Joel 1:6; Job 29:17; Prov 30:14◦

מְתֹם ↩ תמם *m.* intact, healthy, unharmed Jdg 20:48 (according to the Codex Leningradensis, many translators read with some manuscripts מְתִם people, men) Isa 1:6; Ps 38:4.8◦

מַתָּן ↩ נתן I. *m.* present, gift

מַתָּן II. *m. PN* Mattan

מַתָּנָה ↩ נתן I. *f.* present, gift 1 מַתְּנַת 2 מַתָּנוֹת 3 מַתְּנֹת 4 מַתְּנֹתָם מַתְּנוֹתֵיכֶם

מַתָּנָה II. *pln* Mattanah Num 21:18f◦

מַתְּנַי *m. PN* Mattenai Neh 12:19; Ezr 10:33.37◦

מִתְנִי *pn* Mithnite 1 Chr 11:43◦

מַתְּנַי *m. PN* Mattenai

מַתַּנְיָה & מַתַּנְיָהוּ *m. PN* Mattaniah

מָתְנַיִם *m.* hips, loins 3 מָתְנֵי 4 מָתְנָיו מָתְנֶיךָ מָתְנֵי מָתְנֵיכֶם מָתְנֵינוּ

מתק✓ *q* be, become sweet Ex 15:25; Prov 9:17; Job 21:33; refresh Job 24:20 - 5 מָתְקוּ[e] מָתְקוּ 6 יִמְתְּקוּ *p* יִמְתָּקוּ 7 וַיִּמְתְּקוּ◦

hif taste sweet, pleasant Job 20:12; enjoy company Ps 55:15 - 6 תַּמְתִּיק נַמְתִּיק◦

מֶתֶק ↩ מתק *m.* sweetness Prov 16:21 *the sweetness of the lips, pleasing speech*◦

מֹתֶק ↩ מתק *m.* sweetness 4 מָתְקִי Jdg 9:11◦

מִתְקָה *pln* Mithkah Num 33:28f◦

מִתְרְדָת *m. PN* Mithredath Ezr 1:8; 4:7◦

מַתַּת ← נתן *f.* gift; מַתַּת יָד *as much as one can give* Ez 46:5.11

מַתַּתָּה *m. PN* Mattattah Ezr 10:33◦

מַתִּתְיָה & **מַתִּתְיָהוּ** *m. PN* Mattithiah

נָא I. enklitic particle, emphasizing the preceding word: please, well, sure, just etc.

נָא II. ← ניא *m.* raw Ex 12:9◦

נֹא *pln* No Jer 46:25; Ez 30:14ff; Nah 3:8◦

נֹאד & **נֹאוד** *m.* skin, jug, bottle 2/3 נֹאדוֹת Jos 9:13; Jdg 4:19; 1 Sam 16:20; Ps 56:9; 119:83◦

√ **נאה** *pi* be lovely, welcome 5 נָאווּ נַאֲוָה Isa 52:7; Song 1:10; Ps 93:5; cf. → אוה◦

נָאוֶה *m.* & **נָאוָה**[B] *f.* ← נאה beautiful, lovely; right, proper, appropriate

נִאֻפִים[B] & **נִאוּפִים** ← נאף *m.* adultery 4 נִאֻפַיִךְ Jer 13:27; Ez 23:43◦

נְאוֹת → נָוֶה pasture, home

נאם only as st.c.pt.pass. *q*:

נְאֻם[B] *m.* lit. murmur, whisper; in proph. speech: oracle, declaration. נְאֻם־יְהוָה *oracle of the Lord; declares the Lord*

√ **נאף**[B] *q* be unfaithful 6 יִנְאַף תִּנְאָף 7 וַיִּנְאָפוּ וַתִּנְאַף 9 נָאוֹף וְנָאֹף 11 הַנֹּאֵף הַנֹּאֶפֶת נֹאֲפוֹת

pi be unfaithful 5 נִאֲפָה נִאֲפוּ 6 תְּנָאַפְנָה 7 וַיְנַאֲפוּ 11 מְנָאֵף הַמְּנָאֶפֶת מְנָאֲפִים

נַאֲפוּפִים ← נאף *m.* signs of adultery 4 נַאֲפוּפֶיהָ Hos 2:4◦

√ **נאץ** *q* loathe, reject, despise 5 נָאַץ נָאֲצוּ *p* נָאָצוּ 6 יִנְאַץ תִּנְאַץ יִנְאָצוּן 7 וַיִּנְאָץ; Ecc 12:5 → נצץ

pi scorn, blaspheme 5 נִאֵץ נִאַצְתָּ נִאֲצוּ *p* נִאֵצוּ 6 יְנָאֵץ יְנַאֲצֻנִי[e] וִינַאֲצוּנִי[e] 9 נִאֵץ 11 מְנַאֲצַיִךְ[e] מְנַאֲצַי[e]

hitpo be blasphemed, insulted 11 מִנֹּאָץ Isa 52:5◦

נְאָצָה ← נאץ *f.* shame, dishonor 2 Kgs 19:3; Isa 37:3◦

נֶאָצָה ← נאץ *f.* blasphemy, sacrilege 2 נֶאָצוֹת 4 נֶאָצוֹתֶיךָ Ez 35:12; Neh 9:18.26◦

√ **נאק** *q* groan 5 וְנָאַק 6 יִנְאָקוּ Ez 30:24; Job 24:12◦

נְאָקָה ← נאק *f.* groaning, wailing 1 נַאֲקַת 4 נַאֲקָתָם Ex 2:24; 6:5; Jdg 2:18; Ez 30:24◦

√ **נאר** *pi* break, renounce Ps 89:40; desecrate, disown Lam 2:7 - 5 נֵאַרְתָּה נֵאֵר◦

נָאשׁ → יאשׁ

נֹב *pln* Nob

√ **נבא**[B] *nif* be a prophet, be in prophetic ecstasy, act, speak as a prophet 5 נִבָּא נִבֵּאתָ נִבֵּיתָ נִבְּאוּ *p* נִבָּאוּ 6 יִנָּבֵא תִּנָּבֵא תִּנָּבְאוּ 7 וַיִּנָּבֵא וַיִּנָּבְאוּ 8 הִנָּבֵא הִנָּבְאוֹ[e] בְּהִנָּבְאוֹתוֹ[e] כְּהִנָּבְאִי[e] 10 הִנָּבֵא 11 נִבָּא נִבְּאִים נִבָּאִים נִבְּאֵי

hitp act, behave as a prophet, prove oneself to be a prophet; fall into prophetic rapture 5

וַיִּתְנַבֵּא 7 יִתְנַבֵּא 6 הִנַּבְּאוּ וְהִנַּבֵּאתִי וְהִתְנַבִּיתָ
מִתְנַבְּאִים מִתְנַבֵּא 11 הִתְנַבּוֹת 8 וַיִּתְנַבְּאוּ
הַמִּתְנַבְּאוֹת

√ **נבב** *q* be hollow 11 pass. נְבוּב נָבוּב Ex 27:8; 38:7; Jer 52:21; but ↪ נָבוּב◦

נְבוֹ *pn* a Bab. idol & a mountain, Nebo

נְבוּאָה ↩ נבא *f.* prophecy 1 נְבוּאַת Neh 6:12; 2 Chr 9:29; 15:8◦

נָבוּב ↩ נבב *m.* hollow; airhead 1 נְבוּב Ex 27:8; 38:7; Jer 52:21; Job 11:12◦

נְבוּזַרְאֲדָן *m. PN* Nebuzaradan

נְבוּכַדְרֶאצַּר & **נְבוּכַדְנֶאצַּר** & **נְבֻכַדְנֶאצַּר** *m. PN* Nebukadnezzar

נְבוּשַׁזְבָּן *m. PN* Nebushasban Jer 39:13◦

נָבוֹן pt. nif ↪ בין smart, reasonable

נָבוֹת *m. PN* Naboth

√ **נבח** *q* bark 8 נְבֹּחַ Isa 56:10◦

נֹבַח *m. PN* & *pln* Nobach Num 32:42; Jdg 8:11◦

נִבְחַז *pn* an idol, Nibhas 2 Kgs 17:31◦

√ **נבט**[B] *pi* look, watch 5 וְנִבַּט Isa 5:30◦

hif look, look up, gaze, watch, see, observe 5 יַבִּיט 6 הִבַּטְתֶּם וְהִבִּיטוּ וְהִבַּטְתָּ וְהִבִּיט וַיַּבֵּט 7 יַבִּיטוּ וְאַבִּיטָה אַבִּיט אַל־תַּבֵּט תַּבִּיט הַבֵּט 8 הַבִּיט [e]הַבִּיטִי [e]הַבִּיטָם 10 וַתַּבֵּט 11 הַבִּיטוּ הַבִּיטִי הַבִּיטָה הַבֵּיט הַבֶּט־נָא מַבִּיט

נְבָט *m. PN* Nebat

נָבִיא[B] ↩ נבא *m.* prophet 2 נְבִאִים נְבִיאִים 3 נְבִיאֶיהָ נְבִיאָיו נְבִיאֲכֶם נְבִיאֶךָ נְבִיאוֹ 4 נְבִיאֵי נְבִיאֵינוּ נְבִיאֵיכֶם נְבִיאֵיהֶם נְבִיאַי נְבִיאֶיךָ

נְבִיאָה ↩ נבא *f.* prophetess

נְבָיוֹת & **נְבָיֹת** *m. PN* Nebaioth

נֵבֶךְ *m.* springs, bottom (of the sea) 3 נִבְכֵי־יָם Job 38:16◦

√ **נבל**[B] I. *q* wither, dry up; become tired, powerless, fade away; despair 5 נָבְלָה נָבֵל 6 יִבּוֹל יִבֹּל תִּבֹּל יִבֹּלוּ יִבּוֹלוּן 8 נְבֹל 9 נָבֹל 11 נֹבֵל נֹבֶלֶת

√ **נבל** II. *q* be foolish 5 נָבַלְתָּ Prov 30:32◦
pi despise, reject 5 [e]וְנִבַּלְתִּיךְ 6 תְּנַבֵּל 7 וַיְנַבֵּל 11 מְנַבֵּל Dtn 32:15; Jer 14:21; Mi 7:6; Nah 3:6◦

נָבָל *m.* & **נְבָלָה** *f.* ↩ נבל I. godless, unreasonable, stupid, foolish 2 נְבָלִים נְבָלוֹת

נָבָל II. *m. PN* Nabal

נֵבֶל I. *m.* jug 2 נְבָלִים 3 נִבְלֵי 4 נִבְלֵיהֶם

נֵבֶל II. *m.* harp, lute; נֵבֶל עָשׂוֹר ten-stringed harp 4 נְבָלֶיךָ

נְבָלָה ↩ נבל *f.* foolishness, sin, infamy

נְבֵלָה ↩ נבל *f.* corpse, carrion 1 נִבְלַת 4 נִבְלָתָם נִבְלָתְךָ נִבְלָתוֹ

נַבְלוּת ↩ נבל *f.* genitals, shame 4 נַבְלֻתָהּ Hos 2:12◦

נְבַלָּט *pln* Neballat Neh 11:34◦

נֹבֶלֶת ↩ נבל *f.* withered fruit Isa 34:4◦

√ **נבע** *q* gush, bubble 11 נֹבֵעַ Prov 18:4◦
hif bubble, pour out; let bubble (spoil ointment) Ecc 10:1; fig. speak, recite Ps 78:2; pass on, proclaim Ps 19:3; drool Ps 59:8 - 6 יַבִּיעַ אַבִּיעָה תַּבַּעְנָה יַבִּיעוּן יַבִּיעוּ

נִבְשָׁן *pln* Nibshan Jos 15:62◦

1 st.c. sg. 2 st.a. pl. 3 st.c. pl. 4 with *epp* 5 SC 6 PC 7 narrative 8 inf.c. 9 inf.a. 10 imp. 11 part.

נֶגֶב[B] *m.* desolate, arid land; as *pln*: the Negeb, Negev; as direction: south, southwards; with ה-locale: נֶגְבָּה

✓**נגד**[B] *hif* communicate, tell, bring to attention; interpret (a dream, a riddle), explain 5 הִגִּיד הִגִּידוּ הִגַּדְתִּי הִגַּדְתָּ וְהִגִּידָה הִגִּידָהּ[e] יַגִּידֶהָ יַגִּידָהּ[e] יַגִּידוּ[e] יַגִּיד יַגֵּד יַגִּיד 6 וְהִגַּדְתֶּם וְאַגִּידָה אַגִּיד וְתַגִּיד תַּגֵּד תַּגִּיד יַגִּידְךָ[e] וְיַגֶּדְךָ[e] 7 וַיַּגִּידֶנּוּ[e] נַגִּידָה נַגִּיד תַּגִּידוּ יַגִּידוּ אַגִּידֶנּוּ[e] 8 וַיַּגֵּד וַיַּגִּדוּ וַיַּגִּידוּ וָאַגִּיד וַתַּגֵּד וַיַּגֵּד וַיַּגֵּד 2 Kgs 9:15 *kt.* 9 הַגֵּד הַגִּיד 10 לַגִּיד לְהַגִּיד מַגִּיד 11 הַגִּידוּ הַגִּידִי הַגִּידָה הַגֶּד־ הַגֵּד מַגִּידֵי מַגֶּדֶת

hof be reported, told, proclaimed 5 וַיֻּגַּד 7 וְהֻגַּד הֻגֵּד 9

נֶגֶד[B] *m.* opposite, counterpart, correspondence; as prep.: before, at; in the presence of, present; corresponding; with מִן: next to, away ... from; from a distance; opposite; in front of, before; with כְּ corresponding; with לְ in front of, before; with עַד up to the place opposite 4 נֶגְדָּם נֶגְדְּךָ נֶגְדּוֹ

✓**נגה** *q* shine, gleam, glow 5 נָגַהּ 6 יַגַּהּ Isa 9:1; Job 18:5; Ps 18:29◦

hif radiate, let shine, illuminate 6 יַגִּיהַּ 2 Sam 22:29; Isa 13:10; Ps 18:29◦

נֹגַהּ ← נגה I. *f.* shine, glow, beam 4 נָגְהָם

נֹגַהּ II. *m. PN* Nogah 1 Chr 3:7; 14:6◦

נְגֹהוֹת ← נגה *f.* brightness, shine Isa 59:9◦

✓**נגח** *q* gore, thrust 6 יִגַּח *p* יִגָּח Ex 21:28.31f◦

pi gore, thrust, knock down 6 תְּנַגְּחוּ תְּנַגַּח יְנַגַּח 11 מְנַגֵּחַ נְנַגֵּחַ

hitp collide 6 יִתְנַגַּח Dan 11:40◦

נַגָּח ← נגח *m.* the habit of goring Ex 21:29.36◦

נָגִיד[B] ← נגד *m.* ruler, prince, sovereign, head of the tribe, chief, principal 1 נְגִיד נְגִד 2 נְגִידִים

נְגִינָה & **נְגִינַת** ← נגן *f.* string music, song, satirical song; *pn* of a stringed instrument, Neginoth 1 נְגִינַת 2/3 נְגִינוֹת 4 נְגִינָתִי *p* נְגִינוֹתַי נְגִינוֹתַי (or poet. pl.-ending)

✓**נגן** *q* pt. string player 11 נֹגְנִים Ps 68:26◦

pi play (a stringed instrument) 5 נִגֵּן 6 יְנַגֵּן 8 נַגֵּן 11 מְנַגֵּן לְנַגֵּן

✓**נגע**[B] *q* touch, reach; also in a negative sense: touch, hit; of time: arrive 5 נָגַע נָגְעוּ נְגָעֲנוּךָ[e] 6 יִגַּע יִגְּעוּ תִּגְּעוּ *p* תִּגָּעוּ 7 וַיִּגַּע וַתִּגַּע 8 לִנְגּוֹעַ הַנֹּגַעַת נֹגֵעַ 11 גַּע 10 נָגְעֵךְ[e] נָגְעוֹ[e] לָגַעַת לִנְגֹּעַ נָגוּעַ pass. נֹגְעַת הַנֹּגְעִים

nif (pretend to) be beaten 7 וַיִּנָּגְעוּ Jos 8:15◦

pi strike with plagues, afflict (only by God) 5 נִגְּעוֹ[e] 7 וַיְנַגַּע Gen 12:17; 2 Kgs 15:5; 2 Chr 26:20◦

pu be plagued, afflicted 6 יְנֻגָּעוּ Ps 73:5◦

hif touch, let touch: string together; reach; throw; come, happen, arrive 5 הִגִּיעַ הִגַּעַתְּ יַגִּיעֶנָּה[e] יַגִּיעַ 6 וְהִגַּעְתֶּם הִגִּיעוּ וְהִגַּעְתִּיהוּ[e] הִגִּיעָנוּ[e] הִגִּיעַ 8 וַיַּגִּיעוּ וַתַּגַּע וַיַּגַּע 7 יַגִּיעוּ תַּגִּיעַ 11 מַגִּיעֵי מַגַּעַת מַגִּיעַ

נֶגַע[B] ← נגע *m.* plague, strike, blow; suffering, injury, affliction; infection Lev 13:2ff *p* נָגַע 2 נְגָעִים 3 נִגְעֵי 4 נִגְעוֹ נִגְעֶךָ נִגְעֵי

✓**נגף**[B] *q* hit, strike, push, hurt 5 וְנָגַף נְגָפוֹ[e] וַיִּגֹּף 7 אֶגּוֹף תִּגּוֹף יִגָּפֶנּוּ[e] יִגֹּף 6 וְנָגְפוּ נְגָפָנוּ[e] נֹגֵף 11 נָגֹף 9 בְּנָגְפוֹ[e] לִנְגֹּף 8 וָאֶגֹּף וַיִּגְּפֵהוּ[e]

nif be beaten, defeated 5 נִגַּף *p* נִגָּף נִגְּפוּ *p* נִגָּפוּ בְּהִנָּגֵף 8 וַיִּנָּגְפוּ וַיִּנָּגֵף 7 תִּנָּגְפוּ יִנָּגֵף 6 וְנִגַּפְתֶּם נִגָּפִים נִגָּף 11 הִנָּגוֹף 9

hitp bump (the feet), stumble 6 יִתְנַגְּפוּ Jer 13:16◦

נֶגֶף ← נגף *m.* blow, plague, affliction; (stone of) stumbling Isa 8:14 *p* נָגֶף

√נגר *nif* be poured out, be spilled; flow; fig. be outstretched 4 נִגָּרָה 11 נִגָּרוֹת הַנִּגָּרִים 2 Sam 14:14; Lam 3:49; Ps 77:3; Job 20:28◦

hif pour out, expose, deliver; throw (stones) 5 וְהִגַּרְתִּי 6 יַגִּירֵהוּ[e] 7 וַתַּגֵּר 10 הַגִּרֵם[e] Jer 18:21; Ez 35:5; Mi 1:6; Ps 63:11; 75:9◦

hof be poured down 11 מֻגָּרִים Mi 1:4◦

√נגש[B] *q* oppress, force, coerce, beat; pt. blackmailer, tax collector Dan 11:20; pl. ruler,oppressor, slave master Ex 3:7 et passim 5 נָגַשׂ 6 יִגֹּשׂ תִּגֹּשׂ תִּנְגְּשׂוּ 11 נֹגֵשׂ הַנֹּגְשִׂים נֹגְשֵׂי נֹגְשֶׂיהָ[e] וְנֹגְשַׂיִךְ[e] נֹגְשָׂיו[e]

nif be oppressed, hard-pressed; oppress one another 5 נִגַּשׂ 1 Sam 13:6; 14:24; Isa 3:5; 53:7◦

√נגש[B] *q* approach, come near, reach; turn to someone; fit close Job 41:8; imp. *make room for me!* Isa 49:20; with הָלְאָה *get out of here!* 6 יִגַּשׁ *p* יִגָּשׁ יִגְּשׁוּ *p* יִגָּשׁוּ יִגְּשׁוּ תִּגְּשׁוּ נִגְּשָׁה 7 וַיִּגַּשׁ גַּשׁ גֶּשׁ 10 גְּשׁוּ גֹּשׁוּ גְּשָׁה־ גֶּשֶׁת 8 וַתִּגַּשְׁנָה וַיִּגְּשׁוּ גִּשְׁתָּם[e] גִּשְׁתּוֹ[e] גֹּשִׁי

ⓘ In *q* there are no SC forms and participles; instead the corresponding forms of *nif* are used.

nif move nearer, approach 5 נִגַּשׁ נִגְּשָׁה נִגְּשׁוּ 11 נִגָּשִׁים

hif come closer, reach; bring, offer; explain, prove 5 הִגִּישׁוּ[e] וְהִגִּישָׁהּ[e] הִגִּישׁוּ הִגַּשְׁתֶּם 6 יַגִּישׁ 10 וַיַּגִּשׁוּ וַתַּגֵּשׁ וַיַּגֵּשׁ וַיַּגֶּשׁ 7 תַּגִּישׁוּן תַּגִּישׁ מַגִּישֵׁי מַגִּשִׁים מַגִּישׁ 11 הַגִּישׁוּ הַגִּישָׁה הַגְּשָׁה

hof be offered; be put (in fetters) 5 הֻגָּשׁוּ 11 מֻגָּשׁ 2 Sam 3:34; Mal 1:11◦

hitp draw near 10 הִתְנַגְּשׁוּ Isa 45:20◦

נֵד ← נדד *m.* dam, pile, wall Ex 15:8; Jos 3:13. 16; Ps 78:13; unclear Isa 17:11: sheaves, others: flight, derived from נוד; Ps 33:7 some read נֵד = נֹאד skin, jug◦

נֹד ← נוד *m.* flight, misery 4 נֹדִי Ps 56:9◦

√נדא *hif* disloyalise someone, seduce 2 Ki 17:21 *kt.*; *qr.* ← נדח

√נדב *q* move, prompt (of mind and heart; in the sense of doing something voluntarily) 5 נָדַב נָדְבָה 6 יִדְּבֶנּוּ[e] Ex 25:2; 35:21.29◦

hitp do something voluntarily; bring a voluntary gift 5 הִתְנַדַּבְתִּי הִתְנַדְּבוּ 7 וַיִּתְנַדְּבוּ 8 הִתְנַדֵּב הִתְנַדֵּב־ הִתְנַדֶּבְכֶם[e] 11 מִתְנַדֵּב הַמִּתְנַדְּבִים

נָדָב *m. PN* Nadab

נְדָבָה ← נדב *f.* free will, voluntariness, voluntary gift; abundant (of rain) Ps 68:10 - 1 נִדְבַת 2 נְדָבוֹת 3 נִדְבַת נִדְבוֹת 4 נִדְבוֹתֶיךָ נִדְבוֹתֵיכֶם נִדְבוֹתָם

נְדַבְיָה *m. PN* Nedabiah 1 Chr 3:18◦

נִדְגָּלוֹת *f.* army with banner; others: constellation Song 6:4.10◦

√נדד *var.* ← נוד *q* flee, wander, stray 5 נָדְדָה נָדְדוּ *p* נָדָדוּ 6 יִדּוֹד יִדּוֹדוּן 7 וַתִּדַּד 8 נְדֹד 11 נֹדֵד נֹדֶדֶת נֹדְדִים

pol flee 5 וְנוֹדֵד Nah 3:17◦

hif banish 6 יְנִדֻּהוּ[e] Job 18:18◦

hof be blown away, vanished 6 יֻדַּד 11 מֻנָד 2 Sam 23:6; Job 20:8◦

נְדֻדִים ↩ נדד *m.* restlessness Job 7:4◦

√נדה *var.* ↪ נוד *pi* cast out Isa 66:5; defer, put off Am 6:3 - 11 מְנַדֵּיכֶםᵉ הַמְנַדִּים◦

נֵדֶה *m.* gift Ez 16:33◦

נִדָּה *f.* uncleanness, menstruation; filth, abomination, idolatry 1 נִדַּת 4 נִדָּתָהּ

√נדחᴮ I. *nif* to be scattered, banished, cast out, rejected; to fall; to be deceived Dt 4:19; 30:17 - 5 נִדְּחָה וְנִדַּחְתָּ נִדְּחוּ וְנִדַּחְתֶּם 6 (יִדַּח יִדָּחֶה) נִדָּחָה נִדַּחֲכֶםᵉ נִדָּחֶךָᵉ נִדָּחוֹᵉ נִדָּח 11 (יִדַּחוּ נִדָּחֵיᵉ נִדָּחֵי נִדְּחֵי נִדָּחִים נִדַּחַת

ⓘ The PC-forms in *nif* are mostly derived from דחה or דחח.

hif expel, scatter, cast out; lead astray, seduce 5 הִדַּחְתִּי הִדַּחְתָּםᵉ הִדִּיחָםᵉ הִדִּיחֲךָᵉ וְהִדִּיחַ 6 הִדַּחְתֶּם הִדִּיחוּ הִדַּחְתִּיםᵉ הִדַּחְתִּיוᵉ 8 וַתַּדִּחוּםᵉ וַיַּדִּיחוּ וַיַּדַּח 7 אַדִּיחֵםᵉ תַּדִּיחֶנּוּᵉ הַדִּיחָמוֹᵉ 10 הַדִּיחִיᵉ הַדִּיחֲךָᵉ לְהַדִּיחַ

hof be flushed, scared away 11 מֻדָּח Isa 13:14◦

pu be driven, thrust 11 מְנֻדָּח Isa 8:22◦

√נדח II. *q* put, swing (an ax) 8 לִנְדֹּחַ Dtn 20:19◦

nif swing (an ax) 5 וְנִדְּחָה Dtn 19:5◦

hif bring (evil) 5 וְהִדִּיחַ 2 Sam 15:14 (if not ↪ I.)◦

נָדִיב ↩ נדב *m.* willingly, voluntarily; who follows his free will: nobleman, prince 1 נְדִיב 2 נְדִיבִים 3 נְדִיבֵי 4 נְדִיבֵמוֹ

נְדִיבָה ↩ נדב *f.* nobility, glory Job 30:15; willing Ps 51:14; noble, noble thoughts Isa 32:8 - 2 נְדִיבוֹת 4 נְדִבָתִי◦

נָדָן *m.* I. sheath 4 נְדָנָהּ 1 Chr 21:27◦

נָדָן II. *m.* gift 4 נְדָנַיִךְ Ez 16:33◦

√נדף *q* blow, drive away Ps 1:4; 68,3; vanquish, defeat Job 32:13 - 6 יִדְּפֶנּוּᵉ תִּנְדֹּף תִּדְּפֶנּוּᵉ◦

nif be blown, driven away 5 נִדַּף 8 הִנָּדֵף 11 נִדָּף

√נדרᴮ *q* vow, swear 5 נָדַר *p* נָדָר נָדְרָה נָדַרְנוּ 6 יִדֹּר תִּדֹּר תִּדְּרוּ 7 וַיִּדַּר וַתִּדֹּר וַיִּדְּרוּ 8 נְדֹר 10 נִדְרוּ 11 נֹדֵר

נֵדֶר & נֶדֶרᴮ ↩ נדר *m.* vow, oath 2 נְדָרִים 3 נִדְרֵי *p* נְדָרַי 4 נְדָרֶיךָ נְדָרֶיהָ נְדָרָיו נִדְרֵי נִדְרֵיכֶם נִדְרֵיהֶם נְדָרַי

נֹהַּ ↩ נהה *m.* glory, others: wailing Ez 7:11◦

√נהגᴮ I. *q* guide, lead, drive, pasture 5 נָהַג נָהֲגוּ 6 יִנְהַג *p* יִנְהָג אֶנְהָגְךָᵉ יִנְהָגוּ *p* וַיִּנְהֲגוּ 10 נְהַג 11 נֹהֵג נֹהֲגִים pass. נְהוּגִים

pi lead, guide, drive; abduct Gen 31:26; drive with difficulty Ex 14:25- 5 נִהַג נִהַגְתָּ 6 יְנַהֵג וַיְנַהֲגֵםᵉ וַיְנַהֲגֵהוּᵉ 7 יְנַהֶגְךָᵉ יְנַהֲגֵם יְנַהֲגֵנוּ וַתְּנַהֵג

√נהג II. *pi* sigh, wail 11 מְנַהֲגוֹת Nah 2:8◦

√נהה *q* wail 5 וְנָהָה 10 נְהֵה Ez 32:18; Mi 2:4◦

nif wail, whine araound 7 וַיִּנָּהוּ 1 Sam 7:2◦

נְהִי ↩ נהה *m.* lament *p* נֶהִי

√נהל *pi* lead, guide, help, provide, nourish 5 נֵהַלְתָּ 6 יְנַהֵל יְנַהֲלֵנִיᵉ יְנַהֲלֵםᵉ יְנַהֲלֵנִי 7 וּתְנַהֲלֵם וַיְנַהֲלוּם 11 מְנַהֵל וַיְנַהֲלֵםᵉ

hitp travel slowly 6 אֶתְנָהֲלָה Gen 33:14◦

נַהֲלָל & נַהֲלֹל *pln* Nahalol

נַהֲלֹלִים ↩ נהל *m.* watering place Isa 7:19◦

√נהם *q* growl, roar, rumble; sigh 5 וְנָהַמְתָּ וּנְהַמְתֶּם 6 וְיִנְהֹם 11 נֹהֵם

נַהַם ↩ נהם *m.* roaring Prov 19:12; 20:2◦

נְהָמָה ↩ נהם *f.* raging; agony, moaning 1 נַהֲמַת Isa 5:30; Ps 38:9◦

✓נהק *q* bray 6 יִנְהֲקוּ יִנְהָק Job 6:5; 30:7◦

✓נהר I. *q* stream 5 וְנָהֲרוּ 6 יִנְהֲרוּ Isa 2:2; Jer 51:44; Mi 4:1◦

✓נהר II. be radiant 5 וְנָהַרְתְּ וְנָהֲרוּ *p* וְנָהָרוּ Isa 60:5; Jer 31:12; Ps 34:6◦

נָהָר[B] ↩ נהר I. *m.* stream, river; flood, current; channel, side-arm; as *pn*: the Nile, pl. branches of the Nile; Euphrates 1 Kgs 14:15; Tigris Dan 10:4 - 1 נְהַר 2 נְהָרוֹת נְהָרֹת הַנְּהָרִים 3 נַהֲרֵי נְהָרִים 4 נַהֲרֹתָם נַהֲרֹתַיִךְ

נְהָרָה ↩ נהר II. *f.* bright light Job 3:4◦

נַהֲרַיִם & נַהֲרִים *pln* Mesopotamia

✓נוא *q* discourage, frustrate 6 תְּנוּאוּן Num 32:7 *kt.*; *qr.* ↪ *hif*

hif resist, defend, refuse, prohibit, withhold, prevent, thwart 5 הֵנִיא 6 יָנִיא יָנִי תְּנִיאוּן 7 וַיָּנִיאוּ

✓נוב *q* overflowing, streaming; fig. become rich, living in prosperity 6 יְנוּבוּן יָנוּב Ps 62:11; 92:15; Prov 10:31◦

pol let prosper 6 יְנוֹבֵב Zec 9:17◦

נוּב *kt.* Isa 57:19 *m.* fruit◦

נוֹבָי *kt.* Neh 10:20 *m. PN;* nearly all translations read with *qr.* Nebai◦

נוּגוֹת miserable pt.f.pl. *nif* ↪ יגה

✓נוד[B] *q* swinging back and forth, swaying; fickle, being on the run; having pity, showing sympathy (and therefore shaking one's head) 5 נָד 11 נָדוּ נוּדוּ נוֹדִי 6 יָנוּד תָּנֹד אַל־תָּנֹד 7 וַיָּנֻדוּ 8 לָנוּד 10 נָדוּ

hif let wander, chase away 2 Kgs 21:8; Ps 36:12; shake one's head Jer 18:16 - 6 וְיָנִיד [e]תְּנִדֵנִי 8 לְהָנִיד◦

hitpolel sway Isa 24:20; shake one's head Jer 48:27; Ps 64:9; lament Jer 31:18 - 5 וְהִתְנוֹדְדָה 6 יִתְנוֹדָדוּ תִּתְנוֹדָד 11 מִתְנוֹדֵד◦

נוֹד ↩ נוד *m.* wandering, flight 4 נֹדִי Ps 56:9◦

נוֹד *pln* Nod Gen 4:16◦

נוֹדָב *m. PN* Nodab 1 Chr 5:19◦

✓נוה I. *q* live, rest; others: reach one's goal 6 יִנְוֶה Hab 2:5◦

✓נוה II. *hif* praise 6 [e]וְאַנְוֵהוּ Ex 15:2◦

נָוֶה[B] ↩ נוה *m.* pasture; dwelling 1 נְוֵה 3 נְוֹת נְוֵהֶן נְוֵהֶם נָוֵהוּ 4 נְאוֹת

נָוָה[B] ↩ נוה *f.* pasture; dwelling; beautiful, lovely 1 נְוַת Ps 68:13 נְוַת בַּיִת the beauty of the house, wife, landlady, woman (others: a certain place in the house)

ⓘ The uncertainty stems from the derivation: נוה *live* or var. of נָאוָה *lovely.*

נָוֹת & נָיוֹת *qr. pln* Najoth 1 Sam 19:18ff; 20:1◦

נוֹזְלִים ↪ נֹזְלִים brooks, streams

✓נוח[B] *q* rest, settle down, camp; wait, stop 5 נָחָה נָחְתִּי נָחוּ נָחְנוּ 6 יָנוּחַ תָּנוּחַ אָנוּחַ יָנוּחוּ 7 וַיָּנַח וַתָּנַח וַיָּנוּחוּ 8 לָנוּחַ נוֹחַ [e]וּבְנֻחֹה

ⓘ For this root, two different causative strands are assumed. Although the forms actually differ in a dagesh in the *Nun* (so-called Aramaic formation), the meanings often merge into each other.

hif I. sink down, settle down; give rest, bring peace, joy; quench one's anger 5 וַהֲנִחוֹתִי הֵנִיחַ וַהֲנִחֹתִי 6 יָנִיחַ וִינִיחֶךָּ[e] יְנִיחֵנִי[e] תְּנִיחֶנּוּ 7 וַיָּנַח 8 הָנִיחַ הֲנִיחִי[e] 11 מֵנִיחַ

hif II. set, settle, put; bring, lay, leave; let, allow; abandon; הַנִּיחָה לִי leave me alone! 5 הִנִּיחַ הִנַּח וְהִנִּיחָם[e] 6 יַנִּיחַ וְיַנִּיחוּ תַּנַּח תְּנִיחֶנּוּ[e] תַּנִּיחֵנִי[e] אַנִּיחֶנּוּ[e] וְיַנִּיחֻהוּ[e] 7 וַיַּנַּח וַיַּנִּחֵהוּ[e] וַיַּנִּחֵם[e] וַיְנִיחֵנִי[e] וַתַּנַּח וַיַּנִּיחוּ וַיַּנִּחוּם[e] 8 לְהַנִּיחוֹ[e] לְהַנִּיחָם[e] 10 וְהַנַּח הַנִּיחָה הַנִּיחוּ 11 מַנִּיחַ

hof I. be allowed to rest 5 הוּנַּח Lam 5:5◦

hof II. be brought, placed; pt. free space, place 5 וְהֻנִּיחָה 11 מֻנָּח הַמֻּנָּח Ez 41:9.11; Zec 5:11◦

נוֹחַ ← נוח *m.* rest 4 נוּחֶךָ Est 9:17ff; 2 Chr 6:41◦

נוֹחָה *m. PN* Nohah 1 Chr 8:2◦

נוט√ *q* quake, shake 6 תָּנוּט Ps 99:1◦

נוית *kt.* 1 Sam 19:18ff; pl. ← נָוֹת dwellings; *qr.* *pln* Najoth◦

נום√ *q* fall asleep, slumber 5 נָמוּ 6 יָנוּם 8 לָנוּם

נוּמָה ← נום *f.* drowsiness Prov 23:21◦

נון√ continue, increase Ps 72:17 *kt.*: *q* 6 יָנִין *qr.* *nif* יִנּוֹן◦

נוּן *m. PN* Nun

נוס√[B] *q* flee, run away, escape 5 נַסְתָּה נָסָה נָס נָסוּ נַסְתֶּם 6 יָנוּס יָנֻסוּ *p* יְנוּסוּן נָנוּס נָנוּסָה 7 וַיָּנָס וַיָּנֻסוּ 8 לָנוּס נֻס נֻסְךָ[e] נוּסָם[e] 9 נוֹס 10 נוּסוּ 11 נָס נָסִים

polel drive, impel 5 נֹסְסָה Isa 59:19◦

hif flee, escape; put to flight Dtn 32:30; make flee, hurry, bring to safety Ex 9:20; Jdg 6:11; 7:21 *kt.* 5 הֵנִיס הַנָּס Jer 48:44 *qr.* 6 יָנִיסוּ 7 וַיָּנִיסוּ 8 לְהָנִיס

hitpolel flee 8 לְהִתְנוֹסֵס Ps 60:6◦

נוע√[B] *q* totter, shake, quake, tremble; wander around, roam; be on the run 5 וְנָעוּ 6 תָּנוּעַ יְנוּעוּן וַיָּנוּעוּ 8 לָנוּעַ 9 אֲנוּעֲךָ[e] 2 Sam 15:20 *kt.*; נוֹעַ 11 נָע נָעוֹת

nif be shaken, sifted 6 יִנּוֹעַ יִנּוֹעוּ Am 9:9; Nah 3:12◦

hif shake someone; let wander; make a refugee; help someone to his knees Dan 10:10 - 5 הֵנִיעָה וַהֲנִעוֹתִי 6 יָנִיעַ יָנַע וְאָנִיעָה אֲנִיעֲךָ[e] 2 Sam 15:20 *qr.*; יָנִיעוּ יְנִיעוּן 7 וַיְנִעֵם[e] וַתְּנִיעֵנִי[e] וַיָּנִעוּ 10 הֲנִיעֵמוֹ[e]

נוֹעַדְיָה *m.* & *f. PN* Noadiah Ezr 8:33; Neh 6:14◦

נוף√[B] I. *hif* swing, shake, wave; wave the wave offering 5 הֵנִיף הֲנַפְתָּ הֲנִיפוֹתִי 6 תָּנִיף יְנִיפֶנּוּ[e] 7 וַיָּנֶף וַיְנִיפֵהוּ[e] 8 לְהָנִיף הֲנִיפְכֶם[e] 10 הָנִיפוּ 11 מֵנִיף מְנִיפוֹ[e]

ⓘ Whether the sacrifice was really swung is uncertain; perhaps the expression means the act of offering with outstretched hands.

hof be waved 5 הוּנַף Ex 29:27◦

pol threateningly raise a hand, shake a fist 6 יְנֹפֵף Isa 10:32◦

נוף√ II. *q* sprinkle 5 נַפְתִּי Prov 7:17◦

hif pour rain 6 תָּנִיף Ps 68:10◦

נוֹף *m.* elevation Ps 48:3◦

נוץ√ *q* flee 5 נָצוּ Lam 4:15; others: → נצה◦

נֹצָה & נוֹצָה *f.* coll. feathers, plumage 4 נֹצָתָהּ Lev 1:16; Ez 17:3.7; Job 39:13◦

√נושׁ *q* be sick, be in dispair 7 וָאָנוּשָׁה Ps 69:21◦

√נזה *q* spurt, spatter, splash 6 יִזֶּה וְיֵז 7 וַיִּז Lev 6:20; 2 Kgs 9:33; Isa 63:3◦

hif sprinkle, spray 5 הִזָּה וְהִזֵּיתָ וְהִזָּה 6 יַזֶּה 7 וַיַּז 10 הַזֵּה 11 מַזֶּה

נָזִיד ↩ זוד *m.* stew, hotpot 1 נְזִיד Gen 25:29.34; 2 Kgs 4:38.40; Hag 2:12◦

נָזִיר[B] ↩ נזר *m.* someone dedicated to God, consecrated, Nazirite; prince; untrimmed, unpruned (of vine) Lev 25:5.11 - 1 נְזִיר 2 נְזִירִים נְזִרִים 4 נְזִירֶיהָ נְזִירֵךְ נְזִירֶיךָ

√נזל[B] *q* flow, run, rain; dissolve, melt (mountains); pt. brooks, floods 5 נָזְלוּ 6 יִזַּל תִּזַּל יִזְּלוּ 11 נֹזְלִים

hif make flow 5 הִזִּיל Isa 48:21◦

נֹזְלִים ↩ נזל pt.; *m.* waves Ex 15:8; streams, rivers Isa 44:3; Ps 78:16.44; Prov 5:15◦

נֶזֶם *m.* ring 2 הַנְּזָמִים 3 נִזְמֵי 4 נִזְמָהּ

נֶזֶק *m.* annoyance Est 7:4◦

√נזר[B] *nif* consecrate oneself Hos 9:10; turn away Ez 14:7; abstain Zec 7:3; be careful Lev 22:2 - 6 וְיִנָּזֵר וְיִנָּזְרוּ 7 וַיִּנָּזְרוּ 8 הִנָּזֵר◦

hif abstain, live as Nazarite; separate 5 וְהִזִּיר וְהִזַּרְתֶּם 6 יַזִּיר 8 לְהַזִּיר הַזִּירוֹ[e]

נֵזֶר ↩ נזר I. *m.* consecration, dedication 4 נִזְרוֹ

נֵזֶר II. *m.* crown, tiara, headband; אַבְנֵי־נֵזֶר gemstones

נֹחַ *m. PN* Noach, Noah

נַחְבִּי *m. PN* Nachbi Num 13:14◦

√נחה[B] *q* lead, guide 5 נָחָה 3. sg.f. Isa 7:2 ↪ נוח; וְנָחֲךָ[e] נָחַנִי[e] נָחָם[e] נָחִיתָ 10 נְחֵה נְחֵנִי[e]

hif lead, guide 5 הִנְחַנִי[e] הִנְחִיתָם[e] 6 יַנְחֶנּוּ[e] יַנְחֵנִי[e] יַנְחֵנִי[e] תַּנְחֵנִי[e] וְאַנְחֵהוּ[e] יַנְחוּנִי[e] 7 וַיַּנְחֵם[e] 8 לַנְחֹתָם[e] לְהַנְחֹתָם[e]

נַחוּם *m. PN* Nahum

נְחוּם *m. PN* Nehum Neh 7:7◦

נִחֻמִים & נִחוּמִים ↩ נחם *m.* comfort, compassion 4 נִחוּמַי Isa 57:18; Hos 11:8; Zec 1:13◦

נָחוֹר *m. PN* Nahor

נָחוּשׁ *m.* bronze Job 6:12◦

נְחֻשָׁה & נְחוּשָׁה *f.* bronze

נְחִילוֹת *pn* a musical instrument or musical term, Nehilot, flute playing Ps 5:1◦

נָחִיר ↩ נחר *m.* nostrils 4 נְחִירָיו Job 41:12◦

√נחל[B] *q* inherit, receive for ownership, take possession, possess; divide land for inheritance 5 וְנָחַל וְנָחַלְתָּ וּנְחַלְתָּנוּ[e] נָחַלְתִּי וְנָחֲלוּ וּנְחַלְתֶּם 6 יִנְחַל תִּנְחַל *p* תִּנְחָל יִנְחֲלוּ *p* יִנְחָלוּ נִנְחַל 7 וַיִּנְחֲלוּ 8 לִנְחֹל

pi distribute, assign hereditary possessions 5 נִחַל נִחֲלוּ 8 לְנַחֵל

hif inherit, distribute and divide inheritance 5 הִנְחַלְתִּי וְהִנְחַלְתֶּם 6 יַנְחִיל יַנְחִל יַנְחִלֶנָּה[e] יַנְחִלְךָ[e] יַנְחִילֵם[e] תַּנְחִיל תַּנְחִילֶנָּה[e] 8 הַנְחֵל הַנְחִילוֹ[e] 11 מַנְחִיל

hof be assigned, allotted 5 הָנְחַלְתִּי Job 7:3◦

hitp inherit; receive as hereditary property 5 הִתְנַחֲלוּם[e] הִתְנַחַלְתֶּם 6 תִּתְנַחֲלוּ *p* תִּתְנֶחָלוּ 8 הִתְנַחֵל

נַחַל[B] *m.* brook, river; valley with a brook, wadi; tunnel, gallery 2 נְחָלִים 3 נַחֲלֵי 4 נַחֲלֶיהָ

נַחֲלָה[B] & נַחֲלָת Ps 16:6 ↩ נחל I. *f.* heritage, inheritance, possession, ownership 1 נַחֲלַת 2 נַחֲלָתִי נַחֲלָתְךָ נַחֲלָתוֹ 4 הַנְּחָלֹת נְחָלוֹת נַחֲלָתָן נַחֲלָתָם

ⓘ In the Hebrew Bible, land as an inheritance means the basis of life given by God, which is inalienable and is passed on from generation to generation.

נַחֲלָה II. pt. *nif* ↪ חלה sickness, infirmity Isa 17:11◦

נַחֲלָה III. *f.* brook, poet. for ↪ נַחַל Ez 47:19; 48:28◦

נַחֲלִיאֵל *pln* Nahaliël Num 21:19◦

נֶחֱלָמִי *pn* Nehelamite Jer 29:24.31f◦

נַחֲלָת Ps 16:6 = נַחֲלָה I. heritage (possibly with elliptical epp 1.sg.)◦

√נחם[B] *nif* regret, repent; have compassion; comfort oneself, obtain satisfaction 5 נִחַם *p* נִחָם 6 וְנִחַמְתֶּם נִחַמְתִּי 7 אֶנָּחֵם יִנָּחֵם וַיִּנָּחֶם 8 וַיִּנָּחֲמוּ וַיִּנָּחֶם 10 לְהִנָּחֵם 11 וְהִנָּחֵם נִחָם

pi comfort 5 נִחַם וְנִחַמְתָּנִי[e] וְנִחַמְתִּים[e] וְנִחֲמוּ 6 יְנַחֲמוּן אֲנַחֶמְכֶם[e] אֲנַחֲמֵךְ[e] וּתְנַחֲמֵנִי[e] יְנַחֲמֵנוּ[e] לְנַחֵם 8 וַיְנַחֲמוּ וַיְנַחֵם 7 תְּנַחֲמֶנּוּ[e] יְנַחֲמֻנִי[e] מְנַחֶמְכֶם[e] מְנַחֵם 11 נַחֲמוּ 10 בְּנַחֲמֵךְ[e] לְנַחֲמוֹ[e] מְנַחֲמֵי מְנַחֲמִים

pu be comforted, consoled 5 נֻחָמָה 6 תְּנֻחָמוּ Isa 54:11; 66:13◦

hitp be merciful, have pity, be sorry, be comforted, be avenged (be comforted by retaliation Gen 27:42; Ez 5:13) - 5 וְהִנֶּחָמְתִּי 6 יִתְנֶחָם 7 וָאֶתְנֶחָם 8 לְהִתְנַחֵם 11 מִתְנַחֵם

נַחַם *m. PN* Naham 1 Chr 4:19◦

נֹחַם ↩ נחם *m.* compassion Hos 13:14◦

נֶחְמָד pt. *nif* ↪ חמד delicious, desirable

נֶחָמָה ↩ נחם *f.* comfort 4 נֶחָמָתִי Ps 119:50; Job 6:10◦

נְחֶמְיָה *m. PN* Nehemiah

נִחֻמִים & נִחוּמִים ↩ נחם *m.* comfort, compassion 4 נִחוּמָי Isa 57:18; Hos 11:8; Zec 1:13◦

נַחֲמָנִי *m. PN* Nahamani Neh 7:7◦

נַחְנוּ we *p* נָחְנוּ Gen 42:11; Ex 16:7f; Num 32:32; Lam 3:42; cf. ↪ אֲנַחְנוּ

√נחץ *q* pt.pass. urgent 11 נָחוּץ 1 Sam 21:9◦

√נחר *q* blow fiercely 5 נָחַר Jer 6:29◦

pi be furious, angry with somebody 5 נִחֲרוּ but ↪ חרה *nif* Song 1:6◦

נַחַר ↩ נחר *m.* snorting 5 נַחְרוֹ Job 39:20◦

נַחֲרָה ↩ נחר *f.* snorting 1 נַחְרַת Jer 8:16◦

נַחְרַי & נַחֲרַי *m. PN* Nachrai 2 Sam 23:37; 1 Chr 11:39◦

√נחשׁ *pi* prophesy, do magic; take something as a good omen, have a hunch 5 נִחַשְׁתִּי 6 וְנִחֵשׁ יְנַחֵשׁ יְנַחֲשׁוּ תְּנַחֲשׁוּ 7 וַיְנַחֲשׁוּ 9 נַחֵשׁ 11 מְנַחֵשׁ

נַחַשׁ ↩ נחשׁ *m.* magic, omen 2 נְחָשִׁים Num 23:23; 24:1◦

נָחָשׁ[B] I. *m.* snake 1 נְחַשׁ 2 נְחָשִׁים

נָחָשׁ II. *m. PN* & *pln* Nahash

נְחֻשָׁה & נְחוּשָׁה *f.* bronze

נַחְשׁוֹן *m. PN* Nachshon

1 st.c. sg. 2 st.a. pl. 3 st.c. pl. 4 with *epp* 5 SC 6 PC 7 narrative 8 inf.c. 9 inf.a. 10 imp. 11 part.

נֶחֱשָׁלִים ← חשל *nif.* straggling, lagging behind Dtn 25:18◦

נְחֹשֶׁת[B] *f.* ore, metal; bronze, copper; du. chains, fetters נְחֻשְׁתֵּךְ נְחֻשְׁתָּהּ 4 נְחֻשְׁתַּיִם נְחֻשְׁתָּם נְחֻשְׁתִּי

ⓘ Sometimes a lemma נְחֹשֶׁת II. is assumed, which means *shame* (Ez 16:36); but it can also be that in connection with שׁפך the phrase means *wasting money (copper coins).*

נְחֻשְׁתָּא *f. PN* Nehushta 2 Kgs 24:8◦

נְחֻשְׁתָּן *pn* a bronze snake idol, Nehushtan 2 Kgs 18:4◦

✓נחת *q* penetrate deeply, descend, sink; weight (hand) 5 נָחַת 6 יֵחַת תֵּחַת יֵחָתּוּ 7 וַתִּנְחַת Jer 21:13; Ps 38:3, Prov 17:10; Job 17:16; 21:13◦

ⓘ Some forms are sometimes derived from חתת.

nif penetrate (arrows) 5 נִחֲתוּ Ps 38:3◦

pi tension (bow); level (floor) 5 נִחַת וְנִחֲתָה 9 נַחֵת 2 Sam 22:35; Ps 18:35; 65:11◦

hif lead down 10 הַנְחַת Joel 4:11◦

נַחַת ← נחת I. *f.* dsescending (of God's arm) Isa 30:30◦

נַחַת II. *f.* quiet, silence *p* נָחַת

נַחַת III. *m. PN* Nahath

נְחִתִּים *m.* ambush, attack 2 Kgs 6:9◦

✓נטה[B] *q* stretch out, extend; spread, present; turn, bend, tilt, fall; turn away, turn off, go after 5 נָטָה נָטְתָה נָטִיתָ נָטִיתִי נָטוּ נָטָיו 6 יִטֶּה יֵט 8 נְטֵה וְאַל־תֵּט תִּטֶּה 7 וַיֵּט־ וַיֵּט וַתֵּט וַיִּטּוּ נְטֹה 11 נְטֵה 10 בִּנְטֹתִי[e] נְטוֹתוֹ[e] נְטֹת נְטוֹת נֹטֶה הַנּוֹטֶה[e] וְנוֹטֵיהֶם Isa 42:5 sg.+3.pl.; pass. נָטוּי נְטוּוֹת נְטוּיָה Isa 3:16 *kt.*; *qr.* נְטוּיוֹת

nif be spread out, stretch out, be stretched out (region); become long (shadow) Num 24:6; Jer 6:4; Zec 1:6 - 5 נִטָּיוּ 6 יִנָּטֶה יִנָּטוּ

hif spread out, stretch, extend; tilt, bend, twist, turn, turn aside, seduce; mislead, deviate 5 הִטָּה הִטָּהוּ[e] הִטַּתּוּ[e] הִטִּיתִי הִטּוּ 6 יַטֶּה יַט וַיַּטֵּהוּ[e] וַיַּט 7 יַטּוּ אַט *p* וְאַט אַטֶּה יַטֶּךָּ[e] יַטֶּנּוּ[e] 10 לְהַטֹּתָהּ[e] הַטּוֹת לְהַטֹּת 8 וַיַּטּוּ וָאַט וַתַּטֵּהוּ[e] מַטֵּי מַטִּים מַטֶּה 11 וְהַטּוּ הַטִּי הַטֵּה הַט

hof outspread Isa 8:8; bending of the law, injustice Ez 9:9 - 11 מֻטֶּה מֻטּוֹת◦

נְטוֹפָתִי *pn* Netophatithe

נָטִיל ← נטל *m.* loaded; with כֶּסֶף money-changer, cambist 3 נְטִילֵי Zeph 1:11◦

נָטִיעַ ← נטע *m.* plant, shoot 2 נְטִעִים Ps 144:12◦

נְטִיפָה & נְטִפָה *f.* earring 2 הַנְּטִפוֹת Jdg 8:26; Isa 3:19◦

נְטִישׁוֹת *f.* coll. vines, tendrils 4 נְטִישׁוֹתֶיהָ Isa 18:5; Jer 5:10; 48:32◦

✓נטל *q* present, offer 2 Sam 24:12; impose Lam 3:28; lift Isa 40:15 - 5 נָטַל 6 יִטּוֹל 11 נֹטֵל◦

pi lift up 7 וַיְנַטְּלֵם[e] Isa 63:9◦

נֵטֶל ← נטל *m.* load Prov 27:3◦

✓נטע[B] *q* plant; fig. drive (nail) Ecc 12:11; fasten (heavens) Isa 51:16 - 5 נָטַע *p* נָטָע נָטְעָה נָטַעְתָּ וְנָטְעוּ נְטַעְתִּיהוּ[e] וּנְטַעְתִּיו[e] וְנָטַעְתִּי נְטַעְתֶּם[e] *p* יִטְּעוּ תִּטְּעִי תִּטָּעֵמוֹ[e] תִּטַּע יִטַּע 6 וּנְטַעְתֶּם לָטַעַת לִנְטֹעַ 8 וַיִּטְּעוּ וַיִּטָּעֵהוּ[e] וַיִּטַּע 7 יִטָּעוּ נוֹטֵעַ הַנּוֹטֵעַ 11 וְנִטְעוּ 10 (נְטַע ← or) נִטְעֵךְ[e] נְטוּעִים נָטוּעַ pass. נֹטְעִים

nif be planted 5 נִטָּעוּ Isa 40:24◦

נֶטַע ← נטע *m.* plant; planting *p* נֶטַע 1 נְטַע 3 נִטְעֵי 4 נִטְעֵךְ (or inf.c. ↪ נטע) Isa 5:7; 17:10f; Job 14:9◦

נְטָעִים *pln* Netaïm 1 Chr 4:23◦

נְטִעִים plants ↪ נָטִיעַ Ps 144:12◦

✓נטף[B] *q* trickle, gush, drip 5 נָטְפוּ *p* נָטָפוּ 6 תִּטֹּף יִטְּפוּ תִּטֹּפְנָה 11 נֹטְפוֹת

hif trickle over, overflow Am 9:13; fig.: let prophetic words flow, prophesy 5 וְהִטִּיפוּ 6 תַּטִּיף מַטִּיף 11 הַטֵּף 10 תַּטִּפוּ יַטִּיפוּן יַטִּפוּ אַטִּף

נָטָף a trickling, fragrant resin, stacte Ex 30:34◦

נֶטֶף ← נטף *m.* drop 3 נִטְפֵי Job 36:27◦

נְטִפָה & נְטִיפָה *f.* earring 2 הַנְּטִפוֹת Jdg 8:26; Isa 3:19◦

נְטֹפָה *pln* Netophah

נְטֹפָתִי *pn* Netophatithe

✓נטר *q* watch over, guard Song 1:6; 8:11f; bear grudges, be angry Lev 19:18; Jer 3:5.12; Nah 1:2; Ps 103:9 - 5 נָטָרְתִּי 6 יִנְטֹר יִטּוֹר תִּטֹּר 11 אֶטּוֹר נֹטֵר נֹטֵרָה נֹטְרִים

✓נטש[B] *q* throw, hurl; spread out 1 Sam 30:16; sway back and forth, escalate 1 Sam 4:2; let, allow Gen 31:28; leave, abandon Ez 31:12; forgo, renounce Neh 10:32; quit, hold back Prov 17:14; let something be, do not consider, do not think of something, reject; נְטוּשָׁה חֶרֶב drawn sword Isa 21:15 - 5 נָטַשׁ נְטַשְׁתָּנוּ[e] נָטַשְׁתָּ נְטַשְׁתָּהּ[e] נְטַשְׁתַּנִי[e] נְטַשְׁתִּי נְטַשְׁתִּיךָ[e] 6 יִטּוֹשׁ יִטֹּשׁ יִטְּשֵׁנוּ[e] תִּטְּשֵׁנִי[e] 7 וַיִּטֹּשׁ וַתִּטֹּשׁ וְנִטֹּשׁ[e] 10 וַיִּטְּשֵׁהוּ[e] נְטוֹשׁ 11 pass. נְטוּשָׁה נְטֻשִׁים

nif spread out, settle, occupy; hang loosely Isa 33:23; lie smashed Am 5:2 – 5 נִטְּשָׁה 7 נִטְּשׁוּ וַיִּנָּטְשׁוּ

pu lie abandoned 5 נֻטָּשׁ Isa 32:14◦

נִי *m.* lament, wailing 4 נִיהֶם Ez 27:32◦

ⓘ This word is not easy to understand. Some interpret it as a derivation of ↪ נְהִי, *lament*, others read *their sons.*

נִיב *m.* fruit 4 נִיבוֹ Isa 57:19 *qr.*; Mal 1:12◦

נֵיבָי *m. PN* Nebai Neh 10:20 *qr.*◦

נִיד *m.* comfort, condolence Job 16:5◦

נִידָה *f.* impurity, disgust; *var.* ↪ נִדָּה Lam 1:8◦

נָיוֹת *qr. pln* Naioth 1 Sam 19:18ff; 20:1◦

נִיחֹחַ & נִיחוֹחַ only in this connection: רֵיחַ הַנִּיחֹחַ pleasant, sweet, calming smell, fragrance 4 נִיחֹחִי נִיחֹחֲכֶם נִיחוֹחֵיהֶם

✓נין ↪ נון

נִין ← נון *m.* coll. offspring, children 4 נִינִי Gen 21:23; Isa 14:22; Job 18:19◦

ⓘ This word occurs only in connection with נֶכֶד and designates the next generation (נֶכֶד then the next but one: children and children's children or grandchildren).

נִינְוֵה *pln* Ninive

נִיס *m.* flight Jer 48:44 *kt.*; *qr.* נָס pt. ↪ נוס◦

נִיסָן *pn* a month, Nisan: March/April

נִיצוֹץ *m.* spark Isa 1:31◦

✓ניר *q* plow, cultivate 10 נִירוּ Jer 4:3; Hos 10:12◦

1 st.c. sg. 2 st.a. pl. 3 st.c. pl. 4 with *epp* 5 SC 6 PC 7 narrative 8 inf.c. 9 inf.a. 10 imp. 11 part.

נִיר ← ניר I. *m.* virgin soil, furrow Jer 4:3; Hos 10:12; Prov 13:23◦

ⓘ Some read in Prov 21:4 ↪ נִר as inf. c. *ploughing* or *field.*

נִיר & נִר II. *m.* luminaire, light

נֵיר *m.* lamp, *var.* of ↪ נֵר 4 נֵירִי 2 Sam 22:29◦

✓נכא *var.* ↪ נכה *nif* be sorrowful, despondent Ps 109:16; be chased away, rejected Job 30:8 - 5 נִכְאוּ 11 נִכְאָה◦

נָכֵא *m.* & נְכֵאָה *f.* ← נכא saddened, depressed

נְכָאִים *m.* sad, depressed Isa 16:7◦

נְכֹאת *pn* a spice or resin, Ladanum Gen 37:25; 43:11◦

נִכְבָּד pt. *nif* ↪ כבד honored, dignified

נֶכֶד *m.* offspring 4 נֶכְדִּי Gen 21:23; Isa 14:22; Job 18:19 ↪ נִין◦

✓נכה[B] *nif* be struck, beaten to death 5 וְנִכָּה 2 Sam 11:15◦

[*pi* hit 8 נַכֶּה Num 22:6; others: ↪ *hif* 1. pl. PC◦]

pu be smashed, destroyed 5 נֻכּוּ נֻכָּתָה Ex 9:31f◦

hif strike, hit, beat, beat to death, kill; sting (sun, insect) 5 הִכִּיתָ וְהִכָּם[e] הִכַּנִי[e] הִכָּהוּ[e] הִכָּה
הִכֵּתִי הִכֵּיתִי וְהִכִּיתָם[e] הִכִּיתַנִי[e] הִכִּיתוֹ[e]
וְהִכּוּנִי[e] הִכּוּ הִכִּיתִיךָ[e] וְהִכִּיתִיו[e]
תַּכֶּה יַכֶּכָּה[e] יַכְּכָה[e] יַכֶּה 6 וְהִכִּיתֶם הִכּוּם[e]
נַכֶּה; יַכּוּךָ[e] יַכֵּהוּ[e] יַכּוּ; אַכֶּנּוּ[e] אַכֶּה תַּכֶּנּוּ[e]
וַיַּכֶּהָ[e] וַיַּכּוּ[e] וַיַּכֵּהוּ[e] וַיַּךְ 7 נַכֶּנּוּ[e] (others: ↪ *pi*);
8 וַנַּכֵּם[e] וַנַּכֵּהוּ[e] וַנַּךְ וַיַּכּוּ וָאַכֶּה וָאַךְ וַתַּךְ
הַכּוֹתֶךָ[e] *p* הַכּוֹתְךָ[e] הַכֹּתָהּ[e] הַכֹּתוֹ[e] לְהַכּוֹת
הַכֵּינִי[e] הַכֵּה הַךְ 10 הַכֵּה 9 לְהַכּוֹתָם[e] הַכּוֹתִי[e]
הַמַּכִּים מַכֵּהוּ[e] מַכֵּה מַכֶּה 11 הַכּוּם[e] הַכּוּ

hof be struck, beaten to death 5 וְהֻכָּה הוּכָּה
הַמֻּכֶּה 11 וַיֻּכּוּ 7 תֻּכּוּ 6 הֻכּוּ הֻכֵּיתִי הֻכְּתָה
מֻכֵּה הַמֻּכָּה מֻכִּים מֻכֵּי

נָכֶה ← נכה *m.* with רַגְלַיִם lame 2 Sam 4:4; 9:3; with רוּחַ depressed Isa 66:2 - 1 נְכֵה◦

נֵכֶה ← נכה *m.* hit, strike 2 נֵכִים Ps 35:15◦

נְכֹה & נְכוֹ *m. PN* Necho

נָכוֹן I. *m.* solid, safe, right pt.*nif.* ↪ כון; in Job 12:5 some read *punch, jab*

נָכוֹן II. *m. PN* Nachon 2 Sam 6:6◦

נֹכַח opposite, in front; with אֶל towards, in the direction of; with לְ straight on, straight ahead; for 4 נִכְחוֹ

נָכֹחַ *m.* & נְכֹחָה *f.* straight, sincere, good, right; order, justice 2 נְכֹחִים נְכֹחוֹת 4 נִכְחוֹ

✓נכל *q* pt. deceiver 11 נוֹכֵל Mal 1:14◦

pi deceive 5 נִכְּלוּ Num 25:18◦

hitp treat deceitfully, plot against 7 וַיִּתְנַכְּלוּ 8 לְהִתְנַכֵּל Gen 37:18; Ps 105:25◦

נֵכֶל ← נכל *m.* deceitfulness 4 נִכְלֵיהֶם Num 25:18◦

נְכָסִים *m.* prosperity, goods

✓נכר[B] *nif* disguise, dissemble, pretend Prov 26:24; be recognized Lam 4:8 - 4 נִכְּרוּ 6 יִנָּכֵר◦

pi recognize, acknowledge, observe; with יַד put into a (foreign) hand; alienate 5 נִכַּר 6 יְנַכְּרוּ
תְּנַכֵּרוּ 7 וַיְנַכְּרוּ

hif see, apprehend; recognize, acknowledge 5
הִכִּיר הִכִּירוֹ[e] הִכִּירוּ הִכִּרֻהוּ[e] 6 יַכִּיר יַכִּירֶנּוּ[e]
יַכִּירֶנּוּ[e] תַּכִּיר יַכִּירוּ יַכִּירוּם[e] תַּכִּירוּ 7 וַיַּכֵּר
8 וָאַכִּירָה וַיַּכִּרֵם[e] וַיַּכִּירָהּ[e] וַיַּכִּרֵהוּ[e]

מַכִּירֵךְ[e] מַכִּיר 11 הַכֶּר־ 10 הַכֵּר 9 לְהַכִּירֵנִי[e] מַכִּירִים

hitp disguise oneself, conceal, make oneself alien Gen 42:7; 1 Kgs 14:5f; reveal, indicate Prov 20:11- 6 יִתְנַכֶּר 7 וַיִּתְנַכֵּר 11 מִתְנַכֵּרָה

ⓘ some assume for Hos 3:2 וָאֶכְּרֶהָ a root II. as *var.* of ↪ כרה II. buy

נֵכֶר & **נֹכֶר** ↩ נכר *m.* calamity, misery 4 נָכְרוֹ Ob 1:12; Job 31:3◦

נֵכָר ↩ נכר *m.* foreign, foreign land 1 נֵכַר

נָכְרִי *m.* & **נָכְרִיָּה**[B] *f.* ↩ נכר foreign, strange; stranger, foreigner 2 נָכְרִים נָכְרִיּוֹת

נְכֹת *f.* with בֵּית treasury 4 *qr.* נְכֹתוֹ *kt.* נְכֹתֹה Isa 39:2; נְכֹתֹה 2 Kgs 20:13◦

✓**נלה** *q* finish, make an end 8 כַּנְּלֹתְךָ[e] Isa 33:1◦

ⓘ Probably this root does not exist; the form is rather to be understood as inf.c. of ↪ כלה with an inserted *nun.*

נִמְבְזָה ↩ בזה *f.* of no account, worthless 1 Sam 15:9◦

נְמוּאֵל *m. PN* Nemuël

נְמָלָה *f.* ant Prov 6:6; 30:25◦

נָמֵס *m.* worthless, weak 1 Sam 15:9◦

נָמֵר *m.* leopard, panther 2 נְמֵרִים

נִמְרוֹד & **נִמְרֹד** *m. PN* Nimrod

נִמְרָה *pln* Nimrah Num 32:3◦

נִמְרִים *pln* Nimrim Isa 15:6; Jer 48:34◦

נִמְשִׁי *m. PN* Nimshi

נֵס[B] *m.* sign, signal, signal pole, banner 4 נִסִּי

נְסִבָּה ↩ סבב *f.* turn of events 2 Chr 10:15◦

✓**נסג** ↪ סוג *hif*

✓**נסה**[B] *pi* test, try, put to the test; try out, practice, train, be used to 5 נִסָּה נִסָּהוּ[e] נִסִּיתוֹ[e] תְּנַסּוּ אֲנַסֶּנּוּ[e] אֲנַסְּכָה[e] אֲנַסֶּה 6 נִסּוּנִי[e] נִסִּיתִי תְּנַסּוּן 7 וַיְנַסֵּם[e] וַיְנַסּוּ 8 נַסּוֹת לְנַסּוֹתוֹ[e] לְנַסֹּתְךָ[e] *p* נִסֹּתֶךָ[e] נִסֹּתָם[e] 10 נַס־ נַסֵּנִי[e] 11 מְנַסֶּה

נְסָה Imp. ↪ נשׂא lift Ps 4:7◦

✓**נסח** *q* rip out, tear down, destroy Ps 15:25; 52:7; be destroyed Prov 2:22 - 6 יִסַּח וְיִסָּחֲךָ[e] יִסְּחוּ◦

nif be torn out 5 וְנִסַּחְתֶּם Dtn 28:63◦

נָסִיךְ[B] ↩ נסך I. *m.* libation Dtn 32:38; cast metal image Dan 11:8 - 4 נְסִיכָם נְסִכֵיהֶם◦

נָסִיךְ II. *m.* commander, ruler, prince Jos 13:21; Ez 32:30; Mi 5:4; Ps 83:12◦

✓**נסך**[B] I. *q* pour, pour out; pour out oil: anoint, consecrate Isa 30:1; Ps 2:6 - 5 נָסַךְ *p* נָסָךְ נָסַכְתִּי 6 יִסְּכוּ תִּסְּכוּ 8 לִנְסֹךְ

nif be appointed 5 נִסַּכְתִּי Prov 8:23; others ↪ II.◦

pi pour out 7 וַיְנַסֵּךְ 1 Chr 11:18◦

hif pour out, offer a libation 5 וְהִסִּכוּ 6 אַסִּיךְ 7 וַיַּסֵּךְ וַיַּסִּיכוּ 8 וּלְהַסֵּךְ 9/10 הַסֵּךְ

hof be offered 6 יֻסַּךְ Ex 25:29; 37:16◦

✓**נסך** II. *q* pass. be woven, fig. be stretched over 11 הַנְּסוּכָה Isa 25:7◦

nif be woven, formed 5 נִסַּכְתִּי Prov 8:23; others ↪ I.◦

נֶסֶךְ & **נֵסֶךְ**[B] ↩ נסך I. *m.* libation, drink-offering *p* נָסֶךְ 2 נְסָכִים 4 נִסְכּוֹ נִסְכֹּה נִסְכָּהּ נִסְכֵיהֶם נְסָכֶיהָ נִסְכֵּי

נֶסֶךְ ← נסך II. *m.* cast metal image, idol 4 נִסְכֵּיהֶם נִסְכִּי נִסְכּוֹ Isa 41:29; 48:5; Jer 10:14; 51:17◦

נִסְמָן *m.* allotted position pt. *nif.* ↪ סמן Isa 28:25◦

✓נסס I. *q* languish, waste away 11 נֹסֵס Isa 10:18◦

✓נסס II. *hitpolel* gather around the banner, seek refuge (*var.* ↪ נוס) Ps 60:6; shine Zec 9:16 - 8 לְהִתְנוֹסֵס 11 מִתְנוֹסְסוֹת◦

✓נסע[B] *q* set off, move on, travel; move on one station, one day's journey; pull out (tent pegs to set off) 5 נָסַע נָסְעוּ *p* נָסָעוּ 6 יִסַּע יִסְעוּ *p* יִסָּעוּ 7 וַיִּסַּע וַיִּסָּעֶם[e] וַיִּסְעוּ *p* נִסְעָה תִּסְעוּ יִסָּעוּ 8 נְסֹעַ נָסְעָם[e] 9 נָסוֹעַ 10 וּנְסָעָה וַנִּסַּע וַיִּסָּעוּ 11 נֹסֵעַ נֹסְעִים וְסָעוּ

nif be pulled out, plucked up 5 נִסַּע Isa 38:12; Job 4:21◦

hif lead onward, let go; prick out, bring Ps 80:9; set aside 2 Kgs 4:4; stir up, cause to blow Ps 78:26; tear out, uproot Job 19:10; break out stones, quarry 1 Kgs 5:31; Ecc 10:9 - 5 יַסַּע 7 וַיַּסַּע וַיַּסִּעוּ 11 מַסִּיעַ תַּסִּיעִי תַּסִּיעַ

✓נסק Ps 139,8 אֶסַּק ↪ סלק

נִסְרֹךְ *pn* of an Assyrian idol, Nisroch 2 Kgs 19:37; Isa 37:38◦

נֵעָה *pln* Neah Jos 19:13◦

נֹעָה *f. PN* Noah

נְעוּרוֹת *f.* youth 4 נְעֻרֹתֵיהֶם Jer 32:30◦

נְעוּרִים[B] *m.* youth 4 נְעוּרֵיךְ נְעֻרָיו נְעוּרָיו *p* נְעוּרַי נְעוּרָיִךְ נְעוּרָיְכִי נְעוּרֶיךָ

נַעֲוַת ↪ pt. *nif* עוה

נְעִיאֵל *pln* Negiël, Negil Jos 19:27◦

נָעִים ← נעם *m.* pleasant, good; joy, bliss, happiness 1 נְעִים 2 נְעִימִים נְעִמִים נְעִמוֹת

✓נעל *q* tie; put on (shoes); close (door), pt.pass. locked 5 נָעַל *p* נָעָל 7 וְנָעַל וָאֶנְעָלֵךְ[e] 10 וּנְעֹל 11 pass. נָעוּל נְעֻלוֹת

hif give shoes to someone 7 וַיַּנְעִלוּם[e] 2 Chr 28:15◦

נַעַל *f.* shoe, sandal *p* הַנָּעַל du. נַעֲלַיִם 2 נַעֲלֵי נַעֲלְךָ נַעֲלוֹ 4 וּנְעָלוֹת נַעֲלֶיךָ נְעָלָיו נַעֲלֵינוּ נַעֲלֵיכֶם

✓נעם *q* be good, pleasant, be a joy; do well 5 נָעֵמָה נָעַמְתָּ *p* נָעַמְתָּ נָעֵמוּ 6 יִנְעָם

נַעַם *m. PN* Naam 1 Chr 4:15◦

נֹעַם ← נעם *m.* friendlyness, kindness

נַעֲמָה *f. PN* & *pln* Naamah

נָעֳמִי *f. PN* Noomi, Naomi, Naemi Ruth 1:2ff◦

נַעֲמִי *pn* Naamanite Num 26:40◦

נַעֲמָן *m. PN* Naaman

נַעֲמָנִים ← נעם *m.* lovely, the lovely one (i.e. Adonis) Isa 17:10◦

נַעֲמָתִי *pn* Naamathite Job 11:1; 20:1; 42:9◦

נַעֲצוּץ *m.* hedge, hedge of thorns 2 הַנַּעֲצוּצִים Isa 7:19; 55:13◦

✓נער I. *q* roar 5 נָעֲרוּ Jer 51:38◦

✓נער II. *q* shake, shake out Neh 5:13; shake off (fruits, leaves) Isa 33:9; shake (one's hands) Isa 33:15 - 5 נָעַרְתִּי 11 נֹעֵר pass. נָעוּר◦

nif break free, shake off shackles Jdg 16:20; be shaken off Ps 109:23; Job 38:13 - 5 נִנְעַרְתִּי 6 וַיִּנָּעֲרוּ וְאִנָּעֵר◦

pi throw 5 וְנִעֵר 6 יְנַעֵר 7 וַיְנַעֵר Ex 14:27; Ps 136:15; Neh 5:13◦

hitp shake off 10 הִתְנַעֲרִי Isa 52:2◦

נַעַר[B] *m.* boy, young man; servant. *p* נָעַר 2 נְעָרִים 3 נַעֲרֵי 4 נַעֲרוֹ נַעֲרָהּ נַעַרְךָ נְעָרָיו נְעָרֶיךָ נְעָרֵינוּ · ↩ נַעֲרָה

נֹעַר *m.* youth Ps 88:16; Job 33:25; 36:14; Prov 19:21◦

נַעֲרָה[B] I. *f.* girl, young woman; maid 3 נַעֲרוֹת 4 נַעֲרוֹתָיו נַעֲרֹתֶיהָ נַעֲרוֹתֶיךָ נַעֲרֹתַי *p* נַעֲרָתִי

ⓘ The two words נַעֲרָה & נַעַר denote an age when young people take part in working life for the first time and perform their first light activities.

נַעֲרָה II. *f.* *PN* 1 Chr 4:5f & *pln* Jos 16:7 Naarah◦

נְעֻרוֹת *f.* youth 4 נְעֻרֹתֵיהֶם Jer 32:30◦

נְעֻרִים *m.* youth 4 נְעוּרַיִךְ נְעֻרָיו נְעוּרָיו *p* נְעוּרַי נְעוּרָיִכִי נְעוּרָיִךְ

נַעֲרַי *m.* *PN* Naarai 1 Chr 11:37◦

נְעַרְיָה *m.* *PN* Neariah 1 Chr 3:22f; 4:42◦

נַעֲרָן *pln* 1 Chr 7:28 Naaran◦

נְעֹרֶת *f.* string of tow, flax fibre Jdg 16:9; Isa 1:31◦

נַעֲרָתָה *pln* Naarah Jos 16:7◦

נֹף *pln* Memphis

נֶפֶג *m.* *PN* Nepheg

נָפָה ↩ נוף I. *f.* sieve, winnow 1 נָפַת *to sieve the nations with the sieve of destruction* Isa 30:28◦

נָפָה II. *f.* highland 1 נָפַת 3 נָפוֹת Jos 11:2; 12:23; 1 Kgs 4:11◦

נְפוּסִים & נְפוּשְׁסִים *pn* Nephusite Ezr 2:50 *qr.*; Neh 7:52 *kt.*◦

✓נפח *q* breathe into, blow, kindle; steam, boil; breathe out, fade Jer 15:9 - 5 נָפְחָה וְנָפַחְתִּי 7 וַיִּפַּח 8 לָפַחַת 10 וּפְחִי 11 נֹפֵחַ pass. נָפוּחַ

pu be fanned 5 נֻפָּח Job 20:26◦

hif arouse anger; others: sniff, snort Mal 1:13; let breathe one's last; others: make sigh Job 31:39 - 5 הִפָּחְתִּי וְהִפַּחְתֶּם◦

נֹפַח *pln* Nophach Num 21:30◦

נְפִלִים & נְפִילִים ↩ נפל *m.* giants Gen 6:4; Num 13:33◦

נְפִיסִים *pn* Nephusites *qr.* Ezr 2:50 *kt.* ↩ נְפוּסִים◦

נָפִישׁ *m.* *PN* Naphish

נְפִישְׁסִים *pn* Nephusites Neh 7:52 *qr*; *kt.* נְפוּשְׁסִים◦

נֹפֶךְ *m.* rubin

✓נפל[B] *q* fall; let oneself fall; with עַל attack, fall on; dismount; fall (in battle), die; be fallen, lie down; become haggard, fade; be invalid Num 6:12; cast lots, draw lots; with פָּנֶה lose control of one's facial features; be lower, inferior; be born Isa 26:18; with דָּבָר turn out, develop 5 נָפַל *p* נָפָל נָפְלָה נָפַלְתָּ וְנָפַלְתִּי נָפְלוּ *p* נָפָלוּ 6 וּנְפַלְתֶּם יִפֹּל תִּפֹּל יִפְּלוּ *p* יִפֹּלוּ תִּפֹּלְנָה 7 נִפְּלָה־נָּא וַיִּפֹּל וַיִּפָּל־ וַתִּפֹּל וַיִּפְּלוּ 8 לִנְפֹּל

11 וְנִפְלוּ 10 נָפוֹל 9 נִפְלָם[e] נִפְלוּ[e] נָפְלוּ[e] נְפוֹל נֹפְלִים נֹפֶלֶת נֹפֵל

pilel fall 5 וְנִפְלַל Ez 28:23◦

hif let fall; bring down, fell, throw; strike down, kill; with מִן give up, stop, let go; cast lots, draw lots, distribute; with חָפְשִׁי: let go, free (without חָפְשִׁי Isa 26:19; others: give birth); give free rein to one's facial features, be angry Jer 3:12; with דָּבָר lack, omit one thing Est 6:10 -
5 הִפִּיל הִפִּילָה וְהִפִּילוּ[e] הִפַּלְתֶּם[e] הִפַּלְתִּי
יַפִּיל 6 הִפַּלְנוּ הִפִּילֻהוּ[e] הִפִּילוּ וְהִפַּלְתִּיו[e]
תַּפִּילוּ יַפִּילוּ אַפִּיל אַל־תַּפֵּל תַּפִּיל יַפִּלֵם[e]
לְהַפִּיל 8 וַיַּפִּלוּ וַיַּפִּילֵם[e] וַיַּפֵּל 7 וְנַפִּילָה
הַפִּילוּ הַפִּלֶהָ[e] 10 הַפִּילְכֶם[e] הַפִּילֶיהָ[e] לִנְפֹּל
11 מַפִּילִים מַפִּיל

hitp fall, prostrate, attack 5 הִתְנַפַּלְתִּי 7 הִתְנַפֵּל 8 וָאֶתְנַפַּל

נֵפֶל ↩ נפל *m.* miscarriage *p* נָפֶל Ps 58:9; Job 3:16; Ecc 6:3◦

נִפְלָאוֹת[B] *f.* miracles (of God); pt.f.pl. ↪ פלא
4 נִפְלְאֹתַי נִפְלְאֹתָיו

נְפִלִים & נְפִילִים ↩ נפל *m.* giants Gen 6:4; Num 13:33◦

✓נפץ I. *q* smash, crash 9 נָפוֹץ 11 pass. נָפוּץ Jdg 7:19; Jer 22:28◦

pi smash; have something taken apart, break up 1 Kgs 5:23 - 5 וְנִפֵּץ וְנִפַּצְתִּי וְנִפַּצְתִּים[e] 6
נַפֵּץ 8 יְנַפֵּצוּ תְּנַפְּצֵם[e]

pu pt. pulverized 11 מְנֻפָּצוֹת Isa 27:9◦

✓נפץ *var.* ↪ פוץ II. *q* descend from Gen 9:19; run away, scatter 1 Sam 13:11; be scattered Isa 33:3 - 5 נָפַץ נָפְצָה נָפְצוּ◦

נֶפֶץ *m.* downpour, storm Isa 30:30◦

✓נפשׁ *nif* catch one's breath, rest 6 וְיִנָּפֵשׁ 7
וַיִּנָּפֵשׁ וַיִּנָּפַשׁ Ex 23:12; 31:17; 2 Sam 16:14◦

נֶפֶשׁ[B] ↩ נפשׁ *f.* life and what constitutes life: soul, breath; what is animated: creature, human, animal; person, personality; the ego, self; spiritual mood, desire, feeling; material: body; throat, neck; נֶפֶשׁ חַיָּה living beings; הַנֶּפֶשׁ בָּתֵּי vinaigrette, smelling bottle *p* נָפֶשׁ 2
נְפָשׁוֹת 3 נַפְשׁוֹת 4 נַפְשׁוֹ נַפְשְׁךָ נַפְשִׁי נַפְשְׁכֶם
נַפְשֵׁנוּ נַפְשֵׁינוּ נַפְשְׁתָם נַפְשֹׁתֵיכֶם נַפְשֹׁתֵינוּ

נֶפֶת *f.* height, hill Jos 17:11 *p* נָפֶת◦

נֹפֶת *m.* honey, comb honey

נֶפְתּוֹחַ *pn* Nephtoach Jos 15:9; 18:15◦

נַפְתּוּלִים *m.* wrestlings 3 נַפְתּוּלֵי אֱלֹהִים divine, mighty wrestlings Gen 30:8◦

נַפְתֻּחִים *pn* Naphtuhites Gen 10:13; 1 Chr 1:11◦

נַפְתָּלִי *m. PN* Naphtali

נֵץ I. ↩ נצץ *m.* flower, inflorescence 2 נִצָּנִים 4
נִצָּהּ Gen 40:10; Song 2:12 ↪ נִצָּה◦

נֵץ II. *m.* falcon Lev 11:16; Dtn 14:15; Job 39:26◦

✓נצא *q* fly 9 נָצֹא Jer 48:9◦

✓נצב[B] *var.* ↪ יצב *nif* stand up, stand; pt. with עַל be placed above someone, be a supervisor; be in health Zec 11:16 - 5 נִצְּבָה *p* נִצָּבָה וְנִצַּבְתָּ
נִצָּבוֹת נִצֶּבֶת נִצָּבָה נִצָּבִים נִצָּב 11 נִצְּבוּ

hif stand, let stand, erect, establish, appoint, set up 5 הִצִּיב הִצַּבְתָּ הִצִּיבוּ 6 יַצִּיב 7 וַיַּצֵּב
10 לְהַצִּיב 8 וַיַּצִּיבוּ וַתַּצִּיבֵנִי וַיַּצִּיבֵנִי[e] וַיַּצֶּב־
מַצִּיב 11 הַצִּיבִי

hof stand, be placed 5 וְהֻצַּב 11 מֻצָּב Gen 28:12; Jdg 9:6; Nah 2:8◦

נִצָּב ← נצב *m.* hilt, handle Jdg 3:22◦

נְצִב *m.* garrison, outpost 3 נְצִבֵי 1 Sam 10:5 ↪ נְצִיב

✓ נצג ↪ יצג *hif*

✓ נצה I. *nif* struggle, get rough 6 יִנָּצוּ 7 וַיִּנָּצוּ 11 נִצִּים

hif struggle, rebel, fight 5 הִצּוּ 8 בְּהַצּוֹתוֹ[e] בְּהַצֹּתָם[e] Num 26:9; Ps 60:2◦

✓ נצה II. *q* be ruined 6 תִּצֶּינָה Jer 4:7◦

nif destroy, pt. be destroyed, ruined 5 נִצְּתָה נִצְּתוּ 11 נִצִּים 2 Kgs 19:25; Isa 37:26; Jer 2:15; 4:7; 9:11; 46:19◦

ⓘ Some forms can also be derived from ↪ יצת *nif* burn.

✓ נצה III. *q* flee 5 נָצוּ Lam 4:15; others ↪ נוץ◦

נִצָּה ← נצץ *f.* blossom, flower, inflorescence Isa 18:5; Job 15:33◦

נֹצָה & נוֹצָה *f.* coll. feathers, plumage 4 נֹצָתָהּ Lev 1:16; Ez 17:3.7; Job 39:13◦

נֹצָה II. *f.* falcon Job 39:13 (others ↪ I.) ◦

נְצוּרָה *f.* besieged; pt. pass. ↪ נצר Isa 1:8◦

נְצוּרִים ← נצר *m.* caves Isa 65:4◦

✓ נצח *nif* pt. persistent, perpetual 11 נִצַּחַת Jer 8:5◦

pi supervise; pt. choirmaster (in numerous psalm titles); supervisor 2 Chr 2:1 - 8 לְנַצֵּחַ 11 מְנַצְּחִים לַמְנַצֵּחַ

נֵצַח ← נצח I. *m.* fame, glory 4 נִצְחִי

נֵצַח & נֶצַח ← נצח II. *m.* eternity, duration; always, evermore 2 לְנֵצַח נְצָחִים *forever and ever*

נֵצַח III. *m.* juice, lifeblood, blood 4 נִצְחָם Isa 63:3.6◦

נִצְטַדָּק 1.pl. PC *hitp.* ↪ צדק

נְצִיב ← נצב I. *m.* guard, post, outpost; crew, governor; with מֶלַח column, pillar of salt Gen 19:26 - 2 נְצִיבִים נְצִבִים 3 נְצִבֵי

נְצִיב II. *pln* Nezib Jos 15:43◦

נְצִיחַ *m. PN* Neziach Ezr 2:54; Neh 7:56◦

נָצִיר *m.* preserved 3 נְצִירֵי Isa 49:6 *kt.*; *qr.* pt.*q* pass. ↪ נצר◦

✓ נצל[B] *nif* be saved; save oneself, escape 5 נִצַּלְנוּ 6 יִנָּצֵל תִּנָּצֵל אִנָּצְלָה יִנָּצְלוּ *p* יִנָּצֵלוּ 7 וַתִּנָּצֵל 8 לְהִנָּצֵל 10 וְהִנָּצֵל

pi pull out, save Ez 14:14; pull out, plunder, pillage, capture Ex 3:22; 12:36; 2 Chr 20:25 - 5 וְנִצַּלְתֶּם 6 יְנַצְּלוּ 7 וַיְנַצְּלוּ◦

hif pull out, save, spare; pull out, snatch, take away 5 הִצִּיל הִצִּילוֹ[e] הִצִּילָנִי[e] הִצַּלְתָּ הִצַּלְתִּי יַצֵּל יַצִּיל 6 וְהִצַּלְתֶּם הִצִּילוּ הִצַּלְתִּיךָ[e] תַּצִּילֵנִי[e] תַּצִּיל יַצִּילְךָ[e] יַצִּילֵנוּ[e] יַצִּילֵהוּ[e] וַיַּצִּילֵנוּ[e] וַיַּצִּלֵם[e] וַיַּצִּילֶהָ[e] וַיַּצֵּל 7 יַצִּילְךָ[e] הַצִּילְךָ[e] לְהַצִּילוֹ[e] הַצִּיל 8 וַיַּצִּילוּהָ[e] וָאַצִּיל הַצִּיל הַצֵּל 10 וְהַצֵּל 9 לְהַצִּילֵנִי[e] הַצִּלְךָ[e] מַצִּיל 11 וְהַצִּילוּ הַצִּילֵנוּ[e] הַצִּילֵנִי[e] הַצִּילָה

hof snatched away 11 מֻצָּל Am 4:11; Zec 3:2◦

hitp strip off (jewelry) 7 וַיִּתְנַצְּלוּ Ex 33:6◦

נִצָּנִים ← נצץ *m.* flowers Song 2:12; pl. ↪ נֵץ

✓ נצץ *q* gleam, glitter 11 נֹצְצִים Ez 1:7◦

hif bloom 5 הֵנֵצוּ 6 וְיָנֵאץ Song 6:11; 7:13; Ecc 12:5◦

✓ נצק ↪ יצק

✓נצר *q* observe, guard, protect; preserve, respect; pt.pass.: besieged Isa 1,8; preserved Isa 49:6 *qr.*, Ez 6:12; something hidden Isa 48:6; devious, insincere Prov 7:10 - 5 נָצַרְתִּי נְצָרָתַם^e נָצְרוּ 6 יִצֹּר יִצְּרֶנְהוּ^e תִּצֹּר תִּנְצְרֶכָּה^e וְתִצְּרֶךָּ^e אֶצְּרֶנָּה^e וְאֶצָּרְךָ^e יִנְצֹרוּ יִצְּרוּ^e יִנְצְרֶהוּ^e יִצְּרוּנִי^e 8 לִנְצֹר 9 נָצוֹר 10 נְצֹר נִצְּרֶהָ^e נִצְּרָה 11 נֹצֵר נֹצְרָה^e נוֹצְרִים נֹצְרֵי pass. הַנָּצוּר נְצוּרָה וּנְצֻרַת נְצוּרֵי נְצֻרוֹת

ⓘ Cf. also forms of ↪ יצר

נֵצֶר *m.* shoot, branch Isa 11:1; 14:19; 60:21; Dan 11:7◦

נִצְּרָה *f.* guard Ps 141:3; others: Imp. ↪ נצר◦

✓נצת ↪ יצת

✓נקב *q* pierce 2 Kgs 18:21; determine, name, state Gen 30:28; blaspheme Lev 24:11.14; Prov 11:26; pt.pass. determined, named and therefore: noble Am 6:1; pierced, be holey Hag 1:6; blaspheme Lev 24:11; curse Job 3:8 - 5 וּנְקָבָה^e נָקַבְתָּ 6 יִנְקָב־ יִקֳּבֶנּוּ^e תִּקּוֹב יִקְּבֵהוּ^e 7 וַיִּקֹּב 8 בְּנָקְבוֹ^e 10 נָקְבָה 11 נֹקֵב pass. נָקוּב נְקֻבֵי

nif be designated 5 נִקְּבוּ

נֶקֶב I. *m.* unc.; something pierced: stretched earring holes 4 וּנְקָבֶיךָ Ez 28:13◦

נֶקֶב II. part of the *pln* Adami-Nekeb Jos 19:33◦

נְקֵבָה^B *f.* female; girl, woman

✓נקד ↪ קדד

נָקֹד *m.* & נְקֻדָּה *f.* dotted, spotted, speckled 2 נְקֻדִּים נְקֻדּוֹת

נֹקֵד *m.* shepherd, sheep farmer 2 נֹקְדִים 2 Kgs 3:4; Am 1:1◦

נְקֻדּוֹת *f.* dots, beads Song 1:11◦

נִקֻּדִים *m.* crumbled, crumbly; crumb cake Jos 9:5.12; 1 Kgs 14:3◦

✓נקה^B *q* get away 9 נָקֹה Jer 49:12◦

nif with מִן be free, exempt, released from something, get away, remain unpunished, be innocent; be empty Isa 3:26 - 5 וְנִקָּה וְנִקְּתָה *p* וְנִקָּתָה וְנִקֵּית נִקֵּיתִי 6 תִּנָּקֶה תִּנָּקוּ 9 הִנָּקֵה

pi consider someone innocent, let someone get away, leave unpunished, acquit 5 וְנִקֵּיתִי 6 יְנַקֶּה תְנַקֵּהוּ^e אֲנַקֶּךָּ 9 וְנַקֵּה 10 נַקֵּנִי^e

נְקוֹדָא *m. PN* Nekoda

✓נקח ↪ לקח

נָקִי & נָקִיא^B ↪ נקה *m.* with מִן free, exempt from; innocent (often with *blood*), unpunished, pure 1 נְקִי 2 נְקִיִּם נְקִיִּים

נִקָּיוֹן & נִקָּיֹן ↪ נקה *m.* pure, innocent 1 נִקְיֹן

נָקִיק *m.* cleft, crack 1 נְקִיק 3 נְקִיקֵי Isa 7:19; Jer 13:4; 16:16◦

✓נקם^B *q* punish, retaliate, revenge 5 וּנְקַמְנִי^e 6 יִקּוֹם יִקֹּם תִּקֹּם 8/10 נְקֹם 9 נָקֹם 11 נֹקֵם נֹקֶמֶת

nif get revenge, avenge (with בְּ; Jer 15:15 with לְ), be punished 5 נִקַּמְתִּי וְנִקְמוּ 6 יִנָּקֵם וְאִנָּקְמָה יִנָּקְמוּ 7 וַיִּנָּקְמוּ 8 לְהִנָּקֵם 10 הִנָּקֵם הִנָּקְמוּ

pi avenge, retaliate 5 וְנִקַּמְתִּי 2 Kgs 9:7; Jer 51:36◦

hof be avenged, be subject to revenge 6 יֻקַּם *p* יֻקָּם Gen 4;15.24; Ex 21:21◦

hitp take revenge Jer 5:9.29; 9:8 be thirsty for revenge Ps 8:3; 44:17 - 6 תִּתְנַקֵּם 11 מִתְנַקֵּם◦

נָקָם ↪ נקם *m.* revenge, retribution 1 נְקַם

1 st.c. sg. 2 st.a. pl. 3 st.c. pl. 4 with *epp* 5 SC 6 PC 7 narrative 8 inf.c. 9 inf.a. 10 imp. 11 part.

נְקָמָה ← נקם *f.* revenge, retribution 1 נִקְמַת 2/3 נְקָמוֹת 4 נִקְמָתְךָ נִקְמָתֵךְ נִקְמָתִי נִקְמָתָם נִקְמָתֵנוּ

√נקע *q* turn away, get tired 5 נָקְעָה Ez 23:18.22.28◦

√נקף I. *pi* clear, cut down (forest); strip, cut off (skin) 5 וְנִקַּף נִקְּפוּ Isa 10:34; Job 19:26◦

√נקף II. *q* end a cycle, here: feasts run their round 6 יִנְקֹפוּ Isa 29:1◦

hif circle, surround, bypass, encircle, go in turns; cut all around, trim (hair); clear (forest)5 הִקִּיף הִקִּיפָה הִקִּיפוּ הִקִּיפוּנִי[e] וְהִקַּפְתֶּם 6 יַקִּיפוּ תַּקִּפוּ 7 וַיַּקֵּף וַיַּקִּיפוּ וַיַּקִּפוּ 9 הַקֵּף 10 הַקִּיפוּהָ[e] 11 מַקִּפִים

נֹקֶף ← נקף *m.* shaking, beating (of olives) Isa 17:6; 24:13◦

נְקֵפָה ← נקף *f.* cord, rope Isa 3:24◦

√נקר *q* cut out, peck out (eye) 6 יִקְּרוּהָ[e] 8 בִּנְקוֹר 1 Sam 11:2; Prov 30:17◦

pi tear out, cut out (eye); pierce (bone) 5 נִקַּר 6 תְּנַקֵּר 7 וַיְנַקְּרוּ Num 16:14; Jdg 16:21; Job 30:17◦

pu be dug up, drilled 5 נֻקַּרְתֶּם Isa 51:1◦

נְקָרָה ← נקר *f.* cleft, cavern 1 נִקְרַת 3 נִקְרוֹת Ex 33:22; Isa 2:21◦

√נקשׁ *var.* ↪ יקשׁ *q* trap oneself 11 נוֹקֵשׁ Ps 9:17◦

nif be trapped, ensnared 6 תִּנָּקֵשׁ Dtn 12:30◦

pi lay a trap וַיְנַקְשׁוּ Ps 38:13◦

hitp lay a trap 11 מִתְנַקֵּשׁ 1 Sam 28:9◦

נֵר[B] I. *m.* lamp, light 2 נֵרוֹת נֵרֹת 4 נֵרוֹ נֵרָהּ נֵרִי נֵרֹתֵיהֶם נֵרֹתֶיהָ נֵירִי

נֵר II. *m. PN* Ner

נֵר *m.* lamp, others: plow ↪ ניר (verb & subst. I.) Prov 21:4◦

נֵרְגַל *pn* an idol, Nergal 2 Kgs 17:30◦

נֵרְגַל שַׂר־אֶצֶר *m. PN* Nergal-Sarezer Jer 39:3.13◦

נֵרְדְּ *pn* a spice, Narde 2 נְרָדִים 4 נִרְדִּי Song 1:12; 4:13f◦

נֵרִיָּה & נֵרִיָּהוּ *m. PN* Neriah

√נשׂא[B] *q* lift, pick up, raise, carry; bear, take upon oneself; take, take away, fetch; be exalted, be powerful; impose (oath); with יַד lift one's hand (to an oath); with פָּנִים accept someone friendly, show consideration; with לֵב do something gladly, but also: be arrogant; with חֶסֶד find favour; forgive (guilt); with רֹאשׁ count 5 נָשָׂא נְשָׂאוֹ[e] נְשָׂאֲךָ[e] נָשְׂאָה נָשָׂאתָ נָשָׂאתָה וּנְשָׂאתַנִי[e] נְשָׂאתַנִי[e] נְשָׂאתִים[e] (2.sg.f.); וְנָשָׂאתִי נָשְׂאוּ *p* נָשָׂאוּ נָשׂוּ נָשָׂא וּנְשָׂאוּם[e] 6 יִשָּׂא יִשָּׂאֵהוּ[e] תִּשָּׂא תִּשָּׂאֵנִי[e] תִּשָּׂאֵם[e] אֶשָּׂא אֶשָּׂאֶנּוּ[e] יִשְׂאוּ *p* יִשָּׂאוּ יִשָּׂאוּם[e] יִשָּׂאֶנּוּ[e] תִּשָּׂאוּן תִּשֶּׂאנָה תִּשֶּׂנָה 7 וַיִּשָּׂא וַיִּשָּׂאֵהוּ[e] וַיִּשָּׂאֶהָ[e] וַתִּשָּׂאֵנִי[e] וַיִּשְׂאוּ וַיִּשָּׂאֻהוּ[e] וַיִּשָּׂאֻם[e] וַתִּשֶּׂאנָה 8 שְׂאֵת לָשֵׂאת שְׂאֵתוֹ[e] שְׂאֵתִי[e] נְשֹׂא נָשְׂאִי[e] לְמַשְּׂאוֹת שׂוֹא 9 נָשׂוֹא נָשֹׂא 10 sg.m.: שָׂא שָׂאֵהוּ[e] נְשָׂא נְסָה (Ps 4:7); f. שְׂאִי; pl. שְׂאוּ שָׂאוּנִי[e] 11 נֹשֵׂא נוֹשֵׂא נֹשֵׂה נֹשְׂאַת נֹשְׂאוֹת נֹשְׂאֵי נֹשְׂאִים נֹשְׂאֵת נֹאשֵׂת; pass. נְשֻׂאֹתֵיכֶם[e] נְשׂוּי־ הַנְּשֻׂאִים נְשֻׂא נָשׂוּא

nif be carried, carried away, taken away; rise, be exalted, be sublime 5 נִשָּׂא נִשֵּׂאת 6 יִנָּשֵׂא אֶנָּשֵׂא הִנָּשֵׂא 8 תִּנָּשֶׂאנָה תִּנָּשֵׂאוּ יִנָּשְׂאוּ *p* יִנָּשֵׂאוּ יִנָּשׂוּא נִשָּׂא 11 וְהִנָּשְׂאוּ הִנָּשֵׂא 10 נִשֵּׂאת 9 הִנָּשְׂאָם[e] הַנִּשָּׂאוֹת וְהַנִּשָּׂאִים נִשָּׂאָה

1 st.c. sg. 2 st.a. pl. 3 st.c. pl. 4 with *epp* 5 SC 6 PC 7 narrative 8 inf.c. 9 inf.a. 10 imp. 11 part.

pi lift, uplift, carry; raise, bring to prestige; help, support; with לֵב yearn 5 נִשְּׂאוּ[e] נִשֵּׂא נִשָּׂא 10 נַשְּׂאֵם[e] וַיְנַשְּׂאֵהוּ[e] 7 יְנַשְּׂאוּהוּ[e] 6 וְנִשְּׂאוּ 11 מְנַשְּׂאִים וְנִשְּׂאֵם[e]

hif encumber, impose Lev 22:16; bring 2 Sam 17:13 - 5 וְהִשִּׂיאוּ◦

hitp exalt onself, be arrogant; be outraged; dare to rebel; be highly honored 6 וְתִנַּשֵּׂא יִתְנַשָּׂא מִתְנַשֵּׂא 11 הִתְנַשֵּׂא 8 וַיִּנַּשֵּׂא 7 תִּתְנַשְּׂאוּ יִנַּשְּׂאוּ

נְשֵׂאת ↪ נְשׂוּאָה

נשג[B] *hif* reach, catch up, meet, overtake; attain, stretch out (hand); be able, be in a position Lev 5:11; adjust oneself Isa 35:10 - 5 הִשִּׂיג וְהִשִּׂיגוּךָ[e] הִשִּׂיגוּ וְהִשַּׂגְתֶּם[e] הִשִּׂיגָה וְהִשִּׂיגוּ[e] יַשִּׂיגוּ אַשִּׂגֶנּוּ[e] תַּשִּׂיגֵהוּ[e] תַּשִּׂיג יַשֵּׂג יַשִּׂיג 6 הִשִּׂיגָנוּ וַיַּשֵּׂג 7 תַּשִּׂיגוּם[e] יַשִּׂיגוּן (סוג ↪ Job 24:2) מַשֶּׂגֶת מַשִּׂיגֵהוּ[e] מַשִּׂיג 11 הַשֵּׂג 9 וַיַּשִּׂיגוּ וַיַּשִּׂגֵם[e]

ⓘ Also cf. ↪ סוג

נְשׂוּאָה ↩ נשא *f.* idol (which is carried in processions) 4 נְשֻׂאֹתֵיכֶם Isa 46:1◦

נָשׂוֹג 2 Sam 1:22 ↪ סוג

נָשִׂיא[B] ↩ נשא *m.* leader, prince, chief, head of the family 1 נְשִׂיא 2 נְשִׂיאִים נְשִׂאִים נְשִׂאֵם 3 נְשִׂיאֵי נְשִׂאֵי נְשִׂיאֵהֶם נְשִׂאֵהֶם נְשִׂיאֶיהָ 4 נְשִׂיאֵי

נְשִׂיאִים ↩ נשא *m.* mist, fog Jer 10:13; 51:16; Ps 135:7; Prov 25:14◦

נשק *nif* be kindled, blaze 5 נִשְּׂקָה Ps 78:21◦

hif set fire, burn 5 הִשִּׂיקוּ 6 יַשִּׂיק Isa 44:15; Ez 39:9◦

נשא (& **נשה** II.) I. *q* loan, lend against interest; with בְּ take a loan Isa 24:2; pt. moneylender, creditor, also: usurer; impose an oath 1 Kgs 8:31 - 5 נָשָׁא נָשָׁה 11 נֹשֶׁא 9 נָשׁוּ נָשִׁיתִי נָשָׁא נוֹשֵׁי[e] נֹשִׁים נֹשְׁאִים

hif lend, loan 6 תַּשֶּׁה יַשֶּׁה Dtn 15:2; 24:10◦

נשא[B] II. *nif* be deceived, deluded 5 נִשְּׁאוּ Isa 19:13◦

hif deceive; overpower הִשִּׁיא הִשִּׁיאַנִי[e] הִשִּׁיאֲךָ[e] יַשִּׁאֲךָ[e] יַשִּׁי יַשִּׁא יַשִּׁיא 6 הִשִּׁיאוּךָ[e] הַשֵּׁאתָ הַשֵּׁא 9 תַּשִּׁאוּ יַשִּׁיאוּ

נשב *q* blow 5 נָשְׁבָה Isa 40:7◦

hif make blow Ps 147:18; scare, drive away Gen 15:11 - 6 יַשֵּׁב 7 וַיַּשֵּׁב◦

נשה I. *q* forget 5 נָשִׁיתִי Lam 3:17◦

nif be forgotten 6 תִּנָּשֵׁנִי[e] Isa 44:21◦

pi make forget 5 נַשַּׁנִי[e] Gen 41:51◦

hif make forget Job 39:17; forget, not call to account Job 11:6 - 5 הִשָּׁה[e] 6 יַשֶּׁה◦

נשה II. ↪ נשא I.

נָשֶׁה *m.* sciatic nerve Gen 32:33◦

נְשִׁי ↩ נשא *m.* coll. debt 4 נִשְׁיֵךְ *qr*; *kt.*: נִשְׁיֵכִי 2 Kgs 4:7◦

נְשֵׁי *f.* women; cstr. pl. ↪ אִשָּׁה

נְשִׁיָּה ↩ נשה *f.* forgetting Ps 88:13◦

נָשִׁים *f.* women; abs. pl. ↪ אִשָּׁה

נְשִׁיקָה ↩ נשק *f.* kiss 2 נְשִׁיקוֹת Prov 27:6; Song 1:2◦

נשך I. *q* bite 5 נָשַׁךְ נְשָׁכוֹ[e] 6 יִשַּׁךְ יִשֹּׁךְ יִשְּׁכֶנּוּ[e] 11 נֹשֵׁךְ נֹשְׁכִים pass. הַנָּשׁוּךְ Gen 49:17; Mi 3:5; Hab 2:7◦

pi bite 5 וְנִשְּׁכוּ 7 וַיְנַשְּׁכוּ Num 21:6; Jer 8:17◦

נשך II. *q* borrow at interest 6 יַשִּׁךְ 11 נֹשְׁכֶיךָ[e] Dtn 23:20; Hab 2:7◦

hif lend at interest 6 תַּשִּׁיךְ Dtn 23:20.21◦

נֶשֶׁךְ ↩ נשך *m.* interest

נִשְׁכָּה *f.* room, chamber 2 נְשָׁכוֹת 4 נִשְׁכָּתוֹ Neh 3:30; 12:44; 13:7◦

√נשל *q* remove, take off Ex 3:5; Jos 5:15; remove, expel Dtn 7:1.22; drop Dtn 28:40; slip Dtn 19:5 - 5 נָשַׁל 6 יִשַּׁל 10 שַׁל◦

pi expel 7 וַיְנַשֵּׁל 2 Kgs 16:6◦

√נשם *q* gasp for air 6 אֶשֹּׁם Isa 42:14◦

נְשָׁמָה ↩ נשם *f.* breath, breath of life, soul; breath of God 1 נִשְׁמַת 2 נְשָׁמוֹת

√נשף *q* blow 5 נָשַׁפְתָּ נָשַׁף Ex 15:10; Isa 40:24◦

נֶשֶׁף *m.* dusk, twilight *p* נָשֶׁף 4 נִשְׁפּוֹ 1 Sam 30:17; 2 Kgs 7:5; Jer 13:16

√נשק I. *q* kiss; obey Gen 41:40 (or ↪ II.) 5 נָשַׁק נָשְׁקָה נָשָׁקוּ 6 יִשַּׁק *p* יִשָּׁק יִשָּׁקֵנִי[e] אֶשָּׁקָה יִשְּׁקוּ *p* יִשָּׁקוּן 7 וַיִּשַּׁק 8 נְשָׁק־ 10 וּשְׁקָה־

pi kiss 7 וַיְנַשֵּׁק וַיְנַשֶּׁק־ 8 לְנַשֵּׁק 10 נַשְּׁקוּ

hif touch 11 מַשִּׁיקוֹת Ez 3:13◦

√נשק II. *q* obey Gen 41:40; be skilled, armed (with קֶשֶׁת) 11 נֹשְׁקֵי נוֹשְׁקֵי Ps 78:9; 1 Chr 12:2; 2 Chr 17:7◦

נֶשֶׁק & נֵשֶׁק ↩ נשק *f.* armor, weapons *p* נָשֶׁק

ⓘ Some scholars assume a lemma נֶשֶׁק II. with the meaning *spice* for 1 Kgs 10:25; 2 Chr 9:24.

נֶשֶׁר *m.* eagle *p* נָשֶׁר 2 נְשָׁרִים 3 נִשְׁרֵי

√נשת *q* dry up, parch 5 נָשַׁתָּה *p* נָשָׁתָּה Isa 41:17; Jer 51:30◦

nif be dried up, drained 5 וְנִשְּׁתוּ Isa 19:5◦

נִשְׁתְּוָן *m.* letter Ezr 4:7; 7:11◦

נְתוּנִים ↩ נתן *m.* temple servants *kt.* Ezr 8:17 ↪ נְתִינִים◦

√נתח *pi* dismember, cut in pieces 5 וְנִתַּח 6 וַיְנַתְּחֶהָ[e] וַיְנַתְּחֵהוּ[e] 7 וַיְנַתַּח וַיְנַתְּחֵהוּ[e] תְּנַתֵּחַ וָאֲנַתְּחֶהָ[e]

נֵתַח ↩ נתח *m.* piece 2 נְתָחִים 4 נְתָחָיו נְתָחֶיהָ

נָתִיב *m.* way, path 1 נְתִיב

נְתִיבָה *f.* way, path; בֵּית נְתִיבוֹת crossroads 2/3 נְתִיבוֹת 4 נְתִיבֹתָיו נְתִיבוֹתֶיהָ נְתִיבוֹתַי נְתִיבוֹתֵיהֶם

נְתִינִים ↩ נתן *m.* temple servants

√נתך *q* gush forth, be poured out 6 תִּתַּךְ 7 וַיִּתְּכוּ וַתִּתַּךְ

nif gush forth, be poured out; be melted 5 נִתַּךְ 11 נִתֶּכֶת וְנִתַּכְתֶּם וְנִתְּכָה

hif pour out; bring to melt, melt 5 הִתִּיכוּ 6 תַּתִּיכֵנִי[e] 7 וַיַּתִּיכוּ 8 לְהַנְתִּיךְ

hof be melted 6 תֻּתְּכוּ Ez 22:22◦

√נתן[B] *q* give, leave; give away, surrender; admit, allow, offer; set, pose, lay; do something, set in motion, affect; with רֹאשׁ set something in one' s head, have an idea; with לֵב do something wholeheartedly; with חֵן grant favor, חֵן + עַיִן + *epp* obtain someone's favor; with צֶדֶק establish justice etc.; with preceding מִי as an introduction to an unfulfillable wish מִי־יִתֵּן מוּתִי 2 Sam 19:1 who gives that I would have died = if only I had died; with כְּ sometimes: treat as 5 נָתַן *p* נָתָן נְתָנוֹ[e] נְתָנָהּ[e] וּנְתָנְךָ[e] וּנְתָנָם[e] נָתַתָּה נָתַתָּ נָתָנָה *p* נָתְנָה תַּתָּה (2.sg.m.); נָתַתִּי (2.sg.f.+3.m.); וּנְתַתִּיהוּ[e] וּנְתַתִּם[e] נְתַתָּנִי[e] נָתְנוּ *p* וְנָתְנוּ נְתַתִּים[e] נְתַתִּיךָ[e] נְתַתִּיהָ[e] נְתַתִּיו[e] (3.pl.); וְנָתַנּוּ וּנְתַתֶּם וּנְתַנּוּךָ[e] (1.pl.) 6 יִתֵּן וְנָתַנּוּ

תִּתְּנֵם[e] תִּתְּנֵנִי[e] תִּתְּנֶנָּה[e] תִּתְּנוֹ[e] תִּתֵּן יִתְּנֶנּוּ[e] יִתֶּן־
תִּתְּנוּ יִתְּנוּ אֶתְּנֶנּוּ[e] אֶתְּנֶנָּה[e] אֶתֵּן תִּתְּנִי תִּתְּנֵנוּ[e]
וַיִּתֶּן־ וַיִּתֵּן 7 וְנִתְּנָה נִתַּן־ נִתֵּן תִּתְּנוּם[e] תִּתְּנֵהוּ[e]
וַיִּתְּנֵהוּ[e] וַיִּתְּנוּ וָאֶתֵּן וַתִּתֵּן וַיִּתְּנָהּ[e] וַיִּתְּנֵהוּ[e]
תִּתּוֹ[e] לְתִתֵּן לָתֶת־ לָתֵת תֵּת־ 8 וַנִּתְּנָה[e] וַיִּתְּנֵם[e]
נָתוֹן 9 נְתָן־ נְתֹן ;לְתִתֵּנוּ[e] תִּתָּם[e] תִּתִּי[e] תִּתְּךָ[e]
תֵּנִי p תְּנִי וּתְנֵם[e] תְּנֶנָּה[e] וּתְנֵהוּ[e] תְּנָה תֵּן 10 נָתֹן
נֹתְנֵי נֹתְנִים נֹתְנָךְ[e] נֹתְנוֹ[e] נֹתֵן נוֹתֵן 11 תְּנוּ
pass. נְתֻנוֹת נְתֻנִים נְתוּנִים נָתוּן

nif be given, laid, set; wither, waste away Isa
51:12 - 5 נִתַּן p נִתְּנוּ נִתְּנָה נִתָּן p נִתַּנּוּ נִתַּתֶּם
וַתִּנָּתֵן 7 וַיִּנָּתְנוּ תִּנָּתֵן יִנָּתֶן־ יִנָּתֵן 6 נִתָּנוּ
נִתָּן 11 הִנָּתֹן 9 לְהִנָּתֵן 8 וַיִּנָּתְנוּ

hof be given; be poured Lev 11:38; hang 2 Sam
18:9 - 6 יֻתַּן 7 וַיֻּתַּן

נָתָן *m. PN* Nathan

נְתַנְאֵל *m. PN* Nethanel

נְתַנְיָה & נְתַנְיָהוּ *m. PN* Nethaniah

נְתַן־מֶלֶךְ *m. PN* Nethan-Melech 2 Kgs 23:11◦

√נתס *q* tear, break up 5 נָתְסוּ Job 30:13◦

√נתע *nif* be broken 5 נִתָּעוּ Job 4:10◦

√נתץ *q* tear down, destroy; knock out, break 5
יִתְּצֵךְ[e] יִתְּצֵנִי[e] יִתֹּץ 6 נָתְצוּ נָתָצוּ p נָתָץ p וְנָתַץ
וַיִּתְּצוּ וַיִּתֹּץ 7 תִּתֹּצוּן יִתְּצֵהוּ[e] יִתֹּצוּ אֶתֹּץ
וַתִּתְּצוּ 8/10 נְתֹץ 11 pass. הַנְּתֻצִים

nif be destroyed, pulled down, broken 5 נִתְּצוּ
Jer 4:26; Ez 16:39 (others: *pi*) Nah 1:6◦

pi tear down, destroy 5 נִתַּץ נִתְּצוּ וְנִתַּצְתֶּם 7
וַיְנַתְּצוּ וַיְנַתֵּץ

pu be torn down, broken 5 נֻתַּץ Jdg 6:28◦

hof be broken to pieces 6 יֻתָּץ Lev 11:35◦

√נתק *q* pluck, tear off; lure, draw away, distract
5 וּנְתַקְּנֻהוּ[e] 6 אֶתְּקֶנְךָּ[e] 11 pass. נָתוּק Lev 22:24;
Jdg 20:32; Jer 22:24◦

nif tear, rip, strip, snap, cut off; be torn off; tear
oneself loose; be torn out; be lured away, distracted; be eliminated; be separated, removed
5 נִתַּק נִתְּקוּ p נִתָּקוּ 6 יִנָּתֵק יִנָּתְקוּ 7 וַיִּנָּתְקוּ

pi tear, pull up 5 נִתַּקְתִּי נִתְּקוּ 6 יְנַתֵּק תְּנַתֵּקִי
וַיְנַתְּקֵם[e] וַיְנַתֵּק 7 נְנַתְּקָה תְּנַתְּקוּ אֲנַתֵּק

hif pull out, drag away Jer 12:3; draw away, distract Jos 8:6 - 8 הַתִּיקֵנוּ[e] 10 הַתִּקֵם[e]◦

hof be lured away, cut off הָנְתְּקוּ Jdg 20:31◦

נֶתֶק ↔ נתק *m.* scall, eczema, psoriasis Lev
13:30.37; 14:54◦

√נתר I. *q* leap 6 וְיִתַּר Job 37:1◦

pi hop 8 לְנַתֵּר Lev 11:21◦

hif put forth (hand); shake, let tremble 6 יַתֵּר 7
וַיַּתֵּר Job 6:9; Hab 3:6◦

√נתר II. *hif* break, release, set free 7 וַיַּתִּירֵהוּ[e]
9 הַתֵּר 11 מַתִּיר Isa 58:6; Ps 105:20; 146:7◦

נֶתֶר *m.* lye, natron *p* נָתֶר Jer 2:22; Prov 25:20◦

√נתשׁ *q* uproot, wipe out, destroy, expel 5 וְנָתַשׁ
וּנְתַשְׁתִּים[e] וְנָתַשְׁתִּי 6 אֶתּוֹשׁ 7 וַיִּתְּשֵׁם[e] 8 לִנְתוֹשׁ
נְתָשָׁם[e] נֹתֵשׁ 11 נָתוֹשׁ 9 נָתְשִׁי[e]

nif be uprooted, torn down, destroyed; dry up 6
יִנָּתֵשׁ יִנָּתְשׁוּ Jer 18:14; 31:40; Am 9:15; Dan
11:4◦

hof be uprooted, plucked away 7 וַתֻּתַּשׁ Ez
19:12◦

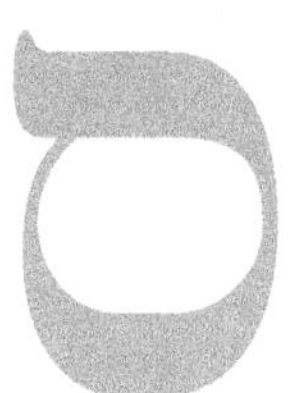

סְאָה *pn* a measure of capacity, Sea, ca. 13 litres; du. סָאתַ֫יִם 2 סְאִים

סְאוֹן ↩ סאן *m.* boot Isa 9:4◦

סאן√ *q* stomp, stamp, trample 11 סֹאֵן Isa 9:4◦

סַאסְּאָה ↩ סְאָה with בְּ moderately, in measure Isa 27:8◦

ⓘ Some scholars see in this form an inf. *pilpel* of סאסא *scare up.*

סבא *q* get drunk; pt. drunkard, wino Ez 23:42 *kt.* 6 סֹבְאֵי סוֹבָאִים סוֹבְאִים סֹבֵא 11 נִסְבְּאָה pass. סְבוּאִים

סֹבֶא ↩ סבא *m.* wine Isa 1:22; Hos 4:18; Nah 1:10 - 4 סָבְאָם סָבְאֵךְ◦

סָבָא after a few: alcoholic, but ↪ the next word 2 סָבָאִים Ez 23:42 *qr.*◦

סְבָא & **סְבָאִי** *pn* Saba, Sabaen 2 סְבָאִים Isa 45:14 סָבָאִים Ez 23:42 *qr.*

סבב√[B] *q* turn, turn away; change; walk around something, circle around ; stretch around, flow around; stand around, surround, encircle; lie around a table; make the round, walk around, roam around, stray 5 סָבְבוּ סַבּוֹתִי סָבַב סְבָבוּם[e] סְבָבֻנִי[e] סַבּוּנִי[e] סְבָבוּנִי[e] סְבָבוּהוּ[e] יְסוּבֵּנִי[e] יְסוּבֶּנּוּ[e] יִסֹּב יִסּוֹב יָסֹב 6 סַבֹּתֶם 7 נָסֹב תְּסֻבֶּינָה יְסֻבּוּהוּ[e] יָסֹבּוּ תִּסֹּב תִּסּוֹב לִסְבֹּב סֹב 8 וַנָּסָב וַיָּסֹבּוּ וַתִּסֹּב וַיִּסּוֹב וַיָּסָב סֹבֵיב סֹבֵב סוֹבֵב 11 סֹבּוּ סֹבִּי סֹב 10 סֹבְבִים סוֹבְבִים

nif turn, turn away; pull, extend; change direction, bend; encircle, surround; be turned over, be granted Jer 6:12 - 5 נָסַבּוּ נָסֵבָּה נַסְבָּה נָסַב 6 יִסּוֹב (or q) יִסַּבּוּ

pi change the course of things 8 סַבֵּב 2 Sam 14:20◦

pol enclose, surround, embrace; encircle; make the rounds; gather, stand, walk around, wander 6 יְסֹבְבֶנְהוּ[e] יְסֹבְבֶנּוּ[e] יְסֹבְבֵנִי[e] תְּסֹבֵב יְסוֹבְבֶהָ[e] אֲסֹבְבָה תְּסֹבְבֵנִי[e] תְּסֹבְבֶךָּ[e]

hif let turn, remove, bring, go, circle around; let make a detour; set up all around, surround; change, transform 5 הֲסִבּוֹתִי הֲסִבֹּתָ הֵסֵב וַיְסִבֵּנִי[e] וַיָּסֵב 7 נָסֵבָּה נָסֵב 6 הֵסַבּוּ הֲסִבֹּתִי מֵסֵב 11 הָסֵבִּי הָסֵב 10 הָסֵב 8 וַיָּסֵבּוּ מְסִבַּי[e]

hof be surrounded, be turned; be set (stones in a mount); be changed (names); be rolled (wheel); be rotatable (door leaf) 6 יוּסָב 11 מְסַבֹּת מוּסַבֹּת מוּסַבּוֹת

סִבָּה ↩ סבב *f.* turn of events 1 Kgs 12:15; ↪ נְסִבָּה 2 Chr 10:15◦

סָבִיב[B] ↩ סבב round about, around; with מִן from all sides; as subst.: circuit, circumference, surrounding area; starting point (of a circle) Ecc 1:6 - 1 סָבִיב 3 סְבִיבֵי סְבִיבוֹת סְבִיבֹת 4 סְבִיבוֹתָם סְבִיבוֹתָיו סְבִיבֶיךָ סְבִיבָיו סְבִיבוֹתֵינוּ סְבִיבוֹתֵיכֶם סְבִיבוֹתֵיהֶם

סבךְ√ *q* pt. be tangled, intertwined 11 pass. סְבֻכִים Nah 1:10◦

pu be intertwined, wrapped around 6 יְסֻבָּכוּ Job 8:17◦

1 st.c. sg. 2 st.a. pl. 3 st.c. pl. 4 with *epp* 5 SC 6 PC 7 narrative 8 inf.c. 9 inf.a. 10 imp. 11 part.

סְבַךְ ← סבך *m.* thicket, bushes 3 סִבְכֵי Gen 22:13; Isa 9:17; 10:34◦

סְבֹךְ ← סבך *m.* thicket, grove 1 סֲבָךְ־ 4 סֻבְּכוֹ Jer 4:7; Ps 74:5◦

סִבְּכַי *m. PN* Sibbechai

סבל✓[B] *q* carry, bear, take on 5 סְבָלָם[e] סְבָלְנוּ 6 יִסְבֹּל אֶסְבֹּל יִסְבְּלֵהוּ[e] 8 לִסְבֹּל

pu pregnant; others: loaded 11 מְסֻבָּלִים Ps 144:14◦

hitp load up, drag oneself along 6 וְיִסְתַּבֵּל Ecc 12:5◦

סֵבֶל ← סבל *m.* burden, forced labor 1 Kgs 11:28; Ps 81:7; Neh 4:11◦

סֹבֶל ← סבל*m.* burden 4 סֻבֳּלוֹ Isa 9:3; 10:27; 14:25◦

סַבָּל ← סבל *m.* porter 2 סַבָּלִים 1 Kgs 5:29; Neh 4:4; 2 Chr 2:1.17; 34:13◦

סִבְלָה ← סבל *f.* burden, hard, forced labor 3 סִבְלֹות סִבְלֹת 4 סִבְלֹתָם סִבְלֹתֵיכֶם Ex 1:11; 2:11; 5:4f; 6:6f◦

סִבֹּלֶת *f.* river, stream Jdg 12:6◦

סִבְרַיִם *pln* Sibraim Ez 47:16◦

סַבְתָּא *m. PN* Sabta Gen 10:7; 1 Chr 1:9◦

סַבְתְּכָא *m. PN* Sabtecha Gen 10:7; 1 Chr 1:9◦

סגד✓ *q* bow, kneel 6 יִסְגֹּוד יִסְגֹּד יִסְגָּד־ 7 וַיִּסְגָּד־ יִסְגְּדוּ אֶסְגוֹד Isa 44:15.17.19; 46:6◦

סְגוֹר I. ← סגר *m.* closure (of one's heart, i.e. chest) Hos 13:8◦

סְגוֹר II. *m.* pure gold Job 28:15◦

סָגוּר *m.* pure gold, with זָהָב

סִגִּים ← סִיג cinder

סְגֻלָּה *f.* property 1 סְגֻלַּת 4 סְגֻלָּתוֹ

סְגָנִים *m.* governors, councilmen, high officials 4 סְגָנֶיהָ

סגר✓[B] *q* close, lock 5 סָגַר סָגַרְתְּ סָגְרוּ *p* סָגָרוּ 6 יִסְגֹּר נִסְגְּרָה 7 וַיִּסְגְּרוּ וַיִּסְגֹּר 8 לִסְגוֹר 10 סָגוּר *pass.* סֹגֶרֶת סֹגֵר 11 סִגְרוּ סֹגֵר

nif lock oneself in, lock up, be locked up; be locked out 5 נִסְגַּר 6 יִסָּגֵר *p* יִסָּגֵרוּ 7 וַתִּסָּגֵר 10 הִסָּגֵר וַיִּסָּגְרוּ

pi hand over, deliver, surrender 5 סִגַּר סִגְּרַנִי[e] 6 יְסַגֶּרְךָ[e] 1 Sam 17:46; 24:19; 26:8; 2 Sam 18:28◦

pu be closed, locked 5 סֻגַּר וְסֻגְּרוּ 11 מְסֻגֶּרֶת

hif hand over, deliver; shut up, enclose, isolate, quarantine 5 הִסְגִּיר הִסְגִּירוּ[e] הִסְגַּרְתַּנִי[e] 6 הִסְגַּרְתִּי יַסְגִּיר תַּסְגֵּר יַסְגִּרֵנִי[e] יַסְגְּרֻנּוּ[e] 7 וַיַּסְגֵּר 8 הַסְגִּיר הַסְגִּירוּ[e] הַסְגִּירָם[e] יַסְגְּרֵנִי[e]

סְגֹר *m.* lance, battleaxe; others: Imp. *q* ← סגר *stop the way against them* Ps 35:3◦

סַגְרִיר *m.* rain shower Prov 27:15◦

סַד *m.* block (as shackle) Job 13:27; 33:11◦

סֹד ← סוֹד

סָדִין *m.* undergarment 2 סְדִינִים Jdg 14:12f; Isa 3:23; Prov 31:24◦

סְדֹם *pln* Sodom

סֵדֶר *m.* order 2 סְדָרִים Job 10:22◦

סַהַר *m.* round bowl Song 7:3◦

סֹהַר *m.* prison Gen 39:20ff; 40:3ff◦

סוֹא *m. PN* So 2 Kgs 17:4◦

1 st.c. sg. 2 st.a. pl. 3 st.c. pl. 4 with *epp* 5 SC 6 PC 7 narrative 8 inf.c. 9 inf.a. 10 imp. 11 part.

✓סוּג I. *q* go astray, deviate, be disloyal Ps 53:4; 80:19; Prov 14:14; סוּג לֵב be deviant in heart, unfaithful 5 סָג 6 נָסוֹג 11 pass. סוּג◦

nif retreat, give way; become unfaithful, renegade 5 נָסוֹג נָשׂוֹג 2 Sam 1:22; 6 נָסוֹגוּ נְסוּגוֹתִי יִסַּג יִסֹּגוּ 9 נָסוֹג 11 נְסוּגִים

hif move (landmark); move away, put aside 5 הִסִּיג 6 תַּסִּיג תַּסֵּג יַשִּׂיגוּ 11 מַסִּיג מַסִּיגֵי

hof flinch, be pushed aside 5 הֻסַּג Isa 59:14◦

✓סוּג II. *q* be encircled 11 pass. סוּגָה Song 7:3◦

סוּג Ez 22,18 *kt.*; ↪ *qr.* סִיג cinder◦

סוּגַר ↩ סגר *m.* cage Ez 19:9◦

סוֹד *m.* confidential discussion, counselling; circle (of counsellors, discussants), council; advice, secret; confidant, friend 4 סוֹדִי סוֹדוֹ סֹדָם

סוֹדִי *m. PN* Sodi Num 13:10◦

סוּחַ *m. PN* Suach 1 Chr 7:36◦

סוּחָה *f.* waste, refuse, rubbish Isa 5:25; Ps 80:17 others: pt. pass. כסח be cut◦

סוֹטַי & סֹטַי *m. PN* Sotai Ezr 2:55; Neh 7:57◦

✓סוּךְ I. *hif* fence, lock up 7 וַיָּסֶךְ Job 3:23; 38:8 others ↪ סכך◦

pilpel stir up 5 וְסִכְסַכְתִּי 6 יְסַכְסֵךְ Isa 9:10; 19:2◦

✓סוּךְ II. *var.* ↪ נסך *q* anoint, anoint oneself, pour out ointment 5 סַכְתִּי וָסַכְתְּ 6 תָּסוּךְ תְּסוּכִי אָסוּךְ אֲסֻכֵךְ[e] 7 וַיָּסֶךְ וַיְסֻכוּם[e] 9 סוֹךְ

hif anoint oneself 7 וַיָּסֶךְ 2 Sam 12:20 others: *q*◦

hof be poured out 6 יִיסָךְ Ex 30:32; 37:16◦

סוֹלְלָה & סֹלְלָה *f.* wall, dam 2 סֹלְלוֹת

סְוֵנֵה *pln* Syene, Assuan Ez 29:10; 30:6◦

סוּס I. *m.* swallow or swift Isa 38:14; Jer 8:7 ↪ סִיס◦

סוּס[B] II. *m.* horse 2 סוּסִים 3 סוּסֵי 4 סוּסוֹ סוּסָיו סוּסַי סוּסֵיכֶם סוּסֵיהֶם

סוּסָה[B] *f.* mare 4 סֻסָתִי others: with י-compaginis Song 1:9◦

סוּסִי *m. PN* Susi Num 13:11◦

✓סוּף *q* disappear, have an end, be taken away 5 וְסָפוּ 6 יָסוּף יָסֻפוּ Isa 66:17; Am 3:15; Ps 73:19; Est 9:28◦

ⓘ The SC form can also be derived from ↪ ספה.

hif put an end 6 אָסֵף אֲסִיפֵם[e] 9 אָסֹף others: ↪ אסף Zeph 1:2f; Jer 8:13◦

סוֹף & סֹף *m.* end; rearguard Joel 2:20 - 4 סֹפוֹ

סוּף I. *m.* reed; יַם־סוּף sea of reeds

סוּף II. *pln* Suph Dtn 1:1◦

סוּפָה I. *f.* storm, whirlwind 2 סוּפוֹת 4 סוּפָתְךָ

סוּפָה II. *pln* Supha Num 21:14◦

סוֹפֶרֶת & סֹפֶרֶת *m. PN* Sophereth Ezr 2:55; Neh 7:57◦

✓סוּר[B] *q* step aside, turn away, leave, depart; fade, disappear; stop, cease; give way, let go; leave the path (to look at something) 5 סָר סָרָה סָרְתִּי סָרוּ סַרְתֶּם 6 יָסוּר יָסֻר תָּסוּר אָסוּר אָסֻרָה יָסֻרוּ יָסוּרוּ נָסוּרָה 7 וַיָּסַר וַיָּסֻרוּ וַיָּסוּרוּ 8 סוּר שׂוּרִי[e] Hos 9:12 - 9 סוֹר 10 סֹר סוּר סוּרָה סוּרוּ סֹרוּ 11 סָר סָרָה סָרַת סָרֵי

hif give way, remove, take away; turn away, refuse, withdraw; with לֵב take courage 5 הֵסִיר הֲסִרֹתִי הֲסִירוֹתִי הֵסִירָה הֱסִירָךְ[e] הֱסִירָהּ[e] יְסִירֵהוּ[e] יָסֵר יָסִיר 6 הֵסִירוּ וַהֲסִירֹתִי וַיְסִרֵם[e] וַיְסִרֶהָ[e] וַיְסִרֵהוּ[e] וַיָּסַר 7 יְסִירֶנָּה[e] הָסֵר 9 הֲסִירְכֶם[e] הֲסִירָהּ[e] הָסִיר 8 וַיָּסִירוּ 10 מֵסִיר 11 הָסִרוּ הָסִירוּ הָסִירִי הָסֵר

hof be removed, taken away, abolished 5 הוּסַר 6 יוּסַר 11 מוּסָר מוּסָרִים

polel lead sb. astray 5 סוֹרֵר Lam 3:11◦

סוּר I. *m.* & סוּרָה *f.* ↩ סור feral (vine) Jer 2:21; rejected Isa 49:21; apostate Jer 17:13 - 3 סוּרַי 4 סוּרֵי◦

סוּר II. *pn* Sur 2 Kgs 11:6◦

הַסּוּרִים Qoh 4:14 for הָאֲסוּרִים pt. *q* pass. ↪ אסר prison◦

סות✓ *hif* lead astray, tempt, entice away, seduce, incite 5 הֱסִתְּךָ[e] הֱסִיתְךָ[e] הֵסַתָּה וַיְסִיתֵם[e] וַיָּסֶת 7 יְסִיתְךָ[e] יַסִּית 6 הִסִּיתוּךָ[e] מַסִּית 11 וַתְּסִיתֵהוּ[e]

סוּת *m.* clothes 4 סוּתֹה סוּתוֹ Gen 49:11◦

סחב✓ *q* pull, rip 5 סְחָבוּם[e] 6 יִסְחָבוּם[e] 8 סְחֹב 9 סָחוֹב

סְחָבוֹת ↩ סחב *f.* torn clothing, rags Jer 38:11f◦

סחה✓ *pi* sweep away 5 וְסִחֵיתִי Ez 26:4◦

סְחִי ↩ סחה *m.* refuse Lam 3:45◦

סָחִישׁ *m.* plants from scattered seeds, self growing food 2 Kgs 19:29; Isa 37:30◦

סחף✓ *q* wash away 11 סֹחֵף Prov 28:3◦

nif be swept away, overthrown 5 נִסְחַף Jer 46:15◦

סחר✓ *q* travel, move; pt. traveling businessman, sailor, trader; Gen 23,16 כֶּסֶף עֹבֵר לַסֹּחֵר *dealer's common currency* 5 סָחֲרוּ 6 סְחַר סוֹחֵר 11 סְחָרוּהָ[e] 10 תִּסְחָרוּ יִסְחָרוּ סֹחַרְתֵּךְ[e] סֹחֲרַיִךְ[e] סֹחֲרֵי סֹחֲרִים

pealal hammering, pounding hard (heart) 5 סְחַרְחַר Ps 38:11◦

סַחַר ↩ סחר *m.* work success, profit 1 סְחַר 4 סַחְרָהּ Isa 23:3.18; 45:14; Prov 31:18◦

סְחֹרָה ↩ סחר *f.* coll. dealer 1 סְחֹרַת יָדֵךְ *the traders you have at your hand Ez 27:15*◦

סֹחֵרָה ↩ סחר *f.* buckler, bulwark Ps 91:4◦

סֹחֶרֶת ↩ סחר *f.* black marble *p* סֹחָרֶת Est 1:6◦

סֵטִים ↩ סוט *m.* infringements Ps 101:3◦

סִיג *m.* cinder 2 סִגִים סִיגִים 4 סִגָיִךְ

סִיוָן *pn* a month, Sivan; May/June Est 8:9◦

סִיחֹן & סִיחוֹן *m. PN* & *pln* Sihon

סִין *pln* Sin: of a city in Egypt Ez 30:15f; of a desert Ex 16:1; 17:1; Num 33:11f◦

סִינִי *pn* Sinite Gen 10:17; 1 Chr 1:15◦

סִינַי *pn* God's mountain, Sinai

סִינִים *pln* the land Sinim & *pn* the Sinites Isa 49:12◦

סִיס *m.* swallow or swift *qr.* Jer 8:7◦

סִיסְרָא *m. PN* Sisera

סִיעֲהָא & סִיעָא *m. PN* Sia Ezr 2:44; Neh 7:47◦

סִיר I. *f.* (& two times *m.*) pot, kettle; washbasin 2 סִירוֹת סִירֹת סִרוֹת 4 סִירֹתָיו סִירֹתֵיכֶם

סִיר II. *m.* thorns, thorn Bush 2 סִירִים Isa 34:13; Hos 2:8; Nah 1:10; Ecc 7:6◦

סִירָה *f.* hook, fishing rod, fishing hook 2 סִירוֹת Am 4:2◦

סָךְ *m.* crowd, flock Ps 42:5; others: *p* of ↪ סֹךְ◦

סֹךְ ↩ סכך *m.* hut, shelter, dwelling; thicket 4 סֻכּוֹ סוּכּוֹ סֻכֹּה

סֻכָּה[B] ↩ סכך *f.* hut, tent, dwelling, shelter; thicket 1 סֻכַּת 2 סֻכּוֹת סֻכֹּת 4 סֻכָּתוֹ

סֻכּוֹת *pln* Sukkot

סֻכּוֹת בְּנוֹת *pn* a Babylonian Idol, Sukkot-Benot 2 Kgs 17:30◦

סִכּוּת *pn* an Assyrian idol, Sikkut Am 5:26◦

ⓘ Many translations read Sakkut or with the previous lemma Sukkot.

סֻכִּיִּים *pn* Sukkites 2 Chr 12:3◦

סכך[B] ✓ *q* cover, conceal, wrap, enclose; wrap oneself Lam 3:43; weave Ps 139:13 - 5 סַכּוֹתָה וְסַכֹּתָ סַכֹּתָה וְשַׂכֹּתִי 6 תְּסֻכֵּנִי[e] יְסֻכֻּהוּ[e] 7 וַיָּסֶךְ וַיָּסֹכּוּ 11 סֹכֵךְ סוֹכֵךְ סֹכְכִים

hif block; cover, shield 6 יָסֵךְ תָּסֵךְ 7 וַיָּסֶךְ 8 לְהָסֵךְ 11 מֵסִיךְ

ⓘ The expression *to cover one's feet* means *to relieve oneself.*

pol interlace, interweave 6 תְּסֹכְכֵנִי[e] Job 10:11◦

pil ↪ סוך

סֹכֵךְ ↩ סכך *m.* (movable military) shelter Nah 2:6◦

סְכָכָה *pln* Sechachah Jos 15:61◦

סכל ✓ *pi* turn into folly, expose as stupidity 6 יְשַׂכֵּל 10 סַכֶּל־ 2 Sam 15:31; Isa 44:25◦

hif act stupidly 5 הִסְכַּלְתָּ הִסְכַּלְתִּי Gen 31:28; 1 Sam 26:21◦

nif act stupidly 5 נִסְכַּלְתָּ *p* נִסְכָּלְתָּ נִסְכַּלְתִּי

סָכָל ↩ סכל *m.* fool, foolish 2 סְכָלִים Jer 4:22; 5:21; Ecc 2:19; 7:17; 10:3.14◦

סֶכֶל ↩ סכל *m.* fool, foolishness Ecc 10:6◦

סִכְלוּת ↩ סכל *f.* foolishness Ecc 2:3.12f; 7:25; 10:1.13; 1:17 שִׂכְלוּת◦

סכן[B] ✓ I. *q* benefit, profit; be of use; pt.m. treasurer, official Isa 22:15; pt.f. nurse 1 Kgs 1:2.4 - 6 יִסְכּוֹן יִסְכָּן־ יִסְכָּן 11 סֹכֵן סֹכֶנֶת

hif be in the habit of, be accustomed to Num 22:30; be aquainted, familiar with Ps 139:3; settle, become friends Job 22:21 - 5 הִסְכַּנְתָּה הִסְכַּנְתִּי 9 הַסְכֵּן 10 הַסְכֶּן־◦

סכן ✓ II. *nif* run into danger 6 יִסָּכֶן Ecc 10:9◦

סכן ✓ III. *pu* be poor 11 מְסֻכָּן Isa 40:20◦

סכר ✓ I. *nif* be closed, stopped 6 יִסָּכֵר 7 וַיִּסָּכְרוּ Gen 8:2; Ps 63:12◦

pi hand over, deliver 5 וְסִכַּרְתִּי Isa 19:4◦

סכר ✓ II. *q* bribe someone 11 סֹכְרִים Ezr 4:5◦

סכת ✓ *hif* be silent 10 הַסְכֵּת Dtn 27:9◦

סַל *m.* basket *p* סָל 2 סַלִּים 3 סַלֵּי

סלא ✓ *pu* be equivalent to 11 מְסֻלָּאִים Lam 4:2◦

סִלָּא *pln* Silla 2 Kgs 12:21◦

סַלּוּ & **סָלוּא** & **סַלּוּא** & **סַלָּא** *m. PN* Salu Num 25:14; Neh 11:7; 12:7; 1 Chr 9:7◦

סלד√ *pi* exult, rejoice 6 אֲסַלְּדָה Job 6:10◦

סֶלֶד *m. PN* Seled 1 Chr 2:30◦

סלה√ I. *q* reject, despise 5 סָלִיתָ Ps 119:118◦
pi reject, despise 5 סִלָּה Lam 1:15◦

סלה√ II. *pu* be equivalent to 6 תְּסֻלֶּה Job 28:16.19 ↪ סלא◦

סֶלָה *pn* a musical term indicating a pause, Sela

סַלּוּ *m. PN* Sallu ↪ סַלָּא

סִלּוֹן *m.* thorn 2 סַלּוֹנִים Ez 2:6; 28:24◦

סלח√[B] *q* forgive, pardon (of Gott) 5 סָלַחְתָּ *p* סָלָחְתָּ סָלַחְתִּי 6 יִסְלַח אסלוח Jer 5:7 *kt.; qr.:* סְלַח 11 סְלָחָה סְלַח 10 סָלוֹחַ סְלַח 8 אֶסְלַח
nif as an expression: he may be forgiven 5 וְנִסְלַח

סַלָּח ↩ סלח *m.* gracious, ready to forgive Ps 86:5◦

סַלַּי *m. PN* Sallai Neh 11:8◦

סְלִיחָה[B] ↩ סלח *f.* forgiveness (by God) 2 סְלִחוֹת סְלִיחוֹת Ps 130:4; Dan 9:9; Neh 9:17◦

סַלְכָה *pln* Salchah

סלל√ *q* throw on a heap, pile up; fill up (for road construction) 7 וַיָּסֹלּוּ 10 סֹלּוּ[e] סָלּוּהָ 11 pass. סְלֻלָה סְלוּלָה
pilp esteem 10 סַלְסְלֶהָ[e] Prov 4:8◦
hitpol act superciliously, exalt oneself 11 מִסְתּוֹלֵל Ex 9:17◦

סֹלְלָה & סוֹלְלָה ↩ סלל *f.* dam, mound, ramp 2 סֹלְלוֹת

סֻלָּם ↩ סלל *m.* ladder Gen 28:12◦

סַלְסִלָּה ↩ זלל *f.* tendrils 2 סַלְסִלּוֹת Jer 6:9; cf. ↪ זַלְזַלִּים Isa 18:5◦

סֶלַע[B] I. *m.* rock(s) *p* סָלַע 2 סְלָעִים 4 סַלְעוֹ סַלְעִי

סֶלַע II. *pln* Sela Jdg 1:36; 2 Kgs 14:7; Isa 16:1; 42:11◦

סֶלַע הַמַּחְלְקֹת *pln* Sela-Machlekoth 1 Sam 23:28◦

סֶלַע הָרִמּוֹן *pln* Sela-Rimmon Jdg 21:13◦

סָלְעָם *pn* a locust, Solam Lev 11:22◦

סלף√ *pi* twist, pervert; mislead, deceive, corrupt 6 יְסַלֵּף 7 תְּסַלֵּף וַיְסַלֵּף 11 מְסַלֵּף

סֶלֶף ↩ סלף *m.* falseness, deception, malice Prov 11:3; 15:4◦

סלק√ *q* ascend, climb up 6 אֶסַּק Ps 139:8◦

סֹלֶת *f.* fine flour, others: semolina

סַמְגַּר נְבוֹ *m. PN* & *pn* Samgar-Nebo; name or designation of a Babylonian dignitary Jer 39:3◦

סְמָדַר *m.* blossom, bud Song 2:13.15; 7:13◦

סַמִּים *m.* fragrance, perfume, incense

סמך√[B] *q* lay the hand on, stem (at the sacrifice); support, assist; lie heavy Ps 88:8; attack, lay siege Ez 24:2 - 5 סָמַךְ סָמְכָה סְמָכָתְהוּ[e] סְמַכְתִּנִי[e] סְמַכְתָּ סְמַכְתִּיו[e] סָמְכוּ 6 יִסְמֹךְ סְמָכֵנִי[e] 10 וַיִּסְמְכוּ וַיִּסְמֹךְ 7 תִּסְמְכֵנִי[e] יִסְמְכֵנִי[e] 11 סוֹמֵךְ סֹמְכֵי pass. סָמוּךְ
nif lean, rely on, take confidence, stem, be supported 5 נִסְמַכְתִּי נִסְמָכוּ 6 יִסָּמֵךְ 7 וַיִּסָּמֵךְ וַיִּסָּמְכוּ
pi strengthen, sustain 10 סַמְּכוּנִי[e] Song 2:5◦

1 st.c. sg. 2 st.a. pl. 3 st.c. pl. 4 with *epp* 5 SC 6 PC 7 narrative 8 inf.c. 9 inf.a. 10 imp. 11 part.

סְמַכְיָהוּ m. *PN* Semachiah 1 Chr 26:7◦

סֶמֶל m. idol, image *p* סֵמֶל 1 סֶמֶל

סמן√ *nif* choose a place 11 נִסְמָן Isa 28:25◦

סמר√ *q* shudder 5 סָמַר Ps 119:120◦

pi stand on end (hair) 6 תְּסַמֵּר Job 4:15◦

סָמָר ← סמר m. hairy, bristly Jer 51:27◦

סְנָאָה m. *PN* Senaah Ezr 2:35; Neh 3:3; 7:38◦

סְנֻאָה & סְנוּאָה m. *PN* Senuah Neh 11:9; 1 Chr 9:7◦

סַנְבַלַּט m. *PN* Sanballat

סְנֶה m. thornbush Ex 3:2ff; Dtn 33:16◦

סֶנֶּה *pln* Senneh 1 Sam 14:4◦

סַנָּה part of the *pln* Kirjath-Sannah Jos 15:49◦

סַנְוֵרִים m. blindness Gen 19:11; 2 Kgs 6:18◦

סְנוּאָה & סְנֻאָה m. *PN* Senuah Neh 11:9; 1 Chr 9:7◦

סַנְחֵרִב & סַנְחֵרִיב m. *PN* Sanherib

סַנְסַנָּה *pln* Sansannah Jos 15:31◦

סַנְסִנִּים m. branches 4 סַנְסִנָּיו Song 7:9◦

סְנַפִּיר m. fin Lev 11:9ff; Dtn 14:9f◦

סָס m. moth Isa 51:8◦

סִסְמַי m. *PN* Sismai 1 Chr 2:40◦

סעד√ *q* strengthen, support; invigorate, refresh 5 סָעַד 6 יִסְעָד יִסְעָדֵנוּ[e] יִסְעָדֶךָ[e] סְעָדֵנִי[e] וּסְעָדָה סְעָד־ 10 סַעֲדָה[e] 8 תִּסְעָדֵנִי[e] וְסַעֲדוּ

סעה√ *q* rage, be gusty 11 סֹעָה Ps 55:9◦

סְעִיף ← סעף I. m. cleft, cave 3 סְעִפֵי סְעִיפֵי Jdg 15:8.11; Isa 2:21; 57:5◦

סְעִיף ← סעף II. m. branch 4 סְעִפֶיהָ Isa 17:6; 27:10◦

סעף√ *pi* lop off branches 11 מְסָעֵף Isa 10:33◦

סֵעֵף m. fickle, doubleminded 2 סֵעֲפִים Ps 119:113◦

סְעַפָּה ← סעף *f.* branch 4 סְעַפֹּתָיו Ez 31:6.8◦

סְעִפִּים ← סעף m. sides; others: crutches 1 Kgs 18:21◦

סער√ *q* rage, storm 6 יִסְעָרוּ 11 סֹעֵר Jona 1:11.13; Hab 3:14◦

nif be agitated, restless 6 יִסָּעֵר 2 Kgs 6:11◦

pi blow away, scatter 6 [e]וְאֵסָעֲרֵם Zec 7:14◦

po be blown away 6 יְסֹעֵר Hos 13:3◦

pu be storm-tossed 5 סֹעֲרָה Isa 54:11◦

סַעַר ← סער m. storm *p* סָעַר

סְעָרָה ← סער *f.* storm 1 סַעֲרַת 2 סְעָרוֹת 3 סַעֲרוֹת

סַף I. m. & *f.* bowl, basin *p* סָף 2 סִפּוֹת סִפִּים סִפּוֹת 3 סַפּוֹת

סַף II. m. threshold, door *p* סָף 2 סִפִּים 4 סִפִּי סִפָּם

סַף III. m. *PN* Saph 2 Sam 21:18◦

ספד√ *q* mourn, lament for the dead; beat one's breast (as a sign of mourning) Isa 32:12 - 5 סָפְדָה 6 סִפְדוּ תִּסְפֹּד אֶסְפְּדָה תִּסְפְּדוּ 7 סִפְדוּ סְפֹד 10 סָפוֹד 9 סְפֹד 8 וַיִּסְפְּדוּ וַתִּסְפֹּד סֹפְדִים סוֹפְדִים 11 סֹפְדְנָה

nif be lamented 6 יִסָּפְדוּ Jer 16:4; 25:33◦

√ספה *q* destroy, kill; enlarge, multiply Num 32:14; add, pile up Isa 30:1 - 5 סָפְתָה סָפוּ 6 תִּסְפֶּה 8 סְפוֹת לִסְפּוֹתָהּ[e]
nif be destroyed, be killed, perish; be seized Isa 13:15 - 5 נִסְפָּה 6 תִּסָּפֶה אֶסָּפֶה תִּסָּפוּ 11 נִסְפֶּה
hif heap 6 אַסְפֶּה Dtn 32:23◦

√ספח *q* assign 10 סְפָחֵנִי[e] 1 Sam 2:36◦
nif attach oneself 5 וְנִסְפְּחוּ Isa 14:1◦
pi mix in, add 11 מְסַפֵּחַ Hab 2:15◦
pu come together, huddle 6 יְסֻפָּחוּ Job 30:7◦
hitp participate 8 הִסְתַּפֵּחַ 1 Sam 26:19◦

סַפַּחַת *f.* scab Lev 13:2; 14:56◦

סִפַּי *m. PN* Sippai 1 Chr 20:4◦

סָפִיחַ I. *m.* what grows by itself, uncontrolled growth 1 סְפִיחַ 4 סְפִיחֶיהָ

סָפִיחַ II. *m.* flood 4 סְפִיחֶיהָ Job 14:19◦

סְפִינָה *f.* ship Jon 1:5◦

סַפִּיר *m.* sapphire 2 סַפִּירִים

סֵפֶל *m.* bowl Jdg 5:25; 6:38◦

√ספן *q* store, save, hide; cover (with wood), panel 7 וַיִּסְפֹּן 11 pass. סָפוּן סָפֻן סְפוּנִים

סִפֻּן *m.* ceiling 1 Kgs 6:15◦

√ספף *hitpol* stand at the threshold 8 הִסְתּוֹפֵף Ps 84:11◦

√ספק I. *q* clap, slap, strike, box 5 סָפַק סָפַקְתִּי סָפְקוּ 6 יִשְׂפּוֹק יִסְפּוֹק 7 וַיִּסְפֹּק 10 סְפֹקָם[e]

√ספק II. *q* according to the context: step into one's own vomit 5 סָפַק Jer 48:26◦

סֵפֶק & שֶׂפֶק ← ספק I. *m.* abundance, plenty *p* סָפֶק 4 שִׂפְקוֹ Job 20:22; 36:18◦

√ספר[B] *q* count, enumerate; tell; write, pt.: scribe, secretary 5 סָפַר סָפְרָה סָפַרְתָּ וְסָפַרְתָּ 6 יִסְפֹּר יִסְפּוֹר אֶסְפְּרֵם 7 וַיִּסְפֹּר סְפָרָם[e] 8 לִסְפֹּר 10 סְפֹר סִפְרוּ 11 וַיִּסְפְּרֵם[e] סוֹפֵר סֹפְרִים סֹפְרֵי
nif be counted 6 יִסָּפֵר 7 יִסָּפְרוּ וַיִּסָּפְרוּ
pi count, enumerate, tell, proclaim 5 סִפַּרְתִּי סִפְּרוּ 6 יְסַפֵּר אֲסַפְּרָה *p* אֲסַפֵּרָה אֲסַפְּרֶנָּה[e] יְסַפְּרוּ 7 וַיְסַפֵּר וַיְסַפֶּר־ וַיְסַפְּרֶהָ[e] וַיְסַפְּרוּ 8 סַפֵּר 10 סַפְּרָה סַפֵּר סַפְּרוּ וַיְסַפְּרוּם[e] וְנִסְפַּר 11 מְסַפֵּר מְסַפְּרִים סַפֵּרוּ *p*
pu be told, reported 5 סֻפַּר 6 יְסֻפַּר

סֵפֶר[B] ← ספר *m.* book, letter, document, scroll, inscription, writing 2 סְפָרִים 3 סִפְרֵי 4 סִפְרִי סִפְרְךָ

סְפָר ← ספר I. *m.* census 2 Chr 2:16◦

סְפָר II. *pln* Sephar Gen 10:30◦

סְפָרַד *pln* Sepharad Ob 1:20◦

סִפְרָה ← ספר *f.* book 4 סִפְרָתֶךָ Ps 56:9◦

סְפַרְוַיִם *pln* Sepharvaim 2 Kgs 17:31 *qr.*

סְפֹרוֹת ← ספר *f.* number Ps 71:15◦

סֹפֶרֶת *m. PN* Sopheret Ezr 2:55; Neh 7:57◦

√סקל[B] *q* lapidate, stone 5 סְקַלְתֶּם[e] וּסְקַלְתּוֹ[e] וּסְקַלְתָּם 6 יִסְקְלֻנוּ[e] וּסְקָלוּהָ[e] יִסְקְלֻנִי[e] 7 וַיִּסְקְלֻהוּ[e] 8 סְקָלוֹ[e] 9 סָקוֹל 10 סִקְלוּ סִקְלֻהוּ[e]
nif be stoned 6 יִסָּקֵל Ex 19:13; 21:28ff◦
pi throw stones 2 Sam 16:6.13; remove stones Isa 5:2; 62:10 - 7 וַיְסַקֵּל וַיְסַקְּלֵהוּ[e] 10 סַקְּלוּ ◦
pu be stoned 5 סֻקַּל 1 Kgs 21:14f◦

סַר *m.* & סָרָה *f.* ← סרר sullen, morose 1 Kgs 20:43; 21:4f ◦

סְתָו *m.* winter, rainy season Song 2:11; with the same meaning *qr.* סְתָיו◦

סְתוּר *m. PN* Setur Num 13:13◦

סתם✓ *q* fill up, clog; seal, lock, hide 5 סָתַם 6 תִּסְתֹּמוּ יִסְתְּמוּ 7 וַיִּסְתְּמוּ 8 לִסְתּוֹם 10 סְתֹם 11 pass. סְתוּמִים סָתֻם סָתוּם

nif be fixed, repaired 8 הִסָּתֵם Neh 4:1◦

pi clog, fill up 5 [e]סִתְּמוּם 7 [e]וַיְסַתְּמוּם Gen 26:15.18◦

סתר[B]✓ *nif* hide, be hidden; pt.f. something hidden, hidden guilt 5 נִסְתָּרָה *p* נִסְתְּרָה נִסְתָּר תִּסָּתֵר יִסָּתֵר 6 נִסְתָּרְנוּ נִסְתַּרְתִּי נִסְתַּרְתָּ 11 הִסָּתֵר 10 הִסָּתֵר 8 וַיִּסָּתֵר 7 יִסָּתְרוּ אֶסָּתֵר נִסְתָּרֹת נִסְתָּרוֹת נִסְתָּרִים נִסְתָּר

pi hide 10 סַתְּרִי Isa 16:3◦

pu be in secret, hidden 11 מְסֻתֶּרֶת Prov 27:5◦

hif hide, conceal 5 הִסְתַּרְתָּ הִסְתִּירָנִי[e] הִסְתִּיר יַסְתִּרֵנִי[e] יַסְתֵּר יַסְתִּיר 6 הִסְתִּירוּ וְהִסְתַּרְתִּי וַתַּסְתִּירֵהוּ[e] וַיַּסְתִּרֵם[e] וַיַּסְתֵּר 7 אַסְתִּירָה הַסְתֵּר Isa 29,5 - 9/10 לְסַתֵּר הַסְתֵּר 8 וַיַּסְתִּרוּ 11 מַסְתִּיר

hitp hide oneself; be hidden, untraceable 6 תִּסְתַּתָּר 11 מִסְתַּתֵּר 1 Sam 23:19; 26:1; Isa 29:14; 45:15; Ps 54:2◦

סֵתֶר[B] ← סתר *m.* hiding, protection; with בְּ in secret, secretly; cover, veil *p* סָתֶר 2 סְתָרִים 4 סִתְרִי סִתְרוֹ

סִתְרָה ← סתר *f.* protection, protective cover Dtn 32:38◦

סִתְרִי *m. PN* Sitri Ex 6:22◦

סַרָבִים *m.* thorns Ez 2:6◦

סַרְגוֹן *m. PN* Sargon Isa 20:1◦

סֶרֶד *m. PN* Sered Gen 46:14; Num 26:26◦

סָרָה I. ← סור *f.* end, stopping Isa 14:6◦

סָרָה[B] II. ← סרר *f.* recalcitrance, abandonment, disobedience, stubbornness

סִרָה *pln* Sirah 2 Sam 3:26◦

סָרוּחַ ← סרח *m.* overhang, surplus, loose-hanging Ex 26:13; Ez 23:15; sprawled, lazy Am 6:4 - 2 סְרוּחִים 3 סְרֻחִים סְרוּחֵי◦

סרח✓ I. *q* hang down Ex 26:12; spread, proliferate Ez 17:6 - 6 תִּסְרַח 11 סֹרַחַת◦

סרח✓ II. *nif* be rotten, spoiled 5 נִסְרְחָה Jer 49:7◦

סֶרַח ← סרח *m.* overhanging Ex 26:12◦

סִרְיוֹן *m.* carapace, armour 2 סִרְיֹנֹת 4 סִרְיֹנוֹ Jer 4:4; 51:3◦

סָרִיס[B] *m.* eunuch, court official 1 סְרִיס 2 סָרִיסִים 3 סָרִיסֵי סְרִיסֵי 4 סָרִיסָיו סָרִיסֶיהָ

סֶרֶן *m.* axis 3 סַרְנֵי 1 Kgs 7:30◦

סְרָנִים *m.* princes, lords 3 סַרְנֵי 4 סַרְנֵיכֶם

סַרְעַפָּה *f.* branch 4 סַרְעַפֹּתָיו Ez 31:5◦

סרף✓ *pi* burn; pt. undertaker 11 [e]מְסָרְפוֹ Am 6:10 → שׂרף◦

סִרְפַּד *m.* nettle Isa 55:13◦

סרר[B]✓ *q* be unruly, stubborn, disobedient, renegade 5 סָרַר 11 סוֹרֵר סוֹרֵרָה סֹרֶרֶת *p* סוֹרְרִים סֹרֶרֶת סוֹרָרֶת

1 st.c. sg. 2 st.a. pl. 3 st.c. pl. 4 with *epp* 5 SC 6 PC 7 narrative 8 inf.c. 9 inf.a. 10 imp. 11 part.

עָב I. *m.* cloud; בְּעַב הֶעָנָן in a thick cloud Ex 19:9; cf. 2 Sam 22:12; thicket Jer 4:29 - 1 עָב 2 עַב עָבוֹת עָבִים 3 עָבֵי 4 עָבָיו

עָב II. *m.* canopy 2 עֻבִּים 1 Kgs 7:6; Ez 41:25f◦

√‾**עבד**[B] *q* work, till; work as a slave, serve; serve (God), worship; pt. worker 5 עָבַד עֲבָדוֹ[e] וַעֲבַדְתַּנִי[e] עָבַדְתָּ *p* וְעָבַדְתָּ עֲבָדְךָ[e] עֲבָדָהּ[e] 6 וַעֲבַדְתֶּם עֲבָדוּם[e] עָבָדוּ עֲבַדְתִּיךָ[e] עָבַדְתִּי אֶעֱבָדְךָ[e] אֶעֱבוֹד תַּעֲבֹד יַעַבְדֵנִי[e] יַעֲבֹד נַעֲבֹד תַּעַבְדוּן תַּעַבְדוּ יַעֲבֹדוּ *p* יַעַבְדוּ וְנָעָבְדֵם (for נָעָבְדֵם[e] נַעַבְדֶנּוּ[e] נַעַבְדָה תָּעָבְדֵם ↔ *hof*) 7 וַיַּעַבְדֵהוּ[e] וַיַּעַבְדוּ וַיַּעֲבֹד עֲבָד־ עֲבֹד 8 וַנַּעֲבֹד וַתַּעַבְדוּ וַיַּעַבְדוּם[e] עֲבֹד 10 עָבְדֵנוּ[e] לְעָבְדָם[e] לְעָבְדָהּ[e] עָבְדוֹ[e] עֹבְדִים עֹבֵד 11 עֲבֹדוּ *p* עִבְדוּ עָבְדֵהוּ[e] עֲבוֹד עֹבְדָיו[e] עֹבְדֵי

nif be worked, tilled 5 נֶעֱבַד *p* נֶעֱבָד נֶעֱבַדְתֶּם 6 יֵעָבֵד Dtn 21:4; Ez 36:9. 34; Ecc 5:8◦

pu be put to work (cow) Dtn 21:3; be made to work, be enslaved Isa 14:3 - 5 עֻבַּד◦

hif put to work; force into service, take into, keep in slavery, enslave 5 הֶעֱבִיד הֶעֱבַדְתַּנִי[e] 8 וַיַּעֲבִדוּ וַיַּעֲבֵד 7 וְהַעֲבַדְתִּיךָ[e] הֶעֱבַדְתִּיךָ[e] מַעֲבִדִים 11 הַעֲבִיד

hof serve, worship 6 וְנָעָבְדֵם[e] תָּעָבְדֵם[e] Ex 20:5; 23:24; Dtn 5:9; 13:3 (others include these forms under *q*)◦

עֶבֶד[B] ← עבד I. *m.* slave, servant 2 עֲבָדִים 3 עַבְדֵי 4 עַבְדּוֹ עַבְדְּךָ *p* עַבְדֶּךָ עַבְדִּי עֲבָדָיו עֲבָדֶיךָ עַבְדֵיהֶם

עֶבֶד II. *m.* *PN* Ebed Jdg 9:26.28.30f.35; Ezr 8:6◦

עֲבָד ← עבד *m.* deed 4 עֲבָדֵיהֶם Ecc 9:1◦

עֹבֵד & **עוֹבֵד** *m.* *PN* Obed

עֹבֵד־אֱדוֹם *pln* Obed-Edom

עֶבֶד־מֶלֶךְ *m.* *PN* Ebed-Melech

עֲבֵד נְגוֹ & **עֲבֵד נְגוֹא** *m.* *PN* Abed-Nego

עַבְדָּא *m.* *PN* Abda

עַבְדְּאֵל *m.* *PN* Abdeel Jer 36:26◦

עֲבֹדָה & **עֲבוֹדָה**[B] ← עבד *f.* work, labour, service; slave service; worship; yield Isa 32:17 - 1 עֲבֹדַת 4 עֲבֹדָתוֹ עֲבֹדָתִי עֲבֹדָתָם עֲבֹדַתְכֶם

עֲבֻדָּה ← עבד *f.* household, servants, domestics Gen 26:14; Job 1:3◦

עַבְדּוֹן *m.* *PN* & *pln* Abdon

עַבְדִּי *m.* *PN* Abdi 1 Chr 6:29; 2 Chr 29:12; Ezr 10:26◦

עַבְדִּיאֵל *m.* *PN* Abdiel 1 Chr 5:15◦

עֹבַדְיָה & **עֹבַדְיָהוּ** *m.* *PN* Obadiah

עַבְדֻת ← עבד *f.* servitude, slavery 4 עַבְדֻתָם עַבְדֻתֵנוּ Ezr 9:8f; Neh 9:17◦

√‾**עבה** *q* put on weight, get fat Dtn 32:15; be thick 1 Kgs 12:10; 2 Chr 10:10 - 5 עָבָה עָבִיתָ◦

עֲבוֹט *m.* pledge 4 עֲבֹטוֹ Dtn 24:10.13◦

עֲבוּר I. *m.* produce, yield, corn Jos 5:11f◦

✓ עֲבוּר[B] II. often with בַּ as prep. & conj.: for the sake of, on account of, for this reason, in order to, that, therefore 4 בַּעֲבוּרְךָ בַּעֲבוּרָהּ בַּעֲבוּרָם בַּעֲבוּרִי בַּעֲבוּרֵךְ

עָבוֹת & עָבֹת *m.* leafy Lev 23:40; Ez 6:13; 20:28; Neh 8:15; general: branch, twig 2 עֲבֹתִים

עֲבוֹת & עֲבֹת *m.* & *f.* twine, cord; string, rope 1 עֲבוֹת 2 עֲבֹתִים עֲבֹתוֹת עֲבֹתֹת 4 עֲבֹתוֹ עֲבֹתֵימוֹ

✓ עבט I. *q* borrow Dtn 15:6; take a pledge Dtn 24:10 - 6 תַעֲבֹט 8 עֲבֹט◦

hif lend 5 וְהַעֲבַטְתָּ 6 תַּעֲבִיטֶנּוּ[e] 9 וְהַעֲבֵט Dtn 15:6.8◦

✓ עבט II. *pi* deviate, leave 6 יְעַבְּטוּן Joel 2:7◦

עֲבֹט ↩ עֲבוֹט

עַבְטִיט ↩ עבט *m.* goods taken in pledge Hab 2:6◦

עֳבִי *m.* strength, thickness 4 עָבְיוֹ 1 Kgs 7:26; Jer 52:21; Job 15:26 (here fig.: stubborn); 2 Chr 4:5◦

✓ עבר[B] I. *q* walk one's way, wander, pass by, go through, cross, go from side to side, cross over, pass through; go beyond; (on the sea:) sail; Gen 23:16 כֶּסֶף עֹבֵר לַסֹּחֵר common currency for the merchant; (from the Torah:) deviate, transgress; stagger (from wine) Jer 23:9 - 5 עָבַר *p* עָבָר עֲבָרוּ[e] וְעָבַרְתָּ עָבְרוּ *p* עָבָרוּ עֲבַרְתֶּם עָבַרְנוּ 6 יַעֲבֹר יַעֲבוֹר יַעֲבָר־ יַעַבְרֶנּוּ[e] אֶעֱבֹרָה *p* אֶעְבְּרָה תַּעֲבוּרִי; יַעַבְרֶנְהוּ[e] יַעַבְרוּ *p* יַעֲבֹרוּ יַעֲבֹרוּן יַעַבְרוּם[e] תַּעֲבֹרְנָה נַעֲבֹר נַעְבְּרָה־נָּא 7 וַיַּעֲבֹר וַתַּעֲבֹר וַיַּעַבְרוּ וַנַּעֲבֹר 8 עֲבוֹר עֲבֹר עָבְרוֹ[e] עָבְרִי[e] עָבְרָם 9 עָבוֹר 10 עֲבֹר עִבְרִי *p* עֲבֹרִי עִבְרוּ 11 עֹבֵר עוֹבֵר עֹבְרִים

nif be passed 6 יֵעָבֵר Ez 47:5◦

pi stretch, attach (chains) 1 Kgs 6:21; breed, mate Job 21:10 - 5 עִבַּר 7 וַיְעַבֵּר◦

hif let pass through, pass over, guide, lead, bring over, transfer, offer; separate, take aside, take away, take off; with תַּעַר shear; with קוֹל announce; with שְׁמֻעָה spread a rumor 5 הֶעֱבִיר הֶעֱבַרְתִּי וְהַעֲבַרְתָּ הֶעֱבַרְתָּ וְהֶעֱבִירַנִי[e] וְהַעֲבַרְתִּי וְהֶעֱבִירוּ וְהַעֲבַרְתֶּם 6 יַעֲבִיר תַּעֲבִירֵנִי[e] אַעֲבִיר יַעֲבִירוּנִי[e] תַּעֲבִירוּ 7 וַיַּעֲבֵר וַיַּעֲבֶר־ וַיַּעֲבִירוּ וַיַּעֲבִרֵהוּ[e] 8 הַעֲבִיר לַעֲבִיר הַעֲבִרוֹ[e] 9 הַעֲבִיר 10 הַעֲבֵר הַעֲבֶר־ הַעֲבִירוּנִי[e] 11 מַעֲבִיר מַעֲבִרִים

✓ עבר II. *hitp* get annoyed, angry 5 הִתְעַבָּר הִתְעַבַּרְתָּ 7 וַיִּתְעַבֵּר *p* וַיִּתְעַבָּר 11 מִתְעַבֵּר

עֵבֶר[B] ↩ עבר I. *m.* (other) side, direction; corner, edge; as adv.: beyond, over, on the other side 3 עֶבְרֵי 4 עֶבְרוֹ עֲבָרָיו עֶבְרֵיהֶם

עֵבֶר II. *m. PN* Eber

עֲבָרָה 3 ↩ עַבְרוֹת

עֶבְרָה ↩ עבר *f.* arrogance, pride Isa 16:6; Jer 48:30; Prov 21:24; wrath, anger Hos 5:10 et passim 1 עֶבְרַת 2 עֲבָרוֹת 3 עַבְרוֹת 4 עֶבְרָתוֹ עֶבְרָתְךָ עֶבְרָתִי עֶבְרָתָם

עֲבָרוֹת ↩ עבר *f.* ford, passage, crossing 2 Sam 15:28; 17:16 *kt.*; 19:19◦

עִבְרִי I. *m.* & עִבְרִיָּה[B] *f. pn* Hebrew 2 עִבְרִיֹּת עִבְרִיּוֹת עִבְרִיִּים עִבְרִים

עִבְרִי II. *m. PN* Ibri 1 Chr 24:27

עֲבָרִים *pn* a mountain, Abarim Num 27:12; 33:47f; Dtn 32:49; Jer 22:20◦

1 st.c. sg.   2 st.a. pl.   3 st.c. pl.   4 with *epp*   5 SC   6 PC   7 narrative   8 inf.c.   9 inf.a.   10 imp.   11 part.

עֶבְרֹן *pln* Ebron Jos 19:28◦

עַבְרֹנָה *pln* Abronah Num 33:34f◦

עבשׁ *q* dry up, wither away 5 עָבְשׁוּ Joel 1:17◦

עבת *pi* twist, weave together 7 [e]וַיְעַבְּתוּהָ Mi 7:3◦

עָבֹת & עָבוֹת *m.* leafy Lev 23:40; Ez 6:13; 20:28; Neh 8:15; general: branch, twig 2 עֲבֹתִים

עֲבֹת *m.* & *f.* twine, cord; string, rope 1 עֲבוֹת 2 עֲבֹתִים עֲבֹתוֹת עֲבֹתֹת 4 עֲבֹתוֹ עֲבֹתֵימוֹ

עֲבֹתִים *m.* branches Ez 19:11; Ps 118:27 ↪ עָבוֹת◦

עֹג & עוֹג *m. PN* Og

עגב *q* lust, desire; pt. lover 5 עָגְבָה *p* עָגֵבָה 7 וַתַּעְגְּבָה וַתַּעְגַּב 11 עֹגְבִים Jer 4:30; Ez 23:5ff◦

עֻגָב & עוּגָב *m.* flute, flute playing 4 עֻגָבִי Gen 4:21; Ps 150:4; Job 21:12; 30:31◦

עֲגָבָה ↪ עגב *f.* lust 4 עַגְבָתָהּ Ez 23:11◦

עֲגָבִים ↪ עגב *m.* whispers of love Ez 33:31◦

עֻגָה ↪ עוג *f.* bread, bread cake, flatbread 1 עֻגַת 2 עֻגוֹת עֻגֹת

עָגוֹל & עָגֹל *m.* & עֲגוּלָה *f.* round 2 עֲגֻלּוֹת 1 Kgs 7:23.31.35; 2 Chr 4:2◦

עָגוּר a bird, thrush Isa 38:14; Jer 8:7◦

עָגִיל *m.* earring 2 עֲגִילִים Num 31:50; Ez 16:12◦

עֵגֶל *m.* calf & עֶגְלָה[B] *f.* I. calf, heifer 1 עֶגְלַת 2 עֲגָלִים 3 עֶגְלֵי 4 עֶגְלוֹת עֶגְלֵךְ עֶגְלָתִי

עֶגְלָה II. *f. PN* Eglah 2 Sam 3:5; 1 Chr 3:3◦

עֲגֻלָּה *f.* round ↪ עָגוֹל

עֲגָלָה *f.* cart, wagon 2 עֲגָלוֹת 3 עֶגְלוֹת 4 עֶגְלָתוֹ

עֶגְלוֹן *m. PN* & *pln* Eglon

עֶגְלַיִם part of the *pln* En-Eglaim Ez 47:10◦

עֶגְלַת שְׁלִשִׁיָּה *pln* Eglath-Schelishiah Isa 15:5; Jer 48:34; others: a three-year-old heifer◦

עגם *q* be sad, grieve 5 עָגְמָה Job 30:25◦

עגן *nif* exclude oneself, be abstinent 6 תֵּעָגֵנָה Ruth 1:13◦

עַד[B] & (rarely) עֲדֵי־ I. coming time, continuing future; as adv. & prep.: spatial: to, as far as; at; temporal: until that, still, always; so long, while, during; עֲדֵי־עַד evermore; after וָ with segol: לְעֹלָם וָעֶד for ever and ever 4 עָדָיו עָדֶיךָ עֲדֵי עָדֵיכֶם

עַד II. *m.* prey Gen 49:27◦

עֵד[B] ↪ עוד *m.* witness; testimony, evidence 2 עֵדִים 3 עֵדֵי 4 עֵדֶיךָ עֵדַי עֵדַי *p* עֵדָי עֵדֵיהֶם

עֹד & עוֹד[B] duration: as long as, still, during, while; with מִן since; repetition: again; another, more 4 עוֹדְךָ עוֹדְךָ עוֹדֶנָּה בְּעוֹדֶנּוּ עוֹדֶנּוּ עוֹדָם עוֹדֶנִּי בְּעוֹדֶנִּי מֵעוֹדִי בְּעוֹדִי עוֹדֵינוּ

עִדּוֹא & עִדּוֹ *m. PN* Iddo

עֹדֵד & עוֹדֵד *m. PN* Oded

עדה I. *q* walk, stride 5 עָדָה Job 28:8◦
hif remove, take off 11 מַעֲדָה Prov 25:20◦

עדה II. *q* decorate, adorn oneself, put on (jewelry) 5 עָדִית 6 תַּעְדֶּה 7 וַתַּעַד וַתַּעְדִּי תַּעְדִּי

וָאֶעְדֵּךְ[e] 10 עֲדֵה Isa 61:10; Jer 4:30; 31:4; Ez 16:11.13; 23:40; Hos 2:15; Job 40:10◦

עָדָה *f. PN* Adah Gen 4:19f.23; 36:2ff◦

עֵדָה[B] I. *f.* community, congregation; gathering, society, circle of friends; group, company, gang; flock 1 עֲדַת 4 עֲדָתִי עֲדָתְךָ עֲדָתוֹ עֲדָתָם

עֵדָה ↩ עוד II. *f.* witness; testimony, evidence Gen 21:30; 31:52; Jos 24:27◦

עֵדָה III. ↪ עֵדוּת testimony; order, decree, law

עִדּוֹ & עִדּוֹא *m. PN* Iddo

עֵדוּת & עֵדֻת[B] ↩ עוד *f.* testimony; order, decree, law 2 עֵדְוֹת 4 עֵדְוֹתֶיךָ עֵדְוֹתָיו עֵדֹתָיו

עֲדִי *m.* jewellery, ornaments 2 עֲדָיִים 4 עֶדְיוֹ עֲדָיֵךְ עֲדָיִם

עֲדָיָא *m. PN kt.; qr.* Iddo Neh 12:16◦

עֲדִיאֵל *m. PN* Adiel 1 Chr 4:36; 9:12; 27:5◦

עֲדָיָה & עֲדָיָהוּ *m. PN* Adaiah

עִדִּים *m.* dirty, stained Isa 64:5◦

עָדִין *m. PN* Adin Ezr 2:15; 8:6; Neh 7:20; 10:17◦

עֲדִין ↩ עדן

① The passage 2 Sam 23:8 עֲדִינוֹ is not explained. The literal meaning "his delight" does not fit the context. Some assume a *m.PN*: Adino the Eznite.

עֲדִינָא *m. PN* Adina 1 Chr 11:42◦

עֲדִינָה ↩ עדן *f.* lover of sexual pleasures, luxuriant, charming Isa 47:8◦

עֲדִיתַיִם *pln* Adithaim Jos 15:36◦

עַדְלָי *m. PN* Adlai 1 Chr 27:29◦

עֲדֻלָּם *pln* Adullam

עֲדֻלָּמִי *pn* Adullamite Gen 38:1ff◦

√ עדן *hitp* enjoy oneself, have a good time 7 וַיִּתְעַדְּנוּ Neh 9:25◦

עֵדֶן[B] ↩ עדן I. *m.* delight Ps 36:9; 2 Sam 1:24 (*with delight*; others: jewellery); delicacies Jer 51:34 - 2 עֲדָנִים 4 עֲדָנֶיךָ עֲדָנָי◦

עֵדֶן II. *m. PN* 2 Chr 29:12; 31:15 & *pln* resp. *pn* Eden

עֶדֶן *pln* Eden 2 Kgs 19:12; Isa 37:12; Ez 27:23; Am 1:5◦

עֲדֶן ↩ עַד־הֵן so far; here with neg.: not yet Ecc 4:3◦

עַדְנָא *m. PN* Adna Neh 12:15◦

עֲדֶנָה ↩ עַד־הֵנָּה still Ecc 4:2◦

עַדְנָה *m. PN* Adnah 2 Chr 17:14◦

עֶדְנָה ↩ עדן *f.* joy, sexual satisfaction Gen 18:12◦

עַדְנַח *m. PN* Adnach 1 Ch 12:21◦

עֲדָנִים ↩ עדן *m.* delight Ps 36:9 ; 2 Sam 1:24 (*with delight*; others: jewellery); delicacies Jer 51:34 - 2 עֲדָנִים 4 עֲדָנֶיךָ עֲדָנָי◦

עַדְעָדָה *pln* Adadah Jos 15:22◦

√ עדף *q* be left, surplus, overhang 11 עֹדֵף עֹדֶפֶת עֹדְפִים

hif have to much, leave over 5 הֶעְדִּיף Ex 16:18◦

√ עדר I. *q* fit in (a military service); others: help 8 עֲדֹר 11 עֹדְרֵי 1 Chr 12:34.39◦

√ עדר II. *nif* be hoed 6 יֵעָדֵרוּן יֵעָדֵר Isa 5:6; 7:25◦

√ עדר III. *nif* be missing, lacking, absent 5 נֶעְדַּר *p* נֶעְדָּר נֶעְדָּרָה 11 נֶעְדָּר נֶעְדֶּרֶת 1 Sam 30:19; 2 Sam 17:22; Isa 34:16; 40:26; 59:15; Zeph 3:5◦

pi be lacking 6 יְעַדְּרוּ 1 Kgs 5:7◦

עֵדֶר[B] ↔ עדר I. *m.* flock, herd 2 עֲדָרִים 3 עֶדְרֵי 4 עֶדְרוֹ עֶדְרֵיהֶם

עֵדֶר II. *m. PN* 1 Chr 8:15; 23:23; 24:30 & *pln* Jos 15:21 Eder *p* עָדֶר◦

עַדְרִיאֵל *m. PN* Adriel

עֲדָשִׁים *m.* lentils Gen 25:34; 2 Sam 17:28; 23:11; Ez 4:9◦

עֵדֶת & עֵדוּת[B] *f.* testimony; order, decree, law 2 עֵדוֹת 4 עֵדְוֹתָיו עֵדֹתָיו עֵדְוֹתֶיךָ

עַוָּא *pln* Awa 2 Kgs 17:24 ↔ עַוָּה◦

√ עוב *hif* becloud, cover in darkness 6 יָעִיב Lam 2:1◦

עוֹבֵד & עֹבֵד *m. PN* Obed

עוֹבָל *m. PN* Obal

√ עוג *q* bake 6 תְּעֻגֶנָּה Ez 4:12◦

עוֹג & עֹג *m. PN* Og

עוּגָב & עֻגָב *m.* flute, flute playing 4 עֻגָבִי Gen 4:21; Ps 150:4; Job 21:12; 30:31◦

√ עוד[B] I. *hif* call, take as witnesses; appear as witnesses, testify; inculcate, warn, admonish 5 הַעִידֹתִי הַעִדֹתִי הַעֵדֹתָה הַעִידֹתָ הֵעַד הֵעִיד אֲעִידֶךָּ[e] וְאָעִידָה וְאָעִיד תָּעִיד 6 הֵעִידוּ וָאָעִד וָאָעִיד וָאָעֵד וַתָּעַד וַיָּעַד 7 וִיעִדֻהוּ[e] הָעֵד 9 וַיְעִדֻהוּ[e] וָאֲעִידֶךָּ[e] וָאָעִידָה מֵעִיד 11 הָעִידוּ הָעֵד 10

hof be warned 5 הוּעַד Ex 21:29◦

√ עוד II. *pi* encircle, surround 5 עִוְּדֻנִי[e] Ps 119:61◦

polel support, uphold 6 יְעוֹדֵד 11 מְעוֹדֵד Ps 146:9; 147:6◦

hitpolel stand upright 7 וַנִּתְעוֹדָד Ps 20:9◦

עוֹד & עֹד[B] duration: as long as, still, during, while; with מִן since; repetition: again; another, more 4 עוֹדְךָ עוֹדֵךְ עוֹדֶנָּה בְּעוֹדֶנּוּ עוֹדֶנּוּ עוֹדָם עוֹדֶנִּי בְּעוֹדֶנִּי מֵעוֹדִי בְּעוֹדִי עוֹדֵינוּ

עוֹדֵד & עֹדֵד *m. PN* Oded 2 Chr 15:1; 28:9◦

√ עוה[B] *q* make a mistake, act wrong 5 עָוְתָה עָוִינוּ Est 1:16; Dan 9:5◦

nif be bent, stooped; be frightened, irritated, distressed; be eccentric, wrong 5 נַעֲוֵיתִי 11 נַעֲוֵה נַעֲוַת

pi scare, knock down Isa 24:1; bend, lead astray, misdirect Lam 3:9 - 5 עִוָּה◦

hif do wrong, sin, fail; pervert (the right) Job 33:27; go crooked ways Jer 3:21 - 5 הֶעֱוָה הֶעֱוִיתִי הֶעֱווּ הֶעֱוִינוּ 8 בְּהַעֲוֹתוֹ 9 הַעֲוֵה

עַוָּה I. *f.* ruins, rubble Ez 21:32◦

עַוָּה II. & עַוָּא & עִוָּה *pln* Avah, Ivah 2 Kgs 17:24; 18:34; Isa 37:13◦

עָוֹן ↔ עָוֹן guilt; punishment

√ עוז *q* seek refuge 6 יָעֹז 8 עוֹז Isa 30:2; Ps 52:9◦

hif bring to, seek refuge 5 הֵעִיז 10 הָעֵז הָעִיזוּ הָעִזוּ Ex 9:19; Isa 10:31; Jer 4:6; 6:1◦

עוֹז & עֹזB ← עזז *m.* strength, power 4 עֻזֹּה עֻזּוֹ עוּזֵּנוּ עֻזְּכֶם עָזִּי עֻזִּי עֻזֵּךְ עָזְּךָ עֻזֶּךָ *p* עֻזְּךָ עֻזָּמוֹ

עֲוִיל ← עול I. *m.* villain, unjust man Job 16:11◦

עֲוִיל ← עול II. *m.* child, infant 2 עֲוִילִים 4 עֲוִילֵיהֶם Job 19:18; 21:11◦

עַוִּים *pn* Avite

עֲוִית *pln* Avit 1 Chr 1:46 *qr.*◦

√ עול I. *pi* act unjustly, evil 6 יְעַוֵּל 11 מְעַוֵּל Isa 26:10; Ps 71:4◦

√ עול II. *q* suckle; often without supplementation: the nursing ones = ewes 11 עָלוֹת *pol* child 11 מְעוֹלֵל Isa 3:12; others: ↪ עלל II.◦

עוֹל ← עול II. *m.* infant; with יָמִים who succumbs to sudden infant death 4 עוּלָהּ Isa 49:15; 65:20◦

עוֹל ↪ עֹל yoke

עָוֶל ← עול I. *m.* falsehood, injustice 1 עֶוֶל 4 עַוְלוֹ

עַוָּל ← עול I. *m.* villain, unjust man, wicked Job 18:21; 27:7; 29:17; 31:3; Zeph 3:5◦

עַוְלָה & עַוְלָתָה & עֹלָתָהB ← עול I. *f.* injustice, malice, deceit, wickedness, iniquity

ⓘ Some translators read עוֹלָה in Isa 61:8 as this lexeme; but in terms of content the next one also fits (*robbery for burnt offerings*).

עוֹלָה & עֹלָהB *pn* an offering, Olah, burnt offering 1 עֹלַת עוֹלַת 2 עֹלוֹת עוֹלוֹת 4 עֹלֹתוֹ עֹלָתְךָ *p* עֹלָתֶךָ עֹלֹתֶיךָ עוֹלֹתֵיהֶם עֹלוֹתֵינוּ עוֹלֹתֵיכֶם

עוֹלָל ← עול II. *m.* child 2 עֹלָלִים 3 עוֹלְלֵי עֹלְלִים עֹלְלֵיהֶם 4 עֹלָלֶיהָ

עוֹלָל ← עול II. *m.* child 2 עוֹלָלִים 4 עוֹלָלֶיהָ עוֹלָלַיִךְ

עוֹלֵלוֹת & עֹלֵלוֹת *f.* gleanings 3 עֹלְלוֹת Jdg 8:2; Isa 17:6; 24:13; Jer 49:9; Mi 7:1; Ob 1:5◦

עוֹלָם & עֹלָםB *m.* the time from the beginning to the end of the world, world time, long time, all time; all past time, past, prehistory; all coming time, future; post-biblical: the world 2 עֹלָמִים עוֹלָמִים 3 עוֹלְמֵי 4 עוֹלָמוֹ

ⓘ Usually, this word is translated as *eternity*. Strictly speaking, this does not fit, because eternity is characterized by timelessness.

√ עון *q* dwell 5 עָנָה 3.sg.f. Isa 13:22; others: ↪ ענה sing, howl◦

עָוֹן & עָווֹןB ← עוה *m.* guilt, wrongdoing; punishment 1 עֲוֹן עֲווֹן 2 עֲוֹנוֹת עֲוֹנֹת 4 עֲוֹנוֹ עֲוֹנָהּ עֲוֹנֵךְ עֲוֹנֶךָ עֲוֹנֵךְ עֲוֹנֵכִי (2.sg.f.); עֲוֹנִי pl.: עֲוֹנֹתֵיכֶם עֲוֹנֹתָם עֲוֹנוֹתַי עֲוֹנֹתֶיךָ עֲוֹנֹתָיו עֲוֹנֵינוּ עֲוֹנֵנוּ עֲוֹנוֹתֵיכֶם

ⓘ This word is not a homonym; according to Hebrew thought, every deed has its consequences, and the consequence of an evil deed is that it falls back on the perpetrator.

עָוֵן 1 Sam 18:9 *kt.*; *qr.* עוֹיֵן pt. ↪ עין

עוֹנוֹת *m.* furrows, others: sins 4 עוֹנֹתָם Hos 10:10 *qr.*; *kt.* ↪ עַיִן Auge◦

עוֹנִי & עֹנִי ↪ עֳנִי

עִוְעִים ← עוה *m.* dizziness, confusion Isa 19:14◦

✓ עוף[B] I. *q* fly 5 וְעָיֵף וְעָפוּ 6 יָעוּף אָעוּפָה יָעֻפוּ
תְּעוּפֶינָה 7 וַיָּעָף *p* וַיָּעֹף וַנָּעֻפָה 8 עוּף 11 עָפָה
עָפוֹת

hif let fly (one's eyes, look) 6 תָּעִיף Prov 23:5 *qr.*◦

hof fly 11 מֻעָף Dan 9:21 others ↪ יעף◦

pol fly 6 יְעוֹפֵף 8 [e]עוֹפְפִי 11 מְעוֹפֵף Gen 1:20; Isa 6:2; 14:29; 30:6◦

hitpol fly away 6 יִתְעוֹפֵף Hos 9:11◦

✓ עוף II. *q* be dark 6 תָּעֻפָה Job 11:17; others read ↪ תְּעֻפָה darkness◦

עוֹף[B] coll. *m.* birds

עוֹפַי *m. PN kt.*; *qr.* ↪ עֵיפַי Ephai Jer 40:8◦

עֹפֶרֶת & עוֹפֶרֶת *f.* lead

✓ עוץ *q* consult, plan 10 עֻצוּ Jdg 19:30; Isa 8:10◦

עוּץ *m. PN* & *pln* Uz

✓ עוק *hif* what happens, when a heavy loaded cart is on its way: sway; others: press down; groan 6 תָּעִיק 11 מֵעִיק Am 2:13◦

✓ עור[B] I. *q* awaken, open up; stir oneself up; irritate, arouse 6 [e]יְעוּרֶנּוּ 10 עוּרָה עוּרִי 11 עֵר

nif be awakened, stirred up, aroused; open up, start out; be kept ready Hab 3:9 (others: עור III.) 5 נֵעוֹר 6 יֵעוֹר תֵּעוֹר יֵעוֹרוּ יֵעֹרוּ

polel awaken, arouse, stir, exert, rise; pull out, swing 5 עוֹרֵר עוֹרַרְתִּי [e]וְעוֹרַרְתִּיךָ 6 תְּעוֹרֵר
תְּעוֹרְרוּ 8 עֹרֵר 10 עוֹרְרָה

pilpel raise 6 יְעֹעֵרוּ (for יְעַרְעֵרוּ) Isa 15:5◦

hif awaken, rouse, stir up, mobilise; protect 5
וְיָעֵר יָעִיר 6 [e]הַעִירֹתִהוּ הַעִירוֹתִי הֵעִיר
בָּעִיר (für אָעִירָה תָּעִירוּ 7 וַיָּעַר [e]וַיְעִירֵנִי 8
מְעִירָם [e]מֵעִיר 11 הָעִירוּ הָעִירָה 10 (בְּהָעִיר

hitpolel be stirred up, aroused; get up, open up, pull oneself together; get excited Job 17:8 - 5
הִתְעוֹרְרוּ הִתְעוֹרְרִי 10 יִתְעֹרָר 6 הִתְעוֹרַרְתִּי
11 מִתְעוֹרֵר

✓ עור II. *pi* make blind, put out eyes 5 עִוֵּר 6 יְעַוֵּר Ex 23:8; Dtn 16:19; 2 Kgs 25:7; Jer 39:7; 52:11◦

✓ עור III. *nif.* be drawn, pulled out 6 תֵּעוֹר Hab 3:9 (others ↪ I.)◦

עוֹר *m.* skin, leather 2/3 עֹרֹת עוֹרוֹת 4 עוֹרוֹ
עוֹרִי עֹרוֹ

עִוֵּר ↩ עור *m.* blind 2 עִוְרִים *f.* עִוְרוֹת

עֹרֵב & עוֹרֵב I. *m.* raven 2 עֹרְבִים 3 עֹרְבֵי

עֹרֵב & עוֹרֵב II. *m. PN* Oreb

עִוָּרוֹן ↩ עור *m.* blindness Dtn 28:28; Zec 12:4◦

עַוֶּרֶת ↩ עור *f.* blindness Lev 22:22◦

✓ עוש *q* hurry 10 עוּשׁוּ Joel 4:11◦

✓ עות I. *pi* crook, bend, reverse, falsify, cheat, mislead 5 [e]עִוְּתוֹ [e]עִוְּתָנִי [e]עִוְּתוּנִי 6 יְעַוֵּת יְעַוֶּת־
8 עַוֵּת

pu be crooked 11 מְעֻוָּת Ecc 1:15◦

hitp stoop, double up 5 וְהִתְעַוְּתוּ Ecc 12:3◦

✓ עות II. *q* cheer up, encourage 8 עוּת Isa 50:4◦

עַוָּתָה ↩ עוה I. *f.* oppression, injustice 4 עַוָּתָתִי Lam 3:59◦

עוּתַי *m. PN* Utai 1 Chr 9:4; Ezr 8:14◦

עַז *m.* & עַזָּה *f.* ↩ עזז *m.* strong, wild, rough, crude; with נֶפֶשׁ greedy Isa 56:11 - 2 עַזִּים 3 עַזֵּי
עַזּוֹת

עַז ↩ עזז *m.* power, strength Gen 49:3◦

עֵז *f.* goat; goathair 2 עִזִּים 4 עִזֶּיךָ

עֹז[B] ↩ עזז *m.* power, strength, might; refuge 4 עָזִּי עֻזִּי עֻזֵּךְ עָזְּךָ עֻזֶּךָ *p* עֻזְּךָ עֻזָּמוֹ עֻזֹּה עֻזּוֹ עוּזֵּנוּ עֻזְּכֶם

עֻזָּא *m. PN* Usa

עֲזָאזֵל *pn* Azazel, scapegoat Lev 16:8.10.26◦

✓ עזב[B] I. *q* abandon; leave, leave behind, leave off 5 עָזְבָה; עֲזָבָנִי[e] *p* עֲזָבַנִי[e] עֲזָבוֹ[e] עָזָב *p* עָזַב
עֲזָבוּנִי[e] עֲזָבוּךָ[e] עָזְבוּ עֲזַבְתִּים[e] עֲזַבְתָּנִי[e]
יַעַזְבֶךָ[e] יַעַזְבֶנָּה[e] יַעֲזָב־ יַעֲזוֹב יַעֲזֹב 6 עֲזָבֻנִי[e]
אֶעֶזְבֶךָ[e] אֶעֶזְבָה אֶעֱזֹב; תַּעַזְבֶהָ[e] תַּעַזְבֶה
תַּעֲזֹבוּ *p* תַּעַזְבוּ יַעַזְבֶךָ[e] יַעֲזֹבוּ *p* יַעַזְבוּ
וַיַּעֲזָב־ וַיַּעֲזֹב 7 נַעַזְבָה נַעֲזֹב תַּעַזְבֵהוּ[e]
עָזְבָה עֲזֹב 8 וַיַּעַזְבֻנִי[e] וַיַּעַזְבוּ וַתַּעַזְבִי וַיַּעַזְבֵנִי[e]
2 Kgs 8:6 others: 3.sg.f. SC; עָזְבֵךְ[e] עֲזָבְכֶם[e] 9
עֹזֵב 11 עִזְבוּהָ[e] עִזְבוּ עִזְבָה עֲזֹב 10 עָזוֹב עָזֹב
cstr. עֹזְבֵי; הָעֹזֶבֶת הָעֹזְבִים עֹזְבֵי עֹזְבֶיךָ[e]
pass. עָזוּב עֲזוּבָה עֲזֻבוֹת

nif be abandoned, left; be desolate, neglected 5 נֶעֱזָב 11 יֵעָזְבוּ תֵּעָזַב תֵּעָזֵב 6 נֶעֶזְבָה נֶעֱזַב נֶעֱזָבוֹת

pu be deserted, lonely, abandoned 5 עֻזָּב עֻזְּבָה Isa 32:14; Jer 49:25◦

✓ עזב II. *q* repair, renovate 6 הֲיַעַזְבוּ (with ה-interrog.) 7 וַיַּעַזְבוּ Neh 3:8.34◦

עִזְבוֹנִים *m.* goods, merchandise; others: markets 4 עִזְבוֹנַיִךְ עִזְבוֹנָיִךְ Ez 27:12ff◦

עַזְבּוּק *m. PN* Asbuk Neh 3:16◦

עַזְגָּד *m. PN* Asgad

עַזָּה *pln* Gazah

עֻזָּה *m. PN* Uzah 1 Chr 6:14◦

עֲזוּבָה *f. PN* Azubah 1 Kgs 22:42; 1 Chr 2:18f; 2 Chr 20:31◦

עֱזוּז ↩ עזז *m.* violence, power 4 עֱזוּזוֹ Isa 42,25; Ps 78,4; 145,6◦

עִזּוּז ↩ עזז *m.* strength; strong Isa 43:17; Ps 24:8◦

עַזּוּר & עַזֻּר *m. PN* Azur Jer 28:1; Ez 11:1; Neh 10:18◦

✓ עזז *q* be strong, powerful; prevail Ps 9:20 - 6 עוּזָּה 10 עֲזוֹז 8 וַתָּעָז 7 תָּעֹז יָעֹז יָעוֹז

nif be bold, strong 11 נוֹעָז Isa 33:19; others ↪ יעז◦

hif be bold, impudent Prov 7:13; with פָּנֶה put on a cheeky face Prov 21:29 - 5 הֵעֵזָה הֵעֵז◦

עַזָּז *m. PN* Azaz 1 Chr 5:8◦

עֲזַזְיָהוּ *m. PN* Azaziah

עֻזִּי *m. PN* Uzi

עֻזִּיָּא *m. PN* Uziah 1 Chr 11:44◦

עֲזִיאֵל *m. PN* Aziel 1 Chr 15:20◦

עֻזִּיאֵל *m. PN* Uziël

עָזִּיאֵלִי *pn* Uziëlite Num 3:27; 1 Chr 26:23◦

עֻזִּיָּהוּ & עֻזִּיָּה *m. PN* Uziah

עֲזִיזָא *m. PN* Azizah Ezr 10:27◦

עַזְמָוֶת *m. PN* & *pln* Azmaweth

עַזָּן *m. PN* Azan Num 34:26◦

עָזְנִיָּה a bird, bearded vulture; others: osprey, fish eagle Lev 11:13; Dtn 14:12◦

✓ עזק *pi* dig; others: fence 7 וַיְעַזְּקֵהוּ[e] Isa 5:2◦

עֲזֵקָה *pln* Azekah

✓ עזר[B] *q* help, support 5 עֲזָרוֹ[e] עֲזָרֶךָ[e] עֲזָרָנִי[e] עָזְרוּ עֲזַרְתִּיךָ[e] עֲזַרְתַּנִי[e] עָזַרְתָּ עֲזָרָנוּ[e] יַעְזְרֶךָּ יַעְזְרוּ[e] יַעְזְרֵהוּ[e] יַעֲזָר־ 6 וַעֲזַרְתֶּם וַיַּעְזְרֵם[e] וַיַּעְזְרֶךָ[e] וַיַּעְזְרֵהוּ[e] וַיַּעֲזָר־ 7 וַיַּעְזְרֻנִי[e] עָזְרוּ[e] לַעְזֹר לַעְזוֹר בְּעֹזֵר עֲזֹר 8 וַיַּעְזְרוּ 11 עֹזְרֵנִי[e] עֹזְרֵנוּ[e] עָזְרֵנִי[e] 10 עָזְרֵנוּ[e] לְעֹזְרֵנִי[e] pass. עֹזְרֵי[e] עֹזְרֶיהָ[e] עֹזְרָיו[e] עֹזְרֵי עוֹזֵר עֹזֵר עָזֻר

nif receive help, support 5 נֶעֱזָרְתִּי 6 יֵעָזְרוּ 7 וַיֵּעָזְרוּ 8 הֵעָזֵר

hif help 6 וַיַּעְזְרוּנִי[e] 8 לַעְזִיר *kt.* 11 מַעְזְרִים 2 Sam 18:3 *kt.*; 2 Chr 28:23◦

עֵזֶר & עֵזֶר[B] ← עזר I. *m.* help, support; helper 1 עֵזֶר 4 עֶזְרָה עֶזְרוֹ עֶזְרְךָ *p* עֶזְרֶךָ עֶזְרִי עֶזְרָם עֶזְרֵנוּ

עֵזֶר & עֵזֶר & עָזֶר II. *m. PN* Ezer Neh 3:19; 12:42; 1 Chr 4:4; 7:21; 12:10◦

עֵזֶר I. part of the *pln* הָאֶבֶן הָעֵזֶר Eben-Ezer 1 Sam 4:1; 5:1; 7:12◦

עַזֻּר & עַזּוּר *m. PN* Azur Jer 28:1; Ez 11:1; Neh 10:18◦

עֶזְרָא *m. PN* Ezra

עֲזַרְאֵל *m. PN* Azarel

עֶזְרָה[B] ← עזר I. *f.* help, helper 1 עֶזְרַת 4 עֶזְרָתִי

עֶזְרָה II. *m. PN* Ezra 1 Chr 4:17◦

עֲזָרָה *f.* step, landing; atrium, court

עֶזְרִי *m. PN* Ezri 1 Chr 27:26◦

עַזְרִיאֵל *m. PN* Azriel

עֲזַרְיָה & עֲזַרְיָהוּ *m. PN* Azariah

עַזְרִיקָם *m. PN* Azrikam

עֶזְרָת ← עזר *f.* help, support Ps 60:13; 108:13◦

עַזָּתִי *pn* Gazatite, from Gaza Jos 13:3; Jdg 16:2◦

עֵט *m.* pen, stylus Jer 8:8; 17:1; Ps 45:2; Job 19:24◦

✓ עטה I. *q* dress, wrap, cloak, cover; walk around covered, wander (others: veil [like a prostitute]) Song 1:7- 5 עָטוּ 6 יַעְטֶה יַעְטֵנִי[e] יַעֲטוּ יַעְטוּ וַיַּעַט 7 תַּעְטוּ וַיַּעַט 9 עָטֹה 11 עֹטֶה עֹטְיָה עֹטְךָ[e] עֹטֶה

hif cover, wrap 5 הֶעֱטִיתָ 6 יַעְטֶה Ps 84:7; 89:46; cf. יְעָטָנִי[e] Isa 61:10 (if not *q* or ← יעט)◦

✓ עטה II. *q* grasp Isa 22:17; (grasp to) delouse Jer 43:12 - 6 יַעְטֶה 9 עָטֹה 11 עֹטְךָ[e]◦

עֲטֻפִים & עֲטוּפִים ← עטף *m.* languishing, weak Gen 30:42; Lam 2:19 pt. pass. ← עטף◦

עֲטִין *m.* trough, pail 4 עֲטִינָיו Job 21:24◦

עֲטִישָׁה *f.* sneezing 4 עֲטִישֹׁתָיו Job 41:10◦

עֲטַלֵּף *m.* bat; others: swallow 2 עֲטַלֵּפִים Lev 11:19; Dtn 14:18; Isa 2:20◦

✓ עטף I. *q* wrap, cover oneself Ps 65:14; 73:6; hide oneself Job 23:9 - 6 יַעֲטֹף־ יַעֲטָף יַעַטְפוּ◦

✓ עטף II. *q* become weak, grow faint, fail 6 יַעֲטוֹף יַעֲטֹף 8 עֲטֹף 11 pass. הָעֲטֻפִים Gen 30:42; Isa 57:16; Ps 61:3; 102:1◦

nif collapse 8 בֵּעָטֵף Lam 2:11◦

hif be weak 8 הַעֲטִיף Gen 30:42◦

hitp fainting away, fail 6 תִּתְעַטֵּף *p* תִּתְעַטָּף 7 וַתִּתְעַטֵּף 8 בְּהִתְעַטֵּף הִתְעַטְּפָם[e]

✓ **עטר** *q* surround, outflank 1 Sam 23:26; surround, cover Ps 5:13 - 6 תַּעְטְרֶנּוּ[e] 11 עֹטְרִים◦

pi crown Ps 8:6; 65:12; 103:4; Song 3:11 - 5 עִטַּרְתָּ עִטְּרָה 6 תְּעַטְּרֵהוּ[ei] 11 הַמְעַטְּרֵכִי[ei]◦

hif bestow crowns 11 מַעֲטִירָה Isa 23:8◦

עֲטָרָה ↔ עטר I. *f.* crown, wreath 1 עֲטֶרֶת 2 עֲטָרוֹת

עֲטָרָה II. *f. PN*. Atarah 1 Chr 2:26◦

עֲטָרוֹת *pln* Ataroth 3 עַטְרוֹת & עַטְרֹת; part of these *pln:* עַטְרוֹת אַדָּר Atroth-Addar Jos 16:5; 18:13; עַטְרֹת בֵּית יוֹאָב Atroth-Beth-Joab 1 Chr 2:54; עַטְרֹת שׁוֹפָן Atroth-Shophan Num 32:35◦

עִי *m.* heap, ruin 2 עִיִּים עִיִּין 3 עִיֵּי Jer 26:18; Mi 1:6; 3:12; Ps 79:1; Job 30:24◦

עַי *pln* Ai; with art. הָעַי; *p* הָעָי

עֵיב ↔ עוב

עֵיבָל *m. PN* Ebal Gen 36:23; 1 Chr 1:40 & *pn* Dtn 11:29; 27:4.13; Jos 8:30.33◦

עַיָּה & **עַיַּת** *pln* Ayyah Isa 10:28; 1 Chr 7:28; Neh 11:31 ↔ עַי◦

עִיּוֹן *pln* Iyon

עֲיוֹת *pln kt.* 1 Chr 1:46; *qr.* עֲוִית Avit◦

✓ **עיט** *q* shout at; with שָׁלָל pounce on spoil 7 וַתַּעַט וַיַּעַט וַיָּעַט

עַיִט ↔ עיט *m.* coll. birds of prey 1 עֵיט

עֵיטָם *pln* Etam

עִיִּים *pln* Iyyim Num 33:45; Jos 15:29◦

עִיֵּי הָעֲבָרִים *pln* Iye-Abarim Num 21:11; 33:44◦

עֵילוֹם = ↔ עוֹלָם world time 2 Chr 33:7◦

עִילַי *m. PN* Ilai 1 Chr 11:29◦

עֵילָם *m. PN* & *pln* Elam

עֲיָם *m.* heat Isa 11:15◦

✓ **עין** ↔ עַיִן *q* look suspiciously, eye 11 עוֹיֵן 1 Sam 18:9 *qr.*◦

עַיִן[B] *f.* eye; appearance, image; spring, well; with אֶרֶץ surface: עֵין הָאָרֶץ *the whole land;* with בַּת eyeball; *p* עָיִן; du. עֵינַיִם *cstr.* עֵינֵי עֲנֵי; with ה-locale עַיְנָה 1 עֵין 2 עֲיָנוֹת עֲיָנֹת 3 עֵינוֹת עֵינֹת עִינוֹת 4 עֵינוֹ עֵינִי עֵינֵיהוּ עֵינָיו עֵינֶיהָ עֵינֶיךָ עֵינַי *p* עֵינֵיכֶם עֵינָי עֵינֵכֶם

part of these *pln*:

עַיִן Ain Num 34:11; 1 Sam 29:1 (?)◦
שַׁעַר הָעַיִן Shaar-Haain Neh 3:15◦
עֵין אָדָם En-Adam Zec 9:1 (?)◦
עֵין גֶּדִי En-Gedi
עֵין גַּנִּים En-Gannim
עֵין דֹּאר & עֵין דֹּר & עֵין דּוֹר En-Dor
עֵין חַדָּה En-Hadda Jos 19:21◦
עֵין חָצוֹר En-Hazor Jos 19:37◦
עֵין חֲרֹד En-Harod Jdg 7:1 (?)◦
עֵין מִשְׁפָּט En-Mishpat Gen 14:7◦
עֵין עֶגְלַיִם En-Eglaim Ez 47:10◦
עֵין הַקּוֹרֵא En-Hakore Jdg 15:19◦
עֵין רֹגֵל En-Rogel
עֵין רִמּוֹן En-Rimmon
עֵין שֶׁמֶשׁ En-Shemesh Jos 15:7; 18:17◦
עֵין הַתַּנִּין En-Hattannim Ezr 2:13◦
עֵין תַּפּוּחַ En-Tappuach Jos 17:7◦

1 st.c. sg. 2 st.a. pl. 3 st.c. pl. 4 with *epp* 5 SC 6 PC 7 narrative 8 inf.c. 9 inf.a. 10 imp. 11 part.

עֵינוֹן part of the *pln* Hazar-Enan Ez 47:17, read with Num 34:9◦

עֵינַיִם *pln* Enaim Gen 38:14.21◦

עֵינָם *pln* Enam, Enaim Jos 15:34◦

עֵינָן *m. PN* Enan

עינתם Hos 10:10 *kt.*; ↪ עוֹנוֹת◦

✓ עיף *q* be exhausted, tired 5 עָיְפָה 7 וַיָּעַף Jdg 4:21; 1 Sam 14:28.31; 2 Sam 21:15◦

עָיֵף *m.* & עֲיֵפָה[B] *f.* ↩ עיף exhausted, tired 2 עֲיֵפִים

עֵיפָה I. *f.* darkness, gloom Am 4:13; Job 10:22 with ה-locale עֵיפָתָה◦

עֵיפָה II. *m. PN* & *pln* Epha

עֵיפַי *m. PN* Ephai Jer 40:8 *qr.* ◦

עֵיפָתָה ↪ עֵיפָה I.

עִיר[B] I. *f.* city; with ה-locale עִירָה 2 עָרִים עִירִי עִירְךָ עִירָהּ עִירֹה עִירוֹ 4 עָרֵי 3 עֲיָרִים עִירָם עָרָיו עָרֶיהָ עָרֵיכֶם עָרֵיהֶם part of these *pln:*

עִיר־דָּוִד Ir-David (?)

עִיר־הַהֶרֶס Ir-Heres Isa 19:19◦

עִיר־הַמָּיִם Ir-Maim 2 Sam 12:27◦

עִיר־הַמֶּלַח Ir-Melach Jos 15:62◦

עִיר־נָחוֹר Ir-Nahor Gen 24:10◦

עִיר־נָחָשׁ Ir-Nahasch 1 Ch 4:12◦

עִיר־עֲמָלֵק Ir-Amalek 1 Sam 15:5◦

עִיר־שֶׁמֶשׁ Ir-Shemesh Jos 19:41◦

עִיר־הַתְּמָרִים Ir-Temarim, city of palms, Jericho Jdg 1:16◦

עִיר II. ↩ עור *m.* fear Jer 15:8; wrath Hos 11:9◦

עִיר III. *m.* donkey's colt Gen 49:11 - 4 *kt.* עִירֹה; *qr.* עִירוֹ◦

עִיר IV. *m. PN* Ir 1 Chr 7:12◦

עַיִר *m.* donkey 2 וַעְיָרִם עֲיָרִם עֲיָרִים

עִירָא *m. PN* Ira

עִירָד *m. PN* Irad Gen 4:18◦

עִירוּ *m. PN* Iru 1 Chr 4:15◦

עִירִי *m. PN* 1 Chr 7:7 Iri◦

עִירָם *m. PN* Iram Gen 36:43; 1 Chr 1:54◦

עֵרֹם & עֵירוֹם & עֵירֹם[B] *m.* nude, nudidity 2 עֵירֻמִּם

עַיִשׁ & עָשׁ *pn* a constellation, Great Bear Job 9:9; 38:32◦

עַיַּת *pln* Aja Isa 10:28◦

עַכְבּוֹר *m. PN* Achbor

עַכָּבִישׁ *m.* spider Isa 59:5; Job 8:14 ◦

עַכְבָּר *m.* mouse 3 עַכְבְּרֵי 4 עַכְבְּרֵיכֶם

עַכּוֹ *pln* Akko Jdg 1:31◦

עָכוֹר *pln* Achor

עָכָן *m. PN* Achan

✓ עכס *pi* jingle (with anklet) 6 תְּעַכַּסְנָה Isa 3:16◦

עֶכֶס ↩ עכס *m.* anklet Isa 3:18; fetter Prov 7:22 - 2 עֲכָסִים◦

עַכְסָה *f. PN* Achsa

✓ עכר *q* harm someone, bring trouble, sadden, distress, pt. hoodoo, troubler 5 עָכַר עֲכַרְתִּי

1 st.c. sg. 2 st.a. pl. 3 st.c. pl. 4 with *epp* 5 SC 6 PC 7 narrative 8 inf.c. 9 inf.a. 10 imp. 11 part.

עוֹכֵר עֹכֵר 11 יַעְכָּרְךָ[e] 6 עֲכַרְתֶּם עֲכַרְתָּנוּ[e] עֹכְרָי[e]

nif pt. perdition, trouble Prov 15:6; being troubled (pain) Ps 39:3 - 5/11 נֶעְכָּר 11 נֶעְכָּרֶת◦

עָכָר *m. PN* Achan 1 Chr 2:7, read with Jos 7:1◦

עָכְרָן *m. PN* Ochran

עַכְשׁוּב *m.* viper Ps 140:4◦

עַל[B] rarely as subst. & adj עָל: height, high; as prep. & conj. & adv.: on, over, above, on top, beside, at, next to, in front of, to (like אֶל); because of, on account of, for, according to, concerning, in addition to; against; with other prep. מֵעַל from, out of; עַל אֲשֶׁר because of; עַל־כֵּן because, therefore, on that account, thus; כְּעַל so, corresponding to; עַל אוֹדוֹת ↪ אוֹדוֹת because, on account of 4 עָלָיו (poetic עָלֵימוֹ) עָלֶיךָ עָלַי עֲלֵיהֶם עֲלֵיכֶם עָלֵינוּ; *var.* ↪ עֲלֵי

עֹל[B] *m.* yoke 4 עֻלּוֹ עֻלְּךָ עֻלָּם עֻלְּכֶם עֻלֵּנוּ

עֻלָּא *m. PN* Ulla 1 Chr 7:39◦

עַלְבוֹן ↪ אֲבִי־עַלְבוֹן *m. PN* Abialbon

עִלְּגִים *m.* babblers Isa 32:4◦

עלה[B] √ *q* go up, move up; ascend, climb; mount, jump on; come; fall (lot); grow, grow up 5 עָלָה עָלְתָה *p* עָלָתָה עָלִיתָ עָלִית עָלִיתִי תַּעַל תַּעֲלֶה יַעַל יַעֲלֶה 6 עָלִינוּ וַעֲלִיתֶם עָלוּ וַיַּעַל 7 וְנַעֲלֶה תַּעֲלֶנָה תַּעֲלוּ יַעֲלוּ אֶעֱלֶה וַיַּעֲלוּ וָאַעַל וַתַּעֲלִי וַתַּעֲלֶה וַתַּעַל *p* וַתַּעַל עֲלֹתוֹ[e] עֲלֹת עֲלוֹת 8 וַנַּעַל וַתַּעֲלֶנָה וַתַּעֲלֶינָה עָלֹה 9 בַּעֲלוֹתָם[e] בַּעֲלֹתִי[e] בַּעֲלֹתְךָ[e] עֲלֹתָהּ[e] עֹלִים עֹלָה עוֹלֶה עֹלֶה 11 עֲלוּ עֲלִי עֲלֵה 10 עֹלֹת עֹלוֹת

nif be highly exalted (of God); rise, ascend, float; retreat, move away, withdraw, cease; be brought up Ezr 1:11; become the talk (with עַל־שְׂפַת לָשׁוֹן Ez 36:3) - 5 נַעֲלָה 6 נַעֲלֵיתָ הֵעָלֹתוֹ[e] הֵעָלוֹת 8 וַתֵּעָלוּ וַיֵּעָלוּ 7 יֵעָלֶה 10 הֵעָלוּ

hif let go up, lead up, bring; offer a gift, sacrifice; let grow; fetch, take out, pull out; let go up; ruminate (with גֵּרָה) 5 הֶעֱלָה הֶעֱלָה הֶעֶלְךָ[e] הֶעֱלִיתָ הֶעֱלִית הַעֲלִתָה הֶעֱלָתַם[e] הֶעֱלָנוּ[e] הַעֲלִיתִי הֶעֱלִיתִי הֶעֱלִיתָנוּ[e] וְהַעֲלִיתָ וְהַעֲלִית הֶעֱלוּ הַעֲלִיתִם[e] הֶעֱלִתִיךָ[e] הַעֲלִיתִיהוּ[e] יַעַל יַעֲלֶה 6 הֶעֱלִיתָנוּ[e] הַעֲלִתֶם הֶעֱלוּךָ[e] 7 תַּעֲלוּ אַעַלְךָ[e] אַעֲלֶה תַּעֲלֶנָּה[e] תַּעֲלֶה יַעֲלֶם[e] 8 וַיַּעֲלֵהוּ וָאַעַל וַיַּעֲלֵהוּ[e] וַיַּעֲלֶה וַיָּעַל *p* וַיַּעַל הַעֲלוֹתִי[e] הַעֲלֹתְךָ[e] וּלְהַעֲלֹתוֹ[e] הַעֲלוֹת הַעֲלִי הַעֲלֵהוּ[e] הַעַל 10 הַעֲלֵה 9 לְהַעֲלוֹתָם[e] הַמַּעֲלֵם[e] מַעַלְךָ[e] מַעֲלֶה מַעֲלֶה 11 הַעֲלוּ מַעֲלִים מַעֲלַת מַעֲלָה

hof be recorded, be written down 2 Chr 20:34; be taken away Nah 2:8; be offered, be sacrificed Jdg 6:28 - 5 הֹעֲלָה הֹעַלְתָה◦

hitp stand up, resist 6 יִתְעַל Jer 51:3◦

עָלֶה *m.* leaf, leaves, foliage 1 עֲלֵה 3 עֲלֵי 4 עָלֵהוּ עָלֶהָ

עֹלָה[B] I. ↪ עלה *pn* an offering, Olah, burnt offering 1 עֹלַת 2 עוֹלֹת עֹלוֹת עֹלֹת 4 עֹלָתוֹ עֹלָתְךָ *p* עֹלֹתֶךָ עֹלֹתָם עֹלֹתֶיךָ עוֹלֹתֵיהֶם עֹלוֹתֵינוּ

עֹלָה II. *f.* injustice Isa 61:8 ↪ עַוְלָה◦

עַלְוָה I. *f.* injustice Hos 10:9 ↪ עַוְלָה◦

עַלְוָה II. *m. PN* Alvah Gen 36:40◦

עֲלוּמִים ↩ עלם *m.* (time, strength of) youth 4 עֲלוּמָיו עֲלוּמֵיִךְ

עַלְוָן *m. PN* Alvan Gen 36:23◦

עֲלוּקָה *f.* leech Prov 30:15◦

עָלוֹת pt.f. ↪ עול suckle

עלז *q* jubilate, rejoice, exult 6 אֶעֱלוֹזָה יַעֲלֹז וַיַּעֲלֹז 7 תַּעֲלֹזְנָה יַעֲלֹזוּ *p* יַעֲלֹזוּ *p* אֶעֱלוֹזָה *p* עִלְזוּ עָלְזִי 10 לַעְלוֹז 8 וָאֶעְלֹז

עָלֵז ↩ עלז coll. *m.* hooting people Isa 5:14◦

עֲלָטָה *f.* darkness Gen 15:17; Ez 12:6ff◦

עֲלֵי *var.* ↪ עַל on, over

עֵלִי *m. PN* Eli

עֱלִי *m.* pestle Prov 27:22◦

עַלְיָה *m. PN* 1 Chr 1,51 *kt.*; *qr.* Alwa◦

עֲלִיָּה ↩ עלה *f.* upper room, attic 1 עֲלִיַּת 2 עֲלִיּוֹת 4 עֲלִיָּתוֹ עֲלִיּוֹתָיו

עֶלְיוֹן *m.* & **עֶלְיוֹנָה**[B] *f.* ↩ עלה above, the upper, uppermost; of God: the highest 2 עֶלְיוֹנֹת

עִלְּיוֹת ↪ עִלִּית

עַלִּיז *m.* & **עַלִּיזָה** *f.* ↩ עלז cheerful; arrogant Zeph 3:11 - 2 עַלִּיזִים 3 עַלִּיזֵי

עֲלִיל *m.* melting furnace Ps 12:7◦

עֲלִילָה[B] ↩ עלל *f.* deed, action 2/3 עֲלִילֹת עֲלִילוֹת 4 עֲלִילֹתָיו עֲלִילוֹתַיִךְ עֲלִילוֹתֶיךָ עֲלִילוֹתָם עֲלִילוֹתֵיכֶם

עֲלִילִיָּה ↩ עלל *f.* deed Jer 32:19◦

עַלְיָן *m. P* Alian 1 Chr 1:40; some translations read with Gen 36:23 Alvan◦

עֲלִיצֻת *f.* joy 4 עֲלִיצֻתָם Hab 3:14◦

עִלִּית ↩ עלה *f.* upper 2 עִלִּיּוֹת Jos 15:19; Jdg 1:15◦

עַל־כֵּן because, therefore, that's why ↪ עַל + כֵּן

עלל[B] I. *poel* do, act; do bad, act evil; hurt Lam 3:51 - 5 עוֹלַלְתִּי עוֹלַלְתָּ עוֹלְלָה 6 יְעוֹלְלוּ תְּעוֹלֵל 7 וַיְעֹלְלֻהוּ[e] 9/10 עוֹלֵל

poal be hit (by pain) 5 עוֹלַל Lam 1:12◦

hitpoel do evil 8 הִתְעוֹלֵל Ps 141:4◦

hitpael do bad, wreak havoc; behave frivolous, make a fool of oneself; rape Jdg 19:25- 5 הִתְעַלְּלוּ הִתְעַלַּלְתִּי הִתְעַלַּלְתְּ הִתְעַלֵּל 7 וַיִּתְעַלְּלוּ

עלל II. ↩ עֹלֵלוֹת *polel* glean 6 תְּעוֹלֵל יְעוֹלְלוּ 7 וַיְעֹלְלֻהוּ[e] 9 עוֹלֵל Lev 19:10; Dtn 24:21; fig. Jdg 20:45; Jer 6:9◦

עלל III. ↩ עֹל *po* lay down 5 וְעֹלַלְתִּי Job 16:15◦

עלל IV. *po* (behave like an) infant 11 מְעוֹלֵל Isa 3:12 (if not ↪ I.)◦

עֲלִלָה ↪ עֲלִילָה

עֹלֵלוֹת *f.* gleanings 3 עֹלְלוֹת Jdg 8:2; Isa 17:6; Jer 49:9; Mi 7:1; Ob 1:5

עלם *q* pt.pass. hidden guilt 11 pass. עֲלֻמֵנוּ[e] Ps 90:8◦

nif be hidden 5 נֶעְלָמָה נֶעְלָם 11 נֶעְלָמָה נֶעְלָם נַעֲלָמִים

hif hide, darken, veil; with עַיִן close one's eyes, look away, be lenient, negligent 5 הֶעְלִים הֶעְלִימוּ 6 יַעְלִימוּ אַעְלִים תַּעְלִם תַּעְלִים 9 הַעְלֵם 11 מַעְלִים

1 st.c. sg. 2 st.a. pl. 3 st.c. pl. 4 with *epp* 5 SC 6 PC 7 narrative 8 inf.c. 9 inf.a. 10 imp. 11 part.

hitp hide, evade, withdraw, be inattentive 5 וְהִתְעַלַּמְתָּ 6 יִתְעַלֶּם־ תִּתְעַלַּם *p* תִּתְעַלָּם 8 הִתְעַלֵּם

עֶלֶם *m.* young man *p* עָלֶם 1 Sam 17:56; 20:22◦

עֹלָם world time ↪ עוֹלָם

עַלְמָה[B] *f.* young woman, girl; *pn* of an instrument, Alamoth; others: with high voice Ps 46:1 - 2 עֲלָמוֹת

עַלְמוֹן *pln* Almon Jos 21:18; Num 33:46f Almon-Diblataim

עַלְמוּת לַבֵּן Ps 9:1; עַל־מוּת Ps 48:15 ↪ מוּת death; probably a keyword, after which melody the psalm should be sung, or *pn* of an instrument ↪ עַלְמָה◦

עָלֶמֶת *m. PN* & *pln* Alemeth

√ **עלס** *q* be happy, enjoy 6 יַעֲלֹס Job 20:18◦

nif flap joyously (wings) 5 נֶעֱלָסָה Job 39:13◦

hitp enjoy 6 נִתְעַלְּסָה Prov 7:18◦

√ **עלע** *pi* be greedy, others: booze 6 יְעַלְעוּ Job 39:30◦

√ **עלף** *pu* be covered Song 5:14; lie helpless Isa 51:20 - 5 עֻלְּפוּ 11 מְעֻלֶּפֶת◦

hitp cover, wrap oneself Gen 38:14; faint Am 8:13; Jon 4:8 - 6 תִּתְעַלַּפְנָה 7 וַיִּתְעַלַּף וַתִּתְעַלַּף◦

עֻלְפֶּה ↩ עלף *m.* withered Ez 31:15◦

√ **עלץ** *q* be glad, rejoice, be merry 5 עָלַץ 6 יַעֲלֹץ תַּעֲלֹץ וְיַעַלְצוּ יַעַלְצוּ אֶעֶלְצָה 8 עֲלֹץ 9 עֲלֹץ

עֹלָתָה *f.* injustice, evil Job 5:16 ↪ עוֹלָה◦

עַם[B] ↩ עמם *m.* people; coll. relatives; inhabitants; עַם הָאָרֶץ (simple) country people 2 עַמִּים 4 עַמּוֹ עַמְּךָ *p* עַמֶּךָ עַמִּי עַמָּם עַמֵּנוּ עַמָּיו עַמֶּיהָ

ⓘ The word usually shows the „inside view“ and is used when talking about one's own people; foreign nations and people are גּוֹי.

עִם[B] prep.: with; likewise, also; so … as; as long as; at the same time; with מִן: מֵעִם from, away from; עִם־זֶה nonetheless, even though Neh 5:18 - 4 עִמּוֹ עִמָּהּ עִמְּךָ *p* עִמָּךְ עִמִּי עִמָּדִי עִמָּם עִמָּנוּ עִמָּכֶם עִמָּהֶם

√ **עמד**[B] *q* stand, stand up, stand still, remain, stay; arise, step forward, enter; represent; stop, cease 5 עָמַד *p* עָמָד עָמְדָה עָמַדְתָּ עָמַדְתִּי וְעָמַדְנוּ וַעֲמַדְתֶּם עָמְדוּ *p* עָמָדוּ 6 יַעֲמֹד יַעֲמוֹד יַעֲמָד־ תַּעֲמוֹד אֶעֱמֹדָה יַעַמְדוּ *p* יַעֲמֹדוּ תַּעֲמֹדְנָה תַּעֲמֹדוּ נַעֲמֹד נַעַמְדָה 7 וַיַּעֲמוֹד וַתַּעֲמֹד וָאֶעֱמֹד וַיַּעַמְדוּ 8 עֲמֹד עָמְדוֹ[e] עָמְדָהּ[e] עֲמָדְךָ[e] עָמְדִי[e] עָמְדָם[e] 9 עָמֹד 10 עֲמֹד עֲמָד־ עִמְדוּ *p* עֲמֹדוּ 11 עֹמֵד עוֹמֵד עֹמֶדֶת *p* עֹמָדֶת עֹמְדִים עֹמְדוֹת

hif let stand, stand; set, appoint, designate, determine, install; restore; stand, present; with פָּנֶה fix one's face, keep a straight face 5 הֶעֱמִיד הֶעֱמִידוֹ[e] הֶעֱמִידָהּ[e] הֶעֱמַדְתָּ הֶעֱמַדְתָּה הַעֲמַדְתָּ הֶעֱמַדְתִּי וְהַעֲמַדְתִּיהוּ[e] הֶעֱמַדְתִּיךָ[e] הֶעֱמַדְנוּ 6 יַעֲמִיד יַעֲמִידֵנִי[e] יַעֲמִדֵנִי[e] 7 וַיַּעֲמֵד וַיַּעֲמֶד־ וַיַּעֲמִדֵהוּ[e] וַנַּעֲמִיד וַיַּעֲמִידוּ וַיַּעֲמִדֵם[e] וַתַּעֲמִדֵנִי[e] 8 הַעֲמִיד הַעֲמִידוֹ[e] 9 הַעֲמֵיד 10 הַעֲמֵד הַעֲמִידֶהָ[e] 11 מַעֲמִיד

hof be stood, presented Lev 16:10; be propped up 1 Kgs 22:35 - 6 יָעֳמַד־ 11 מָעֳמָד◦

1 st.c. sg. 2 st.a. pl. 3 st.c. pl. 4 with *epp* 5 SC 6 PC 7 narrative 8 inf.c. 9 inf.a. 10 imp. 11 part.

עֲמִית ← עמה / עמם m. neighbour, fellow citizen 4 עֲמִיתִי עֲמִיתְךָ p עֲמִיתֶךָ עֲמִיתוֹ

✓ עמל q work for something, make an effort, get committed 5 עָמַלְתָּ עָמְלָה עֲמָלוֹ עָמֵל[e] יַעֲמֹל 6 עָמְלוּ עָמַלְתִּי

עָמָל[B] ← עמל I. m. toil, effort, work; things gained through toil and work: property, possessions, fortune; misfortune, worry, anger; misery, sorrow 1 עֲמַל 4 עֲמָלוֹ עֲמָלִי עֲמָלָם עֲמָלֵנוּ

עָמָל II. m. PN Amal 1 Chr 7:35◦

עָמֵל[B] ← עמל m. workman, laborer; toiling, working 2 עֲמֵלִים

עֲמָלֵק m. PN Amalek

עֲמָלֵקִי pn Amalekite

✓ עמם I. q unite, join; be hidden Ez 28:3; be comparable Ez 31:8 - 5 עֲמָמֻהוּ[e] עֲמָמוּךָ[e]◦

ⓘ The basic meaning is no longer documented in Biblical Hebrew and only noticeable in the derivations עַם and עָמִית.

✓ עמם II. hof become dark 6 יוּעַם Lam 4:1◦

עֲמָמִים pl. ↪ עַם Volk

עִמָּנוּ אֵל m. PN Immanuel Isa 7:14; 8:8◦

עַמֹּנִי pn Ammonite

✓ עמס & עמשׂ q load, lift; carry 6 יַעֲמָס־ 7 וַיַּעֲמֹס 11 עֹמְסִים עֹמְשִׂים עֹמְסֶיהָ[e] pass. עֲמֻסִים עֲמוּסוֹת

hif with עַל lay a yoke upon someone 5 הֶעְמִיס 1 Kgs 12:11; 2 Chr 10:11◦

עֲמַסְיָה m. PN Amasiah 2 Chr 17:16◦

עֹמֶד ← עמד m. place, location, spot 4 עָמְדִי עָמְדְךָ

עַמֻּד ↪ עַמּוּד

עִמָּד with; only with epp 1.sg. 4 עִמָּדִי

עֶמְדָּה ← עמד f. location, camp 4 עֶמְדָּתוֹ Mi 1:11◦

עֻמָּה f. directly adjacent, near, close to, beside, parallel to; according to, exactly as, made to measure, corresponding; at the same time; always with לְ and as cstr. 1 עֻמַּת לְעֻמַּת לְעֻמַּת מִלְּעֻמַּת 4 לְעֻמָּתוֹ לְעֻמָּתָם

עֻמָּה pln Umah Jos 19:30◦

עַמּוּד ← עמד m. pillar; tent pole, post 2 עַמֻּדִים עַמּוּדִים 3 עַמּוּדֵי 4 עַמּוּדָיו עַמֻּדָיו עַמֻּדֵיהֶם עַמּוּדֶיהָ

עַמּוֹן m. PN Ammon

עַמּוֹנִי & עַמֹּנִי pn Ammonite

עָמוֹס m. PN Amos

עָמוֹק m. PN Amok Neh 12:7.20◦

עֲמוּקָה ↪ עָמֹק

עַמִּיאֵל m. PN Ammiel

עַמִּיהוּד m. PN Ammihud

עַמִּיזָבָד m. PN Ammizabad 1 Chr 27:6◦

עַמִּיחוּר m. PN kt. 2 Sam 13:37; qr. Ammihud◦

עַמִּינָדָב m. PN Amminadab

עָמִיר m. coll. sheaves Jer 9:21; Am 2:13; Mi 4:12; Zec 12:6◦

עַמִּישַׁדָּי m. PN Ammishaddai

עַמְעָד *pln* Amad Jos 19:26◦

√ **עמק** *q* be deep 5 עָמְקוּ Ps 92:6◦

hif make deep; as adj.: deep Isa 30:33; to indicate the depth of an action, with following inf. or finite verb: hide oneself deeply - keep a secret Isa 29:15; dwell deep Jer 49:8.13; act deeply depraved Hos 9:9 - 5 הֶעְמִיקוּ הֶעְמִיק 9 הַעְמֵק 11 הַמַּעֲמִיקִים

עֵמֶק[B] ↔ עמק *m.* valley; lowland, plain 2 עֲמָקִים 4 עֲמָקַיִךְ עִמְקָם עִמְקֵךְ part of following *pln*:

בֵּית הָעֵמֶק Beth-Emek

הַר הָעֵמֶק Har-Emek

עֵמֶק אַיָּלוֹן Emek-Eljon

עֵמֶק בְּרָכָה Emek-Berachah

עֵמֶק הָאֵלָה Emek-Ele, Oak Valley

עֵמֶק הַבָּכָא Emek-Baka, Mourning Valley

עֵמֶק הֶחָרוּץ Emek-Haruz, Valley of Decision

עֵמֶק הַמֶּלֶךְ Emek-Melech, King's Valley

עֵמֶק הַשִּׂדִּים Emek-Sidim

עֵמֶק חֶבְרוֹן Emek-Hebron

עֵמֶק יְהוֹשָׁפָט Emek-Jehoshaphat

עֵמֶק יִזְרְעֶאל Emek-Jizreel

עֵמֶק סֻכּוֹת Emek-Sukkot

עֵמֶק עָכוֹר Emek-Achor

עֵמֶק קְצִיץ Emek-Keziz

עֵמֶק רְפָאִים Emek-Refaim

עֵמֶק שָׁוֵה Emek-Shawe

ⓘ Some scholars assume for Jer 49:4 a lemma II with the meaning *power, might*; but this remains uncertain.

עָמֵק ↔ עמק *m.* incomprehensible 3 עִמְקֵי Isa 33:19; Ez 3:5f◦

עָמֹק *m.* & **עֲמֻקָּה** *f.* ↔ עמק deep; deeper lying (skin area); mysterious, entwined, hidden 2 עֲמֻקִּים עֲמֻקּוֹת עֲמוּקוֹת

עֹמֶק ↔ עמק *m.* depth 3 עִמְקֵי Prov 9:18; 25:3◦

√ **עמר** ↔ עֹמֶר I. *pi* bind sheaves 11 מְעַמֵּר Ps 129:7◦

√ **עמר** II. *hitp* treat or mark as slave 5 הִתְעַמֵּר־ 6 תִּתְעַמֵּר Dtn 21:14; 24:7◦

עֹמֶר I. *m.* sheaf 2 עֳמָרִים

עֹמֶר II. *pn* a measure of capacity, Gomer, ca. 2 litres

עֲמֹרָה *pln* Gomorrah

עָמְרִי *m. PN* Omri

עַמְרָם *m. PN* Amram

עַמְרָמִי *pn* Amramite Num 3:27; 1 Chr 26:23◦

√ **עמשׂ** ↔ עמס carry Neh 4:11◦

עֲמָשָׂא *m. PN* Amasa

עֲמָשַׂי *m. PN* Amasai

עֹמְשִׂים pt.pl. ↔ עמס

עֲמַשְׁסַי *m. PN* Amashsai Neh 11:13◦

עֻמַּת ↔ עֻמָּה

עֲנָב *pln* Anab Jos 11:21; 15:50◦

עֵנָב *m.* grape 2 עֲנָבִים 3 עִנְּבֵי 4 עֲנָבֵמוֹ

√ **ענג** *pu* be delicate 11 מְעֻנָּגָה Jer 6,2◦

hitp refresh oneself, enjoy, relish; be pampered, spoiled; with עַל make fun of someone 5 הִתְעַנַּג *p* תִּתְעַנַּג 6 יִתְעַנַּג וְהִתְעַנַּגְתֶּם הִתְעַנְּגוּ 8 הִתְעַנֵּג 10 הִתְעַנַּג תִּתְעַנָּגוּ

עֹנֶג ↩ ענג *m.* pleasure, joy, delight Isa 13:22; 58:13◦

עָנֹג *m.* & **עֲנֻגָּה** *f.* ↩ ענג spoiled, pampered Dtn 28:54.56; Isa 47:1◦

✓ **ענד** *q* tie, wind 6 אֶעֶנְדֶנּוּ[e] 10 עָנְדֵם[e] Job 31:36; Prov 6:21◦

✓ **ענה**[B] I. *q* answer, hear; in court: answer, testify; respond to a demand, comply, follow Hos 2:17; accomplish something Ecc 10:19 - 5 עָנָה
וְעָנִיתִי וַעֲנִיתֶם[e] וְעָנִיתָ עָנְתָה עָנָם[e] עָנָנִי[e] עָנֶךָ[e]
יַעֲנֵנִי[e] יַעַנְךָ[e] יַעֲנֵנוּ[e] יַעֲנֶה 6 עָנוּ עֲנִיתֶם עֲנִיתִיךָ[e];
יַעֲנוּ אֶעֱנֵם[e] אֶעֶנְךָ[e] אֶעֱנֵהוּ[e] אֶעֱנֶה תַּעֲנֶה
10 עֲנוֹת 8 וַתַּעֲנֶנּוּ וַיַּעֲנוּ וַיַּעַן 7 תַּעֲנֶינָה תַּעֲנֵהוּ[e]
הָעֹנִים עוֹנֶךָ[e] עֲנֵהוּ[e] עוֹנֶה עֹנֶה 11 עֲנוּ עֲנֵנִי[e] עֲנֵה

nif answer Ez 14:4.7; receive an answer, be heard 5 נַעֲנֵיתִי 6 יֵעָנֶה 11 נַעֲנֶה

hif respond, comply Prov 29:19; answer Job 32:17 -6 אַעֲנֶה (or *q*) 11 מַעֲנֶה◦

✓ **ענה**[B] II. *q* bend, duck, be frightened, scared; be plagued, bent, humiliated; be in misery 5 עָנִיתִי 6 יַעֲנֶה אֶעֱנֶה יַעֲנוּ Isa 31:4; Ps 116:10; 119:67; Zec 10:2◦

nif bend, humble oneself, be humiliated 5 נַעֲנֵיתִי 8 לֵעָנֹת für לְהֵעָנֹת 11 נַעֲנֶה עֲנֻנָה

pi oppress, bend, humiliate; overwhelm, force, rape; humiliate, degrade oneself 5 עִנָּה עִנִּיתָ
עִנִּיתִי עִנּוּ וְעִנִּיתֶם עִנִּינוּ 6 יְעַנֶּה יְעַנֶּנּוּ[e] תְּעַנֶּה
וַאעַנֶּה וַתְּעַנֶּהָ[e] וַיְעַנְּךָ[e] 7 תְּעַנּוּן תְּעַנּוּ יְעַנּוּ
11 עַנּוּ 10 עַנֵּה 9 עַנֹּתוֹ[e] לְעַנֹּת עַנּוֹת 8 וַיְעַנּוּהוּ[e]
מְעַנַּיִךְ[e]

pu be humiliated; humble oneself 5 עֻנֵּיתִי 6 תְּעֻנֶּה 8 עֻנֹּת עֻנּוֹתוֹ[e] 11 מְעֻנֶּה

hif press, afflict 6 תַּעֲנֵם[e] 1 Kgs 8:35; 2 Chr 6:26◦

hitp bend, humble oneself; submit; share suffering; be plagued 5 הִתְעַנָּה הִתְעַנִּיתָ 6 יִתְעַנּוּ 8 הִתְעַנּוֹת 10 הִתְעַנִּי

✓ **ענה** III. *q* to be busy, afflicted with 8 עֲנוֹת Ecc 1:13; 3:10◦

hif keep busy, occupied 11 מַעֲנֶה Ecc 5:19◦

✓ **ענה** IV. *q* sing 5 וְעָנוּ 6 יַעֲנֶה 7 יַעֲנוּ תַּעַן וַתַּעַן
עֱנוּ 10 עֲנוֹת 8 וַתַּעֲנֶינָה וַיַּעֲנוּ

pi sing 8 עַנּוֹת 10 עַנּוּ

עֹנָה ↩ ענה III. *f.* conjugal duty 4 עֹנָתָהּ Ex 21:10◦

עֲנָה *m. PN* Anah

עָנָו & **עָנִי**[B] ↩ ענה II. *m.* weak, miserable, afflicted, poor; humble, gentle 2 עֲנָוִים 3 עַנְוֵי

ⓘ The word עָנָו is often associated with עָנִי in *Ketib* and *Qere*.

עֻנּוֹ *m. PN* Neh 12:9 *kt.*; *qr.* Unni◦

עֲנוּב *m. PN* Anub 1 Chr 4:8◦

עֲנָוָה ↩ ענה II. *f.* humbleness; by God: affection, strengthening 4 עֲנֹתְךָ עַנְוַתְךָ

עַנְוָה ↩ ענה II. *f.* humbleness, meekness Ps 45:5◦

עֲנוֹק *m. PN* Anak Jos 21:11; read with Num 13:33 et passim◦

עֲנוּשִׁים *m.* monetary fines; pt.pass. ↪ ענשׁ Am 2:8◦

עֲנוֹת part of the *pln* בֵּית עֲנוֹת Bet-Anoth Jos 15:59◦

עֱנוּת ↩ ענה II. *f.* hardship, distress Ps 22:25◦

1 st.c. sg. 2 st.a. pl. 3 st.c. pl. 4 with *epp* 5 SC 6 PC 7 narrative 8 inf.c. 9 inf.a. 10 imp. 11 part.

עֲנָף *m.* coll. twigs, branches 1 עֲנַף 4 עֲנָפֶיהָ עַנְפְּכֶם

עֲנֵפָה *f.* full of branches Ez 19:10◦

ענק⸢ ← עָנַק I. *q* put on (pride as) necklace 5 עֲנָקַתְמוֹ[e] Ps 73:6◦

hif load on (the neck), supply 6 תַּעֲנִיק 9 הַעֲנֵיק Dtn 15:14◦

עֲנָק I. necklace; *f.* for camels Jdg 8:26; *m.* for women Prov 1:9; Song 4:9 – 2 עֲנָקִים עֲנָקוֹת◦

עֲנָק II. *m. PN* Anak

עָנֵר *m. PN* Gen 14:13.24 & *pln* 1 Chr 6:55 Aner; some translations read with Jos 21:25 Taanach◦

ענשׁ⸢ *q* penalise, impose a fine 5 עָנְשׁוּ 7 וַיַּעֲנֹשׁ 8 עֲנוֹשׁ 9 עָנֹשׁ־ עָנוֹשׁ 11 pass. עֲנוּשִׁים

nif be penalised, fined 5 נֶעֱנָשׁוּ 6 יֵעָנֵשׁ Ex 21:22; Prov 22:3; 27:12◦

עֹנֶשׁ ← ענשׁ *m.* tribute, penance 2 Kgs 23,33; with נשׂא suffer damages, pay fines Prov 19:19◦

עֲנָת *m. PN* Anath Jdg 3:31; 5:6◦

עֲנָתוֹת & עֲנָתֹת *m. PN* & *pln* Anathoth

עַנְּתֹתִי & עַנְתֹתִי *pn* Anathotithe

עַנְתֹתִיָּה *m. PN* Anthothiah 1 Chr 8:24◦

עָסִיס ← עסס *m.* sweet wine, fresh juice, cider 1 עֲסִיס

עסס⸢ *q* tread down 5 עַסּוֹתֶם Mal 3:21◦

ער⸢ ← עור *pi* raise a cry 6 יְעֹעֵרוּ Isa 15:5◦

עֳפָאִים *kt.* Ps 104:12; *qr.* עֳפָיִם branches◦

עפל⸢ *pu* be swollen, bloated, proud 5 עֻפְּלָה Hab 2:4◦

עָנִי & עָנָו[B] ← ענה II. *m.* weak, miserable, afflicted, poor; humble, gentle 2 עֲנִיִּים 3 עֲנִיֵּי 4 עֲנִיֶּיךָ עֲנִיֶּךָ עֲנִיָּו

ⓘ The word עָנָו is often associated with עָנִי in *Ketib* and *Qere*.

עֳנִי & עֹנִי & עוֹנִי ← ענה II. *m.* misery, poverty 4 עָנְיֵנוּ עָנְיָם עָנְיִי עָנְיָהּ עָנְיוֹ

עֻנִּי *m. PN* Unni

עֵנֵי Isa 3:8 ← עַיִן

עֲנָיָה *m. PN* Anaiah Neh 8:4; 10:23◦

עֲנָיו ← ענה II. *qr.* Num 12:3; ← *kt.* עָנָו humble◦

עָנִים *pln* Anim Jos 15:50◦

עִנְיָן ← ענה II. *m.* occupation, business 4 עִנְיָנוֹ

עָנֵם *pln* 1 Chr 6:58; most translations read with Jos 19:21 En-Gannim ◦

עֲנָמִים *pn* Anamites Gen 10:13; 1 Chr 1:11◦

עֲנַמֶּלֶךְ *pn* an idol, Anammelech 2 Kgs 17:31◦

ענן⸢ ← עָנָן *pi* bring clouds 8 עַנְנִי[e] Gen 9:14◦

po interprete clouds: conjure, practice magic 5 עֹנְנָה עוֹנֵן מְעוֹנֵן 11 תְּעוֹנֵנוּ 6 עוֹנֵן מְעֹנְנִים עֹנְנֵיכֶם[e] עֹנְנִים מְעוֹנְנִים

עָנָן[B] I. *m.* cloud, clouds 1 עֲנַן 2 עֲנָנִים 4 עֲנָנוֹ עֲנָנְךָ

עָנָן II. *m. PN* Anan Neh 10:27◦

עֲנָנָה *f.* cloud, clouds Job 3:5◦

עֲנָנִי *m. PN* Anani 1 Chr 3:24◦

עֲנָנְיָה *m. PN* Neh 3:23 & *pln* Neh 11:32 Ananiah◦

hif be stubborn 7 וַיַּעְפִּלוּ Num 14:44◦

עֹפֶל ↔ עפל *m.* hill, citadel; also as *pn* of a part of Jerusalem, Ophel

עֳפָלִים. ↔ עפל *m.* boils, swellings (at the anus) Dtn 28:27; 1 Sam 5:6ff; golden images thereof 6:4f - 3 עָפְלֵי 4 עָפְלֵיכֶם◦

ⓘ The word is accompanied by a constant *qere*, which means hemorrhoids.

עָפְנִי *pln* Ophni Jos 18:24◦

עַפְעַפַּיִם ↔ עוף *m.* eyelids, lashes 3 עַפְעַפֵּי 4 עַפְעַפָּיו

✓ עפף *po* ↔ עוף *pol*

עפר ↔ עָפָר *pi* throw dirt at someone 5 עִפַּר 2 Sam 16:13◦

עָפָר[B] *m.* dust; earth, soil; dirt, rubble 1 עֲפַר 3 עַפְרוֹת 4 עֲפָרוֹ עֲפָרָהּ עֲפָרֵךְ עֲפָרָם

עֵפֶר *m. PN* Epher

עֹפֶר *m.* young deer, stag 2 עֳפָרִים

עַפְרָה *pln* Aphra; others: part of the *pln* Bet-Leaphra Mi 1:10◦

עָפְרָה *m. PN* 1 Chr 4:14 & *pln* Ophra

עֶפְרוֹן *m. PN* & *pln* Ephron

עֶפְרַיִן *pln* Ephrain 2 Chr 13:19 *qr.*; *kt.* Ephron◦

עֹפֶרֶת & עוֹפֶרֶת *f.* lead

עֵץ[B] *m.* coll. wood; tree, trees, forest; piece of wood 2 עֵצִים 3 עֲצֵי 4 עֵצוֹ עֵצָהּ עֵצְךָ עֵצָיו עֵצֵינוּ עֵצֶיךָ עֵצֶיהָ

✓ עצב I. *pi* form, shape 5 עִצְּבוּנִי[e] Job 10:8◦

hif replicate 8 לְהַעֲצִבָהּ[e] Jer 44:19◦

✓ עצב II. *q* deny someone something, forbid 1 Kgs 1:6; have trouble, worry 1 Chr 4:10; pt.pass. be offended Isa 54:6 - 5 עֲצָבוֹ[e] 8 עָצְבִּי[e] 11 עֲצוּבַת◦

nif be grieved, worried; hurt oneself 5 נֶעֱצַב 6 נֶעְצַב יֵעָצֵב תֵּעָצְבוּ

pi twist (words); grieve, offend 5 עִצְּבוּ 6 יְעַצֵּבוּ Ps 56:6; Isa 63:10◦

hif grieve, offend 6 יַעֲצִיבוּהוּ[e] Ps 78,40◦

hitp be grieved, offended 7 וַיִּתְעַצֵּב וַיִּתְעַצְּבוּ Gen 6:6; 34:7◦

עָצָב ↔ עצב I. *m.* idol, image 2 עֲצַבִּים 3 עֲצַבֵּי 4 עֲצַבֶּיהָ עֲצַבֵּיהֶם

עָצֵב ↔ עצב *m.* laborer, worker Isa 58:3 - 4 עַצְּבֵיכֶם◦

עֶצֶב I. ↔ עצב *m.* vessel; fig. creature Jer 22:28◦

עֶצֶב II. ↔ עצב *m.* hard work; good acquired through hard work: possession, property Prov 5:10; hard words: insult Prov 15:1; birth pain 2 עֲצָבִים 4 עֲצָבֶיךָ

עֹצֶב I. ↔ עצב *m.* idol, image 4 עָצְבִּי Isa 48:5◦

עֹצֶב II. ↔ עצב *m.* pain, suffering Isa 14:3; 1 Chr 4:9; evil, wicked Ps 139:24 - 4 עָצְבְּךָ◦

עִצָּבוֹן ↔ עצב II. *m.* pain, suffering, hardship 1 עִצְּבוֹן 4 עִצְּבוֹנֵךְ Gen 3:16f; 5:29◦

עֲצַבִּים ↔ עצב I. *m.* idols, images 3 עֲצַבֵּי 4 עֲצַבֶּיהָ עֲצַבֵּיהֶם

1 st.c. sg. 2 st.a. pl. 3 st.c. pl. 4 with *epp* 5 SC 6 PC 7 narrative 8 inf.c. 9 inf.a. 10 imp. 11 part.

עַצֶּבֶת ← עצב II. *f.* pain, suffering, wound Ps 16:4; 147:3; Job 9:28; Prov 10:10 - 1 עַצְּבַת 4 עַצְּבוֹתָם עַצְּבֹתָי◦

√ **עצה** *q* blink, wink 11 עֹצֶה Prov 16:30◦

עָצֶה *m.* fat tail, sacrum Lev 3:9◦

עֵצָה[B] ← יעץ I. *f.* counsel, advice, plan, decision 1 עֲצַת 2 עֵצוֹת 4 עֲצָתִי עֲצָתְךָ עֲצָתוֹ עֲצָתֶךָ עֲצָתָם

ⓘ In some cases the basic meaning does not seem to fit; some scholars, therefore, assume another lemma, for example with the meaning *rebellion, contradiction*; but this is doubtful. It is better to search in the semantic environment, such as *wisdom* for Hos 10:6 or *concern* for Ps 13:3.

עֵצָה II. *f.* trees Jer 6:6 ↪ עֵץ◦

עָצוּם[B] ← עצם *m.* mighty, powerful, vast, tremendous 2 עֲצוּמִים עֲצֻמִים 4 עֲצוּמָיו

עֶצְיוֹן־גֶּבֶר *pln* Ezion-Geber

√ **עצל** *nif* be lazy, idle, hesitant 6 תֵּעָצְלוּ Jdg 18:9◦

עָצֵל ← עצל *m.* lazy, idle, hesitant; lazybones du. *f.* עֲצַלְתַּיִם

עַצְלָה ← עצל *f.* laziness Prov 19:15◦

עַצְלוּת ← עצל *f.* laziness Prov 31:27◦

עֲצַלְתַּיִם *f.* ← עצל laziness, inertia Ecc 10:18◦

√ **עצם**[B] I. *q* be strong, powerful, numerous 5 עָצְמוּ[e] 8 וַיַּעַצְמוּ 7 עָצֵמוּ *p* עָצְמוּ עָצַמְתָּ עָצַם *hif* make strong, powerful 7 וַיַּעֲצִמֵהוּ[e] Ps 105:24◦

√ **עצם** II. *q* shut the eyes 11 עֹצֵם Isa 33:15◦ *pi* shut someone's eyes 7 וַיְעַצֵּם Isa 29:10◦

√ **עצם** III. ← עֶצֶם *pi* gnaw off bones 5 עִצְּמוֹ[e] Jer 50:17◦

עֹצֶם ← עצם I. *m.* strength, power 4 עָצְמִי עָצְמָהּ

עֹצֶם II. *m.* bones 4 עָצְמִי Ps 139:15◦

עֶצֶם[B] I. *f.* bone; fig. the inside (of the body); substance, the essential, fullness *p* עָצֶם 2 עֲצָמִים 3 עַצְמוֹת 4 עַצְמוֹ עַצְמְךָ עֲצָמַי עֲצָמֶיהָ עֲצָמָיו; עַצְמֵכֶם עַצְמָם עַצְמִי עַצְמוֹתַי עַצְמֹתַי עַצְמוֹתֶיךָ עַצְמוֹתָיו; עֲצָמֵינוּ עַצְמוֹתֵינוּ

ⓘ The word is often an expression of the essence of a thing, of complete agreement with itself: בְּעֶצֶם הַיּוֹם הַזֶּה Gen 7:13 *on this very day*. It also forms masculine plural forms whose meaning is more in the direction of *limbs*, e.g. Ps 6:3; Hab 3:16.

עֶצֶם II. *pln* Ezem *p* עָצֶם Jos 15:29; 19:3; 1 Chr 4:29◦

עָצְמָה ← עצם *f.* strength, power Isa 40:29; 47:9; Nah 3:9; pl. (strong) arguments, proof Isa 41:21 - 1 עָצְמַת 4 עֲצֻמוֹתֵיכֶם◦

עַצְמוֹן *pln* Azmon Num 34:4f; Jos 15:4◦

עֲצֻמוֹת ← עצם *f.* (strong) arguments, proof 4 עֲצֻמוֹתֵיכֶם Isa 41:21◦

עֶצְנוֹ 2 Sam 23:8 *kt.* unexplained; *qr.* עֶצְנִי *pn* Eznite: Adino, the Eznite◦

√ **עצר**[B] *q* stop, hold back, keep, hinder; arrest, take into custody; close (womb); rule 1 Sam 9:17; saying: עָצוּר וְעָזוּב until the last man,

עָקָה *f.* distress, hardship 1 עָקַת Ps 55:4◦

עַקּוּב *m. PN* Akkub

עקל *pu* be twisted, wrong 11 מְעֻקָּל Hab 1:4◦

עֲקַלְקַלּוֹת ← עקל *m.* crooked, crooked ways 4 עֲקַלְקַלּוֹתָם Jdg 5:6; Ps 125:5◦

עֲקַלָּתוֹן ← עקל *m.* coiled, twisted Isa 27:1◦

עֲקָן *m. PN* Akan Gen 36:27◦

עקר *q* pull out, uproot 8 עֲקוֹר Ecc 3:2◦

nif be pulled out, uprooted 6 תֵּעָקֵר Zeph 2:4◦

pi lame, maim 5 עִקֵּר עִקְּרוּ 6 תְּעַקֵּר 7 וַיְעַקֵּר Gen 49:6; Jos 11:6.9; 2 Sam 8:4; 1 Chr 18:4◦

עָקָר ← עקר *m.* Dtn 7:14 & עֲקָרָה *f.* infertile, childless 1 עֲקֶרֶת

עֵקֶר ← עקר I. *m.* descendant Lev 25:47◦

עֵקֶר II. *m. PN* Eker 1 Chr 2:27◦

עַקְרָב *m.* scorpion; fig. scourge 2 עַקְרַבִּים

עֶקְרוֹן *pln* Ekron

עֶקְרוֹנִי *pn* Ekronite Jos 13:3; 1 Sam 5:10◦

עקשׁ *nif* be crooked 11 נֶעְקַשׁ Prov 28:18◦

pi crook, deviate, pervert; walk on crooked ways, be misguided (of the heart) 5 עִקֵּשׁ עִקֶּשׁ־ 6 יְעַקְּשׁוּ 8 עַקֵּשׁ 11 מְעַקֵּשׁ עִקְּשׁוּ

hif consider as crooked, worthless 7 וַיַּעְקְשֵׁנִי[e] Job 9:20◦

עִקֵּשׁ ← עקשׁ I. *m.* crooked, wrong, false 1 עִקֶּשׁ־ עִקֵּשׁ 2 עִקְּשִׁים 3 עִקְּשֵׁי

עִקֵּשׁ II. *m. PN* Ikkesch 2 Sam 23:26; 1 Chr 11:28; 27:9◦

עִקְּשׁוּת ← עקשׁ *f.* falseness, deceit Prov 4:24; 6:12◦

until no one is left 5 עָצַר עֲצָרַנִי[e] עָצַרְתִּי תַּעֲצֹר־ יַעֲצָר־ יַעֲצָרְכָה[e] יַעֲצֹר 6 עָצְרוּ 7 נַעַצְרָה נַעְצֹר אֶעֱצֹר אֶעְצֹר תַּעַצְרֵנִי[e] עָצוּר .11 pass עָצֹר 9 וְעָצֹר עָצֹר 8 וַיַּעַצְרֵהוּ[e] עֲצֻרָה עָצֻר

nif be stopped, find an end (of a plague); be locked up, be trapped 5 וַתֵּעָצַר 7 נֶעֱצָרָה 8 הֵעָצֵר 11 נֶעְצָר

עֶצֶר ← עצר *m.* oppression Jdg 18:7◦

עֹצֶר ← עצר *m.* childless, barren Prov 30:16; prison Isa 53:8; suffering Ps 107:39◦

עֲצָרָה & עֲצֶרֶת ← עצר *f.* assembly, festive assembly, celebration 4 עַצְּרֹתֵיכֶם

עקב ← עָקֵב *q* grasp by the heel; cheat 5 עָקַב 6 יַעְקֹב 7 וַיַּעְקְבֵנִי[e] 9 עָקוֹב Gen 27:36; Jer 9:3; Hos 12:4◦

pi stop, hold back 6 יְעַקְּבֵם[e] Job 37:4◦

עָקֵב *m.* heel; hoof; step; footprint; rearguard, ambush Jos 8:13 - 1 עֲקֵב 3 עִקְּבֵי עִקְּבוֹת 4 עֲקֵבוֹ עֲקֵבֶיךָ עֲקֵבַי עִקְּבוֹתֶיךָ

עֵקֶב I. *m.* end, consequence, result, payoff, reward

עֵקֶב[B] II. conj.: because; עֵקֶב־ & עַל־עֵקֶב & עֵקֶב כִּי & אֲשֶׁר due to the fact that, since, as, on account of

עָקֹב ← עקב *m.* uneven, crooked Isa 40:4; deceitful Jer 17:9; Ps 49:6◦

עֲקֻבָּה ← עקב *f.* stained, covered Hos 6:8◦

עָקְבָּה ← עקב *f.* guile, deceit 2 Kgs 10:19◦

עקד *q* bind 7 וַיַּעֲקֹד Gen 22:9◦

עָקֹד *m.* striped 2 עֲקֻדִּים Gen 30:35ff; 31:8ff◦

עָר I. *m.* enemy 4 עָרֶיךָ עָרֶךָ 1 Sam 28:16; Ps 139:20◦

ⓘ The word is an Aramaism and corresponds to the Hebrew ↪ צַר.

עָר II. *pln* Ar

עֵר I. ↪ עור III.

עֵר II. *m. PN* Er

עֹר ↪ עוֹר

ערב I. *q* stand surety, vouch, stand up for someone; with לֵב risk one's life; pawn, pledge Neh 5:3; exchange, trade Ez 27:9.27 - 5 עָרַב 6 עָרַבְתָּ 8 אֶעֶרְבֶנּוּ 10 עֲרֹב 10 עָרְבֵנִי 11 עֹרֵב עֹרְבִים וְעֹרְבֵי

hitp make a bet 10 הִתְעָרֵב 2 Kgs 18:23; Isa 36:8◦

ערב II. *hitp* with לְ get involved with someone Prov 20:19; with בְּ mix, blend, mingle Ps 106:35; Ezr 9:2; Prov 14:10 - 5 הִתְעָרְבוּ 6 יִתְעָרַב תִּתְעָרַב 7 וַיִּתְעָרְבוּ◦

ערב III. *q* be pleasant, please, do good; with שֵׁנָה sleep sweetly 5 עָרְבָה עָרַבְתְּ 6 יֶעֱרַב יֶעֶרְבוּ Jer 6:20; 31:26; Ez 16:37; Mal 3:4; Ps 104:34; Prov 3:24; 13:19◦

ערב IV. ↪ עֶרֶב I. *q* become evening; fig. end 5 עָרְבָה 8 עֲרֹב Jdg 19:9; Isa 24:11◦

hif as adv.: in the evening 9 הַעֲרֵב 1 Sam 17:16◦

עֶרֶב[B] I. *m.* evening *p* עָרֶב; du. with בֵּין: at dusk עַרְבַּיִם *p* עַרְבָּיִם

עֶרֶב II. & עֵרֶב I. ↪ ערב *m.* mixed peoples, mixture of peoples; 1 Kgs 10:15 ↪ עֲרַב

עֵרֶב ↪ ערב II. *m.* woof, what is woven Lev 13:48ff

עֲרַב *pn* Arabia, Arab

עָרֵב ↪ ערב *m.* delicious, sweet, pleasant Prov 20:17; Song 2:14◦

עֹרֵב & עוֹרֵב I. *m.* raven 2 עֹרְבִים 3 עֹרְבֵי

עֹרֵב & עוֹרֵב II. *m. PN* Oreb

עָרֹב *m.* coll. gnats, bugs, flies

עֲרָבָה I. *f.* desert, steppe 2 עֲרָבוֹת 3 עַרְבוֹת 4 עַרְבָתָהּ עַרְבֹת

עֲרָבָה II. *f.* cloud 2 עֲרָבוֹת Ps 68:5◦

עֲרָבָה III. *pn* of a tree, willow; עַרְבֵי־נַחַל basket willow; נַחַל הָעֲרָבִים *pln* Brook of the Willows Isa 15:7 - 2 עֲרָבִים 3 עַרְבֵי

עֲרֻבָּה ↪ ערב *f.* security, pledge, token 4 עֲרֻבָּתָם 1 Sam 17:18; Prov 17:18◦

עֵרָבוֹן ↪ ערב *m.* pledge, security Gen 38:17ff◦

עֲרָבִי *pn* Arab

עֲרָבִים *m.* willows 3 עַרְבֵי

עַרְבָתִי *pn* Arbathite 2 Sam 23:31; 1 Chr 11:32◦

ערג *q* pant, gasp 6 תַּעֲרֹג תַּעֲרוֹג Joel 1:20; Ps 42:2◦

עֲרֻגָה ↪ עֲרוּגָה bed

עֲרָד *m. PN* 1 Chr 8:15 & *pln* Arad

ערה *nif* be poured out 6 יֵעָרֶה Isa 32:15◦

1 st.c. sg. 2 st.a. pl. 3 st.c. pl. 4 with *epp* 5 SC 6 PC 7 narrative 8 inf.c. 9 inf.a. 10 imp. 11 part.

pi pour out, empty; expose Isa 3:17; tear down Ps 137:7 - 5 עָרָה 6 יְעָרֶה תְּעַר וַיְעָרוּ 7 וַתְּעַר 9 עָרוֹת 10 עָרוּ; for עֹרָה Isa 32:11 ↪ ערר

hif uncover, expose Lev 20:18f; surrender oneself Isa 53:12 - 5 הֶעֱרָה◦

hitp expose oneself Lam 4:21; spread oneself Ps 37:35 - 6 תִּתְעָרִי 11 מִתְעָרֶה◦

עֲרוּגָה *f.* bed 1 עֲרֻגַת 3 עֲרֻגוֹת עֲרוּגוֹת Ez 17:7.10; Song 5:13; 6:2◦

עָרוֹד *m.* wild donkey Job 39:5◦

עֶרְוָה[B] ↩ ערה *f.* nudity, shame, bareness, genital area; with דָּבָר something offensive, shameful Dtn 23:5; 24:1; with אֶרֶץ weakness (of a country) Gen 42:9 - 1 עֶרְוַת 4 עֶרְוָתוֹ עֶרְוָתָהּ עֶרְוָתְךָ עֶרְוָתֵךְ עֶרְוָתָן

עָרוֹם & עָרֹם[B] ↩ עור III. *m.* nude 2 עֲרוּמִּים

עָרוּם[B] ↩ ערם II. *m.* smart, cunning 2 עֲרוּמִים

עֲרוֹעֵר I. *pn* of a shrub, juniper Jer 48:6◦

עֲרוֹעֵר II. & עֲרֹעֵר *pln* Aroer

עָרוּץ *m.* slope, cliff 1 עֲרוּץ Job 30:6◦

עָרוֹת *f.* grass, reed Isa 19:7◦

עֵרִי *m.* *PN* & *pn* Eri, Erite

עֶרְיָה ↩ ערה *f.* nudity, bareness 1 עֶרְיַת Ez 16:7ff; 23:29; Mi 1:11; drawn blank Hab 3:9◦

עָרִים & עָרֵי pl. ↪ עִיר city

עֲרִיסָה *f.* dough 4 עֲרִיסֹתֵינוּ עֲרִיסוֹתֵיכֶם Num 15:20f; Ez 44:30; Neh 10:38◦

עֲרִיפִים *m.* clouds 4 עֲרִיפֶיהָ Isa 5:30◦

עָרִיץ ↩ ערץ *m.* strong, powerful; violent, tyrannical; tyrant 2 עָרִיצִים 3 עָרִיצֵי

עֲרִירִי ↩ ערר *m.* childless 2 עֲרִירִים Gen 15:2; Lev 20:20f; Jer 22:30◦

✓ ערך[B] *q* arrange, pile up, set in rows; arrange, prepare, put in order; line up for battle; compare Isa 40:18 - 5 עָרַךְ עָרְכָה וְעָרַכְתָּ עָרַכְתִּי 6 יַעֲרֹךְ יַעַרְכֶנָּה[e] וְיַעַרְכֶהָ[e] יַעַרְכֶנּוּ וְעָרְכוּ תַּעֲרֹךְ אֶעֱרָךְ־ אֶעֶרְכָה יַעַרְכוּנִי[e] תַּעַרְכוּ 7 וַיַּעֲרֹךְ וַתַּעֲרֹךְ וַיַּעַרְכוּ 8 עֲרֹךְ 9 עָרֹךְ 10 עֶרְכָה עִרְכוּ 11 עֹרְכִים עֹרְכֵי pass. עָרוּךְ עֲרוּכָה עֲרֻכוֹת עֶרוּךְ

hif estimate, value Lev 27:8ff; charge a tax 2 Kgs 23:35 - 5 הֶעֱרִיךְ 6 יַעֲרִיךְ הֶעֱרִיכוֹ[e] יַעֲרִיכֶנּוּ[e]◦

עֵרֶךְ[B] ↩ ערך *m.* layer, row, order; furnishing, equipment; property, value; estimated price, valuation 1 עֵרֶךְ 4 עֶרְכּוֹ עֶרְכְּךָ *p* עֶרְכֶּךָ עֶרְכִּי

✓ ערל[B] ↩ עָרֵל *q* treat as uncircumcised 5 וַעֲרַלְתֶּם Lev 19:23◦

nif expose oneself as uncircumcised 10 הֵעָרֵל Hab 2:16◦

עָרֵל[B] *m.* uncircumcised; עֲרַל שְׂפָתַיִם blundering in speech 1 עֲרַל עֶרֶל 2 עֲרֵלִים 3 עַרְלֵי

עָרְלָה[B] *m.* foreskin 1 עָרְלַת 2 עֲרָלוֹת 3 עָרְלוֹת 4 עָרְלָתוֹ עָרְלַתְכֶם עָרְלֹתֵיהֶם

✓ ערם I. *nif* pile up 5 נֶעֶרְמוּ Ex 15:8◦

✓ ערם II. *q* be smart, cunning 6 יַעֲרִם (or *hif*) 9 עָרֹם 1 Sam 23:22; Prov 15:5◦

hif devise cunning plans Ps 83:4; be wise, cunning 1 Sam 23:22; Prov 15:5; 19:25 - 6 יַעְרִם יַעֲרִימוּ◦

עָרֹם & עָרוֹם[B] *m.* nude ← עור 2 עֲרוּמִּים

עֵרֹם & עֵירֹם[B] ← עור *m.* nude; nuditiy 2 עֵירֻמִּם

עָרְמָה ← ערם *f.* insidiousness Jos 9:4; Ex 21:14; prudence, wisdom Prov 1:4; 8:5.12; Job 5:13 - 4 עָרְמָם◦

עֲרֵמָה *f.* heap, heap of grain; pile, mound 1 עֲרֵמַת 2 עֲרֵמוֹת עֲרֵמִים

עַרְמוֹן a tree, sycamore 2 עַרְמֹנִים Gen 30:37; Ez 31:8◦

עֵרָן *m. PN* Eran Num 26:36◦

עֵרָנִי *pn* Eranite Num 26:36◦

עַרְעוֹר *pln* Aroer Jdg 11:26◦

עַרְעָר ← ערר I. *m.* abandoned, homeless Ps 102:18◦

עַרְעָר ← ערר II. a bush, juniper Jer 17:6◦

עֲרֹעֵר & עֲרוֹעֵר *pln* Aroer

עֲרֹעֵרִי *pn* Aroerite 1 Chr 11:44◦

√ ערף I. *q* trickle, drip 6 יַעֲרֹף יַעַרְפוּ Dtn 32:2; 33:28◦

√ ערף II. ← עֹרֶף *q* break the neck; fig. smash, break Hos 10:2 - 5 וַעֲרַפְתּוֹ[e] 6 עֲרָפוּ 11 יַעֲרֹף עֹרֵף pass. עֲרוּפָה

עֹרֶף[B] *m.* neck 4 עָרְפְּכֶם עָרְפִּי עָרְפְּךָ עָרְפוֹ עָרְפָּם

עָרְפָּה *f. PN* Orpa Ruth 1:4.14◦

עֲרָפֶל *m.* darkness, gloom

√ ערץ *q* terrify, horrify, scare; be terrified Dtn 1:29 - 6 אֶעֱרוֹץ תַּעֲרוֹצִי תַּעֲרוֹץ תַּעֲרֹץ 8 עֲרֹץ תַּעַרְצוּן תַּעַרְצוּ

nif pt. mighty, powerful (of God) 11 נַעֲרָץ Ps 89:8◦

hif get scared, be afraid 6 תַּעֲרִיצוּ יַעֲרִיצוּ 11 מַעֲרִצְכֶם[e] Isa 8:12f; 29:23◦

√ ערק *q* gnaw 11 עֹרְקַי[e] עֹרְקִים Job 30:3.17◦

עַרְקִי *pn* Arkite Gen 10:17; 1 Chr 1:15◦

√ ערר *q* strip oneself 10 עֹרָה Isa 32:11◦

po tear down, destroy 5 or 10 עֹרְרוּ Isa 23:13◦

pilpel be destroyed completely 9 עַרְעֵר Jer 51:58◦

hitpalpel be destroyed completely 6 תִּתְעַרְעָר Jer 51:58◦

עֶרֶשׂ *f.* bed, couch 4 עַרְשֵׂנוּ עַרְשִׂי עַרְשׂוֹ עַרְשׂוֹתָם

עֵשֶׂב[B] *m.* coll. plants, greens 3 עִשְּׂבוֹת 4 עֶשְׂבָּם

√ עשׂה[B] I. *q* make, do, create, accomplish; work, exercise, produce, arrange; prepare, provide; acquire, achieve; assist, support Ez 17:17 - 5 עָשָׂה עָשָׂהוּ[e] עָשָׂךְ[e] עָשָׂנִי[e] עָשָׂנוּ[e] עָשְׂתָה *p* עָשָׂתָה עָשְׂתָה עָשִׂית עָשִׂיתָ עָשִׂתָנִי[e] עֲשִׂיתָהּ[e] עֲשִׂיתָנִי[e] עֲשִׂיתֶם[e] עָשִׂית עָשִׂיתִי עֲשִׂיתִיהוּ[e] עֲשִׂיתִיו[e] עֲשִׂיתֻנִי[e] עָשׂוּ עָשׂוּהוּ[e] עָשׂוּנִי[e] עֲשִׂיתֶם עֲשִׂיתֶן וְעָשִׂינוּ 6 יַעֲשֶׂה יַעֲשֶׂה יַעַשׂ יַעֲשֵׂהוּ[e] תַּעֲשֶׂה תַּעֲשֶׂה תַּעֲשֶׂה[e] אֶעֱשֶׂה תַּעֲשִׂין תַּעֲשִׂי תַּעֲשֶׂהָ אֶעֱשֶׂנָּה[e] וְאֶעֶשְׂךָ[e] וַיַּעֲשׂוּ יַעֲשׂוּן יַעֲשׂוּהָ[e] תַּעֲשׂוּ וָאַעַשׂ וַתַּעַשׂ וַיַּעֲשֶׂה וַיַּעַשׂ 7 נַעֲשֶׂה תַּעֲשֶׂינָה עֲשֵׂה עֲשׂוֹת 8 וַנַּעֲשֶׂה וַתַּעֲשֶׂינָה וַיַּעֲשׂוּנִי[e] וַיַּעֲשׂוּ לַעֲשֹׂתָם[e] לַעֲשֹׂתָהּ[e] עֲשֹׂהוּ[e] עֲשֹׂתוֹ[e] עֲשׂוֹ 11 עֲשׂוּ עֲשִׂי עֲשֵׂה 10 עָשׂוֹ עָשֹׂה 9 לַעֲשֹׂתְכֶם[e] עֹשֵׂנוּ[e] עֹשַׂי[e] עֹשָׂהּ[e] הָעֹשׂוֹ[e] עֹשֵׂהוּ[e] עוֹשֶׂה עֹשֶׂה

עָשׂוּ עָשׂוּי pass. עֲשׂוֹת עֲשָׂיו^e^ עֹשֵׂי עֹשִׂים עֹשָׂה עֲשׂוּיָה עֲשׂוּיִם; *kt.* עֲשָׂוֹת *qr.* עֲשׂוּית

nif be made, done, prepared, held, arranged, organized 5 נַעֲשָׂה *p* נֶעֶשְׂתָה נַעֲשָׂה 6 נַעֲשׂוּ נֶעֱשָׂה הֵעָשׂוֹת 8 תֵּעָשֶׂינָה יֵעָשׂוּ תֵּעָשֶׂה תֵּיעָשֶׂה יֵעָשֶׂה נַעֲשׂוֹת נַעֲשִׂים נַעֲשָׂה 11 הֵעָשׂוֹתוֹ^e^

pu be done 5 עֻשֵּׂיתִי Ps 139:15◦

✓ עשה II. *q* caress, touch 8 בַּעְשׂוֹת Ez 23:21◦

pi caress, touch 5 עִשּׂוּ Ez 23:3.8◦

עֲשָׂהאֵל *m. PN* Asaël

עֵשָׂו *m. PN* Esau

עָשׂוֹר ten (days) Gen 24:55; tenth (day of a month) Ex 12:3; נֵבֶל עָשׂוֹר ten-stringed harp Ps 33:2

עֲשִׂיאֵל *m. PN* Asiël 1 Chr 4:35◦

עֲשָׂיָה *m. PN* Asaiah

עֲשִׂירִי & עֲשִׂרִי *m.* & עֲשִׂירִית *f.* ordinal number: tenth; fraction: one tenth

✓ עשק *hitp* squabble, argue 5 הִתְעַשְּׂקוּ Gen 26:20◦

עֵשֶׂק *pln* Esek Gen 26:20◦

✓ עשר ↩ עֶשֶׂר *q* take ten percent tax, tithe 6 יַעְשֹׂר 1 Sam 8:15.17◦

pi give ten percent, tithe Gen 28:22; Dtn 14:22; take ten percent, tithe Neh 10:38 - 6 תְּעַשֵּׂר מְעַשְּׂרִים 11 עַשֵּׂר 9 אֲעַשְּׂרֶנּוּ◦

hif give ten percent 8 לַעְשֵׂר 9 בַּעְשֵׂר Dtn 26:12; Neh 10:39◦

עֶשֶׂר *m.* ten *p* עָשֶׂר 2 עֶשְׂרִים twenty

עָשָׂר *m.* & עֶשְׂרֵה *f.* ten - only in combination with single-digit numbers: אַחַד עָשָׂר & עֶשְׂרֵה אַחַת עֶשְׂרֵה eleven; שְׁלֹשָׁה עָשָׂר & שְׁלֹשׁ thirteen etc.

עֲשָׂרָה *f.* ten; pl. group of ten Ex 18:21.25; Dtn 1:15 - 1 עֲשֶׂרֶת 2 עֲשָׂרֹת

עִשָּׂרוֹן *m.* one tenth 2 עֶשְׂרֹנִים

עֲשִׂירִי & עֲשִׂרִי *m.* & עֲשִׂרִיָּה *f.* Isa 6:13 ordinal number tenth

עֶשְׂרִים *m.* twenty ↪ עֶשֶׂר

עֲשֶׂרֶת ↪ עֲשָׂרָה *f.* ten

עָשׁ I. *m.* moth

ⓘ Some scholars take Hos 5:12 to mean *pus.*

עָשׁ II. *pn* a constellation, Big Dipper Job 9:9◦

עָשׁוֹק ↩ עשק *m.* oppressor, violent criminal Jer 22:3◦

עֲשׁוּקִים & עֲשֻׁקִים ↩ עשק *m.* injustice, violence Am 3:9; Ecc 4:1; Job 35:9◦

עָשׁוֹת *f.* formed, forged (iron) Ez 27:19◦

עַשְׁוָת *m. PN* Ashwath 1 Chr 7:33◦

עָשִׁיר ↩ עשר *m.* rich, wealth 2 עֲשִׁירִים 3 עֲשִׁירֵי 4 עֲשִׁירֶיהָ

✓ עשן^B^ *q* smoke, be enveloped by smoke 5 עָשַׁן 6 יֶעֶשְׁנוּ יֶעְשַׁן עָשַׁנְתָּ

עָשָׁן^B^ ↩ עשן I. *m.* smoke 1 עֲשַׁן עֶשֶׁן 4 עֲשָׁנוֹ

עָשָׁן II. *pln* Ashan Jos 15:42 ↪ בּוֹר עָשָׁן Bor-Ashan 1 Sam 30:30◦

עָשֵׁן ↩ עשן *m.* smoking 2 עֲשֵׁנִים Ex 20:18; Isa 7:4◦

✓ עשק^B^ I. *q* treat cruel, oppress, intimidate; cheat, exploit 5 עָשַׁק *p* עָשָׁק עֲשָׁקוֹ^e^ עֲשַׁקְתָּנוּ^e^

1 st.c. sg. 2 st.a. pl. 3 st.c. pl. 4 with *epp* 5 SC 6 PC 7 narrative 8 inf.c. 9 inf.a. 10 imp. 11 part.

עֲשְׁתֹּנוֹת ← עשת II. *f.* plans 4 עֶשְׁתֹּנֹתָיו Ps 146:4◦

עַשְׁתָּרֹת & עַשְׁתָּרוֹת *pln* Ashtharoth; part of the *pln* Ashtheroth-Karnaim Gen 14:5; just Karnaim Am 6:13

עַשְׁתֹּרֶת *pn* a Canaanite fertility goddess, Astarte. The punctation follows → בֹּשֶׁת 2 עַשְׁתָּרוֹת

עַשְׁתָּרֹת & עַשְׁתְּרוֹת *f.* offspring Dtn 7:13; 28:4.18.51◦

עַשְׁתְּרָתִי *pn* Ashtarothite 1 Chr 11:44◦

עֵת[B] *f.* time, moment; duration, epoch; right time, kairos; end time; time (count), opportunity; history Est 1:13; כָּעֵת now; בָּעֵת at time; כָּעֵת חַיָּה time of life: next year at the same time; כִּי לְעֶת־יוֹם בְּיוֹם day by day 1 Chr 12:23; לֹא־עֵת no time; קֵץ הָעִתִּים שָׁנִים after a couple of years 1 עֵת 2 עִתִּים עִתּוֹת 4 עִתּוֹ עִתֹּתַי עִתֶּיךָ; עִתָּם עִתֵּךְ עִתְּךָ עִתָּהּ

עַתָּ *qr.* Ps 74:6 → עַתָּה; *kt.* עֵת◦

עֵת קָצִין *pln* Eth-Kazin Jos 19:13◦

✓ עתד *pi* prepare, get things ready 10 וְעַתְּדָהּ[e] Prov 24:27◦

hitp be predetermined, prepared 5 הִתְעַתְּדוּ Job 15:28◦

עַתֻּדִים & עַתּוּדִים *m.* goats; fig. bell-wethers, leaders Isa 14:9; Zec 10:3 - 3 עַתּוּדֵי

עֲתִדֹת → עָתִיד *f.* the coming, predestined Dtn 32:35; Isa 10:13 *kt.*◦

תַּעַשְׁקוּ יַעַשְׁקֵנִי[e] תַּעֲשֹׁק יַעֲשֹׁק 6 עָשְׁקוּ עָשַׁקְתִּי עֲשָׁקֵי[e] עוֹשֵׁק עֹשֵׁק 11 עָשֹׁק 9 עָשְׁקָם[e] עֲשֹׁק 8 עָשֻׁק עָשׁוּק .pass עֲשׁוּקוֹת עֹשְׁקֵיהֶם[e] עֹשְׁקֵי הָעֲשֻׁקִים

pu be raped 11 מְעֻשָּׁקָה Isa 23:12◦

✓ עשק II. *q* swell, overflow 6 יַעֲשֹׁק Job 40:23◦

עֹשֶׁק ← עשק *m.* extortion, oppression, violence; fraud, cheating

עֵשֶׁק *m. PN* Eshek 1 Chr 8:39◦

עָשְׁקָה ← עשק *f.* hardship, distress Isa 38:14◦

עֲשׁוּקִים & עֲשֻׁקִים ← עשק *m.* oppression, violence Am 3:9; Ecc 4:1; Job 35:9◦

✓ עשר *q* be rich 5 עָשַׁרְתִּי 6 יֶעְשַׁר Hos 12:9; Job 15:29◦

hif make rich; acquire wealth, get rich 5 תַּעֲשִׁיר יַעֲשִׁר יַעְשִׁיר 6 הֶעֱשַׁרְתִּי הֶעֱשַׁרְתְּ 8 וַיַּעֲשִׁירוּ 7 תַּעְשְׁרֶנָּה[e] תַּעֲשִׁיר יַעְשְׁרֶנּוּ[e] מַעֲשִׁיר 11 הַעֲשִׁיר

hitp pretend to be rich 11 מִתְעַשֵּׁר Prov 13:7◦

עֹשֶׁר *m.* wealth 4 עָשְׁרָם עָשְׁרוֹ

✓ עשש *q* be clouded (eyes); be withered (limbs) 5 עָשְׁשׁוּ עָשְׁשָׁה Ps 6:8; 31:10f◦

✓ עשת I.*q* be fat, smooth, sleek 5 עָשְׁתוּ Jer 5:28◦

✓ עשת II. *hitp* be mindful 6 יִתְעַשֵּׁת Jon 1:6◦

עֶשֶׁת ← עשת *m.* work of art Song 5:14◦

עַשְׁתּוּת ← עשת *m.* opinion, thought Job 12:5◦

עַשְׁתֵּי only with עָשָׂר & עֶשְׂרֵה eleven, eleventh

1 st.c. sg. 2 st.a. pl. 3 st.c. pl. 4 with *epp* 5 SC 6 PC 7 narrative 8 inf.c. 9 inf.a. 10 imp. 11 part.

עַתָּה[B] ← עֵת now; with וְ the word introduces a consequence or a new train of thought: and now, but now; with מִן: מֵעַתָּה from now on

עָתוּד pl. *m.*: ready Est 8,13 *kt.*; pl.*f.*: treasures Isa 10:13 *qr.* 2 עֲתוּדִים 4 עֲתוּדֹתֵיהֶם◦

עַתֻּדִים & עַתּוּדִים *m.* goats; fig. bell-wethers, leaders Isa 14,9; Zec 10,3 - 3 עַתּוּדֵי

עִתִּי ← עֵת standing by Lev 16:21◦

עַתַּי *m. PN* Attai

עָתִיד *m.* ready, finished; pl. *f.*: what is prepared, things to come Dtn 32:35; Isa 10:13 *kt.* 2 עֲתִידִים 4 עֲתִדֹת עֲתִידוֹתֵיהֶם

עֲתָיָה *m. PN* Athaiah Neh 11:4◦

עָתִיק ← עתק *m.* fine, selected, splendid Isa 23:18◦

עַתִּיקִים ← עתק *m.* old: old, trustworthy reports 1 Chr 4:22; of a child: barely weaned Isa 28:9 - 3 עַתִּיקֵי◦

עֲתָךְ *pln* Atach 1 Sam 30:30◦

עַתְלַי *m. PN* Athlai Ezr 10:28◦

עֲתַלְיָהוּ & עֲתַלְיָה *m.* & *f. PN* Athaliah

✓ **עתם** *nif.* burn, be scorched 5 נֶעְתַּם Isa 9:18◦

עָתְנִי *m. PN* Othni 1 Chr 26:7◦

עָתְנִיאֵל *m. PN* Otniël

✓ **עתק** *q* getting old Ps 6:8; getting weak Job 21:7; move, give way Job 14:18; 18:4 – 5 עָתְקָה 6 יֶעְתַּק עָתְקוּ◦

hif leave, move on Gen 12:8; 26:22; move (mountains) Job 9:5; go away (words) Job 32:15; gather (proverbs) Prov 25:1 - 5 הֶעְתִּיקוּ 7 וַיַּעְתֵּק 11 מַעְתִּיק◦

עָתָק *m.* stubborn, presumptuous; cheeky, insolent speech

עָתֵק *m.* permanent, others: stately Prov 8:18◦

✓ **עתר** I. *q* pray, plead 6 יֶעְתַּר 7 וַיֶּעְתַּר

nif. grant a prayer, relent, be softened, be merciful 5 נֶעְתַּר 7 וַיֵּעָתֵר וַיֵּעָתֶר 8 הֵעָתֶר־ 9 נַעְתּוֹר

hif pray, plead 5 וְהַעְתַּרְתִּי 6 אַעְתִּיר 10 הַעְתִּירוּ תַּעְתִּיר

✓ **עתר** II. *nif* be delusive 11 נַעְתָּרוֹת Prov 27:6◦

hif give impertinent speeches 5 וְהַעְתַּרְתֶּם Ez 35:13◦

עָתָר ← עתר I. *m.* worshipper, admirer 4 עֲתָרַי Zeph 3:10◦

עָתָר II. *m.* scent, fragrance 1 עֲתַר Ez 8:11◦

עֶתֶר *pln* Eter Jos 15:42; 19:7◦

עֲתֶרֶת *f.* abundance, plenty; others: permanent, enduring Jer 33:6◦

פֹּא here Job 38:11 ↪ פֹּה◦

✓ **פאה** *hif* scatter; others: cut to pieces 6 אַפְאֵיהֶם[e] Dtn 32:26◦

פֵּאָה ← פֶּה *f.* corner, edge, side, direction; borderland, boundery Neh 9:22; with רֹאשׁ side of the head, hair Lev 19:27; without רֹאשׁ Jer 9:25 et passim - 1 פְּאַת 2 פֵּאֹת du. cstr. פַּאֲתֵי

✓ **פאר**[B] I. *pi* glorify, adorn 5 פֵּאֲרָךְ[e] 6 אֲפָאֵר יְפָאֵר 8 פָּאֵר

hitp show one's glory, glorify oneself (only of God); designate, command Ex 8:5; boast, brag Jdg 7:2; Isa 10:15 - 6 אֶתְפָּאָר יִתְפָּאָר *p* יִתְפָּאֵר 8/10 הִתְפָּאֵר

✓ **פאר** II. *pi* go over the branches (i.e. glean olive trees) 6 תְּפַאֵר Dtn 24:20◦

פְּאֵר I. *m.* bonnet, turban 2 פְּאֵרִים 3 פַּאֲרֵי 4 פְּאֵרֵךְ פְּאֵרְכֶם

פֻּארָה ← פאר *f.* coll. branches Isa 10:33◦

פָּארוּר *m.* with קבץ redden, glow (by accumulation of blood); others: turn pale Joel 2:6; Nah 2:11◦

פֹּארוֹת ← פאר *f.* coll. shoots; twigs, branches 4 פֹּארֹתָיו Ez 17:6; 31:5ff◦

פָּארָן *pn* Paran

פַּג *m.* (green) fig 4 פַּגֶּיהָ Song 2:13◦

פִּגּוּל *m.* unclean meat 2 פִּגֻּלִים

✓ **פגע**[B] *q* meet, encounter, reach; strike, attack, assault; stand up for someone, ask, press, harass, annoy; spare Isa 47:3 - 5 פָּגַע פְּגָעוֹ[e] וּפָגַעְתָּ 6 יִפְגָּעֵנוּ[e] יִפְגַּע תִּפְגְּעִי תִּפְגַּע אֶפְגַּע יִפְגְּעוּ נִפְגַּע יִפְגְּעוּן 7 וַיִּפְגַּע וַיִּפְגְּעוּ 8 לִפְגֹּעַ פִּגְעוֹ[e] 10 פְּגַע פִּגְעוּ

hif drop, throw Isa 53:6; Job 36:32; intercede for someone, come to the aid Isa 53:12; 59:16; Jer 15:11; ask, oppress Jer 36:25 - 5 הִפְגִּיעַ הִפְגַּעְתִּי הִפְגִּיעוּ 6 יַפְגִּיעַ 11 מַפְגִּיעַ◦

פֶּגַע ← פגע *m.* circumstance, event 1 Kgs 5:18; Ecc 9:11◦

פַּגְעִיאֵל *m. PN* Pagiel

✓ **פגר** *pi* be tired, exhausted 5 פִּגְּרוּ 1 Sam 30:10.21◦

פֶּגֶר *m.* corpse; carcass; carrion 2 פְּגָרִים 3 פִּגְרֵי 4 פִּגְרֵיכֶם

ⓘ For Ez 43:7.9 some scholars assume the meaning *monument*, *stele*; cf. Lev 26:30.

✓ **פגשׁ**[B] *q* meet, encounter 5 פָּגַשְׁתִּי פָּגְשׁוּ 6 יִפְגָּשְׁךָ[e] אֶפְגְּשֵׁם[e] 7 וַיִּפְגְּשֵׁהוּ[e] וַיִּפְגֹּשׁ וַתִּפְגֹּשׁ וַיִּפְגְּשׁוּם[e] 8 פְּגֹשׁ 9 פָּגוֹשׁ

nif meet each other 5 נִפְגָּשׁוּ Ps 85:11; Prov 22:2; 29:13◦

pi meet with 6 יְפַגְּשׁוּ Job 5:14◦

✓ **פדה**[B] *q* redeem, ransom, free 5 פָּדָה פְּדֶךָ[e] פָּדָם[e] פָּדִיתָ פָּדִיתָה פְּדִיתִיךָ[e] פְּדִתִיךָ[e] פְּדִיתִים[e] 6 יִפְדֶּה אֶפְדֵּם[e] תִּפְדּוּנִי[e] 7 וַיִּפְדְּךָ[e] וַיִּפְדּוּ 8 לִפְדּוֹת 9 פָּדֹה 10 פְּדֵה פְּדֵנִי[e] וּפְדֵנוּ[e] 11 פּוֹדֶה פֹּדְךָ[e] pass. פְּדוּיֵי פְּדוּיָו[e]

nif be redeemed, ransomed, freed 5 נִפְדָּתָה 6 יִפָּדֶה תִּפָּדֶה Lev 19:20; 27:29; Isa 1:27◦

hif let someone be redeemed 5 הֶפְדָּהּ[e] Ex 21:8◦

hof be redeemed 9 הָפְדֵּה Lev 19:20◦

פְּדָהאֵל *m. PN* Pedahel Num 34:28◦

פְּדָהצוּר & **פְּדָה־צוּר** *m. PN* Pedazur

פְּדוּיִם & **פְּדֻיִם** ← פדה *m.* ransom 3 פְּדוּיֵי Num 3:46ff; 18:16◦

פָּדוֹן *m. PN* Padon Ezr 2:44; Neh 7:47◦

1 st.c. sg. 2 st.a. pl. 3 st.c. pl. 4 with *epp* 5 SC 6 PC 7 narrative 8 inf.c. 9 inf.a. 10 imp. 11 part.

פְּדוּת & **פְּדֻת** ← פדה *f.* redemption Ex 8:19; Isa 50:2; Ps 111:9; 130:7◦

פְּדָיָה & **פְּדָיָהוּ** *m. PN* Pedaia

פִּדְיוֹם ← פדה *m.* ransom Num 3:49◦

פִּדְיוֹן & **פִּדְיֹן** ← פדה *m.* ransom, redemption

פַּדַּן אֲרָם *pln* Paddan-Aram, Mesopotamia

✓ **פדע** *q* save 10 [e]פְּדָעֵהוּ Job 33:24◦

פֶּדֶר *m.* suet *p* פָּדֶר 4 פִּדְרוֹ Lev 1:8.12; 8:20◦

פְּדֻת & **פְּדוּת** ← פדה *f.* redemption Ex 8:19; Isa 50:2; Ps 111:9; 130:7◦

פֶּה[B] *m.* mouth; opening; word, command, order; (with sword:) sharpness, edge 1 פִּי 2 פִּיּוֹת פִּיּוֹת פִּים (1 Sam 13:21; but ↪ פִּים) 4 פִּיהוּ פִּיו פִּינוּ פִּיכֶם פִּיהֶם פִּי פִּיךָ פִּימוֹ Idioms: פֶּה אֶחָד unanimous; פֶּה אֶל־פֶּה from mouth to mouth > face to face; מִפֶּה אֶל־פֶּה from one end to the other; בְּכָל־פֶּה with full mouth, greedy; שׁאל אֶת־פֶּה seek advice; עַל־פֶּה by order; כְּפִי & לְפִי & עַל־פִּי אֲשֶׁר in proportion, according to (often with numbers or quantities); כְּפִי אֲשֶׁר because; פִּי שְׁנַיִם double portion

פֹּה[B] & **פוֹ** & **פֹּא** here; so far; מִפֹּה ... מִפֹּה on one side... on the other; each side Ez 40:10 et passim

פֻּוָּה & **פּוּאָה** *m. PN* Puvah

✓ **פוג** *q* be cold, unmoved (metaph. of the heart) Gen 45:26; be powerless Hab 1:4; slacken, weaken Ps 77:3 - 6 תָּפוּג 7 וַיָּפָג◦

nif be worn out, weak 5 נְפוּגוֹתִי Ps 38:9◦

פּוּגָה ← פוג *f.* rest, recreation 1 פּוּגַת Lam 2:18◦

פֻּוָּה *m. PN* Puvah ↪ פּוּאָה Gen 46:13; Num 26:23◦

✓ **פוח** *q* blow away, chill 6 יָפוּחַ Song 2:17; 4:6◦

hif let blow, inflame, stir up turmoil; breath out (words), utter Prov 6:19; 12:17; 14:5.25; 19:5.9; long for Ps 12:6; drag on, delay Hab 2:3; hiss Ps 10:5 - 6 אָפִיחַ יָפֵחַ יָפִחַ יָפִיחַ 10 הָפִיחִי

פּוּט *pln* Put

פּוּטִיאֵל *m. PN* Putiël Ex 6:25◦

פּוֹטִיפַר *m. PN* Potiphar Gen 37:36; 39:1◦

פּוֹטִי פֶרַע *m. PN* Potiphera Gen 41:45.50; 46:20◦

פּוּךְ I. *m.* make-up

פּוּךְ II. *m.* malachite Isa 54:11◦

פּוֹל *m.* coll. beans 2 Sam 17:28; Ez 4:9◦

פּוּל *pln* Isa 66:19 & *PN* Pul, second name of Tiglath-Pileser III. 2 Kgs 15:19; 1 Chr 5:26◦

✓ **פון** *q* despair 6 אָפוּנָה Ps 88:16◦

פּוֹנֶה *m.* corner; *var.* ↪ פִּנָּה 2 Chr 25:23◦

פּוּנִי *pn* Puvanite, Punite Num 26:23f◦

פּוּנֹן *pln* Punon Num 33:42f◦

פּוּעָה *f. PN* Pua Ex 1:15

✓ **פוץ**[B] *q* disperse, expel; flow, pour out, overflow; live in abundance 6 תְּפוּצֶינָה יָפֻצוּ יָפוּצוּ וַתְּפוּצֶינָה וַיָּפֻצוּ 7 נָפוּץ תְּפוּצֶין 10 פֻּצוּ 11 pass. [e]פּוּצַי

1 st.c. sg. 2 st.a. pl. 3 st.c. pl. 4 with *epp* 5 SC 6 PC 7 narrative 8 inf.c. 9 inf.a. 10 imp. 11 part.

nif be scattered, spread 5 נְפֹצֹתֶם נָפֹצוּ נָפוֹצָה נָפֹצִית; *kt.* *qr;* נְפֹצֶת 11 נְפֹצוֹתֶם נְפוֹצֹתֶם נְפֻצוֹת נְפֹצִים

hif disperse, expel; pour out Job 40:11; drive away, blow away; scatter, go away 1 Sam 13:8; shoo Job 18:11 - 5 הֱפִיצָם[e] הֱפִיצְךָ[e] הֵפִיץ הֲפִצֹתִים[e] הֲפִצוֹתִיךָ[e] וַהֲפִצֹתִי וַהֲפִיצוֹתִי 6 יָפֵץ הֲפִצֹתֶם הֲפִיצוֹתֶם הֲפִיצֹתֶם הֱפִיצֵהוּ[e] 8 הָפִיץ וְאָפִיץ וַיְפִיצֵם[e] 7 וַיָּפֶץ אֲפִיצֵם[e] יָפִיץ מְפִצִים מֵפִיץ 10 הָפֵץ 11 לַהֲפִיצֵנִי[e] הֲפִיצִי[e]

√ **פוק** I. *q* totter, stumble 5 פָּקוּ Isa 28:7◦

hif wiggle, wobble, fall over 6 יָפִיק Jer 10:4◦

√ **פוק** II. *hif* succeed Ps 140:9; reach, receive, win Prov 3:13; 8:35; 12:2; 18:22; supply, provide Isa 58:10; Ps 144:13 - 6 יָפִיק תָּפֵק 7 וַיָּפֶק 11 מְפִיקִים◦

פּוּקָה ← פוק *f.* obstacle 1 Sam 25:31◦

√ **פור** *hif* break Ez 17:19; foil Ps 33:10 - 5 הֵפִיר◦

פּוּר[B] *m.* lot; the feast of Purim 2 פּוּרִים פֻּרִים

פּוּרָה ← פור *f.* winepress Isa 63:3; Hag 2:16◦

פּוֹרָתָא *m. PN* Porata Est 9:8◦

√ **פוש** I. *q* skip, leap Jer 50:11; Mal 3:20; spring, storm Hab 1:8 - 5 וּפָשׁוּ וּפִשְׁתֶּם 6 *qr.* Jer 50:11 תָּפוּשׁוּ; *kt.*: תָּפוּשִׁי◦

√ **פוש** II. *nif* be scattered 5 נָפֹשׁוּ Nah 3:18◦

פּוּתִי *pn* Putite 1 Chr 2:53◦

פַּז ← פזז *m.* pure refined gold

√ **פזז** I. *hof* be refined 11 מוּפָז 1 Kgs 10:18◦

√ **פזז** II. *q* be limber, flexible 7 וַיָּפֹזּוּ Gen 49:24◦

pi leap, skip 11 מְפַזֵּז 2 Sam 6:16◦

√ **פזר** *q* pt.pass. be scattered 11 פְּזוּרָה Jer 50:17◦

nif be scattered 5 נִפְזְרוּ Ps 141:7◦

pi scatter; distribute; run after 5 פִּזַּרְתָּ פִּזַּר 6 יְפַזֵּר 7 וַתְּפַזְּרִי 11 מְפַזֵּר פִּזְּרוּ

pu be scattered 11 מְפֻזָּר Est 3:8◦

פַּח ← פחח I. *m.* bird trap: sling, net 2 פַּחִים 3 פַּחֵי

פַּח II. *m.* fine plate 2 פַּחִים 3 פַּחֵי Ex 39:3; Num 17:3◦

√ **פחד**[B] *q* tremble with fear, be afraid, be horrified; tremble with joy, rejoice Isa 60:5; Jer 33:9; come trembling Hos 3:5 - 5 וּפָחַדְתָּ פָּחַד 6 אֶפְחַד תִּפְחַד יִפְחָד *p* פָּחֲדוּ פָּחַדְתִּי 6 פָּחָדוּ תִּפְחֲדוּ יִפְחֲדוּ *p* יִפְחָדוּ אֶפְחָד *p*

pi be afraid 7 וַתְּפַחֵד 11 מְפַחֵד Isa 51:13; Prov 28:14◦

hif make tremble 5 הִפְחִיד Job 4:14◦

פַּחַד[B] ← פחד I. *m.* tremble, horror, fear; as a designation of God פַּחַד יִצְחָק *Fear of Isaac* 2 פְּחָדִים 4 פַּחְדּוֹ פַּחְדְּךָ פַּחְדָּם פַּחְדְּכֶם

פַּחַד II. *m.* thigh 4 *qr.* פַּחֲדָיו *kt.* פַּחְדוֹ Job 40:17◦

פַּחְדָּה ← פחד *f.* tremble, fear 4 פַּחְדָּתִי Jer 2:19◦

פֶּחָה *m.* governor, commander 1 פַּחַת 2 פַּחוֹת 3 פַּחֲוֹת 4 פֶּחָתְךָ פֶּחָם פַּחוֹתֶיהָ

√ **פחז** *q* be bold, reckless 11 פֹּחֲזִים Jdg 9:4; Zeph 3:4◦

פַּחַז ← פחז *m.* bubbling, surging (water) Gen 49:4◦

פַּחֲזוּת ← פחז *f.* recklessness 4 פַּחֲזוּתָם Jer 23:32◦

✓ פחח *hif* be trapped 9 הָפֵחַ Isa 42:22◦

פַּחִים *m.* fine plates 3 פַּחֵי Ex 39:3; Num 17:3◦

פֶּחָם *m.* coal, coal embers Isa 44:12; 54:16; Prov 26:21◦

פַּחַת ← פחח *m.* pit 2 פְּחָתִים

פַּחַת מוֹאָב *m. PN* Pahatt-Moab

פְּחֶתֶת *f.* pit in a garment, caused by mildew Lev 13:55◦

פִּטְדָה a precious stone, topaz or chrysolite 1 פִּטְדַת

פְּטִירִים *m.* off duty 1 Chr 9:33 *kt.*; *qr.* פְּטוּרִים pt. pass. ↪ פטר

פַּטִּישׁ *m.* hammer, sledgehammer Isa 41:7; Jer 23:29; 50:23◦

✓ פטר *q* elude, slip away 1 Sam 19:10; let out Prov 17:14; פְּטוּרֵי צִצִּים open flowers, garlands 1 Kgs 6:18ff; be off duty 1 Chr 9:33; 2 Chr 23:8 - 5 פָּטַר 7 וַיִּפְטַר 11 פּוֹטֵר pass. פְּטוּרִים פְּטֻרֵי פְּטוּרֵי◦

hif curl (one's lips, as a sign of contempt) 6 יַפְטִירוּ Ps 22:8◦

פֶּטֶר *m.* & פִּטְרָה[B] *f.* (Num 8:16) firstborn 1 פִּטְרַת

פִּי ↪ פֶּה mouth

פִּי־בֶסֶת *pln* Pi-Beseth Ez 30:17◦

פִּי־הַחִירֹת *pln* Pi-Hahirot Ex 14:2.9; Num 33:7f◦

פִּיד *m.* doom, disaster 4 פִּידוֹ

פֵּיוֹת & פִּיּוֹת ↪ פֶּה: *f.* double-edged Jdg 3:16; Prov 5:4◦

פִּיחַ *m.* soot Ex 9,8.10◦

פִּיכֹל *m. PN* Pichol Gen 21:22.32; 26:26◦

פִּלֶגֶשׁ & פִּילֶגֶשׁ *f.* concubine 2 פִּלַגְשִׁים פִּילַגְשֵׁהוּ פִּילַגְשׁוֹ 4 פִּלַגְשֵׁי 3 פִּילַגְשִׁים פִּלַגְשֵׁיהֶם פִּלַגְשֶׁךָ פִּלַגְשָׁיו פִּילַגְשִׁי

פִּים *pn* a weight, Pim, two thirds of a shekel 1 Sam 13:21◦

ⓘ Some scholars see in this word a special form of ↪ פֶּה *mouth*, *edge* or its plural.

פִּימָה *f.* fat Job 15:27◦

פִּנְחָס & פִּינְחָס *m. PN* Pinhas

פִּינֹן *m. PN* Pinon Gen 36:41; 1 Chr 1:52

פִּיפִיּוֹת ← פֶּה *f.* double-edged Isa 41:15; Ps 149:6◦

פִּישׁוֹן *pn* a river, Pishon Gen 2:11◦

פִּיתוֹן *m. PN* Piton 1 Chr 8:35; 9:41◦

פַּךְ *m.* jug 1 Sam 10:1; 2 Kgs 9:1.3◦

✓ פכה *pi* trickle 11 מְפַכִּים Ez 47:2◦

פֹּכֶרֶת הַצְּבָיִים *m. PN* Pocheret-Zebaim Ezr 2:57; Neh 7:59◦

✓ פלא[B] I. *nif* be wonderful; with מִן be extraordinary, impossible; too heavy Gen 18:14; pt.f. נִפְלָאוֹת God's wonderful works 5 נִפְלָאת 11 וַיִּפָּלֵא 7 יִפָּלֵא 6 נִפְלְאוּ נִפְלֵיתִי נִפְלָאתָה נִפְלְאֹתָיו[e] נִפְלָאוֹת נִפְלְאוֹת נִפְלָאִים נִפְלָאת נִפְלְאֹתֶיךָ[e] נִפְלְאֹתַי[e]

hif perform miracles; be or act wonderful 5 הִפְלִיא הִפְלָא הִפְלָא 8 לְהַפְלִיא 9 הַפְלֵא 10 הַפְלֵה 11 מַפְלִא

hitp act wonderfully, incomprehensibly 6 תִּתְפַּלָּא Job 10:16◦

√פלא II. *pi* with נֶדֶר fulfill a vow 8 פַּלֵּא Lev 22:21; Num 15:3.8◦

hif make a vow 6 יַפְלִא Lev 27:2; Num 6:2◦

פֶּלֶא ← פלא *m.* wonder, marvel; astounding Lam 1:9 - 2 פְּלָאִים פְּלָאוֹת 4 פִּלְאֲךָ פִּלְאֶךָ

פֶּלְאִי ← פלא *m.* wonderful, mysterious Jdg 13:18◦

פַּלֻּאִי *pn* Palluite Num 26:5◦

פְּלִאיָה ← פלא *f.* Ps 139:6 *kt.*; *qr.* פְּלִיאָה wonderful◦

פְּלָאיָה *m. PN* Pelaiah Neh 8:7; 10:11◦

√פלג *nif* be divided 5 נִפְלְגָה Gen 10:25; 1 Chr 1:19◦

pi divide (tongue), confuse language Ps 55:10; break path, cut channel (for water flood) Job 38:25 - 5 פִּלַּג 10 פַּלַּג◦

פֶּלֶג ← פלג I. *m.* brook, stream, canal 2 פְּלָגִים 3 פַּלְגֵי 4 פְּלָגָיו

פֶּלֶג II. *m. PN* Peleg

פְּלַגּוֹת ← פלג *f.* streams Jdg 5:15f; Job 20:17◦

ⓘ Some scholars assume for Jdg 5:15 the meaning *divisions, districts.*

פְּלֻגּוֹת ← פלג *f.* divisions, sections 2 Chr 35:5◦

פִּילֶגֶשׁ & פִּלֶגֶשׁ *f.* concubine 2 פִּלַגְשִׁים פִּלַגְשִׁים 3 פִּלַגְשֵׁי 4 פִּילַגְשׁוֹ פִּילַגְשֵׁהוּ פִּילַגְשִׁי פִּלַגְשֵׁיהֶם פִּלַגְשֶׁיךָ פִּלַגְשָׁיו

פִּלְדָּשׁ *m. PN* Pildash Gen 22:22◦

פְּלָדוֹת *f.* steel Nah 2:4◦

ⓘ Because the meaning of the word is not quite clear, some translators change the text to לַפִּדוֹת *torches.*

√פלה *var.* ↪ פלא I. *nif* be singled out, distinguished Ex 33:16; be wonderfully made Ps 139:14 – 5 נִפְלֵינוּ נִפְלֵיתִי

hif do something special Ex 18:8; Ps 4:4; 17:7; with בֵּין make a difference, distinction Ex 9:4; 11:7 - 5 הִפְלָה וְהִפְלֵיתִי 6 יַפְלֶה 10 הַפְלֵה◦

פַּלּוּא *m. PN* Pallu

פְּלוֹנִי ↪ פְּלֹנִי

√פלח *q* plow 11 פֹּלֵחַ Ps 141:7◦

pi cut, whittle 2 Kgs 4:39; pierce, split Job 16:13; Prov 7:23; split cervix, have children Job 39:3 - 6 יְפַלַּח תְּפַלַּחְנָה 7 וַיְפַלַּח

פֶּלַח ← פלח *m.* piece, slice 1 Sam 30:12; Song 4:3; 6:7; millstone (in the form of two discs) Jdg 9:53; 2 Sam 11:21; Job 41:16◦

פִּלְחָא *m. PN* Pilha Neh 10:25◦

√פלט[B] *q* escape, get away 5 פָּלְטוּ Ez 7:16◦

pi rescue, deliver, help, bring to safety; calve Job 21:10 - 6 יְפַלְּטֵהוּ[e] יְפַלְּטֵם[e] תְּפַלֵּט תְּפַלְּטֵנִי[e] וַאֲפַלְּטָה אֲפַלְּטֵהוּ[e] 7 וַיְפַלְּטֵם[e] וַתְּפַלְּטֵמוֹ[e] וַתְּפַלְּטֵנִי[e] 8 פַּלֵּט 10 פַּלֶּט־ פַּלְּטָה פַּלְּטֵנִי[e] פַּלְּטוּ 11 מְפַלְּטִי[e]

hif bring away Isa 5:29; rescue, snatch Mi 6:14 - 6 תַּפְלֵט תַּפְלִיט יַפְלִיט

1 st.c. sg. 2 st.a. pl. 3 st.c. pl. 4 with *epp* 5 SC 6 PC 7 narrative 8 inf.c. 9 inf.a. 10 imp. 11 part.

פֶּלֶט *m. PN* Pelet 1 Chr 2:47; 12:3

פְּלֵיטָה & פְּלֵטָה[B] ← פלט *f.* coll. remaining, escaped; escaping, rescue 1 פְּלֵיטַת

פַּלְטִי *m. PN* Palti Num 13:9; 1 Sam 25:44 & *pn* Peletite 2 Sam 23:26

פִּלְטַי *m. PN* Piltai Neh 12:17◦

פַּלְטִיאֵל *m. PN* Paltiel Num 34:26◦

פְּלַטְיָהוּ & פְּלַטְיָה *m. PN* Pelatiah Ez 11:1.13; 1 Chr 3:21; 4:42; Neh 10:23◦

פֶּלִי & פֶּלִיא ← פלא *m.* wonderful, mysterious ↪ פִּלְאִי

פְּלִיאָה *f.* wonderful, mysterious ↪ פִּלְאִיָּה

פְּלָיָה *m. PN* Pelaiah 1 Chr 3:24◦

פָּלִיט[B] ← פלט *m.* fugitive, escaped 3 פְּלִיטֵי 4 פְּלִיטֵיהֶם פְּלִיטֵיכֶם פְּלִיטָיו

פָּלֵיט[B] ← פלט *m.* fugitive, escaped 2 פְּלֵיטִים פְּלִיטִם פְּלֵטִים

פְּלֵיטָה & פְּלֵטָה[B] ← פלט *f.* coll. remaining, escaped; escaping, rescue 1 פְּלֵיטַת

פְּלִילָה ← פלל *f.* decision, judgment Isa 16:3◦

פְּלִילִי ← פלל *m.* punishable, calling for judgement Job 31:28◦

פְּלִילִיָּה ← פלל *f.* sentencing, judgment Isa 28:7◦

פְּלִילִים & פְּלִלִים ← פלל *m.* judge Ex 21:22; Dtn 32:31; Job 31:11◦

פֶּלֶךְ I. *m.* district, county 4 פִּלְכּוֹ Neh 3:9ff◦

פֶּלֶךְ II. *m.* crutch *p* פָּלֶךְ 2 Sam 3:29; spindle Prov 31:19◦

✓ **פלל**[B] *pi* judge, act as arbiter, mediate 1 Sam 2:25; Ps 106:30; expect, request Gen 48:11; stand up for Ez 16:52 - 5 פִּלַּלְתְּ פִּלַּלְתָּ וּפִלְלוּ[e] 7 וַיְפַלֵּל פִּלָּלְתִּי

hitp judge, conciliate 1 Sam 2:25; pray, ask, intercede 5 הִתְפַּלַּלְתִּי הִתְפַּלַּלְתָּ הִתְפַּלֵּל יִתְפַּלֵּל־ יִתְפַּלֵּל 6 הִתְפַּלַּלְתֶּם הִתְפַּלְּלוּ *p* יִתְפַּלְּלוּ אֶתְפַּלֵּל *p* אֶתְפַּלֵּל תִּתְפַּלֵּל וָאֶתְפַּלֵּל וַתִּתְפַּלֵּל וַיִּתְפַּלֵּל 7 יִתְפַּלְּלוּ הִתְפַּלְּלוּ[e] הִתְפַּלֵּל 8 וַנִּתְפַּלֵּל וָאֶתְפַּלְלָה 10 מִתְפַּלֵּל 11 וְהִתְפַּלְּלוּ הִתְפַּלֵּל־ הִתְפַּלֵּל מִתְפַּלֵּל מִתְפַּלְלִים

פָּלָל *m. PN* Palal Neh 3:25◦

פְּלַלְיָה *m. PN* Pelaliah Neh 11:12

פְּלִלִים ← פלל *m.* judges Ex 21:22

פַּלְמֹנִי the one in question, Dan 8:13 ↪ פְּלֹנִי◦

פְּלֹנִי a certain one, the one in question; always with אֶל־מְקוֹם פְּלֹנִי אַלְמוֹנִי: 1 Sam 21:3 *such and such a place*; with the same meaning 2 Kgs 6:8; Ruth 4:1: a certain person without giving his or her name, "whatever". The previous lemma פַּלְמֹנִי is a contraction of the beginning and the end of the phrase.◦

✓ **פלס** *pi* prepare the way; give free rein to Ps 58:3; 78:50; watch, survey Prov 4:26; 5:21 - 6 יְפַלֵּס 10 פַּלֵּס 11 מְפַלֵּס תְּפַלֵּסוּן

ⓘ Some scholars assume a separate root פלס II for the last two passages mentioned above.

פֶּלֶס ← פלס *m.* coll. scales Isa 40:12; Prov 16:11◦

1 st.c. sg. 2 st.a. pl. 3 st.c. pl. 4 with *epp* 5 SC 6 PC 7 narrative 8 inf.c. 9 inf.a. 10 imp. 11 part.

√ **פלץ** *hitp* tremble 6 יִתְפַּלָּצוּן Job 9:6◦

פַּלָּצוּת ↩ פלץ *f.* shudder, tremble Isa 21:4; Ez 7:18; Ps 55:6; Job 21:6◦

√ **פלשׁ** *hitp* roll around 5 הִתְפַּלָּשְׁתִּי *kt.* 6 יִתְפַּלָּשׁוּ 10 הִתְפַּלְּשִׁי וְהִתְפַּלְּשׁוּ Jer 6:26; 25:34; Ez 27:30; Mi 1:10◦

פְּלֶשֶׁת *pln* land of Philistines

פְּלִשְׁתִּי *pn* Philistine

פֶּלֶת *m. PN* Pelet Num 16:1; 1 Chr 2:33◦

פְּלֵתִי *pn* Plethi, always with ↪ כְּרֵתִי Chreti, idiom: every Harry, Dick and Tom

ⓘ This combination is a shortening malapropism of the *Cretans and Philistines.*

פֶּן[B] (so) that not, lest; otherwise

ⓘ This conjunction, which is almost always with the *PC*, points to a possible future to be averted. The only exception is Prov 25:8: *for.*

פַּנַּג a kind of food, pannag, cake Ez 27:17◦

√ **פנה**[B] *q* turn, turn around, turn away; with עֹרֶף turn one's back; inf.c. with עֶרֶב towards evening 5 פָּנָה פָּנִיתָ פָּנִיתִי פָּנוּ פָּנִינוּ 6 יִפְנֶה תִּפְנֶה וְאֶפְנֶה תִּפְנוּ 7 וַיִּפֶן וַתֵּפֶן וָאֵפֶן וַיִּפְנוּ וַנֵּפֶן 8 פְּנוֹת בִּפְנוֹתָם[e] 9 פָּנֹה 10 פְּנֵה פְּנוּ 11 פֹּנֶה פּוֹנֶה פֹּנִים הַפֹּנוֹת

pi turn away; put away, prepare, clear, make room 5 פִּנָּה פִּנִּיתָ פִּנִּיתִי וּפִנּוּ 10 פַּנּוּ

hif turn away; turn the back, retreat; look around 5 הִפְנָה הִפְנְתָה הִפְנוּ 7 וַיֶּפֶן 8 הַפְנֹתוֹ[e] 11 מַפְנֶה

hof turn back, retreat Jer 49:8; be situated, facing Ez 9:2 - 10 הָפְנוּ 11 מָפְנֶה◦

פָּנֶה[B] only pl.: פָּנִים *m.* face, facial expression; front, frontside, surface; the self, the (own) person: וּפָנֶיךָ הֹלְכִים *you yourself go (with them)* 2 Sam 17:11; with נשׂא appreciate someone (and therefore respond, give in, pay attention); pt. pass.: פָּנִים נְשֹׂאוּ notable; with שׁוב: reject; with prep.: with לְ: לִפְנֵי before (*temp.* & *loc.*); לְפָנִים previously, formerly; with אֶל before, at, there; with אֵת & בְּ before; with מֵאֵת away from; with מִן & לְ: מִלִּפְנֵי from, away from; st. abs. with מִן beforehand Isa 41:26; with עַל on, over; by, opposite; against Ex 20:3 *to my face* 2 פָּנִים 3 פְּנֵי 4 פָּנָיו פָּנֵימוֹ פָּנֶיהָ פָּנֶיךָ פָּנַיִךְ פָּנַי *p* פָּנָי פְּנֵיהֶם פָּנֵינוּ פְּנֵיכֶם

פִּנָּה *f.* corner, corner stone; pinnacle, castle; fig. head, supreme 1 פִּנַּת 2 פִּנּוֹת 4 פִּנָּתָהּ פִּנָּה פִּנָּתָם פִּנֹּתָיו פִּנּוֹתָם

פְּנוּאֵל *m. PN* 1 Chr 4:4; 8:25 *qr.* & *pln* Pnuel

פְּנְחָס & **פִּינְחָס** *m. PN* Pinhas

פְּנִיאֵל *m. PN* 1 Chr 8:25 *kt.* & *pln* Pniel

פְּנִיִּים *m.* coral Prov 3,15 *kt.; qr.* ↪ פְּנִינִים◦

פָּנִים face ↪ פָּנֶה

פְּנִימָה ↩ פָּנֶה as adv.: inside

פְּנִימִי *m.* & **פְּנִימִית** *f.* ↩ פָּנֶה inside, interior, innermost; inner courtyard 2 פְּנִימִים פְּנִימִיּוֹת

פְּנִינִים *m.* corals

פְּנִנָּה *f. PN* Peninnah 1 Sam 1:2.4◦

√ **פנק** *pi* pamper, spoil 11 מְפַנֵּק Prov 29:21◦

1 st.c. sg. 2 st.a. pl. 3 st.c. pl. 4 with *epp* 5 SC 6 PC 7 narrative 8 inf.c. 9 inf.a. 10 imp. 11 part.

פַּס *m.* only in connection כְּתֹנֶת פַּסִּים splendid robe 2 פַּסִּים Gen 37:3.23.32; 2 Sam 13:18f◦

ⓘ Either the word means a dress sewn together from different colorful fabrics or, more likely, an ankle-length one with long sleeves - because in post-Biblical Hebrew פַּס refers to the palm of the hand and the sole of the foot.

פַּס דַּמִּים *pln* Pas-Dammim 1 Chr 11:13◦

✓ פסג *pi* walk around 10 פַּסְּגוּ Ps 48:14◦

פִּסְגָּה *pn* a mountain, Pisgah (always with article)

פִּסָּה *f.* wealth, abundance 1 פִּסַּת Ps 72:16◦

✓ פסח *q* with עַל pass by, spare Ex 12:13ff; Isa 31:5; limp 1 Kgs 18:21 - 5 פָּסַח 9 וּפָסַחְתִּי וּפָסֹחַ 11 פֹּסְחִים◦

nif go lame 7 וַיִּפָּסֵחַ 2 Sam 4:4◦

pi limp, do a hobble dance 7 וַיְפַסְּחוּ 1 Kgs 18:26◦

פֶּסַח[B] *pn* the Passover feast, also: Pasha, Pesach; sacrificial animal for the feast, Passover lamb 2 פְּסָחִים

פִּסֵּחַ ↩ פסח *m.* lame 2 פִּסְחִים

פָּסֵחַ *m. PN* Paseach

פָּסִיל[B] ↩ פסל *m.* image, idol; only plural 2 פְּסִילִים פְּסִלִים 3 פְּסִילֵי 4 פְּסִילֶיהָ פְּסִילֶיךָ פְּסִילֵיהֶם

פַּסִּים ↪ פַּס

פָּסַךְ *m. PN* Pasach 1 Chr 7:33◦

✓ פסל *q* hew, cut, shape 5 פְּסָלוֹ[e] 7 וָאֶפְסֹל פְּסָל־ 10 וַיִּפְסְלוּ וַיִּפְסֹל

פֶּסֶל[B] ↩ פסל *m.* idol, image 2 as plural ↪ פָּסִיל 4 פִּסְלוֹ פִּסְלֵי פִּסְלָם

✓ פסס *q* vanish, become few 5 פַּסּוּ Ps 12:2◦

פִּסְפָּה *m. PN* Pispah 1 Chr 7:38◦

✓ פעה *q* cry 6 אֶפְעֶה Isa 42:14◦

פָּעוּ *pln* Pau Gen 36:39◦

פְּעוֹר *m. PN* & *pln* Peor

פָּעִי *pln* Pai 1 Chr 1:50◦

✓ פעל[B] *q* work; make, do 5 פָּעַל *p* פָּעָל פָּעַלְתָּ פָּעַלְתִּי פָּעֲלוּ *p* פָּעָלוּ 6 יִפְעַל *p* יִפְעָל־ תִּפְעָל־ 7 וַיִּפְעָלֵהוּ[e] 8 לִפְעֳלָם[e] 11 אֶפְעַל תִּפְעָלוּן פֹּעֵל פֹּעֲלֵי פֹּעֲלַי[e]

פֹּעַל[B] ↩ פעל *m.* deed, action; work, daily work; wages Jer 22:13 - 2 פְּעָלִים 4 פָּעֳלוֹ פָּעֳלוֹ פָּעֳלָהּ פָּעָלְךָ *p* פָּעָלֶךָ פָּעֳלָם פָּעָלְכֶם

פְּעֻלָּה[B] ↩ פעל *f.* deed, doing, action; work, wage, price 1 פְּעֻלַּת 2 פְּעֻלּוֹת 4 פְּעֻלָּתוֹ פְּעֻלָּתֵךְ פְּעֻלָּתִי פְּעֻלַּתְכֶם

פְּעֻלְּתַי *m. PN* Pëullethai 1 Chr 26:5◦

✓ פעם *q* move, stir 8 לְפַעֲמוֹ[e] Jdg 13:25◦

nif be agitated, troubled 5 נִפְעַמְתִּי 7 וַתִּפָּעֶם Gen 41:8; Ps 77:5; Dan 2:3◦

hitp be agitated, troubled 7 וַתִּתְפָּעֶם Dan 2:1◦

פַּעַם[B] *f.* anvil Isa 41:7; blow, thrust (on an anvil); step, kick, foot; counted blows: times אַחַת פַּעַם Jos 6:3 *once;* פַּעֲמַיִם Gen 27:36 du.: *two times;* שֶׁבַע פְּעָמִים Gen 33:3 *seven times;* fig.: זֹאת הַפַּעַם *that's the kicker!* Gen 2:23; extenuated as adv.: this time, now; פַּעַם ... פַּעַם sometimes like this... sometimes like that, time after time, over and over; כְּפַעַם־בְּפַעַם as before *p* פָּעַם 2 פְּעָמִים 3 פַּעֲמֵי 4 פְּעָמָיו פְּעָמֶיךָ פַּעֲמֹתָיו פְּעָמַי *p* פְּעָמַי

פַּעֲמוֹן & **פַּעֲמֹן** ↩ פעם *m.* small bell 2 פַּעֲמֹנִים 3 פַּעֲמֹנֵי Ex 28:33f; 39:25f◦

פַּעְנֵחַ part of the *m. PN* Zaphenath-Paneach Gen 41:45 ↪ צָפְנַת־פַּעְנֵחַ◦

√ **פער** *q* open wide 5 פָּעֲרוּ פָּעַרְתִּי וּפָעֲרָה

פַּעֲרַי *m. PN* Paarai 2 Sam 23:35◦

√ **פצה**[B] *q* open up; with עַל against Ps 22:14; save Ps 144:7.10f - 5 פָּצִיתִי פָּצִיתָה פָּצְתָה פָּצוּ 6 יִפְצֶה 10 פְּצֵה 11 פְּצֵנִי[e] פֹּצֶה פוֹצֶה

√ **פצח**[B] I. *q* cheer, rejoice; with רִנָּה burst out in jubilation 5 פָּצְחוּ 6 יִפְצְחוּ 10 פִּצְחִי פִּצְחוּ

√ **פצח** II. *pi* break (bones) 5 פִּצֵּחוּ Mi 3:3

פְּצִירָה *f.* price, charge 1 Sam 13:21◦

√ **פצל** *pi* peel 5 פִּצֵּל 7 וַיְפַצֵּל Gen 30:37f◦

פְּצָלוֹת ↩ פצל *f.* stripes Gen 30:37◦

√ **פצם** *q* split 5 פְּצַמְתָּהּ[e] Ps 60:4◦

√ **פצע** *q* beat, wound; pt.pass. crushed (testicles) 5 פְּצָעוּנִי[e] 9 פָּצֹעַ 11 pass. פְּצוּעַ

פֶּצַע ↩ פצע wound, bruise, bump *p* פָּצַע 2 פְּצָעִים 3 פִּצְעֵי 4 פִּצְעִי פְּצָעַי

√ **פצץ** *pol* shatter 6 יְפֹצֵץ Jer 23:29◦
pilp dash to pieces 7 וַיְפַצְפְּצֵנִי[e] Job 16:12◦
hitpol be shattered 7 וַיִּתְפֹּצְצוּ Hab 3:6◦

פִּצֵּץ *m. PN* Pizzez 1 Chr 24:15◦

פַּצֵּץ part of the *pln* Beth-Pazzez Jos 19:21◦

√ **פצר** *q* urge, press 7 וַיִּפְצְרוּ וַיִּפְצַר
hif be recalcitrant 9 הַפְצַר 1 Sam 15:23◦

פִּק ↩ פוק *m.* shaking Nah 2:11◦

√ **פקד**[B] *q* stand in relation to someone or something, make it one's business; positive: take care, worry, take on something; look, visit, count, muster; transfer responsibility, assign; bring in security, deposit; pt. pass. expenditures, disposition; office; negative: haunt, demand accountability, punish; miss, lack 5 פָּקַד פָּקַדְתָּ *p* פָּקַדְתִּי פְּקַדְתִּיו[e] פְּקַדְתִּיךָ[e] פְּקַדְתִּים[e] פָּקְדוּ פְּקַדְתֶּם וּפְקַדְתֶּם פְּקָדְנוּ 6 יִפְקֹד יִפְקוֹד פְּקָדוּ פְּקָדוּךָ[e] תִּפְקְדֵם[e] תִּפְקְדֶנּוּ[e] תִּפְקֹד יִפְקְדֵם[e] יִפְקְדֵנִי[e] וַיִּפְקֹד 7 תִּפְקְדוּ יִפְקְדוּ אֶפְקֹד־ אֶפְקוֹד אֶפְקֹד פָּקֹד 9 פְּקֹדִי[e] פְּקֹד 8 וַיִּפְקְדוּ וַתִּפְקֹד וַיִּפְקְדֵם[e] 10 פְּקֹד 11 פְּקֹדוּ פְּקָדֵנִי[e] פֹּקֵד פוֹקֵד pass. פְּקֻדֵיהֶם[e] פְּקֻדָיו[e] פְּקוּדֵי פְּקֻדִים

nif be absent, missing, lacking; be held accountable, haunted, punished; receive an assignment, be called upon, be appointed to an office 5 נִפְקַד נִפְקַדְתָּ 6 וְנִפְקַד יִפָּקֵד יִפָּקֵד תִּפָּקֵד יִפָּקְדוּ 7 וַיִּפָּקֵד וַיִּפָּקְדוּ 8/9 הִפָּקֵד

pi muster 11 מְפַקֵּד Isa 13:4◦

pu be punished Isa 38:10; be calculated Ex 38:21 - 5 פֻּקַּדְתִּי פֻּקַּד◦

hif order, appoint, entrust; hand over, deposit 5 הִפְקַדְתִּיךָ[e] הִפְקַדְתִּי הִפְקַדְתִּיו[e] הִפְקִיד הִפְקִדוּ 6 יַפְקִיד יַפְקֵד אַפְקִיד 7 וַיַּפְקֵד הַפְקֵד 10 וַיַּפְקִדוּ וַיַּפְקִידֵם[e] וַיַּפְקִדֵהוּ[e] הַפְקִידוּ

hof be appointed, entrusted, established; be put in safekeeping; be persecuted, others: be proven Jer 6:6 - 5 הָפְקַד 11 מֻפְקָדִים

hitpael be mustered, counted Jdg 20:15.17; 21:9 - 5 הִתְפָּקְדוּ 7 וַיִּתְפָּקֵד וַיִּתְפָּקְדוּ◦

hotpael be mustered, counted 5 הָתְפָּקְדוּ Num 1:47; 2:33; 26:62; 1 Kgs 20:27◦

1 st.c. sg. 2 st.a. pl. 3 st.c. pl. 4 with *epp* 5 SC 6 PC 7 narrative 8 inf.c. 9 inf.a. 10 imp. 11 part.

פְּקֻדָּה[B] ← פקד *f.* office, task; administration, supervision, care; guard, sentry; muster; visitation, punishment; accountability Num 16:29, others: fate; what one has kept Isa 15:7 - 1 פְּקֻדַּת 2/3 פְּקֻדֹּת פְּקֻדּוֹת 4 פְּקֻדָּתְךָ פְּקֻדָּתֵךְ פְּקֻדָּתָם

פִּקָּדוֹן ← פקד *m.* stock, reserve Gen 41:36; entrusted property, deposit Lev 5:21.23◦

פְּקִדֻת ← פקד *f.* guard; with בַּעַל guard commander Jer 37:13◦

פְּקוֹד *pln* Pekod Jer 50:21; Ez 23:23◦

פְּקוּדִים ← פקד pt.pass. *m.* assessment, levy, expenditures 3 פְּקוּדֵי

פִּקּוּדִים[B] ← פקד *m.* directions, orders 3 פִּקּוּדֵי 4 פִּקּוּדֶיךָ פִּקֻּדֶיךָ

✓ פקח[B] *q* open 5 פָּקַחְתָּ 6 פְּקַח פִּקַח 7 אֶפְקַח וַיִּפְקַח 8 פָּקֹחַ 9 פָּקוֹחַ 10 פְּקַח פִּקְחָה *kt.* 11 פֹּקֵחַ pass. פְּקֻחוֹת

nif be opened 5 וְנִפְקְחוּ 6 תִּפָּקַחְנָה 7 וַתִּפָּקַחְנָה Gen 3:5.7; Isa 35:5◦

פֶּקַח *m. PN* Pekach

פִּקֵּחַ *m.* seeing 2 פִּקְחִים Ex 4:11; 23:8◦

פְּקַחְיָה *m. PN* Pekachiah 2 Kgs 15:22ff◦

פְּקַח־קוֹחַ *m.* opening, release Isa 61:1◦

פָּקִיד ← פקד *m.* official, commissioner; supervisor, director 1 פְּקִיד 2 פְּקִידִים פְּקִדִים

פְּקָעִים *m.* pumpkin-shaped (ornaments) 1 Kgs 6:18; 7:24◦

פַּקֻּעֹת *f.* pumpkins 2 Kgs 4:39◦

פַּר *m.* young bull, beef 2 פָּרִים 4 פָּרֶיהָ

✓ פרא *var.* ↪ פרה *hif* be fruitful, flourish 6 יַפְרִיא Hos 13:15◦

פֶּרֶא *m.* wild donkey 2 פְּרָאִים

פִּרְאָם *m. PN* Piram Jos 10:3◦

פַּרְבָּר 1 Chr 26:18 & פַּרְוָרִים 2 Kgs 23:11 building(s), located on the west side of the Temple of Solomon; some understand the word as *pn* Parbar.◦

✓ פרד *q* pt.pass be spread out 11 פְּרֻדוֹת Ez 1:11◦

nif divide, separate, part; be separated, apart, apostatised; spread, branch 5 נִפְרְדוּ *p* נִפְרָדוּ 6 יִפָּרֵד יִפָּרְדוּ 7 וַיִּפָּרְדוּ 8/10 הִפָּרֵד 11 נִפְרָד נִפְרָדִים

pi go aside 6 יְפָרֵדוּ Hos 4:14◦

pu living apart 11 מְפֹרָד Est 3:8◦

hif separate, part, dissociate, divide 5 הִפְרִיד 6 יַפְרִיד 7 וַיַּפְרִדוּ 8 בְּהַפְרִידוֹ[e] 11 מַפְרִיד

hitp be scattered; be disjointed Ps 22:15 - 5 וְהִתְפָּרְדוּ 6 יִתְפָּרְדוּ *p* יִתְפָּרָדוּ

פֶּרֶד *m.* & פִּרְדָּה *f.* mule 1 פִּרְדַּת 2 פְּרָדִים 4 פִּרְדּוֹ פִּרְדֵיהֶם

פְּרֻדוֹת ← פרד *f.* seed, crops Joel 1:17◦

פַּרְדֵּס *m.* pleasure garden, park 2 פַּרְדֵּסִים Song 4:13; Ecc 2:5; Neh 2:8◦

✓ פרה[B] *q* be fruitful, bear fruit, grow; pt. also fruit, plant, young tree Gen 49:22; Isa 17:6 - 5 פָּרוּ פְּרִיתֶם פָּרִינוּ 6 יִפְרֶה תִּפְרֶה וְיִפְרוּ 7 וַיִּפְרוּ 10 פְּרֵה פְּרוּ 11 פֹּרָה פֹּרִיָּה פֹּרָת

hif make fruitful 5 הִפְרַנִי[e] וְהִפְרֵיתִי הִפְרֵתִי 6 וְיַפְרְךָ[e] 7 וַיֶּפֶר 11 מַפְרְךָ[e]

פָּרָה I. *f.* cow 2 פָּרוֹת 4 פָּרָתוֹ

1 st.c. sg. 2 st.a. pl. 3 st.c. pl. 4 with *epp* 5 SC 6 PC 7 narrative 8 inf.c. 9 inf.a. 10 imp. 11 part.

פָּרָה II. *pln* Parah Jos 18:23◦

פֻּרָה *m. PN* Purah Jdg 7:10f◦

פֶּרֶה *m.* wild donkey Jer 2:24 ↪ פֶּרֶא◦

פְּרוּדָא *m. PN* Peruda Ezr 2:55◦

פֵּרוֹת ↪ חֲפֹר *f.* newts Isa 2:20◦

פְּרוֹזִים Est 9:19 *kt.* countrymen; *qr.* ↪ פְּרָזִי

פָּרוּחַ *m. PN* Paruach 1 Kgs 4:17◦

פַּרְוַיִם *pln* Parvajim 2 Chr 3:6◦

פָּרוּר *m.* pot

פַּרְוָרִים ↪ פַּרְבָּר 2 Kgs 23:11◦

פְּרָז *m.* warrior 4 *qr.* פְּרָזָיו; *kt.* פְּרָזוֹ Hab 3:14◦

פְּרָזוֹן *m.* rural population, villagers 4 פִּרְזוֹנוֹ Jdg 5:7.11◦

פְּרָזוֹת *f.* open country, without walls Ez 38:11; Zec 2:8; Est 9:19◦

פְּרָזִי *m.* open land, open, without walls Dtn 3:5; 1 Sam 6:18; rural population Est 9:19 *qr.* 2 פְּרָזִים

פְּרִזִּי *pn* Perizite

✓ פרח I. *q* bloom, sprout; break out, open 5 פָּרַח פָּרָחָה *p* פָּרְחָה 6 יִפְרָח תִּפְרַח *p* תִּפְרָח יִפְרְחוּ *p* יִפְרָחוּ תִּפְרַחְנָה 8 פְּרֹחַ 9 פָּרֹחַ פָּרוּחַ 11 פֹּרֵחַ פֹּרַחַת

hif let bloom; blossom, prosper 5 הִפְרַחְתִּי 6 יַפְרִיחַ יַפְרִחַ תַּפְרִיחִי יַפְרִיחוּ

✓ פרח II. *q* pt.f. flying, bird 11 פֹּרְחוֹת Ez 13:20◦

פֶּרַח *m.* ↩ פרח blossom, flower; floral ornament 1 Kgs 7:49 - 4 פִּרְחָהּ פִּרְחָם פִּרְחֶיהָ

פִּרְחַח *m.* ↩ פרח brood, mob Job 30:12◦

✓ פרט *q* improvise 11 פֹּרְטִים Am 6:5◦

פֶּרֶט *m.* coll. fallen fruit Lev 19:10◦

פְּרִי[B] ↩ פרה *m.* coll. fruit, fruits *p* פֶּרִי 4 פִּרְיוֹ פִּרְיָמוֹ פִּרְיָהּ פִּרְיֵךְ פֶּרְיְךָ פִּרְיֵךְ פִּרְיִי פִּרְיָם פִּרְיָן פִּרְיֵהֶם פִּרְיְהֶן פֶּרְיְכֶם

פְּרִידָא *m. PN* Perida Neh 7:57◦

פֹּרִיָּה *f.* fruit pt.f. ↪ פרה

פֻּרִים *pn* the Purim feast ↪ פּוּר

פָּרִיץ ↩ פרץ *m.* as adj.: violent; as subst.: robber, murderer; פְּרִיץ חַיּוֹת beast of prey, ravening beast Isa 35:9 - 1 פְּרִיץ 2 פָּרִיצִים פָּרִצִים 3 פָּרִיצֵי◦

פֶּרֶךְ *m.* ruthlessness *p* פָּרֶךְ

פָּרֹכֶת *f.* curtain

✓ פרם *q* tear to pieces 6 יִפְרֹם תִּפְרֹמוּ 11 pass. פְּרֻמִים Lev 10:6; 13:45; 21:10◦

פַּרְמַשְׁתָּא *m. PN* Parmashtha Est 9:9◦

פַּרְנָךְ *m. PN* Parnach Num 34:25◦

✓ פרס *q* break, share (bread) 6 יִפְרְסוּ 9 פָּרֹס Isa 58:7; Jer 16:7◦

hif ↩ פַּרְסָה have cloven hooves 5 הִפְרִיסָה הִפְרִיסוּ 6 יַפְרִיס 11 מַפְרִיס מַפְרִיסֵי מַפְרְסֵי מַפְרֶסֶת

פֶּרֶס a vulture species, perhaps bearded vulture Lev 11:13; Deut 14:12◦

פָּרַס *pn* Persia

פַּרְסָה *f.* claw, hoof; cloven hoof 2 פְּרָסוֹת פְּרָסֹת 3 פַּרְסוֹת 4 פַּרְסֹתַיִךְ פַּרְסֵיהֶן

פָּרְסִי *pn* Persian Neh 12:22◦

✓ פרע I. *q* let free, let go, let hang, leave unkempt (hair); turn down advice, ignore, blow in the wind Prov 1:25; let go, avoid Prov 4:15; run wild, let run wild Ex 32:25 - 5 פָּרַע וּפָרַע 6 פְּרָעֹה[e] 11 פְּרָעֻהוּ[e] 10 וַתִּפְרְעוּ 7 תִּפְרְעוּ אֶפְרַע יִפְרַע פָּרֻעַ פָּרוּעַ pass. פּוֹרֵעַ

nif run wild 6 יִפָּרַע Prov 29:18◦

hif let go free, take away from one's work Ex 5:4; let run wild 2 Chr 28:19 -5 הִפְרִיעַ 6 תַּפְרִיעוּ◦

✓ פרע II. *q* lead 8 פְּרֹעַ Jdg 5:2◦

ⓘ The root פרע II. is uncertain; if in Jdg 5:2 not I. is assumed (*when the hair was worn loose in Israel*), the traditional interpretation (*when the leaders led in Israel*) cannot be derived from its horizon of meaning.

פֶּרַע ↩ פרע I. *m.* long, loose hair Num 6:5; Dtn 32:42; Ez 44:20; Jdg 5:2 with inf.c. ↪ previous note

פֶּרַע ↩ פרע II. *m.* leader Dtn 32:42; Jdg 5:2 with inf.c. ↪ previous note 2 פְּרָעוֹת 3 פַּרְעוֹת◦

פַּרְעֹה *pn* Pharao

פַּרְעֹשׁ I. *m.* flee 1 Sam 24:15; 26:20◦

פַּרְעֹשׁ II. *m. PN* Parosh

פִּרְעָתוֹן *pln* Pirathon Jdg 12:15◦

פִּרְעָתוֹנִי *pn* Pirathonite

פַּרְפַּר *pn* a river, Parpar 2 Kgs 5:12◦

✓ פרץ[B] I. *q* tear, tear off, tear down, carry away; break, break through, break in, break open, smash; overflow, multiply; disperse, scatter; with דָּבָר spread, become known; pt.pass. gap, breach 5 פָּרַץ פָּרַצְתָּ פְּרַצְתָּנוּ[e] פָּרְצוּ *p* 6 יִפְרֹץ יִפְרָץ־ יִפְרְצֵנִי[e] יִפְרְצִי תִּפְרְצִי יִפְרֹצוּ פָּרְצוּ 9 פָּרֹץ 8 וַתִּפְרָץ־ וַיִּפְרָץ־ וַיִּפְרֹץ 7 נִפְרָצָה פְּרָצִים פְּרוּצִים פְּרוּצָה pass. פֹּרֵץ 11 פָּרֹץ

nif be frequent 11 נִפְרָץ 1 Sam 3:1◦

pu be breached, broken down 11 מְפֹרָצֶת Neh 1:3◦

hitp break, run away 11 מִתְפָּרְצִים 1 Sam 25:10◦

✓ פרץ II. *q* urge, coerce 7 וַיִּפְרָץ־ וַיִּפְרְצוּ וַיִּפְרֹץ 1 Sam 28:23; 2Sam 13:25.27; 2 Kgs 5:23◦

פֶּרֶץ[B] ↩ פרץ I. *m.* crack, gap, breach; breakout, breakthrough; rupture, damage, accident, loss 2 פְּרָצִים פְּרָצוֹת 4 פִּרְצֵיהֶן

פֶּרֶץ II. *pn* Perez

פֶּרֶץ עֻזָּה *pln* Perez-Uza 2 Sam 6:8; 1 Chr 13:11◦

פָּרִץ ↪ פָּרִיץ

פַּרְצִי *pn* Perezite Num 26:20◦

פְּרָצִים *pn* of a mountain, Perazim

✓ פרק *q* rip, tear off, tear down; break; pull out, rescue 5 פָּרַקְתָּ 7 וַיִּפְרְקֵנוּ[e] 11 פֹּרֵק Gen 27:40; Ps 7:3; 136:24; Lam 5:8◦

pi strip, rip, tear 6 יְפָרֵק 10 פָּרְקוּ 11 מְפָרֵק Ex 32:2; 1 Kgs 19:11; Zec 11:16◦

hitp tear, take off Ex 32:3.24; be torn off Ez 19:12 - 5 הִתְפָּרְקוּ *p* הִתְפָּרָקוּ 7 וַיִּתְפָּרְקוּ◦

פֶּרֶק ↩ פרק *m.* crossroads, fork of the road Ob 1:14; robbery Nah 3:1◦

פָּרָק ↩ פרק Isa 65:4 *kt.* chunk; *qr.* ↪ מָרָק broth 1 פְּרַק

✓ **פרר** I. *hif* destroy, invalidate, break (a covenant); thwart, undo; fail; break (a caper) 5 הֵפֵר *p* הֵפַר הֵפִיר הֲפֵרָם[e] וְהֵפַרְתָּה הֵפֵרוּ 6 יָפֵר יְפֵרֶנּוּ[e] תָּפֵר אָפֵר תָּפֵרוּ 7 וַיָּפֶר וַיָּפֵרוּ 8 הָפֵיר הָפֵר הַפְרְכֶם[e] 9 הָפֵר 10 הָפֵר הָפֵרָה 11 מֵפֵר

hof be thwarted Isa 8:10; be broken Jer 33:21; Zec 11:11 - 6 תֻּפַר *p* תֻּפָר 7 וַתֻּפַר◦

✓ **פרר** II. *q* shatter 9 פּוֹר Isa 24:19◦

pol stir, devide 5 פּוֹרַרְתָּ Ps 74:13◦

pilpel shake, shatter 7 [e]וַיְפַרְפְּרֵנִי Job 16:12◦

hitpol q shatter 5 הִתְפּוֹרְרָה Isa 24:19◦

✓ **פרשׂ**[B] *q* spread out, stretch; chop Mi 3:3; break (bread); stretch out (hand), lift 5 פָּרַשׂ פָּרְשָׂה וּפָרַשְׂתָּ וּפָרַשְׂתִּי פָּרְשׂוּ 6 יִפְרֹשׂ אֶפְרֹשׂ אֶפְרוֹשׂ אֶפְרְשָׂה יִפְרְשׂוּ 7 וַיִּפְרֹשׂ וַיִּפְרְשׂוּ וָאֶפְרְשָׂה וַתִּפְרֹשׂ וַנִּפְרֹשׂ וַיִּפְרְשֵׂהוּ[e] 11 פֹּרֵשׂ פּוֹרֵשׂ פֹּרְשִׂים פֹּרְשֵׂי pass. פָּרֻשׂ פְּרֻשׂוֹת פְּרוּשָׂה

nif be scattered 6 יִפָּרֵשׂוּ Ez 17:21◦

pi spread, stretch; scatter 5 פֵּרְשָׂה וּפֵרַשׂ פֵּרַשְׂתִּי 6 יְפָרֵשׂ תְּפָרֵשׂ 8 פָּרֵשׂ בְּפָרִשְׂכֶם[e]

✓ **פרשׁ** *q* receive clear answer, exact notification 8 לִפְרֹשׁ Lev 24:12◦

nif be lost, scattered 11 נִפְרָשׁוֹת Ez 34:12; *var.* ↪ פרשׂ *nif*◦

pu be clear, decided Num 15:34; pt. be divided into clear sections; others: translate ad hoc Neh 8:8 - 5 פֹּרַשׁ 11 מְפֹרָשׁ◦

hif sting 6 יַפְרִשׁ Prov 23:32◦

פֶּרֶשׁ I. *m.* intestinal contents, faeces 4 פִּרְשׁוֹ פִּרְשָׁם פִּרְשָׁהּ

פֶּרֶשׁ II. *m. PN* Peresh 1 Chr 7:16◦

פָּרָשׁ[B] *m.* rider; with רֶכֶב team, mounted unit, cavalry, horse 1 פָּרַשׁ 2 פָּרָשִׁים 4 פָּרָשָׁיו

פַּרְשֶׁגֶן *m.* copy, duplicate

פַּרְשְׁדֹן *m.* unc.: guts; others: excrement; escape Jdg 3:22◦

פָּרָשָׁה ↩ פרשׁ *f.* exact total Est 4:7; exact report Est 10:2 -1 פָּרָשַׁת◦

✓ **פרשׁז** *pil* spread 9 פַּרְשֵׁז Job 26:9◦

ⓘ This word is an art form of פרשׂ and פרז.

פַּרְשַׁנְדָּתָא *m. PN* Parshandata Est 9:7◦

פְּרָת *pn* a river, Euphrat

פֹּרָת Gen 49:22 pt.f.sg.c. ↪ פרה young tree◦

פַּרְתְּמִים *m.* nobles, aristocrats Est 1:3; 6:9; Dan 1:3◦

✓ **פשׂה** *q* spread 5 פָּשָׂה פָּשְׂתָה *p* פָּשָׂתָה 6 יִפְשֶׂה תִּפְשֶׂה 9 פָּשֹׂה

✓ **פשׂע** *q* march, step, trample 6 אֶפְשְׂעָה Isa 27:4◦

פֶּשַׂע ↩ פשׂע *m.* step 1 Sam 20:3

✓ **פשׂק** *q* open wide 11 פֹּשֵׂק Prov 13:3◦

pi spread 7 וַתְּפַשְּׂקִי Ez 16:25◦

פַּשׁ *m.* evil, wrongdoing Job 35:15◦

✓ **פשׁח** *pi* tear to pieces 7 [e]וַיְפַשְּׁחֵנִי Lam 3:11◦

פַּשְׁחוּר *m. PN* Pashhur

✓ **פשׁט**[B] *q* take off (clothes); shed skin, hatch (grasshopper); attack, invade 5 פָּשַׁט וּפָשַׁטְתָּ פָּשַׁטְתִּי פָּשְׁטוּ פְּשַׁטְתֶּם פָּשַׁטְנוּ 6 יִפְשְׁטוּ *p* יִפְשֹׁטוּ 7 וַיִּפְשַׁט וַיִּפְשְׁטוּ 10 פְּשֹׁטָה (f.pl.) 11 פֹּשְׁטִים

1 st.c. sg. 2 st.a. pl. 3 st.c. pl. 4 with *epp* 5 SC 6 PC 7 narrative 8 inf.c. 9 inf.a. 10 imp. 11 part.

pi strip, plunder 8 פַּשֵּׁט 1 Sam 31:8; 2 Sam 23:10; 1 Chr 10:8◦

hif take off, strip off; peel (skin), flay 5 הִפְשִׁיט
הִפְשִׁיטוּ הִפְשִׁיטוּךָ[e] 6 תַּפְשִׁיט אַפְשִׁיטֶנָּה[e]
תַּפְשִׁטוּן 7 וַיַּפְשֵׁט וַיַּפְשִׁיטוּ וַיַּפְשִׁטֻהוּ[e] 8
הַפְשִׁיט 10 הַפְשֵׁט 11 מַפְשִׁיטִים

hitp take off 7 וַיִּתְפַּשֵּׁט 1 Sam 18:4

✓ פָּשַׁע[B] *q* transgress, sin, be disloyal, offend 5
פָּשַׁע פָּשַׁעַתְּ *p* פָּשָׁעַתְּ פָּשְׁעוּ *p* פָּשָׁעוּ פְּשַׁעְתֶּם
פְּשָׁעֵנוּ 6 יִפְשַׁע תִּפְשַׁע 7 וַיִּפְשַׁע וַיִּפְשְׁעוּ 8
לִפְשֹׁעַ 9 פָּשֹׁעַ 10 פִּשְׁעוּ 11 פֹּשֵׁעַ פֹּשְׁעִים
פּוֹשְׁעִים פֹּשְׁעֵיהֶם[e]

nif be offended 11 נִפְשָׁע Prov 18:19

פֶּשַׁע[B] ↔ עפש *m.* offence, transgression, crime, sin; apostasy; embezzlement Ex 22:8 *p*
פָּשַׁע 2 פְּשָׁעִים 3 פִּשְׁעֵי 4 פִּשְׁעוֹ פִּשְׁעָה פִּשְׁעִי
פִּשְׁעָם פִּשְׁעֲכֶם; פְּשָׁעָיו פְּשָׁעֶיהָ פְּשָׁעַיִךְ פְּשָׁעַי
פְּשָׁעֵינוּ פִּשְׁעֵיכֶם פִּשְׁעֵיהֶם פְּשָׁעָי *p*

פֵּשֶׁר *m.* interpretation, explanation 1 פֵּשֶׁר Ecc 8:1◦

פֵּשֶׁת *f.* flax, linen; pl: flax stack 2 פִּשְׁתִּים 3
פִּשְׁתֵּי 4 פִּשְׁתִּי

פִּשְׁתָּה *f.* flax (in the field) Ex 9:31; wick Isa 42:3; 43:17◦

פַּת ↔ פתת *m.* bite, piece, chunk 2 פִּתִּים 4
פִּתּוֹ פִּתְּךָ פִּתֵּךְ פִּתִּי

פֹּת *f.* forehead, temple; perhaps euphemistic for genitals Isa 3:17; facade, front; others: hinges 1 Kgs 7:50 - 2 פֹּתוֹת 4 פָּתְהֵן◦

פְּתָאִים pl. ↔ פֶּתִי *m.* simple, inexperienced persons

פִּתְאֹם & פִּתְאוֹם suddenly

פַּתְבַּג & פַּת־בַּג *m.* food, food portion from the king's table 4 פַּת־בַּגוֹ פַּת־בַּגָם Dan 1:5ff; 11:26◦

פִּתְגָם *m.* sentence, judgment Ecc 8:11; decree Est 1:20◦

✓ פָּתָה[B] I. *q* be inexperienced; be foolish, silly; be seduced; pt. fool, goop, jester; Prov 20:19: פֹּתֶה שְׂפָתָיו fool of the lips, chatterbox; others: ↔ II. - 6 יִפְתֶּה 7 וַיִּפְתְּ 11 פֹּתֶה פּוֹתָה

nif be persuaded, beguiled 5 נִפְתָּה 7 וָאֶפָּת Jer 20:7; Job 31:9◦

pi persuade, beguile, deceive, mislead 5 פִּתֵּיתִי
פִּתִּית פִּתִּיתַנִי[e] 6 יְפַתֶּה תְּפַתֶּה אֲפַתֶּנּוּ[e] יְפַתּוּךָ[e]
7 וַיְפַתּוּהוּ[e] 8 לְפַתֹּתְךָ[e] 10 פַּתֵּי 11 מְפַתֶּיהָ[e]

pu be enticed, deceived Jer 20:10; Ez 14:9; be persuaded Prov 25:15 - 6 יְפֻתֶּה◦

✓ פָּתָה II. *q* open (lips) 11 פֹּתֶה שְׂפָתָיו chatterbox Prov 20:19◦

hif spread out, create space 6 יַפְתְּ Gen 9:27◦

פְּתוּאֵל *m. PN* Petuël Joel 1:1◦

פִּתּוּחַ ↔ פתח *m.* inscription, engraving, carving; פִּתּוּחֵי חֹתָם engraving of a seal; פִּתּוּחֵי מִקְלַעוֹת ornaments 2 פִּתּוּחִים 3 פִּתּוּחֵי 4 פִּתּוּחֶיהָ פִּתֻּחָהּ

פִּתְאוֹם & פִּתְאֹם suddenly

פְּתוֹר *pln* Petor Num 22:5; Dtn 23:5◦

פְּתוֹת *var.* ↔ פַּת *f.* chunks, crumbs 3 פְּתוֹתֵי Ez 13:19◦

✓ פָּתַח[B] I. *q* open, unlock 5 פָּתַח *p* פָּתָח פָּתְחָה
וּפָתַחְתָּ פָּתַחְתִּי פָּתְחוּ *p* פָּתָחוּ 6 יִפְתַּח *p*
יִפְתָּח תִּפְתַּח *p* תִּפְתָּח אֶפְתַּח אֶפְתְּחָה יִפְתְּחוּ
p יִפְתָּחוּ יִפְתְּחוּם[e] נִפְתְּחָה 7 וַיִּפְתַּח וַתִּפְתַּח

פִּתְחוּ[e] לִפְתֹּחַ 8 וַנִּפְתְּחָה וַיִּפְתָּחוּ וָאֶפְתַּח
11 פִּתְחוּ פִּתְחִי פְּתַח 10 פָּתוֹחַ פָּתֹחַ 9 בְּפִתְחִי[e]
פְּתוּחוֹת פְּתֻחוֹת פְּתוּחָה פָּתוּחַ pass. פֹּתֵחַ

nif be opened, open; be released, be set free Isa 51:14; break free Jer 1:14 - 5 נִפְתַּח *p* נִפְתָּח
תִּפָּתַח יִפָּתֵחַ *p* יִפָּתַח 6 נִפְתָּחוּ *p* נִפְתְּחוּ
נִפְתָּח 11 הִפָּתֵחַ 8 וַיִּפָּתַח 7 תִּפָּתַחְנָה יִפָּתְחוּ

pi open, loosen; open up, bloom, flourish; take off (bridle, clothes); open the soil, furrow 5
וּפִתְּחוּ פִּתַּחְתִּיךְ[e] פִּתַּחְתָּ פִּתְּחָה פִּתֵּחַ *p* פִּתַּח
6 וַיְפַתְּחֵהוּ[e] וַיְפַתַּח 7 אֲפַתֵּחַ תְּפַתֵּחַ יְפַתַּח 8/9
מְפַתֵּחַ 11 פַּתֵּחַ

hitp loosen 10 הִתְפַּתְּחִי *qr.*; *kt.* pl. Isa 52:2◦

פתח✓ II. *pi* engrave, inscribe, carve 5 וּפִתַּח
מְפַתֵּחַ 11 פַּתֵּחַ 8 וַיְפַתַּח 7 תְּפַתַּח 6 וּפִתַּחְתָּ

pu be engraved 11 מְפֻתָּחֹת Ex 39:6◦

פֶּתַח[B] ↩ פתח *m.* door, opening, entrance *p*
פִּתְחִי פִּתְחָהּ פִּתְחוֹ 4 פִּתְחֵי 3 פְּתָחִים 2 פָּתַח
פְּתָחֵינוּ פִּתְחֵיהֶן פִּתְחֵיהֶם פְּתָחָי פְּתָחֶיהָ

פֵּתַח ↩ פתח I. *m.* opening up, explanation Ps 119:130◦

פִּתְחוֹן ↩ פתח I. opening Ez 16:63; 29:21◦

פְּתִחוֹת ↩ פתח I. *f.* drawn swords Ps 55:22◦

פְּתַחְיָה *m. PN* Petachiah

פֶּתִי[B] ↩ פתה I. *m.* simple-minded, foolish, inexperienced, ignorant; the simple-minded, inexperienced 2 פְּתָיִם פְּתָיִים פְּתָאיִם

פְּתִיגִיל *m.* splendid robe Isa 3:24◦

פְּתַיּוּת ↩ פתה I. *f.* simplicity Prov 9:13◦

פְּתִיחָה ↩ פתח I. *f.* drawn sword 2 פְּתִחוֹת Ps 55:22◦

ⓘ Some translators also read this word in Mi 5:5.

פָּתִיל ↩ פתל *m.* cord, string; laced Num 19:15 - 1 פְּתִיל 2 פְּתִילִם פְּתִילִים 4 פְּתִילֶךָ

פתל✓ *nif* wrestle; outwit; be twisted, wrong 5
נִפְתָּלִים נִפְתָּל 11 נִפְתַּלְתִּי

hitp be wrong, twisted 6 תִּתְפַּתָּל תִּתְפַּל 2 Sam 22:27; Ps 18:27◦

פְּתַלְתֹּל ↩ פתל *m.* twisted, wrong Dtn 32:5◦

פִּתֹם *pln* Pithom Ex 1:11◦

פֶּתֶן *m.* viper, others: adder 2 פְּתָנִים

פֶּתַע suddenly, unexpectedly; with פִּתְאֹם all of a sudden; by chance, unintentionally Num 35:22

פתר✓ *q* interpret, explain 5 פָּתַר *p* פָּתָר 7
וַיִּפְתָּר־ 8 לִפְתֹּר 11 פֹּתֵר פּוֹתֵר

פַּתְרוֹס *pn* Patros, Upper Egypt

פַּתְרֻסִים *pn* Patrosite Gen 10:14; 1 Chr 1:12◦

פִּתְרוֹן ↩ פתר *m.* interpretation, meaning 2
פִּתְרֹנִים 4 פִּתְרֹנוֹ

פַּתְשֶׁגֶן *m.* transcript, copy Est 3:14; 4:8; 8:13◦

פתת✓ *q* crumble, break, split into pieces 9 פָּתוֹת Lev 2:6◦

צֵא ← יצא *m.* what goes out: rubbish, filth, excrement Isa 30:22; others: Imp.sg.m. ↪ יצא get out!◦

צֵאָה ← יצא *f.* what goes out: rubbish, filth, excrement 1 צֵאַת 4 צֵאָתֶךָ Dtn 23:14; Ez 4:12◦

צֹאָה ← יצא *f.* what goes out: rubbish, filth, excrement 2 Kgs 18:27 & Isa 36:12 *qr.*; Isa 4:4; Prov 30:12; קִיא צֹאָה Isa 28:8 disgusting vomit 1 צֹאַת 4 צֹאָתוֹ צוֹאָתָם◦

צֹאִים & **צוֹאִים** ← יצא *m.* filthy Zec 3:3f◦

צֶאֱלִים *m.* lotus trees Job 40:21f◦

צֹאן[B] *m.* coll. small cattle, sheep and goats 4 צֹאנוֹ צֹאנְךָ *p* צֹאנֶךָ צֹאנִי צֹאנָם צֹאנְכֶם צֹאנֵנוּ צֹאנֵינוּ צֹאוֹנֵנוּ

צַאֲנָן *pln* Zaanan Mi 1:11◦

צֶאֱצָאִים[B] ← יצא *m.* descendants, offspring; living being 3 צֶאֱצָאֵי 4 צֶאֱצָאָיו צֶאֱצָאֶיהָ צֶאֱצָאַי צֶאֱצָאֵיהֶם צֶאֱצָאֶיךָ

צֵאת inf.c. ↪ יצא going out, exit

צָב I. *m.* covered wagon Num 7:3; litter, palanquin Isa 66:20 - 2 צַבִּים◦

צָב II. *m.* lizard Lev 11,29◦

√צבא[B] *q* fight, go into battle; do service, fulfill one's duty 5 צָבְאוּ 7 וַיִּצְבְּאוּ 8 לִצְבֹּא לִצְבָא 11 צֹבְאִים צֹבְאֹת צֹבְיהָ[e]

hif call up to the army, muster 11 מַצְבִּא 2 Kgs 25:19; Jer 52:25◦

צָבָא[B] ← צבא *f.* army; battle, campaign; military service; (cultic) service; servitude, compulsory labour Isa 40:2; tribulation, distress Dan 10:1; possession Jer 3:19 (but ↪ צְבִי I.); pl. army units; multitudes Ex 6:26; as epithet of YHWH יהוה צְבָאוֹת Lord of hosts 1 צְבָא צְבָאֲךָ צְבָאָהּ צְבָאוֹ 4 צְבָאוֹת 3 צְבָאוֹת 2 צְבָאָיו; צְבָאָם צְבָאַי (m.pl. Ps 103:21; 148:2); צִבְאוֹתֵינוּ צִבְאוֹתֵיכֶם צִבְאוֹתָם צִבְאֹתַי

צְבָאוֹת ↪ צְבִיָּה *f.* gazelles Song 2:7; 3:5◦

צְבָאִים ↪ צְבִי *m.* gazelles 1 Chr 12:9◦

צְבֹאִים Hos 11:8 & **צְבוֹיִם** *pln* Zeboim

צֹבֵבָה *m. PN* Zobebah 1 Chr 4:8◦

√צבה *q* swell 5 צָבְתָה Num 5:27◦

hif make swell 8 לַצְבּוֹת Num 5:22◦

צֹבָה 2 Sam 23:36 & **צוֹבָה** *pln* Zobah

צָבֶה ← צבה *f.* swollen Num 5:21◦

צְבוֹיִים & **צְבֹיִים** *pln* Zeboiim

צָבוּעַ *m.* hyena; others: speckled, multicolored bird Jer 12:9◦

צִבּוּר *m.* heap 2 צִבֻּרִים 2 Kgs 10:8◦

√צבט *q* reach, serve 7 וַיִּצְבָּט־ Ruth 2:14◦

צְבִי I. *m.* adornment, glory; glorious, beautiful; the glorious land, Israel *p* צֶבִי 3 צִבְאוֹת

ⓘ צִבְאוֹת in the expression צְבִי צִבְאוֹת Jer 3:19 *the greatest glory of all nations* is derived by some scholars from צָבָא, which then must have the nuance of *possession, inheritance*.

צְבִי II. *m.* gazelle 2 צְבָאִים צְבָיִים צְבָיִם

צִבְיָא *m. PN* Zibia 1 Chr 8:9◦

צִבְיָה *f. PN* Zibiah 2 Kgs 12:2; 2 Chr 24:1◦

צְבִיָּה *f.* gazelle 2 צְבָאוֹת Song 4:5; 7:4◦

צֹבֶיהָ Isa 29:7 pt.m. ↪ צבא◦

צְבֹיִם & צְבֹיִים & צְבוֹיִם *pln* Zeboim

צֶבַע *m.* coloured 2 צְבָעִים Jdg 5:30◦

צִבְעוֹן *m. PN* Zibon

צְבֹעִים *pln* Zeboim Neh 11:34◦

√צבר *q* collect, pile up 6 יִצְבֹּר 7 וַיִּצְבֹּר וַיִּצְבְּרוּ וַתִּצְבָּר־

צִבֻּרִים ↩ צבר *m.* heaps 2 Kgs 10:8◦

צְבָתִים *m.* bundles, sheaves Ruth 2:16◦

צַד[B] ↩ צדד I. *m.* side; back, hip 2 צִדִּים 3 צִדֵּי 4 צִדּוֹ צִדָּהּ צִדָּהּ צִדְּךָ *p* צִדֶּךָ; צִדָּיו צִדֵּיכֶם צִדֶּיהָ

צַד ↩ צדה II. *m.* trap, net 2 צִדִּים Jdg 2:3◦

צְדָד *pln* Zedad Num 34:8; Ez 47:15◦

√צדה *var.* ↪ צוד I. *q* lurk, ambush, stalk 5 צָדָה 11 צֹדֶה Ex 21:13; 1 Sam 24:12◦

√צדה II. *nif* be ruined, devastated 5 נִצְדּוּ Zeph 3:6◦

צֵדָה & צֵידָה ↩ ציד *f.* food, supplies, travel provisions

צָדוֹק *m. PN* Zadok

צְדִיָּה ↩ צדה *f.* ambush, furtiveness, intent Num 35:20.22◦

צִדִּים *pln* Ziddim Jos 19:35◦

צַדִּיק[B] ↩ צדק *m.* just, right, righteous, innocent 2 צַדִּיקִם צַדִּיקִים

ⓘ There are no *f.* forms of this word, because it is a legal or cultic term - a domain of men.

צֵדְנִית *pn* female Sidonians 1 Kgs 11:1 ↪ צִידֹנִי◦

√צדק[B] *q* be righteous, just, right 5 צָדְקָה צָדַקְתָּ צָדַקְתִּי צָדְקוּ 6 יִצְדַּק *p* יִצְדָּק תִּצְדַּק תִּצְדַּקְנָה יִצְדְּקוּ *p* יִצְדָּקוּ אֶצְדָּק תִּצְדָּק *p*

nif be set right 5 נִצְדַּק Dan 8:14◦

pi consider just, righteous, consider oneself just, justify, appear just, make appear just, righteous 5 צִדְּקָה 7 וַתְּצַדְּקִי 8 צַדְּקוֹ[e] צַדְּקֵךְ[e] צַדֶּקְתֵּךְ[e]

hif bring, give justice; help a person to his right; consider a person to be just, find someone not guilty 5 הִצְדַּקְתִּיו[e] הִצְדִּיקוּ 6 יַצְדִּיק אַצְדִּיק מַצְדִּיקֵי[e] מַצְדִּיק 11 הַצְדִּיקוּ 10 הַצְדִּיק 8 מַצְדִּיקֵי

hitp justify oneself, prove one's innocence 6 נִצְטַדָּק Gen 44:16◦

צֶדֶק[B] ↩ צדק *m.* what is right, justice, law 4 צִדְקוֹ צִדְקָהּ צִדְקֶךָ צִדְקֵךְ צִדְקִי צִדְקֵנוּ

צְדָקָה[B] ↩ צדק *f.* what is right, justice, law; doing right 1 צִדְקַת 2 צְדָקוֹת 3 צִדְקוֹת צִדְקַת 4 צִדְקָתוֹ צִדְקָתְךָ צִדְקָתִי צִדְקָתָם צִדְקֹתָיו צִדְקָתֵךְ צִדְקֹתֵינוּ

ⓘ The *f.* lexem differs from *m.* in particular in that it emphasizes the individual act, the just doing. Therefore, plural forms are also formed here.

צִדְקִיָּה & צִדְקִיָּהוּ *m. PN* Zidkiah

√ צהב *hof* shiny 11 מֻצְהָב Ezr 8:27◦

צָהֹב *m.* golden yellow, shiny Lev 13:30ff◦

√ צהל I. *q* neigh; shout loudly, scream; cheer
5 צָהֲלָה צָהֲלוּ 6 תִּצְהֲלִי תִּצְהֲלוּ יִצְהָלוּ תִּצְהֲלוּ 10
צַהֲלִי צַהֲלוּ

√ צהל II. *hif* make shine, glad 8 הַצְהִיל Ps 104:15◦

√ צהר *hif* press oil 6 יַצְהִירוּ Job 24:11◦

צֹהַר *f.* roof, others: windows Gen 6:16◦

צָהֳרַיִם[B] *m.* noon, midday

צַו & צָו I. ↩ צוה *m.* human order, law Hos 5:11; others: ↪ II.◦

צַו & צָו II. a stammering that imitates the prophetic speech Isa 28:10.13 best un-translated: zawlazaw, kawlakaw; mischief, void Hos 5:11 but ↪ I.◦

צוֹאִים & צֹאִים ↩ יצא *m.* filthy Zec 3:3f◦

צַוָּאר[B] *m.* throat, neck 1 צַוַּאר 3 צַוְּארֵי 4
צַוָּארְךָ צַוָּארָהּ Gen 33,4; צַוָּארָו צַוָּארוֹ
צַוָּארָיו; צַוָּארֵנוּ צַוָּרָם צַוָּארִי צַוָּארֵךְ
צַוְּארֹתֵיכֶם צַוְּארֵיכֶם צַוְּארֵיהֶם Mic 2:3

צוֹבָה & צֹבָה *pln* Zobah

√ צוד *q* hunt, catch; pt. hunter 5 צָדוּ צָדוּנִי[e]
וְצָדוּם[e] 6 יָצוּד יְצוּדֶנּוּ[e] תָּצוּד תְּצוּדֵנִי[e] יָצוּדוּ
צָד 11 צוּדָה 10 צוֹד 9 צוּד 8

pil hunt, catch 6 תְּצוֹדֵדְנָה 8 צוֹדֵד 11 מְצֹדְדוֹת Ez 13,18.20◦

hitp take along as a supply 5 הִצְטַיַּדְנוּ Jos 9:12 ↪ צִיד◦

√ צוה[B] *pi* command, order, demand, direct; instruct, appoint, send; with בַּיִת set in order 5
צִוָּה צִוָּהוּ[e] צִוְּךָ[e] p צִוְּךָ[e] צִוַּנִי[e] p צִוָּנִי[e] צִוָּם[e]
צִוָּנוּ[e]; *f.* צִוְּתָה צִוַּתָּה[e]; צִוִּיתָ וְצִוִּיתָה צִוִּיתַנִי[e]
צִוִּיתִיהָ[e] צִוִּיתִיו[e] צִוֵּיתִי צִוִּיתִי צִוִּיתָנִי[e] p
צִוִּיתִיךָ[e] צִוִּיתֶם 6 יְצַוֶּה יְצַו וִיצַוְּךָ[e] יְצַוֵּם[e]
תְּצַוֶּה תְּצַוֵּנוּ[e] אֲצַוֶּה אֲצַו אֲצַוֶּנּוּ[e] אֲצַוְּךָ[e] תְּצַוֵּנִי[e]
תְּצַוֻּם[e] 7 וַיְצַו וַיְצַוֶּה וַיְצַוֵּהוּ[e] וָאֲצַו וָאֲצַוֶּהָ[e]
11 צַוּוּ צַו צַוֵּה 10 צַוֹּתוֹ[e] צַוֹּת לְצַוּוֹת 8 וַיְצַוּוּ[e]
מְצַוֶּה מְצַוֵּה מְצַוָּה מְצַוְּךָ[e] p מְצַוֶּךָ

pu be ordered, commanded, instructed; pass an order Gen 45:19 - 5 צֻוָּה צֻוֵּיתָה צֻוֵּיתִי 6 יְצֻוֶּה

√ צוח *q* shout, cheer 6 יִצְוָחוּ Isa 42:11◦

צְוָחָה ↩ צוח *f.* outcry, wail 1 צִוְחַת 4 צִוְחָתֵךְ Isa 24:11; Jer 14:2; 46:12; Ps 144:14◦

צוּלָה *f.* deep sea Isa 44:27◦

√ צום[B] *q* fast 5 צַמְתָּ צַמְתִּי צַמְתֻּנִי[e] צַמְתֶּם
צַמְנוּ 6 אָצוּם יָצֻמוּ 7 וַיָּצָם p וַיָּצוֹם וַיָּצוּמוּ
וַיָּצֻמוּ וַנָּצוּמָה 9 צוֹם 10 צוּמוּ 11 צָם

צוֹם[B] *m.* (time of) fasting 2 צֹמוֹת 4 צֹמְכֶם

צוּעָר *m. PN* Zuar

צוֹעַר & צֹעַר *pln* Zoar

√ צוף *q* flood, flow 5 צָפוּ Lam 3:54◦

hif make overflow Dtn 11:4; make float 2 Kgs 6:6 - 5 הֵצִיף 7 וַיָּצֶף◦

צוּף I. *m.* honeycomb 2 צוּפִים Ps 19:11; Prov 16:24◦

צוּף II. *m. PN* Zuph 1 Sam 1:1; 9:5; 1 Chr 6:20◦

צוֹפַח *m. PN* Zophach 1 Chr 7:35f◦

1 st.c. sg. 2 st.a. pl. 3 st.c. pl. 4 with *epp* 5 SC 6 PC 7 narrative 8 inf.c. 9 inf.a. 10 imp. 11 part.

צוֹפַי *m. PN* Zophai 1 Chr 6:11◦

צוֹפִים *pn* Zuphite; or part of the *pln* Ramathaim-Zophim 1 Sam 1:1◦

צוֹפַר & צֹפַר *m. PN* Zophar Job 2:11; 11:1; 20:1; 42:9◦

✓ צוץ I. *q* bloom, sprout 5 צָץ Ez 7:10◦
hif bloom, green; shine Ps 132:18 - 6 יָצִיצוּ יָצִיץ
7 וַיָּצִיצוּ וַיָּצֵץ

✓ צוץ II. look through, peer 11 מֵצִיץ Song 2:9◦

✓ צוק I. *q* be in difficulties 5 צָקוּן Isa 26:16 or ↪ II.◦
hif harass, distress, oppress 5 הֵצִיקָה יָצִיקוּ יָצִיק 6 וַהֲצִיקוֹתִי הֱצִיקַתְנִי[e] הֱצִיקַתְהוּ[e] 11 מְצִיקִים מֵצִיק

✓ צוק II. *var.* ↪ יצק *q* pour 5 צָקוּן 6 יָצוּק Job 28:2; 29:6; Isa 26:16 *they poured out a whispered prayer* or ↪ I.◦

ⓘ Isa 26:16 is difficult to understand. Most translators read some form of ↪ צעק *shout* or summarize צָקוּן לַחַשׁ as *fear and distress.*

צוֹק ↩ צוק *m.* trouble, distress Dan 9:25◦

צוּקָה ↩ צוק *f.* trouble, distress, hardship Isa 8:22; 30:6; Prov 1:27◦

✓ צור[B] I. *q* make something tight, pull together: surround, encircle, besiege; lace up, tie up 2 Kgs 12:11; block Song 8:9; stir up Jdg 9:31 (others: ↪ II.) - 5 וְצַרְתָּ צַרְתָּנִי[e] וְצַרְתִּי 6 נָצוּר תָּצוּר 7 וַיָּצֻרוּ וַיָּצַר 8 צוּר 10 צוּרִי 11 צָרִים צָר

✓ צור II. *var.* ↪ צרר *q* encounter someone in an hostile manner, treat someone as enemy, harass, attack Ex 23:22; Dtn 2:9.19; Est 8:11; stir up Jdg 9:31- 5 וְצַרְתִּי 6 תָּצַר תְּצֻרֵם[e] 11 צָרִים◦

✓ צור III. *var.* ↪ יצר mould, cast; sketch 7 וַיָּצַר Ex 32:4; 1 Kgs 7:15◦

צוּר[B] I. *m.* rock 2 צֻרִים צוּרוֹת 3 צוּרֵי 4 צוּרִי צוּרֵנוּ צוּרָם

צוּר II. *m. PN* Zur

צוּר III. Ps 89:44, Job 22:24 ↪ צֹר pebble stone; stone knife, knife tip made of stone◦

צוּר IV. Ps 49:15 ↪ צִיר form

צוֹר & צֹר *pln* Tyre

צַוָּר ↪ צַוָּאר neck, throat

צוּרָה ↩ צור *f.* form, plan 1 צוּרַת 4 צוּרָתָיו *qr.*; צוּרֹתָו צוּרֹתָי *kt.* Ez 43:11◦

צוּרִיאֵל *m. PN* Zuriel Num 3:35◦

צוּרִישַׁדַּי *m. PN* Zurishaddai

צַוְּרֹנִים *m.* necklaces 4 צַוְּרֹנָיִךְ Song 4:9◦

✓ צות *var.* ↪ יצת *hif* set on fire 6 אֲצִיתֶנָּה[e] Isa 27:4◦

צַח ↩ צחח *m.* shimmering, dazzling Isa 18:4; white, bright Song 5:10; hot Jer 4:11; clear Isa 32:4 - 2 צַחוֹת◦

צִחָא & צִיחָא *m. PN* Ziha Ezr 2:43; Neh 7:46; 11:21◦

צִחֶה *m.* dried up, parched 1 צִחֵה Isa 5:13◦

✓ צחח *q* shine, be clear, white 5 צַחוּ Lam 4:7◦

צְחִיחַ ↩ צחח *m.* bare Ez 24:7f; 26:4.14; open Neh 4:7 *qr.*◦

צְחִיחָה ← צחח *f.* desert, barren land Ps 68:7◦

צְחִיחִי ← צחח *m.* open 2 צְחִחִיִּים Neh 4:7 *kt.*

צַחֲנָה *f.* stench, smell of decay 4 צַחֲנָתוֹ Joel 2:20◦

צַחְצָחוֹת ← צחח *f.* barren land, parched places Isa 58:11◦

✓ צחק[B] *q* laugh 5 צָחַקְתִּי צָחָקְתְּ צָחֲקָה 6 וַתִּצְחַק וַיִּצְחָק 7 יִצְחַק
pi joke, scoff, play; have fun, have a good time 7 מְצַחֵק 11 לְצַחֵק לְצַחֶק 8 וַיְצַחֵק

צְחֹק ← צחק *m.* laughter, mockery Gen 21:6; Ez 23:32◦

צָחַר *pln* Zahar Ez 27:18◦

צֹחַר *m. PN* Zohar

צְחֹרוֹת *f.* white Jdg 5:10◦

צטיד ↪ ציד

צטיר ↪ ציר

צִי I. *m.* ship, trade vessel 2 צִיִּים צִים

צִי II. *m.* (only pl.) desert animals, desert inhabitants, nomads; demons 2 צִיִּים Isa 13:21; 23:13; 34:14; Jer 50:39◦

צִיבָא *m. PN* Ziba

✓ ציד *hitp* take along as a supply 5 הִצְטַיַּדְנוּ Jos 9:12◦

צַיִד ← צוד I. *m.* hunting, prey, game; hunter Gen 10:9 - 1 צֵיד 4 צֵידוֹ צֵידִי

צַיִד ← ציד II. *m.* supply, food 4 צֵידוֹ צֵידָהּ צֵידָם

צַיָּד ← צוד *m.* hunter 2 צַיָּדִים Jer 16:16◦

צֵידָה & צֵדָה ← ציד *f.* food, supplies, travel provisions

צִידוֹן & צִידֹן *PN* & *pln* Sidon

צִידֹנִי *pn* Sidonian

צִיָּה *f.* arid; parched land, desert 2 צִיּוֹת

צָיוֹן *m.* barren place Isa 25:5; 32:2◦

צִיּוֹן *f. PN* & *pln* Zion (=Jerusalem)

צִיּוּן *m.* sign Ez 39:15, signpost Jer 31:21; gravestone, memorial 2 Kgs 23:17- 2 צִיֻּנִים◦

צִיחָא *m. PN* Ziha

צִיִּים ↪ צִי

צִין & צִן *pln* Zin

צִינֹק *m.* iron collar Jer 29:26◦

צִיעֹר *pln* Zior Jos 15:54◦

צִיף ↪ צוף

צִיץ ← צוץ I. *m.* coll. flower, blossom; flower ornament (carving); rosette (of the priestly headdress); feathers, wings Jer 48:9 - 2 צִצִּים

צִיץ II. *pln* Ziz 2 Chr 20:16◦

צִיצָה ← צוץ *f.* flower 1 צִיצַת Isa 28:4◦

צִיצִת ← צִיץ *f.* coll. locks Ez 8:3; fringes, tassels Num 15:38◦

צִקְלַג & צִיקְלַג *pln* Ziklag

✓ ציר *hitp* pretend to be a messenger 7 וַיִּצְטַיָּרוּ Jos 9:4◦

1 st.c. sg. 2 st.a. pl. 3 st.c. pl. 4 with *epp* 5 SC 6 PC 7 narrative 8 inf.c. 9 inf.a. 10 imp. 11 part.

ⓘ Most translator read וַיִּצְטַיָּדוּ ↪ צִיד take along as supply.

צִיר I. *m.* pivot pin, hinge 4 צִירָהּ Prov 26:14◦

צִיר ↩ צִיר II. *m.* messenger 2 צִירִים 4 צִרַיִךְ

צִיר III. *m.* contractions, birth pains 2 צִירִים 3 צִירֵי 4 צִירֶיהָ צִירַי

צִיר IV. *m.* idol Isa 45:16; form, shape Ps 49:15 *kt.* 2 צִירִים 4 צִירָם◦

צֵל[B] ↩ צלל *m.* shadow, shade 2 צְלָלִים 3 צִלְלֵי 4 צִלּוֹ צִלְלוֹ צִלָּהּ צִלְּךָ צִלֵּךְ צִלִּי צִלָּם

✓ צלה *q* roast 6 אֶצְלֶה יִצְלֶה 8 צְלוֹת 1 Sam 2:15; Isa 44:16.19◦

צִלָּה *f. PN* Zillah Gen 4:19ff◦

צְלוּל *m.* loaf Jdg 7:13 *kt.* 1 צְלוּל◦

✓ צלח[B] *q* do something successfully: reach, succeed, achieve, progress, accomplish; do good; from the spirit of God: come over someone 5 צָלַח צָלְחָה *p* צָלֵחָה וְצָלְחוּ 6 יִצְלַח *p* יִצְלָח תִּצְלָח 7 וַתִּצְלַח וַתִּצְלְחִי 10 צְלַח

hif bring something to a success: let succeed; succeed, accomplish 5 הִצְלִיחַ הִצְלִיחוֹ[e] הִצְלַחְתָּ וְהִצְלִיחָה 6 יַצְלִיחַ יַצְלַח תַּצְלִיחִי הַצְלַח 10 וַיַּצְלִיחוּ וַיַּצְלַח 7 תַּצְלִיחוּ יַצְלִיחוּ מַצְלִיחַ 11 הַצְלִיחוּ הַצְלִיחָה

צְלֹחִית *f.* bowl, jug 2 Kgs 2:20◦

צַלַּחַת *f.* bowl, dish *p* צַלָּחַת 2 צֵלָחוֹת

צָלִי ↩ צלה *m.* roasted 1 צְלִי Ex 12:8f; Isa 44:16◦

צְלִיל *m.* loaf Jdg 7:13 *qr.*◦

✓ צלל I. *q* ring, shrill 1 Sam 3:11; 2 Kgs 21:12; Jer 19:3; tremble Hab 3:16 - 5 צָלֲלוּ 6 תִּצַּלְנָה תְּצִלֶּינָה◦

✓ צלל II. *q* sink 5 צָלֲלוּ Ex 15:10◦

✓ צלל III. *q* become dark 5 צָלֲלוּ Neh 13:19◦

hif give shade 11 מֵצַל Ez 31:3◦

צְלָלִים pl. shadow, shade ↪ צֵל

צֶלֶם[B] *m.* image, likeness; statue, model; idol; shadow, phantom image Ps 39:7; 73:20 - 3 צַלְמֵי 4 צַלְמוֹ צַלְמָם צַלְמֵנוּ צְלָמָיו צַלְמֵיכֶם

צַלְמוֹן *m. PN* 2 Sam 23:28 & *pln* Jdg 9:48; Ps 68:15 Zalmon◦

צַלְמָוֶת[B] *m.* darkness, gloom

צַלְמֹנָה *pln* Zalmona Num 33:41f◦

צַלְמֻנָּע *m. PN* Zalmunna Jdg 8:5ff; Ps 83:12

✓ צלע *q* limp Gen 32:32; be lame Mi 4:6f; Zeph 3:19 - 11 צֹלֵעַ צֹלֵעָה◦

צֶלַע ↩ צלע *m.* stagger, fall 4 צַלְעִי צַלְעוֹ Jer 20:10; Ps 35:15; 38:18; Job 18:12◦

צֵלָע[B] I. *m.* rib; side; side room; board, panelling 1 Kgs 6:15f; door leaf 1 Kgs 6:34 - 1 צֶלַע 2 צְלָעִים צְלָעוֹת 3 צַלְעוֹת 4 צַלְעוֹ צַלְעֹתָיו

צֵלָע II. & צֶלַע *pln* Zela Jos 18:28; 2 Sam 21:14◦

צָלָף *m. PN* Zalaf Neh 3:30◦

צְלָפְחָד *m. PN* Zelophhad

צֶלְצַח *pln* Zelzach 1 Sam 10:2◦

צְלָצַל ↩ צלל *m.* buzzing (from wings), fig. swarm of grasshoppers Isa 18:1; without כְּנָפַיִם Dtn 28:42 - 1 צִלְצַל◦

צִלְצַל ↩ צלל *m.* fish spear, harpoon 1 צִלְצַל Job 40:31◦

צֶלְצְלִים ↩ צלל *m.* cymbals 3 צִלְצְלֵי 2 Sam 6:5; Ps 150:5◦

צֶלֶק *m. PN* Zelek 2 Sam 23:37; 1 Chr 11:39◦

צִלְּתַי *m. PN* Zilletai 1 Chr 8:20; 12:21◦

צֹם ↪ צוֹם (time of) fasting

√ צמא[B] *q* be thirsty 5 צָמֵאתִי וְצָמֵת צָמְאָה צָמְאוּ 6 יִצְמָאוּ תִּצְמָאוּ 7 וַיִּצְמָא וַיִּצְמָאוּ

צָמָא[B] *m.* thirst 4 צְמָאִי צְמָאָם

צָמֵא[B] *m.* & צְמֵאָה *f.* ↩ צמא thirsty 2 צְמֵאִים

צִמְאָה ↩ צמא *f.* thirst Jer 2:25◦

צִמָּאוֹן ↩ צמא *m.* drought, parched land Dtn 8:15; Isa 35:7; Ps 107:33◦

√ צמד *nif* join, yoke, attach oneself 7 וַיִּצָּמֶד וַיִּצָּמְדוּ 11 הַנִּצְמָדִים Num 25:3.5; Ps 106:28◦
pu be fastened, attached 11 מְצֻמֶּדֶת 2 Sam 20:8◦
hif tighten; fig. let talk 6 תַּצְמִיד Ps 50:19◦

צֶמֶד ↩ צמד *m.* pair, team; 1 Sam 14:14; Isa 5:10 as area measure: the area that a team of oxen ploughs in one day, ca. one acre 2 צְמָדִים 3 צִמְדֵּי 4 צִמְדּוֹ

צַמָּה *f.* veil 4 צַמָּתֵךְ Isa 47:2; Song 4:1.3; 6:7◦

צִמּוּקִים & צִמֻּקִים ↩ צמק *m.* raisin cake 1 Sam 25:18; 30:12; 2 Sam 16:1; 1 Chr 12:41◦

√ צמח[B] *q* sprout, grow 5 צָמַח צָמְחוּ 6 יִצְמַח *p* יִצְמָח תִּצְמַח יִצְמְחוּ תִּצְמַחְנָה 7 וַיִּצְמַח 8 צְמָחָהּ[e] 11 צוֹמֵחַ הַצֹּמֵחַ צֹמְחוֹת
pi grow 5 צִמַּח 6 יְצַמַּח 8 צַמֵּחַ
hif let sprout, grow 5 הִצְמִיחָהּ[e] 6 יַצְמִיחַ תַּצְמִיחַ אַצְמִיחַ 7 וַיַּצְמַח 8 הַצְמִיחַ 11 מַצְמִיחַ

צֶמַח ↩ צמח *m.* what sprouts: shoot, bud, plant 4 צִמְחָהּ

צָמִיד I. ↩ צמד *m.* brace, hoop 2 צְמִידִים

צָמִיד II. ↩ צמד *m.* lid Num 19:15◦

צַמִּים *m.* trap, sling Job 5:5; 18:9◦

ⓘ In Job 5:5, most scholars read a form of צמא.

צְמִיתֻת & צְמִתֻת ↩ צמת *f.* final, forever Lev 25:23.30◦

√ צמק *q* dry up, be dry 11 צֹמְקִים Hos 9:14◦

צִמֻּקִים & צִמּוּקִים ↩ צמק *m.* raisin cake 1 Sam 25:18; 30:12; 2 Sam 16:1; 1 Chr 12:41◦

צֶמֶר *m.* wool; white Isa 1:18 *p* צָמֶר 4 צַמְרִי

צְמָרִי *pn* Zemarite Gen 10:18; 1 Chr 1:16◦

צְמָרַיִם *pln* Zemaraim Jos 18:22; 2 Chr 13:4◦

צַמֶּרֶת *f.* treetop 4 צַמַּרְתּוֹ Ez 17:3.22; 31:3ff◦

√ צמת *q* make an end 5 צָמְתוּ Lam 3:53◦
nif end, run dry 5 נִצְמָתוּ נִצְמַתִּי Job 6:17; 23:17◦
pil destroy, consume 5 צִמְּתוּתֻנִי[e] צִמְּתַתְנִי[e] Ps 88:17; 119:139◦
hif destroy, silence, end 5 הִצְמַתָּה 6 יַצְמִיתֵם[e] תַּצְמִית אַצְמִית אַצְמִיתֵם[e] 7 וָאַצְמִיתֵם[e] 10 הַצְמִיתֵם[e] 11 מַצְמִיתַי[e]

צְמִתֻת & צְמִיתֻת ↩ צמת *f.* final, forever Lev 25:23.30◦

1 st.c. sg. 2 st.a. pl. 3 st.c. pl. 4 with *epp* 5 SC 6 PC 7 narrative 8 inf.c. 9 inf.a. 10 imp. 11 part.

צֵן *m.* & *f.* hook, spike 2 צִנּוֹת צִנִּים Am 4:2; Prov 22:5; Job 5:5◦

צִן *pn* Zin

צֹנֶא & **צֹנֶה** *var.* ↪ צֹאן *m.* small livestock, sheep and goats 4 צֹנַאֲכֶם Num 32:24; Ps 8:8◦

צִנָּה I. *f.* coolness, coldness 1 צִנַּת Prov 25:13◦

צִנָּה II. *f.* shield 2 צִנּוֹת

צְנוּעִים ↩ צנע *m.* modest, humble Prov 11:2◦

צָנוֹף ↩ צנף Isa 62:3 *kt. m.* turban, headdress; *qr.* with the same meaning 1 צְנוֹף◦

צִנּוֹר *m.* water flood Ps 42:8; water shaft 2 Sam 5:8 - 4 צִנּוֹרֶיךָ◦

√ **צנח** *q* alight Jos 15:18; Jdg 1:14; strike, drive; others: enter Jdg 4:21 - 7 וַתִּצְנַח◦

צְנִינִם & **צְנִנִים** ↩ צֵן *m.* thorns Num 33:55; Jos 23:13◦

צָנִיף ↩ צנף *m.* turban, headdress 1 צְנִיף 2 צְנִיפוֹת Isa 3:23; 62:3 *qr.*; Zec 3:5; Job 29:14◦

צְנֻמוֹת *f.* puny Gen 41:23◦

צְנָן *pln* Zenan Jos 15:37◦

√ **צנע** *hif* be in awe 9 הַצְנֵעַ Mi 6:8◦

√ **צנף** *q* tie Lev 16:4; bind up, roll Isa 22:18 - 6 יִצְנֹף יִצְנָפְךָ[e] 9 צָנוֹף◦

צְנֵפָה ↩ צנף *f.* ball Isa 22:18◦

צִנְצֶנֶת *f.* jug, jar Ex 16:33◦

צַנְתְּרוֹת *f.* tubes, pipes Zec 4:12◦

√ **צעד** *q* walk, stride, climb 5 צָעֲדָה צָעֲדוּ 6 יִצְעַד תִּצְעַד יִצְעֲדוּ 8 בְּצַעְדְּךָ[e]

hif let walk 6 תַּצְעִדֵהוּ[e] Job 18:14◦

צַעַד ↩ צעד *m.* step; gait, path *p* צָעַד 2 צְעָדִים 3 צַעֲדֵי 4 צַעֲדוֹ צַעֲדֶךָ צַעֲדַי צְעָדָיו צְעָדֵינוּ צְעָדַי צְעָדֶיהָ

צְעָדָה ↩ צעד *f.* marching (of God) 2 Sam 5:24; 1 Chr 14:15; pl. ankle chains Isa 3:20 - 2 צְעָדוֹת◦

ⓘ The chains connect the ankles of women to achieve shorter steps.

√ **צעה** *q* bow down: be bound Isa 51:14; stretch out like a prostitute Jer 2:20; overturn (barrels), be a cooper Jer 48:12 - 11 צֹעָה צֹעֶה צֹעִים◦

pi topple over, pour out 5 וְצֵעֻהוּ[e] Jer 48:12◦

צָעוֹר Jer 14:3; 48:4 *kt.*; *qr.* ↪ צָעִיר I. small, insignificant, servant 4 צְעוֹרֵיהֶם צְעוֹרֶיהָ◦

צָעִיף *m.* wrapper, shawl 4 צְעִיפָהּ Gen 24:65; 38:14.19◦

צָעִיר I. *m.* & **צְעִירָה** *f.* ↩ צער small, young; the younger one; servant 2 צְעִירִים 3 צְעִירֵי 4 צְעִירוֹ צְעִירֶיהָ צְעִירֵיהֶם

צָעִיר II. *pln* Zair 2 Kgs 8:21◦

צְעִירָה ↩ צער *f.* youth 4 צְעִרָתוֹ Gen 43:33◦

√ **צען** *q* pack up 6 יִצְעָן Isa 33:20◦

צֹעַן *pln* Zoan

צַעֲנַנִּים *pln* Zaanannim Jos 19:33; Jdg 4:11◦

צַעֲצֻעִים with מַעֲשֵׂה *m.* work of sculpture 2 Chr 3:10◦

√ **צעק**[B] *q* shout, cry 5 צָעַק צָעֲקָה צָעַקְתִּי יִצְעֲקוּ אֶצְעָקָה *p* אֶצְעַק יִצְעַק 6 צָעָקוּ *p* צָעֲקוּ צָעֹק 9 צְעֹק 8 וַנִּצְעַק וַיִּצְעֲקוּ וַיִּצְעַק 7 תִּצְעֲקוּ צֹעֲקִים צֹעֶקֶת 11 צְעַקְנָה וּצְעָקִי *p* צַעֲקִי 10

nif be summoned, called together 7 וַיִּצָּעֵק וַיִּצָּעֲקוּ

pi cry 11 מְצַעֵק 2 Kgs 2:12◦

hif summon, call together 7 וַיַּצְעֵק 1 Sam 10:17◦

צְעָקָה[B] ← צעק *f.* screaming, shouting, cry for help 1 צַעֲקָתָם צַעֲקָתָהּ צַעֲקָתוֹ 4 צַעֲקַת

√ צער *q* pay little respect, be insignificant Jer 30:19; Job 14:21; pt.pl. the little ones Zec 13:7 - 6 יִצְעֲרוּ *p* יִצְעָרוּ 11 צֹעֲרִים◦

צֹעַר & צוֹעַר *pln* Zoar

צָעֹר & צְעָרָה ← צָעִיר

√ צפד *q* shrivel 5 צָפַד Lam 4:8◦

√ צפה I. *q* watch, look out, look for something, observe, guard; lurk, lie in wait; pt. guard; pt. pass. marked, spotted (5 צָפוּ) 6 יִצֶף תְּצַפֶּינָה 11 צֹפֶה צוֹפֶה צֹפַיִךְ[e] צוֹפִיָּה צֹפִים צֹפָיו[e] צֹפוֹת pass. צָפוּי *qr.; kt.* צָפוּ

pi watch out, peek; pt. watchman, guard 5 צִפִּינוּ 6 אֲצַפֶּה 10 צַפֵּה צַפִּי 11 מְצַפֶּה מְצַפֶּיךָ[e]

√ צפה II. *q* spread 9 צָפֹה Isa 21:5◦

pi cover, plate, overlay; decorate, ornament 5 וַיְצַפֵּהוּ[e] וַיְצַף 7 תְּצַפֶּנּוּ[e] תְּצַפֶּה 6 וְצִפִּיתָ צִפָּה וַיְצַפּוּ וַיְצַפֵּם[e]

pu be overlaid, coated 11 מְצֻפֶּה מְצֻפִּים Ex 26:32; Prov 26:23◦

צָפָה ← צוף *f.* flood, discharge (?) 4 צָפָתְךָ Ez 32:6◦

צְפוֹ *m. PN* Zepho Gen 36:11.15◦

צִפּוּי ← צפה *m.* covering, coating; sheet metal

צָפוֹן[B] I. north; north wind Lam 4:16; with ה- loc. צָפֹנָה 1 צְפוֹן

צָפוֹן II. *pln* Zaphon Jos 13:27; Jdg 12:1◦

צְפוֹן *m. PN* Zephon Num 26:15◦

צְפוֹנִי I. the northener Joel 2:20◦

צְפוֹנִי II. *pn* Ziphionite Num 26:15◦

צְפוּעַ *kt.* Ez 4:15 dung◦

צִפּוֹר & צִפֹּר ← צפר I. *m.* what flies: bird, coll. birds, poultry 2 צִפֳּרִים

צִפּוֹר & צִפֹּר II. *m. PN* Zippor Num 22:2ff; 23:18; Jos 24:9; Jdg 11:25◦

צַפַּחַת *f.* jug, cup

צְפִי *m. PN* Zephi 1 Chr 1:36; often read with Gen 36:11.15 Zepho

צְפִיָּה ← צפה *f.* watchtower 4 צְפִיָּתֵנוּ Lam 4:17◦

צִפְיוֹן *m. PN* Ziphion Gen 46:16; (Num 26:15)◦

צַפִּיחִת *f.* pastry, cake Ex 16:31◦

צָפִין *m.* treasure, good Ps 17:14 *kt.*; *qr.* pt. *q* pass. ← צפן 4 צְפִינְךָ◦

צָפִיעַ *m.* dung Ez 4:15 *qr.* 3 צְפִיעֵי◦

צֶפִעוֹת *f.* offspring Isa 22:24◦

צָפִיר *m.* goat, billy goat 1 צְפִיר 3 צְפִירֵי

צְפִירָה & צְפִרָה *f.* wreath, diadem Isa 28:5; doom, crisis Ez 7:7.10 - 1 צְפִירַת◦

צָפִית *f.* table cloth Isa 21:5◦

√ צפן[B] *q* hold, hold on, keep; salvage, collect, preserve; hide; pt.pass. hidden treasures, goods 5 צָפַן צָפַנְתָּ צָפַנְתִּי 6 יִצְפֹּן יִצְפְּנֵנִי[e] תִּצְפְּנֵם[e] יִצְפְּנוּ *p* יִצְפּוֹנוּ נִצְפְּנָה 7

צָפוּן pass. 11 צְפֻנֶיהָ[e] וַתִּצְפְּנוֹ[e] וַתִּצְפְּנֵהוּ[e] צְפוּנֵי[e] צְפוּנֶיךָ[e] צְפוּנָיו[e] צְפוּנָה צְפוּנְךָ[e] צְפוּנִי[e] *nif* be hidden 5 נִצְפְּנוּ נִצְפַּן Jer 16:17; Job 15:20; 24:1◦

hif hide Ex 2:3; Job 14:13; lure Ps 56:7 - 6 הַצְפִּינוֹ[e] 8 יַצְפִּינוּ תַּצְפִּנֵנִי[e]◦

צְפַנְיָהוּ & צְפַנְיָה *m. PN* Zephaniah

צָפְנַת פַּעְנֵחַ *m. PN* Zaphenath-Paneach Gen 41:45◦

צֶפַע *m.* venomous snake, viper Isa 14:29◦

צִפְעוֹנִי *m.* venomous snake, viper

√ צפף *pilpel* murmur Isa 8:19; peep Isa 10:14; whisper Isa 29:4; chirp Isa 38:14 - 6 תְּצַפְצֵף 11 אֲצַפְצֵף מְצַפְצֵף מְצַפְצְפִים◦

צַפְצָפָה *f.* shore plant, willow Ez 17:5◦

√ צפר *q* go away, leave 6 יִצְפֹּר Jdg 7:3◦

צֹפַר & צוֹפַר *m. PN* Zophar Job 2:11; 11:1; 20:1; 42:9◦

צִפֹּר & צִפּוֹר I. *m.* what flies: bird, coll. birds, poultry 2 צִפֳּרִים

צִפֹּר & צִפּוֹר II. *m. PN* Zippor Num 22:2ff; 23:18; Jos 24:9; Jdg 11:25◦

צְפַרְדֵּעַ *f.* frog; coll. frogs 2 צְפַרְדְּעִים

צְפִירָה & צְפִרָה *f.* wreath, diadem Isa 28:5; doom, crisis Ez 7:7.10 - 1 צְפִירַת◦

צִפֹּרָה *f. PN* Zipporah Ex 2:21; 4:25; 18:2◦

צִפֹּרֶן *m.* fingernail Dtn 21:12; with שָׁמִיר pen with diamond tip Jer 17:1 - 4 צִפָּרְנֶיהָ◦

צֶפֶת *m.* capital 2 Chr 3:15◦

צְפַת *pln* Zephath Jdg 1:17◦

צְפָתָה *pln* Zephathah 2 Chr 14:9◦

צִצִּים ↪ צִיץ Blüten

צָקוּן Isa 26:16; 3.pl. SC *q* with ן-paragogicum ↪ צוק◦

צִיקְלַג & צִקְלָג & צִקְלַג *pln* Ziklag

צִקְלֹן *m.* haversack 4 צִקְלֹנוֹ 2 Kgs 4:42◦

צַר & צָר *m.* & צָרָה[B] *f.* ↩ צרר I. narrow; narrowness, constriction; distress, fear

צַר[B] ↩ צרר II. *m.* enemy, oppressor 2 צָרִים 3 צָרֵי 4 צָרִי צָרָיו צָרֵימוֹ צָרֶיהָ צָרֶיךָ צָרַי *p* צָרֵינוּ צָרָי

צַר III. *m.* pebble Isa 5:28◦

צֹר I. *m.* pebble 2 צֻרִים Ex 4:25; Jos 5:2f; Ez 3:9◦

צֹר II. & צוֹר *pln* Tyre

צֵר *pln* Zer Jos 19:35◦

צִר & צִיר *m.* messenger, ambassador 2 צִירִים 4 צִרַיִךְ

צֻר ↪ צוּר rock

√ צרב *nif* be scorched 5 וְנִצְרְבוּ Ez 21:3◦

צָרֶבֶת ↩ צרב *f.* scar Lev 13:23.28; burning Prov 16:27; *p* צָרָבֶת◦

צְרֵדָה *pln* Zeredah 1 Kgs 11:26; 2 Chr 4:17◦

צָרָה[B] ↩ צרר I. *f.* fear, anxiety, misery, distress; labor pains, birth pains; with ה-paragogicum צָרָתָה 1 צָרַת 2 צָרוֹת 4 צָרָתוֹ צָרָתָה צָרָתִי צָרָתָם צָרֹתֵיכֶם צָרָתֵנוּ צָרוֹתָיו צָרוֹתָם צָרֹתֵינוּ צָרֹתֵיכֶם

צָרָה ↩ צרר II. *f.* rival 4 צָרָתָהּ 1 Sam 1:6◦

צְרוּיָה & צְרֻיָה *f. PN* Zeruiah

צְרוּעָה *f. PN* Zeruah 1 Kgs 11:26◦

צְרוֹר & צְרֹר ↩ צרר I. *m.* bag, bundle

צְרוֹר II. *m.* stone, pebble 2 Sam 17:13; Am 9:9◦

צְרוֹר III. *m. PN* Zeror 1 Sam 9:1◦

✓ צרח *q* cry 11 צֹרֵחַ Zeph 1:14◦

hif roar, rise the battle cry 6 יַצְרִיחַ Isa 42:13◦

צֹרִי *pn* someone from Tyre

צֳרִי & צְרִי I. *m.* balm

צְרִי II. *m. PN* Zeri 1 Chr 25:3◦

צְרֻיָה & צְרוּיָה *f. PN* Zeruiah

צְרִיחַ *m.* vault 2 צְרִחִים Jdg 9:46.49; 1 Sam 13:6◦

צֹרֶךְ *m.* need 4 צָרְכֶּךָ 2 Chr 2:15◦

✓ צרע *q* pt.pass. suffering from a scaly skin disease, be leprous, a leper 11 צָרוּעַ

pu pt. suffering from a scaly skin disease, be leprous, a leper 11 מְצֹרַעַת מְצוֹרָע מְצֹרָע *p* מְצֹרָעִים מְצֹרָעַת

צִרְעָה *f.* hornet; fig. panic, fear and terror Ex 23:28; Dt 7:20; Jos 24:12◦

צָרְעָה *pln* Zorah

צָרְעִי *pn* Zorite 1 Chr 2:54◦

צָרַעַת ↩ צרע *f.* skin disease, leprosy (also in garment and houses, Lev 14:55) *p* צָרָעַת 4 צָרַעְתּוֹ

צָרְעָתִי *pn* Zorathite 1 Chr 2:53; 4:2◦

✓ צרף[B] *q* purify; melt, pt. goldsmith; test, check; sift out, muster Jdg 7:4 - 5 צָרַף צְרַפְתִּיךָ[e] צְרַפְתָּהוּ[e] צְרַפְתָּנִי[e] *p* צְרַפְתַּנִי[e] כִּצְרֹף־ צְרֹף 8 אֶצְרְפֵנּוּ[e] אֶצְרֹף 6 צְרַפְתִּים[e] 9 צָרוֹף 10 צְרָפָה *qr.*; *kt.* צְרוֹפָה 11 צֹרֵף צְרוּפָה צָרוּף pass. צוֹרְפִים צוֹרְפָם[e] צוֹרֵף

nif be purified, tested 7 וְיִצָּרְפוּ Dan 12:10◦

pi pt. melter, goldsmith 11 מְצָרֵף Mal 3:2f◦

צֹרְפִי ↩ צרף *m.* guild of goldsmiths Neh 3:31◦

צָרְפַת *pln* Zarpath 1 Kgs 17:9f; Ob 1:20◦

✓ צרר[B] *var.* ↪ צור I. *q* trans: bind, wrap; gather Hos 4:19; Prov 30:4; Job 26:8; fig. enclose, store 2 Sam 20:3; Isa 8:16 - 5 צָרַר 8 צְרֹר 9 צָרוֹר 10 צוֹר 11 צֹרֵר pass. צְרוּרָה צָרוּר צְרֻרוֹת

ⓘ In 1 Sam 25:29 there is a proverb which is still found on Jewish gravestones today:

וְהָיְתָה נֶפֶשׁ אֲדֹנִי צְרוּרָה בִּצְרוֹר הַחַיִּים

may the life of my lord be bound in the bundle of the living

intrans.: be narrow, too narrow; be short, cramped, impeded; be in need, worry, fear 5 וַתֵּצֶר וַיֵּצֶר 7 יֵצְרוּ תֵּצְרִי יֵצֶר יֵצַר 6 צָרָה צַר 8 צַר

ⓘ The expression בַּצַּר לְ *to be in need* is found a dozen or so times in the Bible; the formula cannot be precisely defined: it can be an SC form, an inf.c. or - this is most likely - the adj. צַר.

pu wrapped, patched 11 מְצֹרָרִים Jos 9:4◦

hif scare, harass, besiege 5 וְהֲצֵרֹתִי הֵצַר 6 הָצֵר 8 וַיָּצֵרוּ וַיָּצַר 7 יָצֵר־

✓ צרר[B] II. *q* be an enemy, fight; show oneself as an enemy, opponent 5 צָרְרוּ צְרָרוּנִי[e] 6 יָצֹר
8 צְרֹר 9 צָרוֹר 11 צֹרֵר צוֹרְרַי[e] צֹרְרִים צֹרְרֵי
צוֹרְרָיו[e] צֹרְרֶיךָ[e] צוֹרְרַי[e]

✓ צרר III. ↩ צָרָה I. *hif* be in labour 11 מְצֵרָה Jer 48:41; 49:22◦

✓ צרר IV. ↩ צָרָה II. *q* be a rival, second wife 8 צְרֹר Lev 18:18◦

צְרֹר & צְרוֹר ↩ צרר *m.* bundle 2 צְרֹרוֹת

צְרֵרָה *pln* Zererah Jdg 7:22◦

צֶרֶת *m. PN* Zereth 1 Chr 4:7◦

צֶרֶת הַשַּׁחַר *pln* Zeret-Shahar Jos 13:19◦

צָרְתָן *pln* Zarethan Jos 3:16; 1 Kgs 4:12; 7:46◦

ק

קֵא *var.* ↪ קיא *m.* vomit 4 קֵאוֹ Prov 26:11◦

קָאם ↪ קום

קָאַת & קָאָת an unclean bird, trad. pelican, others: owl 1 קְאַת

קַב *pn* a measure of capacity, Kab, approx. 1,5 litres 2 Kgs 6:25◦

✓ קבב *q var.* ↪ נקב curse 5 קַבֹּה[e] קַבֹּתוֹ[e] 6
אֶקּוֹב אֶקֹּב יִקְּבֶהוּ[e] תִּקֳּבֶנּוּ[e] 7 וָאֶקֹּב 8/9 קֹב 10
קָבָה־ קָבְנוֹ[e]

קֵבָה *f.* stomach, maw, belly 4 קֵבָתָהּ Dtn 18:3; Num 25:8◦

קֻבָּה *f.* chamber, room Num 25:8◦

קִבּוּץ ↩ קבץ *m.* (collection of) idols 4 קִבּוּצַיִךְ Isa 57:13◦

קְבוּרָה[B] ↩ קבר *f.* grave, burial chamber 1
קְבֻרָתָם קְבֻרָתָהּ קְבֻרָתוֹ 4 קְבֻרַת

✓ קבל *pi* take, accept, receive; affiliate, welcome 1 Chr 12:19; choose 1 Chr 21:11 - 5 קִבֵּל
וְקִבְּלוּ 6 יְקַבְּלוּ נְקַבֵּל 7 וַיְקַבְּלֵם[e] וַיְקַבְּלוּ 10
קַבֵּל־ קַבֵּל

hif face one another, correspond, match 11 מַקְבִּילֹת Ex 26:5; 36:12◦

קֹבֶל *m.* battering ram 4 קָבָלּוֹ Ez 26:9◦

✓ קבע *q* rob; deceive, cheat 5 קָבַע קְבַעֲנוּךָ[e] 6
יִקְבַּע 11 קֹבְעִים קֹבְעֵיהֶם[e] Mal 3:8f; Prov 22:23◦

קֻבַּעַת *f.* (with כּוֹס) cup, goblet Isa 51:17.22◦

✓ קבץ[B] *q* gather, assemble, collect 5 קָבַץ 6
אֶקְבֹּץ תִּקְבֹּץ יִקְבְּצֵם[e] יְקַבְּצֵנוּ[e] יִקְבָּץ־
וָאֶקְבְּצָה וַיִּקְבֹּץ 7 וַיִּקְבְּצוּ אֶקְבְּצֵם[e] אֶקְבְּצָה
וַיִּקְבְּצוּ 8 לְקָבְצִי[e] 10 קִבְצוּ קְבֹץ 11 קֹבֵץ pass.
קְבוּצִים

nif assemble; be gathered together 5 נִקְבְּצוּ *p*
נִקְבָּצוּ 6 תִּקָּבֵץ יִקָּבְצוּ תִּקָּבְצוּ 7 וַיִּקָּבְצוּ 8
הִקָּבֵץ 10 הִקָּבְצוּ 11 נִקְבָּצִים נִקְבָּצָיו[e]

pi gather, assemble; with פָּארוּר turn pale (blood accumulates and disappears); others: glow, redden Joel 2:6; Nah 2:11 - 5 קִבֶּצְךָ[e]
קִבְּצָם[e] קִבְּצָן[e] קִבְּצָה וְקִבַּצְתִּי וְקִבַּצְתִּים[e]
קִבְּצוּ 6 יְקַבֵּץ יְקַבְּצֵנוּ[e] יְקַבֶּצְךָ[e] תְּקַבְּצֵם[e]
אֲקַבֵּץ אֲקַבְּצָה אֲקַבֶּצְךָ[e] תְּקַבְּצוּ 7 וַתְּקַבְּצוּ 8

1 st.c. sg. 2 st.a. pl. 3 st.c. pl. 4 with *epp* 5 SC 6 PC 7 narrative 8 inf.c. 9 inf.a. 10 imp. 11 part.

לְקַבֵּץ קַבְּצִי[e] 10 קַבְּצֵנוּ[e] 11 מְקַבֵּץ מְקַבְּצָם[e] מְקַבְּצָיו[e]

pu be gathered 11 מְקֻבֶּצֶת Ez 38:8◦

hitp assemble together 5 הִתְקַבְּצוּ 6 יִתְקַבְּצוּ 7 וַיִּתְקַבְּצוּ 10 הִתְקַבְּצוּ

קַבְצְאֵל *pln* Kabzeel

קְבֻצָה ← קבץ *f.* gathering 1 קְבֻצַת Ez 22:20◦

קִבְצַיִם *pln* Kibzaim Jos 21:22◦

√ קבר[B] *q* bury, entomb 5 קָבַר קְבַרְתּוֹ[e] קְבָרוּם[e] קְבָרֻהוּ[e] קָבְרוּ קָבַרְתִּי וּקְבַרְתַּנִי[e] קְבַרְתֶּם 6 יִקְבֹּר תִּקְבְּרֵנִי[e] תִּקְבְּרֻנוּ[e] אֶקְבְּרָה 7 וַיִּקְבֹּר וָאֶקְבְּרֶהָ[e] וַיִּקְבְּרוּ וַיִּקְבְּרֻהוּ[e] 8 קְבֹר קְבוֹר קָבְרָהּ[e] קָבְרוֹ[e] 9 קָבוֹר 10 קִבְרוּ קְבֹר 11 קוֹבֵר קֹבֵר קֹבְרִים pass. קְבֻרִים קָבוּר

nif be buried 6 יִקָּבֵר תִּקָּבֵר אֶקָּבֵר יִקָּבְרוּ 7 וַיִּקָּבֵר וַתִּקָּבֵר

pi bury, entomb 6 תְּקַבְּרֵם[e] 8 קַבֵּר 11 מְקַבֵּר מְקַבְּרִים

pu be buried 5 קֻבַּר Gen 25:10◦

קֶבֶר[B] ← קבר *m.* grave, gravesite, tomb *p* קְבָרוֹת קְבָרִים 2 קֶבֶר 3 קִבְרֵי קִבְרוֹת 4 קִבְרוֹ קִבְרְךָ *p* קִבְרֶךָ קִבְרִי קִבְרֹתָיו קִבְרֹתֶיךָ קִבְרֵיהֶם קִבְרוֹתֵיהֶם קְבָרֵינוּ

קְבֻרַת ↪ קְבוּרָה

קִבְרוֹת הַתַּאֲוָה *pln* Kibroth-Taavah, greed graves Num 11:34f; 33:16f; Dtn 9:22◦

קֵד *m.* smoke; but ↪ מוֹקֵד Ps 102:4◦

√ קדד *q* bend, kneel down (always with. ↪ חוה *hišt*) 7 וַיִּקֹּד וָאֶקֹּד וַיִּקְּדוּ

קִדָּה *pn* of a spice, cassia, cinnamon cloves Ex 30:24; Ez 27:19◦

קְדוּמִים ← קדם *m.* ancient; others: *pn* of a stream, Kedumim Jdg 5:21◦

קָדוֹשׁ & קָדֹשׁ [B] ← קדשׁ *m.* holy 1 קְדוֹשׁ 2 קְדֹשִׁים קְדוֹשִׁים 4 קְדוֹשׁוֹ קְדֹשׁוֹ קְדֹשִׁי קְדֹשָׁיו קְדוֹשְׁכֶם

√ קדח *q* ignite, kindle, light, burn 5 קָדְחָה 8 קְדֹחַ 11 קֹדְחֵי קַדַּחְתֶּם

קַדַּחַת ← קדח *f.* fever Lev 26:16; Dtn 28:22◦

קָדִים[B] ← קדם *m.* what is in front: east, eastern; with ה-loc. eastward; forward Hab 1:9; with רוּחַ east wind

√ קדם[B] *pi* be in the front; go ahead, charge ahead; meet; bring; confront, overpower; do something early Ps 119:147f; want to do something first Jon 4:2 - 5 קִדַּמְתִּי קִדְּמוּ קִדְּמֻנִי[e] 6 יְקַדְּמֵנִי[e] תְּקַדְּמֶךָּ[e] אֲקַדֵּם[e] אֲקַדְּמֶנּוּ[e] 10 קַדְּמָה נְקַדְּמָה יְקַדְּמוּנוּ[e] יְקַדְּמֻנִי[e] יְקַדְּמוּ קִדְּמֻנִי[e]

hif meet, confront 5 הִקְדִּימַנִי[e] 6 תַּקְדִּים Am 9:10; Job 41:3◦

קֶדֶם[B] ← קדם local: in front, ahead; east; temporal: before, earlier; for a long time, from ancient times; prehistory, beginning 3 קַדְמֵי

קֵדֶם[B] ← קדם always with ה-locale קֵדְמָה east, eastward

קַדְמָה[B] ← קדם *f.* origin Isa 23:7; original condition Ez 16:55; 36:11; before Ps 129:6 - 1 קַדְמַת 4 קַדְמָתָהּ קַדְמַתְכֶן קַדְמוֹתֵיכֶם◦

קִדְמָה[B] ← קדם *f.* in front of, opposite; east 1 קִדְמַת

קֵדְמָה I. ↪ קֵדֶם with ה-locale

1 st.c. sg. 2 st.a. pl. 3 st.c. pl. 4 with *epp* 5 SC 6 PC 7 narrative 8 inf.c. 9 inf.a. 10 imp. 11 part.

קֵדְמָה II. *m. PN* Kedmah Gen 25:15; 1 Chr 1:31◦

קַדְמֹנָה ← קדם *f.* eastern Ez 47:8◦

קַדְמוֹנִי & קַדְמֹנִי[B] ← קדם *m.* local: eastern; temporal: earlier, original, ancient; the earlier things, the things of long ago 2 קַדְמֹנִים
קַדְמוֹנִים קַדְמֹנִיּוֹת קַדְמֹנִית

קְדֵמוֹת *pln* Kedemoth

קַדְמִיאֵל *m. PN* Kadmiel

קַדְמֹנִי *pn* Kadmonite Gen 15:19◦

קָדְקֹד *m.* head, scalp, skull; parting 4 קָדְקֳדוֹ
קָדְקֳדֶךָ

קדר√ *q* darken, become turbid; be sad, mourn
5 קָדַר קָדַרְתִּי קָדְרוּ *p* קָדָרוּ 11 קֹדֵר קֹדְרִים
hif darken; let mourn 5 וְהִקְדַּרְתִּי 6 אַקְדִּירֵם[e]
7 וָאַקְדִּר Ez 31:15; 32:7f◦
hitp grow black 5 הִתְקַדְּרוּ 1 Kgs 18:45◦

קֵדָר *m. PN* Kedar

קִדְרוֹן *pln* Kidron

קַדְרוּת ← קדר *f.* darkness Isa 50:3◦

קְדֹרַנִּית ← קדר *f.* with הלך go about as mourners Mal 3:14◦

קדשׁ√[B] *q* be holy 5 וְקָדַשׁ קִדַּשְׁתִּיךָ[e] קָדֵשׁוּ 6
יִקְדַּשׁ *p* יִקְדָּשׁ תִּקְדַּשׁ 7 וַיִּקְדָּשׁוּ
nif prove oneself holy; be sanctified, sacred, treated as holy 5 נִקְדַּשׁ וְנִקְדַּשְׁתִּי 6 אֶקָּדֵשׁ 7
וַיִּקָּדֵשׁ 8 הִקָּדְשִׁי[e]
pi sanctify, declare holy, consider holy, consecrate; proclaim or decree a holy time: fasting Joel 1:14; feast 2 Kgs 10:20 et passim 5 קִדֵּשׁ
קִדְּשׁוּ[e] וְקִדַּשְׁתָּ קִדַּשְׁתּוֹ[e] קִדַּשְׁתֶּם[e] קִדַּשְׁתִּי
קַדְּשׁוּ קִדְּשׁוּהוּ[e] קִדַּשְׁתֶּם 6 אֲקַדֵּשׁ יְקַדְּשׁוּ *p*
יְקַדְּשׁוּ 7 וַיְקַדֵּשׁ וַיְקַדְּשֵׁהוּ[e] וַיְקַדְּשֵׁם[e] וַיְקַדְּשׁוּ
8 קַדֵּשׁ לְקַדְּשׁוֹ[e] לְקַדְּשָׁם[e] 10 קַדֵּשׁ קַדֶּשׁ־
קַדְּשׁוּ *p* קַדֵּשׁוּ 11 מְקַדֵּשׁ מְקַדְּשׁוֹ[e] מְקַדְּשָׁם[e]
מְקַדִּשְׁכֶם[e] מְקַדְּשֵׁיהֶם[e]
pu be sanctified, consecrated 11 מְקֻדָּשׁ
מְקֻדָּשִׁים מְקֻדָּשַׁי[e]
hif sanctify, consecrate; consider as holy; give a holy portion Neh 12:47 - 5 הִקְדִּישׁ הִקְדַּשְׁתִּי
הִקְדַּשְׁתִּיךָ[e] הִקְדִּישׁוּ הִקְדַּשְׁנוּ 6 יַקְדִּישׁ יַקְדִּשׁ
תַּקְדִּישׁ יַקְדִּישׁוּ תַּקְדִּישׁוּ 7 וַיַּקְדִּשׁוּ 8 הַקְדִּישׁ
הַקְדִּישׁוּ[e] הַקְדִּישֵׁנִי[e] 9 הַקְדֵּשׁ 10 הַקְדִּשֵׁם[e] 11
מַקְדִּישׁ מַקְדִּשִׁים
hitp sanctify, purify oneself; be consecrated; prove oneself holy Ez 38:23 - 5 הִתְקַדֶּשׁ־
וְהִתְקַדִּשְׁתִּי הִתְקַדָּשׁוּ הִתְקַדִּשְׁתֶּם 6 יִתְקַדְּשׁוּ
p יִתְקַדָּשׁוּ 7 וַיִּתְקַדְּשׁוּ 8 הִתְקַדֵּשׁ הִתְקַדְּשׁוּ 10
הִתְקַדְּשׁוּ *p* הִתְקַדָּשׁוּ 11 מִתְקַדְּשִׁים מִתְקַדֶּשֶׁת

קָדֵשׁ I. *m.* & קְדֵשָׁה *f.* ← קדשׁ cult prostitute, Hierodule; coll. 1 Kgs 14:24; 22:47 - 2
קְדֵשִׁים קְדֵשׁוֹת

קָדֵשׁ II. *pln* Kadesh

קָדֹשׁ & קָדוֹשׁ[B] ← קדשׁ *m.* holy 1 קְדֹשׁ
קָדוֹשׁ 2 קְדוֹשִׁים קְדֹשִׁים 4 קְדוֹשׁוֹ קְדֹשֵׁי
קְדֹשָׁיו

קֶדֶשׁ *pln* Kedesh

קֹדֶשׁ[B] ← קדשׁ *m.* sacred, holiness; sanctuary; pl. votive offerings, consecrated objects; קֹדֶשׁ
קֳדָשִׁים holy of holies, most sacred 2 קֳדָשִׁים
קֳדָשִׁים 3 קָדְשֵׁי 4 קָדְשׁוֹ קָדְשְׁךָ *p* קָדְשֶׁךָ
קָדָשַׁי קָדְשֵׁנוּ קֳדָשָׁיו קֳדָשֵׁיהֶם
קָדְשֵׁיכֶם קָדָשַׁי *p* קָדָשָׁי

קְדֵשָׁה ← קדשׁ *f.* cult prostitute 2 קְדֵשׁוֹת

✓ קהה q be numb (usually translated fig. as: be set on edge) 6 תִּקְהֶינָה Jer 31:29f; Ez 18:2◦

pi be dull, blunt 5 קֵהָה Ecc 10:10◦

✓ קהל[B] nif assemble, congregate 5 נִקְהֲלוּ 7 וַיִּקָּהֵל וַיִּקָּהֲלוּ 8 הִקָּהֵל 11 נִקְהָלִים

hif come together, assemble 5 הִקְהִילוּ הִקְהַלְתָּ 6 יַקְהִיל יַקְהִיל יַקְהֵל 7 וַיַּקְהֵל וַיַּקְהִלוּ 8 הַקְהִיל 10 הַקְהֵל הַקְהֶל־ הַקְהִילוּ

קָהָל[B] ← קהל m. assembly, convocation; group, company 1 קְהַל 4 קְהָלֵךְ קְהָלֶךָ קְהָלָהּ קְהַלְכֶם קְהָלָם

קְהִלָּה ← קהל f. congregation, assembly 1 קְהִלַּת Dtn 33:4; Neh 5:7◦

קֹהֶלֶת pt.f.sg. ↪ קהל Qohelet; leader, spokesman of the community; trad. designation: Preacher; also understood as m. PN Ecc 1:1f.12; 12:8ff◦

קְהֵלָתָה pln Kehelatah Num 33:22f◦

קְהָת & קֳהָת m. PN Kehath

קְהָתִי & קֳהָתִי pn Kohathite

קַו & קָו[B] m. cord, measuring cord; קַו־קָו terrible, mighty Isa 18:2.7; message Ps 19:5, cf. Isa 28:10 (here in imitation of the proph. message) 1 קַו 4 קַוָּם

קְוֵא pln Koe, Cicilia 2 Chr 1:16 ↪ קְוֵה◦

קוֹבַע m. helmet 1 Sam 17:38; Ez 23:24 ↪ כּוֹבַע◦

קוֹדֶשׁ ↪ קֹדֶשׁ

✓ קוה[B] I. q wait, await, hope 11 קֹוָי[e] קֹוֵי קוֵֹי קֹוַי[e] קֹוֶיךָ[e] קֹוָיו[e]

pi wait, await, hope; lie in wait 5 קִוִּיתִי קִוְּתָה קִוֵּיתִי קִוִּיתִיךָ[e] קִוּוּ קִוִּיתֶם קִוִּינוּךָ[e] קִוִּינֻהוּ[e] 6 יְקַוֶּה יְקַו וַאֲקַוֶּה יְקַוּוּ נְקַוֶּה 7 וַיְקַו וָאֲקַוֶּה 8 קַוֵּה 9 קַוֹּה 10 קַוֵּה

✓ קוה II. nif be gathered together 5 נִקְווּ 6 יִקָּווּ Gen 1:9; Jer 3:17◦

קָוֶה m. cord, measuring cord kt. 1 Kgs 7:23; Jer 31:39; Zec 1:16; qr. ↪ קַו 1 קְוֵה◦

קְוֵה pln Koe, Cicilia 1 Kgs 10:28 ↪ קְוֵא◦

קוֹחַ m. with פְּקַח opening, release Isa 61:1◦

✓ קוט q detest Ps 95:10; be fragile Job 8:14 - 6 אָקוּט יָקוֹט◦

nif detest oneself 5 וּנְקֹטֹתֶם נָקֹטּוּ נָקֹטָה

hitpolal detest 6 אֶתְקוֹטָט 7 וָאֶתְקוֹטָטָה Ps 119:158; 139:21◦

קוֹל & קֹל[B] m. voice, sound, noise; message, rumor Gen 45:16; testimony Ex 4:8; loud Ps 3:5; interj. listen! Isa 40:3 - 2 קֹלוֹת קוֹלוֹת קֹלֹת 4 קוֹלֵךְ קוֹלֶךָ p קוֹלְךָ קוֹלָהּ קֹלוֹ קוֹלוֹ קֹלִי קוֹלָם קוֹלָן קֹלְכֶם קֹלֵנוּ

קוֹלָיָה m. PN Kolaiah Jer 29:21; Neh 11:7◦

✓ קום[B] q stand up, rise up, set out; arise; come into being, endure, last; be confirmed, apply; be rigid (eyes); pt. often: adversary 5 קָאם קָם קָמָה קַמְתָּ קַמְתִּי p קָמְתִּי קָמוּ וְקָמוּ קַמְתֶּם קַמְנוּ 6 יָקוּם יָקֻם יָקֹם תָּקוּם אָקוּם אָקוּמָה יָקוּמוּ יָקֻמוּ יְקוּמוּן תָּקוּמוּ נָקוּם וְנָקוּמָה 7 וַיָּקָם וָאָקוּם וָאָקֻם וַיָּקוּמוּ וַיָּקֻמוּ 8 קוּם קוּמוֹ[e] קוּמָהּ[e] קֻמָהּ[e] קוּמְךָ[e] 9 קוֹם 10 קוּם קֻם קוּמָה קוּמִי קוּמוּ קֻמוּ קֹמְנָה 11 קָם קָמָה קָמִים קוֹמִים קָמָיו[e] קָמֶיךָ[e] קָמַי p קָמַי[e] קָמֵיהֶם[e] קָמֵינוּ[e]

1 st.c. sg. 2 st.a. pl. 3 st.c. pl. 4 with epp 5 SC 6 PC 7 narrative 8 inf.c. 9 inf.a. 10 imp. 11 part.

קוֹץ & קֹץ I. *m.* thorn, thornbush 2 קֹצִים 3 קוֹצֵי

קוֹץ II. *m. PN* Koz

קְוֻצּוֹת *f.* locks 4 קְוֻצּוֹתַי Song 5:2.11◦

קור *q* dig (wells) 5 קַרְתִּי 2 Kgs 19:24; Isa 37:25◦

קוּר *m.* web 3 קוּרֵי 4 קוּרֵיהֶם Isa 59:5f◦

קוֹרֵא & קֹרֵא *m. PN* Kore 1 Chr 9:19; 26:1; 2 Chr 31:14◦

קוֹרָה & קֹרָה ↩ קרה II. *f.* beam 2 Kgs 6:2.5; Song 1:17; 2 Chr 3:7; fig. roof, house Gen 19:8 - 2/3 קֹרוֹת 4 קֹרָתִי◦

קושׁ *q* set traps 6 יְקֹשׁוּן Isa 29:21◦

קוּשָׁיָהוּ *m. PN* Kushaiah 1 Chr 15:17◦

קַח etc. ↩ לקח

קַח *m.* meadow Ez 17:5◦

ⓘ Many translators read an SC form of ↩ לקח

קַחַת inf.c. ↩ לקח

קָט little; with מְעַט idiom: *as if that were too little;* others: in a very short time Ez 16:47◦

קֶטֶב & קֹטֶב *m.* devastating Isa 28:2; plague, pestilence, destruction Hos 13:14; Dtn 32:24; Ps 91:6 *p* קָטֶב 4 קָטָבְךָ◦

קְטוֹרָה ↩ קטר *f.* incense Dtn 33:10◦

קְטוּרָה *f. PN* Keturah Gen 25:1.4; 1 Chr 1:32f◦

קטל *q* kill, slay 6 יִקְטְלֵנִי[e] תִּקְטֹל יִקְטָל־ Ps 139:19; Job 13:15; 24:14◦

קֶטֶל ↩ קטל *m.* killing, slaughter *p* קָטֶל Ob 1:9◦

pi fulfill, confirm; enforce, establish; support; restore, erect 5 קִיֵּם 7 קִיְּמוּ קִיַּם 8 וָאֲקַיְּמָה 10 קַיֵּם קַיְּמֵנִי[e]

pol raise Isa 44:26; 58:12; 61:4; rise Mi 2:8 - 6 יְקוֹמֵמוּ *p* אֲקוֹמֵם תְּקוֹמֵם יְקוֹמֵם◦

hif get up: raise up, bring, erect, stand up, help up; set up, establish, appoint, install, carry out, provide; awaken; keep (word, oath, promise); silence (storm) 5 הֵקִים הֲקֵמֹתָ וַהֲקֵמֹתִי הֲקִמֹתוּ[e] יְקִימֵנוּ[e] 6 יָקִים יָקֵם הֲקֵמֹנוּ הֵקִימוּ וַהֲקִימֹתִי יְקִימֶנָּה[e] יְקִימְךָ[e] יְקִימֵנוּ[e] תָּקִים אָקִים יְקִימוּ וַיְקִימֶהָ[e] 7 וַיָּקֶם תְּקִימֶנָּה תָּקִימוּ יְקִימוּן 9 לַהֲקִימוֹ[e] 8 הָקִים וַיָּקִימוּ וָאָקִים וַיְקִימֵנִי[e] מְקִימָהּ[e] 11 מֵקִים 10 הָקִימוּ הָקֵם הָקִים הָקֵם מְקִימִי[e]

hof be fulfilled Jer 35:14; be erected, set up Ex 40:17; be raised up 2 Sam 23:1 - 5 הוּקַם הֻקַם◦

hitpol rise, rebel 11 מִתְקוֹמְמִים מִתְקוֹמְמָה מִתְקוֹמְמִי[e] מִתְקוֹמְמַי[e]

קוֹמָה & קֹמָה[B] ↩ קום *f.* height, size 1 קוֹמַת 4 קוֹמָתָם קוֹמָתֵךְ קוֹמָתָהּ קוֹמָתוֹ

קוֹמְמִיּוּת ↩ קום upright Lev 26:13◦

קוֹן ↩ קין

קוֹנֵן pt. ↩ קין

קוֹעַ *pn* Koa Ez 23:23◦

קוֹפִים & קֹפִים *m.* apes 1 Kgs 10:22; 2 Chr 9:21◦

קוץ I. *q* disgust, loathe; be morose; feel horror 5 קָצְתִּי קָצָה 6 תָּקֹץ 7 וַיָּקָץ וָאָקֻץ 11 וַיָּקֻצוּ קָץ

hif frighten, terrify 6 נְקִיצֶנָּה[e] Isa 7:6◦

קוץ II. *var.* ↩ קיץ *hif* awake 6 יָקִיצוּ Job 14:12◦

√ קָטֹן[B] *q* be too little 2 Sam 7:19; 1 Chr 17:17; with מִן be unworthy Gen 32:11 - 5 קָטֹנְתִּי 7 וַתִּקְטַן◦

hif make smaller, diminish 8 לְהַקְטִין Am 8:5◦

קָטָן I. *m.* & קְטַנָּה[B] *f.* ← קטן little; young; the younger, youngest; small, insignificant 2 קְטַנִּים קְטַנּוֹת 3 קַטְנֵי

קָטָן II. *m. PN* Katan Ezr 8:12◦

קֹטֶן[B] ← קטן *m.* little, young; the younger, youngest; small, insignificant 1 קְטֹן

קֹטֶן ← קטן *m.* little finger 4 קָטָנִּי 1 Kgs 12:10; 2 Chr 10:10◦

√ קטף *q* pluck (ears of grain); break off (twigs) 5 קָטַף וְקָטַפְתָּ 6 יִקְטֹף אֶקְטֹף 11 קֹטְפִים

nif be cut down 6 יִקָּטֵף Job 8:12◦

√ קטר[B] I. *pi* let go up in smoke, burn as a sacrifice 5 קִטְּרוּ קִטַּרְתֶּם 6 יְקַטֵּר יְקַטְּרוּ יְקַטֵּרוּן 7 וַיְקַטֵּר וַיְקַטְּרוּ 8/9 קַטֵּר 11 מְקַטְּרִים מְקַטְּרוֹת

pu pt. perfumed 11 מְקֻטֶּרֶת Song 3:6◦

hif let go up in smoke, make offerings, burn incense 5 הִקְטִיר הִקְטִירוּ[e] הִקְטִירָם[e] וְהִקְטַרְתָּ וְהִקְטִירוּ 6 יַקְטִיר יַקְטִירֶנָּה[e] יַקְטִרוּן יַקְטִירוּן תַּקְטִירוּ 7 וַיַּקְטֵר וַיַּקְטִירוּ 8 הַקְטִיר 9 הַקְטֵיר 10 הַקְטֵר 11 מַקְטִיר מַקְטִירוֹת הַמַּקְטִרִים

hof be burnt, offered 6 תָּקְטָר 11 מֻקְטָר Lev 6:15; Mal 1:11◦

קטר II. *q* joined 11 pass. קְטֻרוֹת Ez 46:22◦

ⓘ Some translators read a form of קטן *small.*

קִטֵּר ← קטר *m.* sacrifice Jer 44:21◦

קִטְרוֹן *pln* Kitron Jdg 1:30◦

קְטֻרוֹת ← קטר II. joined Ez 46:22◦

קְטֹרֶת[B] ← קטר *f.* frankincense, incense 4 קְטָרְתִּי

קַטָּת *pln* Kattath Jos 19:15◦

√ קיא *q* vomit, spit out Lev 18:28; Jer 25:27 - 10 קְיוּ 11 קָאָה◦

hif vomit, spit out 5 וַהֲקֵאתוֹ[e] 6 תָּקִיא 7 וַיָּקֵא וַתָּקִא וַיְקִאֶנּוּ[e] Lev 18:25.28; 20:22; Jon 2:11; Prov 23:8; 25:16; Job 20:15◦

קִיא ← קיא *m.* vomit 4 קִיאוֹ Isa 19:14; 28:8; Jer 48:26◦

√ קיה → קיא

קִיטוֹר & קִיטֹר ← קתר *m.* smoke Gen 19:28; Ps 119:83; fog Ps 148:8◦

קִים ← קום *m.* adversary4 קִימָנוּ Job 22:20 ◦

קִימָה ← קום *f.* standing up 4 קִימָתָם Lam 3:63◦

√ קין *pol* mourn, sing a lament; pt. wailing women 5 קוֹנְנוּ קוֹנְנוּהָ[e] 6 תְּקוֹנֵנָּה 7 וַיְקוֹנֵן וַיְקֹנֵן 11 מְקוֹנְנוֹת

קַיִן I. *m.* lance, spear 4 קֵינוֹ 2 Sam 21:16◦

קַיִן II. *m. PN* & *pln* Kain Jos 15:57

קִינָה ← קין I. *f.* lament, dirge, wailing 2 קִינוֹת קִינִים 4 קִינוֹתֵיהֶם

קִינָה II. *pln* Kinah Jos 15:22◦

קֵינִי & קִינִי & קֵנִי *pn* Kenite

קֵינָן *m. PN* Kenan Gen 5:9ff; 1 Chr 1:2◦

√ קיץ I. *q* spend the summer 5 קָץ Isa 18:6◦

1 st.c. sg. 2 st.a. pl. 3 st.c. pl. 4 with *epp* 5 SC 6 PC 7 narrative 8 inf.c. 9 inf.a. 10 imp. 11 part.

קִיץ II. *hif* wake up 5 הֵקִיץ הֱקִיצוֹתָ הֱקִיצוֹתִי הֱקִצֹתִי 6 יָקִיצוּ אָקִיץ 8 הָקִיץ 10 הָקִיצָה הָקִיצוּ 11 מֵקִיץ

קַיִץ ← קיץ *m.* summer; summer fruit, harvest *p* קָיִץ 4 קֵיצֵךְ

קִיצוֹנָה *var.* ↪ קֵץ *f.* end, margin Ex 26:4.10; 36:11.17◦

קִיקָיוֹן a plant, trad. castor oil plant Jon 4:6ff◦

קִיקָלוֹן ← קלל *m.* shame Hab 2:16◦

קִיר I. *m.* wall, masonry; sidewall, side; brickwork 2/3 קִירוֹת קִירֹת 4 קִירֹתָיו וְקִירוֹתֶיהָ קִירוֹתֶיךָ

קִיר II. *pln* Kir 2 Kgs 16:9; Isa 22:6; Am 1:5; 9:7◦

קִיר III. part of the following *pln*: קִיר־מוֹאָב Kir Moab Isa 15:1; קִיר חָרֶשׂ Kir Hares Isa 16:11; קִיר־חֲרֶשֶׂת (some translators read the previous lemma) 2 Kgs 3:25; Isa 16:7◦

קֵירֹס *m. PN* Keros Neh 7:47◦

קִישׁ *m. PN* Kish

קִישׁוֹן *pn* Kishon

קִישִׁי *m. PN* Kishi 1 Chr 6:29◦

קַל[B] ← קלל *m.* light, fast; fast horse, racehorse Isa 30:16 - 2 קַלִּים

קֹל I. & קוֹל[B] *m.* voice, sound, noise; message, rumor Gen 45:16; testimony Ex 4:8; loud Ps 3:5; interj. listen! Isa 40:3 - 2 קוֹלוֹת קֹלֹת 4 קוֹלוֹ קֹלוֹ קוֹלֹה קוֹלְךָ *p* קוֹלֶךָ קוֹלֵךְ קֹלִי קוֹלָם קוֹלָן קֹלְכֶם קֹלֵנוּ

קַל ← קלל II. *m.* levity, lightheartedness Jer 3:9◦

קלה 2 Sam 20:14 *kt.*; *qr.* ↪ קהל◦

קלה I. *q* roast 4 קָלָם[e] 11 pass. קָלוּי Lev 2:14; Jos 5:11; Jer 29:22◦

nif be dried up 11 נִקְלֶה Ps 38:8◦

קלה II. *var.* ↪ קלל *nif* be low, despised 5 נִקְלָה 11 נִקְלֶה Dtn 25:3; 1 Sam 18:23; Isa 3:5; 16:14; Prov 12:9◦

hif vilify, despise 11 מַקְלֶה Dtn 27:16◦

קָלוֹן ← קלה *m.* shame, dishonour 1 קְלוֹן 4 קְלוֹנֵךְ

קַלַּחַת *f.* kettle, pot 1 Sam 2:14; Mi 3:3◦

קלט *q* pt.pass. mutilated: an animal either with a tail that is too short or limbs that are too short or too long 11 קָלוּט Lev 22:23◦

קָלִי & קָלִיא ← קלה *f.* roasted cereals

קַלַּי *m. PN* Kallai Neh 12:20◦

קֵלָיָה *m. PN* Kelaiah Ezr 10:23◦

קְלִיטָא *m. PN* Kelita Ezr 10:23; Neh 8:7; 10:11◦

קלל *q* be small, low, despised 5 קַלֹּתִי קַלּוֹתָ קַלּוּ 6 יֵקַלּוּ 7 וַתֵּקַל וָאֵקַל

nif be light; be light-footed, hurry along; be (too) small, insignificant; humble oneself 5 נָקַל נָקֵל נְקַלָּה *p* נָקָל נְקַלֹּתִי 6 יִקַּלּוּ 11 נָקֵל *p* נָקָל

pi make low: curse 5 קִלֵּל קִלְלַנִי[e] קִלַּלְתָּ 6 יְקַלֵּל וִיקַלֵּל יְקַלֶּלְךָ[e] תְּקַלֵּל יְקַלְלוּ 7 וַיְקַלֵּל וַיְקַלְלוּ וָאֲקַלְלֵם[e] וַיְקַלְלֵם[e] 8 קַלֵּל קַלְלוֹ[e] 10 קַלֵּל קַלְלֶךָ[e] 11 מְקַלֵּל מְקַלֶּלְךָ[e] *p* מְקַלְלֶךָ[e] מְקַלְלִים

1 st.c. sg. 2 st.a. pl. 3 st.c. pl. 4 with *epp* 5 SC 6 PC 7 narrative 8 inf.c. 9 inf.a. 10 imp. 11 part.

pu be cursed 6 תְּקֻלַּל יְקֻלָּל 11 מְקֻלָּלָיו^e Isa 65:20; Ps 37:22; Job 24:18◦

hif make light; disrespect; despise 5 הֵקַל הָקֵל 8/10 הָקֵל 6 יָקֵל הֵקַלּוּ הֱקַלֹּתַנִי^e

pilpel sharpen, grind Ecc 10:10; shake Ez 21:26 - 5 קִלְקַל◦

hitpalpel tremble, sway, be shaken 5 הִתְקַלְקָלוּ Jer 4:24◦

קָלָל *m.* smooth, shiny Ez 1:7; Dan 10:6◦

קְלָלָה ← קלל *f.* curse 1 קִלְלַת 2 קְלָלֹת קִלְלָתְךָ קִלְלָתוֹ 4 קְלָלוֹת

✓ **קלס** *pi* scorn 8 קַלֵּס Ez 16:31◦

hitp make fun of, jeer 6 יִתְקַלָּס 7 יִתְקַלְּסוּ וַיִּתְקַלְּסוּ 2 Kgs 2:23; Ez 22:5; Hab 1:10◦

קֶלֶס ← קלס *m.* derision, jeer Jer 20:8; Ps 44:14; 79:4◦

קַלָּסָה ← קלס *f.* derision, jeer Ez 22:4◦

✓ **קלע** I. *q* sling, hurl 11 קוֹלֵעַ קֹלֵעַ Jdg 20:16; Jer 10:18◦

pi sling, hurl 6 יְקַלְּעֶנָּה^e 7 וַיְקַלַּע 1 Sam 17:49; 25:29◦

✓ **קלע** II. *q* carve 5 קָלַע 1 Kgs 6:29.32.35◦

קֶלַע I. *m.* slingshot *p* קָלַע 2 קְלָעִים 4 קַלְעוֹ

קֶלַע II. *m.* curtain, cloak 2 קְלָעִים 3 קַלְעֵי

קַלָּעִים ← קלע *m.* slingers 2 Kgs 3:25◦

קְלֹקֵל ← קלל *m.* light, inedible food; others: name of a disgusting but edible plant, cassia Num 21:5◦

קִלְּשׁוֹן *m.* fork, trident 1 Sam 13:21◦

קָמָה ← קום *f.* standing grain, stalks 1 קָמַת 2 קָמוֹת

קוֹמָה[B] & **קֹמָה** ← קום *f.* height 1 קוֹמַת 4 קוֹמָתְךָ קוֹמָתוֹ

קְמוּאֵל *m. PN* Kemuel Gen 22:21; Num 34:24; 1 Chr 27:17◦

קָמוֹן *pln* Kamon Jdg 10:5◦

קִמּוֹשׁ *m.* nettles 2 קִמְּשֹׂנִים Isa 34:13; Hos 9:6; Prov 24:31◦

קֶמַח *m.* flour *p* קָמַח

✓ **קמט** *q* seize 7 וַתִּקְמְטֵנִי^e Job 16:8◦

pu be seized, snatched away 5 קֻמְּטוּ Job 22:16◦

✓ **קמל** *q* wither 5 קָמֵלוּ קָמַל Isa 19:6; 33:9◦

✓ **קמץ** *q* take a handful 5 קָמַץ Lev 2:2; 5:12; Num 5:26◦

קֹמֶץ ← קמץ *m.* a handful Lev 2:2; 5:12; 6:8; pl. abundance Gen 41:47 - 2 קְמָצִים 4 קֻמְצוֹ◦

קֵן ← קנן *m.* nest; pl. rooms, chambers Gen 6:14 - 1 קַן 2 קִנִּים 4 קִנּוֹ קִנָּהּ קִנֶּךָ קִנִּי

✓ **קנא**[B] *pi* be jealous, envy; irritate, arouse jealousy; be outraged; get excited 5 קִנֵּא וְקִנֵּאתִי וַיְקַנְאֻהוּ^e וַיְקַנְאוּ 7 וַיְקַנֵּא 6 תְּקַנֵּא יְקַנֵּא קִנְאוּנִי^e 8 קַנְּאוֹ^e 9 קַנֹּאתִי^e קַנֹּא 11 מְקַנֵּא

hif arouse jealousy 6 יַקְנִיאֻהוּ^e אַקְנִיאֵם^e הַמַּקְנֶה 11 יַקְנִיאוּהוּ^e

קַנָּא ← קנא *m.* jealous

קִנְאָה[B] ← קנא *f.* jealousy, envy; longing, passion; anger, wrath (of God) 1 קִנְאַת 2 קְנָאֹת 4 קִנְאָתוֹ קִנְאָתְךָ *p* קִנְאָתֶךָ קִנְאָתָם

1 st.c. sg. 2 st.a. pl. 3 st.c. pl. 4 with *epp* 5 SC 6 PC 7 narrative 8 inf.c. 9 inf.a. 10 imp. 11 part.

✓ **קנה**[B] *q* buy, redeem, acquire, win; create, shape 5 קָנָה קָנָהוּ[e] קְנָךָ[e] קָנִנִי[e] קָנִיתָ קָנִיתָה וְקָנִיתָ 6 קָנִינוּ קָנִיתִי יִקְנֶה תִּקְנֶה אֶקְנֶה יִקְנוּ תִּקְנוּ 7 קָנָה 9 קְנוֹתְךָ[e] קָנֹה קְנוֹת 8 וָאֶקְנֶה וַיִּקְנֵהוּ[e] וַיִּקֶן קֹנֵיהֶן[e] קֹנֵהוּ[e] קוֹנֵה קוֹנֶה קֹנֶה 11 קְנֵה 10 קְנוּ

nif be bought 5 נִקְנָה 6 יִקָּנוּ Jer 32:15.43◦

hif buy 5 הִקְנַנִי[e] Zec 13:5; 11 מַקְנֶה Ez 8:3 ↪ קנא◦

קָנֶה[B] *m.* reed, cane, straw, stalk; measuring reed, scales; shaft, stand & tubes, arms (of the menorah); shoulder joint 1 קְנֵה 2 קָנִים 3 קְנֵי 4 קְנֹתָם קָנָה קָנֶהָ

קָנָה *pn* & *pln* Kanah Jos 16:8; 17:9; 19:28◦

קַנּוֹא ↩ קנא *m.* jealous Jos 24:19; Nah 1:2◦

קְנַז *m. PN* Kenas

קְנִזִּי *pn* Kenasite

קֵנִי & **קֵינִי** *pn* Kenite

קִנְיָן ↩ קנה *m.* possession, property 1 קִנְיַן 4 קִנְיָנוֹ קִנְיָנְךָ *p* קִנְיָנֶךָ קִנְיָנָם

קִנָּמוֹן *m.* cinnamon 1 קִנְּמָן־

✓ **קנן** *pi* nest, build a nest 5 קִנְּנָה קִנְּנוּ 6 תְּקַנֵּן יְקַנֵּנוּ

pu nest, be nested 11 מְקֻנַּנְתִּי *kt.*; *qr.* מְקֻנַּנְתְּ Jer 22:23◦

קֵנֶץ *m.* net, trap 3 קִנְצֵי Job 18:2◦

ⓘ It is also possible to understand this word as a var. of ↪ קֵץ: *When do you make an end?*

קְנָת *pln* Kenath Num 32:42; 1 Chr 2:23◦

✓ **קסם** *q* practive augury, divination; consult oracles; pt. soothsayer 6 יִקְסֹמוּ תִּקְסַמְנָה 7 וַיִּקְסְמוּ 8 קְסָם־ בִּקְסָם 10 קָסֳמִי *qr.*; *kt* קְסוֹמִי 11 קֹסֵם קוֹסֵם קֹסְמִים קוֹסְמִים קֹסְמֵיכֶם[e]

קֶסֶם ↩ קסם *m.* oracle; divination 2 Kgs 17:17; ordal, divine decree Prov 16:10; pl. reward for divination Num 22:7 - 2 קְסָמִים

✓ **קסס** *pol* tear off, cut off 6 יְקוֹסֵס Ez 17:9◦

קֶסֶת *f.* writing materials Ez 9:2f.11◦

קְעִילָה & **קְעִלָה** *pln* Keilah

קַעֲקַע *m.* tattoo Lev 19:28◦

קְעָרָה *f.* dish 1 קַעֲרַת 2 קְעָרֹת 3 קַעֲרֹת 4 קְעָרֹתָיו

קֹפִים & **קוֹפִים** *m.* apes 1 Chr 9:21 1 Kgs 10:22◦

✓ **קפא** *q* congeal, solidify 5 קָפְאוּ 11 קֹפְאִים Ex 15:8; Zeph 1:12◦

ⓘ Zeph 1:12 could be a saying: *to freeze on the yeast, not to be disturbed by anything.*

nif be congealed 6 יִקְפְּאוּן Zec 14:6 *kt.*; *qr.* ↪ next word◦

hif curdle 6 תַּקְפִּיאֵנִי[e] Job 10:10◦

קִפָּאוֹן ↩ קפא *m.* frost Zec 14:6 *qr.*◦

✓ **קפד** *pi* roll up 5 קִפַּדְתִּי Isa 38:12◦

קִפֹּד & **קִפּוֹד** *m.* owl; others: hedgehog, porcupine Isa 14:23; 34:11; Zeph 2:14◦

קְפָדָה *f.* horror, fear Ez 7:25◦

קִפּוֹז *m.* snake, tree snake; others: owl Isa 34:15◦

✓ **קפץ** I. *q* shut 5 קָפַץ קָפְצָה 6 תִּקְפֹּץ יִקְפְּצוּ

nif be grasped, seized 6 יִקָּפְצוּן Job 24:24◦

✓ **קפץ** II. *pi* skip, leap 11 מְקַפֵּץ Song 2,8◦

קְצִיעוֹת *pn* of a caraway-like spice, cassia Ps 45:9◦

קְצִיץ *pn* of a valley, Keziz; or part of the *pln* Emek-Keziz Jos 18:21◦

קָצִיר[B] ↩ קצר I. *m.* harvest, harvest time, yield of the harvest 1 קְצִיר 4 קְצִירוֹ קְצִירָהּ קְצִירְךָ קְצִירֵךְ קְצִירְכֶם

קָצִיר II. *m.* coll. twigs, tendrils 4 קְצִירוֹ קְצִירָהּ קְצִירֵי קְצִירֶהָ Isa 27:11; Ps 80:12; Job 14:9; 18:16; 29:19◦

√ קצע I. *hif* have something scraped 6 יַקְצִעַ Lev 14:41◦

√ קצע II. *pu* pt. (have) corners 11 מְקֻצָעֹת Ex 26:23; 36:28◦

hof (have) corners 11 מְהֻקְצָעוֹת Ez 46:22◦

√ קצף[B] *q* get angry, be enraged 5 קָצַף קָצַפְתָּ קָצַפְתִּי 6 יִקְצֹף תִּקְצֹף אֶקְצוֹף 7 וַיִּקְצֹף וַיִּקְצְפוּ 8 קְצֹף 11 קֹצֵף

hif enrage, arouse anger 5 הִקְצַפְתָּ הִקְצַפְתֶּם 7 וַיַּקְצִיפוּ 8 הַקְצִיף 11 מַקְצִפִים Dtn 9:7f.22; Zec 8:4; Ps 106:32◦

hitp get angry 5 וְהִתְקַצַּף Isa 8:21◦

קֶצֶף I. *m.* anger; discord Est 1:18 - 4 קִצְפּוֹ קִצְפִּי קִצְפְּךָ *p* קִצְפֶּךָ

קֶצֶף II. *m.* stick, twig; others: foam Hos 10:7◦

קְצָפָה *f.* stump Joel 1:7◦

√ קצץ *var.* ↪ קצה *q* cut off Dtn 25:12; with פֵּאָה cut, clip, trim (hair) Jer 9:25; 25:23; 49:32 - 5 וְקַצֹּתָה 11 pass. קְצוּצֵי

pi cut off, cut in pieces 5 קִצֵּץ קִצַּץ 7 וַיְקַצֵּץ וַיְקַצְּצוּ

pu be cut off 11 מְקֻצָּצִים Jdg 1:7◦

קֵץ[B] ↩ קצץ *m.* end, border; with מִן in the end, after; מִקֵּץ יָמִים after some time; with לְ later, after a longer period 4 קִצִּי קִצֵּךְ קִצֹּה קִצּוֹ קִצֵּנוּ (sg.)

קוֹץ & קֹץ *m.* thorn, thornbush 2 קֹצִים 3 קוֹצֵי

√ קצב *q* cut off 2 Kgs 6:6; pt.pass. shorn Song 4:2 - 7 וַיִּקְצָב־ 11 קְצוּבוֹת◦

קֶצֶב ↩ קצב *m.* form, shape 1 Kgs 6:25; 7:37; roots, foundations Jon 2:7 - 3 קִצְבֵי◦

√ קצה *q* cut off 8 קְצוֹת Hab 2:10◦

pi dismember, cut up 8 קַצּוֹת 11 מְקַצֶּה 2 Kgs 10:32; Prov 26:6◦

hif var. ↪ קצע I. scrape 5 הִקְצוּ 8 הַקְצוֹת Lev 14:41.43◦

קָצֶה[B] ↩ קצץ *m.* end, border לְמִקְצֵה הַשָּׁמַיִם וְעַד־קְצֵה הַשָּׁמָיִם *from one end of heaven to the other* Dtn 4:32; ellipt. מִקְצֵה הָאָרֶץ *from one end of the earth (to the other); to the end of the earth* Isa 42:10 - 1 קְצֵה 4 קָצֵהוּ קְצֵיהֶם

קָצָה[B] ↩ קצץ *f.* end, border 3 קְצוֹת 4 קְצוֹתוֹ קְצוֹתָם קְצוֹתָיו

קֵצֶה ↩ קצץ *m.* end, border Isa 2:7; Nah 2:10◦

קָצוּ ↩ קצץ *m.* ends (actually sg.) 3 קַצְוֵי Isa 26:15; Ps 48:11; 65:6◦

קְצוֹת ↩ קצץ *f.* ends pl. of ↪ קָצָה

קְצָוֹת ↩ קצץ *f.* ends pl. of ↪ קָצָת

קֶצַח *m.* caraway Isa 28:25.27◦

קָצִין *m.* ruler, leader, chief 1 קְצִין 3 קְצִינֵי 4 קְצִינַיִךְ

קְצִיעָה *f. PN* Keziah Job 42:14◦

√קָצַר[B] I. *q* harvest, bring in the harvest, pt. reaper 5 קָצְרוּ קְצַרְתֶּם 6 יִקְצֹר יִקְצוֹר יִקְצָר־
תִּקְצֹר יִקְצְרוּ יִקְצֹרוּן יִקְצְרֵהוּ[e] 8 קְצֹר
קֻצְרֶךָ[e] קֻצְרְכֶם[e] 10 קִצְרוּ 11 קוֹצֵר קֹצְרִים
pass. קְצֻרוֹת

hif harvest 6 יַקְצִירוּ Job 24:6 *kt.*; *qr.* ↪ *q*◦

√קָצַר II. *q* be short, be too short; with נֶפֶשׁ & רוּחַ become impatient, grumpy, unwilling, fed up; be annoyed to death Jdg 16:16 - 5 קָצַר
קָצְרָה 6 תִּקְצַר *p* תִּקְצָר תִּקְצַרְנָה 7 וַתִּקְצַר
9 קָצוֹר

pi cut short 5 קִצַּר Ps 102:24◦

hif cut short 5 הִקְצַרְתָּ Ps 89:46◦

קָצֵר ↩ קצר *m.* short: קִצְרֵי־יָד weak, powerless 2 Kgs 19:26; Isa 37:27; קְצַר־אַפַּיִם irascible, impatient Prov 14:17.29; קְצַר יָמִים short time Job 14:1 - 1 קְצַר 3 קִצְרֵי◦

קֹצֶר ↩ קצר *m.* with רוּחַ displeasure Ex 6:9◦

קְצֻרוֹת ↩ קצר *f.* shorter, narrower Ez 42:5◦

קְצָת ↩ קצץ *f.* end 1 קְצָת 2 קְצוֹת 4 קְצָתָם
קִצְוֹתוֹ *kt.*; *qr.* ↪ קָצָה

קַר ↩ קרר *m.* cool, cold 2 קָרִים

קִר *m.* wall ↪ קִיר others: noise Isa 22:5◦

קֹר ↩ קרר *m.* cold, frost Gen 8:22◦

√קָרָא[B] I. *q* call, name; read (aloud); address; invoke; call out, announce, proclaim, preach; summon, invite; suggest, offer; animals, spirits: make a sound, shout inarticulately 5 קָרָא
וּקְרָאָהוּ[e] קְרָאָךְ[e] קְרָאַנִי[e]; קָרְאָה & קָרָאת
3.sg.f.; קָרָאתָ קָרָאת 2.sg.f.; קָרָאתִי קְרָאתִיו[e]
קְרָאתִיךָ[e] קָרְאוּ *p* קָרָאוּ קְרָאֻנִי[e] וּקְרָאתֶם 6
יִקְרָא יִקְרָאֵהוּ[e] יִקְרָאוּ[e] יִקְרָאֻנּוּ[e] יִקְרָאֵנִי[e]
תִּקְרָא תִּקְרָאֵם[e] תִּקְרְאִי אֶקְרָא אֶקְרָאֶךָ[e]
יִקְרְאוּ *p* יִקְרָאוּ יִקְרָאֻהוּ[e] יִקְרָאֻנְנִי[e] תִּקְרֶאנָה
תִּקְרֶאןָ נִקְרָא 7 וַיִּקְרָא וַיִּקְרָאֵהוּ[e] וַיִּקְרָאֶהָ[e]
וַיִּקְרָאֵם[e] וַתִּקְרָא וָאֶקְרָא וָאֶקְרָאֶה וַיִּקְרְאוּ 8
קְרֹא קָרוֹא קְרֹאת קִרְאִי[e] קְרָאָם[e] קְרָאֻנוּ[e] 10
קְרֶאןָ קְרָאֻהוּ[e] קִרְאוּ קִרְאֵנִי[e] וּקְרָאֻנָּה[e] קְרָא
קְרֶאןָ 11 קֹרֵא קוֹרֵא קֹרְאִים קֹרְאֵי קֹרְאָיו[e]
קֹרְאֶיךָ[e] pass. קָרוּא קְרוּאִים קְרֻאִים קְרוּאֵי
קֹרְאָיו[e] קֹרְאֶיהָ[e]

nif be called, summoned, called together; be read; be addressed, invoked; be named, mentioned 5 נִקְרָאוּ נִקְרֵאתִי נִקְרָאָה נִקְרָא 6 יִקָּרֵא
יִקָּרְאוּ תִּקָּרְאוּ 7 וַיִּקָּרֵא וַיִּקָּרְאוּ 11 נִקְרָא
נִקְרָאִים

pu (or *q* pass.) be called, named; pt. one who is called, appointee 5 קֹרָא 11 מְקֹרָאִי[e]

√קָרָא[B] II. *var.* ↪ קרה *q* meet, encounter; happen; grasp Prov 27:16; inf. c. as adv.: towards 5 וּקְרָאָהוּ[e] קְרָאַנִי[e] קָרָאת קְרָאֻנִי[e] 6 יִקְרָא
יִקְרָאֵהוּ[e] יִקְרָאֻנּוּ[e] תִּקְרֶאנָה 7 וַיִּקְרָא
וַתִּקְרֶאנָה 8 לִקְרַאת לִקְרָאתוֹ[e] לִקְרָאתָהּ[e]
לִקְרָאתְךָ[e] *p* לִקְרָאתֶךָ[e] לִקְרָאתִי[e]
לִקְרַאתְכֶם[e] לִקְרָאתֵנוּ[e] 11 קֹרְאתַיִךְ[e]

nif appear, meet Ex 5:3; find, meet by chance Dtn 22:6; 2 Sam 1:6; 18:9; happen to be there 2 Sam 20:1 - 5 נִקְרָא נִקְרֵיתִי 6 יִקָּרֵא 7 וַיִּקָּרֵא 9
נִקְרֹא◦

hif cause to come upon 7 וַתַּקְרֵא Jer 32:23◦

קָרִא ↪ קָרִיא appointed

קֹרֵא I. *m.* partridge 1 Sam 26:20; Jer 17:11◦

קֹרֵא II. & קוֹרֵא *m.* *PN* Kore 1 Chr 9:19; 26:1; 2 Chr 31:14◦

√קָרַב[B] *q* approach, come closer, reach; assail Ps 27:2; phrase: קְרַב אֵלֶיךָ *stay where you*

1 st.c. sg. 2 st.a. pl. 3 st.c. pl. 4 with *epp* 5 SC 6 PC 7 narrative 8 inf.c. 9 inf.a. 10 imp. 11 part.

are Isa 65:5 - 5 קָרַב קָרְבָה p קָרֵבָה קָרַבְתְּ p
יִקְרְבוּ יִקְרָב p יִקְרַב 6 קָרְבוּ וְקָרַבְתִּי קָרָבְתָּ
וַיִּקְרַב 7 נִקְרְבָה p נִקְרָבָה נִקְרַב תִּקְרְבוּ
וַתִּקְרַבְנָה וַתִּקְרְבוּן וַתִּקְרְבוּ וַיִּקְרְבוּ וָאֶקְרַב
קָרָבְתֶם[e] לְקָרְבָה בְּקָרְבָ־ קְרוֹב קְרֹב 8
קָרָבְכֶם[e] 9 קָרוֹב 10 קְרַב קִרְבָה קִרְבוּ 11 ↪
קָרֵב

nif come near, be brought 5 נִקְרַבְתֶּם נִקְרַב Ex 22:7; Jos 7:14◦

pi come close, let get close, bring near, bring forward; present; put together 5 קֵרַבְתִּי קֵרְבוּ 6 קֵרְבוּ קָרַב 10 אֲקָרְבֶנּוּ[e] תְּקָרֵב

hif approach, bring; be close to, be about to do something 5 הִקְרִיבוּ[e] הִקְרַב הִקְרִיב הִקְרַבְתֶּם[e] וְהִקְרַבְתָּ הִקְרִיבָה הִקְרִיבָהּ[e] יַקְרִיב 6 הִקְרַבְתֶּם הִקְרִיבֶם[e] הִקְרַבְתִּיו[e] וַיַּקְרֵב 7 תַּקְרִבוּן יַקְרִיבוּ יַקְרִיבֶנּוּ[e] יַקְרִב הַקְרִיב 8 וַנַּקְרֵב וַיַּקְרִיבוּ וַיַּקְרִבוּ וַתַּקְרִבִי 10 הַקְרֵב 9 הַקְרִיבְכֶם[e] הַקְרִיבָם[e] הַקְרִיבוֹ[e] מַקְרִיבִים מַקְרִיב 11 הַקְרִיבֵהוּ[e] הַקְרֵב מַקְרִיבֵי מַקְרִבִם

קָרֵב ↩ קרב *m.* close; someone who is close; with הָלַךְ come closer and closer 2 קְרֵבִים

קְרָב ↩ קרב *m.* war, conflict 1 קְרַב־ 2 קְרָבוֹת◦

קֶרֶב[B] ↩ קרב *m.* the inside; the inside of the body: the innards, stomach, feelings, seat of life; the middle; with בְּ in the middle of; with מִן from the middle, from 4 קִרְבָּהּ קִרְבּוֹ קִרְבֶּנָה קִרְבִּי קִרְבֵּךְ קִרְבְּךָ p קִרְבֶּךָ קִרְבֵּנוּ קִרְבְּכֶם

קָרֹב & **קָרוֹב** *m.* & **קְרֹבָה**[B] *f.* ↩ קרב temporal and spatial: close; near; short, fast; someone close, friend, neighbour 2 קְרֹבִים קְרוֹבִים קְרֹבָה p קְרֹבֵי קְרֹבוֹ 4 קְרֹבוֹת

ⓘ Some scholars assume for Ez 23:5.12 a further lexeme with the meaning *warrior*.

קִרְבָה ↩ קרב *f.* nearness 1 קִרְבַת קִרְבַת Isa 58:2; Ps 73:28◦

קָרְבָּן[B] ↩ קרב *m.* offering, gift, present, sacrifice 1 קָרְבַּן 4 קָרְבָּנוֹ קָרְבָּנָהּ קָרְבָּנְךָ p קָרְבְּנֵיהֶם קָרְבַּנְכֶם קָרְבָּנָם קָרְבָּנִי קָרְבָּנֶךָ

קֻרְבָּן ↩ קרב *m.* delivery, supply 1 קֻרְבַּן Neh 10:35; 13:31◦

קַרְדֹּם *m.* & *f.* axe 2 קַרְדֻּמִּים קַרְדֻּמּוֹת 4 קַרְדֻּמּוֹ

√ **קָרָה**[B] I. *var.* ↪ קרא II. *q* meet, encounter; take place, happen 5 קָרָהוּ[e] קָרָךְ[e] 6 יִקְרֶה יִקְרֵךְ[e] יִקְרֵנִי[e] תִּקְרֶינָה 7 וַיִּקֶר 11 קֹרֹת

nif meet, encounter, reach accidentally 5 נִקְרָה 6 נִקְרֵיתִי יִקָּרֶה אִקָּרֶה 7 וַיִּקָּר

hif succeed Gen 24:12; let happen, direct Gen 27:20; select, determine Num 35:11 - 5 הִקְרָה הִקְרִיתֶם 10 הַקְרֵה◦

√ **קָרָה** II. ↩ קוֹרָה *pi* lay beams, build, process construction timber, anchor, cover (roof) 5 קֵרוּהוּ[e] 8 קָרוֹת 11 מְקָרֶה Ps 104:3; Neh 2:8; 3:3.6; 2 Chr 34:11◦

קָרֶה ↩ קרה with לַיְלָה *m.* nocturnal event, euphemism for ejaculation 1 קְרֵה Dtn 23:11◦

קָרָה ↩ קרר *f.* cold, coldness 4 קָרָתוֹ Nah 3:17; Ps 147:17; Prov 25:20; Job 24:7; 37:9◦

קֹרָה & קוֹרָה ↔ קרה II. *f.* beam 2 Kgs 6:2.5; Song 1:17; 2 Chr 3:7; fig. roof, house Gen 19:8 - 2/3 קֹרוֹת 4 קֹרָתִי◦

קָרוֹב & קָרֹב *m.* & קְרֹבָה[B] *f.* ↩ קרב temporal and spatial: close; near; short, fast; someone close, friend, neighbour 2 קְרֹבִים קְרוֹבִים קְרֹבָי *p* קְרֹבַי קְרֹבוֹ 4 קְרֹבוֹת

ⓘ Some scholars assume for Ez 23:5.12 a further lexeme with the meaning *warrior*.

✓ קרח *q* shave one's head 6 יִקְרְחוּ *qr.* 10 קָרְחִי Lev 21:5; Mi 1:16◦
nif shave off one's hair 6 יִקָּרֵחַ Jer 16:6◦
hif shave one's head 5 הִקְרִיחוּ Ez 27:31◦
hof turn bald 11 מֻקְרָח Ez 29:18◦

קֶרַח *m.* cold, frost, ice, ice crystal 4 קַרְחוֹ

קֵרֵחַ ↩ קרח *m.* bald, baldy Lev 13:40; 2 Kgs 2:23◦

קָרֵחַ *m. PN* Kareach

קֹרַח *m. PN* Korach

קָרְחָה & קָרְחָא ↩ קרח *f.* Ez 27:31 baldness, hairlessness 4 קָרְחָתֵךְ

קָרְחִי *pn* Korachite

קָרַחַת ↩ קרח *f.* bald spot on the back of the head Lev 13:42f; (bald spot) behind Lev 13:55 - 4 קָרַחְתּוֹ◦

קְרִי ↩ קרה *m.* hostile, contrary to Lev 26:21ff◦

קָרִיא ↩ קרא *m.* chosen, appointed, delegated 3 קְרִיאֵי Num 1:16 *kt.*; 16:2; 26:9 *qr.*◦

קְרִיאָה ↩ קרא *f.* sermon, message Jon 3:2◦

✓ קִרְיָה[B] *f.* city 1 קִרְיַת 2 קְרִיּוֹת (Jer 48:41; others: *pln* ↔ קְרִיּוֹת); part of these *pln*:
קִרְיַת אַרְבַּע Kiriath-Arba
קִרְיַת־בַּעַל Kiriath-Baal
קִרְיַת חֻצוֹת Kiriath-Huzoth
קִרְיַת יְעָרִים Kiriath-Jearim
קִרְיַת־סַנָּה Kiriath-Sannah
קִרְיַת־סֵפֶר Kiriath-Sepher

קְרִיּוֹת *pln* Kerioth Jer 48,24.41; part of the *pln* Kerioth-Hezron Jos 15:25◦

קִרְיָתַיִם *pln* Kiriataim

✓ קרם *q* cover Ez 37:6; be covered Ez 37:8 - 5 וַיִּקְרַם 7 וְקָרַמְתִּי◦

✓ קרן *q* gleam, shine 5 קָרַן Ex 34:29f.35◦
hif ↩ קֶרֶן having horns 11 מַקְרִן Ps 69:32◦

קֶרֶן[B] *f.* horn; mountain top; fig. the top: power 1 Sam 2:10; pride, head Job 16:15; rays Hab 3:4; קַרְנוֹת שֵׁן tusk, ivory Ez 27:15; *p* קָרֶן du. קְרָנוֹת 2 קְרָנַיִם קְרָנַיִם קְרָנַיִם קְרָנָיִם קַרְנַיִם קַרְנֵךְ קַרְנְךָ קַרְנוֹ 4 sg.: קַרְנֹת קַרְנוֹת קַרְנֵי 3 קַרְנֵיכֶם קְרָנָיו קַרְנָיו קַרְנְכֶם קַרְנִי; du.: קַרְנֵינוּ; pl.: קַרְנֹתָיו

קֶרֶן הַפּוּךְ *f. PN* Keren-Happuch Job 42:14◦

קַרְנַיִם *pln* Karnaim Am 6:13◦

✓ קרס *q* bow down, collapse 5 קָרְסוּ 11 קֹרֵס Isa 46:1f◦

קֶרֶס ↩ קרס *m.* hook 2 קְרָסִים 3 קַרְסֵי 4 קְרָסָיו

קַרְסֹל *f.* ankle 4 קַרְסֻלָּי 2 Sam 22:37; Ps 18:37◦

1 st.c. sg. 2 st.a. pl. 3 st.c. pl. 4 with *epp* 5 SC 6 PC 7 narrative 8 inf.c. 9 inf.a. 10 imp. 11 part.

√ **קָרַע**[B] *q* tear, tear up; break out (window) Jer 22:14; put on make-up, make the eyes look bigger with make-up Jer 4:30; fig. tear someone apart, slander Ps 35:15 - 5 קָרַע קָרְעָה קָרַעְתְּ *p* קָרַעְתִּי קָרְעוּ 6 יִקְרָעֶהָ[e] תִּקְרְעִי אֶקְרַע אֶקְרָע[e] אֶקְרָעֶנָּה 7 וַיִּקְרַע וַיִּקְרָעֶהָ[e] וַיִּקְרָעֵם[e] וַתִּקְרַע וַיִּקְרְעוּ 8 קְרוֹעַ קִרְעִי[e] 9 קָרֹעַ 10 קִרְעוּ 11 קֹרֵעַ pass. קָרוּעַ קְרֻעִים קְרוּעֵי קְרֻעֵי

nif be torn 5 נִקְרַע 6 יִקָּרֵעַ 7 וַיִּקָּרַע 11 נִקְרָע

קְרָעִים ↩ קרע *m.* pieces 1 Kgs 11:30f; 2 Kgs 2:12; rags Prov 23:21◦

√ **קרץ** *q* wink (with eyes) Ps 35:19; Prov 6:13; 10:10; purse (lips), smirk Prov 16:30 - 6 יִקְרְצוּ 11 קֹרֵץ קוֹרֵץ

pu be pinched off (from clay) 5 קֹרַצְתִּי Job 33:6◦

קֶרֶץ *m.* mosquito Jer 46:20◦

קַרְקַע I. *f.* floor, bottom Num 5:17; 1 Kgs 6:15f.30; 7:7; Am 9:3◦

קַרְקַע II. *pln* Karka Jos 15:3◦

קַרְקֹר *pln* Karkor Jdg 8:10◦

√ **קרר** I. *pil* batter, crash 5 קַרְקַר 11 וְקַרְקַר מְקַרְקַר Num 24:17; Isa 22:5◦

√ **קרר** II. *var.* ↪ קור *hif* keep cool; others: let spring 5 הֵקֵרָה 8 הָקִיר Jer 6:7◦

קֶרֶשׁ *m.* board, plank; deck Ez 27:6 *p* קָרֶשׁ 2 קְרָשִׁים 3 קַרְשֵׁי 4 קְרָשָׁיו קַרְשֶׁךָ

קֶרֶת *var.* ↪ קִרְיָה *f.* city

קַרְתָּה *pln* Kartah Jos 21:34◦

קַרְתָּן *pln* Kartan Jos 21:32◦

קְשָׂוֹת *f.* jugs, pitchers 3 קְשׂוֹת 4 קְשׂוֹתָיו Ex 25:29; 37:16; Num 4:7; 1 Chr 28:17◦

קְשִׂיטָה *pn* a gold coin, Kesitah, piece of money Gen 33:19; Jos 24:32; Job 42:11◦

קַשְׂקֶשֶׂת *f.* scales, of fish Lev 11:9ff; Dtn 14:9f; Ez 29:4; of a carapace 1 Sam 17:5 - 2 קַשְׂקַשִּׂים 4 קַשְׂקְשֹׂתֶיךָ◦

קַשׁ ↩ קשש *m.* stubbles, straw

קִשֻּׁאִים *m.* cucumbers, others: melons Num 11:5◦

√ **קשב**[B] *q* pay attention, listen 6 תִּקְשַׁבְנָה Isa 32:3◦

hif listen attentively, pay attention, observe 5 הִקְשִׁיב הִקְשַׁבְתָּה הִקְשַׁבְתָּ הִקְשַׁבְתִּי הִקְשִׁיבוּ 6 יַקְשִׁב תַּקְשִׁיב נַקְשִׁיבָה 7 וַיַּקְשֵׁב 8 הַקְשִׁיב 10 הַקְשֵׁב הַקְשִׁיבָה הַקְשִׁיבִי הַקְשִׁבוּ 11 מַקְשִׁיב מַקְשִׁיבִים

קֶשֶׁב ↩ קשב *m.; p* קָשֶׁב reaction, sign of life 1 Kgs 18:29; 2 Kgs 4:31; attention Isa 21:7◦

קַשֻּׁבוֹת ↩ קשב *f.* attentive Ps 130:2; 2 Chr 6:40; 7:15◦

קַשֻּׁבֶת ↩ קשב *f.* attentive Neh 1:6.11◦

√ **קשה**[B] *q* be heavy, hard 5 קָשְׁתָה *p* קָשָׁתָה 6 יִקְשֶׁה 7 וַיִּקֶשׁ

nif be in low spirits, distressed 11 נִקְשֶׁה Isa 8:21◦

pi suffer 7 וַתְּקַשׁ Gen 35:16◦

hif make something difficult, hard; harden, obdurate; suffer Gen 35:17; with שׁאל ask for something hard 2 Kgs 2:10 - 5 הִקְשָׁה הִקְשִׁיתָ הִקְשׁוּ 6 אַקְשֶׁה תַּקְשׁוּ 7 וַיֶּקֶשׁ וַיַּקְשׁוּ 8 הַקְשֹׁתָהּ[e] 11 מַקְשֶׁה

1 st.c. sg. 2 st.a. pl. 3 st.c. pl. 4 with *epp* 5 SC 6 PC 7 narrative 8 inf.c. 9 inf.a. 10 imp. 11 part.

קָשֶׁה *m.* & **קָשָׁה** ← קשה *f.* hard, heavy, difficult; hardened, stubborn, obdurate 1 קְשֵׁה קְשֵׁי 3 קָשׁוֹת קָשִׁים 2 קְשַׁת

√ **קשח** *hif* treat hard Job 39:16; harden Isa 63:17 - 5 הִקְשִׁיחַ 6 תַּקְשִׁיחַ◦

קֹשְׁטְ *m.* reliable, truthful Prov 22:21◦

קֹשֶׁט *var.* ↪ קֶשֶׁת *m.* bow, others: truth ↩ קשט Ps 60:6◦

קְשִׁי ← קשה *m.* stubbornness Dtn 9:27◦

קִשְׁיוֹן *pln* Kishion Jos 19:20; 21:28

√ **קשר**[B] *q* bind, tie, wrap, lace, knot, hang; fig. with עַל to ally, conspire against someone; be bound up Gen 44:30; Prov 22:15; be strong (of animals) Gen 30:42 - 5 קָשַׁר *p* קָשָׁר קְשַׁרְתֶּם[e] תִּקְשְׁרֵי תִּקְשָׁר־ תִּקְשֹׁר 6 קְשַׁרְתֶּם קָשַׁרְתִּי וַיִּקְשְׁרוּ וַתִּקְשֹׁר וַיִּקְשָׁר־ וַיִּקְשֹׁר 7 תִּקְשְׁרֶנּוּ[e] קָשְׁרִים קְשׁוּרָה pass קֹשְׁרִים 11 קָשְׁרֵם[e] 10
nif become bound up 1 Sam 18:1; be joined together Neh 3:38 - 5 נִקְשְׁרָה 7 וַתִּקָּשֵׁר◦
pi bind, tie 6 תְּקַשֵּׁר תְּקַשְּׁרִים[e] Isa 49:18; Job 38:31◦
pu be strong (animals) 11 מְקֻשָּׁרוֹת Gen 30:41◦
hitp conspire, ally against 5 הִתְקַשְּׁרוּ 7 וַיִּתְקַשֵּׁר 11 מִתְקַשְּׁרִים 2 Kgs 9:14; 2 Chr 24:25f◦

קֶשֶׁר ← קשר *m.* conspiration 4 קִשְׁרוֹ

קִשֻּׁרִים *m.* ribbons, belts, sashes 4 קִשֻּׁרֶיהָ Isa 3:20; Jer 2:32◦

√ **קשש** *q* gather 10 קוֹשׁוּ Zeph 2:1◦
pol collect, gather 5 קֹשְׁשׁוּ 8 קֹשֵׁשׁ 11 מְקֹשֵׁשׁ מְקֹשֶׁשֶׁת
hitpol come together 10 הִתְקוֹשְׁשׁוּ Zeph 2:1◦

קֶשֶׁת[B] *f.* bow; rainbow *p* קָשֶׁת 2 קְשָׁתוֹת 4 קַשְׁתּוֹ קַשְׁתְּךָ *p* קַשְׁתֶּךָ קַשְׁתִּי קַשְׁתָּם קַשְּׁתֹתָיו קַשְּׁתֹתֵיהֶם קַשְּׁתוֹתָם

קַשָּׁת *m.* archer Gen 21:20◦

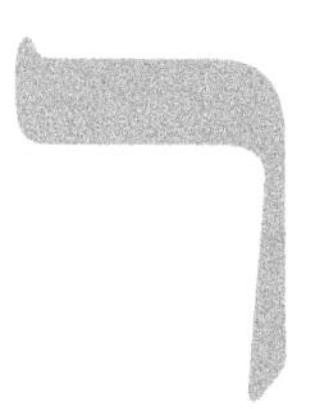

√ **ראה**[B] *q* see, perceive; realize, understand, be aware of; choose, select; see to something that it happens, look after; watch for, find out, explore; pt. seer; imp. sg. רְאֵה often like interjection הִנֵּה: see! 5 רָאָה רָאָהוּ[e] רָאָהּ[e] רָאֵךְ[e] רָאִית רָאִיתָה רָאִתָךְ[e] רָאֲתָה *p* רָאָתָה רָאָם[e] רְאִיתִיהָ[e] רְאִיתִיו[e] רָאִיתִי רָאִית רְאִיתַנִי[e] רְאִיתֶם רָאוּנִי[e] רָאוּךְ[e] רָאוּהוּ[e] רָאוּ רְאִיתִיךָ[e] יִרְאֶהָ[e] יִרְאֵהוּ[e] יֵרֶא יֵרָא יִרְאֶה 6 רָאִינוּ רְאִיתֶן תִּרְאֵהוּ[e] תֵּרֶא תֵּרָא תִּרְאֶה יִרְאֵם[e] יִרְאֵנִי[e] יִרְאֶנָּה[e] וְאֶרְאֶנּוּ[e] וָאֵרֶא אֶרְאֶה תִּרְאִי תִּרְאֶינָה[e] תִּרְאֶנּוּ[e] יִרְאֵהוּ[e] יִרְאוּן יִרְאוּ אֶרְאֵם[e] אֶרְאֵךְ[e] אֶרְאֶךָ[e] וַתֵּרֶא וַיִּרְאֵם[e] וַיִּרְאֶהָ[e] וַיִּרְאֶה וַיַּרְא 7 נִרְאֶה וָאֶרְאֶה וָאֵרֶא וַתִּרְאֵנִי[e] וַתִּרְאֵהוּ[e] וַתִּרְאֶה רָאֹה רְאָה רְאֹת רְאוֹת 8 רָאֹה וַתִּרְאוּ וַיִּרְאוּ רְאוֹתִי[e] לִרְאוֹתֶךָ[e] רְאֹתְךָ[e] רְאוֹתָהּ[e] רְאוֹתוֹ[e] 10 רְאוֹת רָאוֹ רָאֹה 9 רְאוֹתְכֶם[e] רְאֹתָם[e] רֹאתִי[e] רֹאֶה רֹאֶה 11 רֹאֶינָה רֹאוּ רֹאִי רְאֵה רֹאָיו[e] רֹאָנִי[e] רֹאִי[e] רֹאַת רֹאוֹת רֹאֵי רֹאִים רֹאֵיהֶם[e] רֹאַי[e] רֹאַיִךְ[e] רֹאֶיךָ[e] רֹאֶיהָ[e] pass. רְאֻיוֹת

nif to show oneself, appear, be visible 5 נִרְאָה נִרְאֲתָה נִרְאוּ 6 יֵרָאֶה יֵרָא תֵּרָאֶה אֵרָאֶה יֵרָאוּ 7 וַיֵּרָא וָאֵרָא וַיֵּרָאוּ 8 הֵרָאֹה הֵרָאוֹת לְהֵרָאוֹת לֵרָאוֹת הֵרָאוֹתוֹ[e] 9 הֵרָאֵה 11 נִרְאֶה *p* נִרְאָה (*f.* 1 Kgs 6:18)

pu be visible 5 רֻאוּ Job 33:21◦

hif make, let see; show 5 הֶרְאָה הֶרְאַךָּ[e] הֶרְאַנִי[e] הֶרְאָנִי[e] הִרְאַנִי[e] הֶרְאָם[e] הֶרְאָנוּ[e] הִרְאִיתָ הִרְאִיתָנִי[e] וְהַרְאֵיתִי הֶרְאִיתִיךָ[e] הִרְאִיתִים[e] הִרְאִיתִם[e] 6 יַרְאֶה יַרְאֵנִי[e] תַּרְאֵנִי[e] וְאַרְאֵהוּ[e] אַרְאֶנּוּ[e] אַרְאֶךָּ[e] 7 וַיַּרְא וַיַּרְאֵהוּ[e] וַיַּרְאֵנִי[e] וַיַּרְאֵם[e] וַיַּרְאוּם[e] 8 הַרְאוֹת הַרְאֹתְךָ[e] הַרְאוֹתְכָה[e] הַרְאוֹתָם[e] לַרְאֹתְכֶם[e] 10 הַרְאֵנִי[e] הַרְאֵנוּ[e] הַרְאִינִי[e] 11 מַרְאֶה

hof be shown 5 הָרְאָה הָרְאֵתָ הָרְאֵיתָ 11 מָרְאֶה

hitp look at one another Gen 42:1; compete with each other (fight from face to face) 6 תִּתְרָאוּ נִתְרָאֶה 7 וַיִּתְרָאוּ

רָאָה *pn* of an unclean bird, kite or harrier Dtn 14:13 ↪ דָּאָה◦

רָאֶה ↩ ראה *m.* sight, seeing Job 10:15; others: Imp.*q* ↪ ראה; or רְאֵה = ↪ רָוֶה *drenched in my affliction* 1 רְאֵה◦

רֹאֶה[B] *m.* seer pt.*q* ↪ ראה; vision Isa 28:7 - 2 רֹאִים 3 רֹאֵי

רְאוּבֵן *m. PN* Reuben

רְאוּבֵנִי *pn* Reubenite

רַאֲוָה *f.* sight; inf.c. *q* ↪ ראה Ez 28:17◦

רְאוּמָה *f. PN* Rëumah Gen 22:24◦

רְאוּת ↩ ראה look, sight Ecc 5:10 *qr.*; with עַיִן *a feast for the eyes (and nothing more)*◦

רְאִי ↩ ראה *m.* mirror Job 37:18◦

רֳאִי & **רֹאִי**[B] ↩ ראה *m.* appearance; looking 1 Sam 16:12; sight Job 33:21; show, spectacle Nah 3:6

ⓘ Gen 16:13 can be understood either as *God of appearance* or as the participle of ↪ ראה *God who sees me.*

רְאָיָה *m. PN* Reaiah

רְאֵים & **רְאֵם** & **רֵים** & **רֵם** *m.* wild ox 2 רֵמִים רְאֵמִים

רִאישׁוֹן ↩ ראשׁ *m.* first Job 15:7◦

רְאִית *f.* look, sight Ecc 5:10 *kt.*; *qr.* ↪ רְאוּת◦

✓ **ראם** *var.* ↪ רום *q* be lifted, exalted 5 רָאֲמָה Zec 14:10◦

רְאֵם & **רֵים** & **רְאֵים** & **רֵם** *m.* wild ox 2 רֵמִים רְאֵמִים

רָאמֹת I. & **רָאמוֹת** *f.* corals

רָאמוֹת II. & **רָמוֹת** *pln* Ramoth

רָאמַת נֶגֶב *pln* Ramath-Negeb; others: Rama in the Negeb or south

רָאשׁ & **רָשׁ** poor; pt. ↪ רושׁ

רֵאשׁ ↩ רושׁ *m.* poverty 4 רֵשְׁךָ Prov 6:11; 30:8 ↪ רֵישׁ◦

ראשׁ[B] I. *m.* head; chief, leader; the top, the peak, essence; highest number: sum; capital; beginning; arm (of a river); department; the individual person; head hair; with פִּנָּה cornerstone 2 רָאשִׁים 3 רָאשֵׁי 4 ראשׁוֹ ראשָׁהּ ראשְׁךָ ראשֶׁךָ ראשֵׁךְ ראשִׁי ראשָׁם ראשֵׁנוּ *p* ראשְׁכֶם; ראשָׁיו רָאשָׁיו רָאשֵׁיכֶם רָאשֵׁיהֶם רָאשֵׁינוּ

1 st.c. sg. 2 st.a. pl. 3 st.c. pl. 4 with *epp* 5 SC 6 PC 7 narrative 8 inf.c. 9 inf.a. 10 imp. 11 part.

רֹאשׁ II. & **רוֹאשׁ** & **רוֹשׁ** a poisonous herb; poison

רֹאשׁ III. *m. PN* & *pn* Rosh Gen 46:21; Ez 38:2f; 39:1◦

ⓘ Some scholars interpret the term נְשִׂיא רֹאשׁ as chief prince.

רִאשָׁה ↩ רֹאשׁ *f.* ancient times, before 4 רָאשֹׁתֵיכֶם Ez 36:11◦

רֹאשָׁה ↩ רֹאשׁ *f.* with אֶבֶן top stone, capstone Zec 4:7◦

רִאשׁוֹן & **רִישׁוֹן** *m.* & **רִאשֹׁנָה** & **רִאשׁוֹנָה**[B] *f.* ↩ רֹאשׁ the first, earlier; from ancient times, first, before, in the beginning; ancestors 2 רִאשֹׁנִים רִאשׁוֹנִים רִאשׁוֹנוֹת רִאשֹׁנוֹת

רִשֹׁנִית *f.* first Jer 25:1◦

רִאשׁוֹת ↩ רֹאשׁ *f.* ancient times, before 4 רָאשֹׁתֵיכֶם Ez 36:11◦

רֵאשִׁית[B] ↩ רֹאשׁ *f.* the beginning; the first, best; firstling, first fruit 1 רֵאשִׁית 4 רֵאשִׁתוֹ רֵאשִׁיתָם רֵאשִׁיתְךָ רֵאשִׁיתָהּ

רַב *m.* & **רַבָּה**[B] *f.* ↩ רבב I. much, big, great; strong, powerful, solid; captain, chief *p* רָב 1 רַבַּת 2 רַבִּים רַבּוֹת רַבָּתִי 3 רַבֵּי

רַב ↩ רבב II. *m.* archer 2 רַבִּים 4 רַבָּיו Jer 50:29; Job 16:13; Prov 26:10◦

רִב & **רִיב**[B] ↩ ריב *m.* strife, quarrel, dispute; lawsuit 3 רִיבֵי רִבוֹת רִיבֹת 4 רִיבוֹ רִיבְךָ *p* רִיבֶךָ רִיבֵךְ רִיבִי רִבָם רִיבְכֶם

רֹב & **רוֹב**[B] inf.c. ↪ רבב *m.* great number, abundance; many, much, big 1 רֹב־ רָב־ וְרֹב־ 3 רֻבֵּי *qr.* 4 רֻבְּכֶם

רַב מָג *m.* officer, captain; others: *pn* Rabmag Jer 39:3.13◦

רַב־סָרִיס *m.* officer, captain of the eunuchs; others: *pn* Rabsaris 2 Kgs 18:17; Jer 39:3.13 ↪ סָרִיס◦

רַב־שָׁקֵה *m.* officer, captain of the cupbearers; others: *pn* Rabshakeh

√ **רבב**[B] I. *var.* ↪ רבה *q* be or become large, numerous; be long Jos 9:13 - 5 רָבָה *p* רַבָּה רֻבּוּ *p* רַבּוּ 8 רָבוּ רֹבᵉ רֻבְּכֶםᵉ רֻבָּם

pu ↩ רְבָבָה multiply ten thousand times 11 מְרֻבָּבוֹת Ps 144:13◦

√ **רבב** II. *q* shoot, sling 5 רֹבּוּ רָב Gen 49:23; Ps 18:15◦

רְבָבָה *f.* large number, myriads; many; as a numeral: ten thousand 2 רְבָבוֹת 3 רִבְבֹת 4 *kt.* רִבְבֹתָיו; *qr.* רִבְבֹתוֹ

רְבִבִים & **רְבִיבִים** & **רְבִבִם** *m.* mild rain, raindrops, shower

√ **רבד** *q* spread, decorate (bed) 5 רָבַדְתִּי Prov 7:16◦

רְבִד ↪ רָבִיד

√ **רבה**[B] I. cf. ↪ רבב *q* become numerous, multiply; be or become great, powerful, grow 5 רָבְתָה רָבִית רָבוּ רְבִיתֶם 6 יִרְבֶּה יִרֶב וַתֵּרֶב וַיִּרֶב 7 תִּרְבּוּ יִרְבֶּיןָ יִרְבּוּן יִרְבּוּ תִּרְבֶּה וַתִּרְבֶּינָה וַיִּרְבּוּ וַתִּרְבִּי 8 רְבוֹת 10 רְבֵה רְבוּ

pi increase Jdg 9:29; raise Ez 19:2; Lam 2:22; make profit Ps 44:13 - 5 רִבְּתָה רִבִּיתָ רִבִּיתִי 10 רַבֵּה◦

hif make large, numerous, multiply; in combination with another verbum as its reinforcement

1 st.c. sg. 2 st.a. pl. 3 st.c. pl. 4 with *epp* 5 SC 6 PC 7 narrative 8 inf.c. 9 inf.a. 10 imp. 11 part.

1 Sam 2:3; Am 4:4; Ps 51:4 et passim; inf. abs. הַרְבֵּה & הַרְבֶּה as subst.: abundance, multitude, plenty; as adv. much, numerous, great, more 5 הִרְבְּתָה הִרְבֵּךְ[e] p הִרְבְּךָ[e] הִרְבָּה הִרְבִּיתִיךָ[e] הִרְבֵּיתִי הִרְבֵּית הִרְבִּיתָ יַרְבֶּה 6 הִרְבִּינוּ הִרְבֵּיתֶם הִרְבּוּ הִרְבִּתִים[e] אַרְבֵּהוּ[e] תַּרְבִּי תַּרְבֵּנִי[e] תֶּרֶב יַרְבֶּךָ[e] יֶרֶב וָאֶרֶב וַתַּרְבִּי וַתַּרְבֶּה וַיֶּרֶב 7 תַּרְבּוּ kt., qr.: הַרְבֶּה הַרְבֵּה הַרְבָּה 9 הַרְבּוֹת 8 וְאַרְבֶּה 10 מַרְבֶּה מַרְבֵּה 11 הַרְבּוּ הַרְבִּי הַרְבֵּה הֶרֶב מַרְבִּים מַרְבָּה

√ **רבה** II. *var.* ↪ רבב II. pt. sg.m. archer 11 רֹבֶה Gen 21:20◦

רַבָּה *f.* ↪ רַב

רַבָּה ↩ רבב *f.* big city, capital; *pln* Rabbah 1 רַבַּת

רִבּוֹא & **רִבּוֹ** cf. ↪ רְבָבָה ten thousand; large number, myriad; much, many 2 רִבֹּאוֹת רִבּוֹת רִבֹּאות; Dan 7:10 *kt.* רִבְבָן; *qr.* רִבְבָן

רְבִיבִים & **רְבִבִים** & **רְבִבִם** *m.* mild rain, raindrops, shower

רָבִיד *m.* chain, necklace 1 רְבִד Gen 41:42; Ez 16:11◦

רְבִיעִי & **רְבִעִי** *m.* & **רְבִיעִית** & **רְבִיעִת** *f.* ordinal number: the fourth; בְּנֵי רְבִיעִים children of the fourth generation 2 Kgs 10:30; 15:12; square 1 Kgs 6:33; fem. also: one quarter 2 רְבִעִים רְבִיעִים

רַבִּית *pln* Rabbit Jos 19:20◦

√ **רבך** *hof* be mixed, stirred, roasted 11 מֻרְבֶּכֶת p מֻרְבָּכֶת Lev 6:14; 7:12; 1 Chr 23:29◦

רִבְלָה *pln* Riblah

√ **רבע** I. *q* lie Ps 139:3; lie with someone else, have intercourse Lev 18:23; 20:16 - 8 רִבְעִי[e] רִבְעָהּ[e] רִבְעָהּ[e]◦

hif breed, let mate 6 תַּרְבִּיעַ Lev 19:19◦

√ **רבע** II. ↩ רֶבַע *q* be square, quadrangular 11 pass. רָבוּעַ רְבֻעָה רְבֻעִים

pu be square, quadrangular 11 מְרֻבָּע מְרֻבַּעַת מְרֻבָּעוֹת 1 Kgs 7:31; Ez 40:47; 45:2◦

רֶבַע ↩ רבע I. *m.* side (of something with four sides); a quarter Ex 29:40; 1 Sam 9:8 - 4 רִבְעָיו רִבְעֶיהָ רִבְעֵיהֶן

רֶבַע II. *m.* *PN* Reba Num 31:8; Jos 13:21◦

רֹבַע I. *m.* dust, cloud of dust; others: ↪ next word Num 23:10◦

רֹבַע ↩ רבע II. *m.* one quarter 2 Kgs 6:25◦

רְבִעִי & **רְבִיעִי** *m.* & **רְבִיעִית** & **רְבִיעִת** *f.* ordinal number: the fourth; בְּנֵי רְבִיעִים children of the fourth generation 2 Kgs 10:30; 15:12; square 1 Kgs 6:33; fem. also: one quarter 2 רְבִיעִים רְבִעִים

רִבֵּעִים *m.* fourth generation Ex 20:5; 34:7; Num 14:18; Dtn 5:9◦

√ **רבץ**[B] *q* lie, lie down, rest, sit; crouch; lie in wait Gen 4:7 - 5 רָבַץ רָבְצָה p רָבָצָה וְרָבַצְתָּ יִרְבְּצוּן יִרְבְּצוּ p יִרְבָּץ 6 רָבְצוּ תִּרְבַּצְנָה 7 וַתִּרְבַּץ 11 רֹבֵץ רֹבֶצֶת רֹבְצִים

hif let graze, rest; make someone lie down; lay the foundation Isa 54:11 - 6 יַרְבִּיצֵנִי[e] אַרְבִּיצֵם[e] תַּרְבִּיץ יַרְבִּצוּ 11 מַרְבִּיץ מַרְבִּצִים

רֵבֶץ ↩ רבץ *m.* Resting place, camp 4 רִבְצוֹ רִבְצָהּ רִבְצָם

רִבְקָה *f.* *PN* Rebekkah

1 st.c. sg. 2 st.a. pl. 3 st.c. pl. 4 with *epp* 5 SC 6 PC 7 narrative 8 inf.c. 9 inf.a. 10 imp. 11 part.

רֹגְלִים *pln* Roglim 2 Sam 17:27; 19:32◦

√רגם *q* throw stones, stone 5 רָגְמוּ רְגָמֻהוּ[e] 6 יִרְגְּמוּ יִרְגְּמֻהוּ[e] 7 וַיִּרְגְּמוּ וַיִּרְגְּמֻהוּ[e] 8 לִרְגּוֹם 9 רָגוֹם רָגֹם

רֶגֶם *m. PN* Regem 1 Chr 2:47◦

רֶגֶם מֶלֶךְ *m. PN* Regem-Melech Zec 7:2◦

רִגְמָה *m.* company, noisy group 4 רִגְמָתָם Ps 68:28◦

√רגן *q* chat 11 רֹגְנִים Isa 29:24◦
nif mutter, murmur, grumble; slander; pt. slanderer 7 וַתֵּרָגְנוּ וַיֵּרָגְנוּ 11 נִרְגָּן

√רגע[B] I. *q* stir, agitate Isa 51:15; Jer 31:35; Job 26:12; harden Job 7:5- 5 רָגַע 11 רֹגַע◦
hif do something in a רֶגַע, in a moment: be about to do; Isa 51:4 *I now set my right as light for the nations*; Jer 49:19 *I suddenly chase them away*; cf. Jer 50:44; Prov 12:19 *just for a moment* 6 אַרְגִּיעַ אַרְגִּיעָה אַרְגָּעָה◦

√רגע II. *nif* calm down 10 הֵרָגְעִי Jer 47:6◦
hif find rest Dt 28:65; Isa 34:14; bring rest Jer 31:2; 50:34 - 5 הִרְגִּיעַ 6 תַּרְגִּיעַ 8 הַרְגִּיעַ הַרְגִּיעוֹ[e]◦

רֶגַע[B] ← רגע I. *m.* moment; suddenly כְּמְעַט־רֶגַע *just for a moment* 2 רְגָעִים

רֶגַע ← רגע II. *m.* tranquility Job 21:13 (others: ↪ I.)◦

רָגֵעַ ← רגע *m.* quiet 3 רִגְעֵי *the quiet in the land* Ps 35,20◦

√רגשׁ *q* rage, rant 5 רָגְשׁוּ Ps 2:1◦

רֶגֶשׁ ← רגשׁ *m.* company, crowd *p* רָגֶשׁ Ps 55:15◦

רַב־שָׁקֵה & רַבְשָׁקֵה *m.* officer, captain of the cupbearers; others: *pn* Rabshakeh

רַבַּת & רַבָּתִי *f.* cstr. ↪ רַב great, much, many

רְגָבִים *m.* clods 3 רִגְבֵי Job 21:33; 38:38◦

√רגז[B] *q* be startled, afraid; trembling, shaking; quarrelling, bickering, getting angry; storm with rage (of God) Isa 28:21 - 5 רָגַז רָגְזָה רָגְזוּ וְרָגְזוּ 6 יִרְגַּז *p* יִרְגָּז אֶרְגָּז יִרְגְּזוּ יִרְגְּזוּן *p* יִרְגָּזוּ יִרְגָּזוּן 7 וַיִּרְגַּז וַתִּרְגַּז וַיִּרְגְּזוּ 10 רְגָזָה תִּרְגַּזְנָה תִּרְגְּזוּ רִגְזוּ
hif make tremble, shake, rock; disturb, cause unease 5 הִרְגִּיז הִרְגַּזְתַּנִי[e] 6 אַרְגִּיז 8 הַרְגִּיז 11 מַרְגִּיז מַרְגִּיזֵי
hitp rampage, rage 8 הִתְרַגֶּזְךָ[e] 2 Kgs 19:27f; Isa 37:28f◦

רֹגֶז ← רגז *m.* restlessness; anger, rage 4 רָגְזְךָ

רַגָּז ← רגז *m.* trembling Dtn 28:65◦

רָגְזָה ← רגז *f.* trembling Ez 12:18◦

√רגל *q* slander, backbite 5 רָגַל Ps 15:3◦
pi walk, roam, go around; observe, spy, spy out; pt.: scout, spy; slander 2 Sam 19:28- 7 וַיְרַגֵּל 8 רַגֵּל רַגְּלָהּ[e] 10 רַגְּלוּ 11 מְרַגְּלִים וַיְרַגְּלוּ
tifel teach to walk 5 תִּרְגַּלְתִּי Hos 11:3◦

רֶגֶל[B] ← רגל *m.* foot, leg; euphem.: genitals; with סכך hif. cover one's feet, relieve oneself; pl.: times (like ↪ פְּעָמִים) *p* רָגֶל du. רַגְלַיִם *p* רַגְלָיִם 2 רַגְלִים 3 רַגְלֵי 4 רַגְלוֹ רַגְלָהּ רַגְלְךָ *p* רַגְלֶךָ רַגְלֵךְ רַגְלִי ;רַגְלָיו רַגְלֶיךָ רַגְלַי רַגְלֵיהֶם רַגְלֵיכֶם

רַגְלִי ← רגל *m.* on foot; pedestrian; foot soldier 2 רַגְלִים

רִגְשָׁה ↩ רגשׁ *f.* rage 1 רִגְשַׁת Ps 64:3◦

רַד 3.m.sg. SC ↪ ירד Jdg 19:11 almost gone (of the day)

√ רדד *var.* ↪ רדה *q* subdue 8 רַד 11 רוֹדֵד Isa 45:1; Ps 144:2◦

hif cover, overlay 7 וַיָּרֶד 1 Kgs 6:32◦

√ רדה[B] I. *q* tread (wine press) Joel 4:13; care, govern, rule Gen 1:26 et passim; walk Ps 68:28; break (bones) Lam 1:13; Jer 5:31 יִרְדּוּ עַל־יְדֵיהֶם idiom: *they rule on their own authority* (others: ↪ II.) 5 רְדִיתֶם וְרָדוּ 6 יֵרְדְּ יִרְדֵּנוּ[e] תִּרְדֶּה יִרְדּוּ 7 וַיִּרְדּוּ וַיִּרְדֶּנָּה[e] 8 רְדוֹת 10 רְדֵה רְדוּ 11 רֹדֶה רֹדֵם[e] רֹדִים

ⓘ The root רדה is related to רדד and also ירד *descend*. Its basic meaning is *trampling*; this means trampling down the grass when a flock of sheep comes to graze. Thus, the word has several connotations: the shepherds' care for their flock (so possibly Gen 1:26), but also *to rule* and *dominate*. Sometimes the word only refers to locomotion (like ירד), to the act of treading in both the positive (wine) and negative (enemies, bones) sense.

hif rule, subdue 6 יַרְדְּ Isa 41:2◦

√ רדה II. *q* scrape out (a honeycomb) Jdg 14:9; יִרְדּוּ עַל־יְדֵיהֶם Jer 5:31 idiom: *they distribute (the honey) on their own hands, take everything for themselves* (others: ↪ I.) 5 רָדָה 6 יִרְדּוּ 7 וַיִּרְדֵּהוּ[e]◦

רַדַּי *m. PN* Raddai 1 Chr 2:14◦

רְדִיד *m.* head scarf, veil 2 רְדִידִים 4 רְדִידִי Isa 3:23; Song 5:7◦

√ רדם *nif* fall into a deep sleep; lie stupefied 5 נִרְדַּם נִרְדַּמְתִּי 7 וַיֵּרָדַם 11 נִרְדָּם

√ רדף[B] *q* persue, chase, pt. persuer 5 רָדַף וְרָדַפְתִּי רָדְפוּ p רָדָפוּ רְדָפוּךָ[e] רְדָפוּנִי[e] רְדַפְתֶּם רְדָפוּם[e] 6 יִרְדֹּף יִרְדָּף־ יִרַדֹּף יִרְדְּפוּ[e] יִרְדְּפֵהוּ[e] יִרְדָּפֶךָ[e] יִרְדְּפֵם[e] תִּרְדְּפֵנוּ[e] אֶרְדֹּף אֶרְדְּפָה תִּרְדְּפוּנִי[e] נִרְדָּף־ 7 וַיִּרְדֹּף וַיִּרְדְּפֵהוּ[e] וַיִּרְדְּפֵם[e] וַיִּרְדְּפוּ 8 רְדֹף רָדְפוֹ[e] לְרָדְפְּךָ[e] רָדְפִי[e] רָדְפָם[e] 10 רְדֹף רָדְפֵהוּ[e] 11 רִדְפוּ רֹדֵף רוֹדֵף רֹדְפֶךָ[e] רֹדְפָם[e] רֹדְפִים רֹדְפֶיהָ[e] רֹדְפַי[e] p רֹדְפָי[e] רֹדְפֵיהֶם רֹדְפֵיכֶם[e]

nif be persecuted Lam 5:5; what has been driven away, what is gone Ecc 3:15 - 5 נִרְדָּפְנוּ 11 נִרְדָּף◦

pi persue, chase 5 רִדְּפָה 6 יְרַדֶּף־ תְּרַדֵּף 11 מְרַדֵּף

pu be chased 5 רֻדַּף Isa 17:13◦

hif persue, chase 5 הִרְדִּיפֻהוּ[e] Jdg 20:43◦

√ רהב *q* harry, urge, press 6 יִרְהֲבוּ 10 רְהַב Isa 3:5; Prov 6:3◦

hif confuse Song 6:5; encourage Ps 138:3 - 5 הִרְהִיבֻנִי[e] 6 תַּרְהִבֵנִי[e]◦

רַהַב I. ↩ רהב *m.* proud, arrogant 2 רְהָבִים Ps 40:5◦

רַהַב II. *pn* of a mythical sea monster, Rahab; synonym for Egypt Isa 30:7; 51:9; Ps 87:4

רֹהַב ↩ רהב *m.* what one is proud of: the best 4 רָהְבָּם Ps 90:10◦

רָהֲגָה *m. PN* Rohgah 1 Chr 7:34◦

√ רהה *q* be afraid of 6 תִּרְהוּ Isa 44:8◦

ⓘ This form can also be derived from ↪ ירה.

1 st.c. sg. 2 st.a. pl. 3 st.c. pl. 4 with *epp* 5 SC 6 PC 7 narrative 8 inf.c. 9 inf.a. 10 imp. 11 part.

רְהָטִים & רֳהָטִים I. *m.* drinking troughs Gen 30:38.41; Ex 2:16◦

רְהָטִים II. *m.* curls; others: leather straps, braids Song 7:6◦

ⓘ This text passage is completely unexplained.

רָהִיט *m.* rafters; others: panelling 4 רָהִיטֵנוּ Song 1:17 *qr.*◦

√ רוֹב & רֹב[B] inf.c. ↪ רבב great number, abundance; many, much, big 1 רֹב־ רָב־ וְרֹב 3 רֻבֵּי *qr.* 4 רֻבְּכֶם

√ רוּב ↪ ריב

√ רוּד *q* (be free to) roam Jer 2:31; Hos 12:1 - 5 רַדְנוּ רָד◦

hif become free Gen 27:40; be restless Ps 55:3 - 6 אָרִיד תָּרִיד◦

רוֹדָנִים *pn* Rodanites 1 Chr 1:7◦

√ רוה[B] *q* refresh, regenerate, drink one's fill, get drunk; with דד indulge in love 5 רָוְתָה 6 נִרְוֶה יִרְוְיֻן Jer 46;10; Ps 36:9; Prov 7:18◦

pi water, soak; shed (tears); refresh, enjoy 5 רִוָּה 9 יְרַוֶּךָ[e] אֲרַיָּוֶךְ[e] 6 וְרִוֵּיתִי רִוְּתָה

hif water, give to drink; refresh, satisfy, delight 5 הִרְוָה הִרְוַנִי[e] הִרְוִיתָנִי[e] הִרְוֵיתִי 11 מַרְוֶה

hof be watered, satisfied 6 יוֹרֶא Prov 11:25◦

רָוֶה *m.* & רָוָה *f.* ↩ רוה watered, irrigated; water-rich Dtn 29:18; Isa 58:11; Jer 31:12◦

רוהגה *m. PN kt.*; *qr.* רָהְגָּה Rohgah 1 Chr 7:34

√ רוח[B] *q* mit לְ make one's soul wide, find relief 5 רָוַח 6 יִרְוַח 1 Sam 16:23; Job 32:20◦

pu be wide, generous 11 מְרֻוָּחִים Jer 22:14◦

hif smell 6 יָרִיחַ יָרַח אָרִיחַ יְרִיחוּן יְרִיחֻן 7 וַיָּרַח 8 הָרִיחַ הֲרִיחוֹ[e]

ⓘ Some scholars assume a separate root for the *hif* meaning *smell* and derive the following lexemes in a correspondingly differentiated way.

רֶוַח ↩ רוח *m.* distance Gen 32:17; help, rescue Est 4:14◦

רוּחַ[B] ↩ רוח *f.* what moves you: breath, mind, spirit, sense, temperament, wind 2 רוּחוֹת רֻחוֹת רוּחֹת 4 רוּחוֹ רוּחֲךָ *p* רוּחֶךָ רוּחִי רוּחֲכֶם רוּחָם

רְוָחָה ↩ רוח *f.* relief Ex 8:11; sighing Lam 3:56 - 4 רַוְחָתִי◦

רְוָיָה ↩ רוה *f.* abundant, full, overflowing Ps 23:5 ◦

רוֹכֵל dealer pt. ↪ רכל

√ רום[B] *q* rise; be high, uplifted, be exalted; be on top; be proud, arrogant, haughty 5 רָמָה רָם 6 רוּמוּ רָמוּ *p* רָמוּ (ראם ↪ Zec 14:10) רָאֲמָה יָרוּם יָרֻם יָרֹם תָּרוּם תָּרֹם אָרוּם יְרוּמוּ 7 יְרֻמוּן וַיָּרָם וַתָּרָם (וַיָּרֻם Ex 16:20 ↪ רמם) 8 רוּם כְּרֻם בְּרוּמָם[e] 10 רוּמָה 11 רָם רָמָה רָמִים רָמוֹת רָאמוֹת

polel raise, uplift, exalt; praise, glorify; raise children 5 רוֹמַמְתִּי רֹמְמָתְהוּ[e] 6 יְרוֹמֵם יְרוֹמְמֵנִי[e] תְּרֹמֵם תְּרוֹמְמֶךָּ[e] תְּרוֹמְמֵנִי[e] 7 נְרוֹמְמָה וִירֹמְמוּהוּ[e] אֲרוֹמִמְךָ[e] אֲרֹמְמֶנְהוּ[e] 8 רוֹמֵם 10 רוֹמְמוּ 11 מְרוֹמֵם וַתְּרוֹמֵם רוֹמֵמָה מְרוֹמְמִי[e]

polal be exalted, glorious 5 רוֹמַם (cf. ↪ רוֹמָם) 6 תְּרוֹמַמְנָה 11 מְרוֹמָם Neh 9:5; Ps 66:17; 75:11◦

1 st.c. sg. 2 st.a. pl. 3 st.c. pl. 4 with *epp* 5 SC 6 PC 7 narrative 8 inf.c. 9 inf.a. 10 imp. 11 part.

hif lift, lift up, raise up, erect, build; praise, glorify, exalt; display Prov 3:35; serve, wait 1 Sam 9:24; donate 2 Chr 30:24; sacrifice: take up, retain (the memorial portion Lev 2:9); offer, present, set aside (the heave offering Num 18:26) - 5 וַהֲרֵמֹתֶ הֲרִימוֹתָה הֲרִימוֹתָ הֵרִים יָרִים 6 וַהֲרֵמֹתֶם הֵרִימוּ הֲרִימֹתִיךָ^e הֲרִימֹתִי הָרִים 8 וַיְרִימֶהָ^e וַתָּרֶם וַיָּרֶם 7 יָרִימוּ יָרֵם הֲרִימָה הָרֵם הָרֶם 10 בַּהֲרִימְכֶם^e הֲרִימִי^e מְרִימָיו^e מְרִימֵי מֵרִים 11 הָרִימוּ הָרִימִי

hof be removed, be taken, be raised up 5 הוּרַם 6 יוּרָם Ex 29:27; Lev 4:10; Dan 8:11 *qr*.◦

hitpolel exalt oneself 6 אֵרוֹמָם יִתְרוֹמֵם Isa 33:10; Dan 11:36◦

✓ רוּם & רֻם inf.c. ↪ רום high, haughty

רוֹם ↩ רום *m.* high Hab 3:10◦

רוּמָה *pln* Rumah 2 Kgs 23:36◦

רוֹמָה ↩ רום haughtily Mi 2:3◦

רוֹמָם ↩ רום *m.* praise, song of praise 3 רוֹמְמוֹת Ps 149:6◦

ⓘ It is possible that Ps 66:17 also refers to this word ↪ רום *pol*. .

רוֹמֵמֻת ↩ רום *f.* lifting up 4 רוֹמְמֻתֶךָ Isa 33,3 *when you rise in your majesty*◦

✓ רון *hitp* be overwhelmed, others: shout 11 מִתְרוֹנֵן Ps 78:65◦

✓ רוע^B *hif* make noise, shout; shout a war cry; blow the horn, blow the signal; rejoice, cheer 5 הֵרִיעַ 6 הֲרֵעֹתֶם וַהֲרֵעֹתֶם הֵרֵעוּ הֵרִיעוּ יָרִיעַ 7 נָרִיעָה נָרִיעַ יָרִיעוּ תָּרִיעוּ תָּרִיעִי וַיָּרַע 8 הָרִיעַ 10 הָרִיעִי הָרִיעוּ 11 וַיָּרִעוּ מְרִיעִים

polel rejoice, cheer 6 יְרֹעָע Isa 16:10◦

hitpolel rejoice, cheer 6 יִתְרוֹעֲעוּ אֶתְרוֹעָע 10 הִתְרוֹעֲעִי Ps 60:10; 65:14; 108:10◦

✓ רוץ^B *q* run, walk; flee; pt. רָץ runner, courier; pass by Hab 2:2 - 5 רָץ רַצְתָּה רַצְתִּי רָצוּ 6 יָרוּצוּ אָרֻצָה אָרוּצָה אָרוּץ תָּרוּץ יָרֻץ יָרוּץ וַיָּרָץ *p* וַיָּרָץ 7 נָרוּצָה יְרֻצוּן יְרוּצוּן יָרֻצוּ רָץ 11 רֻץ רוּץ 10 רוּץ 8 וַיָּרֻצוּ וַיָּרוּצוּ וַתָּרָץ רָצִין רָצִים

ⓘ cf. forms of ↪ רצץ

pol dash, dart 6 יְרוֹצֵצוּ Nah 2:5◦

hif make someone run, chase away; do, bring something fast; hurry (to stretch out one's hand) Ps 68:32 - 6 תָּרִיץ^e אֲרִיצֶנּוּ^e אֲרִיצֵם 7 וַיָּרִיצוּ הָרֵץ 10 וַיְרִצֻהוּ^e

✓ רוק ↩ ריק

✓ רור ↩ ריר

✓ רוש *q* be poor 5 רָשִׁים רָאשׁ רָשׁ 11 רָשׁוּ רָאשִׁים

hif ↪ ירש Jdg 14:15 impoverish

hitpol pretend to be poor 11 מִתְרוֹשֵׁשׁ Prov 13:7◦

רוֹשׁ & רֹאשׁ II. & רוֹאשׁ a poisonous herb; poison

רוּת *f. PN* Ruth

✓ רזה *q* put an end 5 רָזָה Zeph 2:11◦

nif grow lean 6 יֵרָזֶה Isa 17:4◦

רָזֶה ↩ רזה *f.* lean Num 13:20; Ez 34:20◦

רָזוֹן ↩ רזה *m.* I. consumption, leanness Isa 10:16; Ps 106:15; shrunk Mi 6:10◦

רָזוֹן II. ↩ רזן *m.* prince Prov 14:28◦

רְזוֹן *m. PN* Reson 1 Kgs 11:23◦

1 st.c. sg. 2 st.a. pl. 3 st.c. pl. 4 with *epp* 5 SC 6 PC 7 narrative 8 inf.c. 9 inf.a. 10 imp. 11 part.

רָזִי ← רזה *m.* dwindled, miserable Isa 24:16 רָזִי־לִי *poor me*◦

✓ **רזם** *q* wink 6 יִרְזְמוּן Job 15:12◦

✓ **רזן** *q* pt. prince 11 רֹזְנִים רוֹזְנִים

✓ **רחב**[B] *q* open wide 1 Sam 2:1; Isa 60:5; become broader Ez 41:7 - 5 רָחֲבָה רָחַב◦
nif pt. wide 11 נִרְחָב Isa 30:23◦
hif make wide, expand, give space 5 הִרְחִיב הִרְחַבְתְּ הִרְחַבְתָּ הִרְחִיבָה הִרְחִב תַּרְחִיב יַרְחִיב 6 הִרְחִיבוּ וְהִרְחַבְתִּי הַרְחֶב־ 10 הַרְחִיב 8 וַיַּרְחִיבוּ 7 תַּרְחִיבוּ מַרְחִיב 11 הַרְחִיבִי

רֹחַב ← רחב *m.* breadth, width 4 רָחְבּוֹ רָחְבָּן רָחְבָּהּ

רָחָב *m.* I. & **רְחָבָה**[B] *f.* ← רחב wide, broad; wide space, freedom Ps 119:45; with לֵב haughty Ps 101:5 - 1 רְחַב רַחֲבַת 3 רַחֲבֵי

רָחָב II. *f. PN* Rahab Jos 2:1.3; 6:17ff◦

רַחַב ← רחב *m.* breadth, wide space 3 רַחֲבֵי Job 36:16; 38:18◦

רְחֹב I. & **רְחוֹב**[B] ← רחב *m.* open square, plaza, street 2 רְחֹבוֹת 4 רְחֹבָהּ רְחוֹבֹתֶיהָ רְחֹבֹתֵינוּ רְחֹבֹתֶיהָ

רְחֹב II. *m. PN* & *pln* Rehob

רְחָבָה *f.* wide, broad → רָחָב

רְחֹבוֹת I. *pn* a well, Rehoboth Gen 26:22◦

רְחֹבוֹת הַנָּהָר II. *pln* Rehoboth by the river Gen 36:37; 1 Chr 1:48◦

רְחֹבֹת עִיר III. *pln* Rehoboth-Ir Gen 10:11◦

רְחַבְיָה & **רְחַבְיָהוּ** *m. PN* Rehabiah 1 Chr 23:17; 24:21; 26:25◦

רְחַבְעָם *m. PN* Rehabeam

רְחוֹב & **רְחֹב**[B] ← רחב *m.* open square, plaza, street 2 רְחֹבוֹת 4 רְחֹבָהּ רְחוֹבֹתֶיהָ רְחֹבֹתֵינוּ רְחֹבֹתֶיהָ

רְחוּם *m. PN* Rehum

רַחוּם[B] ← רחם *m.* merciful, compassionate

רָחוֹק & **רָחֹק** *m.* & **רְחוֹקָה** & **רְחֹקָה**[B] *f.* ← רחק far, far away; far more Prov 31:10; with מִן temp. long time ago; loc. from a distance, from far away; with מִן & לְ in a far future 1 Chr 17:17; with בֵּין distance, space Jos 3:4 - 2 רְחֹקֹת רְחוֹקוֹת רְחֹקִים רְחוֹקִים

רָהִיט *kt.* Song 1,17 beams; others: panelling 4 רָהִיטֵנוּ◦

רֵחַיִם *m.* du. mill

רָחֵל I. *f.* ewe 2 רְחֵלִים 4 רְחֵלֶיךָ

רָחֵל II. *f. PN* Rachel

✓ **רחם**[B] ← רֶחֶם *q* love 6 [e]אֶרְחָמְךָ Ps 18:2◦
pi turn lovingly towards somebody, show compassion, love, have mercy 5 רִחַם [e]רִחַמְךָ *p* רִחַמְתִּים [e]רִחַמְתִּיךָ וְרִחַמְתִּי רִחֲמֶךָ[e] יְרַחֲמֶנּוּ [e]יְרַחֲמֶנּוּ [e]יְרַחֲמֵהוּ [e]יְרַחֵם 6 רִחֲמוּם[e] אֲרַחֲמֶנּוּ [e]אֲרַחֵם *p* אֲרַחֵם תְּרַחֵם יְרַחֲמֵם[e] מְרַחֵם 11 רַחֵם 9 לְרַחֶמְכֶם [e]רַחֵם 8 יְרַחֲמוּ מְרַחֲמָם [e]מְרַחֲמֵךְ[e]
pu find mercy, experience sympathy 5 רֻחָמָה 6 יְרֻחָם *p* יְרֻחָם Hos 1:6.8; 2:3.25; 14:4; Prov 28:13◦

רָחָם an unclean bird, vulture Lev 11:18◦

רַחַם *m.* womb; pejorative woman; du. רַחֲמָתַיִם Jdg 5:30 ↪ רֶחֶם & רַחֲמָה◦

רַחַם II. *m. PN* Raham 1 Ch 2:44◦

רֶחֶם[B] ↪ רחם I. *m.* womb; plural: fig. inner being, as seat of feelings; mercy, pity, grace *p* רֶחֶם רָחֶם 2 רַחֲמִים 3 רַחֲמֵי 4 רַחֲמוֹ 2 Sam 24:14 *kt.*; רַחֲמֶיהָ רַחֲמָיו רַחְמָה רַחֲמָהּ רַחֲמֶיךָ

רֻחָמָה *f. PN*, symbolic name Ruhama ↪ רחם *pu*

רָחָמָה *f.* an unclean bird, carrion vulture Dtn 14:17◦

רַחֲמָה *f.* womb, pejorative woman; du. רַחֲמָתַיִם Jdg 5:30 ↪ רֶחֶם◦

רַחֲמִים *m.* mercy, love, grace pl. ↪ רֶחֶם

רַחֲמָנִיּוֹת ↩ רֶחֶם *f.* merciful, loving Lam 4:10◦

✓רחף *q* tremble, shake 5 רָחֲפוּ Jer 23:9◦

pi hover 6 יְרַחֵף 11 מְרַחֶפֶת Gen 1:2; Dtn 32:11◦

✓רחץ[B] *q* wash, bathe 5 רָחַצְתְּ רָחַצְתָּ רָחַץ
יִרְחָץ *p* יִרְחַץ 6 רָחָצוּ *p* וְרָחֲצוּ רָחַצְתִּי
וָאֶרְחַץ וַיִּרְחַץ 7 יִרְחָצוּ *p* יִרְחֲצוּ אֶרְחַץ
רְחַץ 10 רָחְצָה רְחֹץ 8 וַיִּרְחֲצוּ וָאֶרְחָצֵךְ[e]
רֹחֲצוֹת רֹחֶצֶת 11 רַחֲצוּ

pu be washed 5 רֻחַצְתְּ רֻחָץ Ez 16:4; Prov 30:12◦

hitp wash oneself 5 הִתְרָחַצְתִּי Job 9:30◦

רַחַץ ↩ רחץ *m.* washing; with סִיר washbasin 4 רַחְצִי Ps 60:10; 108:w10◦

רַחְצָה ↩ רחץ *f.* washing Song 4:2; 6:6◦

✓רחק[B] *q* be far away, distant, move away; stay away 5 רָחַק רָחֲקָה רָחֲקוּ *p* רָחֵקוּ 6 יִרְחַק
רְחֹק 8 וַתִּרְחַק 7 יִרְחֲקוּ תִּרְחָק *p* תִּרְחַק
רַחֲקוּ רַחֲקִי 10 רָחוֹק 9 רָחֲקָה

nif be removed 6 יֵרָחֵק Ecc 12:6 *kt.*◦

pi remove, keep away; send, be far away 5 רִחַק יְרַחֲקוּ 6 רִחַקְתָּ

hif remove, keep far away, expel; be distant; alienate; inf. a.: far, distant 5 הִרְחַקְתָּ הִרְחִיק
תַּרְחִיק יַרְחִיקֶנָּה[e] 6 הִרְחִקוּ הִרְחַקְתִּים[e]
הַרְחֵק 9 הַרְחִיקָם[e] הַרְחִיק 8 תַּרְחִיקוּ אַרְחִיק
10 הַרְחִיקֻהוּ[e] הַרְחֵק הַרְחֵק

רָחֹק & רָחוֹק *m.* & רְחוֹקָה & רְחֹקָה[B] *f.* ↩ רחק far, far away; far more Prov 31:10; with מִן temp. long time ago; loc. from a distance, from far away; with מִן & לְ in a far future 1 Chr 17:17; with בֵּין distance, space Jos 3:4 - 2 רְחֹקֹת רְחוֹקוֹת רְחֹקִים רְחוֹקִים

רָחֵק ↩ רחק *m.* distant 4 רְחֵקֶיךָ Ps 73:27 *those who are far from you perish*◦

✓רחשׁ *q* be moved 5 רָחַשׁ Ps 45:2◦

רַחַת *f.* shovel Isa 30,24◦

✓רטב *q* be drenched 6 יִרְטָבוּ Job 24:8◦

רָטֹב ↩ רטב *m.* juicy, fresh Job 8:16◦

✓רטה *q* hand over 6 [e]יִרְטֵנִי Job 16:11◦

רֶטֶט *m.* terror, panic Jer 49:24◦

✓רטפשׁ *q* become fresh 5 pass. רֻטֲפַשׁ Job 33:25◦

✓רטשׁ *pi* dash to pieces, shatter, slaughter 6 תְּרַטֵּשְׁנָה תְּרַטֵּשׁ 2 Kgs 8:12; Isa 13:18◦

pu be dashed to pieces 5 רֻטָּשָׁה 6 יְרֻטְּשׁוּ *p* יְרֻטָּשׁוּ Isa 13:16; Hos 10:14; 14,1; Nah 3:10◦

1 st.c. sg. 2 st.a. pl. 3 st.c. pl. 4 with *epp* 5 SC 6 PC 7 narrative 8 inf.c. 9 inf.a. 10 imp. 11 part.

✓רִי ← רוה *m.* water, moisture Job 37:11◦

✓רִיב[B] *q* argue; reproach, complain; dispute, quarrel; conduct a legal case, take court action 5 יָרֵב יָרִיב 6 רָבוֹ Job 33:13; רִיבוֹתָ רַבְתָּ רָב 5 תָּרִיב; kt. Prov 3:30 *qr.* תָּרוֹב יָרֵב יָרֶב־ אָרִיבָה אָרִיב תְּרִיבֶנָּה[e] תְּרִיבֵנִי[e] תְּרִיבֵהוּ[e] (1 Sam 15:5 ↪ וַיָּרֶב 7 תְּרִיבוּן תָּרִיבוּ יְרִיבֻן רָב רִיב 8 וַיָּרִיבוּ וָאָרִיבָה וָאָרִיב (*hif* ארב רִיבָה רִיב 10 רִיב רֹב 9 - kt. Jdg 21:22 רוֹב רָב 11 רִיבוּ

hif quarrel, fight 11 מְרִיבוֹ[e] מְרִיבֵי מְרִיבָיו[e] 1 Sam 2:10; Hos 4:4◦

רִיב & רִב[B] ← ריב *m.* strife, quarrel, dispute; lawsuit 3 רִיבֵי רִיבֹת רִבוֹת 4 רִיבוֹ רִיבְךָ *p* רִיבְכֶם רִבָם רִיבִי רִיבֵךְ רִיבֶךָ

רִיבָה ← ריב *f.* litigation, legal case 2/3 רִיבוֹת רִיבֹת Dtn 17:8; Job 13:6◦

רִיבַי *m. PN* Ribai 2 Sam 23:29; 1 Chr 11:31◦

✓ריה אֲרַיָּוֶךְ Isa 16:9 ↪ רוה *pi*◦

רִיחַ ↪ רוּחַ

רֵיחַ[B] ← רוח *m.* smell, scent; רֵיחַ נִיחֹחַ pleasant fragrance, soothing scent; with באשׁ make someone stink, discredit Ex 5:21 – 4 רֵיחֵנוּ רֵיחוֹ

רֵים & רְאֵים & רְאֵם & רֵם *m.* wild ox 2 רֵמִים רְאֵמִים

רֵיעַ *m.* friend 4 רֵיעֲכֶם Job 6:27 ↪ רֵעַ◦

רִיפוֹת u. רִפוֹת *f.* crushed grain, groats 2 Sam 17:19; Prov 27:22◦

רִיפַת *m. PN* Riphat Gen 10:3◦

✓ריק *hif* empty, pour out; flow down; draw (sword); arm, let march out Gen 14:14; let starve Isa 32:6 - 5 הֵרִיקוּ וַהֲרִיקֹתִי 6 יָרִיק הָרֵק 10 לְהָרִיק 8 וַיָּרֶק 7 יָרִיקוּ אֲרִיקֵם[e] אָרִיק מְרִיקִים 11

hof be poured, be emptied Jer 48:11; Song 1:3 - 5 הוּרַק 6 תּוּרַק◦

רִיק ← ריק *m.* emptiness, nothingness; empty, worthless; in vain; with בְּדֵי for nothing

רֵיק & רֵק *m.* & רֵיקָה & רֵקָה *f.* ← ריק empty; unsatisfied, hungry Isa 29:8; in vain Dtn 32:47; pl. worthless things, rabble, riff-raff 2 Sam 6:20 et passim; unnecessary things, vanities Prov 12:11 - 2 רֵקוֹת רֵיקִים רֵקִים

רֵיקָם empty; without something, with empty hands; without reason Ps 7:5

✓ריר ← ריר *q* (let) flow 5 רָר Lev 15:3◦

רִיר *m.* saliva 1 Sam 21:14; רִיר חַלָּמוּת mucilage, mallow pulp; others: egg white ↪ חַלָּמוּת 4 רִירוֹ Job 6:6◦

רֵישׁ & רִישׁ & רֵאשׁ ← רושׁ *m.* poverty 4 רֵישָׁם רֵאשֶׁךָ רֵישֶׁךָ רִישׁוֹ

רִישׁוֹן *m.* former, past Job 8:8 ↪ רִאשׁוֹן◦

רֹךְ ← רכך *m.* effeminacy Dtn 28:56◦

רַךְ *m.* & רַכָּה *f.* ← רכך soft, effeminate, weak; tender, pampered; sensitive, gentle *p* רַכּוֹת רַכִּים 2 רַךְ 1 רָךְ

✓רכב[B] *q* ride (upon an animal or in a chariot) 5 יִרְכַּב תִּרְכַּב אֶרְכַּב 6 רָכְבוּ רָכַבְתָּ רָכַב וַיִּרְכְּבוּ וַתִּרְכַּב וַיִּרְכַּב 7 נִרְכָּב יִרְכָּבוּ

1 st.c. sg. 2 st.a. pl. 3 st.c. pl. 4 with *epp* 5 SC 6 PC 7 narrative 8 inf.c. 9 inf.a. 10 imp. 11 part.

וַתִּרְכַּבְנָה 8 לִרְכֹּב 10 רְכַב 11 רֹכֵב רֹכְבוֹ[e]
רֹכֶבֶת רֹכְבִים רֹכְבֵי רֹכְבֶיהָ[e] רֹכְבֵיהֶם[e]

hif ride, let ride; let someone sit on a horse and lead; transfer, carry 2 Kgs 9:28; harness, let plough Hos 10:11; put (one hand on a bow) 2 Kgs 13:16 - 5 הִרְכַּבְתֶּם הִרְכַּבְתִּיךָ[e] הִרְכַּבְתָּ
7 אַרְכִּיב תַּרְכִּיבֵנִי[e] יַרְכִּבֵהוּ[e] 6 הִרְכִּיבֻהוּ[e]
וַיַּרְכֵּב וַיַּרְכִּיבֻהוּ[e] וַיַּרְכִּבֵם[e] וַיַּרְכִּבוּ
וַיַּרְכִּבֻהוּ[e] 10 הַרְכֵּב

רֶכֶב[B] ← רכב *m.* coll. chariots, war chariots; horsemen, charioteers; teams; millstone (the upper one „riding“ on the lower one) 2 Sam 11:21 *p* רָכֶב 3 רִכְבֵי 4 רִכְבּוֹ רִכְבָּהּ רִכְבֵי

רַכָּב ← רכב *m.* horseman, driver of the war chariot, charioteer 1 Kgs 22:34; 2 Kgs 9:17; 2 Chr 18:33 - 4 רַכָּבוֹ◦

רֵכָב *m. PN* Rechab

רִכְבָּה ← רכב *f.* riding Ez 27:20◦

רֵכָבִים *pn* Rechabites Jer 35:2ff◦

רֵכָה *pln* Rechah 1 Chr 4:12◦

רְכוּב ← רכב *m.* chariot 4 רְכוּבוֹ Ps 104:3◦

רְכוּשׁ & רְכֻשׁ[B] ← רכשׁ *m.* acquisition, possession, equipment 4 רְכוּשׁוֹ רְכֻשׁוֹ רְכוּשְׁךָ רְכוּשָׁם רְכוּשֵׁנוּ

רָכִיל *m.* slander; slanderer

√ רכך *q* be soft, tender, gentle; be despondent, fearful 5 רַךְ רַכּוּ 6 יֵרַךְ

pu be eased, softened 5 רֻכְּכָה Isa 1:6◦

hif make faint 5 הֵרַךְ Job 23:16◦

√ רכל *q* pt. merchant, trader 11 רֹכֵל רֹכַלְתֵּךְ[e]
רֹכֶלֶת רֹכַלְתֵּךְ[e] רֹכְלִים

רָכָל *pln* Rachal 1 Sam 30:29◦

רְכֻלָּה ← רכל *f.* merchandise 4 רְכֻלָּתֵךְ רְכֻלָּתֵךְ Ez 28:5.16.18; 26:12◦

√ רכס *q* tie, wrap, knot Ex 28:28; 39:21 - 5 יִרְכְּסוּ 7 וַיִּרְכְּסוּ◦

רֹכֶס *m.* horde; others: pride; plot 3 רֻכְסֵי Ps 31:21◦

רְכָסִים *m.* uneven, hilly Isa 40:4◦

√ רכשׁ *q* purchase, acquire 5 רָכַשׁ *p* רָכָשׁ רָכָשׁוּ

רֶכֶשׁ ← רכשׁ *or* רכס *m.* packhorses, posthorses *p* רָכֶשׁ 1 Kgs 5:8; Mi 1:13; Est 8:10.14◦

רְכֻשׁ & רְכוּשׁ[B] ← רכשׁ *m.* acquisition, possession, equipment 4 רְכוּשׁוֹ רְכֻשׁוֹ רְכוּשְׁךָ רְכוּשָׁם רְכוּשֵׁנוּ

רָם I. *q* pt. ↪ רום exalted

רָם II. *m. PN* Ram

רֵם & רְאֵם & רְאֵים & רֵים *m.* wild ox 2 רְאֵמִים רֵמִים

√ רֻם & רוּם inf.c. ↪ רום be high

√ רמה I. *q* throw Ex 15:1.21; pt. with קֶשֶׁת archer Jer 4:29; Ps 78:9 - 5 רָמָה 11 רֹמֵה רוֹמֵי◦

√ רמה II. *pi* deceive, cheat 5 רִמָּה רִמָּנִי[e]
רִמִּיתַנִי[e] רִמִּיתָנִי[e] רִמּוּנִי[e] רִמִּיתֶם 8 רַמּוֹתַנִי[e]

רָמָה ← רום I. *f.* height, hill 1 Sam 22:6; cult height, altar Ez 16:24f.31.39- 4 רָמָתֵךְ רָמֹתַיִךְ◦

רָמָה II. *pln* Ramah; often with article and ה-locale: הָרָמָתָה

רִמָּה ← רמם *f.* maggot, worm

רִמּוֹן I. pomegranate 2 רִמֹּנִים רִמּוֹנִים 3 רִמֹּנֵי רִמּוֹנֵי

רִמּוֹן & רִמֹּן II. *m. PN* 2 Sam 4:2.5.9 & *pln* Rimmon

רִמּוֹן III. *pn* an Aramaic idol, Rimmon 2 Kgs 5:18◦

רִמּוֹנוֹ = רִמּוֹן II. 1 Chr 6:62◦

רָמוֹת & רָמֹת & רָאמוֹת *pln* Ramoth

רָמוּת ← רום *f.* carcass 4 רָמוּתֶךָ Ez 32:5◦

✓רמז ← רזם

רֹמַח *m.* spear, lance 2 רְמָחִים 4 רָמְחֵיהֶם

רַמְיָה *m. PN* Ramiah Ezr 10:25◦

רְמִיָּה ← רמה I. *f.* limp, sloppy, comfortable

רְמִיָּה ← רמה II. *f.* false, deceitful; lie Mi 6:12; Ps 32:2; 52:4; 101:7; 102:2f; Job 13:7; 24:4◦

ⓘ Some scholars see a single lexeme in the previous two entries.

רַמִּים *pn* ← הָאֲרַמִּים Arameans, Syrians 2 Chr 22:5◦

רַמָּכִים *m.* royal stud Est 8:10◦

רְמַלְיָהוּ *m. PN* Remaliah

✓רמם I. *q* rot, get maggots 7 וַיָּרֻם Ex 16:20◦

✓רמם II. *var.* ← רום *q* be exalted 5 רֹמּוּ Job 24:24◦

nif rise, float, be lifted away; leave 6 יֵרֹמּוּ יֵרוֹמּוּ 7 וַיֵּרֹמּוּ וַיֵּרוֹמּוּ 10 הֵרֹמּוּ Num 17:10; Ez 10:15. 17.19◦

רֹמַמְתִּי עֶזֶר *m. PN* Romamti Eser 1 Chr 25:4.31◦

רִמֹּן & רִמּוֹן *m. PN* 2 Sam 4:2.5.9 & *pln* Rimmon

✓רמס *q* kick, trample; fig. oppress, conquer Isa 16:4 - 5 רָמַס 6 יִרְמֹס יִרְמָס־ תִּרְמֹס וַיִּרְמְסֵהוּ[e] וַתִּרְמֹס 7 תִּרְמְסוּ אֶרְמְסֵם[e] וַתִּרְמְסֵם[e] וַיִּרְמְסֵהוּ[e] וַיִּרְמְסֶנָּה[e] 8 רְמֹס 10 רֹמֵס 11 רֹמְסִי

nif be trampled, crushed 6 תֵּרָמַסְנָה Isa 28:3◦

✓רמשׂ *q* crawl, creep; prowl Psa 104:20 - 6 תִּרְמֹשׂ 11 רֹמֵשׂ רוֹמֵשׂ רֹמֶשֶׂת

רֶמֶשׂ[B] ← רמשׂ *m.* coll. what crawls, crawling creatures, critters

רָמֹת & רָמוֹת & רָאמוֹת *pln* Ramoth

רָמֹת גִּלְעָד *ON* Ramoth Gilead

רֶמֶת *pln* Remeth Jos 19:21◦

רָמָתָה ← רָמָה

רָמָתִי *pn* Ramathite 1 Chr 27:27◦

רָמָתַיִם ← רָמָה *pln* Ramathaim 1 Sam 1:1◦

רֹן ← רנן *m.* joyful shout 3 רָנֵּי Ps 32:7◦

✓רנה *q* clink, clatter 6 תִּרְנֶה Job 39:23◦

רִנָּה I. ← רנן *f.* cry, call 1 Kgs 22:36; shout of joy - in the book of Isaiah only in this meaning, also Zeph 3:17; Ps 30:6; 105:43; 107:22; 126:2.5f; Prov 11:10; 2 Chr 20:22; sometimes in a prayer: lamentation, supplication 1 Kgs 8:28; Jer 7:16; 11:14; 14:12; Ps 17:1; 61:2; 88:3; 106:44; 119:169; 142:7; 2 Chr 6:19 - 4 רִנָּתִי רִנָּתָם◦

רִנָּה II. *m. PN* Rinnah 1 Chr 4:20◦

1 st.c. sg. 2 st.a. pl. 3 st.c. pl. 4 with *epp* 5 SC 6 PC 7 narrative 8 inf.c. 9 inf.a. 10 imp. 11 part.

√ רנן[B] *q* be glad, rejoice, shout; mourn Lam 2:19 - 6 יָרוֹן תָּרֹן תָּרֹנָּה יָרֹנּוּ 7 וַיָּרֹנּוּ 8 רָן־ 10 רָנּוּ רֹנִּי רָנִּי

pi be glad, rejoice 5 רִנְּנוּ 6 תְּרַנֵּן אֲרַנֵּן וִירַנְּנוּ *p* יְרַנֵּנוּ תְּרַנֵּנָּה נְרַנְּנָה 8/9 רַנֵּן 10 רַנְּנוּ

pu cheer 6 יְרֻנָּן Isa 16:10◦

hif fill with rejoicing, let rejoice; rejoice, praise 6 תַּרְנִין אַרְנִן 10 הַרְנִינוּ

hitpol → רון

רְנָנָה ← רנן *f.* cheer, praise 1 רִנַּת 2 רְנָנוֹת Ps 63:6; 100:2; Job 3:7; 20:5◦

רְנָנִים ← רנן *f.* ostrich hens Job 39:13◦

רִסָּה *pln* Rissah Num 33:21f◦

רָסִיס I. *m.* drop 3 רְסִיסֵי Song 5:2◦

רָסִיס II. *m.* pieces, debris 2 רְסִיסִים Am 6:11◦

רֶסֶן I. *m.* bridle Isa 30:28; Ps 32:9; Job 30:11; jaws Job 41:5 - 4 רִסְנוֹ◦

רֶסֶן II. *pln* Resen Gen 10:12◦

√ רסס *q* sprinkle, moisten 8 רֹס Ez 46:14◦

רָע & רַע *m.* & רָעָה[B] *f.* ← רעע bad, evil, nasty, ugly; with פָּנֶה sad Gen 40:7; Neh 2:2; the bad, evil, malice, disaster, wickedness; hardship, hunger 1 רָעַת 2 רָעִים רָעוֹת 3 רָעֵי 4 רָעָתוֹ רָעָתְךָ *p* רָעָתֶךָ רָעָתֵךְ רָעָתֵכִי רָעָתִי רָעָתָם רָעַתְכֶם רָעֹתֵיכֶם רָעוֹתֵיכֶם

רֹעַ ← רעע *m.* of bad constitution; evil, nasty; ugly; malice; with פָּנֶה sadness Ecc 7:3

רֵעַ[B] I. ← רעה *m.* friend, fellow human being, neighbour, comrade, partner, fellow countryman 2 רֵעִים 3 רֵעֵי 4 רֵעוֹ רֵעֵהוּ רֵעֵהָ רֵעֲךָ רֵעֶיךָ רֵעֶיהָ רֵעָיו; רֵעֲכֶם רֵעִי רֵעֶיךָ *p* רֵעֶךָ רֵעַיִךְ רֵעֵיהֶם רֵעַי *p* רֵעָי

ⓘ The word refers to people with whom one is in a relationship that can be of a completely different nature and can have come about in a variety of ways; the concrete meaning is therefore always derived from the context.

רֵעַ II. ← רוע *m.* noise, shouting Ex 32:17; Job 36:33; with רוע loud Mi 4:9 - 4 רֵעֹה רֵעוֹ◦

רֵעַ III. ← רוע *m.* thoughts 4 רֵעִי רֵעֶיךָ Ps 139:2.17◦

√ רעב[B] *q* be hungry 5 רָעֵב רָעֲבוּ 6 יִרְעַב *p* יִרְעָב אֶרְעַב יִרְעָבוּ תִּרְעֲבוּ נִרְעָב 7 וַתִּרְעַב

hif let someone be hungry 6 יַרְעִיב 7 וַיַּרְעִבֶךָ[e] Dtn 8:3; Prov 10:3◦

רָעָב[B] ← רעב *m.* hunger, famine 4 רְעָבָם

רָעֵב *m.* & רְעֵבָה *f.* ← רעב hungry 2 רְעֵבִים

רְעָבוֹן ← רעב *m.* hunger, famine 1 רַעֲבוֹן Gen 42:19.33; Ps 37:19◦

√ רעד *q* quake 7 וַתִּרְעָד Ps 104:32◦

hif tremble, shake 11 מַרְעִיד מַרְעִדִים Dan 10:11; Ezr 10:9◦

רַעַד ← רעד *m.* trembling, shaking Ex 15:15; Ps 55:6◦

רְעָדָה ← רעד *f.* trembling, shaking Isa 33:14; Ps 2:11; 48:7; Job 4:14◦

√ רעה[B] *q* I. graze, pasture, herd, care, feed, pt. shepherd 5 רָעָה רְעִיתִים[e] רָעוּ וְרָעוּם[e] 6 יִרְעֶה יֵרַע יִרְעֵם[e] יִרְעֶנָּה[e] תִּרְעֶה אֶרְעֶה אֶרְעֶנָּה[e] יִרְעוּ יִרְעוּךָ[e] תִּרְעֶינָה 7 וַיִּרְעֵם[e] וָאֶרְעֶה וַיִּרְעוּ וַתִּרְעֶינָה 8 רְעוֹת רְעֹתוֹ[e] 10 רְעֵה רְעֵם[e] רְעִי רְעוּ 11 רֹעֶה רוֹעֶה רֹעֵה רֹעִי[e] רֹעֵיהֶם[e] רֹעֲךָ[e] רֹעֶיךָ[e] רֹעֵי רֹעִים רֹעָה רֹעַיִךְ[e]

1 st.c. sg. 2 st.a. pl. 3 st.c. pl. 4 with *epp* 5 SC 6 PC 7 narrative 8 inf.c. 9 inf.a. 10 imp. 11 part.

✓ רעה II. *q* be associated, deal with someone or something 11 רֹעֶה

pi be best man 5 רֵעָה Jdg 14:20◦

hitp make friendship 6 תִּתְרַע Prov 22:24◦

רָעָה[B] *f.* ↪ רַע evil, bad

רֵעֶה[B] *m.* & רֵעָה *f.* ↩ רעה friend 4 רֵעֶיךָ רֵעוֹתָי רֵעוֹתֶיהָ

רֹעָה ↩ רעע *f.* broken, shattered (Isa 24:19); Prov 25:19◦

רְעוּ *m. PN* Reu Gen 11:18ff; 1 Chr 1:25◦

רְעוּאֵל *m. PN* Reuel

רְעוּת ↩ רעה II. *f.* I. friend, neighbour אִשָּׁה רְעוּתָהּ *each other* Jer 9:19 - 4 רְעוּתָהּ

רְעוּת II. *f.* vain pursuit, striving, chasing Ecc 1:14; 2:11,17,26b; 4:4,6; 6:9◦

רְעִי ↩ רעה *m.* pasture-fed 1 Kgs 5:3◦

רֵעִי *m. PN* Reï 1 Kgs 1:8◦

רַעְיָה ↩ רעה *f.* friend 4 רַעְיָתִי רַעְיָתִי *kt.* Jdg 11:37

רַעְיוֹן *m.* vain pursuit, striving, chasing Ecc 1:17; 2:22; 4:16◦

✓ רעל *hof* be shaken 5 הָרְעָלוּ Nah 2:4◦

רַעַל ↩ רעל *m.* staggering, trembling Zec 12:2◦

רְעָלוֹת *f.* veils Isa 3:19◦

רְעֵלָיָה *m. PN* Reelaiah Ezr 2:2◦

✓ רעם *q* roar Ps 96:11; 98:7; 1 Chr 16:32; faces: twitch Ez 27:35- 5 רָעֲמוּ 6 יִרְעַם◦

hif thunder, let thunder; offend, enrage someone 1 Sam 1:6 - 5 הִרְעִים 6 יַרְעֵם תַּרְעֵם 7 וַיַּרְעֵם 8 הַרְעִמָהּ[e] (with *dagesh forte dirimens*)

ⓘ Some scholars assume a root II, which Ez 27:35 and 1 Sam 1:6 has the meaning *being depressed* (*q*) or *depress* (*hif*).

רַעַם ↩ רעם *m.* thunder 4 רַעַמְךָ

רַעְמָא & רַעְמָה *m. PN* Ramah

רַעְמָה *f.* mane Job 39:19◦

רַעַמְיָה *m. PN* Raamiah Neh 7:7◦

רַעַמְסֵס & רַעְמְסֵס *pln* Ramses Ex 1:11; 12:37; Num 33:3.5◦

✓ רען *palel* be green 5 רַעֲנָנָה Job 15:32◦

רַעֲנָן *m.* & רַעֲנָנָה *f.* ↩ רען green, lush; fresh (of persons Ps 92:11.15) 2 רַעֲנַנִּים

✓ רעע[B] I. *q* be bad, evil, ugly; displease; begrudge Dtn 28:54.56; be sad, morose 1 Sam 1:8; Jon 4:1; go badly Isa 3:11; perish Jer 11:16 - 5 רַע *p* רָע וְרָעָה רָעוּ 6 יֵרַע תֵּרַע יֵרְעוּ 7 וַיֵּרַע 8 רֹעַ 10 רֹעוּ

ⓘ Some scholars derive the form רֹעוּ Isa 8:9 from רעע: *be evil, you peoples*; others understand it as imp. of רוע *raise the call to war*; also conceivable is the derivation of רעה II. *associate yourselves*.

nif suffer ill fate, harm, misfortune 6 יֵרוֹעַ Prov 11:15; 13:20◦

hif do evil, bring disaster, treat someone badly, hurt someone, cause damage, rebel 5 הֵרַע הֵרֵעוּ הֲרֵעֹתִי הֲרֵעוֹתִי הֲרֵעֹתָה הֲרֵעוֹתָ הֲרֵעֹתֶם 6 יָרַע תָּרַע אָרַע יָרֵעוּ תָּרֵעוּ נָרַע 7

11 הָרֵעַ 9 הָרֵעַ *p* הָרַעַ 8 וַיָּרַע וַתָּרַע וַיֵּרְעוּ מְרֵעִים מֵרַע *p* מֵרֵעַ

√ **רעע** II. *q* smash, crash, shatter 5 וְרָעוּ רֹעָה 6 תְּרֹעֵם[e] יָרֹעַ 9 רֹעָה 11 רֹעָה Isa 24:19; Jer 15:12; Mi 5:5; Ps 2:9 ; Job 34:24; Prov 25:19◦

ⓘ The form רֹעָה can be interpreted differently. In Isa 24:19 it is probably inf.a. and in Prov 25:19 adjective or attributive pt.

hitpolel be broken Isa 24:19; plunge (oneself) into perdition Prov 18:24 - 5 הִתְרֹעֲעָה 8 לְהִתְרוֹעֵעַ◦

√ **רעף** *q* drip, trickle 6 יִרְעֲפוּן יִרְעֲפוּ Ps 65:12; Prov 3:20; Job 36:28◦

hif let drip, trickle 10 הַרְעִיפוּ Isa 45:8◦

√ **רעץ** *q* smash, shatter 6 תִּרְעַץ 7 וַיִּרְעֲצוּ Ex 15:6; Jdg 10:8◦

√ **רעש** *q* tremble, quake, sway; rustle (fruits in the wind) Ps 72:16 - 5 רָעֲשָׁה *p* רָעָשָׁה 6 רַעֲשׁוּ 11 וַתִּרְעַשׁ 7 תִּרְעַשְׁנָה יִרְעֲשׁוּ תִּרְעַשׁ יִרְעַשׁ עֲרֹשִׁים

nif quake, be shaken 5 נִרְעֲשָׁה Jer 50:46◦

hif make tremble, frighten Isa 14:16; Ez 31:16; Hag 2:6f.21; Ps 60:4; let jump, leap (horse) Job 39:20 - 5 הִרְעַשְׁתָּה 6 הִרְעַשְׁתִּי תַּרְעִישֶׁנּוּ[e] 11 מַרְעִישׁ◦

רַעַשׁ ↩ רעש *m.* rumble, shaking, rattling, earth quake, tremble

√ **רפא**[B] *q* heal; pt. healer, physician 5 רָפָא יִרְפָּאֵנִי[e] יִרְפָּא 6 רְפָאתִים[e] רְפָאתִיו[e] רְפָאָם[e] אֶרְפָּאֵהוּ[e] אֶרְפָּה אֶרְפָּא יִרְפָּאֵנוּ[e] יִרְפָּאֵם[e] רְפֹא 8 וַתִּרְפָּאֵנִי[e] וַיִּרְפָּא 7 תִּרְפֶּינָה אֶרְפָּאֵךְ[e] רְפָאָה רְפֹה רְפָא 10 רָפוֹא 9 רְפָאֵי[e] רְפוֹא רֹפְאֵי רֹפְאִים רֹפְאֵךְ[e] רוֹפֵא רֹפֵא 11 רְפָאֵנִי[e]

nif be cured, healed; get better, recover; be repaired Jer 19:11 - 5 נִרְפְּאוּ נִרְפָּתָה נִרְפָּא *kt.;* *qr.:* נִרְפּוּ 6 תֵּרָפֵא יֵרָפְאוּ תֵּרָפְאוּ 7 וַיֵּרָפוּ 8 הֵרָפֵה הֵרָפֵא

pi heal, cure, restore, repair 1 Kgs 18:30; with inf. a. pay for the treatment Ex 21:19 - 5 רִפֵּאתִי רִפְּאנוּ *kt.; qr:* רִפִּינוּ 6 רִפֵּאתֶם 7 יְרַפֵּא וַיְרַפֵּא רַפֵּא 9 רַפֵּא 8 וַיְרַפּוּ וַיְרַפְּאוּ

hitp get healed 8 הִתְרַפֵּא 2 Kgs 8:29; 9:15; 2 Chr 22:6◦

ⓘ Some forms are constructed like a verbum tertiae ה.

רָפָא I. *m.* giant 1 Chr 20:6.8 ↪ רְפָאִים II.; others ↪ II.◦

רָפָא II. *m. PN* Rapha 1 Chr 4:12; 8:2◦

ⓘ Some translators read 1 Chr 4:12 *Bet-Rapha.*

רִפְאוּת ↩ רפא *f.* healing Prov 3:8◦

רְפֻאוֹת ↪ רְפוּאָה

רְפָאִים I. *m.* spirits of the dead; also: deceased, shadows

רְפָאִים II. *pn* Rephaites: huge indigenous people of Israel; also a synonym for giants.

רְפָאֵל *m. PN* Rephael 1 Chr 26:7◦

√ **רפד** *q* spread 6 יִרְפַּד Job 41:22◦

pi spread one's couch Job 17:13; strengthen, refresh Song 2:5 - 5 רִפַּדְתִּי 10 רַפְּדוּנִי[e]◦

√ **רפה** *q* withdraw, become less, let go; give up, abandon; with יַד let one's hands sink, lose courage; of the day: wane toward evening Jdg 19:9; consume (flame) Isa 5:24 - 5 רָפְתָה רָפָה 6 וְרָפוּ וַיִּרְפּוּ וַיִּרֶף 7 תִּרְפֶּינָה יִרְפּוּ יִרְפֶּה

nif be idle, lazy 11 נִרְפִּים Ex 5:8.17◦

pi loosen, (belt) Job 12:21; let down, lower (wing) Ez 1:24f; with יָד weaken hands, fig. discourage Jer 38:4; Ezr 4:4 - 5 רִפָּה 6 תְּרַפֶּינָה 11 מְרַפִּים מְרַפֵּא◦

hif leave, abandon; let go, stop; give time; let sink (hands) 6 אַרְפֶּנּוּ[e] תַּרְפֵּנִי[e] תֶּרֶף יַרְפְּךָ[e] הַרְפּוּ הַרְפֵּה הֶרֶף 10 אַרְפְּךָ[e] אַרְפֶּהָ[e]

hitp be reluctant Jos 18:3; be lax, careless Prov 18:9; 24:10 - 5 הִתְרַפִּיתָ 11 מִתְרַפֶּה מִתְרַפִּים◦

רָפָה *m. PN* Raphah; ancestor of the ↪ רְפָאִים *giants*

רָפֶה *m.* & **רָפָה** *f.* ↩ רפה feeble Num 13:18; Isa 35:3; Job 4:3; with יָד discouraged - 2 Sam 17:2 - 1 רְפֵה 2 רָפוֹת◦

רָפוּא *m. PN* Raphu Num 13:9◦

רְפוּאָה ↩ רפא *f.* healing 2 רְפֻאוֹת Jer 30:13; 46:11; Ez 30:21◦

רְפוֹת & **רִיפוֹת** *f.* crushed grain, groats 2 Sam 17:19; Prov 27:22◦

רֶפַח *m. PN* Rephach 1 Chr 7:25◦

רְפִידָה *f.* back, support, others: roof 4 רְפִידָתוֹ Song 3:10◦

רְפִידִים & **רְפִדִם** *pln* Rephidim Ex 17:1.8; 19:2; Num 33:14f◦

רְפָיָה *m. PN* Rephaiah

רִפְיוֹן ↩ רפה *m.* with יָד feeble, limp; fig. discouraged Jer 47:3◦

✓**רפס** & **רפשׂ** *q* stir, pollute, make turbid (water) 6 תִּרְפֹּשׂוּן 7 וַתִּרְפֹּס Ez 32:2; 34:18◦

nif be turbid, polluted 11 נִרְפָּשׂ Prov 25:26◦

hitp rouse, others: humiliate Prov 6:3; trample down, others: quarrel Ps 68:31 - 10 הִתְרַפֵּס 11 מִתְרַפֵּס◦

רַפְסֹדוֹת *f.* rafts 2 Chr 2:15◦

✓**רפף** *po* tremble 6 יְרוֹפָפוּ Job 26:11◦

✓**רפק** *hitp* lean 11 מִתְרַפֶּקֶת Song 8:5◦

✓**רפשׂ** ↪ רפס

רֶפֶשׁ ↩ רפס *m.* mud, dirt Isa 57:20◦

רְפָתִים *m.* stalls Hab 3:17◦

רַץ ↩ רצץ *m.* pieces, bars (of silver) 3 רַצֵּי Ps 68:31◦

רָץ pt. ↪ רוץ runner, courier

✓**רצא** *var.* ↪ רוץ *q* run 9 רָצוֹא Ez 1:14◦

✓**רצד** *pi* look with envy 6 תְּרַצְּדוּן Ps 68:17◦

✓**רצה**[B] I. *q* be kind to someone, turn to him or her, be merciful; be pleased, take pleasure, desire, enjoy something or someone; with עִם seek friendship; pt. pass. be popular Dtn 33:24; Est 10:3 - 5 רָצָה רְצָם[e] רָצְתָה רָצִיתָ רְצִיתָם[e] 6 תִּרְצֶה יִרְצְךָ[e] *p* יִרְצְךָ[e] יִרְצֶה 6 רָצוּ רְצִאתִי וַתִּרֶץ וַיִּרְצֵהוּ[e] 7 תִּרְצֶנָה יִרְצוּ אֶרְצֵם[e] אֶרְצֶה 10 רְצֵה 8 רְצוֹת רְצוֹתִי[e] רְצֹתוֹ[e] 11 וַתִּרְצֵנִי[e] רֹצֶה רֹצָם[e] pass. רָצוּי רְצוּי

nif be accepted, acceptable 5 נִרְצָה 6 יֵרָצֶה יֵרָצוּ

pi seek to please; others: reimburse 6 יְרַצּוּ Job 20:10◦

hitp make oneself acceptable 6 יִתְרַצֶּה 1 Sam 29:4◦

√ רָצָה II. *q* expiate, atone; with שַׁבָּת compensate, make up for 5 רָצְתָה 6 תִּרְצֶה יִרְצוּ תִּרֶץ Lev 26:41.43; 2 Chr 36:21◦
nif be expiated, forgiven 5 נִרְצָה Isa 40:2◦
hif compensate ↪ *q*; others: enjoy ↪ I. 5 וְהִרְצָת Lev 26:34◦

רָצוֹן[B] ↩ רצה *m.* liking, pleasure, desire; mercy, favor, acceptance; will 1 רְצוֹן 4 רְצֹנוֹ רְצוֹנְכֶם רְצוֹנָם רְצוֹנִי רְצוֹנֶךָ *p* רְצוֹנְךָ רְצוֹנוֹ

√ רָצַח[B] *q* kill; murder Hos 6:9 - 5 רָצַח רְצָחוֹ[e] רֹצֵחַ רוֹצֵחַ 11 רָצֹחַ 9 תִּרְצָח יִרְצַח 6 רָצַחְתָּ
nif be killed 6 אֵרָצֵחַ 11 נִרְצָחָה Jdg 20:4; Prov 22:13◦
pi kill, murder 2 Kgs 6:32; Isa 1:21; Hos 6:9; Ps 94:6 - 6 יְרַצְּחוּ *p* יְרַצֵּחוּ 11 תְּרַצְּחוּ מְרַצֵּחַ מְרַצְּחִים◦

ⓘ Some researchers assume *murder* as the basic meaning (Ex 20:13), but passages such as Num 35:6; Dtn 4:42 (asylum cities) make this rather unlikely; the semantic spectrum includes - always with humans as actors - both: manslaughter (killing without intent בִּבְלִי־דַעַת) and killing for base motives (1 Kgs 21:19).

רֶצַח ↩ רצח *m.* murder Ps 42:11; in Ez 21:27 most translators assume a spelling mistake and read a form of ↪ צרח, cry◦

רִצְיָא *m. PN* Riziah 1 Chr 7:39◦

רְצִין *m. PN* Rezin

רָצִין pt.pl. ↪ רוץ 2 Kgs 11:13◦

רָצֹן ↪ רָצוֹן

√ רָצַע *q* pierce 5 רָצַע Ex 21:6◦

√ רָצַף *q* be designed, inlaid; paved 11 pass. רָצוּף Song 3:10◦

רֶצֶף I. *m.* hot, glowing stone 2 עֻגַת רְצָפִים flatbread (baked on such stones) 1 Kgs 19:6◦

רֶצֶף II. *pn* Rezeph 2 Kgs 19:12; Isa 37:12◦

רִצְפָה ↩ רֶצֶף *f.* pavement; mosaic 1 רִצְפַת

רִצְפָּה ↩ רֶצֶף I. *f.* glowstone, ember Isa 6:6◦

רִצְפָּה II. *f. PN* Rizpah 2 Sam 3:7; 21:8.10f◦

רְצָפִים ↪ רֶצֶף I.

√ רָצַץ *q* treat unjustly, exploit, enslave; collapse, despair Isa 42:4; break, snap Isa 42:3; Hos 5:11 - 5 רַצּוֹתָנוּ[e] רַצּוֹתִי 6 תָּרֻץ יָרוּץ 11 רְצוּצִים רְצוּץ רָצוּץ pass. רֹצְצוֹת
nif be broken 5 נָרוֹץ 6 תֵּרוֹץ Ez 29:7; Ecc 12:6◦
hif crush, break, crack 7 וַתָּרִץ Jdg 9:53◦
pi shatter Ps 74:14; oppress Job 20:19; 2 Chr 16:10 - 5 רִצַּצְתָּ רִצֵּץ 7 וַיְרַצֵּץ◦
polel oppress 7 וַיְרֹצְצוּ Jdg 10:8◦
hittpolel jostle each other 7 וַיִּתְרֹצֲצוּ Gen 25:22◦

רַק I. ↪ רַקּוֹת

רַק[B] II. just, only

רֵק & רֵיק *m.* & רֵיקָה & רֵקָה *f.* empty; unsatisfied, hungry Isa 29:8; in vain Dtn 32:47; pl. have-nots, rabble, scapegraces 2 Sam 6:20; unnecessary things, vanities Prov 12:11 - 2 רֵקוֹת רֵיקִים רֵקִים

רֹק ↩ רקק *m.* spit, spitting 4 רֻקִּי Isa 50:6; Job 7:19; 30:10◦

√ רָקַב *q* rot, decay 6 יִרְקָב *p* יִרְקַב Isa 40:20; Prov 10:7◦

רָקָב ← רקב *m.* putrefaction, decay 1 רְקַב Hab 3:16; Prov 12:4; 14:30◦

רִקָּבוֹן ← רקב *m.* rotten Job 41:19◦

רקד *q* skip, dance 5 רָקְדוּ 6 תִּרְקְדוּ 8 רְקוֹד Ps 114:4.6; Ecc 3:4◦

pi dance Isa 13:21; Job 21:11; 1 Chr 15:29; bound, roll Nah 3:2; Joel 2:5 - 6 יְרַקְּדוּ יְרַקֵּדוּן 11 מְרַקֵּד מְרַקְּדָה◦

hif make leap 7 ^e^וַיַּרְקִידֵם Ps 29:6◦

רַקָּה *f.* temple 4 רַקָּתוֹ רַקָּתֵךְ Jdg 4:21f; 5:26; Song 4:3; 6:7◦

רַקּוֹן *pln* Rakkon Jos 19:46◦

רַקּוֹת *f.* lean, gaunt Gen 41:19f.27◦

רקח *q* mix, blend; pt. perfumer, pharmacist 6 יִרְקַח 11 רֹקֵחַ רוֹקֵחַ רֹקְחֵי

pu be compounded, blended 11 מְרֻקָּחִים 2 Chr 16:14◦

hif mix in 9 or 10 הַרְקַח Ez 24:10◦

רֶקַח ← רקח *m.* spice, spicy Song 8:2◦

רֹקַח ← רקח *m.* spice, spicy Ex 30:25.35◦

רַקָּח ← רקח perfumer, pharmacist 2 רַקָּחִים 1 Sam 8:13; Neh 3:8◦ רַקָּחוֹת

רִקֻּחַ ← רקח *f.* ointment, perfume 4 רִקֻּחַיִךְ Isa 57:9◦

רָקִיעַ[B] ← רקע *m.* dome, expanse, firmament 1 רְקִיעַ

רָקִיק *m.* flatbread, wafer 1 רְקִיק 3 רְקִיקֵי

רקם *q* pt. embroiderer, artistic weaver; with מַעֲשֵׂה work of a weaver 11 רֹקֵם

pu skillfully woven 5 רֻקַּמְתִּי Ps 139:15◦

רֶקֶם *m. PN* & *pln* Rekem

רִקְמָה ← רקם *f.* multicoloured; coloured, knitted fabric 2 רְקָמוֹת 4 רִקְמָתֵךְ

רקע *q* strengthen, spread out Isa 42:5; 44:24; Ps 136:6; trample 2 Sam 22:43; stamp Ez 6:11; 25:6 - 6 ^e^אֶרְקָעֵם 8 ^e^רַקְעֵךְ 10 רְקַע 11 רֹקַע◦

pi hammer out Ex 39:3; Num 17:4; gild Isa 40:19 - 6 ^e^יְרַקְּעֶנּוּ 7 וַיְרַקְּעוּ ^e^וַיְרַקְּעוּם◦

pu be beaten (into plates) 11 מְרֻקָּע Jer 10:9◦

hif spread out 6 תַּרְקִיעַ Job 37:18◦

רִקֻּעַ ← רקע *m.* with ↪ פַּח II. hammered sheets, plates 3 רִקֻּעֵי Num 17:3◦

רקק *q* spit 6 יָרֹק Lev 15:8◦

רַקַּת *pln* Rakkath Jos 19:35◦

רָשׁ & **רָאשׁ** poor; pt. ↪ רוּשׁ

רִשְׁיוֹן *m.* permission Ezr 3:7◦

רֵשִׁית *f.* beginning Dtn 11:12 ↪ רֵאשִׁית◦

רשׁם *q* be written, noted down 11 pass. רָשׁוּם Dan 10:21◦

רשׁע[B] *q* act evil, wickedly, ungodly 5 רָשַׁעְתִּי רָשָׁעְנוּ 6 תִּרְשַׁע אֶרְשָׁע

hif act wickedly, godlessly; declare guilty, condemn, damn 5 *p* הִרְשַׁעְנוּ הִרְשִׁיעוּ הִרְשִׁיעַ הִרְשָׁעְנוּ 6 יַרְשִׁיעַ יַרְשִׁעַ ^e^יַרְשִׁיעֶנּוּ ^e^יַרְשִׁעֵךְ 7 ^e^יַרְשִׁיעֻנִי יַרְשִׁיעוּ תַּרְשִׁיעַ תַּרְשִׁיעִי יַרְשִׁיעוּ יַרְשִׁעֻן 8 וַיַּרְשִׁיעוּ 11 הַרְשִׁיעַ מַרְשִׁיעַ מַרְשִׁיעֵי

רֶשַׁע *m.* & **רִשְׁעָה**[B] *f.* ← רשׁע godlessness, wickedness; guilt 1 רִשְׁעַת 4 רִשְׁעוֹ רִשְׁעֲךָ רִשְׁעֵנוּ רִשְׁעָתוֹ

רָשָׁע *m.* & **רְשָׁעָה**[B] *f.* ← רשׁע ungodly, evil, wicked; guilty 2 רְשָׁעִים 3 רִשְׁעֵי

רִשְׁעָה ← רֶשַׁע

רִשְׁעָתַיִם part of the *m. PN* Kushan-Rishathaim ← כּוּשַׁן רִשְׁעָתַיִם Jdg 3:8.10◦

רֶשֶׁף I. *m.* glow, flame; (burning, feverish) disease Dtn 32:24; Hab 3:5; Ps 78:48; (flashing) arrows Ps 76:4; בְּנֵי־רֶשֶׁף children of the flame, sparks Job 5:7 - 2 רְשָׁפִים 3 רִשְׁפֵּי 4 רִשְׁפֵּי רְשָׁפֶיהָ

רֶשֶׁף II. *m. PN* Resheph 1 Chr 7:25◦

√ **רשׁשׁ** *pol* destroy 6 יְרֹשֵׁשׁ Jer 5:17◦

pu be destroyed 5 רֻשַּׁשְׁנוּ Mal 1:4◦

רֶשֶׁת ← ירשׁ *f.* net *p* רָשֶׁת 4 רִשְׁתִּי רִשְׁתּוֹ רִשְׁתָּם

רַתּוֹק ← רתק *m.* chain 2 רַתּוּקוֹת Ez 7:23; 1 Kgs 6:21 *qr.*◦

√ **רתח** *pi* boil, cook 10 רַתַּח Ez 24:5◦

pu boil, bubble, seethe; fig. be in turmoil 5 רֻתְּחוּ Job 30:27◦

hif make boil 6 יַרְתִּיחַ Job 41:23◦

רֶתַח ← רתח *m.* boil, cook Ez 24:5 רַתַּח רְתָחֶיהָ *boil it well* 4 רְתָחֶיהָ◦

רַתִּיקָה ← רתק *f.* chain; 1 Kgs 6:21 *kt.* 3 רַתִּיקוֹת ← רַתּוֹק◦

√ **רתם** *q* harness 10 רְתֹם Mi 1:13◦

רֹתֶם *m.* juniper; others: broom 2 רְתָמִים

רִתְמָה *pln* Rithmah Num 33:18f◦

√ **רתק** *nif* be snapped, broken 6 יֵרָתֵק Ecc 12:6 *qr.*; *kt.* ← רחק *q*◦

pu be bound in chains 5 רֻתְּקוּ Nah 3:10◦

רְתֻקוֹת ← רתק chains Isa 40:19◦

רְתֵת *f.* trembling Hos 13:1◦

שְׂאֹר *m.* leaven Ex 12:15.19; 13:7; Lev 2:11; Dtn 16:4◦

שְׂאֵת I. inf.c. of ← נשׂא carry, lift

ⓘ The following two words can also be understood as inf.

שְׂאֵת II. ← נשׂא *f.* dignity, prestige, grandeur; pride Gen 4:7: *if you do well, you hold your head high*; elevation Job 41:17 - 4 מִשֵּׂתוֹ שְׂאֵתוֹ שְׂאֵתִי

שְׂאֵת III. ← נשׂא *f.* rising, swelling Lev 13:2ff; 14:56◦

שָׂב pt. ← שׂיב

שְׂבָכָה *f.* grid, mesh, net, webbing 2 שְׂבָכִים שְׂבָכוֹת

שְׂבָם & **שִׂבְמָה** *pln* Sibmah, Num 32:3.38◦

√ **שׂבע**[B] *q* have enough, be satisfied; inf. enough, in abundance 5 שָׂבַע שָׂבְעָה שָׂבַעְתָּ *p* שָׂבָעְתָּ שָׂבַעְנוּ *p* שָׂבָעוּ וְשָׂבַעְתִּי שָׂבַעַתְּ וְשָׂבָעְתָּ יִשְׂבָּעֻךְ[e] יִשְׂבַּע *p* יִשְׂבָּע 6 שָׂבֵעוּ וּשְׂבַעְתֶּם *p* יִשְׂבָּעוּ אֶשְׂבְּעָה *p* אֶשְׂבַּע תִּשְׂבָּעֵנוּ[e] תִּשְׂבָּע

תִּשְׂבָּעוּ p תִּשְׂבְּעוּ תִּשְׂבַּעְנָה יִשְׂבְּעוּן יִשְׂבָּעוּ
וַתִּשְׂבַּע וַיִּשְׂבַּע 7 נִשְׂבְּעָה נִשְׂבָּע p נִשְׂבַּע
10 שָׂבוֹעַ 9 לִשְׂבֹּעַ 8 וַנִּשְׂבַּע וַיִּשְׂבָּעוּ p וַיִּשְׂבְּעוּ
שְׂבַע

nif be satisfied, filled 11 נִשְׂבָּע Job 31:31◦

pi satiate, satisfy, fill; sate oneself 6 יְשַׂבֵּעוּ 10 שַׂבְּעֵנוּ[e] Ez 7:19; Ps 90:14◦

hif satiate; give enough, make rich 5 הִשְׂבִּיעַ
יַשְׂבִּיעֵךְ[e] 6 וְהִשְׂבַּעְתִּי הִשְׂבַּעַתְּ הִשְׂבִּיעַנִי[e]
אַשְׂבִּיעֵהוּ[e] אַשְׂבִּיעַ תַּשְׂבִּיעַ יַשְׂבִּעֵנִי[e]
מַשְׂבִּיעַ 11 הַשְׂבִּיעַ 8 וְאַשְׂבִּעַ 7 אַשְׂבִּיעֶךְ[e]

שָׂבָע ↩ שׂבע *m.* fullness, richness, abundance Gen 41:29ff; Prov 3:10; Ecc 5:11◦

שֹׂבַע ↩ שׂבע *m.* fullness, sufficiency, satiation 4 שָׂבְעֲךָ שָׂבְעָהּ

שָׂבֵעַ *m.* & שְׂבֵעָה *f.* ↩ שׂבע full, filled, satiated, richly rewarded; with יוֹם being old and full of days 1 שְׂבַע 2 שְׂבֵעִים

שִׂבְעָה ↩ שׂבע *f.* satiation, fullness, abundance 1 שִׂבְעַת Ez 16:49◦

שָׂבְעָה ↩ שׂבע *f.* satiation, sufficiency, fullness 4 שָׂבְעָתֵךְ

√ שׂבר *q* inspect 11 שֹׂבֵר Neh 2:13.15◦

pi hope, wait 5 שִׂבַּרְתִּי שִׂבְּרוּ 6 יְשַׂבְּרוּ p תְּשַׂבֵּרְנָה יְשַׂבֵּרוּן יְשַׂבֵּרוּ

שֶׂבֶר ↩ שׂבר *m.* hope 4 שִׂבְרִי שִׂבְרוֹ Ps 119:116; 146:5◦

√ שׂגא *var.* ↪ שׂגה *q* grow 6 יִשְׂגֶּה Job 8:11◦

hif make great, let grow; Job 12:23; magnify, extol Job 36:24 - 6 תַּשְׂגִּיא 11 מַשְׂגִּיא◦

√ שׂגב *q* be (too) high Dtn 2:36; reach Job 5:11 - 5 שָׂגְבָה שָׂגְבוּ◦

nif be high, sublime; be too high, incomprehensible; be safe, secure 5 נִשְׂגַּב p נִשְׂגָּב נִשְׂגָּבָה 11 נִשְׂגָּבָה נִשְׂגָּב

pi protect, save; make strong, incite Isa 9:10 - 6 וַיְשַׂגֵּב 7 אֲשַׂגְּבֵהוּ[e] תְּשַׂגְּבֵנִי[e] יְשַׂגֶּבְךָ[e]

pu be safe 6 יְשֻׂגָּב Prov 29:25◦

hif be exalted 6 יַשְׂגִּיב Job 36:22◦

√ שׂגג Isa 17:11 ↪ שׂוג

√ שׂגה *var.* ↪ שׂגא *q* grow, be great 6 יִשְׂגֶּה Ps 92:13; Job 8:11◦

hif with חַיִל become rich 5 הִשְׂגּוּ Ps 73:12◦

שְׂגוּב *m. PN* Segub 1 Kgs 16:34 *qr.*; 1 Chr 2:21f◦

שַׂגִּיא ↩ שׂגא *m.* high, big, sublime Job 36:26; 37:23◦

שְׂגִיב *m. PN* 1 Kgs 16:34 *kt.*; *qr.* Segub◦

√ שׂדד *pi* harrow, plough 6 וִישַׂדֵּד יְשַׂדֵּד יְשַׂדֶּד־ Isa 28:24; Hos 10:11; Job 39:10◦

שָׂדֶה & שָׂדַי[B] ↩ שׂדד *m.* (open, uninhabited) land, field, area, pasture; mainland p שָׂדַי 1 שְׂדֵה שְׂדֵי 2 שָׂדוֹת 3 שְׂדֹת שְׂדוֹת 4 שָׂדֵינוּ שָׂדֶיךָ; שָׂדִי שָׂדֶךָ p שָׂדְךָ שָׂדָהּ שָׂדֵהוּ; שְׂדֹתֵינוּ שְׂדוֹתֵיהֶם שְׂדוֹתֵיכֶם שְׂדֹתֶיהָ

שִׂדִּים *pn* Siddim Gen 14:3.8.10◦

שְׂדֵרוֹת & שְׂדֵרֹת *f.* coll. boards, panelling 1 Kgs 6:9; row, order 2 Kgs 11:8.15; 2 Chr 23:14◦

שֶׂה[B] *f.* lamb; young of sheep or goat 1 שֵׂה 4 שֵׂיוֹ שֵׂיֵהוּ

שָׂהֵד *m.* witness, advocate 4 שָׂהֲדִי Job 16:19◦

שַׂהֲרֹנִים *m.* small moons, crescents, as decoration or jewelry Jdg 8:21.26; Isa 3:18◦

שֹׂוא inf.c. ↪ נשׂא rise Ps 89:10◦

שׂוֹבֶךְ *m.* coll. dense twigs, branches 2 Sam 18:9◦

✓ **שׂוּג** I. ↪ סוג

✓ **שׂוּג** II. *pil* fence in; others: let grow (cf. ↪ שׂגה) 6 תְּשַׂגְשֵׂגִי Isa 17:11◦

✓ **שׂוּחַ** *q* meditate, (be lost in thought and) stroll around 8 שׂוּחַ Gen 24:63◦

✓ **שׂוּט** *var.* ↪ שׂטה *q* with כָּזָב be unfaithful, apostatize 11 שָׂטֵי Ps 40:5◦

✓ **שׂוּךְ** *q* block Hos 2:8; protect Job 1:10 - 5 שַׂכְתָּ 11 שָׂךְ◦

שׂוֹךְ *f.* brushwood, twigs 4 שׂוֹכֹה Jdg 9:49◦

שׂוֹכָה *f.* brushwood, twigs 1 שׂוֹכַת Jdg 9:48◦

שׂוֹכֹה & **שֹׂכֹה** & **שֹׂכוֹ** & **שׂוֹכוֹ** *pln* Sochoh

שׂוּכָתִי *pn* Suchathite 2 שׂוּכָתִים 1 Chr 2:55◦

✓ **שׂוּם** ↪ שׂים

✓ **שׂוּר** I. *var.* ↪ סור *q* turn away, depart 8 שׂוּרִי Hos 9:12◦

✓ **שׂוּר** II. *var.* ↪ שׂרר *hif* appoint princes 5 הֵשִׂירוּ Hos 8:4◦

✓ **שׂוּר** III. *var.* ↪ שׂרה *q* fight, wrestle 7 וַיָּשַׂר Hos 12:5◦

✓ **שׂוּר** IV. *q* cut, saw 7 וַיָּשַׂר 1 Chr 20:3◦

ⓘ Most translations read a form of שׂים *he set them to work with saws.* Cf. ↪ שׂרר.

שׂוֹרָה *f.* row; others: barley Isa 28:25◦

ⓘ In the enumeration, the word denotes either a type of grain or the verse describes the method of sowing: wheat in the row, spelt on the edge.

שׂוֹרֵק I. & **שֹׂרֵק** *m.* & **שֹׂרֵקָה** *f.* precious grapes with special colour Gen 49:11; Isa 5:2; Jer 2:21◦

שׂוֹרֵק II. *pln* Sorek Jdg 16:4◦

✓ **שׂוּשׂ** & **שִׂישׂ**[B] *q* rejoice, be glad 5 שָׂשׂ וְשַׂשְׂתִּי שַׂשְׂתִּי *p* שָׂשׂוּ 6 יָשִׂישׂ תָּשִׂישׂ יָשִׂשׂוּ יְשֻׂשׂוּם (Isa 35:1 ass. ן-parag.); נָשִׂישׂ 8 שׂוּשׂ 9 שׂוֹשׂ 10 שִׂישִׂי שִׂישׂוּ 11 שָׂשׂ

שֵׂחַ ↩ שׂיח *m.* thought 4 שֵׂחוֹ Am 4:13◦

✓ **שׂחה** *q* swim 8 שְׂחוֹת 11 שֹׂחֶה Isa 25:11◦
hif drench, flood 6 אַשְׂחֶה Ps 6:7◦

שָׂחוּ ↩ שׂחה *m.* swimming Ez 47:5; מֵי שָׂחוּ *waters to swim in*◦

שְׂחוֹק & **שְׂחֹק**[B] m. laughter; joy, fun; mockery, derision; inf.c. ↪ שׂחק

✓ **שׂחט** *q* press, squeeze 7 וָאֶשְׂחַט Gen 40:11◦

שָׂחִיף *m.* panelling 1 שְׂחִיף Ez 41:16◦

✓ **שׂחק**[B] *var.* ↪ צחק *q* laugh, joke, have fun; act funny; be an entertainer Jdg 16:27 - 5 שָׂחַק שָׂחֲקוּ 6 יִשְׂחַק *p* יִשְׂחָק תִּשְׂחַק *p* תִּשְׂחָק אֶשְׂחַק יִשְׂחָקוּ 7 וַתִּשְׂחַק 8 שְׂחוֹק שְׂחֹק
pi laugh, joke, have fun; dance, play 1 Sam 18:7; act as entertainer Jdg 16:25; perform a fighting game 2 Sam 2:14 - 5 וְשִׂחַקְתִּי 6 תְּשַׂחֶק־ וִישַׂחֵק יְשַׂחֲקוּ 8 שַׂחֶק־ 11 מְשַׂחֵק מְשַׂחֶקֶת מְשַׂחֲקִים מְשַׂחֲקוֹת
hif laugh at 11 מַשְׂחִיקִים 2 Chr 30:10◦

שְׂחֹק & **שְׂחוֹק**[B] *m.* laughter; joy, fun; mockery, derision; inf. c. ↪ שׂחק

✓ **שׂטה** *var.* ↪ שׂוּט *q* turn away, go astray, be unfaithful 5 שָׂטִיתָ 6 תִּשְׂטֶה יֵשְׂטְ 10 שְׂטֵה

1 st.c. sg. 2 st.a. pl. 3 st.c. pl. 4 with *epp* 5 SC 6 PC 7 narrative 8 inf.c. 9 inf.a. 10 imp. 11 part.

שֵׁטִים ← שׁוּט *m.* rebels Hos 5:2◦

ⓘ Some translators change the text to *pit dug deep in Shittim.*

√ שׂטם *var.* → שׂטן *q* hold a grudge, be angry at someone, hate 6 תִּשְׂטְמֵנִי[e] יִשְׂטְמֵנוּ[e] וַיִּשְׂטְמֵהוּ[e] וַיִּשְׂטְמֵנִי[e] וַיִּשְׂטֹם 7 יִשְׂטְמוּנִי[e]

√ שׂטן *q* accuse, oppose; hold a grudge, be angry with someone, hate; pt. adversary, persecutor 6 יִשְׂטְנוּנִי[e] 8 שִׂטְנוֹ[e] 11 שֹׂטְנֵי שֹׂטְנַי[e]

שָׂטָן[B] ← שׂטן *m.* accuser, adversary & *pn* Satan

שִׂטְנָה ← שׂטן I. *f.* accusation, charge Ezr 4:6◦

שִׂטְנָה II. *pln* Sitnah Gen 26:21◦

שִׂיא ← נשׂא *m.* height, haughtiness 4 שִׂיאוֹ Job 20:6◦

שִׂיאֹן *pln* Sion (= Hermon) Dtn 4:48◦

√ שׂיב *q* go grey, grow old 5 שַׂבְתִּי 11 שָׂב 1 Sam 12:2; Job 15:10◦

שֵׂיב *m.* & שֵׂיבָה[B] *f.* ← שׂיב age, old age 1 שֵׂיבַת 4 שֵׂיבוֹ שֵׂיבָתוֹ שֵׂיבָתֵךְ שֵׂבָתִי

√ שׂיג *q* fig. be busy, step aside, be on the potty 5 שִׂיג 1 Kgs 18:27◦

√ שׂיד *q* whitewash, lime 5 וְשַׂדְתָּ Dtn 27:2.4◦

שִׂיד ← שׂיד *m.* lime, whitewash Dtn 27:2.4; Isa 33:12; Am 2:1◦

שְׂיֵהוּ & שֵׂיו → שֶׂה lamb

√ שׂיח[B] *q* think, reflect, meditate; talk, discuss, sing (about the object of meditation) 6 יָשִׂיחַ אָשִׂיחָה אָשִׂיחַ תְּשִׂיחֶךָ[e] יָשִׂיחוּ 8 שִׂיחַ 10 שִׂיחַ שִׂיחוּ

pol think, consider Isa 53:8; ponder, muse Ps 143:5 - 6 אֲשׂוֹחֵחַ יְשׂוֹחֵחַ◦

שִׂיחַ[B] ← שׂיח I. *m.* thought(s), meditation, contemplation, speech; occupation, restlessness, concern; complaint; chatter, babble 2 Kgs 9:11 - 4 שִׂיחוֹ שִׂיחִי שִׂחִי◦

שִׂיחַ II. *m.* bush, shrub 2 שִׂיחִים שִׂיחִם Gen 21:15; Job 30:4.7◦

שִׂיחָה[B] ← שׂיח *f.* meditation, devotion 4 שִׂיחָתִי Ps 119:97.99; Job 15:4 ◦

√ שׂים[B] *q* put, set, pose, lay; appoint, establish; make, prepare; bring, bring forward, blame, reproach; impose; grant 5 שָׂם שָׂמָהוּ[e] שָׂמוֹ[e] שָׂמָהּ[e] שַׂמְתּוֹ[e] שַׂמְתָּ שָׂמְתָּה שָׂמָה שָׂמַנִי[e] שָׂמְךָ[e] שַׂמְתִּיו[e] שָׂמְתִּי *p* שַׂמְתִּי שַׂמְתֶּם[e] שַׂמְתָּנִי[e] וְשָׂמוּ שַׂמְתִּים[e] שַׂמְתִּיךָ[e] שַׂמְתִּיהָ[e] יָשׂוּם יָשֶׂם יָשִׂים 6 שַׂמְנוּ וְשַׂמְתֶּם שָׂמֻנִי[e] שָׂמוּךָ[e] תָּשִׂים יְשִׂימֵם[e] יְשִׂימֵנִי[e] יְשִׂימֶהָ[e] יְשִׂימֵהוּ[e] יָשֵׂם יָשִׂימוּ תָּשִׂימוּ אֲשִׂימֵם[e] אֲשִׂימָה אָשִׂים תָּשֵׂם וַיְשִׂמֵם[e] וַיָּשֶׂם 7 נָשִׂימָה נָשִׂים תְּשִׂימֵנִי[e] תְּשִׂימוּן וָאָשֵׂם וָאָשִׂים וַתָּשִׂימִי וַתְּשִׂמֵם[e] וַתָּשֶׂם שִׂים שׂוּם 8 וַתְּשִׂימוּן וַיְשִׂמֵהוּ[e] וַיָּשִׂימוּ וָאָשִׂימָה שִׂימָה שִׂים 10 שׂוֹם 9 שׂוּמִי[e] שֻׂמוֹ[e] לְשׂוּמוֹ[e] שָׂמִים שָׂם 11 שִׂמוּ שִׂימוּ שִׂמִי שִׂימֵנִי[e] שִׂימָהּ[e]

pass. שִׂים be set, built Num 24:21; Ob 1:4; שׂוּמָה be determined 2. Sam 13:32

hif make Ez 14:8; turn, set oneself (a sword that goes right and left) Ez 21:21; מִבְּלִי מֵשִׂים unnoticed Job 4:20 - 5 וַהֲשִׂמֹתִיהוּ[e] 10 הָשִׂימִי 11 מֵשִׂים◦

hof be set 7 וַיּוּשַׂם Gen 24:33 *qr.*◦

√ שׂישׂ → שׂושׂ *q* jubilate, cheer

שַׂךְ ← שׂכך *m.* fence 4 שֻׂכּוֹ Lam 2:6◦

1 st.c. sg. 2 st.a. pl. 3 st.c. pl. 4 with *epp* 5 SC 6 PC 7 narrative 8 inf.c. 9 inf.a. 10 imp. 11 part.

שֵׂךְ *m.* splint, thorn 2 שִׂכִּים Num 33:55◦

שׂכוֹ & **שׂוֹכֹה** & **שֹׂכֹה** *pln* Socho

שֶׂכוּ *pln* Sechu 1 Sam 19:22◦

שֶׂכְוִי *m.* rooster; others: heart, mind Job 38:36◦

שֻׂכּוֹת *f.* harpoons Job 40:31◦

שָׂכְיָה *m. PN* Sachiah 1 Chr 8:10◦

שְׂכִיּוֹת *f.* boats Isa 2:16◦

שִׂכִּים *m.* splints, thorns Num 33:55◦

שַׂכִּין *m.* knife Prov 23:2◦

שָׂכִיר *m.* & **שְׂכִירָה** *f.* ↔ שׂכר as adj.: hired; as subst.: hired worker, day labourer, servant, mercenary 1 שְׂכִיר 4 שְׂכִירְךָ שְׂכִרֶיהָ

שׂכך *var.* ↔ סכך *q* cover 5 וְשַׂכֹּתִי Ex 33:22◦

שׂכל[B] I. *q* have success, luck 5 שָׂכַל 1 Sam 18:30◦

pi make foolish 6 יְשַׂכֵּל ↔ סכל Isa 44:25◦

hif realize, gain insight, understand, see; consider, pay attention; act wisely, show good skill, be successful; make wise, teach; pt. wise, teacher 5 הִשְׂכִּיל הִשְׂכַּלְתִּי הִשְׂכִּילוּ 6 יַשְׂכִּיל תַּשְׂכִּיל תַּשְׂכֵּל אַשְׂכְּלָה אַשְׂכִּילְךָ[e] יַשְׂכִּילוּ תַּשְׂכִּילוּ 8 הַשְׂכִּיל לְהַשְׂכִּילְךָ[e] הַשְׂכִּילָם[e] 9 הַשְׂכִּיל הַשְׂכֵּל 10 הַשְׂכִּילוּ 11 מַשְׂכִּיל מַשְׂכִּילִים מַשְׂכִּלִים מַשְׂכֶּלֶת *p* מַשְׂכָּלֶת

שׂכל II. *pi* cross (one's hands) 5 שִׂכֵּל Gen 48:14◦

שֶׂכֶל & **שֵׂכֶל** ↔ שׂכל *m.* insight, understanding, wisdom 4 שִׂכְלוֹ

שִׂכְלוּת *f.* folly ↔ סִכְלוּת Ecc 1:17◦

שׂכר *q* hire, pay, purchase 5 שָׂכַר שְׂכָרוּ[e] שְׂכַרְתִּיךָ[e] 7 וַיִּשְׂכֹּר וַיִּשְׂכְּרֵנִי[e] וַיִּשְׂכְּרוּ 8 לִשְׂכֹּר 9 שָׂכֹר 11 שֹׂכֵר שֹׂכְרִים pass. שָׂכוּר

nif hire oneself out, work as a servant 5 נִשְׂכָּרוּ 1 Sam 2,5◦

hitp earn money 11 מִשְׂתַּכֵּר Hag 1:6◦

שֶׂכֶר ↔ שׂכר *m.* wage, salary Prov 11:18; עֹשֵׂי שֶׂכֶר hired workers Isa 19:10◦

שָׂכָר ↔ שׂכר *m.* I. wage, reward; rental fee Ex 22:14; fare Jona 1:3 - 1 שְׂכַר 4 שְׂכָרוֹ שְׂכָרָהּ שְׂכָרִי שְׂכָרֵךְ שְׂכָרֶךָ *p* שְׂכָרְךָ

שָׂכָר II. *m. PN* Sachar 1 Chr 11:35; 26:4◦

שְׂלָו *f.* coll. quails 2 שַׂלְוִים Ex 16:13; Num 11:31f; Ps 105:40◦

שַׂלְמָא *m. PN* Salma 1 Chr 2:51.54◦

שַׂלְמָה I. *f.* clothing, dress, coat 1 שַׂלְמַת 2 שְׂלָמוֹת 4 שַׂלְמָתוֹ שַׂלְמֹתֵיכֶם שַׂלְמוֹתַי שַׂלְמוֹתֵינוּ

שַׂלְמָה II. *m. PN* Ruth 4:20; read with v.21 Salmon ↔ שַׂלְמוֹן◦

שַׂלְמוֹן *m. PN* Salmon Ruth 4:21◦

שַׂלְמַי *m. PN* Salmai Neh 7:48◦

שׂמאל ↔ שְׂמֹאל *hif* turn left Gen 13:9; 2 Sam 14:19; Isa 30:21; Ez 21:21; use the left hand 1 Chr 12:2 – 6 אַשְׂמְאִילָה תַּשְׂמְאִילוּ 8 לְהַשְׂמִיל 10 הַשְׂמִילִי 11 מַשְׂמְאִלִים◦

שְׂמֹאל & **שְׂמֹאול**[B] left, to the left, left hand, side; north (when looking east) 4 שְׂמֹאלוֹ שְׂמֹאלְךָ שְׂמֹאולָם

שְׂמָאלִי *m.* & **שְׂמָאלִית** *f.* left, on the left side

✓ שׂמח[B] *q* rejoice, be glad 5 שָׂמַח *p* שָׂמֵחַ
שָׂמְחוּ *p* שָׂמֵחוּ שָׂמַחְתִּי וְשָׂמַחְתָּ שָׂמֵחָה
תִּשְׂמָח *p* תִּשְׂמַח יִשְׂמָח *p* יִשְׂמַח 6 שְׂמַחְתֶּם
וַתִּשְׂמַח וַיִּשְׂמַח 7 אֶשְׂמְחָה אֶשְׂמַח תִּשְׂמְחִי
שְׂמַח 10 שְׂמוֹחַ שְׂמֹחַ 8 וַיִּשְׂמָחוּ *p* וַיִּשְׂמְחוּ
שִׂמְחוּ שְׂמָחִי *p* שִׂמְחִי

pi make merry, glad, cheer; let rejoice 5 שִׂמַּח
שִׂמַּחְתִּים[e] שִׂמַּחְתַּנִי[e] שִׂמַּחְתָּ שִׂמְּחָם[e] שִׂמְּחָהוּ[e]
9 וַיְשַׂמַּח 7 יְשַׂמְּחוּ יְשַׂמְּחֶנָּה[e] יְשַׂמַּח 6 שִׂמְּחוּךָ[e]
מְשַׂמְּחֵי מְשַׂמֵּחַ 11 שַׂמְּחֵנִי[e] שַׂמַּח 10 שַׂמֵּחַ

hif make rejoice 5 הִשְׂמַחְתָּ Ps 89:43◦

שָׂמֵחַ *m.* & שְׂמֵחָה[B] *f.* ↩ שׂמח joyful, cheerful, delighted 2 שְׂמֵחִים 3 שִׂמְחֵי שְׂמֵחֵי

שִׂמְחָה[B] ↩ שׂמח *f.* joy, cheerfulness, happiness; with עשׂה celebrate a feast Neh 8:12 -1
שִׂמְחָתְךָ שִׂמְחָתוֹ4 שְׂמָחוֹת שִׂמְחַת 2 שִׂמְחַת
שִׂמְחַתְכֶם שִׂמְחָתִי

שְׂמִיכָה *f.* rug, blanket Jdg 4:18◦

שִׂמְלָה[B] *f.* clothing, clothes; dress, overgarment, coat 1 שִׂמְלַת 2 שְׂמָלוֹת 4
שִׂמְלֹתֵיכֶם שִׂמְלֹתָם שִׂמְלֹתָיו שִׂמְלָתוֹ

שַׂמְלָה *m. PN* Samlah Gen 36:36f; 1 Chr 1:47f◦

שְׂמָמִית *f.* lizard, others: spider Prov 30:28◦

✓ שׂנא[B] *q* hate; in a relationship: love no longer, be tired; pt.pass. unloved 5 שָׂנֵא שְׂנֵאָהּ[e] שְׂנֵאֲךָ[e]
שָׂנֵאתִי שָׂנֵאת שְׂנֵאתַנִי[e] שְׂנֵאתָהּ[e] שָׂנֵאתָ שָׂנְאָה
שְׂנֵאָהוּ[e] שָׂנְאוּ שְׂנֵאתִים[e] שְׂנֵאתִיהָ[e] שְׂנֵאתִיו[e]
7 יִשְׂנְאוּ אֶשְׂנָא יִשְׂנָאֲךָ[e] יִשְׂנָא 6 שְׂנֵאתֶם שְׂנֵאוּנִי[e]
9 שְׂנֹאת שְׂנֹא 8 וַיִּשְׂנְאוּ וַתִּשְׂנָא וַיִּשְׂנָאֶהָ[e] וַיִּשְׂנָא
שֹׂנַאֲךָ[e] שֹׂנְאָיו[e] שׂוֹנֵא שֹׂנֵא 11 שִׂנְאוּ 10 שָׂנֹא
שְׂנֵאָי[e] שֹׂנְאֵינוּ[e]; pass. שְׂנוּאָה שְׂנֻאֵי

nif be hated 6 יִשָּׂנֵא Prov 14:17.20◦

pi hate 11 מְשַׂנְאַי[e] מְשַׂנְאֶיךָ[e] מְשַׂנְאָיו[e] מְשַׂנְאִי[e]
מְשַׂנְאֵינוּ[e]

שִׂנְאָה ↩ שׂנה *f.* hatred, enmity 1 שִׂנְאַת 4
שִׂנְאָתָם שִׂנְאָתֶךָ

שְׂנִיאָה ↩ שׂנה *f.* unloved Dtn 21:15◦

שְׂנִיר *pn* Senir (= Hermon)

שָׂעִיר I. & שָׂעִר *m.* & שְׂעִירָה *f.* hairy; the hairy one: goat, billy goat 1 שְׂעִירַת 2 שְׂעִירִים
3 שְׂעִירֵי שְׂעִירֹת

שָׂעִיר II. demon (in the shape of a goat), goat demon, satyr 2 שְׂעִירִים Lev 17:7; Isa 13:21; 34:14; 2 Chr 11:15◦

שָׂעִיר III. *m.* rain, raindrop 2 שְׂעִירִים Dtn 32:2◦

שֵׂעִיר *pln* & *pn* Seir

שְׂעִירָה ↪ שָׂעִיר I. goat

שְׂעִירָתָה *pln* Seïrah Jdg 3:26◦

שְׂעִפִּים *m.* thoughts, pondering, brooding 4 שְׂעִפַּי Job 4:13; 20:2◦

✓ שׂער I. ↩ שֵׂעָר *q* be frightened, horrified, shudder (so that the hair stands on end) 5 שָׂעֲרוּ 6 יִשְׂעֲרוּ 10 וְשַׂעֲרוּ Jer 2:12; Ez 27:35; 32:10◦

✓ שׂער II. *q* know of 5 שְׂעָרוּם[e] Dtn 32:17 (others: ↪ I.)

✓ שׂער III. *q* sweep away, blow away 6 יִשְׂעָרֶנּוּ[e] Ps 58:10◦

nif be raging 5 נִשְׂעֲרָה Ps 50:3◦

pi sweep, whirl away 6 וִישָׂעֲרֵהוּ[e] Job 27:21◦

hitp storm against 6 וְיִשְׂתָּעֵר Dan 11:40◦

שַׂעַר ← שׂער I. *m.* shiver, shudder Ez 27:35; 32, 10; Job 18:20◦

שַׂעַר ← שׂער II. *m.* storm Isa 28:2◦

שָׂעִר → שָׂעִיר

שֵׂעָר[B] *m.* hair 1 שְׂעַר שַׂעַר 4 שְׂעָרוֹ שְׂעָרָהּ שַׂעֲרֵךְ שְׂעָרֵךְ שְׂעָרָה

שַׂעֲרָה *f.* (single) hair 1 שַׂעֲרַת 3 שַׂעֲרוֹת 4 שַׂעֲרָתוֹ

שְׂעָרָה ← שׂער *m.* storm Nah 1:3; Job 9:17◦

שְׂעֹרָה *f.* barley 2 שְׂעֹרִים

שְׂעֹרִים *m. PN* Seorim 1 Chr 24:8◦

שָׂפָה[B] *m.* & *f.* lip; language; the outermost end of a thing: shore, rim, edge, hem 1 שְׂפַת du. שְׂפָתַיִם *p* שְׂפָתָיִם 2 שְׂפָתוֹת 3 שִׂפְתֵי 4 שְׂפָתוֹ שְׂפָתָם שְׂפָתָהּ; du. שְׂפָתָיו שְׂפָתֵימוֹ שְׂפָתֶיהָ שְׂפָתֵינוּ שִׂפְתֵיהֶם שְׂפָתַי; pl. שִׂפְתוֹתָיו שִׂפְתוֹתֵיכֶם שִׂפְתוֹתֵיהֶם שִׂפְתֹתַיִךְ שִׂפְתוֹתֶיךָ

✓ שׂפח *pi* cover with scabs; others: make bald 5 וְשִׂפַּח Isa 3:17◦

שָׂפָם *m.* upper lip, mustache 4 שְׂפָמוֹ

שִׂפְמוֹת *pln* Siphmoth 1 Sam 30:28◦

✓ שׂפן *q* be hidden 11 pass. שְׂפוּנֵי Dtn 33:19 וּשְׂפֻנֵי טְמוּנֵי חוֹל *the most hidden treasures of the sand*◦

✓ שׂפק I. *q* clap one's hands (as a sign of derision) 6 יִשְׂפֹּק Job 27:23◦

hif shake hands (as a sign of ingratiation) 6 יַשְׂפִּיקוּ Isa 2:6; others: → II.◦

✓ שׂפק II. *q* be sufficient, enough 6 יִשְׂפֹּק 1 Kgs 20:10◦

hif have an abundance of 6 יַשְׂפִּיקוּ Isa 2:6 (others: → I.)◦

שֶׂפֶק & סֶפֶק ← ספק *m.* plenty, abundance *p* סָפֶק 4 שִׂפְקוֹ Job 20:22; 36:18◦

שַׂק *m.* sack; sackcloth, penitential garment *p* שָׂק 2 שַׂקִּים 4 שַׂקּוֹ שַׂקִּי שַׂקֵּיהֶם

✓ שׂקד *nif* be bound 5 נִשְׂקַד Lam 1:14◦

✓ שׂקר *pi* make eyes at someone, ogle 11 מְשַׂקְּרוֹת Isa 3:16◦

שַׂר[B] ← שׂרר *m.* senior official, colonel, commander, prince, captain, general, lord *p* שָׂר 2 שָׂרִים 3 שָׂרֵי 4 שָׂרֵיכֶם שָׂרָיו שָׂרֶיהָ שָׂרַיִךְ שָׂרֵי שָׂרֵינוּ שָׂרֵיכֶם שָׂרֵיהֶם

שַׂרְאֶצֶר *m. PN* Sarezer 2 Kgs 19:37; Isa 37:38; Zec 7:2◦

✓ שׂרג *pu* be intertwined 6 יְשֹׂרָגוּ Job 40:17◦

hitp be knit together 6 יִשְׂתָּרְגוּ Lam 1:14◦

✓ שׂרד *q* escape 5 שָׂרְדוּ Jos 10:20◦

שֶׂרֶד *m.* stylus Isa 44:13◦

שְׂרָד *m.* knitted, braided; the phrase בִּגְדֵי־ שְׂרָד possibly means *robe of office, service cloth* Ex 31:10; 35:19; 39:1.41◦

✓ שׂרה *q* quarrel, fight 5 שָׂרָה שָׂרִיתָ 7 וַיָּשַׂר Gen 32:29; Hos 12:4f◦

שָׂרָה I. ← שׂרר *f.* princess, highness, lady 1 שָׂרָתִי 2/3 שָׂרוֹת 4 שָׂרוֹתֶיהָ שָׂרוֹתֵיהֶם

שָׂרָה II. *f. PN* Sarah

שְׂרוּג *m. PN* Serug Gen 11:20ff; 1 Chr 1:26◦

שְׂרוֹךְ ← שׂרךְ *m.* strap, thong, latchet Gen 14:23; Isa 5:27◦

שְׂרוּק → שָׂרֹק

שֶׂרַח *f. PN* Serach Gen 46:17; Num 26:46; 1 Chr 7:30◦

√ **שׂרט** *q* make cuts, lacerate 6 יִשְׂרְטוּ 9 שָׂרוֹט Lev 21:5; Zec 12:3◦

nif be cut, severely injured 6 יִשָּׂרֵטוּ Zec 12:3◦

שֶׂרֶט ← שׂרט *m.* coll. cuts Lev 19:28◦

שָׂרֶטֶת ← שׂרט *f.* coll. cuts *p* שָׂרָטֶת Lev 21:5◦

שָׂרַי *f. PN* Sarai

שָׂרִיג *m.* tendril, vine, twig 2 שָׂרִיגִים שָׂרִגִם 4 שָׂרִיגֶיהָ שָׂרִגִים Gen 40:10.12; Joel 1:7◦

שָׂרִיד ← שׂרד I. *m.* someone who escaped, survivor 2 שְׂרִידִים 3 שְׂרִידֵי 4 שְׂרִידוֹ שְׂרִידָיו

שָׂרִיד II. *pln* Sarid Jos 19:10.12◦

שְׂרָיָה & **שְׂרָיָהוּ** *m. PN* Seraiah

שִׂרְיוֹן & **שִׂרְיֹן** *pn* Sirion (= Hermon) Dtn 3:9; Ps 29:6◦

שְׂרִיקוֹת *f.* combed (flax) Isa 19:9◦

√ **שׂרך** *pi* run back and forth 11 מְשָׂרֶכֶת Jer 2:23◦

שַׂר־סְכִים *m. PN* Sarsechim or official title: chief, head of the mercenary troops Jer 39:3◦

√ **שׂרע** *q* be distorted 11 pass. שָׂרוּעַ Lev 21:18; 22:23◦

hitp stretch out 8 הִשְׂתָּרֵעַ Isa 28:20◦

שַׂרְעַפִּים *m.* worries 4 שַׂרְעַפַּי *p* שַׂרְעַפָּי Ps 94:19; 139:23◦

√ **שׂרף**[B] *q* burn 5 שָׂרַף שְׂרָפוֹ[e] שְׂרָפָהּ[e] שְׂרָפָם[e] שָׂרַפְתָּ שָׂרַפְתִּי שָׂרְפוּ שְׂרָפוּהָ[e] שְׂרָפֻהָ[e] שָׂרַפְנוּ 6 אֶשְׂרֹף תִּשְׂרְפֵם[e] תִּשְׂרְפֶנּוּ[e] תִּשְׂרֹף יִשְׂרֹף וְנִשְׂרְפָה נִשְׂרֹף תִּשְׂרְפוּן תִּשְׂרֹפוּ יִשְׂרְפוּ 7 וַיִּשְׂרְפוּהָ[e] וַיִּשְׂרְפוּ וָאֶשְׂרֹף וַיִּשְׂרְפָהּ[e] וַיִּשְׂרֹף 8 לִשְׂרֹף לְשָׂרְפוֹ[e] 9 שָׂרוֹף 11 הַשֹּׂרֵף שֹׂרְפִים שֹׂרֶפֶת pass. שְׂרוּפִים שְׂרֻפִים שְׂרֻפָה שְׂרוּפָה שְׂרוּפֹת

nif be burned 6 יִשָּׂרֵף וְתִשָּׂרֵף יִשָּׂרְפוּ תִּשָּׂרַפְנָה 7 וַיִּשָּׂרְפוּ

pi prepare for burning, pt. undertaker 11 מְסָרְפוֹ[e] Am 6:10◦

pu be burned up 5 שֹׂרַף Lev 10:16◦

שָׂרָף ← שׂרף I. *m.* fiery flying serpent Dtn 8:15; Num 21:6; Isa 14:29; 30:6; bronze serpent Num 21:8; *pn* Seraphim, fire angels Isa 6:2.6 - 2 שְׂרָפִים◦

שָׂרָף II. *m. PN* Saraph 1 Chr 4:22◦

שְׂרֵפָה ← שׂרף *f.* burning, fire 1 שְׂרֵפַת

שְׂרָפִים *pn* Seraphim, fire angels Isa 6:2.6◦

שָׂרֹק *m.* colour indicating a special quality; of wine Isa 16:8; of horses Zec 1:8 - red, red-brown 2 שְׂרֻקִּים 4 שְׂרוּקֶּיהָ◦

שֹׂרֵק I. & **שׂוֹרֵק** *m.* & **שֹׂרֵקָה** *f.* precious grapes with special colour Gen 49:11; Isa 5:2; Jer 2:21◦

שֹׂרֵק II. *pln* Sorek Jdg 16:4◦

√ **שׂרר** *q* rule, govern, reign 6 יָשֹׂרוּ 7 וַיָּשַׂר 11 שֹׂרֵר Jdg 9:22; Isa 32:1; Prov 8:16; Est 1:22◦

hif appoint rulers 5 הֵשִׂירוּ Hos 8:4; *var.* → שׂור◦

hitp arrogate to oneself the role of a leader 6 תִּשְׂתָּרֵר 9 הִשְׂתָּרֵר Num 16:13◦

שָׂשׂוֹן & **שָׂשֹׂן**[B] ← שׂושׂ *m.* joy 1 שְׂשׂוֹן

1 st.c. sg. 2 st.a. pl. 3 st.c. pl. 4 with *epp* 5 SC 6 PC 7 narrative 8 inf.c. 9 inf.a. 10 imp. 11 part.

נשׂא & שְׂאֵת ↩ שֵׂת

✓ שׂתם *q* block one's ears 5 שָׂתַם Lam 3:8◦

✓ שׂתר *nif* break out 7 וַיִּשָּׂתְרוּ 1 Sam 5:9◦

שֶׁ & שַׁ & שָׁ & שְׁ proclitic relative particle, almost always with *dagesh* in the following consonant: as to which ↩ אֲשֶׁר

שׁאֹ *m.* destruction; others: wild beasts 4 שֹׁאֵיהֶם Ps 35:17 ↩ שׁוֹא◦

✓ שׁאב *q* draw water אֶשְׁאָב 6 וּשְׁאַבְתֶּם 5
10 שְׁאֹב 8 וַיִּשְׁאֲבוּ וַתִּשְׁאַב *p* וַתִּשְׁאָב 7 יִשְׁאֲבוּן
שַׁאֲבִי 11 שֹׁאֵב שֹׁאֲבֵי־ שֹׁאֲבֹת

✓ שׁאג *q* roar; groan, wail Ps 38:9 - 5 שָׁאַג Isa
5:29 *kt.*; *p* יִשְׁאַג 6 שָׁאֲגוּ שָׁאַגְתִּי שָׁאֲגָה שָׁאָג *p*
שֹׁאֵג שׁוֹאֵג 11 שָׁאֹג 9 יִשְׁאָגוּ *p* יִשְׁאֲגוּ יִשְׁאָג
שֹׁאֲגִים

שְׁאָגָה ↩ שׁאג *f.* roar; groan, wail 1 שַׁאֲגַת 4
שַׁאֲגָתִי שַׁאֲגֹתַי

✓ שׁאה[B] I. *q* be desolate, devastated 5 שָׁאוּ Isa 6:11◦

nif rage, thunder Isa 17:12f; be desolate, lie in ruins Isa 6:11– 6 יִשָּׁאוֹן תִּשָּׁאֶה◦

hif destroy, turn into ruins 8 לְהַשְׁאוֹת לַהְשׁוֹת 2 Kgs 19:25; Isa 37:26◦

✓ שׁאה II. *hitp* gaze, watch 11 מִשְׁתָּאֵה Gen 24:21◦

שׁאה ↩ שׁוֹאָה[B] & שֹׁאָה *f.* destruction, devastation, ruin, disaster; storm, tempest 1 שֹׁאַת

שַׁאֲוָה Prov 1:27 *kt.*; *qr.* ↩ שׁוֹאָה◦

שְׁאוֹל & שְׁאֹל[B] *pn* Sheol, underworld, kingdom of the dead; with ה-locale שְׁאוֹלָה שְׁאֹלָה

שָׁאוּל *m. PN* Saul

שָׁאוּלִי *pn* Shaulite Num 26:13◦

שָׁאוֹן ↩ שׁאה *m.* raging, noise; exuberant shouting, howling; tumult; horror, destruction Ps 40:3 - 1 שְׁאוֹן 4 שְׁאוֹנָהּ

שׁאט ↩ שׁוט II.

שְׁאָט ↩ שׁוט *m.* contempt, scorn, gloating 4 שָׁאטְךָ Ez 25,6.15; 36,5◦

שְׁאִיָּה ↩ שׁאה *f.* debris, ruins Isa 24:12◦

✓ שׁאל[B] *q* ask, request, desire, demand; inquire, investigate; pt. pass.: consecrated, dedicated 1 Sam 1:28; borrowed 2 Kgs 6:5 - 5 שָׁאַל
שָׁאֲלָה *p* שָׁאֵלָה שְׁאֵלֶךָ[e] שְׁאֵלְךָ[e] שָׁאָל *p*
שְׁאִלְתִּיו[e] שָׁאַלְתִּי שָׁאַלְתְּ שָׁאָלְתְּ *p* שָׁאַלְתָּ
6 שְׁאֶלְתֶּם שְׁאֵלוּנוּ[e] שָׁאֲלוּ *p* שָׁאָלוּ שְׁאִלְתִּיהוּ[e]
תִּשְׁאַל יִשְׁאָלְךָ[e] יִשְׁאָלֵהוּ[e] יִשְׁאָל *p* יִשְׁאַל
אֶשְׁאָלֵם[e] אֶשְׁאָלְךָ[e] אֶשְׁאַל אֶשְׁאֲלָה תִּשְׁאָלְךָ[e]
וַיִּשְׁאַל 7 נִשְׁאֲלוּ יִשְׁאָלוּהוּ[e] יִשְׁאָלוּ *p* יִשְׁאֲלוּ
שְׁאֹל 8 וַיִּשְׁאֲלוּ וָאֶשְׁאָלֵם[e] וָאֶשְׁאַל וַיִּשְׁאָלֵהוּ[e]
שַׁאֲלִי שְׁאַל 10 שָׁאוֹל שָׁאֹל 9 לִשְׁאָל־ שְׁאוֹל
שֹׁאֶלֶת שֹׁאֲלִים שֹׁאֵל 11 שְׁאָלוּנִי[e] שַׁאֲלוּ pass.
שָׁאוּל

nif ask for permission to leave 5 נִשְׁאַל 9 נִשְׁאֹל 1 Sam 20:6.28; Neh 13:6◦

pi ask, beg 5 *p* שִׁאֲלוּ 6 יְשָׁאֲלוּ 2 Sam 20:18; Ps 109:10◦

hif respond positive to a request Ex 12:36; dedicate, lend 1 Sam 1:28 - 5 הִשְׁאִלְתִּיהוּ[e] 7 וַיַּשְׁאִלוּם[e]◦

שְׁאָל *m. PN* Sheal Ezr 10:29◦

שְׁאָלָה *f.* underworld Isa 7:11 ↪ שְׁאוֹל◦

שְׁאֵלָה[B] ↩ שאל *f.* plea, request, demand 4 שֶׁאֱלָתִי שְׁאֵלָתִי 1 Sam 1:17; שֵׁלָתֵךְ שְׁאֵלָתֵךְ שֶׁאֱלָתָם

שְׁאַלְתִּיאֵל & שַׁלְתִּיאֵל *m. PN* Shealtiel

√ שַׁאן *palal* have quiet, be safe, undisturbed 5 שַׁאֲנַנּוּ וְשַׁאֲנַן

שְׁאָן part of the *pln* ↪ בֵּית שְׁאָן Bet-Shean

שַׁאֲנָן ↩ שאן *m.* quiet, undisturbed; proud, carefree, high-spirited 2 שַׁאֲנַנִּים *f.* שַׁאֲנַנּוֹת 4 שַׁאֲנַנֵּךְ

שאס Jer 30:16 pt. ↪ שסס plunder ◦

√ שאף I. *q* puff, gasp for air; crave, long for 5 אֶשְׁאַף תִּשְׁאַף יִשְׁאַף 6 שָׁאֲפוּ שָׁאֲפָה שָׁאַף 7 שֹׁאֲפִים שׁוֹאֵף 11 שָׁאֹף 9 וָאֶשְׁאָפָה וָאֶשְׁאַף

√ שאף II. *var.* of ↪ שׁוּף *q* oppress, harass Ps 56:2f; trample down Ez 36:3; Am 2:7; suppress Am 8:4 - 5 שְׁאָפַנִי[e] שָׁאֲפוּ 9 שָׁאֹף 11 שֹׁאֲפִי הַשֹּׁאֲפִים

√ שאר[B] *q* remain 5 שָׁאַר 1 Sam 16:11◦

nif remain, be left over 5 נִשְׁאַר *p* נִשְׁאָר נִשְׁאֲרָה וְנִשְׁאַרְתֶּם נִשְׁאָרוּ *p* נִשְׁאֲרוּ נִשְׁאַרְתִּי נִשְׁאָרָה *p* 7 תִּשָּׁאַרְנָה יִשָּׁאֲרוּ תִּשָּׁאֵר יִשָּׁאֵר 6 נִשְׁאַרְנוּ נֵאשֲׁאַר נִשְׁאָר 11 וַיִּשָּׁאֲרוּ וַתִּשָּׁאֵר וַיִּשָּׁאֵר Ez 9:8; נִשְׁאָרִים נִשְׁאָרָה נִשְׁאֶרֶת *p* נִשְׁאֶרֶת הַנִּשְׁאָרוֹת

hif leave, leave behind; have left, be left with 5 הִשְׁאַרְנוּ הִשְׁאִירוּ וְהִשְׁאַרְתִּי הִשְׁאִיר 6 יַשְׁאִירוּ נַשְׁאֵר אַשְׁאִיר יַשְׁאִיר תַּשְׁאִיר 8 הַשְׁאִיר

ⓘ Some scholars understand the form הִשְׁאִיר after בִּלְתִּי Num 21:35 et passim as inf.c.

שְׁאָר[B] ↩ שאר *m.* the rest, the remainder

שְׁאָר יָשׁוּב *m. PN* Shear-Jashub

שְׁאֵר *m.* flesh, flesh as food, meat; relative; one's own flesh: oneself, the body 4 שְׁאֵרוֹ שְׁאֵרָם שְׁאֵרִי שְׁאֵרֶךָ שְׁאֵרָהּ

שַׁאֲרָה *f.* blood relatives Lev 18:17◦

שֶׁאֱרָה *f. PN* Sheerah 1 Chr 7:24◦

שְׁאֵרִית[B] ↩ שאר *f.* the rest, remainder, leftover 1 שְׁאֵרִית שֵׁרִית 1 Chr 12:39 - 4 שְׁאֵרִיתוֹ שְׁאֵרִיתָם שְׁאֵרִיתֵךְ

שֵׁאת ↩ שאה *f.* devastation Lam 3:47◦

שְׁבָא *m. PN & pn* Saba

שְׁבָאִים *pn* Sabeans Joel 4:8◦

שְׁבֻאֵל & שְׁבוּאֵל *m. PN* 1 Chr 23:16; 25:4; 26:24 Shebuel; some translations read with 1 Chr 24:20 Shubael ↪ שׁוּבָאֵל◦

שְׁבָבִים *m.* pieces, splinters Hos 8:6◦

√ שבה[B] *q* capture, take away 5 שָׁבָה שָׁבָם[e] וַיִּשְׁבְּ 7 תִּשְׁבֶּךָ[e] 6 שְׁבִיתֶם שָׁבוּם[e] שָׁבוּ שָׁבִיתָ שֹׁבִים 11 וּשֲׁבֵה 10 שְׁבוֹת 8 וַיִּשְׁבֵּם[e] וַיִּשְׁבּוּ שֹׁבֵיהֶם[e] שׁוֹבֵיהֶם[e] שֹׁבֵינוּ[e] pass. שְׁבוּיִם שְׁבֻיוֹת

nif be captured; of animals: be driven away 5 נִשְׁבּוּ נִשְׁבָּה

שְׁבוֹ agate, zircon Ex 28:19; 39:12◦

שְׁבֻאֵל & שְׁבוּאֵל m. PN 1 Chr 23:16; 25:4; 26:24 Shebuel; some translations read with 1 Chr 24:20 Shubael ↪ שׁוּבָאֵל◦

שָׁבוּעַ ↩ שֶׁבַע unity of seven; seven days, one week; wedding week Gen 29:27 et passim; חַג שָׁבֻעוֹת feast of weeks (seven weeks after Pesach) du. שְׁבֻעַיִם two weeks; שִׁבְעִים שָׁבֻעִים seventy weeks Dan 9:24; שִׁבְעָה שָׁבֻעִים seven weeks Dan 9:25 - 1 שְׁבֻעַ 2 שָׁבֻעִים 3 שְׁבֻעֹת שְׁבֻעוֹת 4 שְׁבֻעֹת שָׁבֻעוֹת שָׁבֻעִים שָׁבֻעֹתֵיכֶם

שְׁבוּעָה & שְׁבֻעָה[B] ↩ שׁבע f. oath 1 שְׁבוּעַת 4 שְׁבֻעַת שְׁבוּעָתוֹ שְׁבֻעָתֵךְ שְׁבֻעָתִי

שָׁבוּר ↩ שׁבר m. fracture Lev 22:22◦

שְׁבוּת qr. ↪ שְׁבִית kt. ↪ שְׁבוּת

שְׁבוּת & שְׁבִית[B] ↩ שׁוב f. renunciation; abduction, captivity; fate, destiny; healing 1 שְׁבוּת 4 שְׁבוּתְךָ שְׁבוּתֵךְ שְׁבוּתָם שְׁבוּתְהֶן שְׁבוּתֵנוּ שְׁבוּתֵיכֶם שְׁבוּתְכֶם

ⓘ This word is a theological term; it basically designates the turnaround, the reversal of the existing in both positive and negative respects.

✓ שׁבח[B] I. pi praise, extol 5 שִׁבַּחְתִּי 6 יְשַׁבַּח שַׁבְּחוּהוּ[e] 9 שַׁבַּח 10 שַׁבְּחִי יְשַׁבְּחוּנְךָ[e]

hitp praise, thank 8 הִשְׁתַּבֵּחַ Ps 106:47; 1 Chr 16:35◦

✓ שׁבח II. pi still, soothe 6 תְּשַׁבְּחֵם[e] יְשַׁבְּחֶנָּה[e] Ps 89:10; Prov 29:11◦

hif still, soothe 11 מַשְׁבִּיחַ Ps 65,8◦

שֵׁבֶט[B] m. rod, stick; scepter Gen 49:10; spear 2 Sam 18:14; tribe p שָׁבֶט 1 שֵׁבֶט 2 שְׁבָטִים 3 שִׁבְטֵי 4 שִׁבְטִי שְׁבָטָיו שִׁבְטֶךָ שִׁבְטֵיכֶם

ⓘ The meaning *tribe* belongs to the common word field because here a group of people is meant, which places itself under unified leadership, which is symbolized by the ruler's staff, the sceptre.

שְׁבָט pn Shebat, eleventh month, Feb/Mar Zec 1:7◦

שְׁבִי[B] ↩ שׁבה m. abduction, abductees, prisoners, captivity p שֶׁבִי 4 שִׁבְיוֹ שֶׁבְיֵךְ שְׁבָיִם שֶׁבְיֵכֶם

שֹׁבִי m. PN Shobi 2 Sam 17:27◦

שֹׁבַי m. PN Shobai Ezr 2:42; Neh 7:45◦

שָׁבִיב m. spark, flame 1 שְׁבִיב Job 18:5◦

שִׁבְיָה ↩ שׁבה f. captivity, captive, group of captives Dtn 21:11; 32:42; Neh 3:36 2 Chr 28:5ff◦

שְׁבִיָּה ↩ שׁבה f. captive Isa 52:2◦

שְׁבִיל m. path, way 3 שְׁבִילֵי 4 שְׁבִילֶיךָ (kt.; qr. sg.) Jer 18:15; Ps 77:20◦

שְׁבִיסִים m. headbands (others: replicas of the sun as medallions) Isa 3:18◦

שְׁבִיעִי & שְׁבִעִי m. & שְׁבִיעִית & שְׁבִיעִת & שְׁבִעִית & שְׁבִעִת[B] f. ordinal number: seventh

שְׁבִית[B] ↩ שׁוב f. captivity; fate 4 שְׁבִיתֵךְ שְׁבִיתֵנוּ שְׁבִיתְכֶם שְׁבִיתְהֶן שְׁבִיתָם

שֹׁבֶל m. skirt Isa 47:2◦

שַׁבְּלוּל m. snail Ps 58:9◦

שִׁבֹּלֶת I. f. flood, stream, current Jdg 12:6; Isa 27:12; Ps 69:3◦

1 st.c. sg. 2 st.a. pl. 3 st.c. pl. 4 with *epp* 5 SC 6 PC 7 narrative 8 inf.c. 9 inf.a. 10 imp. 11 part.

שִׁבֹּלֶת II. *f.* ear; branch Zec 4:12 - 2 שִׁבֳּלִים 3
שִׁבֳּלֵי

שֶׁבְנָא & שֶׁבְנָה *m. PN* Shebnah

שְׁבַנְיָה & שְׁבַנְיָהוּ *m. PN* Shebaniah 1 Chr 15:24; Neh 9:4ff; 10:5ff◦

ⓘ Some old manuscripts always read Shechaniah (↪ שְׁכַנְיָה).

√ שׁבע[B] *q* pt.pass. ↪ שְׁבוּעָה
nif swear; with אִם that not 5 נִשְׁבַּעְתָּ נִשְׁבַּע
נִשְׁבַּעְתִּי p נִשְׁבָּעְתִּי נִשְׁבְּעוּ p נִשְׁבָּעוּ נִשְׁבַּעְתֶּם
אִשָּׁבֵעַ תִּשָּׁבֵעַ p תִּשָּׁבַע יִשָּׁבַע 6 נִשְׁבַּעְנוּ
p וַיִּשָּׁבְעוּ וָאֶשָּׁבַע וַיִּשָּׁבַע 7 תִּשָּׁבְעוּ יִשָּׁבֵעוּ
10 הִשָּׁבֵעַ הִשָּׁבַע 9 לְהִשָּׁבֵעַ 8 וַיִּשָּׁבֵעוּ
נִשְׁבָּעוֹת נִשְׁבָּעִים נִשְׁבָּע 11 הִשָּׁבְעוּ הִשָּׁבְעָה
hif make someone swear; adjure; with אִם that not 5 הִשְׁבַּעְנִי[e] הִשְׁבִּיעֶךָ[e] הִשְׁבִּיעוֹ[e] הִשְׁבִּיעַ
אַשְׁבִּיעֲךָ[e] 6 הִשְׁבַּעְתִּיךָ[e] הִשְׁבַּעְתִּי הִשְׁבַּעְתָּנוּ[e]
וָאַשְׁבִּעֵם[e] וָאַשְׁבִּעַ וַיַּשְׁבִּעֵנִי[e] וַיַּשְׁבַּע 7 תַּשְׁבִּיעוּ
מַשְׁבִּיעֶךָ[e] 11 הַשְׁבֵּעַ 9 הַשְׁבִּיעַ 8

שֶׁבַע[B] I. *m.* & ↪ שִׁבְעָה *f.* seven 1 שְׁבַע du. שִׁבְעָתַיִם sevenfold 2 שִׁבְעִים seventy

שֶׁבַע II. *m. PN* & *pln* Sheba

שָׁבֻעַ ↪ שָׁבוּעַ

שִׁבְעָה[B] I. *f.* seven 1 שִׁבְעַת 4 שִׁבְעָתָם 2 Sam 21:9 *qr.*

שִׁבְעָה II. *pln* Shibah Gen 26:33◦

שְׁבֻעָה & שְׁבוּעָה[B] ↪ שׁבע *f.* oath 1 שְׁבוּעַת
שְׁבֻעָתִי שְׁבֻעָתֵךְ שְׁבוּעָתוֹ 4 שְׁבֻעַת

שִׁבְעִים *m.* seventy ↪ שֶׁבַע

שִׁבְעָנָה *f.* seven Job 42:13◦

שָׁבֻעֹת etc. ↪ שָׁבוּעַ

שִׁבְעָתַיִם sevenfold ↪ שֶׁבַע

√ שׁבץ *pi* weave 5 שִׁבַּצְתָּ Ex 28:39◦
pu be set, mounted 11 מְשֻׁבָּצִים Ex 28:20◦

שָׁבָץ *m.* agony, weakness 2 Sam 1:9◦

√ שׁבר[B] I. *q* break, shatter; crush, smash, ruin, destroy; quench one's thirst Ps 104:11 - 5 שָׁבַר
p שָׁבַרְתָּ שָׁבְרָה ;שְׁבָרֵךְ[e] שְׁבָרָהּ[e] שָׁבָר p
שָׁבָרְתָּ שָׁבַרְתִּי שָׁבְרוּ 6 יִשְׁבֹּר יִשְׁבּוֹר
p תִּשְׁבְּרוּ יִשְׁבְּרוּהוּ[e] יִשְׁבְּרוּ אֶשְׁבּוֹר תִּשְׁבָּר־
8 וַיִּשְׁבְּרוּ וָאֶשְׁבֹּר וַיִּשְׁבְּרֵהוּ[e] וַיִּשְׁבֹּר 7 תִּשְׁבֹּרוּ
שֹׁבֵר 11 שָׁבְרֵם[e] שְׁבֹר 10 שִׁבְרִי[e] לִשְׁבֹּר שְׁבוֹר
pass. שְׁבוּרֵי שָׁבוּר
nif be broken, crushed; be burst, shattered, wrecked 1 Kgs 22:49; be cracked Jer 2:13; be wounded, hurt Jer 14:17; Ez 34:4 - 5 נִשְׁבַּר p
תִּשָּׁבֵר יִשָּׁבֵר 6 נִשְׁבָּרָה p נִשְׁבְּרָה נִשְׁבָּר
7 תִּשָּׁבַרְנָה יִשָּׁבֵרוּ p יִשָּׁבְרוּ תִּשָּׁבַר תִּשָּׁבֶר
הִשָּׁבֵר 8 וַתִּשָּׁבַרְנָה וַיִּשָּׁבְרוּ וַתִּשָּׁבֵר וַיִּשָּׁבֵר
נִשְׁבָּרִים נִשְׁבָּרֶת נִשְׁבֶּרֶת p נִשְׁבָּרָה נִשְׁבָּר 11
נִשְׁבְּרֵי
pi break, smash, shatter, crash 5 שִׁבַּר p שִׁבֵּר
יְשַׁבֵּר 6 וְשִׁבַּרְתֶּם שִׁבְּרוּ p שִׁבֵּרוּ שִׁבַּרְתָּ
וַיְשַׁבֵּר 7 תְּשַׁבֵּרוּן תְּשַׁבֵּרוּ אֲשַׁבֵּר תְּשַׁבֵּר
מְשַׁבֵּר 11 שַׁבֵּר 9 וַיְשַׁבְּרוּ[e] וָאֲשַׁבְּרֵם וָאֲשַׁבְּרָה
hif let break (a child through the womb), bring to the point of birth 6 אַשְׁבִּיר Isa 66:9◦
hof be broken 5 הָשְׁבַּרְתִּי Jer 8:21◦

שׁבר[B] ↪ שֶׁבֶר II. *q* buy grain 6 תִּשְׁבֹּר יִשְׁבֹּר
שִׁבְרוּ 10 לִשְׁבָּר־ לִשְׁבֹּר 8 וַיִּשְׁבֹּר 7 נִשְׁבְּרָה
11 שֹׁבְרִים
hif sell grain 6 תַּשְׁבִּרֵנִי[e] נַשְׁבִּירָה נַשְׁבִּיר 11
מַשְׁבִּיר

שֶׁבֶר & שֵׁבֶר[B] ↪ שׁבר I. *m.* crack, break, collapse, perdition, destruction; breaking open a dream, interpretation Jdg 7:15; horror Job 41:17; quarry Jos 7:5 (others: *pln* Shebarim) *p* שָׁבֶר 1 שֵׁבֶר שֶׁבֶר 2 שְׁבָרִים 4 שִׁבְרוֹ שִׁבְרָהּ שְׁבָרֶיהָ שִׁבְרֵי שִׁבְרֵךְ שִׁבְרֵךְ *p* שִׁבְרֵךְ

שֶׁבֶר[B] II. *m.* grain 4 שִׁבְרוֹ שִׁבְרָם

שֵׁבֶר ← שבר III. *m.* interpretation 4 שִׁבְרוֹ Jdg 7:15 → שֶׁבֶר I.◦

שֶׁבֶר IV. *m. PN* Sheber 1 Chr 2:48◦

שִׁבָּרוֹן ← שבר *m.* destruction 1 שִׁבְרוֹן Jer 17:18; Ez 21:11◦

שְׁבָרִים *m.* quarries or *pln* Shebarim Jos 7:5 → שֶׁבֶר I.

✓ שׁבת[B] *q* stop, end, rest; with שַׁבָּת keep Sabbath - 5 שָׁבַת שָׁבְתָה שָׁבָתָה שָׁבְתוּ 6 יִשְׁבֹּת יִשְׁבּוֹת תִּשְׁבֹּת תִּשְׁבַּת יִשְׁבְּתוּ *p* יִשְׁבֹּתוּ 7 וַיִּשְׁבֹּת וַיִּשְׁבְּתוּ

nif come to an end, stop, be finished 5 נִשְׁבַּת נִשְׁבְּתוּ Isa 17:3; Ez 6:6; 30:18; 33:28◦

hif bring something to an end, let cease, take away, remove; let rest, keep away Ex 5:5; let be lacking Lev 2:13 - 5 הִשְׁבִּית הִשְׁבַּתָּ וְהִשְׁבַּתִּי וְהִשְׁבִּיתוּ הִשְׁבַּתִּים[e] הִשְׁבַּתִּיךְ[e] הִשְׁבַּתִּיךְ[e] הִשְׁבַּתֶּם הִשְׁבַּתְנוּ 6 יַשְׁבִּית תַּשְׁבִּית אַשְׁבִּיתָה תַּשְׁבִּיתוּ 7 וַיַּשְׁבֵּת 8 לְהַשְׁבִּית לַשְׁבִּית 10 הַשְׁבִּיתוּ 11 מַשְׁבִּית

שֶׁבֶת *m.* & *f.* stopping, letting go, staying away; resting, inactivity; neglecting; sitting, being still; ruling Am 6:3 - *p* שָׁבֶת 4 שִׁבְתּוֹ שִׁבְתָּם

ⓘ Some derive the word from שבת (to stop), others understand it as an infinitive from ישב (to sit); perhaps both meanings resonate.

שַׁבָּת[B] ← שבת *m.* & *f.* day of rest, Shabbat, Sabbath 1 שַׁבַּת 2 שַׁבָּתוֹת 3 שַׁבְּתוֹת שַׁבְּתֹת 4 שַׁבַּתּוֹ שַׁבַּתָּהּ שַׁבַּתְּכֶם שַׁבְּתֹתֶיהָ שַׁבְּתוֹתַי שַׁבְּתֹתַי שַׁבְּתֹתֵיכֶם

שַׁבָּתוֹן ← שבת *m.* day of rest, public holiday, Shabbat

שַׁבְּתַי *m. PN* Shabbetai Ezr 10:15; Neh 8:7; 11:16◦

✓ שׁגג *var.* → שׁגה *q* err, make a mistake or commit a sin of ignorance 5 שָׁגַג 11 שֹׁגֵג שֹׁגֶגֶת Lev 5:18.28; Ps 119:67; Job 12:16◦

שְׁגָגָה ← שׁגג *f.* mistake, error, oversight 4 שִׁגְגָתוֹ שִׁגְגָתָם

✓ שׁגה *q* go astray 5 שָׁגִיתִי שָׁגוּ 6 יִשְׁגֶּה יִשְׁגּוּ תִּשְׁגּוּ 7 וָאֶשְׁגֶּה 8 לִשְׁגּוֹת 11 שֹׁגֶה שׁוֹגִים שֹׁגִים

hif lead astray, seduce 6 תַּשְׁגֵּנִי[e] 11 מַשְׁגֶּה

שָׁגֵה *m. PN* Shage 1 Chr 11:34◦

✓ שׁגח *hif* look, stare, gaze 5 הִשְׁגִּיחַ 6 יַשְׁגִּיחוּ 11 מַשְׁגִּיחַ Isa 14:16; Ps 33:14; Song 2:9◦

שְׁגִיאוֹת ← שׁגה *f.* error, unintentional sin Ps 19:13◦

שִׁגָּיוֹן ← שׁגה *m.* unc., trad.: lament, ode 2 שִׁגְיֹנוֹת Ps 7:1; Hab 3:1◦

✓ שׁגל *q* have sex 6 יִשְׁגָּלֶנָּה[e] Dtn 28:30◦

nif be raped, defiled 6 תִּשָּׁגַלְנָה Isa 13:16; Zec 14:2◦

pu have sex 5 שֻׁגַּלְתְּ Jer 3:2◦

ⓘ This word occurs only in the *ketib*; the *qere* replaces it with a form of שׁכב, *lie*

שֵׁגַל *f.* royal bride, queen Ps 45:10; Neh 2:6◦

שַׁגַּם שַׁ + גַּם + בְּ because Gen 6:3◦

✓ שׁגע *pu* be crazy, meshuggah 11 מְשֻׁגָּע מְשֻׁגָּעִים

1 st.c. sg. 2 st.a. pl. 3 st.c. pl. 4 with *epp* 5 SC 6 PC 7 narrative 8 inf.c. 9 inf.a. 10 imp. 11 part.

hitp be crazy, meshuggah 8 הִשְׁתַּגֵּעַ 11 מִשְׁתַּגֵּעַ 1 Sam 21:15f◦

שִׁגָּעוֹן ← שׁגע *m.* madness, frenzy Dtn 28:28; 2 Kgs 9:20; Zec 12:4◦

שֶׁגֶר *f.* offspring, litter 1 שְׁגַר שֶׁגֶר

שַׁד *f.* breast; du. שָׁדַיִם breasts cstr. שְׁדֵי 4 שָׁדֶיהָ שָׁדַיִךְ שָׁדַי שְׁדֵיהֶן

ⓘ This word occurs only Lam 4:3 in the singular, all other forms are dual.

שֹׁד I. breast Isa 60:16; 66:11; Job 24:9◦

שֹׁד ← שׁדד II. *m.* devastation, destruction, violence, violent act, oppression 4 שָׁדָם Prov 11:3 *kt.*, but cf. ↪ שׁדד

שֵׁד *m.* demon, evil spirit 2 שֵׁדִים Dtn 32:17; Ps 106:37◦

√ שׁדד[B] *q* oppress, maltreat; devastate, destroy 5 יָשׁוּד 6 שַׁדּוּנִי[e] שָׁדְדוּ Prov 11:3 *kt.*; וְשָׁדָם 9 לִשְׁדוֹד 8 Prov 11:3 *qr.* יְשָׁדֵּם[e] יְשָׁדְדֵם[e] שָׁדוֹד 10 שָׁדְדוּ 11 שֹׁדֵד שֹׁדֵד שֹׁדְדִים שְׁדוּדָה שָׁדוּד pass. שׁוֹדְדֵי שׁוֹדְדִים

nif be destroyed 5 נְשַׁדֻּנוּ Mi 2:4◦

pi maltreat Prov 19:26; destroy Prov 24:15 - 6 תְּשַׁדֵּד 11 מְשַׁדֶּד◦

pu be destroyed, devastated 5 שֻׁדַּד *p* שֻׁדָּד שֻׁדְּדָה *p* שֻׁדָּדָה שֻׁדְּדָה שֻׁדְּדוּ שֻׁדַּדְנוּ

po destroy 6 יְשֹׁדֵד Hos 10:2◦

hof be destroyed, devastated 6 יוּשַׁד תּוּשַׁד Isa 33:1; Hos 10:14◦

שִׁדָּה 2 שִׁדָּה וְשִׁדּוֹת a lot of women Ecc 2:8◦

ⓘ This hapaxlegomenon has not really been explained yet; its meaning can be deduced from a comparison with other Semitic languages.

שַׁדּוּן Job 19:29 *qr.* דּוּן + שֶׁ judgement◦

שַׁדַּי[B] epithet, surname of God: El Shaddai, the almighty God

שְׁדֵיאוּר *m. PN* Shedëur

שֵׁדִים *m.* demons, evil spirits Dtn 32:17; Ps 106:37◦

שָׁדַיִם *f.* du. breasts 4 שָׁדַי שָׁדַיִךְ שָׁדֶיהָ שְׁדֵיהֶן

שַׁדִּין Job 19:29 *kt.* דִּין + שֶׁ judgement◦

שְׁדֵמָה *f.* sg. ear Isa 37:27; pl. field, terrace, plantation; vineyard Dtn 32:32 - 2 שְׁדֵמוֹת 3 שַׁדְמוֹת שַׁדְמֹת

√ שׁדף *q* pass.: scorched 11 שְׁדוּפֹת שְׁדֻפוֹת Gen 41:6.23.27◦

שְׁדֵפָה ← שׁדף *f.* scorched 2 Kgs 19:26◦

שִׁדָּפוֹן ← שׁדף *m.* disease of grain (like a burning), blight, smut

שַׁדְרַךְ *m. PN* Shadrach

שֹׁהַם I. a precious stone, onyx

שֹׁהַם II. *m. PN* Shoham 1 Chr 24:27◦

שָׁו *m.* emptiness Job 15:31 ↪ שָׁוְא◦

שָׁוְא[B] *m.* the void, lie, nothingness, vain, worthlessness; false, empty

שְׁוָא *m. PN* Sheva 2 Sam 20:25 *qr.*; 1 Chr 2:49◦

שׁוֹא ← שׁאה *m.* mischief, destruction; others: dangerous animals 4 שֹׁאֵיהֶם Ps 35:17◦

שׁוֹאָה & שֹׁאָה[B] ← שׁאה *f.* destruction, devastation, ruin, disaster; storm, tempest 1 שֹׁאַת

שׁוּב[B] *q* turn around, turn back, return; turn away, digress; with מִן let go of something, take something back, undo; revert Ez 46:17; straighten up, restore Ps 85:5 - 5 שָׁב שָׁבָה וְשָׁבַת
3.sg.f.; שַׁבְתָּ וְשַׁבְתִּי וְשָׁבוּ וְשַׁבְתֶּם שַׁבְנוּ 6
תָּשׁוּבִי תָּשָׁב־ תָּשׁוּב יָשָׁב־ יָשֹׁב יָשֶׁב יָשׁוּב
תָּשֻׁבוּ יְשׁוּבוּן יְשֻׁבוּן יָשׁוּבוּ אָשׁוּבָה אָשׁוּב
נָשֻׁבָה נָשׁוּבָה נָשׁוּב תְּשׁוּבֶינָה תָּשֹׁבְןָ תָּשֹׁבְנָה
וַתָּשֻׁבוּ וַיָּשֻׁבוּ וַיָּשׁוּבוּ וָאָשֻׁב וַיָּשֹׁב וַיָּשָׁב 7
שׁוּבֶךָ[e] *p* שׁוּבְךָ[e] שׁוּבוֹ[e] שֹׁב שׁוּב 8 וָנָשׁוּב
שֵׁב שׁוּב 10 שׁוּב 9 שׁוּבְכֶם[e] שׁוּבֵנִי[e] שְׁבִי[e] שׁוּבִי[e]
שׁוּבוּ שֻׁבוּ שׁוּבִי שֻׁבִי שׁוּבֵינוּ[e] שׁוּבָה שֻׁבָה
שָׁבֶיהָ[e] שָׁבֵי שָׁבִים שָׁבָה שָׁב 11 שְׁבֻנָה pass.
שׁוּבֵי

polel (or *pilel*) lead, bring back, restore; lead astray, delude Isa 47:10 - 5 שׁוֹבַבְתֶּךָ[e] שׁוֹבְבָה
3.sg.f.; שׁוֹבְבוּם[e] וְשׁוֹבַבְתִּיךָ[e] וְשֹׁבַבְתִּי Jer
50,6 *qr*. 6 בְּשׁוֹבְבִי[e] לְשׁוֹבֵב 8 תְּשׁוֹבֵב יְשׁוֹבֵב
11 מְשׁוֹבֵב

polal (or *pil* pass.) be restored; others: escape 11 מְשׁוֹבֶבֶת Ez 38:8◦

hif bring back; restore, undo, heal, save; push back, fend off; with לֵב take something to heart; with אַף hold back one's anger; in connection with a negative term: retaliate; with דָּבָר
answer 5 הֵשִׁיב הֱשִׁיבוֹ[e] הֱשִׁיבְךָ[e] וַהֲשִׁיבְךָ[e] וֶהֱשִׁיבְךָ[e]
וַהֲשֵׁבֹתוֹ[e] הֱשִׁיבוֹתָ וַהֲשֵׁבֹתָ; הֱשִׁיבַנִי[e]
וַהֲשִׁבֹתִיךָ[e] הֲשִׁיבֹתִי הֲשִׁיבֹתָם[e] הֲשֵׁבֹתָם[e]
וַהֲשִׁיבֹתֶם הֲשֵׁבֹתֶם וְהֵשִׁיבוּ הֲשִׁבוֹתִים[e]
יְשִׁיבֶהָ[e] יְשִׁיבֶנּוּ[e] יְשִׁיבֵהוּ[e] יָשֵׁב יָשִׁיב 6 הֱשִׁיבֹנוּ
תְּשִׁיבֶנּוּ[e] תָּשֶׁב תָּשֵׁב תָּשִׁיב יְשִׁיבֵם[e] יְשִׁבֵנִי[e]
אֲשִׁיבָה אָשִׁיב תָּשִׁיבִי תְּשִׁיבֵם[e] תְּשִׁיבֵנִי[e]
יָשִׁיבוּ אֲשִׁיבֶךָ[e] *p* אֲשִׁיבְךָ[e] אֲשִׁיבֶנָּה[e] אֲשִׁיבֶנּוּ[e]
7 נָשִׁיב תָּשֵׁבְנָה תָּשִׁיבוּ יְשִׁיבוּנִי[e] וַיְשִׁיבֵהוּ[e]
וַיָּשִׁבוּ וָאָשִׁיבָה וָאָשֵׁב וָאָשִׁיב וַיְשִׁיבֶהוּ[e] וַיָּשֶׁב
הָשִׁיב 8 וַנָּשִׁיב וַתָּשִׁיבוּ וַיְשִׁבוּ וַיְשִׁבוּם[e] וַיָּשִׁיבוּ
9 הֲשִׁיבָם[e] הֲשִׁבֵנִי[e] הֲשִׁיבָהּ[e] הֲשִׁיבוֹ[e]
הָשִׁיבָה הָשֵׁיב הָשֵׁב *p* הָשֵׁב 10 הָשֵׁב
הָשִׁיבוּ הֲשִׁיבֵנוּ[e] הֲשִׁבֵנִי[e] הֲשִׁיבֵהוּ[e]
מְשִׁבַת מְשִׁיבֵי מְשִׁיבִים מֵשִׁיב 11 הֲשִׁיבֵהוּ[e]

hof be brought back Ex 10:8; Jer 27:16; fall, go to Num 5:8; be given back Gen 42:28; 43:12 - 5 מוּשָׁבִים הַמּוּשָׁב 11 וַיּוּשַׁב 7 הוּשַׁב◦

שׁוּבָאֵל *m. PN* Shubael 1 Chr 24:20 ↪ שְׁבוּאֵל◦

שׁוֹבָב ↩ שׁוּב *m.* I. averted, apostate, disloyal 2 שׁוֹבָבִים Isa 57:17; Jer 3:14.22; 50:6 *kt*.◦

שׁוֹבָב II. *m. PN* Shobab

שׁוֹבֵב *m.* & שׁוֹבֵבָה *f.* ↩ שׁוּב apostate, unfaithful Jer 31:22; 49:4; Mi 2:4◦

שׁוּבָה ↩ שׁוּב *f.* repentance, returning Isa 30:15◦

שׁוֹבַךְ *m. PN* Shobach 2 Sam 10:16.18◦

שׁוֹבָל *m. PN* Shobal

שׁוֹבֵק *m. PN* Shobek Neh 10:25◦

שׁוֹד ↩ שֹׁד devastation, destruction

שׁוּד ↩ שדד

שׁוה I. *q* be equal, similar, comparable; be appropriate; act accordingly; be sufficient, satisfying 5 שָׁוָה 6 יִשְׁוֶה אֶשְׁוֶה תִּשְׁוֶה 11 שֹׁוֶה

nif (or *nitpael*) be similar, comparable 5 נִשְׁתָּוָה Prov 27:15◦

pi level, adjust Isa 28:25; make equal 2 Sam 22:34; Ps 18:34; soothe, appease Ps 131:2; act like; others: lie down Isa 38:13 - 5 שִׁוִּיתִי שִׁוָּה 11 מְשַׁוֶּה◦

hif equate, compare 6 תַּשְׁווּ אַשְׁוֶה Isa 46:5; Lam 2:13◦

1 st.c. sg. 2 st.a. pl. 3 st.c. pl. 4 with *epp* 5 SC 6 PC 7 narrative 8 inf.c. 9 inf.a. 10 imp. 11 part.

nitpael ↪ *nif*

✓ שׁוה II. *pi* set, place, bring forth; with נֶגֶד have in mind Ps 16:8; with פְּרִי bear fruit Hos 10:1 – 5 שִׁוָּה 6 שִׁוִּיתִי יְשַׁוֶּה 11 תְּשַׁוֶּה מְשַׁוֶּה

pu be laid down 6 תְּשֻׁוֶּה Job 30:22 *kt.*; *qr.* תּוּשִׁיָּה success◦

שָׁוֵה ↩ שׁוה *m.* plain; part of the *pln* שָׁוֵה קִרְיָתַיִם Shaveh-Kiryatayim Gen 14:5.17◦

✓ שׁוח *q* incline, sink 5 שָׁחָה Prov 2:18◦

שׁוּחַ *m. PN* Shuach Gen 25:2; 1 Chr 1:32◦

שׁוּחָה ↩ שׁחה I. *f.* pit, trap; ravine, abyss Jer 2:6

שׁוּחָה II. *m. PN* Shuha 1 Chr 4:11◦

שׁוּחִי & שֻׁחִי *pn* Shuhite

שׁוּחָם *m. PN* Schuham Num 26:42◦

שׁוּחָמִי *pn* Shuhamite Num 26:42f◦

✓ שׁוט I. *q* go back and forth, roam around, walk around; pt. oarsman Ez 27:8.26 - 5 שָׁטוּ 7 וַיָּשֻׁטוּ 8 שֻׁט שׁוּט 10 שׁוּט 11 שָׁטִים

pol move around, roam around; explore 6 יְשֹׁטְטוּ 10 שׁוֹטְטוּ 11 מְשֹׁטְטוֹת מְשׁוֹטְטִים Jer 5:1; Am 8:12; Zec 4:10; Dan 12:4; 2 Chr 16:9◦

hitpolel rush back and forth 10 הִתְשׁוֹטַטְנָה Jer 49:3◦

✓ שׁוט II. *q* dispise 11 שָׁאטוֹת שָׁאטִים Ez 16:57; 28:24.26◦

שׁוֹט *m.* whip, scourge; flood Isa 28:15 *qr.* 2 שׁוֹטִים

שׁוֹטֵר ↪ שׁטר official

שׁוּל *m.* train, hem 3 שׁוּלָיו 4 שׁוּלַיִךְ שׁוּלֵי שׁוּלֶיהָ

שׁוֹלָל *m.* barefoot Mi 1:8 *qr.*; Job 12:17.19◦

שׁוּלַמִּית *f. PN* Shulammite Song 7:1◦

שׁוּמִים *m.* coll. garlic Num 11:5◦

שׁוֹמֵם ↪ שׁמם *pol.*

שׁוֹמֵר *m. PN* Shomer 1 Chr 7:32◦

שׁוּנִי *m. PN* & *pn* Shuni, Shunite Gen 46:16; Num 26:15◦

שׁוּנֵם *pln* Shunem

שׁוּנַמִּית & שֻׁנַמִּית *pn* Shunammite

✓ שׁוע[B] *pi* cry, cry for help 5 שִׁוַּעְתִּי 6 תְּשַׁוַּע *p* וָאֲשַׁוֵּעָה 7 יְשַׁוֵּעוּ *p* יְשַׁוְּעוּ אֲשַׁוֵּעַ *p* אֲשַׁוַּע תְּשַׁוַּע 8 שַׁוְּעִי[e] שַׁוְּעוֹ[e] 11 מְשַׁוֵּעַ

שֶׁוַע (or ↪ שׁוּעַ I.) ↩ שׁוע *m.* cry, cry for help 4 שַׁוְעִי Ps 5:3◦

שׁוֹעַ I. *m.* noble, distinguished Isa 32:5; Job 34:19◦

שׁוֹעַ II. ↩ שׁוע *m.* cry, cry for help Isa 22:5◦

שׁוֹעַ III. *pn* Shoa Ez 23:23◦

שׁוּעַ ↩ שׁוע *m.* I. cry, cry for help 4 שׁוּעֲךָ Job 30:24; 36:19 (Ps 5:3 ↪ שֶׁוַע)◦

שׁוּעַ II. *m. PN* Shua Gen 38:2.12; 1 Chr 2:3◦

שׁוּעָא *f. PN* Shua 1 Chr 7:32◦

שַׁוְעָה ↩ שׁוע *f.* cry, cry for help 1 שַׁוְעַת 4 שַׁוְעָתִי שַׁוְעָתָם

שׁוּעָל I. *m.* fox 2 שׁוּעָלִים שֻׁעָלִים

שׁוּעָל II. *m. PN* & *pln* Shual 1 Sam 13:17; 1 Chr 7:36◦

שׁוֹעֵר & **שֹׁעֵר** ↩ שׁער *m.* guard, gatekeeper 2 הַשֹּׁעֲרִים 3 שֹׁעֲרֵי

✓ **שׁוּף** I. *q* snatch, hit Gen 3:15; cover Ps 139:11; trample, kick Job 9:17; (Am 2:7; suppress Am 8:4) - 6 יְשׁוּפְךָ ᵉיְשׁוּפֵנִי ᵉתְּשׁוּפֶנּוּ cf. ↪ שׁאף◦

שׁוֹפָךְ *m. PN* 1 Chr 19:16.18 Shophach◦

שׁוּפָמִי *pn* Schuphamite Num 26:39◦

שׁוֹפָן part of the *pln* Atrot-Schophan Num 32:35◦

שׁוֹפָר & **שֹׁפָר**[B] *m.* horn, ram's horn, signal (horn), sound of horns, trombone 1 שׁוֹפַר 2 שׁוֹפָרוֹת 3 שׁוֹפְרוֹת 4 שׁוֹפְרֹתֵיהֶם

✓ **שׁוּק** *hif* spill over, overflow 5 הֵשִׁיקוּ Joel 2:24; 4:13◦
pol water 7 ᵉוַתְּשֹׁקְקֶהָ Ps 65:10◦

שׁוֹק *m.* thigh, leg; of animals: club, shank du. 3 שֹׁקַיִם 4 שׁוֹקֵי שׁוֹקָיו

שׁוּק *m.* sidewalk, lane, street 2 שְׁוָקִים Prov 7:8; Song 3:2; Ecc 12:4f◦

שׁוֹקֵקָה & **שֹׁקֵקָה** pt. ↩ שׁקק *f.* thursty Isa 29:8; Ps 107:9◦

✓ **שׁוּר** I. *q* see, look, observe, watch; (stand bent over and) lurk Jer 5:26; descend Song 4:8 (or ↪ II.) 6 יָשׁוּר ᵉיְשׁוּרֶנּוּ ᵉתְּשׁוּרֶנּוּ ᵉתְּשׁוּרֵנִי 10 שׁוּר ᵉאֲשׁוּרֶנּוּ אָשׁוּר תָּשׁוּרִי

✓ **שׁוּר** II. go, travel Isa 57:9; carry Ez 27:25 - 7 וַתָּשֻׁרִי 11 שָׁרוֹתַיִךְ◦

שׁוֹר[B] *m.* ox, bull 2 שְׁוָרִים 4 שׁוֹרוֹ שֹׁרְךָ שׁוֹרְךָ *p* שׁוֹרֶךָ

שׁוּר I. *m.* wall Gen 49:22; 2 Sam 22:30; Ps 18:30◦

שׁוּר II. *m.* enemy Ps 92:12 (*var.* ↪ שׁוֹרֵר) 4 שׁוּרָי◦

שׁוּר III. *pln* Shur

שׁוּרָה *f.* wall; others: terrace, row (of a vineyard) 4 שׁוּרֹתָם Job 24:11 (Jer 5:10 cf. ↪ שָׂרָה)◦

שׁוֹרֵר *m.* enemy, harasser 4 שׁוֹרְרַי *p* שֹׁרְרָי שׁוֹרְרָי

ⓘ It is not clear what verbal root the word is based on - possibly שׁור meaning *ambush*. However, another root, שׁור III., which is not documented in Hebrew, may be responsible, or שׁרר.

✓ **שׁושׁ** ↪ שׂשׂה

שַׁוְשָׁא *m. PN* Shavsha 1 Chr 18:16◦

שׁוּשַׁן I. *m.* & **שׁוֹשַׁנָּה** *f.* lily; lily-shaped; Psalm heading Ps 45:1; 60:1; 69:1; 80:1 - 1 שׁוֹשַׁנַּת 2 שׁוֹשַׁנִּים שֹׁשַׁנִּים

ⓘ Some translators understand the word as the name of other flowers, e.g. rose. What it means in the psalm titles is completely unclear.

שׁוּשַׁן II. *pln* Susa Neh 1:1; Est 1:2.5; 3:15; Dan 8:2◦

שׁוּשַׁק 1 Kgs 14:25 *kt. m. PN* Shishak ↪ *qr.* שִׁישַׁק◦

✓ **שׁות** ↪ שׁית

שׁוּתֶלַח *m. PN* Shutelach

שׁוּתַלְחִי *pn* Shutelachite Num 26:35◦

✓ שׁזף *q* see Job 20:9; 28:7; tan, burn (sun looking at someone) Song 1:6 - 5 שְׁזָפַתּוּ שֶׁזְּפַתְנִיᵉ◦

✓ שׁזר *hof* be woven, twined 11 מָשְׁזָר

שַׁח ↩ שׁחח *m.* downcast Job 22:29◦

✓ שׁחד *q* make a present 7 וַתִּשְׁחֳדִי 10 שִׁחֲדוּ Ez 16:33; Job 6:22◦

שֹׁחַד ↩ שׁחד *m.* gift, tribute, bribe

✓ שׁחהᴮ *q* bow 10 שְׁחִי Isa 51:23◦

hif weigh down, bend, depress 6 יַשְׁחֶנָּהᵉ Prov 12:25◦

hitp bow, prostrate, worship, serve 5 וְהִשְׁתַּחֲוָה וְהִשְׁתַּחֲוִיתֶם הִשְׁתַּחֲווּ הִשְׁתַּחֲוֵיתִי הִשְׁתַּחֲוִיתָ אֶשְׁתַּחֲוֶה תִּשְׁתַּחֲוֶה יִשְׁתַּחוּ יִשְׁתַּחֲוֶה 6 וַיִּשְׁתַּחוּ 7 נִשְׁתַּחֲוֶה תִּשְׁתַּחֲווּ יִשְׁתַּחֲווּ בְּהִשְׁתַּחֲוָיָתִיᵉ לְהִשְׁתַּחֲוֹת 8 וַתִּשְׁתַּחֲוֶיןָ 10 מִשְׁתַּחֲוִים מִשְׁתַּחֲוֶה 11 הִשְׁתַּחֲווּ הִשְׁתַּחֲוִי מִשְׁתַּחֲוִיתֶם

ⓘ The forms listed here under *hitp* originate according to newer understanding from חוה and are in the *hištafel.*

שִׁחוֹר & שִׁיחוֹר & שִׁחֹר ↩ שׁחר river, canal Shichor Jos 13:3; Isa 23:3; Jer 2:18; 1 Chr 13:5◦

ⓘ Meant is the „dark" arm of the Nile.

שְׁחוֹר ↩ שׁחר *m.* dark Lam 4:8◦

שְׁחוּת *f.* pit 4 שְׁחוּתוֹ Prov 28:10◦

✓ שׁחחᴮ *var.* ↪ שׁחה *q* bend, stoop, cower; humble oneself; be bent, suffer 5 שַׁחוֹתִי שַׁח תָּשׁוֹחַ יָשֹׁחַ 6 שָׁחֲחוּ שַׁחוּ שַׁחֹתִי Lam 3:20 *qr.*, *kt.* hif; וַיָּשֹׁחוּ 7 יָשֹׁחוּ 8 שְׁחוֹחַ

nif be stooped, humbled Isa 2:9; 5:15; 29,4; incline, fade away Ecc 12:4 - 6 וְיִשַּׁחוּ תִּשַּׁח 7 וַיִּשַּׁח◦

hif stoop, humble 5 הֵשַׁח 6 תָּשִׁיחַ Isa 25:12; 26:5; Lam 3:20 *kt.* (but cf. ↪ שׂיח)◦

✓ שׁחטᴮ I. *q* slaughter; kill, murder; pt.pass. Jer 9:7 *qr.* deadly 5 שָׁחֲטוּ וְשָׁחַטְתָּ שְׁחָטוֹᵉ שָׁחַט *p* יִשְׁחָטוּ תִּשְׁחַט יִשְׁחָט *p* יִשְׁחַט 6 שְׁחַטְתֶּם וַיִּשְׁחָטֵםᵉ וַיִּשְׁחָטֵהוּᵉ וַיִּשְׁחַט 7 תִּשְׁחֲטוּ יִשְׁחָטוּ שַׁחֲטָםᵉ שְׁחֹט שָׁחוֹט 8 וַיִּשְׁחָטוּהוּᵉ וַתִּשְׁחֲטִי 9 שְׁחוּטָה שָׁחוּט pass. שׁוֹחֵט 11 שַׁחֲטוּ 10 שָׁחֹט שְׁחָטָה

nif be slaughtered 6 תִּשָּׁחֵט יִשָּׁחֵט Lev 6:18; Num 11:22◦

✓ שׁחט II. *q* pt.pass. hammered, beaten; others: alloyed 1 Kgs 10:16f; 2 Chr 9:15f - 11 שָׁחוּט זָהָב

שַׁחֲטָה *f.* slaughtering; others: pit (= ↪ שַׁחַת) Hos 5:2◦

שׁוּחִי & שֻׁחִי *pn* Shuchite

שְׁחִיטָה ↩ שׁחט *f.* slaughtering 1 שְׁחִיטַת 2 Chr 30:17◦

שְׁחִין *m.* ulcer

שָׁחִיס *m.* what grows by itself, self seeding plants Isa 37:30 ↪ סָחִישׁ◦

שְׁחִית ↩ שׁחה *f.* pit, pitfall; fig. perdition Ps 107:20; Lam 4:20 - 4 שְׁחִיתוֹתָם שְׁחִיתֹתָם◦

שַׁחַל *m.* lion *p* שָׁחַל

שְׁחֵלֶת a spice, smoked claw Ex 30:34◦

שַׁחַף *m.* seagull Lev 11:16; Dtn 14:15◦

1 st.c. sg. 2 st.a. pl. 3 st.c. pl. 4 with *epp* 5 SC 6 PC 7 narrative 8 inf.c. 9 inf.a. 10 imp. 11 part.

שַׁחֶפֶת *f.* consumption, emaciation Lev 26:16; Dtn 28:22◦

שַׁחַץ *m.* proud beast *p* בְּנֵי־שָׁחַץ Job 28:8; 41:26◦

שַׁחֲצוֹמָה Jos 19:22 *kt. pln; qr.* Shahazaim◦

✓ שחק *q* crush, grind, mash; wash out 5 שָׁחֲקוּ וְשָׁחַקְתָּ 6 אֶשְׁחָקֵם[e] Ex 30:36; 2 Sam 22:43; Ps 18:43; Job 14:19◦

שַׁחַק ↔ שחק *m.* clouds, sky; dust Isa 40:15 - שְׁחָקִים 2

✓ שחר I. *q* turn black 5 שָׁחַר Job 30:30◦

✓ שחר II. *q* strive, seek 11 שֹׁחֵר Prov 11:27◦

pi seek; strive for something, desire; castigate, discipline Prov 13:24 - 5 שִׁחֲרוֹ[e] שִׁחַרְתָּנִי[e] 6 יְשַׁחֲרֻנְנִי[e] אֲשַׁחֲרֶךָּ[e] תְּשַׁחֵר 8 שַׁחֵר 11 מְשַׁחֲרֵי[e] מְשַׁחֲרַי

✓ שחר III. pi charm away 8 שַׁחְרָהּ[e] Isa 47:11◦

ⓘ Some scholars consider this word to be a noun with *epp* and translate *you do not know when it begins* ↪ שַׁחַר.

שָׁחֹר *m.* & שְׁחוֹרָה *f.* black 2 שְׁחֹרִים שְׁחֹרוֹת

שַׁחַר *m.* dawn, dusk *p* שָׁחַר

שִׁחֹר & שִׁחוֹר & שִׁיחוֹר ↔ שחר I. *pn* the river, canal Shichor Jos 13:3; Isa 23:3; 1 Chr 13:5◦

ⓘ Meant ist he „dark" arm of the Nile.

שַׁחֲרוּת *f.* youth (↔ שחר II.); others: (time of) black hair (↔ שחר I.) Ecc 11:10 ◦

שְׁחַרְחֹרֶת ↔ שחר I. *f.* dark, tanned Song 1:6◦

שְׁחַרְיָה *m. PN* Shehariah 1 Chr 8:26◦

שַׁחֲרַיִם *m. PN* Shaharaim 1 Chr 8:8◦

✓ שחת[B] *nif* be devastated, lie in ruins; be corrupt, spoiled Gen 6:11 - 5 נִשְׁחֲתָה *p* נִשְׁחַת 6 תִּשָּׁחֵת 7 וַתִּשָּׁחֵת 11 נִשְׁחָתוֹת

pi devastate, destroy, ruin; corrupt oneself Dtn 9:12 - 5 שִׁחֵת שִׁחֲתָהּ[e] שִׁחֶתְךָ[e] שִׁחַתָּ שִׁחֲתוּ *p* שִׁחֵתוּ שִׁחַתֶּם 8 שַׁחֵת שַׁחֲתָהּ[e] שַׁחֲתָם[e] 10 שַׁחֵתוּ שַׁחֶתְכֶם[e]

hif devastate, destroy, ruin; spoil, corrupt Gen 6:12; cut, mar (beard) Lev 19:27 – 5 הִשְׁחִית וְהִשְׁחַתִּי וְהִשְׁחִיתוּ הִשְׁחַתֶּם 6 יַשְׁחִית יַשְׁחִית תַּשְׁחִיתֵהוּ[e] תַּשְׁחִית תַּשְׁחֵת יַשְׁחִיתֶךָ[e] וַתַּשְׁחִתֵם[e] וַתַּשְׁחִית וַיַּשְׁחֵת 7 נַשְׁחִיתָה הַשְׁחִיתָהּ[e] הַשְׁחִתוֹ[e] הַשְׁחִית 8 וַאַשְׁחִיתֵךְ[e] מַשְׁחִית 11 הַשְׁחֵת 9 הַשְׁחִיתָם[e] הַשְׁחִיתֶךָ[e] מַשְׁחִתִים מַשְׁחִתִם מַשְׁחִיתִים מַשְׁחִיתָם[e]

hof be polluted Prov 25:26; be defective Mal 1:14 - 11 מָשְׁחָת◦

שַׁחַת *f.* pit, pitfall; grave, realm of the dead, perdition *p* שָׁחַת 4 שַׁחְתָּם

ⓘ Some scholars derive this word from ↪ שחת, others from ↪ שוח; perhaps it is a *nomen primitivum.*

שִׁטָּה acacia 2 שִׁטִּים

✓ שטח *q* spread, pour, sprinkle 5 וּשְׁטָחוּם[e] 7 וַיִּשְׁטְחוּ וַתִּשְׁטַח 9 שָׁטוֹחַ 10 שְׁטַח

pi spread out, stretch out 5 שִׁטַּחְתִּי Ps 88:10◦

שֹׁטֵט ↔ שוט *m.* scourge, whip Jos 23:13◦

שִׁטִּים *pln* Shittim

✓ שטף *q* wash out, wash away; flow, pour out, overflow, flood, sweep away 5 שָׁטַף שְׁטָפָתְנִי[e]

שִׁחוֹר & שִׁחֹר & שִׁיחוֹר I. *pn* stream, canal Shichor Jos 13:3; Isa 23:3; 1 Chr 13:5◦

ⓘ Meant ist he „dark" arm of the Nile.

שִׁיחוֹר לִבְנָת *pn* Shichor-Libnath; the „dark" stream Libnath Jos 19:26◦

שַׁיִט *m.* oar Isa 33:21; Isa 28:15 *kt.; qr.* שׁוֹט scourge, others: flood◦

שִׁילֹה Gen 49:10 *kt. pln* Shilo ↪ שִׁילוֹ, but *qr.* interpretes שֶׁלֹּו = אֲשֶׁר לוֹ what belongs to him; others *PN* Shilo or *hero*◦

שִׁילוֹ *pln* Shilo

שִׁלֹנִי & שִׁילֹנִי & שִׁילוֹנִי *pn* Shilonite

שֵׁילָל *kt.* Mi 1:8; *qr.* ↪ שׁוֹלָל barefoot◦

שִׁימוֹן *m. PN* Shimon 1 Chr 4:20◦

✓ שִׁין ↪ שתן *hif* (or *q*; with reflective *t*) piss 11 מַשְׁתִּין

ⓘ With בְּקִיר a rather drastic paraphrase of the male sex.

שַׁיִן ↩ שין *m.* piss 4 שֵׁינֵיהֶם 2 Kgs 18:27 *kt.*; Isa 36:12 *kt.*◦

✓ שִׁיר[B] *q* sing 5 שָׁר 6 יָשִׁיר אָשִׁירָה יָשִׁירוּ 7 וַתָּשַׁר 8 שִׁיר 10 שִׁירוּ נָשִׁיר נָשִׁירָה 11 שָׁר שָׁרוֹת שָׁרִים

pol sing 5 שֹׁרְרוּ 6 יְשׁוֹרֵר 11 מְשֹׁרְרִים מְשׁוֹרֵר מְשֹׁרְרוֹת

hof be sung 6 יוּשַׁר Isa 26:1◦

שִׁיר[B] ↩ שיר *m.* song, singing 2 שִׁרִים שִׁירִים 4 שִׁירֵיכֶם שִׁירָיִךְ שִׁרֶיךָ שִׁירֵי שִׁירָהּ שִׁירוֹ

שֵׁירוֹת *f.* bracelets, clasps Isa 3:19◦

3.sg.f.; תִּשְׁטְפֵנִי[e] יִשְׁטוֹף 6 שְׁטָפוּנִי[e] 3.sg.f.; וַיִּשְׁטֹף 7 יִשְׁטְפוּךָ[e] יִשְׁטְפוּ *p* יִשְׁטְפוּ אֶשְׁטוֹף וְאֶשְׁטֹף 11 שֹׁטֵף שׁוֹטֵף שֹׁטְפִים

nif be rinsed Lev 15:12; be washed away Dan 11:22 - 6 יִשָּׁטֵף יִשָּׁטְפוּ

pu be rinsed 5 שֻׁטַּף Lev 6:21◦

שֶׁטֶף & שֵׁטֶף ↩ שטף *m.* flood, current, downpour

✓ שֹׁטֵר *q* pt. official, supervisor, commander 11 שֹׁטֵר שׁוֹטֵר שֹׁטְרִים שֹׁטְרֵי שֹׁטְרָיו[e]

שִׁטְרַי *m. PN* Shitrai 1 Chr 27:29 *kt.*◦

שַׁי *m.* gift Isa 18:7; Ps 68:30; 76:12◦

שְׁיָא *m. PN* 2 Sam 20:25 *kt.*; *qr.* שְׁוָא Sheva◦

שִׁיאֹן *pln* Shion Jos 19:19◦

שִׁיבָה I. ↩ שוב *f.* captivity, captives 1 שִׁיבַת Ps 126:1◦

שִׁיבָה II. ↩ ישב *f.* sojourn 4 שִׁיבָתוֹ 2 Sam 19:33◦

✓ שִׁיה *q* disregard, forget 6 תֶּשִׁי Dtn 32:18◦

שָׁיו Job 15:31 *qr.*; ↪ שָׁוְא lie, deceit ◦

שִׁיזָא *m. PN* Shiza 1 Chr 11:42◦

✓ שִׁיח *q* be depressed, sad, dejected; sink down 5 שָׁחָה 6 תָּשִׁיחַ Ps 44:26; Lam 3:20 *kt.* (*qr.* ↪ שׁחח)◦

hitpolel be depressed, sad, sorrowful 6 תִּשְׁתּוֹחֲחִי תִּשְׁתּוֹחָח Ps 42:6f.12; 43:5◦

ⓘ The latter forms (*hitp*) can also originate from שׁחח; these roots, שׁחה and שׁוח, belong to the same family.

שִׁיחָה ↩ שוח *f.* pit, pitfall 2 שִׁיחוֹת Jer 18:22 *kt.*; Ps 57:7; 119:85◦

שִׁירָה ← שִׁיר *f.* song, singing 1 שִׁירַת 2 שִׁירוֹת

שַׁיִשׁ *m.* marble, alabaster 1 Chr 29:2◦

שִׁישָׁא *m. PN* Shisha 1 Kgs 4:3◦

שִׁישַׁק *m. PN* Shishak

✓ **שִׁית**[B] *q* set, put; place, set up; lay, arrange, organize; order, appoint; make, create; obtain; leave alone Job 10:20; with עַיִן fig. look for an opportunity - 5 שָׁת שָׁתָה שָׁתָם[e] 3.sg.f.; שַׁתָּה 2.sg.m.; שַׁתָּ שַׁתַּנִי[e] שַׁתִּי שַׁתָּהּ[e] שָׁתוּ שַׁתּוּ 6 יָשִׁית יָשֶׁת יָשֶׁת יְשִׁיתֵהוּ[e] תְּשִׁיתִי תְּשִׁיתֵמוֹ[e] אָשִׁית אֲשִׁיתֵהוּ[e] אֲשִׁתֵנוּ[e] אֲשִׁיתְךָ[e] אֲשִׁיתֵךְ[e] וַתָּשֶׁת וַיָּשֶׁת־ 7 תָּשִׁיתוּ[e] יְשִׁתֻהוּ יָשִׁיתוּ יְשִׁיתֻהוּ שִׁית 8 וַיָּשִׁיתוּ וַתְּשִׁתֵהוּ[e] שִׁית 10 שִׁית 9 שָׁתִי[e] שִׁית שִׁיתָה שִׁיתֵמוֹ[e] שִׁיתִי שִׁתִי שִׁיתוּ

hof be imposed on 6 יוּשַׁת Ex 21:30◦

שִׁית *m.* clothing, garment Ps 73:6; Prov 7:10◦

שַׁיִת coll. *m.* thorns, thistles *p* שָׁיִת 4 שִׁיתוֹ

✓ **שׁכב**[B] *q* lie down 5 שָׁכַב *p* שָׁכָב שָׁכְבָה וְשָׁכַבְתִּי שָׁכַבְתָּ *qr.*; *kt.:* שָׁכַבְתִּי; שָׁכָבְתְּ *p* תִּשְׁכַּב יִשְׁכַּב *p* יִשְׁכָּב 6 שְׁכַבְתֶּם שָׁכְבוּ יִשְׁכָּבוּ יִשְׁכָּבוּן אֶשְׁכַּב אֶשְׁכְּבָה תִּשְׁכָּב וַיִּשְׁכְּבוּ וַתִּשְׁכַּב *p* וַתִּשְׁכַּב וַיִּשְׁכַּב 7 יִשְׁכָּבֶנָּה[e] 8 שְׁכַב לִשְׁכַּב שָׁכְבוֹ[e] בְּשָׁכְבָהּ[e] בְּשָׁכְבְּךָ[e] 9 שָׁכֹב 10 שְׁכַב *p* שְׁכָב שִׁכְבָה שִׁכְבִי 11 שׁוֹכֵב שֹׁכֵב שֹׁכְבִים שֹׁכְבֵי שֹׁכֶבֶת

nif be raped Isa 13:16 qr.; Zec 14:2 *qr.* 6 תִּשָּׁכַבְנָה◦

pu have sex 5 שֻׁכַּבְתְּ Jer 3:2 *qr.*◦

hif lay down; let someone lie down, give rest Hos 2:20; pour out Job 38:37 - 5 הִשְׁכִּיבָה וְהִשְׁכַּבְתִּים[e] 6 יַשְׁכִּיב 7 וַיַּשְׁכִּבֵהוּ[e] הַשְׁכֵּב 9 וַיַּשְׁכִּבֶהוּ[e] וַתַּשְׁכִּיבֵהוּ[e]

hof lie, be laid, lie down 5 הָשְׁכַּב 8 הָשְׁכְּבָה 11 וְהָשְׁכְּבָה מֻשְׁכָּב 2 Kgs 4:32; Ez 32:19.32◦

שְׁכָבָה ← שׁכב *f.* lying, layer (of dew) Ex 16:13f; with זֶרַע ejaculation Lev 15:16ff; יִשְׁכַּב אֶת־אִשָּׁה שִׁכְבַת־זֶרַע *have sex with a woman and ejaculate* Lev 19:20 - 1 שִׁכְבַת

שְׁכֹבֶת ← שׁכב *f.* sexual intercourse 4 שְׁכָבְתּוֹ שְׁכָבְתְּךָ Lev 18:20.23; 20:15; Num 5:20◦

✓ **שׁכה** *hif* be horny 11 מַשְׁכִּים Jer 5:8◦

שְׁכוֹל ← שׁכל *m.* childlessness, loneliness Isa 47:8f; Ps 35:12◦

שַׁכּוּל *m.* & **שַׁכֻּלָה** *f.* ← שׁכל deprived of the offspring, childless 2 שַׁכֻּלוֹת

שְׁכוּלָה ← שׁכל *f.* childless, barren Isa 49:21◦

שִׁכּוֹר & **שִׁכֹּר** *m.* & **שִׁכֹּרָה** *f.* ← שׁכר drunk, boozed 2 שִׁכּוֹרִים 3 שִׁכּוֹרֵי שִׁכֹּרֵי

✓ **שׁכח**[B] *q* forget 5 שָׁכַח שְׁכֵחָנִי[e] שָׁכְחָה *p* שָׁכֵחָה שָׁכַחַתְּ שְׁכַחְתָּנִי[e] שָׁכַחַתְּ שָׁכַחְתִּי 6 שְׁכַחֲנוּךָ[e] שְׁכֵחֻנִי[e] שְׁכֵחוּנִי[e] שְׁכֵחוּךָ[e] שָׁכְחוּ תִּשְׁכָּחִי *p* תִּשְׁכְּחִי תִּשְׁכַּח יִשְׁכָּחֵהוּ[e] יִשְׁכַּח וַיִּשְׁכַּח 7 תִּשְׁכַּחְנָה אֶשְׁכָּחֲה אֶשְׁכַּח 11 שֹׁכְחֵי 10 שְׁכַח 9 וַיִּשְׁכְּחוּ וַתִּשְׁכַּח וַיִּשְׁכָּחֵהוּ[e] שְׁכֵחֵי

ⓘ For Ps 137:5 some scholars assume a root שׁכח II. with the meaning *wither*.

nif be forgotten 5 נִשְׁכַּח *p* נִשְׁכָּח נִשְׁכַּחַת 11 תִּשָּׁכַח *p* תִּשָּׁכֵחַ יִשָּׁכַח 6 נִשְׁכְּחוּ נִשְׁכַּחְתִּי נִשְׁכָּחִים נִשְׁכַּחַת נִשְׁכָּחָה

pi make forget 5 שִׁכַּח Lam 2:6◦

hif consign something to oblivion 8 לְהַשְׁכִּיחַ Jer 23:27◦

hitp be forgotten 6 יִשְׁתַּכְּחוּ Ecc 8:10◦

שָׁכֵחַ ↩ שׁכח *m.* someone who forgets 2 שְׁכֵחִים 3 שְׁכֵחֵי Isa 65:11; Ps 9:18◦

√ **שׁכך** *q* subside, abate; cower Jer 5:26 - 5 שַׁךְ שֹׁךְ 8 וַיָּשֹׁכּוּ 7 שָׁכָכָה

hif lessen, make cease 5 וַהֲשִׁכֹּתִי Num 17:20◦

√ **שׁכל** *q* loose, be bereft (of one's offspring) 5 אֶשְׁכַּל תִּשְׁכַּל 6 שָׁכָלְתִּי *p* שָׁכֹלְתִּי

pi make childless, depopulate; make, be barren; miscarry 5 שִׁכַּלְתִּי שִׁכְּלָתְהּ[e] שִׁכְּלָה תְּשַׁכֶּל־ תְּשַׁכֵּל 6 שִׁכְּלָךְ[e] שִׁכְּלוּ שִׁכַּלְתִּים[e] *p* מְשַׁכֶּלֶת מְשַׁכֵּלָה 11 שִׁכְּלָם[e] 8 תְּשַׁכְּלִי מְשַׁכָּלֶת

hif as adj. barren, miscarrying 11 מַשְׁכִּיל Hos 9:14◦

ⓘ In Jer 50:9 most scholars change the vocalization to מַשְׂכִּיל *successful, victorious* ↩ שׂכל.

שְׁכֻלִים ↩ שׁכל *m.* childlessness 4 שִׁכֻּלָיִךְ Isa 49:20◦

√ **שׁכם**[B] *hif* get up early in the morning; in conjunction with another verb, the root expresses timeliness and intensity: to do something early, to be early, eager, diligent, constant; וָאֲדַבֵּר אֲלֵיכֶם הַשְׁכֵּם וְדַבֵּר *I have spoken to you again and again* Jer 7:13 - 5 הִשְׁכִּים הִשְׁכִּימוּ וַיַּשְׁכֵּם 6 וְהִשְׁכַּמְתֶּם 7 נַשְׁכִּימָה תַּשְׁכִּים 10 אַשְׁכִּים הַשְׁכֵּם הַשְׁכִּים 9 וַיַּשְׁכִּמוּ וַיַּשְׁכִּימוּ מַשְׁכִּימֵי מַשְׁכִּים 11 הַשְׁכֵּם

ⓘ This root is denominated of the following word and originally means *load the back of an animal.*

שְׁכֶם I. *m.* shoulder, neck, back; ridge Gen 48:22; *p* שֶׁכֶם 4 שִׁכְמוֹ שִׁכְמָהּ שִׁכְמְךָ שִׁכְמִי שִׁכְמָם

שְׁכֶם II. *m. PN* & *pln* Shechem

שֶׁכֶם *m. PN* Shechem

שִׁכְמִי *pn* Shechemite Num 26:31◦

√ **שׁכן**[B] *q* dwell, settle, reside, be present, stay; *the place where God chooses to establish (place, let live) his name* Dtn 26:2 et passim
5 שָׁכַן *p* שָׁכֵן שָׁכְנָה שָׁכְנָה וְשָׁכַנְתְּ וְשָׁכַנְתְּ וְשָׁכַנְתִּי
תִּשְׁכָּן־ תִּשְׁכֹּן יִשְׁכָּן־ יִשְׁכּוֹן יִשְׁכֹּן 6 וְשָׁכְנוּ
p יִשְׁכְּנוּ אֶשְׁכְּנָה *p* אֶשְׁכֹּנָה אֶשְׁכָּן־ אֶשְׁכּוֹן
וַיִּשְׁכְּנוּ וַיִּשְׁכֹּן וַיִּשְׁכּוֹן 7 תִּשְׁכֹּנָּה יִשְׁכּוֹנוּ יִשְׁכֹּנוּ
שְׁכֹן 10 לִשְׁכְּנִי שָׁכְנוֹ[e] בִּשְׁכֹּן לִשְׁכֹּן לִשְׁכּוֹן 8
שֹׁכְנִי שֹׁכֵן 11 שֹׁכְנוּ שֹׁכֵן sg.cstr.; שֹׁכַנְתִּי *kt.*;
qr.: שֹׁכַנְתְּ Jer 51:13 (both sg.f.); שֹׁכְנֵי שֹׁכְנִים
שֹׁכְנֵיהֶם[e] pass. שְׁכוּנֵי

pi dwell, let dwell, settle 5 וְשִׁכַּנְתִּי שִׁכֵּן 6 לְשַׁכֵּן 8 וַאֲשַׁכְּנָה

hif let dwell, settle, place; with אֹהֶל pitch one's tent 5 וְהִשְׁכַּנְתִּי 6 תַּשְׁכֵּן יַשְׁכֵּן 7 וַיַּשְׁכֵּן וַיַּשְׁכִּינוּ

ⓘ In post-Biblical Hebrew, the word שְׁכִינָה means the presence of God in our world.

שָׁכֵן *m.* & **שְׁכֵנָה** *f.* ↩ שׁכן resident, inhabitant, neighbour 1 שְׁכַן 2 שְׁכֵנוֹת 4 שְׁכֵנוֹ שְׁכֶנְתָּהּ שְׁכֵנָיִךְ 2. Kgs 4:3 *kt. epp* 2.sg.f.; pl. שְׁכֵנָיו שְׁכֵנֵינוּ שְׁכֵנַי שְׁכֵנֶיהָ

שְׁכַנְיָה & **שְׁכַנְיָהוּ** *m. PN* Shechaniah

√ **שׁכר** *q* get or be drunk, tipsy 5 שָׁכְרוּ 6 לְשָׁכְרָה 8 וַיִּשְׁכְּרוּ וַיִּשְׁכָּר 7 יִשְׁכָּרוּן תִּשְׁכְּרִי שִׁכְרוּ 10

pi get someone drunk, inebriate someone 6 מְשַׁכֶּרֶת 11 שַׁכֵּר 9 וַיְשַׁכְּרֵהוּ[e] 7 וַאֲשַׁכְּרֵם[e] 2 Sam 11:13; Isa 63:6; Jer 51:7; Hab 2:15

1 st.c. sg. 2 st.a. pl. 3 st.c. pl. 4 with *epp* 5 SC 6 PC 7 narrative 8 inf.c. 9 inf.a. 10 imp. 11 part.

hif make someone drunk, intoxicate someone 5 וְהִשְׁכַּרְתִּי ᵉהִשְׁכַּרְתִּים 6 אַשְׁכִּיר 10 ᵉהַשְׁכִּירֻהוּ Dtn 32:42; Jer 48:26; 51:39.57◦

hitp act like a drunk 6 תִּשְׁתַּכָּרִין 1 Sam 1:14◦

שֵׁכָר ↩ שכר *m.* alcoholic beverage, beer, others: wine

שִׁכֹּר & שִׁכּוֹר *m.* & שִׁכֹּרָה *f.* ↩ שכר drunk, boozed 2 שִׁכּוֹרִים 3 שִׁכּוֹרֵי שִׁכֹּרֵי

שְׁכֻרַת *f.* drunk Isa 51:21 pt.f. ↪ שכר◦

שִׁכָּרוֹן ↩ שכר I. *m.* drunkenness Jer 13:13; Ez 23:33; 39:19◦

שִׁכָּרוֹן II. *pln* Shikkaron Jos 15:11◦

שַׁל ↩ שלה *m.* presumption, arrogance 2 Sam 6:7◦

שֶׁל composite relative particle שֶׁ + לְ; meaning as ↪ אֲשֶׁר

שַׁלְאֲנַן ↩ שלה *m.* quiet, peaceful Job 21:23◦

✓ שלב *pu* be joined, fitting 11 מְשֻׁלָּבֹת Ex 26:17; 36:22◦

שְׁלַבִּים ↩ שלב *m.* frames, ledges 1 Kgs 7:28f◦

✓ שלג *hif* snow 6 תַּשְׁלֵג Ps 68:15◦

שֶׁלֶג ↩ שלג *m.* snow, snow-white *p* שָׁלֶג

✓ שלה I. *q* prosper, live in peace 5 שָׁלַוְתִּי שָׁלוּ 6 יִשְׁלָיוּ

nif be careless, negligent 6 תִּשָּׁלוּ 2 Chr 29:11◦

hif raise false hopes, deceive 6 תַשְׁלֶה 2 Kgs 4:28◦

✓ שלה II. *q* fordern, nehmen 6 יֵשֶׁל Job 27:8◦

שֵׁלָה I. *f.* request 4 שֵׁלָתֵךְ 1 Sam 1:17 ↪ שְׁאֵלָה◦

שֵׁלָה II. *m. PN* Shelah

שִׁלֹה & שִׁלוֹ & שִׁילֹה & שִׁלֹה *pln* Shilo

שַׁלְהֶבֶת *f.* flame Ez 21:3; Job 15:30◦

שַׁלְהֶבֶתְיָה YHWHs flame Song 8:6◦

ⓘ The theophoric element can also have a comparative character: *an enormous flame.*

שָׁלֵו & שָׁלֵיו & שְׁלֵיו *m.* & שְׁלֵוָה *f.* ↩ שלה carefree, joyful, calm, content 3 שַׁלְוֵי 4 שְׁלֵיו

שָׁלוּ ↩ שלה *m.* peace, safety 4 שַׁלְוִי Ps 30:7◦

ⓘ This form is a poetic implementation of ↪ שַׁלְוָה

שִׁלוֹ ↪ שִׁלֹה *pln* Shilo

שַׁלְוָה ↩ שלה *f.* blessing, wealth, peace, safety; carelessness Prov 1:32 - 1 שַׁלְוַת 4 שַׁלְוֹתַיִךְ

שִׁלּוּחִים & שִׁלֻּחִים ↩ שלח *m.* separation, divorce Ex 18:2; Mi 1:14; bridal gift 1 Kgs 9:16 - 4 שִׁלּוּחֶיהָ◦

ⓘ The two meanings have their point of intersection in social security, which provided the payment of the bride's gift in the event of divorce.

שָׁלוֹם & שָׁלֹם ↩ שלם *m.* peace (as a status of balance), wholeness, integrity; prosperity, success, well-being; state of play, condition; friendship, friend 1 שְׁלוֹם 2 שְׁלֹמִים 4 שְׁלוֹמָהּ שְׁלֹמֵךְ שְׁלוֹמֵךְ שְׁלֹמִי שְׁלוֹמִי שְׁלֹמָם שְׁלֹמֵנוּ שְׁלֹמָיו

שַׁלֻּם & שַׁלּוּם *m. PN* Shallum

1 st.c. sg. 2 st.a. pl. 3 st.c. pl. 4 with *epp* 5 SC 6 PC 7 narrative 8 inf.c. 9 inf.a. 10 imp. 11 part.

שִׁלּוּם & שִׁלֻּם ← שלם *m.* retribution Isa 34:8; Hos 9:7; bribery Mi 7:3 - 2 שִׁלּוּמִים◦

שַׁלּוּן *m. PN* Shallun Neh 3:15◦

שְׁלֹשָׁה & שְׁלוֹשָׁה *m.* & **שָׁלֹשׁ & שָׁלוֹשׁ**[B] *f.* three; pl. שְׁלֹשִׁים thirty 1 שְׁלֹשׁ־ שְׁלֹשֶׁת 4 שְׁלָשְׁתָּם שְׁלָשְׁתְּכֶם שְׁלֹשֶׁת שְׁלֹשׁ־

✓ **שׁלח**[B] *q* send; let go; stretch out; Ex 4:13 שְׁלַח־נָא בְּיַד תִּשְׁלָח *send whoever you like* 5 שָׁלַח *p* שְׁלָחַנִי[e] שְׁלָחֲךָ[e] שְׁלָחֲךָ[e] שְׁלָחוֹ[e] שְׁלַחְתָּנִי[e] שָׁלַחְתָּ שָׁלְחָה שְׁלָחָנוּ[e] שְׁלָחָנִי[e] שָׁלְחוּ שְׁלַחְתִּים[e] שְׁלַחְתִּיו[e] שָׁלַחְתִּי שְׁלַחְתָּנוּ[e] יִשְׁלָחֵנוּ[e] יִשְׁלָחֲךָ[e] 6 יִשְׁלַח שָׁלָחְנוּ שְׁלַחְתֶּם אֶשְׁלָחֲךָ[e] אֶשְׁלַח תִּשְׁלַח *p* תִּשְׁלָח יִשְׁלָחֵנִי[e] וַתִּשְׁלַח וַיִּשְׁלְחוּ[e] וַיִּשְׁלַח 7 נִשְׁלְחָה תִּשְׁלְחוּ 9 שָׁלֹחַ[e] שְׁלָחֶךָ[e] שְׁלֹחַ שְׁלַח 8 וַיִּשְׁלָחֵהוּ שְׁלָחֵנִי[e] שְׁלָחֲךָ[e] שִׁלְחָה שְׁלַח 10 שְׁלַח שָׁלוֹחַ שֹׁלְחִי[e] שֹׁלְחֶךָ[e] שׁוֹלֵחַ שֹׁלֵחַ 11 שִׁלְחוּ *p* שִׁלְחוּ שְׁלֻחָה שָׁלוּחַ .pass שֹׁלְחֶךָ[e] שֹׁלְחָיו[e] שְׁלֻחִים שְׁלוּחָה

nif be sent 9 נִשְׁלוֹחַ Est 3:13◦

pi send; let go, let loose; throw, drop, get rid of, expel; stretch out; with אֵשׁ kindle 5 שִׁלַּח שִׁלְּחָה שִׁלְּחָם[e] שִׁלַּחֲךָ[e] שִׁלְּחָהּ[e] שִׁלְּחוֹ[e] *p* שִׁלַּחְתַּנִי[e] שִׁלַּחְתָּהּ[e] שִׁלַּחְתּוֹ[e] שִׁלַּחְתְּ שִׁלְּחָה שִׁלַּחְתִּיהָ[e] שִׁלַּחְתִּי שִׁלַּחְתָּם[e] שִׁלַּחְתָּנִי[e] שִׁלְּחֵהוּ[e] שִׁלְּחוּ *p* שִׁלְּחוּ שִׁלַּחְתִּיךָ[e] יְשַׁלַּח *p* יְשַׁלַּח 6 שִׁלַּחְנוּ שִׁלַּחְתֶּם שִׁלְּחוּךָ[e] תְּשַׁלְּחֵהוּ[e] תְּשַׁלַּח יְשַׁלְּחֶהָ[e] יְשַׁלְּחֵנוּ[e] יְשַׁלְּחֵהוּ[e] אֲשַׁלְּחָה אֲשַׁלַּח *p* אֲשַׁלַּח תְּשַׁלְּחֵנִי[e] תְּשַׁלְּחֵנוּ[e] אֲשַׁלֶּחְךָ[e] אֲשַׁלַּחֲךָ[e] אֲשַׁלְּחֶהָ[e] אֲשַׁלְּחֵהוּ[e] תְּשַׁלְּחוּנִי[e] יְשַׁלְּחוּם[e] יְשַׁלְּחוּהָ[e] יְשַׁלְּחוּ וַיְשַׁלַּח 7 נְשַׁלֶּחֲךָ[e] תְּשַׁלַּחְנָה תְּשַׁלְּחוּם[e] וַיְשַׁלְּחוּהָ[e] וַיְשַׁלְּחוּ וַתְּשַׁלְּחִי וַתְּשַׁלְּחֵם[e] שַׁלְּחוֹ[e] לְשַׁלֵּחַ *p* שַׁלַּח 8 וַתְּשַׁלְּחוּנִי[e] וַיְשַׁלְּחוּם[e] שַׁלְּחֵנִי[e] שַׁלְּחִי[e] לְשַׁלֵּחֲךָ[e] שַׁלְּחָהּ[e] שַׁלְּחוֹ[e] שַׁלְּחֵנִי[e] שַׁלֵּחַ 10 שַׁלַּח וְשַׁלַּח 9 שַׁלְּחֵם[e] מְשַׁלֵּחַ 11 שַׁלְּחֵנִי[e] שַׁלְּחוּנִי[e] שַׁלְּחוּ שַׁלְּחֵנִי[e] מְשַׁלְּחִי מְשַׁלְּחִים מְשַׁלֵּחֲךָ[e]

pu be sent, sent away; be let go, chasen away, be left behind; be forsaken, lonely; be left to oneself Prov 29:15; be caught Job 18:8 - 5 שֻׁלַּח *p* מְשֻׁלָּח 11 יְשֻׁלַּח 6 שֻׁלְּחוּ שֻׁלַּחְתִּי שֻׁלְּחָה שֻׁלָּח

hif send, let go, let loose 5 וְהִשְׁלַחְתִּי 8 הַשְׁלִיחַ מַשְׁלִיחַ 11

שֶׁלַח ← שלח I. *m.* spear, weapon; plant Song 4:13 *p* שֶׁלַח 4 שִׁלְחוֹ שְׁלָחֶיךָ

שֶׁלַח II. ← שלח *m.* canal, water pipe Neh 3:15◦

שֶׁלַח III. *m. PN* Shelach

שִׁלֹחַ *pln* Shiloach Isa 8:6◦

שְׁלֻחוֹת ← שלח *f.* vines, shoots 4 שְׁלֻחוֹתֶיהָ Isa 16:8◦

שִׁלְחִי *m. PN* Shilhi 1 Kgs 22:42; 2 Chr 20:31◦

שִׁלְחִים *pln* Shilhim Jos 15:32◦

שֻׁלְחָן[B] *m.* table 1 שֻׁלְחַן 2 שֻׁלְחָנוֹת 3 שֻׁלְחֲנוֹת 4 שֻׁלְחָנִי שֻׁלְחָנְךָ *p* שֻׁלְחָנֶךָ שֻׁלְחָנָהּ שֻׁלְחָנוֹ שֻׁלְחָנָם

שְׁלֻחֹת ← שְׁלֻחוֹת

✓ **שׁלט**[B] *q* have, exercise power; rule, dispose; overpower 5 שָׁלַט 6 שָׁלְטוּ יִשְׁלַט יִשְׁלְטוּ 8 שְׁלוֹט

hif let rule, give power Ps 119:133; let someone do something, empower someone Ecc 5:18; 6:2 - 5 הִשְׁלִיטוֹ[e] 6 תַּשְׁלֶט־ יַשְׁלִיטֶנּוּ[e]

1 st.c. sg. 2 st.a. pl. 3 st.c. pl. 4 with *epp* 5 SC 6 PC 7 narrative 8 inf.c. 9 inf.a. 10 imp. 11 part.

שֶׁלֶט m. shield 2 שְׁלָטִים 3 שִׁלְטֵי 4 שִׁלְטֵיהֶם 2 Sam 8:7; 2 Kgs 11:10; Ez 27:11; 2 Chr 23:9; Song 4:4◦

שִׁלְטוֹן ← שלט m. power Ecc 8:4.8◦

שַׁלֶּטֶת ← שלט f. powerful, others: cheeky, shameless Ez 16:30◦

שֶׁלִי ← שלה in secret 2 Sam 3:27◦

שִׁלְיָה f. afterbirth 4 שִׁלְיָתָהּ Dtn 28:57◦

שָׁלֵיו & שָׁלֵו & שְׁלֵיו & שַׁלְוָה m. & ← שלה f. carefree, joyful, calm, content 3 שַׁלְוֵי 4 שְׁלֵיו

שַׁלִּיט[B] ← שלט m. ruler, sovereign 2 שַׁלִּיטִים◦

שָׁלִישׁ & שָׁלִשׁ I. m. one third; as a unit of measurement of indeterminate size: measuring cup Isa 40:12; as an indeterminate, large quantity: abundant Ps 80:6; Prov 22:20 *qr.*◦

שָׁלִישׁ II. m. musical instrument, triangle 2 שָׁלִשִׁים 1 Sam 18:6◦

שָׁלִישׁ III. third, most important man on the war chariot: weapon bearer, fighter 2 שָׁלִשִׁם שָׁלִשָׁיו שָׁלִישׁוֹ 4 שָׁלִישִׁים שָׁלִשִׁים

שְׁלִישִׁי & שְׁלִשִׁי m. & שְׁלִישִׁית & שְׁלִשִׁית f. one third; third time; third day; triple Ez 21:19 (with ה-paragogicum); pl.: (rooms of the) third floor (of the ark) Gen 6:16 - 2 שְׁלִשִׁים 4 שְׁלִשְׁתֵּיךָ

✓ שלך[B] *hif* throw, drop, throw off, discard; with נֶפֶשׁ put one's life on the line; fall down, tear down, fell down 5 הִשְׁלִיךְ הִשְׁלִיכָם[e] הִשְׁלַכְתִּי הִשְׁלַכְתּוֹ[e] וְהִשְׁלַכְתָּ הִשְׁלִיכָה יַשְׁלֵךְ 6 וְהִשְׁלַכְתֶּנָה הִשְׁלִיכוּ הִשְׁלַכְתִּיךָ[e] אַשְׁלִיךְ תַּשְׁלַכְנִי[e] תַּשְׁלִיכֵנִי[e] תַּשְׁלִיךְ יַשְׁלִיךְ וַיַּשְׁלֵךְ 7 נַשְׁלִכֵהוּ[e] נַשְׁלִכָה תַּשְׁלִכוּן יַשְׁלִיכוּ וַתַּשְׁלֵךְ וַיַּשְׁלִיכֵם[e] וַיַּשְׁלִיכֵהוּ[e] וַיַּשְׁלֵךְ־ וָאַשְׁלִךְ וָאַשְׁלִיךְ וַתַּשְׁלִיכִי וַתַּשְׁלִיכֵנִי[e] הַשְׁלִיכוּ[e] הַשְׁלִיךְ 8 וַיַּשְׁלִיכוּ וָאַשְׁלִיכָה הַשְׁלִיכֵהוּ[e] הַשְׁלֵךְ 10 הַשְׁלֵךְ 9 הַשְׁלְכוּ[e] מַשְׁלִיכֵי מַשְׁלִיךְ 11 הַשְׁלִיכוּ הַשְׁלִיכִי

hof be thrown; be overthrown, devastated 5 הָשְׁלַכְתִּי הָשְׁלַכְתָּ הָשְׁלְכָה הֻשְׁלַךְ וַתֻּשְׁלְכִי 7 יֻשְׁלָכוּ 6 הָשְׁלַכְתֶּנָה הֻשְׁלְכוּ 11 מֻשְׁלָכִים מֻשְׁלֶכֶת מֻשְׁלָךְ

שָׁלָךְ a bird, heron or cormorant Lev 11:17; Dtn 14:17◦

שַׁלֶּכֶת ← שלך I. *f.* felling Isa 6:13◦

שַׁלֶּכֶת II. *pn* a temple gate, Shallecheth 1 Chr 26:16◦

✓ שלל I. *q* plunder, pillage 5 שַׁלּוֹתָ שָׁלַל שְׁלָלֶיהָ[e] שֹׁלְלִים 11 לִשְׁלֹל 8 יָשָׁלּוּךָ[e] 6 וְשָׁלְלוּ שֹׁלְלֵיהֶם[e]

hitp make oneself a prey; be plundered 5 אֶשְׁתּוֹלְלוּ 11 מִשְׁתּוֹלֵל Isa 59:15; Ps 76:6◦

✓ שלל II. *q* pull, pluck out 6 תָּשֹׁלּוּ 9 שֹׁל Ruth 2:16◦

שָׁלָל ← שלל m. prey; food, profit Prov 31:11 - 1 שְׁלַל 4 שְׁלָלוֹ שְׁלָלָהּ שְׁלָלֵךְ שְׁלָלָם שְׁלַלְכֶם

✓ שלם[B] *q* be completed, finished; prosper, thrive, live in balance, peace; be intact, healthy, perfect 5 שָׁלְמוּ 7 וַיִּשְׁלַם וַתִּשְׁלַם 10 שְׁלַם 11 pass. שְׁלֻמֵי

pi complete; compensate, return, pay, replace; fulfill an oath 5 שִׁלַּם שִׁלְּמוּ וְשִׁלַּמְתִּי שִׁלַּמְתֶּם יְשַׁלֵּם יְשַׁלֶּם־ יְשַׁלְּמֶנָּה[e] יְשַׁלְּמֶךָּ[e] תְּשַׁלֵּם 6 לְשַׁלְּמוֹ[e] שַׁלֵּם 8 אֲשַׁלְּמָה p אֲשַׁלְּמָה וַאֲשַׁלֵּם

11 שַׁלְּמוּ שַׁלְּמִי שַׁלֵּם 10 שַׁלֵּם 9 לְשַׁלְּמִי[e] מְשַׁלְּמֵי מְשַׁלְּמִים מְשַׁלֵּם

pu be fulfilled, repaid, compensated, retaliated; confidant Isa 42:19 - 6 יְשֻׁלַּם *p* יְשֻׁלָּם 11 מְשֻׁלָּם

hif make peace, (let) live in peace; carry out, let succeed, complete (a plan); make an end Isa 38:12 – 5 הִשְׁלִימָה הִשְׁלִימוּ 6 יַשְׁלִים יַשְׁלֵם וַיַּשְׁלִמוּ וַיַּשְׁלִימוּ וַיַּשְׁלֵם 7 תַּשְׁלִימֵנִי[e] תַּשְׁלִים

hof be at peace 5 הָשְׁלְמָה Job 5:23◦

שָׁלֵם → שָׁלוֹם

שֶׁלֶם Am 5:22 → שְׁלָמִים Shelamim, *pn* a sacrifice, peace offering

שָׁלֵם I. *m.* & **שְׁלֵמָה** *f.* ↩ שלם intact, sound, safe; complete, accomplished; peaceful; undivided, whole; unhewn (stones) 2 שְׁלֵמִים שְׁלֵמוֹת

שָׁלֵם II. *pln* Salem Gen 14:18; Ps 76:3◦

שִׁלֵּם ↩ שלם I. *m.* recompense Dtn 32:35◦

שִׁלֵּם II. *m. PN* Shillem Gen 46:24; Num 26:49◦

שַׁלֻּם & **שַׁלּוּם** *m. PN* Shallum

שִׁלֻּם & **שִׁלּוּם** ↩ שלם *m.* recompense 2 שִׁלּוּמִים Isa 34:8; Hos 9:7; Mi 7:3◦

שִׁלְּמָה ↩ שלם *f.* recompense 1 שִׁלְּמַת Ps 91:8◦

שַׁלָּמָה מָה + לְ + שֶׁ what for? Song 1:7◦

שְׁלֹמֹה *m. PN* Salomo

שְׁלֹמוֹת *m. PN* Shelomoth *kt.*

שְׁלֹמִי *m. PN* Shelomi Num 34:27◦

שַׁלְמַי *m. PN* Salmai

שִׁלֵּמִי *pn* Shillemite Num 26:49◦

שְׁלֻמִיאֵל *m. PN* Shelumiel

שֶׁלֶמְיָה & **שֶׁלֶמְיָהוּ** *m. PN* Shelemiah

שְׁלָמִים *pn* a sacrifice, Shelamim, salvation, peace offering; usually with זֶבַח 3 שַׁלְמֵי 4 שַׁלְמֵיכֶם שַׁלְמֵיהֶם שְׁלָמֶיךָ שְׁלָמָיו

שְׁלֹמִית *m.* & *f. PN* Shelomith

שַׁלְמַן *m. PN* Shalman Hos 10:14

שַׁלְמַנְאֶסֶר *m. PN* Shalmanezer 2 Kgs 17:3; 18:9◦

שַׁלְמֹנִים ↩ שלם *m.* rewards, gifts Isa 1:23◦

שֵׁלָנִי *pn* Shelanite Num 26:20◦

שִׁלֹנִי & **שִׁילֹנִי** *pn* Shilonite

✓ **שָׁלַף** *q* take off, tear out; with חֶרֶב carry, draw 5 שָׁלַף 7 וַיִּשְׁלֹף וַיִּשְׁלְפָהּ[e] 10 שְׁלֹף 11 שְׁלוּפָה שְׁלֻפָה שֹׁלְפֵי שֹׁלֵף pass.

שֶׁלֶף *m. PN* Sheleph Gen 10:26; 1 Chr 1:20◦

✓ **שָׁלֹשׁ** ↩ שָׁלַשׁ *pi* divide into three parts Dtn 19:3; stay three days 1 Sam 20:19; do something for the third time 1 Kgs 18:34 - 5 וְשִׁלַּשְׁתָּ 7 וַיְשַׁלֵּשׁוּ 10 שַׁלֵּשׁוּ◦

pu as adj.: triple: three years old Gen 15:9; comprising of three stories Ez 42:6; threefold Ecc 4:12 - 11 מְשֻׁלָּשׁ מְשֻׁלֶּשֶׁת מְשֻׁלָּשׁוֹת◦

שָׁלֹשׁ & **שָׁלוֹשׁ** *m.* & **שְׁלֹשָׁה**[B] *f.* three 1 שְׁלֹשׁ שְׁלֹשֶׁת 4 שְׁלָשְׁתְּכֶם שְׁלָשְׁתָּם; pl. שְׁלֹשִׁים thirty; שְׁלֹשׁ עֶשְׂרֵה *m.* & שְׁלֹשָׁה עָשָׂר *f.* thirteen; שְׁלֹשׁ מֵאוֹת three hundert; שְׁלֹשֶׁת אֲלָפִים three thousand

שֶׁלֶשׁ *m. PN* Shelesh 1 Chr 7:35◦

שָׁלִשׁ → שָׁלִישׁ

שָׁלִשָׁה *pln* Shalishah 1 Sam 9:4◦

שִׁלְשָׁה *m. PN* Shilshah 1 Chr 7:37◦

שְׁלֹשָׁה עָשָׂר *f.* thirteen

שִׁלְשׁוֹם & שִׁלְשֹׁם always with אֶתְמוֹל and תְּמוֹל resp., the day before yesterday, three days ago; as idiom: earlier, until now

שְׁלִשִׁי & שְׁלִישִׁי *m.* & שְׁלִישִׁית & שְׁלִשִׁת *f.* one third; third time; third day; triple Ez 21:19 (with ה-paragogicum); pl.: (rooms of the) third floor (of the ark) Gen 6:16 - 2 שְׁלִשִׁים 4 שְׁלִשְׁתֵּךְ

שִׁלֵּשִׁים *m.* children of the third generation

שַׁלְתִּיאֵל *m. PN* Shealtiel Hag 1:12.14; 2:2 → שְׁאַלְתִּיאֵל◦

שָׁם[B] there, where; then; with ה-locale שָׁמָּה there; with מִן from there

שֵׁם[B] I. *m.* name; reputation, memory, fame, memorial 1 שֵׁם־ שֶׁם־ שֵׁם 2 שֵׁמוֹת 3 שְׁמֹת שְׁמַךְ *p* שִׁמְכָה שִׁמְךָ שְׁמֵהּ שְׁמוֹ 4 שְׁמוֹת שְׁמֹת שְׁמוֹתָן שְׁמֹתָם ;שְׁמֵנוּ שִׁמְכֶם שְׁמָם שְׁמִי שְׁמֵךְ

ⓘ Jews do not pronounce the name of God, the tetragrammaton YHWH. Instead, they often say הַשֵּׁם, *the name.* This use is already found in the Bible, cf. Lev 24:11.

שֵׁם II. *m. PN* Shem

שַׁמָּא *m. PN* Shamma 2 Sam 23:11; 1 Chr 7:37◦

שֶׁמְאֵבֶר *m. PN* Shemeber Gen 14:2◦

שִׁמְאָה *m. PN* Shimah 1 Chr 8:32◦

שַׁמְגַּר *m. PN* Shamgar Jdg 3:31; 5:6◦

√ שׁמד[B] *nif* be destroyed, annihilated, devastated 5 נִשְׁמְדוּ וְנִשְׁמַדְתִּי נִשְׁמְדָה נִשְׁמַד הִשָּׁמֶדְךָ[e] 8 תִּשָּׁמֵדוּן יִשָּׁמֵד 6 נִשְׁמַדְנוּ *p* הִשָּׁמֵד 9 הִשָּׁמְדָם[e] הִשָּׁמֶדְךָ[e]

hif destroy, exterminate; inf. as subst.: destruction, perdition Isa 14:23 - 5 הִשְׁמִידוֹ[e] הִשְׁמִיד הִשְׁמַדְתִּיו[e] וְהִשְׁמַדְתִּי הִשְׁמִידְךָ[e] הִשְׁמִדוּ יַשְׁמִידֵם[e] יַשְׁמִיד 6 הִשְׁמִידָם[e] הִשְׁמִידוּם[e] וַיַּשְׁמֵד 7 אַשְׁמִידְךָ[e] אַשְׁמִיד תַּשְׁמִיד 8 וַיַּשְׁמִידוּם[e] וָאַשְׁמִידֵם[e] וָאַשְׁמִיד וַיַּשְׁמִידֵם[e] הַשְׁמִדְךָ[e] הַשְׁמִידוֹ[e] לְהַשְׁמִיד לַשְׁמִד 10 הַשְׁמֵיד הַשְׁמֵד 9 לְהַשְׁמִידֵנוּ[e] הַשְׁמִדָם[e] הַשְׁמֵד

שֶׁמֶד *m. PN* Shemed 1 Chr 8:12◦

שָׁמָּה[B] there → שָׁם + ה-locale

שַׁמָּה → שׁמם I. *f.* fright, horror, horrible; desolation, desert 2 שַׁמּוֹת

שַׁמָּה II. *m. PN* Shammah

שַׁמְהוּת *m. PN* Shamhuth 1 Chr 27:8◦

שְׁמוּאֵל *m. PN* Samuel

שְׁמוֹנֶה → שְׁמֹנֶה eight

שַׁמּוּעַ *m. PN* Shammua

שְׁמוּעָה & שְׁמֻעָה → שמע *f.* message, news, report; revelation; rumor Dan 11:44; Jer 10:22: sound, noise (?) - 1 שְׁמֻעַת 2 שְׁמֻעוֹת 4 שְׁמֻעָתֵנוּ

שָׁמוּר *m. PN* 1 Chr 24:24 *kt.*; *qr.* Shamir◦

שַׁמּוֹת *m. PN* Shammoth 1 Chr 11:27◦

√ שמט *q* let go: throw 2 Kgs 9:33; relinquish Jer 17:4; stumble (oxen) 2 Sam 6:6; 1 Chr 13:9; let lie fallow Ex 23:11; remit claims, release Dtn

1 st.c. sg. 2 st.a. pl. 3 st.c. pl. 4 with *epp* 5 SC 6 PC 7 narrative 8 inf.c. 9 inf.a. 10 imp. 11 part.

15:2 - 5 תִּשְׁמְטֶנָּה[e] 6 שָׁמְטוּ שָׁמַטְתָּה 7 שִׁמְטוּהָ[e] 10 שָׁמוֹט 9 וַיִּשְׁמְטוּהָ[e].

nif be thrown down 5 נִשְׁמְטוּ Ps 141:6◦

hif remit a claim 6 תַּשְׁמֵט Dtn 15:3◦

שְׁמִטָּה ← שׁמט *f.* remission of debts, release; fallow Dtn 15:1f.9; 31:10◦

שַׁמַּי *m. PN* Shammai

שְׁמִידָע *m. PN* Shemida

שְׁמִידָעִי *pn* Shemidaite Num 26:32◦

שָׁמַיִם[B] *m.* heaven, sky *p* שָׁמָיִם with ה-locale שְׁמֵיכֶם שָׁמֶיךָ שָׁמָיו 4 שְׁמֵי 3 הַשָּׁמַיְמָה

ⓘ The word is dual in form but treated as plural.

שְׁמִינִי *m.* & **שְׁמִינִית** *f.* I. ordinal number: eighth

שְׁמִינִית II. *pn* an eight-stringed instrument, Sheminit Ps 6:1; 12:1; others: octave◦

שָׁמִיר I. *m.* coll. thorns, thorny bushes 4 שְׁמִירוֹ

שָׁמִיר II. *m.* diamond Jer 17:1; Ez 3:9; Zec 7:12◦

שָׁמִיר III. *m. PN* & *pln* Shamir

שְׁמִירָמוֹת *m. PN* Shemiramoth *qr.* 2 Chr 17:8

שַׁמְלַי *m. PN* Ezr 2:46 *kt.*; *qr.* Salmai◦

✓ **שׁמם**[B] *q* of a place: lying in ruins, being devastated, desolate; of a person: being amazed, frozen, frightened; lonely, abandoned 5 שָׁמֵם *p* שָׁמֵמָה *p* שָׁמְמוּ שָׁמֵמָּה *p* שָׁמֵמוּ 6 תֵּשַׁם יֵשֹׁם *p* שֹׁמּוּ 10 שָׁמוֹת 8 וַתֵּשַׁם 7 תִּישַׁמְנָה יָשֹׁמּוּ תֵּשָׁם 11 שֹׁמֵם שׁוֹמֵם שׁוֹמֵמָה שֹׁמֵמָה שׁוֹמְמִים שֹׁמְמוֹתֵינוּ[e] שֹׁמְמֹתַיִךְ[e] שֹׁמְמוֹת שֹׁמֵמוֹת שׁוֹמֵמִין

nif of places: be devastated; of persons: be shocked, dismayed 5 נָשַׁמָּה 11 נָשַׁמּוּ נְשַׁמָּה נְשַׁמּוֹת

pol be devastating, desolating, terrible Dan 8:13; 9:27; 12:11; be dismayed Ezr 9:3f - 11 שׁוֹמֵם מְשׁוֹמֵם מְשֹׁמֵם◦

hif frighten, disturb; be frightened, scared; destroy, devastate 5 הֲשִׁמּוֹתִי וַהֲשִׁמֹּתִי הֲשִׁמּוֹתָ וַיַּשְׁמֵם[e] 7 אַשְׁמֵם יַשִׁים 6 הֵשַׁמּוּ וַהֲשִׁמּוֹתִיהוּ[e] מַשְׁמִים 11 הָשַׁמּוּ 10 הַשְׁמֵם 9 וַנַּשִּׁים

hof as noun: desolation, devastation, destruction 8 הָשַּׁמָּה[e] הָשַּׁמָּה[e] בָּהָשַּׁמָּה[e] Lev 26:34f.43; 2 Chr 36:21◦

hitpol be amazed, horrified, petrified Isa 59:16; 63:5; Ps 143:4; Dan 8:27; destroy oneself Ecc 7:16 - 6 וַיִּשְׁתּוֹמֵם 7 אֶשְׁתּוֹמֵם תִּשּׁוֹמֵם יִשְׁתּוֹמֵם וָאֶשְׁתּוֹמֵם

שָׁמֵם *m.* & **שְׁמֵמָה** *f.* ← שׁמם desolate, devastated, waste Jer 12:11; Lam 5:18; Dan 9:17◦

שְׁמָמָה ← שׁמם *f.* horror; desert, destruction; devastated, desolate 3 שִׁמְמוֹת

שִׁמְמָה ← שׁמם *f.* desert, wasteland ↔ שְׁמָמָה Ez 35:7◦

שִׁמָּמוֹן ← שׁמם *m.* horror Ez 4:16; 12:19◦

✓ **שׁמן** *q* be, become fat 5 שָׁמַנְתָּ שָׁמְנוּ 7 וַיִּשְׁמַן Dtn 32:15; Jer 5:28◦

hif make fat, fig. harden Isa 6:10; become fat Neh 9:25 - 7 וַיַּשְׁמִינוּ 10 הַשְׁמֵן◦

שָׁמֵן ← שׁמם *m.* fat, fatness (of the earth), fertility 3 שְׁמַנֵּי Gen 27:28.39◦

שֶׁמֶן[B] ← שׁמם *m.* oil, fat; fertility, wealth; rich, fat Isa 25:6; ointment, anointing oil Song 1:3; with עֲצֵי olive tree *p* שָׁמֶן 2 שְׁמָנִים 4 שַׁמְנִי שְׁמָנַיִךְ שְׁמָנֶיךָ

1 st.c. sg. 2 st.a. pl. 3 st.c. pl. 4 with *epp* 5 SC 6 PC 7 narrative 8 inf.c. 9 inf.a. 10 imp. 11 part.

שָׁמֵן *m.* & **שְׁמֵנָה** *f.* fat; of persons: well-bodied, strong, efficient; of the country: fertile

שְׁמֹנֶה & **שְׁמוֹנָה** *m.* & **שְׁמֹנָה** & **שְׁמוֹנָה**[B] *f.* eight 1 שְׁמֹנַת; שְׁמֹנָה עָשָׂר & שְׁמֹנַת עָשָׂר *m.* & שְׁמֹנֶה עֶשְׂרֵה *f.* eighteen; שְׁמוֹנִים & שְׁמֹנִים eighty; שְׁמֹנֶה מֵאוֹת eight hundred; שְׁמֹנַת אֲלָפִים eight thousand; שְׁמֹנַת עָשָׂר אֶלֶף eighteen thousand

שְׁמָנִים ↩ שׁאה *m.* fat, fatness, fertility 3 שְׁמַנֵּי Gen 27:28.39◦

✓ **שׁמע**[B] *q* hear, listen, understand; heed, grant (of God), obey (of men) 5 שָׁמַע *p* שָׁמֵעַ שָׁמְעָה
p שָׁמַעְתִּי שָׁמַעַת שְׁמַעְתֶּם[e] שָׁמָעְתָּ *p* שָׁמַעְתָּ
שָׁמֵעוּ *p* שָׁמְעוּ שְׁמַעְתִּיךָ[e] שְׁמַעְתִּיו[e] שָׁמַעְתִּי
p יִשְׁמַע 6 שְׁמַעֲנוּהָ[e] שָׁמָעְנוּ *p* שָׁמַעְנוּ שְׁמַעְתֶּם
תִּשְׁמַע *p* תִּשְׁמָע יִשְׁמָעֵנִי[e] יִשְׁמָעֶךָ[e] יִשְׁמָע
יִשְׁמְעוּן יִשְׁמָעוּ *p* יִשְׁמְעוּ אֶשְׁמָע *p* אֶשְׁמַע
נִשְׁמַע *p* נִשְׁמָע תִּשְׁמָעוּהָ[e] תִּשְׁמָעוּן *p* תִּשְׁמְעוּ
וַיִּשְׁמְעוּ וָאֶשְׁמְעָה וַיִּשְׁמַע 7 וְנִשְׁמָעֶנָּה[e] נִשְׁמְעָה
שְׁמַעֲךָ[e] שָׁמְעָתוֹ[e] שָׁמְעוֹ[e] שְׁמֹעַ שְׁמוֹעַ 8 וַנִּשְׁמַע
שִׁמְעָה וּשֲׁמָע שְׁמַע 10 שָׁמוֹעַ שָׁמֹעַ 9 שָׁמְעִי[e]
שִׁמְעוּ שִׁמְעִי שְׁמָעֵנוּ[e] שְׁמָעֶנָּה[e] שְׁמָעֵנִי[e] שְׁמָעָה
שֹׁמֵעַ שֹׁמֵעַ 11 שֹׁמַעַן שֹׁמַעְנָה שְׁמָעוּנִי[e] שְׁמָעוּ
שֹׁמְעֵי שֹׁמְעִים שֹׁמַעַת *p* שֹׁמַעַת שֹׁמְעָהּ[e] שֹׁמְעוֹ[e]
שֹׁמְעָיו[e]

nif be heard (Ecc 12:13 1.pl. *q*?); obey 2 Sam 22:45 - 5 נִשְׁמַע *p* נִשְׁמָע נִשְׁמְעוּ 6 יִשָּׁמַע *p*
וַיִּשָּׁמְעוּ וַתִּשָּׁמַע וַיִּשָּׁמַע 7 יִשָּׁמְעוּ תִּשָּׁמַע יִשָּׁמֵעַ
נִשְׁמָעִים נִשְׁמַעַת נִשְׁמָע 11 הִשָּׁמֵעַ 9 הִשָּׁמַע 8

pi summon, mobilize 7 וַיְשַׁמַּע 1 Sam 15:4; 23:8◦

hif let hear, announce; let hear a song, sing; call together, summon 5 הִשְׁמִיעַ הִשְׁמִיעֲךָ[e]
הִשְׁמַעְתִּיךָ[e] הִשְׁמַעְתִּי הִשְׁמַעְתָּ הִשְׁמִיעָנוּ[e]
תַּשְׁמִיעֵנוּ[e] תַּשְׁמִיעַ יַשְׁמִעֵנִי[e] יַשְׁמִיעַ 6 הִשְׁמִיעוּ
יַשְׁמִיעֻנוּ[e] יַשְׁמִיעוּ אַשְׁמִיעֵם[e] אַשְׁמִיעֲךָ[e] אַשְׁמִיעַ
10 לַשְׁמִעַ הַשְׁמִיעַ 8 וַיַּשְׁמִיעוּ 7 תַּשְׁמִיעוּ
מַשְׁמִיעַ 11 הַשְׁמִיעוּ הַשְׁמִיעִנִי[e] הַשְׁמִיעֵנִי[e]
מַשְׁמִיעִים

שֶׁמַע ↩ שׁמע I. *m.* sound *p* צִלְצְלֵי־שָׁמַע bright sounding cymbals Ps 150:5 ◦

שֶׁמַע II. *m.* *PN* Shema

שֹׁמַע ↩ שׁמע *m.* fame, reputation; message, news; rumor 4 שָׁמְעוֹ Jos 6:27; 9:9; Jer 6:24; Est 9:4◦

שֵׁמַע ↩ שׁמע *m.* message, news; rumour, hearsay; Ps 18:45 לְשֵׁמַע אֹזֶן יִשָּׁמְעוּ לִי *with open ears they obey me* 4 שִׁמְעֲךָ שִׁמְעָהּ שִׁמְעִי שִׁמְעָם

שְׁמַע *pln* Shema Jos 15:26◦

שָׁמָע *m.* *PN* Shama 1 Chr 11:44◦

שִׁמְעָא *m.* *PN* Shima

שִׁמְעָה *m.* *PN* Shimah

ⓘ Some translators read with the Septuagint Shammah.

שְׁמָעָה *m.* *PN* Shemaah 1 Chr 12:3◦

שְׁמֻעָה & **שְׁמוּעָה** ↩ שׁמע *f.* message, news, report; revelation; rumor Dan 11:44; Jer 10:22: sound, noise (?) 1 שְׁמֻעַת 2 שְׁמֻעוֹת 4 שְׁמֻעָתֵנוּ

שִׁמְעוֹן *m.* *PN* Simeon

שִׁמְעִי *m.* *PN* & *pn* Shimi, Shimite

שְׁמַעְיָה & **שְׁמַעְיָהוּ** *m.* *PN* Shemaiah

שִׁמְעֹנִי *pn* Simemonite

שִׁמְעָת *f.* *PN* Shimath 2 Kgs 12:22; 2 Chr 24:26◦

שִׁמְעָתִי *pn* Shimathite 1 Chr 2:55◦

1 st.c. sg. 2 st.a. pl. 3 st.c. pl. 4 with *epp* 5 SC 6 PC 7 narrative 8 inf.c. 9 inf.a. 10 imp. 11 part.

שֶׁמֶץ *m.* whisper Job 4:12; 26:14◦

שִׁמְצָה *f.* secret delight, gloating Ex 32:25◦

√ **שׁמר**[B] *q* protect, guard, preserve, keep - pt. guardian, guard; watch, monitor, observe - pt. scout; respect, be careful about, stick to something, honor 5 שָׁמַר *p* שָׁמָר שָׁמְרוּ[e] שְׁמָרָהּ[e]
שְׁמָרַנִי[e] שָׁמְרָה וְשָׁמַרְתָּ שְׁמַרְתָּנִי[e] שָׁמַרְתִּי
שְׁמָרְתִּיךָ[e] שָׁמְרוּ *p* שָׁמָרוּ וּשְׁמַרְתֶּם שָׁמַרְנוּ 6
יִשְׁמֹר יִשְׁמָר־ יִשְׁמְרֶנּוּ[e] יִשְׁמָרְךָ[e] יִשְׁמְרֶךָ[e]
יִשְׁמְרֵנִי[e] תִּשְׁמוֹר תִּשְׁמְרֵם[e] אֶשְׁמֹר אֶשְׁמָר־
אֶשְׁמְרָה *p* אֶשְׁמֹרָה אֶשְׁמְרֶנָּה[e] יִשְׁמְרוּ *p*
יִשְׁמֹרוּ תִּשְׁמְרוּ *p* תִּשְׁמֹרוּ תִּשְׁמְרוּן תִּשְׁמוּרֵם[e]
(Prov 14:3 for תִּשְׁמְרוּם[e]) נִשְׁמֹר 7 וַיִּשְׁמֹר
וַיִּשְׁמְרֵנוּ[e] וַתִּשְׁמָר־ וָאֶשְׁמְרָה וַיִּשְׁמְרוּ
וַתִּשְׁמְרוּ 8 שְׁמוֹר שְׁמֹר שָׁמְרוּ[e] לְשָׁמְרָהּ[e]
שָׁמְרֶךָ[e] שָׁמְרֵם[e] 9 שָׁמֹר שָׁמוֹר 10 שְׁמוֹר שְׁמֹר
שָׁמַר־ שִׁמְרָה שָׁמְרֵנִי[e] שָׁמְרֵם[e] שִׁמְרוּ 11 שׁוֹמֵר
שֹׁמֵר שֹׁמֶרְךָ הַשֹּׁמְרִים שֹׁמְרֵי pass. שָׁמוּר
שְׁמֻרָה

nif be on guard, be careful, beware; be protected
5 נִשְׁמַר *p* נִשְׁמָר נִשְׁמַרְתָּ נִשְׁמְרוּ *p* נִשְׁמָרוּ
וְנִשְׁמַרְתֶּם 6 תִּשָּׁמֵר תִּשָּׁמְרוּ 10 הִשָּׁמֵר הִשָּׁמֶר
הִשָּׁמְרִי הִשָּׁמְרוּ *p* הִשָּׁמֵרוּ

pi pay regard 11 מְשַׁמְּרִים Jon 2:9◦

hitp keep away 2 Sam 22:24; Ps 18:24; keep Mi 6:16- 6 יִשְׁתַּמֵּר 7 וָאֶשְׁתַּמֵּר וָאֶשְׁתַּמְּרָה◦

שֶׁמֶר ← שמר I. *m.* yeast, wine yeast, dregs Jer 48:11; Zeph 1:12; Ps 75:9; wine Isa 25:6 - 2 שְׁמָרִים 4 שְׁמָרָיו שְׁמָרֶיהָ שִׁמְרֵיהֶם◦

שֶׁמֶר II. *m. PN* Shemer *p* שָׁמֶר

שֹׁמֵר *f. PN* Shomer 2 Kgs 12:22 (↪ 2 Chr 24:26 Shimrit)◦

שִׁמֻּר ← שמר *m.* night-watch, vigil 2 שִׁמֻּרִים Ex 12:42◦

שְׁמֻרָה ← שמר *f.* watch, guard Ps 141:3◦

שִׁמְרוֹן *m. PN* & *pln* Shimron

שֹׁמְרוֹן *pln* & *pn* Samaria

שִׁמְרֹנִי *pn* Shimronite Num 26:24◦

שֹׁמְרֹנִי *pn* Samarian 2 Kgs 17:29◦

שְׁמֻרוֹת ← שמר *f.* eyelids Ps 77:5◦

שִׁמְרִי *m. PN* Shimri

שְׁמַרְיָה & **שְׁמַרְיָהוּ** *m. PN* Shemariah

שִׁמֻּרִים ← שמר *m.* night-watch, vigil Ex 12:42◦

שְׁמִירָמוֹת *m. PN kt.; qr.* Shemiramoth 2 Chr 17:8◦

שִׁמְרִית *f. PN* Shimrith 2 Chr 24:26◦

שִׁמְרֹנִי *pn* Shimronite Num 26:24◦

שִׁמְרָת *m. PN* Shimrath 1 Chr 8:21◦

שֶׁמֶשׁ[B] *m.* & *f.* sun; reflecting the sun: shield Ps 84:12; battlements, pinnacles Isa 54:12; sundial Isa 38:8 *p* שָׁמֶשׁ 4 שִׁמְשֵׁךְ שִׁמְשָׁהּ שִׁמְשֹׁתַיִךְ

שִׁמְשׁוֹן *m. PN* Simson, Samson Jdg 13:24

שִׁמְשַׁי *m. PN* Shimshai Ezr 4:8ff◦

שַׁמְשְׁרַי *m. PN* Shamsherai 1 Chr 8:26◦

שֻׁמָתִי *pn* Shumathite 1 Chr 2:53◦

שַׁן & **שָׁן** part of the *pln* ↪ בֵּית שְׁאָן Bet-Shean 1 Sam 31:10.12; 2 Sam 21:12◦

שֵׁן[B] I. *m.* & *f.* tooth; crag 1 Sam 14:4; prong 1 Sam 2:13; ivory 1 Kgs 10:18; קַרְנוֹת שֵׁן tusk Ez

1 st.c. sg. 2 st.a. pl. 3 st.c. pl. 4 with *epp* 5 SC 6 PC 7 narrative 8 inf.c. 9 inf.a. 10 imp. 11 part.

27:15 - du. שִׁנַּיִם 1 שֵׁן שֶׁן־ 3 שִׁנֵּי 4 שִׁנּוֹ שִׁנֵּימוֹ שִׁנֵּיהֶם שִׁנֵּי שִׁנֶּיךָ שִׁנָּיו

שֵׁן II. *pln* Shen (others: Jeshanah, cf. 2 Chr 13:19); 1 Sam 7:12◦

✓ שׁנא *var.* ↪ שׁנה II. *q* change 6 יִשְׁנֶא Lam 4:1◦

pi change, put off 5 שִׁנָּא 2 Kgs 25:29◦

pu be changed 6 יְשֻׁנֶּא Ecc 8:1 (others read ↪ שׂנא *hate*)◦

שֵׁנָא ← ישׁן *f.* sleep Ps 127:2◦

שִׁנְאָב *m. PN* Shinab Gen 14:2◦

שִׁנְאָן ← שׁנה I. *m.* abundance; אַלְפֵי שִׁנְאָן thousands of thousands; others: warrior, archer Ps 68:18◦

שֶׁנְאַצַּר *m. PN* Shenazzar 1 Chr 3:18◦

✓ שׁנה I. *q* do something for a second time, repeat; reapply something, stir up again; continue a discussion Job 29:22 - 5 שָׁנָה 6 אֶשְׁנֶה שָׁנֶה שׁוֹנֶה 11 שְׁנוּ 10 וַיִּשְׁנוּ 7 תִּשְׁנוּ יִשְׁנוּ

nif be repeated 8 הִשָּׁנוֹת Gen 41:32◦

✓ שׁנה II. *q* be different, differ; change; think differently (in a negative sense) Prov 24:21 - 5 שָׁנִיתִי 6 יִשְׁנֶא Lam 4,1 ↪ שׁנא 8 שְׁנוֹת 11 שׁוֹנִים שׁנוֹת

pi change: change one's clothes; change rooms, relocate, transfer; change one's behaviour: pretend to be insane 1 Sam 21:14; deform the law Prov 31:5; deform one's face Job 14:20 - 5 שִׁנָּה שַׁנּוֹת 8 וַיְשַׁנֶּהָ[e] וַיְשַׁנּוֹ[e] 7 אֲשַׁנֶּה וִישַׁנֶּה 6 שִׁנָּא מְשַׁנֶּה 11 שַׁנּוֹת 9 שַׁנּוֹתוֹ[e]

hitp disguise oneself 5 וְהִשְׁתַּנִּית 1 Kgs 14:2◦

שָׁנָה[B] ← שׁנה *f.* year; du. שְׁנָתַיִם יָמִים two years; בַּשָּׁנָה in this year, every year; שָׁנָה בְּשָׁנָה year after year; בֶּן שָׁנָה one year old; הַשָּׁנָה הַבָּאָה next year 1 שְׁנַת 2 שָׁנִים 3 שְׁנוֹת שְׁנוֹתָיו ;שָׁנֵיהֶם שָׁנֵינוּ שָׁנָיו ;שְׁנָתָהּ שְׁנָתוֹ 4 שְׁנֵי שְׁנוֹתָם שְׁנוֹתָי *p* שְׁנוֹתַי שְׁנוֹתֶיךָ שְׁנוֹתֶיךָ שְׁנוֹתֵינוּ

שֵׁנָה ← ישׁן *f.* sleep 1 שְׁנַת 2 שֵׁנוֹת 4 שְׁנָתוֹ שְׁנָתִי שְׁנָתָם שְׁנָתֶךָ

שֶׁנְהַבִּים *m.* ivory 1 Kgs 10:22; 2 Chr 9:21◦

שָׁנִי *m.* purple, crimson; red thread Gen 38:28; Jos 2:21; (red) wool clothing Prov 31:21 - 1 שְׁנִי 2 שָׁנִים

ⓘ שָׁנִי is a dye obtained from the eggs of the kermes scale insects (↪ תּוֹלַעַת).

שֵׁנִי *m.* & שֵׁנִית *f.* ordinal number: second; for the second time; again, besides, furthermore; pl. (the rooms of the) second floor (of the ark) Gen 6:16 - 2 שְׁנִיִּם

שְׁנַיִם *m.* & שְׁתַּיִם[B] *f.* ← שׁנה two; second; a second time; double, double portion; a few, some 1 Kgs 17:12; שְׁנַיִם שְׁנַיִם two by two 3 שְׁנֵי שְׁתֵּי 4 שְׁנֵיהֶם שְׁתֵּיהֶם שְׁתֵּיהֶן שְׁתֵּיכֶם שְׁנֵיכֶם שְׁנֵינוּ

שְׁנֵים עָשָׂר *m.* & שְׁתֵּים עֶשְׂרֵה *f.* twelve

שְׁנִינָה ← שׁנן *f.* mockery, ridicule

שׁוּנַמִּית & שֻׁנַּמִּית *f. pn* Shunammite

✓ שׁנן *q* sharpen, be sharp 5 שַׁנּוֹתִי שָׁנְנוּ שָׁנֲנוּ 11 pass. שְׁנוּנִים שָׁנוּן

pi teach diligently, inculcate 5 וְשִׁנַּנְתָּם[e] Dtn 6:7◦

ⓘ At this passage the root could also be a *var.* of שׁנה, *repeat*.

hitpolel be pierced 6 אֶשְׁתּוֹנָן Ps 73:21◦

✓ שׁנס *pi* gird 7 וַיְשַׁנֵּס 1 Kgs 18:46◦

שִׁנְעָר *EN* Shinar, Babylon

שְׁנַת ↩ ישן *f.* sleep Ps 132:4◦

✓ **שָׁסָה** *var.* ↪ שסס *q* plunder; pt. robber 5 שָׁסוּ 6 יִשְׁסֶה 11 שֹׁסִים שֹׁסֵי שֹׁסֵהוּ[e] שֹׁסַיִךְ[e] pass. שָׁסוּי שׁוֹסֵינוּ[e] שֹׁסֵיהֶם[e]

po plunder 5 שׁוֹשֵׁתִי Isa 10:13◦

✓ **שָׁסַס** *q* plunder 5 שַׁסֻּהוּ[e] 7 וַיָּשֹׁסּוּ 11 שֹׁאסַיִךְ[e] Jdg 2:14; 1 Sam 17:53; Jer 30:16; Ps 89:42◦

nif be plundered, robbed 5 וְנָשַׁסּוּ 6 יִשַּׁסּוּ Isa 13:16; Zec 14:2◦

✓ **שָׁסַע** *q* be split, cloven (hooves) 11 שֹׁסַע שֹׁסַעַת pass. שְׁסוּעָה

pi tear Lev 1:17; Jdg 14:6; „tear with words“, scold 1 Sam 24:8 - 5 שִׁסַּע 7 וַיְשַׁסַּע וַיְשַׁסְּעֵהוּ[e] 8 שַׁסַּע◦

שֶׁסַע ↩ שסע *m.* split, cloven Lev 11:3ff; Dtn 14:6◦

✓ **שָׁסַף** *pi* cut to pieces 7 וַיְשַׁסֵּף 1 Sam 15:33◦

✓ **שָׁעָה** *q* look (with benevolence); look after something, take care; pay attention Ex 5:9; Isa 32:3 perhaps clotted, blind (from שׁעע) 5 שָׁעָה שָׁעוּ 6 יִשְׁעֶה תִּשְׁעֶה אֶשְׁעָה יִשְׁעוּ 7 תִּשְׁעֶינָה וַיִּשַׁע 10 שְׁעֵה שְׁעוּ

hif look away 10 הָשַׁע Ps 39:14◦

hitp look around (anxiously), be afraid; wonder 6 וְנִשְׁתָּעָה תִּשְׁתָּע Isa 41:10.23◦

ⓘ One can also derive the last two forms from ↪ שׁתע.

שְׁעָטָה *f.* pounding, stamping 1 שַׁעֲטַת Jer 47:3◦

שַׁעַטְנֵז *m.* mixed fabrics (of linen and cotton) Lev 19:19; Dtn 22:11◦

שֹׁעַל *m.* cupped hand, handful 2 שְׁעָלִים 3 שַׁעֲלֵי 4 שָׁעֳלוֹ 1 Kgs 20:10; Isa 40:12; Ez 13:19◦

שַׁעַלְבִים *pln* Shaalbim Jdg 1:35; 1 Kgs 4:9◦

שַׁעֲלַבִּין *pln* Shaalabbin Jos 19:42◦

שַׁעַלְבֹנִי *pn* Shaalbonite 1 Chr 11:33◦

שְׁעָלִים foxes ↪ שׁוּעָל

שַׁעֲלִים *pln* Shaalim 1 Sam 9:4◦

✓ **שָׁעַן** *nif* lean, sit down, rest; rely 5 נִשְׁעַן נִשְׁעַנְתָּ נִשְׁעֲנוּ נִשְׁעָנוּ (3.pl.); נִשְׁעַנּוּ (1.pl.) 6 יִשָּׁעֵן תִּשָּׁעֵן וְאֶשָּׁעֵן יִשָּׁעֲנוּ 7 וַתִּשָּׁעֲנוּ 8 הִשָּׁעֵן 10 הִשָּׁעֲנוּ הִשָּׁעֲנָם[e] הִשָּׁעֶנְךָ[e] 11 נִשְׁעָן

✓ **שָׁעַע** I. *q* being smeared, blinded, blind (eyes) 6 תִּשְׁעֶינָה 10 שֹׁעוּ Isa 29:9; 32:3◦

hif smear 10 הָשַׁע Isa 6:10◦

hitpalpel be smeared, closed 10 הִשְׁתַּעַשְׁעוּ Isa 29:9◦

✓ **שָׁעַע** II. *pilp* play, have fun Isa 11:8; delight, comfort Ps 94:19; 119:70 - 5 שִׁעֲשָׁעְתִּי שִׁעֲשֵׁעַ 6 יְשַׁעַשְׁעוּ◦

pulpal caress 6 תְּשָׁעֳשָׁעוּ Isa 66:12◦

hitpalpel have joy, pleasure 6 אֶשְׁתַּעֲשָׁע *p* אֶשְׁתַּעֲשָׁע Ps 119:16.47◦

שַׁעַף *m. PN* Shaaph 1 Chr 2:47.49◦

✓ **שָׁעַר** *q* be calculating inwardly 5 שָׁעַר Prov 23:7; כְּמוֹ־שָׁעַר בְּנַפְשׁוֹ others: like something disgusting stuck in the throat ↪ שֹׁעָר◦

שַׁעַר[B] I. *m.* gate; fig. city Ex 20:10; Jer 15:7 et passim 2 שְׁעָרִים 3 שַׁעֲרֵי 4 שַׁעֲרוֹ שְׁעָרָיו שַׁעֲרֵיכֶם שַׁעֲרֵיהֶם שְׁעָרֶיךָ

שַׁעַר II. unit of measurement ↪ שְׁעָרִים

שֹׁעֵר & **שׁוֹעֵר** *m.* guard, gatekeeper 2 שֹׁעֲרֵי 3 הַשֹּׁעֲרִים

שֹׁעָר *m.* rotten 2 שֹׁעָרִים Jer 29:17◦

שַׁעֲרוּרָה *f.* hideous, horrible Jer 5:30; 23:14◦

שַׁעֲרוּרִיָּה *f.* something horrible Hos 6:10 *qr.*◦

שְׁעַרְיָה *m. PN* Sheariah 1 Chr 8:38; 9:44◦

שֹׁעָרִים *m.* rotten Jer 29:17◦

שְׁעָרִים *m.* unit of measurement: שְׁעָרִים מֵאָה hundredfold Gen 26:12◦

שַׁעֲרַיִם *pln* Shaaraim

שַׁעֲרִירִיָּה *f.* something horrible Hos 6:10 *kt.*◦

שַׁעֲרֻרִת *f.* something horrible Jer 18:13◦

שַׁעַשְׁגַז *m. PN* Shaashgas Est 2:14◦

שַׁעֲשֻׁעִים ↩ שׁעע *f.* joy, pleasure 4 שַׁעֲשֻׁעַי שַׁעֲשׁוּעָיו

√ **שׁפה** *nif* be bare 11 הַר־נִשְׁפֶּה *bare mountain* Isa 13:2◦

pu lie bare 5 שֻׁפּוּ עַצְמוֹתָיו *barely skin and bones qr.* Job 33:21 - 5 שֻׁפּוּ◦

שְׁפוֹ *m. PN* Shepho Gen 36:23◦

שְׁפוֹט ↩ שׁפט *m.* judgement, punishment 2 שְׁפוּטִים Ez 23:10; 2 Chr 20:9◦

שְׁפוּפָם *m. PN* Shupham Num 26:39◦

שׁוּפָמִי *pn* Shuphamite Num 26:39◦

שְׁפוּפָן *m. PN* Schephuphan 1 Chr 8:5

שְׁפוֹת *f.* cheese 2 Sam 17:29◦

שַׁפּוֹת *f.* dung Neh 3:13 ↪ אַשְׁפֹּת◦

שִׁפְחָה[B] *f.* slave, maid, servant girl 1 שִׁפְחַת 2
p שִׁפְחָתֵךְ שִׁפְחָתָהּ שִׁפְחָתוֹ 4 שְׁפָחוֹת שְׁפָחֹת
שִׁפְחֹתֶיךָ שִׁפְחֹתָיו שִׁפְחָתִי שִׁפְחָתֵךְ שִׁפְחָתֶךָ
שִׁפְחוֹתֵיכֶם שִׁפְחוֹתֵיהֶם

√ **שׁפט**[B] *q* judge, pass judgement; help someone to his right; as the task of the king: rule 1 Sam 8:5; play the judge Gen 19:9; pt. judge (noun) 5 שָׁפַט *p* שָׁפָט שְׁפָטוֹ[e] שְׁפָטְךָ[e] שְׁפָטָנוּ[e];
שָׁפְטוּ ;שְׁפַטְתִּים[e] שְׁפַטְתִּיךָ[e] שָׁפַטְתִּי וְשָׁפַטְתָּ
6 שְׁפַטְתֶּם שְׁפָטוּךָ[e] שְׁפָטוּהָ[e] שְׁפָטֻהוּ[e] שָׁפָטוּ *p*
אֶשְׁפָּטֶךָ[e] יִשְׁפְּטֵנִי[e] יִשְׁפֹּט־ יִשְׁפּוֹט יִשְׁפֹּט
יִשְׁפְּטֻהוּ[e] יִשְׁפֹּטוּ יִשְׁפּוּטוּ *p* יִשְׁפְּטוּ אֶשְׁפְּטֵם[e]
9 שָׁפְטֵנוּ[e] שָׁפְטֶךָ[e] שְׁפֹט 8 וַיִּשְׁפֹּט 7 תִּשְׁפְּטוּ
שִׁפְטוּ שִׁפְטוּ שָׁפְטֵנִי[e] שְׁפָט־ שִׁפְטָה 10 שָׁפוֹט
11 שֹׁפְטִים שֹׁפְטָה שֹׁפְטֵנוּ[e] שֹׁפְטִי[e] שֹׁפֵט שׁוֹפֵט
שֹׁפְטֵיהֶם[e] שֹׁפְטֶיךָ[e] שֹׁפְטֶיהָ[e] שֹׁפְטָיו[e] שֹׁפְטֵי
שֹׁפְטֵיכֶם[e]

nif judge, hold court, conduct a lawsuit; ask, plead; be judged Ps 9:20 - 5 נִשְׁפַּטְתִּי 6 אִשָּׁפֵט
11 הִשָּׁפְטוֹ[e] הִשָּׁפֵט 8 נִשְׁפָּטָה יִשָּׁפְטוּ אִשָּׁפְטָה
נִשְׁפָּט

poel judge 11 מְשֹׁפְטִי[e] Job 9:15◦

שֶׁפֶט ↩ שׁפט *m.* judgement, punishment 2 שְׁפָטַי 4 שְׁפָטִים

שָׁפָט *m. PN* Shaphat

שְׁפַטְיָה & **שְׁפַטְיָהוּ** *m. PN* Shephatiah

שִׁפְטָן *m. PN* Shiphtan Num 34:24

שְׁפִי I. *m.* bare, barren height, hilltop; bareness Job 33:21 *kt.; qr.* ↪ שׁפה *nif* 2 שְׁפָיִם שְׁפָיִים

שְׁפִי II. *m. PN* Shephi 1 Chr 1:40◦

1 st.c. sg. 2 st.a. pl. 3 st.c. pl. 4 with *epp* 5 SC 6 PC 7 narrative 8 inf.c. 9 inf.a. 10 imp. 11 part.

שֻׁפִּים & **שֻׁפָּם** *m. PN* Shuppim 1 Chr 7:12.15; 26:16◦

שְׁפִיפֹן *m.* viper, adder Gen 49:17◦

שָׁפִיר *pln* Shaphir Mi 1:11◦

√ **שׁפך**[B] *q* pour, pour out, pour up, spill; cast up (a mound) Ez 17:17 - 5 שָׁפַךְ *p* שָׁפָךְ שָׁפַכְתָּ *p* 6 שָׁפְכוּ שָׁפַכְתִּי ·שְׁפַכְתֶּהוּ[e] שָׁפַכְתְּ שָׁפָכְתָּ אֶשְׁפְּכָה אֶשְׁפּוֹךְ תִּשְׁפְּכֶנּוּ[e] תִּשְׁפֹּךְ ·יִשְׁפֹּךְ וָאֶשְׁפֹּךְ; וַ·יִּשְׁפְּכֵם[e] וַ·יִּשְׁפֹּךְ 7 תִּשְׁפְּכוּ *p* תִּשְׁפֹּכוּ שְׁפוֹךְ 10 שָׁפְכְךָ[e] לִשְׁפָּךְ־ שְׁפֹךְ 8 וַ·יִּשְׁפְּכוּ שֹׁפֶכֶת שֹׁפְכוּ[e] שׁוֹפֵךְ 11 שִׁפְכוּ שִׁפְכִי שְׁפָךְ־ שְׁפוּכָה שָׁפוּךְ pass. שֹׁפֶכֶת שֹׁפְכִים

nif be poured out, shed; waste (copper coins, money) Ez 16:36 (but → נְחֹשֶׁת) 5 נִשְׁפַּךְ נִשְׁפַּכְתִּי 6 יִשָּׁפֵךְ 7 וַ·יִּשָּׁפֵךְ 8 הִשָּׁפֵךְ

pu be poured, poured out Num 35:33; Zeph 1:17; slip out Ps 73:2 – 5 שֻׁפַּךְ שֻׁפְּכָה שֻׁפְּכוּ◦

hitp be poured out, lie scattered Lam 4:1; ebb away Lam 2:12; Job 30:16 - 6 תִּשְׁתַּפֵּךְ תִּשְׁתַּפֵּכְנָה 8 הִשְׁתַּפֵּךְ◦

שֶׁפֶךְ ← שׁפך *m.* with הַדֶּשֶׁן ash heap Lev 4:12◦

שָׁפְכָה ← שׁפך *f.* penis Dtn 23:2◦

√ **שׁפל** *q* sink, sink in, sink down, become low Isa 40:4; fig. be humbled Isa 2:9; abase, humble oneself 5 שָׁפֵל שָׁפַלְתְּ 6 תִּשְׁפַּל ·יִשְׁפָּלוּ תִּשְׁפַּלְנָה 7 וַ·יִּשְׁפַּל 8 שְׁפַל

hif lay low, make low; lay down; let fall down Isa 25:12; humble oneself; with another verb: deep, downward: הַמַּשְׁפִּילִי לִרְאוֹת look down Ps 113:6; הַשְׁפִּילוּ שֵׁבוּ take a lower seat Jer 13:18 - 5 הִשְׁפִּיל הִשְׁפַּלְתִּי הִשְׁפִּילוּ 6 תַּשְׁפִּיל יַשְׁפִּילֶנָּה[e] יַשְׁפִּילָהּ[e] יַשְׁפִּיל הַשְׁפִּיל 8 וַתַּשְׁפִּילִי 7 אַשְׁפִּיל תַּשְׁפִּילֵנוּ[e] מַשְׁפִּיל 11 הַשְׁפִּילֵהוּ[e] הַשְׁפִּילוּ 10 הַשְׁפִּילֵךְ[e] with י-compaginis: הַמַּשְׁפִּילִי

שֵׁפֶל ← שׁפל *m.* lowness, lowliness, humiliation 4 שִׁפְלֵנוּ Ps 136:23; Ecc 10:6◦

שָׁפָל *m.* & **שְׁפָלָה** *f.* ← שׁפל deep, deeper, sunken; humiliated, degraded; low, disregarded 1 שְׁפַל שִׁפְלַת 2 שְׁפָלִים

שָׁפֵל ← שׁפל *m.* low, humiliated Isa 2:12◦

שִׁפְלָה ← שׁפל *f.* low, lowness Isa 32:19◦

שְׁפֵלָה *pln* Shephelah, plain, lowland 4 שְׁפֵלָתָהּ

שִׁפְלוּת ← שׁפל *f.* laziness Ecc 10:18◦

ⓘ „Sinking of the hands“ as a sign of inertness and decadence.

שָׁפָם *m. PN* Shapham 1 Chr 5:12◦

שְׁפָם *pln* Shepham Num 34:10f◦

שֻׁפָּם & **שֻׁפִּים** *m. PN* Shuppim 1 Chr 7:12.15; 26:16◦

שִׁפְמִי *pn* Shiphmite 1 Chr 27:27◦

שָׁפָן I. rock hyrax 2 שְׁפַנִּים Lev 11:5; Dtn 14:7; Ps 104:18; Prov 30:26◦

שָׁפָן II. *m. PN* Shaphan

שֶׁפַע *m.* wealth, abundance Dtn 33:19◦

שִׁפְעָה & **שִׁפְעַת** *f.* wealth, abundance; flood Job 22:11; 38:34; caravan Isa 60:6; Ez 26:10; troop (others: cloud of dust) 2 Kgs 9:17 - 1 שִׁפְעַת◦

שִׁפְעִי *m. PN* Shiphi 1 Chr 4:37◦

√ **שׁפר** *q* with עַל please 5 שָׁפְרָה Ps 16:6◦

1 st.c. sg.   2 st.a. pl.   3 st.c. pl.   4 with *epp*   5 SC   6 PC   7 narrative   8 inf.c.   9 inf.a.   10 imp.   11 part.

שֶׁפֶר ↩ שׁפר I. *m.* lovely אִמְרֵי־שָׁפֶר beautiful words Gen 49:21◦

שֶׁפֶר II. *pn* Shepher Num 33:23f◦

שֹׁפָר & **שׁוֹפָר**[B] *m.* horn, ram's horn, signal (horn), sound of horns, trombone 1 שׁוֹפַר 2 שׁוֹפָרוֹת 3 שׁוֹפְרוֹת 4 שׁוֹפְרֹתֵיהֶם

שִׁפְרָה ↩ שׁפר I. *f.* beautiful, clear Job 26:13◦

שִׁפְרָה II. *f. PN* Shiphra Ex 1:15◦

שַׁפְרִיר *m.* canopy 4 שַׁפְרִירוֹ Jer 43:10 *qr.*; *kt.* שַׁפְרוּרוֹ◦

√ **שׁפת** *q* put on (a pot) 2 Kgs 4:38; Ez 24:3; lay Ps 22:16; establish (peace) Isa 26:12 - 6 תִּשְׁפֹּת תִּשְׁפְּתֵנִי[e] 8/10 שְׁפֹת◦

שְׁפַתַּיִם ↩ שׁפת *m.* double hooks Ez 40:43; sheepfolds Ps 68:14◦

שֶׁצֶף *m.* outburst Isa 54:8◦

√ **שׁקד** I. *q* be awake, watch, keep watch; lie in wait Jer 5:6 - 5 שָׁקַד שָׁקַדְתִּי 6 יִשְׁקוֹד אֶשְׁקֹד 7 וַיִּשְׁקֹד 8 שְׁקֹד 10 שִׁקְדוּ 11 שֹׁקֵד שׁוֹקֵד שְׁקֻדֵי

√ **שׁקד** II. ↩ שָׁקֵד *pu* pt. shaped like almond blossoms 11 מְשֻׁקָּדִים Ex 25:33f; 37:19f◦

שָׁקֵד *m.* almond tree; pl. almonds 2 שְׁקֵדִים

√ **שׁקה**[B] *nif* be watered, flooded 5 וְנִשְׁקָה Am 8:8 *kt.*; but cf. *qr.* ↪ שׁקע◦

hif let someone drink, (give) water; serve drinks; pt. מַשְׁקֶה cupbearer Gen 40:1; 1 Kgs 10:5; 2 Chr 9:4 - 5 הִשְׁקָה הִשְׁקָהּ[e]; הִשְׁקָתָה וְהִשְׁקִיתָה וְהִשְׁקִיתָ הִשְׁקִיתָנוּ[e] הִשְׁקִיתִי הִשְׁקִיתִים[e] הִשְׁקִתִים[e] הִשְׁקִינוּ 6 יַשְׁקֶה יַשְׁקֵנִי[e] תַּשְׁקֶה יַשְׁקוּנִי[e] יַשְׁקוּ אַשְׁקְךָ[e] אַשְׁקֶנָּה[e] אַשְׁקֶה תַּשְׁקֵם[e] נַשְׁקֶה 7 וַיַּשְׁק וַתַּשְׁק וַתַּשְׁקֵהוּ[e] וַתַּשְׁקֵמוֹ[e] וַתַּשְׁקֶיךָ[e] וָאַשְׁקֶה וַיַּשְׁקֵהוּ[e] וַיַּשְׁקוּם[e] וַתַּשְׁקֶיןָ 8 הַשְׁקוֹת הַשְׁקֹתוֹ[e] 10 הַשְׁקֵהוּ[e] הַשְׁקִינִי[e] הַשְׁקוּ 11 מַשְׁקֶה מַשְׁקֵה מַשְׁקֵהוּ[e] מַשְׁקִים מַשְׁקָיו[e]

pu be watered, moist 6 יְשֻׁקֶּה Job 21:24◦

שִׁקּוּי ↩ שׁקה *m.* drink, refreshment 4 שִׁקֻּוָי שִׁקּוּיָי Hos 2:7; Ps 102:10; Prov 3:8◦

שִׁקּוּץ ↩ שׁקץ *m.* something detestable, disgusting: dirt, excrement, garbage; fig. idol 2 שִׁקּוּצִים שִׁקֻּצִים 3 שִׁקּוּצֵי 4 שִׁקֻּצָיו שִׁקּוּצֶיהָ שִׁקּוּצֵיהֶם שִׁקּוּצַיִךְ *p* שִׁקּוּצָיִךְ שִׁקּוּצֶיךָ

√ **שׁקט**[B] *q* be calm, have peace; rest, be idle; keep calm, restrain 5 שָׁקַט שָׁקְטָה *p* שָׁקָטָה שָׁקַטְתִּי 6 יִשְׁקֹט תִּשְׁקֹט תִּשְׁקְטִי אֶשְׁקוֹט אֶשְׁקוֹטָה *kt.*; אֶשְׁקֳטָה *qr.* 7 וַתִּשְׁקֹט 11 שֹׁקֵט שֹׁקְטִים שֹׁקֶטֶת *p* שֹׁקָטֶת

hif bring quiet, peace; let rest; keep calm Isa 7:4; inf.a.: quietness Isa 32:17; careless Ez 16:49 - 6 יַשְׁקִיט יַשְׁקֵט 8 הַשְׁקֵט הַשְׁקִיט 9 הַשְׁקֵט 10 הַשְׁקֵט

שֶׁקֶט ↩ שׁקט *m.* quietness 1 Chr 22:9◦

שֹׁקַיִם du. thighs ↪ שׁוֹק

√ **שׁקל** *q* weigh, pay 5 וְשָׁקַל 6 יִשְׁקֹל יִשְׁקְלֵנִי[e] תִּשְׁקוֹל יִשְׁקְלוּ תִּשְׁקְלוּ 7 וַיִּשְׁקֹל וָאֶשְׁקֹל וַיִּשְׁקְלוּ (וָאֶשְׁקוֹלָה *kt.*) *qr.* וָאֶשְׁקֲלָה וָאֶשְׁקֲלָה 8 שְׁקוֹל 9 שָׁקוֹל 11 שֹׁקֵל

nif be weighed 5 נִשְׁקַל 6 יִשָּׁקֵל Job 6:2; 28:15; Ezr 8:33◦

שֶׁקֶל *pn* of a weight, shekel, about 12 grams; also as currency unit *p* שָׁקֶל 2 שְׁקָלִים 3 שִׁקְלֵי

שִׁקְמָה *pn* of a fig, sycamore, mulberry 2 שִׁקְמִים 4 שִׁקְמוֹתָם

1 st.c. sg. 2 st.a. pl. 3 st.c. pl. 4 with *epp* 5 SC 6 PC 7 narrative 8 inf.c. 9 inf.a. 10 imp. 11 part.

✓ **שׁקע** *q* sink Jer 51:64; Am 9:5; disappear, die down (fire) Num 11:2 - 5 שָׁקְעָה 6 תִּשְׁקַע 7 וַתִּשְׁקַע◦

nif sink Am 8:8 *qr*. 5 נִשְׁקְעָה◦

hif press down Job 40:25; let settle (water, so that it becomes clear) Ez 32:14 - 6 תַּשְׁקִיעַ אַשְׁקִיעַ◦

שְׁקַעֲרוּרֹת ← קער *f.* depressions Lev 14:37◦

✓ **שׁקף** *nif* look down, overlook, face; with בְּעַד הַחַלּוֹן look out of the window 5 נִשְׁקַף נִשְׁקָפָה נִשְׁקַף 11 נִשְׁקַפְתִּי נִשְׁקָפָה *p* נִשְׁקָפָה

hif look down, look out 5 הִשְׁקִיף 6 יַשְׁקִיף 7 הַשְׁקִיפָה 10 וַיַּשְׁקִפוּ וַיַּשְׁקִיפוּ וַתַּשְׁקֵף וַיַּשְׁקֵף

שֶׁקֶף ← שקף *m.* frame, lintel *p* שָׁקֶף 1 Kgs 7:5◦

שְׁקֻפִים ← שקף *m.* frames 1 Kgs 6:4; 7:4◦

✓ **שׁקץ** *pi* detest; make oneself detestable 5 שִׁקֵּץ 9 תְּשַׁקְּצֶנּוּ[e] תְּשַׁקְּצוּ *p* תְּשַׁקְּצוּ 6 שַׁקֵּץ

שֶׁקֶץ ← שקץ *m.* something detestable

שִׁקֻּץ ← שִׁקּוּץ

✓ **שׁקק** *q* fall upon, storm, attack Isa 33:4; Joel 2:9; pt. charging, others: greedy Prov 28:15; pt. thirsty, craving Isa 29:8; Ps 107:9 - 6 יָשֹׁקּוּ 11 שֹׁקֵקָה שׁוֹקֵקָה שׁוֹקֵק◦

hitpalpel rush, storm 6 יִשְׁתַּקְשְׁקוּן Nah 2:5◦

✓ **שׁקר** *q* deceive, deal falsely 6 תִּשְׁקֹר Gen 21:23◦

pi deceive, cheat, betray, act disloyal 5 שִׁקַּרְנוּ 6 תְּשַׁקְּרוּ יְשַׁקְּרוּ אֲשַׁקֵּר יְשַׁקֵּר

שֶׁקֶר[B] ← שקר *m* lie, deception, falsehood; futile, in vain, without reason; unjust *p* שָׁקֶר 2 שְׁקָרִים 4 שִׁקְרֵיהֶם

שֹׁקֶת ← שקה *f.* trough 3 שִׁקְתוֹת Gen 24:20; 30:38◦

שֹׁר *m.* navel, navel cord Ez 16:4; womb Song 7:3; body (← שְׁאֵר) Prov 3:8 – 4 שָׁרֵּךְ שָׁרֵךְ שָׁרְרֵךְ◦

שָׁר ← שִׁיר

שָׁרָב *m.* heat, burning sun, desert wind Isa 49:10; parched land Isa 35:7◦

שֵׁרֵבְיָה *m. PN* Sherebiah

שַׁרְבִיט & **שַׁרְבִט** *m.* sceptre Est 4:11; 5:2; 8:4◦

✓ **שׁרה** *q* send, let go 6 [e]יִשְׁרֵהוּ Job 37:3◦

pi let go, set free 5 [e]שֵׁרִיתִךָ Jer 15:11 *qr.*; *kt.* שׁרר consolidate, preserve; others understand the *qr.* as a form of ← שׁאר leave◦

שֵׁרָה bracelet ← שֵׁירוֹת Isa 3:19◦

שָׂרָה *f.* row (of vines) Jer 5:10 ← שׁוּרָה; caravan Ez 27:25 pt.f. ← שׁוּר - 4 שָׁרוֹתֶיהָ שָׁרוֹתַיִךְ◦

שָׁרוּחֶן *pln* Sharuhen Jos 19:6◦

שָׁרוֹן *pln* Sharon

שָׁרוֹנִי *pn* Sharonite 1 Chr 27:29◦

שְׁרוּקָה ← שרק *f.* mockery Jer 18:16 *kt.* 3 שְׁרוּקַת◦

שֵׁרוֹת ← שֵׁירוֹת bracelets Isa 3:19

שָׁרוֹת ← שׁוּר I.

שִׁרְטַי *m. PN* 1 Chr 27:29 *qr.* Shirtai◦

שָׁרַי *m. PN* Sharai Ezr 10:40◦

שִׁרְיָה *f.* arrow, spear Job 41:18◦

שִׁרְיוֹן & שִׁרְיָן *m.* scale armour 2 שִׁרְיֹנִים שִׁרְיֹנוֹת

שְׁרִיקָה ← שׁרק *f.* mockery Jer 18:16 *qr.* 3 שְׁרִיקֹת◦

שָׁרִיר *m.* muscle 3 שְׁרִירֵי Job 40:16◦

שְׁרִירוּת & שְׁרִרוּת *f.* obduracy, high-handedness

שְׁרִית *f.* rest 1 Chr 12:39 ← שְׁאֵרִית◦

שְׁרֵמוֹת *f.* fields Jer 31:40 *kt.*◦

✓ שׁרץ *q* teem with, swarm 5 שָׁרַץ שָׁרְצוּ 6 שֹׁרֵץ 11 שֹׁרְצוּ 10 וַיִּשְׁרְצוּ 7 יִשְׁרְצוּ יִשְׁרֹץ שֹׁרֶצֶת

שֶׁרֶץ ← שׁרץ *m.* swarms of small living creatures, like worms, insects, polliwogs etc.

✓ שׁרק *q* whistle, hiss; mock 5 שָׁרַק *p* שָׁרָק שָׁרְקוּ 6 אֶשְׁרְקָה יִשְׁרֹק

שְׁרֵקָה ← שׁרק *f.* hissing; mockery, ridicule

שְׁרִקוֹת ← שׁרק *f.* flute playing Jdg 5:16; mockery Jer 18:16 *qr.*◦

✓ שׁרר *q* consolidate, preserve 5 שָׁרוֹתִךָ[e] Jer 15:11 *kt.; qr* ← שׁרה

שָׁרָר *m. PN* Sharar 2 Sam 23:33◦

שֹׁרֵר & שׁוֹרֵר *m.* enemy 4 שׁוֹרְרַי *p* שׁוֹרָרָי

שְׁרִרוּת & שְׁרִירוּת *f.* obduracy, high-handedness

✓ שׁרשׁ ← שׁרשׁ *pi* uproot, pluck 5 שֵׁרֶשְׁךָ[e] 6 תְּשָׁרֵשׁ Ps 52:7; Job 31:12◦

pu be uprooted 6 יְשֹׁרָשׁוּ Job 31:8◦

poel take root 5 שֹׁרֵשׁ Isa 40:24◦

poal take root 5 שֹׁרָשׁוּ Jer 12:2◦

hif take root 6 יַשְׁרֵשׁ 7 וַתַּשְׁרֵשׁ 11 מַשְׁרִישׁ Isa 27:6; Ps 80:10; Job 5:3◦

שֶׁרֶשׁ *m. PN* Sheresh *p* שָׁרֶשׁ 1 Chr 7:16◦

שֹׁרֶשׁ *m.* root 3 שָׁרְשֵׁי 4 שָׁרְשׁוֹ שָׁרְשֵׁי שָׁרְשְׁךָ שָׁרְשֵׁי שָׁרָשֶׁיהָ שָׁרָשָׁיו שָׁרְשָׁם

שַׁרְשֹׁת *f.* chains Ex 28:22◦

שַׁרְשְׁרֹת & שַׁרְשְׁרוֹת *f.* chains

✓ שׁרת[B] *pi* serve; be in service, minister; pt. servant, maid 5 שֵׁרֵת שֵׁרְתוּ 6 יְשָׁרְתֵנִי[e] יְשָׁרְתֵהוּ[e] יְשָׁרְתוּ; תְּשָׁרְתֵהוּ יְשָׁרְתֵהוּ 8 וַתְּשָׁרְתֵהוּ[e] וַיְשָׁרֶת 7 יְשָׁרְתוּנֶךָ[e] וַיְשָׁרְתוּךָ[e] לְשָׁרְתָם[e] לְשָׁרְתֵנִי[e] לְשָׁרְתוֹ[e] לְשָׁרֶת *p* לְשָׁרֵת מְשָׁרְתִים מְשָׁרְתָיו[e] מְשָׁרְתוֹ[e] מְשָׁרַת מְשָׁרֵת 11 מְשָׁרְתָי[e] מְשָׁרְתֵי

שָׁרֵת ← שׁרת *m.* service, ministry Num 4:12; 2 Chr 24:14◦

שׁשׁה ← שׁסה plunder

שֵׁשׁ & שֵׁשׁ *m.* & שִׁשָּׁה[B] *f.* I. six 1 שֵׁשֶׁת; עֶשְׂרֵה שֵׁשׁ & שִׁשָּׁה עָשָׂר sixteen; pl. שִׁשִּׁים sixty; שֵׁשׁ מֵאוֹת 600; שֵׁשֶׁת אֲלָפִים 6000

שֵׁשׁ II. *m.* marble, alabaster Song 5:15; Est 1:6◦

שֵׁשׁ III. *m.* byssus, fine linen

✓ שׁשׁא *pi* lead on, drive forward; others: entice 5 שִׁשֵּׁאתִיךָ[e] Ez 39:2◦

שֵׁשְׁבַּצַּר *m. PN* Shesbazzar, Shesbazar

✓ שׁשׁה *pi* give the sixth part 5 וְשִׁשִּׁיתֶם Ez 45:13◦

שָׁשַׁי *m. PN* Shashai Ezr 10:40◦

שֵׁשַׁי *m. PN* Sheshai

שֶׁשִׁי *m.* byssus, fine linen Ez 16:13 *kt.*◦

שִׁשִּׁי *m.* & שִׁשִּׁית *f.* ordinal number: sixth; one sixth Ez 4:11; 45:13; 46:14

שֵׁשַׁךְ *pn* Sheshach, Babylon Jer 25:26; 51:41◦

שֵׁשָׁן *m. PN* Sheshan 1 Chr 2:31f.34f◦

שֹׁשַׁנִּים lillies ↪ שׁוּשָׁן

שָׁשָׁק *m. PN* Shashak 1 Chr 8:14.25◦

שָׁשֵׁר *m.* vermillion, bright red Jer 22:14; Ez 23:14◦

שֵׁת I. *m.* foundation, pillar Ps 11:3; Isa 19:10; buttocks 2 Sam 10:4; Isa 20:4 - 2 שָׁתוֹת 4 שְׁתוֹתֵיהֶם שָׁתֹתֶיהָ◦

שֵׁת II. *m. PN* Shet

ⓘ Num 24:17 is often translated as *Sons of War*, but it may be the name of a people, the nomadic Sutu.

√ שׁתה[B] *q* drink; with חָמָס fig. be damaged 5
שָׁתָה שָׁתִית שָׁתִיתִי שָׁתוּ וּשְׁתִיתֶם שָׁתִינוּ 6
יִשְׁתֶּה תִּשְׁתֶּה תֵּשְׁתְּ תִּשְׁתִּי אֶשְׁתֶּה יִשְׁתּוּ
וַיִּשְׁתֶּה וַיֵּשְׁתְּ 7 נִשְׁתֶּה תִּשְׁתֶּינָה יִשְׁתָּהוּ[e] יִשְׁתָּיוּן
שְׁתוֹתוֹ[e] שְׁתוֹת לִשְׁתֹּת שְׁתוֹ 8 וַיִּשְׁתּוּ וָאֵשְׁתְּ
10 שָׁתֹה שָׁתוֹ שָׁתוֹת 9 לִשְׁתּוֹתָם[e] שְׁתוֹתָהּ[e]
וּשֲׁתֵה שְׁתֵה שְׁתוּ 11 שֹׁתֶה שֹׁתָה שׁוֹתִים
שָׁתָיו[e] שֹׁתֵי שֹׁתִים

nif be drunk Lev 11:34; be parched Isa 41:17 ↪ נשׁת; נִשְׁתָּוָה Prov 27:15 ↪ שׁוה be alike 5 נִשְׁתָּוָה 6 יִשָּׁתֶה◦

hif ↪ שׁקה

שְׁתוֹת ↪ שֵׁת; Isa 22:13 inf.a. ↪ שׁתה

שְׁתִי I. *m.* fabric; others: warp Lev 13:48ff◦

שְׁתִי ↩ שׁתה II. *m.* drink, drinking bout Ecc 10:17◦

שְׁתִיָּה ↩ שׁתה *f.* drink, drinking Est 1:8◦

שָׁתִיל & שָׁתִל ↩ שׁתל *m.* seedling, shoot 3 שְׁתִלֵי Ps 128:3◦

שְׁתַּיִם *f.* two ↪ שְׁנַיִם

√ שׁתל *q* plant 5 שְׁתַלְתִּי 6 אֶשְׁתֳּלֶנּוּ[e] 11 pass. שָׁתוּל שְׁתוּלָה שְׁתוּלִים

שֻׁתַלְחִי *pn* Shutalechite Num 26:35◦

√ שׁתם *q* pt.pass. be open 11 שְׁתֻם Num 24:3.15◦

√ שׁתן *hif* piss ↪ שׁין 11 מַשְׁתִּין

ⓘ With בְּקִיר a rather drastic paraphrase of the male sex.

√ שׁתע *q* be anxious 5 נִשְׁתָּעָה 6 תִּשְׁתָּע Isa 41:10.23◦

ⓘ More likely is the derivation of the forms of ↪ שׁעה *hitp.*

√ שׁתק *q* calm down, become silent 6 יִשְׁתֹּק יִשְׁתְּקוּ יִשְׁתּוֹק Jon 1:11f; Ps 107:30; Prov 26:20◦

שֵׁתָר *m. PN* Shetar Est 1:14◦

√ שׁתת *var.* ↪ שׁית *q* sit Ps 49:15; set Ps 73:9 - 5 שַׁתּוּ◦

שָׁתֹת Isa 19:10 ↪ שֵׁת I. foundations, pillars

תָּא *m.* guardroom, niche (in the tower of the temple) 2 תָּאִים 3 תָּאֵי 4 תָּאוֹ תָּאָיו 1 Kgs 14:28; Ez 40:7.12.36◦

√ **תאב** I. *q* yearn, desire 5 תָּאַבְתִּי Ps 119:40.174◦

√ **תאב** II. *pi* hate, detest 11 מְתָאֵב Am 6:8◦

ⓘ Perhaps this word is a *var.* of ↪ תעב

תַּאֲבָה ↩ תאב *f.* desire Ps 119:20◦

√ **תאה** *var.* ↪ תוה *pi* draw a line, mark a border 6 תְּתָאוּ Num 34:7f◦

תְּאוֹ & **תּוֹא** *m.* antelope; others: deer, wild sheep Dtn 14:5; Isa 51:20◦

תַּאֲוָה ↩ אוה *f.* longing, desire; something beautiful, desirable; sometimes negative: desire Prov 18:1 - 1 תַּאֲוַת 4 תַּאֲוָתִי תַּאֲוָתָם

תְּאוֹמִים *m.* twins ↪ תּוֹאֲמִים

תַּאֲלָה ↩ אלה *f.* curse 4 תַּאֲלָתְךָ Lam 3:65◦

√ **תאם** *hif* bear twins 11 מַתְאִימוֹת Song 4:2; 6:6◦

תְּאֹמִים twins ↪ תּוֹאֲמִים

תַּאֲנָה ↩ אנה II. *f.* heat, lust 4 תַּאֲנָתָהּ Jer 2:24◦

תְּאֵנָה *f.* fig, fig tree 2 תְּאֵנִים 3 תְּאֵנֵי 4 תְּאֵנָתוֹ תְּאֵנֵיכֶם תְּאֵנָתָם תְּאֵנָתִי תְּאֵנָתְךָ תְּאֵנָתָהּ

תֹּאֲנָה ↩ אנה *f.* occasion, opportunity Jdg 14:4◦

תַּאֲנִיָּה ↩ אנה *f.* sadness, wailing Isa 29:2; Lam 2:5◦

תְּאֻנִים ↩ אנה *m.* toil, effort Ez 24:12◦

תַּאֲנַת שִׁלֹה *pln* Taanath-Shilo Jos 16:6◦

√ **תאר** *q* turn, pass along, extend, be drawn 5 תָּאַר Jos 15:9.11; 18:14.17◦
pi draw, sketch 6 יְתָאֲרֵהוּ[e] יְתָאֳרֵהוּ[e] Isa 44:13◦
pu reach, extend 11 מְתֹאָר Jos 19:13◦

תֹּאַר ↩ תאר *m.* form, shape, body, appearance; pleasant, beautiful shape 4 תָּאֳרוֹ תֹּאֲרוֹ תָּאֳרָם

תַּאְרֵעַ *m. PN* Tarea 1 Chr 8:35◦

תְּאַשּׁוּר *pn* boxwood, others: cypress, pine Isa 41:19; 60:13◦

תֵּבָה[B] *f.* ark Gen 6-9; basket Ex 2:3ff - 1 תֵּבַת◦

תְּבוּאָה ↩ בוא *f.* yield, harvest, product, profit 1 תְּבוּאַת 2/3 תְּבוּאֹת תְּבוּאוֹת 4 תְּבוּאָתוֹ תְּבוּאָתֶךָ *p* תְּבוּאָתְךָ תְּבוּאָתָהּ תְּבוּאָתֹה תְּבוּאֹתֵיכֶם תְּבוּאָתֵנוּ תְּבוּאָתִי

תְּבוּנָה ↩ בין *f.* the art of differentiation: insight, intelligence, comprehension, understanding, knowledge 2/3 תְּבוּנוֹת 4 תְּבוּנָתוֹ תְּבוּנֹתֵיכֶם תְּבוּנָם תְּבוּנָתִי תְּבוּנָתְךָ

תְּבוּסָה *f.* downfall, destruction; others: chance, fate 1 תְּבוּסַת 2 Chr 22:7◦

תָּבוֹר *pn /pln* Tabor

תֵּבֵל[B] *f.* world, mainland, globe, earth

תֶּבֶל *m.* transgression, abomination, perversion Lev 18:23; 20:12◦

תּוּבַל & תֻּבַל *m. PN* & *pn* Tubal

תַּבְלִית ↩ **בלה** *f.* end, annihilation 4 **תַּבְלִיתָם** Isa 10:25◦

תְּבַלֻּל ↩ **בלל** *m.* defect Lev 21:20◦

תֶּבֶן *m.* straw, chaff

תִּבְנִי *m. PN* Tibni 1 Kgs 16:21f◦

תַּבְנִית ↩ **בנה** *f.* form, pattern, model, plan, picture 4 **תַּבְנִיתָם תַּבְנִיתוֹ**

תַּבְעֵרָה *pln* Taberah Num 11:3; Dtn 9:22◦

תֵּבֵץ *pln* Thebez Jdg 9:50; 2 Sam 11:21◦

√ **תבר** ↪ **ברר** *hitp*

תִּגְלַת פִּלְאֶסֶר *m. PN* Tiglath-Pileser; variants: **תִּלְּגַת פִּלְאֶסֶר, תִּגְלַת פִּלְאֶסֶר, תִּלְּגַת פִּלְנֶסֶר, תִּלְּגַת פִּלְנְאֶסֶר**

תַּגְמוּל ↩ **גמל** *m.* good, benefits 4 **תַּגְמוּלוֹהִי** Ps 116:12◦

תִּגְרָה ↩ **גרה** *f.* blow, punishment 1 **תִּגְרַת** Ps 39:11◦

תֹּגַרְמָה & תּוֹגַרְמָה *pln* Thogarmah; others: part of the *pln* Beth-Thogarmah

תִּדְהָר a tree, elm, others: boxwood Isa 41:19; 60:13◦

תַּדְמֹר *pln* Thadmor 2 Chr 8:4; 1 Kgs 9:18 *qr.*; *kt.* Thamar◦

תִּדְעָל *m. PN* Thidal Gen 14:1.9◦

תֹּהוּ[B] *m.* nothingness, emptiness, formlessness; wasteland, desert, wilderness; void, vanity; with **בֹּהוּ** Gen 1:2: without form or shape, waste and void

תְּהוֹם[B] *f.* primeval flood, ocean; abyss, the depth of the sea, underground water, masses of water; *pn* a Babylonian chaos power, Thehom 2 **תְּהוֹמוֹת תְּהֹמֹת תְּהֹמוֹת**

תָּהֳלָה *f.* error, stupidity Job 4:18◦

תְּהִלָּה[B] ↩ **הלל** *f.* honor, glory, fame; praise, hymn; glorious deeds 1 **תְּהִלַּת** 2 **תְּהִלּוֹת תְּהִלָּתִי תְּהִלָּתֶךָ** *p* **תְּהִלָּתְךָ תְּהִלָּתְךָ תְּהִלָּתוֹ** 4 **תְּהִלֹּת תְּהִלָּתֶיךָ**

תַּהֲלֻכֹת ↩ **הלך** *f.* choir, procession Neh 12:31◦

תַּהְפּוּכָה ↩ **הפך** *f.* perversity, falsehood, malice, deceit 2 **תַּהְפֻּכוֹת**

תָּו ↩ **תוה** *m.* mark Ez 9:4.6; signature Job 31:35 - 4 **תָּוִי**◦

תְּאוֹ & תּוֹא *m.* antelope; others: deer, wild sheep Dtn 14:5; Isa 51:20◦

תְּאוֹמִים & תּוֹאֲמִם & תּוֹאֲמִים *m.* twins; equivalent, counterpart 3 **תְּאוֹמֵי תָּאֳמֵי**

תֻּבַל & תּוּבַל *m. PN* & *pn* Tubal

תּוּבַל קַיִן *m. PN* Tubal-Kain Gen 4:22◦

תּוּבְנָה *var.* ↪ **תְּבוּנָה** skill Job 26:12◦

תּוּגָה ↩ **יגה** *f.* grief, sorrow 1 **תּוּגַת**

תֹּגַרְמָה & תּוֹגַרְמָה *pln* Thogarmah

1 st.c. sg. 2 st.a. pl. 3 st.c. pl. 4 with *epp* 5 SC 6 PC 7 narrative 8 inf.c. 9 inf.a. 10 imp. 11 part.

תּוֹדָה[B] ← ידה *f.* thank, thankfulness, praise; song of thanksgiving; thanksgiving sacrifice 1 תּוֹדַת 2 תּוֹדוֹת תּוֹדֹת

תוה ✓ I. *pi* scribble 7 וַיְתָו וַיְתָיו 1 Sam 21:14◦ *hif* mark 5 הִתְוִיתָ Ez 9:4◦

תוה ✓ II. *hif* provoke, offend 5 הִתְווּ Ps 78:41◦

תּוֹחַ *m. PN* Toah 1 Chr 6:19◦

תּוֹחֶלֶת ← יחל *f.* expectation, hope 4 תֹּחַלְתּוֹ תּוֹחַלְתִּי

תָּוֶךְ[B] *m.* midst, middle, inside; with בְּ in the center of, in the heart of, right through; with אֶל into the middle; with מִן from the middle, from 1 תּוֹךְ 4 תּוֹכוֹ תּוֹכָהּ תּוֹכֵךְ תּוֹכְךָ תּוֹכֵכִי (2.sg.f.); תּוֹכָהְנָה תֹּכְכֶם תּוֹכְכֶם תֹּכָם בְּתוֹכִי בְּתוֹכֵנוּ

תּוֹךְ & **תֹּךְ** *m.* oppression, disaster, destruction Ps 10:7; with אִישׁ torturer, exploiter Prov 29:13 - 2 תְּכָכִים

תּוֹכֵחָה ← יכח *f.* punishment 2 תּוֹכֵחוֹת

תּוֹכַחַת & **תֹּכַחַת** ← יכח *f.* objection, denial, dispute, complaint; pl.: presentation of the reasons for the objection: evidence; reminder, reprimand, rebuke, punishment, judgement 2 תּוֹכָחוֹת 3 תּוֹכְחוֹת תֹּכְחוֹת 4 תּוֹכַחְתִּי בְּתוֹכַחְתּוֹ

תּוּכִּיִּים & **תֻּכִּיִּים** *m.* peacocks, others: guinea fowls 1 Kgs 10:22; 2 Chr 9:21◦

תּוֹלָד *pln* Tolad 1 Chr 4:29◦

תּוֹלֵדוֹת[B] ← ילד *f.* descendants, generation, contemporaries, fellow human beings; what happens over the generations: course of time, story, history, family tree 3 תּוֹלְדוֹת תֹּלְדוֹת 4 תֹּלְדֹתָם תּוֹלְדֹתָם תֹּלְדֹתָיו

תּוֹלוֹן *m. PN kt.; qr.* ↪ תִּילוֹן Tilon 1 Chr 4:20◦

תּוֹלָל ← ילל *m.* oppressor 4 תּוֹלָלֵינוּ Ps 137:3◦

תּוֹלָע I. *m.* crimson Isa 1:18; Lam 4:5 ↪ תּוֹלֵעָה◦

תּוֹלָע II. *m. PN* Tola

תּוֹלֵעָה & **תּוֹלַעַת** *f.* general worm, wormlet; specific Kermes scale insect and especially the dye crimson red, which is extracted from it; also abbreviating for crimson fabric or wool 2 תּוֹלָעִים 4 תּוֹלַעְתָּם

תּוֹלָעִי *pn* Tolaite Num 26:23◦

תּוֹמִיךְ ↪ תמך Ps 16:5◦

תּוֹמִים ↪ תּוֹאֲמִים twins 3 תָּאֳמֵי תְּאוֹמֵי

תּוֹעֵבָה *f.* abomination, disgust; something abominable, disgusting, especially idols 1 תּוֹעֲבַת 2 תּוֹעֵבוֹת תּוֹעֵבֹת 3 תֹּעֲבוֹת תּוֹעֲבוֹת 4 תּוֹעֲבֹת תֹּעֲבוֹת תּוֹעֲבוֹתָיו תּוֹעֲבוֹתֶיהָ תּוֹעֲבֹתָם תּוֹעֲבוֹתַיִךְ *p* תּוֹעֲבוֹתַיִךְ תּוֹעֲבֹתֵיכֶם תֹּעֲבוֹתֵיהֶן תֹּעֲבוֹתֵיהֶם

תּוֹעָה ← תעה *f.* confusion, confusing Isa 32:6; Neh 4:2◦

תּוֹעָפוֹת *f.* what protrudes: horns Num 23:22; 24:8; mountain tops Ps 95:4; heaps (of silver) Job 22:25 - 3 תּוֹעֲפוֹת◦

תּוֹצָאוֹת ← יצא *f.* end, termination; course, extension; way out, escape Ps 68:21; exit Ez

תחז hif tear away 5 הֶחַז Isa 18:5◦

תַּזְנוּת ↩ זנה f. obscene behaviour, fornication 4 תַּזְנֻתַיִךְ תַּזְנוּתַיִךְ תַּזְנוּתֶיהָ תַּזְנוּתָם תַּזְנֻתֵךְ Ez 16:15ff; 23:7ff◦

תַּחְבֻּלוֹת f. good advice, plan 4 תַּחְבּוּלֹתָו תַּחְבּוּלֹתָיו

תֹּחוּ m. PN Tohu 1 Sam 1:1◦

תַּחְכְּמֹנִי pn Tahchemonite 2 Sam 23:8◦

ⓘ Some Bible translations assume a spelling mistake and read Hachmonite.

תַּחֲלֻאִים ↩ חלה m. infirmity, diseases (with fatal outcome); pain, agony (caused by illness) 3 תַּחֲלוּאֵי 4 תַּחֲלֻאֶיהָ תַּחֲלֻאָיְכִי

תְּחִלָּה ↩ חלל f. beginning, starting point, the first time, first, as before, previously 1 תְּחִלַּת

תּוֹחֶלֶת & תֹּחֶלֶת ↩ יחל f. hope, expectation 4 תּוֹחַלְתִּי תֹּחַלְתּוֹ

תַּחְמָס m. owl, others: cuckoo Lev 11:16; Dtn 14:15◦

תַּחַן m. PN Tahan Num 26:35; 1 Chr 7:25◦

תְּחִנָּה ↩ חנן I. f. begging, pleading; mercy Jos 11:20; Ezr 9:8 - 1 תְּחִנַּת 4 תְּחִנָּתוֹ תְּחִנָּתִי תְּחִנָּתְךָ תְּחִנָּתָם תְּחִנַּתְכֶם תְּחִנָּתֵנוּ תְּחִנֹּתֵיהֶם

תְּחִנָּה II. m. PN Tehinnah 1 Chr 4:12◦

תַּחֲנוּנִים & תַּחֲנוּנוֹת m. ↩ חנן cry for help, supplications 3 תַּחֲנוּנֵי 4 תַּחֲנוּנָיו תַּחֲנוּנַיִךְ תַּחֲנוּנֵי p תַּחֲנוּנֹתָי תַּחֲנוּנָי

תַּחֲנִי pn Tahanite Num 26:35◦

תַּחֲנֹת ↩ חנה 4 תַּחֲנֹתִי f. camp 2 Kgs 6:8◦

48:30; source Prov 4:23 - 3 תּוֹצְאֹת תּוֹצָאוֹת 4 תֹּצְאֹתָיו תּוֹצְאֹתָם תּוֹצְאֹתָיו תֹּצְאֹתוֹ תֹּצָאוֹת

תּוֹקְהַת 2 Chr 34:22 m. PN Tokhat kt.; qr. ↩ תָּקְהַת◦

תור q explore, spy (country); investigate, examine, reflect, consider; אַנְשֵׁי הַתָּרִים traders, explorers 1 Kgs 10:15; 2 Chr 9:14 - 5 תַּרְתִּי 8 וַיָּתֻרוּ 7 תָּתוּרוּ יָתֻרוּ יָתוּר 6 תַּרְתֶּם תָּרוּ תָּרִים 11 תּוּר

hif spy, scout Jdg 1:23; find one's way Prov 12:26- 6 יָתֵר 7 וַיָּתִירוּ◦

תּוֹר & תֹּר I. m. turtledove 2 תֹּרִים 4 תּוֹרְךָ

תּוֹר & תֹּר II. m. sequence, order, turn (with נגע) Est 2:12ff; pl. chain (with lined up elements) Song 1:10f; unclear 1 Chr 17:17 - 2 תֹּרִים 3 תּוֹרֵי◦

ⓘ In 1 Chr 17:17 - compare the parallel passage 2 Sam 7:19 - a ה could have dropped out, or the word could have been understood in the same sense: *in the order of men.*

תּוֹרָה[B] ↩ ירה f. instruction, direction, teaching (not: law) 1 תּוֹרַת 2 תּוֹרֹת תּוֹרוֹת 4 תּוֹרָתוֹ תּוֹרָתְךָ תּוֹרָתֶךָ p תּוֹרָתֶךָ תֹּרוֹתֶךָ תּוֹרָתִי תֹּרֹתָיו תּוֹרֹתָו (Jer 32:23 kt.); תּוֹרֹתַי p תּוֹרָתִי

תּוּרַק Song 1:3 ↩ ריק hof

תּוֹשָׁב & תֹּשָׁב ↩ ישב m. stranger, guest, sojourner; inhabitants 1 Kgs 17:1 - 1 תּוֹשַׁב 2 תּוֹשָׁבִים 3 תֹּשָׁבֵי 4 תּוֹשָׁבְךָ

תּוּשִׁיָּה & תֻּשִׁיָּה f. success, good result, felicitous execution; prudence, knowledge, wisdom

תּוֹתָח m. bludgeon, club Job 41:21◦

תַּחְפַּנְחֵס *pln* Tachpanhes

תַּחְפְּנֵיס *f. PN* Tachpenes 1 Kgs 11:19f◦

תַּחְרָא *m.* coat of mail Ex 28:32; 39:23◦

✓ **תחרה** ↪ **חרה** *tifel* compete 6 תְּתַחֲרֶה 11 מְתַחֲרֶה Jer 12:5; Jer 22:15◦

תַּחְרֵעַ *m. PN* Tachrea 1 Chr 9:41◦

תַּחַשׁ I. *pn* a kind of leather, Tahash-leather; others: dolphin, seal or badger skin leather *p* תְּחָשִׁים 2 תְּחַשׁ

תַּחַשׁ II. *m. PN* Tahash Gen 22:24◦

תַּחַת[B] I. under, below, underneath; under one's own feet, wherever one is, straight ahead; instead of, for the sake of; with **אֲשֶׁר** for that, rather; with **מִן** from, from ... away; down; with **אֶל** down, downwards 4 תַּחְתָּיו תַּחְתָּו תַּחְתֶּיהָ
תַּחְתֶּנָּה תַּחְתֶּיךָ תַּחְתֵּנִי תַּחְתַּי *p* תַּחְתִּי תַּחְתָּם
תַּחְתֵּיהֶם תַּחְתֵּיכֶם תַּחְתֵּינוּ

תַּחַת II. *pn* & *pln* Tahat

תַּחְתּוֹן *m.* & **תַּחְתּוֹנָה** *f.* the lower, lowest; below 2 תַּחְתֹּנוֹת

תַּחְתִּי *m.* & **תַּחְתִּיָּה** & **תַּחְתִּית** *f.* the lower, lowest 1 תַּחְתִּית 2 תַּחְתִּיִּם תַּחְתִּיּוֹת

תַּחְתִּים חָדְשִׁי *pln* Tachtim-Hodshi 2 Sam 24:6◦

ⓘ Some scholars assume a textual error at this point and read *to the land of the Hittites in Kadesh.*

תִּיכוֹן & **תִּיכֹן** *m.* & **תִּיכוֹנָה** & **תִּיכֹנָה** & **תְּכוּנָה** *f.* ↩ **תוך** the middle 2 תִּיכוֹנוֹת

תִּילוֹן *m. PN* Tilon 1 Chr 4:20 *qr.*◦

תֵּימָא & **תֵּמָא** *m. PN* & *pln* Tema

תֵּימָן & **תֵּמָן** ↩ **ימן** I. *f.* south, south wind

תֵּימָן II. *m. PN* & *pln* Teman

תֵּימָנִי *pn* Temanite

תֵּימְנִי *m. PN* Temni 1 Chr 4:6◦

תִּימֲרוֹת *f* columns (of smoke) Joel 3:3; Song 3:6◦

תִּיצִי *pn* Tizite 1 Chr 11:45◦

תִּירוֹשׁ & **תִּירֹשׁ** *m.* (unfermented) wine 4 תִּירוֹשָׁם תִּרוֹשִׁי תִּרֹשְׁךָ

תִּירְיָא *m. PN* Tiria 1 Chr 4:16◦

תִּירָס *m. PN* Tiras Gen 10:2; 1 Chr 1:5◦

תַּיִשׁ *m.* he-goat 2 תְּיָשִׁים

תֹּךְ & **תּוֹךְ** *m.* oppression, disaster, destruction Ps 10:7; with **אִישׁ** torturer, exploiter Prov 29:13 - 2 תְּכָכִים

✓ **תכה** *pu* sit 5 תֻּכּוּ Dtn 33:3◦

תְּכוּנָה ↩ **כון** *f.* chair, throne Job 23:3; furniture, plan Ez 43:11; treasure, preciousness Nah 2:10 - 4 תְּכוּנָתוֹ◦

תֻּכִּיִּים & **תּוּכִּיִּים** *m.* peacocks, others: guinea fowls 1 Kgs 10:22; 2 Chr 9:21◦

תְּכָכִים ↪ תֹּךְ

תִּכְלָה ↩ **כלה** *f.* perfection, perfect Ps 119:96◦

תַּכְלִית ↩ **כלה** *f.* final, perfect, ultimate; end, limit; perfection

תְּכֵלֶת *f.* purple

1 st.c. sg. 2 st.a. pl. 3 st.c. pl. 4 with *epp* 5 SC 6 PC 7 narrative 8 inf.c. 9 inf.a. 10 imp. 11 part.

ⓘ Dye obtained from purple snails; also denotes correspondingly coloured wool.

✓ **תכן** *q* examine, assess, consider, weigh 11 תֹּכֵן

nif being examined, weighed, evaluated 1 Sam 2:3; doing right, being fair Ez 18:25.29; 33:17.20 - 5 נִתְכְּנוּ 6 יִתָּכֵן יִתָּכְנוּ *p* יִתָּכֵנוּ◦

pi set firmly (*var.* ↪ כון) Ps 75:4; measure Isa 40:12f; Job 28:25 - 5 תִּכֵּן תִּכַּנְתִּי◦

pu be counted 11 מְתֻכָּן 2 Kgs 12:12◦

תֹּכֶן ← תכן I. *m.* quota, specific number Ex 5:18; (same) measure Ez 45:11◦

תֹּכֶן II. *pln* Tochen 1 Chr 4:32◦

תָּכְנִית ← תכן *f.* completed, perfect (seal) Ez 28:12; plan, layout Ez 43:10◦

תַּכְרִיךְ *m.* coat, robe Est 8,15◦

תֵּל *m.* wall, hill; mound of debris, rubble, heap 4 תִּלָּהּ תִּלָּם part of following *pln*:

תֵּל אָבִיב Tel-Aviv Ez 3:15◦

תֵּל חַרְשָׁא Tel-Harsha Ezr 2:59; Neh 7:61◦

תֵּל מֶלַח Tel-Melach Ezr 2:59; Neh 7:61◦

✓ **תלא** *var.* ↪ תלה *q* hang 2 Sam 21:12; hang in doubt Dtn 28:66; hang in suspense Hos 11:7 - 5 תְּלָאוּם[e] (2 Sam 21:12 *qr.*) 11 pass. תְּלוּאִים תְּלֻאִים◦

תַּלְאֻבֹת *f.* parched, drought Hos 13:5◦

תְּלָאָה ← לאה *f.* difficulties, hardship, toil

תְּלַאשָּׂר & **תְּלַשָּׂר** *pln* Telassar 2 Kgs 19:12; Isa 37:12◦

תַּלְבֹּשֶׁת ← לבש *f.* garment, clothing Isa 59:17◦

תִּגְלַת פִּלְנְאֶסֶר *m. PN* ↪ תִּגְלַת פִּלְאֶסֶר Tiglat-Pileser

תֹּלְדוֹת[B] ↪ תּוֹלְדוֹת

✓ **תלה** *q* hang 5 תָּלָה תָּלִיתָ תָּלוּ תְּלָוּם[e] (2 Sam 21:12 *kt.*) 6 תָּלִינוּ 7 יִתְלוּ 8 וַיִּתְלוּ[e] וַיִּתְלֻם 8 תְּלוֹת 10 תְּלֻהוּ[e] 11 תֹּלֶה pass. תָּלוּי תְּלוּיִם

nif be hanged 5 נִתְלוּ 7 וַיִּתָּלוּ Lam 5:12; Est 2:23◦

pi hang 5 תִּלּוּ Ez 27:10f◦

תָּלוּל ← תֵּל *m.* lofty, prominent Ez 17:22◦

תְּלֻנּוֹת & **תְּלוּנֹּת** ← לון *f.* grumbling 4 תְּלֻנֹּתֵיכֶם תְּלוּנֹּתָם Ex 16:6ff; Num 17:20ff◦

תֶּלַח *m. PN* Telach 1 Chr 7:25◦

תְּלִי *m.* quiver 4 תֶּלְיְךָ Gen 27:3◦

✓ **תלל** *hif* deceive, delude 5 הֵתֶל הֲתַלְתָּ 6 יְהָתֵלּוּ תְּהָתֵלּוּ 8 הָתֵל

hof be deceived, deluded 5 הוּתַל Isa 44:20◦

תֶּלֶם *m.* furrow 3 תַּלְמֵי 4 תְּלָמֶיהָ

תַּלְמַי *m. PN* Talmai

תַּלְמִיד ← למד *m.* pupil, disciple 1 Chr 25:8◦

תְּלֻנֹּת ↪ תְּלוּנֹּת

✓ **תלע** ← תּוֹלָע *pu* clad in scarlet 11 מְתֻלָּעִים Nah 2:4◦

תַּלְפִּיּוֹת *f.* rows of stone Song 4:4◦

תְּלַאשָּׂר & **תְּלַשָּׂר** *pln* Telassar 2 Kgs 19:12; Isa 37:12◦

תַּלְתַּלִּים *m.* wavy, curly Song 5:11◦

1 st.c. sg. 2 st.a. pl. 3 st.c. pl. 4 with *epp* 5 SC 6 PC 7 narrative 8 inf.c. 9 inf.a. 10 imp. 11 part.

תָּמִיד[B] continuously, constantly, always, all the time; לֶחֶם הַתָּמִיד perpetual bread, showbread Num 4:7; מִנְחָה תָּמִיד & מִנְחַת הַתָּמִיד regular grain offering, עֹלַת הַתָּמִיד & תָּמִיד עֹלָה regular burnt offering; ellipt. Dan 8:11 daily sacrifice

תָּמִים[B] *m.* & **תְּמִימָה** *f.* ← תמם flawless, irreproachable: whole, complete, right, upright, orderly, clean, perfect; sincere, honest, genuin 1 תְּמִים 2 תְּמִימִים תְּמִימִם תְּמִימֹת 3 תְּמִימֵי

תֻּמִּים *pn* an oracle, Thummim 4 תֻּמֶּיךָ

ⓘ The word occurs only in the plural and (almost) always with „Urim“; Martin Buber connects the terms with „illuminating“ and „mediating“.

√ **תמך**[B] *q* grasp, hold, support 5 תָּמְכָה תָּמַכְתָּ תְּמַכְתִּיךָ[e] תָּמְכוּ 6 יִתְמֹךְ יִתְמָךְ־ תִּתְמֹךְ אֶתְמָךְ־ יִתְמְכוּ *p* יִתְמֹכוּ 7 וַיִּתְמֹךְ 8 תְּמֹךְ 9 תָּמֹךְ 11 תּוֹמֵךְ תּוֹמִיךְ תֹּמְכֶיהָ[e]

nif be held 6 יִתָּמֵךְ Prov 5:22◦

תְּמֹל & **תְּמוֹל** yesterday; with שִׁלְשֹׁם the day before yesterday, before, earlier, so far

√ **תמם**[B] *q* be complete; be flawless, perfect; come to an end, end, perish; use up, consume, wear out 5 תַּם תַּמּוּ *p* תָּמּוּ תַּמְנוּ *p* תָּמְנוּ 6 יִתֹּם תִּתֹּם אֵיתָם יִתַּמּוּ *p* יִתָּמּוּ 7 וַיִּתֹּם וַתִּתֹּם וַיִּתְּמוּ 8 תֹּם כְּתָם־ תֻּמּוֹ[e] תֻּמִּי[e] תֻּמָּם[e]

hif complete something, finish something; do something flawlessly, act honestly; complement something (cook meat Ez 24:10; count money 2 Kgs 22:4); bring to a good end 2 Sam 20:18 - 5 הֲתִמֹּתִי וַהֲתִמֹּתִי הֵתַמּוּ 6 יַתֵּם תַּתֵּם 7 וַיַּתֵּם 8 הָתֵם הֲתִמְּךָ[e] 9 הָתֵם

תָּם *m.* & **תַּמָּה**[B] *f.* ← תמם flawless, irreproachable: whole, complete, right, upright, orderly, clean, perfect 2 תַּמִּים 4 תַּמָּתִי

תֹּם & **תּוֹם**[B] ← תמם *m.* completeness, perfection, health; integrity, honesty, purity, innocence, piety; strength, power, heaviness (Isa 47:9 *in full force they come to you*); naivety, unsuspecting nature 2 Sam 15:11; at random 1 Kgs 22:34 - 1 תָּם־ 2 תֻּמִּים 4 תֻּמּוֹ תֻּמִּי תֻּמָּם תֻּמֶּיךָ

תֵּמָא & **תֵּימָא** *m. PN* & *pln* Tema

√ **תמה** *q* be surprised; freeze with fear 5 תָּמְהוּ 6 תִּתְמַהּ יִתְמְהוּ *p* יִתְמָהוּ 7 וַיִּתְמְהוּ 10 תְּמָהוּ

hitp be amazed, wonder 10 הִתַּמְּהוּ הִתְמַהְמְהוּ Isa 29:9; Hab 1:5◦

תֻּמָּה ← תמם *f.* sincerity, integrity, piety 1 תֻּמַּת 4 תֻּמָּתִי תֻּמָּתֶךָ תֻּמָּתוֹ

תִּמָּהוֹן ← תמה *m.* panic, confusion Dtn 28:28; Zec 12:4◦

תַּמּוּז *pn* of a Sumerian idol, Tammus Ez 8:14◦

תְּמוֹל & **תְּמֹל** yesterday; with שִׁלְשֹׁם the day before yesterday, before, earlier, so far

תְּמוּנָה *f.* shape, form, image 1 תְּמוּנַת תְּמֻנַת 4 תְּמוּנָתֶךָ

תְּמוּרָה ← מור *f.* exchange, substitute; payment Job 15:31; profit of exchange Job 20:18 - 4 תְּמוּרָתוֹ תְּמוּרָתָהּ

תְּמוּתָה ← מות *f.* death Ps 79:11; 102:21◦

תֶּמַח *m. PN* Temach *p* תָּמַח Ezr 2:53; Neh 7:55◦

1 st.c. sg. 2 st.a. pl. 3 st.c. pl. 4 with *epp* 5 SC 6 PC 7 narrative 8 inf.c. 9 inf.a. 10 imp. 11 part.

hitp act honestly6 תִּתַּמָּם 2 Sam 22:26; Ps 18:26◦

תֵּמָן & תֵּימָן *m.* south, south wind

תִּמְנָה *pln* Timnah

תֵּמָנִי & תֵּימָנִי *pn* Temanite

תִּמְנִי *pn* Timnite Jdg 15:6◦

תִּמְנָע *f.* (& *m.* 1 Chr 1:51) *PN* Timna

תִּמְנָתָה ↪ תִּמְנָה with ה-locale

תֶּמֶס ↩ מסס *m.* dissolving Ps 58:9◦

תָּמָר I. *m.* date palm 2 תְּמָרִים

תָּמָר II. *f. PN* & *pln* Tamar

תֹּמֶר I. *m.* scarecrow Jer 10:5◦

תֹּמֶר II. *pln* Tomer; palm of Deborah Jdg 4:5◦

תִּמֹּרָה *f.* palm tree, palm leaf (as ornament) 2 תִּמֹּרִים תִּמֹּרֹת תִּמֹּרוֹת 4 תִּמֹּרָו

תַּמְרוּק ↩ מרק *m.* massage, beauty care, cosmetic treatment 3 תַּמְרוּקֵי 4 תַּמְרוּקֶיהָ תַּמְרֻקֵיהֶן

תַּמְרוּרִים ↩ מרר I. *m.* bitterness, bitterly Jer 6:26; 31:15; Hos 12:15◦

תַּמְרוּרִים II. *m.* signposts Jer 31:21◦

תַּן *m.* & *f.* jackal 2 תַּנִּים תַּנּוֹת

תֵּן imp. sg. *m.* ↪ נתן

✓ תנה I. *q* take love gifts 6 יִתְנוּ Hos 8:10; Ps 8:2 imp. with ה-parag. ↪ נתן◦

hif make love gifts 5 הִתְנוּ Hos 8:9◦

✓ תנה II. *pi* sing, praise 6 יְתַנּוּ 8 תַּנּוֹת Jdg 5,11; 11,40◦

תְּנוּאָה ↩ נוא *f.* opposition Num 14:34; pretexts Job 33:10 - 2 תְּנוּאוֹת 4 תְּנוּאֹתַי◦

תְּנוּבָה ↩ נוב *f.* fruit, yield 1 תְּנוּבַת 3 תְּנוּבֹת 4 תְּנוּבָתִי

תְּנוּךְ *m.* earlobe

תְּנוּמָה ↩ נום *f.* sleep, slumber 2 תְּנוּמוֹת

תְּנוּפָה ↩ נוף *f.* shaking, waving; wave offering 1 תְּנוּפַת 2 תְּנוּפֹת

ⓘ Whether the sacrifice was really waved is uncertain; perhaps the expression means the act of offering with outstretched hands.

תַּנּוּר *m.* oven, fire pot, furnace 2 תַּנּוּרִים 4 תַּנּוּרֶיךָ

תַּנְחוּמוֹת & תַּנְחֻמוֹת ↩ נחם *f.* consolations, comforts 4 תַּנְחוּמֹתֵיכֶם Job 15:11; 21:2◦

תַּנְחוּמִים ↩ נחם *m.* consolations, comforts 4 תַּנְחוּמֶיךָ תַּנְחֻמֶיהָ Isa 66,11; Jer 16,7; Ps 94,19◦

תַּנְחֻמֶת *m. PN* Tanhumeth 2 Kgs 25:23; Jer 40:8◦

תַּנִּין & תַּנִּים *pn* of a sea monster, Tannin; sea snake, serpent, dragon; crocodile Ez 29:3; 32:2 - 2 תַּנִּינִם תַּנִּינִים

תִּנְשֶׁמֶת *f.* chameleon, others: mole Lev 11:30; screech owl; others: bat, swan Lev 11:18; Dtn 14:16 *p* תִּנְשָׁמֶת◦

✓ תעב *nif* be despised, loathed, an abomination 5 נִתְעַב 11 נִתְעָב Isa 14:19; Job 15:16; 1 Chr 21:6◦

pi despise, loathe 5 תִּעֲבוּנִי[e] 6 תְּתַעֵב יְתָעֵב
תְּתַעֲבֶנּוּ[e] יְתָעֲבוּ 7 וַיְתָעֵב וַתְּתַעֲבִי וָאֲתַעֵבָה 9
תַּעֵב 11 מְתָעֵב מְתַעֲבִים

1 st.c. sg. 2 st.a. pl. 3 st.c. pl. 4 with *epp* 5 SC 6 PC 7 narrative 8 inf.c. 9 inf.a. 10 imp. 11 part.

hif behave detestably, be an abomination, sin 5 הִתְעַבְתָּ הִתְעַבְתְּ הִתְעִיבוּ 7 וַיַּתְעֵב

✓ **תעה** *q* wander, stray, get lost; turn away, go astray; stagger, tumble; with לֵב pound wildly 5 תָּעָה תָּעִיתִי תָּעוּ תָּעִינוּ 6 תֵּתַע יִתְעוּ 7 וַתֵּתַע 8 בִּתְעוֹת 11 תֹּעֶה תּוֹעֶה תֹּעֵי

nif stagger Isa 19:14; be led astray Job 15:31 - 5 נִתְעָה 8 הִתָּעוֹת◦

hif mislead, lead astray; seduce, deceive; make stagger, stumble 5 הִתְעָה הִתְעוּ הִתְעוּםᵉ הִתְעֵיתֶם 6 תַּתְעֵםᵉ תַּתְעֵנוּᵉ 7 וַיֶּתַע וַיַּתְעֵםᵉ וַיַּתְעוּ וַיַּתְעוּםᵉ 11 מַתְעֶה מַתְעִים

תֹּעִי & **תֹּעוּ** *m. PN* Toï 2 Sam 8:9f; 1 Chr 18:9f◦

תְּעוּדָה ← עוד *f.* testimony, attestation Isa 8:16.20; Ruth 4:7◦

תְּעָלָה I. *f.* trench, pit, gutter; pipe, channel 1 תְּעָלַת 4 תְּעָלֹתֶיהָ

תְּעָלָה II. *f.* healing, recovery Jer 30:13; 46:11◦

תַּעֲלוּלִים ← עלל *m.* fickle Isa 3:4; punishment Isa 66:4 - 4 תַּעֲלֻלֵיהֶם◦

תַּעֲלֻם ← עלם *m.* hidden things 4 וְתַעֲלֻמָהּ Job 28:11◦

תַּעֲלֻמָה ← עלם *f.* secrets, hidden things 3 תַּעֲלֻמוֹת Ps 44:22; Job 11:6; (28,11)◦

תַּעֲנוּג ← ענג *m.* tender, pampered; delight, luxury, desire 2 תַּעֲנוּגִים תַּעֲנוּגֹת 4 תַּעֲנֻגֶיהָ

תַּעֲנִית ← ענה *f.* penitential exercise, fasting 4 תַּעֲנִיתִי Ezr 9:5◦

תַּעְנָךְ & **תַּעֲנַךְ** *pln* Taanach

✓ **תעע** *pil* make fun of someone 11 מְתַעְתֵּעַ Gen 27:12◦

hitpalpel scoff 11 מִתַּעְתְּעִים 2 Chr 36:16◦

תְּעֻפָה ← עוף II. *f.* darkness Job 11:17◦

ⓘ Others read here a PC-form of the above verb.

תַּעֲצֻמוֹת ← עצם *f.* strength Ps 68:36◦

תַּעַר *m.* knife, razor; sheath 4 תַּעְרָהּ תַּעְרֶךָ

תַּעֲרֻבוֹת ← ערב *f.* hostages 2 Kgs 14:14; 2 Chr 25:24◦

תַּעְתֻּעִים ← תעע *m.* mockery, ridiculous trickery Jer 10:15; 51:18◦

תֹּף ← תפף *m.* tambourine; earring Ez 28:13 - 2 תֻּפִּים 4 תֻּפֶּיךָ

תִּפְאָרָה & **תִּפְאֶרֶת**ᴮ ← פאר *f.* fame, glory; beauty, adornment, ornament; pride, arrogance *p* תִּפְאָרֶת 4 תִּפְאַרְתּוֹ תִּפְאַרְתְּךָ *p* תִּפְאַרְתֶּךָ תִּפְאַרְתֵּךְ תִּפְאַרְתִּי תִּפְאַרְתָּם תִּפְאַרְתֵּנוּ תִּפְאַרְתְּכֶם

תַּפּוּחַ I. *m.* apple, apple tree 2 תַּפּוּחִים 3 תַּפּוּחֵי

תַּפֻּחַ & **תַּפּוּחַ** II. *m. PN* & *pln* Tappuach

תְּפוּצָה ← פוץ *f.* scattering 4 תְּפוֹצוֹתֵיכֶם Jer 25:34◦

תֻּפִּינִים *m.* crumbled; pieces 3 תֻּפִּינֵי Lev 6:14◦

✓ **תפל** be wrong, twisted 2 Sam 22:27 ↪ *hitp* פתל (cf. Ps 18:27)◦

תָּפֵל I. *m.* lime Ez 13:10ff; 22:28◦

תָּפֵל II. *m* saltless, tasteless, fig. deceptive, foolish Lam 2:14; Job 6:6◦

תֹּפֶל *pln* Tophel Dtn 1:1◦

תִּפְלָה *f.* tasteless, bland, without salt; fig. foolish, offensive Jer 23:13; Job 1:22◦

תְּפִלָּה[B] ← פלל *f.* prayer 1 תְּפִלַּת 2 תְּפִלּוֹת 4 תְּפִלָּתָם תְּפִלָּתִי תְּפִלָּתֶךָ *p* תְּפִלָּתְךָ תְּפִלָּתוֹ

תִּפְלֶצֶת ← פלץ *f.* terror, horror 4 תִּפְלַצְתְּךָ Jer 49:16◦

תִּפְסַח *pln* Tiphsach 1 Kgs 5:4; 2 Kgs 15:16◦

✓ תפף *q* beat the tambourine 11 תֹּפֵפוֹת Ps 68:26◦

pol with לֵב beat one's chest 11 מְתֹפְפֹת Nah 2:8◦

✓ תפר *q* sew 5 תָּפַרְתִּי 7 וַיִּתְפְּרוּ 8 לִתְפּוֹר Gen 3:7; Job 16:15; Ecc 3:7◦

pi sew 11 מְתַפְּרוֹת Ez 13:18◦

✓ תפשׂ[B] *q* seize, grasp, take, hold, capture; play (an instrument); handle (a tool, a weapon); cling (to a rock); occupy (a city); guard (the Thora) Jer 2:8; be covered, overlaid (with gold) Hab 2:19; abuse, profane Prov 30:9 - 5 תָּפַשׂ תְּפָשָׂהּ[e] תָּפַשְׂתִּי וְתָפְשׂוּ תְּפַשְׂתֶּם 6 יִתְפֹּשׂ וְנִתְפְּשֵׂם[e] 7 וַיִּתְפֹּשׂ וַיִּתְפְּשֵׂהוּ[e] וַיִּתְפְּשֶׂהָ[e] תְּפֹשׂ 8 וַיִּתְפְּשׂוּם[e] וַיִּתְפְּשׂוּ וָאֶתְפֹּשׂ וַיִּתְפְּשֵׂם[e] תִּפְשׂוּ 10 תָּפֹשׂ 9 תָּפְשְׂכֶם[e] תָּפְשָׂם[e] תָּפְשָׂהּ[e] תֹּפְשִׂי תֹּפֵשׂ 11 תֹּפְשׂוּם[e] תֹּפְשֶׂהוּ[e] תֹּפְשׂוּהוּ[e] (Jer 49:16 with י-compaginis); תֹּפְשֵׂי; pass. תָּפוּשׂ

nif be seized, captured, conquered, occupied 5 נִתְפַּשְׂתְּ נִתְפָּשָׂה *p* נִתְפְּשָׂה נִתְפָּשׂ *p* נִתְפַּשׂ 8 וַתִּתָּפֵשׂ 7 תִּתָּפֵשׂ יִתָּפְשׂוּ 6 נִתְפָּשׂוּ הִתָּפֵשׂ

pi catch, grasp 6 תְּתַפֵּשׂ Prov 30:28◦

תֹּפֶת I. *m.* someone at whom people spit Job 17:6◦

תֹּפֶת II. *pln* Tophet

תָּפְתֶּה *m.* fire pit Isa 30:33◦

תֹּצְאוֹת → תּוֹצָאוֹת

תָּקְהַת *pn qr.* Tokhat; *kt.* תּוֹקְהַת 2 Chr 34:22◦

תִּקְוָה[B] ← קוה I. *f.* hope 1 תִּקְוַת 4 תִּקְוָתָהּ תִּקְוָתֵנוּ תִּקְוָתָם תִּקְוָתִי תִּקְוָתֵךְ

תִּקְוָה ← קוה II. *f.* rope, cord 1 תִּקְוַת Jos 2:18.21◦

תִּקְוָה III. *m. PN* Tikvah 2 Kgs 22:14; Ezr 10:15◦

תְּקוּמָה ← קום *f.* (power of) resistance Lev 26:37◦

תְּקוֹמֵם ← קום *m.* adversary 4 תְּקוֹמְמֶיךָ Ps 139:21; others: pt. *hitp.* קום (with the same meaning)◦

תְּקוֹעַ *pln* Thekoa

תָּקוֹעַ ← תקע *m.* horn, trumpet Ez 7:14◦

תְּקוֹעִי *pn* Thekoite

תְּקוֹעִית & תְּקֹעִית *f. pn* Thekoite, woman from Thekoa

תְּקוּפָה *f.* elapsed time, turning point, end, cycle 1 תְּקוּפַת 2 תְּקֻפוֹת 4 תְּקוּפָתוֹ

תַּקִּיף *m.* strong, mighty Ecc 6:10 *qr.*; *kt.* inf.c. → תקף◦

✓ תקן *q* be made straight 8 תְּקֹן Ecc 1:15◦

pi make straight; arrange (proverbs) 5 תִּקֵּן 8 תַּקֵּן Ecc 7:13; 12:9◦

✓ תקע *q* drive, hammer (a nail, a peg); pitch (a tent); ram, thrust (a knife); fasten (hair Jdg 16:14); clap, shake (hands; e.g. to confirm a pledge Prov 17:18); blow a horn (with, but also

✓ תרגם *pu* be translated 11 pass. מְתֻרְגָּם Ezr 4:7◦

תַּרְדֵּמָה ↩ רדם *f.* deep sleep 1 תַּרְדֵּמַת

תִּרְהָקָה *m. PN* Tirhakah 2 Kgs 19:9; Isa 37:9◦

תְּרוּמָה[B] ↩ רום *f.* voluntary contribution, sacrifice, offering, tribute; levy, tax Prov 29:4 - 1 תְּרוּמַת תְּרֻמַת 2 תְּרוּמוֹת תְּרוּמֹת 4 תְּרוּמָתִי תְּרוּמָתָם תְּרוּמַתְכֶם תְּרוּמָתְךָ תְּרוּמֹתַי תְּרוּמֹתֵיכֶם תְּרוּמֹתֵינוּ

תְּרוּמִיָּה ↩ רום *f.* special offering Ez 48:12◦

תְּרוּעָה ↩ רוע *f.* war cry, shouting, noise; alarm, signal; rejoicing Num 23:21; Ezr 3:13 - 1 תְּרוּעַת

תְּרוּפָה ↩ רפא *f.* medicine, remedy Ez 47:12◦

תִּרְזָה *f.* fir, others: holm oak Isa 44:14◦

תֶּרַח *m. PN* Terach

תָּרַח *pln* Terach, Tarach Num 33:27f◦

תִּרְחֲנָה *m. PN* Tirhanah 1 Chr 2:48◦

תָּרְמָה ↩ רום II. *f.* secretly, perfidiously Jdg 9:31; others: in Arumah◦

תַּרְמוּת ↩ רום II. *f.* Jer 14:14 *kt.* deception◦

תַּרְמִית ↩ רום II. *f.* fraud, deception 1 תַּרְמִת תַּרְמִית 4 תַּרְמִיתָם Jer 8:15; 14,14 *qr.*; 23:26; Zeph 3:13◦

תֹּרֶן *m.* mast Isa 33:23; Ez 27:5; flagstaff Isa 30:17 - 4 תָּרְנָם◦

תַּרְעֵלָה ↩ רעל *f.* staggering Ps 60:5; כּוֹס הַתַּרְעֵלָה cup of staggering Isa 51:17.22◦

תִּרְעָתִים *pn* Tirathites 1 Chr 2:55◦

without שֹׁפָר), hail 5 וְתָקַעְתִּי תָּקַעְתָּ תָּקַע יִתְקָע *p* יִתְקַע 6 וּתְקַעְתֶּם תָּקְעוּ תְּקַעְתִּיו[e] וַיִּתְקָעֵהוּ[e] וַיִּתְקַע 7 תִּתְקְעוּ יִתְקָעוּ *p* יִתְקְעוּ 9 לִתְקוֹעַ תְּקֹעַ 8 וַיִּתְקְעוּ וַיִּתְקָעֵם[e] וַיִּתְקָעֶהָ[e] תֹּקְעֵי תֹּקְעִים תוֹקֵעַ תֹּקֵעַ 11 תִּקְעוּ 10 תָּקוֹעַ pass. תְּקוּעָה

nif be blown Isa 27:13; Am 3:6; shake hands, give surety Job 17:3- 6 יִתָּקַע *p* יִתָּקֵעַ◦

תֵּקַע ↩ תקע *m.* sound Ps 150:3◦

תְּקֹעִי *pn* Thekoite

תֹּקְעִים ↩ תקע *m.* handshake; fig. pledge, surety Prov 11:15◦

✓ תקף *q* overpower, defeat 6 יִתְקְפוּ[e] תִּתְקְפֵהוּ[e] Job 14:20; 15:24; Ecc 4:12◦

hif be strong 8 הַתְקִיף Ecc 6:10 *kt.*◦

תֹּקֶף ↩ תקף *m.* power, authority, strength 4 תָּקְפּוֹ Est 9:29; 10:2; Dan 11:17◦

תֹּר & תּוֹר I. *m.* turtledove 2 תֹּרִים 4 תּוֹרְךָ

תֹּר & תּוֹר II. *m.* sequence, order, turn (with נגע) Est 2:12ff; pl. chain (with lined up elements) Song 1:10f; unclear 1 Chr 17:17 - 2 תֹּרִים 3 תּוֹרֵי◦

ⓘ In 1 Chr 17:17 - compare the parallel passage 2 Sam 7:19 - a ה could have dropped out, or the word could have been understood in the same sense: *in the order of men*

תַּרְאֲלָה *pln* Taralah Jos 18:27◦

תַּרְבּוּת ↩ רבה *f.* brood Num 32:14◦

תַּרְבִּית ↩ רבה *f.* interest, surcharge, usury

תִּרְגַּלְתִּי Hos 11:3 ↪ רגל *tifel* teach walking◦

תְּרָפִים *m.* house gods, also to be understood as *pn*: Teraphim

תִּרְצָה *f. PN* & *pln* Tirza

תֶּרֶשׁ *m. PN* Teresh Est 2:21; 6:2◦

תַּרְשִׁישׁ I. a precious stone or mineral: turquoise, others: topaz, chrysolite

תַּרְשִׁישׁ II. *m. PN* & *pln* Tarshish

תִּרְשָׁתָא governor Ezr 2:63; Neh 7:65:69; 8:9; 10:2◦

תַּרְתָּן *pn* Tartan, title of an Assyrian military officer 2 Kgs 18:17; Isa 20:1◦

תַּרְתָּק *pn* a Samarian idol, Tartak 2 Kgs 17:31◦

תְּשׂוּמֶת ↩ שׂים *f.* something deposited, pledge Lev 5:21◦

תְּשֻׁאוֹת ↩ שׁאה *f.* noise, sound, crash Isa 22:2; Job 36:29; 39:7; calling Zec 4:7◦

תּוֹשָׁב & תֹּשָׁב ↩ ישׁב *m.* stranger, guest, sojourner; inhabitants 1 Kgs 17:1 - 1 תּוֹשַׁב 2 תּוֹשָׁבִים 3 תֹּשָׁבֵי 4 תּוֹשָׁבְךָ

תִּשְׁבִּי *pn* Tishbite

תַּשְׁבֵּץ ↩ שׁבץ *m.* worked, woven Ex 28:4◦

תְּשׁוּבָה ↩ שׁוב *f.* return; with שָׁנָה turn of the year, spring; pl. answers 1 תְּשׁוּבַת 2 תְּשֻׁבֹת 4 תְּשׁוּבֹתֵיכֶם תְּשׁוּבָתוֹ

תְּשֻׁוָה *f.* noise Job 30:22 *kt., var.* ↪ תְּשֻׁאוֹת *qr.* ↪ תּוּשִׁיָּה success◦

תְּשׁוּעָה & תְּשֻׁעָה ↩ ישׁע *f.* rescue, deliverance 1 תְּשׁוּעַת 4 תְּשׁוּעָתְךָ *p* תְּשׁוּעָתֶךָ תְּשׁוּעָתִי

תְּשׁוּקָה *f.* desire 4 תְּשׁוּקָתוֹ תְּשׁוּקָתֵךְ Gen 3:16; 4:7; Song 7:11◦

תְּשׁוּרָה ↩ שׁור *f.* gift, present 1 Sam 9:7◦

תּוּשִׁיָּה & תֻּשִׁיָּה *f.* success, good result, felicitous execution; prudence, knowledge, wisdom

תְּשִׁיעִי & תְּשִׁעִי *m.* & תְּשִׁיעִית & תְּשִׁעִית & תְּשִׁעַת *f.* ordinal number: ninth

תֵּשַׁע *m.* & תִּשְׁעָה[B] *f.* nine 1 תְּשַׁע תִּשְׁעַת 2 תִּשְׁעִים ninety; תְּשַׁע מֵאוֹת nine hundred

תֵּת inf.c. ↪ נתן

Biblical Aramaic Lexicon

אַב *m.* father, ancestor 6 אֲבִי אֲבוּךְ אֲבוּהִי אֲבָהָתַנָא אֲבָהָתִי אֲבָהָתָךְ

אֵב *m.* fruit 6 אִנְבֵּהּ Dan 4:9.11.18◦

אבד √ *pe* perish, disappear 6 יֵאבַדוּן Jer 10:11◦

haf put to death, kill, annihilate 8 יְהֹבְדוּן 9 לְהוֹבָדָה Dan 2:12.18.24; 7:26◦

hof be destroyed 7 הוּבַד Dan 7:11◦

אֶבֶן *f.* stone 2 אַבְנָא

אִגְּרָה *f.* letter 2 אִגַּרְתָּא Ezr 4:8.11; 5:6 ◦

אֱדַיִן there, then; at once, immediately; with בְּ: בֵּאדַיִן; with מִן־: from then on, since Ezr 5:16

אֲדָר *pn* the twelfth month, Adar Ezr 6:15◦

אִדַּר *m.* barn floor 4 אִדְּרֵי Dan 2:35◦

אֲדַרְגָּזְרִין *m.* judges, counselors 5 אֲדַרְגָּזְרַיָּא Dan 3:2f◦

אַדְרַזְדָּא right, eager, keen Ezr 7:23◦

אֶדְרָע *f.* arm, fig. force Ezr 4:23◦

אזא √ *pe* heat, fire 9 לְמֵזֵא ‏לְמֵזְיֵהּ[e] 11 Pass אֵזֵה Dan 3:19.22◦

אַזְדָּא *f.* declared; figure of speech: my mind is made up, Dan 2:5,8◦

אזל √ *pe* go, go away, go in 7 אֲזַל אֲזַלְנָא 10 אֱזֶל־

אַח *m.* brother Ezr 7:18◦

אַחֲוָיָה (inf. ↔ חוה) explanation, interpretation 1 אַחֲוָיַת Dan 5:12◦

אֲחִידָה *m.* riddle, mystery 3 אֲחִידָן Dan 5:12◦

אַחְמְתָא *pln* Achmeta, Ecbatana Ezr 6:2◦

אַחַר after that, later, in future 4 אַחֲרֵי 6 אַחֲרֵיהוֹן Dan 2:29.45; 7:24◦

אָחֳרִי *f.* another Dan 2:39; 7:5f.8.20◦

1. **אָחֳרֵין** at last Dan 4:5◦

אַחֲרִית *f.* end Dan 2:28◦

אָחֳרָן *m.* & **אָחֳרִי** *f.* another

אֲחַשְׁדַּרְפְּנִין *m.* satraps, princes 5 אֲחַשְׁדַּרְפְּנַיָּא Dan 3:2f.27; 6:2ff◦

אֲחֵת ↔ נחת

אִילָן *m.* tree 2 אִילָנָא Dan 4:7ff◦

אֵימְתָנִי *f.* horrible, abominable Dan 7:7◦

אִיתַי & **אִתַי** indicates the presence of something: it is, there is; with *epps plene* 6 אִיתוֹהִי אִיתֵיכוֹן אִיתַיְנָא *kt.*; *qr.*: אִיתַנָא

אכל √ *pe* eat 7 אֲכַלוּ 8 יֵאכֻל תֵּאכֻל 10 אֲכֻלִי 11 אָכְלָה Dan 4:30; 7:5.7.19.23; with קַרְצִין slander Dan 3:8; 6:25◦

אַל negation of the modal forms: may not, shall not Dan 2:24; 4:16; 5:10◦

אֵל *m.* demonstrative pronoun pl.: these Ezr 5:15 *qr*◦

1 st.c. sg. 2 st.det. sg. 3 st.a. pl. 4 st.c. pl. 5 st. det. pl. 6 with *epp* 7 SC 8 PC 9 inf. 10 imp. 11 part.

אֱלָהּ god 2 אֱלָהָא 3 אֱלָהִין 4 לֵאלָהֵי 5 אֱלָהַיָּא 6 אֱלָהֵהּ אֱלָהִי לֵאלָהָךְ אֱלָהֵי אֱלָהֲהֹם אֱלָהֲכֹם אֱלָהָנָא אֱלָהֲכוֹן לֵאלָהֲהוֹן; לֵאלָהֵי לֵאלָהָךְ

אֵלֶּה *m. & f.* demonstrative pronoun pl: these Jer 10:11; Ezr 5:15 *kt.*◦

אֲלוּ interjection: behold!, there! Dan 2:31; 4:7,10; 7:8◦

אִלֵּין & **אִלֵּן** *m.* demonstrative pronoun pl.: these

אִלֵּךְ *m.* demonstrative pronoun pl.: these

אֲלַף thousand 1 אֲלַף 2 אַלְפָּא Dan 5:1 - 3 *kt.* אַלְפִים *qr.* אַלְפִין; אֶלֶף אַלְפִים thousands upon thousands Dan 7:10◦

אַמָּה *f.* cubit 3 אַמִּין Dan 3:1; Ezr 6:3◦

אֻמָּה *f.* people, nation 3 אוּמִּין 5 אֻמַיָּא

√ אמן *haf* trust Dan 6:24; pt. pass. be reliable Dan 2:45; 6:5 - 6 הֵימִן 11 pass. מְהֵימַן◦

√ אמר *pe* say, speak; order, command; sometimes: ask 7 אֲמַר אֲמֶרֶת אַמְרֵת אֲמַרְנָא 8 יֵאמַר תֵּאמְרוּן 9 מֵאמַר 10 אֱמַר *p* אֱמַר 11 אָמַר אָמְרִין

אִמַּר *m.* lamb 3 אִמְּרִין Ezr 6:9.17; 7:17◦

אֵנֶב ↔ אֵב fruit

אֲנָה & **אֲנָא** *m. & f.* personal pronoun I, me

אִנּוּן & **אִנִּין** *m. & f.* personal pronoun pl.: they; also demonstrative: these

אֱנוֹשָׁא ↔ אֱנָשׁ

אֲנַחְנָה & **אֲנַחְנָא** *m. & f.* personal pronoun: we

√ אנס *pe* distress 11 אָנֵס Dan 4:6 *no secret (presses you =) is hidden from you*◦

אֲנַף *m.* face 6 אַנְפּוֹהִי Dan 2:46; 3:19◦

אֱנָשׁ *m.* human being, person; mankind, people 2 אֲנָשָׁא אֱנָשָׁא אֱנוֹשָׁא 3 אֲנָשִׁים

אַנְתְּ & **אַנְתָּה** *m.* personal pronoun sg.: you

אַנְתּוּן *m.* personal pronoun pl.: you Dan 2:8◦

אֱסוּר *m.* shackle; pl. prison 3 אֱסוּרִין Dan 4:12.20; Ezr 7:26◦

אָסְנַפַּר *m. PN* Asenappar, Assurbanipal Ezr 4:10◦

אָסְפַּרְנָא careful, accurate, punctual

אֱסָר *m.* prohibition 3 אֱסָרָא Dan 6:8ff.13f.16◦

אָע *m.* wood, beam of wood 2 אָעָא

אַף also, likewise, as well

אֲפָרְסָיֵא *Pl.* designation of an official, administrator; others: *pn* Apharsite Ezr 4:9◦

אֲפָרְסְכָיֵא *Pl.* designation of an official, judge, counsel; others: *pn* Apharsachite Ezr 5:6; 6:6◦

אֲפָרְסַתְכָיֵא *Pl.* designation of an official, embassador; others: *pn* Apharsatchite Ezr 4,9◦

אַפְּתֹם finally, lastly Ezr 4:13◦

אֶצְבַּע *f.* finger, toe 3 אֶצְבְּעָן 4 אֶצְבְּעָת 5 אֶצְבְּעָתָא Dan 2:41f; 5:5◦

אַרְבַּע *m.* & **אַרְבְּעָה** *f.* four

אַרְגְּוָן *m.* purple 2 אַרְגְּוָנָא Dan 5:7.16.29◦

אֲרוּ interj.: behold!, there! Dan 7:2.5ff.13◦

1 st.c. sg. 2 st.det. sg. 3 st.a. pl. 4 st.c. pl. 5 st. det. pl. 6 with *epp* 7 SC 8 PC 9 inf. 10 imp. 11 part.

אֲרָחָא *f.* way, path 6 אֹרְחָתָךְ אֹרְחָתֵהּ Dan 4:34; 5:23◦

אַרְיֵה *m.* lion 5 אַרְיָוָתָא

אַרְיוֹךְ *m. PN* Arioch Dan 2:14ff◦

אַרִיךְ *m.* appropriate, adequate Ezr 4:14◦

אַרְכֻבָּה *f.* knee 6 אַרְכֻבָּתֵהּ Dan 5:6◦

אַרְכָה *f.* length, duration; long Dan 4:24; 7:12◦

אַרְכְּוַי *kt.; qr. Pl.* designation of an official, commander; others: *pn* Erechite Ezr 4:9◦

אֲרַע *f.* earth, land 2 אַרְעָא Dan 2:39

אֲרַעא earthwards, low, inferior

אַרְעִי *f.* bottom 1 אַרְעִית Dan 6:25◦

אֲרַק *f.* earth 2 אַרְקָא Jer 10:11◦

אַרְתַּחְשַׁשְׂתָּא *m. PN* Artaxerxes

אֹשׁ *m.* foundation 5 אֻשַּׁיָּא 6 אֻשּׁוֹהִי Ezr 4:12; 5:16; 6:3 (but ↪ next entry)◦

אֶשָּׁא *f.* fire Dan 7:11; burnt offering Ezr 6:3 (others: ↪ previous entry) 6 אֻשּׁוֹהִי◦

אָשָׁף & **אָשַׁף** & **אַשַּׁף** *m.* soothsayer, magician 3 אָשְׁפִין 5 אָשְׁפַיָּא

אֻשַּׁרְנָא *m.* wall; others: woodwork Ezr 5:3.9◦

אִשְׁתִּיו ↪ שתה

אֶשְׁתַּדּוּר *m.* riot, revolt Ezr 4:15.19◦

אָת *m.* sign, miracle 3 אָתִין 5 אָתַיָּא 6 אָתוֹהִי Dan 3:32f; 6:28◦

√ אתה *pe* come, go 7 אֲתָה אֱתָא אֲתוֹ 9 מֵתֵא 10 אֱתוֹ 11 אָתֵה
haf bring 7 הַיְתִי הַיְתִיו 9 הַיְתָיָה
hof be brought 7 הֵיתָיִת הֵיתָיוּ Dan 3:13; 6:18◦

אַתּוּן *m.* furnace 2 אַתּוּנָא Dan 3:6ff◦

אִיתַי indicates the presence of something: it is, there is; with *epp plene* 6 אִיתוֹהִי אִיתֵיכוֹן אִיתַנָא *kt.*; *qr.*: אִיתַיְנָא

√ אתר ↪ נתר

אֲתַר *m.* trace Dan 2:35; place, location Ezr 5:15; 6:3.5.7◦

בְּ proclitic preposition of coincidence with variable vowel: in, with, at, on, by

בֵּאדַיִן ↪ אֱדַיִן + בְּ there, then, thereon; immediately, at once

בִּאישׁ ↩ באשׁ *f.* evil 2 בִּאישְׁתָּא Ezr 4:12◦

√ באשׁ *pe* be displeased, embarrassed 7 בְּאֵשׁ Dan 6:15◦

בָּאתַר & **בָּתַר** after 6 וּבָתְרָךְ Dan 2:39; 7:6f◦

בָּבֶל *pln* Babylon

בָּבְלָי *pn* Babylonian 5 בָּבְלָיֵא Ezr 4:9◦

√ בדר *pa* scatter 10 בַּדַּרוּ Dan 4:11◦

בְּהִילוּ ↩ בהל *f.* hurry, rush, haste Ezr 4:23◦

✓ בהל *pa* frighten, scare, trouble 8 ᵉיְבַהֲלוּךְ ᵉיְבַהֲלוּנַּהּ ᵉיְבַהֲלֻנַּהּ ᵉיְבַהֲלוּנַּנִי

hitpe inf. as adv.: quickly, in haste 9 הִתְבְּהָלָה Dan 2:25; 3:24; 6:20◦

hitpa be terrified, scared 11 מִתְבָּהַל Dan 5:9◦

✓ בות *pe* spend the night 7 וּבָת Dan 6:19◦

✓ בטל *pe* cease, stop, falter 7 בְּטֵלַת 11 בָּטְלָא Ezr 4:24◦

pa stop, cause to cease Ezr 4:21.23; 5:5; be delayed, interrupted 6:8 - 7 בַּטִּילוּ 9 בַּטָּלָא◦

בֵּין between 6 בֵּינֵיהֵן בֵּינֵיהוֹן Dan 7:5.8◦

בִּינָה *f.* mind, discernment Dan 2:21◦

בִּירָה *f.* citadel, fortress 2 בִּירְתָא Ezr 6:2◦

✓ בית ↔ בות

בַּיִת *m.* house; treasury, palace, temple 1 בֵּית 2 בַּיְתָה בַּיְתָא 6 בַּיְתֵהּ בֵּיתִי בָּתֵּיכוֹן

בָּל *m.* with שִׂים turn one's mind to something, work something out Dan 6:15◦

✓ בלה *pa* oppress 7 יְבַלֵּא Dan 7:25◦

בֵּלְאשַׁצַּר & בֵּלְשַׁאצַּר *m. PN* Belshazzar, Belsazar

בְּלוֹ *m.* levy, tax Ezr 4:13.20; 7:24◦

✓ בנה *pe* build 7 בְּנוֹ ᵉבְּנָהִי ᵉבְּנַיְתַהּ 8 יִבְנוֹן 9 מִבְנֵא לְמִבְנְיָה לְבְנֵא 11 בָּנַיִן pass. בְּנֵה

hitpe be built 8 תִּתְבְּנֵא יִתְבְּנֵא 11 מִתְבְּנֵא

בִּנְיָן ↔ בנא *m.* building 2 בִּנְיָנָא Ezr 5:4◦

בִּנְיָן ↔ בַּר

✓ בנס *pe* become angry 7 בְּנַס Dan 2:12◦

✓ בעה *pe* ask; seek Dan 2:13; 6:5 – 7 בְּעָה 11 מִבְעֵא 9 אֶבְעֵא יִבְעֵא 8 בְּעֵינָא בְּעוֹ בָּעֵא בָּעַיִן בָּעֵא בָּעֵה

pa seek 8 יְבַעוֹן Dan 4:33◦

בָּעוּ ↔ בעה *f.* request, prayer 6 בָּעוּתֵהּ Dan 6:8.14◦

בְּעֵל *m.* master; בְּעֵל־טְעֵם commander, governor Ezr 4:8f.17◦

בִּקְעָא *f.* plain 1 בִּקְעַת Dan 3:1◦

✓ בקר *pa* search, inquire 6 בַּקַּרוּ 7 יְבַקַּר 9 בַּקָּרָה בַּקָּרָא

hitpa be searched 6 יִתְבַּקַּר Ezr 5:17◦

בַּר I. *m.* son, descendant; also indicates membership in a group 4 בְּנֵי 6 בְּרֵהּ בְּנוֹהִי בְּנֵיהוֹן

בַּר II. *m.* field 2 בָּרָא

✓ ברך I. *pe* praise 11 Pass בְּרִיךְ Dan 3:28◦

pa praise 7 בָּרְכֵת בָּרֵךְ 11 pass מְבָרַךְ Dan 2:19f; 4:31◦

✓ ברך II. *pe* kneel down 11 בָּרֵךְ Dan 6:11◦

בְּרַךְ ↔ ברך *f.* knee 6 בִּרְכוֹהִי Dan 6:11◦

בְּרַם but, however, still

בְּשַׂר *m.* flesh Dan 7:5; fig. mortals, people Dan 2:11; living creatures Dan 4:9 – 2 בִּשְׂרָא◦

בַּת *pn* measure of capacity, Bath. According to rabbinical tradition about 22, according to others about 40 litres – 3 בַּתִּין Ezr 7:22◦

בָּתַר & בָּאתַר after 6 וּבָתְרָךְ Dan 2:39; 7:6f◦

1 st.c. sg. 2 st.det. sg. 3 st.a. pl. 4 st.c. pl. 5 st. det. pl. 6 with *epp* 7 SC 8 PC 9 inf. 10 imp. 11 part.

גּב & גּוֹב *m.* pit 2 גֻּבָּא Dan 6:8ff

גַּב *m.* back 6 גַּבַּהּ *qr.*; *kt.*: גַּבַּיַהּ Dan 7:6◦

גְּבוּרָה *f.* power, strength 2 גְּבוּרְתָא Dan 2:20.23◦

גְּבַר *m.* man 3 גֻּבְרִין 5 גֻּבְרַיָּא

גִּבָּר *m.* strong man 4 גִּבָּרֵי Dan 3:20◦

גְּדָבַר *NF* ↪ גִּזְבָּר *m.* treasurer 5 גְּדָבְרַיָּא Dan 3:2f◦

√ גדד *pe* cut down, fell 10 גֹּדּוּ Dan 4:11.20◦

גַּו & גּוֹא *m.* with בְּ & מִן the middle, the inside; content Ezr 5:7; with לְ in, into 1 בְּגוֹא־ 6 גַּוַּהּ גַּוֵּהּ

גּוֹב & גֹּב *m.* pit 2 גֻּבָּא Dan 6:8ff

גֵּוָה *f.* pride Dan 4:34◦

גוח ↪ גיח

גִּזְבָּר *m.* treasurer 5 גִּזַּבְרַיָּא Dan 3:2f; Ezr 7:21◦

√ גזר *pe* pt. astrologer 11 גָּזְרִין גָּזְרַיָּא Dan 2:27; 4:4; 5:7.11◦

hitpe break loose, come off 7 הִתְגְּזֶרֶת Dan 2:34.(45)◦

itpe break loose, come off 7 אִתְגְּזֶרֶת Dan 2:45◦

גְּזֵרָה ↪ גזר *f.* resolution, decree 1 גְּזֵרַת Dan 4:14.21◦

√ גיח *af* stir up 11 מְגִיחָן Dan 7:2◦

גִּיר *m.* plaster 2 גִּירָא Dan 5:5◦

√ גלא *pe* reveal 7 Pass גְּלִי גֱּלִי 9 מִגְלֵא 11 גָּלֵא גָּלֵה Dan 2:19.22.28.30.47◦

haf deport 7 הַגְלִי Ezr 4:10; 5:12◦

גַּלְגַּל *m.* wheel 6 גַּלְגִּלּוֹהִי Dan 7:9◦

גָּלוּ ↪ גלא *f.* exile; exiles 2 גָּלוּתָא Dan 2:25; 5:13; 6:14; Ezr 6:16◦

גְּלָל *m.* huge cut stone, ashlar, building block Ezr 5:8; 6:4◦

√ גמר *pe* be accomplished, finished 11 Pass. גְּמִיר וּכְעֶנֶת idiom (with elliptical שְׁלָם): *Peace! And now* ... others: etc. etc. Ezr 7:12◦

גְּנַז *m.* treasures 4 גִּנְזֵי 5 גִּנְזַיָּא Ezr 5:17; 6:1; 7:20◦

גַּף *f.* wing 3 גַּפִּין 6 גַּפַּיַהּ (*kt.*) Dan 7:4.6◦

גְּרַם *m.* bone 6 גַּרְמֵיהוֹן Dan 6:25◦

גְּשֵׁם *m.* body 6 גִּשְׁמַהּ גִּשְׁמֵהּ גֶּשְׁמְהוֹן *qr.*; *kt.*: גֶּשְׁמֵיהוֹן Dan 3:27f; 4:30; 5:21; 7:11◦

דָּא *f.* demonstrative pronouns Sg. this; *m.* ↪ דְּנָה; דָּא מִן־דָּא *each one different* Dan 4:27; 5:6; 7:3.8◦

דֹּב *m.* bear Dan 7:5◦

1 st.c. sg. 2 st.det. sg. 3 st.a. pl. 4 st.c. pl. 5 st. det. pl. 6 with *epp* 7 SC 8 PC 9 inf. 10 imp. 11 part.

√דבח *pe* sacrifice 11 דָּבְחִין Ezr 6:3∘

דְּבַח ← דבח *m.* sacrifice 3 דִּבְחִין Ezr 6:3∘

√דבק *pe* adhere, stick, hold together 11 דָּבְקִין Dan 2:43∘

דִּבְרָה *f.* with עַל and עַד for the purpose of, so that 1 דִּבְרַת Dan 2:30; 4:14∘

דְּהַב *m.* gold 2 דַּהֲבָא דַּהֲבָה

דֶּהָיֵא *pln* Deha (*qr.*); others: that is (*kt.*) Ezr 4:9∘

√דוק ← דקק

√דור *pe* dwell 8 יְדֻרוּן תְּדוּר *kt. m.*; יְדֻרָן *qr. f.* 11 *kt*: דָּאֲרִין *qr*: דָּיְרִין *kt.*: דָּאֲרֵי *qr.*: דָּיְרֵי

דּוּרָא *pln* Dura Dan 3:1∘

√דוש *pe* trample down 8 [e]וּתְדוּשִׁנַּהּ Dan 7:23∘

דַּחֲוָה *f.* diversion, distraction; prob. dancers, prostitutes; others: food 3 דַּחֲוָן Dan 6:19∘

√דחל *pe* be afraid; pt. pass. terrible 11 דָּחֲלִין pass. דְּחִילָה דְּחִיל Dan 2:31; 5:19; 6:27; 7:7.19∘
pa frighten 8 [e]וִידַחֲלִנַּנִי Dan 4:2∘

דִּי (& דֵּי Dan 3:15) relative particle: that, because, thus; כְּדִי as, while, when

√דין *pe* dispense justice 11 *qr.* דָּאיְנִין *kt.* דָּאֲנִין Ezr 7:25∘

דִּין ← דין *m.* law, judgement, court; right, just 2 דִּינָא דִּינָה Dan 4:34; 7:10.22; Ezr 7:26∘

דַּיָּן ← דין *m.* judge Ezr 7:25∘

דִּינָיֵא ← דין *m.* pl. judges; others: *pn* Dinaites Ezr 4:9∘

דֵּךְ *m.* & דָּךְ *f.* demonstrative pronoun: this, that

דִּכֵּן *m.* & *f.* demonstrative pronoun: this, that Dan 2:31; 7:20f∘

דְּכַר *m.* ram 3 דִּכְרִין Ezr 6:9.17; 7:17∘

דִּכְרוֹן *m.* memorandum, protocol 2 דִּכְרוֹנָה Ezr 6:2∘

דָּכְרָן *m.* records 5 דָּכְרָנַיָּא Ezr 4:15∘

√דלק *pe* burn 11 דָּלִק Dan 7:9∘

√דמה *pe* resemble, look like 11 דָּמְיָה דָּמֵה Dan 3:25; 7:5∘

דְּנָה demonstrative pronoun sg.: this; עַל־דְּנָה in this matter; therefore, this is why; אַחֲרֵי דְנָה after this; *f.* ← דָּא

דָּנִיֵּאל *m. PN* Daniel

√דקק *pe* get crushed, crumble 7 דָּקוּ Dan 2:35∘
(h)af crush, break in pieces 7 הַדִּקוּ הַדֶּקֶת 8 מַדֱּקָה מַדֱּקָה מְהַדֵּק 11 תַּדִּקִנַּהּ[e] תַּדִּק

דָּר *m.* generation Dan 3:33; 4:31∘

דָּרְיָוֶשׁ *m. PN* Darius

דְּרָע *m.* arm 6 וּדְרָעוֹהִי Dan 2:32∘

דָּת *f.* order, decree; law; service, worship 2 דָּתָא 4 דָּתֵי 6 דָּתְכוֹן

דֶּתֶא *m.* grass, fresh green 2 דִּתְאָא Dan 4:12.20∘

דְּתָבַר *m.* judge 5 דְּתָבְרַיָּא Dan 3:2f∘

1 st.c. sg. 2 st.det. sg. 3 st.a. pl. 4 st.c. pl. 5 st. det. pl. 6 with *epp* 7 SC 8 PC 9 inf. 10 imp. 11 part.

ה

הֲ & הַ interrogative particle Dan 2:26; 3:14; 6:21◦

הָא & הֵא interjection: ha, hey; הֵא־כְדִי just as Dan 2:43; 3:25◦

הַדָּבְרִין *m.* councils, ministers 4 הַדָּבְרֵי 5 הַדָּבְרַיָּא 6 הַדָּבְרוֹהִי הַדָּבְרַי Dan 3:24.27; 4:33; 6:8◦

הַדָּם *m.* piece 3 הַדָּמִין Dan 2:5; 3:29◦

√ הדר *pa* honor, glorify 7 הַדְּרֵת הַדַּרְתָּ 11 מְהַדַּר Dan 4:31.34; 5:23◦

הֲדַר ↔ הדר *m.* glory, majesty 2 הַדְרָא 6 הַדְרָה הַדְרִי

הוּא *m.* personal and demonstrative pronoun: he, this

√ הוה & הוא *pe* be, happen, exist 7 הֲוָא הֲוָה הֲוָת הֲוַיְתָ הֲוֵית הֲווֹ 8 לֶהֱוֵה לֶהֱוֵא תֶּהֱוֵא תֶּהֱוֵה לֶהֱוֹן לֶהֶוְיָן 10 הֱוִי הֱווֹ

√ הוך ↔ הלך

הִיא *f.* personal and demonstrative pronoun: she, this one

הֵיכַל *m.* palace, temple 5 הֵיכְלָא 6 הֵיכְלֵהּ הֵיכְלִי

הֵימִין ↔ אמן

√ הלך & הוך *pe* go; of things: come, arrive, be brought 8 יְהָךְ 9 מְהָךְ Ezr 5:5; 6:5; 7:13◦

ⓘ These forms can either be derived from the hollow root הוך or understood as special forms of הלך.

pa take a walk 11 מְהַלֵּךְ Dan 4:26◦

haf walk around 11 מְהַלְּכִין Dan 3:25; 4:34◦

הֲלָךְ ↔ הלך *m.* tax, tribute Ezr 4:13.20; 7:24◦

הִמּוֹ & הִמּוֹן *m.* personal pronoun pl.: they

הַמּוֹנְכָא *kt.*; הַמְנִיכָא *qr. m.* necklace Dan 5:7.16.29◦

הֵן if; whether; either ... or Ezr 7:26

הַנְזָקָה *f.* harm, disadvantage 1 הַנְזָקַת Ezr 4:22◦

√ הסק ↔ סלק *haf*

הַרְהֹר *m.* thoughts, fantasies 3 הַרְהֹרִין Dan 4:2◦

הִתְבְּהָלָה ↔ בהל quickly, in haste

הִתְנַדָּבוּת ↔ נדב contribution, offering

ו

וְ & וּ & וַ conjunction: and, but

1 st.c. sg. 2 st.det. sg. 3 st.a. pl. 4 st.c. pl. 5 st. det. pl. 6 with *epp* 7 SC 8 PC 9 inf. 10 imp. 11 part.

זָאֲעִין ← זוע

√ זבן *pe* buy; gain time 11 זָבְנִין Dan 2:8◦

זְהִיר *m.* cautious 3 זְהִירִין Ezr 4:22◦

√ זוד *haf* be haughty, arrogant 9 לַהֲזָדָה Dan 5:20◦

√ זון *hitpe* eat, be fed 8 יִתְּזִין Dan 4:9◦

√ זוע *pe* tremble 11 *qr.* זָיְעִין; *kt.* זָאֲעִין Dan 5:19; 6:27◦

זִיו *m.* brightness 6 זִיוִי זִיוֵהּ

זָכוּ *f.* innocent Dan 6:23◦

זְכַרְיָה *m. PN* Zechariah

√ זמן *haf* agree, conspire 7 *kt.* הַזְמִנְתּוּן Dan 2:9◦

hitpe agree, conspire 7 *qr.* הִזְדְּמִנְתּוּן Dan 2:9◦

זְמַן & זְמָן ← זמן *m.* time; fixed time: festival time, time limit; (three) times Dan 6:11.14 – 2 זִמְנָא 3 זִמְנִין 5 זִמְנַיָּא

זְמָר *m.* instrument 2 זְמָרָא Dan 3:5ff◦

זַמָּר *m.* singer 5 זַמָּרַיָּא Ezr 7:24◦

זַן *m.* kind 4 זְנֵי Dan 3:5.7.10.15◦

זְעֵירָה *f.* small Dan 7:8◦

√ זעק *pe* cry, shout 7 זְעִק Dan 6:21◦

√ זקף *pe* hang 11 Pass. זְקִיף Ezr 6:11◦

זְרֻבָּבֶל *m. PN* Zerubbabel Ezr 5:2◦

זְרַע *m.* seed, descendants Dan 2:43◦

חֲבוּלָה ← חבל *f.* crime Dan 6:23◦

√ חבל *pa* do harm, hurt; destroy, devastate 7 חַבְּלוּנִי[e] 9 חַבָּלָה 10 חַבְּלוּהִי[e] Dan 4:20; 6:23; Ezr 6:12◦

hitpa perish, collapse 8 תִּתְחַבַּל Dan 2:44; 6:27; 7:14◦

חֲבָל ← חבל *m.* injury, wound; damage 2 חֲבָלָא Dan 3:25; 6:24; Ezr 4:22◦

חֲבַר *m.* friend, companion 6 חַבְרוֹהִי Dan 2:13.17f◦

חַבְרָה *f.* friend, companion; here: the other ones 6 חַבְרָתַהּ Dan 7:20◦

חַגַּי & חַגָּי *m. PN* Haggai

חַד *m.* & חֲדָה *f.* one; as counter: times Dan 3:15

חֲדֵה *m.* chest 6 חֲדוֹהִי Dan 2:32◦

חֶדְוָה *f.* joy Ezr 6:16◦

1 st.c. sg. 2 st.det. sg. 3 st.a. pl. 4 st.c. pl. 5 st. det. pl. 6 with *epp* 7 SC 8 PC 9 inf. 10 imp. 11 part.

חֲדַת *m.* new Ezr 6:4◦

ⓘ The form of this word is *f. cstr*. Most translations read with the Septuagint חַד, *one*.

√ חוה *pa* tell, say 8 [e]יְחַוִּנַּהּ אֲחַוֵּא אֲחַוֵּה נְחַוֵּה נְחַוֵּה Dan 2:4.11.24; 5:7◦

haf tell, say 8 יְהַחֲוֵה תְּהַחֲוֹן תְּהַחֲוֻנַּנִי 9 לְהַחֲוָיָה לְהַחֲוָיָא לְאַחֲוָיַת 10 [e]הַחֲוֹנִי Dan 2:6f.9f.16.27; 3:32; 5:12.15◦

√ חוט ↪ חיט

חִוָּר *m.* white Dan 7:9◦

√ חזה *pe* see; pt. pass.: normally, usually (=visible) Dan 3:19 – 7 חֲזָה חֲזָא חֲזַיְתָ חֲזֵית חֲזֵיתוּן 9 מֶחֱזֵא 11 חָזֵה חָזַיִן Pass. חֲזֵה

חֱזוּ ↩ חזה *m.* vision, apparition; shape, appearance Dan 7:20 – 2 חֶזְוָא 4 חֶזְוֵי 6 חֶזְוֵהּ חֶזְוִי

חֲזוֹת ↩ חזה *f.* sight; others: treetop, crown 6 חֲזוֹתֵהּ Dan 4:8.17◦

√ חטא *pa* sin 9 לְחַטָּאָה *qr.*; *kt.* לְחַטָּיָא Ezr 6:17◦

ⓘ This form is usually understood as a noun ↪ חַטָּיָה.

חַטָּאָה ↪ חַטָּיָא

חֲטָי ↩ חטא *m.* sin 6 חֲטָאָךְ *qr.*; *kt.* חֲטָיָךְ Dan 4:24◦

חַטָּיָא *f.* sin offering Ezr 6:17; cf. *kt.* ↪ חטא

חַי ↩ חיה *m.* life; living being; alive 2 חַיָּא 3 חַיִּין 4 חַיֵּי 5 חַיַּיָּא

√ חיה *pe* live 10 חֱיִי

haf let live 11 מַחֵא Dan 5:19◦

חֵיוָא & חֵיוָה ↩ חיה *f.* animal 1 חֵיוַת 2 חֵיוָתָא 5 חֵיוָן 3 חֵיוְתָא

√ חיט *pe* or *af* repair 8 יַחִיטוּ Ezr 4:12◦

חַיִל *m.* power, strength; army 1 חֵיל 6 חַיְלֵהּ

חַכִּים *m.* wise 3 חַכִּימִין 4 חַכִּימֵי 5 חַכִּימַיָּא

חָכְמָה *f.* wisdom 1 חָכְמַת 2 חָכְמְתָא

חֵלֶם *m.* dream 2 חֶלְמָא 3 חֶלְמִין 6 חֶלְמָךְ חֶלְמִי

√ חלף *pe* pass over 8 יַחְלְפוּן

חֲלָק *m.* part, share, lot 6 חֲלָקֵהּ Dan 4:12.20; Ezr 4:16◦

חֱמָא & חֲמָה *f.* anger, wrath Dan 3:13.19◦

חֲמַר *m.* wine 2 חַמְרָא Dan 5:1f.4.23; Ezr 6:9; 7:22◦

חִנְטִין *f.* wheat Ezr 6:9; 7:22◦

חֲנֻכָּה *f.* dedication 1 חֲנֻכַּת Dan 3:2f; Ezr 6:16◦

√ חנן *pe* have pity, show mercy 9 מִחַן Dan 4:24◦

hitpa plea 11 מִתְחַנַּן Dan 6:12◦

חֲנַנְיָה *m. PN* Hananiah

חַסִּיר *m.* light, wanting, deficient Dan 5:27◦

√ חסן *haf* keep, possess 7 הֶחֱסִנוּ 8 יַחְסְנוּן Dan 7:18.22◦

חֱסֵן *m.* might 2 חִסְנָא 6 חִסְנִי Dan 2:37; 4:27◦

חֲסַף *m.* clay 2 חַסְפָּא Dan 2,33ff.41ff◦

√ חצף *haf* be harsh, strict 11 מְהַחְצְפָה מַחְצְפָה Dan 2:15; 3:22◦

√ חרב *hof* be devastated, destroyed 7 הָחָרְבַת Ezr 4:15◦

1 st.c. sg. 2 st.det. sg. 3 st.a. pl. 4 st.c. pl. 5 st. det. pl. 6 with *epp* 7 SC 8 PC 9 inf. 10 imp. 11 part.

חַרְטֹם *m.* magician 3 חַרְטֻמִּין 5 חַרְטֻמַּיָּא

√ חרך *hitpa* be singed, scorched 7 הִתְחָרַךְ Dan 3:27◦

חֲרַץ *m.* hip 6 חַרְצֵהּ Dan 5:6◦

√ חשב *pe* be accounted, reputed 11 Pass. חֲשִׁיבִין Dan 4:32◦

חֲשׁוֹךְ *f.* darkness 2 חֲשׁוֹכָא Dan 2:22◦

√ חשח *pe* need 11 חַשְׁחִין Dan 3:16◦

חַשְׁחָה ↩ חשח *f.* need 3 חַשְׁחָן Ezr 6:9◦

חַשְׁחוּ ↩ חשח *f.* need 1 חַשְׁחוּת Ezr 7:20◦

√ חשל *pe* crush, shatter 11 חָשֵׁל Dan 2:40◦

√ חתם *pe* seal 7 חַתְמַהּ[e] Dan 6:18◦

√ טאב *pe* be pleased, glad 7 טְאֵב Dan 6:24◦

טָב ↩ טאב *m.* good, right Dan 2:32; Ezr 5:17◦

טַבָּח *m.* bodyguard 5 טַבָּחַיָּא Dan 2:14◦

טוּר *m.* mountain, rock 2 טוּרָא Dan 2:35.45◦

טְוָת as adv.: fasting, hungry Dan 6:19◦

טִין *m.* clay 2 טִינָא Dan 2:41◦

טַל *m.* dew Dan 4:12.20.22.30; 5:21◦

√ טלל *haf* find shade 8 תַּטְלֵל Dan 4:9◦

√ טעם *pa* make someone eat, feed 8 יְטַעֲמוּן יְטַעֲמוּנֵּהּ[e] Dan 4:22.29; 5:21◦

טְעֵם I. ↩ טעם *m.* taste; „while tasting the wine“, in a jolly mood Dan 5:2◦

טְעֵם & טַעַם II. *m.* advice, command; expertise, report; intellect, discernment, insight 2 טַעְמָא

טְפַר *m.* nail Dan 4:30; talon, claw Dan 7:19 - 6 טִפְרַיהּ טִפְרוֹהִי

√ טרד *pe* drive away, cast out 7 Pass. טְרִיד 11 טָרְדִין Dan 4:22.29f; 5:21◦

טַרְפְּלָיֵא residents of Tripoli; others: a class of officials, supervisors Ezr 4:9◦

√ יבל *haf* bring 7 הֵיבֵל 9 הֵיבָלָה Ezr 5:14; 6:5; 7:15◦

יַבֶּשֶׁת *f.* dry land; fig. earth 2 יַבֶּשְׁתָּא Dan 2:10◦

יְגַר שָׂהֲדוּתָא *pln* Jegar Sahadutha Gen 31:47◦

יַד *f.* hand; of a lion: paw; fig. power, influence 2 יְדָא יְדָה יְדֵהּ 6 יְדַךְ יְדְהֹם יְדֵי Du. יְדַיִן

1 st.c. sg. 2 st.det. sg. 3 st.a. pl. 4 st.c. pl. 5 st. det. pl. 6 with *epp* 7 SC 8 PC 9 inf. 10 imp. 11 part.

√ ידה *haf* praise, glorify 11 מוֹדֵא מְהוֹדֵא Dan 2:23; 6:11∘

√ ידע *pe* know, understand יְדִיעַ לֶהֱוֵה־לָךְ *you should know* 7 יְדַע יְדַעְתְּ יִדְעֵת 8 תִּנְדַּע יָדַע 11 יָדְעִין יָדְעֵי Pass. 10 דַּע 11 יִנְדְּעוּן אִנְדַּע יְדִיעַ

haf let know, tell, announce 7 הוֹדַע הוֹדְעָךְ[e] יְהוֹדְעִנַּנִי[e] 8 הוֹדַע הוֹדַעְנָא הוֹדַעְתַּנִי[e] מְהוֹדַע 11 הוֹדְעֻתַנִי[e] הוֹדָעָה 9 יְהוֹדְעוּן מְהוֹדְעִין

√ יהב *pe* give; with טַעְמָא report, give account; save Dan 3:28; lay the foundation Ezr 5:16 - 7 יְהַב יְהַבְתְּ יְהַבְתָּ Pass. וִיהִיבַת 8 ↪ נתן 10 הַב 11 יָהֵב יָהֲבִין

hitpe be given, handed over 8 תִּתְיְהֵב יִתְיְהֵב מִתְיַהֲבָא מִתְיְהֵב 11 יִתְיַהֲבוּן

יְהוּד *pn* Juda

יְהוּדָי *pn* Jew 3 יְהוּדָאִין 5 יְהוּדָיֵא

יוֹם *m.* day 2 יוֹמָא 3 יוֹמִין 4 יוֹמֵי יוֹמָת 5 יוֹמַיָּא 6 יוֹמֵיהוֹן

יוֹצָדָק *m. PN* Jozadak Ezr 5:2∘

√ יזב *shafel* ↪ שיזב

√ יטב *pe* please, seem to be good 7 ↪ טאב 8 יִיטַב Ezr 7:18∘

√ יכל *pe* be able; overpower Dan 7:21 – 7 יְכִל יָכְלָה יָכִל 11 תוּכַל תִּכּוּל יוּכַל יִכֻל 8 יְכֵלְתְּ יָכְלִין

יַם *m.* sea 2 יַמָּא Dan 7:2f ∘

√ יסף *hof* be added 7 הוּסְפַת Dan 4:33∘

√ יעט *pe* advise; pt. counselor 11 יָעֲטֹהִי[e] Ezr 7:14f∘

itpa consult together, agree 7 אִתְיָעַטוּ Dan 6:8∘

יָעֵט *m.* counselor Ezr 7:14f; Pt. ↪ יעט∘

√ יצא *shafel* complete 7 שֵׁיצִיא Ezr 6:15∘

√ יצב *pa* achieve certainty 9 יַצָּבָא Dan 7:19∘

יַצִּיב *m.* & יַצִּיבָא *f.* ↩ יצב reliable, certain, true; sure 2 יַצִּיבָא

√ יקד *pe* burn 11 יָקִדְתָּא Dan 3:6ff∘

יְקֵדָה ↩ יקד *f.* burning 1 לִיקֵדַת Dan 7:11∘

יַקִּיר *m.* & יַקִּירָה *f.* ↩ יקר difficult Dan 2:11; famous Ezr 4:10 – 2 יַקִּירָא∘

יְקָר *m.* honor, dignity 2 וִיקָרָא

יְרוּשְׁלֶם *pln* Jerusalem

יְרַח *m.* month 3 יַרְחִין Dan 4:26; Ezr 6:15∘

יַרְכָה *f.* hip, thigh 6 יַרְכָתֵהּ Dan 2:32∘

יִשְׂרָאֵל *pn* Israel

יֵשׁוּעַ *m. PN* Jeshua Ezr 5:2∘

יָת prep., marking an object ↪ Hebr. אֵת 6 יָתְהוֹן Dan 3:12∘

√ יתב *pe* sit Dan 7:9f.26; dwell, live Ezr 4:17 - 7 יְתִב 8 יִתִּב 11 יָתְבִין∘

haf settle 7 הוֹתֵב Ezr 4:10∘

יַתִּיר *m.* & יַתִּירָה & יַתִּירָא *f.* very, very large, excellent, extraordinary

כְּ proclitic preposition of proportionality: how, according to, corresponding to, so

כִּדְבָה *f.* lying, untrue Dan 2:9◦

כְּדִי as, while, during; כְּ + דִּי

כָּה here; with עַד *until here* Dan 7:28◦

✓**כהל** *pe* be able 11 כָּהֲלִין כָּהֵל

כָּהֵן *m.* priest 2 כָּהֲנָה 5 כָּהֲנַיָּא 6 כָּהֲנוֹהִי

כַּוָּה *f.* window 3 כַּוִּין Dan 6:11◦

כּוֹר *pn* measure of capacity, Kor, ca. 220 litres 3 כֹּרִין Ezr 7:22◦

כּוֹרֶשׁ *m. PN* Cyrus

כַּכַּר *pn* weight, Talent 3 כַּכְּרִין Ezr 7:22◦

כֹּל all, whole, every 1 כָּל־ כֹּל 2 כֹּלָּא 6 כָּלְּהוֹן

✓**כלל** *shafel* finish, complete 7 שַׁכְלֵל שַׁכְלְלֵהּ e שַׁכְלִלוּ 9 שַׁכְלָלָה

hishtafel be finished, completed 8 יִשְׁתַּכְלְלוּן Ezr 4:13.16◦

כְּמָה how Ezr 3:33 כְּ + מָה

כֵּן so

כְּנֵמָא so, thus, in this way, as follows

✓**כנש** *pe* assemble 9 מִכְנַשׁ Dan 3:2◦

hitpa assemble 11 מִתְכַּנְּשִׁין Dan 3:3.27◦

כְּנָת *m.* colleague 6 כְּנָוָתֵהּ כְּנָוָתְהוֹן *qr.* כְּנָוָתֵיו *kt.* כְּנָוָתֵהּ

כַּשְׂדָּי & **כַּסְדָּי** *pn* Chaldean; also: astrologer, magician 1 כַּשְׂדָּיָא 3 כַּסְדָּיָא כַּסְדָּאָה כַּשְׂדָּאִין 5 כַּסְדָּיֵא כַּשְׂדָּאֵי

כְּסַף *m.* silver; money Ezr 7:17 - 1 כַּסְפָּא

כְּעַן & **כְּעֶן** now

כְּעֶנֶת & **כְּעֶת** etc.; others: and now Ezr 4:10f.17; גְּמִיר וּכְעֶנֶת peace afore, greetings Ezr 7:12◦

✓**כפת** *pe* bind, tie up 7 pass כְּפִתוּ Dan 3:21◦

pa bind, tie up 9 כַּפָּתָה 11 מְכַפְּתִין Dan 3:20.23f◦

כֹּר *pn* measure of capacity, Kor, ca. 220 litres 3 כֹּרִין Ezr 7:22◦

✓**כרה** *itpe* be confused, startled 7 אֶתְכְּרִיַּת Dan 7:15◦

כַּרְבְּלָה *f.* cap 6 כַּרְבְּלָתְהוֹן Dan 3:21◦

כָּרוֹז *m.* ↔ כרז herald 2 כָּרוֹזָא Dan 3:4◦

✓**כרז** *haf* proclaim, declare 7 הַכְרִזוּ Dan 5:29◦

כָּרְסֵא *m.* throne 3 כָּרְסָוָן 6 כָּרְסְיֵהּ Dan 5:20; 7:9◦

כַּסְדָּי & **כַּשְׂדָּי** *pn* Chaldean; also: astrologer, magician 1 כַּשְׂדָּיָא 3 כַּסְדָּיָא כַּסְדָּאָה כַּשְׂדָּאִין 5 כַּסְדָּיֵא כַּשְׂדָּאֵי

✓**כתב** *pe* write 7 כְּתַבוּ כְּתַב pass. כְּתִיב 8 כְּתֻבְ 11 כָּתְבָה כָּתְבָא כָּתְבִן נִכְתֻּב

כְּתָב ↔ כתב *m.* writing, inscription, document; rule, prescription Ezr 6:18; (without) limitation Ezr 7:22 - 2 כְּתָבָא כְּתָבָה

1 st.c. sg. 2 st.det. sg. 3 st.a. pl. 4 st.c. pl. 5 st. det. pl. 6 with *epp* 7 SC 8 PC 9 inf. 10 imp. 11 part.

כְּתַל *m.* wall 5 כֻּתְלַיָּא Dan 5:5; Ezr 5:8◦

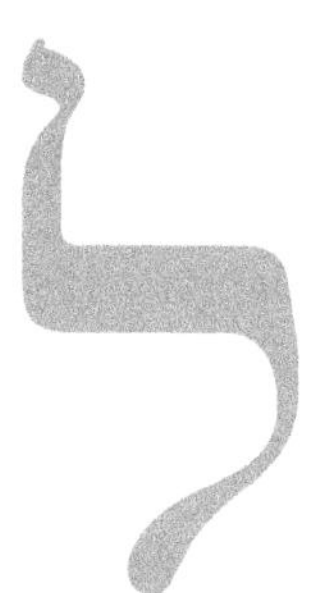

לְ proclitic preposition of relationship: in relation to, for, etc. 6 לְהוֹן לְהוֹם לִי לָךְ לַהּ לֵהּ

לָא & **לָה** negation of words and sentences: not, nothing, no

לֵב *m.* heart 6 לִבִּי

לְבַב *m.* heart 6 לִבְבָךְ לִבְבֵהּ

לְבוּשׁ ↩ **לבשׁ** *m.* dress, clothing 6 לְבוּשֵׁהּ לְבֻשֵׁיהוֹן Dan 3:21; 7:9◦

לבשׁ✓ *pe* be clothed 8 יִלְבַּשׁ תִּלְבַּשׁ Dan 5:7.16◦

haf clothe 7 הַלְבִּשׁוּ Dan 5:29◦

לָה with כְּ *as nothing* Dan 4:32 ↪ לָא◦

לֶהֱוֵה לֶהֱוֹן etc. ↪ הוה

לָהֵן therefore Dan 2:6.9; 4:24; except Dan 2:11; 3:28; 6:6.8.13; but Ezr 5:12; but rather Dan 2:30◦

לֵוָי *pn* Levite

לְוָת preposition of proximity: near 6 לְוָתָךְ Ezr 4:12 סְלִקוּ מִן־לְוָתָךְ עֲלֶינָא *they came from you to us*◦

לְחֶם *m.* banquet, feast Dan 5:1◦

לְחֵנָה *f.* concubine 6 לְחֵנָתֵהּ Dan 5:2f.23◦

לֵילְיָא *m.* night

לְמָה why? מָה + לְ Ezr 4:22; 7:23 lest◦

לִשָּׁן m. tongue, language 5 לִשָּׁנַיָּא

מָא ↩ מָה

מְאָה *m.* & *f.* hundred Dan 6:2; Ezr 6:17; 7:22; du. two hundred מָאתַיִן◦

מֹאזְנַיִן *m.* balances, scales 5 מֹאזַנְיָא Dan 5:27◦

מֵאמַר ↩ **אמר** *m.* word, order Dan 4:14; Ezr 6:9◦

מָאן *m.* vessel 4 מָאנֵי 5 מָאנַיָּא

מְגִלָּה ↩ **גלל** *f.* scroll Ezr 6:2◦

מגר✓ *pa* overthrow 8 יְמַגַּר Ezr 6:12◦

מַדְבַּח *m.* altar 2 מַדְבְּחָה Ezr 7:17◦

מִדָּה *f.* tax, tribute, levy 1 מִדַּת

מְדוֹר *m.* dwelling 6 מְדָרְהוֹן מְדֹרֵהּ

מָדַי *pn* Media, Medes 2 מָדָאָה מָדָיָא

מְדִינָה *f.* province, district, landscape 1 מְדִינַת 2 מְדִינָתָה מְדִינָתָא מְדִינְתָּה מְדִינְתָּא 3 מְדִינָן

מְדָר ↪ מְדוֹר Dan 2:11

מָה interrogative pronoun: what? who? relative pronoun: what; with דִּי that which

מְהֵימַן ↪ אמן

מוֹת *m.* death Ezr 7:26◦

מָזוֹן *m.* food Dan 4:9.18◦

✓ **מחא** *pe* strike 7 מְחָת 11 מָחֵא (others: *hafel* ↪ חיה) Dan 2:34f; 5:19◦
pa hold back 8 יְמַחֵא Dan 4:32◦
hitpe be impaled 8 יִתְמְחֵא Ezr 6:11◦

מַחְלְקָה *f.* order, class, division 6 מַחְלְקָתְהוֹן Ezr 6:18◦

מְחַן ↪ חנן

✓ **מטא** *pe* happen, come (upon); reach, approach 7 מְטָא מְטָה מְטָת מְטוֹ 8 יִמְטֵא

מִישָׁאֵל *m. PN* Mishael

מֵישַׁךְ *m. PN* Meshach

✓ **מלא** *pe* fill 7 מְלָת Dan 2:35◦
hitpe be filled 7 הִתְמְלִי Dan 3:19◦

מַלְאַךְ *m.* messenger, angel 6 מַלְאֲכֵהּ Dan 3:28; 6:23◦

מִלָּה ↩ מלל *f.* word, matter, event, report 1 מִלַּת 2 מִלְּתָא 3 מִלִּין 4 מִלֵּי 5 מִלַּיָּא

✓ **מלח** ↩ מְלַח *pe* eat salt; fig.: be loyal 7 מְלַחְנָא Ezr 4:14◦

מְלַח *m.* salt Ezr 4:14; 6:9; 7:22◦

מֶלֶךְ *m.* king 2 מַלְכָּא מַלְכָה 3 מַלְכִין מַלְכִים 5 מַלְכַיָּא

מְלַךְ *m.* counsel 6 מִלְכִּי Dan 4:24◦

מַלְכָּה *f.* queen 2 מַלְכְּתָא Dan 5:10◦

מַלְכוּ *f.* royal rule, power; kingdom, royalty; governance Dan 6:5 - 1 מַלְכוּת 2 מַלְכוּתָא 4 מַלְכְוָת 5 מַלְכְוָתָא 6 מַלְכוּתֵהּ מַלְכוּתִי

✓ **מלל** *pa* speak 7 מַלִּל 8 יְמַלִּל 11 מְמַלִּל מְמַלְּלָה

מַן & **מָן** who? with דִּי whoever

מִן preposition of separation: from, from away, out of; since; Dan 2:33 et passim with *epp*: partly ... partly; Dan 7:11 because - 6 מִנַּהּ מִנֵּהּ מִנְּהוֹן מִנִּי מִנָּךְ

מְנֵא *pn* unit of weight, Mina; others: pt. pass ↪ מנה Dan 5:25◦

מִנְדָּה ↪ מִדָּה

מַנְדַּע ↩ ידע *m.* reason, understanding 2 מַנְדְּעָא 6 מַנְדְּעִי

✓ **מנה** *pe* count 7 מְנָה 11 Pass מְנֵא Dan 5:25f (others: ↪ מְנֵא)◦
pa entrust, instruct, order 7 מַנִּי מַנִּיתָ 10 מַנִּי Dan 2:24.49; 3:12; Ezr 7:25◦

מִנְחָה *f.* offering 6 מִנְחָתְהוֹן Dan 2:46; Ezr 7:17◦

מִנְיָן *m.* number Ezr 6:17◦

מַעֲבָד ↩ עבד *m.* work 6 מַעֲבָדוֹהִי Dan 4:34◦

מְעִין *m.* Pl. belly, torso 6 מְעוֹהִי Dan 2:32◦

מֶעָל ↩ עלה *m.* sunset 6 מֶעָלֵי Dan 6:15◦

1 st.c. sg. 2 st.det. sg. 3 st.a. pl. 4 st.c. pl. 5 st. det. pl. 6 with *epp* 7 SC 8 PC 9 inf. 10 imp. 11 part.

מָרֵא m. lord 6 מָרִי מָרְאִי Dan 2:47; 4:16.21; 5:23◦

מְרַד m. rebellion Ezr 4:19◦

מָרָדָא f. rebellious 2 מָרָדְתָּא Ezr 4:12.15◦

מָרֵה → מָרֵא

✓ מרט pe be plucked off 7 pass. מְרִיטוּ Dan 7:4◦

מֹשֶׁה m. PN Moses Ezr 6:18◦

מְשַׁח m. oil Ezr 6:6; 7:22◦

מִשְׁכַּב ← שׁכב m. bed 6 מִשְׁכְּבָךְ מִשְׁכְּבֵהּ מִשְׁכְּבִי

מִשְׁכַּן ← שׁכן m. dwelling 6 מִשְׁכְּנֵהּ Ezr 7:15◦

מַשְׁרוֹקִיתָא f. pipe Dan 3:5 ff◦

מִשְׁתֵּי ← שׁתה m. banquet 2 מִשְׁתְּיָא בֵּית banquet hall Dan 5:10◦

מֵתֵא → אתה

מַתְּנָא ← נתן f. gift 3 מַתְּנָן 6 מַתְּנָתָךְ Dan 2:6.48; 5:17◦

✓ נבא hitpa act as a prophet 2 הִתְנַבִּי Ezr 5:1◦

נְבוּאָה ← נבא f. prophesying 1 נְבוּאַת Ezr 6:14◦

נְבוּכַדְנֶאצַּר m. PN Nebukadnezzar

נְבִזְבָּה f. gift, present 6 נְבָזְבְּיָתָךְ Dan 2:6; 5:17◦

נְבִיא ← נבא m. prophet 2 נְבִיאָה נְבִיָּא 5 נְבִיַּיָּא נְבִיאַיָּא Ezr 5:1f; 6:14◦

נֶבְרַשְׁתָּא m. lampstand Dan 5:5◦

✓ נגד pe flow, surge 11 נָגֵד Dan 7:10◦

נֶגֶד in the direction of, towards Dan 6:11◦

נְגַהּ m. daybreak 2 נָגְהָא Dan 6:20◦

✓ נדב hitpa be willing Ezr 7:13; give willingly, donate Ezr 7:15f – 7 הִתְנַדַּבוּ 9 הִתְנַדָּבוּת 11 מִתְנַדְּבִין מִתְנַדַּב◦

נִדְבָּךְ m. layer, row 3 נִדְבָּכִין Ezr 6:4◦

✓ נדד pe flee 7 נַדַּת Dan 6:19◦

נִדְנֶה m. shaft, fig. body, inner being: *my spirit deep within me was troubled* Dan 7:15◦

✓ נדע → ידע

נְהוֹר m. light 2 *qr* נְהוֹרָא; *kt.* נְהִירָא Dan 2,22◦

נַהִירוּ f. illumination Dan 5:11.14◦

נְהַר m. river, stream; also *pn* Euphrates 2 נַהֲרָה נַהֲרָא

✓ נוד pe flee 8 תְּנֻד Dan 4:11◦

נְוָלִי & נְוָלוּ f. heap of rubble, garbage Dan 2:5; 3:29 Ezr 6:11◦

נוּר m. & f. fire 2 נוּרָא

✓ נזק pe suffer damage 11 נָזִק Dan 6:3◦ *haf* cause damage 8 תְּהַנְזִק 9 לְהַנְזָקַת 11 מְהַנְזְקַת Ezr 4:13.15.22◦

1 st.c. sg. 2 st.det. sg. 3 st.a. pl. 4 st.c. pl. 5 st. det. pl. 6 with *epp* 7 SC 8 PC 9 inf. 10 imp. 11 part.

נְחָשׁ *m.* ore; bronze, copper 2 נְחָשָׁא

√ **נחת** *pe* descend, come down 11 נָחִת Dan 4:10.20◦
(h)af bring, lay down, deposit, store 8 תַּחֵת 10 אֲחֵת 11 Pass מְהַחֲתִין Ezr 5:15; 6:1.5◦
hof be brought down, deposed 7 הָנְחַת Dan 5:20◦

√ **נטל** *pe* raise, lift 7 נִטְלֵת נְטִילַת pass. Dan 4:31; 7:4◦

√ **נטר** *pe* keep 7 נִטְרֵת Dan 7:28◦

נִיחֹחַ *m.* offerings of incense 3 נִיחוֹחִין נִיחֹחִין Dan 2:46; Ezr 6:10◦

נִכְסִין *m.* revenues, funds Ezr 6:8; confiscation of goods Ezr 7:26 - 4 נִכְסֵי◦

נְמַר *m.* panther Dan 7:6◦

√ **נסח** *hitpe* be pulled, taken 8 יִתְנְסַח Ezr 6:11◦

√ **נסך** *pa* offer, sacrifice 9 לְנַסָּכָה Dan 2:46◦

נְסַךְ ↔ נסך *m.* libation, drink offering 6 נִסְכֵּיהוֹן Ezr 7:17◦

√ **נסק** ↔ סלק *haf*

√ **נעל** ↔ עלל *haf*

√ **נפל** *pe* fall, fall down; fall to Ezr 7:20 - 7 נְפַל נְפַלְתָּה נְפַלוּ 8 יִפֵּל יִפֶּל־ תִּפְּלוּן 11 נָפְלִין

√ **נפק** *pe* go out, be on the way; be published (decree); come forth, appear Dan 5:5 - 7 נְפַק נִפְקַת נְפַקוּ נְפַקָה 10 פֻּקוּ 11 נָפֵק נָפְקִין
haf bring, take out, remove 7 הַנְפֵּק הַנְפִּקוּ Dan 5:2f; Ezr 5:14; 6:5◦

נִפְקָא *f.* cost, expenses 2 נִפְקְתָא Ezr 6:4.8◦

נִצְבָּא *f.* hardness, firmness 2 נִצְבְּתָא Dan 2:41◦

√ **נצח** *hitpa* stand out, surpass 11 מִתְנַצַּח Dan 6:4◦

√ **נצל** *haf* save, rescue 9 הַצָּלָה הַצָּלוּתֵהּ[e] 11 מַצִּל Dan 3:29; 6:15.28◦

נְקֵא *m.* pure Dan 7:9◦

√ **נקשׁ** *pe* knock together 11 נָקְשָׁן Dan 5:6◦

√ **נשׂא** *pe* take Ezr 5:15; take away, blow away Dan 2:35 – 7 נְשָׂא 10 שֵׂא◦
hitpa rise up 11 מִתְנַשְּׂאָה Ezr 4:19◦

נְשִׁין *f.* women 6 נְשֵׁיהוֹן Dan 6:25◦

נִשְׁמָה *f.* breath of life 6 נִשְׁמְתָךְ Dan 5:23◦

נְשַׁר *m.* eagle 3 נִשְׁרִין Dan 4:30; 7:4◦

נִשְׁתְּוָן *m.* letter, decree, document 2 נִשְׁתְּוָנָא Ezr 4:18.23; 5:5◦

נְתִינִין ↔ נתן *m.* temple slaves 5 נְתִינַיָּא Ezr 7:24◦

√ **נתן** *pe* give; grant (deadline); pay, spend (funds) 8 יִנְתִּן יִנְתֵּן יִתְּנִנַּהּ[e] תִּנְתֵּן יִנְתְּנוּן 9 מִנְתַּן cf. ↔ יהב

√ **נתר** *af* strip off 10 אַתַּרוּ Dan 4:11◦

1 st.c. sg. 2 st.det. sg. 3 st.a. pl. 4 st.c. pl. 5 st. det. pl. 6 with *epp* 7 SC 8 PC 9 inf. 10 imp. 11 part.

סַבְּכָא *f. pn* an instrument, harp Dan 3:5◦

√ **סבל** *po* pass. be fixed, retained, maintained 11 מְסוֹבְלִין Ezr 6:3◦

√ **סבר** *pe* think about, intend 8 יִסְבַּר Dan 7:25◦

√ **סגד** *pe* pray, pay homage 7 סְגִד 8 יִסְגֻּד יִסְגְּדוּן וְתִסְגְּדוּן נִסְגֻּד 11 סָגְדִין

סְגַן *m.* governor, prefect 3 סִגְנִין 5 סִגְנַיָּא

√ **סגר** *pe* shut 7 וּסֲגַר Dan 6:23◦

סוּמְפֹּנְיָה & **סוּפֹּנְיָה** *EN* a musical instrument, bagpipe Dan 3:5.10.15◦

סוף *pe* be fulfilled 7 סָפַת Dan 4:30◦
af put an end to, annihilate 8 תָּסֵיף Dan 2:44◦

סוֹף ↔ יסף *m.* end 2 סוֹפָא

סִיפֹּנְיָה & **סוּפֹּנְיָה** ↔ סוּמְפֹּנְיָה

סלק *pe* go up, climb, ascend 7 סִלְקַת סִלְקַת סְלִקוּ 11 סָלְקָן
haf take up 7 הַסִּקוּ 9 הַנְסָקָה Dan 3:22; 6:24◦
hof be taken up 7 הֻסַּק Dan 6:24◦

√ **סעד** *pa* support, help 11 מְסָעֲדִין Ezr 5:2◦

סָפַר *m.* clerk, secretary Ezr 4:8f.17.23; scribe Ezr 7:12.21 – 2 סָפְרָא◦

סְפַר *m.* book, document 3 סִפְרִין 5 סִפְרַיָּא Dan 7:10; Ezr 4:15; 6:1.18◦

סָקָה ↔ סלק

סַרְבָּל *m.* coat 6 סַרְבָּלֵיהוֹן Dan 3:21.27◦

סָרַךְ *m.* high official, commissioner 3 סָרְכִין 4 סָרְכֵי 5 סָרְכַיָּא Dan 6:3ff◦

√ **סתר** I. *pa* hide; pt. pass.: hidden things 11 pass. מְסַתְּרָתָא Dan 2:22◦

√ **סתר** II. *pe* destroy 7 סַתְרֵהּ[e] Ezr 5:12◦

√ **עבד** *pe* make, do 7 עֲבַד עַבְדֵת עַבְדֵתְּ עֲבַדְהּ עָבֵד 11 מֶעְבַּד 9 תַּעַבְדוּן 8 עֲבַדוּ עָבְדִין עָבְדָא
hitpe be made, done 8 יִתְעֲבֵד יִתְעֲבֵד מִתְעַבְדָא מִתְעֲבֵד 11 תִּתְעַבְדוּן

עֲבֵד ↔ עבד *m.* slave, servant 6 עַבְדוֹהִי עַבְדָיִךְ *kt.; qr. sg.*

עֲבֵד נְגוֹ & **עֲבֵד נְגוֹא** *m. PN* Abed-Nego

עֲבִידָא ↔ עבד *f.* work, service, administration 1 עֲבִידַת 2 עֲבִדְתָּא

עֲבַר beyond; others: this side (of the river)

עַד until; up to עַד דִּי till; עַד כָּה so far; מִן־עָלְמָא וְעַד־עָלְמַיָּא *forever and ever;* עַד־דִּבְרַת דִּי *so that;* עַד־יוֹמִין תְּלָתִין *within 30 days*

√ עדה *pe* go, come; come upon; go away: depart, be taken away, be lifted, be annulled 7 עֲדַת 8 יֶעְדֵּה תֶּעְדֵּה
haf remove, take away 7 הֶעְדִּיו הֶעְדִּיו 8 יְהַעְדּוֹן 11 מְהַעְדֵּה

עִדּוֹא *m. PN* Iddo

עִדָּן *m.* time, period, year, era 2 עִדָּנָא 3 עִדָּנִין 5 עִדָּנַיָּא

עוֹד still Dan 4:28◦

עֲוָיָה *f.* iniquity, sin, guilt 6 עֲוָיָתָךְ Dan 4:24◦

עוֹף *m.* bird; coll. birds Dan 2:38; 7:6◦

עוּר *m.* chaff Dan 2:35◦

עֵז *f.* goat; with צְפִירֵי he-goat 3 עִזִּין Ezr 6:17◦

עִזְקָה *f.* signet ring 1 עִזְקַת 6 עִזְקְתֵהּ Dan 6:18◦

עֶזְרָא *m. PN* Ezra

עֲזַרְיָה *m. PN* Azariah

עֵטָה *f.* mind, reason Dan 2:14◦

עַיִן *f.* eye 1 עֵין 3 עַיְנִין 4 עַיְנֵי 6 עַיְנַי

עִיר *m.* angel, guardian 3 עִירִין Dan 4:10.14.20◦

עַל on, over, above, to, towards, about, against 6 עֲלוֹהִי עֲלַיַהּ עֲלַהּ עֲלַיִךְ עֲלַי עֲלֵיהוֹן

עַל־מָה why? Dan 2:15◦

עֵלָּא above Dan 6:3◦

עִלָּא & עִלָּה *f.* cause, pretext Dan 6:5f ◦

עֲלָוָן *f.* burnt offering Ezr 6:9◦

עִלָּי *m.* highest 2 עִלָּאָה *qr; kt.:* עִלָּיָא

עֶלְיוֹן *m.* the Most High 3 עֶלְיוֹנִין

עִלִּית *f.* roof chamber 6 עִלִּיתֵהּ Dan 6:11◦

עלל *pe* go in 7 עַל עַלַּת *qr.*; *kt.*: עַלֲלַת 11 עָלִּין *qr.*; *kt.* עָלְלִין
haf bring in 7 הַנְעֵל 9 הַנְעָלָה הֶעָלָה 10 הַעֵלְנִי[e]
hof be brought in 7 הֻעַל הֻעַלּוּ Dan 5:13.15◦

עָלַם *m.* the time from the beginning to the end of the world, world time, long time, all time; all past time, past, prehistory; all coming time, future 2 עָלְמָא 3 עָלְמִין 5 עָלְמַיָּא

ⓘ Usually this word is translated as *eternity*. Strictly speaking, this does not fit, because eternity is characterized by timelessness.

עֵלְמָי *pn* Elamite Ezr 4:9◦

עֲלַע *f.* rib 3 עִלְעִין Dan 7:5◦

עַם *m.* people, nation 2 עַמָּא עַמָּה 5 עַמְמַיָּא

עִם with, at, while 6 עִמֵּהּ עִמָּךְ עִמִּי עִמְּהוֹן

עֲמִיק *f.* deep, fig. hidden, secret things 5 עַמִּיקָתָא Dan 2:22◦

עֲמַר *m.* wool Dan 7:9◦

עַן ↪ כְּעַן now, at present

עֲנֵא *m.* poor, miserable 3 עֲנַיִן Dan 4:24◦

√ ענה *pe* answer; start talking 7 עֲנוֹ עֲנֵת 11 עָנֵה עָנַיִן

עֲנָן *m.* cloud 4 עֲנָנֵי Dan 7:13◦

עֲנַף *m.* branch 6 עַנְפוֹהִי Dan 4:9.11.18◦

עֲנָשׁ *m.* fine Ezr 7:26◦

עֶנֶת ↪ כְּעֶנֶת

עֳפִי *m.* twigs, leaves 6 עָפְיֵהּ Dan 4:9.11.18◦

עֲצִיב *m.* sorrowful, sad Dan 6:21◦

1 st.c. sg. 2 st.det. sg. 3 st.a. pl. 4 st.c. pl. 5 st. det. pl. 6 with *epp* 7 SC 8 PC 9 inf. 10 imp. 11 part.

√ עקר *itpe* be plucked out 7 אֶתְעֲקַרוּ *kt.*; *qr.*: אֶתְעֲקָרָה 3. pl. *f.* Dan 7:8◦

עִקַּר ← עקר *m.* (root)stock, stem, stump Dan 4:12.20.23◦

עָר *m.* enemy, adversary 6 עָרָךְ *qr.*; *kt.*: עָרַיִךְ Dan 4:16◦

√ ערב *pa* mix 11 Pass. מְעָרַב Dan 2:41.43◦
hitpa mix, be mixed 11 מִתְעָרְבִין מִתְעָרַב Dan 2:43◦

עֲרָד *m.* wild donkey 5 עֲרָדַיָּא Dan 5:21◦

עַרְוָה *f.* nakedness, shame, dishonor 1 עַרְוַת Ezr 4:14◦

עֲשַׂב *m.* grass, herbs 5 עִשְׂבָּא

עֲשַׂר *m.* & עַשְׂרָה *f.* ten; תְּרֵי־עֲשַׂר twelve; Pl. twenty 3 עֶשְׂרִין Dan 6:2

ⓘ The masculine forms go with feminina and vice versa.

√ עשׁת *pe* consider 11 Pass. עֲשִׁית Dan 6:4◦

עֵת ← כְּעֶנֶת

עֲתִיד *m.* ready 3 עֲתִידִין Dan 3:15◦

עַתִּיק *m.* old Dan 7:9.13.22◦

פֶּחָה *m.* governor 1 פַּחַת 5 פַּחֲוָתָא

פֶּחָר *m.* potter; חֲסַף דִּי־פֶחָר potter's clay Dan 2:41◦

פַּטִּשׁ *m.* garment, trousers 6 פַּטִּישֵׁיהוֹן *kt.*; *qr*: פַּטְּשֵׁיהוֹן Dan 3:21◦

√ פלג *pe* devide 11 Pass פְּלִיגָה Dan 2:41◦

פְּלַג ← פלג *m.* half Dan 7:25◦

פְּלֻגָּה ← פלג *f.* division, order 6 פְּלֻגָּתְהוֹן Ezr 6:18◦

√ פלח *pe* worship, serve 8 יִפְלְחוּן 11 פָּלַח פָּלְחֵי פָּלְחִין

פָּלְחָן ← פלח *m.* service Ezr 7:19◦

פֻּם *m.* mouth; opening Dan 6:18 – 6 פֻּמַּהּ

פַּס *m.* (back of the) hand 2 פַּסָּא Dan 5:5.24◦

פְּסַנְתֵּרִין & פְּסַנְטֵרִין musical instrument, harp Dan 3:5ff

פַּרְזֶל *m.* iron 2 פַּרְזְלָא

√ פרס *pe* devide 7 Pass. פְּרִיסַת Dan 5:28◦

פְּרֵס ← פרס *pn* a weight, Parsin, half a shekel 3 פַּרְסִין Dan 5:25.28◦

פָּרָס *pn* Persia

פָּרְסָי *pn* Persian 2 פָּרְסָאָה פָּרְסָיָא

√ פרק *pe* break (with sins) 10 פְּרֻק Dan 4:24◦

√ פרשׁ *pa* subdivide; here: section by section 11 Pass. מְפָרַשׁ Ezr 4:18◦

פַּרְשֶׁגֶן *m.* copy, duplicate

√ פשׁר *pe* interpret 9 מִפְשַׁר Dan 5:16◦
pa interpret 11 מְפַשַּׁר Dan 5:12◦

פְּשַׁר ← פשׁר *m.* interpretation 2 פִּשְׁרָא פִּשְׁרָה פִּשְׁרֵהּ 6 פִּשְׁרִין 3 פְּשַׁר פִּשְׁרָה פִּשְׁרֵא (if not det.)

פִּתְגָם *m.* word; decree Dan 4:14; Ezr 6:11 - 2 פִּתְגָמָא

✓ **פתח** *pe* open 7 pass. פְּתִיחוּ 11 pass. פְּתִיחָן Dan 6:11; 7:10◦

פְּתָי *m.* width, breadth 6 פְּתָיֵהּ Dan 3:1; Ezr 6:3◦

צ

✓ **צבא** *pe* want, wish, will 7 צְבִית 8 יִצְבֵּא יִצְבֵּה 9 מִצְבְּיֵהּ[e] 11 צָבֵא

צְבוּ ← צבא *f.* situation, matter Dan 6:18◦

✓ **צבע** *pa* wet 11 מְצַבְּעִין Dan 4:22◦
hitpa be wet 11 יִצְטַבַּע

צַד *m.* side, fig. concerning Dan 6:5; against Dan 7:25◦

צְדָא *f.* true; with question particle: is it true that Dan 3:14◦

צִדְקָה *f.* justice, righteousness Dan 4:24◦

צַוַּאר *m.* neck 6 צַוְּארָךְ צַוְּארֵהּ Dan 5:7.16.29◦

✓ **צלא** *pa* pray 11 מְצַלִּין מְצַלֵּא Dan 6:11; Ezr 6:10◦

✓ **צלח** *haf* let someone prosper Dan 3:30; enjoy success Dan 6:29; prosper, succeed Ezr 5:8; 6:14 - 7 הַצְלַח 11 מַצְלַח מַצְלְחִין◦

צְלֵם *m.* picture; facial expression Dan 3:19 - 2 צַלְמָא

צְפִיר *m.* he-goat 4 צְפִירֵי Ezr 6:17◦

צִפַּר *f.* bird 3 צִפְּרִין 4 צִפְּרֵי 5 צִפְּרַיָּא

✓ **קאם** ← קום

✓ **קבל** *pa* receive 7 קַבֵּל 8 תְקַבְּלוּן וִיקַבְּלוּן Dan 2:6; 6:1; 7:17◦

קֳבֵל with לְ before, opposite, in front of; because; with כָּל precisely because, because, according to that; then

קַדִּישׁ *m.* holy 3 קַדִּישִׁין 4 קַדִּישֵׁי

קֳדָם prep. (*temp.* & *loc.*) before 6 קֳדָמוֹהִי קֳדָמֵיהוֹן קֳדָמָי קֳדָמַי

קַדְמָה *f.* former time, earlier, once, before 2 קַדְמַת Dan 6:11; Ezr 5:11◦

קַדְמָי the first, former 2 קַדְמָיְתָא *f.* 5 קַדְמָיֵא *m.*; קַדְמָיָתָא *f.* Dan 7:4.8.24◦

✓ **קוּם** *pe* stand up, set out; arise, emerge; stand, exist, endure 7 קָם קָמוּ 8 יְקוּם תְּקוּם יְקָמוּן 10 קוּמִי 11 קָאֵם קָאֲמִין קָיְמִין
pa issue (a decree) 9 קַיָּמָה Dan 6:8◦

1 st.c. sg. 2 st.det. sg. 3 st.a. pl. 4 st.c. pl. 5 st. det. pl. 6 with *epp* 7 SC 8 PC 9 inf. 10 imp. 11 part.

(h)af set up; insert, order; establish, appoint 7 הֲקִימוּ הֲקֵימֶת הֲקֵמְתְּ הֲקִימֵהּ[e] אֲקִימֵהּ[e] הֲקֵים מְהָקֵים 11 הֲקָמוּתֵהּ[e] 9 תְּקִים יְהָקֵים יְקִים 8

hof be made to stand 7 הֳקִימַת Dan 7:4f◦

קטל √ *pe* kill 7 Pass. קְטִילַת קְטִיל 11 קָטֵל Dan 5:19; 7:11◦

pa kill 7 קַטִּל 9 קַטָּלָה Dan 2:14; 3:22◦

hitpe be killed 9 הִתְקְטָלָה Dan 2:13◦

hitpa be killed 11 מִתְקַטְּלִין Dan 2:13◦

קְטַר *m.* knot, fig.: joints Dan 5:6; difficult questions Dan 5:12.16 – 3 קִטְרִין 4 קִטְרֵי

קַיִט *m.* summer Dan 2:35◦

קְיָם ← קום *m.* decree, edict Dan 6:8.16◦

קַיָּם *m.* & קַיָּמָה *f* ← קום lasting, permanent Dan 4:23; 6:27◦

קִיתָרֹס *m.* zither *kt.*; *qr.*: קַתְרֹס Dan 3:5ff◦

קָל *m.* voice; noise, sound

קנא √ *pe* buy 8 תִּקְנֵא Ezr 7:17◦

קצף √ *pe* get angry, lose one's temper 7 קְצַף Dan 2:12◦

קְצַף ← קצף *m.* wrath Ezr 7:23◦

קצץ √ *pa* cut off 10 קַצִּצוּ Dan 4:11◦

קְצָת ← קצץ *f.* end; *temp.* at the end of, after Dan 4:26.31; with מִן partly Dan 2:42◦

קרא *pe* call, cry, shout; read; proclaim 7 pass. קְרָא 11 מִקְרֵא 9 יִקְרוֹן אֶקְרֵא יִקְרֵה 8 קְרִי

hitpe be called 8 יִתְקְרֵי Dan 5:12◦

קרב √ *pe* approach, come near; come forward 7 קְרֵב קִרְבַת קְרִבוּ 9 מִקְרְבֵהּ[e]

pa offer 8 תְּקָרֵב Ezr 7:17◦

haf offer; bring, present Dan 7:13 – 7 הַקְרְבוּ מְהַקְרְבִין 11 הַקְרְבוּהִי[e]

קְרָב *m.* war Dan 7:21◦

קִרְיָה & קִרְיָא *f.* city 2 קִרְיְתָא

קֶרֶן *f.* horn Du קַרְנַיִן 2 קַרְנָא 5 קַרְנַיָּא

קְרַץ *m.* piece; with אכל denounce, accuse 6 קַרְצֵיהוֹן קַרְצוֹהִי Dan 3:8; 6:25◦

קְשֹׁט *m.* truth, true; truely, indeed Dan 2:47; 4:34◦

קַתְרוֹס ← קִיתָרֹס

רֵאשׁ *m.* head, tip; with מִלִּין start, beginning, main thing 2 רֵאשָׁךְ רֵאשֵׁהּ 6 רֵאשִׁין 3 רֵאשָׁה רָאשֵׁיהֹם רֵאשֵׁי

רַב ← רבה *m.* great; chief Dan 2:4 et passim 2 רַבָּא *m.* רַבְּתָא *f.* 3 רַבְרְבִין *m.* רַבְרְבָן *f.* 5 רַבְרְבָתָא

רבה √ *pe* grow up, become great 7 רְבָה רְבַיִת רְבַת

pa make great, give a high rank 7 רַבִּי Dan 2:48◦

רִבּוֹ ← רבב *f.* ten thousand 3 רִבְּוָן *kt.*; *qr.*: רִבְבָן Dan 7:10◦

רְבוּ ← רבה *f.* greatness 2 רְבוּתָא 6 רְבוּתָךְ

1 st.c. sg. 2 st.det. sg. 3 st.a. pl. 4 st.c. pl. 5 st. det. pl. 6 with *epp* 7 SC 8 PC 9 inf. 10 imp. 11 part.

רְבִיעָי *f.* fourth 2 רְבִיעָאָה רְבִיעָיָא

רַבְרְבָנִין ↔ רבב *m.* great, powerful ones, lords 6 רַבְרְבָנֵי רַבְרְבָנַיִךְ רַבְרְבָנוֹהִי

✓ רגז *haf* get angry 7 הַרְגִּזוּ Ezr 5:12◦

רְגַז ↔ רגז *m.* anger Dan 3:13◦

רְגַל *f.* foot Du. רַגְלַיִן 5 רַגְלַיָּא 6 רַגְלוֹהִי רַגְלַיַהּ *kt.*; *qr*: רַגְלִיהּ רַגְלַהּ

✓ רגשׁ *haf* storm in; others: sneak 7 הַרְגִּשׁוּ Dan 6:7.12.16◦

רֵו *m.* appearance 6 רֵוֵהּ Dan 2:31; 3:25◦

רוּחַ *f.* spirit; wind 2 רוּחָא 3 רוּחִין 4 רוּחֵי 6 רוּחִי רוּחֵהּ

✓ רום *pe* be arrogant, rise up 7 רִם Dan 5:20◦
pol exalt, praise 11 מְרוֹמֵם Dan 4:34◦
hitpol exalt oneself 7 הִתְרוֹמַמְתָּ Dan 5:23◦
af elevate 11 מָרִים Dan 5:19◦

רוּם ↔ רום *m.* height 6 רוּמֵהּ Dan 3:1; 4:7f.17; Ezr 6:3◦

רָז *m.* secret 2 רָזָא רָזָה 3 רָזִין 5 רָזַיָּא

רְחוּם *m.* *PN* Rehum

רְחִיק *m.* far רַחִיקִין הֲווֹ מִן־תַּמָּה *stay away from there* 3 רַחִיקִין Ezr 6:6◦

רַחֲמִין *m.* mercy, compassion Dan 2:18◦

✓ רחץ *hitpe* trust, rely 7 הִתְרְחִצוּ Dan 3:28◦

רֵיחַ *f.* smell Dan 3:27◦

✓ רמה *pe* throw; pass. be placed Dan 7:9; with עַל impose (tribute) Ezr 7:24 - 7 רְמוֹ רְמֵינָא Pass. רְמִיו 9 מִרְמֵא
hitpe be thrown 8 תִּתְרְמוֹן יִתְרְמֵא

רְעוּ *f.* will, decision 1 רְעוּת Ezr 5:17; 7:18◦

רַעְיוֹן *m.* thought 4 רַעְיוֹנֵי 6 רַעְיֹנָךְ רַעְיֹנָהִי רַעְיֹנַי

רַעֲנַן *m.* happy Dan 4:1◦

✓ רעע *pe* crush 8 תֵּרֹעַ Dan 2:40◦
pa crush 11 מְרָעַע Dan 2:40◦

✓ רפס *pe* trample down 11 רָפְסָה Dan 7:7.19◦

✓ רשׁם *pe* write, sign 7 רְשַׁמְתָּ רְשַׁם pass. רְשִׁים 8 תִּרְשֻׁם

שָׂב ↔ שׂיב *m.* pl. elders 4 שָׂבֵי 5 שָׂבַיָּא

שַׂבְּכָה *pn* a musical instrument, harp Dan 3:5ff◦

✓ שׂגא *pe* grow 8 יִשְׂגֵּא as a salutation: *may your peace abound!* Dan 3:31; 6:26; of a damage: increase Ezr 4:22◦

שַׂגִּיא ↔ שׂגא *m.* great, much, very 3 *f.* שַׂגִּיאָן

שָׂהֲדוּתָא part of the *pln* Jegar-Sahaduta Gen 31:47◦

שְׂטַר *m.* side Dan 7:5◦

✓ שׂיב *pe* be old, grey; pt. elders ↔ שָׂב

1 st.c. sg. 2 st.det. sg. 3 st.a. pl. 4 st.c. pl. 5 st. det. pl. 6 with *epp* 7 SC 8 PC 9 inf. 10 imp. 11 part.

√ שׂים *pe* set, lay, put; with טְעֵם give an order; pay attention Dan 3:12 - 7 שָׂם שָׂמֵהּ[e] שָׂמְתָּ שָׂמְתְּ שָׂמֶת שָׂמוּ pass. שִׂים שְׂמַת 10 שִׂימוּ
hitpe be put, laid 8 יִתְּשָׂם יִתְּשָׂמוּן 11 מִתְּשָׂם Dan 2:5; Ezr 4:21; 5:8◦

√ שׂכל *hitpa* consider 11 מִשְׂתַּכַּל Dan 7:8◦

שָׂכְלְתָנוּ ↩ שׂכל *f.* insight Dan 5:11f.14◦

√ שׂנא *pe* be hostile to somebody; pt. enemy 11 שָׂנְאַיִךְ[e] *kt.* pl.; *qr.* sg.: שָׂנְאָךְ[e] Dan 4:16◦

שְׂעַר *m.* hair 6 שַׂעְרֵהּ Dan 3:27; 4:30; 7:9◦

√ שׁאל *pe* ask, request, demand 7 שְׁאֵל שְׁאֵלְנָא 8 יִשְׁאֲלֶנְכוֹן[e] 11 שָׁאֵל

שְׁאֵלָא ↩ שׁאל *f.* request 2 שְׁאֵלְתָא Dan 4:14◦

שְׁאַלְתִּיאֵל *m. PN* Shealtiel

שְׁאָר *m.* rest, remainder 2 שְׁאָרָא

√ שׁבח *pa* praise, glorify 7 שַׁבַּחְתְּ שַׁבְּחֵת שַׁבַּחוּ 11 מְשַׁבַּח

שְׁבַט *m.* tribe 4 שִׁבְטֵי Ezr 6:17◦

שְׁבִיב *m.* flame 2 שְׁבִיבָא 3 שְׁבִיבִין Dan 3:22; 7:9◦

שְׁבַע *m.* & שִׁבְעָה *f.* seven; seven times Dan 3:19 - 1 שִׁבְעַת

√ שׁבק *pe* leave 9 מִשְׁבַּק 10 שְׁבֻקוּ
hitpe be left to 8 תִּשְׁתְּבִק Dan 2:44◦

√ שׁבשׁ *hitpa* be confused 11 מִשְׁתַּבְּשִׁין Dan 5:9◦

שֵׁגַל *f.* wife 6 שֵׁגְלָתָךְ שֵׁגְלָתֵהּ Dan 5:2f.23◦

√ שׁדר *hitpa* make an effort, try 11 מִשְׁתַּדַּר Dan 6:15◦

שַׁדְרַךְ *m. PN* Shadrach

√ שׁוה *pe* be made like 7 Pass. *kt.* שְׁוִי Dan 5:21◦
pa be, become like 7 *qr.* שַׁוִּיו Dan 5:21◦
hitpa be made 8 יִשְׁתַּוֵּה Dan 3:29◦

שׁוּר *m.* wall 5 שׁוּרַיָּא שׁוּרַיָּה Ezr 4:12f.16◦

שׁוּשַׁנְכָיֵא *pn* inhabitant of Susa Ezr 4:9◦

√ שׁחת *pe* lying, being corrupt Dan 2:9; as subst.: transgression, misdeed Dan 6:5– 11 Pass שְׁחִיתָה◦

√ שׁיזב ↩ יזב *shafel* save, rescue 7 שֵׁיזִב 8 יְשֵׁיזִב יְשֵׁיזְבִנָּךְ[e] יְשֵׁיזְבִנְכוֹן[e] 9 שֵׁיזָבוּתֵהּ[e] שֵׁיזָבוּתָנָא[e] שֵׁיזָבוּתָךְ[e] 11 מְשֵׁיזִב

√ שׁיצא *shafel* ↩ יצא finish 7 שֵׁיצִיא Ezr 6:15◦

√ שׁכח *hitpe* be found, adjudged 7 הִשְׁתְּכַח הִשְׁתְּכַח הִשְׁתְּכַחַת הִשְׁתְּכַחַתְּ
haf find; receive Ezr 7:16 - 7 הַשְׁכַּחַת הַשְׁכַּחוּ הַשְׁכַּחְנָה 8 תְּהַשְׁכַּח נְהַשְׁכַּח 9 הַשְׁכָּחָה

√ שׁכלל ↩ כלל *shafel* finish, complete 7 שַׁכְלֵל שַׁכְלְלֵהּ[e] שַׁכְלִלוּ (Ezr 4:12 *kt.* אֲשַׁכְלִלוּ, *ishtafel*) 9 שַׁכְלָלָה
hishtafel be finished, completed 8 יִשְׁתַּכְלְלוּן Ezr 4:13.16◦

1 st.c. sg. 2 st.det. sg. 3 st.a. pl. 4 st.c. pl. 5 st. det. pl. 6 with *epp* 7 SC 8 PC 9 inf. 10 imp. 11 part.

✓ שׁכן *pe* dwell, live 8 יִשְׁכְּנָן Dan 4:18◦

pa cause to dwell 7 שַׁכִּן Ezr 6:12◦

שְׁלֵה *m.* carefree, quiet Dan 4,1; Dan 3:29 *kt.*?◦

שָׁלוּ *f.* negligence, error, offense Dan 3:29 *qr.*; 6:5; Ezr 4:22; 6:9◦

שְׁלֵוָה *f.* carefreeness, calmness 6 שְׁלֵוְתָךְ Dan 4:24◦

✓ שׁלח *pe* send, extend 7 שְׁלַחוּ שְׁלַח יִשְׁלַח 8 שְׁלִיחַ Pass. שְׁלַחְנָא שְׁלַחְתּוּן

✓ שׁלט *pe* rule, dominate, have power; attack, overpower Dan 6:25 - 7 שְׁלִטוּ שְׁלֵט 8 תִּשְׁלַט יִשְׁלַט

haf appoint someone as ruler 7 [e]הַשְׁלְטֵהּ [e]הַשְׁלְטָךְ Dan 2:38.48◦

שִׁלְטוֹן ← שׁלט *m.* commander, official 4 שִׁלְטֹנֵי Dan 3:2f◦

שָׁלְטָן ← שׁלט *m.* power, authority, dominion 2 שָׁלְטָנָא 5 שָׁלְטָנַיָּא 6 שָׁלְטָנָךְ שָׁלְטָנְהוֹן

שַׁלִּיט ← שׁלט *m.* powerful, mighty; with לְ be authorized, empowered Ezr 7:24 – 2 שַׁלִּיטָא 3 שַׁלִּיטִין שַׁלִּטִן

✓ שׁלם *pe* be finished, completed 7 Pass. שְׁלִם Ezr 5:16◦

haf deliver in full Ezr 7:19; make an end Dan 5:26 - 7 [e]הַשְׁלְמַהּ 10 הַשְׁלֵם◦

שְׁלָם ← שׁלם *m.* peace, well-being 2 שְׁלָמָא 6 שְׁלָמְכוֹן

שֻׁם *m.* name 4 שְׁמָהָת 6 שְׁמֵהּ שְׁמָהָתְהֹם

✓ שׁמד *haf* annihilate, destruct 9 הַשְׁמָדָה Dan 7:26◦

שְׁמַיִן *m.* heaven, sky du. det. שְׁמַיָּא

✓ שׁמם *itpa* be all in a fluster 7 אֶשְׁתּוֹמַם Dan 4:16◦

✓ שׁמע *pe* hear 7 שִׁמְעֵת שְׁמַע 8 יִשְׁמַע שָׁמְעִין 11 תִּשְׁמְעוּן

hitpe listen to, respond 8 יִשְׁתַּמְּעוּן Dan 7:27◦

שָׁמְרַיִן *pln* Samaria Ezr 4:10.17◦

✓ שׁמשׁ *pa* serve 8 [e]יְשַׁמְּשׁוּנֵּהּ Dan 7:10◦

שְׁמַשׁ *m.* sun 2 שִׁמְשָׁא Dan 6:15◦

שִׁמְשַׁי *m. PN* Shimshai Ezr 4:8f.17.23◦

שֵׁן *f.* tooth du. שִׁנַּיִן 6 שִׁנַּיַּהּ *kt.* pl.; *qr.* sg.: שִׁנַּהּ Dan 7:5.7.19◦

✓ שׁנה *pe* be different, changed 7 [e]שְׁנוֹהִי שְׁנוֹ 8 תִּשְׁנֵא יִשְׁנֵא 11 שָׁנְיָה שָׁנְיָא שָׁנְיַן שָׁנְיָן

pa change, transform; transgress Dan 3:28; pt. pass. be different - 7 שַׁנִּיו 8 יְשַׁנּוֹן 11 pass. מְשַׁנְּיָה

itpa change; of a face: turn pale, contort 7 אֶשְׁתַּנִּי 8 *kt.* pl.; *qr.* sg: יִשְׁתַּנֵּא יִשְׁתַּנּוֹ אֶשְׁתַּנּוּ יִשְׁתַּנּוֹן

haf change, alter; violate Ezr 6:11f - 8 יְהַשְׁנֵא 9 הַשְׁנָיָה 11 מְהַשְׁנֵא

שְׁנָה ← שׁנה I. *f.* year 1 שְׁנַת 3 שְׁנִין

שְׁנָה ← ישׁן II. *f.* sleep 6 שִׁנְתֵּהּ Dan 6:19◦

שָׁעָה *f.* hour, moment, instant. 2 שַׁעֲתָא שַׁעֲתָה

✓ שׁפט *pe* pt. judge 11 שָׁפְטִין Ezr 7:25◦

שַׁפִּיר ← שׁפר *m.* beautiful, splendid Dan 4:9.18◦

√שפל *haf* put down, make low; humble; humble oneself 7 הַשְׁפֵּלְתְּ 8 יְהַשְׁפִּל 9 הַשְׁפָּלָה 11 מַשְׁפִּיל

שְׁפַל ↔ שפל *m.* low Dan 4:14◦

√שפר *pe* be good, please 7 שְׁפַר 8 יִשְׁפַּר Dan 3:32; 4:24; 6:2◦

שְׁפַרְפָּרָא ↔ שפר *f.* dawn, daybreak Dan 6:20◦

שָׁק *f.* thigh, leg 6 שָׁקוֹהִי Dan 2:33◦

√שרה *pe* loosen, solve Dan 5:16; dwell Dan 2:22; walk about Dan 3:25 – 9 מִשְׁרֵא 11 Pass. שְׁרַיִן שְׁרֵא◦

pa loosen Dan 5:12; begin Ezr 5:2 – 7 שָׁרִיו 11 מְשָׁרֵא◦

hitpa loosen, become weak 11 מִשְׁתָּרַיִן Dan 5:6◦

שֹׁרֶשׁ *m.* root 6 שָׁרְשׁוֹהִי Dan 4:12.20.23◦

שְׁרֹשִׁי *m.* uprooting, exclusion from the community *kt.* שְׁרֹשׁוּ Ezr 7:26◦

שֵׁשְׁבַּצַּר *m. PN* Sheschbazzar

שֵׁת & שִׁת *f.* six; pl. sixty 3 שִׁתִּין Dan 3:1; 6:1; Ezr 6:3.15◦

√שתה *pe* drink 7 אִשְׁתִּיו 8 יִשְׁתּוֹן 11 שָׁתֵה שָׁתַיִן Dan 5:1ff.23◦

שִׁתִּין ↔ שֵׁת

שְׁתַר בּוֹזְנַי *m. PN* Shetar-Bosnai

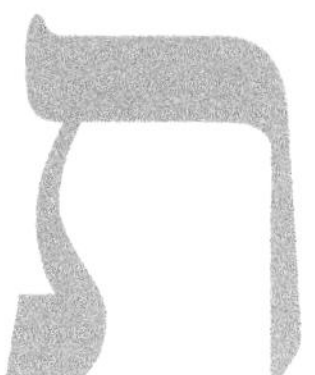

√תבר *pe* break; pass. be fragile 11 pass. תְּבִירָה Dan 2:42◦

תְּדִיר *f.* duration; as adverb: uninterrupted, always 2 תְּדִירָא Dan 6:17.21◦

√תוב *pe* return 8 יְתוּב Dan 4:31.33◦

haf return, send back; reply 7 הֲתִיב הֲתִיבוּנָא[e] 8 יְתִבוּן 9 יַהֲתִיבוּן הֲתָבוּתָךְ[e]

√תוה *pe* be amazed, frightened 7 תְּוַהּ Dan 3,24◦

תּוֹר *m.* cattle, ox 3 תּוֹרִין

תְּחוֹת under 6 תַּחְתּוֹהִי

תְּלַג *m.* snow Dan 7:9◦

תְּלִיתָי ordinal number: the third 2 *f.* תְּלִיתָיָא *kt.*; *qr.*: תְּלִיתָאָה Dan 2:39◦

תְּלָת *m.* & תְּלָתָה *f.* three; pl. thirty 3 תְּלָתִין 6 תְּלָתֵהוֹן

תַּלְתָּא & תַּלְתִּי *m.* Assyrian title: third (ruler) Dan 5:7.16.29◦

תְּלָתִין thirty ↔ תְּלָת

תְּמַהּ *m.* miracle 3 תִּמְהִין 4 תִּמְהַיָּא 6 תִּמְהוֹהִי Dan 3:32f; 6:28◦

תַּמָּה there Ezr 5:17; 6:1.6.12◦

תִּנְיָן *m.* & תִּנְיָנָה *f.* the second Dan 7:5◦

תִּנְיָנוּת for the second time Dan 2:7◦

תִּפְתָּיֵא *m.* police officer Dan 3:2f◦

תַּקִּיף *m.* & תַּקִּיפָה & תַּקִּיפָא *f.* strong, mighty 3 תַּקִּיפִין

תקל √ *pe* pass. be weighed 7 Pass. תְּקִילְתָּה Dan 5:27◦

תְּקֵל *pn* a weight, Tekel (=Shekel) Dan 5:25.27◦

תקן √ *hof* be reinstated 7 הָתְקְנַת Dan 4:33◦

תקף √ *pe* grow strong, powerful 7 תְּקֵף וּתְקֵפַת תִּקְפַת
pa confirm, put into effect 9 תַּקָּפָה Dan 6:8◦

תְּקָף ↔ תקף *m.* strength 1 תְּקַף 2 תָּקְפָּא Dan 2:37; 4:27◦

תְּרֵין *m.* & תַּרְתֵּין *f.* two, second

תְּרֵי־עֲשַׂר twelve

תְּרַע *m.* gate, door (of the royal court) Dan 2:49; opening (of the furnace) Dan 3:26◦

תָּרָע *m.* doorkeeper 5 תָּרָעַיָּא Ezr 7:24◦

תַּרְתֵּין *f.* second

תַּתְּנַי *m. PN* Tattenai Ezr 5:3.6; 6:6.13◦

www.ingramcontent.com/pod-product-compliance
Lightning Source LLC
Chambersburg PA
CBHW080834230426
43665CB00021B/2837

* 9 7 8 1 6 3 6 6 3 0 0 0 7 *